CONTABILIDADE GERENCIAL

G242c   Garrison, Ray H.
            Contabilidade gerencial / Ray H. Garrison, Eric W.
         Noreen, Peter C. Brewer ; tradução: Christiane de Brito ;
         revisão técnica: Luciane Reginato. – 14. ed. – Porto Alegre :
         AMGH, 2013.
            xxiv, 751 p. : il. color. ; 28 cm.

            ISBN 978-85-8055-161-7

            1. Ciências contábeis. 2. Contabilidade gerencial.
         I. Noreen, Eric W. II. Brewer, Peter C. III. Título.

                                                        CDU 330

Catalogação na publicação: Ana Paula M. Magnus – CRB 10/2052

Ray H. Garrison,
DBA, CPA
Professor Emérito
Brigham Young University

Eric W. Noreen,
PhD, CMA
Professor Emérito
University of Washington

Peter C. Brewer,
PhD, CPA
Miami University –
Oxford, Ohio

CONTABILIDADE GERENCIAL
14ª edição

Tradução
Christiane de Brito

Revisão Técnica
Luciane Reginato
Doutora em contabilidade e controladoria pela USP/SP.
Professora de graduação e pós-graduação e pesquisadora
do Departamento de Contabilidade e Atuária da FEA/USP.
Consultora de empresas e associada da EAA-European Accounting Association.

Reimpressão 2015

AMGH Editora Ltda.
2013

Obra originalmente publicada sob o título
Managerial Accounting, 14th Edition
ISBN 0078111005/9780078111006
Original edition copyright©2012, The McGraw-Hill Companies, Inc., New York, New York. All rights reserved.

Gerente editorial: *Arysinha Jacques Affonso*

Colaboraram nesta edição:

Editora: *Viviane R. Nepomuceno*

Assistente editorial: *Caroline L. Silva*

Capa: *MSDE/Manu Santos Design*

Foto de capa: *Photos.com/Matthew Singer*

Preparação, leitura final e editoração: *Know-how Editorial*

Reservados todos os direitos de publicação, em língua portuguesa, à
AMGH Editora Ltda., uma parceria entre GRUPO A EDUCAÇÃO S.A. e McGRAW-HILL EDUCATION.
Av. Jerônimo de Ornelas, 670 – Santana
90040-340 – Porto Alegre – RS
Fone: (51) 3027-7000 Fax: (51) 3027-7070

É proibida a duplicação ou reprodução deste volume, no todo ou em parte, sob quaisquer formas ou por quaisquer meios (eletrônico, mecânico, gravação, fotocópia, distribuição na Web e outros), sem permissão expressa da Editora.

Unidade São Paulo
Av. Embaixador Macedo Soares, 10.735 – Pavilhão 5 – Cond. Espace Center
Vila Anastácio – 05095-035 – São Paulo – SP
Fone: (11) 3665-1100 Fax: (11) 3667-1333

SAC 0800 703-3444 – www.grupoa.com.br

IMPRESSO NO BRASIL
PRINTED IN BRAZIL

A nossas famílias e aos nossos muitos colegas que adotam este livro.

OS AUTORES

Ray H. Garrison

Professor emérito de Contabilidade na Brigham Young University, Provo, Utah, Estados Unidos. Concluiu sua graduação e mestrado pela Brigham Young University e seu doutorado em Administração de Empresas pela Indiana University. Contador público certificado, trabalha com consultoria gerencial com empresas de contabilidade nacionais e regionais. Publicou artigos na *The Accounting Review* e na *Management Accounting*, e em outros periódicos profissionais. Sua inovação em sala de aula deu ao prof. Garrison o Prêmio Karl G. Maeser de Distinção no Ensino concedido pela Brigham Young University.

Eric W. Noreen

Trabalhou em instituições nos Estados Unidos, na Europa e na Ásia. É professor emérito de Contabilidade na University of Washington. Concluiu sua graduação pela University of Washington e seu MBA e PhD pela Stanford University. Contador gerencial certificado, recebeu o Certificado de Distinção de Desempenho pelo Instituto de Contadores Gerenciais Certificados (Institute of Certified Management Accountants). Atuou como editor associado da *The Accounting Review* e do *Journal of Accounting and Economics*. Possui inúmeros artigos publicados em periódicos acadêmicos, como: *Journal of Accounting Research*, *The Accounting Review*, *Journal of Accounting and Economics*, *Accounting Horizons*, *Accounting, Organizations and Society*, *Contemporary Accounting Research*, *Journal of Management Accounting Research*, e *Review of Accounting Studies*. Noreen foi inúmeras vezes premiado pela qualidade de seu ensino.

Peter C. Brewer

Professor do Departamento de Contabilidade da Miami University, Oxford, Ohio, Estados Unidos. Concluiu sua graduação em Contabilidade pela Penn State University, possui mestrado em Contabilidade pela University of Virginia, e PhD pela University of Tennessee. Publicou mais de 30 artigos em diversos periódicos, como: *Management Accounting Research*, *Journal of Information Systems*, *Cost Management*, *Strategic Finance*, *Journal of Accountancy*, *Issues in Accounting Education* e *Journal of Business Logistics*. É membro do conselho editorial do *Journal of Accounting Education* e trabalhou no conselho editorial da *Issues in Accounting Education*. Seu artigo "Putting strategy into the balanced scorecard" venceu o concurso Artigos de Mérito da Federação Internacional de Contadores (International Federation of Accountants) em 2003, e seus artigos "Using Six Sigma to improve the finance function" e "Lean accounting: what's it all about?" receberam Medalhas Lybrand de ouro e prata em 2005 e 2006, concedidas pelo Instituto dos Contadores Gerenciais. Recebeu o prêmio de Excelência no Ensino Richard T. Farmer School of Business, concedido pela Miami University e foi reconhecido em duas ocasiões pelo Diretório Central dos Estudantes da Miami University por "demonstrar um extraordinário compromisso com os estudantes e seu desenvolvimento educacional". É um dos principais pensadores da inovação do currículo de graduação em contabilidade gerencial e frequentemente ministra várias conferências profissionais e acadêmicas.

Antes de entrar para o corpo docente da Miami University, o prof. Brewer trabalhou como auditor no escritório da Filadélfia da empresa Touche Ross. Atuou como gerente de auditorias internas para o Comitê de Pensões da Igreja Presbiteriana (EUA). Colabora frequentemente com empresas como a Harris Corporation, Ghent Manufacturing, Cintas, Ethicon Endo-Surgery, Schneider Electric, Lenscrafters e Fidelity Investments prestando consultoria ou elaborando estudos de caso.

DEIXE O *GARRISON* SER SEU GUIA

Durante séculos, os faróis têm fornecido orientação e segurança na passagem de navegantes. Da mesma forma, Garrison/Noreen/Brewer guia com sucesso milhões de estudantes pela contabilidade gerencial, ajudando-os a navegarem com facilidade no percurso.

Há décadas, os faróis ainda eram operados manualmente. Hoje, com a revolução digital, esses instrumentos são operados por meio de trocadores de lâmpadas automáticos e outros dispositivos modernos. De modo muito similar, Garrison/Noreen/Brewer evoluiu com o passar dos anos. O livro *Garrison* não somente orienta os estudantes – alunos de graduação em contabilidade ou outros cursos de administração – com segurança por seu percurso, mas foi aprimorado por diversas novas e potentes ferramentas para melhorar o aprendizado dos alunos e aumentar sua motivação.

Assim como o farol continua a fornecer uma orientação confiável aos marinheiros, o livro Garrison/Noreen/Brewer continua sua tradição de ajudar os alunos a navegarem com sucesso pela contabilidade gerencial, focalizando sempre três importantes qualidades: relevância, precisão e clareza.

RELEVÂNCIA.
Todo esforço é feito para ajudar os alunos a relacionarem os conceitos contidos neste livro às decisões tomadas por gerentes profissionais. Nesta 14ª edição, os autores escreveram um novo Capítulo 1 com o objetivo de ajudar a todos os alunos de administração a compreenderem melhor por que a contabilidade gerencial é relevante para suas futuras carreiras. Novos e revisados quadros *Por dentro das empresas*, que se encontram por todo o livro, associam conceitos abordados nos capítulos a exemplos pertinentes do mundo real. Referências à indústria de serviços aparecem por toda a narrativa do livro e nos materiais de final de capítulo para fornecer aos alunos um contexto relevante para o assunto que estão aprendendo. Um extenso material de apoio oferecido pelo *site <www.grupoa.com.br>* ajudará a manter os alunos envolvidos no processo de aprendizagem. Por estes e muitos outros motivos, um aluno que lê *Garrison* nunca terá que se perguntar "Por que estou aprendendo isto?".

PRECISÃO.
Nesta nova edição, o livro mantém o padrão de materiais precisos e confiáveis. Com cada revisão, os autores avaliam o livro e seus materiais de apoio por completo, trabalhando diligentemente para garantir que o material de final de capítulo, o manual de soluções e o banco de testes sejam consistentes, atualizados e precisos.

CLAREZA.
Diversas gerações de alunos elogiaram o *Garrison* pela facilidade e clareza de sua escrita, mas isso é apenas o começo. Nesta nova edição, os autores reescreveram vários capítulos com base nos comentários e orientações de professores de todo o país para garantir que o ensino e a aprendizagem com este livro continuem o mais fácil possível. Além disso, os autores assumiram um papel ativo na elaboração e revisão de todo o material adicional, de modo a garantir clareza e consistência com o livro.

O constante foco dos autores nesses três elementos centrais levou a resultados excepcionais. *Contabilidade gerencial* tem consistentemente liderado o mercado, sendo usado por mais de dois milhões de alunos e construído uma reputação de confiabilidade a que outros livros didáticos aspiram.

PEDAGOGIA POTENTE

Aplicação em Excel

Este **NOVO** e interessante recurso de final de capítulo associa a força do Excel® a conceitos de contabilidade gerencial ilustrando como a funcionalidade desse software pode ser utilizada para melhor compreender dados contábeis. O *Aplicação em Excel* vai além de meramente registrar números em formulários, dando aos alunos a oportunidade de construírem suas próprias planilhas e fórmulas. Os alunos têm que responder, então, perguntas hipotéticas em que eles analisam não somente como partes relacionadas de dados contábeis afetam umas às outras, mas por que isso ocorre. O *Aplicação em Excel* precede imediatamente os *Exercícios* em doze dos quinze capítulos do livro e também está integrado ao material de apoio disponibilizado no *site* <**www.grupoa.com.br**>.

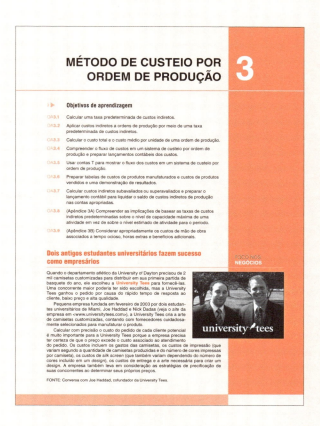

Vinheta de abertura

Cada capítulo começa com um *Foco nos negócios* que fornece um exemplo do mundo real aos alunos, permitindo que vejam como as informações e ideias do capítulo se aplicam ao mundo fora da sala de aula. Os *Objetivos de aprendizagem* alertam os alunos ao que eles devem esperar ao avançarem no capítulo.

Contabilidade gerencial em ação

Essas vinhetas mostram equipes multifuncionais em cenários reais, trabalhando com produtos e serviços que os alunos reconhecem de suas próprias vidas. Os alunos veem, passo a passo, como os conceitos de contabilidade são implementados nas organizações e como são aplicados na solução de problemas administrativos no dia a dia. Primeiramente, a *Questão* é apresentada por meio de um diálogo; o aluno, então, acompanha o processo de implementação; finalmente, a *Conclusão* resume o quadro geral.

Materiais de final de capítulo

Contabilidade gerencial ganhou a reputação de ter o melhor material de prática de final de capítulo de qualquer livro no mercado. Nosso material apresentado em problemas e casos continua em conformidade com as recomendações da AACSB e serve como um ótimo ponto de partida para discussões em sala e projetos de grupo. Quando Ray Garrison escreveu a primeira edição deste livro, ele começou pelo material de final de capítulo, e então escreveu a narrativa de apoio para este material. Esta abordagem única de escrita do autor não somente garantiu consistência entre esse material e o conteúdo do texto, mas também ressaltou a crença fundamental de Garrison na importância de se aplicar a teoria por meio da prática. Não é suficiente que os alunos leiam, eles também têm que compreender. Até hoje, o princípio que orientou essa primeira edição permanece, e a superioridade da qualidade do material de final de capítulo continua a oferecer aos alunos uma prática precisa, atualizada e relevante.

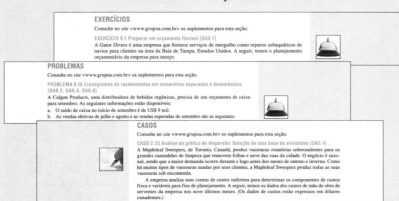

▶▶ PEDAGOGIA POTENTE   xi

Por dentro das empresas

Estes úteis recursos em quadros oferecem exemplos de como empresas reais usam os conceitos de contabilidade gerencial discutidos nos capítulos. Cada capítulo contém de três a quatorze desses exemplos atuais.

Materiais de apoio escritos pelos autores

Ao contrário de outros livros de contabilidade gerencial, os autores deste livro formularam todos os principais materiais de apoio, o que garante uma integração perfeita entre texto e suplementos.

▶ Banco de testes (em inglês).
▶ Manual de soluções (em inglês).
▶ Livro de exercícios/Guia de estudos (em inglês).
▶ Biblioteca de imagens (em português).
▶ Vídeos para estudo de caso (em inglês).

Conheça os ícones

Com o objetivo de refletir nossa economia com base em serviços, o ícone ao lado apresenta exemplos de empresas com essa atividade.

O ícone IFRS ressalta conteúdos que podem ser afetados pela iminente alteração das normas internacionais de contabilidade (IFRS ou *International Financial Reporting Standards*) e possível convergência entre os princípios contábeis geralmente aceitos nos EUA (U.S. GAAP ou Generally Accepted Accounting Principles) e as IFRS.

O ícone ressalta conteúdos que estejam relacionados ao comportamento ético e servem como um lembrete de que a boa conduta é vital nos negócios.

O ícone da escrita denota problemas que exigem que os alunos usem o pensamento crítico além de habilidades de escrita para explicar suas decisões.

Um ícone do Excel alerta os alunos de que há planilhas disponíveis para serem usadas com problemas e casos selecionados.

NOVO NA 14ª EDIÇÃO

O *feedback* de professores universitários nos ajuda a continuar a aprimorar o livro *Contabilidade gerencial*. Em resposta a sugestões de revisores, os autores fizeram as seguintes alterações no texto:

- Um NOVO recurso chamado *Aplicação em Excel* foi adicionado aos Capítulos 2 ao 13, que oferece aos alunos a oportunidade de praticar usando fórmulas do Excel para construírem suas próprias planilhas. Eles têm que responder, então, a uma série de perguntas hipotéticas que ilustram a relação entre várias partes dos dados contábeis. Trata-se de uma oportunidade inestimável venham eles a se tornar contadores ou não.

- O Capítulo 1 foi completamente revisado para ajudar a todos os alunos de administração a compreenderem melhor por que a contabilidade gerencial é relevante para suas futuras carreiras.

- O Capítulo 2 foi extensamente reescrito, passando a abranger os custos mistos e as demonstrações de resultados com margem de contribuição. A abordagem redundante da tabela de custos de produtos manufaturados foi eliminada, de modo que agora este assunto só é abordado no capítulo sobre **métodos de custeio por ordem de produção**. A comparação entre contabilidade financeira e contabilidade gerencial passou para o Capítulo 1.

- O Capítulo 14 foi completamente revisado para simplificar o processo de criar uma demonstração de fluxos de caixa.

- Novos quadros *Por dentro das empresas* foram adicionados em todo o livro para fornecer exemplos relevantes e atualizados do mundo real para uso e discussão em sala de aula e para auxiliar os alunos na compreensão de conceitos-chave à medida que lerem o capítulo.

- O material de prática de final de capítulo foi atualizado em todo o livro.

Capítulo 1

Este capítulo foi totalmente reescrito para motivar melhor os alunos a se interessarem por contabilidade gerencial e a apreciarem sua relevância para suas futuras carreiras. A nova versão do Capítulo 1 responde a três perguntas: (1) O que é contabilidade gerencial? (2) Por que a contabilidade gerencial é importante para a sua carreira? e (3) De que habilidades os gerentes precisam para serem bem-sucedidos? Além de manter a cobertura de dois tópicos importantes a todos os gerentes: (1) ética nos negócios e (2) responsabilidade social corporativa.

Capítulo 2

Este capítulo foi completamente revisado para alcançar três objetivos. Em primeiro lugar, eliminamos a cobertura redundante da tabela de custos de produtos manufaturados, que nas edições anteriores era abordada nos Capítulos 2 e 3. Agora, este assunto é discutido somente uma vez no Capítulo 3, por meio dos princípios de custeio normais. Em segundo lugar, transferimos assuntos como custos mistos, gráficos de dispersão e o método dos pontos extremos do capítulo sobre comportamento dos custos para o Capítulo 2, o que permite aos professores introduzir a estimação de custos mais cedo no curso. O apêndice sobre o método de regressão dos mínimos quadrados também passou do capítulo sobre comportamento dos custos para o Capítulo 2. Em terceiro lugar, passamos a abranger no Capítulo 2 as demonstrações de resultados tradicionais e com margem de contribuição para empresas de *merchandising* que anteriormente eram apresentadas no capítulo sobre comportamento dos custos. Isso permite que os professores introduzam o formato de demonstração de resultados com margem de contribuição mais cedo no curso. Usar empresas de *merchandising* como a plataforma inicial para comparar diferentes formatos de demonstrações de resultados oferece uma introdução de fácil compreensão a este tópico. A área mais complexa de contabilidade de custos de produção é abordada em capítulos posteriores como o 3 e o 6. O capítulo sobre comportamento dos custos foi completamente eliminado, dado que seus principais objetivos de aprendizagem foram transferidos para o Capítulo 2. O apêndice que aborda outras classificações dos custos de mão de obra passou do Capítulo 2 para o 3.

Capítulo 3

Neste capítulo, ajustamos os objetivos de aprendizagem de modo a oferecer uma progressão mais lógica do cálculo de uma taxa de custos indiretos (OA3.1), da aplicação dos custos indiretos a ordens de produção (OA3.2), e então do cálculo do custo de um projeto (OA3.3). Também adicionamos uma fórmula de custo para calcular taxas de custos indiretos predeterminadas. Conseguimos fazer isso porque o método dos pontos extremos agora é abordado no Capítulo 2. Deletamos os antigos objetivos de aprendizagem 1 e 2 da edição anterior do livro e incorporamos um quadro, que anteriormente pertencia ao Capítulo 2, que fornece um panorama conceitual dos fluxos de custo na manufatura.

Capítulo 6

A análise do custeio variável e do custeio por absorção foi reorganizada, de modo que o custeio variável passou a ser discutido primeiro, seguido pelo custeio por absorção. Tal mudança é consistente com o título do capítulo, que focaliza o custeio variável como uma ferramenta administrativa. A cobertura de demonstrações de resultado segmentadas foi transferida do Capítulo 12, na edição anterior do livro, para este capítulo. O tema comum que agora reúne os dois principais tópicos do capítulo é a demonstração de resultados com margem de contribuição: como o formato com margem de contribuição é usado para demonstrações de resultado pelo custeio variável e como ele pode ser usado para demonstrações de resultado segmentadas.

Capítulo 10

O modelo geral deste capítulo para a análise de variação do custo-padrão foi reorganizado de modo a se integrar mais claramente com o modelo de análise de variação introduzido no capítulo anterior, o qual introduz um modelo para calcular variação de atividades e despesas em organi-

zações que não usam o custeio-padrão. O modelo geral revisado neste capítulo amplia o modelo do capítulo anterior e explica como ele pode ser utilizado para desmembrar as variações de despesas em variações de quantidade e de preço.

Capítulo 11

Este capítulo foi renomeado e reorganizado. Seu novo título é "Mensuração do desempenho em organizações descentralizadas". Agora, é organizado em três seções principais: a primeira discute medidas de desempenho financeiro para centros de investimento; a segunda, medidas não financeiras de desempenho operacional; e a terceira explica como o modelo do *balanced scorecard* pode ser usado para reunir medidas financeiras e não financeiras em um único sistema de mensuração de desempenho voltado para a estratégia. Além disso, a cobertura de demonstrações de resultado segmentadas foi transferida para o Capítulo 9.

Capítulo 12

O título deste capítulo foi alterado de "Custos relevantes para a tomada de decisões" para "Análise diferencial: chave da tomada de decisões". Esta mudança reconhece que não somente custos, mas também receitas podem ser relevantes para as decisões. Também aprimoramos a discussão relacionada à utilização de um recurso restrito. A edição anterior do livro tinha um objetivo de aprendizagem ligado a esse tópico, mas agora desmembramos sua discussão em dois objetivos de aprendizagem. O primeiro se focaliza em determinar o uso mais lucrativo de um recurso restrito e o segundo, em calcular o valor de se obter mais desse recurso restrito. Expandimos a discussão relacionada a este último objetivo de aprendizagem.

Capítulo 14

O capítulo foi reescrito para simplificar o processo de preparação de uma demonstração de fluxos de caixa. Adicionamos o Quadro 14.4, que resume de maneira sucinta os principais pontos que os alunos precisam compreender para preparar uma demonstração de fluxos de caixa e revisamos o Quadro 14.1 de modo que ele forneça uma definição mais simples do que nas edições anteriores de o que são atividades operacionais, de investimento e de financiamento. Substituímos o método da planilha por uma abordagem que os alunos podem usar para solucionar de maneira mais eficiente os problemas do final do capítulo e também substituímos as duas descrições do exemplo da Nordstrom por apenas uma (simplificada e completa). Também expandimos a discussão relacionada à interpretação da demonstração de fluxos de caixa.

AGRADECIMENTOS

Recebemos sugestões de muitos de nossos colegas de todas as partes do mundo. Agradecemos a cada um daqueles que ofereceram comentários e sugestões.

São necessários os esforços de muitas pessoas para desenvolver e aprimorar um livro. Entre elas estão os revisores e consultores que indicam áreas problemáticas, citam pontos fortes e fazem recomendações para alterações. Nesse sentido, os seguintes professores forneceram *feedback* que foi imensamente útil na preparação da 14ª edição de *Contabilidade gerencial*:

Helen Adams, University of Washington

Akinloye Akindayomi, University of Massachusetts – Dartmouth

David Albrecht, Bowling Green State University

Natalie Allen, Texas A&M University

Vern Allen, Central Florida Community College

Shamir Ally, DeSales University

Jane Austin, Oklahoma City University

John Babich, Kankakee Community College

Ibolya Balog, Cedar Crest College

Scottie Barty, Northern Kentucky University

Eric Bashaw, University of Nevada – Las Vegas

Sharon Bell, University of North Carolina – Pembroke

Scott Berube, University of New Hampshire

Kelly Blacker, Mercy College

Phillip Blanchard, The University of Arizona

Charles Blumer, Saint Charles Community College

Alison Jill Brock, Imperial Valley College

Rada Brooks, University of California – Berkeley

Myra Bruegger, Southeastern Community College

Georgia Buckles, Manchester Community College

Esther Bunn, Stephen S. Austin State University

Laurie Burney, Mississippi State University

Marci Butterfield, University of Utah – Salt Lake City

Charles Caliendo, University of Minnesota

Donald Campbell, Brigham Young University – Idaho

Tracy Campbell Tuttle, San Diego Mesa Community College

Don Campodonico, Notre Dame de Namur University

Dana Carpenter, Madison Area Technical College

Wanda Causseaux, Valdosta State University

David Centers, Grand Valley State University

Pamela Champeau, University of Wisconsin Whitewater

Valerie Chau, Palomar College

Star Ciccio, Johnson & Wales University

Richard S. Claire, Canada College

Robert Clarke, Brigham Young University – Idaho

Curtis Clements, Abilene Christian University

Darlene Coarts, University of Northern Iowa

Carol Coman, California Lutheran University

Jackie Conrecode, Florida Gulf Coast University

Debora Constable, Georgia Perimeter College

Rita Cook, University of Delaware

Wendy Coons, University of Maine

Michael Cornick, Winthrop University

Deb Cosgrove, University of Nebraska – Lincoln

Kathy Crusto-Way, Tarrant County College

Robin D'Agati, Palm Beach State College, Lake Worth

Patricia Davis, Keystone College

Kathleen Davisson, University of Denver

Patricia Doherty, Boston University

Nina Doherty, Arkansas Tech University

Peter Dorff, Kent State University

David Doyon, Southern New Hampshire University

Emily Drogt, Grand Valley State University

Rita Dufour, Northeast Wisconsin Technical College

Barbara Durham, University of Central Florida

Dean Edmiston, Emporia State University

Barb Eide, University of Wisconsin – Lacrosse

Rafik Elias, California State University – Los Angeles

Richard F. Emery, Linfield College

Ruth Epps, Virginia Commonwealth University

John Eubanks, Independence Community College

Christopher M. Fairchild, Southeastern University

Jack Fatica, Terra Community College

Christos Fatouros, Curry College

Susan Ferguson, James Madison University

Jerry Ferry, University of North Alabama

Calvin Fink, Bethune Cookman University

Virginia Fullwood, Texas A&M University – Commerce

Robert Gannon, Alvernia University

Joseph Gerard, University of Wisconsin Whitewater

AGRADECIMENTOS

Frank Gersich, Monmouth College
Hubert Gill, North Florida
Jeff Gillespie, University of Delaware
Earl Godfrey, Gardner-Webb University
Nina Goza, Arkansas Tech University
Marina Grau, HCC – Northwest College
Alfred C. Greenfield Jr., High Point University
Olen Greer, Missouri State University
Steve Groves, Ivy Tech Community College of Indiana – Kokomo
Ty Handy, Vermont Technical College
Susan Hass, Simmons College
Candice Heino, Anoka Ramsey Community College
Sueann Hely, West Kentucky Community & Technical College
David Henderson, College of Charleston
Donna Hetzel, Western Michigan University – Kalamazoo
Cynthia Hollenbach, University of Denver
Peg Horan, Wagner College
Steven Huddart, Penn State
George Hunt, Stephen F Austin State University
Marianne James, California State University – Los Angeles
Gene Johnson, Clark College
Bill Joyce, Minnesota State University – Mankato
Celina Jozsi, University of South Florida
Robert L. Kachur, Richard Stockton College of New Jersey
Sue Kattelus, Michigan State University – East Lansing
Nancy Kelly, Middlesex Community College
Shirly Kleiner, Johnson County Community College
Bill Knowles, University of New Hampshire
Barbara Kren, Marquette University
Jerry Kreuze, Western Michigan University
Wikil Kwak, Nebraska Omaha
Ron Lazer, University of Houston – Houston
Dennis Lopez, University of Texas – San Antonio
Don Lucy, Indian River State College
Cathy Lumbattis, Southern Illinois University
Joseph F. Lupino, St. Mary's College of California
Patrick M. Lynch, Loyola University of New Orleans
Suneel Maheshwari, Marshall University
Linda Malgeri, Kennesaw State University
Carol Mannino, Milwaukee School of Engineering
Linda Marquis, Northern Kentucky University
Melissa Martin, Arizona State University
Michele Martinez, Hillsborough Community College
Josephine Mathias, Mercer County Community College
Annie McGowan, Texas A&M University
Michael McLain, Hampton University
Heidi Meier, Cleveland State University
Edna Mitchell, Polk State College
Kim Mollberg, Minnesota State University – Moorhead
Shirley Montagne, Lyndon State College
Andrew Morgret, Christian Brothers University
Jennifer Moriarty, Hudson Valley Community College
Mark Motluck, Anderson University

Matt Muller, Adirondack Community College
Michael Newman, University of Houston – Houston
Tracie Nobles, Austin Community College
Janet O'Tousa, University of Notre Dame
Mehmet Ozbilgin, Bernard M. Baruch College
Abbie Gail Parham, Georgia Southern
Mary Pearson, Southern Utah University
Judy Peterson, Monmouth College
Yvonne Phang, Bernard M. Baruch College
Jo Ann Pinto, Montclair State University
Janice Pitera, Broome Community College
Matthew Probst, Ivy Tech Community College
Laura Prosser, Black Hills State University
Herbert Purick, Palm Beach State College – Lake Worth
Marc B. Robinson, Richard Stockton College of New Jersey
David Rogers, Mesa State College
Lawrence A. Roman, Cuyahoga Community College
Luther Ross, Sr., Central Piedmont Community College
Amal Said, University of Toledo
Rex Schildhouse, Miramar College
Nancy Schrumpf, Parkland College
Vineeta Sharma, Florida International University – Miami
Franklin Shuman, Utah State University – Logan
Lakshmy Sivaratnam, Kansas City Kansas Community College
Talitha Smith, Auburn University – Auburn
Diane Stark, Phoenix College
Dennis Stovall, Grand Valley State University
Suzy Summers, Furman University
Scott Szilagyi, Fordham University – Bronx
Rita Taylor, University of Cincinnati
Lisa Tekmetarovic, Truman College
Teresa Thamer, Brenau University
Amanda Thompson-Abbott, Marshall University
Jerry Thorne, North Carolina A&T State University
Don Trippeer, SUNY College at Oneonta
Robin Turner, Rowan-Cabarrus Community College
Suneel Udpa, University of California – Berkeley
Michael Van Breda, Southern Methodist University
Jayaraman Vijayakumar, Virginia Commonwealth University
Ron Vogel, College of Eastern Utah
David Vyncke, Scott Community College
Lorry Wasserman, University of Portland
Richard Watson, University of California – Santa Barbara
Betsy Wenz, Indiana University – Kokomo
Robert Weprin, Lourdes College
Gwendolen White, Ball State University
Elizabeth Widdison, University of Washington
Janet Woods, Macon State College
John Woodward, Polk State College
Jia Wu, University of Massachusetts – Dartmouth
Emily Xu, University of New Hampshire
Jeff Yu, Southern Methodist University
Bert Zarb, Embry-Riddle Aeronautical University

AGRADECIMENTOS

Agradecemos pelo excelente suporte oferecido pela McGraw-Hill. Em particular, gostaríamos de agradecer a Stewart Mattson, diretor editorial; Tim Vertovec, editor; Donna Dillon, editora patrocinadora; Emily Hatteberg e Katie Jones, editoras de desenvolvimento; Kathleen Klehr, gerente de marketing; Pat Frederickson, gerente-chefe do projeto; Carol Bielski, supervisora de produção; Matthew Baldwin, *designer*-chefe; Cathy Tepper, gerente do projeto de mídia; Allison Souter, gerente sênior do projeto de mídia; e Keri Johnson, coordenadora de pesquisa fotográfica.

Um agradecimento especial às seguintes pessoas que ajudaram a desenvolver os suplementos: Jon A. Booker e Charles W. Caldwell da Tennessee Technological University, Cynthia J. Rooney da University of New Mexico, e Susan C. Galbreath da Lipscomb University por criarem os slides em PowerPoint do professor e do aluno; Jeannie Folk do College of DuPage por criar os documentos de trabalho, questionários *on-line*, exames de prática *on-line* e exercícios na internet; Patti Lopez do Valencia Community College – East, Aileen Ormiston do Mesa Community College, Christine Denison da Iowa State University, Rebecca Lohmann da Southeast Missouri State University, Kathy Crusto-Way do Tarrant County College – Southeast, Stacy Wade da Western Kentucky University, Deb Cosgrove da University of Nebraska – Lincoln, Chuo-Hsuan Lee da SUNY Plattsburgh, Loretta Manktelow da James Madison University, Xiujun Farrier do Tarrant County College – South, Diane Tanner da University of North Florida, e Laurie Burney da Mississippi State University por terem pilotado o desenvolvimento de nossa tecnologia adaptativa de estudos individuais, LearnSmart; John Plouffe da California State University – Los Angeles por ajudar a gerar as soluções explicadas para o banco de testes; e Jack Terry da ComSource Associates Inc., por criar os modelos em Excel.

Finalmente, gostaríamos de agradecer a Beth Woods e Helen Roybark por trabalharem tanto para garantir uma 14ª edição livre de erros.

Somos gratos ao Institute of Certified Management Accountants pela permissão para utilizar perguntas e/ou respostas não oficiais de antigos exames do Certificado em Contabilidade Gerencial (CMA ou Certificate in Management Accounting). Da mesma forma, agradecemos ao American Institute of Certified Public Accountants, à Sociedade de Contadores Gerenciais do Canadá (Society of Management Accountants of Canada), e ao Instituto de Contadores Gerenciais do Reino Unido (Chartered Institute of Management Accountants) pela permissão para utilizar (ou para adaptar) problemas selecionados de seus exames. Esses problemas são indicados com CPA, SMA e CIMA, respectivamente.

Ray H. Garrison • Eric Noreen • Peter Brewer

SUMÁRIO RESUMIDO

Capítulo 1	Contabilidade gerencial: panorama	1
Capítulo 2	Contabilidade gerencial e conceitos de custo	23
Capítulo 3	Método de custeio por ordem de produção	83
Capítulo 4	Método de custeio por processo	142
Capítulo 5	Relações de custo-volume-lucro	184
Capítulo 6	Custeio variável e relatórios segmentados: ferramentas de gerenciamento	231
Capítulo 7	Método de custeio baseado em atividades: ferramenta para auxiliar a tomada de decisões	274
Capítulo 8	Planejamento de lucros	336
Capítulo 9	Orçamentos flexíveis e análise de desempenho	383
Capítulo 10	Custos-padrão e variações	418
Capítulo 11	Mensuração de desempenho em organizações descentralizadas	470
Capítulo 12	Análise diferencial: chave da tomada de decisões	525
Capítulo 13	Decisões de orçamento de capital	575
Capítulo 14	Demonstração de fluxos de caixa	634
Capítulo 15	Análise de demonstrações financeiras	673
Apêndice A	Precificação de produtos e serviços	708
Apêndice B	Análise de lucratividade	723
	Créditos	736
	Índice	737

SUMÁRIO

Capítulo 1

Contabilidade gerencial: panorama 1

O que é contabilidade gerencial? **2**

Planejamento 3

Controle 3

Tomada de decisões.. 4

Por que a contabilidade gerencial é importante para a sua carreira? **5**

Alunos de administração.................................... 5

Alunos de contabilidade.................................... 6

Certificação profissional – investimento inteligente 7

De que habilidades os gerentes precisam para serem bem-sucedidos? **8**

Habilidades de gerenciamento estratégico....... 8

Habilidades de gestão de riscos empresariais... 9

Habilidades de gestão de processos 10

Produção enxuta 11

Teoria das restrições (TOC)....................... 11

Habilidades de mensuração............................. 12

Habilidades de liderança................................. 13

Importância da ética nos negócios **14**

Código de conduta dos contadores gerenciais .. 15

Responsabilidade social corporativa.................. **17**

Resumo 18

Perguntas 18

Apêndice 1A: governança corporativa............... **19**

Capítulo 2

Contabilidade gerencial e conceitos de custo 23

Classificações gerais de custo **24**

Custos de produção 24

Materiais diretos 24

Mão de obra direta....................................... 24

Custos indiretos de produção...................... 25

Custos não relacionados à produção 25

Custos do produto *versus* custos do período....... **25**

Custos do produto... 26

Custos do período... 26

Custos primários e custos de transformação..... 26

Classificações de custo para prever o comportamento dos custos........................... **27**

Custos variáveis.. 28

Custos fixos 29

Pressuposto da linearidade e intervalo relevante.. 31

Custos mistos 33

Análise de custos mistos **34**

Diagnosticar o comportamento dos custos com um gráfico de dispersão......................... 35

Método dos pontos extremos............................ 38

Método de regressão dos mínimos quadrados... 40

Demonstrações de resultados no formato tradicional e com margem de contribuição..... **42**

Demonstração de resultados no formato tradicional 42

Demonstração de resultados com margem de contribuição.. 43

Classificações de custo para atribuir custos a objetos de custo **44**

Custos diretos 44

Custos indiretos.. 44

Classificações de custo para a tomada de decisões **44**

Custos e receitas diferenciais 44

Custos de oportunidade................................... 45

Custos perdidos 46

Resumo 47

Problema de revisão 1: termos de custo............... 47

Problema de revisão 2: método dos pontos extremos.. 48

Perguntas 49

Aplicação em Excel 50

Exercícios.. 51

Problemas 57

Casos.. 64

Apêndice 2A: Cálculos da regressão dos mínimos quadrados **66**

Apêndice 2A: Exercícios e problemas **68**

Apêndice 2B: Custo da qualidade **71**

Capítulo 3

Método de custeio por ordem de produção 83

Método de custeio por ordem de produção – panorama **84**

Método de custeio por ordem de produção – exemplo... **85**

Medir os custos de materiais diretos................. 86
Relatório de custos por ordem de produção...... 87
Medir os custos de mão de obra direta 87
Calcular taxas predeterminadas de
custos indiretos 89
Aplicar os custos indiretos de produção 89
Custos indiretos de produção – análise
mais detalhada 90
Necessidade de uma taxa predeterminada........ 91
Escolha de uma base de alocação de
custos indiretos 92
Cálculo de custos unitários 93

**Método de custeio por ordem de produção –
fluxo dos custos 93**
Compra e despacho de materiais..................... 94
Despacho de materiais diretos e indiretos... 95
Custos de mão de obra 96
Custos indiretos de produção 96
Aplicar os custos indiretos de produção 97
Conceito de uma conta de compensação.... 98
Custos não relacionados à produção 99
Custos de produtos manufaturados 99
Custos de produtos vendidos.......................... 100

**Tabelas de custos de produtos manufaturados
e de custos de produtos vendidos.................... 103**

**Subavaliação e superavaliação dos custos
indiretos – análise mais detalhada................. 104**
Calcular custos indiretos subavaliados
e superavaliados 104
Eliminar saldos de custos indiretos
subavaliados ou superavaliados 106
*Saldos liquidados para custos de
produtos vendidos ....* 107
Saldos alocados entre contas 107
Qual método deve ser utilizado para
eliminar custos indiretos subavaliados
ou superavaliados? 108
Modelo geral de fluxos de custos de produtos ... 108
Múltiplas taxas predeterminadas de
custos indiretos 108

**Método de custeio por ordem de produção
em empresas de prestação de serviços............. 108**
Resumo... 110
*Problema de revisão: custeio por ordem
de produção*.. 110
Perguntas 112
Aplicação em Excel 113
Exercícios.. 114
Problemas 123
Casos... 129
**Apêndice 3A: Taxa predeterminada de custos
indiretos e capacidade máxima 131**
**Apêndice 3B: Outras classificações dos custos
de mão de obra 138**

Capítulo 4

Método de custeio por processo 142

**Comparação entre os métodos de custeio
por ordem de produção e por processo 143**
Similaridades entre os métodos de custeio
por ordem de produção e por processo 143
Diferenças entre os métodos de custeio por
ordem de produção e por processo 143

**Fluxos de custos no método de custeio
por processo 144**
Departamentos de processamento.................... 144
Fluxo de custos indiretos, de materiais e
de mão de obra.................................... 145
Registros de custos indiretos, de materiais
e de mão de obra 146
Custos de materiais 146
Custos de mão de obra 146
Custos indiretos 146
Completar os fluxos de custos................. 147

Unidades equivalentes de produção 148
Método da média ponderada......................... 149

Cálculo e aplicação dos custos 151
Custo por unidade equivalente – método da
média ponderada................................... 151
Atribuir custos – método da média ponderada.... 152
Relatório de reconciliação de custos 152

Custeio operacional.................................... 153
Resumo... 153
*Problema de revisão: fluxos de custos dos
processos e unidades de custeio*........................ 154
Perguntas 156
Aplicação em Excel 157
Exercícios 158
Problemas 162
Casos... 166
Apêndice 4A: Método PEPS 168
**Apêndice 4B: Alocações do departamento
de serviços 176**

Capítulo 5

Relações de custo-volume-lucro........... 184

**Fundamentos da análise de
custo-volume-lucro (CVL) 186**
Margem de contribuição 186
Relações de CVL na forma de equação 188
Relações de CVL na forma gráfica.................. 189
Preparar o gráfico CVL 189
Índice de margem de contribuição (índice MC)... 191
Algumas aplicações dos conceitos de CVL 193
*Variações nos custos fixos e no volume
de vendas*.. 194
*Variação nos custos variáveis e no
volume de vendas ....* 195

SUMÁRIO

*Variação nos custos fixos, preço
de venda e volume de vendas* 195
*Variação nos custos variáveis, custos
fixos e volume de vendas* 196
Variação no preço de venda 197
Análise do lucro-alvo e do ponto de equilíbrio... **198**
Análise do lucro-alvo 198
Método da equação 198
Método da fórmula 198
*Análise do lucro-alvo em termos de
vendas (valor monetário)* 198
Análise do ponto de equilíbrio 199
Ponto de equilíbrio em vendas unitárias 199
*Ponto de equilíbrio em vendas
(valor monetário)* 200
Margem de segurança 201
**Considerações de CVL ao escolher uma
estrutura de custo** **202**
Estrutura de custo e estabilidade do lucro 202
Alavancagem operacional 204
Estruturar comissões de vendas **206**
***Mix* de vendas** **207**
Definição de *mix* de vendas 207
Mix de vendas e análise do ponto de equilíbrio 207
Premissas da análise CVL **209**
Resumo 210
Problema de revisão: relações CVL 210
Perguntas 213
Aplicação em Excel 213
Exercícios 214
Problemas 220
Casos 228

Capítulo 6

Custeio variável e relatórios segmentados: ferramentas de gerenciamento 231

**Panorama de custeio variável e custeio
por absorção** **232**
Custeio variável 232
Custeio por absorção 232
Despesas de venda e administrativas 233
Resumo das diferenças 233
**Custeio variável e custeio por absorção –
exemplo** **233**
Demonstração de resultados com margem de
contribuição pelo método do custeio variável 234
Demonstração de resultados pelo método
de custeio por absorção 236
**Reconciliação de resultados que refletem o
método de custeio variável com resultados
pelo método de custeio por absorção** **238**
**Vantagens do custeio variável e da abordagem
da margem de contribuição** **240**
Possibilitar uma análise CVL 240
Explicar as variações no resultado operacional 241

Suporte à tomada de decisões 241
Adaptação à teoria das restrições 242
**Demonstrações de resultados segmentadas
e a abordagem da margem de contribuição** **242**
Custos fixos rastreáveis e comuns e margem
por segmento 242
Identificação dos custos fixos rastreáveis 244
Custos fixos rastreáveis podem se tornar
custos comuns 244
**Demonstrações de resultados segmentadas –
exemplo** **244**
Níveis das demonstrações de resultados
segmentadas 246
Demonstrações de resultados segmentadas
e a tomada de decisões 246
**Demonstrações de resultados segmentadas –
erros comuns** **248**
Omissão de custos 248
Métodos inapropriados para atribuir custos
rastreáveis aos segmentos 248
Deixar de atribuir custos diretamente 249
Base de alocação inapropriada 249
Dividir custos comuns arbitrariamente entre
os segmentos 249
**Demonstrações de resultados – perspectiva
dos relatórios externos** **250**
Demonstração de resultados que abrangem
toda a empresa 250
Informações financeiras segmentadas 250
Resumo 251
*Problema de revisão 1: contraste entre os
custeios variável e por absorção* 252
*Problema de revisão 2: demonstrações de
resultados segmentadas* 254
Perguntas 255
Aplicação em Excel 256
Exercícios 257
Problemas 263
Casos 272

Capítulo 7

Método de custeio baseado em atividades: ferramenta para auxiliar a tomada de decisões 274

Custeio baseado em atividades: panorama **275**
Custos não relacionados à produção e o custeio
baseado em atividades 275
Custos de produção e o custeio baseado
em atividades 276
Agrupamentos de custo, bases de alocação e
custeio baseado em atividades 276
**Projetar um sistema de custeio baseado
em atividades (ABC)** **279**
Passos para implementar o custeio baseado
em atividades 282

SUMÁRIO

Passo 1: Definir atividades, agrupamentos de custos de atividades e medidas de atividades ... 282

Mecanismo do custeio baseado em atividades.... 283

Passo 2: Atribuir custos indiretos a agrupamentos de custos de atividades 283

Passo 3: Calcular índices de atividade 285

Passo 4: Atribuir custos indiretos a objetos de custo 287

Passo 5: Preparar relatórios gerenciais............. 290

Comparação dos custos do produto pelos sistemas de custeio tradicional e ABC 293

Margens de produtos calculadas por meio do sistema de custeio tradicional 293

Diferenças entre os custos do produto pelos sistemas de custeio tradicional e ABC.......... 294

Determinar alvos de melhorias nos processos.... 298

Custeio baseado em atividades e relatórios externos.. 298

Restrições do custeio baseado em atividades...... 299

Resumo.. 300

Problema de revisão: custeio baseado em atividades.. 301

Perguntas 302

Aplicação em Excel 303

Exercícios 304

Problemas 313

Apêndice 7A: Análise de ações ABC 318

Apêndice 7B: Usar uma forma modificada do custeio baseado em atividades para determinar custos de produto para relatórios externos..... 328

Capítulo 8

Planejamento de lucros 336

Modelo básico de orçamento.............................. 337

Vantagens de um orçamento 337

Contabilidade por responsabilidade................. 338

Escolher um período orçamentário.................. 338

Orçamento autoimposto 339

Fatores humanos na criação de um orçamento . 340

Comitê orçamentário..................................... 341

Orçamento-mestre: panorama 342

Preparar o orçamento-mestre.............................. 343

Orçamento de vendas 344

Orçamento de produção 346

Compras de estoque – empresa de *merchandising*... 347

Orçamento de materiais diretos 347

Orçamento de mão de obra direta 349

Orçamento de custos indiretos de produção 350

Orçamento de estoques finais de produtos concluídos 351

Orçamento de despesas de venda e administrativas.. 352

Orçamento de caixa....................................... 353

Demonstração de resultados orçada................. 357

Balanço patrimonial orçado 357

Resumo.. 360

Problema de revisão: cronogramas orçamentários .. 360

Perguntas 362

Aplicação em Excel 362

Exercícios 363

Problemas 369

Casos.. 380

Capítulo 9

Orçamentos flexíveis e análise de desempenho 383

Orçamentos flexíveis....................................... 384

Características de um orçamento flexível 384

Deficiências do planejamento orçamentário estático 385

Como funciona um orçamento flexível 387

Variações do orçamento flexível 388

Variações das atividades 388

Variações da receita e das despesas 389

Relatório de desempenho que combine variações das atividades e variações das receitas e das despesas 391

Relatórios de desempenho em organizações sem fins lucrativos 394

Relatórios de desempenho em centros de custo 394

Orçamentos flexíveis com múltiplos direcionadores de custo.................................... 395

Alguns erros comuns 396

Resumo.. 398

Problema de revisão: análise de variação usando um orçamento flexível 398

Perguntas 400

Aplicação em Excel 400

Exercícios 401

Problemas 410

Casos.. 414

Capítulo 10

Custos-padrão e variações.................. 418

Custos-padrão – introdução.............................. 419

Quem usa custos-padrão?............................... 420

Determinar custos-padrão 420

Determinar custos-padrão de materiais diretos 421

Determinar padrões de mão de obra direta....... 422

Determinar os custos-padrão dos custos indiretos variáveis de produção 423

Usar padrões em orçamentos flexíveis............. 423

Modelo geral para a análise de variação de custos-padrão... 424

Usar custos-padrão – Variações de materiais diretos 425

SUMÁRIO

Variação de quantidade dos materiais............... 426
Variação de preço dos materiais 427
Variação de quantidade dos materiais –
análise mais detalhada.................................... 427
Variação de preço dos materiais –
análise mais detalhada.................................... 429
Isolamento de variações..................... 429
Responsabilidade pela variação. 429

**Usar custos-padrão – variações da mão de obra
direta**.. **430**
Variação de eficiência da mão de obra –
análise mais detalhada................................ 431
Variação de taxa salarial –
análise mais detalhada................................ 431

**Usar custos-padrão – variações dos custos
indiretos variáveis de produção** **432**
Variações dos custos indiretos de produção –
análise mais detalhada................................ 433

Importante sutileza nas variações de materiais ... **435**
**Análise de variação e gerenciamento
por exceção** **437**
Uso internacional de custos-padrão **438**
**Avaliação de controles baseados
em custos-padrão**.. **438**
Vantagens dos custos-padrão 438
Possíveis problemas com o uso
dos custos-padrão...................................... 439

Resumo.. 440
Problema de revisão: custos-padrão..................... 440
Perguntas 442
Aplicação em Excel 443
Exercícios... 444
Problemas 446
Caso 452

**Apêndice 10A: Taxas predeterminadas de custos
indiretos e análise de custos indiretos
em um sistema de custeio-padrão** **453**
**Apêndice 10B: Lançamentos contábeis para
registrar variações**.. **465**

Capítulo 11

Mensuração de desempenho em organizações descentralizadas 470

Descentralização nas organizações **471**
Vantagens e desvantagens da descentralização. 471
Contabilidade por responsabilidade **472**
Centros de custos, lucros e investimentos......... 472
Centros de custos....................................... 472
Centros de lucros....................................... 472
Centros de investimentos............................. 472
**Avaliação do desempenho dos centros de
investimentos – retorno sobre investimentos** .. **473**
Fórmula do retorno sobre investimentos (ROI) 473
Definição de resultado operacional
e ativos operacionais..................................... 473

Compreender o ROI 474
Críticas ao ROI... 477
Lucro residual **477**
Motivação e lucro residual 478
Comparação divisional e lucro residual 479
Medidas de desempenho operacional.................... **480**
Tempo de ciclo do pedido 480
Tempo de transformação (tempo do ciclo
de produção)... 480
Eficiência do ciclo de produção (ECP) 481
Balanced scorecard **483**
Características comuns dos *balanced
scorecards*.. 483
Estratégia de uma empresa e o *balanced
scorecard* 486
Atrelar a remuneração ao *balanced scorecard* . 488
Vantagens de um *feedback* gráfico e
em tempo hábil.. 488

Resumo.. 489
*Problema de revisão: retorno sobre
investimentos (ROI) e lucro residual*.................... 490
Perguntas 491
Aplicação em Excel 491
Exercícios... 492
Problemas 497
Caso 504

Apêndice 11A: Preços de transferência **505**
**Apêndice 11B: Encargos do departamento
de serviços** **518**

Capítulo 12

Análise diferencial: chave da tomada de decisões 525

Conceitos de custo na tomada de decisões.......... **526**
Identificar custos e benefícios relevantes.......... 526
Custos diferentes para diferentes propósitos..... 527
Exemplo de identificação de custos
e benefícios relevantes 527
Reconciliar as abordagens total e diferencial ... 530
Por que isolar os custos relevantes?.................. 532
**Adicionar e eliminar linhas de produto
e outros segmentos**... **533**
Ilustração da análise de custos 533
Formato comparativo 535
Cuidado com a alocação dos custos fixos 535
Decisão de produzir ou comprar **536**
Aspectos estratégicos da decisão de produzir
ou comprar 537
Exemplo de decisão de produzir ou comprar.... 538
Custo de oportunidade **539**
Pedidos especiais **540**
Utilização de um recurso restrito...................... **541**
Margem de contribuição por unidade
do recurso restrito 541

Gerenciar restrições 544
Problema das múltiplas restrições 546
Custos de produtos conjuntos e a abordagem da margem de contribuição **546**
Riscos da alocação 547
Decisões de vender ou processar mais 547
Custeio baseado em atividades e custos relevantes **549**
Resumo 549
Problema de revisão: custos relevantes 550
Perguntas 551
Aplicação em Excel 551
Exercícios 553
Problemas 561
Casos 568

Capítulo 13

Decisões de orçamento de capital 575

Orçamento de capital – planejar investimentos... **576**
Decisões típicas de um orçamento de capital ... 576
Valor do dinheiro no tempo 576
Fluxos de caixa descontados – método do valor presente líquido **577**
Exemplificação do método do valor presente líquido 577
Ênfase nos fluxos de caixa 578
Saídas de caixa típicas 579
Entradas de caixa típicas 579
Recuperação do investimento original 580
Pressupostos facilitadores 581
Escolher uma taxa de desconto 582
Exemplo ampliado do método do valor presente líquido 582
Fluxos de caixa descontados – método da taxa interna de retorno **583**
Exemplificação do método da taxa interna de retorno 583
Valor recuperado e outros fluxos de caixa 584
Usar a taxa interna de retorno 584
Custo de capital como uma ferramenta de triagem 585
Comparação dos métodos do valor presente líquido e da taxa interna de retorno 585
Expandir o método do valor presente líquido **586**
Abordagem do custo total 586
Abordagem do custo incremental 587
Decisões de custo mínimo 588
Fluxos de caixa incertos **590**
Exemplo 590
Opções reais 591
Decisões de preferência – classificação de projetos de investimentos **591**
Método da taxa interna de retorno 591
Método do valor presente líquido 591

Outras abordagens para as decisões de orçamento de capital **592**
Método do *payback* 593
Avaliação do método do *payback* 594
Exemplo ampliado do *payback* 595
Payback e fluxos de caixa desiguais 596
Método da taxa de retorno simples 597
Críticas ao método da taxa de retorno simples . 598
Pós-auditoria dos projetos de investimento **598**
Resumo 599
Problema de revisão: comparação dos métodos de orçamento de capital 600
Perguntas 601
Aplicação em Excel 601
Exercícios 603
Problemas 606
Casos 615
Apêndice 13A: Conceito de valor presente **618**
Apêndice 13B: Tabelas de valor presente **624**

Capítulo 14

Demonstração de fluxos de caixa 634

Demonstração de fluxos de caixa: conceitos-chave **636**
Organizar a demonstração de fluxos de caixa ... **636**
Atividades operacionais: método direto ou indireto? **637**
Método indireto: processo de três passos **638**
Passo 1 638
Passo 2 639
Passo 3 640
Atividades de investimento e financiamento: fluxos de caixa brutos 640
Propriedades, instalações e equipamentos. 641
Lucros retidos 642
Resumo dos conceitos-chave 643
Exemplo de uma demonstração de fluxos de caixa **644**
Atividades operacionais 645
Passo 1 645
Passo 2 646
Passo 3 646
Atividades de investimento 647
Atividades de financiamento.............................. 647
Analisar o quadro geral...................................... 649
Interpretar a demonstração de fluxos de caixa ... **650**
Considerar as circunstâncias específicas de uma empresa 650
Considerar as relações entre os números 651
Fluxo de caixa livre 652
Qualidade dos lucros 652
Resumo 653
Problema de revisão 653

Perguntas 657
Exercícios 658
Problemas 661
Apêndice 14A: Método direto para determinar o caixa líquido gerado pelas atividades operacionais **669**

Capítulo 15

Análise de demonstrações financeiras ... 673

Restrições da análise de demonstrações financeiras **674**
Comparar dados financeiros entre empresas 674
O que há por trás dos índices 674
Demonstrações na forma comparativa e *common-size* **674**
Variações em valores e percentuais nas demonstrações 675
Demonstrações *common-size* (análise vertical)... 676
Análise de índices – acionista ordinário **679**
Lucros por ação 679
Índice preço-lucro 680
Índices de pagamento e de rendimento dos dividendos 681
Índice de pagamento de dividendos 681
Índice de rendimento de dividendos 681
Retorno sobre o total de ativos 682
Retorno sobre o patrimônio dos acionistas ordinários 682
Alavancagem financeira 683
Valor contábil por ação 683
Análise de índices – credor de curto prazo **684**
Capital de giro 684
Índice de liquidez corrente 684
Índice de liquidez seca (teste ácido) 685
Giro de contas a receber 685
Giro de estoques 686
Análise de índices – credor de longo prazo **687**
Índice de cobertura de juros 687
Índice de endividamento (*debt-to-equity ratio*) 688
Resumo dos índices e fontes de dados comparativos entre índices **688**
Resumo 691
Problema de revisão: índices selecionados e alavancagem financeira 691

Perguntas 693
Exercícios 693
Problemas 698

Apêndice A

Precificação de produtos e serviços 708

Introdução **708**
Abordagem dos economistas para a precificação **709**
Elasticidade-preço da demanda 709
Preço maximizador de lucros 710
Abordagem do custeio por absorção para a precificação *cost-plus* **712**
Estabelecer um preço de venda alvo usando o custeio por absorção 712
Determinar o percentual de *markup* 714
Problemas com o custeio por absorção **715**
Método do custo-meta **716**
Motivos para usar o método do custo-meta 716
Exemplo de custeio pelo método do custo-meta 716
Resumo 717
Perguntas 717
Exercícios 718
Problemas 718

Apêndice B

Análise de lucratividade 723

Introdução **723**
Lucratividade absoluta **723**
Lucratividade relativa **724**
Decisões de *trade-off* de volume **727**
Implicações gerenciais **729**
Resumo 730
Perguntas 731
Exercícios 731
Problemas 732
Caso 735

Créditos 736
Índice 737

CONTABILIDADE GERENCIAL: panorama 1

Contabilidade gerencial:
mais do que um mero processamento de números

FOCO NOS **NEGÓCIOS**

"Criar valor por meio de valores" é o lema da contabilidade gerencial de hoje. Isso significa que os contadores gerenciais devem manter um compromisso inabalável com valores éticos ao usarem seus conhecimentos e habilidades para influenciar decisões que criam valor para as partes interessadas nas organizações. Essas habilidades incluem a gestão de riscos, a implementação de estratégias por meio de planejamento, orçamento e previsões e o suporte à tomada de decisões. Os contadores gerenciais são parceiros estratégicos que compreendem os aspectos financeiros e operacionais do negócio. Eles divulgam e analisam não somente medidas financeiras, mas medidas não financeiras dos desempenhos de processos e sociocorporativos. Pense nessas responsabilidades em termos de lucros (demonstrações contábeis), processos (foco na satisfação do cliente), pessoas (aprendizagem e satisfação dos funcionários) e do planeta (gestão ambiental e sustentabilidade).

FONTE: Conversa com Jeff Thomson, presidente e CEO do Instituto dos Contadores Gerenciais (IMA).

> **Contabilidade gerencial**
>
> fase da contabilidade que envolve fornecer informações aos gerentes para uso na própria organização.

> **Contabilidade financeira**
>
> fase da contabilidade que envolve o relatório de informações financeiras históricas a partes externas, como acionistas, credores e reguladores.

> **Segmento**
>
> parte ou atividade de uma organização sobre a qual os gerentes gostariam de obter dados de custos, receitas ou lucros.

Este capítulo explica por que a contabilidade gerencial é importante para a futura carreira de todos os alunos de administração. Ele começa respondendo a três perguntas: (1) O que é contabilidade gerencial? (2) Por que a contabilidade gerencial é importante para a sua carreira? e (3) Quais habilidades os gerentes precisam para serem bem-sucedidos? Na conclusão, o capítulo discute dois tópicos importantes a todos os gerentes: o papel da ética nos negócios e a responsabilidade social corporativa.

O QUE É CONTABILIDADE GERENCIAL?

Muitos dos alunos que adotaram este livro provavelmente estudaram a matéria *contabilidade financeira*, que envolve a divulgação de informações financeiras para as partes externas, como acionistas, credores e reguladores. A **contabilidade gerencial** envolve o fornecimento de informações a gerentes para uso na própria organização. O Quadro 1.1 resume sete diferenças-chave entre a **contabilidade financeira** e a gerencial. Nele, fica claro que a diferença fundamental entre os dois tipos é que a financeira atende às necessidades de quem está *fora da* organização (usuários externos), enquanto a gerencial atende às necessidades dos gerentes *dentro da* organização (usuários internos). Em virtude dessa diferença fundamental de usuários, a contabilidade financeira enfatiza as consequências de atividades passadas, a objetividade, a verificabilidade, a precisão e o desempenho em toda a empresa, enquanto a contabilidade gerencial enfatiza as decisões que afetam o futuro, a relevância, o fazer as coisas em tempo hábil e o desempenho no nível do *segmento*.

Um **segmento** é uma parte ou atividade de uma organização sobre a qual os gerentes precisam de dados de custos, receitas ou lucros para suas análises. Exemplos de segmentos empresariais incluem linhas de produtos, grupos de clientes (segmentados por idade, etnia, gênero, volume de compras etc.), territórios geográficos, divisões, fábricas e departamentos. Finalmente, a contabilidade financeira é obrigatória para relatórios externos e precisa estar em conformidade com regras, como os princípios contábeis geralmente aceitos (GAAP, *Generally Accepted Accounting Principles*) e os padrões internacionais de relatórios financeiros (IFRS, *International Financial Reporting Standards*), já a contabilidade gerencial não é obrigatória e não precisa estar em conformidade com regras externamente impostas.

QUADRO 1.1 Comparação entre contabilidade financeira e gerencial.

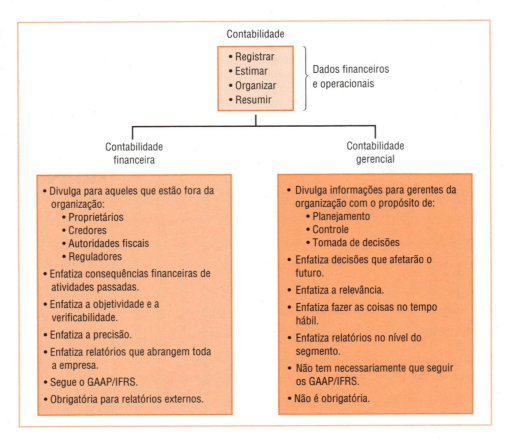

Como mencionado no Quadro 1.1, a contabilidade gerencial ajuda os gerentes na realização de três atividades vitais: *planejamento, controle* e *tomada de decisões*. O **planejamento** envolve estabelecer objetivos e especificar de que forma alcançá-los. O **controle** envolve *feedback* para garantir que o plano seja adequadamente executado ou modificado à medida que as circunstâncias mudem. A **tomada de decisões** envolve selecionar uma ação dentre alternativas concorrentes. Agora, façamos uma análise mais minuciosa desses três pilares da contabilidade gerencial.

Planejamento

Suponha que você trabalhe para a **Procter & Gamble (P&G)** e que seja encarregado do recrutamento de alunos de graduação em administração em uma universidade. Nesse exemplo, seu processo de planejamento começaria estabelecendo um objetivo, como: nossa meta é recrutar os "melhores e mais inteligentes" alunos de graduação. A etapa seguinte do processo de planejamento exigiria especificar esse objetivo, respondendo a diversas perguntas, como:

> ▶ Quantos alunos precisamos contratar para cada carreira e no total?
>
> ▶ Quais universidades planejamos incluir em nosso recrutamento?
>
> ▶ Quais de nossos funcionários estarão envolvidos nas atividades de recrutamento em cada universidade?
>
> ▶ Quando realizaremos as entrevistas?
>
> ▶ Como compararemos os alunos para decidir quem receberá ofertas de emprego?
>
> ▶ Que salário ofereceremos aos nossos novos contratados? Os salários serão diferentes para cada carreira?
>
> ▶ Quanto podemos gastar em nosso programa de recrutamento?

Veja que há muitas perguntas que precisam ser respondidas como parte do processo de planejamento. Os planos geralmente são acompanhados de um **orçamento**, um plano detalhado para o futuro que é normalmente expresso em termos quantitativos formais. Como líder do recrutamento da P&G, seu orçamento incluiria dois componentes-chave. Em primeiro lugar, teria de trabalhar com outros gerentes seniores da empresa para estabelecer uma quantia orçada do total que pode ser oferecida, na forma de salários, aos novos contratados. Em segundo lugar, teria de criar um orçamento que quantificasse quanto pretende gastar em suas atividades de recrutamento nas universidades.

Controle

Estabelecida e iniciada a implementação do plano de recrutamento da P&G, passaria ao processo de controle, que envolveria levantar, avaliar e responder ao *feedback* obtido para garantir que o processo de recrutamento dos alunos desse ano corresponda às expectativas da empresa. Ele incluiria avaliar tal *feedback* em busca de maneiras para realizar uma campanha de recrutamento mais eficaz no próximo ano, e responder a perguntas como:

> ▶ Tivemos êxito em contratar o número planejado de alunos em cada carreira e em cada universidade?
>
> ▶ Perdemos um número muito alto de candidatos excepcionais para os concorrentes?
>
> ▶ Cada um de nossos funcionários envolvidos no processo de recrutamento teve um desempenho satisfatório?
>
> ▶ Nosso método de comparação dos alunos funcionou bem?
>
> ▶ As entrevistas na universidade e na empresa correram bem?
>
> ▶ Ficamos dentro de nosso orçamento em termos de salários oferecidos aos novos contratados?
>
> ▶ Ficamos dentro de nosso orçamento em termos de gastos com as atividades de recrutamento?

Há muitas perguntas que precisam ser respondidas como parte do processo de controle. Ao responder essas perguntas, seu objetivo está além do mero sim ou não em busca dos

---

▶ **Planejamento**

processo de estabelecer objetivos e especificar como alcançá-los.

▶ **Controle**

processo de coletar *feedback* para garantir que um plano seja adequadamente executado ou modificado à medida que as circunstâncias mudem.

▶ **Tomada de decisões**

ato de selecionar uma ação dentre alternativas concorrentes.

▶ **Orçamento**

plano detalhado para o futuro que normalmente é expresso em termos quantitativos formais.

CONTABILIDADE GERENCIAL

> **▶ Relatório de desempenho**
>
> relatório que compara dados orçados a dados reais para ressaltar exemplos de desempenho excelente e de desempenho insatisfatório.

motivos subjacentes pelos quais as expectativas de desempenho foram ou não atendidas. Parte do processo de controle inclui preparar *relatórios de desempenho*. Um **relatório de desempenho** compara dados orçados aos dados reais na tentativa de identificar e aprender com um desempenho excelente e identificar e eliminar fontes de desempenho insatisfatório. Ele pode ser usado como uma das muitas informações que ajudam a avaliar e compensar funcionários.

Embora este exemplo enfatize os esforços de recrutamento universitário da P&G, poderíamos ter descrito como o planejamento permite que a **FedEx** entregue encomendas em todo o mundo em até 24 horas, ou como ele ajudou a **Apple** a desenvolver e comercializar o iPad. Poderíamos ter discutido como o processo de controle ajuda a **Pfizer**, a **Eli Lilly** e a **Abbott Laboratories** a garantirem que seus medicamentos farmacêuticos sejam produzidos em conformidade com rigorosos padrões de qualidade, ou como a **Kroger** depende do processo de controle para manter as prateleiras de suas lojas cheias. Também poderíamos ter analisado fracassos de planejamento e controle como o enorme derramamento de petróleo da **BP** no golfo do México. Em resumo, todos os gerentes (e isso, algum dia, provavelmente o incluirá) realizam atividades de planejamento e controle.

Tomada de decisões

Talvez a habilidade gerencial mais básica seja a capacidade de tomar decisões inteligentes baseadas em dados. Em termos gerais, muitas dessas decisões giram em torno de três perguntas: *O que* devemos vender? *A quem* devemos atender? *Como* devemos proceder? O Quadro 1.2 fornece exemplos de decisões para cada uma dessas três categorias.

A coluna da esquerda do quadro sugere que cada empresa tem de tomar decisões relacionadas aos produtos e serviços que vende. Por exemplo, todo ano, a **Procter & Gamble** decide como alocar seu orçamento de marketing entre 23 marcas que geram, cada uma, mais de US$ 1 bilhão em vendas, além de outras marcas com potencial de crescimento promissor. A **Mattel** decide quais novos brinquedos lançar no mercado. A **Southwest Airlines**, os preços das passagens aéreas para cada um de seus milhares de voos por dia. A **General Motors**, se deve ou não descontinuar certos modelos de automóveis.

QUADRO 1.2
Exemplos de decisões.

O que devemos vender?	A quem devemos atender?	Como devemos proceder?
Quais produtos e serviços devem ser o foco dos nossos esforços de marketing?	Quem deveria ser o foco de nossos esforços de marketing?	Como devemos fornecer nossos produtos e serviços?
Quais novos produtos e serviços devemos oferecer?	A quem deveríamos começar a atender?	Como devemos expandir nossa capacidade?
Quais preços devemos cobrar por nossos produtos e serviços?	Quem deveria pagar preços mais altos ou receber descontos?	Como devemos reduzir nossa capacidade?
Quais produtos e serviços devemos descontinuar?	A quem deveríamos parar de atender?	Como devemos melhorar nossa eficiência e eficácia?

A coluna do meio do Quadro 1.2 indica que todas as empresas tomam decisões relacionadas aos clientes que atendem. Por exemplo, a **Sears** precisa decidir como alocar seu orçamento de marketing entre produtos que tendem a atrair clientes homens *versus* clientes mulheres. A **FedEx**, se deve expandir seus serviços para novos mercados ao redor do mundo. A **Hewlett-Packard**, acerca dos descontos de preço a clientes corporativos que compram grandes volumes de seus produtos. Um banco, se deve ou não descontinuar clientes não lucrativos.

A coluna da direita do quadro mostra que as empresas tomam decisões relacionadas ao procedimento. Por exemplo, a **Boeing** precisa decidir se deve ou não contar com fornecedores externos como a **Goodrich**, a **Saab** e a **Rolls-Royce** para a fabricação de muitas das peças usadas para produzir suas aeronaves. A **Cintas**, se deve ou não expandir sua capacidade de lavagem e limpeza em determinada região geográfica expandindo instalações existentes ou construindo instalações totalmente novas. Em uma retração econômica, um fabricante talvez precise decidir se deve ou não eliminar um turno de oito horas em três fábricas ou fechar totalmente uma delas. Finalmente, todas as empresas devem decidir entre oportunidades concorrentes de melhoria. Por exemplo, uma empresa pode precisar decidir se deve ou não implementar um novo sistema de software, fazer *upgrade* em um equipamento ou oferecer mais treinamento a seus funcionários.

Esta parte do capítulo explicou que os três pilares da contabilidade gerencial são o planejamento, o controle e a tomada de decisões, e esse conhecimento o ajudará a se preparar para se tornar um gerente eficaz, mostrando como tomar decisões inteligentes baseadas em dados, criar planos financeiros para o futuro e fazer progresso continuamente, no sentido de alcançar objetivos por meio da obtenção, avaliação e resposta ao *feedback* que recebe.

POR QUE A CONTABILIDADE GERENCIAL É IMPORTANTE PARA A SUA CARREIRA?

Muitos alunos sentem-se ansiosos quanto à escolha de um curso de graduação por não terem certeza de que propiciará uma carreira satisfatória. Para diminuir essa ansiedade, recomendamos não se concentrar tanto naquilo que não consegue controlar em relação ao futuro, focalizando, em vez disso, aquilo que pode controlar agora. Mais especificamente, concentre esforços para responder à seguinte pergunta: o que pode fazer agora para se preparar para o sucesso em uma carreira ainda desconhecida? A melhor resposta é descobrir quais habilidades facilitarão sua adaptação em um futuro incerto. Você precisa ser adaptável!

Não importa se trabalhará em seu próprio país ou no exterior, em uma grande corporação, pequena empresa, organização sem fins lucrativos ou entidade governamental, terá de saber como planejar o futuro, como progredir no sentido de alcançar seus objetivos e como tomar decisões inteligentes. Em outras palavras, as habilidades necessárias para a contabilidade gerencial são úteis para quase todas as carreiras, organizações e indústrias. Se dedicar sua energia neste aprendizado, investirá de forma inteligente em seu futuro – embora possa não enxergar isso claramente. A seguir, aprofundaremos esse assunto explicando como a contabilidade gerencial está relacionada às futuras carreiras no campo da administração e da contabilidade.

Alunos de administração

O Quadro 1.3 fornece exemplos de como o planejamento, o controle e a tomada de decisões afetam três especializações de graduação além da contabilidade: marketing, gestão operacional e gestão de recursos humanos.

A coluna da esquerda do Quadro 1.3 descreve algumas aplicações do planejamento, do controle e da tomada de decisões na área de marketing. Por exemplo, os gerentes de marketing tomam decisões de planejamento relacionadas a como alocar investimentos dedicados à propaganda, distribuindo-os entre vários meios de comunicação, e como selecionar equipes para novos territórios de venda. Do ponto de vista do controle, eles acompanham de perto os dados das vendas a fim de verificar se um preço orçado gera o aumento previsto em unidades vendidas, ou estudam os níveis de estoque durante a temporada de compras de fim de ano para ajustarem os preços conforme a necessidade, com o intuito de otimizar as vendas. Os gerentes de marketing tomam muitas decisões importantes, por exemplo, se devem ou não agrupar serviços em pacotes e vendê-los por um preço único ou vender cada serviço separadamente. Eles decidem se venderão produtos diretamente ao cliente ou a um distribuidor, que, então, repassará ao consumidor final.

A coluna do meio do quadro afirma que os gerentes operacionais precisam planejar quantas unidades produzir para satisfazer a demanda prevista, além de orçar despesas operacionais, como de utilidade pública, suprimentos e custos com mão de obra. Em termos de controle, eles monitoram os gastos reais em relação ao orçamento e acompanham de perto medidas como o número de defeitos produzidos em relação ao planejado. Os gerentes operacionais tomam inúmeras decisões, por exemplo, se devem comprar um novo equipamento ou fazer *upgrade* em um equipamento existente, ou se devem ou não investir em reprojetar um processo de produção a fim de reduzir os níveis de estoque.

QUADRO 1.3
Contabilidade gerencial relacionada a três especializações da graduação em administração.

O que deveríamos vender?	Marketing	Gestão operacional	Gestão de recursos humanos
Planejamento	Quanto devemos orçar para a propaganda na TV, nas mídias impressas e na internet?	Quantas unidades devemos planejar produzir no próximo período?	Quanto devemos planejar para gastos com treinamento em segurança ocupacional?
	Quantos vendedores devemos planejar contratar para atender um novo território?	Quanto devemos orçar para as despesas de utilidade pública do próximo período?	Quanto devemos planejar para gastos com recrutamento de funcionários?
Controle	O corte no preço orçado está aumentando o número de unidades vendidas como o esperado?	Gastamos mais ou menos do que o esperado em relação às unidades que realmente produzimos?	Nossa taxa de retenção de funcionários excede nossas metas?
	Acumulamos estoque em excesso durante a temporada de compras de fim de ano?	Alcançamos nossa meta de reduzir o número de unidades produzidas com defeito?	Atingimos nossa meta de concluir avaliações de desempenho em tempo hábil?
Tomada de decisões	Devemos vender nossos serviços como um pacote ou separadamente?	Devemos comprar um novo equipamento ou fazer upgrade daquele que temos?	Devemos contratar uma equipe médica interna para diminuir nossos custos com serviços de saúde?
	Devemos vender diretamente aos clientes ou usar um distribuidor?	Devemos reprojetar nosso processo de produção para diminuir os níveis de estoque?	Devemos contratar trabalhadores temporários ou funcionários de tempo integral?

A coluna da direita do quadro explica como os gerentes de recursos humanos tomam diversas decisões de planejamento, por exemplo, orçar quanto deve ser gasto em treinamento de segurança ocupacional e recrutamento de funcionários. Eles monitoram o *feedback* sobre inúmeras questões gerenciais, como as taxas de retenção de funcionários e a conclusão de avaliações de desempenho de funcionários em tempo hábil. Ajudam a tomar muitas decisões importantes, por exemplo, se devem contratar uma equipe médica interna na tentativa de diminuir os custos de serviços de saúde e se devem contratar trabalhadores temporários ou funcionários de tempo integral em um panorama econômico incerto.

Por questões de brevidade, o Quadro 1.3 não inclui todas as especializações da graduação de administração, como finanças, gestão da cadeia de suprimentos, sistemas de informação de gerenciamento e economia. Você consegue explicar como o planejamento, o controle e a tomada de decisões estão relacionados a essas especializações?

Alunos de contabilidade

Muitos alunos de contabilidade começam a carreira em empresas públicas de contabilidade que oferecem diversos serviços valiosos a seus clientes. Alguns desses alunos constroem uma carreira bem-sucedida e satisfatória no setor de contabilidade pública; entretanto, a maioria deles deixa esse setor mais cedo ou mais tarde para trabalhar em outras organizações. Na verdade, o **Instituto dos Contadores Gerenciais** (IMA, *Institute of Management Accounts*) estima que mais de 80% dos contadores profissionais nos Estados Unidos trabalham em ambientes contábeis não públicos <www.imanet.org/about_ima/our_mission.aspx>.

A profissão de contador público possui forte orientação à contabilidade financeira, sendo sua função mais importante proteger os investidores e outros parceiros externos, garantindo-lhes que as empresas divulguem seus resultados financeiros históricos de modo a cumprir as regras contábeis aplicáveis. Os contadores gerenciais têm fortes habilidades em contabilidade financeira, por exemplo, desempenham um importante papel ajudando suas organizações a criarem e manterem sistemas de relatórios financeiros que

Capítulo **1** ▶▶ Contabilidade gerencial

gerem divulgações financeiras confiáveis. Entretanto, a principal função dos contadores gerenciais é fazer uma parceria com os colegas de sua organização para que melhore seu desempenho.

Dado o valor de 80% mencionado anteriormente, se você é aluno de contabilidade, há grande probabilidade de que seu futuro envolva trabalhar para um empregador contábil não público. Seu empregador esperará que seja muito bom em contabilidade financeira, mas, sobretudo, que o ajude a melhorar o desempenho organizacional aplicando as habilidades de planejamento, controle e tomada de decisões, que são o fundamento da contabilidade gerencial.

OPORTUNIDADE DE CRIAR UMA REDE DE RELAÇÕES PROFISSIONAIS

POR DENTRO DAS EMPRESAS

O **Instituto dos Contadores Gerenciais** (IMA) é uma rede de mais de 60 mil profissionais de contabilidade e finanças de mais de 120 países. Todo ano, o IMA é anfitrião de uma conferência sobre liderança para estudantes que atrai mais de 300 alunos de mais de 50 faculdades e universidades. Palestrantes convidados de conferências passadas discutiram assuntos como liderança, conselhos para uma carreira bem-sucedida, como se colocar no mercado em uma economia difícil e como se sobressair na força de trabalho multifuncional de hoje. Um estudante que esteve presente na conferência disse: "Gostei de poder interagir com profissionais que trabalham em áreas que poderiam oferecer possíveis caminhos para minha carreira". Para mais informações sobre essa válida oportunidade de criar uma rede de relações profissionais, entre em contato com o IMA pelo telefone ou *site* abaixo.

Fonte: Conversas com Jodi Ryan, Diretora de Alianças e Comunidades Estudantis/Acadêmicas do Instituto dos Contadores Gerenciais. Visite o *site* <www.imanet.org>.

Certificação profissional – investimento inteligente   Se você planeja se formar em contabilidade, a designação de contador gerencial certificado (CMA, *Certified Management Account*) é uma credencial internacionalmente respeitada (patrocinada pelo IMA) que aumentará sua credibilidade, suas possibilidades de ascender na carreira e sua remuneração. O Quadro 1.4 resume os tópicos abordados no exame do CMA, composto de duas partes. Para não se estender demais, não definiremos todos os termos incluídos neste quadro; o propósito é simplesmente enfatizar que o exame do CMA concentra-se nas habilidades de planejamento, no controle e na tomada de decisões que são muito importantes para os empregadores contábeis não públicos. A orientação do CMA à gestão interna é um complemento para o exame extremamente respeitado de contador público certificado (CPA, *Certified Public Account*), que destaca o cumprimento de regras – padrões de garantia, padrões de contabilidade financeira, direito administrativo e o código fiscal. Você encontrará informações sobre como se tornar um CMA no *site* do IMA <www.imanet.org>.

Parte 1	*Planejamento financeiro, desempenho e controle*
	• Planejamento, orçamento e previsão
	• Gestão de desempenho
	• Gestão de custos
	• Controles internos
	• Ética profissional
Parte 2	*Tomada de decisões financeiras*
	• Análise de demonstrações contábeis
	• Finanças empresariais
	• Análise de decisões e gestão de riscos
	• Decisões de investimento
	• Ética profissional

QUADRO 1.4
Especificações de conteúdo do exame de CMA.

CONTABILIDADE GERENCIAL

POR DENTRO
DAS EMPRESAS

QUAL SERIA MEU SALÁRIO?

O Instituto dos Contadores Gerenciais (IMA) criou a tabela a seguir, que permite que os profissionais estimem qual seria seu salário como contador gerencial.

		(US$)	Seu cálculo (US$)
Comece com este valor-base..		72.288	72.288
Se está na alta gerência..	SOME	36.591	
(ou) se está no nível iniciante de gerência.............................	SUBTRAIA	23.553	
Número de anos na área..	VEZES	700	
Se possui um diploma de estudos avançados	SOME	12.216	
Se possui o CMA..	SOME	8.185	
(ou) se possui o CPA...	SOME	11.872	_____
Seu nível salarial estimado...			=======

Por exemplo, se chegasse à alta gerência em 10 anos, tivesse um diploma de estudos avançados e um CMA, seu salário estimado seria de US$ 136.280 [US$ 72.288 + US$ 36.591 + (10 × 700) + US$ 12.216 + US$ 8.185].

FONTE: David L. Schroeder, Lee Schiffel e Kenneth A. Smith, "IMA 2009 Salary Survey," *Strategic Finance*, junho de 2010, p. 21-39.

DE QUE HABILIDADES OS GERENTES PRECISAM PARA SEREM BEM-SUCEDIDOS?

Os gerentes possuem uma variedade de habilidades que lhes permite realizar seu trabalho, como habilidades de gerenciamento estratégico, de gestão de riscos empresariais, de gestão de processos, de mensuração e de liderança. Discutiremos cada um desses conjuntos de habilidades separadamente.

Habilidades de gerenciamento estratégico

> ▶ **Estratégia**
>
> "plano de jogo" de uma empresa para atrair clientes distinguindo-se de seus concorrentes.

Os gerentes bem-sucedidos compreendem que os planos que criam, as variáveis que tentam controlar e as decisões que tomam são todos influenciados pela *estratégia* de sua empresa. Uma **estratégia** é um "plano de jogo" que permite que uma empresa atraia clientes diferenciando-se de seus concorrentes. O foco da estratégia de uma empresa deve ser os clientes-alvo. Uma empresa só pode ser bem-sucedida se criar um motivo pelo qual os clientes a escolherão e não a um concorrente. Esses motivos, ou o que são mais formalmente chamados de *proposições de valor ao cliente,* são a essência da estratégia.

As proposições de valor ao cliente tendem a se classificar em três amplas categorias: *intimidade com o cliente, excelência operacional* e *liderança de produto.* As empresas que adotam uma estratégia de *intimidade com o cliente* estão, em essência, lhes dizendo: "Vocês devem nos escolher porque podemos personalizar nossos produtos e serviços para atender às suas necessidades individuais melhor do que nossos concorrentes". Para seu sucesso, a **Ritz-Carlton**, a **Nordstrom** e a **Virtuoso** (agência de viagem que oferece serviços *premium*) contam primordialmente com uma proposição de valor de intimidade com o cliente. As empresas que buscam a segunda proposição de valor ao cliente, chamada *excelência operacional,* dizem para seus clientes-alvo: "Vocês devem nos escolher porque produzimos produtos e serviços de maneira mais rápida, mais conveniente e a preços mais baixos do que nossos concorrentes". A **Southwest Airlines**, o **Walmart** e o **Google** são exemplos de empresas bem-sucedidas em primeiro lugar devido à excelência operacional. As empresas que buscam a terceira proposição de valor ao cliente, chamada *liderança de produto,* dizem para seus clientes-alvo: "Vocês devem nos escolher porque oferecemos produtos de qualidade mais alta do que nossos concorrentes". A Apple, a BMW, a **Cisco Systems** e a **W. L. Gore** (a criadora do tecido GORE-TEX) são exemplos de empresas bem-sucedidas em virtude da liderança de produto. Embora uma empresa possa oferecer a seus clientes uma combinação dessas três proposições de valor ao cliente, uma normalmente supera a outra em termos de importância.[1]

POR DENTRO DAS EMPRESAS

LISTA DE ESPERA DE QUATRO ANOS NA VANILLA BICYCLES

Sacha White abriu a **Vanilla Bicycles** em Portland, Oregon, Estados Unidos, em 2001. Depois de oito anos em operação, ele tinha uma lista de espera de pedidos de clientes de quatro anos. Ele limita sua produção anual a 40-50 bicicletas que são vendidas por uma média de US$ 7 mil cada. White usa uma liga de prata que custa 20 vezes mais do que o latão (que é o padrão da indústria) para unir os tubos de titânio que formam o quadro da bicicleta, além de gastar três horas tirando as medidas de um comprador para determinar as dimensões exatas do quadro. Ele tem resistido a expandir a produção porque isso comprometeria sua estratégia baseada na liderança de produto e na intimidade com o cliente. Como disse White: "Se eu sacrificasse o que torna a Vanilla especial só para produzir mais bicicletas, isso não valeria a pena para mim".

FONTE: Christopher Steiner, "Heaven on Wheels," *Forbes*, 13 de abril de 2009, p. 75.

Habilidades de gestão de riscos empresariais

Como futuro gerente, precisa compreender que estratégia, plano e decisão de negócios envolvem riscos. A **gestão de riscos empresariais** é um processo usado por uma empresa para identificar esses riscos e desenvolver respostas a eles, possibilitando se assegurar minimamente de que conseguirá alcançar seus objetivos. A coluna da esquerda do Quadro 1.5 fornece 12 exemplos de riscos empresariais. Essa lista não é exaustiva; em vez disso, sua finalidade é ilustrar a natureza diversa dos riscos que as empresas enfrentam. Estejam esses riscos relacionados ao mau tempo, a *hackers* de computadores, ao cumprimento da lei, a roubos realizados por funcionários ou produtos prejudiciais aos clientes, todos têm algo em comum: se não forem gerenciados de modo eficaz, podem ameaçar a capacidade de uma empresa de alcançar seus objetivos.

Ao identificar esses riscos, a empresa poderá responder a eles de várias maneiras: aceitando-os, evitando-os ou reduzindo-os. Talvez a tática mais comum de gestão de riscos seja reduzi-los, implementando controles específicos. A coluna da direita do Quadro 1.5 fornece um exemplo de controle que poderia ser usado a fim de ajudar a reduzir cada um dos riscos mencionados na coluna da esquerda do quadro. Embora esses tipos de controles não possam eliminar os riscos completamente, as empresas compreendem que gerenciá-los proativamente significa mais do que reagir, talvez tarde demais, a eventos negativos.

▶ **Gestão de riscos empresariais**

processo usado por uma empresa para identificar seus riscos e desenvolver respostas a eles, possibilitando que esteja razoavelmente segura de que conseguirá alcançar seus objetivos.

Exemplos de riscos empresariais	Exemplos de controles para reduzir os riscos empresariais
1. Roubo de propriedade intelectual de arquivos de computador.	1. Criar *firewalls* que impeçam que *hackers* de computadores corrompam ou roubem propriedade intelectual.
2. Produtos prejudiciais aos clientes.	2. Desenvolver um programa formal e rigoroso de testes de novos produtos.
3. Perda de participação de mercado em decorrência de ações imprevistas dos concorrentes.	3. Desenvolver uma abordagem para levantar informações legalmente sobre os planos e as práticas dos concorrentes.
4. Suspensão das operações em razão das más condições do tempo.	4. Desenvolver planos de contingência para superar transtornos relacionados ao mau tempo.

QUADRO 1.5
Identificar e controlar os riscos empresariais.

---

[1] Essas três proposições de valor ao cliente foram definidas por Michael Treacy e Fred Wiersema, em "Customer Intimacy e Other Value Disciplines," *Harvard Business Review*, volume 71, número 1, p. 84-93.

QUADRO 1.5
Continuação.

5. Mau funcionamento de um *site*.

6. Interrupção do fluxo de matérias-primas devido a greves de fornecedores.

7. Más decisões tomadas pelos funcionários devido a um sistema de incentivos e remuneração mal projetado.

8. Divulgação imprecisa do valor do estoque pelas demonstrações contábeis.

9. Roubo de ativos por um funcionário.

10. Acesso a informações não autorizadas por um funcionário.

11. Produção excessiva ou insuficiente devido a imprecisões nas estimativas orçamentárias.

12. Não cumprimento das leis de iguais oportunidades de emprego.

---

5. Testar o *site* exaustivamente antes de torná-lo público.

6. Estabelecer uma relação entre duas empresas capazes de fornecer as matérias-primas necessárias.

7. Criar um conjunto equilibrado de medidas de desempenho que motive o comportamento desejado.

8. Contar o estoque físico em mãos para certificar-se de que está de acordo com os registros contábeis.

9. Dividir tarefas de modo que o mesmo funcionário não tenha custódia física de um ativo e a responsabilidade de responder por ele.

10. Criar barreiras protegidas por senhas que impeçam os funcionários de obterem informações desnecessárias para que desempenhem suas funções.

11. Implementar um rigoroso processo de revisão orçamentária.

12. Criar um relatório que acompanhe as principais métricas relacionadas ao cumprimento das leis.

POR DENTRO DAS EMPRESAS
GERIR O RISCO DE UMA QUEDA DE ENERGIA ELÉTRICA

Entre janeiro e abril de 2010, os Estados Unidos sofreram 35 grandes quedas de energia elétrica. Para os proprietários de empresas, esses eventos podem custar caro. Por exemplo, uma casa noturna de Nova York chamada **Smoke Jazz e Supper Club** perdeu uma receita estimada em US$ 1,5 mil quando uma queda de energia elétrica interrompeu seu sistema de reservas *on-line* por uma noite. George Pauli, proprietário da **Great Embroidery LLC**, em Mesa, Arizona, estima que sua empresa sofra uma média de seis quedas de energia elétrica por ano. Como as máquinas de costura de Pauli não podem voltar ao trabalho exatamente do ponto em que pararam quando foram desligadas abruptamente, cada queda de energia lhe custa US$ 120 em perda de estoques. Pauli decidiu comprar US$ 700 em baterias para manter as máquinas de costura em funcionamento durante esses episódios. As baterias se pagaram em menos de um ano.

FONTE: Sarah E. Needleman, "Lights Out Means Lost Sales," *The Wall Street Journal*, 22 de julho de 2010, p. B8.

Habilidades de gestão de processos

▶ **Processo de negócios**

série de passos seguidos com o intuito de realizar alguma tarefa em uma empresa.

▶ **Cadeia de valor**

principais funções de negócios que agregam valor aos produtos e serviços de uma empresa, como pesquisa e desenvolvimento, projeto de produtos, produção, marketing, distribuição e serviço de atendimento ao cliente.

Além de formular estratégias e controlar riscos, os gerentes precisam aprimorar continuamente os *processos de negócios* que atendem os clientes. Um **processo de negócios** é uma série de passos que são seguidos a fim de realizar alguma tarefa em determinado negócio. É bastante comum que a série de passos interligada que forma um processo de negócios atravesse limites departamentais. O termo *cadeia de valor* é geralmente utilizado para descrever como os departamentos funcionais de uma organização interagem uns com os outros, formando processos de negócios. Uma **cadeia de valor,** como mostra o Quadro 1.6, consiste nas principais funções de negócios que agregam valor aos produtos e serviços de uma empresa.

Os gerentes frequentemente usam dois métodos de gestão de processos que serão citados neste livro: o *pensamento enxuto,* ou o que é chamado de *produção enxuta* no setor manufatureiro, e a *teoria das restrições*. Definiremos esses métodos de gestão resumidamente agora para que os reconheça nos capítulos posteriores.

Capítulo **1** ▶ Contabilidade gerencial

| Pesquisa e desenvolvimento | Projeto de produtos | Produção | Marketing | Distribuição | Serviço de atendimento ao cliente |

QUADRO 1.6
Funções de negócios que formam a cadeia de valor.

Produção enxuta A **produção enxuta** é uma abordagem de gestão que organiza recursos como pessoal e máquinas em torno do fluxo de processos de negócios e que somente produz unidades em resposta a pedidos dos clientes. Geralmente, é chamada de produção *just-in-time (JIT)* porque os produtos são produzidos apenas em resposta a pedidos dos clientes e são concluídos no exato momento em que serão expedidos para os clientes. O pensamento enxuto difere dos métodos de produção tradicionais, que organizam o trabalho em divisões departamentais e encoraja esses departamentos a maximizarem sua produção mesmo que exceda a demanda do cliente e abarrote os estoques. Como o pensamento enxuto só permite a produção em resposta a pedidos dos clientes, o número de unidades produzidas tende a ser igual ao número de unidades vendidas, resultando, dessa forma, em um nível de estoque mínimo. A abordagem enxuta resulta em menos defeitos, menos esforços desperdiçados e tempos mais curtos de resposta ao cliente do que os apresentados pelos métodos de produção tradicionais.

▶ **Produção enxuta**

abordagem de gestão que organiza recursos como pessoal e máquinas em torno do fluxo de processos de negócios e que somente produz unidades em resposta a pedidos dos clientes.

GERENCIAMENTO DE UMA CADEIA DE SUPRIMENTOS ENXUTA

POR DENTRO
DAS EMPRESAS

A **Tesco**, uma rede de supermercados varejista da Grã-Bretanha, usou o pensamento enxuto para aprimorar seu processo de reabastecimento de refrigerantes. Assim, a Tesco e a **Britvic** (seu fornecedor de refrigerantes) rastrearam o processo de entrega desses refrigerantes do "caixa do supermercado ao centro de distribuição regional (CDR) da Tesco, ao CDR da Britvic, ao armazém da fábrica de engarrafamento da Britvic, às linhas de engarrafamento de refrigerantes destinadas à Tesco e ao armazém do fornecedor de latas e garrafas da Britvic". Cada passo do processo revelava enormes desperdícios. A Tesco implementou inúmeras mudanças, como conectar eletronicamente os dados de pontos de venda de seus supermercados a seu CDR. Essa mudança permitiu que os clientes acertassem o ritmo do processo de reabastecimento e aumentou a frequência de entrega às lojas para algumas horas. A Britvic começou a entregar refrigerantes para o CDR da Tesco em carrinhos que podiam ser empurrados diretamente para o interior dos caminhões de entrega e, então, aos locais de pontos de venda no interior dos supermercados.

Essas mudanças reduziram o total de "toques" no produto de 150 para 50, diminuindo, assim, os custos com mão de obra. O tempo decorrido da linha de engarrafamento do fornecedor à compra dos refrigerantes pelo cliente caiu de 20 para 5 dias. O número de locais de armazenamento de estoque caiu de cinco para dois e o centro de distribuição do fornecedor foi eliminado.

FONTE: *Ghost-writer*, "Teaching the Big Box New Tricks", *Fortune*, 14 de novembro de 2005, p. 208B–208F.

Teoria das restrições (TOC) **Restrição** é qualquer coisa que o impeça de conseguir mais daquilo que você quer. Todo indivíduo e toda organização enfrenta pelo menos uma restrição, então não é difícil encontrar exemplos dela. Você talvez não tenha tempo suficiente para estudar muito para todas as matérias *e* para sair com seus amigos nos fins de semana, então, o tempo é sua restrição. A **United Airlines** possui um número limitado de portões de carregamento disponíveis em seu movimentado *hub* no aeroporto internacional Chicago O'Hare, então sua restrição são portões de carregamento. A **Vail Resorts** possui uma quantidade limitada de terras onde montar lotes residenciais e comerciais em suas áreas de esqui, então, sua restrição é a terra.

A **teoria das restrições (TOC)** baseia-se na ideia de que gerenciar a restrição de maneira eficaz é a chave do sucesso. Por exemplo, longos períodos de espera por cirurgias são um problema crônico no serviço nacional de saúde (**NHS, National Health**

▶ **Restrição**

qualquer coisa que o impeça de conseguir mais daquilo que quer.

▶ **Teoria das restrições (TOC)**

abordagem de gestão que enfatiza a importância do gerenciamento das restrições.

Service),* o provedor financiado pelo governo de serviços de saúde no Reino Unido. O diagrama no Quadro 1.7 ilustra uma versão simplificada dos passos dados por um paciente de cirurgia. O número de pacientes que podem ser atendidos em cada etapa em um dia é indicado no quadro. Por exemplo, podem ser feitas 100 consultas por dia para visitas de pacientes externos indicados por clínicos gerais.

A restrição, ou *gargalo,* no sistema é determinada pela etapa com menor capacidade – nesse caso, a cirurgia em si. O número total de pacientes atendidos por todo o sistema não pode exceder 15 por dia – número máximo de pacientes que podem ser operados. Não importa quanto os gerentes, médicos e enfermeiras tentem melhorar a taxa de processamento em outras etapas do sistema, eles nunca terão êxito em diminuir as listas de espera até que a capacidade de cirurgias seja ampliada. Na verdade, melhorias em qualquer outra etapa do sistema – em especial antes da restrição – provavelmente resultarão em esperas ainda mais longas e pacientes e provedores de serviços de saúde mais frustrados. Assim, para serem eficazes, os esforços de melhoria precisam se concentrar na restrição. Um processo como esse de atender pacientes de cirurgia é como uma cadeia. Se quiser aumentar a força da cadeia, qual é a maneira mais eficaz de fazê-lo? Você deve limitar seus esforços em fortalecer o elo mais forte, todos os elos ou o elo mais fraco? Claramente, dedicar seus esforços no elo mais fraco propiciará o maior benefício.

O procedimento a ser seguido para fortalecer a cadeia é claro. Em primeiro lugar, identifique o elo mais fraco, que é a restrição. No caso do NHS, a restrição está no volume de cirurgias. Em segundo lugar, não exija mais do sistema do que o elo mais fraco pode suportar – se fizer isso, a cadeia quebrará. No caso do NHS, mais indicações do que (o bloco cirúrgico) consegue acomodar leva a listas de espera inaceitavelmente longas. Em terceiro lugar, concentre os esforços de melhoria no fortalecimento do elo mais fraco. No caso do NHS, isso significa encontrar maneiras de aumentar o número de cirurgias que podem ser realizadas por dia. Em quarto lugar, se os esforços de melhorias forem bem-sucedidos, o elo mais fraco melhorará até deixar de ser o mais fraco. Nesse momento, o novo elo mais fraco (ou seja, a nova restrição) precisa ser identificado, e os esforços de melhoria devem ser transferidos para esse elo. Esse simples processo sequencial fornece uma potente estratégia para a otimização de processos de negócios.

QUADRO 1.7
Atendimento a pacientes de cirurgia em um hospital do NHS (simplificado).*

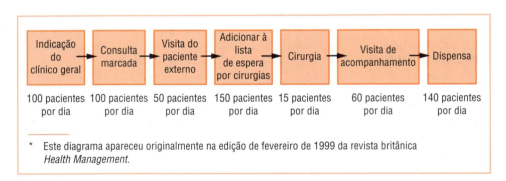

* Este diagrama apareceu originalmente na edição de fevereiro de 1999 da revista britânica *Health Management.*

Habilidades de mensuração

Quando se tornar gerente, precisará complementar sua compreensão de estratégia, riscos e processos de negócios com uma análise baseada em dados. Se não puder usar habilidades de mensuração para fornecer respostas competentes baseadas em dados para perguntas desafiadoras, terá dificuldade em convencer os outros a endossarem seu ponto de vista.

O segredo para se tornar um analista de dados eficaz é compreender que a pergunta que tenta responder define o que medirá e como analisará os dados obtidos. Por exemplo, se a pergunta a qual quer responder é "Que lucro líquido minha empresa deve divulgar aos acionistas?", então terá de medir e divulgar dados financeiros históricos que devem

* N. de R.T.: No Brasil, temos o SUS – Sistema Único de Saúde.

Capítulo **1** ▶▶ Contabilidade gerencial

respeitar as regras aplicáveis. Se tentar determinar o quanto sua empresa atende bem seus clientes, terá que medir e analisar dados não financeiros baseados em processos. Se quer prever se sua empresa contrairá empréstimos no próximo ano, então seus esforços de mensuração devem centrar-se em estimar fluxos de caixa futuros. Você precisa compreender a pergunta antes de começar a medir e analisar dados.

Número do capítulo	Pergunta-chave da perspectiva de um gerente
Capítulo 2	Quais classificações de custo eu uso para diferentes finalidades de gerenciamento?
Capítulos 3 e 4	Qual é o valor de nosso estoque final e o custo de mercadorias vendidas para fins de relatórios externos?
Capítulo 5	Como uma mudança no meu preço, volume ou custo de venda afetará meus lucros?
Capítulo 6	Como a demonstração de resultados deve ser apresentada?
Capítulo 7	O quanto lucrativo é cada um de nossos produtos, serviços e clientes?
Capítulo 8	Como devo criar um plano financeiro para o próximo ano?
Capítulos 9 e 10	Como está meu desempenho em relação ao meu plano?
Capítulo 11	Que medidas de desempenho devemos monitorar para garantir que alcançaremos nossos objetivos estratégicos?
Capítulo 12	Como quantifico o impacto de escolher um modo de agir a outro sobre os lucros?
Capítulo 13	Como tomo decisões de investimento de capital de longo prazo?
Capítulo 14	Que entradas e saídas de caixa explicam a mudança em nosso saldo de caixa?
Capítulo 15	Como está o desempenho de nossa empresa aos olhos de nossos acionistas, credores de curto prazo e credores de longo prazo?

QUADRO 1.8
Habilidades de mensuração: perspectiva de um gerente.

A principal finalidade deste curso é ensinar habilidades de mensuração que os gerentes usam todos os dias para responder às perguntas descritas no Quadro 1.8. Observe que o quadro é organizado pelos capítulos contidos neste livro. Por exemplo, o Capítulo 8 ensina as habilidades de mensuração que os gerentes usam para responder à pergunta: Como eu devo criar um plano financeiro para o próximo ano? Os Capítulos 9 e 10 ensinam as habilidades de mensuração que os gerentes usam para responder à pergunta: Como está meu desempenho em relação ao meu plano? O Capítulo 7 ensina habilidades de mensuração relacionadas à lucratividade de produtos, serviços e clientes. O Quadro 1.8 enfatiza que cada capítulo deste livro ensina habilidades de mensuração e de análise de dados que utilizará durante toda a sua carreira para planejar, controlar e tomar decisões.

Habilidades de liderança

Habilidades de liderança serão fundamentais para o desenvolvimento de sua carreira pelo simples motivo de que as organizações são gerenciadas por pessoas, e não por dados e planilhas. Essas pessoas têm seus próprios interesses, inseguranças e crenças pessoais, além de suas próprias conclusões baseadas em dados fornecidos. Isso garante que o apoio unânime à determinada ação seja a exceção, e não a regra. Portanto, os gerentes devem ter habilidades de liderança fortes se desejam canalizar os esforços de suas equipes a fim de atingir os objetivos organizacionais.

Para se tornar um líder eficaz, você terá de desenvolver seis habilidades. (1) Precisa ser tecnicamente competente em sua área de especialização e conhecer bem as operações de sua empresa fora dessa área. Não há como liderar os outros (particularmente os colegas de fora de seu departamento) se eles o considerarem tecnicamente incompetente ou não estiver familiarizado com o modo como a empresa realmente opera. (2) Deve ser uma pessoa extremamente íntegra, o que exige que não somente tome decisões baseando-se na ética, mas que suas palavras e ações ajudem a construir uma cultura de integridade organizacional. Logo, discutiremos mais (profundamente) a importância da ética.

(3) Precisará compreender como programar mudanças organizacionais de modo eficaz. As pessoas tendem a preferir o *status quo*, então, muitas vezes se torna difícil implementar qualquer tipo de mudança em uma empresa. Para implementar mudanças, os líderes precisam definir uma visão para o futuro e conseguir motivar e capacitar os outros a alcançar essa visão. (4) Os líderes precisam de fortes habilidades de comunicação, o que inclui a capacidade de fazer apresentações envolventes e de ser um bom ouvinte. Eles devem ser capazes de falar em termos operacionais e financeiros para se comunicar de modo eficaz com colegas de trabalho de toda a organização. (5) Os líderes devem ser capazes de motivar e aconselhar outros indivíduos. À medida que sua carreira evolui, se não conseguir desenvolver as habilidades de seus subordinados, não será promovido para cargos com números maiores de pessoas que prestam contas a você. (6) Os líderes precisam gerenciar de modo eficaz processos decisórios em equipe. Isso exige que a equipe seja motivada a sintetizar dados objetivamente, ponderar alternativas e chegar a um consenso em relação à ação a ser realizada.

IMPORTÂNCIA DA ÉTICA NOS NEGÓCIOS

Na virada deste século, uma série de escândalos financeiros envolvendo a **Enron**, a **Tyco International**, a **HealthSouth**, a **Adelphia Communications**, a **WorldCom**, a **Global Crossing**, a **Rite Aid** e outras empresas levantou um profundo interesse sobre a ética nos negócios. Os gerentes e empresas envolvidos nesses escândalos sofreram muito – de enormes multas a sentenças de prisão e colapsos financeiros. E o reconhecimento de que o comportamento ético é absolutamente essencial para o funcionamento de nossa economia levou a inúmeras mudanças regulatórias – algumas das quais discutiremos mais adiante, no Apêndice 1A sobre governança corporativa. Mas por que o comportamento ético é tão importante? Essa não é uma questão de apenas ser "legal" do ponto de vista jurídico. O comportamento ético é o lubrificante que mantém o motor da economia rodando. Sem ele, a economia operaria com muito menos eficiência – menos seria disponibilizado aos consumidores, a qualidade seria mais baixa e os preços seriam mais altos. Em outras palavras, sem a confiança fundamental na integridade das empresas, a economia operaria de maneira muito menos eficiente. James Surowiecki resumiu a questão assim:

> As economias prósperas exigem um nível saudável de confiança na credibilidade e na justiça das transações do dia a dia. Ao se supor que cada acordo potencial é uma exploração ou que os produtos comprados provavelmente serão de péssima qualidade, então poucos negócios seriam fechados. E o que é ainda mais importante: os custos das transações que chegassem a ocorrer seriam exorbitantes porque teria um trabalho enorme para investigar cada acordo e teria de contar com a ameaça de ações jurídicas para garantir o cumprimento de cada contrato. Para que uma economia prospere, o que é necessário não é uma fé "polianística" de que todas as outras pessoas levam o seu interesse em consideração – "*caveat emptor*" [o risco é do comprador] continua sendo uma importante verdade –, mas uma confiança fundamental nas promessas e nos compromissos em que as pessoas se envolvem a respeito de seus produtos e serviços.[2]

Assim, para o bem de todos – inclusive do lucro das empresas – é de vital importância que os negócios sejam conduzidos com uma base ética que construa e sustente a confiança.

O Instituto of Management Accountants (IMA) dos Estados Unidos adotou um código de ética chamado *Declaração da Prática Profissional Ética* (*Statement of Ethical Professional Practice*) que descreve com algum nível de detalhamento as responsabilidades éticas dos contadores gerenciais. Embora os padrões tenham sido especificamente desenvolvidos para contadores gerenciais, eles têm uma aplicação muito mais ampla.

---

[2] James Surowiecki, "A Virtuous Cycle," *Forbes*, 23 de dezembro de 2002, p. 248-256. Reimpresso com permissão da *Forbes Magazine* © 2006 Forbes Inc.

Código de conduta dos contadores gerenciais

A Declaração da Prática Profissional Ética do IMA consiste em duas partes que são apresentadas integralmente no Quadro 1.9. A primeira fornece diretrizes gerais para o comportamento ético. Em resumo, um contador gerencial possui responsabilidades éticas em quatro amplas áreas: primeiro, manter um alto nível de competência profissional; segundo, tratar questões sensíveis com confidencialidade; terceiro, manter a integridade pessoal; e quarto, divulgar informações de maneira confiável. A segunda parte especifica o que deve ser feito se um indivíduo encontrar evidências de má conduta ética. Recomendamos que pare neste momento e leia todo o Quadro 1.9.

Os padrões éticos oferecem conselhos sólidos e práticos para contadores gerenciais e gerentes. A maioria das regras contidas nesses padrões é motivada por uma consideração muito prática – se essas regras não fossem seguidas de modo geral nos negócios, a economia e todos nós sofreríamos. Considere os seguintes exemplos específicos das consequências de não obedecer aos padrões:

- ▶ Suponha que não se pudesse confiar aos funcionários informações confidenciais. Então, os altos gerentes relutariam em distribuir essas informações pela empresa e, consequentemente, algumas decisões seriam baseadas em informações incompletas e as operações se deteriorariam.

- ▶ Suponha que os funcionários aceitassem subornos de fornecedores. Então, os contratos seriam fechados com os fornecedores que pagassem os subornos mais altos, em vez de irem para os mais competentes. Você gostaria de voar em uma aeronave cujas asas foram feitas pelo subcontratante que pagou o suborno mais alto? Você voaria com a mesma frequência? O que aconteceria com as empresas aéreas se seus históricos de segurança fossem ligados ao mau acabamento de peças e de montagens contratadas?

- ▶ Suponha que os presidentes das empresas mentissem rotineiramente em suas demonstrações contábeis anuais. Se os investidores não pudessem confiar na integridade básica das demonstrações contábeis de uma empresa, eles teriam pouca base para tomar decisões acertadas. Suspeitando do pior, os investidores racionais pagariam menos pelos títulos emitidos pelas empresas e talvez não estivessem nem mesmo dispostos a investir. Consequentemente, as empresas teriam menos dinheiro para investimentos produtivos – o que levaria a um crescimento econômico mais lento, menos bens e serviços e preços mais altos.

Como esses exemplos sugerem, se os padrões éticos não fossem seguidos, de modo geral, todos sofreriam – as empresas e os consumidores. Essencialmente, o abandono dos padrões éticos levaria a um padrão de vida mais baixo, com bens e serviços de mais baixa qualidade e menos opções, dentre as quais escolher e preços mais altos. Em resumo, seguir regras éticas como aquelas que se encontram na Declaração da Prática Profissional Ética é absolutamente essencial para o bom funcionamento de uma economia de mercado avançada.

QUADRO 1.9
Declaração da prática profissional ética do IMA.

Os membros do IMA deverão se comportar de maneira ética. Um compromisso com uma prática profissional ética inclui: princípios globais que expressam nossos valores e padrões que guiam nossa conduta.

PRINCÍPIOS

Os princípios éticos globais do IMA incluem: Honestidade, Justiça, Objetividade e Responsabilidade. Os membros deverão agir de acordo com esses princípios e devem encorajar os outros em suas organizações a aderirem a eles.

PADRÕES

O não cumprimento dos padrões a seguir por um membro pode resultar em ação disciplinar.

I. COMPETÊNCIA

Cada membro tem a responsabilidade de:
1. Manter um nível apropriado de qualificação profissional desenvolvendo continuamente o conhecimento e as habilidades.
2. Realizar obrigações profissionais de acordo com leis, regulações e padrões técnicos relevantes.
3. Fornecer informações e recomendações de suporte a decisões que sejam precisas, claras, concisas e oportunas.
4. Reconhecer e comunicar limitações profissionais ou outras limitações que impossibilitariam uma avaliação responsável ou o desempenho bem-sucedido de uma atividade.

QUADRO 1.9
Continuação.

II. CONFIDENCIALIDADE

Cada membro tem a responsabilidade de:

1. Manter as informações confidenciais exceto quando a divulgação for autorizada ou exigida juridicamente.
2. Informar todas as partes relevantes em relação ao uso apropriado das informações confidenciais. Monitorar as atividades dos subordinados de modo a garantir o cumprimento desse padrão.
3. Abster-se do uso de informações confidenciais para tirar proveito de forma antiética ou ilegal.

III. INTEGRIDADE

Cada membro tem a responsabilidade de:

1. Mitigar conflitos de interesse reais. Comunicar-se regularmente com os associados para evitar conflitos de interesse aparentes. Informar todas as partes de quaisquer conflitos potenciais.
2. Abster-se do envolvimento em qualquer conduta que prejudicaria a realização de suas obrigações de maneira ética.
3. Abster-se do envolvimento ou do apoio de qualquer atividade que possa difamar a profissão.

IV. CREDIBILIDADE

Cada membro tem a responsabilidade de:

1. Comunicar informações de maneira honesta e objetiva.
2. Divulgar todas as informações relevantes que possam influenciar a compreensão dos relatórios, análises ou recomendações de um usuário pretendido.
3. Divulgar atrasos ou deficiências nas informações, atualidade, processamento ou controles internos em conformidade com as políticas da organização ou com as leis aplicáveis.

RESOLUÇÃO DE CONFLITOS ÉTICOS

Ao aplicar os padrões da prática profissional ética, é possível encontrar problemas para identificar comportamentos antiéticos ou para resolver um conflito ético. Ao enfrentar questões éticas, deve seguir as políticas estabelecidas de sua organização sobre a resolução de tal conflito. Se essas políticas não resolverem o conflito ético, deve considerar as seguintes possibilidades:

1. Discutir a questão com seu supervisor imediato, exceto quando ele estiver aparentemente envolvido. Nesse caso, apresente a questão para o gestor de nível hierárquico superior. Se não conseguir chegar a uma resolução satisfatória, submeta a questão ao próximo nível gerencial. Se seu superior imediato for o principal executivo ou equivalente, a autoridade aceitável para revisão do conflito pode ser um grupo como o comitê de auditoria, o comitê executivo, o conselho de diretoria, o conselho de administradores ou os proprietários. O contato com níveis acima de seu superior imediato só deve ser iniciado com o conhecimento de seu superior, supondo que ele não esteja envolvido. A comunicação de tais problemas a autoridades ou indivíduos não empregados ou envolvidos pela organização não é considerada apropriada, a menos que acredite que haja uma clara violação da lei.
2. Esclarecer questões éticas relevantes iniciando uma discussão confidencial com um Conselheiro de Ética ou outro conselheiro imparcial para compreender melhor as possibilidades de ação.
3. Consultar seu próprio advogado quanto às obrigações e aos direitos jurídicos relacionados ao conflito ético.

POR DENTRO DAS EMPRESAS

TOYOTA ENFRENTA SÉRIOS PROBLEMAS

Quando a **Toyota Motor Corporation** não conseguiu alcançar suas metas de lucro, a empresa estabeleceu um objetivo agressivo de reduzir o custo de suas peças de automóvel em 30%. A qualidade e a segurança da marca sofreram muito, o que resultou em *recalls*, litígios, campanhas de incentivo e esforços de marketing que os analistas estimam ter custado à empresa mais de US$ 5 bilhões. O presidente da montadora, Akio Toyoda, colocou a culpa dos maciços lapsos de qualidade de sua empresa em um foco excessivo nos lucros e na participação de mercado. De maneira similar, Jim Press, o antigo alto executivo norte-americano da Toyota, disse que os problemas foram causados por "piratas de orientação financeira que não tiveram o bom caráter de manter o foco no cliente em primeiro lugar".

FONTES: Yoshio Takahashi, "Toyota Accelerates Its Cost-Cutting Efforts", *The Wall Street Journal*, 23 de dezembro de 2009, p. B4; Mariko Sanchanta e Yoshio Takahashi, "Toyota's Recall May Top US$ 5 Billion", *The Wall Street Journal*, 10 de março de 2010, p. B2; e Norihiko Shirouzu, "Toyoda Rues Excessive Profit Focus", *The Wall Street Journal*, 2 de março de 2010, p. B3.

RESPONSABILIDADE SOCIAL CORPORATIVA

As empresas são responsáveis por produzir resultados financeiros que satisfaçam os acionistas. Entretanto, eles têm uma *responsabilidade social corporativa* para atender outras partes envolvidas – como clientes, funcionários, fornecedores, comunidades e defensores do meio ambiente e de direitos humanos –, cujos interesses estão vinculados ao desempenho da empresa. A **responsabilidade social corporativa** (RSC) é um conceito segundo o qual as organizações, ao tomarem decisões, consideram as necessidades de todas as partes envolvidas. A RSC vai além do cumprimento jurídico, incluindo ações voluntárias que satisfaçam as expectativas das partes envolvidas. Inúmeras empresas, como a **Procter & Gamble**, a **3M**, a **Eli Lilly and Company**, a **Starbucks**, a **Microsoft**, a **Genentech**, a **Johnson & Johnson**, a **Baxter International**, a **Abbott Laboratories**, a **KPMG**, o **National City Bank**, a **Deloitte**, a **Southwest Airlines** e a **Caterpillar**, descrevem seu desempenho sociocorporativo proeminentemente em seus *sites*.

O Quadro 1.10 apresenta exemplos de responsabilidades sociais corporativas que são do interesse de seis grupos envolvidos. Muitas empresas têm prestado cada vez mais atenção a esses tipos de responsabilidades gerais por quatro motivos. Em primeiro lugar, investidores socialmente responsáveis controlam mais de US$ 2,3 trilhões de capital de investimento. As empresas que desejam ter acesso a esse capital devem ser excelentes em termos de desempenho social. Em segundo lugar, um número cada vez maior de funcionários quer trabalhar para uma empresa que reconheça e responda às suas responsabilidades sociais. Se as empresas esperam recrutar e reter esses funcionários altamente qualificados, elas têm que lhes oferecer carreiras satisfatórias que atendam às necessidades das partes interessadas em geral. Em terceiro lugar, muitos clientes procuram comprar produtos e serviços de empresas socialmente responsáveis. A internet permite que esses clientes localizem prontamente produtos concorrentes, evitando ainda mais que ocorram negócios com empresas indesejáveis. Em quarto lugar, organizações não governamentais (ONGs) e ativistas estão hoje mais capazes do que nunca de manchar a reputação de uma empresa tornando públicos seus "deslizes" em termos ambientais ou de direitos humanos. A internet possibilitou que esses grupos de defesa ambiental e dos direitos humanos organizassem melhor seus recursos, espalhassem informações negativas e agissem coordenadamente contra as empresas infratoras.[3]

> ▶ **Responsabilidade social corporativa**
>
> conceito segundo o qual as organizações, ao tomarem decisões, consideram as necessidades de todas as partes envolvidas.

As empresas devem oferecer aos *clientes*:

- Produtos seguros e de alta qualidade, com preços justos.
- Entrega competente, cortês e rápida de produtos e serviços.
- Total divulgação de riscos relacionados a produtos.
- Sistemas de informação de fácil utilização para realizar compras e acompanhar pedidos.

As empresas devem oferecer aos *fornecedores*:

- Termos de contrato justos e pagamentos pontuais.
- Tempo razoável para prepararem os pedidos.
- Aceitação sem problemas de entregas pontuais e completas.
- Ações cooperativas em vez de unilaterais.

As empresas e seus fornecedores devem oferecer aos *funcionários*:

- Condições de trabalho seguras e humanas.
- Tratamento não discriminatório e o direito de organizar e apresentar queixas.
- Remuneração justa.
- Oportunidades de treinamento, promoção e desenvolvimento pessoal.

As empresas devem oferecer às *comunidades*:

- Pagamento de impostos justos.
- Informações honestas sobre planos como o fechamento de fábricas.
- Recursos que apoiem instituições de caridade, escolas e atividades cívicas.
- Acesso razoável a fontes de mídias.

QUADRO 1.10
Exemplos de responsabilidades sociais corporativas.

---

[3] As ideias desse parágrafo e muitos dos exemplos do Quadro 1.10 foram retirados de Ronald W. Clement, "The Lessons from Stakeholder Theory for U.S. Business Leaders", *Business Horizons*, maio/junho de 2005, p. 255-264; e Terry Leap e Misty L. Loughry, "The Stakeholder-Friendly Firm", *Business Horizons*, março/abril de 2004, p. 27-32.

CONTABILIDADE GERENCIAL

QUADRO 1.10
Continuação.

As empresas devem oferecer aos *acionistas*:

- Gerenciamento competente.
- Fácil acesso a informações financeiras completas e precisas.
- Divulgação integral de riscos empresariais.
- Respostas honestas a questões feitas.

As empresas devem oferecer aos *defensores do meio ambiente e dos direitos humanos*:

- Dados sobre a emissão de gases de efeito estufa.
- Dados sobre reciclagem e conservação de recursos.
- Transparência quanto à mão de obra infantil.
- Total divulgação de fornecedores localizados em países em desenvolvimento.

É importante compreender que o desempenho social de uma empresa pode afetar seu desempenho financeiro. Por exemplo, se o inadequado desempenho social de uma empresa afasta seus clientes, suas receitas e seus lucros sofrerão. Essa realidade explica por que as empresas usam a gestão de riscos empresariais, como descrito anteriormente, para atender às necessidades de *todas* as partes envolvidas.

POR DENTRO DAS EMPRESAS

VOLUNTARISMO BASEADO EM HABILIDADES GANHA POPULARIDADE

A **Ernst & Young**, uma empresa de contabilidade pública das famosas "Big 4", pagou a um de seus gerentes 12 semanas em Buenos Aires para que fornecesse serviços contábeis gratuitos para uma pequena empresa de publicidade. A **UPS** pagou a um de seus supervisores de logística para ajudar a coordenar o evento anual *Race for the Cure* (Corrida pela Cura) da fundação norte-americana contra o câncer de mama **Susan G. Komen Breast Cancer Foundation**. Por que essas empresas pagam seus funcionários para trabalharem para outras organizações? Uma pesquisa envolvendo 1,8 mil pessoas entre 13 e 25 anos revelou que 79% pretende buscar emprego em empresas que contribuem para a sociedade – sublinhando o valor do voluntarismo baseado em habilidades como uma ferramenta de recrutamento e retenção. Além disso, permitir que os funcionários apliquem seus conhecimentos em diversos contextos empresariais os torna mais eficazes ao retornarem para seu emprego regular.

FONTE: Sarah E. Needleman, "The Latest Office Perk: Getting Paid to Volunteer", *The Wall Street Journal*, 29 de abril de 2008, p. D1 e D5.

RESUMO

Este capítulo definiu contabilidade gerencial, explicou por que ela é relevante para os alunos de administração e de contabilidade e descreveu várias habilidades de que os gerentes precisam para desempenharem suas funções. Discutiu a importância da ética nos negócios e da responsabilidade social corporativa. O objetivo mais importante deste capítulo foi ajudá-lo a compreender que a contabilidade gerencial é importante para sua futura carreira, independentemente de seu curso de graduação. A contabilidade é a língua dos negócios e precisará falar essa língua para se comunicar de modo eficaz com outros colegas gerentes e influenciá-los.

PERGUNTAS

1.1 Qual a diferença entre contabilidade gerencial e contabilidade financeira?

1.2 Escolha qualquer grande emissora de televisão e descreva algumas atividades de planejamento e controle em que seus gerentes se envolveriam.

1.3 Se tivesse que decidir se deveria continuar a produzir uma peça componente ou começar a comprar a peça de um fornecedor estrangeiro, que fatores quantitativos e qualitativos influenciariam a sua decisão?

1.4 Por que as empresas preparam orçamentos?

1.5 Por que a contabilidade gerencial é relevante para os alunos de administração e sua futura carreira?

1.6 Por que a contabilidade gerencial é relevante para os alunos de contabilidade e sua futura carreira?

1.7 Escolha qualquer grande empresa e descreva sua estratégia usando o modelo deste capítulo.

1.8 Por que os contadores gerenciais precisam compreender a estratégia de sua empresa?

1.9 Escolha qualquer grande empresa e descreva três riscos que ela enfrenta e como responde a esses riscos.

1.10 Dê três exemplos de como os riscos de uma empresa podem influenciar suas atividades de planejamento, controle e tomada de decisões.

1.11 Escolha qualquer grande empresa e explique três maneiras sobre como ela poderia segmentar o desempenho de toda a empresa.

1.12 Localize o *site* de qualquer empresa que publique um relatório de responsabilidade social corporativa (também chamado de relatório de sustentabilidade). Descreva três medidas não financeiras de desempenho que estejam incluídas no relatório. Por que acha que a empresa publica esse relatório?

1.13 Por que as empresas que implementam a produção enxuta tendem a ter estoques mínimos?

1.14 Por que as habilidades de liderança são importantes para os gerentes?

1.15 Por que a ética é importante para os negócios?

APÊNDICE 1A: GOVERNANÇA CORPORATIVA

A *governança corporativa* eficaz aumenta a confiança dos acionistas de que a empresa é administrada de acordo com seus interesses em vez de interesses dos altos gerentes. **Governança corporativa** é o sistema pelo qual uma empresa é dirigida e controlada. Se adequadamente implementado, esse sistema deve fornecer incentivos para que o conselho de diretoria e a alta gerência procurem alcançar objetivos que são do interesse dos proprietários da empresa e deve possibilitar o monitoramento eficaz do desempenho.[4]

> ▶ **Governança corporativa**
>
> sistema pelo qual uma empresa é dirigida e controlada.

Infelizmente, a história tem mostrado, repetidas vezes, que, se não forem controlados, altos gerentes inescrupulosos podem explorar seu poder de defraudar os acionistas. Essa desagradável realidade se tornou muito clara em 2001 quando a queda da **Enron** deu início a uma onda de escândalos corporativos, os quais foram caracterizados por fraudes dos relatórios financeiros e mau uso de fundos corporativos nos níveis mais altos da empresa – inclusive por CEOs e CFOs. Apesar de essas atitudes serem inquietantes por si só, elas indicavam que as instituições cujo objetivo era prever tais abusos não funcionavam e levantaram, assim, questões fundamentais sobre a adequação do sistema existente de governança corporativa. Em uma tentativa de responder a essas preocupações, o Congresso dos Estados Unidos aprovou a mais importante reforma de governança corporativa em muitas décadas – a *Lei Sarbanes-Oxley de 2002*.

Lei Sarbanes-Oxley de 2002

A **Lei Sarbanes-Oxley de 2002** tinha a intenção de proteger os interesses daqueles que investiam em empresas de capital aberto melhorando a credibilidade e a precisão das divulgações e dos relatórios financeiros corporativos.

Gostaríamos de ressaltar seis aspectos-chave da legislação.[5]

> ▶ **Lei Sarbanes-Oxley de 2002**
>
> lei criada com o intuito de proteger os interesses daqueles que investem em empresas de capital aberto, melhorando a credibilidade e a precisão das divulgações e dos relatórios financeiros corporativos.

---

[4] Essa definição de governança corporativa foi adaptada do relatório de 2004 intitulado "Princípios de Governança Corporativa" da OCDE publicado pela *Organização para a Cooperação e Desenvolvimento Econômico*.

[5] Um resumo da Lei Sarbanes-Oxley de 2002 pode ser obtido no *site* do Instituto Americano de Contadores Públicos Certificados (AICPA – *American Institute of Certified Public Accountants*): <http://thecaq.aicpa.org/Resources/Sarbanes+Oxley>.

20 CONTABILIDADE GERENCIAL

(1) A lei exige que tanto o CEO quanto o CFO atestem por escrito que as demonstrações contábeis de sua empresa e as divulgações que as acompanham representam de maneira justa os resultados das operações – com possibilidade de pena de prisão se um CEO ou CFO atestar resultados que sabe que são falsos. Isso cria incentivos muito fortes para o CEO e o CFO garantirem que as demonstrações contábeis não contenham declarações falsas.

(2) A lei estabeleceu o Conselho de Supervisão da Contabilidade de Empresas de Capital Aberto (PCAOB, *Public Company Accounting Oversight Board*) para oferecer uma supervisão adicional à profissão de auditor. A lei autoriza o conselho a realizar investigações, a adotar ações disciplinares contra firmas de auditoria e a exigir o cumprimento de vários padrões e regras relativos à preparação dos relatórios de auditoria.

(3) A lei coloca o poder de contratar, remunerar e cancelar o contrato da empresa pública de contabilidade que faz auditoria dos relatórios contábeis de uma empresa nas mãos do comitê de auditoria do conselho de diretoria. Antes, a gerência muitas vezes tinha o poder de contratar e cancelar o contrato de seus auditores. Além disso, a lei especifica que todos os membros do comitê de auditoria devem ser independentes, ou seja, não podem ter nenhuma afiliação com a empresa que supervisionam nem podem receber dela qualquer remuneração por consultoria ou aconselhamento.

(4) A lei impõe importantes restrições sobre as firmas de auditoria. Historicamente, empresas públicas de contabilidade ganhavam uma grande parte de seus lucros oferecendo serviços de consultoria às empresas que elas auditavam. Isso dava a aparência de uma falta de independência porque um cliente que estivesse insatisfeito com a posição de um auditor em determinada questão contábil poderia ameaçar parar de usá-lo como consultor. Para evitar esse possível conflito de interesses, a lei proíbe que uma empresa pública de contabilidade forneça uma grande variedade de serviços não relacionados à auditoria a um cliente de auditoria.

(5) A lei exige que o relatório anual de uma empresa contenha um *relatório de controle interno*. Os controles internos são criados pela gerência para garantir aos investidores que as divulgações financeiras sejam confiáveis. O relatório tem de afirmar que é responsabilidade da gerência estabelecer e manter controles internos adequados e deve conter uma avaliação feita pela gerência da eficácia de sua estrutura de controle interno. O relatório de controle interno é acompanhado por uma opinião da firma de auditoria da empresa sobre se a gerência manteve ou não um controle interno eficaz sobre seu processo de produção de relatórios financeiros.

(6) A lei estabelece graves penalidades de até 20 anos de prisão por alterar ou destruir quaisquer documentos que possam eventualmente ser utilizados em um processo judicial oficial e até 10 anos de prisão para gerentes que façam retaliação contra um "dedo-duro" que tenha procurado alguém de fora da cadeia de comando para denunciar má conduta. Juntos, esses seis aspectos da Lei Sarbanes-Oxley de 2002 devem ajudar a reduzir a incidência de relatórios financeiros fraudulentos.

Controle interno – análise mais minuciosa

É importante que todos os gerentes compreendam o conceito de *controle interno* e, embora não perceba, esse conceito desempenha um importante papel em sua vida pessoal. **Controle interno** é um processo criado para oferecer uma garantia razoável de que os objetivos sejam alcançados. Por exemplo, um objetivo de sua vida pessoal é viver bem até uma idade avançada. Infelizmente, porém, há riscos aos quais todos estamos sujeitos que podem nos impedir de alcançar tal objetivo. Podemos morrer prematuramente por causa de um ataque cardíaco, um acidente de carro ou um incêndio em nossa residência, por exemplo. Para reduzir o risco de ocorrência de um desses eventos infelizes, implementamos controles em nossa vida. Podemos fazer exercícios regularmente e fazer escolhas de alimentos nutritivos para reduzir a probabilidade de um ataque cardíaco. Devemos sempre usar cinto de segurança e instruir nossos amigos a nos impedir de beber álcool e depois dirigir, a fim de reduzir o risco de um acidente de automóvel fatal. Instalamos detec-

▶ **Controle interno**

processo criado para oferecer uma garantia razoável de que os objetivos traçados sejam alcançados.

tores de incêndio em nossos lares para reduzir o risco de um incêndio. Em resumo, os controles internos fazem parte integral de nosso dia a dia.

Uma empresa usa controles internos para oferecer garantia razoável de que seus relatórios financeiros sejam confiáveis.[6] Suas demonstrações contábeis podem conter erros intencionais ou não intencionais por três motivos. Primeiro, as demonstrações podem excluir erroneamente algumas transações (p. ex., a demonstração de resultados pode deixar de incluir despesas legítimas). Segundo, as demonstrações podem incluir inadequadamente algumas transações (p. ex., a demonstração de resultados pode incluir receitas de vendas que não foram obtidas durante o período corrente). Terceiro, as demonstrações podem incluir transações que foram registradas erroneamente (p. ex., uma despesa ou transação de vendas pode ser registrada na quantia errada).

O Quadro 1A.1 descreve sete tipos de controles internos que as empresas usam para reduzir o risco de ocorrência desses tipos de erros. Cada item no quadro é chamado de *controle preventivo* e/ou *controle detectivo*. O **controle preventivo** impede que ocorram eventos indesejáveis. Já o **controle detectivo** detecta eventos não desejáveis que ocorreram. Exigir autorizações para certos tipos de transações é um controle preventivo. Por exemplo, as empresas frequentemente exigem que certo alto gerente assine todos os cheques acima de determinada quantia para reduzir o risco de um desembolso de caixa inapropriado. As reconciliações são um controle detectivo. Se comparou um extrato bancário a seu talão de cheques para resolver quaisquer discrepâncias, então realizou um tipo de reconciliação conhecida como reconciliação bancária. Esse é um controle detectivo porque procura identificar qualquer erro cometido pelo banco ou erros existentes em seus próprios registros.

A divisão de tarefas é um controle preventivo que separa responsabilidades para autorizar e registrar transações e manter a custódia de ativos relacionados. Por exemplo, o mesmo funcionário não deve ter a capacidade de autorizar compras de estoques, responder por essas compras e gerenciar o armazém de estoque. Proteções físicas impedem que funcionários não autorizados tenham acesso a ativos como estoques e computadores. Análises de desempenho são controles detectivos realizados por funcionários em cargos de supervisão para garantir que os resultados realizados sejam razoáveis em comparação a pontos de referência relevantes. Se os resultados realizados se desviarem inesperadamente das expectativas, serão necessárias novas análises para determinar a causa do desvio. As empresas mantêm registros para fornecer evidências que sustentem cada transação. Por exemplo, as empresas usam cheques com números de série para que possam rastrear prontamente todos os seus desembolsos de caixa. Por fim, as empresas usam senhas (um controle preventivo) e históricos de acesso (um controle detectivo) para restringir o acesso a dados eletrônicos como lhes for conveniente.

É importante compreender que os controles internos não podem garantir que os objetivos sejam alcançados. Por exemplo, uma pessoa pode fazer exercícios regularmente e ter uma alimentação saudável, mas isso não garante que viverá até uma idade avançada. Da mesma maneira, um sistema eficaz de controles internos pode oferecer uma garantia razoável de que as divulgações de demonstrações contábeis serão confiáveis, mas não pode oferecer garantias totais, porque mesmo um sistema de controles internos bem projetado pode conter falhas. Além disso, dois ou mais funcionários podem se juntar para contornar o sistema de controles. Finalmente, os líderes seniores de uma empresa podem manipular os resultados financeiros ignorando intencionalmente as políticas e os procedimentos prescritos. Essa realidade realça a importância de se ter líderes seniores (inclusive o presidente-executivo, o vice-presidente financeiro e o comitê de auditoria do conselho de diretoria) que avaliem a importância de controles internos efetivos e tenham o compromisso de criar um posicionamento ético na alta administração da organização.

> ▶ **Controle preventivo**
> controle que impede que ocorram eventos indesejáveis.

> ▶ **Controle detectivo**
> controle que detecta eventos indesejáveis que ocorreram.

---

[6] As empresas também usam controles internos para alcançarem operações eficientes e eficazes e para garantirem que as leis e regulamentações aplicáveis sejam cumpridas.

QUADRO 1A.1
Tipos de controles internos para relatórios financeiros.

Tipo de controle	Classificação	Descrição
Autorizações	Preventivo	Exigir que a gerência aprove formalmente certos tipos de transações.
Reconciliações	Detectivo	Relacionar conjuntos de dados uns aos outros para identificar e resolver discrepâncias.
Divisão de tarefas	Preventivo	Separar responsabilidades relacionadas a autorizar transações, registrar transações e manter custódia dos ativos relacionados.
Proteções físicas	Preventivo	Usar câmeras, cadeados e barreiras físicas para proteger ativos.
Análises de desempenho	Detectivo	Comparar o desempenho real a várias bases de referência para identificar resultados inesperados.
Manter registros	Detectivo	Manter evidências escritas e/ou eletrônicas para sustentar as transações.
Segurança dos sistemas de informação	Preventivo/ Detectivo	Usar controles como senhas e históricos de acesso para garantir restrições apropriadas a dados.

PERGUNTAS

1A.1 Imagine que seja o técnico principal de um time esportivo de uma faculdade. Um de seus objetivos mais importantes é vencer o maior número de partidas possível. Descreva alguns controles que poderia implementar para ajudar a alcançar tal objetivo.

1A.2 Talvez o objetivo mais importante depois de sua graduação seja conseguir um emprego. Descreva algumas atividades de controle que buscaria para ajudá-lo a alcançar esse objetivo.

1A.3 Descreva alguns controles que os pais usam para manter o lar seguro para si próprios e para seus filhos.

CONTABILIDADE GERENCIAL E CONCEITOS DE CUSTO

▶▶ Objetivos de aprendizagem

OA2.1 Identificar e exemplificar cada uma das três categorias de custos fundamentais na produção.

OA2.2 Distinguir conceitos entre custos do produto e custos do período e exemplificá-los.

OA2.3 Compreender padrões de comportamento de custos, como custos variáveis, custos fixos e custos mistos.

OA2.4 Analisar custo misto usando um gráfico de dispersão e o método dos pontos extremos.

OA2.5 Preparar demonstrações de resultados para uma empresa de *merchandising*, usando os formatos tradicionais e a margem de contribuição.

OA2.6 Compreender as diferenças entre custos diretos e indiretos.

OA2.7 Compreender as classificações de custos usadas na tomada de decisões: custos diferenciais, custos de oportunidade e custos perdidos.

OA2.8 Analisar custo misto usando um gráfico de dispersão e o método de regressão dos mínimos quadrados. (Apêndice 2A)

OA2.9 Identificar os quatro tipos de custos da qualidade e explicar sua interação. (Apêndice 2B)

OA2.10 Preparar e interpretar um relatório de custos da qualidade. (Apêndice 2B)

Compreensão dos custos auxilia no crescimento de uma empresa bilionária

FOCO NOS **NEGÓCIOS**

Em 1986, a **Women's World of Fitness** faliu apesar de ter 14 estabelecimentos e 50 mil membros. O proprietário da empresa, Gary Heavin, diz que os centros de *fitness* tinham um número excessivo de comodidades caras, como piscinas, camas de bronzeamento artificial, máquinas de exercícios cardiovasculares, programas para crianças, lanchonetes, *personal trainers* e aulas de aeróbica. Com o aumento dos custos, ele tentou aumentar as receitas oferecendo adesão a homens, o que afastou as associadas do sexo feminino. O que Heavin aprendeu com a experiência?

Em 1992, Heavin fundou uma nova marca de centros de *fitness* para mulheres chamada **Curves**. Em vez de investir em equipamentos caros e em detalhes de conforto, o empresário focou a simplicidade, criando um circuito simples de *fitness* que usa um número mínimo de equipamentos e é rápido e fácil de concluir. No lugar de operar quase 24 horas por dia, decidiu fechar suas academias cedo. Até mesmo chuveiros foram considerados desnecessários. Em resumo, Heavin eliminou inúmeros custos que não traziam benefícios aos olhos dos clientes, e, com isso, conseguiu manter sua abordagem de "apenas mulheres", construindo uma empresa bilionária com aproximadamente 10 mil estabelecimentos em todo o mundo.

FONTE: Alison Stein Wellner, "Gary Heavin Is on a Mission from God", *Inc. Magazine*, outubro de 2006, p. 116-123.

CONTABILIDADE GERENCIAL

Este capítulo explica que em contabilidade gerencial o termo *custo* é usado de muitas maneiras diferentes, uma vez que há muitos tipos de custos, classificados de acordo com as necessidades imediatas da gestão da empresa. Por exemplo, os gestores podem querer dados de custos para preparar relatórios financeiros externos, preparar orçamentos de planejamento ou tomar decisões. Cada uso desses dados exige uma diferente classificação e definição de custos. Outro exemplo, preparar relatórios financeiros externos exige o uso de custos históricos, enquanto a tomada de decisões pode exigir previsões sobre custos futuros. Essa noção de custos diferentes para propósitos distintos é um aspecto muito importante da contabilidade gerencial.

CLASSIFICAÇÕES GERAIS DE CUSTO

Começaremos nossa discussão sobre conceitos de custo concentrando-nos em empresas manufatureiras, pois elas estão envolvidas na maioria das atividades encontradas em outros tipos de organizações. Empresas como a **Texas Instruments**, a **Ford** e a **DuPont** estão ligadas à aquisição de matérias-primas, produção de bens finais, marketing, distribuição e faturamento e quase todas as outras atividades de negócios. Portanto, compreender os custos de uma empresa manufatureira pode ser muito útil para entender os custos em outros tipos de organizações.

Custos de produção

A maioria das empresas manufatureiras divide os custos de produção em três amplas categorias: materiais diretos, mão de obra direta e custos indiretos de produção. Discutiremos cada um deles a seguir.

Materiais diretos   Os materiais que entram no produto final são chamados de **matérias--primas**. Este termo é um pouco enganoso porque parece implicar recursos naturais que não foram processados, como polpa de madeira ou minério de ferro. Na verdade, as matérias-primas referem-se a quaisquer materiais utilizados no produto final; e o produto final de uma empresa pode se tornar a matéria-prima de outra empresa. Por exemplo, os plásticos produzidos pela **DuPont** são a matéria-prima usada pela **Hewlett-Packard** em seus computadores pessoais.

Matérias-primas podem incluir *materiais diretos* e *indiretos*. **Materiais diretos** são aqueles que se tornam parte integral do produto final e cujos custos podem ser convenientemente associados ao produto final. Isso incluiria, por exemplo, os assentos que a **Airbus** compra de subcontratantes para instalar em suas aeronaves comerciais, e os pequenos motores eletrônicos que a **Panasonic** usa em seus aparelhos de DVD.

Às vezes, não vale a pena o esforço de associar os custos de materiais relativamente insignificantes aos seus produtos finais. Esses itens de menor importância incluiriam o soldador usado para fazer conexões elétricas em um televisor da **Sony** ou a cola usada para montar uma cadeira da **Ethan Allen**. Materiais como o soldador ou a cola são chamados **materiais indiretos** e são incluídos como parte dos custos indiretos de produção, que serão discutidos mais adiante, nesta seção.

Mão de obra direta   Consiste em custos de mão de obra que podem ser facilmente (ou seja, física e convenientemente) associados a unidades individuais de produtos. Às vezes, a **mão de obra direta** é chamada de *mão de obra de toque* (*touch labor*) porque seus trabalhadores tocam no produto enquanto é produzido. Exemplos de mão de obra direta incluem os trabalhadores da linha de montagem na **Toyota**, carpinteiros na empresa de construção **KB Home** e eletricistas que instalam equipamentos em aeronaves na **Bombardier Learjet**.

Os custos de mão de obra que não conseguem ser fisicamente associados a determinados produtos, ou que só podem ser associados a um alto custo e inconveniência, são chamados de **mão de obra indireta.** Assim como os materiais indiretos, a mão de obra indireta é tratada como parte dos custos indiretos de produção, e inclui os custos de mão de obra de serventes, supervisores, funcionários de manuseio de materiais e vigias noturnos. Embora os esforços desses trabalhadores sejam essenciais, seria impraticável ou impossível associar seus custos com precisão a unidades específicas de produtos. Logo, tais custos de mão de obra são tratados como mão de obra indireta.

▶▶ **OA2.1**

Identificar e exemplificar cada uma das três categorias de custos fundamentais na produção.

▶ **Matérias-primas**

qualquer material que entre no produto final.

▶ **Materiais diretos**

materiais que se tornam uma parte integral de um produto final e cujos custos podem ser convenientemente associados a ele.

▶ **Materiais indiretos**

itens pequenos de materiais como cola e pregos que podem fazer parte integral de um produto final, mas cujos custos não podem ser fácil ou convenientemente associados a ele.

▶ **Mão de obra direta**

custos de mão de obra de fábrica que podem ser facilmente associados a unidades de produto individuais. Também chamada de mão de obra de toque (*touch labor*).

▶ **Mão de obra indireta**

custos de mão de obra de serventes, supervisores, manipuladores de materiais e de outros trabalhadores da fábrica que não podem ser convenientemente associados a produtos específicos.

Capítulo **2** ▸▸ Contabilidade gerencial e conceitos de custo

TRANSFERIR EMPREGOS PARA O EXTERIOR É SEMPRE UMA BOA IDEIA?

POR DENTRO DAS EMPRESAS

Muitas empresas transferem empregos de países com mão de obra de alto custo, como os Estados Unidos, para países com mão de obra de baixo custo, como a Índia e a China. Mas buscar economias com mão de obra barata é sempre a coisa certa a ser feita? Na produção, a resposta é não. Os custos totais de mão de obra direta estão em torno de 7 a 15% do custo dos produtos vendidos. Como esse tipo de mão de obra é uma parte pequena dos custos gerais, as economias com a transferência de empregos para o exterior (*offshoring*) podem ser facilmente superadas por uma queda na eficiência que ocorre simplesmente porque as instalações de produção estão localizadas mais longe dos clientes finais. O aumento nos custos de manutenção de estoques e nos custos de obsolescência, somado a uma resposta mais lenta aos pedidos dos clientes, sem mencionar os riscos de câmbio de moedas estrangeiras, podem mais do que neutralizar os benefícios de empregar mão de obra de baixo custo geograficamente dispersa.

Um fabricante de roupas casuais em Los Angeles, Califórnia, Estados Unidos, percebeu o valor de manter os empregos perto da sede a fim de melhorar o desempenho. A empresa pode atender a pedidos de até 160 mil unidades em 24 horas. Na verdade, a empresa mantém estoques para menos de 30 dias de produção e considera fabricar roupas apenas depois que os pedidos são recebidos dos clientes, em vez de tentar prever quais itens venderá e produzi-los antes. Como isso seria feito? Todo o processo de produção da empresa – inclusive a fiação, o tingimento e a costura de tecidos – localiza-se no centro de Los Angeles, eliminando atrasos de entrega.

FONTE: Robert Sternfels e Ronald Ritter, "When Offshoring Doesn't Make Sense", *The Wall Street Journal*, 19 de outubro de 2004, p. B8.

Custos indiretos de produção Os **custos indiretos de produção,** o terceiro elemento dos custos de produção, incluem todos os custos de produção exceto os de materiais diretos e mão de obra direta. Neles, inserem-se itens como materiais indiretos, mão de obra indireta, manutenção e reparos nos equipamentos de produção, além de aquecimento e energia elétrica, impostos sobre propriedade, depreciação e seguro das instalações de produção. Uma empresa incorre em custos de aquecimento e energia elétrica, impostos sobre propriedade, seguro, depreciação e outros, associados às suas funções de venda e administrativas, mas eles não são incluídos como parte dos custos indiretos de produção. Apenas os custos associados à *operação da fábrica* integram os custos indiretos de produção.

Estes custos podem ter vários sinônimos, como *custos indiretos de manufatura*, *custos indiretos da fábrica* e *ônus da fábrica*.

Custos não relacionados à produção

Os custos não relacionados à produção geralmente são divididos em duas categorias: (1) *custos de venda* e (2) *custos administrativos*. Os **custos de venda** abrangem todos os custos que são incorridos para assegurar os pedidos dos clientes e fazer o produto final chegar até eles. Eles são chamados de *custos de recebimento de pedidos* e *custos de cumprimento de pedidos*. Exemplos de custos de venda incluem propaganda, entrega, viagens de venda, comissões de venda, salários de vendedores e custos dos armazéns de produtos finais.

Os **custos administrativos** incluem todos os custos associados à *gestão geral* de uma organização. Alguns exemplos de custos administrativos são remuneração de executivos, contabilidade geral, custos de secretaria, de relações públicas e custos similares envolvidos na administração geral da organização.

Os custos não relacionados à produção são geralmente chamados de custos de venda, gerais e administrativos (VG&A) ou apenas custos de venda e administrativos.

CUSTOS DO PRODUTO *VERSUS* CUSTOS DO PERÍODO

Além de classificar os custos como de produção ou não relacionados à produção, há outras maneiras de analisá-los. Por exemplo, eles podem ser classificados como *custos de produto* ou *custos de período*. Para compreender a diferença entre custos de produto e

▸ **Custos indiretos de produção**

todos os custos de produção, exceto materiais diretos e mão de obra direta.

▸ **Custos de venda**

todos os custos incorridos para garantir pedidos de clientes e fazer o produto ou serviço final chegar às mãos do cliente.

▸ **Custos administrativos**

todos os custos executivos, organizacionais e de escritório associados à gestão geral de uma organização (apoio à atividade-fim) em vez de à produção ou à venda.

▸▸ OA2.2

Distinguir conceitos entre custos do produto e custos do período e exemplificá-los.

custos de período, inicialmente temos que discutir o princípio da competência (correspondência)[*] da contabilidade financeira.

De maneira geral, os custos são reconhecidos como despesas na demonstração de resultados no período de benefício dos custos (geração de receita). Por exemplo, se uma empresa paga antecipadamente por um seguro de responsabilidade civil que usufruirá por dois anos, o valor total não é considerado uma despesa apenas do ano em que o pagamento é realizado. Em vez disso, metade do custo seria reconhecida como uma despesa a cada ano. O motivo dessa ação é que ambos os anos – e não somente o primeiro – se beneficiam do pagamento do seguro. A fração não imputada do seguro é mantida no balanço patrimonial como um ativo chamado seguro antecipado.

O *princípio da competência* baseia-se no conceito de *acréscimo* ou *especialização por exercício* de que os *custos incorridos para gerar determinada receita devem ser reconhecidos como despesas no mesmo período em que a receita é reconhecida.* Isso significa que, se um custo é incorrido para adquirir ou produzir algo que será vendido depois, então o custo deve ser reconhecido como uma despesa somente quando ocorrer a venda – isto é, quando ocorrer o benefício. Tais custos são chamados de *custos do produto.*

Custos do produto

> **Custos de produto**
>
> todos os custos envolvidos na aquisição ou produção de um produto. No caso de produtos manufaturados, consistem em materiais diretos, mão de obra direta e custos indiretos de produção. Ver também *Custos inventariáveis.*

Para fins de contabilidade financeira, os **custos de produto** incluem todos os custos envolvidos na aquisição ou na produção de um produto. No caso de produtos manufaturados, consistem em custos de materiais diretos, custos de mão de obra direta e custos indiretos de produção. Os custos do produto são alocados às unidades de produto à medida que bens são comprados ou manufaturados e permanecem alocados quando esses bens ou produtos entram em estoque aguardando a venda. Os custos do produto são inicialmente atribuídos a uma conta de estoque no balanço patrimonial. Quando os produtos são vendidos, os custos deixam o estoque como despesa (chamados custos de produtos vendidos) e passam a integrar a receita de vendas. Como os custos de produto são inicialmente atribuídos a estoques, eles são conhecidos como **custos inventariáveis.**

> **Custos inventariáveis**
>
> sinônimo de custos de produto.

Queremos enfatizar que os custos do produto não são necessariamente tratados como despesas no período em que são incorridos. Em vez disso, como explicado antes, são tratados como despesas no período em que os produtos relacionados *são vendidos, respeitando sempre a competência (período a que compete).*

Custos do período

> **Custos do período**
>
> custos que são levados diretamente para a demonstração de resultados como despesas no período em que são incorridos ou acrescidos.

Custos do período são todos aqueles que não são custos do produto. *Todas as despesas de venda e administrativas são tratadas como custos do período,* por exemplo, comissões de vendas, propaganda, salários de executivos, relações públicas e os custos de aluguéis de escritórios administrativos. Os custos do período não são incluídos como parte do custo dos produtos adquiridos ou dos produtos manufaturados; em vez disso, são imputados na demonstração de resultados no período em que são incorridos, usando as regras usuais da contabilidade. Tenha em mente que o período em que o custo é incorrido não é necessariamente o período em que o dinheiro troca de mãos. Por exemplo, como discutimos antes, os custos de um seguro financeiro são distribuídos entre os períodos que se beneficiam do seguro – independentemente do período em que o prêmio do seguro foi pago.

Custos primários e custos de transformação

> **Custos primários**
>
> custos de materiais diretos mais custos de mão de obra direta.

> **Custos de transformação**
>
> custos de mão de obra direta mais custos indiretos de produção.

Mais duas categorias de custos são utilizadas nas discussões sobre os custos de produção – *os primários* e *os de transformação.* **Custos primários** são a soma dos custos de materiais diretos e dos custos de mão de obra direta. **Custos de transformação** são a soma dos custos de mão de obra direta e dos custos indiretos de produção. O termo *custos de transformação* é usado para descrever os custos de mão de obra direta e os custos indiretos de produção porque esses custos são incorridos para transformar os materiais no produto final.

O Quadro 2.1 apresenta um resumo dos termos relacionados aos custos introduzidos até agora.

---

* N. de R. T.: O princípio da correspondência mencionado neste texto diz respeito ao princípio da competência, que instrui a empresa, por meio de sua contabilidade, a registrar os custos no momento de ocorrência (período a que compete) e não apenas no momento do pagamento. No Brasil, trata-se do princípio da competência.

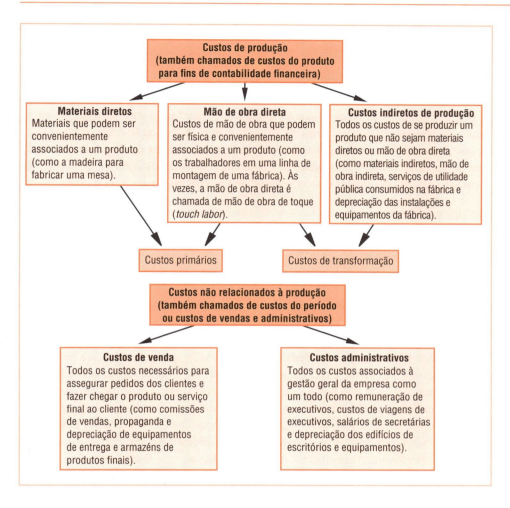

QUADRO 2.1
Resumo dos termos relacionados a custos.

DESAFIOS DE GERENCIAR INSTITUIÇÕES DE CARIDADE

POR DENTRO
DAS EMPRESAS

As instituições de caridade, como a **Harlem Children's Zone**, a **Sports4Kids** e a **Citizen Schools**, enfrentam uma situação difícil. Muitos doadores – cientes das histórias envolvendo instituições de caridade que gastavam excessivamente em si mesmas, perdendo de vista a missão – começaram a proibir a instituição de caridade de sua escolha de usar fundos doados para cobrir custos administrativos. Entretanto, mesmo a mais eficiente instituição de caridade tem dificuldade em expandir sem realizar ampliações em sua infraestrutura. Por exemplo, a expansão nacional dos programas de esportes da Sports4Kids elevou os custos administrativos de 5,6 para 14,7% de seu orçamento total. A organização afirma que esse aumento nos custos foi necessário para construir uma equipe de gestão mais experiente a fim de supervisionar a escala de operações que crescera drasticamente.

Muitas instituições de caridade começam a buscar doações explicitamente para financiar despesas administrativas. O argumento é simples – elas não podem fazer boas ações a outras pessoas sem incorrer em tais custos.

FONTE: Rachel Emma Silverman e Sally Beatty, "Save the Children (But Pay the Bills, Too)", *The Wall Street Journal,* 26 de dezembro de 2006, p. D1-D2.

CLASSIFICAÇÕES DE CUSTO PARA PREVER O COMPORTAMENTO DOS CUSTOS

▶▶ OA2.3

Compreender padrões de comportamento de custos, como custos variáveis, custos fixos e custos mistos.

Muitas vezes, é necessário prever como certos custos se comportarão em resposta a uma mudança nas atividades. Por exemplo, um gerente da **Qwest**, uma empresa de telefonia, pode querer estimar o impacto que um aumento de 5% nas ligações de longa distância

Comportamento dos custos

maneira como um custo reage a mudanças no nível de atividade.

Estrutura de custo

proporção relativa de custos fixos, variáveis e mistos em uma organização.

Custo variável

custo que varia, no total, em proporção direta a variações no nível de atividade. Um custo variável é constante por unidade.

Base de atividades

medida de qualquer coisa que incorra em um custo variável. Por exemplo, o custo total de um filme de raio X em um hospital aumenta com o aumento do número de raios X tirados. Portanto, o número de raios X é a base de atividades que explica o custo total do filme de raio X.

feitas pelos clientes teria na fatura total de energia elétrica da empresa. O **comportamento dos custos** refere-se a como um custo reage a mudanças no nível de atividade. À medida que a atividade aumenta e diminui, determinado custo aumentará e diminuirá – ou poderá permanecer constante. Para fins de planejamento, um gerente deve conseguir prever qual dessas opções acontecerá; e se é possível que um custo mude, o gerente deve conseguir estimar o quanto ele mudará. Para ajudar a fazer tais distinções, os custos geralmente são classificados como *variáveis*, *fixos* ou *mistos*. A proporção relativa de cada tipo de custo em uma organização é conhecida como sua **estrutura de custo.** Por exemplo, uma organização pode ter muitos custos fixos, mas poucos custos variáveis ou mistos. De outro modo, pode ter muitos custos variáveis, mas poucos custos fixos ou mistos.

Custos variáveis

Um **custo variável** varia, no total, em proporção direta a mudanças no nível de atividade. Exemplos comuns de custos variáveis incluem os custos de produtos vendidos para uma empresa de merchandising, materiais diretos, mão de obra direta, elementos variáveis dos custos indiretos de produção, como materiais indiretos, suprimentos e energia elétrica e elementos variáveis das despesas de venda e administrativas, como comissões e custos de entrega.[1]

Para um custo ser variável, ele tem que ser variável *em relação a algo*, que é sua *base de atividades*. Uma **base de atividades** é uma medida de qualquer coisa que incorra em um custo variável; às vezes, é chamada de *direcionador de custo*. Algumas das bases de atividades mais comuns são horas de mão de obra direta, horas-máquina, unidades produzidas e unidades vendidas. Outros exemplos incluem o número de milhas dirigidas por vendedores, o número de quilos de roupa de cama, mesa e banho lavada por um hotel, o número de ligações recebidas pela equipe de suporte técnico em uma empresa de software e o número de camas ocupadas em um hospital. *Mesmo que haja muitas bases de atividades dentro das organizações, neste livro, salvo indicação contrária, você deve supor que a base de atividades em consideração é o volume total de produtos e serviços fornecidos pela organização. Especificaremos a base de atividades somente quando ela for algo diferente da produção total.*

POR DENTRO DAS EMPRESAS

DIRECIONADORES DE CUSTOS NA INDÚSTRIA DE PRODUTOS ELETRÔNICOS

A **Accenture Ltd.** estima que a indústria norte-americana de produtos eletrônicos gaste US$ 13,8 bilhões anualmente para reencaixotar, enviar de volta ao estoque e revender produtos devolvidos. A sabedoria popular diz que os clientes somente devolvem produtos se apresentarem defeitos, mas os dados mostram que essa situação corresponde a apenas 5% dos casos de devolução. Na verdade, frequentemente, os clientes, sem as informações necessárias, compram os produtos errados e, como não compreendem a maneira como funcionam, este se torna um dos maiores direcionadores de custos que causam a devolução. A fabricante de televisores **Vizio Inc.** começou a incluir mais informações em suas embalagens para evitar que os clientes comprem o produto errado. A **Seagate Technologies** substituiu seus volumosos manuais de instruções por guias mais simples, que ajudam os clientes a começarem a usar seus produtos.

FONTE: Christopher Lawton, "The War on Returns", *The Wall Street Journal,* 8 de maio de 2008, p. D1 e D6.

---

[1] Os custos de mão de obra direta geralmente podem ser fixos em vez de variáveis por diversos motivos. Por exemplo, em alguns países, como França, Alemanha e Japão, as regulamentações da mão de obra e normas culturais podem limitar a capacidade da gestão de ajustar a força de mão de obra em resposta a mudanças de atividade. Neste livro, sempre suponha que a mão de obra direta é um custo variável, a menos que se diga explicitamente o contrário.

Capítulo **2** ▸▶ Contabilidade gerencial e conceitos de custo

Como exemplo de um custo variável, considere a Nooksack Expeditions, uma pequena empresa que oferece excursões de um dia inteiro para a prática de *rafting* em rios nas North Cascade Mountains, em Washington, Estados Unidos. A empresa oferece todo o equipamento necessário e guias experientes, além de servir refeições para os participantes. As refeições são compradas de um fornecedor a US$ 30 por pessoa para uma excursão de um dia inteiro. O comportamento desse custo variável, com base na unidade e com base no total, é exibido a seguir:

Número de participantes	Custo das refeições por participante (US$)	Custo total das refeições (US$)
250	30	7.500
500	30	15.000
750	30	22.500
1.000	30	30.000

Mesmo que o total dos custos variáveis mude com o nível de atividade, é importante observar que um custo variável é constante se expresso *por unidade*. Por exemplo, o custo das refeições por unidade permanece constante a US$ 30, embora o custo total das refeições aumente e diminua com o nível de atividade. O primeiro gráfico do Quadro 2.2 ilustra que o custo variável total aumenta e diminui à medida que a atividade aumenta e diminui. Em um nível de atividade de 250 participantes, o custo total das refeições é de US$ 7,5 mil. Em um nível de atividade de mil participantes, o custo total das refeições aumenta para US$ 30 mil.

Custos fixos

Um **custo fixo** é um custo que permanece constante, no total, independentemente de mudanças no nível de atividade. Exemplos de custos fixos incluem depreciação linear, seguros, impostos sobre propriedade, aluguéis, salários de supervisores, salários administrativos e propaganda. Ao contrário dos custos variáveis, os custos fixos não são afetados por mudanças nas atividades. Consequentemente, à medida que o nível de atividade aumenta e diminui, os custos fixos totais permanecem constantes, a menos que sejam influenciados por alguma força externa, como o proprietário de um imóvel aumentar sua despesa mensal com aluguel. Continuando com o exemplo da Nooksack Expeditions, suponha que a empresa alugue uma casa por US$ 500 por mês para guardar seus equipamentos. A quantia total de aluguel pago é a mesma, independentemente do número de participantes que a empresa leve em suas expedições em qualquer mês. O conceito de um custo fixo é exibido graficamente no segundo gráfico do Quadro 2.2.

▸ **Custo fixo**

custo que permanece constante, no total, independentemente das variações no nível de atividade dentro do intervalo relevante. Se um custo fixo é expresso por unidade, ele varia inversamente ao nível de atividade.

QUADRO 2.2
Comportamento dos custos variáveis e fixos (US$).

Custo total das refeições

O total de um custo variável aumenta em proporção direta ao nível de atividade.

QUADRO 2.2
Continuação.

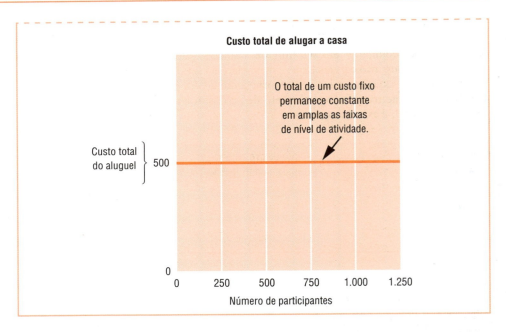

POR DENTRO
DAS EMPRESAS   **CUSTOS DOS ALIMENTOS EM UM HOTEL DE LUXO**

O **hotel esportivo Theresa** <http://www.theresa.at/>, pertencente à família Egger e por ela operado, é um hotel quatro estrelas localizado em Zell im Zillertal, na Áustria. O hotel oferece acesso a caminhadas, esqui, ciclismo e outras atividades nos Alpes Ziller, além de sua própria academia de *fitness* e spa.

    Três refeições completas ao dia são incluídas no preço da diária do quarto do hotel. O café da manhã e o almoço são servidos no sistema de bufê, enquanto o jantar tem um estilo mais formal, com seis pratos. O chef, Stefan Egger, acredita que os custos dos alimentos sejam aproximadamente proporcionais ao número de hóspedes que estão hospedados no hotel; isto é, eles são um custo variável. Ele tem que encomendar alimentos dos fornecedores com dois ou três dias de antecedência, mas ajusta suas compras ao número de hóspedes atuais e seus padrões de consumo. Além disso, os hóspedes fazem suas escolhas a partir do menu do jantar no início do dia, o que ajuda Stefan a planejar quais alimentos serão necessários para aquela noite. Consequentemente, ele consegue preparar apenas o suficiente para que todos os hóspedes fiquem satisfeitos e, assim, mantém o desperdício em um nível mínimo.

FONTE: Conversa com Stefan Egger, chef do hotel esportivo Theresa.

Como o total de custos fixos permanece constante para as amplas variações no nível de atividade, o custo fixo médio *por unidade* se torna progressivamente menor com o aumento do nível de atividade. Se a Nooksack Expeditions tiver apenas 250 participantes em um mês, o custo fixo do aluguel de US$ 500 representaria US$ 2 por participante. Se a empresa tiver mil participantes, o custo fixo do aluguel representaria uma média de apenas 50 centavos por participante. A tabela a seguir ilustra esse aspecto do comportamento dos custos fixos. Observe que à medida que o número de participantes aumenta, o custo fixo médio por participante cai.

Custo mensal do aluguel (US$)	Número de participantes	Custo médio por participante (US$)
500	250	2
500	500	1
500	750	0,67
500	1.000	0,50

Como regra, *advertimos contra expressar custos fixos em uma média por unidade em relatórios internos porque isso cria a falsa impressão de que os custos fixos são como os custos variáveis e que o total dos custos fixos realmente varia proporcionalmente à mudança nos níveis de atividade.*

Para fins de planejamento, os custos fixos podem ser vistos como *comprometidos* ou *discricionários*. Os **custos fixos comprometidos** representam investimentos organizacionais com um horizonte de planejamento *de vários anos* que não podem ser significativamente reduzidos nem mesmo por curtos períodos de tempo sem fazer mudanças fundamentais. Exemplos incluem investimentos em instalações e equipamentos, além de impostos sobre imóveis, despesas com seguros e salários da alta gerência. Mesmo se as operações forem interrompidas ou diminuídas, os custos fixos comprometidos permanecem praticamente imutáveis a curto prazo, pois os custos de restaurá-los posteriormente serão muito maiores do que quaisquer economias que pudessem ser realizadas a curto prazo. Os **custos fixos discricionários** (geralmente chamados de *custos fixos gerenciados*) normalmente são provenientes de decisões *anuais* tomadas pela gerência para gastar em certos itens de custo fixo. Exemplos incluem propaganda, pesquisas, relações públicas, programas de desenvolvimento gerencial e estágios para estudantes. Os custos fixos discricionários podem ser cortados por curtos períodos de tempo causando mínimos prejuízos aos objetivos a longo prazo da organização.

Pressuposto da linearidade e intervalo relevante

Os contadores gerenciais normalmente supõem que os custos sejam exclusivamente lineares; isto é, a relação entre custo, por um lado, e atividade, de outro, pode ser representada por uma linha reta. Já os economistas indicam que muitos custos seguem, na verdade, linhas curvilíneas, ou seja, a relação entre custo e atividade é uma curva. No entanto, mesmo se um custo não for estritamente linear, ele pode ser aproximado, dentro de uma faixa estreita de atividade conhecida como *intervalo relevante*, a uma linha reta, como ilustra o Quadro 2.3. O **intervalo relevante** é a faixa de atividade dentro da qual o pressuposto de que o comportamento dos custos é estritamente linear é razoavelmente válido. Fora do intervalo relevante, um custo fixo pode não mais ser estritamente fixo ou um custo variável pode não ser estritamente variável. Os gerentes devem sempre ter em mente que as suposições feitas sobre o comportamento dos custos podem não ser válidas se caírem fora do intervalo relevante.

▶ **Custos fixos comprometidos**

investimentos em instalações, equipamentos e estrutura organizacional básica que não podem ser significativamente reduzidos, mesmo que seja por pouco tempo, sem fazer mudanças fundamentais.

▶ **Custos fixos discricionários**

custos fixos que surgem de decisões anuais da gerência de gastar em certos itens de custos fixos, como propaganda e pesquisa.

▶ **Intervalo relevante**

faixa de atividade dentro da qual as suposições sobre o comportamento dos custos variáveis e fixos são válidas.

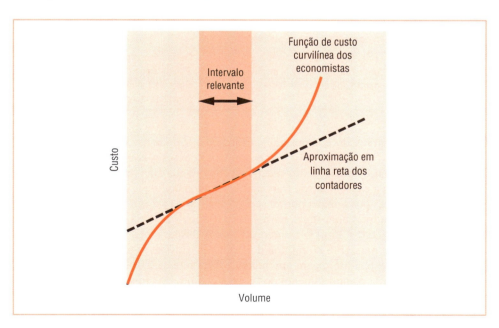

QUADRO 2.3
Custos curvilíneos e o intervalo relevante.

O conceito de intervalo relevante é importante para compreender os custos fixos. Por exemplo, suponha que a Mayo Clinic alugue uma máquina por US$ 20 mil por mês que examina amostras de sangue em busca da presença de células com leucemia, e que a capacidade da máquina de diagnóstico de leucemia seja de 3 mil exames por mês. A suposição de que o aluguel da máquina de diagnóstico custa US$ 20 mil por mês é válida apenas dentro do intervalo relevante de 0 a 3 mil exames por mês. Se a Mayo Clinic tem de examinar 5 mil amostras de sangue por mês, terá de alugar outra máquina por mais US$ 20 mil por mês. Seria difícil alugar meia máquina de diagnósticos; portanto, o padrão de degraus ilustrado no Quadro 2.4 é típico desses custos. O quadro mostra que a despesa fixa do aluguel é de US$ 20 mil para um intervalo relevante de 0 a 3 mil exames. A despesa fixa com aluguel aumenta para US$ 40 mil dentro do intervalo relevante de 3.001 a 6 mil exames. A despesa com aluguel aumenta em degraus discretos ou incrementos de 3 mil exames, em vez de aumentar de maneira linear por exame.

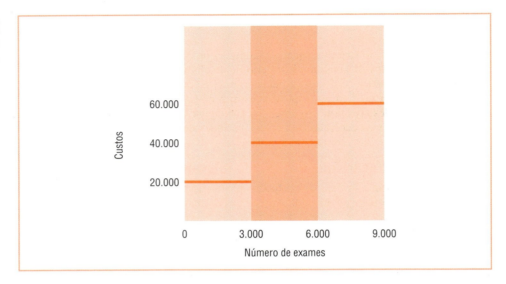

QUADRO 2.4
Custos fixos e o intervalo relevante (US$).

QUADRO 2.5
Resumo do comportamento dos custos variáveis e fixos.

| Custos | Comportamento dos custos (dentro do intervalo relevante) ||
	No total	Por unidade
Custos variáveis	Total dos custos variáveis aumenta e diminui proporcionalmente às mudanças no nível de atividade.	Custos variáveis por unidade permanecem constantes.
Custos fixos	Total dos custos fixos não é afetado por mudanças no nível de atividade dentro do intervalo relevante.	Custos fixos por unidade diminuem à medida que o nível de atividade aumenta e aumentam à medida que o nível de atividade diminui.

Esse padrão de degraus do comportamento dos custos pode ser usado para descrever outros custos, como de mão de obra, por exemplo, as despesas com funcionários assalariados. Os funcionários assalariados recebem uma quantia fixa, como US$ 40 mil por ano, pois fornecem a capacidade de trabalhar por uma quantidade de tempo predeterminada, como 40 horas por semana por 50 semanas por ano (= 2 mil horas por ano). Neste exemplo, a despesa total com funcionários assalariados é de US$ 40 mil dentro de um intervalo relevante de 0 a 2 mil horas de trabalho. A despesa total com funcionários assalariados aumenta para US$ 80 mil (ou dois funcionários) se as exigências de trabalho da organização se expandirem para um intervalo relevante de 2.001 a 4 mil horas de trabalho. Os padrões de comportamento dos custos como o dos funcionários assalariados geralmente são chamados de *custos variáveis em degraus*, que, muitas vezes, podem ser ajustados rapidamente quando as condições mudam. Além disso, a largura dos degraus dos custos variáveis em degraus geralmente é tão estreita que esses custos podem ser tratados essencialmente como custos variáveis para a maioria das finalidades. A largura dos degraus dos custos fixos, em contrapartida, é tão grande que esses custos devem ser tratados como totalmente fixos dentro do intervalo relevante.

O Quadro 2.5 resume quatro conceitos-chave relacionados a custos variáveis e custos fixos. Estude-o cuidadosamente antes de continuar sua leitura.

POR DENTRO
DAS EMPRESAS

QUANTOS GUIAS?

A empresa **Majestic Ocean Kayaking**, de Ucluelet, na Columbia Britânica, Canadá, pertence à Tracy Morben-Eeftink e é por ela administrada. A empresa oferece diversas excursões de caiaque, de tours de três horas de duração no porto de Ucluelet a viagens de seis dias de caiaque com acampamento em Clayoquot Sound. Uma das excursões da empresa é uma viagem de caiaque de quatro dias incluindo acampamento nas Ilhas Broken Group, no Parque Nacional Pacific Rim. Há regras especiais para viagens no parque – incluindo a exigência de que um guia certificado acompanhe cada grupo de cinco participantes ou menos. Por exemplo, uma viagem com 12 participantes tem que ter pelo menos três guias certificados. Os guias não são assalariados e são pagos por dia. Portanto, para a empresa, o custo dos guias para uma viagem é um custo variável em degraus em vez de um custo fixo ou estritamente variável. Um guia é necessário para 1 a 5 participantes, dois guias para 6 a 10 participantes, três guias para 11 a 15, e assim por diante.

FONTES: Tracy Morben-Eeftink, proprietária, Majestic Ocean Kayaking. Para mais informações sobre a empresa, ver o *site* <www.oceankayaking.com>.

Custos mistos

Um **custo misto** contém elementos de custos variáveis e fixos. Os custos mistos são conhecidos como custos semivariáveis. Para continuar o exemplo da Nooksack Expeditions, a empresa incorre em um custo misto chamado taxas ou impostos pagos ao Estado, que inclui uma taxa de US$ 25 mil por ano mais US$ 3 por passeio de *rafting* pagos ao Departamento de Recursos Naturais. Se a empresa fizer mil passeios de *rafting* no ano, o total pago em taxas ao Estado seria de US$ 28 mil, compostos por um custo fixo de US$ 25 mil mais um custo variável de US$ 3 mil. O Quadro 2.6 ilustra o comportamento desses custos mistos.

▶ **Custo misto**

custo que contém elementos de custo variável e elementos de custo fixo.

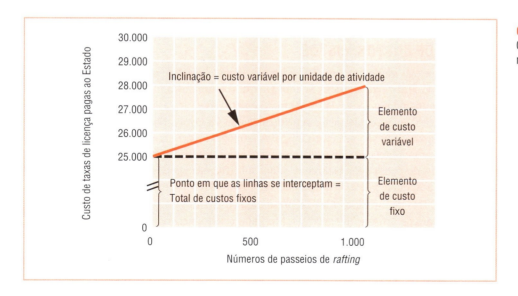

QUADRO 2.6
Comportamento dos custos mistos (US$).

Mesmo que a Nooksack não consiga atrair nenhum participante, a empresa ainda terá que pagar a taxa de licença de US$ 25 mil. É por isso que a linha de custo no Quadro 2.6 intercepta o eixo de custo vertical no ponto US$ 25 mil. Para cada passeio de *rafting* organizado pela empresa, o custo total das taxas pagas ao Estado aumenta em US$ 3. Portanto, a linha de custo total tem uma inclinação ascendente, assim como o custo variável de US$ 3 por passeio é adicionado ao custo fixo de US$ 25 mil por ano.

Como os custos mistos no Quadro 2.6 são representados por uma linha reta, a seguinte equação pode ser utilizada para expressar a relação entre custos mistos e o nível de atividade:

$$Y = a + bX$$

Nesta equação,
Y = Custos mistos totais
a = Custos fixos totais (a interseção vertical da linha)
b = Custos variáveis por unidade de atividade (a inclinação da linha)
X = Nível de atividade

Como os custos variáveis por unidade são iguais à inclinação da linha reta, quanto mais acentuada for a inclinação, mais altos serão os custos variáveis por unidade.

No caso das taxas pagas ao Estado pela Nooksack Expeditions, a equação é escrita como segue:

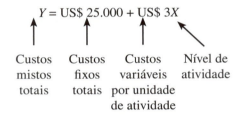

Esta equação facilita o cálculo dos custos mistos totais para qualquer nível de atividade dentro do intervalo relevante. Por exemplo, suponha que a empresa espere organizar 800 passeios de *rafting* no próximo ano. O total a ser pago em taxas ao Estado seria calculado como seguir:

Y = US$ 25.000 + (US$ 3 por passeio de *rafting* × 800 passeios de *rafting*)
= US$ 27.400

ANÁLISE DE CUSTOS MISTOS

Custos mistos são muito comuns. Por exemplo, o custo geral de prestar serviços de raio X a pacientes do **Harvard Medical School Hospital** é um custo misto. Os custos de depreciação de equipamentos e os salários de radiologistas e técnicos são fixos, mas os custos do filme de raio X, energia elétrica e suprimentos são variáveis. Na **Southwest Airlines**, os custos de manutenção são um custo misto. A empresa incorre em custos fixos para alugar instalações de manutenção e para manter mecânicos qualificados na folha de pagamento, mas os custos de peças de substituição, óleos lubrificantes, pneus, entre outros, são variáveis quanto à frequência e à distância que as aeronaves da empresa percorrem.

A fração fixa de um custo misto representa o custo mínimo de ter um serviço *pronto e disponível* para uso. A fração variável representa o custo incorrido para o *consumo real* do serviço, assim, varia proporcionalmente à quantidade de serviço realmente consumida.

Os gerentes podem usar diversos métodos para estimar os componentes fixo e variável de um custo misto, como a *análise contábil*, a *abordagem da engenharia*, o *método dos pontos extremos* e a *análise de regressão dos mínimos quadrados*. Na **análise contábil**, uma conta é classificada como variável ou fixa dependendo do conhecimento anterior do analista sobre como o custo se comporta na conta. Por exemplo, materiais diretos seriam classificados como variável, e o custo do aluguel de um imóvel seria classificado como fixo devido à natureza desses custos. A **abordagem da engenharia** para a análise de custo envolve uma análise detalhada de qual deve ser o comportamento dos custos, baseado na avaliação, feita por um engenheiro industrial, dos métodos de produção a serem utilizados, das especificações dos materiais, das exigências da mão de obra, do uso de equipamentos, da eficiência da produção, do consumo de energia elétrica e assim por diante.

▶ **Análise contábil**

método para analisar o comportamento dos custos no qual uma conta é classificada como variável ou fixa dependendo do conhecimento anterior do analista de como o custo se comporta na conta.

▶ **Abordagem da engenharia**

análise detalhada do comportamento dos custos baseada na avaliação de um engenheiro industrial dos insumos que são necessários para realizar determinada atividade e dos preços desses insumos.

Capítulo **2** ▶▶ Contabilidade gerencial e conceitos de custo

O método dos pontos extremos e o método de regressão dos mínimos quadrados estimam os elementos fixo e variável de um custo misto analisando registros passados de dados de custos e de atividades. Usaremos um exemplo do Brentline Hospital para ilustrar os cálculos do método dos pontos extremos e para comparar as estimativas de custos resultantes do método dos pontos extremos àquelas obtidas usando a regressão dos mínimos quadrados. O Apêndice 2A demonstra como usar o Microsoft Excel para realizar os cálculos da regressão dos quadrados mínimos.

Diagnosticar o comportamento dos custos com um gráfico de dispersão

Suponha que o Brentline Hospital esteja interessado em prever os custos de manutenção mensais futuros para fins orçamentários. A alta gerência acredita que o custo de manutenção seja um custo misto e que a fração variável desse custo seja determinada pelo número de paciente-dia. Cada dia que um paciente permanece no hospital conta como um paciente-dia. O principal executivo financeiro do hospital reuniu os seguintes dados para o período dos sete últimos meses:

▶▶ OA2.4

Analisar custo misto usando um gráfico de dispersão e o método dos pontos extremos.

Mês	Nível de atividade: pacientes-dia	Custos de manutenção incorridos (US$)
Janeiro..........................	5.600	7.900
Fevereiro......................	7.100	8.500
Março	5.000	7.400
Abril............................	6.500	8.200
Maio............................	7.300	9.100
Junho..........................	8.000	9.800
Julho...........................	6.200	7.800

O primeiro passo ao aplicar o método dos pontos extremos ou o método de regressão dos mínimos quadrados é diagnosticar o comportamento dos custos com um gráfico de dispersão. O gráfico de dispersão dos custos de manutenção *versus* pacientes-dia no Brentline Hospital é exibido no Quadro 2.7. Devemos fazer duas observações a respeito deste gráfico de dispersão:

1. Os custos de manutenção totais, *Y*, são traçados no eixo vertical. Os custos são conhecidos como a **variável dependente** porque o montante de custo incorrido durante um período depende do nível de atividade daquele período, ou seja, à medida que o nível de atividade aumenta, os custos totais normalmente aumentarão.
2. A atividade, *X* (pacientes-dia, neste caso), é traçada no eixo horizontal. A atividade é conhecida como a **variável independente** porque causa variações nos custos.

A partir do gráfico de dispersão, fica evidente que os custos de manutenção realmente aumentam com o número de pacientes-dia de uma maneira aproximadamente *linear*. Em outras palavras, os pontos se encontram mais ou menos ao longo de uma linha reta com inclinação ascendente para a direita. O **comportamento dos custos** é considerado **linear** toda vez que uma linha reta for uma aproximação razoável para a relação entre custos e atividade.

Representar os dados em um gráfico de dispersão é um passo de diagnóstico essencial que deve ser realizado antes dos cálculos do método dos pontos extremos ou da regressão dos mínimos quadrados. Se o gráfico de dispersão revelar um comportamento de custos linear, então faz sentido fazer os cálculos do método dos pontos extremos ou da regressão dos mínimos quadrados para decompor o custo misto em seus componentes variável e fixo. Se o gráfico de dispersão não mostrar um comportamento de custos linear, então não faz sentido prosseguir com a análise de dados.

▶ **Variável dependente**

variável que responde a algum fator causal; o custo total é a variável dependente, representada pela letra *Y*, na equação $Y = a + bX$.

▶ **Variável independente**

variável que age como fator causal; a atividade é a variável independente, representada pela letra *X*, na equação $Y = a + bX$.

▶ **Comportamento linear dos custos**

diz-se que o comportamento dos custos é linear sempre que uma linha reta é uma aproximação razoável para a relação entre custos e atividade.

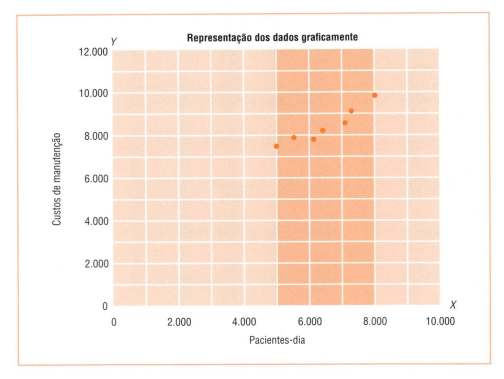

QUADRO 2.7
Método de análise de custo por gráfico de dispersão (US$).

Por exemplo, suponha que a gerência do Brentline Hospital esteja interessada na relação entre os custos de telefone do hospital e o número de pacientes-dia. Os pacientes são cobrados diretamente por seu uso dos telefones, então esses custos não aparecem nos registros de custos do hospital. Em vez disso, a gerência está interessada no quanto deve cobrar pelo uso dos telefones pelos funcionários. Os dados desses custos estão traçados no gráfico do Quadro 2.8. Fica evidente, a partir do padrão não linear dos dados, que, embora os custos de telefone variem de um mês para o outro, eles não estão relacionados ao número de pacientes-dia. Alguma outra coisa que não o número de pacientes-dia determina as contas de telefone. Portanto, não faria sentido levar a análise desses custos adiante tentando estimar um custo variável por pacientes-dia para os custos de telefone. Traçar o gráfico dos dados ajuda a diagnosticar situações como essa.

Representar os dados em um gráfico de dispersão pode revelar padrões não lineares do comportamento dos custos que garantam novas análises de dados. Por exemplo, suponha que os gerentes do Brentline Hospital estivessem interessados na relação entre o total pago em salários a enfermeiras e o número de pacientes-dia no hospital. A equipe de enfermeiras que trabalha em regime permanente e de tempo integral pode se responsabilizar por até 7 mil pacientes-dia em um mês. Além desse nível de atividade, é preciso chamar enfermeiras que trabalham em regime de meio período para ajudar. Os dados de custos e atividade das enfermeiras estão representados no gráfico de dispersão do Quadro 2.9. Observando esse gráfico de dispersão, fica evidente que duas linhas retas se enquadrariam melhor nos dados do que uma única linha reta. Até 7 mil pacientes-dia, o total pago em salários a enfermeiras é, essencialmente, um custo fixo. Acima de 7 mil pacientes-dia, esse total passa a ser um custo misto. Isso acontece porque, como mencionado anteriormente, a equipe de enfermeiras que trabalha em regime permanente e de tempo integral pode se responsabilizar por até 7 mil pacientes-dia em um mês. Acima desse nível, enfermeiras em regime de meio período são chamadas para ajudar, aumentando os custos. Consequentemente, duas linhas retas (e duas equações) seriam utilizadas para representar o total pago em salários às enfermeiras – uma para o intervalo relevante de 5,6 a 7 mil pacientes-dia e uma para o intervalo relevante de 7 a 8 mil pacientes-dia.

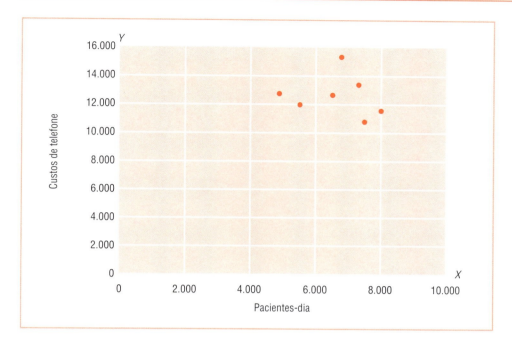

QUADRO 2.8
Gráfico de dispersão diagnóstico (US$).

OPERAÇÕES DETERMINAM OS CUSTOS

POR DENTRO DAS EMPRESAS

A **White Grizzly Adventures** é uma empresa de esqui *snowcat* e *snowboarding* em Meadow Creek, British Columbia, Canadá, de propriedade de Brad e Carole Karafil e por eles operada. A empresa leva 12 participantes ao alto do terreno íngreme e arborizado da empresa em um *snowcat* modificado. Os participantes se hospedam em grupo no alojamento da empresa por um número fixo de dias e são oferecidas refeições saudáveis.

Brad e Carole têm que decidir todo ano em que dia as operações do *snowcat* começarão em dezembro e quando terminarão no início da primavera, além de quantos dias sem operações devem ser marcados entre os grupos de participantes para manutenção e descanso. Essas decisões afetam diversos custos. Exemplos de custos que são fixos e variáveis no que diz respeito ao número de dias de operação na White Grizzly incluem:

Custos	Comportamento dos custos – fixos ou variáveis no que diz respeito ao número de dias de operação
Impostos sobre propriedade	Fixos
Manutenção de estradas no verão e poda de árvores	Fixos
Depreciação do alojamento	Fixos
Operador e guias do *snowcat*	Variáveis
Cozinheiros e auxiliares do alojamento	Variáveis
Depreciação do *snowcat*	Variáveis
Combustível do *snowcat*	Variáveis
Alimentos*	Variáveis

* Os custos da alimentação servida aos hóspedes teoricamente dependem do número de pessoas hospedadas. Entretanto, o alojamento está quase sempre ocupado em sua capacidade máxima de 12 pessoas quando o *snowcat* está em operação, então os custos de alimentação podem ser determinados pelos dias de operação.

FONTE: Brad e Carole Karafil, proprietários e operadores da White Grizzly Adventures, <www.whitegrizzly.com>.

QUADRO 2.9
Mais de um intervalo relevante (US$).

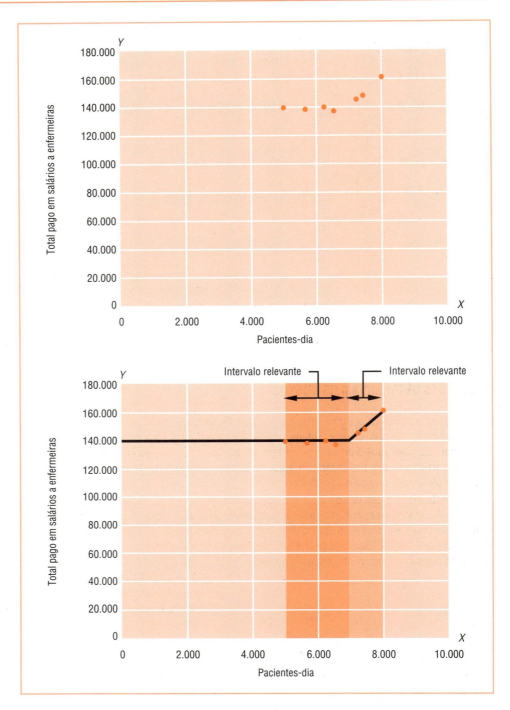

Os exemplos nos Quadros 2.8 e 2.9 ilustram por que preparar um gráfico de dispersão é um passo de diagnóstico essencial que não deve ser ignorado.

Método dos pontos extremos

Supondo que o gráfico de dispersão indique uma relação linear entre custos e atividade, os elementos de custo fixo e variável de um custo misto podem ser estimados usando o *método dos pontos extremos* ou o *método de regressão dos mínimos quadrados*. O método dos pontos extremos é baseado na fórmula de "elevação sobre distância" para calcular a inclinação de uma linha reta. Como discutido anteriormente, se a relação entre custo e atividade puder ser representada por uma linha reta, então, a inclinação da linha reta será igual aos custos variáveis por unidade de atividade. Consequentemente, a fórmula a seguir pode ser usada para estimar os custos variáveis:

$$\text{Custos variáveis} = \text{Inclinação da linha} = \frac{\text{Elevação}}{\text{Distância}} = \frac{Y_2 - Y_1}{X_2 - X_1}$$

Para analisar os custos mistos com o **método dos pontos extremos**, comece identificando o período com o menor nível de atividade e o período com o maior nível de atividade. O de menor nível é selecionado como o primeiro ponto na fórmula descrita e o período com maior nível de atividade é selecionado como o segundo ponto. Consequentemente, a fórmula passa a ser:

$$\text{Custos variáveis} = \frac{Y_2 - Y_1}{X_2 - X_1} = \frac{\begin{array}{c}\text{Custos no nível mais alto de atividade} - \\ \text{Custos no nível mais baixo de atividade}\end{array}}{\begin{array}{c}\text{Nível mais alto de atividade} - \\ \text{Nível mais baixo de atividade}\end{array}}$$

ou

$$\text{Custos variáveis} = \frac{\text{Variação nos custos}}{\text{Variação na atividade}}$$

Portanto, quando o método dos pontos extremos é usado, os custos variáveis são estimados por meio da divisão da diferença de custos entre os níveis de atividade mais alto e mais baixo pela variação em atividade entre esses dois pontos.

Para voltar ao exemplo do Brentline Hospital, usando o método dos pontos extremos, primeiro identificamos os períodos com o nível de *atividade* mais alto e mais baixo – nesse caso, junho e março. Então, usamos os dados de atividade e custo desses dois períodos para estimar o componente de custo variável, como:

Mês	Pacientes-dia	Custos de manutenção incorridos (US$)
Nível mais alto de atividade (junho)	8.000	9.800
Nível mais baixo de atividade (março)..................	5.000	7.400
Variação	3.000	2.400

$$\text{Custos variáveis} = \frac{\text{Variação no custo}}{\text{Variação na atividade}} = \frac{\text{US\$ } 2.400}{3.000 \text{ pacientes-dia}} = \text{US\$ } 0{,}80 \text{ por paciente-dia}$$

Tendo determinado que os custos de manutenção variáveis são de 80 centavos por paciente-dia, agora podemos determinar o montante dos custos fixos. Isso é feito tomando-se os custos totais no nível de atividade mais alto *ou* mais baixo e deduzindo o elemento do custo variável. No cálculo a seguir, usam-se os custos totais no nível de atividade mais alto para calcular o elemento do custo fixo:

Elemento do custo fixo = Custos totais – Elemento do custo variável

$$= \text{US\$ } 9.800 - (\text{US\$ } 0{,}80 \text{ por paciente-dia} \times 8.000 \text{ pacientes-dia})$$

$$= \text{US\$ } 3.400$$

Tanto o elemento do custo variável quanto o elemento do custo fixo agora foram isolados. Os custos de manutenção podem ser expressos como US$ 3.400 por mês mais 80 centavos por paciente-dia ou como a seguir:

$$Y = \text{US\$ } 3.400 + \text{US\$ } 0{,}80X$$

Custos totais de manutenção

Total pacientes-dia

> ▶ **Método dos pontos extremos**
>
> método de separar um custo misto em seus elementos de custos fixos e variáveis analisando a variação nos custos entre os níveis de atividade mais alto e mais baixo.

Os dados usados nessa ilustração são exibidos graficamente no Quadro 2.10. Observe que uma linha reta foi traçada pelos pontos correspondentes aos níveis de atividade mais alto e mais baixo. Em essência, é isso que o método dos pontos extremos faz – traça uma linha reta passando por esses dois pontos.

QUADRO 2.10
Análise de custo – método dos pontos extremos (US$).

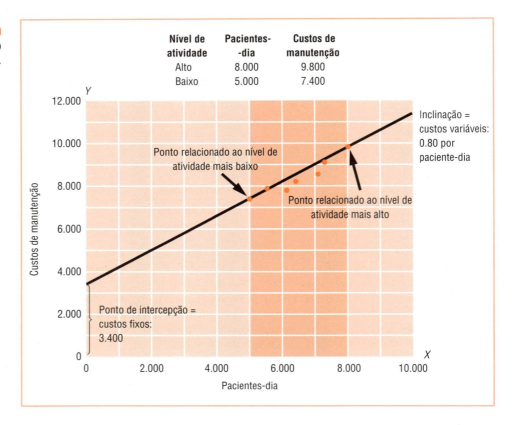

Às vezes, os níveis de atividade mais alto e mais baixo não coincidem com os montantes de custo mais alto e mais baixo. Por exemplo, o período que possui um nível de atividade mais alto pode não ter o montante de custo mais alto. No entanto, os custos nos níveis de *atividade* mais alto e mais baixo são sempre usados para analisar um custo misto sob o método dos pontos extremos. O motivo é que o analista gostaria de usar dados que reflitam a maior variação possível nos níveis de atividade.

O método dos pontos extremos é muito simples de aplicar, mas sofre de um grande (e às vezes fundamental) defeito – utiliza apenas dois pontos. Geralmente, dois pontos não são suficientes para produzir resultados precisos. Além disso, os períodos com os níveis de atividade mais alto e mais baixo tendem a ser incomuns. Uma fórmula de custo que seja estimada somente usando dados desses períodos incomuns pode oferecer uma má representação do verdadeiro comportamento dos custos durante períodos normais. Esse tipo de distorção é evidente no Quadro 2.10. A linha reta provavelmente deveria ser um pouco deslocada para baixo de modo a estar mais próxima de mais pontos. Por esses motivos, a regressão dos mínimos quadrados geralmente será mais precisa do que o método dos pontos extremos.

Método de regressão dos mínimos quadrados

▶ **Método de regressão dos mínimos quadrados**
método de separar um custo misto em seus elementos de custo fixo e variável ajustando uma linha de regressão que minimiza a soma dos quadrados dos erros.

O **método de regressão dos mínimos quadrados,** ao contrário do método dos pontos extremos, usa todos os dados para decompor um custo misto em seus componentes fixo e variável. Uma *linha de regressão* da fórmula $Y = a + bX$ é ajustada aos dados, em que a representa o custo fixo total e b representa o custo variável por unidade de atividade. A ideia básica por trás do método de regressão dos mínimos quadrados é ilustrada no Quadro 2.11 por meio de dados hipotéticos. Observe, a partir do quadro, que os desvios dos pontos representados no gráfico em relação à linha de regressão são medidos verticalmente. Esses desvios verticais são chamados de erros de regressão. Não há nada de misterioso sobre o método de regressão dos mínimos quadrados. Ele simplesmente calcula a linha de regressão que minimiza a soma do quadrado desses erros. As fórmulas que realizam isso são bastante complexas e envolvem inúmeros cálculos, mas o princípio é simples.

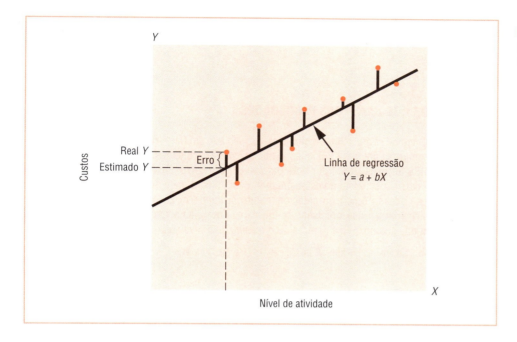

QUADRO 2.11
Conceito da regressão dos mínimos quadrados.

Felizmente, os computadores são especialistas em realizar os cálculos necessários pelas fórmulas da regressão dos mínimos quadrados. Os dados – os valores observados de X e Y – são digitados no computador e o software faz o resto. No caso dos dados dos custos de manutenção do Brentline Hospital, um pacote de software de estatística em um computador pessoal pode calcular as seguintes estimativas por regressão dos mínimos quadrados dos custos fixos totais (a) e dos custos variáveis por unidade de atividade (b):

$$a = US\$ \ 3.431$$
$$b = US\$ \ 0,759$$

Portanto, usando o método de regressão dos mínimos quadrados, o elemento fixo do custo de manutenção é US$ 3.431 por mês e a fração variável é 75,9 centavos por paciente-dia.

Em termos da equação linear $Y = a + bX$, a fórmula do custo pode ser escrita como

$$Y = US\$ \ 3.431 + US\$ \ 0,759X$$

onde a atividade (X) é expressa em pacientes-dia.

O Apêndice 2A discute como usar o Microsoft Excel para realizar os cálculos da regressão dos mínimos quadrados. Por enquanto, você só precisa compreender que a análise de regressão dos mínimos quadrados geralmente fornece estimativas de custo mais precisas do que o método dos pontos extremos porque, em vez de contar com apenas dois pontos, ela usa todos os pontos para ajustar uma linha que minimize a soma dos quadrados dos erros. A tabela a seguir compara as estimativas de custo do Brentline Hospital usando o método dos pontos extremos e o método de regressão dos mínimos quadrados:

	Método dos pontos extremos (US$)	Método de regressão dos mínimos quadrados (US$)
Estimativa dos custos variáveis por paciente-dia............	0,800	0,759
Estimativa dos custos fixos por mês..............................	3.400	3.431

Quando o método de regressão dos mínimos quadrados é usado para criar uma linha reta que minimiza a soma dos quadrados dos erros, obtém-se uma intercepção no eixo *Y* que é US$ 31 mais alta do que a intercepção no eixo *Y* deduzida usando o método dos pontos extremos. Ele diminui a inclinação da linha reta, resultando em uma estimativa dos custos variáveis mais baixa, de US$ 0,759 por paciente-dia em vez de US$ 0,80 por paciente-dia como foi deduzido usando o método dos pontos extremos.

POR DENTRO DAS EMPRESAS

ZIPCAR CHEGA AOS *CAMPI* DAS FACULDADES

Zipcar é um serviço de compartilhamento de carros sediado em Cambridge, Massachusetts, Estados Unidos. A empresa atende 13 cidades e 120 *campi* de faculdades. Os membros pagam uma taxa anual de US$ 50 mais US$ 7 por hora para alugar um carro. Eles podem usar seus iPhones para alugar um carro, localizá-lo no estacionamento da Zipcars mais próximo, destrancá-lo usando um código de acesso e sair do estacionamento dirigindo-o. Esse arranjo de custo misto é atraente aos participantes que precisam de um carro com pouca frequência e desejam evitar a grande despesa que acompanha a compra ou o *leasing* de um veículo.

FONTE: Jefferson Graham, "An iPhone Gets Zipcar Drivers on Their Way", *USA Today,* 30 de setembro de 2009, p. 3B.

DEMONSTRAÇÕES DE RESULTADOS NO FORMATO TRADICIONAL E COM MARGEM DE CONTRIBUIÇÃO

▶▶ **OA2.5**

Preparar demonstrações de resultados para uma empresa de *merchandising*, usando os formatos tradicionais e as margem de contribuição.

Nesta seção do capítulo, discutiremos como preparar demonstrações de resultados no formato tradicional e com margem de contribuição para uma empresa de *merchandising*.[2] As empresas de *merchandising* não produzem os produtos que vendem aos seus clientes. Por exemplo, o **Walmart** é uma empresa de *merchandising* porque compra produtos concluídos de fabricantes e então os revende a consumidores finais.

Demonstração de resultados no formato tradicional

As demonstrações de resultados tradicionais são preparadas primordialmente para fins de relatórios externos. O lado esquerdo do Quadro 2.12 mostra uma demonstração de resultados no formato tradicional para empresas de *merchandising*. Esse tipo de demonstração de resultados organiza custos em duas categorias – o custo de produtos vendidos e as despesas de venda e administrativas. As vendas menos os custos das mercadorias vendidas são iguais à *margem bruta*. A margem bruta menos as despesas de venda e administrativas é igual ao resultado operacional.

Os custos de produtos vendidos informam os *custos de produto* atribuídos às mercadorias vendidas durante o período. As despesas de venda e administrativas informam todos os *custos de período* que foram registrados como gastos incorridos. Os custos de produtos vendidos para uma empresa de *merchandising* podem ser calculados diretamente multiplicando-se o número de unidades vendidas por seu custo unitário ou, indiretamente, usando a equação:

$$\text{Custos de produtos vendidos} = \text{Estoque inicial de produtos} + \text{Compras} - \text{Estoque final de produtos}$$

---

[2] Capítulos subsequentes discutirão as classificações de custo usadas nas demonstrações contábeis de empresas manufatureiras.

Capítulo **2** ▶▶ Contabilidade gerencial e conceitos de custo

Formato tradicional			Com margem de contribuição		
Vendas		12.000	Vendas		12.000
Custos de produtos vendidos*		6.000	Despesas variáveis:		
Margem bruta		6.000	Custos de produtos vendidos	6.000	
Despesas de vendas e administrativas:			Despesas de vendas variáveis	600	
Despesas de venda	3.100		Despesas administrativas variáveis	400	7.000
Despesas administrativas	1.900	5.000	Margem de contribuição		5.000
Resultado operacional		1.000	Despesas fixas:		
			Despesas de venda fixas	2.500	
			Despesas administrativas fixas	1.500	4.000
			Resultado operacional		

* Para uma empresa manufatureira, os custos de produtos vendidos incluiriam alguns custos variáveis, como materiais diretos, mão de obra direta e custos indiretos de produção e alguns custos fixos, como custos indiretos de produção fixos. Os formatos de demonstração de resultados das empresas manufatureiras serão explicados mais detalhadamente em um capítulo subsequente.

QUADRO 2.12
Comparação de demonstrações de resultados no formato tradicional e com margem de contribuição para empresas de *merchandising* (todos os números são dados) (US$).

Por exemplo, suponhamos que a empresa representada no Quadro 2.12 tenha comprado US$ 3 mil em estoques de produtos durante o período e tivesse começado e terminado os saldos de estoque de produtos em US$ 7 mil e US$ 4 mil, respectivamente. A equação anterior poderia ser utilizada para calcular o custo de produtos vendidos como a seguir:

$$\begin{aligned} \text{Custos de produtos vendidos} &= \text{Estoque inicial de produtos} + \text{Compras} - \text{Estoque final de produtos} \\ &= \text{US\$ 7.000} + \text{US\$ 3.000} - \text{US\$ 4.000} \\ &= \text{US\$ 6.000} \end{aligned}$$

Embora a demonstração de resultados tradicional seja útil para fins de relatórios externos, ela possui sérias restrições quando utilizada para fins internos. Ela não distingue entre custos fixos e custos variáveis. Por exemplo, sob o título "Despesas de venda e administrativas" os custos administrativos variáveis (US$ 400) e os custos administrativos fixos (US$ 1,5 mil) são agrupados (US$ 1,9 mil). Internamente, os gerentes precisam dos dados de custo organizados segundo o comportamento dos custos para auxiliar o planejamento, controle e tomada de decisões. A demonstração de resultados com margem de contribuição foi desenvolvida em resposta a essas necessidades.

Demonstração de resultados com margem de contribuição

A distinção fundamental entre custos fixos e variáveis está no cerne da **abordagem da contribuição** para construir demonstrações de resultados. O que é exclusivo da abordagem da contribuição é que ela fornece aos gerentes uma demonstração de resultados que distingue claramente custos fixos de variáveis e, portanto, auxilia o planejamento, o controle e a tomada de decisões. O lado direito do Quadro 2.12 mostra uma demonstração de resultados com margem de contribuição para empresas de *merchandising*.

A abordagem da contribuição separa os custos em categorias de custos fixos e custos variáveis, deduzindo, em primeiro lugar, as despesas variáveis das vendas para obter a *margem de contribuição*. Para uma empresa de *merchandising*, o custo dos produtos vendidos é um custo variável que é incluído na parte de "Despesas variáveis" da demonstração de resultados com margem de contribuição. A **margem de contribuição** é a quantia restante que resulta das receitas de venda depois da dedução das despesas variáveis. Essa quantia *contribui* para cobrir as despesas fixas e, então, para os lucros do período.

A demonstração de resultados com margem de contribuição é usada como uma ferramenta de planejamento e tomada de decisões internas. Sua ênfase sobre o comportamento dos custos auxilia a análise custo-volume-lucro (como a que faremos em um capítulo subsequente), as avaliações do desempenho da gerência e orçamento. Além disso, a abordagem da contribuição ajuda os gerentes a organizarem dados pertinentes a inúmeras decisões

▶ **Abordagem da contribuição**

formato de demonstração de resultados que organiza custos de acordo com seu comportamento. Os custos são separados nas categorias variáveis e fixos em vez de serem separados por custos de produto e custos de período para fins de relatórios externos.

▶ **Margem de contribuição**

quantia restante das receitas de vendas depois de todas as despesas variáveis terem sido deduzidas.

como análise da linha de produtos, precificação, uso de recursos escassos e decisão de produzir ou comprar. Todos esses tópicos serão abordados em capítulos posteriores.

CLASSIFICAÇÕES DE CUSTO PARA ATRIBUIR CUSTOS A OBJETOS DE CUSTO

 OA2.6
Compreender as diferenças entre custos diretos e indiretos.

Custos são atribuídos a objetos de custos com diversas finalidades como precificar, preparar estudos de lucratividade e controlar os gastos. Um **objeto de custo** é qualquer coisa sobre a qual se deseje obter dados de custo – inclusive produtos, clientes, ordens de produção e subunidades organizacionais. Para fins de atribuição de custos a objetos de custos, os custos são classificados como *diretos* ou *indiretos*.

Custos diretos

▶ **Objeto de custo**

qualquer coisa para a qual sejam desejados dados de custo. Exemplos de objetos de custos são produtos, clientes, ordens de produção e partes da organização como departamentos ou divisões.

Custo direto é aquele que pode ser fácil e convenientemente associado a um objeto de custo especificado, sendo que seu conceito se estende para além de apenas materiais diretos e mão de obra direta. Por exemplo, se a Reebok estiver atribuindo custos a seus vários escritórios de vendas regionais e nacionais, então o salário do gerente de vendas em seu escritório em Tóquio seria um custo direto desse escritório.

Custos indiretos

▶ **Custo direto**

custo que pode ser fácil e convenientemente associado a um objeto de custo especificado.

Custo indireto é aquele que não pode ser fácil e convenientemente associado a objetos de custo especificados. Por exemplo, uma fábrica de sopas Campbell pode produzir dezenas de variedades de sopas enlatadas. O salário do gerente da fábrica seria um custo indireto de determinada variedade como canja de galinha com macarrão, uma vez que esse salário é incorrido em decorrência da administração de toda a fábrica – e não para produzir qualquer das variedades de sopa. *Para ser associado a um objeto de custo como determinado produto, o custo deve ser causado pelo objeto de custo.* O salário do gerente da fábrica é chamado de *custo comum* de produzir os vários produtos da fábrica. Um **custo comum** é um custo incorrido para oferecer suporte a diversos objetos de custos, mas que não podem ser associados a eles individualmente. Um custo comum é um tipo de custo indireto.

▶ **Custo indireto**

custo que não pode ser fácil e convenientemente associado a objetos de custo especificados.

Determinado custo pode ser direto ou indireto, dependendo do objeto de custo. Apesar de o salário do gerente da fábrica de sopas Campbell ser um *custo indireto* de produzir a canja de galinha com macarrão, é um *custo direto* da divisão de produção. No primeiro caso, o objeto de custo é canja de galinha com macarrão. No segundo, o objeto de custo é toda a divisão de produção.

▶ **Custo comum**

custo que é incorrido para oferecer suporte a diversos objetos de custos, mas que não pode ser associado a eles individualmente. Por exemplo, o custo salarial do piloto de uma aeronave 747 é um custo comum de todos os passageiros da aeronave. Sem o piloto, não haveria voo ou passageiros. Mas nenhuma parte do salário do piloto deve-se ao fato de qualquer dos passageiros tomar o voo.

CLASSIFICAÇÕES DE CUSTO PARA A TOMADA DE DECISÕES

Os custos são um importante elemento de muitas decisões de negócios. Ao tomar decisões, é essencial ter uma compreensão clara dos conceitos de *custos diferenciais*, *custos de oportunidade* e *custos perdidos*.

Custos e receitas diferenciais

Decisões envolvem fazer escolhas entre alternativas. Em decisões de negócios, cada alternativa terá custos e benefícios que devem ser comparados aos custos e benefícios das outras alternativas disponíveis. Uma diferença nos custos entre duas alternativas quaisquer é conhecida como **custo diferencial**. Uma diferença nas receitas entre duas alternativas quaisquer é conhecida como **receita diferencial**.

Um custo diferencial é chamado de **custo incremental**, embora, tecnicamente, um custo incremental devesse se referir somente a um aumento no custo de uma alternativa para a outra; diminuições no custo deveriam ser chamadas de *custo decremental*. Custo diferencial é um termo mais amplo, englobando tanto aumentos nos custos (custos incrementais) como diminuições nos custos (custos decrementais) entre alternativas.

▶ OA2.7
Compreender as classificações de custos usadas na tomada de decisões: custos diferenciais, custos de oportunidade e custos perdidos.

O conceito de custo diferencial do contador pode ser comparado ao conceito de custo marginal do economista. Ao falar de variações em custos e receitas, o economista usa os termos *custo marginal* e *receita marginal*. A receita que pode ser obtida da venda de mais de uma unidade de produto é chamada de receita marginal e o custo envolvido na produção de uma unidade a mais de produto é chamado de custo marginal. O conceito de custo marginal do economista é basicamente o mesmo conceito de custo diferencial do contador aplicado a uma única unidade de produto.

Os custos diferenciais podem ser fixos ou variáveis. Para ilustrar esse conceito, suponha que a **Nature Way Cosmetics Inc.** pense em mudar seu método de colocação de produtos no mercado de distribuição por meio de varejistas para distribuição por meio de uma rede de representantes de vendas em cada bairro. Os custos e receitas atuais são comparados aos custos e receitas projetados na seguinte tabela:

	Distribuição por varejistas (atual) (US$)	Representantes de vendas (proposta) (US$)	Custos e receitas diferenciais (US$)
Receitas (variáveis)	700.000	800.000	100.000
Custos de produtos vendidos (variáveis)	350.000	400.000	50.000
Propaganda (fixos)	80.000	45.000	– 35.000
Comissões (variáveis)	0	40.000	40.000
Depreciação do armazém (fixos)	50.000	80.000	30.000
Outras despesas (fixas)	60.000	60.000	0
Total de despesas	540.000	625.000	85.000
Resultado operacional	160.000	175.000	15.000

De acordo com a análise da tabela, a receita diferencial é de US$ 100 mil e o total de custos diferenciais é de US$ 85 mil, deixando um resultado operacional diferencial positivo de US$ 15 mil sob o plano de marketing proposto.

A decisão sobre se a Nature Way Cosmetics deve permanecer com a distribuição atual, por varejistas, ou mudar para representantes de vendas poderia ser baseado nos resultados operacionais das duas alternativas. Como vemos na tabela, o resultado operacional sob o atual método de distribuição é de US$ 160 mil, enquanto o resultado operacional com representantes de vendas é estimado em US$ 175 mil. Portanto, é preferível usar representantes de vendas, pois resultaria em um resultado operacional US$ 15 mil mais alto. Observe que teríamos chegado exatamente à mesma conclusão simplesmente concentrando-nos nas receitas diferenciais, nos custos diferenciais no resultado operacional diferencial, que mostram uma vantagem de US$ 15 mil a favor dos representantes de vendas.

Em geral, somente as diferenças entre alternativas são relevantes nas decisões. Os itens iguais sob todas as alternativas e que não sejam afetados pela decisão podem ser ignorados. Por exemplo, no exemplo citado, da Nature Way Cosmetics, a categoria de "Outras despesas", que é de US$ 60 mil sob ambas as alternativas, pode ser ignorada porque não possui nenhum efeito sobre a decisão. Se ela fosse removida dos cálculos, os representantes de vendas ainda assim seriam preferíveis por US$ 15 mil. Este é um princípio muito importante na contabilidade gerencial que revisitaremos em capítulos posteriores.

Custos de oportunidade

Custo de oportunidade é o benefício potencial de que se abdica quando uma alternativa é selecionada em vez de outra. Para ilustrar esse conceito fundamental, considere os seguintes exemplos:

Exemplo 1 Vicki tem um emprego de meio expediente que paga US$ 200 por semana enquanto ainda frequenta a faculdade. Ela gostaria de passar uma semana na praia durante o feriado de primavera e seu empregador concordou em lhe dar uma folga, mas sem remuneração. Os US$ 200 em remuneração perdida seria um custo de oportunidade de tirar uma semana de folga para ir à praia.

▶ **Custo diferencial**

diferença no custo entre duas alternativas. Ver também *Custo incremental*.

▶ **Receita diferencial**

diferença em receita entre duas alternativas.

▶ **Custo incremental**

aumento no custo entre duas alternativas. Ver também *Custo diferencial*.

▶ **Custo de oportunidade**

benefício potencial que é abdicado quando uma alternativa é selecionada em vez de outra.

Exemplo 2 Suponha que a Neiman Marcus considere investir uma grande quantia de dinheiro em terras que podem vir a ser o local de uma futura loja. Em vez de investir os fundos em terras, a empresa poderia investir os fundos em títulos *high-grade*. O custo de oportunidade de comprar as terras são os rendimentos de investimento que poderiam ter sido realizados se os títulos tivessem sido comprados.

Exemplo 3 Steve está empregado em uma empresa que lhe paga um salário de US$ 38 mil por ano. Ele pensa em deixar a empresa e voltar a estudar. Como voltar a estudar exige que ele abra mão de seu salário de US$ 38 mil, o salário abdicado seria um custo de oportunidade da busca de um aprofundamento de seus estudos.

Os custos de oportunidade geralmente não estão nos registros contábeis, mas devem ser explicitamente considerados em cada decisão tomada por um gerente. Praticamente toda alternativa envolve um custo de oportunidade.

Custos perdidos

▶ **Custo perdido**

custo que foi incorrido e que não pode ser mudado por nenhuma decisão tomada agora ou no futuro.

Um **custo perdido** é um custo *que foi incorrido* e que não pode ser mudado por nenhuma decisão tomada agora ou no futuro. Como os custos perdidos não podem ser mudados por nenhuma decisão, eles não são custos diferenciais. E como somente os custos diferenciais são relevantes em uma decisão, os custos perdidos devem sempre ser ignorados.

Para ilustrar um custo perdido, suponha que uma empresa, muitos anos atrás, tenha pagado US$ 50 mil por uma máquina de finalidade específica. A máquina foi usada para produzir um produto que hoje está obsoleto e não é mais vendido. Embora em retrospecto a compra da máquina possa não ter sido uma boa escolha, o custo de US$ 50 mil foi incorrido e não pode ser desfeito. E não faria sentido continuar produzindo o produto obsoleto em uma tentativa errônea de "recuperar" o custo original da máquina. Em resumo, os US$ 50 mil originalmente pagos pela máquina são um custo perdido que deve ser ignorado em decisões atuais.

O Quadro 2.13 resume os tipos de classificações de custo que discutimos neste capítulo. Consulte-o para ter um panorama em mente, ou seja, de que *custos diferentes para finalidades diferentes* é um conceito muito importante na contabilidade gerencial. Este capítulo discutiu quatro principais classificações de custo que os gerentes podem usar para diferentes finalidades dentro das organizações.

QUADRO 2.13
Resumo das classificações de custo.

Finalidade da classificação de custo	Classificações de custo

Preparar demonstrações contábeis externas	• Custos de produto (inventariáveis)
	   • Materiais diretos
	   • Mão de obra direta
	   • Custos indiretos de produção
	• Custos de período (registrados)
	   • Custos não relacionados à produção
	      • Custos de venda
	      • Custos administrativos

Prever o comportamento dos custos em resposta a variações nas atividades	• Custos variáveis (proporcionais à atividade) • Custos fixos (constantes no total) • Custos mistos (possuem um elemento variável e um elemento fixo)
Atribuir custos a objetos de custos (p. ex.: departamentos ou produtos)	• Custos diretos (podem ser facilmente associados) • Custos indiretos (não podem ser facilmente associados)
Tomar decisões	• Custos diferenciais (diferem entre alternativas) • Custos perdidos (custos passados que não são afetados por uma decisão) • Custos de oportunidade (benefícios abdicados)

RESUMO

Neste capítulo, discutimos as maneiras pelas quais os gerentes classificam os custos. O modo como os custos serão usados – para preparar relatórios externos, prever o comportamento dos custos, atribuir custos a objetos de custos, ou tomar decisões – determinará como serão classificados.

Para fins de relatórios externos, os custos são classificados como custos de produto ou de período. Os custos de produto são atribuídos a estoques e são considerados ativos até que os produtos sejam vendidos. No ponto de venda, os custos de produto se transformam em custos de produtos vendidos na demonstração de resultados. Ao contrário, os custos de período são levados diretamente à demonstração de resultados como despesas do período no qual são incorridos.

Para prever como os custos reagirão a mudanças nas atividades, eles são classificados em três categorias – variáveis, fixos e mistos. Os custos variáveis, no total, são estritamente proporcionais ao nível de atividade. O custo variável por unidade é constante. Os custos fixos, no total, permanecem os mesmos à medida que o nível de atividade varia dentro do intervalo relevante. O custo fixo médio por unidade diminui à medida que o nível de atividade aumenta. Os custos mistos possuem elementos variáveis e fixos e podem ser expressos na forma de equação como $Y = a + bX$, onde X é a atividade, Y é o custo, a é o elemento de custo fixo e b é o custo variável por unidade de atividade.

Se a relação entre custos e atividade se mostrar linear com base em um gráfico de dispersão, então os componentes variável e fixo de um custo misto podem ser estimados usando-se o método dos pontos extremos, que implicitamente traça uma linha reta passando pelos pontos de mais baixo nível de atividade e mais alto nível de atividade, ou o método de regressão dos mínimos quadrados, que usa todas as observações para calcular uma linha de regressão que minimiza a soma dos quadrados dos erros.

A demonstração de resultados no formato tradicional é usada principalmente para fins de relatórios externos. Ela organiza os custos usando classificações de custo por produto e período. A demonstração de resultados com margem de contribuição auxilia a tomada de decisões porque organiza os custos usando classificações de custo como variáveis e fixos.

Para atribuir custos a objetos de custos como produtos ou departamentos, os custos são classificados como diretos ou indiretos. Os custos diretos podem ser convenientemente associados a objetos de custos, os custos indiretos não.

Para a tomada de decisões, os conceitos de custos e receitas diferenciais, custos de oportunidade e custos perdidos são vitalmente importantes. Os custos e receitas diferenciais são os custos e as receitas que diferem entre alternativas. O custo de oportunidade é o benefício abdicado quando uma alternativa é selecionada em vez de outra. O custo perdido é um custo que ocorreu no passado e não pode ser alterado. Os custos diferenciais e os custos de oportunidade devem ser cuidadosamente considerados nas decisões. Os custos perdidos são sempre irrelevantes nas decisões e devem ser ignorados.

PROBLEMA DE REVISÃO 1: TERMOS DE CUSTO

Muitos novos termos de custo foram introduzidos neste capítulo. Você levará algum tempo até aprender o que cada um deles significa e como classificar os custos adequadamente em uma organização. Considere o seguinte exemplo: a empresa Porter produz móveis, inclusive mesas. Abaixo temos custos selecionados da empresa:

1. As mesas são feitas de madeira que custa US$ 100 por mesa.
2. As mesas são montadas por trabalhadores, a um custo salarial de US$ 40 por mesa.
3. Os trabalhadores que montam as mesas são supervisionados por um supervisor da fábrica que recebe US$ 38 mil por ano.
4. Os custos de energia elétrica são de US$ 2 por hora-máquina. São necessárias quatro horas-máquina para produzir uma mesa.
5. A depreciação nas máquinas usadas para produzir as mesas totaliza US$ 10 mil por ano. As máquinas não têm nenhum valor de revenda e não se desgastam com o uso.
6. O salário do presidente da empresa é de US$ 100 mil por ano.
7. A empresa gasta US$ 250 mil por ano para anunciar seus produtos.
8. Os vendedores recebem uma comissão de US$ 30 por cada mesa vendida.
9. Em vez de produzir as mesas, a empresa poderia alugar o espaço de sua fábrica por US$ 50 mil por ano.

CONTABILIDADE GERENCIAL

Requisitado:

Classifique esses custos de acordo com os vários termos de custo usados no capítulo. *Estude com cuidado a classificação de cada custo.* Se você não compreende o modo como determinado custo é classificado, releia a seção do capítulo que discute esse termo de custo específico. Os termos *custo variável* e *custo fixo* referem-se a como os custos se comportam quanto ao número de mesas produzidas em um ano.

SOLUÇÃO DO PROBLEMA DE REVISÃO 1

	Custos variáveis	Custos fixos	Custos por período (despesas de venda e administrativas)	Custos de produto			Custo perdido	Custo de oportunidade
				Materiais diretos	Mão de obra direta	Custos indiretos de produção		
1. Madeira usada em uma mesa (US$ 100 por mesa)	X			X				
2. Custo de mão de obra para montar uma mesa (US$ 40 por mesa)	X				X			
3. Salário do supervisor da fábrica (US$ 38 mil por ano)		X				X		
4. Custo da energia elétrica para produzir mesas (US$ 2 por hora-máquina)	X					X		
5. Depreciação das máquinas usadas para produzir mesas (US$ 10 mil por ano)		X				X	X*	
6. Salário do presidente da empresa (US$ 100 mil por ano)		X	X					
7. Despesas com propaganda (US$ 250 mil por ano)		X	X					
8. Comissões pagas a vendedores (US$ 30 por mesa vendida)	X		X					
9. Rendimento abdicado pelo aluguel do espaço da fábrica								X†

---

* Este é um custo perdido porque a despesa com o equipamento foi feita em um período anterior.

† Este é um custo de oportunidade porque representa o benefício potencial que é perdido ou sacrificado em decorrência do uso do espaço da fábrica para produzir mesas. Custo de oportunidade é uma categoria de custo especial que normalmente não entra nos registros contábeis de uma organização. Para evitar possível confusão com outros custos, não tentaremos classificar este custo de nenhuma outra maneira, exceto como custo de oportunidade.

PROBLEMA DE REVISÃO 2: MÉTODO DOS PONTOS EXTREMOS

O administrador do Hospital Azalea Hills gostaria de ter uma fórmula de custo que associasse os custos administrativos envolvidos na admissão de pacientes ao número de pacientes admitidos durante um mês. Os custos do departamento de admissões e o número de pacientes durante os últimos oito meses são dados na tabela a seguir:

Mês	Número de pacientes admitidos	Custos do departamento de admissões (US$)
Maio..	1.800	14.700
Junho...	1.900	15.200
Julho..	1.700	13.700
Agosto...	1.600	14.000
Setembro...	1.500	14.300
Outubro...	1.300	13.100
Novembro..	1.100	12.800
Dezembro..	1.500	14.600

Requisitado:
1. Use o método dos pontos extremos para estimar os componentes fixo e variável dos custos de admissão.
2. Expresse os componentes fixo e variável dos custos de admissão como uma fórmula de custo na forma $Y = a + bX$.

Solução do problema de revisão 2

1. O primeiro passo no método dos pontos extremos é identificar os períodos de atividade mais baixa e mais alta. Esses períodos são novembro (1.100 pacientes admitidos) e junho (1.900 pacientes admitidos).

   O segundo passo é calcular o custo variável por unidade com o uso desses dois pontos:

Mês	Número de pacientes admitidos	Custos do departamento de admissões
Nível de atividade mais alto (junho)	1.900	15.200
Nível de atividade mais baixo (novembro)	1.100	12.800
Variação	800	2.400

$$\text{Custos variáveis} = \frac{\text{Variação no custo}}{\text{Variação no nível de atividade}} = \frac{\text{US\$ 2.400}}{\text{800 pacientes admitidos}} = \text{US\$ 3 por paciente admitido}$$

O terceiro passo é calcular o elemento de custo fixo deduzindo o elemento de custo variável do custo total no nível de atividade mais baixo ou mais alto. No cálculo a seguir, é utilizado o ponto de atividade mais alto:

Elemento do custo fixo = Custos totais – Elemento do custo variável
= US$ 15.200 – (US$ 3 por paciente admitido × 1.900 pacientes admitidos)
= US$ 9.500

2. A fórmula de custo é $Y = \text{US\$ }9.500 + \text{US\$ }3X$.

PERGUNTAS

2.1 Quais são os três principais elementos dos custos de produto em uma empresa manufatureira?
2.2 Defina: (*a*) materiais diretos, (*b*) materiais indiretos, (*c*) mão de obra direta, (*d*) mão de obra indireta e (*e*) custos indiretos de produção.
2.3 Explique a diferença entre um custo de produto e um custo de período.
2.4 Diferencie (ou evidencie a diferença entre) (*a*) um custo variável, (*b*) um custo fixo e (*c*) um custo misto.
2.5 Qual efeito um aumento no volume tem sobre
   a. custos fixos por unidade?
   b. custos variáveis por unidade?
   c. custos fixos totais?
   d. custos variáveis totais?

CONTABILIDADE GERENCIAL

2.6 Defina os seguintes termos: (*a*) comportamento dos custos e (*b*) intervalo relevante.

2.7 O que significa uma *base de atividades* quando se trata de custos variáveis? Dê vários exemplos de bases de atividades.

2.8 Os gerentes geralmente supõem uma relação estritamente linear entre custo e volume. Como essa prática pode ser defendida à luz do fato de que muitos custos são curvilíneos?

2.9 Faça um comparativo entre custos fixos discricionários e custos fixos comprometidos.

2.10 O conceito de intervalo relevante se aplica a custos fixos? Explique.

2.11 Qual é a principal desvantagem do método dos pontos extremos?

2.12 Dê a fórmula geral de um custo misto. Que termo representa o custo variável? E o custo fixo?

2.13 O que significa o termo *regressão dos mínimos quadrados*?

2.14 Qual é a diferença entre uma demonstração de resultados com margem de contribuição e uma demonstração de resultados no formato tradicional?

2.15 O que é a margem de contribuição?

2.16 Defina os seguintes termos: custo diferencial, custo de oportunidade e custo perdido.

2.17 Apenas os custos variáveis podem ser custos diferenciais. Você concorda? Explique.

APLICAÇÃO EM EXCEL

Disponível, em português e inglês, no *site* <www.grupoa.com.br>

O formulário de planilha em Excel a seguir deve ser usado para recriar o Quadro 2.12. No *site*, você receberá instruções sobre como usar o formulário de planilha.

	A	B	C	D
1	Capítulo 2: Aplicação em Excel			
2				
3	**Dados (US$)**			
4	Vendas	12.000		
5	Custos variáveis:			
6	Custos de produtos vendidos	6.000		
7	Custos de vendas variáveis	600		
8	Custos administrativos variáveis	400		
9	Custos fixos:			
10	Custos de vendas fixos	2.500		
11	Custos administrativos fixos	1.500		
12				
13	*Digite uma fórmula em cada uma das células marcadas com um ? abaixo:*			
14	Quadro 2.12			
15				
16	**Demonstração de resultados no formato tradicional (US$)**			
17	Vendas		?	
18	Custos de produtos vendidos		?	
19	Margem bruta		?	
20	Despesas de vendas e administrativas			
21	Despesas de vendas	?		
22	Despesas administrativas	?	?	
23	Resultado operacional		?	
24				
25	**Demonstração de resultados com margem de contribuição (US$)**			
26	Vendas		?	
27	Despesas variáveis:			
28	Custos de produtos vendidos	?		
29	Despesas de vendas variáveis	?		
30	Despesas administrativas variáveis	?	?	
31	Margem de contribuição		?	
32	Despesas fixas:			
33	Despesas de vendas fixas	?		
34	Despesas administrativas fixas	?	?	
35	Resultado operacional		?	
36				
37				

Requisitado:

1. Verifique sua planilha alterando o custo de venda variável na área de Dados para US$ 900, mantendo todos os outros dados iguais aos do Quadro 2.12. Se sua planilha funcionar adequada-

Capítulo **2** ▶▶ Contabilidade gerencial e conceitos de custo

mente, o resultado operacional sob a demonstração de resultados no formato tradicional e sob a demonstração de resultados com margem de contribuição deve ser agora de US$ 700 e a margem de contribuição deve ser agora de US$ 4,7 mil. Se você não obtiver essas respostas, encontre os erros em sua planilha e corrija-os.

Quanto é a margem bruta? Ela mudou? Por quê?

2. Suponha que as vendas sejam 10% mais altas do que o exibido abaixo:

Vendas (US$)	13.200
Custos variáveis (US$):	
Custo de produtos vendidos	6.600
Despesas de vendas variáveis	990
Despesas administrativas variáveis	440
Custos fixos (US$):	
Despesas de vendas fixas	2.500
Despesas administrativas fixas	1.500

Digite esses novos dados em sua planilha. Certifique-se de alterar todos os dados que são diferentes – não apenas os das vendas. Imprima ou copie as demonstrações de resultados de sua planilha.

O que aconteceu com os custos variáveis e com os custos fixos quando as vendas aumentaram em 10%? Por quê? A margem de contribuição aumentou em 10%? Por quê? O resultado operacional aumentou em 10%? Por quê?

EXERCÍCIOS

Consulte no *site* <www.grupoa.com.br> os suplementos para esta seção.

EXERCÍCIO 2.1 Classificação dos custos de produção [OA2.1]

A empresa Your Boat Inc. monta veleiros customizados a partir de componentes fornecidos por vários fabricantes. A empresa é muito pequena e sua fábrica de montagem e sua loja de venda a varejo se localizam em uma casa-barco em Gig Harbor, Washington, Estados Unidos. A seguir, estão listados alguns dos custos que são incorridos na empresa.

Requisitado:

Para cada custo, indique se ele seria mais provavelmente classificado como custo de mão de obra direta, custo de materiais diretos, custo indireto de produção, custo de vendas ou custo administrativo.

1. Salários dos funcionários que montam os veleiros.
2. Custo de propaganda nos jornais locais.
3. Custo de um mastro de alumínio instalado em um veleiro.
4. Salário do supervisor da fábrica de montagem.
5. Aluguel da casa-barco.
6. Salário do contador da empresa.
7. Comissões de vendas pagas aos vendedores da empresa.
8. Depreciação de ferramentas elétricas.

EXERCÍCIO 2.2 Classificação de custos como custos de período ou custos de produto [OA2.2]

Suponha que você tenha conseguido um emprego de verão na Fairwings Avionics, uma empresa que produz radares sofisticados para aeronaves comerciais. A empresa, que é de capital fechado, pediu um empréstimo bancário para ajudar a financiar seu tremendo crescimento. O banco exige demonstrações contábeis antes de aprovar tal empréstimo.

Requisitado:

Classifique cada custo listado abaixo como custo de produto ou custo de período a fim de preparar as demonstrações contábeis para o banco.

1. Custo dos *chips* de memória usados em um radar.
2. Custos de aquecimento da fábrica.
3. Custos de manutenção dos equipamentos da fábrica.
4. Custos de treinamento para novos funcionários administrativos.
5. Custo da soldadora que é usada na montagem dos radares.

6. Custos de viagem dos vendedores da empresa.
7. Remuneração e salários do pessoal de segurança da fábrica.
8. Custo do ar-condicionado dos escritórios executivos.
9. Remuneração e salários no departamento de cobrança.
10. Depreciação do equipamento na sala de ginástica usada pelos trabalhadores da fábrica.
11. Despesas de telefonia incorrida pela gerência da fábrica.
12. Custos de expedição de radares completos aos clientes.
13. Salários dos trabalhadores que montam os radares.
14. Salário do presidente.
15. Prêmios de seguro-saúde para o pessoal da fábrica.

EXERCÍCIO 2.3 Comportamento dos custos fixos e variáveis [OA2.3]

A Koffee Express opera diversos quiosques de café expresso em movimentados shopping centers dos subúrbios. A despesa semanal fixa de um quiosque de café é US$ 1,1 mil e o custo variável por xícara de café servida é de US$ 0,26.

Requisitado:

1. Preencha a tabela a seguir com suas estimativas dos custos totais e do custo médio por xícara de café nos níveis indicados de atividade para um quiosque de café. Arredonde o custo de uma xícara de café para o décimo de centavo mais próximo.

	Xícaras de café servidas em uma semana		
	1.800	1.900	2.000
Custo fixo	?	?	?
Custo variável...	?	?	?
Custo total...	?	?	?
Custo médio por xícara de café servida	?	?	?

2. O custo médio por xícara de café servida aumenta, diminui ou permanece o mesmo à medida que aumenta o número de xícaras de café servidas em uma semana? Explique.

EXERCÍCIO 2.4 Método dos pontos extremos [OA2.4]

O Edelweiss Hotel em Vail, Colorado, Estados Unidos, possui registros acumulados dos custos totais de energia elétrica do hotel e do número de dias de ocupação ao longo do ano passado. Um dia de ocupação representa um quarto alugado por um dia. Os negócios do hotel são extremamente sazonais, com picos ocorrendo durante a temporada de esqui e no verão.

Mês	Dias de ocupação	Custos de energia elétrica (US$)
Janeiro...	2.604	6.257
Fevereiro..	2.856	6.550
Março...	3.534	7.986
Abril...	1.440	4.022
Maio...	540	2.289
Junho..	1.116	3.591
Julho...	3.162	7.264
Agosto..	3.608	8.111
Setembro...	1.260	3.707
Outubro..	186	1.712
Novembro...	1.080	3.321
Dezembro...	2.046	5.196

Requisitado:

1. Usando o método dos pontos extremos, estime o custo fixo da energia elétrica por mês e o custo variável da energia elétrica por dia-ocupação. Arredonde o custo fixo para o próximo dólar cheio e o custo variável para o próximo centavo.

2. Que outros fatores além de dias-ocupação podem afetar a variação nos custos de energia elétrica de um mês para o outro?

EXERCÍCIO 2.5 Demonstrações de resultados no formato tradicional e com margem de contribuição [OA2.5]

Redhawk, Inc., é uma empresa de *merchandising* que forneceu as seguintes informações:

Número de unidades vendidas..	10.000
Preço de venda por unidade (US$)...	15
Despesas de vendas variáveis por unidade (US$)................................	2
Despesas administrativas variáveis por unidade (US$).......................	1
Total de despesas de vendas fixas (US$)...	20.000
Total de despesas administrativas fixas (US$)....................................	15.000
Estoque de produtos, saldo inicial (US$)...	12.000
Estoque de produtos, saldo final (US$)..	22.000
Compras de produtos (US$)..	90.000

Requisitado:
1. Prepare a demonstração de resultados tradicional.
2. Prepare a demonstração de resultados com margem de contribuição.

EXERCÍCIO 2.6 Identificação de custos diretos e indiretos [OA2.6]

O Empire Hotel é um hotel de quatro estrelas localizado no centro de Seattle.

Requisitado:
Para cada um dos custos incorridos no Empire Hotel a seguir, indique se seria provavelmente mais um custo direto ou um custo indireto dos objetos de custo especificados colocando um X na coluna apropriada.

Custo		Objetos de custo	Custo direto	Custo indireto
Ex.:	Bebidas do serviço de quarto	Determinado hóspede do hotel	X	
1.	Salário do chef principal	Restaurante do hotel		
2.	Salário do chef principal	Determinado cliente do restaurante		
3.	Artigos de limpeza para os quartos	Determinado hóspede do hotel		
4.	Flores da mesa da recepção	Determinado hóspede do hotel		
5.	Salário do porteiro	Determinado hóspede do hotel		
6.	Artigos de limpeza para os quartos	Departamento de limpeza		
7.	Seguro contra incêndio do prédio do hotel	Academia de ginástica do hotel		
8.	Toalhas usadas na academia de ginástica	Academia de ginástica do hotel		

EXERCÍCIO 2.7 Custos diferenciais, custos de oportunidade e custos perdidos [OA2.7]

O Sorrento Hotel é um hotel de quatro estrelas localizado no centro de Seattle. O vice-presidente de operações do hotel gostaria de substituir os antiquados terminais de computador do hotel no balcão de recepção por modernos e atraentes computadores com monitores de tela plana, os quais ocupariam menos espaço, consumiriam menos energia que os antigos terminais e forneceriam mais segurança, já que só podem ser vistos de determinado ângulo restrito. Além disso, não exigiriam nenhuma alteração na fiação atual. O chef do hotel acredita que os fundos seriam mais bem aproveitados em um novo grande freezer para a cozinha.

Requisitado:
Para cada um dos itens a seguir, indique, colocando um X na coluna apropriada, se deve ser considerado um custo diferencial, um custo de oportunidade ou um custo perdido na decisão de substi-

tuir os antigos terminais de computador por computadores com monitores de tela plana. Se nenhuma das categorias se aplicar para determinado item, deixe todas as colunas em branco.

Item	Custo diferencial	Custo de oportunidade	Custo perdido
Ex.: Custo da energia elétrica para alimentar os terminais	X		
1. Custo dos novos monitores de tela plana.....			
2. Custo dos antigos terminais de computador			
3. Aluguel do espaço ocupado pelo balcão de recepção..........			
4. Salários do pessoal do balcão de recepção ...			
5. Benefícios de um novo freezer..................			
6. Custos de manutenção dos antigos terminais de computador..............			
7. Custo de remoção dos antigos terminais de computador..................			
8. Custo da fiação existente no balcão de recepção..............			

EXERCÍCIO 2.8 Comportamento dos custos; Demonstração de resultados com margem de contribuição [OA2.3, OA2.5]

A Parker Company produz e vende um único produto. Um programa parcialmente concluído da empresa com os custos totais e unitários ao longo do intervalo relevante de 60 mil a 100 mil unidades produzidas e vendidas a cada ano é exibido abaixo:

	Unidades produzidas e vendidas		
	60.000	80.000	100.000
Custos totais (US$):			
Custos variáveis	150.000	?	?
Custos fixos................	360.000	?	?
Custos totais..................	510.000	?	?
Custo por unidade (US$):			
Custo variável..................	?	?	?
Custo fixo	?	?	?
Custo total por unidade..............	?	?	?

Requisitado:
1. Complete o programa dos custos totais e unitários da empresa.
2. Suponha que a empresa produza e venda 90 mil unidades durante o ano pelo preço de venda de US$ 7,50 por unidade. Prepare a demonstração de resultados com a margem de contribuição desse ano.

EXERCÍCIO 2.9 Classificação de custo [OA2.1, OA2.2, OA2.3, OA2.7]

Há vários anos, a Medex Company comprou um pequeno edifício adjacente à sua fábrica a fim de ter espaço para uma expansão quando necessário. Como a empresa não tinha uma necessidade imediata pelo espaço extra, o edifício foi alugado para outra empresa por US$ 40 mil por ano. O *leasing* do locatário vencerá no mês que vem e, em vez de renová-lo, a Medex Company decidiu usar o edifício para produzir um novo produto.

Os custos de materiais diretos do novo produto totalizarão US$ 40 por unidade. Será necessário contratar um supervisor para fiscalizar a produção, sendo que seu salário será de US$ 2,5 mil por mês. Os trabalhadores serão contratados para produzir o novo produto, com um custo de mão de obra direta de US$ 18 por unidade. As operações de produção ocuparão todo o espaço do edifício, então será necessário alugar espaço em um armazém nas proximidades a fim de armazenar unidades de produto final. O custo do aluguel será de US$ 1 mil por mês. Além disso, a empresa precisará alugar equipamentos para usar na produção do novo produto; o custo do aluguel será de US$ 3 mil por mês. A empresa continuará a depreciar o edifício em linha reta, como nos anos anteriores. A depreciação do edifício é de US$ 10 mil por ano.

Os custos de propaganda para o novo produto totalizarão US$ 50 mil por ano. Os custos de entrega de novos produtos aos clientes serão de US$ 10 por unidade. Os custos das máquinas operatrizes serão de US$ 2 por unidade.

Para ter fundos para comprar materiais, cumprir folhas de pagamento e assim por diante, a empresa terá que liquidar alguns investimentos temporários. Esses investimentos atualmente geram um retorno de US$ 6 mil por ano.

Requisitado:
Prepare uma folha de resposta com as seguintes colunas:

			Custo de produto			Custo de período		
Nome do custo	Custo variável	Custo fixo	Materiais diretos	Mão de obra direta	Custos indiretos de produção	(despesas de vendas e administrativas)	Custo de oportunidade	Custo perdido

Liste os diferentes custos associados à decisão do novo produto na parte inferior da coluna mais à esquerda (chamada Nome do custo). Então, coloque um X sob o título de cada coluna que ajude a descrever o tipo de custo envolvido. Pode haver X em várias colunas para um único custo. (Por exemplo, um custo pode ser um custo fixo, um custo de período e um custo perdido; você colocaria um X em cada uma dessas colunas na linha do custo.)

EXERCÍCIO 2.10 Método dos pontos extremos; Análise do gráfico de dispersão [OA2.4]

A Zerbel Company, uma atacadista de grandes unidades de ar-condicionado customizadas para edifícios comerciais, percebeu uma flutuação considerável em suas despesas de entrega de um mês para o outro, como mostra o quadro abaixo:

Mês	Unidades entregues	Total de despesas com entregas (US$)
Janeiro	4	2.200
Fevereiro	7	3.100
Março	5	2.600
Abril	2	1.500
Maio	3	2.200
Junho	6	3.000
Julho	8	3.600

Requisitado:
1. Prepare um gráfico de dispersão usando os dados fornecidos anteriormente. Trace o gráfico do custo sobre o eixo vertical e a atividade sobre o eixo horizontal. Existe uma relação aproximadamente linear entre as despesas com entrega e o número de unidades entregues?
2. Usando o método dos pontos extremos, estime a fórmula de custo das despesas de entrega. Trace uma linha reta que passe pelos pontos mais alto e mais baixo exibidos no gráfico de dispersão que você preparou no item 1. Certifique-se de que sua linha intercepte o eixo *Y*.
3. Comente sobre a precisão de suas estimativas dos pontos extremos supondo que a análise de regressão dos mínimos quadrados estimasse os custos fixos totais como US$ 1.010,71 por mês e o custo variável como US$ 317,86 por unidade. Como a linha reta que você traçou no item 2 difere de uma linha reta que minimiza a soma dos quadrados dos erros?
4. Que fatores além do número de unidades entregues provavelmente afetam as despesas de entrega da empresa? Explique.

EXERCÍCIO 2.11 Demonstrações de resultados no formato tradicional e com margem de contribuição [OA2.5]

A Haaki Shop Inc. é uma grande varejista de pranchas de surfe. A empresa reuniu as informações a seguir sobre o trimestre que termina em 31 de maio:

	Quantia (US$)
Receita total de vendas	800.000
Preço de venda por prancha de surfe	400
Despesas de vendas variáveis por prancha de surfe	50
Despesas administrativas variáveis por prancha de surfe	20
Total de despesas de vendas fixas	150.000
Total de despesas administrativas fixas	120.000
Estoque de produtos, saldo inicial	80.000
Estoque de produtos, saldo final	100.000
Compras de produtos	320.000

Requisitado:
1. Prepare a demonstração de resultados tradicional para o trimestre que termina em 31 de maio.
2. Prepare a demonstração de resultados com margem de contribuição para o trimestre que termina em 31 de maio.
3. Qual foi a contribuição de despesas fixas e lucros para cada prancha de surfe durante o trimestre? (Declare esse valor em uma quantia em dólar por prancha de surfe.)

EXERCÍCIO 2.12 Comportamento dos custos; Método dos pontos extremos [OA2.3, OA2.4]

A Speedy Parcel Service opera uma frota de caminhões de entrega em uma grande área metropolitana. Um cuidadoso estudo realizado pelo analista de custos da empresa determinou que, se um caminhão percorre 120 mil milhas durante um ano, o custo operacional médio é de 11,6 centavos por milha. Se um caminhão percorre apenas 80 mil milhas durante um ano, o custo operacional médio sobe para 13,6 centavos por milha.

Requisitado:
1. Usando o método dos pontos extremos, estime os elementos de custos fixo e variável do custo anual de operação dos caminhões.
2. Expresse os custos variáveis e fixos na forma $Y = a + bX$.
3. Se um caminhão fosse dirigido por 100 mil milhas durante um ano, que custo total você esperaria que fosse incorrido?

EXERCÍCIO 2.13 Método dos pontos extremos; Previsão de custo [OA2.3, OA2.4]

O número e os custos de raios X realizados nos últimos nove meses no Beverly Hospital são dados abaixo:

Mês	Raios X realizados	Custos dos raios X (US$)
Janeiro	6.250	28.000
Fevereiro	7.000	29.000
Março	5.000	23.000
Abril	4.250	20.000
Maio	4.500	22.000
Junho	3.000	17.000
Julho	3.750	18.000
Agosto	5.500	24.000
Setembro	5.750	26.000

Requisitado:
1. Usando o método dos pontos extremos, estime a fórmula de custo para os custos dos raios X.
2. Usando a fórmula de custo que você deduziu no item anterior, que custos de raios X você esperaria que incorressem durante um mês em que 4,6 mil raios X são realizados?
3. Prepare um gráfico de dispersão usando os dados fornecidos anteriormente. Trace os custos dos raios X sobre o eixo vertical e o número de raios X realizados no eixo horizontal. Trace uma linha reta que passe pelos dois pontos que correspondem aos níveis de atividade mais alto e mais baixo. Certifique-se de que sua linha intercepte o eixo Y.

4. Comente sobre a precisão de suas estimativas dos pontos extremos supondo que a análise de regressão dos mínimos quadrados estimasse os custos totais fixos como US$ 6.529,41 por mês e o custo variável como US$ 3,29 por raio X realizado. Como a linha reta que você traçou no item 3 difere da linha reta que minimiza a soma dos quadrados dos erros?
5. Usando as estimativas da regressão dos mínimos quadrados dadas no item 4, que custos de raios X você esperaria que incorressem durante um mês em que 4,6 mil raios X são realizados?

PROBLEMAS

Consulte no *site* <www.grupoa.com.br> os suplementos para esta seção.

PROBLEMA 2.14 Demonstração de resultados com margem de contribuição *versus* formato tradicional [OA2.5]

A empresa House of Pianos Inc. compra pianos de um fabricante conhecido e vende-os a varejo. Os pianos são vendidos, em média, por US$ 2,5 mil cada. O custo médio de um piano do fabricante é de US$ 1,5 mil. Os custos em que a empresa incorre em um mês típico são apresentados abaixo:

Custos	Fórmula de custo (US$)
De venda:	
Propaganda	950 por mês
Entrega dos pianos	60 por piano vendido
Salários e comissões de venda	4.800 por mês, mais 4% das vendas
Serviços de utilidade pública	650 por mês
Depreciação das instalações de venda	5.000 por mês
Administrativa:	
Salários dos executivos	13.500 por mês
Depreciação dos equipamentos de escritório	900 por mês
Despesas de escritório	2.500 por mês, mais 40 por piano vendido
Seguro	700 por mês

Durante novembro, a empresa vendeu e entregou 60 pianos.

Requisitado:
1. Prepare a demonstração de resultados tradicional de novembro.
2. Prepare a demonstração de resultados com margem de contribuição de novembro. Mostre custos e receitas totais e unitárias por meio da margem de contribuição.
3. Volte à demonstração de resultados que você preparou no item (2) anterior. Por que pode ser enganoso mostrar os custos fixos unitários?

PROBLEMA 2.15 Identificação de padrões de comportamento dos custos [OA2.3]

Diversos gráficos que exibem padrões de comportamento dos custos são exibidos a seguir. O eixo vertical de cada gráfico representa o custo total e o eixo horizontal, o nível de atividade (volume).

Requisitado:
1. Para cada uma das situações a seguir, identifique o gráfico que ilustra o padrão de comportamento dos custos envolvido. Qualquer um dos gráficos pode ser usado mais de uma vez.
    a. Conta de energia elétrica – é usada uma cobrança fixa em taxa única, mais um custo variável depois de certo número de kilowatts-hora.
    b. Conta de água de uma cidade, que é calculada como a seguir:

Primeiros 1.000.000 de galões ou menos (US$)	Taxa única de 1.000
10.000 galões seguintes (US$)	0,003 por galão utilizado
10.000 galões seguintes (US$)	0,006 por galão utilizado
10.000 galões seguintes (US$)	0,009 por galão utilizado
etc. (US$)	etc.

c. Depreciação de equipamentos, cuja quantia é calculada pelo método de depreciação em linha reta. Quando a taxa de depreciação foi estabelecida, foi previsto que o fator de obsolescência seria maior do que o fator de desgaste.
d. Aluguel do edifício de uma fábrica doado pela cidade, no qual o acordo exige o pagamento de uma taxa fixa a menos que se trabalhem 200 mil horas ou mais, caso em que não é necessário pagar aluguel.
e. Custo de matérias-primas, cujo custo começa em US$ 7,50 por unidade e então cai para 5 centavos por unidade para cada uma das 100 primeiras unidades compradas, depois do quê permanece constante a US$ 2,50 por unidade.
f. Salários de trabalhadores de manutenção, em que é necessário um trabalhador de manutenção para cada mil horas-máquina ou menos (isto é, de 0 a mil horas exige um trabalhador de manutenção, de 1.001 a 2 mil horas exige dois trabalhadores de manutenção etc.).
g. Custos das matérias-primas usadas.
h. Aluguel do edifício de uma fábrica doado pelo país, no qual o acordo exige o pagamento de US$ 100 mil menos US$ 1 para cada hora de mão de obra direta trabalhada acima de 200 mil horas, mas deve ser feito um pagamento de aluguel mínimo de US$ 20 mil.
i. Uso de uma máquina alugada, em que um pagamento mínimo de US$ 1 mil é feito para até 400 horas de tempo de uso de máquina. Depois de 400 horas de tempo de uso de máquina, paga-se uma taxa adicional de US$ 2 por hora até o valor máximo de US$ 2 mil por período.

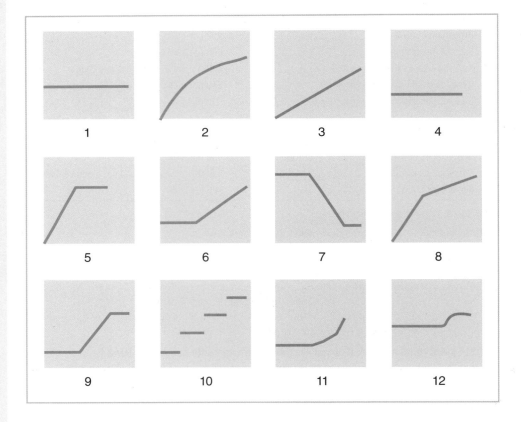

2. Como o conhecimento dos padrões de comportamento dos custos como os anteriores podem ajudar um gerente a analisar a estrutura de custo de sua empresa?

PROBLEMA 2.16 Custos variáveis e fixos; Sutilezas dos custos diretos e indiretos [OA2.3, OA2.6]

A clínica Central Area Well-Baby fornece diversos serviços de saúde para bebês recém-nascidos e seus pais. A clínica é organizada em diversos departamentos, um dos quais é o Centro de Imunização. Diversos custos da clínica e do Centro de Imunização estão listados a seguir.

Exemplo: o custo de tabletes de imunização contra pólio.
a. Salário da enfermeira-chefe no Centro de Imunização.
b. Custos de suprimentos incidentais consumidos no Centro de Imunização, como toalhas de papel.
c. Custo de iluminação e aquecimento do Centro de Imunização.

Capítulo **2** ▶▶ Contabilidade gerencial e conceitos de custo

d. Custo de seringas descartáveis usadas no Centro de Imunização.
e. Salário do gerente de sistemas de informação da Clínica Central Area Well-Baby.
f. Custos de enviar cartas solicitando doações para a Clínica Central Area Well-Baby.
g. Salários das enfermeiras que trabalham no Centro de Imunização.
h. Custo de seguro de má conduta médica para a Clínica Central Area Well-Baby.
i. Depreciação das instalações e dos equipamentos do Centro de Imunização.

Requisitado:

Para cada custo listado anteriormente, indique se é um custo direto ou indireto do Centro de Imunização, se é um custo direto ou indireto de imunizar determinados pacientes e se é variável ou fixo no que diz respeito ao número de imunizações administradas. Use o formulário exibido abaixo para dar sua resposta.

Descrição do item	Custo direto ou indireto do Centro de Imunização		Custo direto ou indireto de determinados pacientes		Custos variáveis ou fixos no que diz respeito ao número de imunizações administradas	
	Direto	Indireto	Direto	Indireto	Variáveis	Fixos
Exemplo: Custo de tabletes de imunização contra pólio................	X		X		X	

PROBLEMA 2.17 Método dos pontos extremos; Previsão de custos [OA2.3, OA2.4]

A Echeverria SA é uma empresa manufatureira argentina cujos custos indiretos totais da fábrica flutuam bastante de ano para ano de acordo com o número de horas-máquina trabalhadas em suas instalações de produção. Esses custos (em pesos argentinos) nos níveis de atividade mais alto e mais baixo nos últimos anos são dados abaixo:

	Nível de atividade	
	Mais baixo	Mais alto
Horas-máquina...	60.000	80.000
Custos indiretos totais da fábrica (pesos).............	274.000	312.000

Os custos indiretos da fábrica indicados anteriormente consistem em materiais indiretos, aluguel e manutenção. A empresa analisou esses custos no nível de atividade de 60 mil horas-máquina como:

Materiais indiretos (variável) (pesos)..	90.000
Aluguel (fixo) (pesos)...	130.000
Manutenção (misto) (pesos)...	54.000
Custos indiretos totais da fábrica (pesos)..	274.000

Para fins de planejamento, a empresa quer decompor os custos de manutenção em seus elementos de custo variável e fixo.

Requisitado:

1. Estime quanto dos custos indiretos da fábrica de 312 mil pesos no nível de atividade mais alto consiste no custo de manutenção. (Dica: para fazer isso, pode ser útil primeiro determinar o quanto do custo de 312 mil pesos consiste em materiais indiretos e aluguel. Pense no comportamento dos custos variáveis e fixos.)
2. Usando o método dos pontos extremos, estime uma fórmula de custo para a manutenção.
3. Que *total* de custos indiretos você esperaria que a empresa incorresse em um nível operacional de 65 mil horas-máquina?

PROBLEMA 2.18 Comportamento dos custos; Método dos pontos extremos; Demonstração de resultados com margem de contribuição [OA2.3, OA2.4, OA2.5]

A Frankel Ltd., uma empresa britânica de *merchandising*, é a distribuidora exclusiva de um produto que ganha rápida aceitação de mercado. As receitas e despesas da empresa (em libras esterlinas britânicas) nos três últimos meses são dadas abaixo:

Frankel Ltd.
Demonstrações de resultados comparativas para os três meses que terminam em 30 de junho (£)

	Abril	Maio	Junho
Vendas em unidades	3.000	3.750	4.500
Receita de vendas	420.000	525.000	630.000
Custo de produtos vendidos	168.000	210.000	252.000
Margem bruta	252.000	315.000	378.000
Despesas de venda e administrativas:			
Despesas de entrega	44.000	50.000	56.000
Despesas de propaganda	70.000	70.000	70.000
Salários e comissões	107.000	125.000	143.000
Despesas com seguros	9.000	9.000	9.000
Despesas com depreciação	42.000	42.000	42.000
Total de despesas de venda e administrativas	272.000	296.000	320.000
Resultado operacional	– 20.000	19.000	58.000

(Nota: a demonstração de resultados da Frankel Ltd. foi refeita no formato funcional comum nos Estados Unidos. A moeda britânica é a libra esterlina, denotada por £.)

Requisitado:
1. Identifique cada uma das despesas da empresa (inclusive o custo de produtos vendidos) como variável, fixa ou mista.
2. Usando o método dos pontos extremos, decomponha cada despesa mista em elementos de custo variável e fixo. Evidencie a fórmula de custo de cada despesa mista.
3. Refaça a demonstração de resultados da empresa no nível de atividade de 4.500 unidades usando o formato com margem de contribuição.

PROBLEMA 2.19 Análise de pontos extremos e análise do gráfico de dispersão [OA2.4]

A Sebolt Wire Company aquece lingotes de cobre a temperaturas muito altas colocando-os em uma grande bobina de aquecimento. Os lingotes aquecidos são, então, passados por uma máquina que lhes dá forma, transformando-os em arame. Como a bobina demora muito tempo para aquecer, ela nunca é desligada. Quando um lingote é colocado na bobina, a temperatura é elevada a um nível ainda mais alto e então a bobina pode cair para a "temperatura de espera" entre lingotes. A gerência precisa saber o custo variável da energia elétrica envolvida no aquecimento de um lingote e o custo fixo de energia elétrica durante os períodos de "espera". Temos disponíveis os seguintes dados sobre lingotes processados e custos de energia elétrica:

	A	B	C
1	Mês	Número de lingotes	Custo da energia elétrica (US$)
2	Janeiro	110	5.500
3	Fevereiro	90	4.500
4	Março	80	4.400
5	Abril	100	5.000
6	Maio	130	6.000
7	Junho	120	5.600
8	Julho	70	4.000
9	Agosto	60	3.200
10	Setembro	50	3.400
11	Outubro	40	2.400

Requisitado:
1. Usando o método dos pontos extremos, estime uma fórmula de custo para o custo da energia elétrica. Expresse a fórmula na forma $Y = a + bX$.
2. Prepare um gráfico de dispersão representando os lingotes processados e o custo da energia elétrica em um gráfico. Trace uma linha reta que passe pelos dois pontos que correspondem aos níveis de atividade mais alto e mais baixo. Certifique-se de que sua linha intercepta o eixo Y.
3. Comente sobre a precisão de suas estimativas dos pontos extremos supondo que a análise de regressão dos mínimos quadrados tenha estimado os custos fixos como US$ 1.185,45 por mês e o custo variável como US$ 37,82 por lingote. Como a linha reta que você traçou no item 2 diferiria de uma linha reta que minimiza a soma dos quadrados dos erros?

PROBLEMA 2.20 Ética e o gerente [OA2.2]

A alta gestão da General Electronics Inc. é famosa por sua "gestão baseada em números". Tendo em vista o crescimento desejado pela empresa no lucro líquido geral, o CEO (presidente-executivo) da empresa estabelece metas de lucros no início do ano para cada uma das divisões da empresa. O CEO declarou sua política desta forma: "Não interferirei nas operações nas divisões. Estou disponível para dar conselhos, mas os vice-presidentes das divisões estão livres para fazer qualquer coisa que queiram, contanto que alcancem as metas de lucros do ano".

Em novembro, Stan Richart, o vice-presidente encarregado da Divisão de Tecnologias de Telefonia Celular, notou que seria muito difícil alcançar a meta de lucro do ano corrente. Entre outras ações, decidiu que as despesas discricionárias podiam ser adiadas até o início do novo ano. No dia 30 de dezembro, ele se irritou ao saber que um funcionário do armazém tinha encomendado US$ 350 mil em peças de telefones celulares no início de dezembro embora não fossem realmente necessárias para o departamento de montagem até janeiro ou fevereiro. Ao contrário da prática contábil comum, o Manual de Políticas Contábeis da General Electronics Inc. determina que tais peças devam ser registradas como uma despesa quando forem entregues. Para evitar registrar a despesa, o Sr. Richart mandou que o pedido fosse cancelado, mas o departamento de compras relatou que as peças foram entregues e que o fornecedor não aceitava devoluções. Como a fatura ainda não tinha sido paga, o Sr. Richart solicitou ao departamento de contabilidade que corrigisse o erro do funcionário adiando o reconhecimento da entrega até que a fatura fosse paga em janeiro.

Requisitado:
1. As ações do Sr. Richart são éticas? Explique por que são ou não éticas.
2. A filosofia da gerência geral e as políticas contábeis da General Electronics incentivam ou não um comportamento ético? Explique.

PROBLEMA 2.21 Método dos pontos extremos; Previsão de custos [OA2.3, OA2.4]
Os custos indiretos totais da Golden Company em vários níveis de atividade são apresentados a seguir:

Mês	Horas-máquina	Custos indiretos totais (US$)
Março	50.000	194.000
Abril	40.000	170.200
Maio	60.000	217.800
Junho	70.000	241.600

Suponha que esses custos indiretos consistam em serviços de utilidade pública, salários de supervisores e manutenção. A decomposição desses custos no nível de atividade de 40 mil horas-máquina é a seguinte:

Serviços de utilidade pública (variáveis) (US$)	52.000
Salários de supervisores (fixos) (US$)	60.000
Manutenção (mistos) (US$)	58.200
Custos indiretos totais (US$)	170.200

A empresa quer decompor o custo de manutenção em seus elementos de custo variável e custo fixo.

Requisitado:
1. Estime quanto dos US$ 241,6 mil de custos indiretos em junho foi de custos de manutenção. (Dica: para fazer isso, pode ser útil determinar, em primeiro lugar, quanto dos US$ 241,6 mil consistia em serviços de utilidade pública e salários de supervisores. Pense no comportamento dos custos variáveis e fixos dentro do intervalo relevante.)
2. Usando o método dos pontos extremos, estime uma fórmula de custo para a manutenção.
3. Expresse os custos indiretos totais da empresa na forma $Y = a + bX$.
4. Que custos indiretos totais você esperaria que fossem incorridos em um nível de atividade de 45 mil horas-máquina?

PROBLEMA 2.22 Classificação de custo [OA2.2, OA2.3, OA2.6]

A seguir, estão listados os custos encontrados em diversas organizações.
1. Depreciação, jato executivo.
2. Custos de entrega produtos finais aos clientes.
3. Madeira usada na produção de móveis.
4. Salário do gerente de vendas.
5. Energia elétrica usada na produção de móveis.
6. Secretária do presidente da empresa.
7. Peça de aerossol colocada em uma lata de *spray* produzida pela empresa.
8. Custos de faturamento.
9. Suprimentos de embalagem para entrega de produtos em outros países.
10. Areia usada na produção de concreto.
11. Salário do supervisor, fábrica.
12. Seguro de vida de executivos.
13. Comissões de venda.
14. Benefícios extras, trabalhadores da linha de montagem.
15. Custos de propaganda.
16. Impostos sobre propriedade de armazéns de bens finais.
17. Lubrificantes para equipamentos de produção.

Requisitado:
Prepare uma folha de resposta com colunas com os títulos exibidos a seguir. Para cada item de custo, indique se é um custo variável ou fixo no que diz respeito ao número de unidades produzidas e vendidas; e, então, se seria um custo de venda, administrativo ou de produção. Se for um custo de produção, indique se seria tratado como um custo direto ou indireto em relação às unidades de produto. São dadas três respostas de exemplo para ilustração.

Item de custo	Variáveis ou fixos	Custos de vendas	Custos administrativos	Custo de produção (produto) Direto	Custo de produção (produto) Indireto
Mão de obra direta..................	V			X	
Salários de executivos............	F		X		
Aluguel da fábrica..................	F				X

PROBLEMA 2.23 Método dos pontos extremos; Demonstração de resultados com margem de contribuição [OA2.4, OA2.5]

A Alden Company decidiu usar uma demonstração de resultados com margem de contribuição para fins de planejamento interno. A empresa analisou suas despesas e desenvolveu as seguintes fórmulas de custo:

Custo	Fórmula de custo (US$)
Custo de produtos vendidos...	20 por unidade vendida
Despesas de propaganda...	170.000 por trimestre
Comissões de vendas	5% das vendas
Salários administrativos...	80.000 por trimestre
Despesas de entrega..	?
Despesas de depreciação	50.000 por trimestre

A gerência concluiu que as despesas de entrega são um custo misto, contendo elementos variáveis e fixos. As unidades vendidas e as despesas de entrega relacionadas nos oito últimos trimestres são dadas a seguir:

Trimestre	Unidades vendidas	Despesas de entrega (US$)
Ano 1:		
Primeiro	16.000	160.000
Segundo	18.000	175.000
Terceiro	23.000	217.000
Quarto	19.000	180.000
Ano 2:		
Primeiro	17.000	170.000
Segundo	20.000	185.000
Terceiro	25.000	232.000
Quarto	22.000	208.000

A gerência gostaria de deduzir uma fórmula de custo para as despesas de entrega de modo que uma demonstração de resultados com margem de contribuição orçada possa ser preparada para o próximo trimestre.

Requisitado:
1. Usando o método dos pontos extremos, estime uma fórmula de custo para as despesas de entrega.
2. No primeiro trimestre do Ano 3, a empresa planeja vender 21 mil unidades a um preço de venda de US$ 50 por unidade. Prepare uma demonstração de resultados com margem de contribuição para o trimestre.

PROBLEMA 2.24 Classificação de custo e comportamento dos custos [OA2.2, OA2.3, OA2.6]
A Heritage Company produz uma linda estante que desfruta de enorme popularidade. A empresa tem um acúmulo de pedidos grande o suficiente para manter a produção em andamento indefinidamente na capacidade máxima da fábrica de 4 mil estantes por ano. Os dados de custos anuais na capacidade máxima são os seguintes:

Materiais diretos usados (madeira e vidro) (US$)	430.000
Salários dos escritórios administrativos (US$)	110.000
Supervisão da fábrica (US$)	70.000
Comissões de vendas (US$)	60.000
Depreciação, edifício da fábrica (US$)	105.000
Depreciação, equipamentos dos escritórios administrativos (US$)	2.000
Materiais indiretos, fábrica (US$)	18.000
Mão de obra da fábrica (corte e montagem) (US$)	90.000
Propaganda (US$)	100.000
Seguro, fábrica (US$)	6.000
Suprimentos dos escritórios administrativos (faturamento) (US$)	4.000
Impostos sobre propriedade, fábrica (US$)	20.000
Serviços de utilidade pública, fábrica (US$)	45.000

Requisitado:
1. Prepare uma folha de resposta com colunas com os títulos exibidos a seguir. Digite cada item de custo em sua folha de resposta, colocando o valor em dólar sob os títulos apropriados. Como exemplo, isso foi feito para os dois primeiros itens da lista anterior. Observe que cada item de custo é classificado de duas maneiras: primeiro, como variável ou fixo em relação ao número de unidades produzidas e vendidas; e segundo, como um custo de venda e administrativo ou como um custo de produto. (Se o item for um custo de produto, ele deve ser classificado como custo direto ou indireto, como exibido.)

Item de custo	Comportamento de custos (US$) Variáveis	Comportamento de custos (US$) Fixos	Custos de vendas ou administrativos (US$)	Custos de produto (US$) Diretos	Custos de produto (US$) Indiretos*
Materiais usados....................	430.000			430.000	
Salários de escritórios administrativos....................		110.000	110.000		

* Para unidades de produto.

2. Calcule o montante em dólar em cada uma das colunas no item (1) anterior. Calcule o custo de produto médio por estante.
3. Se houver uma recessão, suponha que a produção caia para apenas 2 mil estantes por ano. Você esperaria que o custo de produto médio por estante aumentasse, diminuísse ou permanecesse inalterado? Explique. Não são necessários cálculos.
4. Consulte os dados originais. O vizinho do presidente considera fazer uma estante para si e viu os preços dos materiais necessários em uma loja de materiais de construção. Ele perguntou ao presidente se poderia comprar uma estante da Heritage Company "a preço de custo" e o presidente concordou em deixá-lo fazer isso.
    a. Você esperaria algum desacordo entre os dois homens quanto ao preço que o vizinho deve pagar? Explique. Que preço o presidente provavelmente tem em mente? E o vizinho?
    b. Como a empresa opera em sua capacidade máxima, que termo de custo usado no capítulo poderia ser uma justificativa para o presidente cobrar o preço cheio comum do vizinho e ainda assim vender "a preço de custo"? Explique.

CASOS

Consulte no *site* <www.grupoa.com.br> os suplementos para esta seção.

CASO 2.25 Análise do gráfico de dispersão; Seleção de uma base de atividades [OA2.4]

A Mapleleaf Sweepers, de Toronto, Canadá, produz vassouras rotatórias sobressalentes para os grandes caminhões de limpeza que removem folhas e neve das ruas da cidade. O negócio é sazonal, sendo que a maior demanda ocorre durante e logo antes dos meses de outono e inverno. Como há muitos tipos de vassouras usadas por seus clientes, a Mapleleaf Sweepers produz todas as suas vassouras sob encomenda.

A empresa analisa suas contas de custos indiretos para determinar os componentes de custos fixos e variáveis para fins de planejamento. A seguir, temos os dados dos custos de mão de obra de serventes da empresa nos nove últimos meses. (Os dados de custos estão expressos em dólares canadenses.)

	Número de unidades produzidas	Número de dias de trabalhados pelos serventes	Custo de mão de obra dos serventes (C$)
Janeiro.............................	115	21	3.840
Fevereiro.........................	109	19	3.648
Março	102	23	4.128
Abril.................................	76	20	3.456
Maio.................................	69	23	4.320
Junho...............................	108	22	4.032
Julho................................	77	16	2.784
Agosto.............................	71	14	2.688
Setembro.........................	127	21	3.840

O número de dias trabalhados varia de um mês para o outro em virtude do número de dias úteis, feriados, dias de férias ou dias de licença tirados no mês por motivo de doença. O número de unidades produzidas em um mês varia conforme a demanda e o número de dias trabalhados no mês.

Há dois serventes que trabalham, cada um deles em um turno de oito horas por dia de trabalho. Eles podem tirar até dez dias por ano de licença-doença. Seus salários nos dias em que faltam por motivo de doença e durante suas férias remuneradas são registrados como despesas indiretas em vez de custo de mão de obra dos serventes.

Requisitado:
1. Trace o custo de mão de obra dos serventes e as unidades produzidas em um gráfico de dispersão. (Coloque o custo no eixo vertical e as unidades produzidas no eixo horizontal.)
2. Trace o custo de mão de obra dos serventes e o número de dias trabalhados em um gráfico de dispersão. (Coloque o custo no eixo vertical e o número de dias trabalhados no eixo horizontal.)
3. Que medida de atividade – número de unidades produzidas ou dias trabalhados pelos serventes – deve ser usada como a base de atividades para explicar o custo de mão de obra dos serventes?

CASO 2.26 Análise de custos mistos e o intervalo relevante [OA2.3, OA2.4]

A Ramon Company é uma empresa manufatureira que está interessada em desenvolver uma fórmula de custo para estimar os componentes de custos fixos e variáveis de seus custos indiretos de produção mensais. A empresa deseja usar horas-máquina como sua medida de atividade e coletou os dados a seguir para este ano e o ano passado:

	Ano passado		Este ano	
Mês	Horas-máquina	Custos indiretos (US$)	Horas-máquina	Custos indiretos (US$)
Janeiro	21.000	84.000	21.000	86.000
Fevereiro	25.000	99.000	24.000	93.000
Março	22.000	89.500	23.000	93.000
Abril	23.000	90.000	22.000	87.000
Maio	20.500	81.500	20.000	80.000
Junho	19.000	75.500	18.000	76.500
Julho	14.000	70.500	12.000	67.500
Agosto	10.000	64.500	13.000	71.000
Setembro	12.000	69.000	15.000	73.500
Outubro	17.000	75.000	17.000	72.500
Novembro	16.000	71.500	15.000	71.000
Dezembro	19.000	78.000	18.000	75.000

A empresa aluga todos os seus equipamentos de produção. O contrato de aluguel exige um pagamento único mensal para até 19,5 mil horas-máquina. Se o número de horas-máquina usadas exceder 19,5 mil, então o valor se torna estritamente variável quanto ao número total de horas-máquina consumidas durante o mês. A despesa com o aluguel é um grande elemento dos custos indiretos.

Requisitado:
1. Usando o método dos pontos extremos, estime a fórmula de custo dos custos indiretos de produção.
2. Prepare um gráfico de dispersão usando todos os dados do período de dois anos. Ajuste uma linha reta ou linhas aos pontos representados usando uma régua. Descreva o padrão de comportamento dos custos revelado por seu gráfico de dispersão.
3. Suponha que uma análise de regressão dos mínimos quadrados usando todos os pontos dados estimasse o total de custos fixos como US$ 40.102 e os custos variáveis como US$ 2,13 por hora-máquina. Você tem alguma preocupação quanto à precisão das estimativas dos pontos extremos que calculou ou das estimativas da regressão dos mínimos quadrados que foram fornecidas?
4. Suponha que a empresa consuma 22,5 mil horas-máquina durante um mês. Usando o método dos pontos extremos, estime os custos indiretos totais que seriam incorridos nesse nível de atividade. Ao realizar os seus cálculos, não se esqueça de considerar somente os pontos contidos no intervalo relevante de atividade.
5. Comente sobre a precisão de suas estimativas dos pontos extremos supondo uma análise de regressão dos mínimos quadrados que use somente os pontos no intervalo relevante de atividade, estimando-se que o total de custos fixos fosse US$ 10.090 e os custos variáveis fossem US$ 3,53 por hora-máquina.

OA2.8

Analisar custo misto usando um gráfico de dispersão e o método de regressão dos mínimos quadrados.

APÊNDICE 2A: CÁLCULOS DA REGRESSÃO DOS MÍNIMOS QUADRADOS

O método de regressão dos mínimos quadrados para estimar uma relação linear baseia-se na equação de uma linha reta:

$$Y = a + bX$$

Como explicado no capítulo, a regressão dos mínimos quadrados seleciona os valores para o ponto de intercepção *a* e a inclinação *b* que minimizam a soma dos quadrados dos erros. As fórmulas a seguir, deduzidas de livros de Estatística e de Cálculo, cumprem esse objetivo:

$$b = \frac{n(\Sigma XY) - (\Sigma X)(\Sigma Y)}{n(\Sigma X^2) - (\Sigma X)^2}$$

$$a = \frac{(\Sigma Y) - b(\Sigma X)}{n}$$

onde:

X = Nível de atividade (variável independente)
Y = Custo misto total (variável dependente)
a = Custo fixo total (o ponto da linha que intercepta o eixo vertical)
b = Custo variável por unidade de atividade (a inclinação da linha)
n = Número de observações
Σ = Soma de todas as n observações

Realizar os cálculos requisitados pelas fórmulas manualmente é, na melhor das hipóteses, uma tarefa tediosa. Felizmente, há vários pacotes de software estatístico disponíveis para realizar os cálculos automaticamente. Softwares de planilhas, como o Microsoft Excel, podem ser usados para fazer regressão dos mínimos quadrados – embora seja um pouco mais trabalhoso do que usar um aplicativo estatístico especializado.

Além das estimativas do ponto de intercepção do eixo vertical (custo fixo) e da inclinação (custo variável por unidade), o Excel fornece uma estatística chamada R^2, que é uma medida da "qualidade do ajuste". O R^2 nos mostra o percentual de variação na variável dependente (custo), que é explicada por uma variação na variável independente (atividade). O R^2 varia de 0 a 100% e, quanto mais alto for o percentual, melhor. Você deve sempre representar os dados em um gráfico de dispersão, mas é particularmente importante verificar os dados visualmente quando o R^2 é baixo. Uma rápida olhada no gráfico de dispersão pode revelar que há pouca relação entre o custo e a atividade ou que a relação é algo diferente de uma simples linha reta. Nesses casos, seria necessária uma análise adicional.

▶ R^2

medida da qualidade do ajuste em análise de regressão dos mínimos quadrados. É o percentual de variação na variável dependente, que é explicada pela variação na variável independente.

QUADRO 2A.1
Planilha da regressão dos mínimos quadrados do Brentline Hospital.

	A	B	C
1		Pacientes-dia	Custos de manutenção (US$)
2			
3	Mês	X	Y
4	Janeiro	5.600	7.900
5	Fevereiro	7.100	8.500
6	Março	5.000	7.400
7	Abril	6.500	8.200
8	Maio	7.300	9.100
9	Junho	8.000	9.800
10	Julho	6.200	7.800
11			
12	*Intercept* (ponto de intercepção)	3.431	
13	*Slope* (inclinação)	0,759	
14	RSQ	0,90	
15			

Para ilustrar como o Excel pode ser usado para calcular o ponto de intercepção *a*, a inclinação *b* e o R^2, usaremos os dados de custos de manutenção do Brentline Hospital que estão na página 35. A planilha do Quadro 2A.1 contém os dados e os cálculos.

Como você pode observar, os valores de *X* (a variável independente) foram digitados nas células B4 a B10. Os valores de *Y* (a variável dependente) foram digitados nas células C4 a C10. A inclinação, o ponto de intercepção e R^2 são calculados usando as funções do Excel INTERCEPT, SLOPE e RSQ. Você deve especificar as células onde estão os valores de *Y* e os valores de *X*.

No Quadro 2A.1, a célula B12 contém a fórmula =INTERCEPT(C4:C10,B4:B10); a célula B13 contém a fórmula =SLOPE(C4:C10,B4:B10); e a célula B14 contém a fórmula =RSQ(C4:C10,B4:B10).

De acordo com os cálculos realizados pelo Excel, os custos fixos de manutenção (o ponto de intercepção) são de US$ 3.431 por mês e os custos variáveis (a inclinação) são de US$ 0,759 por paciente-dia. Portanto, a fórmula de custo do custo de manutenção é:

$$Y = a + bX$$

$$Y = US\$\ 3.431 + US\$\ 0,759X$$

Observe que o R^2 (ou seja, o RSQ) é 0,90, o que é muito bom e indica que 90% da variação nos custos de manutenção são explicados pela variação no número de pacientes-dia.

É fácil representar os dados em um gráfico com o Excel. Selecione os valores que você gostaria de incluir no gráfico – nesse caso, as células B4:C10. Então, selecione a ferramenta *Chart Wizard* na barra de ferramentas e faça as escolhas apropriadas nas várias caixas de diálogo que aparecerão. Quando você tiver terminado, deverá ter um gráfico de dispersão similar ao gráfico do Quadro 2A.2. Observe que a relação entre custo e atividade é aproximadamente linear, então é razoável ajustar uma linha reta aos dados, como fizemos implicitamente com a regressão dos mínimos quadrados.

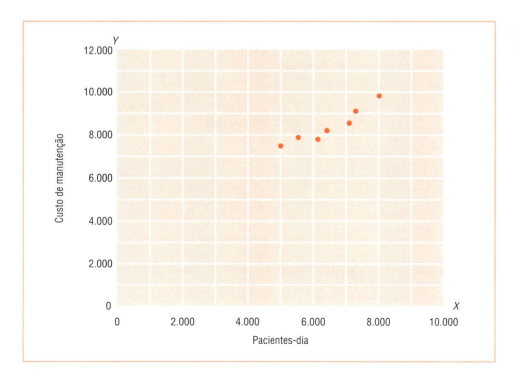

QUADRO 2A.2
Gráfico de dispersão dos dados do Brentline Hospital (US$).

APÊNDICE 2A: EXERCÍCIOS E PROBLEMAS

Consulte no *site* <www.grupoa.com.br> os suplementos para esta seção.

EXERCÍCIO 2A.1 Regressão dos mínimos quadrados [OA2.8]

A EZ Rental Car oferece carros de aluguel em um local externo ao aeroporto próximo a um grande destino turístico na Flórida, Estados Unidos. A gerência gostaria de compreender melhor o comportamento dos custos da empresa. Um desses custos é o custo da lavagem dos carros. A empresa opera seu próprio lava-jato no qual cada carro de aluguel que retorna é completamente limpo antes de ser liberado para ser alugado por outro cliente. A gerência acredita que os custos de operar o lava-jato devem estar relacionados ao número de carros que retornam do aluguel. Dessa maneira, os dados a seguir foram compilados:

Mês	Retornos de aluguel (US$)	Custos do lava-jato (US$)
Janeiro	2.310	10.113
Fevereiro	2.453	12.691
Março	2.641	10.905
Abril	2.874	12.949
Maio	3.540	15.334
Junho	4.861	21.455
Julho	5.432	21.270
Agosto	5.268	19.930
Setembro	4.628	21.860
Outubro	3.720	18.383
Novembro	2.106	9.830
Dezembro	2.495	11.081

Requisitado:

Usando a regressão dos mínimos quadrados, estime os elementos de custo fixo e custo variável dos custos mensais do lava-jato. O elemento de custo fixo deve ser estimado arredondando para o dólar mais próximo e o elemento de custo variável, para o centavo mais próximo.

EXERCÍCIO 2A.2 Regressão dos mínimos quadrados [OA2.3, OA2.8]

Um dos produtos da Varic Company passa por um processo de polimento. A empresa observou os custos de polimento nas seis últimas semanas:

Semana	Unidades produzidas	Custo total de polimento (US$)
1	8	270
2	5	200
3	10	310
4	4	190
5	6	240
6	9	290

Para fins de planejamento, a gerência da empresa quer saber o custo variável por unidade e o custo fixo total por semana de polimento.

Requisitado:

1. Usando o método de regressão dos mínimos quadrados, estime os elementos de custo variável e fixo do polimento.
2. Expresse os dados de custo no item 1 na forma $Y = a + bX$.
3. Se a empresa processasse sete unidades na próxima semana, qual seria o custo esperado total de polimento?

PROBLEMA 2A.3 Gráfico de dispersão; Comportamento dos custos; Método de regressão dos mínimos quadrados [OA2.3, OA2.8]

Amanda King acaba de ser nomeada diretora dos programas de recreação de Highland Park, uma comunidade que tem crescido rapidamente em Connecticut, Estados Unidos. No passado, a cidade patrocinou diversas ligas de *softball* nos meses de verão. A partir dos registros de custo da cidade, Amanda encontrou os seguintes custos totais associados às ligas de *softball* nos cinco últimos anos:

	A	B
1	Número de ligas	Custo total (US$)
2	5	13.000
3	2	7.000
4	4	10.500
5	6	14.000
6	3	10.000

Cada liga exige o seu próprio supervisor e árbitros remunerados além de programas impressos e outros trabalhos de impressão de cópias. Portanto, Amanda sabe que há alguns custos variáveis associados às ligas. Ela gostaria de saber o valor do custo variável por liga e o custo fixo total por ano associado ao programa de *softball*. Essas informações a ajudariam para fins de planejamento.

Requisitado:

1. Usando o método de regressão dos mínimos quadrados, estime o custo variável por liga e o custo fixo total por ano do programa de *softball*.
2. Expresse os dados de custo deduzidos no item 1 na forma $Y = a + bX$.
3. Suponha que Amanda quisesse expandir o programa de *softball* no próximo ano, passando a envolver um total de sete ligas. Calcule o custo total esperado do programa.
   Você vê algum problema em usar a fórmula de custo do item 2 para deduzir esse valor de custo total? Explique.
4. Prepare um gráfico de dispersão e ajuste uma linha aos pontos representados usando a fórmula de custo expressa no item 2.

PROBLEMA 2A.4 Regressão dos mínimos quadrados; Gráfico de dispersão; Comparação de bases de atividades [OA2.3, OA2.8]

A Hard Rock Mining Company desenvolve uma fórmula de custos para fins de planejamento e tomada de decisões da gerência. O analista de custo da empresa concluiu que o custo de serviços de utilidade pública é um custo misto e ele tenta encontrar uma base com a qual o custo possa estar intimamente correlacionado. O controlador sugeriu que toneladas mineradas poderiam ser uma boa base para usar ao desenvolver uma fórmula de custos. A superintendente de produção discorda, pois acha que horas de mão de obra direta seriam uma base melhor. O analista de custos decidiu tentar ambas as bases e reuniu as seguintes informações:

Trimestre	Toneladas mineradas	Horas de mão de obra direta	Custo de serviços de utilidade pública (US$)
Ano 1:			
Primeiro	15.000	5.000	50.000
Segundo	11.000	3.000	45.000
Terceiro	21.000	4.000	60.000
Quarto	12.000	6.000	75.000
Ano 2:			
Primeiro	18.000	10.000	100.000
Segundo	25.000	9.000	105.000
Terceiro	30.000	8.000	85.000
Quarto	28.000	11.000	120.000

Requisitado:
1. Usando toneladas mineradas como a variável independente (X):
   a. Determine uma fórmula de custo para o custo de serviços de utilidade pública usando o método de regressão dos mínimos quadrados.
   b. Prepare um gráfico de dispersão e represente nele as toneladas mineradas e o custo de serviços de utilidade pública. (Coloque o custo no eixo vertical e as toneladas mineradas no eixo horizontal). Ajuste uma linha reta aos pontos representados usando a fórmula de custo determinada no item *a*.
2. Usando horas de mão de obra direta como a variável independente (X), repita os cálculos dos itens *a* e *b*.
3. Você recomendaria que a empresa usasse toneladas mineradas ou horas de mão de obra direta como base para planejar o custo de serviços de utilidade pública?

CASO 2A.5 Análise de custos mistos em uma decisão de precificação [OA2.3, OA2.8]

Jasmine Lee é proprietária de uma empresa de serviços de bufê que serve comida e bebidas em festas exclusivas e de empresas. O negócio de Lee é sazonal, com um horário muito mais cheio durante os meses de verão e férias e um horário mais leve em outras épocas.

Um dos principais eventos que os clientes de Lee solicitam é uma festa no estilo coquetel. Ela oferece um coquetel padrão e estimou o custo por convidado para esse tipo de festa como segue:

Comida e bebidas (US$)	17
Mão de obra (0,5 hora @ (US$) 10 por hora)	5
Gastos indiretos (0,5 hora @ (US$) 18,63 por hora)	9,32
Custo total por convidado (US$)	31,32

Esse coquetel padrão dura três horas e Lee contrata um trabalhador para cada seis convidados, o que significa meia hora de mão de obra por convidado. Esses trabalhadores são contratados apenas quando necessário e recebem apenas pelas horas que realmente trabalham.

Lee normalmente cobra US$ 45 por convidado. Ela está confiante sobre suas estimativas de custos de comida e bebidas e mão de obra, mas não se sente tão confortável com a estimativa dos custos indiretos. Os custos indiretos de US$ 18,63 por hora de mão de obra foram determinados dividindo-se as despesas indiretas totais nos 12 últimos meses pelo total de horas de mão de obra no mesmo período. Os dados mensais relativos aos custos indiretos e horas de mão de obra aparecem abaixo:

Mês	Horas de mão de obra	Despesas indiretas (US$)
Janeiro	1.500	44.000
Fevereiro	1.680	47.200
Março	1.800	48.000
Abril	2.520	51.200
Maio	2.700	53.600
Junho	3.300	56.800
Julho	3.900	59.200
Agosto	4.500	61.600
Setembro	4.200	60.000
Outubro	2.700	54.400
Novembro	1.860	49.600
Dezembro	3.900	58.400
Total	34.560	644.000

Lee recebeu um pedido para fazer um coquetel beneficente para 120 convidados a ser oferecido por uma importante instituição de caridade no mês que vem. (A festa duraria as três horas usuais.) Ela gostaria de fechar esse contrato porque a lista de convidados desse evento de caridade inclui muitos indivíduos proeminentes que ela gostaria de captar como futuros clientes. Lee está confiante de que esses clientes potenciais teriam uma boa impressão dos serviços de sua empresa no evento beneficente.

Requisitado:

1. Prepare um gráfico de dispersão que coloque horas de mão de obra no eixo X e despesas indiretas no eixo Y. O que o seu gráfico de dispersão revela?
2. Use o método de regressão dos mínimos quadrados para estimar os componentes fixos e variáveis das despesas indiretas.
3. Estime a contribuição para os lucros de um coquetel padrão para 120 convidados se Lee cobrar seu preço típico de US\$ 45 por convidado. (Em outras palavras, em quanto aumentaria seu lucro geral?)
4. O quanto Lee poderia baixar o preço para o evento beneficente em termos de um preço por convidado e ainda assim não perder dinheiro nesse evento em particular?
5. O indivíduo que organiza o evento beneficente indicou que recebeu um orçamento de menos de US\$ 42 de outra empresa de serviços de bufê. Você acha que Lee deve fazer uma proposta abaixo de seus US\$ 45 típicos por convidado para o evento beneficente? Por quê?

(Adaptado do CMA)

APÊNDICE 2B: CUSTO DA QUALIDADE

Uma empresa pode ter um produto com um projeto de alta qualidade que usa componentes de alta qualidade, mas, se o produto não for bem montado ou tiver outros defeitos, a empresa terá altos custos de consertos dentro da garantia e clientes insatisfeitos. Quando as pessoas estão insatisfeitas com um produto, há poucas chances de que voltem a comprá-lo. Elas geralmente contam a outros sobre suas más experiências. Esse é o pior tipo de propaganda. Para evitar tais problemas, as empresas dedicam muito esforço para reduzir os defeitos. O objetivo é ter uma alta conformidade de qualidade.

Conformidade de qualidade

Diz-se que um produto que atende ou excede suas especificações de projeto e é livre de defeitos que afetem negativamente sua aparência ou degradem seu desempenho tem uma alta **conformidade de qualidade**. Observe que, se um carro econômico for livre de defeitos, ele pode ter uma conformidade de qualidade tão alta quanto um carro de luxo livre de defeitos. Os compradores de carros econômicos não podem esperar que seus carros tenham equipamentos tão opulentos quanto os de carros de luxo, mas eles podem e esperam que estes sejam livres de defeitos.

Evitar, detectar e consertar defeitos gera custos que são chamados de *custos da qualidade* ou o *custo da qualidade*. O uso do termo *custo da qualidade* é confuso para algumas pessoas. Ele não se refere a custos como o de usar um couro de melhor qualidade para fazer uma carteira ou usar ouro de 14 quilates em vez de revestimento de ouro em joias. Em vez disso, **custo da qualidade** refere-se a todos os custos que são incorridos para evitar defeitos ou que são decorrentes de defeitos em produtos.

Os custos da qualidade podem ser decompostos em quatro amplos grupos. Dois deles – conhecidos como *custos de prevenção* e *custos de avaliação* – são incorridos em um esforço de evitar que produtos defeituosos cheguem às mãos dos clientes. Os outros dois grupos de custos – conhecidos como *custos de falhas internas* e *custos de falhas externas* – são incorridos porque ocorrem defeitos apesar dos esforços para evitá-los. Exemplos de custos específicos envolvidos em cada um desses quatro grupos são dados no Quadro 2B.1.

Vários detalhes devem ser observados sobre os custos da qualidade exibidos no quadro. Em primeiro lugar, os custos da qualidade não estão relacionados apenas à produção; em vez disso, relacionam-se a todas as atividades de uma empresa, da pesquisa e do desenvolvimento (P&D) inicial até o serviço de atendimento ao cliente. Em segundo lugar, o número de custos associados à qualidade é muito grande; o custo da qualidade total pode ser muito alto a menos que a gerência dê atenção especial a essa área. Finalmente, os

> **Conformidade de qualidade**

grau com que um produto ou serviço atende ou excede suas especificações de projeto e é livre de defeitos ou outros problemas que afetem negativamente sua aparência ou degradem seu desempenho.

> **Custos da qualidade**

custos incorridos para evitar que produtos defeituosos cheguem às mãos dos clientes ou que são incorridos em decorrência de unidades defeituosas.

CONTABILIDADE GERENCIAL

OA2.9

Identificar os quatro tipos de custos da qualidade e explicar sua interação.

▶ **Custos de prevenção**

custos incorridos para evitar que ocorram defeitos.

custos nos quatro grupos são bastante diferentes. Agora, analisaremos cada um desses grupos com mais detalhe.

Custos de prevenção

Em geral, a maneira mais eficiente de gerenciar os custos da qualidade é evitar defeitos, em primeiro lugar. É muito menos custoso evitar que um problema aconteça do que detectá-lo e corrigi-lo depois que ocorrer. Os **custos de prevenção** suportam as atividades cujo propósito é reduzir o número de defeitos.

QUADRO 2B.1
Custos da qualidade típicos.

Custos de prevenção	Custos de falhas internas
Desenvolvimento de sistemas	Custo líquido de sucata
Engenharia da qualidade	Custo líquido de materiais estragados
Treinamento de qualidade	Mão de obra e despesas indiretas de reprocessamento
Círculos de qualidade	Reinspeção de trabalhos reprocessados
Atividades de controle estatístico de processos	Retestagem de produtos reprocessados
Supervisão de atividades de prevenção	Tempo ocioso causado por problemas de qualidade
Levantamento, análise e relatório de dados de qualidade	Descarte de produtos defeituosos
Projetos de melhoria da qualidade	Análise da causa de defeitos na produção
Suporte técnico oferecido a fornecedores	Reentrada de dados devido a erros de digitação
Auditorias da eficácia do sistema de qualidade	Depuração de erros de software
Custos de avaliação	**Custos de falhas externas**
Teste e inspeção de materiais de entrada	Custo de serviços prestados em campo e atendimento de reclamações
Teste e inspeção de bens em processamento	Consertos e substituições dentro da garantia
Teste e inspeção de produtos finais	Consertos e substituições depois do período coberto pela garantia
Suprimentos usados em testes e inspeções	*Recalls* de produtos
Supervisão de atividades de teste e inspeção	Obrigações decorrentes de produtos defeituosos
Depreciação de equipamentos de teste	Devoluções e créditos decorrentes de problemas de qualidade
Manutenção de equipamentos de teste	Vendas perdidas devido à reputação de má qualidade
Serviços de utilidade pública da fábrica na área de inspeção	
Teste de campo e avaliação nas instalações do cliente	

▶ **Círculos de qualidade**

pequenos grupos de funcionários que se reúnem regularmente para discutir maneiras de melhorar a qualidade.

▶ **Controle estatístico de processos**

técnica gráfica usada para monitorar a qualidade do trabalho desenvolvido em uma estação de trabalho com o propósito de corrigir imediatamente quaisquer problemas.

Observe, a partir do Quadro 2B.1, que os custos de prevenção incluem atividades relacionadas a círculos de qualidade e ao controle estatístico de processos. Os **círculos de qualidade** consistem em pequenos grupos de funcionários que se reúnem regularmente para discutir maneiras de melhorar a qualidade. Tanto a gerência quanto os trabalhadores são incluídos nesses círculos. Os círculos de qualidade são amplamente utilizados e podem ser encontrados em empresas manufatureiras, empresas de serviços de utilidade pública, organizações de serviços de saúde, bancos e muitas outras organizações.

O **controle estatístico de processos** é uma técnica utilizada para detectar se um processo está ou não fora de controle. Um processo fora de controle resulta em unidades defeituosas e pode ser causado por uma máquina mal calibrada ou algum outro fator. No controle estatístico de processos, os trabalhadores utilizam gráficos para monitorar a qualidade das unidades que passam por suas estações de trabalho. Com esses gráficos, os trabalhadores podem identificar rapidamente processos que estão fora de controle e que geram defeitos. Os problemas podem ser imediatamente corrigidos e novos defeitos evitados em vez de esperar que um inspetor encontre os defeitos mais tarde.

Observe, a partir da lista de custos de prevenção no Quadro 2B.1, que algumas empresas fornecem suporte técnico a seus fornecedores como uma maneira de evitar defeitos.

Custos de avaliação

Qualquer peça ou produto defeituoso deve ser encontrado o quanto antes no processo de produção. Os **custos de avaliação**, que às vezes são chamados de *custos de inspeção,* são incorridos para identificar produtos defeituosos *antes* que sejam enviados para os clientes. Infelizmente, realizar atividades de avaliação não impede que ocorram defeitos novamente e a maioria dos gerentes agora percebe que manter um exército de inspetores é uma abordagem de controle de qualidade muito cara (e ineficaz). Portanto, cada vez mais os funcionários são cobrados pela responsabilidade de seu próprio controle de qualidade. Essa abordagem, juntamente com o projeto de produtos fáceis de produzir apropriadamente, permite que a qualidade seja incorporada aos produtos em vez de depender de inspeções para eliminar os defeitos.

> **Custos de avaliação**
>
> custos que são incorridos para identificar produtos defeituosos antes de serem enviados aos clientes.

Custos de falhas internas

Custos de falhas são incorridos quando um produto não está em conformidade com suas especificações de projeto. Os custos de falhas podem ser internos ou externos. Os **custos de falhas internas** resultam da identificação de defeitos antes que os produtos sejam enviados aos clientes. Esses custos incluem sucata, produtos rejeitados, reprocessamento de unidades defeituosas e tempo ocioso causado por problemas de qualidade. Em algumas empresas, apenas 10% dos produtos passam pelo processo de produção sem qualquer tipo de reprocessamento. Obviamente, quanto mais eficientes forem as atividades de avaliação de uma empresa, maiores serão as chances de encontrar defeitos internamente e maior será o nível de custos de falhas internas. Esse é o preço que se paga para evitar incorrer em custos de falhas externas, que podem ser devastadores.

> **Custos de falhas internas**
>
> custos que são incorridos em decorrência da identificação de produtos defeituosos antes de serem enviados aos clientes.

Custos de falhas externas

Custos de falhas externas ocorrem quando um produto defeituoso é entregue a um cliente. Como mostra o Quadro 2B.1, os custos de falhas externas incluem consertos e substituições dentro da garantia, *recalls* de produtos, obrigações decorrentes de ações jurídicas contra uma empresa e vendas perdidas decorrentes de uma reputação de má qualidade. Esses custos podem dizimar os lucros.

> **Custos de falhas externas**
>
> custos que são incorridos quando um produto ou serviço defeituoso é entregue a um cliente.

No passado, alguns gerentes assumiram a atitude, "Entregaremos tudo aos clientes e cuidaremos de quaisquer problemas no período de garantia". Essa atitude geralmente resulta em altos custos de falhas externas, na indisposição dos clientes e em uma queda na participação de mercado e nos lucros.

Distribuição dos custos da qualidade

Os custos da qualidade de algumas empresas variam entre 10 e 20% do total de vendas, enquanto os especialistas dizem que esses custos devem estar mais próximos dos 2 a 4%. Como uma empresa reduz seu total de custos da qualidade? A resposta está em como os custos de qualidade são distribuídos. Consulte o gráfico no Quadro 2B.2, que mostra os custos totais da qualidade em função da conformidade de qualidade.

O gráfico mostra que, quando a conformidade de qualidade é baixa, os custos totais da qualidade são altos e que a maior parte desses custos consiste em custos de falhas internas e externas. Uma baixa conformidade de qualidade significa que um alto percentual de unidades é defeituoso e, logo, a empresa tem altos custos de falhas. No entanto, à medida que uma empresa gasta mais e mais com prevenção e avaliação, o percentual de unidades defeituosas cai. Isso resulta em uma diminuição nos custos de falhas internas e externas. Normalmente, os custos totais da qualidade caem rapidamente com o aumento da conformidade de qualidade. Assim, uma empresa pode reduzir seu total de custos da qualidade focalizando seus esforços em prevenção e avaliação. As economias de custo decorrentes de menos defeitos normalmente superam os custos dos esforços adicionais de prevenção e avaliação.

O gráfico do Quadro 2B.2 foi traçado de modo que os custos totais da qualidade sejam minimizados quando a conformidade de qualidade for menor do que 100%. Entretanto, alguns especialistas discutem que os custos totais da qualidade não são minimizados até que a conformidade de qualidade seja de 100% e que não haja defeitos. De fato, muitas empresas descobriram que os custos totais da qualidade parecem continuar caindo mesmo quando a conformidade de qualidade se aproxima de 100% e as taxas de defeitos são tão baixas quanto um em cada 1 milhão de unidades. Outros discutem que os custos totais da qualidade aumentam com o aumento da conformidade de qualidade. Entretanto, na maioria das empresas, isso não parece acontecer até a conformidade de qualidade estar bem próxima de 100% e as taxas de defeitos estarem bem próximas de zero.

QUADRO 2B.2
Efeito dos custos da qualidade sobre a conformidade de qualidade.

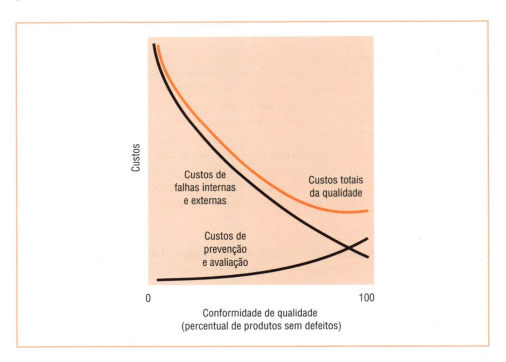

À medida que o programa de qualidade de uma empresa se torna mais refinado e que seus custos de falhas começam a cair, as atividades de prevenção normalmente se tornam mais eficazes do que as atividades de avaliação. A melhor maneira de evitar defeitos é projetar processos que reduzam a probabilidade de que eles ocorram e monitorar continuamente os processos usando métodos de controle estatístico de processos.

▶▶ OA2.10
Preparar e interpretar um relatório de custos da qualidade.

▶ **Relatório de custos da qualidade**
detalha custos de prevenção, custos de avaliação e custos de falhas internas e externas.

RELATÓRIOS DE CUSTOS DA QUALIDADE

Como passo inicial nos programas de melhoria da qualidade, as empresas geralmente montam um *relatório de custos da qualidade* que fornece uma estimativa das consequências financeiras do nível atual de defeitos da empresa. Um **relatório de custos da qualidade**

Capítulo **2** ▶▶ Contabilidade gerencial e conceitos de custo

detalha custos de prevenção, custos de avaliação e custos de falhas internas e externas decorrentes dos esforços atuais de controle de qualidade da empresa. Os gerentes geralmente ficam chocados com a magnitude desses custos. Um relatório de custos da qualidade típico é exibido no Quadro 2B.3.

QUADRO 2B.3
Relatório de custos da qualidade.

Ventura Company
Relatório de custos da qualidade dos anos 1 e 2

	Ano 1		Ano 2	
	Valor (US$)	Percentual* (%)	Valor (US$)	Percentual* (%)
Custos de prevenção:				
Desenvolvimento de sistemas	270.000	0,54	400.000	0,8
Treinamento de qualidade	130.000	0,26	210.000	0,42
Atividades de supervisão de prevenção	40.000	0,08	70.000	0,14
Projetos de melhoria da qualidade.......	210.000	0,42	320.000	0,64
Custo total de prevenção	650.000	1,3	1.000.000	2
Custos de avaliação:				
Inspeção	560.000	1,12	600.000	1,2
Testes de confiabilidade......................	420.000	0,84	580.000	1,16
Supervisão de testes e inspeção..........	80.000	0,16	120.000	0,24
Depreciação dos equipamentos de teste	140.000	0,28	200.000	0,4
Custo total de avaliação	1.200.000	2,4	1.500.000	3
Custos de falhas internas:				
Custo de sucata...................................	750.000	1,5	900.000	1,8
Custos de mão de obra e custos indiretos de reprocessamento	810.000	1,62	1.430.000	2,86
Tempo ocioso por causa de defeitos na qualidade	100.000	0,2	170.000	0,34
Descarte de produtos defeituosos.......	340.000	0,68	500.000	1
Custo total de falhas internas	**2.000.000**	4	**3.000.000**	6
Custos de falhas externas:				
Consertos dentro da garantia	900.000	1,8	400.000	0,8
Substituições dentro da garantia.........	2.300.000	4,6	870.000	1,74
Obrigações	630.000	1,26	130.000	0,26
Custo de serviços em campo...............	1.320.000	2,64	600.000	1,2
Custo total de falhas externas	**5.150.000**	10,3	**2.000.000**	4
Custos totais da qualidade........................	9.000.000	18	7.500.000	15

* Como um percentual do total de vendas. Em cada ano, as vendas totalizaram 50.000.000.

Vários detalhes devem ser observados a partir dos dados no quadro. Em primeiro lugar, os custos da qualidade da Ventura Company são mal distribuídos em ambos os anos, sendo que a maioria dos custos ocorre por falhas internas ou externas. Os custos de falhas externas são particularmente altos no Ano 1 em comparação aos outros custos.

Em segundo lugar, observe que a empresa aumentou seus gastos em atividades de prevenção e avaliação no ano 2. Consequentemente, os custos de falhas internas aumentaram naquele ano (de **US$ 2 milhões** no Ano 1 para **US$ 3 milhões** no Ano 2), mas os custos de falhas externas caíram fortemente (de **US$ 5,15 milhões** no Ano 1 para apenas **US$ 2 milhões** no Ano 2). Devido ao aumento nas atividades de avaliação no Ano 2, mais defeitos foram encontrados na empresa antes que os produtos fossem enviados aos clientes. Isso resultou em maiores custos de sucata e de reprocessamento, entre outros, mas economizou enormes quantias em consertos dentro da garantia, substituições dentro da garantia e outros custos de falhas externas.

Em terceiro lugar, observe que, em decorrência de uma ênfase maior na prevenção e avaliação, o custo *total* da qualidade diminuiu no Ano 2. Quando são continuamente enfatizadas prevenção e avaliação nos próximos anos, os custos totais da qualidade devem continuar diminuindo. Isso quer dizer que os futuros aumentos nos custos de prevenção e avaliação devem mais do que compensar as diminuições nos custos de falhas. Além disso, os custos de avaliação devem diminuir à medida que mais esforços são dedicados à prevenção.

Relatórios de custos da qualidade na forma gráfica

Como um complemento ao relatório de custos da qualidade exibidos no Quadro 2B.3, as empresas muitas vezes preparam informações sobre os custos da qualidade na forma gráfica. As apresentações gráficas incluem gráficos de setor, gráficos de barras, linhas de tendência, entre outros. Os dados da Ventura Company do Quadro 2B.3 são apresentados na forma de gráfico de barras no Quadro 2B.4.

O primeiro gráfico de barras do Quadro 2B.4 foi criado em termos de custos da qualidade em dólares e o segundo, em termos dos custos da qualidade como um percentual das vendas. Em ambos os gráficos, os dados são "empilhados" um em cima do outro. Em outras palavras, os custos de avaliação são colocados em cima dos custos de prevenção, os custos de falhas internas são colocados em cima da soma dos custos de prevenção mais os custos de avaliação e assim por diante. Os valores das porcentagens no segundo gráfico mostram que os custos totais da qualidade representam 18% das vendas no Ano 1 e 15% das vendas no Ano 2, o mesmo que foi relatado antes no Quadro 2B.3.

Os dados na forma gráfica ajudam os gerentes a enxergarem tendências mais claramente e a magnitude dos vários custos, um em relação ao outro. Esses gráficos são facilmente preparados usando-se aplicativos de computador para a criação de gráficos e planilhas.

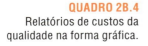
QUADRO 2B.4
Relatórios de custos da qualidade na forma gráfica.

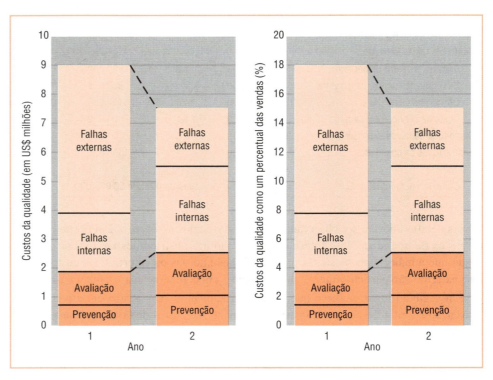

Uso das informações dos custos da qualidade

Um relatório dos custos da qualidade possui vários usos. Em primeiro lugar, as informações sobre os custos da qualidade ajudam os gerentes a verem a importância financeira dos defeitos. Os gerentes normalmente não têm ciência da magnitude de seus custos da qualidade porque esses custos cruzam os limites departamentais e normalmente não são rastreados e acumulados pelo sistema de custeio. Assim, ao verem um relatório dos custos da qualidade pela primeira vez, os gerentes geralmente ficam surpresos com o montante de custo atribuível à má qualidade.

Em segundo lugar, as informações sobre os custos da qualidade ajudam os gerentes a identificarem a importância relativa dos problemas de qualidade enfrentados por suas empresas. Por exemplo, o relatório dos custos da qualidade pode mostrar que a geração de sucata é um grande problema de qualidade ou que a empresa incorre em grandes somas de custos de garantia. De posse dessas informações, os gerentes têm uma ideia melhor de onde focalizarem seus esforços.

Em terceiro lugar, as informações sobre os custos da qualidade ajudam os gerentes a verem se seus custos da qualidade estão mal distribuídos. Em geral, os custos da qualidade devem ser distribuídos mais para as atividades de prevenção e avaliação do que para as falhas.

Contrabalanceando esses usos, devemos reconhecer três restrições das informações sobre os custos da qualidade. (1) Simplesmente medir e relatar os custos da qualidade não soluciona os problemas de qualidade. Os problemas podem ser solucionados somente por meio de ações. (2) Os resultados normalmente ficam atrás dos programas de melhoria da qualidade. Inicialmente, os custos totais da qualidade podem até mesmo aumentar quando os sistemas de controle de qualidade forem projetados e instalados. Diminuições nos custos da qualidade podem não ocorrer até que o programa de qualidade vigore há algum tempo. (3) O custo da qualidade mais importante, as vendas perdidas decorrentes de indisposições dos clientes, normalmente é omitido do relatório dos custos da qualidade por ser difícil de estimar.

De forma típica, durante os primeiros anos de um programa de melhoria da qualidade, os benefícios de se compilar um relatório dos custos da qualidade superam os custos e restrições dos relatórios. À medida que os gerentes ganham experiência em equilibrar as atividades de prevenção e avaliação, a necessidade de um relatório dos custos da qualidade geralmente diminui.

ASPECTOS INTERNACIONAIS DA QUALIDADE

Muitas das ferramentas usadas hoje na gestão da qualidade foram desenvolvidas no Japão depois da Segunda Guerra Mundial. No controle estatístico de processos, as empresas japonesas se inspiraram fortemente no trabalho de W. Edwards Deming. Entretanto, as empresas japonesas são amplamente responsáveis pelos círculos de qualidade, pelo JIT, pela ideia de que a qualidade é responsabilidade de todos e pela ênfase na prevenção em vez de na inspeção.

Na década de 1980, a qualidade ressurgiu como um fator determinante no mercado. Muitas empresas agora acham que é impossível competir de modo eficaz sem um programa de qualidade forte em andamento. Isso é verdade, particularmente, para empresas que desejam competir no mercado europeu.

Padrões ISO 9000

A Organização Internacional de Padronização (ISO ou *International Organization for Standardization*), sediada em Genebra, Suíça, estabeleceu diretrizes de controle de qualidade conhecidas como os **padrões ISO 9000**. Muitas empresas e organizações na Eu-

▶ **Padrões ISO 9000**

exigências de controle de qualidade determinadas pela Organização Internacional de Padronização relacionadas a produtos vendidos em países europeus.

ropa só compram de fornecedores que possuam certificação ISO 9000. Isso significa que os fornecedores devem demonstrar para uma agência de certificação que:

1. há um sistema de controle de qualidade em uso e que o sistema define claramente um nível esperado de qualidade;
2. o sistema está em operação total e possui documentação detalhada dos procedimentos de controle de qualidade;
3. o nível pretendido de qualidade é alcançado de maneira contínua e consistente.

A chave para receber certificação sob os padrões ISO 9000 é a documentação. Uma coisa é uma empresa dizer que possui um sistema de qualidade em operação, mas é muito diferente conseguir documentar os passos desse sistema. Sob a perspectiva do ISO 9000, essa documentação deve ser tão detalhada e precisa que, se todos os funcionários de uma empresa fossem repentinamente substituídos, os novos funcionários poderiam usar a documentação para produzir o produto exatamente como era produzido pelos antigos funcionários. Mesmo as empresas com bons sistemas de controle de qualidade acham que se leva até dois anos de trabalho duro para desenvolver essa documentação detalhada. Mas as empresas geralmente acreditam que compilar essa documentação resulta em melhorias em seus sistemas de qualidade.

Os padrões ISO 9000 se tornaram uma medida internacional de qualidade. Embora os padrões tenham sido desenvolvidos para controlar a qualidade de produtos vendidos em países europeus, eles se tornaram amplamente aceitos em outros lugares. As empresas nos Estados Unidos que exportam para a Europa geralmente esperam que seus próprios fornecedores estejam em conformidade com os padrões ISO 9000 porque essas exportadoras têm que documentar a qualidade dos materiais que entram em seus produtos como parte de sua própria certificação ISO 9000.

O programa de certificação ISO de programas de gestão da qualidade não é restrito a empresas manufatureiras. O *American Institute of Certified Public Accountants* foi a primeira organização de associação profissional nos Estados Unidos a receber reconhecimento sob um programa de certificação ISO.

RESUMO (APÊNDICE 2B)

Os defeitos geram custos, que podem ser classificados em custos de prevenção, custos de avaliação, custos de falhas internas e custos de falhas externas. Os custos de prevenção são incorridos para evitar que ocorram defeitos; os custos de avaliação, para garantir que produtos defeituosos, uma vez produzidos, não sejam enviados aos clientes; os custos de falhas internas, em decorrência da detecção de produtos defeituosos antes que sejam enviados aos clientes. Os custos de falhas externas são as consequências (em termos de consertos, serviços e negócios futuros perdidos) da entrega de produtos defeituosos aos clientes. A maioria dos especialistas concorda que os esforços da gerência devem se focalizar em evitar os defeitos. Pequenos investimentos em prevenção podem levar a reduções drásticas nos custos de avaliação e nos custos de falhas internas e externas.

Os custos da qualidade são resumidos em um relatório dos custos da qualidade, que mostra os tipos de custos da qualidade que são incorridos e sua importância e tendências. O relatório ajuda os gerentes a compreenderem a importância dos custos da qualidade, identificarem áreas problemáticas e avaliarem a maneira como os custos da qualidade são distribuídos.

APÊNDICE 2B: EXERCÍCIOS E PROBLEMAS

Consulte no *site* <www.grupoa.com.br> os suplementos para esta seção.

Capítulo **2** ▶▶ Contabilidade gerencial e conceitos de custo   **79**

EXERCÍCIO 2B.1 Usar termos de gestão da qualidade [OA2.9]

Abaixo temos uma lista de termos relacionados à gestão da qualidade.

Custos de avaliação	Círculos de qualidade
Relatório dos custos da qualidade	Custos de prevenção
Qualidade	Custos de falhas externas
Custos de falhas internas	Conformidade de qualidade

Escolha o termo ou termos que complete(m) mais adequadamente as seguintes afirmativas. Os termos podem ser usados mais de uma vez. (Observe que uma lacuna pode conter mais de uma palavra.)

1. Quando um produto ou serviço não está em conformidade com as expectativas do cliente em termos de características ou desempenho, ele é visto como tendo má _____.
2. Um produto ou serviço tem baixa _____ se não funciona da maneira como seus projetistas pretendiam, ou se tiver muitos defeitos em decorrência de uma produção desleixada.
3. Uma empresa incorre em _____ e _____ no esforço de evitar que ocorra uma má conformidade de qualidade.
4. Uma empresa incorre em _____ e _____ porque ocorreu uma má conformidade de qualidade.
5. Dos quatro grupos de custos associados à conformidade de qualidade, _____ são geralmente os mais prejudiciais a uma empresa.
6. Os custos de inspeção, testagem e outros custos incorridos para evitar que produtos defeituosos sejam enviados aos clientes são conhecidos como _____.
7. _____ são incorridos em um esforço de eliminar projetos de produtos ruins, práticas de produção defeituosas e a prestação de serviços abaixo do padrão de qualidade exigido.
8. Os custos relacionados a defeitos, produtos rejeitados e tempo ocioso causado por problemas de qualidade são conhecidos como _____.
9. Quando um produto defeituoso é, de alguma maneira, entregue a um cliente, então _____ são incorridos.
10. Com o passar do tempo, os custos totais da qualidade de uma empresa devem diminuir se ela redistribuir seus custos da qualidade dando maior ênfase aos _____ e _____.
11. Em muitas empresas, pequenos grupos de funcionários, conhecidos como _____, se reúnem regularmente para discutir maneiras de melhorar a qualidade dos produtos.
12. A maneira de garantir que a gerência esteja ciente dos custos associados à qualidade é resumir esses custos em um _____.

EXERCÍCIO 2B.2 Classificação de custos da qualidade [OA2.9]

Diversas atividades que fazem parte do sistema de controle de qualidade de uma empresa estão listadas abaixo:

a. Consertos de produtos dentro da garantia.
b. Devoluções feitas por clientes por causa de defeitos.
c. Controle estatístico de processos.
d. Descarte de produtos estragados.
e. Manutenção dos equipamentos de testagem.
f. Inspeção de produtos finais.
g. Tempo ocioso devido a problemas de qualidade.
h. Depuração de erros em software.
i. *Recalls* de produtos defeituosos.
j. Treinamento de qualidade de engenheiros.
k. Reentrada de dados por causa de erros de digitação.
l. Inspeção de materiais recebidos de fornecedores.
m. Auditorias do sistema de qualidade.
n. Supervisão do pessoal de testagem.
o. Mão de obra de reprocessamento.

Requisitado:

1. Classifique os custos associados a cada uma dessas atividades em uma das categorias a seguir: custo de prevenção, custo de avaliação, custo de falhas internas ou custo de falhas externas.
2. Quais dos quatro tipos de custos listados no item 1 são incorridos para evitar que ocorra uma má conformidade de qualidade? Qual dos quatro tipos de custos é incorrido porque uma má conformidade de qualidade ocorreu?

PROBLEMA 2B.3 Relatório dos custos da qualidade [OA2.9, OA2.10]

A Yedder Enterprises foi uma empresa pioneira em projetar e produzir lasers cirúrgicos de alta precisão. O produto da Yedder tinha um projeto brilhante, mas o processo de produção era negligenciado pela gerência e, consequentemente, havia problemas de qualidade crônicos. Quando os clientes reclamavam sobre unidades defeituosas, a Yedder simplesmente enviava um técnico para consertar ou substituir a unidade defeituosa por uma nova. Recentemente, vários concorrentes começaram a produzir produtos similares sem os problemas de qualidade da Yedder e, consequentemente, as vendas da empresa caíram.

Para remediar a situação, a Yedder embarcou em uma intensa campanha para fortalecer seu controle de qualidade no início do ano atual. Esses esforços foram recebidos com algum sucesso – a queda nas vendas foi revertida e as vendas cresceram de US$ 95 milhões no ano passado para US$ 100 milhões este ano. Para ajudar a monitorar o progresso da empresa, levantaram-se os custos relacionados à qualidade e ao controle de qualidade do ano passado e do primeiro ano completo de campanha de qualidade este ano. Os custos, que não incluem as vendas perdidas em virtude da reputação de má qualidade, são exibidos a seguir:

	Custos (em milhares de dólares)	
	Ano passado	Este ano
Recalls de produtos	3.500	600
Desenvolvimento de sistemas	120	680
Inspeção	1.700	2.770
Custo líquido de sucata	800	1.300
Suprimentos usados em testes	30	40
Consertos dentro da garantia	3.300	2.800
Mão de obra de reprocessamento	1.400	1.600
Controle estatístico de processos	0	270
Devoluções de produtos defeituosos pelos clientes ...	3.200	200
Custo dos equipamentos de testes	270	390
Engenharia de qualidade	1.080	1.650
Tempo ocioso devido a problemas de qualidade	600	1.100

Requisitado:

1. Prepare um relatório dos custos da qualidade para este ano e para o ano passado. Arredonde os cálculos de porcentagens para duas casas decimais.
2. Prepare um gráfico de barras mostrando a distribuição de vários custos da qualidade por categoria.
3. Prepare uma avaliação escrita para acompanhar os relatórios que você preparou nos itens 1 e 2 acima. Essa avaliação deve discutir a distribuição dos custos da qualidade na empresa, mudanças na distribuição ao longo do último ano e qualquer outra informação que você acredite ser útil para a gerência.

PROBLEMA 2B.4 Análise de um relatório dos custos da qualidade [OA2.10]

A Bergen Inc. produz equipamentos de telefonia em sua fábrica na Geórgia, Estados Unidos. Nos últimos anos, a participação de mercado da empresa foi erodida por uma forte competição de concorrentes asiáticos e europeus. Preço e qualidade dos produtos são as duas áreas essenciais em que as empresas competem nesse mercado.

Há dois anos, Jerry Holman, o presidente da Bergen, decidiu dedicar mais recursos à melhoria da qualidade dos produtos depois de descobrir que os produtos de sua empresa tinham se classificado em quarto lugar em termos de qualidade em uma pesquisa com usuários de equipamentos de telefonia. Ele acreditava que a Bergen não podia mais ignorar a importância da qualidade dos produtos. Holman estabeleceu uma força-tarefa liderada por ele próprio a fim de implementar um programa formal de melhoria da qualidade. Incluídos nessa força-tarefa estavam representantes dos departamentos de engenharia, vendas, serviços de atendimento ao cliente, produção e contabilidade. Essa representação variada era necessária porque Holman acreditava que se tratava de um programa que deveria envolver toda a empresa e que todos os funcionários deveriam compartilhar a responsabilidade por seu sucesso.

Depois da primeira reunião da força-tarefa, Sheila Haynes, gerente de vendas, perguntou a Tony Reese, gerente de produção, o que ele achava do programa proposto. Reese respondeu, "Tenho minhas reservas. A qualidade é uma coisa abstrata demais para atribuirmos custos a ela e então responsabilizar você e eu por melhorias nos custos. Gosto de trabalhar com metas que posso ver e contar! Fico nervoso em ter meu bônus anual baseado em uma diminuição dos custos da qualidade; há variáveis demais sobre as quais não temos nenhum controle".

O programa de melhoria da qualidade de Bergen agora está em operação há dois anos. O mais recente relatório dos custos da qualidade da empresa é exibido a seguir.

	Bergen Inc. Relatório dos custos da qualidade (em milhares de dólares)	
	Ano 1	Ano 2
Custos de prevenção:		
Manutenção de máquinas	215	160
Treinamento de fornecedores	5	15
Revisões de projetos	20	95
Total de custos de prevenção	240	270
Custos de avaliação:		
Inspeção	45	22
Testes finais	160	94
Total de custos de avaliação	205	116
Custos de falhas internas:		
Reprocessamento	120	62
Sucata	68	40
Total de custos de falhas internas	188	102
Custos de falhas externas:		
Consertos dentro da garantia	69	23
Devoluções de produtos pelos clientes	262	80
Total dos custos de falhas externas	331	103
Total dos custos da qualidade	964	591
Total dos custos de produção	4.120	4.510

Enquanto revisavam o relatório, Haynes perguntou a Reese o que ele achava agora do programa de melhoria da qualidade. "O trabalho está realmente movimentando o departamento de produção", respondeu Reese. "Dedicávamos tempo a fim de ajudar o departamento de serviços de atendimento ao cliente a solucionar seus problemas, mas eles estão nos deixando em paz hoje. Não tenho nenhuma reclamação por enquanto e me sinto aliviado por ver que o novo programa de melhoria de qualidade não afetou nossos bônus adversamente. Estou ansioso para ver se ele aumentará nossos bônus no futuro."

Requisitado:

1. Ao analisar o relatório dos custos da qualidade da empresa, determine se o programa de melhoria de qualidade da Bergen Inc. foi bem-sucedido. *Liste evidências específicas para sustentar sua resposta.* Mostre valores percentuais de duas maneiras: primeiro, como um percentual do custo total de produção; e, depois, como um percentual dos custos totais da qualidade. Arredonde todos os cálculos para uma casa decimal.

2. Discuta por que a reação atual de Tony Reese ao programa de melhoria da qualidade é mais favorável do que sua reação inicial.

3. Jerry Holman acreditava que o programa de melhoria da qualidade era essencial e que a Bergen Inc. não podia mais ignorar a importância da qualidade dos produtos. Discuta como a empresa poderia medir o custo de oportunidade de não implementar o programa de melhoria da qualidade.

(Adaptado do CMA)

MÉTODO DE CUSTEIO POR ORDEM DE PRODUÇÃO

3

▸▸ **Objetivos de aprendizagem**

OA3.1 Calcular uma taxa predeterminada de custos indiretos.

OA3.2 Aplicar custos indiretos a ordens de produção por meio de uma taxa predeterminada de custos indiretos.

OA3.3 Calcular o custo total e o custo médio por unidade de uma ordem de produção.

OA3.4 Compreender o fluxo de custos em um sistema de custeio por ordem de produção e preparar lançamentos contábeis dos custos.

OA3.5 Usar contas T para mostrar o fluxo dos custos em um sistema de custeio por ordem de produção.

OA3.6 Preparar tabelas de custos de produtos manufaturados e custos de produtos vendidos e uma demonstração de resultados.

OA3.7 Calcular custos indiretos subavaliados ou superavaliados e preparar o lançamento contábil para liquidar o saldo de custos indiretos de produção nas contas apropriadas.

OA3.8 (Apêndice 3A) Compreender as implicações de basear as taxas de custos indiretos predeterminadas sobre o nível de capacidade máxima de uma atividade em vez de sobre o nível estimado de atividade para o período.

OA3.9 (Apêndice 3B) Considerar apropriadamente os custos de mão de obra associados a tempo ocioso, horas extras e benefícios adicionais.

Dois antigos estudantes universitários fazem sucesso como empresários

FOCO NOS
NEGÓCIOS

Quando o departamento atlético da University of Dayton precisou de 2 mil camisetas customizadas para distribuir em sua primeira partida de basquete do ano, ele escolheu a **University Tees** para fornecê-las. Uma concorrente maior poderia ter sido escolhida, mas a University Tees ganhou o pedido por causa do rápido tempo de resposta ao cliente, baixo preço e alta qualidade.

Pequena empresa fundada em fevereiro de 2003 por dois estudantes universitários de Miami, Joe Haddad e Nick Dadas (veja o *site* da empresa em <www.universitytees.com>), a University Tees cria a arte de camisetas customizadas, contando com fornecedores cuidadosamente selecionados para manufaturar o produto.

Calcular com precisão o custo do pedido de cada cliente potencial é muito importante para a University Tees porque a empresa precisa ter certeza de que o preço excede o custo associado ao atendimento do pedido. Os custos incluem os gastos das camisetas, os custos de impressão (que variam segundo a quantidade de camisetas produzidas e do número de cores impressas por camiseta), os custos de *silk screen* (que também variam dependendo do número de cores incluído em um *design*), os custos de entrega e a arte necessária para criar um *design*. A empresa também leva em consideração as estratégias de precificação de suas concorrentes ao determinar seus próprios preços.

FONTE: Conversa com Joe Haddad, cofundador da University Tees.

> **Custeio por absorção**
>
> método de custeio que inclui todos os custos de produção – materiais diretos, mão de obra direta e custos indiretos de produção variáveis e fixos – no custo de um produto.

Compreender como os produtos e serviços são custeados é vital para os gerentes porque o modo como esses custos são determinados pode causar um impacto substancial sobre os lucros divulgados e sobre as decisões essenciais da gerência.

Um sistema de custeio gerencial deve fornecer dados de custo para ajudar os gerentes a planejarem, controlarem e tomarem decisões. No entanto, exigências de relatórios financeiros externos e declarações de impostos geralmente influenciam bastante como os custos são acumulados e resumidos nos relatórios gerenciais. Isso ocorre com o custeio de produtos. Neste capítulo, usaremos o custeio por absorção para determinar os custos de produtos. No **custeio por absorção**, todos os custos de produção, tanto os fixos quanto os variáveis, são atribuídos a unidades de produto – diz-se que as unidades *absorvem totalmente os custos de produção*. Em capítulos posteriores, veremos alternativas ao custeio por absorção como o custeio variável e o custeio baseado em atividades.

A maioria dos países – inclusive os Estados Unidos – exige alguma forma de custeio por absorção tanto para relatórios financeiros externos quanto para declarações de impostos. Além disso, a maioria das empresas em todo o mundo também usa o custeio por absorção em seus relatórios gerenciais. Como o custeio por absorção é a abordagem mais comum do custeio de produtos em todo o mundo, ela será discutida primeiro e, então, abrangeremos as alternativas em capítulos subsequentes.

MÉTODO DE CUSTEIO POR ORDEM DE PRODUÇÃO – PANORAMA

Sob o método do custeio por absorção, os custos dos produtos incluem todos os custos de produção. Alguns custos de produção, como os de materiais diretos, podem ser diretamente associados a determinados produtos. Por exemplo, os custos dos *air bags* instalados em um Toyota Camry podem ser facilmente associados a esse automóvel em especial. E quanto aos custos de produção como o aluguel da fábrica? Esses custos não mudam de um mês para o outro, enquanto o número e a variedade de produtos feitos na fábrica podem variar drasticamente no mesmo período. Como esses custos permanecem inalterados de um mês para o outro independentemente de quais produtos sejam feitos, claramente não são causados por – e não podem ser diretamente associados a – nenhum produto específico. Portanto, esses tipos de custos são atribuídos a produtos e serviços calculando-se uma média ao longo do tempo e pelos diferentes produtos. O tipo de processo de produção influencia como essa média é calculada.

> **Custeio por ordem de produção**
>
> sistema de custeio usado em situações em que muitos produtos, ordens de produção ou serviços diferentes são produzidos em cada período.

O **custeio por ordem de produção** é usado em situações em que muitos produtos *diferentes* são produzidos em cada período. Por exemplo, uma fábrica de roupas da Levi Strauss faria muitos tipos diferentes de jeans masculinos e femininos durante um mês. Um pedido específico pode consistir em mil calças jeans masculinas blue denim boot-cut, estilo número A312. Esse pedido é chamado de *ordem de produção*. Em um sistema de custeio por ordem de produção, os custos são associados e alocados a ordens de produção e, então, os custos da ordem de produção são divididos pelo número de unidades na ordem de produção para chegar a um custo médio por unidade.

Outros exemplos de situações em que o custeio por ordem de produção seria utilizado incluem projetos de construção de grande escala gerenciados pela Bechtel International, aeronaves comerciais produzidas pela Boeing, cartões de felicitações criados e impressos pela Hallmark, e refeições de linhas aéreas preparadas pela LSG SkyChefs. Todos esses exemplos são caracterizados por produtos diversos. Cada projeto da Bechtel é exclusivo e diferente de todos os outros – a empresa pode construir simultaneamente uma represa no Zaire e uma ponte na Indonésia. Da mesma maneira, cada linha aérea encomenda um tipo de refeição diferente do serviço de bufê da LSG SkyChefs.

O custeio por ordem de produção também é amplamente utilizado nas indústrias de serviços. Por exemplo, hospitais, empresas de advocacia, estúdios de filme, empresas de contabilidade, agências de propaganda e oficinas de consertos usam uma variação do custeio por ordem de produção para acumular custos. Embora o exemplo detalhado de custeio por ordem de produção fornecido na próxima seção trate de uma empresa manufatureira, os mesmos conceitos e procedimentos básicos são utilizados por muitas organizações de serviços.

POR DENTRO DAS EMPRESAS

ISSO É MESMO UMA ORDEM DE PRODUÇÃO?

A **VBT Bicycling Vacations** of Bristol, Vermont, Estados Unidos, oferece pacotes de luxo de férias de ciclismo nos Estados Unidos, no Canadá, na Europa e em outros locais ao redor do mundo. Por exemplo, a empresa oferece um tour de 10 dias na região de Puglia, na Itália – no "salto da bota", cujo preço inclui passagens aéreas internacionais, 10 noites de alojamento, a maioria das refeições, o uso de uma bicicleta e transporte terrestre quando necessário. Cada tour é liderado por pelo menos dois guias locais, sendo que um vai de bicicleta com os participantes ao longo da rota, e o outro dirige uma van que leva água e lanches extras, além de equipamentos para conserto de bicicletas e está disponível para uma carona de volta ao hotel ou para subir uma ladeira íngreme. A van também transporta as malas dos participantes de um hotel para o outro.

Cada tour pode ser considerado uma ordem de produção. Por exemplo, Giuliano Astore e Debora Trippetti, dois nativos de Puglia, foram guias de um tour da VBT com 17 participantes durante 10 dias no fim de abril. No final do tour, Giuliano enviou um relatório de custo, que à sede da VBT detalhava as despesas terrestres incorridas nesse tipo de viagem, incluindo o combustível e custos operacionais da van, os custos de alojamento dos participantes, das refeições oferecidas aos participantes, dos lanches e de contratar transporte terrestre adicional quando necessário, e os salários dos guias do tour. Além desses custos, alguns são pagos diretamente pela VBT em Vermont a fornecedores. O custo total incorrido para o tour é, então, comparado à receita total recebida dos participantes para determinar o lucro bruto do tour.

FONTES: Giuliano Astore e Gregg Marston, presidente, VBT Bicycling Vacations. Para mais informações sobre a VBT, ver <www.vbt.com>.

MÉTODO DE CUSTEIO POR ORDEM DE PRODUÇÃO – EXEMPLO

Para introduzir o custeio por ordem de produção, acompanharemos uma ordem de produção específica à medida que ela progride por todo o processo de produção. Essa ordem de produção consiste em dois acoplamentos experimentais que a Yost Precision Machining concordou em produzir para a Loops Unlimited, uma fabricante de montanhas-russas. Os acoplamentos conectam os carros à pista da montanha-russa e são um componente fundamental no desempenho e na segurança do brinquedo. Antes de começarmos nossa discussão, lembre-se do capítulo anterior, que dizia que as empresas geralmente classificam seus custos de produção em três amplas categorias: (1) custos de materiais diretos, (2) custos de mão de obra direta e (3) custos indiretos de produção. À medida que estudarmos a operação de um sistema de custeio por ordem de produção, veremos como cada um desses três tipos de custos é registrado e acumulado.

Yost Precision Machining

CONTABILIDADE GERENCIAL EM AÇÃO

Questão

A Yost Precision Machining é uma pequena empresa em Michigan, Estados Unidos, especializada em fabricar peças de metal de alta precisão usadas em diversas aplicações, de equipamentos de exploração do fundo do mar a disparadores de inércia em *air bags* de automóveis. Os altos gestores da empresa se reúnem todas as manhãs às 8h na sala de conferência para a reunião diária de planejamento. Estão presentes na reunião: Jean Yost, presidente da empresa; David Cheung, gerente de marketing; Debbie Turner, gerente de produção; e Marc White, controlador da empresa. O presidente dá início à reunião:

Jean: O programa de produção indica que começaremos a Ordem de Produção 2B47 hoje. Este não é aquele pedido de acoplamentos experimentais, David?

David: Isso mesmo. É o pedido da Loops Unlimited de dois acoplamentos para sua nova montanha-russa do Magic Mountain.

Debbie: Por que apenas dois acoplamentos? Eles não precisam de um acoplamento para cada carro?

David: Sim. Mas esta é uma montanha-russa completamente nova. Os carros andarão mais rápido e serão submetidos a mais giros, curvas, quedas e *loops* do que qualquer outra montanha-russa. Para se manterem estáveis sob todos esses estresses, os engenheiros da Loops Unlimited reprojetaram totalmente os carros e os acoplamentos. Eles querem que façamos apenas dois desses acoplamentos para testes. Se o projeto funcionar, então teremos vantagem em conseguir o pedido de fornecimento de acoplamentos para toda a montanha-russa.

Jean: Concordamos em aceitar esse pedido inicial a preço de custo para já colocarmos um pé lá dentro. Marc, haverá algum problema para documentar nossos custos para podermos receber?

Marc: Sem problemas. O contrato com a Loops estipula que eles nos pagarão uma quantia igual aos nossos custos de produtos vendidos. Com nosso sistema de custeio por ordem de produção, posso lhe dizer o custo no dia em que a ordem de produção estiver concluída.

Jean: Ótimo. Precisamos discutir mais alguma coisa sobre esta ordem de produção agora? Não? Então passemos ao próximo item.

QUADRO 3.1
Formulário de requisição de materiais.

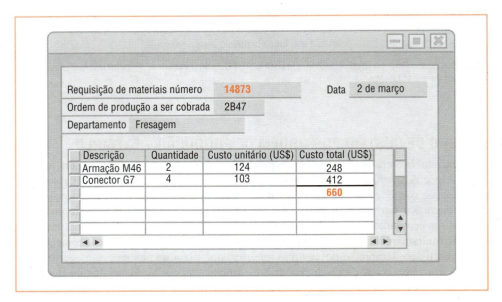

Medir os custos de materiais diretos

Os projetos enviados pela Loops Unlimited indicam que cada acoplamento experimental exigirá três peças que são classificadas como materiais diretos: dois conectores G7 e uma armação M46. Cada acoplamento exige dois conectores e uma armação, então, para produzir dois acoplamentos são necessários quatro conectores e duas armações. Esse é um produto customizado que está sendo produzido pela primeira vez, mas se esse fosse um dos produtos padrão da empresa, ele teria uma *lista de materiais* estabelecida. Uma **lista de materiais** é um documento que lista o tipo e a quantidade de cada material direto necessário para produzir uma unidade de produto.

Quando se fecha um acordo com o cliente sobre as quantidades, os preços e a data de entrega do pedido, é emitida uma *ordem de produção*. O Departamento de Produção prepara, então, um *formulário de requisição de materiais* similar ao formulário do Quadro 3.1. O **formulário de requisição de materiais** é um documento que especifica o tipo e a quantidade de materiais a serem retirados do armazém e identifica a ordem de produção que será cobrada pelo custo dos materiais. O formulário é usado para controlar o fluxo de materiais que entra na produção e também para fazer registros contábeis.

O formulário de requisição de materiais da Yost Precision Machining no Quadro 3.1 mostra que o Departamento de Fresagem requisitou duas armações M46 e quatro conectores G7 para a ordem de produção da Loops Unlimited, que foi designada como Ordem de Produção 2B47.

▶ **Lista de materiais**

documento que mostra a quantidade de cada tipo de material direto necessário para se produzir um produto.

▶ **Formulário de requisição de materiais**

documento que especifica o tipo e a quantidade de materiais a serem retirados dos estoques e que identifica a ordem de produção que será cobrada pelo custo desses materiais.

Relatório de custos por ordem de produção

Depois de uma ordem de produção ter sido emitida, o sistema de software de custeio por ordem de produção do Departamento de Contabilidade gera automaticamente um **relatório de custos por ordem de produção**, como o que é apresentado no Quadro 3.2, o qual registra os custos de materiais, de mão de obra e os custos indiretos de produção cobrados por uma ordem de produção.

> ▶ **Relatório de custos por ordem de produção**
>
> formulário que registra os custos de materiais, os custos de mão de obra e os custos indiretos de produção cobrados de uma ordem de produção.

> **QUADRO 3.2**
> Relatório de custos por ordem de produção.

Relatório de custos por ordem de produção

Ordem de produção número	2B47 ▼		Data de início	2 de março
Departamento	Fresagem		Data de conclusão	
Item	Pedido especial de acoplamentos			
Para estoque			Unidades concluída	2

Materiais diretos		Mão de obra direta			Custos indiretos de produção		
Req. N.	Valor	Ficha	Horas	Valor	Horas	Taxa salarial	Valor
14873	**US$ 660**	843	5	**US$ 45**			

Resumo dos custos	US$	Unidades enviadas		
Materiais diretos		Data	Número	Saldo
Mão de obra direta				
Custos indiretos de produção				
Custo total				
Custo por unidade de produto				

Depois que os materiais são emitidos, o custo desses materiais é automaticamente registrado no relatório de custos por ordem de produção. Observem a partir do Quadro 3.2, por exemplo, que o custo de **US$ 660** dos materiais diretos evidenciado anteriormente no formulário de requisição de materiais foi cobrado pela ordem de produção 2B47 em seu relatório de custos. O número de requisição **14873** do formulário de requisição de materiais aparece no relatório para facilitar a identificação do documento-fonte para a cobrança dos materiais diretos.

Medir os custos de mão de obra direta

Os custos de mão de obra direta consistem naqueles que podem ser facilmente associados a determinada ordem de produção. Custos de mão de obra que não podem ser facilmente associados a nenhuma ordem de produção são tratados como parte dos custos indiretos de produção. Como discutido no capítulo anterior, esta última categoria de custos de mão de obra é chamada de *mão de obra indireta* e inclui tarefas como manutenção, supervisão e limpeza.

Hoje, muitas empresas contam com sistemas computadorizados (em vez de papel e lápis) para manterem as *fichas de horas* dos funcionários. Um **relatório de horas** completa é um resumo hora por hora das atividades do funcionário durante todo o dia. Uma abordagem computadorizada de criação de fichas de horas utiliza códigos de barras para captar

> ▶ **Relatório de horas**
>
> documento usado para registrar quantas horas um funcionário dedica a várias atividades.

dados. Cada funcionário e cada ordem de produção possui um código de barras exclusivo. Ao começar a trabalhar em uma ordem de produção, o funcionário escaneia três códigos de barras usando um dispositivo portátil similar aos leitores de códigos de barras dos caixas de supermercados. O primeiro código de barras indica que uma ordem de produção teve início; o segundo é o código de barras exclusivo no crachá de identidade do funcionário; e o terceiro é o código de barras exclusivo da ordem de produção de fato. Essas informações são enviadas automaticamente por meio de uma rede eletrônica a um computador que registra a hora e todos os demais dados. Quando a tarefa é concluída, o funcionário digitaliza um código de barras indicando que a tarefa está concluída, o código de barras de seu crachá de identidade e o código de barras referente à ordem de produção. Essas informações são automaticamente enviadas para o computador, que computa as horas em um relatório de horas, como a exibida no Quadro 3.3. Como todas as fontes de dados estão em arquivos de computador, os custos de mão de obra podem ser automaticamente transferidos às planilhas de custos por ordem de produção. Por exemplo, o Quadro 3.3 mostra um custo de mão de obra direta de **US$ 45** relacionado à ordem de produção 2B47. Esse valor é automaticamente transferido para o relatório de custos exibido no Quadro 3.2. O relatório de horas do Quadro 3.3 também mostra **US$ 9** de custos de mão de obra indireta relacionados à realização de manutenção. Esse custo é tratado como parte dos custos indiretos de produção e não entra em um relatório de custos por ordem de produção.

QUADRO 3.3
Relatório de horas dos funcionários.

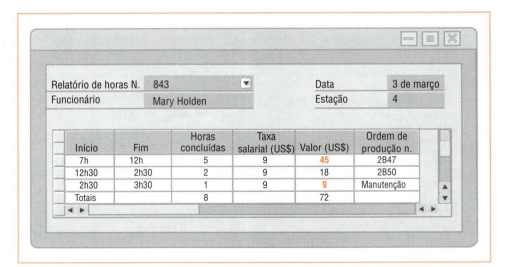

POR DENTRO DAS EMPRESAS

NADAR CONTRA A MARÉ: USAR PESSOAS EM VEZ DE MÁQUINAS

Há décadas os custos indiretos têm aumentado e os custos de mão de obra têm diminuído à medida que as empresas substituem pessoas por máquinas. Entretanto, na fabricante francesa de automóveis **Renault**, acontece exatamente o oposto com seu veículo básico Logan. O Logan foi intencionalmente desprovido de elementos custosos e tecnologias desnecessárias, de modo que o carro pudesse ser vendido por US$ 6 mil nos mercados emergentes da Europa Oriental. O projeto simplificado do carro permite que a fábrica da Renault na Romênia monte o veículo quase que inteiramente com pessoas em vez de robôs. O pagamento mensal de um trabalhador da linha de montagem na fábrica da Renault da Romênia é de US$ 324, enquanto, em países da Europa Ocidental, a média salarial é de mais de US$ 4,7 mil por trabalhador. Graças, em parte, à mão de obra de baixo custo, os custos de produção do Logan são estimados em apenas US$ 1.089 por unidade.

O Logan encontra compradores não só em mercados emergentes, mas também em países desenvolvidos da Europa Ocidental, onde os clientes optam pelo modelo. A Renault espera que as vendas do Logan aumentem para um milhão de veículos – somando US$ 341 milhões a seus lucros.

FONTE: Gail Edmondson e Constance Faivre d'Arcier, "Got 5.000 Euros? Need a New Car?" *BusinessWeek*, 4 de julho de 2005, p. 49.

Calcular taxas predeterminadas de custos indiretos

Lembre-se de que os custos de produto incluem os custos indiretos de produção além dos custos de materiais diretos e de mão de obra direta. Portanto, os custos indiretos de produção também precisam ser registrados no relatório de custos por ordem de produção. Entretanto, atribuir custos indiretos de produção a uma ordem de produção específica envolve algumas dificuldades. Há três motivos para isso:

1. Os custos indiretos de produção são um *custo indireto*. Isso significa que é impossível ou pelo menos difícil associar esses custos a um produto ou ordem de produção específica.
2. Os custos indiretos de produção consistem em muitos itens diferentes, que vão do óleo utilizado em máquinas ao salário anual do gerente de produção.
3. Devido aos custos fixos, o total dos custos indiretos de produção tende a permanecer relativamente constante de um período para o outro, embora o número de unidades produzidas possa flutuar amplamente. Consequentemente, o custo médio por unidade varia de um período para o outro.

Dados esses problemas, usa-se a alocação para atribuir custos indiretos a produtos. A alocação é realizada selecionando-se uma *base de alocação* que é comum a todos os produtos e serviços da empresa. Uma **base de alocação** é uma medida como horas de mão de obra direta (HMOD) ou horas-máquina (HM), que é utilizada para atribuir custos indiretos a produtos e serviços. As bases de alocação mais amplamente utilizadas na produção são: horas de mão de obra direta, custos de mão de obra direta, horas-máquina e (quando uma empresa possui um único produto) unidades de produto.

Os custos indiretos de produção são normalmente atribuídos a produtos usando-se uma **taxa predeterminada de custos indiretos**, calculada dividindo-se os custos indiretos de produção totais estimados do período pelo valor total estimado da base de alocação, como a seguir:

$$\text{Taxa predeterminada de custos indiretos} = \frac{\text{Custos indiretos de produção totais estimados}}{\text{Valor total estimado da base de alocação}}$$

A taxa predeterminada de custos indiretos é calculada antes de o período começar por meio de um processo que consiste em quatro passos. O primeiro é estimar o valor total da base de alocação (o denominador) que será necessário para o nível de produção estimado do próximo período. O segundo é estimar os custos indiretos de produção fixos totais do período seguinte e os custos indiretos de produção variáveis por unidade da base de alocação. O terceiro é usar a fórmula de custo para estimar os custos indiretos de produção totais (o numerador) do próximo período:

$$Y = a + bX$$

Onde,
Y = Custos indiretos de produção totais estimados
a = Custos indiretos de produção fixos totais estimados
b = Custos indiretos de produção variáveis estimados por unidade da base de alocação
X = Valor total estimado da base de alocação

O quarto passo é calcular a taxa predeterminada de custos indiretos. Observe que o valor estimado da base de alocação é determinado antes de estimar os custos indiretos de produção totais. Isso precisa ser feito porque os custos indiretos de produção totais incluem custos indiretos variáveis que dependem do valor da base de alocação.

Aplicar os custos indiretos de produção

Repetindo, a taxa predeterminada de custos indiretos é calculada *antes* de o período começar. Essa taxa é, então, utilizada para aplicar custos indiretos a ordens de produção em

 OA3.1

Calcular uma taxa predeterminada de custos indiretos.

▶ **Base de alocação**

medida de atividade como horas de mão de obra direta ou horas-máquina utilizada para atribuir custos a objetos de custo.

▶ **Taxa predeterminada de custos indiretos**

taxa usada para cobrar custos indiretos de produção de ordens de produção que é estabelecida antecipadamente para cada período. É calculada dividindo-se os custos indiretos de produção totais estimados para o período pelo valor total estimado da base de alocação do período.

 OA3.2

Aplicar custos indiretos a ordens de produção por meio de uma taxa predeterminada de custos indiretos.

CONTABILIDADE GERENCIAL

> **▶ Aplicação de custos indiretos**
>
> processo de cobrança de custos indiretos de produção aos relatórios de custos por ordem de produção e à conta de produção em andamento.

todo o período. O processo de atribuir custos indiretos a ordens de produção chama-se **aplicação de custos indiretos**. A fórmula para determinar o valor de custos indiretos a serem aplicados a determinada ordem de produção é:

$$\text{Custos indiretos aplicados a determinada ordem de produção} = \text{Taxa predeterminada de custos indiretos} \times \text{Valor da base de alocação incorrido pela ordem de produção}$$

Por exemplo, se a taxa predeterminada de custos indiretos for de US$ 8 por hora de mão de obra direta, então US$ 8 de custos indiretos são *aplicados* a uma ordem de produção para cada hora de mão de obra direta nela incorrida. Quando a base de alocação é horas de mão de obra direta, a fórmula passa a ser:

$$\text{Custos indiretos aplicados a determinada ordem de produção} = \text{Taxa predeterminada de custos indiretos} \times \text{Horas efetivas de mão de obra direta cobradas da ordem de produção}$$

Custos indiretos de produção – análise mais detalhada

Para ilustrar os passos envolvidos no cálculo e no uso de uma taxa predeterminada de custos indiretos, retornemos à Yost Precision Machining e façamos as seguintes suposições. No passo 1, a empresa estimou que seriam necessárias 40 mil horas de mão de obra direta para dar suporte à produção planejada para o ano. No passo 2, estimou custos indiretos de produção fixos totais de US$ 220 mil para o próximo ano e US$ 2,50 de custos indiretos de produção variáveis por hora de mão de obra direta. Dadas essas suposições, no passo 3 a empresa usou a fórmula de custo indicada a seguir para estimar os custos indiretos de produção totais do ano:

$Y = a + bX$

$Y = $ US$ 220.000 + (US$ 2,50 por hora de mão de obra direta $\times$ 40.000 horas de mão de obra direta)

$Y = $ US$ 220.000 + US$ 100.000

$Y = $ US$ 320.000

No passo 4, a Yost Precision Machining calculou sua taxa predeterminada de custos indiretos para o ano de US$ 8 por hora de mão de obra direta, como a seguir:

$$\text{Taxa predeterminada de custos indiretos} = \frac{\text{Custos indiretos de produção totais estimados}}{\text{Valor total estimado da base de alocação}}$$

$$= \frac{\text{US\$ 320.000}}{\text{40.000 horas de mão de obra direta}}$$

$$= \text{US\$ 8 por hora de mão de obra direta}$$

O relatório de custos por ordem de produção no Quadro 3.4 indica que **27** horas de mão de obra direta (ou seja, HMODs) foram cobradas da ordem de produção 2B47. Portanto, um total de **US$ 216** de custos indiretos de produção seriam aplicados à ordem de produção:

$$\text{Custos indiretos aplicados à ordem de produção 2B47} = \text{Taxa predeterminada de custos indiretos} \times \text{Horas efetivas de mão de obra direta cobradas da ordem de produção 2B47}$$

$$= \text{US\$ 8 por HMOD} \times \text{27 HMODs}$$

$$= \text{US\$ 216 de custos indiretos aplicados à ordem de produção 2B47}$$

Esse valor de custos indiretos foi registrado no relatório de custos no Quadro 3.4. Observe que *não* se trata de um valor eficaz de custos indiretos causados pela ordem de produção. Os custos indiretos efetivos *não* são atribuídos a ordens de produção – se isso pudesse ser feito, os custos seriam custos diretos, e não indiretos. Os custos indiretos atribuídos à

Capítulo **3** ▶▶ Método de custeio por ordem de produção

ordem de produção são simplesmente uma fração dos custos indiretos totais estimados no início do ano. Um **sistema de custo normal**, que estamos descrevendo, aplica custos indiretos a ordens de produção multiplicando uma taxa predeterminada de custos indiretos pelo valor eficaz da base de alocação incorrida pelas ordens de produção.

Necessidade de uma taxa predeterminada

Em vez de usar uma taxa predeterminada baseada em estimativas, por que não basear a taxa de custos indiretos nos custos indiretos de produção totais efetivos e no valor total eficaz da base de alocação incorridos mensal, trimestral ou anualmente? Se uma taxa eficaz for calculada mensal ou trimestralmente, fatores sazonais nos custos indiretos ou na base de alocação podem produzir flutuações na taxa de custos indiretos. Por exemplo, os custos de aquecimento e de ar-condicionado em uma fábrica em Illinois, Estados Unidos, são mais altos nos meses de inverno e de verão, e mais baixos na primavera e no outono. Se a taxa de custos indiretos for recalculada no final de cada mês ou de cada trimestre com base nos custos efetivos e na atividade eficaz, ela aumentará no inverno e no verão e diminuirá na primavera e no outono. Consequentemente, duas ordens de produção idênticas, uma concluída no inverno e outra na primavera, terão custos indiretos de produção diferentes. Muitos gerentes acreditam que tais flutuações nos custos de produtos não servem para nada. Para evitar tais flutuações, as taxas de custos indiretos efetivas poderiam ser calculadas anualmente ou com menos frequência. Entretanto, se a taxa de custos indiretos fosse calculada anualmente com base nos custos efetivos e na atividade eficaz do ano, os custos indiretos de produção atribuídos a qualquer ordem de produção específica não seriam conhecidos até o final do ano. Por exemplo, o custo da ordem de produção 2B47 da Yost Precision Machining não seria conhecido até o final do ano, embora o pedido fosse concluído e entregue ao cliente em março. Por esses motivos, a maioria das empresas usa taxas predeterminadas de custos indiretos em vez de taxas efetivas de custos indiretos em seus sistemas de contabilidade de custos.

▶ **Sistema de custo normal**

sistema de custeio em que os custos indiretos são aplicados a uma ordem de produção multiplicando-se uma taxa predeterminada de custos indiretos pelo valor eficaz da base de alocação incorrido pela ordem de produção.

QUADRO 3.4
Relatório de custos por ordem de produção concluída.

RELATÓRIO DE CUSTOS POR ORDEM DE PRODUÇÃO

Ordem de produção número	2B47 ▼		Data de início	2 de março
Departamento	Fresagem		Data de conclusão	8 de março
Item	Pedido especial de acoplamentos			
Para estoque			Unidades concluídas	2

Materiais diretos		Mão de obra direta			Custos indiretos de produção		
Req. n.	Valor (US$)	Ficha	Horas	Valor (US$)	Horas	Taxa salarial	Valor
14873	660	843	5	45	27	US$ 8/DLH	US$ 216
14875	506	846	8	60			
14912	238	850	4	21			
	1.404	851	10	54			
			27	180			

Resumo dos custos (US$)		Unidades enviadas		
Materiais diretos	1.404	Data	Números	Saldo
Mão de obra direta	180	8 de março	—	2
Custos indiretos de produção	216			
Custo total	1.800			
Custo por unidade de produto	900*			

* US$ 1.800 ÷ 2 unidades = US$ 900 por unidade.

> **▸ Direcionador de custo**
>
> fator que causa custos indiretos, como horas-máquina, leitos ocupados, tempo de uso de computadores ou horas-voo.

Escolha de uma base de alocação de custos indiretos

Idealmente, a base de alocação na taxa predeterminada de custos indiretos deve *direcionar* os custos indiretos. O **direcionador de custo** é um fator, como horas-máquina, leitos ocupados, tempo de uso de computadores ou horas-voo, que causa custos indiretos. Se a base na taxa predeterminada de custos indiretos não "direcionar" os custos indiretos, os custos de produtos serão distorcidos. Por exemplo, se usarmos horas de mão de obra direta para alocar custos indiretos, mas na realidade os custos indiretos não tiverem muita ligação com horas de mão de obra direta, então os produtos com altas exigências de horas de mão de obra direta terão um custo excessivo.

A maioria das empresas usa horas de mão de obra ou custo de mão de obra direta como a base de alocação dos custos indiretos de produção. No passado, a mão de obra direta representava até 60% do custo de muitos produtos, com os custos indiretos representando apenas uma pequena fração do restante. Essa situação mudou por dois motivos. Em primeiro lugar, equipamentos automatizados sofisticados passaram a assumir funções que antes eram desempenhadas por trabalhadores de mão de obra direta. Como os custos de aquisição e manutenção de tais equipamentos são classificados como custos indiretos, eles aumentam esses custos e diminuem os custos de mão de obra direta. Em segundo lugar, os produtos se tornam mais sofisticados e complexos e são alterados mais frequentemente, o que aumenta a necessidade de trabalhadores altamente qualificados, como os engenheiros. Como resultado dessas duas tendências, os custos de mão de obra direta diminuíram em relação aos custos indiretos como um componente dos custos de produto.

Em empresas em que os custos de mão de obra direta e os custos indiretos têm se movimentado em direções opostas, seria difícil defender que a mão de obra direta "direciona" os custos indiretos. Por conseguinte, os gerentes de algumas empresas usam princípios do *custeio baseado em atividades* para reprojetarem seus sistemas de contabilidade de custos. Este custeio é criado para refletir com maior precisão as demandas que produtos, clientes e outros objetos de custos impõem sobre os recursos indiretos. A abordagem de custeio baseado em atividades será discutida mais detalhadamente no Capítulo 7.

Embora a mão de obra direta possa não ser uma base de alocação apropriada em algumas indústrias, em outras, ela continua a ser um direcionador significativo dos custos indiretos de produção. De fato, a maioria das empresas manufatureiras dos Estados Unidos continua a usar mão de obra direta como a base de alocação primária ou secundária dos custos indiretos de produção. A questão essencial é que a base de alocação usada pela empresa deve realmente direcionar ou causar os custos indiretos, e a mão de obra direta nem sempre é a base de alocação mais apropriada.

POR DENTRO DAS EMPRESAS: REDUZIR COMPORTAMENTOS PREJUDICIAIS À SAÚDE

A **Cianbro** é uma empresa de construção industrial sediada em Pittsfield, Maine, Estados Unidos, cuja meta é "Ser a empresa mais saudável da América". Ela introduziu um programa corporativo de bem-estar para atacar comportamentos dos funcionários que aumentam os custos de serviços de saúde. A tabela a seguir resume o número de funcionários em cinco categorias de risco de 2003 a 2005. As diminuições no número de funcionários nessas categorias de alto risco são evidências de que o programa de bem-estar foi eficiente em ajudar os funcionários a fazerem mudanças positivas em seu estilo de vida. Isso deve resultar em menos custos de serviços de saúde para a empresa.

	Número de funcionários		
Categoria de risco de saúde	Janeiro de 2003	Março de 2005	Diminuição
Obesidade	432	353	79
Colesterol alto	637	515	122
Tabagismo	384	274	110
Inatividade	354	254	100
Pressão arterial alta	139	91	48

FONTE: Cianbro, *WELCOA's Absolute Advantage Magazine*, 2006.

Cálculo de custos unitários

Com a aplicação dos US$ 216 em custos indiretos de produção no relatório de custos por ordem de produção da Yost Precision Machining no Quadro 3.4, o relatório está completo exceto por dois passos finais. Em primeiro lugar, os totais de custos de materiais diretos, custos de mão de obra direta e custos indiretos de produção são transferidos para a seção de resumo dos custos e somados, para se obter o custo total da ordem de produção.[1] Depois, o custo total de produto (**US$ 1,8 mil**) é dividido pelo número de unidades (2) para se obter o custo unitário do produto (**US$ 900**). Essa informação sobre o custo unitário do produto é usada para avaliar unidades não vendidas no estoque final e para determinar o custo dos produtos vendidos. Como indicado antes, *esse custo unitário do produto é um custo médio e não deve ser interpretado como o custo que realmente seria incorrido se outra unidade fosse produzida*. O custo incremental de uma unidade adicional é algo menor do que o custo unitário médio de US$ 900 porque grande parte dos custos indiretos efetivos não mudaria se outra unidade fosse produzida.

> **OA3.3**
> Calcular o custo total e o custo médio por unidade de uma ordem de produção.

Yost Precision Machining

Conclusão

Na reunião diária de planejamento das 8h da manhã do dia 9 de março, Jean Yost, o presidente da Yost Precision Machining, mais uma vez chamou atenção para a ordem de produção 2B47, os acoplamentos experimentais:

Jean: Vejo que a ordem de produção 2B47 está concluída. Enviaremos esses acoplamentos imediatamente para a Loops Unlimited para que eles iniciem o programa de testes. Marc, quanto cobraremos da Loops por essas duas unidades?

Marc: Como concordamos em vender os acoplamentos experimentais a preço de custo, cobraremos da Loops Unlimited US$ 900 por unidade.

Jean: Certo. Espero que os acoplamentos funcionem e que ganhemos algum dinheiro com o pedido maior posteriormente.

> **CONTABILIDADE GERENCIAL EM AÇÃO**

OBRA-PRIMA EXCLUSIVA

Em um verdadeiro ambiente de custeio por ordem de produção, cada ordem de produção é única. Por exemplo, a **Purdey** fabrica 80-90 espingardas por ano, sendo cada uma delas uma obra-prima, ou seja, exclusiva e feita por encomenda. O preço inicial é de US$ 110 mil, pois cada detalhe é customizado, gravado, montado e polido por um artesão qualificado. O artesão pode levar meses para concluir o trabalho, o que pode somar até US$ 100 mil ao preço. As espingardas são projetadas para dar tiros perfeitamente retos e seu valor aumenta com o tempo, mesmo se muito utilizadas. Um colecionador de espingardas Purdey disse: "Quando atiro com minhas Purdeys, sinto-me como um maestro movimentando minha batuta".

FONTE: Eric Arnold, "Aim High", *Forbes*, 28 de dezembro de 2009, p. 86.

> **POR DENTRO DAS EMPRESAS**

MÉTODO DE CUSTEIO POR ORDEM DE PRODUÇÃO – FLUXO DOS CUSTOS

Agora, estamos prontos para discutir o fluxo de custos por meio de um sistema de custeio por ordem de produção. O Quadro 3.5 fornece um panorama conceitual desses fluxos de custos. Ele realça o fato de que os *custos de produto* fluem pelos estoques no balanço patrimonial indo, então, para o custo de produtos vendidos na demonstração de resultados. Mais especificamente, as compras de *matérias-primas* são registradas na conta de estoque de matérias-primas. **Matérias-primas** incluem qualquer material que entre no produto final. Quando as matérias-primas são usadas na produção, seus custos são transferidos

> **OA3.4**
> Compreender o fluxo de custos em um sistema de custeio por ordem de produção e preparar lançamentos contábeis dos custos.
>
> ▸ **Matérias-primas**
>
> qualquer material que entre no produto final.

---

[1] Observe que supomos que a ordem de produção 2B47 exige materiais diretos e mão de obra direta além do que foi registrado nos Quadros 3.1 e 3.3.

▶ **Produção em andamento**

unidades de produto que estão apenas parcialmente concluídas e ainda precisam ser trabalhadas antes de estarem prontas para a venda ao cliente.

▶ **Produtos finais**

unidades de produto que foram concluídas, mas que ainda não foram vendidas aos clientes.

▶ **Custo de produtos manufaturados**

custos de produção associados aos produtos finalizados durante o período.

para a conta de estoque de *produção em andamento* como materiais diretos.[2] A **produção em andamento** consiste em unidades de produto que estão apenas parcialmente concluídas e ainda precisam ser trabalhadas antes de ficarem prontas para a venda ao cliente. Observe que os custos de mão de obra direta são somados diretamente à produção em andamento – não fluem pelos estoques de matérias-primas. Os custos indiretos de produção são aplicados à produção em andamento multiplicando-se a taxa predeterminada de custos indiretos pela quantidade eficaz da base de alocação consumida por cada ordem de produção.[3] Quando os produtos são concluídos, seus custos são transferidos da produção em andamento para os **produtos finais**, que consistem em unidades de produto concluídas que ainda não foram vendidas aos clientes. O valor transferido da produção em andamento para os produtos finais é chamado de **custos de produtos manufaturados**, que incluem os custos de produção associados aos produtos finalizados durante o período. Quando os produtos são vendidos, seus custos são transferidos dos produtos finais para o custo de produtos vendidos. Nesse momento, os vários custos necessários para produzir o produto são finalmente registrados como uma despesa. Até o momento, esses custos estão em contas de estoques no balanço patrimonial. Os custos de período (ou despesas de venda e administrativas) não fluem pelos estoques no balanço patrimonial, e são registrados como despesas na demonstração de resultados no período incorrido.

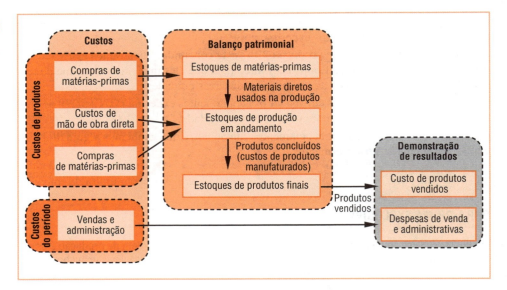

QUADRO 3.5 Fluxos de custos e classificações em uma empresa manufatureira.

Para ilustrar os fluxos de custos que passam pelo livro-razão de uma empresa, consideraremos as atividades de um único mês na Ruger Corporation, uma empresa produtora de medalhas comemorativas de ouro e prata. A Ruger Corporation possui duas ordens de produção em processo em abril, o primeiro mês de seu ano fiscal. A Ordem de Produção A, uma cunhagem especial de mil medalhas de ouro em comemoração à invenção do filme cinematográfico, foi iniciada em março. No final de março, já tinham sido registrados US$ 30 mil em custos de produção para este pedido. A Ordem de Produção B, um pedido de 10 mil medalhas de prata em comemoração à queda do Muro de Berlim, foi iniciada em abril.

Compra e despacho de materiais

No dia 1º de abril, a Ruger Corporation tinha US$ 7 mil em matérias-primas em mãos. Durantes o mês, a empresa comprou a prazo outros US$ 60 mil em matérias-primas. A compra está registrada no lançamento contábil (1) a seguir:

---

[2] Os custos de materiais indiretos são considerados parte dos custos indiretos de produção.
[3] Para simplificar, o Quadro 3.5 supõe que o custo de produtos vendidos não precisa ser ajustado, como será discutido mais adiante neste capítulo.

(1)

Matérias-primas...	60.000	
Contas a pagar..		60.000

Como foi explicado no capítulo anterior, matérias-primas entram na conta de ativos. Assim, quando matérias-primas são compradas, são inicialmente registradas como um ativo – e não como uma despesa.

Despacho de materiais diretos e indiretos

Durante abril, foram requisitados US$ 52 mil em matérias-primas do estoque para uso na produção. Essas matérias-primas incluíam US$ 50 mil de materiais diretos e US$ 2 mil de materiais indiretos. A seguir, temos os lançamentos (2) de despacho dos materiais para os departamentos de produção.

(2)

Produção em andamento...	50.000	
Custos indiretos de produção...	2.000	
Matérias-primas..		52.000

Os materiais registrados em produção em andamento representam materiais diretos para ordens de produção específicas. Esses custos também são registrados nos relatórios de custos apropriados. Esse ponto é ilustrado no Quadro 3.6, no qual **US$ 28 mil** dos **US$ 50 mil** em materiais diretos são registrados no relatório de custos da Ordem de Produção A e os **US$ 22 mil** restantes são registrados no relatório da Ordem de Produção B. (Neste exemplo, todos os dados são apresentados de maneira resumida e o relatório de custos por ordem de produção é abreviado.)

Os **US$ 2 mil** registrados como custos indiretos de produção no lançamento (2) representam materiais indiretos. Observe que a conta de custos indiretos de produção é separada da conta de produção em andamento. O propósito da conta dos custos indiretos de produção é acumular todos os custos indiretos de produção à medida que são incorridos durante um período.

Antes de deixar o Quadro 3.6, precisamos ressaltar mais uma coisa. Observe, a partir do quadro, que o relatório de custo da Ordem de Produção A contém um saldo inicial de **US$ 30 mil**. Afirmamos anteriormente que esse saldo representa o custo de trabalhos realizados durante março e que foram transferidos para abril. Repare também que a conta de produção em andamento contém o mesmo saldo de **US$ 30 mil**. Assim, a conta de produção em andamento resume todos os custos que aparecem nos relatórios de custos por ordem de produção dos pedidos que são processados. A Ordem de Produção A foi o único pedido processado no início de abril, então o saldo inicial na conta de produção em andamento é igual ao saldo inicial da Ordem de Produção A, de US$ 30 mil.

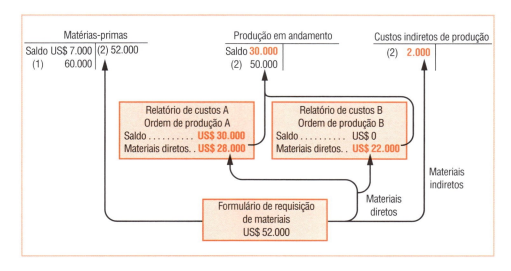

QUADRO 3.6
Fluxos de custos de matérias-primas.

Custos de mão de obra

Em abril, as fichas de horas de funcionários incluíam US$ 60 mil registrados para mão de obra direta e US$ 15 mil para mão de obra indireta. O lançamento a seguir resume esses custos:

(3)

Produção em andamento..	60.000	
Custos indiretos de produção...	15.000	
Salários e remunerações a pagar...		75.000

Apenas o custo de mão de obra direta de US$ 60 mil é somado à conta de produção em andamento. Ao mesmo tempo em que os custos de mão de obra direta são somados à conta de produção em andamento, eles são somados aos relatórios de custos individuais, como mostra o Quadro 3.7. Durante abril, foram cobrados **US$ 40 mil** em mão de obra direta pela Ordem de Produção A e os outros **US$ 20 mil** foram cobrados pela Ordem de Produção B.

Os custos de mão de obra registrados como custos indiretos de produção (**US$ 15 mil**) representam os custos de mão de obra indireta do período, como supervisão, trabalho de serventes e manutenção.

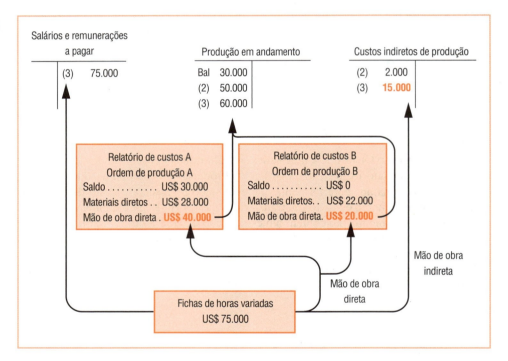

QUADRO 3.7 Fluxos de custos de mão de obra.

Custos indiretos de produção

Lembre-se de que todos os custos de produção que não são materiais diretos e mão de obra direta são classificados como custos indiretos de produção. Esses custos são registrados diretamente na conta de custos indiretos de produção quando são incorridos. Para ilustrar, suponha que a Ruger Corporation tenha incorrido nos seguintes custos gerais de fábrica durante o mês de abril:

Serviços de utilidades públicas (aquecimento, água e energia elétrica) (US$).....	21.000
Aluguel de equipamentos da fábrica (US$)..	16.000
Custos indiretos variados da fábrica (US$)	3.000
Total (US$)	40.000

Capítulo **3** ▸▶ Método de custeio por ordem de produção

O lançamento abaixo mostra a incoerência desses custos:

(4)

Custos indiretos de produção...	40.000	
Contas a pagar*		40.000

* Contas como dinheiro em caixa também podem ser creditadas

Além disso, suponha que, durante abril, a Ruger Corporation tenha reconhecido US$ 13 mil em impostos sobre propriedade e que US$ 7 mil em seguros pré-pagos de edifícios e equipamentos da fábrica tenham vencido. O lançamento a seguir mostra esses itens:

(5)

Custos indiretos de produção...	20.000	
Impostos sobre propriedade a pagar		13.000
Seguros antecipados		7.000

Finalmente, suponha que a empresa tenha reconhecido US$ 18 mil em depreciação sobre equipamentos da fábrica durante abril. O lançamento a seguir mostra o acúmulo dessa depreciação:

(6)

Custos indiretos de produção...	18.000	
Depreciação acumulada...		18.000

Em resumo, os custos indiretos de produção são registrados diretamente na conta de custos indiretos de produção quando são incorridos.

Aplicar os custos indiretos de produção

Como os custos efetivos de produção são registrados na conta de controle dos custos indiretos de produção em vez de na conta de produção em andamento, como os custos indiretos de produção são atribuídos à produção em andamento? A resposta é: por meio da taxa predeterminada de custos indiretos. De acordo com nossa discussão anterior neste capítulo, lembre-se de que se estabelece uma taxa predeterminada de custos indiretos no início de cada ano. A taxa é calculada dividindo-se os custos indiretos de produção totais estimados para o ano pelo valor total estimado da base de alocação (medida em horas-máquina, horas de mão de obra direta, ou alguma outra base). A taxa predeterminada de custos indiretos é, então, usada para aplicar custos indiretos às ordens de produção. Por exemplo, se a base de alocação for horas-máquina, os custos indiretos são aplicados a cada ordem de produção multiplicando-se a taxa predeterminada de custos indiretos pelo número de horas-máquina registrado para ela.

Para ilustrar, suponha que a taxa predeterminada de custos indiretos da Ruger Corporation seja de US$ 6 por hora-máquina, e que, durante abril, 10 mil horas-máquina, na Ordem de Produção A e 5 mil horas-máquina, na Ordem de Produção B (um total de 15 mil horas-máquina). Assim, US$ 90 mil em custos indiretos (US$ 6 por hora-máquina × 15.000 horas-máquina = US$ 90.000) seriam aplicados à produção em andamento. Os lançamentos a seguir mostram a aplicação de custos indiretos de produção à produção em andamento:

(7)

Produção em andamento...	90.000	
Custos indiretos de produção...		90.000

O fluxo de custos que passa pela conta de custos indiretos de produção é exibido no Quadro 3.8. Os custos indiretos efetivos do lado de débitos da conta de custos indiretos de produção no Quadro 3.8 são os custos que foram somados à conta nos lançamentos (2)-(6). Observe que registrar esses custos indiretos efetivos [lançamentos (2)-(6)] e a aplicação dos custos indiretos à produção em andamento [lançamento (7)] representam dois processos separados e inteiramente distintos.

Conceito de uma conta de compensação A conta de custos indiretos de produção opera como uma conta de compensação. Como já observamos, os custos indiretos efetivos da fábrica são debitados na conta quando são incorridos ao longo do ano. Quando uma ordem de produção é concluída (ou no final de um período contábil), os custos indiretos são aplicados à ordem de produção usando a taxa predeterminada de custos indiretos, a produção em andamento é debitada e os custos indiretos de produção são creditados. Essa sequência de eventos é ilustrada a seguir:

Custos indiretos de produção (uma conta de compensação)

Custos indiretos efetivos são registrados nessa conta quando são incorridos ao longo do período.	Custos indiretos são aplicados à produção em andamento usando-se a taxa predeterminada de custos indiretos.

Como enfatizamos anteriormente, a taxa predeterminada de custos indiretos é baseada inteiramente em estimativas do que se *espera* que sejam o nível de atividade e os custos indiretos, e é estabelecida antes que o ano comece. Consequentemente, os custos indiretos aplicados durante um ano serão aproximadamente iguais aos custos indiretos efetivamente incorridos. Por exemplo, observe, a partir do relatório de custos do Quadro 3.8, que os custos indiretos efetivos da Ruger Corporation no período são US$ 5 mil mais altos do que os custos indiretos aplicados à produção em andamento, resultando em um saldo devedor de **US$ 5 mil** na conta de custos indiretos de produção. Deixaremos a discussão sobre o que fazer com esse saldo de US$ 5 mil para mais adiante neste capítulo.

Por enquanto, podemos concluir, a partir do Quadro 3.8, que o custo de uma ordem de produção finalizada consiste no custo eficaz de materiais diretos do pedido, mais o custo eficaz de mão de obra direta do pedido, mais os custos indiretos de produção *aplicados* ao pedido. Preste atenção especial à seguinte questão, que é sutil, mas importante: *os custos indiretos efetivos não são cobrados de ordens de produção; os custos indiretos efetivos não aparecem no relatório de custos por ordem de produção e também não aparecem na conta de produção em andamento. Somente os custos indiretos aplicados, baseados na taxa predeterminada de custos indiretos é que aparecem em ambos.*

QUADRO 3.8
Fluxo de custos na aplicação de custos indiretos.

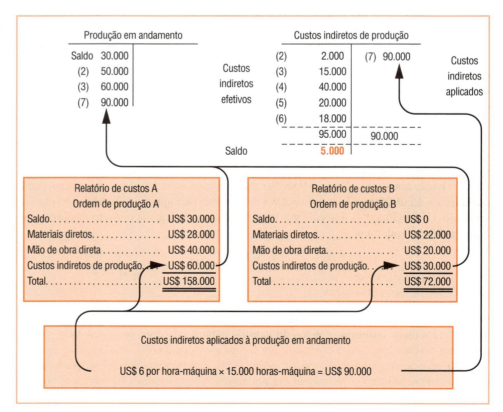

Custos não relacionados à produção

Além dos custos de produção, as empresas também incorrem em custos de venda e administrativos. Esses custos devem ser tratados como despesas do período e registrados diretamente na demonstração de resultados. Os custos não relacionados à produção não devem entrar na conta de custos indiretos de produção. Para ilustrar o tratamento correto dos custos não relacionados à produção, suponha que a Ruger Corporation tenha incorrido em US$ 30 mil em custos de vendas e salários administrativos durante o mês de abril. O lançamento a seguir resume o acúmulo desses salários:

(8)

Despesas salariais	30.000	
Salários e remunerações a pagar		30.000

Suponha que a depreciação de equipamentos de escritório durante abril tenha sido de US$ 7 mil. A seguir temos o registro:

(9)

Despesas de depreciação	7.000	
Depreciação acumulada		7.000

Preste atenção especial à diferença entre esse lançamento e o lançamento (6), no qual registramos a depreciação sobre os equipamentos da fábrica. No lançamento contábil (6), a depreciação dos equipamentos da fábrica foi debitada dos custos indiretos de produção e, portanto, é um custo de produto. No lançamento contábil (9) anterior, a depreciação de equipamentos de escritório é debitada das despesas de depreciação. A depreciação dos equipamentos de escritório é uma despesa do período em vez de um custo de produto.

Finalmente, suponha que tenham sido gastos US$ 42 mil em propaganda e que outras despesas de venda e administrativas em abril tenham totalizado US$ 8 mil. O lançamento a seguir mostra esses itens:

(10)

Despesas com propaganda	42.000	
Outras despesas de venda e administrativas	8.000	
Contas a pagar*		50.000

---
  * Outras contas, como dinheiro em caixa, podem ser creditadas.

Os valores nos lançamentos (8) a (10) são registrados diretamente nas contas de despesas – eles não têm nenhum efeito sobre os custos de produto. O mesmo será válido para quaisquer outras despesas de venda e administrativas incorridas durante este mês, incluindo comissões de vendas, depreciação de equipamentos de venda, aluguel de escritórios, seguro sobre as instalações do escritório e custos relacionados.

Custos de produtos manufaturados

Quando uma ordem de produção é concluída, o produto final é transferido dos departamentos de produção para o armazém de produtos finais. Nesse momento, o departamento de contabilidade terá cobrado da ordem de produção os custos de materiais diretos e de mão de obra direta, e os custos indiretos de produção terão sido aplicados por meio da taxa predeterminada de custos indiretos. Faz-se uma transferência de custos dentro do sistema de custeio que *corresponde* à transferência física de produtos ao armazém de produtos finais. Os custos da ordem de produção concluída são transferidos da conta de produção em andamento para a conta de produtos finais. A soma de todos os valores transferidos entre essas duas contas representa o custo de produtos manufaturados do período.

No caso da Ruger Corporation, suponha que a Ordem de Produção A foi concluída durante o mês de abril. O lançamento a seguir transfere o custo da Ordem de Produção A da conta de produção em andamento para a conta de produtos finais:

(11)

Produtos finais	158.000	
Produção em andamento		158.000

Os US$ 158 mil representam o custo da Ordem de Produção A concluída, como mostra o relatório de custos do Quadro 3.8. Como a Ordem de Produção A foi a única ordem de produção concluída durante aquele mês, os US$ 158 mil também representam o custo de produtos manufaturados de abril.

A Ordem de Produção B não foi concluída até o fim do mês, então seu custo permanecerá na conta de produção em andamento e será transferida para o mês seguinte. Se um balanço patrimonial for preparado no final de abril, o custo acumulado até então relativo à Ordem de Produção B aparecerá como o ativo "estoques de produção em andamento".

Custos de produtos vendidos

Quando os produtos finais são enviados aos clientes, seus custos acumulados são transferidos da conta de produtos finais para a conta de custos de produtos vendidos. Se toda uma ordem de produção for enviada de uma vez só, então todos os custos que aparecem no relatório de custos da ordem de produção serão transferidos para a conta de custos de produtos vendidos. Na maioria dos casos, porém, apenas uma fração das unidades envolvidas em determinada ordem de produção é vendida imediatamente. Nessas situações, o custo unitário do produto deve ser usado para determinar quanto do custo de produto tem de ser retirado da conta de produtos finais e registrado na conta de custos de produtos vendidos.

Para a Ruger Corporation, suponha que 750 das mil medalhas de ouro da Ordem de Produção A foram enviadas aos clientes no final do mês, somando uma receita total de vendas de US$ 225 mil. Como foram produzidas mil unidades e o custo total da ordem de produção a partir do relatório de custos foi de US$ 158 mil, o custo unitário foi de US$ 158. Os lançamentos contábeis a seguir registram a venda (todas as vendas foram feitas a prazo):

(12)

Contas a receber	225.000	
Vendas		225.000

(13)

Custo de produtos vendidos	118.500	
Produtos finais		118.500
(750 unidades × US$ 158 por unidade = US$ 118.500)		

▶▶ OA3.5

Usar contas T para mostrar o fluxo dos custos em um sistema de custeio por ordem de produção.

O lançamento (13) completa o fluxo de custos que passam pelo sistema de custeio por ordem de produção. Para analisar o exemplo da Ruger Corporation como um todo, os lançamentos contábeis (1) a (13) são resumidos no Quadro 3.9. O fluxo de custos que passa pelas contas é apresentado no formulário de conta T no Quadro 3.10.

QUADRO 3.9
Resumo dos lançamentos contábeis da Ruger Corporation.

(1)

Matérias-primas	60.000	
Contas a pagar		60.000

(2)

Produção em andamento	50.000	
Custos indiretos de produção	2.000	
Matérias-primas		52.000

Capítulo **3** ▸▶ Método de custeio por ordem de produção

QUADRO 3.9
Continuação.

(3)

Produção em andamento	60.000	
Custos indiretos de produção	15.000	
Salários e remunerações a pagar		75.000

(4)

Custos indiretos de produção	40.000	
Contas a pagar		40.000

(5)

Custos indiretos de produção	20.000	
Impostos sobre propriedade a pagar		13.000
Seguro antecipado		7.000

(6)

Custos indiretos de produção	18.000	
Depreciação acumulada		18.000

(7)

Produção em andamento	90.000	
Custos indiretos de produção		90.000

(8)

Despesas salariais	30.000	
Salários e remunerações a pagar		30.000

(9)

Despesas de depreciação	7.000	
Depreciação acumulada		7.000

(10)

Despesas com propaganda	42.000	
Outras despesas de venda e administrativas	8.000	
Contas a pagar		50.000

(11)

Produtos finais	158.000	
Produção em andamento		158.000

(12)

Contas a receber	225.000	
Vendas		225.000

(13)

Custo de produtos vendidos	118.500	
Produtos finais		118.500

CONTABILIDADE GERENCIAL

QUADRO 3.10
Resumo dos fluxos de custos – Ruger Corporation.

Contas a receber

Saldo XX	
(12) 225.000	

Seguro antecipado

Saldo XX	
	(5) 7.000

Matérias-primas

Saldo 7.000	(2) 52.000
(1) 60.000	
Saldo 15.000	

Produção em andamento

Saldo 30.000	(11) 158.000
(2) 50.000	
(3) 60.000	
(7) 90.000	
Saldo 72.000	

Produtos finais

Saldo 10.000	(13) 118.500
(11) 158.000	
Saldo 49.500	

Depreciação acumulada

	Saldo XX
	(6) 18.000
	(9) 7.000

Custos indiretos de produção

(2) 2.000	(7) 90.000
(3) 15.000	
(4) 40.000	
(5) 20.000	
(6) 18.000	
95.000	90.000
Saldo 5.000	

Contas a pagar

	Saldo XX
	(1) 60.000
	(4) 40.000
	(10) 50.000

Salários e remunerações a pagar

	Saldo XX
	(3) 75.000
	(8) 30.000

Impostos sobre propriedade a pagar

	Saldo XX
	(5) 13.000

Capital acionário

	Saldo XX

Lucros retidos

	Saldo XX

Vendas

	(12) 225.000

Custo de produtos vendidos

(13) 118.500	

Despesas salariais

(8) 30.000	

Despesas de depreciação

(9) 7.000	

Despesas com propaganda

(10) 42.000	

Outras despesas de venda e administrativas

(10) 8.000	

Explicação dos lançamentos:

(1) Matérias-primas compradas.

(2) Materiais diretos e indiretos despachados para a produção.

(3) Custos incorridos de mão de obra direta e indireta da fábrica.

(4) Serviços de utilidades públicas e outros custos incorridos da fábrica.

(5) Impostos sobre propriedade e seguros incorridos sobre a fábrica.

(6) Depreciação registrada de ativos da fábrica.

(7) Custos indiretos aplicados à produção em andamento.

(8) Despesas incorridas de salários administrativos.

(9) Depreciação registrada de equipamentos de escritório.

(10) Despesas de propaganda e outras despesas de venda e administrativas incorridas.

(11) Custo de produtos manufaturados transferidos a produtos finais.

(12) Venda registrada da Ordem de Produção A.

(13) Custo de produtos vendidos registrados para a Ordem de Produção A.

TABELAS DE CUSTOS DE PRODUTOS MANUFATURADOS E DE CUSTOS DE PRODUTOS VENDIDOS

Esta seção usa o exemplo da Ruger Corporation para explicar como preparar tabelas de custos de produtos manufaturados e de custos de produtos vendidos além de uma demonstração de resultados. A **tabela de custos de produtos manufaturados** contém três elementos de custos de produto – materiais diretos, mão de obra direta e custos indiretos de produção – e resume as frações desses custos que permanecem nos estoques finais de produção em andamento e que são transferidos da conta de produção em andamento para a conta de produtos concluídos. A **tabela de custos de produtos vendidos** também contém três elementos de custos de produto – materiais diretos, mão de obra direta e custos indiretos de produção – e resume as frações desses custos que permanecem nos estoques finais de produtos concluídos e que são transferidos da conta de produtos concluídos para a conta de custo de produtos vendidos.

O Quadro 3.11 apresenta as tabelas de custos de produtos manufaturados e de produtos vendidos da Ruger Corporation. Queremos chamar sua atenção para três aspectos-chave da tabela de custos de produtos manufaturados. Em primeiro lugar, três valores são sempre somados – os materiais diretos usados na produção (US$ 50 mil), a mão de obra direta (US$ 60 mil) e os custos indiretos de produção aplicados à produção em andamento (US$ 90 mil) – o que fornece os custos totais de produção (US$ 200 mil). Observe que os materiais diretos usados na produção (US$ 50 mil) são incluídos nos custos totais de produção em vez de nas compras de matérias-primas (US$ 60 mil). Os materiais diretos usados na produção normalmente diferem do valor das compras de matérias-primas quando o saldo dos estoques de matérias-primas muda ou os materiais indiretos são retirados dos estoques de matérias-primas. Em segundo lugar, o valor dos custos indiretos de produção aplicados à produção em andamento (US$ 90 mil) é calculado multiplicando-se a taxa predeterminada de custos indiretos pelo valor eficaz da base de alocação registrado em todas as ordens de produção. Os custos indiretos de produção efetivos incorridos durante o período não são somados à conta de produção em andamento. Em terceiro lugar, os custos totais de produção (US$ 200 mil) mais os estoques iniciais da produção em andamento (US$ 30 mil) menos os estoques finais da produção em andamento (US$ 72 mil) é igual ao custo de produtos manufaturados (US$ 158 mil). O custo de produtos manufaturados representa o custo de produtos concluídos durante o período e transferidos da conta de produção em andamento para a conta de produtos finais.

> **OA3.6**
>
> Preparar tabelas de custos de produtos manufaturados e custos de produtos vendidos e uma demonstração de resultados.

> ▸ **Tabela de custos de produtos manufaturados**
>
> tabela que contém três elementos de custos de produtos – materiais diretos, mão de obra direta e indiretos de produção – e que resume as frações desses custos que permanecem nos estoques finais da produção em andamento e que são transferidos da conta de produção em andamento para a conta de produtos concluídos.

Custo de produtos manufaturados	(US$)	(US$)
Materiais diretos		
Estoques iniciais de matérias-primas	7.000	
Somar: compras de matérias-primas	60.000	
Total de matérias-primas disponíveis	67.000	
Deduzir: estoques finais de matérias-primas	15.000	
Matérias-primas usadas na produção	52.000	
Deduzir: materiais indiretos incluídos nos custos indiretos de produção	2.000	50.000
Mão de obra direta		60.000
Custos indiretos de produção aplicados à produção em andamento		90.000
Custos totais de produção		200.000
Somar: estoques iniciais da produção em andamento		30.000
		230.000
Deduzir: estoques finais da produção em andamento		72.000
Custo de produtos manufaturados		158.000
Custo de produtos vendidos		
Estoques iniciais de produtos finais		10.000
Somar: custo de produtos manufaturados		158.000

> **QUADRO 3.11**
> Tabelas de custos de produtos manufaturados e de custos de produtos vendidos.

> ▸ **Tabela de custos de produtos vendidos**
>
> tabela que contém três elementos de custos de produtos – materiais diretos, mão de obra direta e indiretos de produção – e que resume as frações desses custos que permanecem nos estoques finais de produtos concluídos e que são transferidos da conta de produtos concluídos para a conta de custos de produtos vendidos.

QUADRO 3.11
Continuação.

Custo dos produtos disponíveis para venda	168.000
Deduzir: estoques finais de produtos concluídos	49.500
Custo de produtos vendidos não ajustado	118.500
Somar: custos indiretos subavaliados	5.000
Custo de produtos vendidos ajustados	123.500

* Observe que os custos indiretos subavaliados são somados ao custo de produtos vendidos. Se os custos indiretos fossem superavaliados, eles seriam deduzidos dos custos de produtos vendidos.

QUADRO 3.12
Demonstração de resultados (US$).

Demonstração de resultados da Ruger Corporation no mês que termina em 30 de abril

Vendas		225.000
Custo de produtos vendidos (118.500 + 5.000)		123.500
Margem bruta		101.500
Despesas de venda e administrativas		
Despesas salariais	30.000	
Despesas de depreciação	7.000	
Despesas com propaganda	42.000	
Outras despesas	8.000	87.000
Resultado operacional		14.500

A tabela de custos de produtos vendidos exibida no Quadro 3.11 conta com a seguinte equação para calcular o custo não ajustado de produtos vendidos:

Custo não ajustado de produtos vendidos = Estoques iniciais de produtos finais + Custo de produtos manufaturados − Estoques finais de produtos concluídos

A soma dos estoques iniciais de produtos finais (US$ 10 mil) com o custo de produtos manufaturados (US$ 158 mil) é igual ao custo dos produtos disponíveis para a venda (US$ 168 mil). O custo dos produtos disponíveis para a venda (US$ 168 mil) menos os estoques finais de produtos concluídos (US$ 49,5 mil) é igual ao custo não ajustado de produtos vendidos (US$ 118,5 mil). Finalmente, o custo não ajustado de produtos vendidos (US$ 118,5 mil) mais os custos indiretos subavaliados (US$ 5 mil) é igual ao custo ajustado de produtos vendidos (US$ 123,5 mil). A próxima seção do capítulo faz uma análise mais detalhada de por que o custo de produtos vendidos precisa ser ajustado para a quantidade de custos indiretos subavaliados ou superavaliados.

O Quadro 3.12 apresenta a demonstração de resultados de abril da Ruger Corporation. Observe que o custo de produtos vendidos nessa demonstração foi transferido do Quadro 3.11. As despesas de venda e administrativas (que totalizam US$ 87 mil) não passaram pelas tabelas de custos de produtos manufaturados e de custos de produtos vendidos. Os lançamentos 8-10 mostram que esses itens foram imediatamente debitados em contas de despesas em vez de serem debitados em contas de estoques.

SUBAVALIAÇÃO E SUPERAVALIAÇÃO DOS CUSTOS INDIRETOS – ANÁLISE MAIS DETALHADA

OA3.7

Calcular custos indiretos subavaliados ou superavaliados e preparar o lançamento contábil para liquidar o saldo de custos indiretos de produção nas contas apropriadas.

Esta seção explica como calcular custos indiretos subavaliados e superavaliados e como eliminar qualquer saldo restante na conta de custos indiretos de produção no final de um período.

Calcular custos indiretos subavaliados e superavaliados

Como a taxa predeterminada de custos indiretos é estabelecida antes de o período começar e é baseada totalmente em dados estimados, os custos indiretos aplicados à produção em andamento geralmente diferem do valor de custos indiretos incorridos de modo eficaz. No caso da Ruger Corporation, por exemplo, foi usada a taxa predeterminada de custos indiretos de US$ 6 por hora para aplicar US$ 90 mil de custos indiretos à produção em andamento, enquanto os custos indiretos efetivos de abril foram, na verdade, US$ 95 mil (ver Quadro 3.8). A diferença entre os custos indiretos aplicados à produção em andamento e os custos indiretos efetivos de um período chama-se **custos indiretos subavaliados** ou **custos indiretos superavaliados**. Para a Ruger Corporation, os custos indiretos foram subavaliados em US$ 5 mil porque o custo aplicado (US$ 90 mil) foi de US$ 5 mil a menos do que o custo eficaz (US$ 95 mil). Se a situação tivesse sido inversa e a empresa tivesse aplicado US$ 95 mil em custos indiretos à produção em andamento, mas tivesse incorrido em custos indiretos efetivos de apenas US$ 90 mil, então os custos indiretos seriam superavaliados.

Qual é a causa da subavaliação ou da superavaliação dos custos indiretos? Basicamente, o método de aplicação de custos indiretos a ordens de produção usando uma taxa predeterminada de custos indiretos supõe que os custos indiretos efetivos serão proporcionais ao valor eficaz da base de alocação incorrido durante o período. Se, por exemplo, a taxa predeterminada de custos indiretos for de US$ 6 por hora-máquina, então se supõe que os custos indiretos efetivos incorridos serão de US$ 6 para cada hora-máquina realmente trabalhada. Há pelo menos dois motivos pelos quais isso pode não ser verdade. Em primeiro lugar, a maior parte dos custos indiretos consiste em custos fixos que não mudam com o aumento ou a diminuição do número de horas-máquina. Em segundo lugar, os gastos com itens de custos indiretos podem estar ou não sob controle. Se os indivíduos responsáveis pelos custos indiretos fizerem uma boa ordem de produção, esses custos serão menores do que o esperado no início do período; se for ruim, serão maiores do que o esperado.

Para ilustrar esses conceitos, suponha que duas empresas – a Turbo Crafters e a Black & Howell – tenham preparado os seguintes dados estimados para o próximo ano:

	Turbo Crafters	Black & Howell
Base de alocação	Horas-máquina	Custo de materiais diretos
Custos indiretos de produção estimados (a) (US$)	300.000	120.000
Valor total estimado da base de alocação (b)........	75.000 horas-máquina	US$ 80.000 dos custos de materiais diretos
Taxa predeterminada de custos indiretos (a) ÷ (b)	US$ 4 por hora-máquina	150% dos custos de materiais diretos

Observe que, quando a base de alocação é em dólares (como custos de materiais diretos no caso da Black & Howell), a taxa predeterminada de custos indiretos é expressa como um percentual da base de alocação. Quando dólares são divididos por dólares, o resultado é um percentual.

Agora, suponha que, devido a mudanças inesperadas nas despesas indiretas e na demanda pelos produtos da empresa, os custos indiretos efetivos e as atividades efetivas registradas durante o ano em cada empresa sejam os seguintes:

	Turbo Crafters	Black & Howell
Custos indiretos de produção efetivos..................	US$ 290.000	US$ 130.000
Valor total eficaz da base de alocação....................	68.000 horas-máquina	US$ 90.000 dos custos de materiais diretos

Para cada empresa, observe que os dados efetivos dos custos e da base de alocação diferem das estimativas usadas ao calcular a taxa predeterminada de custos indiretos. Isso resulta em custos indiretos subavaliados e superavaliados, como a seguir:

> ▶ **Custos indiretos subavaliados**
>
> saldo devedor na conta de custos indiretos de produção que ocorre quando o valor dos custos indiretos incorridos de modo eficaz excede o valor dos custos indiretos aplicados à produção em andamento durante um período.

> ▶ **Custos indiretos superavaliados**
>
> saldo credor na conta de custos indiretos de produção que ocorre quando o valor dos custos indiretos aplicados à produção em andamento excede o valor dos custos indiretos de modo eficaz incorridos durante um período.

	Turbo Crafters	Black & Howell
Custos indiretos de produção efetivos (US$)	290.000	130.000
Custos indiretos de produção aplicados à produção em andamento durante o ano:		
Taxa predeterminada de custos indiretos (a)	US$ 4 por hora-máquina	150% dos custos de materiais diretos
Valor total eficaz da base de alocação (b)	68 mil horas-máquina	US$ 90.000 de custos de materiais diretos
Custos indiretos de produção aplicados (a) × (b)(US$)	272.000	135.000
Custos indiretos de produção subavaliados (superavaliados) (US$)	18.000	– 5.000

Para a Turbo Crafters, o valor dos custos indiretos aplicados à produção em andamento (US$ 272 mil) é menor do que os custos indiretos efetivos do ano (US$ 290 mil). Portanto, os custos indiretos são subavaliados.

QUADRO 3.13
Resumo dos conceitos de custos indiretos.

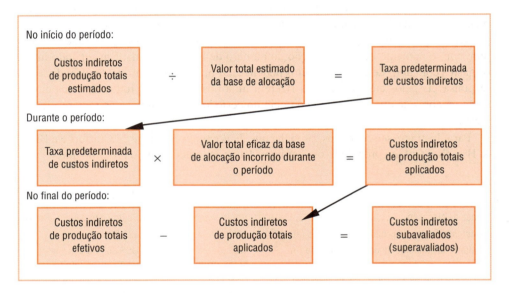

Para a Black & Howell, o valor dos custos indiretos aplicados à produção em andamento (US$ 135 mil) é maior do que os custos indiretos efetivos do ano (US$ 130 mil), então os custos indiretos são superavaliados.

Um resumo desses conceitos é apresentado no Quadro 3.13.

Eliminar saldos de custos indiretos subavaliados ou superavaliados

Se voltarmos ao exemplo da Ruger Corporation e observarmos a conta T de custos indiretos de produção no Quadro 3.10, veremos que há um saldo devedor de US$ 5 mil. Lembre-se de que os lançamentos de débito na conta representam os custos indiretos efetivos incorridos, enquanto lançamentos de crédito representam custos indiretos aplicados a ordens de produção. Nesse caso, os custos indiretos efetivos incorridos excederam os custos indiretos aplicados às ordens de produção em US$ 5 mil – daí o saldo devedor de US$ 5 mil no saldo. Isso talvez soe familiar. Acabamos de discutir, na seção anterior, o fato de que os custos indiretos incorridos (US$ 95 mil) excederam os custos indiretos aplicados (US$ 90 mil), e que a diferença se chama custos indiretos subavaliados. Essas são apenas duas maneiras de se ver a mesma coisa. Se há um saldo devedor de X dólares na conta de custos indiretos de produção, então os custos indiretos estão subavaliados em X dólares. Por outro lado, se há um saldo credor de Y dólares na conta de custos indiretos de produção, então os custos indiretos estão superavaliados em Y dólares. O que fazemos com o saldo na conta de custos indiretos de produção no final do período contábil?

Capítulo **3** ▶▶ Método de custeio por ordem de produção

O saldo subavaliado ou superavaliado que permanece na conta de custos indiretos de produção no final de um período é tratado de uma das duas maneiras a seguir:

1. Liquidação do saldo, passando-o para a conta de custos de produtos vendidos.
2. Alocação entre as contas de produção em andamento, de produtos finais, e de custos de produtos vendidos proporcionalmente aos custos indiretos aplicados durante o período corrente nos saldos finais.

Saldos liquidados para custos de produtos vendidos   Liquidar o saldo na conta de custos indiretos de produção, passando-o para a conta de custos de produtos vendidos, é mais simples do que o método da alocação. No exemplo da Ruger Corporation, o lançamento de liquidação dos US$ 5 mil de custos indiretos subavaliados para os custos de produtos vendidos é:

(14)

Custo de produtos vendidos	5.000	
Custos indiretos de produção		5.000

Observe que, como a conta de custos indiretos de produção tem um saldo devedor, os custos indiretos de produção devem ser creditados para liquidar a conta. Isso aumenta os custos de produtos vendidos de abril para US$ 123,5 mil:

Custos não ajustados de produtos vendidos [do lançamento (13)] (US$)	118.500
Somar custos indiretos subavaliados [lançamento (14)] (US$)	5.000
Custo ajustado de produtos vendidos (US$)	123.500

Depois desse ajuste, a demonstração de resultados de abril da Ruger Corporation aparece como exibido anteriormente no Quadro 3.12.

Observe que o ajuste faz sentido. O custo não ajustado de produtos vendidos é baseado no valor de custos indiretos de produção, e não nos custos indiretos de produção incorridos. Como os custos indiretos foram subavaliados, não se aplicaram custos suficientes às ordens de produção. Logo, o custo de produtos vendidos foi subestimado. Somar os custos indiretos subavaliados ao custo de produtos vendidos corrige essa atenuação.

Saldos alocados entre contas   A alocação de custos indiretos subavaliados ou superavaliados entre as contas de produção em andamento, de produtos finais e de custos de produtos vendidos é mais precisa do que a liquidação de todo o saldo, passando-o para a conta de custos de produtos vendidos. Essa alocação atribui os custos indiretos aonde teriam ido se as estimativas incluídas na taxa predeterminada de custos indiretos correspondessem aos valores efetivos.

Se a Ruger Corporation decidisse alocar os custos indiretos subavaliados entre as contas de estoques e de custos de produtos vendidos, seria necessário antes determinar os custos indiretos que foram aplicados durante o mês de abril a cada uma das contas. Os cálculos seriam os seguintes:

Custos indiretos aplicados aos estoques de produção em andamento, 30 de abril (Ordem de Produção B)	US$ 30.000	33,33%
Custos indiretos aplicados aos estoques de produtos finais, 30 de abril, Ordem de Produção A: (US$ 60.000/1.000 unidades = US$ 60 por unidade) × 250 unidades	15.000	16,67%
Custos indiretos aplicados aos custos de produtos vendidos, abril Ordem de Produção A: (US$ 60.000/1.000 unidades = US$ 60 por unidade) × 750 unidades	45.000	50%
Custos indiretos totais aplicados	US$ 90.000	100%

Com base nos percentuais anteriores, os custos indiretos subavaliados (ou seja, o saldo devedor nos custos indiretos de produção) seriam alocados como mostra o lançamento contábil a seguir:

Produção em andamento (33,33% × US$ 5.000)	1.666,50
Produtos finais (16,67% × US$ 5.000)	833,50
Custo de produtos vendidos (50,00% × US$ 5.000)	2.500
Custos indiretos de produção	5.000

Observe que o primeiro passo no processo de alocação foi determinar a quantidade de custos indiretos aplicados em cada uma das contas. Para produtos finais, por exemplo, o valor total de custos indiretos aplicados à Ordem de Produção A, US$ 60 mil, foi dividido pelo número total de unidades na Ordem de Produção A, mil unidades, para chegar aos custos indiretos aplicados médios de US$ 60 por unidade. Como 250 unidades da Ordem de Produção A ainda estavam nos estoques finais de produtos concluídos, o valor de custos indiretos aplicados à conta de estoques de produtos concluídos foi de US$ 60 por unidade multiplicados por 250 unidades ou um total de US$ 15 mil.

Se os custos indiretos fossem superavaliados, o lançamento anterior seria exatamente o inverso, porque haveria um saldo credor na conta de custos indiretos de produção.

Qual método deve ser utilizado para eliminar custos indiretos subavaliados ou superavaliados?

O método de alocação geralmente é considerado mais preciso do que simplesmente liquidar o saldo dos custos indiretos subavaliados ou superavaliados passando-os para a conta de custos de produtos vendidos. Entretanto, o método de alocação é mais complexo. Nos problemas passados no livro, sempre especificaremos que método você deverá utilizar.

Modelo geral de fluxos de custos de produtos

O Quadro 3.14 apresenta um modelo de conta T dos fluxos de custos em um sistema de custeio de produtos, o qual pode ser muito útil para ajudar a compreender como os custos da produção fluem por meio de um sistema de custeio e finalmente acabam como custos de produtos vendidos na demonstração de resultados.

Múltiplas taxas predeterminadas de custos indiretos

▶ **Taxa de custos indiretos que envolvem toda a fábrica**

taxa única predeterminada de custos indiretos que é usada em toda uma fábrica.

▶ **Múltiplas taxas predeterminadas de custos indiretos**

sistema de custeio com múltiplos agrupamentos de custos indiretos e uma taxa predeterminada de custos indiretos diferente para cada agrupamento de custos, em vez de uma única para toda a empresa. Cada departamento de produção pode ser tratado como um agrupamento de custos indiretos separadamente.

Nossa discussão neste capítulo supôs que há uma única taxa predeterminada de custos indiretos para toda a fábrica chamada de **taxa de custos indiretos que envolvem toda a fábrica**. Essa é uma prática bastante comum – particularmente em empresas menores. Porém, em empresas maiores, geralmente são usadas *múltiplas taxas predeterminadas de custos indiretos*. Em um sistema de **múltiplas taxas predeterminadas de custos indiretos**, cada departamento de produção pode ter sua própria taxa predeterminada de custos indiretos. Tal sistema, apesar de mais complexo, é mais preciso porque pode refletir diferenças entre os departamentos em como os custos indiretos são incorridos. Por exemplo, nos departamentos que empregam mão de obra de modo relativamente intensivo, os custos indiretos podem ser alocados com base em horas de mão de obra direta e nos departamentos que usam máquinas de maneira relativamente intensiva, os custos podem ser alocados com base em horas-máquina. Quando são usadas múltiplas taxas predeterminadas de custos indiretos, estes são aplicados em cada departamento de acordo com sua própria taxa de custos indiretos à medida que as ordens de produção passam pelos departamentos.

MÉTODO DE CUSTEIO POR ORDEM DE PRODUÇÃO EM EMPRESAS DE PRESTAÇÃO DE SERVIÇOS

O custeio por ordem de produção é usado em organizações de prestação de serviços como empresas jurídicas, estúdios de cinema, hospitais e oficinas de consertos, além de em empresas manufatureiras. Em uma empresa jurídica, por exemplo, cada cliente é uma "ordem de produção" e os custos dessa ordem são acumulados dia após dia em um relatório de custos por ordem de produção à medida que o caso do cliente é abordado pela empresa. Documentos jurídicos e similares representam os materiais diretos da ordem de produção; o tempo dedicado pelos advogados é como mão de obra direta; e os custos de secretárias e auxiliares jurídicos, aluguel, depreciação, entre outros, representam as despesas indiretas.

Em um estúdio de cinema como a **Columbia Pictures**, cada filme produzido pelo estúdio é uma "ordem de produção", e os custos de materiais diretos (figurinos, elementos

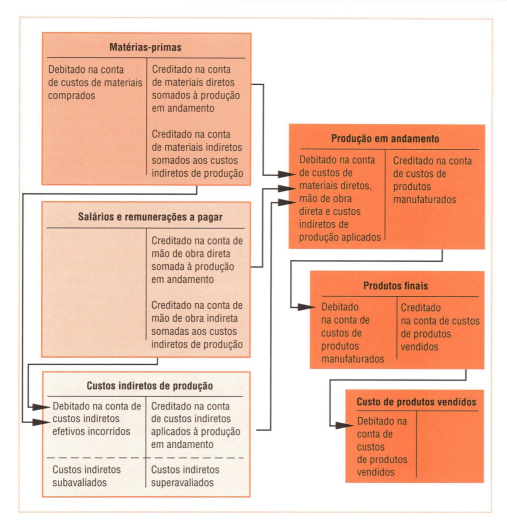

QUADRO 3.14
Modelo geral dos fluxos de custos.

cenográficos, filme etc.) e mão de obra direta (atores, diretores e extras) são cobrados do relatório de custos de cada filme. Uma parte dos custos indiretos do estúdio, como serviços de utilidades públicas, depreciação de equipamentos, salários de trabalhadores de manutenção, e assim por diante, também são cobrados de cada filme.

Em resumo, o custeio por ordem de produção é um método de custeio versátil e amplamente utilizado que pode ser encontrado em praticamente qualquer organização que forneça diversos produtos ou serviços.

POR DENTRO
DAS EMPRESAS

GESTÃO DE CUSTOS DE ORDEM DE PRODUÇÃO EM UMA EMPRESA DE PRESTAÇÃO DE SERVIÇOS

A **IBM** criou um software chamado Professional Marketplace para "casar" os funcionários da IBM com as necessidades de seus clientes. "Usando o Marketplace, os consultores da IBM podem fazer uma busca pelas classificações de mais de 100 ordens de produção e 10 mil qualificações, descobrindo quem está disponível na empresa onde eles se encontram e aproximadamente quanto custa à IBM utilizá-los." Até agora, os resultados têm sido encorajadores. A IBM reduziu sua dependência de contratantes externos em 5 a 7% e seus consultores dedicam mais de seu tempo a trabalhos que podem ser cobrados. Além disso, os consultores seniores da IBM podem procurar em todo o mundo funcionários disponíveis com qualificações específicas com o clique de um mouse em vez de ter de contar com inúmeras e demoradas ligações telefônicas e e-mails.

FONTE: Charles Forelle, "IBM Tool Deploys Employees Efficiently", *The Wall Street Journal*, 14 de julho de 2005, p. B3.

RESUMO

O método de custeio por ordem de produção é usado em situações em que a organização oferece muitos produtos ou serviços diferentes, como produção de móveis, hospitais e empresas jurídicas. São usados formulários de requisição de materiais e relatórios de horas de mão de obra para atribuir custos de materiais diretos e de mão de obra direta a ordens de produção em um sistema de custeio por ordem de produção. Os custos indiretos de produção são atribuídos a ordens de produção usando-se uma taxa predeterminada de custos indiretos. Todos os custos são registrados em um relatório de custos por ordem de produção. A taxa predeterminada de custos indiretos é determinada antes de o período começar dividindo-se os custos indiretos de produção totais estimados do período pelo valor total estimado da base de alocação do período. As bases de alocação mais frequentemente utilizadas são horas de mão de obra direta e horas-máquina. Os custos indiretos são aplicados a ordens de produção multiplicando-se a taxa predeterminada de custos indiretos pelo valor eficaz da base de alocação registrada para a ordem de produção.

Como a taxa predeterminada de custos indiretos é baseada em estimativas, os custos indiretos incorridos durante um período podem ser maiores ou menores do que o valor dos custos indiretos aplicados à produção. Tal diferença é chamada de custos indiretos subavaliados ou superavaliados. Os custos indiretos subavaliados ou superavaliados de um período podem ser liquidados, passando para a conta de custos de produtos vendidos, ou alocados entre as contas de produção em andamento, de produtos finais e de custos de produtos vendidos. Quando os custos indiretos são subavaliados, os custos indiretos de produção foram determinados abaixo de seu valor eficaz e, portanto, os estoques e/ou despesas devem ser ajustados para mais. Quando os custos indiretos são superavaliados, os custos indiretos de produção foram determinados acima de seu valor eficaz e, portanto, os estoques e/ou despesas têm de ser ajustados para menos.

PROBLEMA DE REVISÃO: CUSTEIO POR ORDEM DE PRODUÇÃO

A Hogle Corporation é uma empresa manufatureira que usa o custeio por ordem de produção. No dia 1º de janeiro, o início de seu ano fiscal, os saldos de estoques da empresa eram os seguintes:

Matérias-primas (US$)	20.000
Produção em andamento (US$)	15.000
Produtos finais (US$)	30.000

A empresa aplica custos indiretos às ordens de produção com base em horas-máquina trabalhadas. No ano atual, a taxa predeterminada de custos indiretos da empresa foi baseada em uma fórmula de custo que estimou US$ 450 mil de custos indiretos de produção totais para um nível de atividade estimado de 75 mil horas-máquina. As transações a seguir foram registradas nesse ano:

a. Matérias-primas foram compradas a prazo, US$ 410 mil.
b. Matérias-primas foram requisitadas para uso na produção, US$ 380 mil (US$ 360 mil em materiais diretos e US$ 20 mil em materiais indiretos).
c. Os custos a seguir foram acumulados para serviços de funcionários: mão de obra direta, US$ 75 mil; mão de obra indireta, US$ 110 mil; comissões de venda, US$ 90 mil; e salários administrativos, US$ 200 mil.
d. Os custos de viagens de vendas diárias foram de US$ 17 mil.
e. Os custos de serviços de utilidade pública na fábrica foram de US$ 43 mil.
f. Os custos de propaganda foram de US$ 180 mil.
g. Foi registrada uma depreciação de US$ 350 mil nesse ano (80% estão relacionados a operações da fábrica e 20% estão relacionados a atividades de venda e administrativas).
h. Os seguros venceram durante o ano, US$ 10 mil (70% estão relacionados a operações da fábrica e os outros 30% estão relacionados a atividades de venda e administrativas).
i. Os custos indiretos de produção foram aplicados à produção. Devido a uma demanda maior do que a esperada por seus produtos, a empresa trabalhou 80 mil horas-máquina em todas as ordens de produção durante o ano.
j. Produtos com um custo de produção de US$ 900 mil, segundo seus relatórios de custos, foram concluídos durante o ano.
k. Produtos foram vendidos a prazo para clientes durante o ano, somando um total de US$ 1,5 milhão. Os produtos têm um custo de produção de US$ 870 mil segundo seus relatórios de custos.

Capítulo **3** ▶▶ Método de custeio por ordem de produção

Requisitado:

1. Prepare lançamentos contábeis para registrar as transações anteriores.
2. Faça os lançamentos do item (1) anterior em contas T (não se esqueça de registrar os saldos iniciais nas contas de estoques).
3. Os custos indiretos de produção foram subavaliados ou superavaliados nesse ano? Prepare um lançamento contábil para liquidar qualquer saldo na conta de custos indiretos de produção, passando-o para a conta de custos de produtos vendidos. Não faça a alocação entre os últimos estoques e os custos de produtos vendidos.
4. Prepare uma demonstração de resultados para o ano.

Solução do problema de revisão

1. a. Matérias-primas 410.000
   Contas a pagar 410.000

   b. Produção em andamento 360.000
   Custos indiretos de produção 20.000
   Matérias-primas 380.000

   c. Produção em andamento 75.000
   Custos indiretos de produção 110.000
   Despesas com comissões de venda 90.000
   Despesas com salários administrativos 200.000
   Salários e remunerações a pagar 475.000

   d. Despesas com viagens de vendas diárias ... 17.000
   Contas a pagar 17.000

   e. Custos indiretos de produção 43.000
   Contas a pagar 43.000

   f. Despesas com propaganda 180.000
   Contas a pagar 180.000

   g. Custos indiretos de produção 280.000
   Despesas com depreciação 70.000
   Depreciação acumulada 350.000

   h. Custos indiretos de produção 7.000
   Despesas com seguros 3.000
   Seguros antecipados 10.000

   i. A taxa predeterminada de custos indiretos do ano é calculada como segue:

Taxa predeterminada de custos indiretos $= \dfrac{\text{Custos indiretos de produção totais estimados}}{\text{Valor total estimado da base de alocação}}$

$= \dfrac{\text{US\$ 450.000}}{75.000 \text{ horas-máquina}}$

$=$ US\$ 6 por hora-máquina

Com base nas 80 mil horas-máquina realmente trabalhadas durante o ano, a empresa aplicou US\$ 480 mil aos custos indiretos de produção: US\$ 6 por hora-máquina × 80 mil horas-máquina = US\$ 480 mil. Os seguintes lançamentos mostram essa aplicação de custos indiretos:

   Produção em andamento 480.000
   Custos indiretos de produção 480.000

   j. Produtos finais 900.000
   Produção em andamento 900.000

   k. Contas a receber 1.500.000
   Vendas 1.500.000
   Custo de produtos vendidos 870.000
   Produtos finais 870.000

CONTABILIDADE GERENCIAL

2.

Contas a receber		
(k)	1.500.000	

Seguros antecipados		
		(h)	10.000

Matérias-primas		
Saldo	20.000	(b)	380.000
(a)	410.000		
Saldo	50.000		

Produção em andamento		
Saldo	15.000	(j)	900.000
(b)	360.000		
(c)	75.000		
(i)	480.000		
Saldo	30.000		

Produtos finais		
Saldo	30.000	(k)	870.000
(j)	900.000		
Saldo	60.000		

Custos indiretos de produção		
(b)	20.000	(i)	480.000
(c)	110.000		
(e)	43.000		
(g)	280.00		
(h)	7.000		
	460.000		480.000
		Saldo	20.000

Depreciação acumulada		
		(g)	350.000

Contas a pagar		
		(a)	410.000
		(d)	17.000
		(e)	43.000
		(f)	180.000

Salários e remunerações a pagar		
		(c)	475.000

Vendas		
		(k)	1.500.000

Custo de produtos vendidos		
(k)	870.000		

Despesas com comissões de venda		
(c)	90.000		

Despesas com salários administrativos		
(c)	200.000		

Despesas com viagens de vendas diárias		
(d)	17.000		

Despesas com propaganda		
(f)	180.000		

Despesas com depreciação		
(g)	70.000		

Despesas com seguros		
(h)	3.000		

3. Os custos indiretos de produção foram superavaliados nesse ano. O lançamento de liquidação, passando os custos para a conta de custos de produtos vendidos é o seguinte:

Custos indiretos de produção 20.000

    Custo de produtos vendidos 20.000

4.

Demonstração de resultados da Hogle Corporation para o ano que termina em 31 de dezembro (US$)		
Vendas		1.500.000
Custo de produtos vendidos (870.000 – 20.000)		850.000
Margem bruta		650.000
Despesas de venda e administrativas:		
Despesas com comissões de vendas	90.000	
Despesas com salários administrativos	200.000	
Despesas com viagens de vendas diárias	17.000	
Despesas com propaganda	180.000	
Despesas de depreciação	70.000	
Despesas com seguros	3.000	560.000
Resultado operacional		90.000

PERGUNTAS

3.1   Por que os custos indiretos de produção efetivos não são associados a ordens de produção assim como os custos de materiais diretos e de mão de obra direta?

3.2   Explique o processo de quatro passos usado para calcular uma taxa predeterminada de custos indiretos.

3.3   Qual é a finalidade do relatório de custos por ordem de produção em um sistema de custeio por ordem de produção?

3.4 Explique como um pedido de vendas, uma ordem de produção, um formulário de requisição de materiais e um relatório de horas de mão de obra estão envolvidos na produção e no custeio de produtos.

3.5 Explique por que alguns custos de produção têm que ser atribuídos a produtos por meio de um processo de alocação.

3.6 Por que as empresas usam taxas predeterminadas de custos indiretos em vez de custos indiretos de produção efetivos para aplicar custos indiretos a ordens de produção?

3.7 Quais fatores devem ser considerados na seleção de uma base para ser utilizada ao calcular a taxa predeterminada de custos indiretos?

3.8 Se uma empresa aloca totalmente seus custos indiretos a ordens de produção, isso garante que serão obtidos lucros no período?

3.9 Qual conta é creditada quando custos indiretos são aplicados à produção em andamento? Você esperaria que o valor aplicado para um período fosse igual aos custos indiretos efetivos do período? Por quê?

3.10 O que são custos indiretos subavaliados? E custos indiretos superavaliados? O que é feito com esses valores no final do período?

3.11 Dê dois motivos pelos quais os custos indiretos podem ser subavaliados em determinado ano.

3.12 Qual ajuste é feito nos custos indiretos subavaliados na tabela de custos de produtos vendidos? Qual é feito nos custos indiretos superavaliados?

3.13 O que é uma taxa de custos indiretos que envolve toda a fábrica? Por que em algumas empresas se usam múltiplas taxas de custos indiretos em vez de uma taxa de custos indiretos que envolve toda a fábrica?

3.14 O que acontece com as taxas de custos indiretos baseadas na mão de obra direta quando equipamentos automatizados substituem a mão de obra direta?

APLICAÇÃO EM EXCEL

Disponível, em português e inglês, no *site* **<www.grupoa.com.br>**

A planilha de Excel a seguir deve ser usada para recriar parte do exemplo das páginas 105-106. No *site*, você receberá instruções sobre como usar o formulário de planilha.

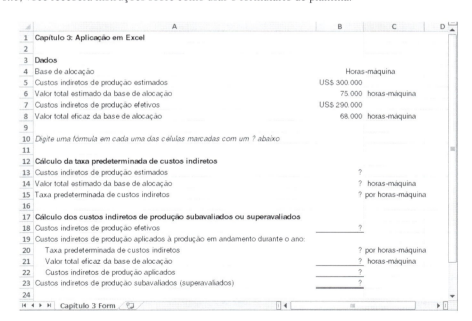

Você só deve prosseguir para os exercícios seguintes depois de completar a planilha.

Requisitado:

1. Verifique sua planilha alterando seu valor total estimado da base de alocação na área de Dados para 60 mil horas-máquina, mantendo todos os outros dados iguais ao exemplo original. Se sua planilha funcionar da maneira adequada, a taxa predeterminada de custos indiretos agora deverá

ser de US$ 5 por hora-máquina. Se você não obtiver essa resposta, encontre os erros em sua planilha e corrija-os.

Qual o valor dos custos indiretos de produção subavaliados (superavaliados)? Ele mudou? Por quê?

2. Determine os custos indiretos de produção subavaliados (superavaliados) de uma empresa diferente com os seguintes dados:

Base de alocação	Horas-máquina
Custos indiretos de produção estimados.....................................	US$ 100.000
Valor total estimado da base de alocação	50.000 horas-máquina
Custos indiretos de produção efetivos..	US$ 90.000
Valor total eficaz da base de alocação...	40.000 horas-máquina

3. O que acontecerá com os custos indiretos de produção subavaliados (superavaliados) da parte (2) se o valor total estimado da base de alocação for alterado para 40 mil horas-máquina e todo o resto permanecer igual? Por que o valor de custos indiretos de produção subavaliados (superavaliados) é diferente da parte (2)?

4. Altere o valor total estimado da base de alocação de volta para 50 mil horas-máquina de modo que os dados fiquem exatamente como estavam na parte (2). Agora, altere os custos indiretos de produção efetivos para US$ 100 mil. Quais são os custos indiretos de produção subavaliados (superavaliados) agora? Por que o valor de custos indiretos de produção subavaliados (superavaliados) é diferente da parte (2)?

EXERCÍCIOS

Consulte no *site* <www.grupoa.com.br> os suplementos para esta seção.

EXERCÍCIO 3.1 Cálculo da taxa predeterminada de custos indiretos [OA3.1]

A Logan Products calcula sua taxa predeterminada de custos indiretos anualmente com base em horas de mão de obra direta. No início do ano, estima-se que serão necessárias 40 mil em mão de obra direta para o nível de produção estimado para o período. A empresa também estimou US$ 466 mil em custos indiretos de produção fixos para o próximo período e custos indiretos de produção variáveis de US$ 3 por hora de mão de obra direta. Os custos indiretos de produção efetivos da Logan no ano foram de US$ 713,4 mil e sua mão de obra direta total eficaz foi de 41 mil horas.

Requisitado:

Calcule a taxa predeterminada de custos indiretos da empresa para o ano.

EXERCÍCIO 3.2 Aplicação de custos indiretos [OA3.2]

A Westan Corporation usa uma taxa predeterminada de custos indiretos de US$ 23,10 por hora de mão de obra direta. Esta taxa predeterminada foi baseada em uma fórmula de custo que estimou custos indiretos de produção totais de US$ 277,2 mil para um nível de atividade estimado de 12 mil horas de mão de obra direta.

A empresa incorreu em custos indiretos de produção totais efetivos de US$ 266 mil e 12,6 mil horas de mão de obra direta totais durante o período.

Requisitado:

Determine o valor dos custos indiretos de produção que teriam sido aplicados a todas as ordens de produção durante o período.

EXERCÍCIO 3.3 Cálculo dos custos de uma ordem de produção [OA3.3]

A taxa predeterminada de custos indiretos da empresa Weaver é de US$ 18 por hora de mão de obra direta e sua taxa salarial de mão de obra direta é de US$ 12 por hora. As informações a seguir pertencem à Ordem de Produção A-200:

Materiais diretos (US$).............................	200
Mão de obra direta (US$)	120

Capítulo **3** ▶▶ Método de custeio por ordem de produção

Requisitado:
1. Quais foram os custos de produção totais atribuídos à Ordem de Produção A-200?
2. Se a Ordem de Produção A-200 consiste em 50 unidades, qual é o custo médio atribuído a cada unidade incluída na ordem de produção?

EXERCÍCIO 3.4 Preparação de lançamentos contábeis [OA3.4]

A empresa Kirkaid registrou as seguintes transações para o mês que acaba de terminar.

a. Compraram-se US$ 86 mil em matérias-primas a prazo.
b. Requisitaram-se US$ 84 mil em matérias-primas para uso na produção. Desse valor, US$ 72 mil foram de materiais diretos e o restante foi de materiais indiretos.
c. Foram incorridos US$ 108 mil em salários. Desse valor, US$ 105 mil foram de mão de obra direta e o restante foi de mão de obra indireta.
d. Foram incorridos custos indiretos de produção adicionais de US$ 197 mil.

Requisitado:

Registre as transações anteriores em lançamentos contábeis.

EXERCÍCIO 3.5 Preparação de contas T [OA3.5, OA3.7]

A Granger Produtos registrou as seguintes transações no mês que acaba de terminar. A empresa não possui estoques iniciais.

a. Compraram-se US$ 75 mil em matérias-primas à vista.
b. Requisitaram-se US$ 73 mil em matérias-primas para uso na produção. Desse valor, US$ 67 mil foram de materiais diretos e o restante foi de materiais indiretos.
c. Um total de US$ 152 mil em salários foram incorridos e pagos. Desse valor, US$ 134 mil foram de mão de obra direta e o restante foi de mão de obra indireta.
d. Foram incorridos e pagos custos indiretos de produção adicionais de US$ 126 mil.
e. Foram aplicados custos indiretos de produção de US$ 178 mil a ordens de produção usando-se a taxa predeterminada de custos indiretos da empresa.
f. Todas as ordens de produção em progresso no final do mês foram concluídas e enviadas aos clientes.
g. Quaisquer custos indiretos subavaliados ou superavaliados no período foram liquidados, passando-os para a conta de custos de produtos vendidos.

Requisitado:

1. Coloque as transações anteriores em contas T.
2. Determine o custo de produtos vendidos do período.

EXERCÍCIO 3.6 Tabelas de custos de produtos manufaturados e custo de produtos vendidos [OA3.6]

A Parmitan Corporation forneceu os seguintes dados em relação às operações de produção do mês passado.

Compras de matérias-primas (US$)		53.000
Materiais indiretos incluídos nos custos indiretos de produção (US$)		8.000
Mão de obra direta (US$)		62.000
Custos indiretos de produção aplicados à produção em andamento (US$)		41.000
Custos indiretos subavaliados (US$)		8.000

	Inicial	Final
Estoques (US$):		
Matérias-primas	24.000	6.000
Produção em andamento	41.000	38.000
Produtos finais	86.000	93.000

Requisitado:

1. Prepare a tabela de custos de produtos manufaturados do mês.
2. Prepare a tabela de custos de produtos vendidos do mês.

EXERCÍCIO 3.7 Custos indiretos subavaliados e superavaliados [OA3.7]

A Cretin Enterprises usa uma taxa predeterminada de custos indiretos de US$ 21,40 por hora de mão de obra direta. Essa taxa foi baseada em uma fórmula de custo que estimou US$ 171,2 mil em custos indiretos de produção totais para um nível de atividade estimado de 8 mil horas de mão de obra direta.

A empresa incorreu em custos indiretos de produção totais efetivos de US$ 172,5 mil e um total de 8.250 horas de mão de obra direta durante o período.

Requisitado:

1. Determine o valor dos custos indiretos de produção subavaliados ou superavaliados no período.
2. Supondo que o valor integral dos custos indiretos subavaliados ou superavaliados seja liquidado e transferido à conta de custos de produtos vendidos, qual seria o efeito dos custos indiretos subavaliados ou superavaliados sobre a margem bruta da empresa no período?

EXERCÍCIO 3.8 Tabelas de custos de produtos manufaturados e custo de produtos vendidos; Demonstração de resultados [OA3.6]

Os dados a seguir do ano que acaba de terminar foram retirados dos registros contábeis da empresa Eccles:

Vendas (US$)	643.000
Custos de mão de obra direta (US$)	90.000
Compras de matérias-primas (US$)	132.000
Despesas de vendas (US$)	100.000
Despesas administrativas (US$)	43.000
Custos indiretos de produção aplicados à produção em andamento (US$)	210.000
Custos indiretos de produção efetivos (US$)	220.000

Estoques:	Início do ano	Fim do ano
Matérias-primas (US$)	8.000	10.000
Produção em andamento (US$)	5.000	20.000
Produtos finais (US$)	70.000	25.000

Requisitado:

1. Prepare uma tabela de custos de produtos manufaturados. Suponha que todas as matérias-primas usadas na produção fossem de materiais diretos.
2. Prepare uma tabela de custos de produtos vendidos.
3. Prepare uma demonstração de resultados.

EXERCÍCIO 3.9 Aplicação de custos indiretos a uma ordem de produção [OA3.2]

A empresa Winston aplica custos indiretos a ordens de produção com base nos custos de mão de obra direta. A Ordem de Produção X, que foi iniciada e concluída durante o período corrente, mostra cobranças de US$ 18 mil por materiais diretos, US$ 10 mil por mão de obra direta, e US$ 15 mil por custos indiretos em seu relatório de custos por ordem de produção. A Ordem de Produção Q, que ainda está sendo processada no final do ano, mostra cobranças de US$ 20 mil por materiais diretos, e US$ 8 mil por mão de obra direta.

Requisitado:

Algum custo indireto deve ser adicionado à Ordem de Produção Q no final do ano? Em caso afirmativo, quanto? Explique.

EXERCÍCIO 3.10 Aplicação de custos indiretos; Cálculo do custo unitário de produto [OA3.2, OA3.3]

Uma empresa atribui custos indiretos a ordens de produção concluídas com base em 120% da mão de obra direta. O relatório de custos da Ordem de Produção 413 mostra que foram usados US$ 12 mil em materiais diretos e que foram incorridos US$ 8 mil em custos de mão de obra direta. Foi produzido um total de 200 unidades na Ordem de Produção 413.

Requisitado:

Quais são os custos de produção totais atribuídos à Ordem de Produção 413? Qual é o custo unitário de produto da Ordem de Produção 413?

EXERCÍCIO 3.11 Lançamentos Contábeis e contas T [OA3.2, OA3.4, OA3.5]

A empresa Foley usa um sistema de custeio por ordem de produção. Os dados a seguir estão relacionados ao mês de outubro, o primeiro mês do ano fiscal da empresa:

a. Matérias-primas compradas a prazo, US$ 210 mil.

b. Matérias-primas despachadas para a produção, US$ 190 mil (80% de materiais diretos e 20% indiretos).

c. Custos incorridos de mão de obra direta, US$ 49 mil; e custos incorridos de mão de obra indireta, US$ 21 mil.

d. Depreciação registrada de equipamentos da fábrica, US$ 105 mil.

e. Outros custos indiretos de produção incorridos durante outubro, US$ 130 mil (crédito nas contas a pagar).

f. A empresa aplica custos indiretos de produção à produção com base em US$ 4 por hora-máquina. Foi registrado um total de 75 mil horas-máquina em outubro.

g. Ordens de produção que custaram US$ 510 mil segundo seus relatórios de custos por ordem de produção foram concluídas durante outubro e transferidas para a conta de produtos finais.

h. Ordens de produção que custaram US$ 450 mil segundo seus relatórios de custos por ordem de produção foram enviadas a clientes durante o mês. Esses produtos foram vendidos a prazo 50% acima do preço de custo.

Requisitado:

1. Prepare lançamentos contábeis para registrar as informações fornecidas anteriormente.

2. Prepare contas T para os custos indiretos de produção e produção em andamento. Coloque as informações relevantes em cada conta. Calcule o saldo final em cada conta, supondo que a conta de produção em andamento tenha um saldo inicial de US$ 35 mil.

EXERCÍCIO 3.12 Cálculo da taxa predeterminada de custos indiretos e custos de uma ordem de produção [OA3.1, OA3.2, OA3.3, OA3.7]

A Kody Corporation usa um sistema de custeio por ordem de produção com uma taxa de custos indiretos que envolve toda a fábrica baseada em horas-máquina. No início do ano, a empresa fez as seguintes estimativas:

Horas-máquina requisitadas para dar suporte à produção estimada..............................	150.000
Custos indiretos de produção fixos (US$)	750.000
Custos indiretos de produção variáveis por hora-máquina (US$)...................................	4

Requisitado:

1. Calcule a taxa predeterminada de custos indiretos.

2. Durante o ano, a Ordem de Produção 500 foi iniciada e concluída. Temos disponíveis as seguintes informações a respeito dessa ordem de produção:

Materiais diretos requisitados (US$)	350
Custos de mão de obra direta (US$)	230
Horas-máquina usadas..	30

Calcule os custos de produção totais atribuídos à Ordem de Produção 500.

3. Durante o ano, a empresa trabalhou um total de 147 mil horas-máquina em todas as ordens de produção e incorreu em custos indiretos de produção efetivos de US$ 1,325 milhão. Qual é o valor de custos indiretos subavaliados ou superavaliados do ano? Se esse valor fosse liquidado inteiramente, sendo passado para a conta de custos de produtos vendidos, o lançamento contábil aumentaria ou diminuiria no resultado operacional?

EXERCÍCIO 3.13 Aplicação de custos indiretos; Custo de produtos manufaturados [OA3.2, OA3.6, OA3.7]

Os dados de custos a seguir estão relacionados às atividades de produção da empresa Black durante o ano que acaba de terminar:

Custos indiretos de produção:	(US$)
Impostos sobre propriedades, fábrica	3.000
Serviços de utilidade pública, fábrica	5.000
Mão de obra indireta	10.000
Depreciação, fábrica	24.000
Seguro, fábrica	6.000
Custos indiretos de produção totais efetivos	48.000
Outros custos incorridos:	
Compras de matérias-primas	32.000
Custos de mão de obra direta	40.000
Estoques:	
Matérias-primas, iniciais	8.000
Matérias-primas, finais	7.000
Produção em andamento, inicial	6.000
Produção em andamento, final	7.500

A empresa usa uma taxa predeterminada de custos indiretos para aplicar custos indiretos a ordens de produção. A taxa do ano foi de US$ 5 por hora-máquina; foi registrado um total de 10 mil horas-máquina no ano. Todas as matérias-primas se tornam materiais diretos – nenhuma é classificada como material indireto.

Requisitado:
1. Calcule o valor dos custos indiretos subavaliados ou superavaliados no ano.
2. Prepare uma tabela de custos de produtos manufaturados no ano.

EXERCÍCIO 3.14 Variação das taxas predeterminadas de custos indiretos [OA3.1, OA3.2, OA3.3]

A empresa Javadi produz um único produto que está sujeito a grandes variações sazonais na demanda. A empresa usa um sistema de custeio por ordem de produção e calcula taxas predeterminadas de custos indiretos trimestralmente usando o número de unidades a serem produzidas como a base de alocação. Seus custos estimados para o próximo ano, por trimestre, são dados a seguir:

	Trimestre			
	Primeiro	Segundo	Terceiro	Quarto
Materiais diretos (US$)	240.000	120.000	60.000	180.000
Mão de obra direta (US$)	96.000	48.000	24.000	72.000
Custos indiretos de produção (US$)...	228.000	204.000	192.000	?
Custos de produção totais (a) (US$)	564.000	372.000	276.000	?
Número de unidades a serem produzidas (b)	80.000	40.000	20.000	60.000
Custo unitário de produto estimado (a) ÷ (b) (US$)	7,05	9,30	13,80	?

A gerência considera a variação trimestral nos custos unitários de produto confusa e difícil de trabalhar. Foi sugerido que o problema está nos custos indiretos de produção, pois eles são o maior elemento dos custos de produção totais. Dessa forma, você foi solicitado a encontrar uma maneira mais apropriada de atribuir custos indiretos de produção a unidades de produto.

Requisitado:
1. Usando o método dos pontos extremos, estime os custos indiretos de produção fixos por trimestre e os custos indiretos de produção variáveis por unidade. Crie uma fórmula de custo para estimar os custos indiretos de produção totais para o quarto trimestre. Calcule os custos de produção totais e o custo unitário de produto para o quarto trimestre.
2. O que faz o custo de produto unitário flutuar de um trimestre para o outro?

3. Como você recomendaria estabilizar o custo unitário de produto da empresa? Justifique sua resposta com cálculos que adaptem a fórmula de custo que você criou no item 1.

EXERCÍCIO 3.15 Taxa departamental de custos indiretos [OA3.1, OA3.2, OA3.3]

A empresa Diewold possui dois departamentos, fresagem e montagem. A empresa usa um sistema de custeio por ordem de produção e calcula uma taxa predeterminada de custos indiretos em cada departamento. O departamento de fresagem baseia sua taxa em horas-máquina, e o departamento de montagem baseia sua taxa em horas de mão de obra direta. No início do ano, a empresa fez as seguintes estimativas:

	Departamento	
	Fresagem	Montagem
Horas de mão de obra direta	8.000	80.000
Horas-máquina	60.000	3.000
Custos indiretos de produção fixos totais (US$)	390.000	500.000
Custos indiretos de produção variáveis por hora-máquina (US$)	2	—
Custos indiretos de produção variáveis por hora de mão de obra direta (US$)	—	3,75

Requisitado:
1. Calcule a taxa predeterminada de custos indiretos a ser usada em cada departamento.
2. Suponha que as taxas de custos indiretos que você calculou no item (1) anterior sejam válidas. O relatório de custos da Ordem de Produção 407, iniciada e concluída durante o ano, mostrava o seguinte:

	Departamento	
	Fresagem	Montagem
Horas de mão de obra direta	5	20
Horas-máquina	90	4
Materiais requisitados (US$)	800	370
Custos de mão de obra direta (US$)	45	160

Calcule os custos de produção totais atribuídos à Ordem de Produção 407.
3. Você esperaria que fossem cobrados valores substancialmente diferentes de custos indiretos de algumas ordens de produção se a empresa usasse uma taxa de custos indiretos que envolve toda a fábrica baseada em horas de mão de obra direta em vez de usar taxas departamentais? Explique. Não é necessário nenhum cálculo.

EXERCÍCIO 3.16 Aplicação de custos indiretos; Lançamentos contábeis; Eliminação de custos indiretos subavaliados ou superavaliados [OA3.4, OA3.5, OA3.7]

As informações a seguir foram extraídas das contas da empresa FasGrow. Os lançamentos nas contas T são resumos das transações que afetaram essas contas durante o ano.

Custos indiretos de produção

(a)	380.000	(b)	410.000
		Saldo	30.000

Produção em andamento

Saldo	105.000	(c)	760.000
	210.000		
	115.000		
(b)	410.000		
Saldo	80.000		

Produtos concluídos

Saldo	160.000	(d)	820.000
(c)	760.000		
Saldo	100.000		

Custo de produtos vendidos

(d)	820.000		

Os custos indiretos que tinham sido aplicados à produção durante o ano são distribuídos entre os saldos finais nas contas, como a seguir:

Produção em andamento, final............................	US$ 32.800
Produtos concluídos, final....................................	41.000
Custo de produtos vendidos................................	336.200
Custos indiretos aplicados..................................	US$ 410.000

Por exemplo, dos US$ 80 mil de saldo final na produção em andamento, US$ 32.800 foram custos indiretos que tinham sido aplicados durante o ano.

Requisitado:
1. Identifique os motivos dos lançamentos (a) a (d).
2. Suponha que a empresa liquide qualquer saldo na conta de custos indiretos de produção, passando-o diretamente para a conta de custos de produtos vendidos. Prepare o lançamento contábil necessário.
3. Suponha, agora, que a empresa alocará qualquer saldo na conta de custos indiretos de produção para as outras contas proporcionalmente aos custos indiretos aplicados durante o ano que se encontram no saldo final de cada conta. Prepare o lançamento contábil necessário com os cálculos que os justificam.

EXERCÍCIO 3.17 Aplicação de custos indiretos; Contas T; Lançamentos contábeis [OA3.1, OA3.2, OA3.4, OA3.5, OA3.7]

A Medusa Products usa um sistema de custeio por ordem de produção. Os custos indiretos são aplicados a ordens de produção com base em horas-máquina. No início do ano, a gerência estimou que seriam requisitadas 85 mil horas-máquina para o nível de produção estimado do período. A empresa também estimou US$ 106.250 em custos indiretos de produção fixos para o período seguinte e custos indiretos de produção variáveis de US$ 0,75 por hora-máquina.

Requisitado:
1. Calcule a taxa predeterminada de custos indiretos da empresa.
2. Suponha que durante o ano a empresa realmente trabalhe apenas 80 mil horas-máquina e incorra nos seguintes custos nas contas de custos indiretos de produção e de produção em andamento:

	Custos indiretos de produção			**Produção em andamento**	
(Serviços de utilidade pública)	14.000	?	(Materiais diretos)	530.000	
(Seguros)	9.000		(Mão de obra direta)	85.000	
(Manutenção)	33.000		(Custos indiretos)	?	
(Materiais indiretos)	7.000				
(Mão de obra indireta)	65.000				
(Depreciação)	40.000				

Copie os dados nas contas T anteriores para sua folha de respostas. Calcule o valor de custos indiretos que seriam aplicados à produção em andamento durante o ano e faça o lançamento em suas contas T.
3. Calcule o valor dos custos indiretos subavaliados ou superavaliados durante o ano, e mostre o saldo em sua conta T de custos indiretos de produção. Prepare um lançamento contábil para liquidar o saldo nessa conta, passando-o para a conta de custos de produtos vendidos.
4. Explique por que os custos indiretos de produção foram subavaliados ou superavaliados nesse ano.

EXERCÍCIO 3.18 Taxas de custos indiretos que envolvem toda a fábrica *vs.* departamentos; Custos de uma ordem de produção [OA3.1, OA3.2, OA3.3]

A empresa Smithson usa um sistema de custeio por ordem de produção e possui dois departamentos de produção – Moldagem e Fabricação. A empresa forneceu as seguintes estimativas no início do ano:

	Moldagem	Fabricação	Total
Horas-máquina..	20.000	30.000	50.000
Custos indiretos de produção fixos (US$)	800.000	300.000	1.100.000
Custos indiretos de produção variáveis por hora-máquina (US$)	5	5	

Durante o ano, a empresa não teve estoques iniciais ou finais e iniciou, concluiu e vendeu apenas duas ordens de produção – a Ordem de Produção D-75 e a Ordem de Produção C-100. A empresa forneceu as seguintes informações relacionadas a essas duas ordens de produção:

Ordem de Produção D-75:	Moldagem	Fabricação	Total
Custos de materiais diretos (US$)............................	375.000	325.000	700.000
Custos de mão de obra direta (US$)	200.000	160.000	360.000
Horas-máquina..	15.000	5.000	20.000

Ordem de Produção C-100:	Moldagem	Fabricação	Total
Custos de materiais diretos (US$)............................	300.000	250.000	550.000
Custos de mão de obra direta (US$)	175.000	225.000	400.000
Horas-máquina..	5.000	25.000	30.000

A Smithson não teve custos indiretos de produção superavaliados ou subavaliados durante o ano.

Requisitado:

1. Suponha que a Smithson use uma taxa de custos indiretos que envolve toda a fábrica baseada em horas-máquina.
   a. Calcule a taxa predeterminada de custos indiretos que envolve toda a fábrica.
   b. Calcule os custos de produção totais atribuídos à Ordem de Produção D-75 e à Ordem de Produção C-100.
   c. Se a Smithson estabelecesse preços de compra que representam 150% dos custos de produção totais, qual preço de compra teria estabelecido para a Ordem de Produção D-75 e para a Ordem de Produção C-100?
   d. Qual é o custo de produtos vendidos da Smithson nesse ano?
2. Suponha que a Smithson use taxa de custos indiretos departamentais baseada em horas-máquina.
   a. Calcule as taxas predeterminadas de custos indiretos departamentais.
   b. Calcule os custos de produção totais atribuídos à Ordem de Produção D-75 e à Ordem de Produção C-100.
   c. Se a Smithson estabelecesse preços de oferta que representam 150% dos custos de produção totais, qual preço de oferta teria estabelecido para a Ordem de Produção D-75 e a Ordem de Produção C-100?
   d. Qual é o custo de produtos vendidos da Smithson nesse ano?
3. Que *insights* gerenciais são revelados pelos cálculos que você realizou neste problema? (Dica: os valores do custo de produtos vendidos que você calculou nos itens 1 e 2 diferem um do outro? Os preços de oferta que você calculou nos itens 1 e 2 diferem um do outro? Por quê?)

EXERCÍCIO 3.19 Aplicação de custos indiretos; Lançamentos contábeis; Contas T [OA3.1, OA3.2, OA3.3, OA3.4, OA3.5]

A Custom Metal Works produz peças fundidas e outras peças de metal segundo especificações de clientes. A empresa usa um sistema de custeio por ordem de produção e aplica custos indiretos a ordens de produção com base em horas-máquina. No início do ano, a empresa usou uma fórmula de custo para estimar que ela incorreria em US$ 4,32 milhões em custos indiretos de produção para um nível de atividade de 576 mil horas-máquina.

A empresa não tinha nenhuma produção em andamento no início do ano. A empresa passou o mês de janeiro inteiro trabalhando em um grande pedido – a Ordem de Produção 382, que é um pedido de 8 mil peças usinadas. A seguir, temos os dados de custo de janeiro:

a. Matérias-primas compradas a prazo, US$ 315 mil.
b. Matérias-primas requisitadas para produção, US$ 270 mil (80% diretos e 20% indiretos).
c. Custos de mão de obra incorridos na fábrica, US$ 190 mil, dos quais US$ 80 mil foram de mão de obra direta e US$ 110 mil de mão de obra indireta.
d. Depreciação registrada de equipamentos da fábrica, US$ 63 mil.
e. Outros custos indiretos de produção incorridos, US$ 85 mil (crédito nas contas a pagar).
f. Custos indiretos de produção aplicados à produção com base em 40 mil horas-máquina realmente trabalhadas durante janeiro.
g. A ordem de produção concluída foi passada para o armazém de produtos finais no dia 31 de janeiro para esperar a entrega ao cliente. (Ao calcular o valor desse registro, lembre-se de que o custo de uma ordem de produção concluída consiste em custos de materiais diretos, custos de mão de obra direta e custos indiretos aplicados.)

Requisitado:
1. Prepare lançamentos contábeis para registrar os itens (a) a (f) anteriores. Ignore o item (g) por enquanto.
2. Prepare contas T para os custos indiretos de produção e a produção em andamento. Coloque os itens relevantes de seus lançamentos contábeis nessas contas T.
3. Prepare um lançamento contábil para o item (g) acima.
4. Calcule o custo unitário de produto que aparecerá no relatório de custos da Ordem de Produção 382.

EXERCÍCIO 3.20 Aplicação de custos indiretos em uma empresa de prestação de serviços [OA3.1, OA3.2, OA3.3]

A Pearson Architectural Design iniciou suas operações em 2 de janeiro. As seguintes atividades foram registradas em uma conta de produção em andamento da empresa em seu primeiro mês de operações:

Produção em andamento			
Custos de trabalho subcontratado	90.000	Para projetos concluídos	570.000
Custos diretos de pessoal	200.000		
Custos indiretos de estúdio	320.000		

A Pearson Architectural Design é uma empresa de prestação de serviços, então, os nomes das contas que ela usa são diferentes daqueles usados por empresas manufatureiras. Custos de trabalho subcontratado é o mesmo que mão de obra direta; custos indiretos de estúdio é o mesmo que custos indiretos de produção; e projetos concluídos é o mesmo que produtos finais. Exceto pelas diferenças nos termos, os métodos de contabilidade usados pela empresa são idênticos àqueles usados por empresas manufatureiras.

A empresa usa um sistema de custeio por ordem de produção e aplica os custos indiretos de estúdio à produção em andamento com base nos custos diretos de pessoal. No final de janeiro, apenas uma ordem de produção ainda estava em processo, a qual (o projeto da Krimmer Corporation Headquarters) tinha sido cobrada em US$ 13,5 mil de custos diretos de pessoal.

Requisitado:
1. Calcule a taxa predeterminada de custos indiretos que estava em uso durante janeiro.
2. Complete o relatório de custos por ordem de produção a seguir para o projeto parcialmente concluído do projeto da Krimmer Corporation Headquarters.

Relatório de custos por ordem de produção Projeto da Krimmer Corporation Headquarters (US$) A partir de 31 de janeiro	
Custos de trabalho subcontratado	?
Custos diretos de pessoal...	?
Custos indiretos de estúdio	?
Custo total em 31 de janeiro..	?

PROBLEMAS

Consulte no *site* <www.grupoa.com.br> os suplementos para esta seção.

PROBLEMA 3.21 Taxa predeterminada de custos indiretos; Eliminação de custos indiretos subavaliados ou superavaliados [OA3.1, OA3.7]

A empresa Savallas é altamente automatizada e usa computadores para controlar o processo de produção. A empresa usa um sistema de custeio por ordem de produção e aplica custos indiretos de produção a produtos com base em horas de uso de computadores. As seguintes estimativas foram usadas na preparação da taxa predeterminada de custos indiretos no início do ano:

Horas de uso de computadores	85.000
Custos indiretos de produção fixos (US$)	1.275.000
Custos indiretos de produção variáveis por hora de uso de computadores (US$)	3

Durante o ano, uma grave recessão econômica resultou em cortes na produção e um acúmulo de estoques no armazém da empresa. Os registros de custos da empresa revelaram os seguintes custos efetivos e dados operacionais para o ano:

Horas de uso de computadores	60.000
Custos indiretos de produção (US$)	1.350.000
Estoques no fim do ano (US$):	
Matérias-primas	400.000
Produção em andamento	160.000
Produtos finais	1.040.000
Custo de produtos vendidos (US$)	2.800.000

Requisitado:
1. Calcule a taxa predeterminada de custos indiretos da empresa para o ano.
2. Calcule os custos indiretos subavaliados ou superavaliados para o ano.
3. Suponha que a empresa liquide quaisquer custos indiretos subavaliados ou superavaliados diretamente para a conta de custos de produtos vendidos. Prepare o lançamento apropriado.
4. Suponha que a empresa faça a alocação de quaisquer custos indiretos subavaliados ou superavaliados para as contas de produção em andamento, produtos finais e custos de produtos vendidos com base no valor dos custos indiretos aplicados durante o ano que permanece em cada conta no final do ano. Esses valores são US$ 43,2 mil para produção em andamento, US$ 280,8 mil para produtos finais e US$ 756 mil para custos de produtos vendidos. Prepare o lançamento contábil para registrar a alocação.
5. Quanto mais alto ou mais baixo será o resultado operacional no ano se os custos indiretos subavaliados ou superavaliados forem alocados em vez de liquidados diretamente para a conta de custos de produtos vendidos?

PROBLEMA 3.22 Tabelas de custos de produtos manufaturados e de custos de produtos vendidos; Demonstração de resultados [OA3.6]

A empresa Valenko forneceu os seguintes saldos de conta para o ano que terminou em 31 de dezembro (todas as matérias-primas são usadas na produção como materiais diretos):

Despesas de vendas (US$)	215.000
Compras de matérias-primas (US$)	260.000
Mão de obra direta (US$)	?
Despesas administrativas (US$)	160.000
Custos indiretos de produção aplicados à produção em andamento (US$)	340.000
Custos indiretos de produção efetivos totais (US$)	350.000

Os saldos de estoque no início e no final do ano são os seguintes:

	Início do ano	Final do ano
Matérias-primas (US$)	50.000	40.000
Produção em andamento (US$)	?	33.000
Produtos finais (US$)	30.000	?

Os custos de produção totais do ano foram de US$ 675 mil; os custos dos produtos disponíveis para a venda totalizaram US$ 720 mil; os custos não ajustados de produtos vendidos totalizaram US$ 665 mil; e o resultado operacional foi de US$ 35 mil. Os custos indiretos superavaliados ou subavaliados da empresa são liquidados totalmente para a conta de custos de produtos vendidos.

Requisitado:

Preparar tabelas de custos de produtos manufaturados e de custos de produtos vendidos e uma demonstração de resultados. (Dica: prepare a demonstração de resultados e a tabela de custos de produtos vendidos primeiro, seguidas pela tabela de custos de produtos manufaturados.)

PROBLEMA 3.23 Análise de fluxos de custos com conta T [OA3.1, OA3.5, OA3.6, OA3.7]

A seguir, temos contas T selecionadas da empresa Rolm para o ano que acaba de terminar:

Matérias-primas

Saldo 1/1	30.000	Créditos	?
Débitos	420.000		
Saldo 31/12	60.000		

Custos indiretos de produção

Débitos	385.000	Créditos	?

Produção em andamento

Saldo 1/1	70.000	Créditos	810.000
Materiais diretos	320.000		
Mão de obra direta	110.000		
Custos indiretos	400.000		
Saldo 31/12	?		

Salários da fábrica a pagar

Débitos	179.000	Saldo 1/1	10.000
		Créditos	175.000
		Saldo 31/12	6.000

Produtos finais

Saldo 1/1	40.000	Créditos	?
Débitos	?		
Saldo 31/12	130.000		

Custo de produtos vendidos

Débitos	?		

Requisitado:

1. Quais foram os custos das matérias-primas colocadas na produção durante o ano?
2. Qual fração dos materiais no item (1) anterior consiste em materiais indiretos?
3. Qual fração dos custos de mão de obra da fábrica consiste em mão de obra indireta?
4. Quais foram os custos de produtos manufaturados no ano?
5. Quais foram os custos de produtos vendidos no ano (antes de considerar os custos indiretos subavaliados ou superavaliados)?
6. Se os custos indiretos são aplicados à produção com base nos custos de materiais diretos, qual taxa esteve em vigor durante o ano?
7. Os custos indiretos de produção foram subavaliados ou superavaliados? Em quanto?
8. Calcule o saldo final na conta de estoques de produção em andamento. Suponha que esse saldo consista integralmente de produtos iniciados durante o ano. Se US$ 32 mil desse saldo são de custos de materiais diretos, qual fração dele é de custos de mão de obra direta? E de custos indiretos de produção?

PROBLEMA 3.24 Tabela de custos de produtos manufaturados; Análise de custos indiretos [OA3.1, OA3.2, OA3.3, OA3.6, OA3.7]

A empresa manufatureira The Pacific opera um sistema de custeio por ordem de produção e aplica custos indiretos a ordens de produção com base nos custos de mão de obra direta. Sua taxa predeterminada de custos indiretos foi baseada em uma fórmula de custo que estimou US$ 126 mil de custos indiretos de produção para uma base de alocação estimada de US$ 84 mil de mão de obra direta. A empresa forneceu os seguintes dados na forma de planilha do Excel:

	A	B	C
1		Início (US$)	Final (US$)
2	Matérias-primas	21.000	16.000
3	Produção em andamento	44.000	40.000
4	Produtos finais	68.000	60.000
5			
6	Os seguintes custos efetivos foram incorridos durante o ano (US$):		
7	Compra de matérias-primas (todas de materiais diretos)		133.000
8	Custos de mão de obra direta		80.000
9	Custos indiretos de produção:		
10	Seguros, fábrica		7.000
11	Depreciação de equipamentos		18.000
12	Mão de obra indireta		42.000
13	Impostos sobre propriedades		9.000
14	Manutenção		11.000
15	Aluguel, edifício		36.000

Requisitado:
1. *a.* Calcule a taxa predeterminada de custos indiretos do ano.
   b. Calcule o valor dos custos indiretos subavaliados ou superavaliados do ano.
2. Prepare a tabela de custos de produtos manufaturados do ano. Suponha que todas as matérias-primas sejam usadas na produção como materiais diretos.
3. Calcule os custos não ajustados de produtos vendidos do ano. (Não inclua nenhum custo indireto subavaliado ou superavaliado em seu valor de custos de produtos vendidos.) Quais opções estão disponíveis para a eliminação dos custos indiretos subavaliados ou superavaliados?
4. A Ordem de Produção 137 foi iniciada e concluída durante o ano. Qual preço teria sido cobrado do cliente se a ordem de produção requisitasse US$ 3,2 mil em materiais e US$ 4,2 mil em custos de mão de obra direta, e a empresa precificasse suas ordens de produção 40% acima do custo da ordem de produção segundo seu sistema contábil?
5. Os custos de mão de obra direta representam US$ 8 mil dos US$ 40 mil no saldo de estoques finais de produção em andamento. Forneça as informações que faltam na tabela a seguir:

Materiais diretos (US$)................................	?
Mão de obra direta (US$)	8.000
Custos indiretos de produção (US$)	?
Estoques de produção em andamento (US$)	40.000

PROBLEMA 3.25 Lançamentos Contábeis; Contas T; Demonstrações contábeis [OA3.1, OA3.2, OA3.3, OA3.4, OA3.5, OA3.6, OA3.7]

A empresa Southworth usa um sistema de custeio por ordem de produção e aplica custos indiretos de produção a ordens de produção com base nos custos de materiais diretos usados na produção. Sua taxa predeterminada de custos indiretos foi baseada em uma fórmula de custo que estimou US$ 248 mil em custos indiretos de produção para uma base de alocação estimada de US$ 155 mil em materiais diretos. As seguintes transações ocorreram durante o ano (todas as compras e serviços foram adquiridos a prazo):

a. Matérias-primas compradas, US$ 142 mil.
b. Matérias-primas requisitadas para uso na produção (todas em materiais diretos), US$ 150 mil.
c. Contas de serviços de utilidade pública a serem pagas pela fábrica, US$ 21 mil.
d. Custos de salários e remunerações foram incorridos como a seguir:

Mão de obra direta (US$)	216.000
Mão de obra indireta (US$)	90.000
Salários de vendas e administrativos (US$)	145.000

e. Custos de manutenção incorridos na fábrica, US$ 15 mil.
f. Custos de propaganda incorridos, US$ 130 mil.
g. Depreciação registrada no ano, US$ 50 mil (90% estão relacionados a ativos da fábrica e o restante, a ativos de venda e administrativos).
h. Custo de aluguel dos edifícios, US$ 90 mil (80% do espaço é ocupado pela fábrica, 20% é ocupado pelos departamentos de vendas e administração).

i. Custos de venda e administrativos incorridos variados, US$ 17 mil.
j. Custos indiretos de produção aplicados a ordens de produção, US$?.
k. Custos de produtos manufaturados no ano, US$ 590 mil.
l. Vendas do ano (todas a prazo) totalizaram US$ 1 milhão. Esses produtos custaram US$ 600 mil segundo os relatórios de custos de suas ordens de produção.

Os saldos nas contas de estoques no ano foram:

Matérias-primas (US$)................	18.000
Produção em andamento (US$)................	24.000
Produtos finais (US$)................	35.000

Requisitado:
1. Prepare lançamentos contábeis para registrar os dados anteriores.
2. Faça seus lançamentos em contas T. (Não se esqueça de inserir os saldos de estoques iniciais acima.) Determine os saldos finais nas contas de estoques e na conta de custos indiretos de produção.
3. Prepare uma tabela de custos de produtos manufaturados.
4. Prepare um lançamento contábil para liquidar qualquer saldo na conta de custos indiretos de produção, passando-o para a conta de custos de produtos vendidos. Prepare uma tabela de custos de produtos vendidos.
5. Prepare uma demonstração de resultados do ano.
6. A Ordem de Produção 218 foi uma das muitas ordens de produção iniciadas e concluídas durante o ano. A ordem de produção requisitou US$ 3,6 mil em materiais diretos e 400 horas de mão de obra direta a uma taxa salarial de US$ 11 por hora. Se a ordem de produção contivesse 500 unidades e a empresa cobrou um preço 75% acima do custo unitário de produto no relatório de custos por ordem de produção, qual preço por unidade teria sido cobrado do cliente?

PROBLEMA 3.26 Diversos departamentos; Aplicação de custos indiretos [OA3.1, OA3.2, OA3.3, OA3.7]

A WoodGrain Technology produz escritórios de *home office* a partir de madeira de lei de excelente qualidade. A empresa usa um sistema de custeio por ordem de produção e taxas predeterminadas de custos indiretos para aplicar custos indiretos de produção a ordens de produção. A taxa predeterminada de custos indiretos no departamento de preparação é baseada em horas-máquina, e a taxa no departamento de fabricação é baseada em horas de mão de obra direta. No início do ano, a gerência da empresa fez as seguintes estimativas para o ano:

	Departamento	
	Preparação	Fabricação
Horas-máquina................	80.000	21.000
Horas de mão de obra direta	35.000	50.000
Custos de materiais diretos (US$)................	190.000	400.000
Custos de mão de obra direta (US$)	280.000	530.000
Custos indiretos de produção fixos (US$)	256.000	520.000
Custos indiretos de produção variáveis por hora-máquina (US$)............	2	—
Custos indiretos de produção variáveis por hora de mão de obra direta (US$)	—	4

A Ordem de Produção 127 foi iniciada em 1º de abril e concluída em 12 de maio. Os registros de custo da empresa mostram as seguintes informações relativas à ordem de produção:

	Departamento	
	Preparação	Fabricação
Horas-máquina................	350	70
Horas de mão de obra direta	80	130
Custos de materiais diretos (US$)................	940	1.200
Custos de mão de obra direta (US$)	710	980

Requisitado:
1. Calcule a taxa predeterminada de custos indiretos usada durante o ano no departamento de preparação. Calcule a taxa usada no departamento de fabricação.
2. Calcule os custos indiretos totais aplicados à Ordem de Produção 127.
3. Quais seriam os custos totais registrados para a Ordem de Produção 127? Se a ordem de produção contivesse 25 unidades, qual seria o custo unitário de produto?
4. No final do ano, os registros da WoodGrain Technology revelaram os seguintes custos efetivos e dados operacionais para todas as ordens de produção trabalhadas durante o ano:

	Departamento	
	Preparação	Fabricação
Horas-máquina	73.000	24.000
Horas de mão de obra direta	30.000	54.000
Custos de materiais diretos (US$)	165.000	420.000
Custos indiretos de produção (US$)	390.000	740.000

Qual foi o valor de custos indiretos subavaliados ou superavaliados em cada departamento no final do ano?

PROBLEMA 3.27 Problema abrangente [OA3.1, OA3.2, OA3.4, OA3.5, OA3.6, OA3.7]

A Sovereign Millwork Ltd. produz reproduções de antigos frisos de parede residenciais em uma fábrica localizada em Manchester, Inglaterra. Como há centenas de produtos, dos quais alguns são feitos somente sob encomenda, a empresa usa um sistema de custeio por ordem de produção. No dia 1º de julho, o início do ano fiscal da empresa, os saldos da conta de estoques eram os seguintes:

Matérias-primas (£)	10.000
Produção em andamento (£)	4.000
Produtos finais (£)	8.000

A empresa aplica custos indiretos a ordens de produção com base em horas-máquina. Sua taxa predeterminada de custos indiretos para o ano fiscal que começa em 1º de julho foi baseada em uma fórmula de custo que estimou £ 99 mil em custos indiretos de produção para um nível de atividade estimado de 45 mil horas-máquina. Durante o ano, as seguintes transações foram concluídas:

a. Matérias-primas compradas a prazo, £ 160 mil.
b. Matérias-primas requisitadas para uso na produção, £ 140 mil (foram cobrados £ 120 mil em materiais diretos das ordens de produção; o restante foi de materiais indiretos).
c. Custos de serviços de funcionários foram incluídos como a seguir:

Mão de obra direta (£)	90.000
Mão de obra indireta (£)	60.000
Comissões de vendas (£)	20.000
Salários administrativos (£)	50.000

d. Seguros antecipados que expiraram durante o ano, £ 18 mil (£ 13 mil desse valor estão relacionados a operações da fábrica e o restante está relacionado a atividades de venda e administrativas).
e. Custos de serviços de utilidade pública incorridos na fábrica, £ 10 mil.
f. Custos de propaganda incorridos, £ 15 mil.
g. Depreciação registrada de equipamentos, £ 25 mil. (£ 20 mil deste valor foram em equipamentos usados na fábrica; os £ 5 mil restantes em equipamentos usados em atividades de vendas e administrativas.)
h. Custos indiretos de produção foram aplicados a ordens de produção, £ ?. (A empresa registrou 50 mil horas-máquina de tempo operacional durante o ano.)
i. Produtos que tiveram um custo de produção de £ 310 mil segundo seus relatórios de custos foram concluídos.

CONTABILIDADE GERENCIAL

j. As vendas (todas a prazo) para os clientes durante o ano totalizaram £ 498 mil. Esses produtos tiveram um custo de produção de £ 308 mil segundo seus relatórios de custos por ordem de produção.

Requisitado:

1. Prepare lançamentos contábeis para registrar as transações do ano.
2. Prepare contas T para os estoques, os custos indiretos de produção, e os custos de produtos vendidos. Coloque os dados relevantes de seus lançamentos contábeis nessas contas T (não se esqueça de inserir os saldos iniciais em suas contas de estoques). Calcule um saldo final em cada conta.
3. Os custos indiretos de produção estão subavaliados ou superavaliados nesse ano? Prepare um lançamento contábil para liquidar qualquer saldo na conta de custos indiretos de produção, passando-os para a conta de custos de produtos vendidos.
4. Prepare uma demonstração de resultados para esse ano. (Não é necessário preparar uma tabela de custos de produtos manufaturados; todas as informações necessárias para a demonstração de resultados estão disponíveis nos lançamentos contábeis e nas contas T que você preparou.)

PROBLEMA 3.28 Fluxos de custos; Contas T; Demonstração de resultados [OA3.1, OA3.2, OA3.5, OA3.6, OA3.7]

A Fantastic Props Inc. projeta e fabrica objetos cinematográficos como maquetes de *starfighters**
e robôs cibernéticos. O balanço patrimonial da empresa a partir de 1º de janeiro, o início do ano
fiscal atual, é exibido abaixo:

Fantastic Props Inc. Balanço patrimonial (US$) 1º de janeiro		
Ativos		
Ativos circulantes		
Dinheiro em caixa		15.000
Contas a receber		40.000
Estoques:		
Matérias-primas	25.000	
Produção em andamento	30.000	
Produtos finais (objetos aguardando entrega)	45.000	100.000
Seguros antecipados		5.000
Total de ativos circulantes		160.000
Edifícios e equipamentos	500.000	
Menos depreciação acumulada	210.000	290.000
Total de ativos		450.000
Passivos e patrimônio do acionista		
Contas a pagar		75.000
Capital acionário	250.000	
Lucros retidos	125.000	375.000
Total de passivos e patrimônio do acionista		450.000

Como cada objeto possui um projeto exclusivo e pode exigir entre algumas horas e um mês para
ser concluído, a Fantastic Props usa um sistema de custeio por ordem de produção. Os custos indiretos na oficina de fabricação são cobrados com base nos custos de mão de obra direta. A taxa
predeterminada de custos indiretos da empresa é baseada em uma fórmula de custo que estimou
US$ 80 mil em custos indiretos de produção para uma base de alocação estimada de US$ 100 mil
em mão de obra direta. As transações a seguir foram registradas durante o ano:

a. Matérias-primas, como madeira, tintas e placas de metal foram compradas a prazo, US$ 80 mil.
b. Matérias-primas foram despachadas para a produção, US$ 90 mil; US$ 5 mil deste valor foram em materiais indiretos.
c. Custos incorridos e pagos da folha de pagamentos: mão de obra direta, US$ 120 mil; mão de obra indireta, US$ 30 mil; e salários de vendas e administrativos, US$ 75 mil.

---

* N. de E.: *Starfighters* são as naves espaciais de filmes de ficção científica como Star Wars.

d. Custos incorridos de serviços de utilidade pública da oficina de fabricação, US$ 12 mil.
e. Depreciação registrada no ano, US$ 30 mil (US$ 5 mil em ativos de venda e administrativas; US$ 25 mil em ativos da oficina de fabricação).
f. Seguros antecipados expirados, US$ 4,8 mil (US$ 4 mil relacionados às operações da oficina de fabricação, e US$ 800 relacionados a atividades de vendas e administrativas).
g. Despesas de entrega incorridas, US$ 40 mil.
h. Outros custos indiretos de produção incorridos, US$ 17 mil (crédito nas contas a pagar).
i. Custos indiretos de produção foram aplicados à produção. Os custos indiretos foram aplicados com base nos custos de mão de obra direta.
j. Objetos cinematográficos com custo de produção de US$ 310 mil segundo seus relatórios de custos por ordem de produção foram concluídos.
k. As vendas do ano totalizaram US$ 450 mil e foram todas a prazo. O custo total para produzir esses objetos cinematográficos foi de US$ 300 mil segundo seus relatórios de custos por ordem de produção.
l. Recebimentos a prazo dos clientes, US$ 445 mil.
m. Pagamentos a prazo aos fornecedores, US$ 150 mil.

Requisitado:
1. Prepare uma conta T para cada conta do balanço patrimonial da empresa e insira os saldos iniciais.
2. Faça lançamentos diretamente nas contas T para as transações (a) a (m). Crie novas contas T, se necessário. Determine um saldo final para cada conta T.
3. Os custos indiretos de produção foram subavaliados ou superavaliados no ano? Suponha que a empresa faça a alocação de qualquer saldo de custos indiretos entre a conta de produção em andamento, e as contas de produtos finais e de custos de produtos vendidos. Prepare um lançamento contábil para mostrar a alocação. (Arredonde as porcentagens da alocação para uma casa decimal.)
4. Prepare uma demonstração de resultados para o ano. (Não é necessário preparar uma tabela de custos de produtos manufaturados; todas as informações necessárias para a demonstração de resultados estão disponíveis nas contas T.)

CASOS

Consulte no *site* <www.grupoa.com.br> os suplementos para esta seção.

Caso 3.29 Taxa de custos indiretos que envolvem toda a fábrica *versus* departamentais; Custos indiretos subavaliados ou superavaliados [OA3.1, OA3.2, OA3.3, OA3.7]

"Não me diga que perdemos mais uma licitação!", exclamou Sandy Kovallas, presidente da Lenko Products Inc. "Infelizmente sim", respondeu Doug Martin, o vice-presidente de operações. "Um de nossos concorrentes fez uma oferta em torno de US$ 10 mil mais barata na ordem de produção da Hastings." "Não consigo entender", disse Kovallas. "Parece que ou cobramos alto demais para conseguirmos a ordem de produção ou baixo demais para obtermos qualquer lucro em metade das ordens de produção de cujas licitações participamos. O que está acontecendo?"

A Lenko Products produz produtos especializados segundo as especificações dos clientes e opera um sistema de custeio por ordem de produção. Os custos indiretos de produção são aplicados a ordens de produção com base nos custos de mão de obra direta. As estimativas a seguir foram feitas no início do ano:

	Departamento			
	Corte	Usinagem	Montagem	Total da fábrica
Mão de obra direta (US$)	300.000	200.000	400.000	900.000
Custos indiretos de produção (US$)	540.000	800.000	100.000	1.440.000

As ordens de produção exigem quantidades variáveis de trabalho nos três departamentos. A ordem de produção da Hastings, por exemplo, teria os seguintes custos de produção nos três departamentos:

	Departamento			
	Corte	Usinagem	Montagem	Total da fábrica
Materiais diretos (US$)	12.000	900	5.600	18.500
Mão de obra direta (US$)	6.500	1.700	13.000	21.200
Custos indiretos de produção (US$)	?	?	?	?

A empresa usa uma taxa de custos indiretos que envolve toda a fábrica para aplicar custos indiretos de produção a ordens de produção.

Requisitado:
1. Supondo o uso de uma taxa de custos indiretos que envolve toda a fábrica:
   a. Calcule a taxa para o ano corrente.
   b. Determine o valor dos custos indiretos de produção que teriam sido aplicados à ordem de produção da Hastings.
2. Suponha que, em vez de usar uma taxa de custos indiretos que envolve toda a fábrica, a empresa tenha usado uma taxa predeterminada de custos indiretos separada em cada departamento. Sob essas condições:
   a. Calcule a taxa de cada departamento para o ano corrente.
   b. Determine o valor dos custos indiretos de produção que teriam sido aplicados à ordem de produção da Hastings.
3. Explique a diferença entre os custos indiretos de produção que teriam sido aplicados à ordem de produção da Hastings usando a taxa que envolve toda a fábrica do item 1(b) e as taxas departamentais do item 2(b).
4. Suponha que seja comum na indústria cobrar 150% dos custos de produção totais (custos de materiais diretos, custos de mão de obra direta e custos indiretos aplicados) pelas ordens de produção. Qual foi o preço de oferta da empresa para a ordem de produção da Hastings? Qual teria sido o preço de oferta se tivesse sido usada uma taxa de custos indiretos departamental para aplicar os custos indiretos?
5. No final do ano, a empresa reuniu os dados de custo efetivo relativos a todas as ordens de produção trabalhadas durante o ano:

	Corte	Usinagem	Montagem	Total da fábrica
Materiais diretos (US$)	760.000	90.000	410.000	1.260.000
Mão de obra direta (US$)	320.000	210.000	340.000	870.000
Custos indiretos de produção (US$)	560.000	830.000	92.000	1.482.000

(Departamento: Corte, Usinagem, Montagem)

Calcule os custos indiretos subavaliados ou superavaliados do ano (a) supondo que seja usada uma taxa de custos indiretos que envolve toda a fábrica, e (b) supondo que sejam usadas taxas de custos indiretos departamentais.

CASO 3.30 Ética e o gerente [OA3.1, OA3.2, OA3.7]

Cristin Madsen foi transferida recentemente para a divisão de eletrodomésticos da Solequin Corporation. Logo depois de assumir seu novo cargo como *controller* da divisão, pediram que ela desenvolvesse a taxa predeterminada de custos indiretos da divisão para o ano seguinte. A precisão da taxa é importante porque ela é usada durante todo o ano e quaisquer custos indiretos superavaliados ou subavaliados são liquidados para a conta de custos de produtos vendidos no final do ano. A Solequin Corporation usa horas de mão de obra direta em todas as suas divisões como a base de alocação dos custos indiretos de produção.

Para calcular a taxa predeterminada de custos indiretos, Cristin dividiu sua estimativa dos custos indiretos de produção totais do próximo ano pela estimativa do gerente de produção do total de horas de mão de obra direta do próximo ano. Ela levou seus cálculos para a aprovação do gerente geral, mas ficou surpresa quando ele sugeriu uma modificação na base. Sua conversa com o gerente geral da Divisão de Eletrodomésticos, Lance Jusic, foi a seguinte:

Madsen: Aqui estão meus cálculos para a taxa predeterminada de custos indiretos para o próximo ano. Se você aprová-la, poderemos inserir a taxa no computador no dia 1º de janeiro e colocar o sistema de custeio por ordem de produção em funcionamento este ano.

Jusic: Obrigado por fazer os cálculos tão rapidamente, e eles parecem corretos. No entanto, eu gostaria de ver uma pequena modificação. Sua estimativa do total de horas de mão de obra direta para o ano é de 110 mil horas. O que você acha de cortá-lo para aproximadamente 105 mil horas?

Madsen: Não sei se posso fazer isso. O gerente de produção diz que precisará de cerca de 110 mil horas de mão de obra direta para atender às projeções de venda do próximo ano. Além disso, haverá mais de 108 mil horas de mão de obra direta durante este ano e as vendas projetadas do ano que vem são mais altas do que as deste.

Capítulo 3 ▶▶ Método de custeio por ordem de produção

Jusic: Cristin, sei de tudo isso. Ainda assim, gostaria de reduzir as horas de mão de obra direta na base para algo em torno de 105 mil horas. Você provavelmente não sabe que eu tinha um acordo com sua predecessora como *controller* divisional para cortar mais ou menos 5% das horas de mão de obra direta estimadas todos os anos. Dessa maneira, mantivemos uma reserva que normalmente resultava em um grande aumento no resultado operacional no final do ano fiscal em dezembro. Chamamos isso de nosso bônus de Natal. A sede corporativa sempre parecia ficar muito satisfeita com o fato de conseguirmos tal milagre no final do ano. Esse sistema funcionou bem durante anos e não quero mudá-lo agora.

Requisitado:

1. Explique como cortar 5% das horas de mão de obra direta estimadas na base da taxa predeterminada de custos indiretos normalmente resulta em um grande aumento no resultado operacional no final do ano fiscal.
2. Cristin Madsen deve aceitar o pedido do gerente geral para reduzir as horas de mão de obra direta no cálculo da taxa predeterminada de custos indiretos para 105 mil horas de mão de obra direta?

APÊNDICE 3A: TAXA PREDETERMINADA DE CUSTOS INDIRETOS E CAPACIDADE MÁXIMA

As empresas baseiam sua taxa predeterminada de custos indiretos no valor estimado, ou orçado da base de alocação do período seguinte. Esse é o método usado no capítulo, mas é uma prática que passou a ser alvo de críticas severas,[4] as quais estão centradas em como os custos indiretos de produção fixos são tratados nessa abordagem tradicional. Como veremos, os críticos discutem que, em geral, aplica-se um excesso de custos indiretos de produção fixos a produtos. Para nos concentrarmos nesse problema, faremos duas suposições simplificadoras neste Apêndice: (1) consideraremos apenas os custos indiretos de produção fixos; e (2) suporemos que os custos indiretos de produção fixos efetivos no final do período são iguais aos custos indiretos de produção fixos estimados, ou orçados no início do período. Nenhuma dessas suposições é totalmente realista. Normalmente, alguns custos indiretos de produção são variáveis e mesmo os custos fixos podem diferir do que foi esperado no início do período, mas fazer essas suposições nos permite dar foco às principais questões levantadas pelos críticos.

Um exemplo nos ajudará a compreender a controvérsia. A Prahad Corporation produz CDs de música para estúdios de gravação locais. Uma máquina de duplicação de CDs da empresa consegue produzir um novo CD a cada 10 segundos a partir de um CD master. A empresa aluga a máquina de duplicação de CDs por US$ 180 mil por ano, e este é o único custo indireto de produção da empresa. Com pausas para configurações e manutenção, a máquina teoricamente consegue produzir até 900 mil CDs por ano. Entretanto, como vendas de CDs estão fracas, os clientes comerciais da empresa provavelmente não encomendarão mais de 600 mil CDs no próximo ano. A empresa utiliza tempo de uso de máquina como a base de alocação para aplicar custos indiretos de produção de CDs. Esses dados estão resumidos a seguir:

> ▶▶ OA3.8
>
> (Apêndice 3A) Compreender as implicações de basear as taxas de custos indiretos predeterminadas sobre o nível de capacidade máxima de uma atividade em vez de sobre o nível estimado de atividade para o período.

Dados da Prahad Corporation	
Custos indiretos de produção totais	US$ 180.000 por ano
Base de alocação – tempo de uso de máquina por CD	10 segundos por CD
Capacidade máxima	900.000 CDs por ano
Produção orçada para o próximo ano	600.000 CDs

---

[4] Institute of Management Accountants, Measuring the Cost of Capacity: Statements on Management Accounting, Number 4Y, Montvale, NJ; Thomas Klammer, org., Capacity Measurement e Improvement: A Manager's Guide to Evaluating and Optimizing Capacity Productivity (Chicago: CAM-I, Irwin Professional Publishing); e C. J. McNair, "The Hidden Costs of Capacity", The Journal of Cost Management (Spring 1994), p. 12–24.

Se a Prahad seguisse a prática comum e calculasse sua taxa predeterminada de custos indiretos usando valores estimados ou orçados, então sua taxa predeterminada de custos indiretos do próximo ano seria de US$ 0,03 por segundo de uso de máquina calculado como a seguir:

$$\text{Taxa predeterminada de custos indiretos} = \frac{\text{Custos indiretos de produção totais estimados}}{\text{Valor total estimado da base de alocação}}$$

$$= \frac{\text{US\$ 180.000}}{600.000 \text{ CDs} \times 10 \text{ segundos por CD}}$$

$$= \text{US\$ 0,03 por segundo}$$

Como a produção de cada CD exige 10 segundos de tempo de uso de máquina, será cobrado para cada CD US$ 0,30 de custos indiretos.

Os críticos alegam que há dois problemas com esse procedimento. Em primeiro lugar, se as taxas predeterminadas de custos indiretos forem baseadas na atividade orçada e os custos indiretos incluírem uma quantidade significativa de custos fixos, então os custos unitários de produto flutuarão dependendo do nível de atividade orçada para o período. Por exemplo, se a produção orçada para o ano fosse de apenas 300 mil CDs, a taxa predeterminada de custos indiretos seria de US$ 0,06 por segundo de tempo de uso da máquina ou US$ 0,60 por CD em vez de US$ 0,30. Em geral, se a produção orçada cai, os custos indiretos por unidade aumentam; parecerá que os CDs custam mais para serem produzidos. Os gerentes podem, então, ficar tentados a aumentar os preços no pior momento possível – exatamente quando a demanda está caindo.

Em segundo lugar, os críticos alegam que seguindo a abordagem tradicional, os produtos são cobrados por recursos que eles não usam. Quando os custos fixos da capacidade máxima são distribuídos pela atividade estimada, as unidades que são produzidas têm que arcar com os custos de capacidade não utilizada. É por isso que os custos indiretos por unidade aplicados aumentam com a diminuição do nível de atividade. Os críticos discutem que os produtos devem ser cobrados apenas pela capacidade que eles usam; eles não devem ser cobrados pela capacidade que eles não usam. Isso pode ser conseguido baseando a taxa predeterminada de custos indiretos na capacidade máxima, como a seguir:

$$\text{Taxa predeterminada de custos indiretos baseada na capacidade máxima} = \frac{\text{Custos indiretos de produção totais estimados na capacidade máxima}}{\text{Valor total estimado da base de alocação na capacidade máxima}}$$

$$= \frac{\text{US\$ 180.000}}{900.000 \text{ CDs} \times 10 \text{ segundos por CD}}$$

$$= \text{US\$ 0,02 por segundo}$$

É importante perceber que o numerador nesta taxa predeterminada de custos indiretos são os custos indiretos de produção totais estimados na capacidade máxima. Em geral, o numerador da taxa predeterminada de custos indiretos são os custos indiretos de produção totais estimados para o nível de atividade que se encontra no denominador. Normalmente, os custos indiretos de produção totais estimados na capacidade máxima serão maiores do que os custos indiretos de produção totais estimados no nível de atividade estimado. O nível de atividade estimado, nesse caso, foi de 600 mil CDs (ou 6 milhões de segundos de tempo de uso de máquina), enquanto a capacidade máxima é de 900 mil CDs (ou 9 milhões de segundos de tempo de uso de máquina). Os custos indiretos de produção totais estimados de produzir 600 mil CDs foram de US$ 180 mil. Esse valor também representa os custos indiretos de produção totais estimados de produzir 900 mil CDs, mas isso só acontece porque supusemos que os custos indiretos de produção são inteiramente fixos. Se os custos indiretos de produção contivessem qualquer elemento

Capítulo **3** ▶ Método de custeio por ordem de produção

variável, os custos indiretos de produção totais seriam mais altos para produzir 900 mil CDs do que para produzir 600 mil CDs e, nesse caso, a taxa predeterminada de custos indiretos refletiria o fato.

De qualquer forma, retornando ao cálculo da taxa predeterminada de custos indiretos baseada na capacidade máxima, a taxa predeterminada de custos indiretos é de US$ 0,02 por segundo e, então, os custos indiretos aplicados a cada CD seriam de US$ 0,20. Esse valor é constante e não seria afetado pelo nível de atividade durante um período. Se a produção cair, o valor cobrado ainda será de US$ 0,20 por CD.

Esse método quase que certamente resultará na subavaliação dos custos indiretos. Se a produção eficaz da Prahad Corporation for de 600 mil CDs, então apenas US$ 120 mil em custos indiretos seriam aplicados aos produtos (US$ 0,20 por CD × 600.000 CDs). Como os custos indiretos efetivos são de US$ 180 mil, os custos indiretos estariam subavaliados em US$ 60 mil. Como supomos que os custos indiretos de produção são inteiramente fixos e que os custos indiretos de produção efetivos são iguais aos custos indiretos de produção que foram estimados no início do ano, a subavaliação dos custos indiretos representa o custo da capacidade não utilizada. Em outras palavras, se não houvesse capacidade não utilizada, não haveria subavaliação dos custos indiretos. Os críticos sugerem que a subavaliação dos custos indiretos resultante da capacidade não utilizada deve ser divulgada separadamente na demonstração de resultados como "custo de capacidade não utilizada" – uma despesa do período. Divulgar esse custo como uma importância bruta na demonstração de resultados em vez de embuti-lo nos custos de produtos vendidos ou nos estoques finais o torna muito mais visível para os gerentes. A seguir, temos um exemplo de uma demonstração de resultados dessas:

Demonstração de resultados da Prahad Corporation do ano que terminou em 31 de dezembro (US$)		
Vendas[1]		1.200.000
Custos de produtos vendidos[2]		1.080.000
Margem bruta	60.000	120.000
Outras despesas:	90.000	150.000
Custos de capacidade não utilizada[3]		
Despesas de vendas e administrativas[4]		
Resultado operacional		− 30.000

[1] Suponha vendas de 600.000 CDs a US$ 2 por CD.

[2] Suponha que o custo unitário de produto dos CDs seja de US$ 1,80, incluindo os US$ 0,20 de custos indiretos de produção.

[3] Veja os cálculos no texto da página anterior. Os custos indiretos subavaliados são de US$ 60.000.

[4] Suponha que o total de despesas de vendas e administrativas seja de US$ 90.000.

Observe que os custos de capacidade não utilizada são exibidos proeminentemente nessa demonstração de resultados.

Pronunciamentos contábeis não proíbem basear as taxas predeterminadas de custos indiretos na capacidade máxima para relatórios externos.[5] No entanto, baseá-las na atividade estimada ou orçada é uma prática antiga na indústria, e alguns gerentes e contadores podem ter como alvo os grandes valores de custos indiretos subavaliados que geralmente resultariam do uso da capacidade máxima para determinar taxas predeterminadas de custos indiretos. E alguns podem insistir que os custos indiretos subavaliados sejam alocados entre os custos de produtos vendidos e estoques finais – o que contrariaria o objetivo de basear a taxa predeterminada de custos indiretos na capacidade máxima.

---

[5] Institute of Management Accountants, *Measuring the Cost of Capacity*, p. 46-47.

POR DENTRO DAS EMPRESAS

CONTABILIDADE DE CONSUMO DE RECURSOS

A **Clopay Plastic Products**, sediada em Cincinnati, Ohio, implementou recentemente uma aplicação piloto de um sistema contábil de custeio alemão conhecido nos Estados Unidos como Resource Consumption Accounting (RCA), ou contabilidade de consumo de recursos. Um dos benefícios da RCA é que ela usa o valor total estimado da base de alocação na capacidade máxima para calcular as taxas de custos indiretos e para atribuir custos a objetos de custo. Isso torna a capacidade ociosa visível para os gerentes, que podem reagir a essa informação aumentando as vendas ou agindo no sentido de reduzir a quantidade e o custo de capacidade disponível. Isso garante também que os produtos só sejam carregados pelos recursos que são realmente usados para produzi-los.

O antigo sistema de custeio da Clopay dividia todos os custos indiretos de produção da empresa pelas unidades produzidas. Então, se os gerentes seniores da Clopay decidissem descontinuar o que parecia ser um produto não lucrativo, os custos unitários dos produtos restantes aumentariam, já que os custos indiretos fixos da capacidade recém tornada ociosa seriam divididos por eles.

FONTE: B. Douglas Clinton e Sally A. Webber, "Here's Innovation in Management Accounting with Resource Consumption Accounting", *Strategic Finance*, outubro de 2004, p. 21–26.

APÊNDICE 3A: EXERCÍCIOS E PROBLEMAS

Consulte no *site* <www.grupoa.com.br> os suplementos para esta seção.

EXERCÍCIO 3A.1 Taxas de custos indiretos e capacidade máxima [OA3.1, OA3.2, OA3.7, OA3.8]

A Estate Pension Services ajuda seus clientes a criarem e administrarem planos de aposentadoria que seguem a legislação tributária e as exigências regulatórias. A empresa usa um sistema de custeio por ordem de produção em que os custos indiretos são aplicados às contas dos clientes com base em horas de trabalho de sua equipe de profissionais cobradas das contas. A seguir, temos os dados relativos aos dois últimos anos:

	2010	2011
Horas de trabalho da equipe de profissionais estimadas a serem cobradas das contas dos clientes	2.400	2.250
Custos indiretos estimados (US$)..	144.000	144.000
Horas de trabalho da equipe de profissionais disponíveis.....................	3.000	3.000

"Horas de trabalho da equipe de profissionais disponíveis" é uma medida de capacidade da empresa. Qualquer hora disponível que não seja cobrada das contas dos clientes representa capacidade não utilizada. Todos os custos indiretos da empresa são fixos.

Requisitado:

1. Jennifer Miyami é uma cliente antiga cujo plano de aposentadoria foi criado há muitos anos. Em 2010 e em 2011, foram cobradas apenas cinco horas de trabalho da equipe da conta da Sra. Miyami. Se uma empresa baseia sua taxa predeterminada de custos indiretos nos custos indiretos estimados e nas horas de trabalho estimadas a serem cobradas dos clientes, que valor de custos indiretos teria sido aplicado à conta da Sra. Miyami em 2010? E em 2011?
2. Suponha que a empresa baseie sua taxa predeterminada de custos indiretos nos custos indiretos estimados e nas horas de trabalho da equipe de profissionais a serem cobradas dos clientes, como no item (1) anterior. Além disso, suponha que as horas efetivas de trabalho da equipe cobradas das contas dos clientes e os custos indiretos efetivos sejam exatamente iguais aos estimados em ambos os anos. Em quanto os custos indiretos seriam subavaliados ou superavaliados em 2010? E em 2011?

3. Volte aos dados referentes à Sra. Miyami no item (1) anterior. Se a empresa baseia sua taxa predeterminada de custos indiretos em horas de trabalho da equipe de profissionais disponíveis, qual valor de custos indiretos teria sido aplicado à conta da Sra. Miyami em 2010? E em 2011?
4. Suponha que a empresa baseie sua taxa predeterminada de custos indiretos em horas de trabalho da equipe de profissionais disponíveis, como no item (3) anterior. Além disso, suponha que as horas efetivas de trabalho da equipe cobradas das contas dos clientes e os custos indiretos efetivos sejam exatamente iguais aos estimados em ambos os anos. Em quanto os custos indiretos seriam subavaliados ou superavaliados em 2010? E em 2011?

EXERCÍCIO 3A.2 Taxa de custos indiretos baseada na capacidade máxima [OA3.8]

A Wixis Cabinets produz estantes customizadas para equipamentos de som estéreo de alta qualidade usando madeiras especiais. A empresa usa um sistema de custeio por ordem de produção. A capacidade máxima da fábrica é determinada pela capacidade de sua restrição, que é o tempo de uso da serra de fita automatizada que faz cortes biselados na madeira segundo as especificações pré-programadas de cada estante. A serra pode operar até 180 horas por mês. Os custos indiretos de produção totais estimados na capacidade máxima são de US$ 14.760 por mês. A empresa baseia sua taxa predeterminada de custos indiretos na capacidade máxima, então sua taxa predeterminada de custos indiretos é de US$ 82 por hora de uso da serra.

A seguir, temos os resultados das operações do mês passado:

Vendas (US$)	43.740
Estoques iniciais (US$)	0
Estoques finais (US$)	0
Materiais diretos (US$)	5.350
Mão de obra direta (todas as variáveis) (US$)	8.860
Custos indiretos de produção incorridos (US$)	14.220
Despesas de vendas e administrativas (US$)	8.180
Horas efetivas de uso da serra de fita	150

Requisitado:
1. Prepare uma demonstração de resultados seguindo o exemplo no Apêndice 3A em que quaisquer custos indiretos subavaliados são diretamente registrados na demonstração de resultados como uma despesa.
2. Por que os custos indiretos normalmente são subavaliados quando a taxa predeterminada de custos indiretos é baseada na capacidade máxima?

PROBLEMA 3A.3 Taxa predeterminada de custos indiretos e capacidade máxima [OA3.1, OA3.2, OA3.7, OA3.8]

O Skid Road Recording Inc. é um pequeno estúdio de gravação de áudio localizado em Seattle, Estados Unidos. A empresa grava trabalhos para agências de propaganda – primordialmente para anúncios de rádio – e tem alguns cantores e bandas como clientes. O Skid Road Recording trabalha com todos os aspectos da gravação, da edição à criação de um CD máster digital a partir do qual podem ser feitas cópias de CDs. A concorrência na indústria de gravação de áudio em Seattle sempre foi pesada, mas tem piorado nos últimos anos. O estúdio tem perdido clientes para novos estúdios que possuem equipamentos mais atualizados e que são capazes de oferecer preços muito atraentes e um serviço excelente. A seguir, temos dados resumidos relativos aos dois últimos anos:

	2010	2011
Horas estimadas de serviços prestados no estúdio	1.000	750
Custos indiretos de estúdio estimados (US$)	90.000	90.000
Horas efetivas de serviços prestados	900	600
Custos indiretos efetivos de estúdio incorridos (US$)	90.000	90.000
Horas de serviços prestados no estúdio na capacidade máxima	1.800	1.800

A empresa aplica custos indiretos de estúdio para gravar ordens de produção com base nas horas de serviços prestados no estúdio. Por exemplo, 30 horas de tempo de estúdio foram requisitadas para gravar, editar e masterizar o CD de música Slug Fest para uma banda local. Todos os custos indiretos de estúdio são fixos, e os custos indiretos efetivos incorridos foram exatamente iguais aos estimados no início do ano, tanto em 2010 quanto em 2011.

Requisitado:
1. O Skid Road Recording calcula sua taxa predeterminada de custos indiretos no início de cada ano baseando-se nos custos indiretos de estúdio estimados e nas horas estimadas de serviços prestados no estúdio para o ano. Qual valor de custos indiretos teria sido aplicado à ordem de produção do Slug Fest se tivesse sido feito em 2010? E em 2011? Em quanto os custos indiretos teriam sido subavaliados ou superavaliados em 2010? E em 2011?
2. O presidente do Skid Road Recording ouviu dizer que algumas empresas da indústria passaram a usar um sistema para calcular a taxa predeterminada de custos indiretos no início de cada ano com base nas horas de serviços prestados no estúdio que poderiam ser oferecidas na capacidade máxima. Ele gostaria de saber que efeito esse método teria sobre os custos da ordem de produção. Qual valor de custos indiretos teria sido aplicado usando esse método à ordem de produção do Slug Fest se tivesse sido feito em 2010? E em 2011? Em quanto os custos indiretos teriam sido subavaliados ou superavaliados em 2010 por meio desse método? E em 2011?
3. Como você interpretaria os custos indiretos subavaliados ou superavaliados que resultam do uso de horas de estúdio na capacidade máxima para o cálculo da taxa predeterminada de custos indiretos?
4. Qual problema fundamental de negócios o Skid Road Recording enfrenta? Qual método de cálculo da taxa predeterminada de custos indiretos provavelmente seria mais útil ao enfrentar esse problema? Explique.

CASO 3A.4 Ética; Taxa predeterminada de custos indiretos e capacidade máxima [OA3.2, OA3.7, OA3.8]

Melissa Ostwerk, a nova *controller* da TurboDrives Inc., acaba de voltar de um seminário sobre a escolha do nível de atividade na taxa predeterminada de custos indiretos. Embora o assunto não parecesse interessante a princípio, ela achou que algumas ideias importantes foram apresentadas e que deveriam ser repassadas em sua empresa. Depois de voltar desse evento, organizou uma reunião com o gerente de produção, Jan Kingman, e o gerente-assistente de produção, Lonny Chan.

Melissa: Aprendi algo que gostaria de checar com vocês dois. É sobre o de modo como calculamos taxas predeterminadas de custos indiretos.

Jan: Somos todos ouvidos.

Melissa: Calculamos a taxa predeterminada de custos indiretos dividindo os custos indiretos totais da fábrica estimados para o próximo ano, que é um custo fixo, pelo total estimado de unidades produzidas no próximo ano.

Lonny: Fazemos isso desde que entramos para esta empresa.

Jan: E fazem o mesmo em todas as outras empresas nas quais eu já trabalhei, exceto que, na maioria das empresas, eles dividem por horas de mão de obra direta.

Melissa: Usamos unidades porque é mais simples e porque, basicamente, fazemos um só produto com pequenas variações. Mas há outro modo de fazê-lo. Em vez de basear a taxa de custos indiretos no total estimado de unidades produzidas no próximo ano, poderíamos baseá-la no total de unidades produzidas na capacidade máxima.

Lonny: Ah, o departamento de marketing amará isso. Isso fará os custos de todos os nossos produtos caírem. Eles ficarão loucos cortando os preços.

Melissa: Isso é uma preocupação, mas eu queria falar com vocês dois primeiro antes de ir ao Marketing.

Jan: Não teremos sempre muitos custos indiretos subavaliados?

Melissa: Correto, mas deixe-me mostrar como lidaríamos com o problema. Veja um exemplo baseado em nosso orçamento para o ano que vem.

Produção orçada (estimada) (unidades)	80.000
Vendas orçadas (unidades)	80.000
Capacidade máxima (unidades)	100.000
Preço de venda (US$)	70 por unidade
Custo de produção variável (US$)	18 por unidade
Custos indiretos de produção totais (todos fixos) (US$)	2.000.000
Despesas de vendas e administrativas (todas fixas) (US$)................	1.950.000
Estoques iniciais (US$)...	0

Abordagem tradicional do cálculo da taxa predeterminada de custos indiretos:

$$\text{Taxa predeterminada de custos indiretos} = \frac{\text{Custos indiretos de produção totais estimados}}{\text{Valor total estimado da base de alocação}}$$

$$= \frac{\text{US\$ 2.000.000}}{\text{80.000 unidades}} = \text{US\$ 25 por unidade}$$

Demonstração de resultados orçada (US$)

Receita (80.000 unidades × US$ 70 por unidade)		5.600.000
Custos de produtos vendidos:		
Custos de produção variáveis (80.000 unidades × US$ 18 por unidade)	1.440.000	
Custos indiretos de produção aplicados (80.000 unidades × US$ 25 por unidade)	2.000.000	3.440.000
Margem bruta		2.160.000
Despesas de vendas e administrativas.................................		1.950.000
Resultado operacional		210.000

Nova abordagem do cálculo da taxa predeterminada de custos indiretos usando a capacidade máxima no denominador:

$$\text{Taxa predeterminada de custos indiretos} = \frac{\text{Custos indiretos de produção totais estimados na capacidade máxima}}{\text{Valor total estimado da base de alocação na capacidade máxima}}$$

$$= \frac{\text{US\$ 2.000.000}}{\text{100.000 unidades}} = \text{US\$ 20 por unidade}$$

Demonstração de resultados orçada (US$)

Receita (80.000 unidades × US$ 70 por unidade).......................		5.600.000
Custos de produtos vendidos:		
Custos de produção variáveis (80.000 unidades × US$ 18 por unidade)................................	1.440.000	
Custos indiretos de produção aplicados (80.000 unidades × US$ 20 por unidade)	1.600.000	3.040.000
Margem bruta		2.560.000
Custo da capacidade não utilizada [(100.000 unidades – 80.000 unidades) × US$ 20 por unidade]		400.000
Despesas de vendas e administrativas.................................		1.950.000
Resultado operacional		210.000

Jan: Nossa!! Acho que eu não gosto da aparência dos "Custos da capacidade não utilizada". Se essa coisa aparecer na demonstração de resultados, alguém da sede provavelmente procurará algumas pessoas para demitir daqui.

Lonny: Estou preocupado com outra coisa também. O que acontece quando as vendas não correspondem às nossas expectativas? Podemos fazer o "truque do chapéu"?

Melissa: Desculpe-me, mas não entendi.

Jan: Lonny está falando de algo que acontece com alguma frequência. Quando as vendas estão baixas e os lucros parecem que serão mais baixos do que o que o presidente disse aos proprietários que eles seriam, o presidente vem até aqui e nos pede para mostrar mais lucros.

Lonny: E os tiramos de nosso "chapéu".

Jan: Isso, simplesmente aumentamos a produção até conseguirmos os lucros que queremos.

Melissa: Ainda não entendi. Você quer dizer que você aumenta as vendas?

Jan: Não, aumentamos a produção. Somos os gerentes de produção, não os gerentes de vendas.

Melissa: Entendi. Como você produziu mais, a força de vendas tem mais unidades disponíveis para a venda.

Jan: Não, o pessoal do marketing não move uma palha. Simplesmente aumentamos os estoques e pronto.

Requisitado:

Em todas as perguntas a seguir, suponha que a taxa predeterminada de custos indiretos sob o método tradicional seja de US$ 25 por unidade, e, sob o novo método, de US$ 20 por unidade. Além disso, suponha que, sob o método tradicional, quaisquer custos indiretos subavaliados ou superavaliados serão levados diretamente para a demonstração de resultados como um ajuste aos custos de produtos vendidos.

1. Suponha que a produção eficaz seja de 80 mil unidades. Calcule o resultado operacional que seria realizado sob o método tradicional e sob o método novo se as vendas efetivas forem de 75 mil unidades e todo o resto acontecer como o esperado.
2. Quantas unidades teriam de ser produzidas sob cada um dos métodos a fim de realizar o resultado operacional orçado de US$ 210 mil se as vendas efetivas forem de 75 mil unidades e todo o resto acontecer como o esperado?
3. Que efeito o novo método baseado na capacidade máxima terá sobre a volatilidade do resultado operacional?
4. O "truque do chapéu" será mais difícil ou mais fácil de fazer se o novo método baseado na capacidade máxima for utilizado?
5. Você acha que o "truque do chapéu" é ético?

APÊNDICE 3B: OUTRAS CLASSIFICAÇÕES DOS CUSTOS DE MÃO DE OBRA

▶▶ OA3.9

(Apêndice 3B) Considerar apropriadamente os custos de mão de obra associados a tempo ocioso, horas extras e benefícios adicionais.

O tempo ocioso, as horas extras e os benefícios adicionais associados aos trabalhadores de mão de obra direta apresentam problemas particulares na contabilidade de custos de mão de obra. Esses custos fazem parte dos custos de mão de obra direta ou eles são outra coisa?

Tempo ocioso

Máquinas quebradas, materiais em falta, falta de energia elétrica, entre outros, resultam em tempo ocioso. Os custos de mão de obra incorridos durante o tempo ocioso podem ser tratados como custos indiretos de produção em vez de custos de mão de obra direta. Essa abordagem distribui tais custos por toda a produção de um período em vez de apenas pelas ordens de produção que estão sendo processadas quando ocorrem quebras ou outros problemas.

Para dar um exemplo de como o custo de tempo ocioso pode ser tratado, suponha que um operador de prensa ganhe US$ 12 por hora. Se ele recebe por uma semana de trabalho normal de 40 horas, mas esteve ocioso por 3 horas durante determinada semana devido a máquinas quebradas, os custos de mão de obra seriam alocados como a seguir:

Mão de obra direta (US$ 12 por hora × 37 horas) (US$)	444
Custos indiretos de produção (tempo ocioso: US$ 12 por hora × 3 horas) (US$)	36
Custo total da semana (US$)	480

Prêmio de horas extras

O prêmio de horas extras pago a trabalhadores da fábrica (mão de obra direta e mão de obra indireta) normalmente é considerado parte dos custos indiretos de produção e não é atribuído a nenhuma ordem de produção específica. À primeira vista, isso pode parecer estranho, pois horas extras sempre são gastas trabalhando em alguma ordem de produção. Por que não cobrar os custos de horas extras dessa ordem de produção? O motivo é que seria considerado injusto e arbitrário cobrar um prêmio de horas extras de determinada ordem de produção simplesmente porque *por acaso* a ordem caiu na reta final do programa diário de produção.

Para ilustrar, suponha que dois lotes de produtos, ordem de produção A e ordem de produção B, levem, cada um, três horas para serem concluídos. O ciclo de produção da ordem de produção A é programado para iniciar no começo do dia, mas o ciclo de produção da ordem de produção B é programado para o fim da tarde. Na hora em que o ciclo da ordem de produção B foi concluído, foram registradas duas horas extras. A necessidade de trabalhar horas extras foi decorrente do fato de que a produção total excedeu o tempo regular disponível. A ordem de produção B não foi mais responsável pelas horas extras do que a ordem de produção A. Portanto, os gerentes acham que toda a produção deveria compartilhar o custo do prêmio resultante. Isso é considerado uma maneira mais equitativa de tratar o prêmio de horas extras por não penalizar um ciclo de produção simplesmente por ele por acaso ter ocorrido mais tarde naquele dia.

Novamente, suponha que uma operadora de prensa em uma fábrica ganhe US$ 12 por hora. Ela recebe o equivalente a uma hora e meia de trabalho por horas extras (tempo trabalhado além de 40 horas por semana). Durante determinada semana, ela trabalha 45 horas e não possui tempo ocioso. Seu custo de mão de obra naquela semana seria alocado como a seguir:

Mão de obra direta (US$ 12 por hora x 45 horas) (US$)	540
Custos indiretos de produção (prêmio de horas extras: US$ 6 por hora × 5 horas) (US$).....	30
Custo total da semana (US$)...	570

Observe, a partir desse cálculo, que somente o prêmio de horas extras de US$ 6 por hora é cobrado da conta de custos indiretos – e não todos os US$ 18 ganhos por cada hora trabalhada como hora extra (taxa regular de US$ 12 por hora × 1,5 hora = US$ 18).

Benefícios adicionais da mão de obra

Os benefícios adicionais da mão de obra são formados por custos relativos aos empregos dos trabalhadores que são pagos pelo empregador e incluem os custos de programas de seguros, planos de aposentadoria, vários benefícios complementares de seguro-desemprego e planos de hospitalização. O empregador também paga sua parcela de seguro social, planos de saúde, remuneração dos trabalhadores, impostos empregatícios federais e seguros-desemprego estaduais. Esses custos geralmente somam de 30 a 40% do salário-base.

Muitas empresas tratam todos esses custos como mão de obra indireta, somando-os aos custos indiretos de produção. Outras empresas tratam a parte dos benefícios adicionais que está relacionada à mão de obra direta como custos adicionais de mão de obra direta. Essa abordagem é conceitualmente superior porque os benefícios adicionais oferecidos aos trabalhadores de mão de obra direta representam claramente um custo adicional sobre seus serviços.

APÊNDICE 3B EXERCÍCIOS E PROBLEMAS

Consulte no *site* <www.grupoa.com.br> os suplementos para esta seção.

EXERCÍCIO 3B.1 Alocação do custo de tempo ocioso [OA3.9]

Chris Shannon está empregada pela empresa Acme e recebe US$ 18 por hora. Na semana passada, ela trabalhou 36 horas montando um dos produtos da empresa e ficou ociosa por quatro horas por causa de falta de materiais. Os funcionários da Acme ocupam-se em suas estações de trabalho em uma semana normal de 40 horas.

Requisitado:

Faça a alocação, dos ganhos da Sra. Shannon na semana, de custos de mão de obra direta e custos indiretos de produção.

EXERCÍCIO 3B.2 Alocação de pagamento de horas extras [OA3.9]

Barry DeJay opera uma estampadeira na linha de montagem da empresa manufatureira Clinton. Na semana passada, o Sr. DeJay trabalhou 46 horas. Seu salário-base é de US$ 16 por hora, com uma hora e meia de horas extras (tempo trabalhado além das 40 horas semanais).

Requisitado:

Faça a alocação dos ganhos do Sr. DeJay na semana entre custos de mão de obra direta e custos indiretos de produção.

EXERCÍCIO 3B.3 Classificação dos custos de horas extras [OA3.9]

Há várias semanas, você chamou a empresa Jiffy Plumbing para fazer alguns consertos de rotina no sistema de encanamentos de sua casa. O bombeiro hidráulico veio umas duas semanas depois, às 16h e levou duas horas para concluir o trabalho. Quando você recebeu sua fatura da empresa, ela continha uma cobrança de US$ 75 por mão de obra – US$ 30 pela primeira hora e US$ 45 pela segunda.

Quando questionado sobre a diferença nas taxas salariais, o gerente de serviços da empresa explicou que a taxa mais alta cobrada pela segunda hora continha uma taxa de "prêmio de horas extras" porque o sindicato exigia que aos bombeiros hidráulicos fossem pagos o equivalente a uma hora e meia por qualquer trabalho realizado além de oito horas por dia. O gerente de serviços explicou, ainda, que a empresa trabalhava horas extras para "se adiantar um pouco" em seu acúmulo de ordens de serviço, mas ainda precisava manter uma margem de lucro razoável além do tempo de trabalho dos bombeiros hidráulicos.

Requisitado:

1. Você concorda com o cálculo da empresa em relação às cobranças de mão de obra em sua ordem de produção?
2. A empresa paga a seus bombeiros hidráulicos US$ 20 por hora pelas oito primeiras horas trabalhadas em um dia e US$ 30 por hora para qualquer hora adicional trabalhada. Mostre como o custo do tempo de trabalho do bombeiro em um dia (nove horas) deve ser alocado entre mão de obra direta e custos indiretos gerais nos registros contábeis da empresa.
3. Sob quais circunstâncias uma empresa pode justificar cobrar um prêmio de horas extras pelo trabalho realizado em sua casa?

EXERCÍCIO 3B.4 Classificação dos custos de mão de obra [OA3.9]

Fred Austin está empregado pela empresa White, onde monta uma peça componente para um dos produtos da empresa. Fred recebe US$ 12 por hora em seu horário regular e o equivalente a uma hora e meia (ou seja, US$ 18 por hora) por todo o trabalho realizado além de 40 horas por semana.

Requisitado:

1. Suponha que, durante determinada semana, Fred esteja ocioso por duas semanas devido a máquinas quebradas e por outras quatro horas devido a materiais em falta. Não é registrada nenhuma hora extra nessa semana. Faça a alocação da remuneração de Fred nessa semana entre mão de obra direta e custos indiretos de produção.
2. Suponha que, durante a semana seguinte, Fred trabalhe um total de 50 horas. Ele não tem nenhum tempo ocioso durante a semana. Faça a alocação da remuneração de Fred na semana entre mão de obra direta e custos indiretos de produção.
3. A empresa de Fred oferece um pacote atraente de benefícios adicionais a seus funcionários, que inclui um programa de aposentadoria e um programa de seguro-saúde. Explique duas maneiras como a empresa poderia tratar os custos dos benefícios adicionais de seus trabalhadores em seus registros de custos.

PROBLEMA 3B.5 Classificação dos custos de mão de obra [OA3.9]

Lynn Bjorland trabalha para a Southern Laboratories e está diretamente envolvida na preparação de um dos principais medicamentos antibióticos da empresa. O salário-base de Lynn é de US$ 24 por hora. A empresa paga a seus funcionários o equivalente a uma hora e meia de seu salário-base (ou seja, US$ 36 por hora) por qualquer trabalho realizado além de 40 horas semanais.

Requisitado:

1. Suponha que, em determinada semana, Lynn trabalhe 45 horas. Calcule a remuneração total de Lynn nessa semana. Quanto desse custo a empresa alocaria à mão de obra direta? E aos custos indiretos de produção?

2. Suponha que, em outra semana, Lynn trabalhe 50 horas, mas fique ociosa por 4 horas devido a quebras de equipamentos. Calcule a remuneração total de Lynn nessa semana. Quanto desse custo seria alocado à mão de obra direta? E aos custos indiretos de produção?
3. A Southern Laboratories possui um atraente pacote de benefícios adicionais que custa à empresa US$ 8 por cada hora de trabalho de um funcionário (seja de horário regular ou de hora extra). Durante determinada semana, Lynn trabalha 48 horas, mas fica ociosa por três horas por causa de falta de materiais. Calcule a remuneração total e os benefícios adicionais de Lynn nessa semana. Se a empresa trata todos os benefícios adicionais como parte dos custos indiretos de produção, quanto da remuneração e dos benefícios adicionais de Lynn nessa semana seria alocado à mão de obra direta? E aos custos indiretos de produção?
4. Consulte os dados no item (3) anterior. Se a empresa trata a parte dos benefícios adicionais que está relacionada à mão de obra direta como um custo adicional de mão de obra direta, quanto da remuneração e dos benefícios adicionais de Lynn nessa semana seria alocado à mão de obra direta? E aos custos indiretos de produção?

4 MÉTODO DE CUSTEIO POR PROCESSO

▶▶ **Objetivos de aprendizagem**

OA4.1 Registrar o fluxo de custos indiretos, de materiais e de mão de obra por meio de um sistema de custeio por processo.

OA4.2 Calcular as unidades equivalentes de produção usando o método da média ponderada.

OA4.3 Calcular o custo por unidade equivalente usando o método da média ponderada.

OA4.4 Atribuir custos a unidades usando o método da média ponderada.

OA4.5 Preparar um relatório de reconciliação de custos.

OA4.6 (Apêndice 4A) Calcular as unidades equivalentes de produção usando o método PEPS.

OA4.7 (Apêndice 4A) Calcular o custo por unidade equivalente usando o método PEPS.

OA4.8 (Apêndice 4A) Atribuir custos a unidades usando o método PEPS.

OA4.9 (Apêndice 4A) Preparar um relatório de reconciliação de custos usando o método PEPS.

OA4.10 (Apêndice 4B) Alocar custos de departamentos de serviços a departamentos operacionais usando o método direto.

OA4.11 (Apêndice 4B) Alocar custos de departamentos de serviços a departamentos operacionais usando o método de alocação sequencial.

FOCO NOS NEGÓCIOS

Custeio do papel-toalha superabsorvente

Se você já derramou leite no chão, há uma grande chance de ter usado o papel-toalha absorvente Bounty para limpar a sujeira. A **Procter & Gamble (P&G)** produz o Bounty em dois principais departamentos de processamento – produção de papel e transformação de papel. No departamento de produção de papel, polpa de madeira é transformada em papel e então enrolada em bobinas de 907 kg. No departamento de transformação de papel, duas dessas bobinas são desenroladas simultaneamente, entrando em uma máquina que cria o papel-toalha duplo, que, então, é decorado, perfurado e texturizado por meio de gravação em relevo. As grandes folhas de papel-toalha que resultam desse processo são enroladas em um rolinho de papelão cilíndrico com dois metros de comprimento. Quando as folhas já estão enroladas nessa base central, o rolo de dois metros é cortado em rolos individuais de Bounty, que são enviados a uma esteira para serem embalados, empacotados e transportados.

Nesse tipo de ambiente de produção, os custos não podem ser diretamente associados a rolos individuais de Bounty; entretanto, dada a natureza homogênea do produto, os custos totais incorridos no departamento de produção de papel podem ser divididos uniformemente por sua produção de rolos de papel de 907 kg. Da mesma forma, os custos totais incorridos no departamento de transformação de papel (incluindo os custos dos rolos de 907 kg transferidos do departamento de produção de papel) podem ser divididos uniformemente pelo número de embalagens de Bounty produzidas.

A P&G usa uma abordagem de custeio similar para muitos de seus produtos, como o sabão em pó Tide, o creme dental Crest e as batatas Pringles.

Fonte: Conversa com Brad Bays, antigo executivo financeiro da Procter & Gamble.

Capítulo **4** ▸▶ Método de custeio por processo

O método de custeio por ordem de produção e o método de custeio por processo são dois métodos comuns para determinar custos unitários de produtos. Como explicado no capítulo anterior, o método de custeio por ordem de produção é usado quando muitas ordens de produção ou produtos diferentes são utilizados em cada período. Alguns exemplos de indústrias que usam o custeio por ordem de produção são aquelas voltadas para a fabricação de móveis, impressões por encomenda, construção de navios e muitos tipos de organizações de prestação de serviços.

Ao contrário, o **custeio por processo** é usado mais em indústrias que transformam continuamente matérias-primas em produtos homogêneos (ou seja, uniformes), como tijolos, refrigerante ou papel. Exemplos de empresas que usariam o método de custeio por processo incluem a **Reynolds Aluminum** (lingotes de alumínio), a **Scott Paper** (papel higiênico), a **General Mills** (farinha), a **Exxon** (gasolina e óleos lubrificantes), a **Coppertone** (filtros solares) e a **Kellogg's** (cereais matinais). Além disso, o método de custeio por processo às vezes é usado em empresas com operações de montagem. Uma forma de custeio por processo também pode ser usada em empresas de utilidade pública que produzem gás, água e energia elétrica.

Nosso propósito neste capítulo é explicar como funciona o custeio de produtos em um sistema de custeio por processo.

> ▸ **Custeio por processo**
>
> método de custeio usado quando produtos essencialmente homogêneos são produzidos continuamente.

COMPARAÇÃO ENTRE OS MÉTODOS DE CUSTEIO POR ORDEM DE PRODUÇÃO E POR PROCESSO

Em alguns aspectos, o custeio por processo é muito similar ao custeio por ordem de produção, e, em outros, é muito diferente. Nesta seção, concentraremo-nos nessas similaridades e diferenças a fim de basear a discussão detalhada sobre custeio por processo que virá depois.

Similaridades entre os métodos de custeio por ordem de produção e por processo

Grande parte do que você aprendeu no capítulo anterior sobre custeio e fluxos de custos se aplica igualmente bem ao custeio por processo neste capítulo. Não estamos jogando fora tudo o que aprendemos sobre custeio e começando "do zero" com um sistema totalmente novo. As similaridades entre o custeio por ordem de produção e por processo podem ser resumidas como:

1. Ambos os sistemas têm as mesmas finalidades básicas – atribuir custos indiretos de materiais e de mão de obra de produção a produtos e fornecer um mecanismo para calcular os custos unitários de produtos.
2. Ambos os sistemas usam as mesmas contas de produção básicas, como custos indiretos de produção, matérias-primas, produção em andamento e produtos finais.
3. O fluxo de custos pelas contas de produção é basicamente o mesmo em ambos os sistemas.

Como podemos observar com base nessa comparação, grande parte do conhecimento que você já adquiriu sobre custeio é aplicável a um sistema de custeio por processo. Nossa tarefa agora é refinar seu conhecimento e estendê-lo ao custeio por processo.

Diferenças entre os métodos de custeio por ordem de produção e por processo

Há três diferenças entre o método de custeio por ordem de produção e o método de custeio por processo. Em primeiro lugar, o custeio por processo é usado quando uma empresa produz um fluxo contínuo de unidades que não se distinguem umas das outras; o custeio por ordem de produção é usado na produção de muitas ordens de produção diferentes que possuem exigências de produção exclusivas. Em segundo lugar, no custeio por processo, não faz sentido tentar associar custos indiretos de materiais e de mão de obra a determinado pedido de determinado cliente (como fizemos com o custeio por ordem de produção), pois cada pedido é apenas um dentre muitos que são atendidos a partir de um fluxo contínuo de unidades praticamente idênticas que saem da linha de produção. Dessa maneira, o custeio por processo acumula custos por departamento (e não por pedido) e os atribui uniformemente a todas as unidades que passam pelo departamento em um período. Não são usados relatórios de custos (que usamos para o custeio por ordem de produção) para acumular custos. Em terceiro lugar, o sistema de custeio por processos calcula os custos unitários por departamento, o que o difere do custeio por ordem de produção, no qual os custos unitários são calculados por ordem de produção no relatório de custos. O Quadro 4.1 resume as diferenças que descrevemos.

QUADRO 4.1
Diferenças entre os métodos de custeio por ordem de produção e por processo.

Custeio por ordem de produção	Custeio por processo
1. Muitas ordens de produção diferentes são trabalhadas durante cada período, sendo que cada ordem de produção possui diferentes exigências de produção.	1. Um único produto é produzido ou de maneira contínua ou por longos períodos de tempo. Todas as unidades de produto são idênticas.
2. Os custos são acumulados por ordem de produção individual.	2. Os custos são acumulados por departamento.
3. Os custos unitários são calculados por *ordem de produção* no relatório de custos.	3. Os custos unitários são calculados *por departamento*.

FLUXOS DE CUSTOS NO MÉTODO DE CUSTEIO POR PROCESSO

Antes de passarmos a um exemplo detalhado do método de custeio por processo, é útil observar como, de maneira geral, os custos de produção fluem por meio de um sistema de custeio por processo.

Departamentos de processamento

▶ **Departamento de processamento**

unidade organizacional na qual se trabalha em um produto e custos de materiais, de mão de obra ou indiretos são adicionados a este produto.

Um **departamento de processamento** é uma unidade organizacional na qual se trabalha em um produto e custos de materiais, de mão de obra ou indiretos são adicionados a ele. Por exemplo, a fábrica de batatas chips **Nalley's** pode ter três departamentos de processamento – um para preparar as batatas, um para cozinhá-las e um para inspecioná-las e embalá-las. Uma fábrica de tijolos pode ter dois departamentos de processamento – um para misturar e moldar barro na forma de tijolos e outro para assar o tijolo moldado. Alguns produtos e serviços podem passar por inúmeros departamentos de processamento, enquanto outros podem passar apenas por um ou dois. Independentemente do número de departamentos de processamento, todos têm duas características essenciais: a atividade no departamento de processamento é realizada uniformemente em todas as unidades que passam por ele, e a produção do departamento de processamento é homogênea; em outras palavras, todas as unidades produzidas são idênticas.

Os produtos de um ambiente de custeio por processo, como tijolos ou batatas chips, fluem em sequência de um departamento para o outro, como no Quadro 4.2.

QUADRO 4.2
Departamentos de processamento sequenciais.

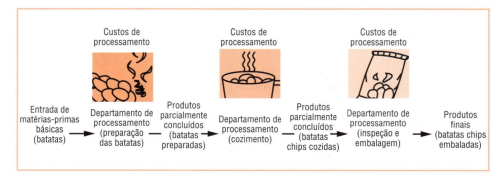

MONGES GANHAM O PÃO VENDENDO CERVEJA

POR DENTRO DAS EMPRESAS

Os monges trapistas do monastério de St. Sixtus, na Bélgica, fabricam cerveja desde 1839. Os clientes têm de marcar hora com o monastério para comprar um máximo de duas caixas de 24 garrafas por mês. A cerveja escassa e muito apreciada é vendida por mais de US$ 15 por garrafa de 325 ml.

Os ingredientes para a fabricação da cerveja incluem água, malte, lúpulo, açúcar e levedura. Os passos sequenciais do seu processo de produção incluem moer e triturar os grãos de malte; fermentar, adicionando água ao malte triturado; filtrar, para separar um líquido chamado mosto de partículas de grãos não dissolvidos; ferver, para esterilizar o mosto (inclusive adicionar açúcar para aumentar a densidade do mosto); fermentar, adicionando levedura para converter o açúcar em álcool e dióxido de carbono; armazenar, para envelhecer a cerveja por pelo menos três semanas; e engarrafar, momento em que mais açúcar e levedura são adicionados para permitir duas semanas de fermentação adicionais já dentro da garrafa.

Ao contrário de empresas com fins lucrativos orientadas ao crescimento, o monastério não expande sua produção desde 1946, buscando, em vez disso, vender apenas o suficiente para sustentar o estilo de vida modesto dos monges.

FONTE: John W. Miller, "Trappist Command: Thou Shalt Not Buy Too Much of Our Beer", *The Wall Street Journal*, 29 de novembro de 2007, p. A1 e A14.

Fluxo de custos indiretos, de materiais e de mão de obra

O acúmulo de custos é mais simples em um sistema de custeio por processo do que em um sistema de custeio por ordem de produção. No primeiro, em vez de ter de associar os custos a centenas de diferentes ordens de produção, eles são associados apenas a alguns departamentos de processamento.

No Quadro 4.3, vemos um modelo de conta T dos fluxos de custos indiretos, de materiais e de mão de obra em um sistema de custeio por processo. Devem ser observados vários detalhes nesse quadro. Em primeiro lugar, note que é mantida uma conta de produção em andamento separada para *cada departamento de processamento*, ao contrário do que ocorre em um sistema de custeio por ordem de produção, em que a empresa inteira pode ter apenas uma conta de produção em andamento. Em segundo lugar, observe que a produção concluída do primeiro departamento de processamento (Departamento A, no quadro) é transferida para a conta de produção em andamento do segundo departamento de processamento (Departamento B). Depois de serem trabalhadas no Departamento B, as unidades concluídas são, então, transferidas para a conta de produtos. (No Quadro 4.3, mostramos apenas dois departamentos de processamento, mas uma empresa pode ter muitos deles.)

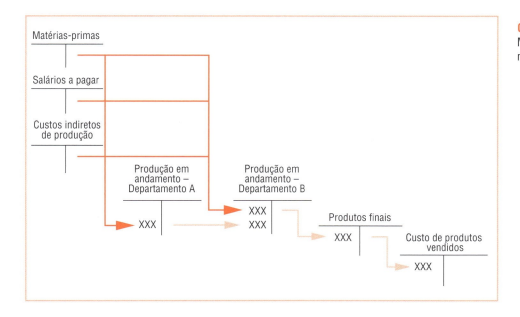

QUADRO 4.3
Modelo de conta T de fluxos no custeio por processo.

CONTABILIDADE GERENCIAL

Finalmente, observe que os custos indiretos, de materiais e de mão de obra, podem ser adicionados em *qualquer* departamento de processamento – não apenas no primeiro. Os custos na conta de produção em andamento do Departamento B consistem nos custos indiretos, de materiais e de mão de obra incorridos no Departamento B mais os custos anexados às unidades parcialmente concluídas transferidas do Departamento A (chamados custos transferidos).

Registros de custos indiretos, de materiais e de mão de obra

▶▶ OA4.1

Registrar o fluxo de custos indiretos, de materiais e de mão de obra por meio de um sistema de custeio por processo.

Para completar nossa discussão sobre fluxos de custos em um sistema de custeio por processo, nesta seção mostraremos lançamentos contábeis relacionados a custos indiretos, de materiais e de mão de obra na Megan's Classic Cream Soda, uma empresa que possui dois departamentos de processamento – de formulação e engarrafamento. No departamento de formulação, os ingredientes têm sua qualidade verificada e são, então, misturados e injetados com dióxido de carbono para criar o *cream soda** básico. No departamento de engarrafamento, verifica-se se há defeitos nas garrafas, que são, então, enchidas com *cream soda*, tampadas, inspecionadas visualmente mais uma vez em busca de defeitos e, finalmente, embaladas para o transporte.

Custos de materiais Assim como no custeio por ordem de produção, os materiais são retirados do armazém por meio de um formulário de requisição de materiais. Os materiais podem ser adicionados em qualquer departamento de processamento, embora não seja incomum que isso aconteça somente no primeiro departamento de processamento, sendo os departamentos subsequentes responsáveis por adicionar somente custos de mão de obra e indiretos.

Na Megan's Classic Cream Soda, alguns materiais (ou seja, água, flavorizantes, açúcar e dióxido de carbono) são adicionados no departamento de formulação e outros (ou seja, garrafas, tampas e materiais de embalagem) no departamento de engarrafamento. O lançamento que mostra os materiais usados no primeiro departamento de processamento, o departamento de formulação, é o seguinte:

Produção em andamento – Formulação..	XXX	
Matérias-primas		XXX

O lançamento que mostra os materiais usados no segundo departamento de processamento, o departamento de engarrafamento, é o seguinte:

Produção em andamento – Engarrafamento...................................	XXX	
Matérias-primas		XXX

Custos de mão de obra No custeio por processo, custos de mão de obra são associados a departamentos – e não a ordens de produção individuais. O lançamento a seguir registra os custos de mão de obra no departamento de formulação da Megan's Classic Cream Soda:

Produção em andamento – Formulação..	XXX	
Salários e remunerações a pagar...		XXX

Para registrar os custos de mão de obra no departamento de engarrafamento, seria feito um lançamento similar.

Custos indiretos No custeio por processo, como no custeio por ordem de produção, normalmente são usadas taxas predeterminadas de custos indiretos. Os custos indiretos de produção são aplicados de acordo com o valor da base de alocação incorrida no departamento. O lançamento a seguir registra os custos indiretos aplicados no departamento de formulação:

Produção em andamento – Formulação..	XXX	
Custos indiretos de produção..		XXX

---

* N. de T.: *Cream soda* é um refrigerante gaseificado de sabor normalmente de baunilha. O nome se origina de "*ice cream soda*", pois normalmente era servido com sorvete.

Para aplicar os custos indiretos de produção no departamento de engarrafamento, seria feito um lançamento similar.

Completar os fluxos de custos   Quando o processamento é concluído em um departamento, as unidades são transferidas para o departamento seguinte para novos processamentos, como ilustram as contas T no Quadro 4.3. O lançamento a seguir transfere os custos de unidades parcialmente concluídas do departamento de formulação para o departamento de engarrafamento:

Produção em andamento – Engarrafamento..................................	XXX	
Produção em andamento – Formulação		XXX

Depois de terminado o processamento no departamento de engarrafamento, os custos das unidades concluídas são transferidos para a conta de estoques de produtos finais:

Produtos finais..	XXX	
Produção em andamento – Engarrafamento		XXX

Finalmente, quando o pedido de um cliente é atendido e as unidades são vendidas, os custos das unidades são transferidos para a conta de custos de produtos vendidos:

Custos de produtos vendidos	XXX	
Produtos finais..		XXX

Em resumo, os fluxos de custos entre as contas são basicamente os mesmos em um sistema de custeio por processo e em um sistema de custeio por ordem de produção. A única diferença nesse ponto é que, em um sistema de custeio por processo, cada departamento possui uma conta de produção em andamento separada.

POR DENTRO DAS EMPRESAS

DIFERENÇA ENTRE TAXAS SALARIAIS DA MÃO DE OBRA E CUSTO DE MÃO DE OBRA

A emergência da China como concorrente global aumentou a necessidade de que os gerentes compreendam a diferença entre taxas salariais da mão de obra e custos de mão de obra. As taxas refletem o valor pago aos funcionários por hora ou mês. Os custos medem a remuneração dos funcionários paga por unidade de produção. Por exemplo, a **Tenneco** possui fábricas em Xangai, na China, e em Litchfield, Michigan, Estados Unidos, que produzem sistemas de exaustão para automóveis. A taxa salarial mensal por funcionário na fábrica de Xangai varia entre US$ 210-US$ 250, enquanto o mesmo valor na fábrica de Litchfield varia entre US$ 1.880-US$ 4.064. Uma interpretação ingênua dessas taxas salariais seria supor, automaticamente, que a fábrica de Xangai é o local de custos de mão de obra mais baixos. Já uma comparação mais inteligente dos custos de mão de obra das duas fábricas levaria em consideração que a fábrica de Litchfield produziu 1,4 milhão de sistemas exaustores em 2005 em comparação às 400 mil unidades produzidas pela fábrica de Xangai, com apenas 20% a mais de funcionários do que esta última.

FONTE: Alex Taylor III, "A Tale of Two Factories", *Fortune*, 18 de setembro de 2006, p. 118-126.

Agora, voltaremos nossa atenção à Double Diamond Skis, uma empresa que produz um esqui de alto desempenho para neve solta e profunda e que usa custeio por processo para determinar seus custos unitários de produtos. O processo de produção da empresa é ilustrado no Quadro 4.4. Os esquis passam por uma sequência de cinco departamentos de processamento, começando com o departamento de modelagem e fresagem e terminando com o de acabamento e emparelhamento. A ideia básica no custeio por processo é somar todos os custos incorridos em um departamento durante um período e, então, dividi-los esses custos uniformemente por todas as unidades processadas naquele departamento durante aquele período. Como veremos, a aplicação dessa ideia simples envolve algumas complicações.

UNIDADES EQUIVALENTES DE PRODUÇÃO

Assim que custos indiretos, de materiais e de mão de obra são acumulados em certo departamento, sua produção deve ser determinada, de modo que os custos unitários de produtos possam ser calculados. A dificuldade é que um departamento normalmente possui algumas unidades parcialmente concluídas em seus estoques finais. Não parece razoável contar essas unidades parcialmente concluídas como *equivalentes* a unidades totalmente concluídas quando da contagem da produção do departamento. Portanto, essas unidades são traduzidas em um número equivalente de unidades totalmente concluídas. No custeio por processo, essa tradução é feita por meio da seguinte fórmula:

Unidades equivalentes = Número de unidades parcialmente concluídas × Percentual de conclusão

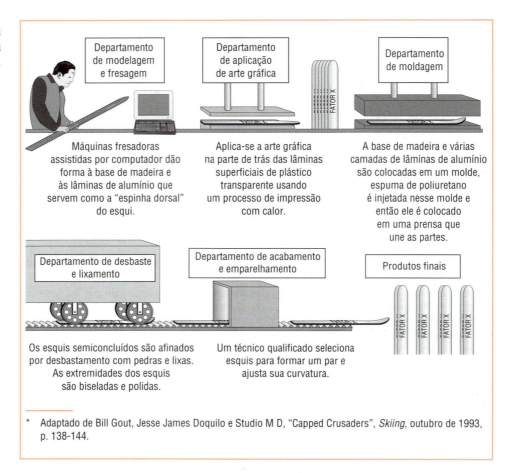

QUADRO 4.4
Processo de produção na Double Diamond Skis*.

* Adaptado de Bill Gout, Jesse James Doquilo e Studio M D, "Capped Crusaders", *Skiing*, outubro de 1993, p. 138-144.

▶ **Unidades equivalentes**

produto do número de unidades parcialmente concluídas e seu percentual de conclusão quanto a determinado custo. O número de unidades equivalentes é o número de unidades totalmente concluídas que poderia ser obtido a partir dos materiais e esforços contidos nas unidades parcialmente concluídas.

Como a fórmula declara, **unidades equivalentes** consistem no produto do número de unidades parcialmente concluídas e do percentual de conclusão dessas unidades quanto ao processamento no departamento. Em termos gerais, unidades equivalentes são o número de unidades concluídas que poderiam ter sido obtidas a partir dos materiais e do esforço que entraram nas unidades parcialmente concluídas.

Por exemplo, suponha que o departamento de moldagem da Double Diamond tenha 500 unidades em seus estoques finais de produção em andamento que estão 60% concluídas quanto ao processamento no departamento. Essas 500 unidades parcialmente concluídas são equivalentes a 300 unidades totalmente concluídas (500 × 60% = 300). Portanto, os estoques finais de produção em andamento contêm 300 unidades equivalentes, que são somadas às unidades concluídas durante o período para determinar a produção do departamento naquele período – chamadas de *unidades equivalentes de produção*.

Capítulo **4** ▶▶ Método de custeio por processo

As unidades equivalentes de produção de um período podem ser calculadas de diferentes maneiras. Neste capítulo, discutiremos o *método da média ponderada*, e no Apêndice 4A, o *método PEPS*. No **método PEPS** (primeiro a entrar, primeiro a sair) de custeio por processo, as unidades equivalentes e os custos unitários estão relacionados apenas ao trabalho realizado durante o período corrente, ao contrário, do **método da média ponderada**, que mistura unidades e custos do período corrente com unidades e custos do período anterior. No método da média ponderada, as **unidades equivalentes de produção** de um departamento são o número de unidades transferidas para o departamento seguinte (ou para produtos finais) somados às unidades equivalentes nos estoques finais da produção em andamento do departamento.

Método da média ponderada

No método da média ponderada, as unidades equivalentes de um departamento são calculadas como a seguir:

Método da média ponderada
(é feito um cálculo separado para cada categoria de custo
em cada departamento de processamento)

Unidades equivalentes de produção	=	Unidades transferidas para o departamento seguinte ou para os produtos finais	+	Unidades equivalentes nos estoques finais de produção em andamento

Observe que o cálculo das unidades equivalentes de produção envolve somar o número de unidades transferidas do departamento às unidades equivalentes nos estoques finais do departamento. Não há necessidade de calcular as unidades equivalentes das unidades que foram transferidas do departamento – elas estão 100% concluídas quanto ao trabalho feito naquele departamento ou não teriam sido transferidas. Em outras palavras, cada unidade transferida do departamento é contada como uma unidade equivalente.

Considere o departamento de modelagem e fresagem na Double Diamond. Este usa máquinas de fresagem computadorizadas para dar uma forma precisa à base de madeira e às lâminas de alumínio que serão usadas para formar a "espinha dorsal" do esqui. (Ver Quadro 4.4 para um panorama do processo de produção da Double Diamond.) A atividade exibida a seguir ocorreu no departamento em maio.

Observe o uso do termo *transformação* na tabela a seguir. Os **custos de transformação** são custos de mão de obra direta somados aos custos indiretos de produção. No custeio por processo, o custo de transformação é geralmente tratado como um único elemento do custo de produto.

Observe que os estoques iniciais de produção em andamento estavam 55% concluídos quanto aos custos de materiais e 30% concluídos quanto aos custos de transformação. Isso significa que 55% dos custos de materiais necessários para concluir as unidades no departamento tinham sido incorridos. Da mesma forma, 30% dos custos de transformação necessários para concluir as unidades tinham sido incorridos.

Departamento de modelagem e fresagem	Unidades	Percentual concluído (%)	
		Materiais	Transformação
Produção em andamento inicial	200	55	30
Unidades que entraram em produção durante maio	5.000		
Unidades concluídas durante maio e transferidas para o departamento seguinte	4.800	100*	100*
Produção em andamento final	400	40	25

* Sempre supomos que as unidades transferidas de um departamento estão 100% concluídas quanto ao processamento realizado naquele departamento.

Dois valores de unidades equivalentes devem ser calculados – um para a categoria de custo de materiais e outro para a categoria de custo de transformação. Esses cálculos são exibidos no Quadro 4.5.

▶ **Método PEPS**

método de custeio por processo em que unidades equivalentes e custos unitários estão relacionados apenas ao trabalho realizado durante o período corrente.

▶▶ OA4.2

Calcular as unidades equivalentes de produção usando o método da média ponderada.

▶ **Método da média ponderada**

método de custeio por processo que mistura unidades e custos do período anterior com os do período corrente.

▶ **Unidades equivalentes de produção (método da média ponderada)**

as unidades transferidas para o departamento seguinte (ou para produtos finais) durante o período somadas às unidades equivalentes nos estoques finais de produção em andamento do departamento.

▶ **Custos de transformação**

custos de mão de obra direta mais custos indiretos de produção.

Observe que os cálculos no Quadro 4.5 ignoram que as unidades nos estoques iniciais de produção em andamento estavam parcialmente concluídas. Por exemplo, as 200 unidades nos estoques iniciais estavam 30% concluídas quanto aos custos de transformação. No entanto, o método da média ponderada está relacionado apenas às 4,9 mil unidades equivalentes que estão nos estoques finais e nas unidades transferidas para o departamento seguinte; ele não está relacionado ao fato de que os estoques iniciais estavam parcialmente concluídos. Em outras palavras, as 4,9 mil unidades equivalentes calculadas por meio do método da média ponderada incluem o trabalho realizado em períodos anteriores. Esse é um ponto-chave do método da média ponderada, mas pode facilmente ser ignorado.

O Quadro 4.6 mostra outra maneira de ver o cálculo das unidades equivalentes de produção. Esse quadro representa o cálculo de unidades equivalentes para custos de transformação. Estude-o cuidadosamente antes de prosseguir.

QUADRO 4.5
Unidades equivalentes de produção: método da média ponderada.

Departamento de modelagem e fresagem	Materiais	Transformação
Unidades transferidas para o departamento seguinte...........................	4.800	4.800
Produção em andamento final:		
Materiais: 400 unidades × 40% concluídas	160	
Transformação: 400 unidades × 25% concluídas		100
Unidades equivalentes de produção..	4.960	4.900
(veja as computações na seção anterior) (b)		

POR DENTRO DAS EMPRESAS

CORTAR CUSTOS DE TRANSFORMAÇÃO

A **Cemex SA**, a terceira maior produtora de cimento do mundo, possui 54 fábricas. Cada uma delas consome 800 toneladas de combustível por dia aquecendo fornalhas a 1.482 °C. Consequentemente, os custos de energia elétrica representam 40% dos custos de transformação gerais da empresa. Historicamente, a Cemex dependia apenas de carvão para aquecer suas fornalhas; entretanto, com o aumento cada vez maior dos preços do carvão e lucros cada vez menores, a empresa precisava, de qualquer forma, de um combustível mais barato. A Cemex voltou sua atenção para um produto residual da indústria de petróleo chamado *coque de petróleo*, que queima e aquece mais do que o carvão pela metade do custo. A empresa gastou em torno de US$ 150 milhões para converter suas fornalhas de modo que passassem a queimar coque de petróleo. De maneira geral, a Cemex cortou suas contas de energia elétrica em 17%, o que a ajudou a obter margens de lucro mais altas do que suas maiores rivais.

FONTE: John Lyons, "Expensive Energy? Burn Other Stuff, One Firm Decides", *The Wall Street Journal*, 1º de setembro de 2004, p. A1 e A8.

QUADRO 4.6
Perspectiva visual das unidades equivalentes de produção.

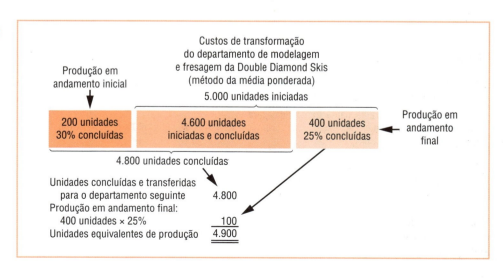

CÁLCULO E APLICAÇÃO DOS CUSTOS

Na última seção, calculamos as unidades equivalentes de produção a partir de custos de materiais e de transformação na Double Diamond Skis. Nesta, calcularemos os custos de materiais e de transformação por unidade equivalente. Usaremos, então, esses custos para avaliar a produção em andamento final e os estoques finais de produtos concluídos. O Quadro 4.7 exibe todos os dados concernentes às operações de maio no departamento de modelagem e fresagem, dos quais precisaremos para completar essas tarefas.

▶▶ OA4.3

Calcular o custo por unidade equivalente usando o método da média ponderada.

Custo por unidade equivalente – método da média ponderada

No método da média ponderada, o custo por unidade equivalente é calculado como:

Método da média ponderada (é feito um cálculo separado para cada categoria de custo em cada departamento de processamento)

$$\text{Custo por unidade equivalente} = \frac{\text{Custo dos estoques iniciais de produção em andamento} + \text{Custo adicionado durante o período}}{\text{Unidades equivalentes de produção}}$$

Produção em andamento, inicial:	
Unidades em processamento..	200
Conclusão quanto aos materiais...	55%
Conclusão quanto à transformação..	30%
Custos nos estoques iniciais (US$):	
Custos de materiais	9.600
Custos de transformação..	5.575
Custos totais nos estoques iniciais...	15.175
Unidades que entraram na produção durante o período........................	5.000
Unidades concluídas e transferidas..	4.800
Custos adicionados à produção durante o período (US$):	
Custos de materiais...	368.600
Custos de transformação...	350.900
Custos totais adicionados no departamento (US$)	719.500
Produção em andamento, final:	
Unidades em processamento	400
Conclusão quanto aos materiais...	40%
Conclusão quanto à transformação..	25%

QUADRO 4.7
Dados das operações de maio do departamento de modelagem e fresagem.

Observe que o numerador é a soma dos custos dos estoques iniciais de produção em andamento e dos custos adicionais durante o período. Assim, o método da média ponderada mistura os custos do período anterior e do período corrente. É por isso que é chamado de método da média ponderada, pois calcula a média de unidades e custos de ambos os períodos.

Os custos de materiais e de transformação por unidade equivalente são calculados abaixo para o departamento de modelagem e fresagem em maio:

Custos por unidade equivalente para o departamento de modelagem e fresagem (US$)		
	Materiais	Transformação
Custos dos estoques iniciais de produção em andamento........................	9.600	5.575
Custos adicionados durante o período...	368.600	350.900
Custos totais (a)..	378.200	356.475
Unidades equivalentes de produção (ver os cálculos na seção anterior) (b)	4.960	4.900
Custo por unidade equivalente (a) ÷ (b)	76,25	72,75

Atribuir custos – método da média ponderada

▶▶ OA4.4

Atribuir custos a unidades usando o método da média ponderada.

Os custos por unidade equivalente são usados para avaliar as unidades nos estoques finais e as unidades transferidas para o departamento seguinte. Por exemplo, cada unidade transferida do departamento de modelagem e fresagem da Double Diamond's para o departamento de aplicação de arte gráfica, como mostra o Quadro 4.4, levará consigo um custo de US$ 149 (US$ 76,25 de custos de materiais e US$ 72,75 de custos de transformação). Como foram transferidas 4.800 unidades em maio para o departamento seguinte, os custos totais atribuídos a essas unidades seriam de US$ 715,2 mil (= 4.800 unidades × US$ 149 por unidade).

A seguir, temos uma contabilidade dos custos completa tanto de estoques finais de produção em andamento e de unidades transferidas:

Custos de estoques finais de produção em andamento e unidades transferidas para o departamento de modelagem e fresagem (US$)	Materiais	Transformação	Total
Estoques finais de produção em andamento:			
Unidades equivalentes de produção (materiais: 400 unidades × 40% concluídas; transformação: 400 unidades × 25% concluídas) (a)	160	100	
Custo por unidade equivalente (ver página 151) (b)	76,25	72,75	
Custos dos estoques finais de produção em andamento (a) x (b)	12.200	7.275	19.475
Unidades concluídas e transferidas:			
Unidades transferidas para o departamento seguinte (a)	4.800	4.800	
Custo por unidade equivalente (ver página 151) (b)	76,25	72,75	
Custos de unidades transferidas (a) x (b)	366.000	349.200	715.200

Em cada caso, as unidades equivalentes são multiplicadas pelo custo por unidade equivalente para determinar os custos atribuídos às unidades. Isso é feito para cada categoria de custo – nesse caso, materiais e transformação. O número de unidades equivalentes das unidades concluídas e transferidas é simplesmente o número de unidades transferidas para o departamento seguinte porque elas não teriam sido transferidas a menos que tivessem sido concluídas.

Relatório de reconciliação de custos

▶▶ OA4.5

Preparar um relatório de reconciliação de custos.

Os custos atribuídos aos estoques finais de produção em andamento e às unidades transferidas são comparados aos custos com que começamos no Quadro 4.7, como a seguir:

Reconciliação de custos no departamento de modelagem e fresagem (US$)	
Custos a serem considerados:	
Custos dos estoques iniciais de produção em andamento (Quadro 4.7)	15.175
Custos adicionados à produção durante o período (Quadro 4.7)	719.500
Custos totais a serem considerados	734.675
Custos considerados como a seguir:	
Custos dos estoques finais de produção em andamento (ver página 151)	19.475
Custos das unidades transferidas (ver página 151)	715.200
Custos totais considerados	734.675

Os custos de US$ 715.200 de unidades transferidas para o departamento seguinte, aplicação de arte gráfica, serão considerados nesse departamento como "custos transferidos". Eles serão tratados no sistema de custeio por processo simplesmente como outra categoria de custos, por exemplo, custos de materiais ou de transformação. A única diferença é que os custos transferidos sempre serão 100% concluídos quanto ao trabalho realizado

Capítulo **4** ▶▶ Método de custeio por processo

CUSTEIO OPERACIONAL

Os sistemas de custeio discutidos nos Capítulos 3 e 4 representam as duas extremidades de um *continuum*. Em uma extremidade, está o custeio por ordem de produção, que é usado por empresas que produzem muitos produtos diferentes em um mesmo local. Na outra, está o custeio por processo, que é usado por empresas que produzem produtos homogêneos em grandes quantidades. Entre ambas, há muitos sistemas híbridos que incluem características tanto do custeio por ordem de produção quanto do custeio por processo. Um desses sistemas híbridos chama-se *custeio operacional*.

O **custeio operacional** é usado em situações em que os produtos têm algumas características em comum e outras individuais. Sapatos, por exemplo, têm características comuns no sentido de que todos os estilos envolvem cortes e costuras que podem ser feitos de maneira repetitiva, usando os mesmos equipamentos e seguindo os mesmos procedimentos básicos. Além disso, têm características individuais – alguns são feitos de couros caros e outros podem ser feitos usando materiais sintéticos mais baratos. Em uma situação como essa, na qual os produtos têm algumas características comuns, mas também devem ser processados individualmente, o custeio operacional pode ser usado para determinar os custos dos produtos.

Como mencionado antes, o custeio operacional é um sistema híbrido que emprega aspectos tanto do custeio por ordem de produção quanto do custeio por processo. Os produtos são processados em lotes quando o custeio operacional é usado, sendo que cada lote é cobrado por seus materiais específicos. Nesse sentido, o custeio operacional é similar ao custeio por ordem de produção. Entretanto, os custos indiretos e de mão de obra são acumulados por operação ou por departamento, e esses custos são atribuídos a unidades como no custeio por processo. Se são produzidos sapatos, por cada sapato é cobrado o mesmo custo de transformação por unidade, independentemente do estilo envolvido, mas são cobrados também seus custos de materiais específicos. Assim, a empresa consegue distinguir entre estilos em termos de materiais, mas consegue empregar a simplicidade de um sistema de custeio por processo para custos indiretos e de mão de obra.

Exemplos de outros produtos para os quais o custeio operacional pode ser usado incluem equipamentos eletrônicos (como semicondutores), produtos têxteis, roupas e joias (como anéis, pulseiras e medalhas). Produtos desses tipos são produzidos em lotes, mas podem variar consideravelmente de um modelo ou de um estilo para o outro em termos de custo dos materiais.

▶ **Custeio operacional**

sistema de custeio híbrido usado quando os produtos possuem algumas características comuns e outras individuais.

RESUMO

O método de custeio por processo é usado em situações em que produtos ou serviços homogêneos são produzidos continuamente. Os custos fluem pelas contas de produção basicamente da mesma maneira em um sistema de custeio por processo e em um por ordem de produção. Entretanto, no método de custeio por processo os custos são acumulados por departamento em vez de por ordem de produção.

No método de custeio por processo, as unidades equivalentes de produção devem ser determinadas para cada categoria de custo em cada departamento. No método da média ponderada, as unidades equivalentes de produção são iguais ao número de unidades transferidas para o departamento seguinte ou para produtos concluídos somados às unidades equivalentes nos estoques finais de produção em andamento. As unidades equivalentes nos estoques finais são iguais ao produto do número de unidades parcialmente concluídas nos estoques finais de produção em andamento e seu percentual de conclusão quanto àquela categoria de custo específica.

No método da média ponderada, o custo por unidade equivalente de determinada categoria de custo é calculado somando-se os custos dos estoques iniciais de produção em andamento e os custos adicionados durante o período e, então, dividindo-se o resultado pelas unidades equivalentes de produção. O custo por unidade equivalente é, então, usado para avaliar os estoques finais de produção em andamento e o número de unidades transferidas para o departamento seguinte ou para os produtos finais.

O relatório de reconciliação de custos compara os custos dos estoques iniciais e os custos adicionados à produção durante o período aos custos de estoques finais e custos de unidades transferidas.

Os custos são transferidos de um departamento para o outro até o último departamento de processamento. Nesse momento, os custos das unidades concluídas são transferidos para os produtos finais.

PROBLEMA DE REVISÃO: FLUXOS DE CUSTOS DOS PROCESSOS E UNIDADES DE CUSTEIO

A Luxguard Home Paint produz tinta látex para exteriores, que é vendida em latas de 1 galão.[*] A empresa possui dois departamentos de processamento – fabricação da base e acabamento. Tinta branca, que é utilizada como base em todas as tintas da empresa, é misturada a partir de matérias-primas no departamento de fabricação da base. Adicionam-se, então, pigmentos à tinta branca básica, a tinta pigmentada é esguichada sob pressão para dentro das latas de um galão e as latas são rotuladas e embaladas para transporte no departamento de acabamento. A seguir, temos informações quanto às operações da empresa em abril:

a. Matérias-primas despachadas para uso na produção: departamento de fabricação da base, US$ 851 mil; departamento de acabamento, US$ 629 mil.
b. Custos de mão de obra direta incorridos: departamento de fabricação da base, US$ 330 mil; departamento de acabamento, US$ 270 mil.
c. Custos indiretos de produção aplicados: departamento de fabricação da base, US$ 665 mil; departamento de acabamento, US$ 405 mil.
d. Tinta branca básica transferida do departamento de fabricação da base para o departamento de acabamento, US$ 1,85 milhão.
e. Tinta que tinha sido preparada para transporte transferida do departamento de acabamento para os produtos finais, US$ 3,2 milhões.

Requisitado:

1. Prepare lançamentos contábeis para registrar o item (a) até o (e).
2. Faça os lançamentos contábeis do item (1) anterior em contas T. O saldo na conta de produção em andamento do departamento de fabricação da base no dia 1º de abril era de US$ 150 mil; o saldo na conta de produção em andamento do departamento de acabamento era de US$ 70 mil. Depois de fazer os lançamentos nas contas T, encontre o saldo final na conta de produção em andamento de cada departamento.
3. Determine os custos dos estoques finais de produção em andamento e de unidades transferidas do departamento de fabricação da base em abril. Temos disponíveis as seguintes informações adicionais relativas à produção no departamento de fabricação da base durante abril:

Dados de produção:	
Unidades (galões) em processamento, 1º de abril: materiais 100% concluídos; custos indiretos e de mão de obra 60% concluídos	30.000
Unidades (galões) no início da produção durante abril	420.000
Unidades (galões) concluídas e transferidas para o departamento de acabamento ..	370.000
Unidades (galões) em processamento, 30 de abril: materiais 50% concluídas; custos indiretos e de mão de obra 25% concluídos	80.000
Dados de custo (US$):	
Estoques de produção em andamento, 1º de abril:	
Materiais	92.000
Mão de obra	21.000
Custos indiretos	37.000
Custos totais de produção em andamento	150.000
Custos adicionados durante abril (US$):	
Materiais	851.000
Mão de obra	330.000
Custos indiretos	665.000
Custos totais adicionados durante abril (US$)	1.846.000

4. Prepare um relatório de reconciliação de custos para abril.

---

* N. de E.: Um galão equivale, aproximadamente, a 3,78 litros.

Solução do problema de revisão

1.

a.	Produção em andamento – departamento de fabricação da base.......	851.000
	Produção em andamento – departamento de acabamento	629.000
	Matérias-primas	1.480.000
b.	Produção em andamento – departamento de fabricação da base.......	330.000
	Produção em andamento – departamento de acabamento	270.000
	Salários e remunerações a pagar	600.000
c.	Produção em andamento – departamento de fabricação da base.......	665.000
	Produção em andamento – departamento de acabamento	405.000
	Custos indiretos de produção	1.070.000
d.	Produção em andamento – departamento de acabamento	1.850.000
	Produção em andamento – departamento de fabricação da base....	1.850.000
e.	Produtos concluídos	3.200.000
	Produção em andamento – departamento de acabamento	3.200.000

2.

Matérias-primas

Saldo	XXX	(a)	1.480.000

Salários e remunerações a pagar

	(b)	600.000

Produção em andamento – departamento de fabricação da base

Saldo	150.000	(d)	1.850.000
(a)	851.000		
(b)	330.000		
(c)	665.000		
Saldo	146.000		

Custos indiretos de produção

(Vários custos efetivos)	(c)	1.070.000

Produção em andamento – departamento de acabamento

Saldo	70.000	(e)	3.200.000
(a)	629.000		
(b)	270.000		
(c)	405.000		
(d)	1.850.000		
Saldo	24.000		

Produtos concluídos

Saldo	XXX	
(e)	3.200.000	

3. Primeiro, temos de calcular as unidades equivalentes de produção para cada categoria de custo:

Unidades equivalentes de produção no departamento de fabricação da base			
	Materiais	Mão de obra	Custos indiretos
Unidades transferidas para o departamento seguinte	370.000	370.000	370.000
Estoques finais de produção em andamento (materiais: 80.000 unidades × 50% concluídas; mão de obra: 80.000 unidades × 25% concluídas; custos indiretos: 80.000 unidades × 25% concluídas)	40.000	20.000	20.000
Unidades equivalentes de produção	410.000	390.000	390.000

Depois, precisamos calcular o custo por unidade equivalente para cada categoria de custo:

Custos por unidade equivalente no departamento de fabricação da base (US$)			
	Materiais	Mão de obra	Custos indiretos
Custos:			
Custos de estoques iniciais de produção em andamento	92.000	21.000	37.000
Custos adicionados durante o período....................	851.000	330.000	665.000
Custos totais (a)..	943.000	351.000	702.000
Unidades equivalentes de produção (b)	410.000	390.000	390.000
Custo por unidade equivalente (a) ÷ (b)	2,30	0,90	1,80

Os custos por unidade equivalente podem, então, ser aplicados às unidades nos estoques finais de produção em andamento e às unidades transferidas, como a seguir:

Departamento de fabricação da base Custos de estoques finais de produção em andamento e de unidades transferidas (US$)				
	Materiais	Mão de obra	Custos indiretos	Total
Estoques finais de produção em andamento				
Unidades equivalentes da produção......	40.000	20.000	20.000	
Custo por unidade equivalente	2,30	0,90	1,80	
Custos dos estoques finais de produção em andamento	92.000	18.000	36.000	146.000
Unidades concluídas e transferidas:				
Unidades transferidas para o departamento seguinte......................	370.000	370.000	370.000	
Custo por unidade equivalente	2,30	0,90	1,80	
Custos de unidades concluídas e transferidas.....................................	851.000	333.000	666.000	1.850.000

4.

Reconciliação de custos do departamento de fabricação da base (US$)	
Custos a serem considerados:	
Custos de estoques iniciais de produção em andamento..	150.000
Custos adicionados à produção durante o período	1.846.000
Custos totais a serem considerados	1.996.000
Custos a serem considerados como a seguir:	
Custos de estoques finais de produção em andamento	146.000
Custos de unidades transferidas...	1.850.000
Custos totais considerados	1.996.000

PERGUNTAS

4.1 Sob quais condições seria apropriado usar um sistema de custeio por processo?

4.2 De que maneiras o método de custeio por ordem de produção é similar ao método de custeio por processo?

4.3 Por que o acúmulo de custos em um sistema de custeio por processo é mais simples do que em um sistema de custeio por ordem de produção?

4.4 Quantas contas de produção em andamento são mantidas em uma empresa que usa custeio por processo?

4.5 Suponha que uma empresa tenha dois departamentos de processamento – mistura seguida de queima. Prepare um lançamento contábil para registrar uma transferência de uma produção em andamento do departamento de mistura para o departamento de queima.

4.6 Suponha que uma empresa tenha dois departamentos de processamento – mistura seguida de queima. Explique quais custos poderiam ser adicionados à conta de produção em andamento do departamento de queima durante o período.

Capítulo 4 ▶▶ Método de custeio por processo

4.7 O que significa o termo *unidades equivalentes de produção* quando o método da média ponderada é usado?

4.8 A Watkins Trophies Inc. produz milhares de medalhas de bronze, prata e ouro. As medalhas são idênticas, exceto pelos materiais usados em sua fabricação. Que sistema de custeio você aconselharia sua empresa a usar?

APLICAÇÃO EM EXCEL [OA4.2, OA4.3, OA4.4, OA4.5]

Disponível, em português e inglês, no *site* <www.grupoa.com.br>

O formulário de planilha em Excel a seguir deve ser usado para recriar os exemplos das páginas 147 à 153. No *site*, você receberá instruções sobre como usar o formulário de planilha.

	A	B	C	D	E
1	**Capítulo 4: Aplicação em Excel**				
2					
3	**Dados**				
4	Produção em andamento; início				
5	Unidades em processamento	200			
6	Conclusão quanto aos materiais	55%			
7	Conclusão quanto à transformação	30%			
8	Custos nos estoques iniciais:				
9	Custos de materiais	US$ 9.600			
10	Custos de transformação	US$ 5.575			
11	Unidades que entraram na produção durante o período	5.000			
12	Custos adicionados à produção durante o período				
13	Custos de materiais	US$ 368.000			
14	Custos de transformação	US$ 350.900			
15	Produção em andamento; final:				
16	Unidades em processamento	400			
17	Conclusão quanto aos materiais	40%			
18	Conclusão quanto à transformação	25%			
19					
20	*Digite uma fórmula em cada uma das células marcadas com um ? abaixo*				
21					
22	**Método da média ponderada:**				
23					
24	*Unidades equivalentes de produção*				
25		Materiais	Transformação		
26	Unidades transferidas para o departamento seguinte	?	?		
27	Produção em andamento; final				
28	Materiais	?			
29	Transformação		?		
30	Unidades equivalentes de produção	?	?		
31					
32	*Custos por unidade equivalente*				
33		Materiais	Transformação		
34	Custo dos estoques iniciais de produção em andamento	?	?		
35	Custos adicionados durante o período	?	?		
36	Custos totais	?	?		
37	Unidades equivalentes de produção	?	?		
38	Custos por unidade equivalente	?	?		
39					
40	*Custos dos estoques finais de produção em andamento e das unidades transferidas*				
41		Materiais	Transformação	Total	
42	Estoques finais de produção em andamento				
43	Unidades equivalentes de produção	?	?		
44	Custo por unidade equivalente	?	?		
45	Custos dos estoques finais de produção em andamento	?	?	?	
46					
47	Unidades concluídas e transferidas				
48	Unidades transferidas para o departamento seguinte	?	?		
49	Custo por unidade equivalente	?	?		
50	Custos das unidades transferidas	?	?	?	
51					
52	*Reconciliação de custos*				
53	Custos a serem considerados:				
54	Custos dos estoques iniciais de produção em andamento	?			
55	Custos adicionados à produção durante o período	?			
56	Custos totais a serem considerados	?			
57	Custos a serem considerados como a seguir:				
58	Custos dos estoques finais de produção em andamento	?			
59	Custos das unidades transferidas	?			
60	Custos totais considerados	?			

Capítulo 4 Form / Plan2 / Plan3

Você só deve prosseguir para os exercícios a seguir depois de ter completado sua planilha.

Requisitado:

1. Verifique sua planilha mudando os estoques iniciais de produção em andamento para 100 unidades, as unidades que entraram na produção durante o período para 2,5 mil unidades e as unidades nos estoques finais de produção em andamento para 200 unidades, mantendo todos os outros dados iguais aos do exemplo original. Se sua planilha operar apropriadamente, os custos de materiais por unidade equivalente agora deverão ser de US$ 152,50 e os custos de transformação por unidade equivalente deverão ser de US$ 145,50. Se você não obtiver essas respostas, encontre os erros em sua planilha e corrija-a.

   Qual é o valor dos custos totais das unidades transferidas? Ele mudou? Por quê?

2. Digite os dados a seguir, de uma empresa diferente, em sua planilha:

Produção em andamento, inicial:	
Unidades em processamento	200
Conclusão quanto aos materiais	100%
Conclusão quanto à transformação	20%
Custos nos estoques iniciais (US$):	
Custos de materiais	2.000
Custos de transformação	800
Unidades que entraram na produção durante o período	1.800
Custos adicionados à produção durante o período (US$):	
Custos de materiais	18.400
Custos de transformação	38.765
Produção em andamento, final:	
Unidades em processamento	100
Conclusão quanto aos materiais	100%
Conclusão quanto à transformação	30%

   Quais são os custos das unidades transferidas?

3. O que acontece com os custos das unidades transferidas na parte (2) anterior se o percentual de conclusão quanto à transformação nos estoques iniciais for alterado de 20% para 40% e todo o resto permanecer igual? O que acontece com o custo de transformação por unidade equivalente? Explique.

EXERCÍCIOS

Consulte no *site* <www.grupoa.com.br> os suplementos para esta seção.

EXERCÍCIO 4.1 Lançamentos contábeis de custeio por processo [OA4.1]

A Arizona Brick Corporation produz tijolos em dois departamentos de processamento – moldagem e queima. A seguir, temos informações quanto às operações da empresa em março:

a. Foram despachadas matérias-primas para uso na produção: departamento de moldagem, US$ 28 mil; departamento de queima, US$ 5 mil.

b. Foram incorridos custos de mão de obra direta: departamento de moldagem, US$ 18 mil; departamento de queima, US$ 5 mil.

c. Foram atribuídos custos indiretos de produção: departamento de moldagem, US$ 24 mil; departamento de queima, US$ 37 mil.

d. Foram transferidos tijolos moldados não queimados do departamento de moldagem para o departamento de queima. Segundo o sistema de custeio por processo da empresa, os custos dos tijolos moldados não queimados foram de US$ 67 mil.

e. Foram transferidos tijolos concluídos do departamento de queima para o armazém de produtos finais. Segundo o sistema de custeio por processo da empresa, os custos dos tijolos concluídos foram de US$ 108 mil.

f. Foram vendidos tijolos concluídos aos clientes. Segundo o sistema de custeio por processo da empresa, os custos destes tijolos vendidos foram de US$ 106 mil.

Requisitado:

Prepare lançamentos contábeis para registrar os itens (a) a (f) anteriores.

Capítulo **4** ▶▶ Método de custeio por processo

EXERCÍCIO 4.2 Cálculo de unidades equivalentes – método da média ponderada [OA4.2]

A empresa Lindex usa um sistema de custeio por processo. Os dados a seguir estão disponíveis para um departamento em outubro:

	Unidades	Percentual concluído	
		Materiais	Transformação
Produção em andamento, 1º de outubro.............	50.000	90	60
Produção em andamento, 31 de outubro............	30.000	70	50

O departamento iniciou a produção de 390 mil unidades durante o mês e transferiu 410 mil unidades concluídas para o departamento seguinte.

Requisitado:

Calcule as unidades equivalentes de produção de outubro, supondo que a empresa use o método da média ponderada para calcular unidades e custos.

EXERCÍCIO 4.3 Custo por unidade equivalente – método da média ponderada [OA4.3]

A Billinstaff Industries usa o método da média ponderada em seu sistema de custeio por processo. A seguir, temos dados do departamento de montagem em maio:

	Materiais	Mão de obra	Custos indiretos
Produção em andamento, 1º de maio (US$)	14.550	23.620	118.100
Custos adicionados durante maio (US$).................	88.350	14.330	71.650
Unidades equivalentes de produção.......................	1.200	1.100	1.100

Requisitado:

1. Calcule os custos indiretos, de materiais e de mão de obra por unidade equivalente.
2. Calcule os custos totais por unidade equivalente concluída.

EXERCÍCIO 4.4 Aplicação de custos a unidades – método da média ponderada [OA4.4]

A seguir, temos os dados relativos à atividade de um período recente no departamento de preparação, o primeiro departamento de processamento em uma empresa que usa custeio por processo:

	Materiais	Transformação
Unidades equivalentes de produção na produção em andamento final	300	100
Custo por unidade equivalente (US$)...	31,56	9,32

Ao todo, 1.300 unidades foram concluídas e transferidas para o departamento de processamento seguinte durante o período.

Requisitado:

Calcule o custo das unidades transferidas para o departamento seguinte durante o período e o custo dos estoques finais de produção em andamento.

EXERCÍCIO 4.5 Relatório de reconciliação de custos – método da média ponderada [OA4.5]

A Lech-Zurs Bakerie Corporation usa um sistema de custeio por processo. O departamento de cozimento é um dos departamentos de processamento em sua fábrica de strudel de maçã. Em julho, no departamento de cozimento, os custos de estoques iniciais de produção em andamento foram de US$ 4.830, os custos dos estoques finais de produção em andamento, US$ 1.120, e os custos adicionados à produção, US$ 25.650.

Requisitado:

Prepare um relatório de reconciliação de custos para o departamento de cozimento em julho.

CONTABILIDADE GERENCIAL

EXERCÍCIO 4.6 Unidades equivalentes e custo por unidade equivalente – método da média ponderada [OA4.2, OA4.3]

A Kalox Inc. desenvolve um produto antiácido que passa por dois departamentos. Abaixo, temos os dados do primeiro departamento em maio:

	Galões	Materiais (US$)	Mão de obra (US$)	Custos indiretos (US$)
Produção em andamento, 1º de maio	80.000	68.600	30.000	48.000
Galões no início da produção	760.000			
Galões transferidos..........................	790.000			
Produção em andamento, 31 de maio	50.000			
Custos adicionados durante maio		907.200	370.000	592.000

Os estoques iniciais de produção em andamento estavam 80% concluídos quanto aos materiais e 75% concluídos quanto aos custos indiretos e de mão de obra. Os estoques finais de produção em andamento estavam 60% concluídos quanto aos materiais e 20% concluídos quanto aos custos indiretos e de mão de obra.

Requisitado:

Suponha que a empresa use o método da média ponderada para calcular unidades e custos.

1. Calcule as unidades equivalentes para a atividade de maio no primeiro departamento.
2. Determine os custos por unidade equivalente de maio.

EXERCÍCIO 4.7 Exercício abrangente; Segundo departamento de produção – método da média ponderada [OA4.2, OA4.3, OA4.4, OA4.5]

A Papyrutech Corporation produz papéis de alta qualidade em três departamentos de produção – extração de polpa, secagem e acabamento. No departamento de extração de polpa, matérias-primas como fibra de madeira e tecido de algodão são tratadas mecânica e quimicamente para separar suas fibras. O resultado é uma grossa pasta fluida de fibras. No departamento de secagem, as fibras molhadas transferidas do departamento de extração de polpa são colocadas em redes porosas, prensadas para remover o excesso de líquido e secadas em fornos. No departamento de acabamento, o papel seco é revestido, cortado e enrolado em bobinas. A empresa usa o método da média ponderada em seu sistema de custeio por processo. A seguir, temos os dados de outubro do departamento de secagem:

		Percentual concluído	
	Unidades	Extração de polpa	Transformação
Estoques de produção em andamento, 1º de outubro..	4.000	100%	60%
Estoques de produção em andamento, 31 de outubro...	6.000	100%	75%
Custo de extração de polpa nos estoques de produção em andamento, 1º de outubro.......................................		US$ 1.500	
Custos de transformação nos estoques de produção em andamento, 1º de outubro.......................................		US$ 400	
Unidades transferidas para o departamento de produção seguinte...		146.000	
Custos de extração de polpa adicionados durante outubro....		US$ 59.300	
Custos de transformação adicionados durante outubro........		US$ 22.100	

Não foram adicionados materiais no departamento de secagem. Os custos de extração de polpa representam os custos das fibras úmidas transferidas do departamento de extração de polpa. As fibras úmidas são processadas no departamento de secagem em lotes; cada unidade na tabela anterior é um lote, sendo que um lote de fibras úmidas produz uma quantidade fixa de papel seco, que é passado para o departamento de acabamento.

Requisitado:

1. Determine as unidades equivalentes em outubro para a extração de polpa e transformação.

Capítulo **4** ▶▶ Método de custeio por processo

2. Calcule os custos por unidade equivalente em outubro para a extração de polpa e transformação.
3. Determine os custos totais dos estoques finais de produção em andamento e os custos totais das unidades transferidas para o departamento de acabamento em outubro.
4. Prepare um relatório de reconciliação de custos para o departamento de secagem em outubro.

EXERCÍCIO 4.8 Lançamentos contábeis de custeio por processo [OA4.1]

A Schneider Brot é uma empresa de produção de pão localizada em Aachen, Alemanha, próximo à fronteira com a Holanda. A empresa usa um sistema de custeio por processo para seu único produto – um pão de centeio popular chamado "pumpernickel". A Schneider Brot possui dois departamentos de processamento: o de misturar e o de assar. As contas T a seguir mostram o fluxo de custos pelos dois departamentos em abril (todos os valores estão em euros):

Produção em andamento – misturar

Saldo em 1º/4	10.000	Transferidas	760.000
Materiais diretos	330.000		
Mão de obra direta	260.000		
Custos indiretos	190.000		

Produção em andamento – assar

Saldo em 1º/4	20.000	Transferidas	980.000
Transferidas do departamento anterior	760.000		
Mão de obra direta	120.000		
Custos indiretos	90.000		

Requisitado:
Prepare lançamentos contábeis mostrando o fluxo de custos pelos dois departamentos de processamento durante abril.

EXERCÍCIO 4.9 Atribuição de custos; Reconciliação de custos – método da média ponderada [OA4.2, OA4.4, OA4.5]

A Kenton Industrial Corporation usa o método da média ponderada em seu sistema de custeio por processo. Em abril, o departamento de montagem concluiu seu processamento de 18 mil unidades e as transferiu para o departamento seguinte. O custo dos estoques iniciais e os custos adicionados em abril somaram um total de US$ 855 mil. Os estoques finais no mesmo mês consistiam em 1.500 unidades 90% concluídas quanto aos materiais e 40% concluídas quanto aos custos indiretos e de mão de obra. Os custos por unidade equivalente do mês foram os seguintes:

	Materiais	Mão de obra	Custos indiretos
Custo por unidade equivalente (US$)......................	24	7	14

Requisitado:
1. Calcule as unidades equivalentes para custos indiretos, de materiais e de mão de obra nos estoques finais do mês.
2. Calcule os custos dos estoques finais e das unidades transferidas para o departamento seguinte em abril.
3. Prepare uma reconciliação de custos para abril. (Observação: você não conseguirá decompor os custos a serem considerados em custos de estoques iniciais e custos adicionados durante o mês.)

EXERCÍCIO 4.10 Unidades equivalentes – método da média ponderada [OA4.2]

A Societe Clemeau, uma empresa localizada em Lion, França, produz cimento para a indústria de construção. A seguir, temos dados relacionados ao número de quilos de cimento processados pelo departamento de mistura, o primeiro no processo de produção da empresa:

		Percentual concluído (%)	
	Quilos de cimento	Materiais	Transformação
Produção em andamento, 1º de maio..............	80.000	80	20
Produção em andamento, 31 de maio.............	50.000	40	10
Entraram na produção durante maio...............	300.000		

CONTABILIDADE GERENCIAL

Requisitado:

1. Calcule o número de quilos de cimento concluídos e transferidos do departamento de mistura durante maio.
2. Calcule as unidades equivalentes de produção para materiais e transformação em maio.

EXERCÍCIO 4.11 Unidades equivalentes e custo por unidade equivalente – método da média ponderada [OA4.2, OA4.3, OA4.4]

A empresa Solex produz um material de isolamento de alta qualidade que passa por dois processos de produção. A seguir, temos dados do primeiro processo em junho:

	Unidades	Conclusão quanto aos materiais	Conclusão quanto à transformação
Estoques de produção em andamento, 1º de junho	60.000	75%	40%
Estoques de produção em andamento, 30 de junho	40.000	50%	25%
Custos de materiais nos estoques de produção em andamento, 1º de junho (US$)			56.600
Custos de transformação nos estoques de produção em andamento, 1º de junho (US$)			14.900
Unidades no início da produção			280.000
Unidades transferidas para o processo seguinte			300.000
Custos de materiais adicionados durante junho (US$)			385.000
Custos de transformação adicionados durante junho (US$)			214.500

Requisitado:

1. Suponha que a empresa use o método da média ponderada para calcular unidades e custos. Determine as unidades equivalentes do primeiro processo em junho.
2. Calcule os custos por unidade equivalente do primeiro processo em junho.
3. Determine os custos totais dos estoques finais de produção em andamento e os custos totais das unidades transferidas para o processo seguinte em junho.

EXERCÍCIO 4.12 Unidades equivalentes – método da média ponderada [OA4.2]

A Gulf Fisheries Inc. processa atum para vários distribuidores. Para isso, há dois departamentos envolvidos – limpeza e embalagem. A seguir, temos dados relacionados ao número de quilogramas de atum processados no departamento de limpeza durante maio:

		Percentual concluído (%)	
	Quilogramas de atum	Materiais	Custos indiretos e de mão de obra
Produção em andamento, 1º de maio	13.608	100	55
Produção em andamento, 31 de maio	9.072	100	90

* Somente custos indiretos e de mão de obra.

Um total de 217.724 kg de atum entrou em processamento durante maio. Todos os materiais são adicionados no início do processamento no departamento de limpeza.

Requisitado:

Calcule as unidades equivalentes de maio para materiais e custos indiretos e de mão de obra supondo que a empresa use o método da média ponderada para calcular as unidades.

PROBLEMAS

Consulte no *site* <www.grupoa.com.br> os suplementos para esta seção.

PROBLEMA 4.13 Problema abrangente – método da média ponderada [OA4.2, OA4.3, OA4.4, OA4.5]

A empresa PVC produz um cano de plástico de alta qualidade que passa por três etapas de processamento antes de sua conclusão.

A seguir, temos informações sobre o trabalho no primeiro departamento, cozimento, em maio:

Dados de produção:	
Quilogramas em processamento, 1º de maio: unidades – materiais 100% concluídas; transformação 90% concluídas	70.000
Quilogramas que entraram na produção durante maio	350.000
Quilogramas: unidades concluídas e transferidas para o departamento seguinte	?
Quilogramas em processamento, 31 de maio: unidades – materiais 75% concluídas; transformação 25% concluídas	40.000
Dados de custo (US$):	
Estoques de produção em andamento, 1º de maio:	
Custos de materiais..	86.000
Custos de transformação	36.000
Custos adicionados durante maio:	
Custos de materiais..	447.000
Custos de transformação	98.000

A empresa usa o método da média ponderada.

Requisitado:
1. Calcule as unidades equivalentes de produção.
2. Calcule os custos por unidade equivalente do mês.
3. Determine os custos dos estoques finais de produção em andamento e das unidades transferidas para o departamento seguinte.
4. Prepare um relatório de reconciliação de custos para o mês.

PROBLEMA 4.14 Problema abrangente – método da média ponderada [OA4.2, OA4.3, OA4.4, OA4.5]

A Honeybutter Inc. fabrica um produto que passa por dois departamentos de processamento antes de sua conclusão – de departamento de mistura seguido do departamento de embalagem. Temos as seguintes informações disponíveis sobre o trabalho no primeiro departamento, o departamento de mistura, durante junho.

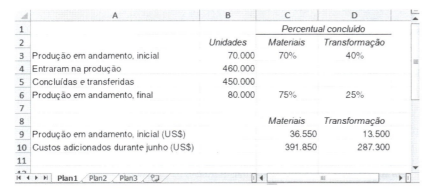

Requisitado:
Suponha que a empresa use o método da média ponderada.
1. Determine as unidades equivalentes em junho para o departamento de mistura.
2. Calcule os custos por unidade equivalente em junho para o departamento de mistura.
3. Determine os custos totais dos estoques finais de produção em andamento e os custos totais das unidades transferidas para o departamento de embalagem.
4. Prepare um relatório de reconciliação de custos para o departamento de mistura em junho.

PROBLEMA 4.15 Análise de contas T de produção em andamento – método da média ponderada [OA4.1, OA4.2, OA4.3, OA4.4]

A Brady Products produz uma cera pastosa de silicone que passa por três departamentos de processamento – quebra, mistura e embalagem. Todas as matérias-primas são introduzidas no início do trabalho no departamento de quebra. A seguir, temos a conta T de produção em andamento do departamento de um mês recente:

Produção em andamento – departamento de quebra

Estoques, 1º de maio	63.700	Concluídos e transferidos para o departamento de mistura	
Materiais	397.600		
Transformação	187.600		?
Estoques, 31 de maio	?		

Os estoques de produção em andamento em 1º de maio consistiam em 15.876 kg com US$ 43.400 em custos de materiais e US$ 20.300 em custos de transformação. Os estoques de produção em andamento em 1º de maio estavam 100% concluídos quanto aos materiais e 80% concluídos quanto à transformação. Durante maio, 127.006 kg entraram na produção. Os estoques em 31 de maio consistiam em 20.412 kg que estavam 100% concluídos quanto aos materiais e 60% concluídos quanto à transformação. A empresa usa o método da média ponderada para calcular unidades e custos.

Requisitado:
1. Determine as unidades equivalentes de produção de maio.
2. Determine os custos por unidade equivalente de maio.
3. Determine os custos das unidades concluídas e transferidas para o departamento de mistura durante maio.

PROBLEMA 4.16 Fluxos de custos [OA4.1]

A Nature's Way Inc. mantém uma de suas fábricas ocupada produzindo um perfume chamado Essence de la Vache. O perfume passa por dois departamentos de processamento: mistura e engarrafamento.

Temos a seguinte conta incompleta de produção em andamento para o departamento de mistura em março:

Produção em andamento – mistura

Saldo em 1º de março	32.800	Concluídas e transferidas para o engarrafamento (21.546 L)	
Materiais	147.600		
Mão de obra direta	73.200		?
Custos indiretos	481.000		
Saldo em 31 de março	?		

Os estoques iniciais de US$ 32,8 mil no departamento de mistura consistiam nos seguintes elementos: materiais, US$ 8 mil; mão de obra direta, US$ 4 mil; custos indiretos aplicados, US$ 20,8 mil.

Os custos incorridos em março no departamento de engarrafamento foram: materiais usados, US$ 45 mil; mão de obra direta, US$ 17 mil; e custos indiretos aplicados à produção, US$ 108 mil.

Requisitado:
1. Prepare lançamentos contábeis para registrar os custos incorridos no departamento de mistura e no departamento de engarrafamento durante março. Digite seus lançamentos dos itens (a) a (g) a seguir:
    a. Foram despachadas matérias-primas para uso na produção.
    b. Foram incorridos custos de mão de obra direta.
    c. Foram incorridos custos indiretos de produção para toda a fábrica, US$ 596 mil. (Registrar um crédito nas contas a pagar e usar uma única conta de controle dos custos indiretos de produção para toda a fábrica.)
    d. Custos indiretos de produção foram aplicados à produção usando uma taxa predeterminada de custos indiretos.
    e. As unidades que foram concluídas quanto ao processamento no departamento de mistura foram transferidas para o departamento de engarrafamento, US$ 722 mil.
    f. As unidades que foram concluídas quanto ao processamento no departamento de engarrafamento foram transferidas para os produtos finais, US$ 920 mil.
    g. As unidades concluídas foram vendidas a prazo por US$ 1,4 milhão. Os custos de produtos vendidos foram de US$ 890 mil.
2. Faça os lançamentos contábeis do item (1) anterior em contas T. Os saldos nas contas T no início de março são mostrados a seguir. (O saldo inicial na conta de produção em andamento do departamento de mistura é dado anteriormente.)

Matérias-primas	US$ 198.600
Produção em andamento – departamento de engarrafamento	US$ 49.000
Produtos finais	US$ 20.000

Depois de fazer os lançamentos nas contas T, encontre os saldos finais nas contas de estoques e na conta de custos indiretos de produção.

PROBLEMA 4.17 Problema abrangente; Segundo departamento de produção – método da média ponderada [OA4.2, OA4.3, OA4.4, OA4.5]

A Bohemian Links Inc. produz salsichas em três departamentos de produção – mistura, invólucro e cura e embalagem. No departamento de mistura, as carnes são preparas e moídas e, então, condimentadas. A mistura de carne condimentada é, então, transferida para o departamento de invólucro e cura, no qual a mistura é colocada em invólucros e, então, pendurada e curada em câmaras de defumação com temperatura controlada. No departamento de embalagem, as salsichas curadas são separadas, embaladas e rotuladas. A empresa usa o método da média ponderada em seu sistema de custeio por processo. A seguir, temos dados do departamento de invólucro e cura em abril:

		Percentual concluído (%)		
	Unidades	Mistura	Materiais	Transformação
Estoques de produção em andamento, 1º de abril	1	100	60	50
Estoques de produção em andamento, 30 de abril	1	100	20	10

	Mistura	Materiais	Transformação
Estoques de produção em andamento, 1º de abril (US$)	1.640	26	105
Custos adicionados durante abril (US$)	94.740	8.402	61.197

Os custos de mistura representam os custos da mistura de carne condimentada transferida do departamento de mistura. A mistura de carne condimentada é processada no departamento de invólucro e cura em lotes; cada unidade na tabela anterior é um lote, e um lote de mistura de carne condimentada produz uma quantidade fixa de salsichas que é repassada ao departamento de embalagem. Durante abril, 60 lotes (ou seja, unidades) foram concluídos e transferidos para o departamento de embalagem.

Requisitado:

1. Determine as unidades equivalentes em abril para mistura, materiais e transformação. Não arredonde seus cálculos.
2. Calcule os custos por unidade equivalente em abril para mistura, materiais e transformação.
3. Determine os custos totais dos estoques finais de produção em andamento e os custos totais das unidades transferidas para o departamento de embalagem em abril.
4. Prepare um relatório de reconciliação de custos para o departamento de invólucro e cura em abril.

PROBLEMA 4.18 Interpretação de um relatório – método da média ponderada [OA4.2, OA4.3, OA4.4]

A Bell Computers Ltd., localizada em Liverpool, Inglaterra, monta um computador pessoal padronizado a partir de peças compradas de vários fornecedores. O processo de produção consiste em vários passos, a começar pela montagem de uma "placa-mãe", que contém a unidade central de processamento. Essa montagem ocorre no departamento de montagem da CPU. A empresa recentemente contratou um novo contador, que preparou o seguinte relatório para o departamento em maio, usando o método da média ponderada:

Unidades a serem consideradas:	
Produção em andamento, 1º de maio: materiais 90% concluídas; transformação 80% concluídas	5.000
Entraram na produção..	29.000
Total de unidades	34.000
Unidades consideradas como a seguir:	
Transferidas para o departamento seguinte..	30.000
Produção em andamento, 31 de maio: materiais 75% concluídas; transformação 50% concluídas	4.000
Total de unidades	34.000

Reconciliação de custos (£)	
Custos a serem considerados:	
Produção em andamento, 1º de maio	13.400
Custos adicionados no departamento	87.800
Custos totais a serem considerados...	101.200
Custos considerados como a seguir:	
Produção em andamento, 31 de maio	8.200
Transferidas para o departamento seguinte...	93.000
Custos totais considerados...	101.200

A gestão da empresa gostaria de ter algumas informações adicionais sobre a operação de maio no departamento de montagem da CPU. (A moeda na Inglaterra é a libra esterlina, que é denotada pelo símbolo £.)

Requisitado:
1. Quantas unidades foram iniciadas e concluídas durante maio?
2. Quais foram as unidades equivalentes de maio para os custos de materiais e de transformação?
3. Quais foram os custos por unidade equivalente de maio? Temos disponíveis os dados adicionais a seguir quanto aos custos do departamento:

	Materiais	Transformação	Total
Produção em andamento, 1º de maio (£)	9.000	4.400	13.400
Custos adicionados durante maio (£)...........	57.000	30.800	87.800

4. Verifique o valor dos estoques finais de produção em andamento (£ 8.200) dado no relatório do contador.
5. O novo gerente do departamento de montagem da CPU foi solicitado a estimar o custo incremental para processar mil unidades adicionais pelo departamento. Ele considerou o custo unitário como uma unidade equivalente inteira, que você calculou no item (3) anterior, e o multiplicou por 1.000. Esse método leva a uma estimativa válida do custo incremental? Explique.

CASOS

Consulte no *site* <www.grupoa.com.br> os suplementos para esta seção.

CASO 4.19 Ética e o gerente; Compreender o impacto do percentual de conclusão sobre os lucros [OA4.2, OA4.3, OA4.4]

Thad Kostowski e Carol Lee são gerentes de produção na divisão de eletrodomésticos da Mesger Corporation, que possui dezenas de fábricas dispersas em diversos locais do mundo. Carol gerencia a fábrica localizada em Kansas City, Missouri, e Thad gerencia a fábrica de Roseville, Oregon, ambos nos Estados Unidos. Os gerentes de produção recebem um salário e um bônus adicional igual a 10% de seu salário-base se toda a divisão alcançar ou superar a meta de lucros do ano. O bônus é determinado em março, depois que o relatório anual da empresa é preparado e enviado aos acionistas.

No final de fevereiro, Carol recebeu um telefonema de Thad, que disse:

Thad: Como vai, Carol?

Carol: Tudo bem, Thad. E você?

Thad: Ótimo! Acabo de receber os valores preliminares dos lucros da divisão no ano passado e estamos US$ 62.500 abaixo de bater a meta de lucros do ano. Tudo o que precisamos fazer é mexer alguns pauzinhos e ficaremos acima da meta!

Carol: Como assim?

Thad: Bem, uma coisa que seria fácil de mudar é sua estimativa do percentual de conclusão de seus estoques finais de produção em andamento.

Carol: Não sei se eu deveria fazer isso, Thad. Esses valores de percentual de conclusão são fornecidos por Jean Jackson, minha supervisora-chefe. Sempre confiei nela para fornecer boas estimativas. Além disso, eu já enviei os valores de percentual de conclusão para a sede corporativa.

Thad: É sempre possível dizer que foi um erro. Pense nisso, Carol. Todos nós, gerentes, fazemos tudo o que está ao nosso alcance para conseguir esse bônus. Você talvez não precise dele, mas o resto de nós certamente precisa.

O departamento de processamento final da fábrica de Carol começou o ano sem estoques de produção em andamento. Durante o ano, 270 mil unidades foram transferidas do departamento de processamento anterior e 250 mil unidades foram concluídas e vendidas. Os custos transferidos do departamento anterior totalizaram US$ 49,221 milhões. Não foram adicionados materiais no último departamento de processamento. Um total de US$ 16,320 milhões em custos de transformação foi incorrido no último departamento de processamento durante o ano.

Requisitado:

1. Jean Jackson estimou que as unidades nos estoques finais do último departamento de processamento estavam 25% concluídas quanto aos custos de transformação daquele departamento. Se essa estimativa do percentual de conclusão for utilizada, quais serão os custos de produtos vendidos nesse ano?
2. Thad Kostowski quer aumentar ou diminuir a estimativa do percentual de conclusão? Explique por quê.
3. Que valor de percentual de conclusão seria obtido ao aumentar o resultado operacional em US$ 62.500 a mais do que o resultado operacional que seria divulgado se o valor de 25% fosse utilizado?
4. Você acha que Carol Lee deve aceitar a solicitação de alterar as estimativas do percentual de conclusão? Por quê?

CASO 4.20 Segundo departamento – método da média ponderada [OA4.2, OA4.3, OA4.4]

A empresa Durall produz gaxetas de plástico que são usadas em motores de automóveis, e que passam por três departamentos de processamento: mistura, modelagem e estampagem. O contador da empresa (que é muito inexperiente) preparou o seguinte resumo da produção e dos custos para o departamento de modelagem em outubro:

Custos do departamento de modelagem (US$):	
Estoques de produção em andamento, 1º de outubro, 8 mil unidades: materiais 100% concluídas; transformação 7/8 concluídas..........	22.420*
Custos transferidos do departamento de mistura	81.480
Material adicionado durante outubro (adicionado quando o processamento está 50% concluído no departamento de modelagem)	27.600
Custos de transformação adicionados durante outubro	96.900
Total de custos departamentais	228.400
Custos do departamento de modelagem atribuídos a (US$):	
Unidades concluídas e transferidas para o departamento de estampagem, 100 mil unidades a US$ 2,284 cada................................	228.400
Estoques de produção em andamento, 31 de outubro, 5 mil unidades: transformação 2/5 concluída	—
Total de custos departamentais atribuídos (US$)..........................	228.400

* Consiste em custo transferido, US$ 8.820; custos de materiais, US$ 3.400; e custos de transformação, US$ 10,2 mil.

Depois de refletir sobre os dados anteriores, o presidente da Durall comentou: "Não consigo entender o que acontece aqui. Apesar do esforço concentrado para reduzir custos, nosso custo unitário na verdade aumentou no departamento de modelagem no mês passado. Com esse tipo de desempenho, o bônus de final de ano estará fora de questão para o pessoal desse departamento".

A empresa usa o método da média ponderada em seu custeio por processo.

Requisitado:
1. Prepare um relatório para o departamento de modelagem para outubro mostrando qual montante de custos deveria ter sido atribuído às unidades concluídas e transferidas para o departamento de estampagem e para os estoques finais de produção em andamento.
2. Explique ao presidente por que o custo unitário que apareceu no relatório preparado pelo contador inexperiente é tão alto.

APÊNDICE 4A: MÉTODO PEPS

O método PEPS (primeiro a entrar, primeiro a sair) de custeio por processo difere do método da média ponderada em dois aspectos: (1) no cálculo das unidades equivalentes, e (2) na maneira como os custos de estoques iniciais são tratados. O método PEPS geralmente é considerado mais preciso do que o método da média ponderada, mas ele é mais complexo. A complexidade não é um problema para computadores, mas o método PEPS é um pouco mais difícil de compreender e de aprender do que o método da média ponderada.

Unidades equivalentes – método PEPS

O cálculo de unidades equivalentes segundo o método PEPS difere do cálculo segundo o método da média ponderada de duas maneiras.

Em primeiro lugar, as "unidades transferidas" são divididas em duas partes. Uma consiste nas unidades dos estoques iniciais que foram concluídas e transferidas, e a outra consiste nas unidades que foram iniciadas e concluídas durante o período corrente.

Em segundo lugar, considera-se integralmente a quantidade de trabalho realizado durante o período corrente nas unidades nos estoques iniciais de produção em andamento além de nas unidades nos estoques finais. Assim, segundo o método PEPS, os estoques iniciais e finais são convertidos para uma base de unidades equivalentes. Para os estoques iniciais, as unidades equivalentes representam o trabalho realizado para concluir as unidades; para os estoques finais, as unidades equivalentes representam o trabalho realizado para levar as unidades a uma etapa de conclusão parcial no final do período (assim como no método da média ponderada).

A fórmula para calcular as unidades equivalentes de produção segundo o método PEPS é mais complexa do que por meio do método da média ponderada:

(Apêndice 4A) Calcular as unidades equivalentes de produção usando o método PEPS.

Método PEPS
(é feito um cálculo separado para cada categoria de custo em cada departamento de processamento)

Unidades equivalentes de produção = Unidades equivalentes para concluir os estoques iniciais de produção em andamento*

+ Unidades iniciadas e concluídas durante o período

+ Unidades equivalentes nos estoques finais de produção em andamento

*Unidades equivalentes para concluir os estoques iniciais de produção em andamento = Unidades nos estoques iniciais de produção em andamento × (100% − Percentual concluído dos estoques iniciais de produção em andamento)

Capítulo **4** ▶▶ Método de custeio por processo

Ou, então, as unidades equivalentes de produção também podem ser determinadas como segue:

Unidades equivalentes de produção = Unidades transferidas

+ Unidades equivalentes nos estoques finais de produção em andamento

– Unidades equivalentes nos estoques iniciais de produção em andamento

Para ilustrar o método PEPS, consulte novamente os dados do departamento de modelagem e fresagem na Double Diamond Skis. O departamento concluiu e transferiu 4,8 mil unidades para o departamento de aplicação de arte gráfica durante maio. Como 200 dessas unidades vieram dos estoques iniciais, o departamento de modelagem e fresagem deve ter iniciado e concluído 4,6 mil unidades durante aquele mês. As 200 unidades nos estoques iniciais estavam 55% concluídas quanto aos custos de materiais e apenas 30% concluídas quanto aos custos de transformação quando o mês começou. Assim, para concluir essas unidades, o departamento deve ter adicionado outros 45% de custos de materiais (100% − 55% = 45%) e outros 70% de custos de transformação (100% − 30% = 70%). Seguindo essa linha de raciocínio, as unidades equivalentes do departamento em maio seriam calculadas como mostra o Quadro 4A.1.

Comparação de unidades equivalentes de produção segundo o método da média ponderada e segundo o método PEPSs

Pare neste ponto e compare os dados do Quadro 4A.1 aos dados do Quadro 4.5 deste capítulo, que mostra o cálculo de unidades equivalentes segundo o método da média ponderada. Consulte também o Quadro 4A.2, que compara os dois métodos.

A diferença essencial entre os dois métodos é que o método da média ponderada mistura trabalhos e custos do período anterior com trabalho e custos do período corrente, enquanto o método PEPS separa os dois períodos. Para observar isso mais claramente, considere a seguinte reconciliação dos dois cálculos de unidades equivalentes:

Departamento de modelagem e fresagem	Materiais	Transformação
Unidades equivalentes – método da média ponderada......................	4.960	4.900
Menos unidades equivalentes nos estoques iniciais:		
200 unidades × 55%..	110	
200 unidades × 30%..		60
Unidades equivalentes de produção – método PEPS	4.850	4.840

	Materiais	Transformação
Para concluir a produção em andamento inicial:		
Materiais: 200 unidades × (100% − 55%)*	90	
Transformação: 200 unidades × (100% − 30%)*..............................		140
Unidades iniciadas e concluídas durante o período............................	4.600 [†]	4.600 [†]
Produção em andamento final:		
Materiais: 400 unidades × 40% concluídas	160	
Transformação: 400 unidades × 25% concluídas.............................		100
Unidades equivalentes de produção..	4.850	4.840

QUADRO 4A.1
Unidades equivalentes de produção: método PEPS.

---

* Esse é o trabalho necessário para concluir as unidades nos estoques iniciais.

[†] 5.000 unidades iniciadas – 400 unidades na produção em andamento final = 4.600 unidades iniciadas e concluídas. Isso também pode ser calculado como 4.800 unidades concluídas e transferidas para o departamento seguinte – 200 unidades nos estoques iniciais de produção em andamento. O método PEPS supõe que as unidades nos estoques iniciais são concluídas primeiro.

QUADRO 4A.2
Perspectiva visual das unidades equivalentes de produção.

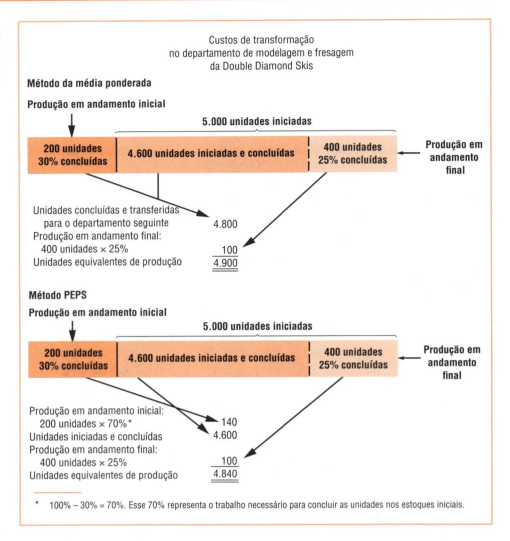

A partir do cálculo anterior, torna-se claro que o método PEPS subtrai as unidades equivalentes que estavam nos estoques iniciais das unidades equivalentes da definição por meio do método da média ponderada. Assim, o método PEPS isola as unidades equivalentes decorrentes do trabalho realizado no período corrente. O método da média ponderada mistura as unidades equivalentes que estavam nos estoques iniciais com as unidades equivalentes decorrentes do trabalho realizado no período corrente.

Custo por unidade equivalente – Método PEPS

 OA4.7

(Apêndice 4A) Calcular o custo por unidade equivalente usando o método PEPS.

No método PEPS, o custo por unidade equivalente é calculado como a seguir:

Método PEPS
(é feito um cálculo separado para cada categoria de custo em cada departamento de processamento)

$$\text{Custo por unidade equivalente} = \frac{\text{Custos adicionados durante o período}}{\text{Unidades equivalentes de produção}}$$

Ao contrário do método da média ponderada, no método PEPS o custo por unidade equivalente é baseado apenas nos custos incorridos no departamento no período corrente.

Os custos de materiais e de transformação por unidade equivalente são calculados a seguir para o departamento de modelagem e fresagem em maio:

Capítulo **4** ▶▶ Método de custeio por processo

Custos por unidade equivalente no departamento de modelagem e fresagem – método PEPS		
	Materiais	Transformação
Custos adicionados durante o período (a) (US$)..............................	368.600	350.900
Unidades equivalentes de produção (b)..	4.850	4.840
Custo por unidade equivalente (a) ÷ (b) (US$)..................................	76	72,50

Aplicação de custos – método PEPS

Os custos por unidade equivalente são usados para avaliar as unidades nos estoques finais e as unidades que são transferidas para o departamento seguinte. Por exemplo, cada unidade transferida do departamento de modelagem e fresagem para o departamento de aplicação de arte gráfica carregará consigo um custo de US$ 148,50 – US$ 76,00 de custos de materiais e US$ 72,50 de custos de transformação. Como foram transferidas 4.800 unidades em maio para o departamento seguinte, os custos totais atribuídos a essas unidades seriam de US$ 712.800 (4.800 unidades × US$ 148,50 por unidade).

Uma contabilidade completa dos custos tanto dos estoques finais de produção em andamento quanto das unidades transferidas é exibida a seguir. Ela é mais complicada do que o método da média ponderada, uma vez que os custos das unidades transferidas consistem em três componentes separados: (1) os custos de estoques iniciais de produção em andamento; (2) os custos para concluir as unidades nos estoques iniciais de produção em andamento; e (3) os custos de unidades iniciadas e concluídas durante o período.

▶▶ **OA4.8**

(Apêndice 4A) Atribuir custos a unidades usando o método PEPS.

Departamento de modelagem e fresagem Custos dos estoques finais de produção em andamento e de unidades transferidas – método PEPS (US$)			
	Materiais	Transformação	Total
Estoques finais de produção em andamento:			
Unidades equivalentes de produção (ver Quadro 4A.1) (a).....................	160	100	
Custo por unidade equivalente (ver página 170) (b)	76	72,50	
Custos dos estoques finais de produção em andamento (a)x (b).....................	12.160	7.250	<u>19.410</u>
Unidades transferidas:			
Custos nos estoques iniciais de produção em andamento	9.600	5.575	15.175
Custos para concluir as unidades nos estoques iniciais de produção em andamento:			
Unidades equivalentes de produção necessárias para concluir as unidades nos estoques iniciais (ver Quadro 4A.1) (a)...............	90	140	
Custo por unidade equivalente (ver página 170) (b)	76	72,50	
Custos para concluir as unidades nos estoques iniciais (a) x (b)........................	6.840	10.150	16.990
Custos de unidades iniciadas e concluídas nesse período:			
Unidades iniciadas e concluídas nesse período (ver Quadro 4A.1) (a).....................	4.600	4.600	
Custo por unidade equivalente (ver página 170) (b)	76	72,50	
Custos das unidades iniciadas e concluídas nesse período (a) x (b)	349.600	333.500	<u>683.100</u>
Custos totais de unidades transferidas.............................			<u>715.265</u>

CONTABILIDADE GERENCIAL

Novamente, observe que os custos das unidades transferidas consistem em três componentes distintos – os custos de estoques iniciais de produção em andamento, os custos necessários para concluir as unidades nos estoques iniciais, e os custos das unidades iniciadas e concluídas durante o período. Essa é a principal diferença entre o método da média ponderada e o método PEPS.

Relatório de reconciliação de custos – método PEPS

OA4.9

(Apêndice 4A) Preparar um relatório de reconciliação de custos usando o método PEPS.

Os custos atribuídos aos estoques finais de produção em andamento e às unidades transferidas são reconciliados com os custos com que começamos no Quadro 4.7, como exibido a seguir:

Reconciliação de custos no departamento de modelagem e fresagem (US$)	
Custos a serem considerados:	
Custos de estoques iniciais de produção em andamento (Quadro 4.7).............................	15.175
Custos adicionados à produção durante o período (Quadro 4.7)	719.500
Custos totais a serem considerados..	734.675
Custos a serem considerados como a seguir:	
Custos dos estoques finais de produção em andamento (ver anteriormente)	19.410
Custos das unidades transferidas (ver anteriormente)..	715.265
Custos totais considerados...	734.675

Os custos de US$ 715.265 das unidades transferidas para o departamento seguinte, aplicação de arte gráfica, serão considerados nesse departamento como "custos transferidos". Assim como no método da média ponderada, esses custos serão tratados no sistema de custeio por processo como apenas mais uma categoria de custos, como custos de materiais ou de transformação. A única diferença é que os custos transferidos serão sempre 100% concluídos quanto ao trabalho realizado no departamento de arte gráfica. Os custos são passados adiante de um departamento para o outro dessa maneira, até chegarem ao último departamento de processamento, acabamento e emparelhamento. Quando os produtos são concluídos neste último departamento, seus custos são transferidos para os produtos finais.

Comparação dos métodos de custeio

Na maioria das situações, o método da média ponderada e o método PEPS produzirão custos unitários muito similares. Se nunca houver estoques finais, os dois métodos produzirão resultados idênticos. O motivo disso é que, sem nenhum estoque final, nenhum custo pode ser transferido para o período seguinte e o método da média ponderada baseará os custos unitários somente nos custos do período corrente – exatamente como no método PEPS. Se houver estoques finais, também seriam necessários ou preços inconstantes de insumos ou níveis inconstantes de produção para gerar uma diferença muito grande nos custos unitários segundo os dois métodos. Isso porque o método da média ponderada mistura os custos unitários do período anterior com os custos unitários do período corrente. A menos que esses custos unitários sejam muito díspares, a mistura não fará muita diferença.

No entanto, do ponto de vista de controle de custos, o método PEPS é superior ao método da média ponderada. O desempenho corrente deve ser avaliado com base somente nos custos do período corrente, mas o método da média ponderada mistura os custos do período atual com os custos do período anterior. Assim, segundo este método, o desempenho aparente do gerente no período corrente é influenciado pelo que aconteceu no período anterior. Esse problema não ocorre no método PEPS porque ele faz uma clara distinção entre os custos de períodos anteriores e os custos incorridos durante o período corrente. Pelo mesmo motivo, o método PEPS também fornece dados de custo mais atualizados para fins de tomada de decisões.

Em contrapartida, o método da média ponderada é mais simples de aplicar do que o método PEPS, mas computadores podem dar conta dos cálculos adicionais com facilidade se forem apropriadamente programados.

APÊNDICE 4A EXERCÍCIOS E PROBLEMAS

Consulte no *site* <www.grupoa.com.br> os suplementos para esta seção.

EXERCÍCIO 4A.1 Cálculo das unidades equivalentes – método PEPS [OA4.6]

Consulte os dados da empresa Lindex no Exercício 4.2.

Requisitado:

Calcule as unidades equivalentes de produção de outubro supondo que a empresa usa o método PEPS para calcular unidades e custos.

EXERCÍCIO 4A.2 Custo por unidade equivalente – método PEPS [OA4.7]

A empresa Resprin usa o método PEPS em seu sistema de custeio por processo. Abaixo, temos os dados do departamento de montagem em maio:

	Materiais	Mão de obra	Custos indiretos
Custos adicionados durante maio (US$)........	82.560	52.920	132.300
Unidades equivalentes de produção..............	16.000	14.000	14.000

Requisitado:

Calcule os custos indiretos, de materiais e de mão de obra por unidade equivalente e no total.

EXERCÍCIO 4A.3 Aplicação de custos a unidades – método PEPS [OA4.8]

A seguir, temos os dados relativos às atividades de um período recente no departamento de mistura, o primeiro departamento de processamento em uma empresa que usa custeio por processo:

	Materiais	Transformação
Custos dos estoques de produção em andamento no início do período (US$)...	2.700	380
Unidades equivalentes de produção nos estoques finais de produção em andamento	800	200
Unidades equivalentes de produção necessárias para concluir os estoques iniciais de produção em andamento	400	700
Custo por unidade equivalente no período (US$)	4,40	1,30

Um total de 8 mil unidades foram concluídas e transferidas para o departamento seguinte de processamento durante o período. Os estoques iniciais de produção em andamento consistiam em mil unidades e os estoques finais de produção em andamento, em 2 mil unidades.

Requisitado:

Usando o método PEPS, calcule os custos das unidades transferidas para o departamento seguinte durante o período e os custos dos estoques finais de produção em andamento.

EXERCÍCIO 4A.4 Relatório de reconciliação de custos – método PEPS [OA4.9]

A Kippinger Baking Corporation usa um sistema de custeio por processo em suas operações de fornada de grande escala. O departamento de mistura é um dos departamentos de processamento. Neste departamento, em agosto, os custos de estoques iniciais de produção em andamento eram de US$ 4.230, os custos dos estoques finais de produção em andamento eram de US$ 3.870, e os custos adicionados à produção foram de US$ 46.320.

Requisitado:

Prepare um relatório de reconciliação de custos para o departamento de mistura para agosto.

EXERCÍCIO 4A.5 Unidades equivalentes – método PEPS [OA4.6]

Use os dados da Gulf Fisheries Inc. no Exercício 4.12.

Requisitado:

Calcule as unidades equivalentes de maio para o departamento de limpeza, supondo que a empresa use o método PEPS para calcular as unidades.

EXERCÍCIO 4A.6 Unidades equivalentes – método PEPS [OA4.6]

Use os dados da Societe Clemeau do Exercício 4.10.

Requisitado:

1. Calcule o número de quilos de cimento concluídos e transferidos do departamento de mistura em maio.
2. Calcule as unidades equivalentes de produção de materiais e de transformação em maio.

EXERCÍCIO 4A.7 Unidades equivalentes e Custo por unidade equivalente – método PEPS [OA4.6, OA4.7]

Use os dados da Kalox Inc. do Exercício 4.6.

Requisitado:

Suponha que a empresa use o método PEPS para calcular unidades e custos.

1. Calcule as unidades equivalentes da atividade de maio para o primeiro departamento de processamento.
2. Determine os custos por unidade equivalente em maio.

EXERCÍCIO 4A.8 Cálculo de unidades equivalentes – método PEPS [OA4.6]

A QualCon Inc. produz garrafas de vinho para viticultores em um processo que começa no departamento de derretimento e moldagem. A seguir, temos os dados relativos às operações desse departamento no período mais recente:

Produção em andamento inicial:	
Unidades em processamento	400
Estágio de conclusão quanto aos materiais	75%
Estágio de conclusão quanto à transformação	25%
Unidades que entraram na produção durante o mês	42.600
Unidades concluídas e transferidas	42.500
Produção em andamento final:	
Unidades em processamento	500
Estágio de conclusão quanto aos materiais	80%
Estágio de conclusão quanto à transformação	30%

Requisitado:

A QualCon usa o método PEPS em seu sistema de custeio por processo. Calcule as unidades equivalentes de produção do período para o departamento de derretimento e moldagem.

EXERCÍCIO 4A.9 Unidades equivalentes; Aplicação de custos – método PEPS [OA4.6, OA4.7, OA4.8]

A empresa Krollon usa o método PEPS em seu sistema de custeio por processo. Os dados a seguir são do mês mais recente de operações em um dos departamentos de processamento da empresa:

Unidades nos estoques iniciais	400	
Unidades que entraram na produção	4.300	
Unidades nos estoques finais	300	
Unidades transferidas para o departamento seguinte	4.400	
	Materiais	**Transformação**
Percentual concluído dos estoques iniciais (%)	70	30
Percentual concluído dos estoques finais (%)	80	40

Segundo o sistema de custeio da empresa, os custos dos estoques iniciais eram de US$ 7.886, dos quais US$ 4.897 eram de materiais e o restante era de custos de transformação. Os custos adicionados durante o mês somaram US$ 181.652. Os custos por unidade equivalente nesse mês foram:

	Materiais	Transformação
Custo por unidade equivalente (US$)	18,20	23,25

Requisitado:
1. Calcule o custo total por unidade equivalente nesse mês.
2. Calcule as unidades equivalentes de custos de material e de transformação nos estoques finais.
3. Calcule as unidades equivalentes de custos de material e de transformação que foram necessários para concluir os estoques iniciais.
4. Determine o número de unidades iniciadas e concluídas durante o mês.
5. Determine os custos dos estoques finais e das unidades transferidas.

PROBLEMA 4A.10 Unidades equivalentes; Aplicação de custos – método PEPS [OA4.6, OA4.7, OA4.8, OA4.9]

A empresa Reutter fabrica um único produto e usa custeio por processo. O produto da empresa passa por dois departamentos de processamento, decapagem e fiação. As atividades a seguir foram registradas no departamento de decapagem em julho:

Dados de produção:	
Unidades em processamento, 1º de julho:	
materiais 60% concluídas; transformação 30% concluídas	60.000
Unidades que entraram na produção	510.000
Unidades em processamento, 31 de julho:	
materiais 80% concluídas; transformação 40% concluídas	70.000
Dados de custo (US$):	
Estoques de produção em andamento, 1º de julho:	
Custos de materiais	27.000
Custos de transformação	13.000
Custos adicionados durante julho:	
Custos de materiais	468.000
Custos de transformação	357.000

Os materiais são adicionados em vários estágios durante o processo de decapagem. A empresa usa o método PEPS.

Requisitado:
1. Determine as unidades equivalentes de julho para o departamento de decapagem.
2. Calcule os custos por unidade equivalente de julho para o departamento de decapagem.
3. Determine os custos totais dos estoques finais de produção em andamento e os custos totais das unidades transferidas para o processo seguinte para o departamento de decapagem em julho.
4. Prepare um relatório de reconciliação de custos para o departamento de decapagem em julho.

PROBLEMA 4A.11 Unidades equivalentes, Custo por unidade equivalente, Aplicação de custos – método PEPS [OA4.6, OA4.7, OA4.8, OA4.9]

Use os dados do departamento de mistura da Honeybutter Inc. no Problema 4.14. Suponha que a empresa use o método PEPS em vez do método da média ponderada em seu sistema de custeio por processo.

Requisitado:
1. Determine as unidades equivalentes de junho para o departamento de mistura.
2. Calcule os custos por unidade equivalente de junho para o departamento de mistura.
3. Determine os custos totais dos estoques finais de produção em andamento e os custos totais das unidades transferidas para o processo seguinte para o departamento de mistura em junho.
4. Prepare um relatório de reconciliação de custos para o departamento de mistura para junho.

CASO 4A.12 Segundo departamento – método PEPS [OA4.6, OA4.7, OA4.8]

Use os dados da empresa Durall, no Caso 4.20. Suponha que a empresa use o método PEPS em seu sistema de custeio por processo.

Requisitado:
1. Prepare um relatório para o departamento de modelagem para outubro mostrando o valor dos custos que deveriam ter sido atribuídos às unidades concluídas e transferidas para o departamento de estampagem e para os estoques finais de produção em andamento.
2. Suponha que, a fim de continuar competitiva, a empresa tenha empreendido um grande programa de corte de custos durante outubro. Os efeitos desse programa de corte de custos tenderiam a aparecer mais se fosse usado o método da média ponderada ou o método PEPS? Explique sua resposta.

APÊNDICE 4B: ALOCAÇÕES DO DEPARTAMENTO DE SERVIÇOS

A maioria das grandes organizações tem *departamentos operacionais* e *departamentos de serviços*. Os propósitos centrais da organização são realizados nos departamentos operacionais. Ao contrário, os departamentos de serviços não se envolvem diretamente nas atividades operacionais. Em vez disso, eles prestam serviços ou assistência aos departamentos operacionais, cujos exemplos incluem o departamento de cirurgia no **Hospital Mt. Sinai**, o departamento de geografia na **University of Washington**, o departamento de marketing na empresa **Allstate Insurance**, e os departamentos de produção em empresas manufatureiras como a **Mitsubishi**, a **Hewlett-Packard** e a **Michelin**. No custeio por processo, os departamentos de processamento são todos departamentos operacionais. Exemplos de departamentos de serviços incluem refeitório, auditoria interna, recursos humanos, contabilidade de custos e compras.

Os custos indiretos dos departamentos operacionais normalmente abrangem alocações de custos dos departamentos de serviços. Na medida em que os custos de departamentos de serviços são classificados como custos de produção, eles devem ser incluídos nos custos unitários de produtos e, assim, ser alocados aos departamentos operacionais em um sistema de custeio por processo.

São usadas três abordagens de alocação dos custos dos departamentos de serviços a outros departamentos: o método direto, o método de alocação sequencial e o método recíproco. Esses três métodos serão discutidos nas próximas seções. No entanto, antes de detalhar tais métodos, discutiremos os *serviços interdepartamentais*.

Serviços interdepartamentais   Muitos departamentos de serviços prestam serviços uns aos outros, além de aos departamentos operacionais. Por exemplo, o departamento de refeitório fornece refeições a todos os funcionários, inclusive àqueles designados a outros departamentos de serviços, além de aos funcionários dos departamentos operacionais. Por sua vez, o departamento de refeitório pode receber serviços de outros departamentos de serviços, como serviços de limpeza e manutenção ou do departamento de pessoal. Os serviços prestados entre departamentos de serviços são conhecidos como *serviços interdepartamentais* ou *recíprocos*.

Método direto

O *método direto* é o mais simples dos três métodos de alocação de custos. Ele ignora os serviços prestados por um departamento de serviços a outros departamentos de serviços (por exemplo, serviços interdepartamentais) e aloca todos os custos de departamentos de serviços diretamente aos departamentos operacionais. Mesmo se um departamento de serviços (como o de pessoal) prestar muitos serviços a outro departamento de serviços (como o refeitório), não são feitas alocações entre os dois departamentos. Em vez disso, todos os custos são alocados *diretamente* aos departamentos operacionais, sem passar pelos outros departamentos de serviços; daí o termo *método direto*.

OA4.10

(Apêndice 4B) Alocar custos de departamentos de serviços a departamentos operacionais usando o método direto.

Como exemplo deste método, considere o Hospital Mountain View, que possui dois departamentos de serviços e dois departamentos operacionais como exibido a seguir. O hospital aloca seus custos de administração do hospital com base em horas trabalhadas por funcionários e seus serviços de limpeza e manutenção com base no número de metros quadrados ocupados.

O método direto de alocação dos custos de departamentos de serviços do hospital aos departamentos operacionais é exibido no Quadro 4B.1, no qual várias questões devem ser observadas. Em primeiro lugar, as horas trabalhadas pelos funcionários do departamento de administração do hospital e do departamento de serviços de limpeza e manutenção são ignoradas ao alocar os custos de administração do hospital usando o método direto. *No método direto, qualquer parte da base de alocação que seja atribuível aos próprios departamentos de serviços é ignorada; somente a parte da base de alocação atribuível aos departamentos operacionais é usada na alocação.* Observe que a mesma regra é usada ao alocar os custos do departamento de limpeza e manutenção. Embora os departamentos de administração do hospital e de serviços de limpeza e manutenção ocupem algum espaço, isso é ignorado quando os custos dos serviços de limpeza e manutenção são alocados. Finalmente, observe que, assim que terminam todas as alocações, todos os custos de departamentos de serviços estão contidos nos dois departamentos operacionais.

	Departamentos de serviços		Departamentos operacionais		
	Administração do hospital	Serviços de limpeza e manutenção	Laboratório	Atendimento a pacientes	Total
Custos departamentais antes da alocação (US$)...............	360.000	90.000	261.000	689.000	1.400.000
Horas de trabalho dos funcionários...............	12.000	6.000	18.000	30.000	66.000
Espaço ocupado em m²	3.048	60,96	1.524	13.716	18.348,96

QUADRO 4B.1
Método direto de alocação (US$).

	Departamentos de serviços		Departamentos operacionais		
	Administração do hospital	Serviços de limpeza e manutenção	Laboratório	Atendimento a pacientes	Total
Custos departamentais antes da alocação...........	360.000	90.000	261.000	689.000	1.400.000
Alocação:					
Custos de administração do hospital (18/48, 30/48)*.................	– 360.000	– 90.000	135.000	225.000	
Custos de serviços de limpeza e manutenção (1.524/15.240, 13.716/15.240)†.........			9.000	81.000	
Custos totais depois da alocação	0	0	405.000	995.000	1.400.000

* Baseado nas horas de trabalho dos funcionários nos dois departamentos operacionais, que são 18.000 horas + 30.000 horas = 48.000 horas.

† Baseado no número de pés quadrados ocupados pelos dois departamentos operacionais, que é 1.524 m² + 13.716 m² = 15.240 m².

Embora o método direto seja simples, ele é menos preciso do que os outros métodos, pois ignora os serviços interdepartamentais.

Método de alocação sequencial

Ao contrário do método direto, o *método de alocação sequencial* inclui a alocação dos custos de um departamento de serviços a outros departamentos de serviços, além de aos departamentos operacionais. Como o nome prescreve, o método de alocação sequencial é sequencial. Sua sequência começa com o departamento que presta a maior quantidade de serviços a outros departamentos de serviços. Depois que seus custos são alocados, o processo continua, passo a passo, terminando com o departamento que presta a menor

 OA4.11

(Apêndice 4B) Alocar custos de departamentos de serviços a departamentos operacionais usando o método de alocação sequencial.

quantidade de serviços a outros departamentos de serviços. Esse procedimento passo a passo, ou sequencial, é ilustrado no Quadro 4B.2.

O Quadro 4B.3 mostra os detalhes do método de alocação sequencial. Observe os três pontos-chave a seguir sobre essas alocações. Em primeiro lugar, sob a coluna Alocação, no Quadro 4B.3, você nota duas alocações, ou passos. No primeiro passo, os custos de administração do hospital são alocados a outro departamento de serviços (serviços de limpeza e manutenção) além de aos departamentos operacionais. Ao contrário do método direto, a base de alocação dos custos de administração do hospital agora inclui as horas trabalhadas pelos funcionários de serviços de limpeza e manutenção além de as dos departamentos operacionais. Entretanto, a base de alocação ainda exclui as horas trabalhadas pelos funcionários da administração do hospital de fato. *Tanto no método direto quanto no método de alocação sequencial, qualquer valor da base de alocação atribuível ao departamento de serviços cujos custos são alocados sempre é ignorado.* Em segundo lugar, note que, no segundo passo sob a coluna Alocação, os custos dos serviços de limpeza e manutenção são alocados aos dois departamentos operacionais, e nenhuma parte dos custos é alocada à administração do hospital, embora o departamento ocupe espaço no edifício. *No método de alocação sequencial, qualquer valor da base de alocação atribuível a um departamento de serviços cujos custos já foram alocados é ignorado.* Depois que os custos de um departamento são alocados, custos de outros departamentos de serviços não são realocados de volta a ele. Em terceiro lugar, observe que os custos dos serviços de limpeza e manutenção alocados a outros departamentos no segundo passo (US$ 130.000) incluem os custos de administração do hospital que foram alocados aos serviços de limpeza e manutenção no primeiro passo no Quadro 4B.3.

QUADRO 4B.2
Ilustração gráfica – método de alocação sequencial.

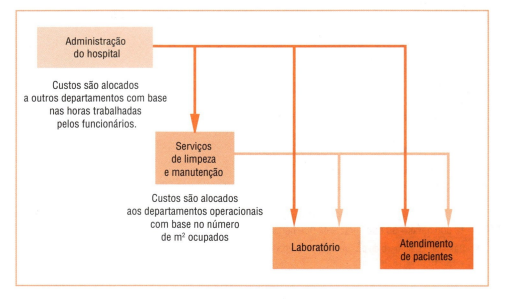

Método recíproco

O *método recíproco* reconhece integralmente os serviços interdepartamentais. No método de alocação sequencial, só é possível um reconhecimento parcial desses serviços. O método de alocação sequencial sempre aloca os custos a montante – nunca a jusante. O método recíproco, ao contrário, aloca custos de departamentos de serviços em *ambas* as direções. Assim, como o departamento de limpeza e manutenção no exemplo anterior presta serviços para o departamento de administração do hospital, parte dos custos de limpeza e administração será alocada *a jusante* ao departamento de administração do hospital se o método recíproco for usado. Ao mesmo tempo, parte dos custos de administração do hospital será alocada *a montante* para o departamento de serviços de limpeza e administração. A alocação recíproca exige o uso de equações lineares simultâneas e está além do escopo deste livro. Exemplos do método recíproco podem ser encontrados em livros mais avançados de contabilidade de custos.

QUADRO 4B.3
Método de alocação sequencial (US$).

	Departamentos de serviços		Departamentos operacionais		
	Administração do hospital	Serviços de limpeza e manutenção	Laboratório	Atendimento a pacientes	Total
Custos departamentais antes da alocação............	360.000	90.000	261.000	689.000	1.400.000
Alocação:					
Custos de administração do hospital (6/54, 18/54, 30/54)*	–360.000	40.000	120.000	200.000	
Custos de serviços de limpeza e manutenção (1.524/15.240, 13.716/15.240)†		–130.000	13.000	117.000	
Custos totais depois da alocação	0	0	394.000	1.006.000	1.400.000

* Baseados nas horas trabalhadas pelos funcionários em serviços de limpeza e administração e nos dois departamentos operacionais, que são 6.000 horas + 18.000 horas + 30.000 horas = 54.000 horas.

† Como no Quadro 4B.1, essa alocação é baseada no número de m² ocupados pelos dois departamentos operacionais.

APÊNDICE 4B EXERCÍCIOS E PROBLEMAS

Consulte no *site* <www.grupoa.com.br> os suplementos para esta seção.

EXERCÍCIO 4B.1 Método direto [OA4.10]

A faculdade Ignatius forneceu os seguintes dados para as alocações de custos de seus departamentos de serviços:

	Departamentos de serviços		Departamentos operacionais	
	Administração	Serviços das instalações físicas	Programas de graduação	Programas de pós-graduação
Custos departamentais antes das alocações (US$)...........	2.070.000	720.000	23.650.000	2.980.000
Horas de créditos cumpridos pelos alunos.......................			40.000	5.000
Espaço ocupado em m²	9.144	1.524	7.620	15.240

Requisitado:

Usando o método direto, faça a alocação dos custos dos departamentos de serviços aos dois departamentos operacionais. Faça a alocação dos custos do departamento de administração com base nas horas de créditos cumpridos pelos alunos e nos custos do departamento de serviços das instalações físicas com base no espaço ocupado.

EXERCÍCIO 4B.2 Método de alocação sequencial [OA4.11]

A University District Co-op, um supermercado de produtos naturais e cafeteria, forneceu os seguintes dados para as alocações de custos de seus departamentos de serviços:

	Departamentos de serviços		Departamentos operacionais	
	Administração	Serviços do edifício	Supermercado	Cafeteria
Custos departamentais antes das alocações (US$)..........................	200.000	60.000	3.860.000	340.000
Horas trabalhadas pelos funcionários	480	320	2.720	160
Espaço ocupado em m²...	243,84	365,76	2.895,6	152,4

Requisitado:

Usando o método de alocação sequencial, faça a alocação dos custos dos departamentos de serviços aos dois departamentos operacionais. Faça a alocação dos custos do departamento de administração primeiro com base nas horas trabalhadas pelos funcionários e depois dos custos do departamento de serviços do edifício com base no espaço ocupado.

EXERCÍCIO 4B.3 Método de alocação sequencial [OA4.11]

A empresa Arbon possui três departamentos de serviços e dois departamentos operacionais. A seguir, são apresentados dados selecionados relativos a estes cinco departamentos:

	Departamentos de serviços			Departamentos operacionais		
	Administração	Limpeza	Manutenção de equipamentos	Preparação	Acabamento	Total
Custos (US$)............................	84.000	67.800	36.000	256.100	498.600	942.500
Número de funcionários	80	60	240	600	300	1.280
Metros quadrados de espaço ocupado....	914,4	3.657,6	3.048	6.096	21.336	35.052
Horas-máquina...				10.000	30.000	40.000

A empresa aloca custos de departamentos de serviços pelo método de alocação sequencial na seguinte ordem: administração (número de funcionários), limpeza (espaço ocupado), e manutenção de equipamentos (horas-máquina).

Requisitado:

Usando o método de alocação sequencial, faça a alocação dos custos de departamentos de serviços aos departamentos operacionais.

EXERCÍCIO 4B.4 Método direto [OA4.10]

Use os dados da empresa Arbon do Exercício 4B.3.

Requisitado:

Supondo que a empresa use o método direto em vez de o método de alocação sequencial para alocar custos de departamentos de serviços, que montante de custos seria atribuído a cada departamento operacional?

PROBLEMA 4B.5 Método de alocação sequencial [OA4.11]

O hospital Pleasant View possui três departamentos de serviços – de restaurante, administrativos e de raio X. Os custos desses departamentos são alocados pelo método de alocação sequencial, usando as bases de alocação e a ordem exibida a seguir:

Departamento de serviços	Custos incorridos	Base de alocação
Serviços de restaurante........	Variáveis	Refeições servidas
	Fixos	Necessidades em períodos de pico
Serviços administrativos......	Variáveis	Arquivos processados
	Fixos	10% serviços de raio X, 20% ambulatório, 30% atendimentos obstétricos, e 40% hospital geral
Serviços de raio X.................	Variáveis	Raios X realizados
	Fixos	Necessidades em períodos de pico

Na tabela a seguir, são apresentados os custos estimados e os dados operacionais de todos os departamentos do hospital para o próximo mês:

	Serviços de restaurante	Serviços administrativos	Serviços de raio X	Ambulatório	Atendimentos obstétricos	Hospital geral	Total
Custos variáveis (US$) ..	73.150	6.800	38.100	11.700	14.850	53.400	198.000
Custos fixos (US$).........	48.000	33.040	59.520	26.958	99.738	344.744	612.000
Custos totais (US$)........	121.150	39.840	97.620	38.658	114.588	398.144	810.000
Refeições servidas.........		1.000	500		7.000	30.000	38.500
Porcentagem (%) de serviços de restaurante necessários em períodos de pico..........		2	1		17	80	100
Arquivos processados ...			1.500	3.000	900	12.000	17.400
Raios X realizados..........				1.200	350	8.400	9.950
Porcentagem (%) de serviços de raios X necessários em períodos de pico..........				13	3	84	100

Todo o faturamento no hospital é feito por meio do ambulatório, atendimento obstétrico ou hospital geral. O administrador do hospital quer que os custos dos três departamentos de serviços sejam alocados a esses três centros de faturamento.

Requisitado:

Prepare a alocação de custos desejada pelo administrador do hospital. Inclua em cada centro de faturamento os custos diretos do centro, além dos custos alocados dos departamentos de serviços.

PROBLEMA 4B.6 Método de alocação sequencial *versus* método direto; Taxas predeterminadas de custos indiretos [OA4.10, OA4.11]

A Petah Ltd., de Tel Aviv, Israel, orçou custos em seus vários departamentos para o próximo ano como a seguir:

Administração da fábrica.....................................	₪	540.000
Serviços de limpeza e administração.................		137.520
Pessoal...		57.680
Manutenção		90.400
Estampagem – custos indiretos		752.600
Montagem – custos indiretos		351.800
Total de custos indiretos....................................	₪	1.930.000

A moeda israelense é o *shekel*, denotado por ₪. A empresa aloca os custos de departamentos de serviços a outros departamentos na ordem listada a seguir.

	Número de funcionários	Total de horas de mão de obra	Metros quadrados de espaço ocupado	Horas de mão de obra direta	Horas-máquina
Administração da fábrica	22	—	5.000	—	—
Serviços de limpeza e administração	8	6.000	2.000	—	—
Pessoal	10	10.000	3.000	—	—
Manutenção	50	44.000	10.000	—	—
Estampagem – custos indiretos	80	60.000	70.000	40.000	140.000
Montagem – custos indiretos	120	180.000	20.000	160.000	20.000
	290	300.000	110.000	200.000	160.000

Estampagem e montagem são departamentos operacionais; os outros são departamentos de serviços. A administração da fábrica é alocada com base em horas de mão de obra; os serviços de limpeza e administração, com base em metros quadrados ocupados; o pessoal, com base no número de funcionários; e a manutenção, com base em horas-máquinas.

Requisitado:
1. Faça a alocação dos custos de departamentos de serviços aos departamentos que os consomem pelo método de alocação sequencial. Depois, calcule as taxas predeterminadas de custos indiretos nos departamentos operacionais, usando uma base de horas-máquina no departamento de estampagem e uma base de horas de mão de obra direta no departamento de montagem.
2. Repita o item (1) anterior, usando o método direto. Novamente, calcule as taxas predeterminadas de custos indiretos nos departamentos de estampagem e montagem.
3. Suponha que a empresa não se importe em alocar os custos de departamentos de serviços, mas simplesmente calcule uma única taxa de custos indiretos que envolva toda a fábrica baseada nos custos indiretos totais (tanto os custos do departamento de serviços quanto os do departamento operacional) divididos pelo total de horas de mão de obra direta. Calcule a taxa de custos indiretos que envolve toda a fábrica.
4. Suponha que uma ordem de produção exija o tempo de uso de máquinas e de mão de obra descrito a seguir:

	Horas-máquina	Horas de mão de obra direta
Departamento de estampagem	190	25
Departamento de montagem	10	75
Total de horas	200	100

Usando as taxas de custos indiretos calculadas nos itens (1), (2) e (3) anteriores, calcule o montante dos custos indiretos que seria atribuído à ordem de produção se as taxas de custos indiretos fossem desenvolvidas por meio dos métodos de alocação sequencial, direto e o que envolve toda a fábrica. (Arredonde as alocações para o *shekel* inteiro mais próximo.)

CASO 4B.7 Método de alocação sequencial *versus* método direto [OA4.10, OA4.11]

"Não consigo entender o que acontece aqui", disse Mike Holt, presidente da Severson Products Inc. "Parece que sempre determinamos um preço alto demais para ordens de produção que exigem muito tempo de mão de obra no departamento de acabamento, mas sempre ganhamos todas as licitações de que participamos que exigem muito tempo de uso de máquina no departamento de fresagem. Contudo, parece que não lucramos muito nessas ordens de produção que envolvem o departamento de fresagem. Será que o problema está em nossas taxas de custos indiretos?"

A Severson Products fabrica produtos de madeira de alta qualidade segundo as especificações dos clientes. Algumas ordens de produção exigem muito tempo de uso de máquinas no departamento de fresagem, e outras exigem uma grande quantidade de acabamento feito à mão no departamento de acabamento. Além dos departamentos de fresagem e acabamento, a empresa possui três departamentos de serviços. Os custos destes últimos são alocados a outros departamentos na ordem listada a seguir. (Para cada departamento de serviços, use a base de alocação mais apropriada.)

	Total de horas de mão de obra	Metros quadrados de espaço ocupado	Número de funcionários	Horas-máquina	Horas de mão de obra direta
Refeitório.......	16.000	12.000	25		
Serviços de limpeza e administração	9.000	3.000	40		
Manutenção do maquinário	15.000	10.000	60		
Fresagem.......	30.000	40.000	100	160.000	20.000
Acabamento ..	100.000	20.000	300	40.000	70.000
	170.000	85.000	525	200.000	90.000

Os custos indiretos orçados em cada departamento no ano corrente são os seguintes:

Refeitório (US$)..	320.000[*]
Serviços de limpeza e administração (US$)...	65.400
Manutenção do maquinário (US$)..	93.600
Fresagem (US$)	416.000
Acabamento (US$)..	166.000
Custos orçados totais (US$)..	1.061.000

[*] Isso representa o montante de custos subsidiados pela empresa.

Devido à sua simplicidade, a empresa sempre usou o método direto para alocar os custos dos departamentos de serviços aos dois departamentos operacionais.

Requisitado:

1. Usando o método de alocação sequencial, faça a alocação dos custos de departamentos de serviços aos departamentos que consomem esses serviços. Depois, calcule as taxas predeterminadas de custos indiretos nos departamentos operacionais para o ano corrente usando horas-máquina como a base de alocação no departamento de fresagem e horas de mão de obra direta como a base de alocação no departamento de acabamento.
2. Repita o item (1) anterior, usando o método direto. Novamente, calcule as taxas predeterminadas de custos indiretos nos departamentos de fresagem e de acabamento.
3. Suponha que, no ano corrente, a empresa entre em uma licitação de uma ordem de produção que exige tempo de uso de máquina e de mão de obra como descrito a seguir:

	Horas-máquina	Horas de mão de obra direta
Departamento de fresagem	2.000	1.600
Departamento de acabamento...........................	800	13.000
Total de horas..	2.800	14.600

a. Determine o montante de custos indiretos que seriam atribuídos à ordem de produção se a empresa usasse as taxas de custos indiretos desenvolvidas no item (1) anterior. Depois, determine o montante de custos indiretos que seriam atribuídos à ordem de produção se a empresa usasse as taxas de custos indiretos desenvolvidas no item (2) anterior.
b. Explique ao presidente por que o método de alocação sequencial fornece uma base melhor para calcular taxas predeterminadas de custos indiretos do que o método direto.

5 RELAÇÕES DE CUSTO-VOLUME-LUCRO

▶▶ **Objetivos de aprendizagem**

OA5.1 Explicar como mudanças nas atividades afetam a margem de contribuição e o resultado operacional.

OA5.2 Preparar e interpretar um gráfico de custo-volume-lucro (CVL) e um gráfico de lucros.

OA5.3 Usar um índice de margem de contribuição (índice MC) para calcular variações na margem de contribuição e no resultado operacional resultantes de variações nos volumes de vendas.

OA5.4 Mostrar os efeitos de variações nos custos variáveis, nos custos fixos, no preço de venda e no volume de venda sobre o resultado operacional.

OA5.5 Determinar o nível de vendas necessário para alcançar um lucro-alvo desejado.

OA5.6 Determinar o ponto de equilíbrio.

OA5.7 Calcular a margem de segurança e explicar sua importância.

OA5.8 Calcular o grau de alavancagem operacional em determinado nível de vendas e explicar como ele pode ser usado para prever variações no resultado operacional.

OA5.9 Calcular o ponto de equilíbrio para uma empresa com múltiplos produtos e explicar os efeitos de variações no *mix* de vendas sobre a margem de contribuição e o ponto de equilíbrio.

FOCO NOS NEGÓCIOS

Moreno vira o jogo nos Los Angeles Angels

Quando Arturo Moreno comprou os Los Angeles Angels da liga profissional de beisebol norte-americana em 2003, o time levava 2,3 milhões de fãs aos estádios e perdia US$ 5,5 milhões por ano. Moreno imediatamente cortou preços para atrair mais fãs e aumentar os lucros. No primeiro jogo de treino da primavera, ele reduziu o preço de alguns ingressos de US$ 12 para US$ 6. Ao aumentar o comparecimento, Moreno compreendeu que ele venderia mais comida e mais *souvenirs*. Ele diminuiu o preço do chope em US$ 2 e reduziu o preço dos bonés de beisebol de US$ 20 para US$ 7.

Os Angels agora atraem cerca de 3,4 milhões de fãs por ano aos estádios. Esse crescimento no comparecimento ajudou a dobrar a receita de patrocínio do estádio para US$ 26 milhões, e motivou a Fox Sports Network a pagar aos Angels US$ 500 milhões para transmitir todos os seus jogos pelos 10 anos seguintes. Desde que Moreno comprou os Angels, as receitas anuais saltaram de US$ 127 milhões para US$ 212 milhões, o resultado operacional de US$ 5,5 milhões se transformou em um lucro de US$ 10,3 milhões.

FONTE: Matthew Craft, "Moreno's Math", *Forbes*, 11 de maio de 2009, p. 84-87.

A análise de custo-volume-lucro (CVL) é uma ferramenta poderosa que ajuda os gerentes a compreenderem as relações entre custo, volume e lucro. A análise CVL se concentra em verificar como os lucros são afetados pelos cinco fatores a seguir:

1. Preço de venda.
2. Volume de vendas.
3. Custos variáveis por unidade.
4. Total de custos fixos.
5. *Mix* de produtos vendidos.

Como a análise CVL ajuda os gerentes a compreenderem de que forma os lucros são afetados por esses fatores-chave, ela é uma ferramenta vital em muitas decisões de negócios. Essas decisões incluem quais produtos e serviços oferecer, quais preços cobrar, qual estratégia de marketing usar e qual estrutura de custo manter. Para ajudar a compreender o papel da análise CVL nas decisões de negócios, considere o caso da Acoustic Concepts Inc., uma empresa fundada por Prem Narayan.

Acoustic Concepts Inc.

CONTABILIDADE GERENCIAL EM AÇÃO

Questão

Quando ainda era estudante universitário de engenharia, Prem fundou a Acoustic Concepts para comercializar um novo e radical alto-falante que ele projetou para sistemas de som de automóveis. O alto-falante, chamado Sonic Blaster, usa um avançado microprocessador e software proprietário para aumentar a amplificação a níveis inacreditáveis. Prem contratou um fabricante de produtos eletrônicos de Taiwan para produzir o alto-falante. Com capital inicial fornecido por sua família, o estudante fez uma encomenda ao fabricante e colocou anúncios em revistas de automóveis.

O Sonic Blaster foi um sucesso quase imediato, e as vendas cresceram ao ponto de Prem transferir a sede da empresa de seu apartamento para um estabelecimento alugado em um parque industrial nas proximidades. Ele também contratou uma recepcionista, um contador, um gerente de vendas e uma pequena equipe para vender os alto-falantes a lojas de varejo. O contador, Bob Luchinni, tinha trabalhado para várias pequenas empresas, nas quais atuou como consultor de negócios além de contador e escriturário. A discussão a seguir ocorreu pouco depois de Bob ter sido contratado:

Prem: Bob, tenho muitas perguntas sobre as finanças da empresa e espero que você possa ajudar a responder.

Bob: Estamos indo muito bem. O empréstimo de sua família será pago dentro de poucos meses.

Prem: Eu sei, mas estou preocupado com os riscos que assumi com a expansão das operações. O que aconteceria se um concorrente entrasse no mercado e nossas vendas caíssem? Quanto as vendas poderiam cair sem nos deixar no vermelho? Outra pergunta que eu tenho é quanto nossas vendas teriam de aumentar para justificar a grande campanha de marketing que a equipe de vendas está pressionando para iniciar.

Bob: O marketing sempre quer mais dinheiro para propaganda.

Prem: E eles sempre me pressionam para baixar o preço de venda do alto-falante. Concordo com eles que um preço mais baixo aumentaria nosso volume de vendas, mas não tenho certeza de que este aumento compensaria a perda de receita decorrente do preço mais baixo.

Bob: Parece que todas essas perguntas estão ligadas, de alguma maneira, às relações entre nossos preços de venda, nossos custos e nosso volume. Acho que não terei dificuldade para lhe dar algumas respostas.

Prem: Podemos nos reunir novamente em alguns dias para ver o que você conseguiu?

Bob: Ótimo. Até lá, terei algumas respostas preliminares, além de um modelo que você possa usar para responder perguntas similares no futuro.

FUNDAMENTOS DA ANÁLISE DE CUSTO-VOLUME-LUCRO (CVL)

A preparação de Bob Luchinni para sua próxima reunião com Prem começa com a demonstração de resultados com margem de contribuição, a qual enfatiza o comportamento dos custos e, portanto, é extremamente útil para os gerentes ao julgar o impacto sobre os lucros de mudanças nos preços de venda, custos ou volume. Bob baseará sua análise na seguinte demonstração de resultados com margem de contribuição que ele preparou no mês passado:

Acoustic Concepts Inc. – Demonstração de resultados com margem de contribuição do mês de junho (US$)		
	Total	Por unidade
Vendas (400 alto-falantes)......................................	100.000	250
Despesas variáveis	60.000	150
Margem de contribuição..	40.000	100
Despesas fixas...	35.000	
Resultado operacional	5.000	

Observe que as vendas, as despesas variáveis e a margem de contribuição são expressas por uma base de unidade assim como pelo total nessa demonstração de resultados com margem de contribuição. Os valores por unidade serão muito úteis a Bob em alguns de seus cálculos. Observe que essa demonstração de resultados com margem de contribuição foi preparada para uso pela gerência dentro da empresa e, normalmente, não seria disponibilizada para aqueles que estão fora dela.

Margem de contribuição

> ▶▶ OA5.1
>
> Explicar como mudanças nas atividades afetam a margem de contribuição e o resultado operacional.

Margem de contribuição é o montante restante da receita de vendas depois que as despesas variáveis foram deduzidas. Assim, é o montante disponível para cobrir as despesas fixas e, então, gerar os lucros do período. Observe a sequência aqui: a margem de contribuição é usada *primeiro* para cobrir as despesas fixas, e, então, o que sobra vai para os lucros. Se a margem de contribuição não for suficiente para cobrir as despesas fixas, ocorre prejuízo no período. Para ilustrar isso com um exemplo, suponha que a Acoustic Concepts venda apenas um alto-falante durante determinado mês. A demonstração de resultados da empresa seria esta:

Demonstração de resultados com margem de contribuição Venda de 1 alto-falante (US$)		
	Total	Por unidade
Vendas (1 alto-falante)..	250	250
Despesas variáveis	150	150
Margem de contribuição..	100	100
Despesas fixas...	35.000	
Resultado operacional	− 34.900	

Para cada alto-falante adicional que a empresa vender durante o mês, uma margem de contribuição de US$ 100 a mais ficará disponível para ajudar a cobrir as despesas fixas. Se um segundo alto-falante for vendido, por exemplo, a margem de contribuição total aumentará em US$ 100 (chegando a um total de US$ 200) e o prejuízo da empresa diminuirá em US$ 100, para US$ 34.800:

Capítulo **5** ▶ Relações de custo-volume-lucro

Demonstração de resultados com margem de contribuição Venda de 2 alto-falantes (US$)		
	Total	Por unidade
Vendas (2 alto-falantes)...	500	250
Despesas variáveis	300	150
Margem de contribuição...	200	100
Despesas fixas..	35.000	
Resultado operacional	− 34.800	

Se um número suficiente de alto-falantes puder ser vendido, de modo a gerar US$ 35 mil em margem de contribuição, todas as despesas fixas serão cobertas e a empresa chegará ao *ponto de equilíbrio* naquele mês – isto é, não terá nem lucro nem prejuízo, apenas cobrirá todos os seus custos. Para chegar ao ponto de equilíbrio, a empresa deverá vender 350 alto-falantes em um mês, pois cada um deles produz US$ 100 em margem de contribuição:

Demonstração de resultados com margem de contribuição Vendas de 350 alto-falantes (US$)		
	Total	Por unidade
Vendas (350 alto-falantes)..	87.500	250
Despesas variáveis	52.500	150
Margem de contribuição...	35.000	100
Despesas fixas..	35.000	
Resultado operacional	0	

O cálculo do ponto de equilíbrio será discutido com mais detalhe adiante, neste capítulo; por enquanto, observe que o **ponto de equilíbrio** é o nível de vendas em que o lucro é zero.

Uma vez tendo alcançado o ponto de equilíbrio, o resultado operacional aumentará no valor da margem de contribuição por unidade para cada unidade adicional vendida. Por exemplo, se 351 alto-falantes forem vendidos em um mês, o resultado operacional do mês será de US$ 100, porque a empresa terá vendido 1 alto-falante a mais do que o número necessário para alcançar o ponto de equilíbrio:

▶ **Ponto de equilíbrio**

nível de vendas para o qual o lucro é zero.

Demonstração de resultados com margem de contribuição Vendas de 351 alto-falantes (US$)		
	Total	Por unidade
Vendas (351 alto-falantes)..	87.750	250
Despesas variáveis	52.650	150
Margem de contribuição...	35.100	100
Despesas fixas..	35.000	
Resultado operacional	100	

Se 352 alto-falantes forem vendidos (2 alto-falantes acima do ponto de equilíbrio), o resultado operacional do mês será de US$ 200. Se 353 alto-falantes forem vendidos (3 alto-falantes acima do ponto de equilíbrio), o resultado operacional do mês será de US$ 300, e assim por diante. Para estimar o lucro de qualquer volume de vendas acima do ponto de equilíbrio, multiplique o número de vendas unitárias além do ponto de equilíbrio pela margem de contribuição por unidade. O resultado representa os lucros previstos para o período. Ou, para estimar o efeito de um aumento planejado das vendas sobre os lucros, simplesmente multiplique o aumento em vendas unitárias pela margem de contribuição por unidade; o resultado será o aumento esperado nos lucros. Para ilustrar, se a Acoustic Concepts atualmente vende 400 alto-falantes por mês e planeja aumentar as vendas para 425 alto-falantes por mês, o impacto previsto sobre os lucros pode ser calculado como segue:

Número de alto-falantes a mais a serem vendidos	25
Margem de contribuição por alto-falante (US$)	× 100
Aumento no resultado operacional (US$)...............	2.500

Esses cálculos podem ser verificados como segue:

	Volume de vendas			
	400 alto-falantes	425 alto-falantes	Diferença (25 alto-falantes)	Por unidade
Vendas (@ US$ 250 por alto-falante)......	100.000	106.250	6.250	250
Despesas variáveis (@ US$ 150 por alto-falante).............................	60.000	63.750	3.750	150
Margem de contribuição (US$)	40.000	42.500	2.500	100
Despesas fixas (US$)............................	35.000	35.000	0	
Resultado operacional (US$)..................	5.000	7.500	2.500	

Em resumo, se as vendas forem zero, o resultado da empresa será igual às suas despesas fixas. Cada unidade vendida reduzirá o resultado no valor da margem de contribuição por unidade. Uma vez que o ponto de equilíbrio é alcançado, cada unidade adicional vendida aumentará o lucro da empresa no valor da margem de contribuição por unidade.

Relações de CVL na forma de equação

A demonstração de resultados com margem de contribuição pode ser expressa na forma de equação, como a seguir:

$$\text{Lucro} = (\text{Vendas} - \text{Despesas variáveis}) - \text{Despesas fixas}$$

Para sermos breves, usamos o termo lucro em vez de resultado operacional nas equações.

Quando uma empresa possui um único produto, como na Acoustic Concepts, podemos refinar a equação ainda mais, como segue:

$$\text{Vendas} = \text{Preço de venda por unidade} \times \text{Quantidade vendida} = P \times Q$$

$$\text{Despesas variáveis} = \text{Despesas variáveis por unidade} \times \text{Quantidade vendida} = V \times Q$$

$$\text{Lucro} = (P \times Q - V \times Q) - \text{Despesas fixas}$$

Podemos fazer todos os cálculos da seção anterior usando esta simples equação. Por exemplo, na página anterior, calculamos que o resultado operacional (lucro) das vendas de 351 alto-falantes seria de US$ 100. Podemos chegar à mesma conclusão usando a equação anterior, como segue:

$$\text{Lucro} = (P \times Q - V \times Q) - \text{Despesas fixas}$$

$$\begin{aligned}\text{Lucro} &= (\text{US\$ } 250 \times 351 - \text{US\$ } 150 \times 351) - \text{US\$ } 35.000\\ &= (\text{US\$ } 250 - \text{US\$ } 150) \times 351 - \text{US\$ } 35.000\\ &= (\text{US\$ } 100) \times 351 - \text{US\$ } 35.000\\ &= \text{US\$ } 35.100 - \text{US\$ } 35.000 = \text{US\$ } 100\end{aligned}$$

Geralmente, é útil expressar a equação simples de lucro em termos da margem de contribuição por unidade (MC por unidade), como segue:

MC por unidade = Preço de venda por unidade − Despesas variáveis por unidade = P − V

$$\text{Lucro} = (P \times Q - V \times Q) - \text{Despesas fixas}$$

$$\text{Lucro} = (P - V) \times Q - \text{Despesas fixas}$$

$$\text{Lucro} = \text{MC por unidade} \times Q - \text{Despesas fixas}$$

Também poderíamos ter usado essa equação para determinar o lucro das vendas de 351 alto-falantes, como segue:

$$\begin{aligned}\text{Lucro} &= \text{MC por unidade} \times Q - \text{Despesas fixas}\\ &= \text{US\$ } 100 \times 351 - \text{US\$ } 35.000\\ &= \text{US\$ } 35.100 - \text{US\$ } 35.000 = \text{US\$ } 100\end{aligned}$$

Para aqueles que gostam de álgebra, a abordagem mais rápida e fácil para solucionar os problemas deste capítulo pode ser usar a equação simples de lucro em uma de suas formas.

Relações de CVL na forma gráfica

As relações entre receita, custos, lucro e volume são ilustradas em um **gráfico de custo-volume-lucro (CVL)**. Um gráfico CVL ressalta as relações de CVL ao longo de amplas faixas de atividade. Para ajudar a explicar sua análise a Prem Narayan, Bob Luchinni preparou um gráfico CVL para a Acoustic Concepts.

Preparar o gráfico CVL   Em um gráfico CVL (às vezes chamado de *gráfico do ponto de equilíbrio*), o volume em unidades é representado no eixo horizontal (*X*) e o valor a ser calculado, no exemplo dólares, no eixo vertical (*Y*). Preparar um gráfico CVL envolve os três passos representados no Quadro 5.1:

1. Trace uma linha paralela ao eixo do volume para representar as despesas fixas totais. Para a Acoustic Concepts, as despesas fixas totais são de US$ 35 mil.
2. Escolha algum volume de vendas em unidades e trace o ponto que representa as despesas totais (fixas e variáveis) para o nível de volume de vendas que você selecionou. No Quadro 5.1, Bob Luchinni escolheu um volume de 600 alto-falantes. As despesas totais para esse volume de vendas são:

Despesas fixas (US$)..	35.000
Despesas variáveis (600 alto-falantes × US$ 150 por alto-falante) (US$)	90.000
Despesas totais (US$)	125.000

Depois de marcar o ponto, trace uma linha que passe por ele e volte ao ponto em que a linha das despesas fixas intercepte o eixo do valor (p. ex., dólares).

3. Novamente, escolha algum volume de vendas e trace o ponto que representa o total de vendas (valor) para o nível de atividade que você selecionou. No Quadro 5.1, Bob Luchinni escolheu novamente um volume de 600 alto-falantes. As vendas para esse volume totalizam US$ 150 mil (600 alto-falantes × US$ 250 por alto-falante). Trace uma linha que passe por esse ponto e volte à origem.

OA5.2

Preparar e interpretar um gráfico de custo-volume-lucro (CVL) e um gráfico de lucros.

▶ **Gráfico de custo-volume-lucro (CVL)**

representação gráfica das relações entre as receitas, custos e lucros de uma organização, de um lado, e seu volume de vendas, de outro.

QUADRO 5.1
Preparação do gráfico CVL.

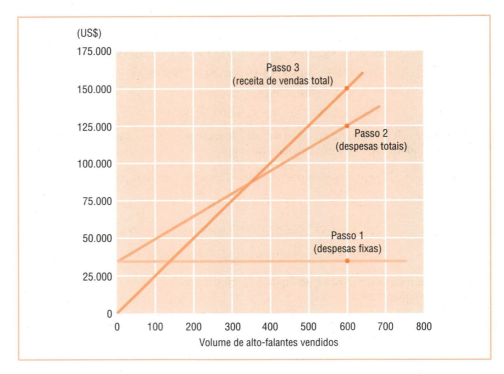

QUADRO 5.2
Gráfico CVL completo.

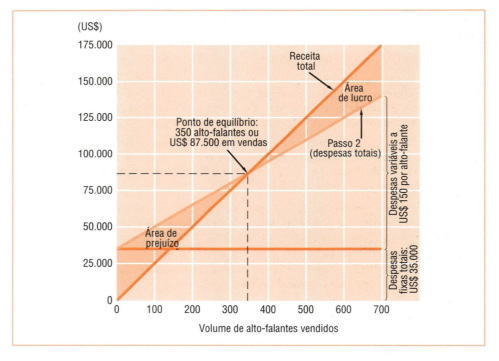

A interpretação do gráfico CVL é dada no Quadro 5.2. O lucro (ou prejuízo) previsto para qualquer nível de vendas é medido pela distância vertical entre a linha de receitas totais (vendas) e a linha de despesas totais (despesas variáveis somadas às despesas fixas).

O ponto de equilíbrio é o ponto em que as linhas de receitas totais e despesas totais se cruzam. O ponto de equilíbrio de 350 alto-falantes no Quadro 5.2 está de acordo com o ponto de equilíbrio calculado antes.

Como discutido anteriormente, quando as vendas estão abaixo do ponto de equilíbrio – nesse caso, 350 unidades – a empresa sofre um prejuízo. Observe que este (representado pela distância vertical entre as linhas de despesas totais e receitas totais) aumenta à medida que as vendas diminuem. Quando as vendas estão acima do ponto de equilíbrio, a empresa obtém lucro e seu tamanho (representado pela distância vertical entre as linhas de receitas totais e despesas totais) aumenta à medida que as vendas aumentam.

Uma forma ainda mais simples do gráfico CVL, que chamamos de gráfico de lucros, é apresentada no Quadro 5.3. Esse gráfico é baseado na seguinte equação:

$$\text{Lucro} = \text{MC por unidade} \times Q - \text{Despesas fixas}$$

No caso da Acoustic Concepts, a equação pode ser expressa como:

$$\text{Lucro} = \text{US\$ } 100 \times Q - \text{US\$ } 35.000$$

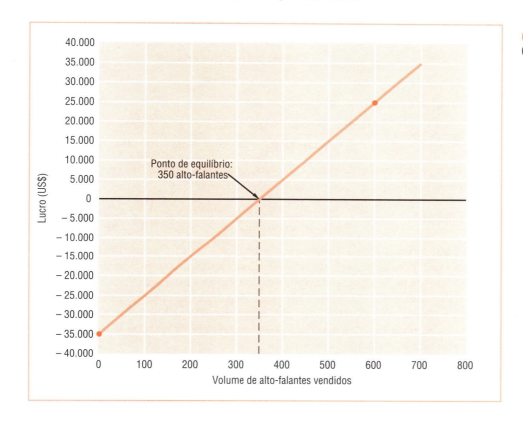

QUADRO 5.3
Gráfico de lucros.

Como se trata de uma equação linear, seu gráfico é uma única linha reta. Para traçar a linha, calcule o lucro para dois diferentes volumes de vendas, marque os pontos e então os conecte com uma linha reta. Por exemplo, quando o volume de vendas é zero (ou seja, $Q = 0$), o lucro é – US\$ 35.000 (= US\$ 100 × 0 – US\$ 35.000). Quando Q é 600, o lucro é US\$ 25.000 (= US\$ 100 × 600 – US\$ 35.000). Esses dois pontos estão representados graficamente no Quadro 5.3, em que foi traçada uma linha reta passando por eles.

O ponto de equilíbrio no gráfico de lucro é o volume de vendas para o qual o lucro é zero e é indicado pela linha pontilhada no gráfico. Observe que o lucro aumenta uniformemente à direita do ponto de equilíbrio à medida que o volume de vendas aumenta e que a perda cai uniformemente à esquerda do ponto de equilíbrio à medida que o volume de vendas diminui.

Índice de margem de contribuição (índice MC)

Na seção anterior, exploramos como as relações custo-volume-lucro podem ser visualizadas. Nesta seção, mostramos como o *índice de margem de contribuição* pode ser usado nos cálculos de custo-volume-lucro. Como primeiro passo, adicionamos uma coluna à demonstração de resultados com margem de contribuição da Acoustic Concepts, na qual a receita de vendas, as despesas variáveis e a margem de contribuição são expressas como um percentual das vendas:

 OA5.3

Usar um índice de margem de contribuição (índice MC) para calcular variações na margem de contribuição e no resultado operacional resultantes de variações nos volumes de vendas.

	Total (US$)	Por unidade (US$)	Percentual de vendas (%)
Vendas (400 alto-falantes)........	100.000	250	100
Despesas variáveis	60.000	150	60
Margem de contribuição...........	40.000	00	40
Despesas fixas..........................	35.000		
Resultado operacional..............	5.000		

▶ **Índice de margem de contribuição (índice MC)**

índice calculado dividindo-se a margem de contribuição pelas vendas.

A margem de contribuição como um percentual das vendas é chamada de **índice de margem de contribuição (índice MC)**, que é calculado como:

$$\text{Índice MC} = \frac{\text{Margem de contribuição}}{\text{Vendas}}$$

Para a Acoustic Concepts, os cálculos são:

$$\text{Índice MC} = \frac{\text{Margem de contribuição total}}{\text{Venda totais}} = \frac{\text{US\$ 40.000}}{\text{US\$ 100.000}} = 40\%$$

Em uma empresa como a Acoustic Concepts, que possui apenas um produto, o índice MC também pode ser calculado por unidade, como segue:

$$\text{Índice MC} = \frac{\text{Margem de contribuição por unidade}}{\text{Preço de venda unitário}} = \frac{\text{US\$ 100}}{\text{US\$ 250}} = 40\%$$

O índice MC mostra como a margem de contribuição será afetada por uma variação nas vendas totais. O índice de 40% da Acoustic Concepts significa que, para cada dólar de aumento nas vendas, a margem de contribuição total aumentará em 40 centavos (vendas de US$ 1 × índice MC de 40%). O resultado operacional também aumentará em 40 centavos, supondo que os custos fixos não sejam afetados pelo aumento nas vendas. De maneira geral, o efeito de uma variação nas vendas sobre a margem de contribuição é expresso na forma de equação, como:

Variação na margem de contribuição = Índice MC × Variação nas vendas

Como essa ilustração sugere, *o impacto sobre o resultado operacional de qualquer variação em dólares nas vendas totais pode ser calculado aplicando-se o índice MC à variação em dólares.* Por exemplo, se a Acoustic Concepts planeja um aumento de US$ 30 mil nas vendas durante o próximo mês, a margem de contribuição deve aumentar em US$ 12 mil (aumento de US$ 30.000 nas vendas × índice MC de 40%). Como observamos anteriormente, o resultado operacional também aumentará em US$ 12 mil se os custos fixos não variarem. Isso é verificado pela tabela a seguir:

	Volume de vendas			Percentual
	Atual (US$)	Esperado (US$)	Aumento (US$)	das vendas (%)
Vendas..........................	100.000	130.000	30.000	100
Despesas variáveis	60.000	78.000*	18.000	60
Margem de contribuição	40.000	52.000	12.000	40
Despesas fixas...............	35.000	35.000	0	
Resultado operacional..................	5.000	17.000	12.000	

* US$ 130.000 de vendas esperadas ÷ US$ 250 por unidade = 520 unidades. 520 unidades × US$ 150 por unidade = US$ 78.000.

Capítulo **5** ▸ Relações de custo-volume-lucro

A relação entre o lucro e o índice MC também pode ser expressa usando-se a seguinte equação:

$$\text{Lucro} = \text{Índice MC} \times \text{Vendas} - \text{Despesas fixas}[1]$$

Por exemplo, para vendas de US\$ 130 mil, espera-se que o lucro seja de US\$ 17 mil, como indicado a seguir:

$$
\begin{aligned}
\text{Lucro} &= \text{Índice MC} \times \text{Vendas} - \text{Despesas fixas} \\
&= 0{,}40 \times \text{US\$ } 130.000 - \text{US\$ } 35.000 \\
&= \text{US\$ } 52.000 - \text{US\$ } 35.000 = \text{US\$ } 17.000
\end{aligned}
$$

Novamente, se você gosta de álgebra, essa abordagem geralmente será mais rápida e mais fácil do que montar demonstrações de resultados com margem de contribuição.

O índice MC é particularmente valioso em situações em que a venda de um produto deve ser compensada pela venda de outro produto. Nessa situação, os produtos que produzem a maior margem de contribuição pelo valor de vendas devem ser enfatizados.

Algumas aplicações dos conceitos de CVL

Bob Luchinni, o contador da Acoustic Concepts, queria demonstrar para o presidente da empresa, Prem Narayan, como os conceitos desenvolvidos anteriormente podem ser usados no planejamento e na tomada de decisões. Bob reuniu os seguintes dados:

▸▸ **OA5.4**

Mostrar os efeitos de variações nos custos variáveis, nos custos fixos, no preço de venda e no volume de venda sobre o resultado operacional.

	Por unidade (US\$)	Percentual de vendas (%)
Preço de venda......................................	250	100
Despesas variáveis	150	60
Margem de contribuição.........................	100	40

Lembre-se de que as despesas fixas são de US\$ 35 mil por mês. Bob Luchinni usará esses dados para mostrar os efeitos das mudanças nos custos variáveis, custos fixos, preço de venda e volume de vendas sobre a lucratividade da empresa em diversas situações.

Antes de continuarmos, no entanto, precisamos introduzir outro conceito – o índice de despesas variáveis. O **índice de despesas variáveis** é o coeficiente de despesas variáveis em relação às vendas. Ele pode ser calculado dividindo-se as despesas variáveis totais pelas vendas totais, ou, em uma análise com um único produto, a partir da divisão das despesas variáveis por unidade pelo preço de venda unitário. No caso da Acoustic Concepts, o índice de despesas variáveis é 0,60; isto é, as despesas variáveis representam 60% das vendas. Expressa como uma equação, a definição do índice de despesas variáveis é:

▸ **Índice de despesas variáveis**

índice calculado dividindo-se as despesas variáveis pelas vendas.

$$\text{Índice de despesas variáveis} = \frac{\text{Despesas variáveis}}{\text{Vendas}}$$

Isso leva a uma equação útil que relaciona o índice MC ao índice de despesas variáveis, como segue:

$$\text{Índice MC} = \frac{\text{Margem de contribuição}}{\text{Vendas}}$$

---

[1]   Essa equação pode ser deduzida usando-se a equação básica de lucro e a definição do índice MC:

Lucro = (Vendas − Despesas variáveis) − Despesas fixas

Lucro = Margem de contribuição − Despesas fixas

$$\text{Lucro} = \frac{\text{Margem de contribuição}}{\text{Vendas}} \times \text{Vendas} - \text{Despesas fixas}$$

Lucro = Índice MC × Vendas − Despesas fixas

$$\text{Índice MC} = \frac{\text{Vendas} - \text{Despesas variáveis}}{\text{Vendas}}$$

$$\text{Índice MC} = 1 - \text{Índice de despesas variáveis}$$

Variações nos custos fixos e no volume de vendas A Acoustic Concepts atualmente vende 400 alto-falantes por mês a US$ 250 cada, com vendas mensais totais de US$ 100 mil. O gerente de vendas acha que um aumento de US$ 10 mil no orçamento mensal de propaganda aumentaria as vendas mensais em US$ 30 mil, chegando a um total de 520 unidades. O orçamento da propaganda deve ser aumentado? A tabela a seguir mostra o impacto financeiro da mudança proposta no orçamento mensal de propaganda.

	Vendas atuais (US$)	Vendas com orçamento de propaganda adicional (US$)	Diferença (US$)	Percentual das vendas (%)
Vendas........................	100.000	130.000	30.000	100
Despesas variáveis	60.000	78.000*	18.000	60
Margem de contribuição	40.000	52.000	12.000	40
Despesas fixas..........	35.000	45.000†	10.000	
Resultado operacional	5.000	7.000	2.000	

* 520 unidades × US$ 150 por unidade = US$ 78.000.

† US$ 35.000 + US$ 10.000 adicionais no orçamento mensal de propaganda = US$ 45.000.

Supondo que nenhum outro fator precise ser considerado, o aumento no orçamento de propaganda deve ser aprovado, porque aumentaria o resultado operacional em US$ 2 mil. Há duas maneiras mais curtas de chegar a essa solução. A seguir, temos a primeira solução alternativa:

Solução alternativa 1

Margem de contribuição esperada total: US$ 130.000 × 40% índice MC (US$).......	52.000
Margem de contribuição atual total: US$ 100.000 × 40% índice MC (US$)	40.000
Margem de contribuição incremental (US$)..	12.000
Variação nas despesas fixas: menos despesas incrementais de propaganda (US$)	10.000
Resultado operacional a mais (US$)...	2.000

Como nesse caso apenas os custos fixos e o volume de vendas mudam, a solução também pode ser rapidamente deduzida como a seguir:

Solução alternativa 2

Margem de contribuição incremental: US$ 30.000 × 40% índice MC (US$).................................	12.000
Menos despesas incrementais de propaganda (US$)	10.000
Resultado operacional a mais (US$).......................................	2.000

Observe que essa abordagem não depende do conhecimento das vendas anteriores. Note também que é desnecessário, em qualquer uma das abordagens mais curtas, preparar

Capítulo **5** ▸ Relações de custo-volume-lucro

uma demonstração de resultados. Ambas as soluções alternativas envolvem a **análise incremental** – consideram apenas a receita, o custo e o volume que mudarão se o novo programa for implementado. Embora pudéssemos ter preparado uma nova demonstração de resultados em cada caso, a abordagem incremental é mais simples e mais direta, além de se concentrar nas mudanças específicas que ocorreriam em decorrência da decisão.

▸ **Análise incremental**

abordagem analítica que se concentra apenas nos custos e nas receitas que mudam em decorrência de uma decisão.

Variação nos custos variáveis e no volume de vendas   Consulte os dados originais da Acoustic Concepts. Lembre-se de que a empresa atualmente vende 400 alto-falantes por mês. Prem considera o uso de componentes de mais alta qualidade, o que aumentaria os custos variáveis (e, dessa maneira, reduziria a margem de contribuição) em US$ 10 por alto-falante. No entanto, o gerente de vendas prevê que usar componentes de alta qualidade aumentaria as vendas para 480 alto-falantes por mês. Os componentes de mais alta qualidade devem ser usados?

O aumento de US$ 10 nos custos variáveis diminuiria a margem de contribuição por unidade em US$ 10 – de US$ 100 para US$ 90.

Solução

Margem de contribuição esperada total com componentes de mais alta qualidade: 480 alto-falantes × US$ 90 por alto-falante (US$)	43.200
Margem de contribuição atual total: 400 alto-falantes × US$ 100 por alto-falante (US$)	40.000
Aumento na margem de contribuição total (US$)	3.200

Segundo essa análise, os componentes de mais alta qualidade devem ser usados. Como os custos fixos não mudariam, o aumento de US$ 3.200 na margem de contribuição exibido anteriormente resultaria em um aumento de US$ 3.200 no resultado operacional.

POR DENTRO
DAS EMPRESAS

AUMENTO DAS VENDAS NA AMAZON.COM

A **Amazon.com** decidia entre duas táticas para aumentar as vendas e os lucros. A primeira abordagem era investir em propaganda na televisão. A segunda era oferecer entrega gratuita para pedidos maiores. Para avaliar a primeira opção, a Amazon.com investiu em anúncios de televisão em dois mercados – Mineápolis, Minesota e Portland, Oregon, ambos nos EUA. A empresa quantificou o impacto sobre os lucros dessa escolha subtraindo o aumento nos custos fixos de propaganda do aumento na margem de contribuição. O impacto sobre os lucros da propaganda na televisão foi mínimo em comparação ao programa "super saver shipping" de entrega gratuita, que a empresa introduziu para pedidos de acima de US$ 99. Na verdade, a opção de entrega gratuita se mostrou tão popular e lucrativa que, menos de dois anos depois, a Amazon.com baixou o limite mínimo para US$ 49 e então, novamente, para meros US$ 25. A cada etapa dessa progressão, a Amazon.com usou a análise de custo-volume-lucro para determinar se o volume extra decorrente da oferta de entrega gratuita compensava o aumento associado nos custos de entrega.

FONTE: Rob Walker, "Because 'Optimism is Essential'", *Inc. Magazine*, abril de 2004, p. 149-150.

Variação nos custos fixos, preço de venda e volume de vendas   Consulte os dados originais e lembre-se, novamente, de que a Acoustic Concepts atualmente vende 400 alto-falantes por mês. Para aumentar as vendas, o gerente de vendas gostaria de cortar o preço de venda em US$ 20 por alto-falante e aumentar o orçamento de propaganda em US$ 15 mil por mês. Ele acredita que, se esses dois passos forem dados, as vendas unitárias aumentarão em 50%, chegando a 600 alto-falantes por mês. Essas mudanças devem ser feitas?

A diminuição no preço de venda de US$ 20 por alto-falante diminuiria a margem de contribuição por unidade em US$ 20, para US$ 80.

CONTABILIDADE GERENCIAL

Solução

Margem de contribuição esperada total com preço de venda mais baixo:	
600 alto-falantes × US$ 80 por alto-falante (US$)	48.000
Margem de contribuição atual total: 400 alto-falantes × US$ 100 por alto-falante (US$) ..	40.000
Margem de contribuição incremental (US$)	8.000
Mudança nas despesas fixas: menos despesas incrementais com propaganda (US$)	15.000
Redução no resultado operacional (US$)	− 7.000

Segundo essa análise, as mudanças não devem ser feitas. A redução de US$ 7 mil no resultado operacional exibido anteriormente pode ser verificada preparando-se demonstrações de resultados comparativas como exibido a seguir.

	Atual: 400 alto-falantes por mês		Esperado: 600 alto--falantes por mês		
	Total (US$)	Por unidade (US$)	Total (US$)	Por unidade (US$)	Diferença (US$)
Vendas.....................................	100.000	250	138.000	230	38.000
Despesas variáveis	60.000	150	90.000	150	30.000
Margem de contribuição..........	40.000	100	48.000	80	8.000
Despesas fixas	35.000		50.000*		15.000
Resultado operacional	5.000		− 2.000		− 7.000

* 35.000 + Orçamento adicional mensal de propaganda de US$ 15.000 = US$ 50.000.

Variação nos custos variáveis, custos fixos e volume de vendas Consulte os dados originais da Acoustic Concepts, e tenha em mente que a empresa atualmente vende 400 alto-falantes por mês. O gerente de vendas gostaria de pagar aos vendedores uma comissão de vendas de US$ 15 por alto-falante vendido, em vez de os salários fixos que hoje totalizam US$ 6 mil por mês. O gerente de vendas está confiante de que a mudança aumentaria as vendas mensais em 15%, passando a 460 alto-falantes por mês. A mudança deve ser feita?

Solução Mudar a remuneração da equipe de vendas, passando de salários fixos a comissões afetaria tanto as despesas fixas quanto as variáveis. As despesas fixas diminuiriam em US$ 6 mil, de US$ 35 mil para US$ 29 mil. As despesas variáveis por unidade aumentariam em US$ 15, de US$ 150 para US$ 165, e a margem de contribuição por unidade diminuiria de US$ 100 para US$ 85.

Margem de contribuição esperada total com equipe de vendas trabalhando por comissão:	
460 alto-falantes × US$ 85 por alto-falante (US$)	39.100
Margem de contribuição atual total (US$):	
400 alto-falantes × US$ 100 por alto-falante...	40.000
Diminuição na margem de contribuição total (US$)..	− 900
Mudança nas despesas fixas (US$):	
mais salários evitados se fossem pagas comissões	6.000
Aumento no resultado operacional (US$)..	5.100

Segundo essa análise, as mudanças devem ser feitas. Novamente, a mesma resposta pode ser obtida preparando-se demonstrações de resultados comparativas:

	Atual: 400 alto-falantes por mês		Esperado: 460 alto-falantes por mês		
	Total (US$)	Por unidade (US$)	Total (US$)	Por unidade (US$)	Diferença (US$)
Vendas..................................	100.000	250	115.000	250	15.000
Despesas variáveis	60.000	150	75.900	165	15.900
Margem de contribuição.........	40.000	100	39.100	85	900
Despesas fixas.......................	35.000		29.000		– 6.000*
Resultado operacional	5.000		10.100		5.100

* Observação: uma *redução* nas despesas fixas tem o efeito de *aumentar* o resultado operacional.

Variação no preço de venda Consulte os dados originais, nos quais a Acoustic Concepts atualmente vende 400 alto-falantes por mês. A empresa tem a oportunidade de fazer uma venda de 150 alto-falantes a um atacadista se um preço aceitável puder ser negociado. Essa venda não perturbaria as vendas regulares da empresa e não afetaria suas despesas fixas totais. Qual preço por alto-falante deveria ser cotado para o atacadista se a Acoustic Concepts buscasse um lucro de US$ 3 mil sobre a venda no atacado?

Solução

Custo variável por alto-falante (US$)	150
Lucro desejado por alto-falante (US$):	
US$ 3.000 ÷ 150 alto-falantes.................	20
Preço cotado por alto-falante (US$)...........	170

Observe que as despesas fixas não estão incluídas no cálculo, pois as despesas fixas não são afetadas pela venda no atacado, então toda a margem de contribuição adicional aumenta os lucros da empresa.

GESTÃO DE RISCOS NA INDÚSTRIA EDITORIAL

POR DENTRO DAS EMPRESAS

A **Greenleaf Book Group** é uma empresa editorial em Austin, Texas, EUA, que atrai autores que desejam pagar os custos de publicação e abrir mão de adiantamentos em troca de uma taxa de *royalty* mais alta sobre cada livro vendido. Por exemplo, suponha que uma editora comum imprima 10 mil cópias de um novo livro que é vendido por US$ 12,50 por unidade. A editora paga ao autor um adiantamento de US$ 20 mil para escrever o livro e, então, incorre em US$ 60 mil em despesas para o marketing, a impressão e a edição do livro. Além disso, paga ao autor um *royalty* de 20% (ou US$ 2,50 por unidade) por cada livro vendido acima de 8 mil unidades. Nesse cenário, a editora deve vender 6.400 livros para alcançar o ponto de equilíbrio (= US$ 80.000 em custos fixos ÷ US$ 12,50 por unidade). Se todas as 10 mil cópias são vendidas, o autor recebe US$ 25 mil (= US$ 20.000 de adiantamento + 2.000 cópias × US$ 2,50) e a editora recebe US$ 40 mil (= US$ 125.000 – US$ 60.000 – US$ 20.000 – US$ 5.000).

A Greenleaf altera o acordo financeiro descrito anteriormente exigindo que o autor assuma o risco de fracasso nas vendas. Ela paga ao autor um *royalty* de 70% sobre todas as vendas unitárias (ou US$ 8,75 por unidade), mas este abre mão do adiantamento de US$ 20 mil e paga à editora US$ 60 mil pelo marketing, impressão e edição do livro. Se o livro for um fracasso, o autor não conseguirá recuperar seus custos de produção. Se todas as 10 mil unidades forem vendidas, o autor receberá US$ 27,5 mil (= US$ 10.000 unidades × US$ 8,75 – US$ 60.000) e a Greenleaf receberá US$ 37.500 (= 10.000 unidades × (US$ 12,50 – US$ 8,75)).

FONTE: Christopher Steiner, "Book It", *Forbes*, 7 de setembro de 2009, p. 58.

ANÁLISE DO LUCRO-ALVO E DO PONTO DE EQUILÍBRIO

A análise do lucro-alvo e a análise do ponto de equilíbrio são usadas para responder perguntas sobre, por exemplo, quanto teríamos de vender para obtermos um lucro de US$ 10 mil por mês ou quanto teríamos de vender para evitar incorrer em prejuízo.

Análise do lucro-alvo

A *análise do lucro-alvo* é um dos principais usos da análise CVL. Na **análise do lucro-alvo**, estimamos qual volume de vendas é necessário para alcançar determinado lucro-alvo. Por exemplo, suponha que Prem Narayan, da Acoustic Concepts, quisesse saber qual seria o nível de vendas necessário para alcançar um lucro-alvo de US$ 40 mil por mês. Para responder a essa pergunta, podemos continuar usando o método da equação ou o método da fórmula.

Método da equação Podemos usar uma equação básica de lucro para encontrar o volume de vendas necessário para alcançar determinado lucro-alvo. No caso da Acoustic Concepts, a empresa possui apenas um produto, então podemos usar a equação na forma de margem de contribuição. Lembrando que o lucro-alvo é de US$ 40 mil, a margem de contribuição por unidade é de US$ 100 e as despesas fixas são de US$ 35 mil, podemos solucioná-la da seguinte forma:

$$\text{Lucro} = \text{MC por unidade} \times Q - \text{Despesas fixas}$$
$$\text{US\$ } 40.000 = \text{US\$ } 100 \times Q - \text{US\$ } 35.000$$
$$\text{US\$ } 100 \times Q = \text{US\$ } 40.000 + \text{US\$ } 35.000$$
$$Q = (\text{US\$ } 40.000 + \text{US\$ } 35.000) \div \text{US\$ } 100$$
$$Q = 750$$

Assim, o lucro-alvo pode ser alcançado com a venda de 750 alto-falantes por mês.

Método da fórmula O método da fórmula é uma versão resumida do método da equação. Observe que, na penúltima linha da solução anterior, a soma do lucro-alvo de US$ 40 mil e as despesas fixas de US$ 35 mil são divididas pela margem de contribuição por unidade, que é igual a US$ 100. Em geral, em uma situação de produto único, podemos calcular o volume de vendas necessário para alcançar um lucro-alvo específico usando a seguinte fórmula:

$$\text{Vendas unitárias para alcançar o lucro-alvo} = \frac{\text{Lucro-alvo} + \text{Despesas fixas}[2]}{\text{MC por unidade}}$$

No caso da Acoustic Concepts, a fórmula gera a seguinte resposta:

$$\text{Vendas unitárias para alcançar o lucro-alvo} = \frac{\text{Lucro-alvo} + \text{Despesas fixas}}{\text{MC por unidade}}$$
$$= \frac{\text{US\$ } 40.000 + \text{US\$ } 35.000}{\text{US\$ } 100}$$
$$= 750$$

Observe que essa é a mesma resposta que obtivemos quando usamos o método da equação – e sempre será assim. O método da fórmula simplesmente pula alguns passos do método da equação.

Análise do lucro-alvo em termos de vendas (valor monetário) Em vez de vendas unitárias, talvez queiramos saber quantas vendas (valor monetário) são necessárias para alcançar o lucro-alvo. Podemos obter essa resposta usando diversos métodos. Em primeiro

---

[2] Essa equação pode ser deduzida como:

$$\text{Lucro} = \text{MC por unidade} \times Q - \text{Despesas fixas}$$
$$\text{Lucro-alvo} = \text{MC por unidade} \times Q - \text{Despesas fixas}$$
$$\text{MC por unidade} \times Q = \text{Lucro-alvo} + \text{Despesas fixas}$$
$$Q = (\text{Lucro-alvo} + \text{Despesas fixas}) \div \text{MC por unidade}$$

OA5.5

Determinar o nível de vendas necessário para alcançar um lucro-alvo desejado.

▸ **Análise do lucro-alvo**

estimativa do volume de vendas necessário para se alcançar determinado lucro-alvo.

lugar, poderíamos encontrar o número de unidades vendidas necessárias para alcançar o lucro-alvo por meio do método da equação ou o método da fórmula e, então, multiplicando o resultado pelo preço de venda. No caso da Acoustic Concepts, o volume de vendas necessário usando essa abordagem seria calculado como 750 alto-falantes × US$ 250 por alto-falante ou US$ 187.500 em vendas totais.

Também podemos encontrar o volume de vendas necessário para alcançar o lucro-alvo de US$ 40 mil na Acoustic Concepts por meio da equação básica enunciada em termos do índice de margem de contribuição:

$$\begin{aligned} \text{Lucro} &= \text{Índice MC} \times \text{Vendas} - \text{Despesas fixas} \\ \text{US\$ 40.000} &= 0{,}40 \times \text{Vendas} - \text{US\$ 35.000} \\ 0{,}40 \times \text{Vendas} &= \text{US\$ 40.000} + \text{US\$ 35.000} \\ \text{Vendas} &= (\text{US\$ 40.000} + \text{US\$ 35.000}) \div 0{,}40 \\ \text{Vendas} &= \text{US\$ 187.500} \end{aligned}$$

Observe que, na penúltima linha da solução anterior, a soma do lucro-alvo de US$ 40 mil e as despesas fixas de US$ 35 mil são divididas pelo índice de margem de contribuição de 0,40. Em geral, podemos calcular os valores em vendas para alcançar um lucro-alvo como a seguir:

Vendas (valor monetário) para alcançar o lucro-alvo = $\dfrac{\text{Lucro-alvo} + \text{Despesas fixas}}{\text{Índice MC}}$[3]

Na Acoustic Concepts, a fórmula gera a seguinte resposta:

$$\begin{aligned} \text{Vendas (valor monetário) para alcançar o lucro-alvo} &= \frac{\text{Lucro-alvo} + \text{Despesas fixas}}{\text{Índice MC}} \\ &= \frac{\text{US\$ 40.000} + \text{US\$ 35.000}}{0{,}40} \\ &= \text{US\$ 187.500} \end{aligned}$$

Novamente, obtém-se exatamente a mesma resposta usando o método da equação ou simplesmente a fórmula.

Em empresas com múltiplos produtos, o volume de vendas é expresso de modo mais conveniente em termos de total de vendas do que em termos de vendas unitárias. A análise do lucro-alvo feita por meio da abordagem do índice de margem de contribuição é particularmente útil para essas empresas.

Análise do ponto de equilíbrio

Anteriormente neste capítulo, definimos o ponto de equilíbrio como o nível de vendas para o qual o lucro da empresa é igual a zero. Aquilo que chamamos de *análise do ponto de equilíbrio* é, na verdade, apenas um caso especial da análise do lucro-alvo em que o lucro-alvo é igual a zero. Podemos usar o método da equação ou o método da fórmula para encontrar o ponto de equilíbrio, mas, para sermos breves, apresentaremos apenas o método da fórmula. O método da equação funciona exatamente como na análise do lucro-alvo. A única diferença é que o lucro-alvo é igual a zero na análise do ponto de equilíbrio.

 OA5.6

Determinar o ponto de equilíbrio.

Ponto de equilíbrio em vendas unitárias Em uma situação de um único produto, lembre-se de que a fórmula para obter as vendas unitárias necessárias para alcançar determinado lucro-alvo é:

---

[3] Essa equação pode ser deduzida como a seguir:
Lucro = Índice MC × Vendas − Despesas fixas
Lucro-alvo = Índice MC × Vendas − Despesas fixas
Índice MC × Vendas = Lucro-alvo + Despesas fixas
Vendas = (Lucro-alvo + Despesas fixas) ÷ Índice MC

$$\text{Vendas unitárias para alcançar o lucro-alvo} = \frac{\text{Lucro-alvo} + \text{Despesas fixas}}{\text{MC por unidade}}$$

Para calcular as vendas unitárias necessárias a fim de alcançar o ponto de equilíbrio, temos apenas de estabelecer o lucro-alvo na equação anterior como zero, como segue:

$$\text{Vendas unitárias para alcançar o lucro-alvo} = \frac{\text{US\$ 0} + \text{Despesas fixas}}{\text{MC por unidade}}$$

$$\textbf{Vendas unitárias para alcançar o lucro-alvo} = \frac{\textbf{Despesas fixas}}{\textbf{MC por unidade}}$$

No caso da Acoustic Concepts, o ponto de equilíbrio pode ser calculado como a seguir:

$$\text{Vendas (valor monetário) para alcançar um lucro-alvo} = \frac{\text{Lucro-alvo} + \text{Despesas fixas}}{\text{Índice MC}}$$

$$= \frac{\text{US\$ 35.000}}{\text{US\$ 100}}$$

$$= 350$$

Assim, como determinamos anteriormente no capítulo, a Acoustic Concepts alcança o ponto de equilíbrio mesmo com vendas de 350 alto-falantes por mês.

Ponto de equilíbrio em vendas (valor monetário)   Podemos encontrar o ponto de equilíbrio em vendas (valor monetário) a partir de diversos métodos. Primeiramente, podemos encontrar o ponto de equilíbrio em vendas unitárias usando o método da equação ou o método da fórmula e então multiplicando o resultado pelo preço de venda. No caso da Acoustic Concepts, o ponto de equilíbrio em vendas usando essa abordagem seria calculado como 350 alto-falantes × US\$ 250 por alto-falante ou US\$ 87,5 mil em vendas totais.

Também podemos encontrar o ponto de equilíbrio em vendas na Acoustic Concepts por meio da equação básica de lucro enunciada em termos do índice de margem de contribuição ou podemos usar a fórmula do lucro-alvo. Novamente, para sermos breves, usaremos a fórmula.

$$\text{Vendas (valor monetário) para alcançar um lucro-alvo} = \frac{\text{Lucro-alvo} + \text{Despesas fixas}}{\text{Índice MC}}$$

$$\text{Vendas (valor monetário) para alcançar o ponto de equilíbrio} = \frac{\text{US\$ 0} + \text{Despesas fixas}}{\text{Índice MC}}$$

$$\textbf{Vendas (valor monetário) para alcançar o ponto de equilíbrio} = \frac{\textbf{Despesas fixas}}{\textbf{Índice MC}}$$

O ponto de equilíbrio na Acoustic Concepts seria calculado como a seguir:

$$\text{Vendas (valor monetário) para alcançar o ponto de equilíbrio} = \frac{\text{Despesas fixas}}{\text{Índice MC}}$$

$$= \frac{\text{US\$ 35.000}}{0,40}$$

$$= \text{US\$ 87.500}$$

POR DENTRO DAS EMPRESAS

SOBRECUSTOS AUMENTAM O PONTO DE EQUILÍBRIO

Quando a **Airbus** lançou o avião comercial a jato A380 com 555 assentos em 2000, a empresa disse que precisaria vender 250 unidades para alcançar o ponto de equilíbrio no projeto. Em 2006, a empresa admitiu que mais de US$ 3 bilhões em sobrecustos tinham elevado o ponto de equilíbrio do projeto para 420 aeronaves. Embora a Airbus tenha menos de 170 encomendas do A380, continua otimista de que venderá 751 unidades nos próximos 20 anos. Considerando-se que a rival da Airbus, a **Boeing**, prevê que o tamanho total do mercado de aeronaves com mais de 400 assentos não excederá 990 unidades, ainda não está claro se a Airbus algum dia a alcançará o ponto de equilíbrio em seu investimento na aeronave A380.

FONTE: Daniel Michaels, "Embattled Airbus Lifts Sales Target for A380 to Profit", *The Wall Street Journal*, 20 de outubro de 2006, p. A6.

Margem de segurança

A **margem de segurança** é o montante de vendas orçado ou efetivo acima do volume de vendas do ponto de equilíbrio. É o valor no qual as vendas podem cair antes de serem incorridas como prejuízo. Quanto mais alta a margem de segurança, menor o risco em não alcançar o ponto de equilíbrio e incorrer em um prejuízo. A fórmula da margem de segurança é:

$$\text{Margem de segurança} = \text{Total de vendas orçadas (ou efetivas)} - \text{Vendas no ponto de equilíbrio}$$

A margem de segurança também pode ser expressa na forma percentual dividindo-se a margem de segurança pelo total de vendas:

$$\text{Percentual da margem de segurança} = \frac{\text{Margem de segurança}}{\text{Total de vendas orçadas (ou efetivas)}}$$

OA5.7

Calcular a margem de segurança e explicar sua importância.

▸ **Margem de segurança**

o montante de vendas orçado ou eficaz além das vendas no ponto de equilíbrio.

O cálculo da margem de segurança da Acoustic Concepts é:

Vendas (para o volume atual de 400 alto-falantes) (a) (US$)	100.000
Vendas no ponto de equilíbrio (350 alto-falantes) (US$)	87.500
Margem de segurança em dólares (b) (US$)	12.500
Percentual de margem de segurança, (b) ÷ (a)	12,5%

POR DENTRO DAS EMPRESAS

CÁLCULO DA MARGEM DE SEGURANÇA DE UMA PEQUENA EMPRESA

Sam Calagione é proprietário da **Dogfish Head Craft Brewery**, uma microcervejaria em Rehobeth Beach, Delaware, Estados Unidos. Ele chega a cobrar dos distribuidores US$ 100 por caixa de suas cervejas premium como a World Wide Stout. As cervejas caras trazem para a empresa US$ 800 mil em receita operacional em uma receita total de US$ 7 milhões. Calagione conta que os custos de seus ingredientes e de mão de obra para produzir uma caixa de World Wide Stout são de US$ 30 e US$ 16, respectivamente. Os custos de engarrafamento e embalagem são de US$ 6 por caixa, e os de gás e energia elétrica são de aproximadamente US$ 10 por caixa.

Se supusermos que a World Wide Stout é representativa de todas as microcervejarias Dogfish, então podemos calcular a margem de segurança da empresa em cinco passos. Primeiro, os custos variáveis como um percentual das vendas é de 62% [(US$ 30 + US$ 16 + US$ 6 + US$ 10)/ US$ 100]. Segundo, o índice de margem de contribuição é de 38% (1 − 0,62). Terceiro, os custos fixos totais da Dogfish são de US$ 1.860 mil [(US$ 7.000.000 × 0,38) − US$ 800.000]. Quarto, o ponto de equilíbrio em dólares em vendas é de US$ 4.894.737 (US$ 1.860.000/0,38). Quinto, a margem de segurança é de US$ 2.105.263 (US$ 7.000.000 − US$ 4.894.737).

Fonte: Patricia Huang, "Château Dogfish", *Forbes*, 28 de fevereiro de 2005, p. 57-59.

Essa margem de segurança significa que, para o nível atual de vendas e com os preços e a estrutura de custos atuais da empresa, uma redução nas vendas de US$ 12.500, ou 12,5%, resultaria em apenas alcançar o ponto de equilíbrio.

Em uma empresa de um único produto como a Acoustic Concepts, a margem de segurança também pode ser expressa em termos do número de unidades vendidas, dividindo a margem de segurança em dólares pelo preço de venda por unidade. Nesse caso, a margem de segurança é de 50 alto-falantes (US$ 12.500 ÷ US$ 250 por alto-falante = 50 alto-falantes).

CONTABILIDADE GERENCIAL **EM AÇÃO**

Acoustic Concepts Inc.

Conclusão

Prem Narayan e Bob Luchinni se reúnem para discutir os resultados da análise de Bob.

Prem: Bob, tudo o que você me mostrou está bastante claro. Dá para notar qual impacto as sugestões do gerente de vendas teriam sobre nossos lucros. Algumas delas são muito boas e outras nem tanto. Estou preocupado com o fato de nossa margem de segurança ser de apenas 50 alto-falantes. O que podemos fazer para aumentar esse número?

Bob: Bem, temos de aumentar as vendas totais ou diminuir o ponto de equilíbrio, ou ambos.

Prem: E para diminuir o ponto de equilíbrio, temos de diminuir nossas despesas fixas ou aumentar nossa margem de contribuição por unidade?

Bob: Exatamente.

Prem: E para aumentar nossa margem de contribuição por unidade, temos de aumentar nosso preço de venda ou diminuir o custo variável por unidade?

Bob: Correto.

Prem: Então, o que você sugere?

Bob: Bem, a análise não nos diz quais dessas opções escolher, mas indica que temos um possível problema aqui.

Prem: Se você não tiver nenhuma sugestão imediata, gostaria de convocar uma reunião geral na semana que vem para discutir o que podemos fazer para aumentar a margem de segurança. Acho que todos estarão preocupados com o quanto estamos vulneráveis até mesmo a pequenas retrações nas vendas.

CONSIDERAÇÕES DE CVL AO ESCOLHER UMA ESTRUTURA DE CUSTO

Estrutura de custo refere-se à proporção relativa de custos fixos e variáveis em uma organização. Os gerentes geralmente têm alguma flexibilidade para fazer alterações entre esses dois tipos de custos. Por exemplo, investimentos fixos em equipamentos automatizados podem reduzir os custos de mão de obra variável. Nesta seção, discutiremos a escolha de uma estrutura de custo, além de introduzir o conceito de *alavancagem operacional*.

Estrutura de custo e estabilidade do lucro

Qual estrutura de custo é melhor – altos custos variáveis e baixos custos fixos ou o oposto? Não é possível dar uma resposta única a essa pergunta; cada abordagem possui suas vantagens. Para mostrar o que queremos dizer, veja as demonstrações de resultados com margem de contribuição dadas a seguir para duas fazendas de mirtilo. A Fazenda Bogside depende de trabalhadores imigrantes para colher suas frutas à mão, enquanto a Fazenda Sterling investiu em cada máquina de colheita. Consequentemente, a Fazenda Bogside possui custos variáveis mais altos, enquanto a Fazenda Sterling possui custos fixos mais altos:

Capítulo 5 ▶ Relações de custo-volume-lucro

	Fazenda Bogside		Fazenda Sterling	
	Montante (US$)	Percentual (%)	Montante (US$)	Percentual (%)
Vendas.................................	100.000	100	100.000	100
Despesas variáveis	60.000	60	30.000	30
Margem de contribuição......	40.000	40	70.000	70
Despesas fixas.....................	30.000		60.000	
Resultado operacional.........	10.000		10.000	

Qual fazenda possui a melhor estrutura de custo? A resposta depende de muitos fatores, inclusive a tendência de longo prazo das vendas, as flutuações no nível de vendas de um ano para o outro e a atitude dos proprietários em relação a riscos. Se se espera que as vendas excedam US$ 100 mil no futuro, então a Fazenda Sterling provavelmente possui a melhor estrutura de custo. O motivo é que seu índice MC é mais alto e seus lucros, portanto, aumentarão mais rapidamente à medida que as vendas aumentarem. Para ilustrar isso, suponha que cada fazenda tenha um aumento de 10% nas vendas sem nenhum aumento nos custos fixos. As novas demonstrações de resultados seriam como a seguir:

	Fazenda Bogside		Fazenda Sterling	
	Montante (US$)	Percentual (%)	Montante (US$)	Percentual (%)
Vendas.................................	110.000	100	110.000	100
Despesas variáveis	66.000	60	33.000	30
Margem de contribuição......	44.000	40	77.000	70
Despesas fixas.....................	30.000		60.000	
Resultado operacional.........	14.000		17.000	

A Fazenda Sterling teve um aumento maior no resultado operacional devido a seu índice MC mais alto, embora o aumento nas vendas tenha sido o mesmo em ambas as fazendas.

E se as vendas caíssem abaixo dos US$ 100 mil? Quais são os pontos de equilíbrio das fazendas? Quais são suas margens de segurança? Os cálculos necessários para responder a essas perguntas são exibidos a seguir por meio do método da fórmula:

	Fazenda Bogside	Fazenda Sterling
Despesas fixas (US$)...	30.000	60.000
Índice de margem de contribuição	÷ 0,40	÷ 0,70
Dólares em vendas para alcançar o ponto de equilíbrio	75.000	85.714
Total de vendas correntes (a) (US$)...................................	100.000	100.000
Vendas do ponto de equilíbrio (US$).................................	75.000	85.714
Margem de segurança em dólares em vendas (b)	25.000	14.286
Percentual de margem de segurança (b) ÷ (a)....................	25%	14,3%

A margem de segurança da Fazenda Bogside é mais alta e seu índice de margem de contribuição é mais baixo do que os da Fazenda Sterling. Portanto, a Fazenda Bogside é menos vulnerável a retrações do que a Fazenda Sterling. Devido ao seu índice de margem

204 · CONTABILIDADE GERENCIAL

de contribuição mais baixo, a Fazenda Bogside não perderá margem de contribuição tão rapidamente quanto a Fazenda Sterling caso as vendas diminuam. Assim, o lucro da Fazenda Bogside será menos volátil. (Vimos anteriormente que esse é um problema quando as vendas aumentam, mas ele serve de maior proteção quando as vendas caem.) E, como seu ponto de equilíbrio é mais baixo, a Fazenda Bogside pode sofrer uma queda maior nas vendas antes de ocorrerem prejuízos.

Em resumo, sem saber o futuro, não está claro qual estrutura de custo é melhor. Ambas possuem vantagens e desvantagens. A Fazenda Sterling, com seus custos fixos mais altos e custos variáveis mais baixos, terá variações mais bruscas no resultado operacional quando as vendas flutuam, com lucros mais altos nos anos bons e prejuízos maiores nos anos ruins. A Fazenda Bogside, com seus custos fixos mais baixos e seus custos variáveis mais altos, terá maior estabilidade nos lucros e estará mais protegida contra prejuízos durante os anos ruins, mas à custa de um resultado operacional mais baixo nos anos bons.

Alavancagem operacional

> ▶▶ **OA5.8**
>
> Calcular o grau de alavancagem operacional em determinado nível de vendas e explicar como ele pode ser usado para prever variações no resultado operacional.

> ▶ **Alavancagem operacional**
>
> medida do grau de sensibilidade do resultado operacional a determinada variação percentual nas vendas.

> ▶ **Grau de alavancagem operacional**
>
> medida, para determinado nível de vendas, de quanto uma mudança percentual nas vendas afetará os lucros. O grau de alavancagem operacional é calculado dividindo-se a margem de contribuição pelo resultado operacional.

Uma alavanca é uma ferramenta para multiplicar força. Quando utilizada, um objeto pesado pode ser movido com apenas uma quantidade modesta de força. Nos negócios, a *alavancagem operacional* serve a uma finalidade similar. A **alavancagem operacional** é uma medida de sensibilidade do resultado operacional a determinada variação percentual nas vendas. A alavancagem operacional age como multiplicadora. Se a alavancagem operacional for alta, um pequeno aumento percentual nas vendas poderá produzir um aumento percentual muito maior no resultado operacional.

Para exemplificar a alavancagem operacional, retornemos aos dados das duas fazendas de mirtilo. Anteriormente, mostramos que um aumento de 10% nas vendas (de US$ 100 mil para US$ 110 mil em cada fazenda) resulta em um aumento de 70% no resultado operacional da Fazenda Sterling (de US$ 10 mil para US$ 17 mil) e um aumento de apenas 40% no resultado operacional da Fazenda Bogside (de US$ 10 mil para US$ 14 mil). Assim, para um aumento de 10% nas vendas, a Fazenda Sterling tem um aumento percentual muito maior nos lucros do que a Fazenda Bogside. Portanto, a Fazenda Sterling possui maior alavancagem operacional do que a Fazenda Bogside.

O **grau de alavancagem operacional** para determinado nível de vendas é calculado pela seguinte fórmula:

$$\text{Grau de alavancagem operacional} = \frac{\text{Margem de contribuição}}{\text{Resultado operacional}}$$

O grau de alavancagem operacional é uma medida, para determinado nível de vendas, de quanto uma variação percentual no volume de vendas afetará os lucros. Para exemplificar, o grau de alavancagem operacional das duas fazendas para vendas de US$ 100 mil seria calculado como a seguir:

$$\text{Fazenda Bogside} = \frac{\text{US\$ 40.000}}{\text{US\$ 10.000}} = 4$$

$$\text{Fazenda Sterling} = \frac{\text{US\$ 70.000}}{\text{US\$ 10.000}} = 7$$

Como o grau de alavancagem operacional da Fazenda Bogside é 4, o resultado operacional da fazenda cresce quatro vezes mais rapidamente do que suas vendas. Em comparação, o resultado operacional da Fazenda Sterling cresce sete vezes mais rapidamente do que suas vendas. Assim, se as vendas aumentarem em 10%, podemos esperar que o resultado operacional da Fazenda Bogside aumente em quatro vezes esse valor, ou 40%, e que o resultado operacional da Fazenda Sterling aumente em sete vezes esse valor, ou 70%. Em geral, essa relação entre a variação percentual nas vendas e a variação percentual no resultado operacional é dado pela seguinte fórmula:

$$\text{Variação percentual no resultado operacional} = \text{Grau de alavancagem operacional} \times \text{Variação percentual nas vendas}$$

Fazenda Bogside: Variação percentual no resultado operacional = 4 × 10% = 40%

Fazenda Sterling: Variação percentual no resultado operacional = 7 × 10% = 70%

O que é responsável pela alavancagem operacional mais alta na Fazenda Sterling? A única diferença entre as duas fazendas é sua estrutura de custo. Se as duas empresas têm a mesma receita total e as mesmas despesas totais, mas diferentes estruturas de custos, então aquela com a maior proporção de custos fixos em sua estrutura de custo terá a maior alavancagem operacional. Voltando ao exemplo original da página 202, quando ambas as fazendas têm vendas de US$ 100 mil e despesas totais de US$ 90 mil, um terço dos custos da Fazenda Bogside é fixo, mas dois terços dos custos da Fazenda Sterling são fixos. Consequentemente, o grau de alavancagem operacional da Sterling é mais alto do que o da Bogside.

O grau de alavancagem operacional não é uma constante; ele é mais alto em níveis de vendas próximos ao ponto de equilíbrio e diminui quando as vendas e os lucros aumentam. A tabela a seguir mostra o grau de alavancagem operacional da Fazenda Bogside em vários níveis de vendas. (Os dados usados anteriormente para a Fazenda Bogside são mostrados com uma cor diferente.)

Vendas (US$)	75.000	80.000	**100.000**	150.000	225.000
Despesas variáveis (US$)	45.000	48.000	**60.000**	90.000	135.000
Margem de contribuição (a) (US$)	30.000	32.000	**40.000**	60.000	90.000
Despesas fixas (US$)	30.000	30.000	**30.000**	30.000	30.000
Resultado operacional (b) (US$)	0	2.000	**10.000**	30.000	60.000
Grau de alavancagem operacional, (a) ÷ (b)	∞	16	**4**	2	1,5

Assim, um aumento de 10% nas vendas aumenta os lucros em apenas 15% (10% × 1,5) se as vendas anteriores foram de US$ 225 mil, em comparação ao aumento de 40% que calculamos anteriormente no nível de vendas de US$ 100 mil. O grau de alavancagem operacional continuará diminuindo quanto mais a empresa se distanciar de seu ponto de equilíbrio. No ponto de equilíbrio, o grau de alavancagem operacional é infinitamente grande (margem de contribuição de US$ 30.000 ÷ resultado operacional de US$ 0 = ∞).

PERIGOS DE UM ALTO GRAU DE ALAVANCAGEM OPERACIONAL

POR DENTRO
DAS EMPRESAS

Nos últimos anos, os fabricantes de *chips* de computador injetaram mais de US$ 75 bilhões na construção de novas instalações de produção para atender a crescente demanda por aparelhos digitais como iPhones e Blackberrys. Como 70% dos custos de operação dessas instalações são fixos, uma forte queda na demanda pelos clientes forçaria essas empresas a escolherem entre duas opções indesejáveis. Elas poderiam cortar os níveis de produção e absorver grandes quantidades de custos de capacidade não utilizada ou continuar a produzir grandes volumes de produtos apesar da queda da demanda, inundando o mercado com oferta excessiva e baixando os preços. Qualquer uma dessas escolhas incomoda os investidores que tendem a se manter distantes dos fabricantes de *chips* de computadores durante retrações econômicas.

FONTE: Bruce Einhorn, "Chipmakers on the Edge", *BusinessWeek*, 5 de janeiro de 2009, p. 30-31.

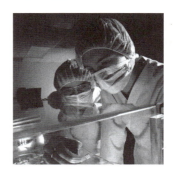

O grau de alavancagem operacional pode ser usado para estimar rapidamente qual impacto diversas variações percentuais nas vendas teriam sobre os lucros, sem a necessidade de

CONTABILIDADE GERENCIAL

preparar demonstrações de resultados detalhadas. Como mostram nossos exemplos, os efeitos da alavancagem operacional podem ser drásticos. Se uma empresa está próxima de seu ponto de equilíbrio, então mesmo os menores aumentos percentuais nas vendas podem gerar grandes aumentos percentuais nos lucros. Isso explica por que a gerência frequentemente trabalha duro para conseguir até mesmo um pequeno aumento no volume de vendas. Se o grau de alavancagem operacional é 5, então um aumento de 6% nas vendas representaria um aumento de 30% nos lucros.

ESTRUTURAR COMISSÕES DE VENDAS

As empresas normalmente remuneram os vendedores pagando-lhes uma comissão baseada em vendas, um salário, ou uma combinação dos dois. As comissões baseadas em vendas podem levar a lucros mais baixos. Para ilustrar, considere a Pipeline Unlimited, uma produtora de equipamentos de surfe. Os vendedores vendem os produtos da empresa a lojas de varejo de produtos esportivos em toda a América do Norte e a Bacia do Pacífico. A seguir, temos os dados de duas pranchas de surfe da empresa, os modelos XR7 e Turbo:

	Modelo	
	XR7	Turbo
Preço de venda (US$)............................	695	749
Despesas variáveis (US$)......................	344	410
Margem de contribuição (US$)..............	351	339

Qual modelo os vendedores tentarão vender mais se eles receberem uma comissão de 10% sobre a receita de vendas? A resposta é o Turbo, pois o modelo possui o preço de venda mais alto e, assim, a maior comissão. Em contrapartida, do ponto de vista da empresa, os lucros serão maiores se os vendedores estimularem os clientes a comprarem o modelo XR7, pois ele tem a maior margem de contribuição.

Para eliminar esses conflitos, as comissões podem ser baseadas na margem de contribuição em vez de no preço de venda. Se isso for feito, os vendedores desejarão vender o *mix* de produtos que maximiza a margem de contribuição. Contanto que os custos fixos não sejam afetados pelo *mix* de vendas, maximizar a margem de contribuição também maximizará o lucro da empresa.[4] De fato, ao maximizarem sua própria remuneração, os vendedores também maximizarão o lucro da empresa.

POR DENTRO DAS EMPRESAS

ABORDAGEM ALTERNATIVA ÀS COMISSÕES DE VENDAS

A **Thrive Networks**, localizada em Concord, Massachusetts, EUA, pagava seus três vendedores com base em comissões individuais. Esse sistema parecia funcionar bem, como indica o crescimento das vendas da empresa de US$ 2,7 milhões em 2002 a US$ 3,6 milhões em 2003. Entretanto, a empresa percebeu que havia uma maneira melhor de motivar e remunerar seus vendedores. Ela passou a fazer um agrupamento das comissões dos três vendedores e remunerá-los coletivamente. A nova abordagem foi criada para estimular o trabalho em equipe e alavancar os pontos fortes de cada vendedor individualmente. Jim Lippie, o diretor de desenvolvimento empresarial, era excelente em redes de contatos e em gerar oportunidades de vendas. John Barrows, o diretor de vendas, era bom em se reunir com clientes potenciais e fazer propostas atraentes. Nate Wolfson, o CEO e último membro da equipe de vendas, era mestre em fechar o negócio. A nova abordagem funcionou tão bem que Wolfson planeja usar equipes de vendas de três pessoas em seus escritórios em todo o mundo.

FONTE: Cara Cannella, "Kill the Commissions", *Inc. Magazine*, agosto de 2004, p. 38.

---

[4]   Isso também supõe que a empresa não tenha restrições na produção. Caso tenha, as comissões de venda devem ser modificadas. Ver o Apêndice B, no final do livro.

Capítulo **5** ▶▶ Relações de custo-volume-lucro

MIX DE VENDAS

Antes de concluirmos nossa discussão sobre os conceitos de CVL, precisamos considerar o impacto das variações no *mix de vendas* sobre o lucro de uma empresa.

Definição de *mix* de vendas

O termo **mix de vendas** refere-se às proporções relativas em que os produtos de uma empresa são vendidos. A ideia é alcançar uma combinação, ou um *mix*, que gere os lucros mais altos possíveis. A maioria das empresas possui muitos produtos e, muitas vezes, estes não são igualmente lucrativos. Logo, os lucros dependerão, até certo ponto, do *mix* de vendas da empresa. Os lucros serão mais altos se itens de margem alta, em vez de itens de margem baixa, formarem uma proporção relativamente alta das vendas totais.

Variações no *mix* de vendas podem causar variações desconcertantes nos lucros de uma empresa. Uma variação no *mix* de vendas de itens de margem alta para itens de margem baixa pode fazer os lucros totais diminuírem mesmo que as vendas totais aumentem. Ao contrário, uma variação no *mix* de vendas de itens de margem baixa para itens de margem alta pode causar o efeito inverso – os lucros totais podem aumentar embora as vendas totais tenham diminuído. Uma coisa é alcançar determinado volume de vendas; outra é vender o *mix* de produtos mais lucrativo.

▶▶ OA5.9

Calcular o ponto de equilíbrio para uma empresa com múltiplos produtos e explicar os efeitos de variações no *mix* de vendas sobre a margem de contribuição e o ponto de equilíbrio.

▶ *Mix* de vendas

as proporções relativas em que os produtos de uma empresa são vendidos. O mix de vendas é calculado expressando-se as vendas de cada produto como um percentual das vendas totais.

POR DENTRO
DAS EMPRESAS

WALMART TENTA MUDAR SEU *MIX* DE VENDAS

Quase 130 milhões de clientes fazem compras nas 3,2 mil lojas da **Walmart** nos Estados Unidos toda semana. No entanto, menos da metade deles compra itens da loja toda – eles escolhem comprar apenas produtos básicos de margem baixa, evitando departamentos de margem mais alta, como o de eletrodomésticos. Em um esforço para mudar seu *mix* de vendas em direção a mercadorias de margem mais alta, o Walmart reduziu os gastos em propagandas e investiu o dinheiro na reforma dos departamentos de roupas em suas lojas. A empresa espera que essa reforma estimule seus clientes a adicionarem roupas às suas listas de compras, afastando-os das ofertas de concorrentes como a **Kohl's** e a **Target**.

FONTE: Robert Berner, "Fashion Emergency at Walmart", *BusinessWeek*, 31 de julho de 2006, p. 67.

Mix de vendas e análise do ponto de equilíbrio

Se uma empresa vende mais de um produto, a análise do ponto de equilíbrio é mais complexa do que o que foi discutido até agora. O motivo é que diferentes produtos têm diferentes preços de venda, custos e margens de contribuição. Consequentemente, o ponto de equilíbrio depende do *mix* em que os vários produtos são vendidos. Para ilustrar essa ideia, considere a Virtual Journeys Unlimited, uma pequena empresa que importa DVDs da França. No momento, a empresa vende dois DVDs: o DVD Le Louvre, um tour pelo famoso museu de arte de Paris; e o DVD Le Vin, que apresenta os vinhos e as regiões produtoras de vinho da França. As vendas, despesas e ponto de equilíbrio da empresa em setembro são exibidos no Quadro 5.4.

Como mostra o quadro, o ponto de equilíbrio é de US$ 60 mil em vendas, o que foi calculado dividindo-se as despesas fixas de US$ 27 mil da empresa por seu índice MC geral de 45%. Entretanto, esse é o ponto de equilíbrio somente se o *mix* de vendas da empresa não mudar. Atualmente, o DVD Le Louvre é responsável por 20% e o DVD Le Vin, por 80% das vendas da empresa. Supondo que esse *mix* de vendas não mude, se as vendas totais são de US$ 60 mil, as vendas do DVD Le Louvre serão de US$ 12 mil (20% de US$ 60 mil) e as vendas do DVD Le Vin serão de US$ 48 mil (80% de US$ 60 mil). Como mostra o Quadro 5.4, para esses níveis de vendas, a empresa de fato alcançaria o ponto de equilíbrio. No entanto, US$ 60 mil em vendas representa o ponto de equilíbrio da empresa somente se o *mix* de vendas não mudar; se este mudar, então o ponto de equilíbrio também, em geral, mudará. Esse cenário é ilustrado pelos resultados em outubro, em que o *mix* de vendas se afastou do DVD mais lucrativo Le Vin (cujo índice MC é

CONTABILIDADE GERENCIAL

de 50%) em direção ao menos lucrativo Le Louvre (cujo índice de MC é de 25%). Esses resultados aparecem no Quadro 5.5.

Embora as vendas tenham permanecido inalteradas a US$ 100 mil, o *mix* de vendas é exatamente o inverso do que era no Quadro 5.4, com a maior parte das vendas proveniente, agora, do DVD menos lucrativo Le Louvre. Observe que essa mudança no *mix* de vendas fez tanto o índice MC geral quanto os lucros totais caírem fortemente em relação ao mês anterior, embora as vendas totais sejam as mesmas. O índice MC geral caiu de 45% em

QUADRO 5.4
Análise do ponto de equilíbrio de empresas com múltiplos produtos.

Virtual Journeys Unlimited
Demonstração de resultados com margem de contribuição no mês de setembro

	DVD Le Louvre		DVD Le Vin		Total	
	Montante (US$)	Percentual (%)	Montante (US$)	Percentual (%)	Montante (US$)	Percentual (%)
Vendas.................	20.000	100	80.000	100	100.000	100
Despesas variáveis...........	15.000	75	40.000	50	55.000	55
Margem de contribuição.....	5.000	25	40.000	50	45.000	45
Despesas fixas....					27.000	
Resultado operacional........					18.000	

Cálculo do ponto de equilíbrio:

$$\frac{\text{Despesas fixas}}{\text{Índice MC geral}} = \frac{\text{US\$ 27.000}}{0,45} = \text{US\$ 60.000}$$

Verificação do ponto de equilíbrio:

	DVD Le Louvre	DVD Le Vin	Total
Vendas atuais (US$)...............	20.000	80.000	100.000
Percentual (%) do total de vendas em dólares........	20	80	100
Vendas no ponto de equilíbrio (US$)...............	12.000	48.000	60.000

	DVD Le Louvre		DVD Le Vin		Total	
	Montante (US$)	Percentual (%)	Montante (US$)	Percentual (%)	Montante (US$)	Percentual (%)
Vendas.................	12.000	100	48.000	100	60.000	100
Despesas variáveis...........	9.000	75	24.000	50	33.000	55
Margem de contribuição.....	3.000	25	24.000	50	27.000	45
Despesas fixas....					27.000	
Resultado operacional.........					0	

Capítulo **5** ▸▶ Relações de custo-volume-lucro

setembro para apenas 30% em outubro, e o resultado operacional caiu de US$ 18 mil para apenas US$ 3 mil. Além disso, com a queda no índice MC geral, o ponto de equilíbrio da empresa não é mais US$ 60 mil em vendas. Como a empresa agora realiza uma margem de contribuição média menor de vendas, são necessárias mais vendas para cobrir o mesmo montante de custos fixos. Assim, o ponto de equilíbrio aumentou de US$ 60 mil para US$ 90 mil em vendas por ano.

Ao preparar uma análise do ponto de equilíbrio, devemos estabelecer uma premissa em relação ao *mix* de vendas. Normalmente, a premissa é de que ele não mudará. Entretanto, se a expectativa é de que o *mix* de vendas mude, então essa situação deverá ser considerada explicitamente em qualquer cálculo de CVL.

QUADRO 5.5
Análise do ponto de equilíbrio de empresas com múltiplos produtos: uma mudança no *mix* de vendas (ver Quadro 5.4).

Virtual Journeys Unlimited
Demonstração de resultados com margem de contribuição no mês de outubro

	DVD Le Louvre		DVD Le Vin		Total	
	Montante (US$)	Percentual (%)	Montante (US$)	Percentual (%)	Montante (US$)	Percentual (%)
Vendas................	80.000	100	20.000	100	100.000	100
Despesas variáveis...........	60.000	75	10.000	50	70.000	70
Margem de contribuição.....	20.000	25	10.000	50	30.000	30
Despesas fixas....					27.000	
Resultado operacional........					3.000	

Cálculo do ponto de equilíbrio:

$$\frac{\text{Despesas fixas}}{\text{Índice MC geral}} = \frac{\text{US\$ } 27.000}{0,30} = \text{US\$ } 90.000$$

PREMISSAS DA ANÁLISE CVL

Normalmente, há várias premissas por trás da análise CVL:

1. O preço de venda é constante. O preço de um produto ou serviço não mudará com variações no volume.
2. Os custos são lineares e podem ser precisamente decompostos em elementos fixos e variáveis. O elemento variável é constante por unidade e o elemento fixo é constante no total para todo o intervalo relevante.
3. Em empresas com múltiplos produtos, o *mix* de vendas é constante.
4. Em empresas manufatureiras, os estoques não mudam. O número de unidades produzidas é igual ao número de unidades vendidas.

Mesmo que essas premissas possam ser violadas na prática, os resultados da análise CVL geralmente são "suficientemente bons" para serem bastante úteis. Talvez o maior perigo esteja em contar com uma simples análise CVL quando um gerente contempla uma grande mudança no volume que está fora do intervalo relevante. Por exemplo, um gerente pode pensar em aumentar o nível de vendas para muito além do que a empresa já vivenciou. Entretanto, mesmo nessas situações, o modelo pode ser ajustado, como fizemos neste capítulo, levando em consideração mudanças previstas no preço de venda, custos fixos e *mix* de vendas que, caso contrário, violariam as premissas mencionadas anteriormente. Por exemplo, em uma decisão que afetaria os custos fixos, a mudança nos custos fixos pode ser explicitamente considerada, como ilustramos antes no capítulo no exemplo da Acoustic Concepts nas páginas 193 a 197.

RESUMO

A análise CVL é baseada em um simples modelo de como os lucros respondem aos preços, custos e volume. Esse modelo pode ser usado para responder a diversas perguntas cruciais, como qual é o volume da empresa no ponto de equilíbrio, qual é sua margem de segurança e o que provavelmente acontecerá se ocorrerem mudanças específicas nos preços, custos e volume.

Um gráfico CVL representa as relações entre as vendas unitárias, por um lado, e as despesas fixas, despesas variáveis, despesas totais, vendas totais e lucros, por outro lado. O gráfico de lucro é mais simples do que o gráfico CVL e mostra como os lucros dependem das vendas. Os gráficos de CVL e de lucros são úteis para desenvolver a intuição sobre como os custos e lucros respondem a variações nas vendas.

O índice de margem de contribuição é o coeficiente entre margem de contribuição total e vendas totais. Esse índice pode ser usado para estimar rapidamente qual impacto uma variação nas vendas totais teria sobre o resultado operacional. O índice também é útil na análise do ponto de equilíbrio

A análise do lucro-alvo é usada para estimar de quanto deveriam ser as vendas para alcançar determinado lucro-alvo. O número de unidades vendidas necessárias para alcançar o lucro-alvo pode ser estimado dividindo-se a soma do lucro-alvo e das despesas fixas pela margem de contribuição por unidade. A análise do ponto de equilíbrio é um caso especial da análise do lucro-alvo usado para estimar de quanto deveriam ser as vendas para apenas alcançar o ponto de equilíbrio. O número de unidades vendidas necessárias para alcançar o ponto de equilíbrio pode ser estimado dividindo-se as despesas fixas pela margem de contribuição por unidade.

A margem de segurança é o montante pelo qual as vendas atuais da empresa excedem o montante de vendas do ponto de equilíbrio.

O grau de alavancagem operacional permite uma rápida estimativa de qual impacto determinada variação percentual nas vendas teria sobre o resultado operacional da empresa. Quanto mais alto o grau de alavancagem operacional, maior o impacto sobre os lucros da empresa. O grau de alavancagem operacional não é constante – ele depende do nível de vendas corrente da empresa.

Os lucros de uma empresa com múltiplos produtos são afetados por seu *mix* de vendas. Variações no *mix* de vendas podem afetar o ponto de equilíbrio, a margem de segurança e outros fatores fundamentais.

PROBLEMA DE REVISÃO: RELAÇÕES CVL

A empresa Voltar produz e vende um telefone sem fio especializado para ambientes de alta radiação eletromagnética. Abaixo, temos a demonstração de resultados com margem de contribuição da empresa do último ano:

	Total (US$)	Por unidade (US$)	Percentual de vendas (%)
Vendas (20.000 unidades)	1.200.000	60	100
Despesas variáveis	900.000	45	?
Margem de contribuição.............	300.000	15	?
Despesas fixas	240.000		
Resultado operacional	60.000		

A gestão está ansiosa para aumentar o lucro da empresa e pediu uma análise de diversos itens.

Requisitado:
1. Calcule o índice MC e o índice de despesas variáveis da empresa.
2. Calcule o ponto de equilíbrio da empresa em termos de unidades e de vendas. Use o método da equação.
3. Suponha que as vendas aumentem em US$ 400 mil no próximo ano. Se os padrões de comportamento de custo permanecerem inalterados, em quanto o resultado operacional da empresa aumentará? Use o índice MC para calcular sua resposta.
4. Consulte os dados originais. Suponha que, no próximo ano, a gestão queira que a empresa obtenha um lucro de pelo menos US$ 90 mil. Quantas unidades deverão ser vendidas para atender esse lucro-alvo?

Capítulo **5** ▸▸ Relações de custo-volume-lucro

5. Consulte os dados originais. Calcule a margem de segurança da empresa em dólares e em percentual.
6. a. Calcule o grau de alavancagem operacional da empresa no nível de vendas atual.
   b. Suponha que, por meio de um esforço mais intenso da equipe de vendas, as vendas da empresa aumentem em 8% no próximo ano. Que percentual de aumento você esperaria para o resultado operacional? Use o grau de alavancagem operacional para obter sua resposta.
   c. Verifique sua resposta para o item (b) preparando uma nova demonstração de resultados com margem de contribuição mostrando um aumento de 8% nas vendas.
7. Em um esforço de aumentar as vendas e os lucros, a gestão considera o uso de um alto-falante de mais alta qualidade, o qual aumentaria os custos variáveis em US$ 3 por unidade, mas poderia eliminar um inspetor de qualidade que recebe um salário de US$ 30 mil por ano. O gerente de vendas estima que o alto-falante de mais alta qualidade aumentaria as vendas anuais em pelo menos 20%.
   a. Supondo que as mudanças descritas anteriormente sejam feitas, prepare uma demonstração de resultados com margem de contribuição projetada para o próximo ano. Mostre os dados em uma base total, por unidade e percentual.
   b. Calcule o novo ponto de equilíbrio da empresa em unidades e em vendas. Use o método da fórmula.
   c. Você recomendaria que essas mudanças fossem feitas?

Solução do problema de revisão

1.

$$\text{Índice MC} = \frac{\text{Margem de contribuição por unidade}}{\text{Preço de venda unitário}} = \frac{\text{US\$ 15}}{\text{US\$ 60}} = 25\%$$

$$\text{Índice de despesas variáveis} = \frac{\text{Despesas variáveis}}{\text{Preço de venda}} = \frac{\text{US\$ 45}}{\text{US\$ 60}} = 75\%$$

2. Lucro = MC por unidade × Q – Despesas fixas
   US\$ 0 = (US\$ 60 – US\$ 45) × Q – US\$ 240.000
   US\$ 15Q = US\$ 240.000
   Q = US\$ 240.000 ÷ US\$ 15
   Q = 16.000 unidades; ou a US\$ 60 por unidade, US\$ 960.000

3.

Aumento nas vendas (US$)	400.000
Multiplicar pelo índice MC	× 25%
Aumento esperado na margem de contribuição (US$)........	100.000

Como não se espera que as despesas fixas mudem, o resultado operacional aumentará em todos os US$ 100 mil do aumento na margem de contribuição calculado anteriormente.

4. Método da equação:
   Lucro = MC por unidade × Q – Despesas fixas
   US\$ 90.000 = (US\$ 60 – US\$ 45) × Q – US\$ 240.000
   US\$ 15Q = US\$ 90.000 + US\$ 240.000
   Q = US\$ 330.000 ÷ US\$ 15
   Q = 22.000 unidades

Método da fórmula:

$$\begin{array}{l}\text{Vendas unitárias} \\ \text{para alcançar o} \\ \text{lucro-alvo =}\end{array} \frac{\begin{array}{c}\text{Lucro-alvo +}\\\text{Despesas fixas}\end{array}}{\begin{array}{c}\text{Margem de contribuição}\\\text{por unidade}\end{array}} = \frac{\begin{array}{c}\text{US\$ 90.000 +}\\\text{US\$ 240.000}\end{array}}{\text{US\$ 15 por unidade}} = 22.000 \text{ unidades}$$

5.

$$\text{Margem de segurança} = \text{Vendas totais} - \text{Vendas no ponto de equilíbrio}$$
$$= \text{US\$ 1.200.000} - \text{US\$ 960.000} = \text{US\$ 240.000}$$

$$\text{Percentual de margem de segurança} = \frac{\text{Margem de segurança}}{\text{Vendas totais}} = \frac{\text{US\$ 240.000}}{\text{US\$ 1.200.000}} = 20\%$$

CONTABILIDADE GERENCIAL

6. a.

$$\text{Grau de alavancagem operacional} = \frac{\text{Margem de contribuição}}{\text{Resultado operacional}} = \frac{\text{US\$ 300.000}}{\text{US\$ 60.000}} = 5$$

b.

Aumento esperado nas vendas..	8%
Grau de alavancagem operacional...	× 5
Aumento esperado no resultado operacional...........................	40%

c. Se as vendas aumentarem em 8%, então serão vendidas 21.600 unidades (20.000 × 1,08 = 21.600) no próximo ano. A nova demonstração de resultados com margem de contribuição seria a seguinte:

	Total (US$)	Por unidade (US$)	Percentual de vendas (%)
Vendas (21.600 unidades)	1.296.000	60	100
Despesas variáveis	972.000	45	75
Margem de contribuição........................	324.000	15	25
Despesas fixas	240.000		
Resultado operacional	84.000		

Assim, o resultado operacional de US$ 84 mil esperado para o próximo ano representa um aumento de 40% sobre o resultado operacional de US$ 60 mil obtido durante o ano corrente:

$$\frac{\text{US\$ 84.000} - \text{US\$ 60.000}}{\text{US\$ 60.000}} = \frac{\text{US\$ 24.000}}{\text{US\$ 60.000}} = 40\% \text{ de aumento}$$

Observe, a partir da demonstração de resultados anteriores, que o aumento nas vendas de 20 mil para 21,6 mil unidades aumentou tanto as vendas totais quanto as despesas variáveis totais.

7. a. Um aumento de 20% nas vendas resultaria na venda de 24 mil unidades no próximo ano: 20.000 unidades × 1,20 = 24.000 unidades.

	Total (US$)	Por unidade (US$)	Percentual de vendas (%)
Vendas (24.000 unidades)	1.440.000	60	100
Despesas variáveis	1.152.000	48*	80
Margem de contribuição........................	288.000	12	20
Despesas fixas	210.000†		
Resultado operacional	78.000		

* US$ 45 + US$ 3 = US$ 48; US$ 48 ÷ US$ 60 = 80%.
† US$ 240.000 − US$ 30.000 = US$ 210.000.

Observe que a mudança nas despesas variáveis por unidade resulta em uma mudança tanto na margem de contribuição por unidade quanto no índice MC.

b.

$$\text{Vendas unitárias para alcançar o lucro-alvo} = \frac{\text{Despesas fixas}}{\text{MC por unidade}}$$

$$= \frac{\text{US\$ 210.000}}{\text{US\$ 12 por unidade}} = 17.500 \text{ unidades}$$

$$\text{Vendas (valor monetário) para alcançar o lucro-alvo} = \frac{\text{Despesas fixas}}{\text{Índice MC}}$$

$$= \frac{\text{US\$ 210.000}}{0,20} = \text{US\$ 1.050.000}$$

c. Sim, com base nesses dados, as mudanças devem ser feitas. As mudanças aumentam o resultado operacional da empresa dos US$ 60 mil atuais para US$ 78 mil por ano. Embora as mudanças também resultem em um ponto de equilíbrio mais alto (17,5 mil unidades em comparação a 16 mil unidades no presente), a margem de segurança da empresa na verdade fica maior do que antes:

Margem de segurança = Vendas totais − Vendas no ponto de equilíbrio
= US$ 1.440.000 − US$ 1.050.000 = US$ 390.000

Como mostra o item (5), a margem de segurança atual da empresa é de apenas US$ 240 mil. Assim, as mudanças propostas acarretarão vários benefícios.

PERGUNTAS

5.1 O que significa o índice de margem de contribuição de um produto? Como esse índice é útil no planejamento de operações de negócios?

5.2 Geralmente, o caminho mais direto para uma decisão de negócios é uma análise incremental. O que significa análise incremental?

5.3 A Empresa A e a Empresa B são idênticas em todos os aspectos, exceto pelo fato de que os custos da Empresa A são em sua maior parte variáveis enquanto os custos da Empresa B são em sua maior parte fixos. Quando as vendas aumentam, qual empresa tenderá a realizar o maior aumento nos lucros? Explique.

5.4 O que significa o termo alavancagem operacional?

5.5 O que significa o termo ponto de equilíbrio?

5.6 Em resposta a uma solicitação de seu supervisor imediato, você preparou um gráfico CVL mostrando as características de custos e receitas dos produtos e operações de sua empresa. Explique como as linhas no gráfico e o ponto de equilíbrio mudariam se (a) o preço de venda por unidade diminuísse, (b) os custos fixos aumentassem em toda a faixa de atividade representada no gráfico, e (c) os custos variáveis por unidade aumentassem.

5.7 O que significa margem de segurança?

5.8 O que significa o termo *mix* de vendas? Qual suposição normalmente se faz em relação ao *mix* de vendas na análise CVL?

5.9 Explique como uma variação no *mix* de vendas poderia acarretar tanto um ponto de equilíbrio mais alto quanto um lucro líquido mais baixo.

APLICAÇÃO EM EXCEL [OA5.6, OA5.7, OA5.8]

Disponível, em português e inglês, no *site* **<www.grupoa.com.br>**

O formulário de planilha em Excel a seguir deve ser usado para recriar partes do Problema de Revisão das páginas 210 à 212. No *site*, você receberá instruções sobre como usar o formulário de planilha.

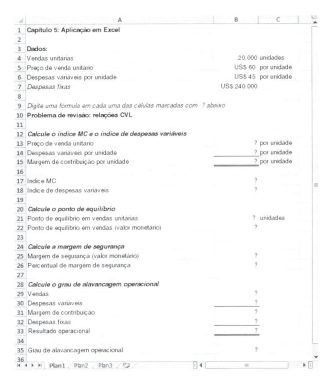

CONTABILIDADE GERENCIAL

Você só deve prosseguir para o exercício a seguir depois de completar sua planilha.

Requisitado:

1. Verifique sua planilha mudando as despesas fixas para US$ 270 mil. Se sua planilha operar de forma adequada, o grau de alavancagem operacional deverá ser 10. Se você não obtiver essa resposta, encontre os erros em sua planilha e corrija-os. Qual é o percentual de margem de segurança? Ele mudou? Por quê?
2. Digite os dados a seguir de uma empresa diferente em sua planilha:

Vendas unitárias	10.000 unidades
Preço de venda por unidade (US$).....................	120 por unidade
Despesas variáveis por unidade (US$)...............	72 por unidade
Despesas fixas (US$)..	420.000

Qual é o percentual de margem de segurança? Qual é o grau de alavancagem operacional?

3. Usando o grau de alavancagem operacional e sem mudar nada em sua planilha, calcule a variação percentual no resultado operacional se as vendas unitárias aumentarem em 15%.
4. Confirme os cálculos que você fez na parte (3) anterior aumentando as vendas unitárias em sua planilha em 15%. Qual é o novo resultado operacional e qual foi seu aumento percentual?
5. Thad Morgan, um entusiasta de motocicletas, tem explorado a possibilidade de relançar a marca de motocicletas Western Hombre, popular na década de 1930. A motocicleta de aparência "retrô" seria vendida por US$ 10 mil e, por esse preço, Thad estima que seriam vendidas 600 unidades por ano. Os custos variáveis para produzir e vender as motocicletas seriam de US$ 7,5 mil por unidade. Os custos fixos anuais seriam de US$ 1,2 milhão.
   a. Quais seriam o ponto de equilíbrio, as vendas unitárias, a margem de segurança e o grau de alavancagem operacional?
   b. Thad está preocupado com o preço de venda. Há rumores de que outras marcas retrô de motocicletas podem ser restabelecidas. Se isso ocorrer, o preço de venda da Western Hombre deveria ser reduzido para US$ 9 mil para que a marca competisse com eficácia. Nesse caso, Thad também reduziria as despesas fixas em US$ 300 mil diminuindo as despesas com propaganda, mas ele ainda espera vender 600 unidades por ano. Você acha que se trata de um bom plano? Explique. Além disso, explique o grau de alavancagem operacional que aparece em sua planilha.

EXERCÍCIOS

Consulte no *site* <www.grupoa.com.br> os suplementos para esta seção.

Exercício 5.1 Preparação de uma demonstração de resultados com margem de contribuição [OA5.1]

A seguir, temos a demonstração de resultados mais recente da Wheeler Corporation:

	Total (US$)	Por unidade (US$)
Vendas (8.000 unidades)..	208.000	26,00
Despesas variáveis	144.000	18,00
Margem de contribuição...	64.000	8,00
Despesas fixas	56.000	
Resultado operacional	8.000	

Requisitado:

Prepare uma nova demonstração de resultados com margem de contribuição sob cada uma das condições a seguir (considere cada caso independentemente):

1. O volume de vendas aumenta em 50 unidades.
2. O volume de vendas diminui em 50 unidades.
3. O volume de vendas é de 7 mil unidades.

EXERCÍCIO 5.2 Preparação de um gráfico de custo-volume-lucro (CVL) [OA5.2]
A Katara Enterprises distribui um único produto cujo preço de venda é de US$ 36 e cujas despesas variáveis são de US$ 24 por unidade. As despesas fixas mensais da empresa são de US$ 12 mil.

Requisitado:
1. Prepare um gráfico de custo-volume-lucro para a empresa até um nível de vendas de 2 mil unidades.
2. Estime o ponto de equilíbrio da empresa em vendas unitárias usando seu gráfico de custo-volume-lucro.

EXERCÍCIO 5.3 Preparação de um gráfico de lucro [OA5.2]
A Capricio Enterprises distribui um único produto cujo preço de venda é de US$ 19 e cujas despesas variáveis são de US$ 15 por unidade. As despesas fixas da empresa são de US$ 12 mil por mês.

Requisitado:
1. Prepare o gráfico de lucro para a empresa até um nível de vendas de 4 mil unidades.
2. Estime o ponto de equilíbrio da empresa em vendas unitárias usando seu gráfico de lucro.

EXERCÍCIO 5.4 Cálculo e uso do índice MC [OA5.3]
No mês passado, quando a Harrison Creations Inc. vendeu 40 mil unidades, as vendas totais foram de US$ 300 mil, as despesas variáveis totais foram de US$ 240 mil e as despesas fixas foram de US$ 45 mil.

Requisitado:
1. Qual é o índice de margem de contribuição (CM) da empresa?
2. Estime a variação no resultado operacional da empresa se ele aumentasse suas vendas totais em US$ 1,5 mil.

EXERCÍCIO 5.5 Mudanças nos custos variáveis, custos fixos, preço de venda e volume [OA5.4]
A seguir, temos os dados da Herron Corporation:

	Por unidade (US$)	Percentual de vendas (%)
Preço de venda..	75	100
Despesas variáveis	45	60
Margem de contribuição.....................................	30	40

As despesas fixas são de US$ 75 mil por mês e a empresa atualmente vende 3 mil unidades por mês.

Requisitado:
1. O gerente de marketing acredita que um aumento de US$ 8 mil no orçamento mensal para propaganda aumentaria as vendas mensais em US$ 15 mil. O orçamento para propaganda deve ser aumentado?
2. Consulte os dados originais da empresa. A gerência considera usar componentes de mais alta qualidade que aumentariam os custos variáveis em US$ 3 por unidade. O gerente de marketing acredita que o produto de mais alta qualidade aumentaria as vendas em 15% por mês. Os componentes de mais alta qualidade devem ser usados?

EXERCÍCIO 5.6 Cálculo do nível de vendas necessário para alcançar o lucro-alvo [OA5.5]
A Liman Corporation possui um único produto cujo preço de venda é de US$ 140 e cujas despesas variáveis são de US$ 60 por unidade. As despesas fixas mensais da empresa são de US$ 40 mil.

Requisitado:
1. Usando o método da equação, encontre as vendas unitárias necessárias para obter lucro-alvo de US$ 6 mil.
2. Usando o método da fórmula, encontre as vendas em dólares necessárias para obter lucro-alvo de US$ 8 mil.

EXERCÍCIO 5.7 Cálculo do ponto de equilíbrio [OA5.6]
A Maxson Produtos distribui um único produto, uma cesta tecida cujo preço de venda é de US$ 8 e cujos custos variáveis são de US$ 6 por unidade. As despesas fixas mensais da empresa são de US$ 5.500.

Requisitado:
1. Encontre o ponto de equilíbrio em vendas unitárias da empresa usando o método da equação.
2. Encontre o ponto de equilíbrio em vendas (valor monetário) da empresa usando o método da equação e o índice MC.
3. Encontre o ponto de equilíbrio em vendas unitárias da empresa usando o método da fórmula.
4. Encontre o ponto de equilíbrio em vendas (valor monetário) da empresa usando o método da fórmula e o índice MC.

EXERCÍCIO 5.8 Cálculo da margem de segurança [OA5.7]

A Mohan Corporation é uma distribuidora de um guarda-sol usado em hotéis do tipo resort. A seguir temos os dados relativos ao orçamento do próximo mês:

Preço de venda (US$).............................	25 por unidade
Despesas variáveis (US$)......................	15 por unidade
Despesas fixas (US$).............................	8.500 por mês
Vendas unitárias (US$)..........................	1.000 unidades por mês

Requisitado:
1. Calcule a margem de segurança da empresa.
2. Calcule a margem de segurança da empresa como um percentual de suas vendas.

EXERCÍCIO 5.9 Cálculo e uso do grau de alavancagem operacional [OA5.8]

A empresa Eneliko instala sistemas de home theater. A seguir, temos a demonstração de resultados mensal mais recente da empresa:

	Montante (US$)	Percentual de vendas (%)
Vendas...............................	120.000	100
Despesas variáveis	84.000	70
Margem de contribuição............................	36.000	30
Despesas fixas	24.000	
Resultado operacional	12.000	

Requisitado:
1. Calcule o grau de alavancagem operacional da empresa.
2. Usando o grau de alavancagem operacional, estime o impacto sobre o resultado operacional de um aumento de 10% nas vendas.
3. Verifique sua estimativa da parte (2) anterior construindo uma nova demonstração de resultados com margem de contribuição para a empresa supondo um aumento de 10% nas vendas.

EXERCÍCIO 5.10 Cálculo do ponto de equilíbrio de uma empresa com múltiplos produtos [OA5.9]

A Lucky Product comercializa dois jogos de computador: Predator e Runway. A seguir, temos uma demonstração de resultados com margem de contribuição dos dois jogos em um mês recente:

	Predator	Runway	Total
Vendas (US$)	100.000	50.000	150.000
Despesas variáveis (US$)....................	25.000	5.000	30.000
Margem de contribuição (US$)	75.000	45.000	120.000
Despesas fixas (US$)...........................			90.000
Resultado operacional (US$)................			30.000

Requisitado:
1. Calcule o índice de margem de contribuição (CM) geral da empresa.

2. Calcule o ponto de equilíbrio geral e as vendas (valor monetário) da empresa.
3. Verifique o ponto de equilíbrio geral da empresa construindo uma demonstração de resultados com margem de contribuição que mostre os níveis apropriados de vendas dos dois produtos.

EXERCÍCIO 5.11 Análise do ponto de equilíbrio; Lucro-alvo; Margem de segurança; Índice MC [OA5.1, OA5.3, OA5.5, OA5.6, OA5.7]

A empresa Pringle distribui um único produto. A seguir, temos as vendas e as despesas da empresa em um mês recente:

	Total (US$)	Por unidade (US$)
Vendas...	600.000	40
Despesas variáveis	420.000	28
Margem de contribuição................	180.000	2
Despesas fixas	150.000	
Resultado operacional	30.000	

Requisitado:
1. Qual é o ponto de equilíbrio mensal em unidades vendidas e em vendas (valor monetário)?
2. Sem recorrer a cálculos, qual é a margem de contribuição total no ponto de equilíbrio?
3. Quantas unidades deveriam ser vendidas todo mês para obter um lucro-alvo de US$ 18 mil? Use o método da fórmula. Verifique sua resposta preparando uma demonstração de resultados com margem de contribuição para o nível-alvo de vendas.
4. Consulte os dados originais da empresa. Calcule sua margem de segurança em termos de dólares em vendas e em termos percentuais.
5. Qual é o índice MC da empresa? Se as vendas mensais aumentarem em US$ 80 mil e não houver nenhuma mudança nas despesas fixas, em quanto você esperaria que o resultado operacional mensal aumentasse?

EXERCÍCIO 5.12 Análise do ponto de equilíbrio e análise do lucro-alvo [OA5.4, OA5.5, OA5.6]

A Reveen Products vende equipamentos de *camping*. Um dos produtos da empresa, uma lanterna de acampamento, é vendida por US$ 90 por unidade. As despesas variáveis são de US$ 63 por lanterna e as despesas fixas associadas à lanterna totalizam US$ 135 mil por mês.

Requisitado:
1. Calcule o ponto de equilíbrio da empresa em número de lanternas e em total de dólares em vendas.
2. Se as despesas variáveis por lanterna aumentarem como um percentual do preço de venda, o ponto de equilíbrio será mais alto ou mais baixo, em decorrência disso? Por quê? (Suponha que as despesas fixas permaneçam inalteradas.)
3. Atualmente, a empresa vende 8 mil lanternas por mês. O gerente de vendas está convencido de que uma redução de 10% no preço de venda resultará em um aumento de 25% no número de lanternas vendidas por mês. Prepare duas demonstrações de resultados com margem de contribuição, uma sob as condições operacionais atuais e uma como as operações apareceriam depois das mudanças propostas. Mostre os dados totais e por unidade em suas demonstrações.
4. Consulte os dados no item (3) anterior. Quantas lanternas deveriam ser vendidas pelo novo preço de venda para gerar um resultado operacional mínimo de US$ 72 mil por mês?

EXERCÍCIO 5.13 Análise do ponto de equilíbrio e gráfico CVL [OA5.2, OA5.4, OA5.6]

A irmandade Chi Omega planeja sua festa anual em um navio, a Riverboat Extravaganza. O comitê da Extravaganza levantou os seguintes custos esperados para o evento:

Jantar (por pessoa) (US$)...	7
Brindes e programa (por pessoa) (US$)	3
Banda (US$)...	1.500
Ingressos e propaganda (US$).......................................	700
Aluguel do navio (US$)...	4.800
Show de palco e recreadores (US$)...............................	1.000

Os membros do comitê gostariam de cobrar US$ 30 por pessoa pelas atividades da noite.

Requisitado:
1. Calcule o ponto de equilíbrio da Extravaganza (em termos do número de pessoas que precisariam comprar ingresso).
2. Suponha que apenas 250 pessoas tenham ido à Extravaganza no ano passado. Se o mesmo número fosse à festa este ano, que preço deve ser cobrado por ingresso para alcançar o ponto de equilíbrio?
3. Consulte os dados originais (ingresso de US$ 30 por pessoa). Prepare um gráfico CVL para a Extravaganza de zero a 600 ingressos vendidos.

EXERCÍCIO 5.14 Análise do ponto de equilíbrio para empresas com múltiplos produtos [OA5.9]

A Okabee Enterprises é a distribuidora de dois produtos, Model A100 e Model B900. A seguir, temos os dados de vendas mensais e o índice de margem de contribuição de ambos:

	Produto		
	Model A100	Model B900	Total
Vendas (US$)	700.000	300.000	1.000.000
Índice de margem de contribuição (%)	60	70	?

As despesas fixas totais da empresa são de US$ 598,5 mil por mês.

Requisitado:
1. Prepare uma demonstração de resultados com margem de contribuição para a empresa como um todo.
2. Calcule o ponto de equilíbrio da empresa baseado no *mix* de vendas atual.
3. Se as vendas aumentarem em US$ 50 mil por mês, em quanto você esperaria que o resultado operacional aumentasse? Quais são suas suposições?

EXERCÍCIO 5.15 Alavancagem operacional [OA5.4, OA5.8]

A empresa Superior Door vende portas pré-fabricadas a construtoras. As portas são vendidas por US$ 60 cada. Os custos variáveis são de US$ 42 por porta, e os custos fixos totalizam US$ 450 mil por ano. A empresa atualmente vende 30 mil portas por ano.

Requisitado:
1. Prepare uma demonstração de resultados com margem de contribuição para a empresa para o nível atual de vendas e calcule o grau de alavancagem operacional.
2. A gerência está confiante de que a empresa pode vender 37,5 mil portas no próximo ano (um aumento de 7.500 portas, ou 25%, sobre as vendas atuais). Calcule o seguinte:
   a. O aumento percentual esperado no resultado operacional do próximo ano.
   b. O resultado operacional esperada do próximo ano. (Não prepare uma demonstração de resultados; use o grau de alavancagem operacional para calcular sua resposta.)

EXERCÍCIO 5.16 Análise do ponto de equilíbrio e análise do lucro-alvo [OA5.3, OA5.4, OA5.5, OA5.6]

A empresa Super Sales é a distribuidora exclusiva de uma revolucionária mochila. O produto é vendido por US$ 60 por unidade e possui um índice MC de 40%. As despesas fixas da empresa são de US$ 360 mil por ano. A empresa planeja vender 17 mil mochilas este ano.

Requisitado:
1. Quais são as despesas variáveis por unidade?
2. Usando o método da equação:
   a. Qual é o ponto de equilíbrio em unidades e em vendas (dólares)?
   b. Qual nível de vendas em unidades e em dólares é necessário para obter um lucro anual de US$ 90 mil?
   c. Suponha que, por meio de negociações com o fabricante, a empresa Super Sales consiga reduzir suas despesas variáveis em US$ 3 por unidade. Qual é o novo ponto de equilíbrio em unidades e em vendas (dólares) da empresa?
3. Repita o item (2) anterior usando o método da fórmula.

Capítulo **5** ▶▶ Relações de custo-volume-lucro

EXERCÍCIO 5.17 Uso de uma demonstração de resultados com margem de contribuição [OA5.1, OA5.4]

A seguir, temos a demonstração de resultados com margem de contribuição mais recente da empresa Porter:

	Total (US$)	Por unidade (US$)
Vendas (30.000 unidades)...	150.000	5
Despesas variáveis	90.000	3
Margem de contribuição...	60.000	2
Despesas fixas...	50.000	
Resultado operacional	10.000	

Requisitado:

Prepare uma nova demonstração de resultados com margem de contribuição sob cada uma das seguintes condições (considere cada caso independentemente):

1. O número de unidades vendidas aumenta em 15%.
2. O preço de venda diminui em 50 centavos por unidade, e o número de unidades vendidas aumenta em 20%.
3. O preço de venda aumenta em 50 centavos por unidade, as despesas fixas aumentam em US$ 10 mil, e o número de unidades vendidas diminui em 5%.
4. As despesas variáveis aumentam em 20 centavos por unidade, o preço de venda aumenta em 12% e o número de unidades vendidas diminui em 10%.

EXERCÍCIO 5.18 Dados faltantes; Conceitos básicos de CVL [OA5.1, OA5.9]

Preencha os montantes que faltam em cada um dos oito casos a seguir. Cada caso é independente dos outros. (Dica: uma maneira de encontrar os montantes que faltam seria preparar uma demonstração de resultados com margem de contribuição para cada caso, preencher os dados conhecidos, e então calcular os itens faltantes.)

a. Suponha que apenas um produto seja vendido em cada um dos quatro casos a seguir:

Caso	Unidades vendidas	Vendas (US$)	Despesas variáveis (US$)	Margem de contribuição por unidade (US$)	Despesas fixas (US$)	Resultado operacional (US$)
1..............	9.000	270.000	162.000	?	90.000	?
2..............	?	350.000	?	15	170.000	40.000
3..............	20.000	?	280.000	6	?	35.000
4..............	5.000	160.000	?	?	82.000	− 12.000

b. Suponha que mais de um produto seja vendido em cada um dos quatro casos a seguir:

Caso	Vendas (US$)	Despesas variáveis (US$)	Margem de contribuição média (%)	Despesas fixas (US$)	Resultado operacional (US$)
1..............	450.000	?	40	?	65.000
2..............	200.000	130.000	?	60.000	?
3..............	?	?	80	470.000	90.000
4..............	300.000	90.000	?	?	− 15.000

PROBLEMAS

Consulte no *site* <www.grupoa.com.br> os suplementos para esta seção.

PROBLEMA 5.19 Análise CVL básica; Gráficos [OA5.1, OA5.2, OA5.4, OA5.6]

A Shirts Unlimited opera uma cadeia de lojas que oferecem muitos estilos de camisas vendidas pelo mesmo preço. Para encorajar os vendedores a serem agressivos em seus esforços de vendas, a empresa paga uma comissão de vendas substancial sobre cada camisa vendida. Os vendedores também recebem um pequeno salário-base.

A planilha a seguir contém os dados de custos e receitas da Loja 36. Esses dados são comuns dos muitos estabelecimentos da empresa:

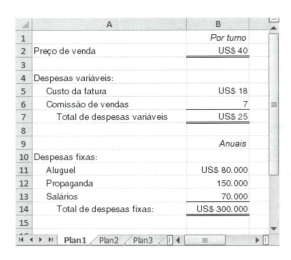

A empresa pediu que você, como membro de seu grupo de planejamento, auxiliasse em análises básicas das lojas e das políticas da empresa.

Requisitado:
1. Calcule o ponto de equilíbrio anual em vendas em dólar e em vendas unitárias para a Loja 36.
2. Prepare um gráfico CVL mostrando dados de custos e receitas para a Loja 36 de zero a 30 mil camisas vendidas por ano. Indique claramente o ponto de equilíbrio no gráfico.
3. Se 19 mil camisas fossem vendidas em um ano, qual seria o resultado operacional da Loja 36?
4. A empresa considera pagar ao gerente da Loja 36 uma comissão de incentivo de US$ 3 por camisa (além das comissões dos vendedores). Se essa mudança for feita, qual será o novo ponto de equilíbrio em vendas em dólar e em vendas unitárias?
5. Consulte os dados originais. Como uma alternativa ao item (4) anterior, a empresa considera pagar ao gerente da loja uma comissão de US$ 3 sobre cada camisa vendida acima do ponto de equilíbrio. Se essa mudança for feita, qual será o resultado operacional se 23,5 mil camisas forem vendidas em um ano?
6. Consulte os dados originais. A empresa considera eliminar totalmente as comissões de venda em suas lojas e aumentar os salários fixos em US$ 107 mil anualmente.
   a. Se essa mudança for feita, qual será o novo ponto de equilíbrio em vendas em dólar e em vendas unitárias na Loja 36?
   b. Você recomendaria que a mudança fosse feita? Explique.

PROBLEMA 5.20 Análise CVL básica; Estrutura de custo [OA5.1, OA5.3, OA5.4, OA5.5, OA5.6]

A Memofax Inc. produz kits de expansão de memória para máquina de fax. As vendas têm sido muito inconstantes, com meses de lucro e meses de prejuízo. A seguir, temos as demonstrações de resultados com margem de contribuição da empresa no último mês:

Requisitado:
1. Calcule o índice MC da empresa e seu ponto de equilíbrio tanto em unidades quanto em dólares.
2. O gerente de vendas acha que um aumento de US$ 8 mil no orçamento mensal de propaganda, além de um esforço intensificado por parte da equipe de vendas, resultará em um aumento de US$ 70 mil nas vendas mensais. Se o gerente de vendas estiver certo, qual será o efeito sobre o resultado operacional mensal da empresa? (Use a abordagem incremental ao preparar sua resposta.)
3. Consulte os dados originais da empresa. O presidente está convencido de que uma redução de 10% no preço de venda, combinado a um aumento de US$ 35 mil no orçamento de propaganda mensal, dobrará as vendas unitárias. Como ficará a nova demonstração de resultados com margem de contribuição se essas mudanças forem adotadas?
4. Consulte os dados originais. A agência de propaganda da empresa acredita que uma nova embalagem ajudaria as vendas. A nova embalagem proposta aumentaria os custos de embalagem em US$ 0,60 por unidade. Supondo que não haja nenhuma outra mudança, quantas unidades deveriam ser vendidas por mês para obter um lucro de US$ 4,5 mil?
5. Consulte os dados originais. Ao se automatizar, a empresa poderia cortar suas despesas variáveis pela metade. No entanto, os custos fixos aumentariam em US$ 118 mil por mês.
   a. Calcule o novo índice MC e o novo ponto de equilíbrio tanto em unidades quanto em dólares.
   b. Suponha que a empresa espere vender 20 mil unidades no próximo mês. Prepare duas demonstrações de resultados com margem de contribuição, uma supondo que as operações não sejam automatizadas e uma supondo que elas sejam.
   c. Você recomendaria que a empresa automatizasse suas operações? Explique.

PROBLEMA 5.21 Análise CVL básica [OA5.1, OA5.3, OA5.4, OA5.6, OA5.8]

A empresa Stratford distribui uma espreguiçadeira leve que é vendida por US$ 15 por unidade. As despesas variáveis são de US$ 6 por unidade e as despesas fixas totalizam US$ 180 mil anualmente.

Requisitado:

Responda às seguintes perguntas independentes:
1. Qual é o índice MC do produto?
2. Use o índice MC para determinar o ponto de equilíbrio em dólares em vendas.
3. A empresa estima que as vendas aumentarão em US$ 45 mil durante o próximo ano devido ao aumento da demanda. Em quanto o resultado operacional deverá aumentar?
4. Suponha que os resultados operacionais do ano passado tenham sido os seguintes:

Vendas (US$)	360.000
Despesas variáveis (US$)	144.000
Margem de contribuição (US$)	216.000
Despesas fixas (US$)	180.000
Resultado operacional (US$)	36.000

   a. Calcule o grau de alavancagem operacional para o nível de vendas atual.
   b. O presidente espera que as vendas aumentem em 15% no próximo ano. Em quanto o resultado operacional deverá aumentar?
5. Consulte os dados originais da empresa. Suponha que a empresa tenha vendido 28 mil unidades no ano passado. O gerente de vendas está convencido de que uma redução de 10% no preço de venda, combinada a um aumento de US$ 70 mil nas despesas com propaganda aumentaria as vendas unitárias anuais em 50%. Prepare duas demonstrações de resultados com margem de contribuição, uma mostrando os resultados das operações do ano passado e outra quais seriam os resultados das operações se essas mudanças fossem feitas. Você recomendaria que a empresa fizesse o que o gerente de vendas sugere?
6. Consulte os dados originais. Suponha novamente que a empresa tenha vendido 28 mil unidades no ano passado. O presidente acha que seria imprudente mudar o preço de venda. Em vez disso, ele quer aumentar a comissão de vendas em US$ 2 por unidade. Ele acredita que essa ação, combinada a um aumento na propaganda, dobrará as vendas unitárias anuais. Em quanto a propaganda poderia ser aumentada mantendo os lucros inalterados? Não é necessário preparar uma demonstração de resultados; use a abordagem da análise incremental.

PROBLEMA 5.22 *Mix* de vendas; Análise do ponto de equilíbrio de empresas com múltiplos produtos [OA5.9]

A empresa Marlin, uma distribuidora no atacado, está em operação faz apenas alguns meses. A empresa vende três produtos – pias, espelhos e penteadeiras. A seguir, temos as vendas orçadas por produto e no total para o próximo mês:

	Pias		Espelhos		Penteadeiras		Total	
Percentual de vendas totais	48%		20%		32%		100%	
Vendas (US$)	240.000	100%	100.000	100%	160.000	100%	500.000	100%
Despesas variáveis (US$)	72.000	30%	80.000	80%	88.000	55%	240.000	48%
Margem de contribuição (US$)	168.000	70%	20.000	20%	72.000	45%	260.000	52%
Despesas fixas (US$).....							223.600	
Resultado operacional (US$)							36.400	

$$\text{Vendas (valor monetário) para alcançar o ponto de equilíbrio} = \frac{\text{Despesas fixas}}{\text{Índice MC}} = \frac{\text{US\$ 223.600}}{0,52} = \text{US\$ 430.000}$$

Como mostram esses dados, o resultado operacional é orçado a US$ 36.400 para o mês, e as vendas no ponto de equilíbrio, a US$ 430 mil.

Suponha que as vendas efetivas do mês totalizem US$ 500 mil, como planejado. As vendas efetivas por produto são: pias, US$ 160 mil; espelhos, US$ 200 mil; e penteadeiras, US$ 140 mil.

Requisitado:

1. Prepare uma demonstração de resultados com margem de contribuição para o mês baseada nos dados das vendas efetivas. Apresente a demonstração de resultados no formato exibido anteriormente.
2. Calcule o ponto de equilíbrio em dólares em vendas do mês, baseado em seus dados efetivos.
3. Considerando o fato de que a empresa cumpriu seu orçamento de vendas de US$ 500 mil para o mês, o presidente está chocado com os resultados exibidos em sua demonstração de resultados no item (1) anterior. Prepare um breve memorando para o presidente explicando por que os resultados operacionais e o ponto de equilíbrio em dólares em vendas são diferentes do que foi orçado.

PROBLEMA 5.23 *Mix* de vendas; Análise do ponto de equilíbrio; Margem de segurança [OA5.7, OA5.9]

A Puleva Milenario S.A., uma empresa localizada em Toledo, Espanha, produz e vende dois modelos de talheres de acabamento luxuoso – Alvaro e Bazan. A seguir, temos os dados atuais de receitas, custos e vendas unitárias dos dois produtos. Todos os montantes são declarados em termos de euros, que são indicados pelo símbolo €.

	Alvaro	Bazan
Preço de venda por unidade (€)..	4,00	6,00
Despesas variáveis por unidade (€)	2,40	1,20
Número de unidades vendidas mensalmente............................	200	80

As despesas fixas são de € 660 por mês.

Requisitado:

1. Supondo o *mix* de vendas anterior, faça o seguinte:

a. Prepare uma demonstração de resultados com margem de contribuição mostrando as colunas de vendas em euros e de vendas percentuais para cada produto e para a empresa como um todo.
b. Calcule o ponto de equilíbrio em euros para a empresa como um todo e a margem de segurança de vendas em termos de euros e percentuais.
2. A empresa desenvolveu outro produto, Cano, que ela planeja vender por € 8 cada. Por esse preço, a empresa espera vender 40 unidades do produto por mês. As despesas variáveis seriam de € 6 por unidade. As despesas fixas da empresa não mudariam.
a. Prepare outra demonstração de resultados com margem de contribuição, incluindo as vendas do Cano (as vendas dos dois outros produtos não mudariam).
b. Calcule o novo ponto de equilíbrio em euros para a empresa como um todo e a nova margem de segurança de vendas em termos de euros e percentuais.
3. O presidente da empresa ficou confuso com sua análise. Ele não compreendeu por que o ponto de equilíbrio subiu apesar de não ter havido nenhum aumento nas despesas fixas e a adição do novo produto ter aumentado a margem de contribuição total. Explique ao presidente o que aconteceu.

PROBLEMA 5.24 *Mix* de vendas; Análise do ponto de equilíbrio de empresas com múltiplos produtos [OA5.9]

A Topper Sports Inc. produz equipamentos esportivos de alta qualidade. A divisão de raquetes da empresa produz três tipos de raquetes de tênis – a Standard, a Deluxe e a Pro – que são muito utilizadas por amadores. A seguir, temos informações selecionadas sobre as raquetes:

	Standard	Deluxe	Pro
Preço de venda por raquete (US$)	40	60	90
Despesas variáveis por raquete:			
de produção (US$)	22	27	31,50
de vendas (5% do preço de venda) (US$)	2	3	4,50

Todas as vendas são feitas por meio dos próprios estabelecimentos de vendas a varejo da empresa. A divisão de raquetes possui os seguintes custos fixos:

	Por mês (US$)
Custos de produção fixos	120.000
Despesas com propaganda	100.000
Salários administrativos	50.000
Total	270.000

As vendas, em unidades, nos dois últimos meses foram as seguintes:

	Standard	Deluxe	Pro	Total
Abril	2.000	1.000	5.000	8.000
Maio	8.000	1.000	3.000	12.000

Requisitado:
1. Prepare demonstrações de resultados com margem de contribuição para abril e maio. Use as seguintes colunas:

	Standard		Deluxe		Pro		Total	
	Montante	Percentual	Montante	Percentual	Montante	Percentual	Montante	Percentual
Vendas								
Etc.								

Coloque as despesas fixas apenas na coluna de Total. Não mostre percentuais para as despesas fixas.
2. Ao ver as demonstrações de resultados no item (1) anterior, o presidente disse: "Não acredito! Vendemos 50% a mais de raquetes em maio do que em abril, e mesmo assim os lucros diminuíram. É óbvio que os custos estão fora de controle nessa divisão". Que outra explicação você pode dar para a queda no resultado operacional?
3. Calcule o ponto de equilíbrio em vendas em dólar em abril para a divisão de raquetes.
4. Sem fazer nenhum cálculo, explique se o ponto de equilíbrio seria mais alto ou mais baixo com o *mix* de vendas de maio do que com o *mix* de vendas de abril.
5. Suponha que as vendas da raquete Standard aumentassem em US$ 20 mil. Qual seria o efeito sobre o resultado operacional? Qual seria o efeito se as vendas da raquete Pro aumentassem em US$ 20 mil? Não é preciso preparar demonstrações de resultados; use a abordagem da análise incremental ao determinar sua resposta.

PROBLEMA 5.25 Análise do ponto de equilíbrio; Precificação [OA5.1, OA5.4, OA5.6]

A Detmer Holdings AG de Zurique, Suíça, acaba de lançar um relógio para o qual a empresa tenta determinar um preço de venda ótimo. Estudos de marketing sugerem que a empresa pode aumentar as vendas em 5 mil unidades para cada redução de SFr 2 por unidade no preço de venda. (SFr 2 denota 2 francos suíços.) O preço de venda atual da empresa é de SFr 90 por unidade, e as despesas variáveis são de SFr 60 por unidade. As despesas fixas são de SFr 840 mil por ano. Atualmente, o volume de vendas anual (pelo preço de venda de SFr 90) é de 25 mil unidades.

Requisitado:

1. Qual é o resultado operacional anual atualmente?
2. Qual é o ponto de equilíbrio em unidades e em vendas em francos suíços atualmente?
3. Supondo que os estudos de marketing estejam corretos, qual é o lucro máximo que a empresa pode obter anualmente? Produzindo quantas unidades e a que preço de venda por unidade a empresa geraria esse lucro?
4. Qual seria o ponto de equilíbrio em unidades e em vendas em francos suíços usando o preço de venda que você determinou no item (3) anterior (ou seja, o preço de venda no nível de lucro máximo)? Por que esse ponto de equilíbrio é diferente do ponto de equilíbrio que você calculou no item (2) anterior?

PROBLEMA 5.26 Mudanças na estrutura de custo; Análise do ponto de equilíbrio; Alavancagem operacional; Margem de segurança [OA5.4, OA5.6, OA5.7, OA5.8]

A seguir, temos a demonstração de resultados com margem de contribuição da empresa Frieden no último mês:

Vendas (40.000 unidades) (US$)	800.000
Despesas variáveis (US$)	560.000
Margem de contribuição (US$)	240.000
Despesas fixas (US$)	192.000
Resultado operacional (US$)	48.000

A indústria em que a empresa Frieden opera é bastante sensível a movimentos cíclicos na economia. Assim, os lucros variam consideravelmente de um ano para o outro de acordo com as condições econômicas gerais. A empresa possui uma grande quantidade de capacidade não utilizada e estuda maneiras de aumentar os lucros.

Requisitado:

1. Chegaram novos equipamentos ao mercado que permitiriam que a Frieden automatizasse uma parte de suas operações. As despesas variáveis seriam reduzidas em US$ 6 por unidade. Entretanto, as despesas fixas aumentariam para um total de US$ 432 mil por mês. Prepare duas demonstrações de resultados com margem de contribuição, uma mostrando as operações atuais e outra como ficariam as operações se os novos equipamentos fossem comprados. Mostre uma coluna com "Montante", uma com "Por unidade" e uma com "Percentual" em cada demonstração. Não mostre percentuais para as despesas fixas.
2. Consulte as demonstrações de resultados no item (1) anterior. Para as operações atuais e as novas operações propostas, calcule (a) o grau de alavancagem operacional, (b) o ponto de equilíbrio em dólares e (c) a margem de segurança em termos de vendas em dólares e vendas percentuais.

3. Consulte novamente os dados no item (1) anterior. Como gerente, qual fator seria o mais importante em sua mente ao decidir se a empresa deve ou não comprar os novos equipamentos? (Suponha que haja uma grande disponibilidade de fundos para realizar a compra.)
4. Consulte os dados originais da empresa. Em vez de comprar os novos equipamentos, o gerente de marketing discute que a estratégia de marketing da empresa deve ser mudada. Em vez de pagar comissões de vendas, que são incluídas nas despesas variáveis, o gerente de marketing sugere que os vendedores recebam salários fixos e que a empresa invista fortemente em propaganda. O gerente de marketing defende que essa nova abordagem aumentaria as vendas unitárias em 50% sem nenhuma mudança no preço de venda; as novas despesas fixas mensais da empresa seriam de US$ 240 mil; e seu resultado operacional aumentaria em 25%. Calcule o ponto de equilíbrio em vendas em dólares para a empresa sob a nova estratégia de marketing. Você concorda com a proposta do gerente de marketing?

PROBLEMA 5.27 Questões de interpretação do gráfico CVL [OA5.2, OA5.6]
Um gráfico CVL, como ilustrado abaixo, é uma técnica útil para mostrar as relações entre os custos, volume e lucros de uma organização.

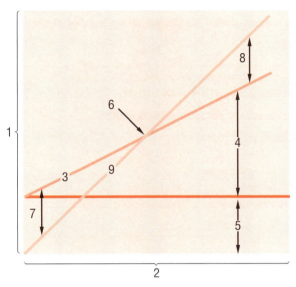

Requisitado:
1. Identifique os componentes numerados no gráfico CVL.
2. Diga qual será o efeito de cada uma das ações sobre a linha 3, a linha 9 e o ponto de equilíbrio.
    Para a linha 3 e a linha 9, diga se a ação fará a linha:
        Permanecer inalterada.
        Deslocar-se para cima.
        Deslocar-se para baixo.
        Ter uma inclinação mais íngreme (ou seja, girar para cima).
        Ter uma inclinação menos íngreme (ou seja, girar para baixo).
        Deslocar-se para cima *e* ter uma inclinação mais íngreme.
        Deslocar-se para cima *e* ter uma inclinação menos íngreme.
        Deslocar-se para baixo *e* ter uma inclinação mais íngreme.
        Deslocar-se para baixo *e* ter uma inclinação menos íngreme.
    No caso do ponto de equilíbrio, diga se a ação fará o ponto de equilíbrio:
        Permanecer inalterado.
        Aumentar.
        Diminuir.
        Provavelmente mudar, mas com uma direção incerta.
    Trate cada caso independentemente.
    x. Exemplo. Os custos fixos aumentam em US$ 20 mil em cada período.
        Resposta (ver opções anteriores):   Linha 3: desloca-se para cima.
                                            Linha 9: permanece inalterada.
                                            Ponto de equilíbrio: aumenta.
    a. O preço de venda unitário diminui de US$ 30 para US$ 27.
    b. Os custos variáveis por unidade aumentam de US$ 12 para US$ 15.
    c. O total de custos fixos diminui em US$ 40 mil.

d. São vendidas 5 mil unidades a menos do que o número orçado durante o período.
e. Por causa da compra de um robô para realizar uma tarefa que anteriormente era realizada por trabalhadores, os custos fixos são aumentados em US$ 25 mil por período, e os custos variáveis são reduzidos em US$ 8 por unidade.
f. Em decorrência de uma diminuição nos custos dos materiais, tanto os custos variáveis por unidade quanto o preço de venda diminuem em US$ 3.
g. Os custos de propaganda são aumentados em US$ 50 mil por período, acarretando um aumento de 10% no número de unidades vendidas.
h. Por causa do pagamento de comissões aos vendedores em vez de um salário fixo, os custos fixos são reduzidos em US$ 21 mil por período, e os custos variáveis por unidade são aumentados em US$ 6.

PROBLEMA 5.28 Gráfico; Análise incremental; Alavancagem operacional [OA5.2, OA5.4, OA5.5, OA5.6, OA5.8]

Teri Hall abriu recentemente a Sheer Elegance Inc., uma loja especializada em meias-calças modernas. A Srta. Hall acaba de terminar um curso em contabilidade gerencial, e acredita que possa aplicar certos aspectos desse curso ao seu negócio. Ela está particularmente interessada em adotar a abordagem de custo-volume-lucro (CVL) na tomada de decisões. Dessa maneira, ela preparou a seguinte análise:

Preço de venda por par de meia-calça (US$)	2
Despesas variáveis por par de meia-calça (US$)	0,80
Margem de contribuição por par de meia-calça (US$)	1,20
Despesas fixas por ano (US$):	
Aluguel do edifício	12.000
Depreciação dos equipamentos	3.000
Despesas de vendas	30.000
Despesas administrativas	15.000
Total de despesas fixas (US$)	60.000

Requisitado:
1. Quantos pares de meia-calça devem ser vendidos para alcançar o ponto de equilíbrio? O que isso representa no total de vendas em dólares?
2. Prepare um gráfico CVL ou um gráfico de lucro para a loja, de zero a 70 mil pares de meia-calça vendidos a cada ano. Indique o ponto de equilíbrio no gráfico.
3. Quantos pares de meia-calça devem ser vendidos para se obter um lucro-alvo de US$ 9 mil no primeiro ano?
4. A Srta. Hall agora tem um vendedor que trabalha na loja meio expediente e outro em tempo integral. Converter o cargo de meio expediente em tempo integral lhe custará US$ 8 mil adicionais por ano. A Srta. Hall acredita que a mudança lhe traria US$ 20 mil adicionais em vendas por ano. Ela deve converter o cargo? Use a abordagem incremental. (Não é preciso preparar uma demonstração de resultados.)
5. Consulte os dados originais da empresa. Os resultados operacionais efetivos do primeiro ano são os seguintes:

Vendas (US$)	125.000
Despesas variáveis (US$)	50.000
Margem de contribuição (US$)	75.000
Despesas fixas (US$)	60.000
Resultado operacional (US$)	15.000

a. Qual é o grau de alavancagem operacional da loja?
b. A Srta. Hall está confiante de que, com algum esforço, ela pode aumentar as vendas em 20% no próximo ano. Qual seria o aumento percentual esperado o resultado operacional? Use o conceito de grau de alavancagem operacional para calcular sua resposta.

PROBLEMA 5.29 Questões variadas sobre CVL: Ponto de equilíbrio; Estrutura de custo; Vendas-alvo [OA5.1, OA5.3, OA5.4, OA5.5, OA5.6, OA5.8]

A Tyrene Products produz equipamentos recreativos. Um dos produtos da empresa, um skate, é vendido por US$ 37,50. Os skates são produzidos em uma fábrica antiquada que conta fortemente com trabalhadores de mão de obra direta. Assim, os custos variáveis são altos, totalizando US$ 22,50 por skate, dos quais 60% são custos de mão de obra direta.

No ano passado, a empresa vendeu 40 mil skates, com os seguintes resultados operacionais:

Vendas (40.000 skates) (US$)	1.500.000
Despesas variáveis (US$)	900.000
Margem de contribuição (US$)	600.000
Despesas fixas (US$)	480.000
Resultado operacional (US$)	120.000

A gerência está ansiosa para manter e talvez até melhorar seu nível atual de receita proveniente dos skates.

Requisitado:
1. Calcule (a) o índice MC e o ponto de equilíbrio em skates, e (b) o grau de alavancagem operacional para o nível de vendas do ano passado.
2. Por causa de um aumento nas taxas salariais de mão de obra, a empresa estima que os custos variáveis aumentarão em US$ 3 por skate no próximo ano. Se essa mudança ocorrer e o preço de venda por skate permanecer constante a US$ 37,50, qual será o novo índice MC e o novo ponto de equilíbrio em quantidade de skates?
3. Consulte os dados no item (2) anterior. Se a mudança esperada nos custos variáveis ocorrer, quantos skates deverão ser vendidos no próximo ano a fim de que a empresa obtenha o mesmo resultado operacional, US$ 120 mil, do ano passado?
4. Consulte novamente os dados no item (2) anterior. O presidente decidiu que talvez a empresa tenha de elevar o preço de venda de seus skates. Se a Tyrene Products quiser manter o mesmo índice MC do ano passado, qual preço de venda por skate ela deverá cobrar no próximo ano para cobrir o aumento nos custos de mão de obra?
5. Consulte os dados originais. A empresa considera a construção de uma nova fábrica automatizada. A nova fábrica cortaria os custos variáveis em 40%, mas faria os custos fixos aumentarem em 90%. Se a nova fábrica for construída, qual seria o novo índice MC e o novo ponto de equilíbrio da empresa em skates?
6. Consulte os dados no item (5) anterior.
   a. Se a nova fábrica for construída, quantos skates deverão ser vendidos no próximo ano para se obter o mesmo resultado operacional, US$ 120 mil, do ano passado?
   b. Suponha que a nova fábrica seja construída e que no próximo ano a empresa produza e venda 40 mil skates (o mesmo número que foi vendido no ano passado). Prepare uma demonstração de resultados com margem de contribuição e calcule o grau de alavancagem operacional.
   c. Se você fosse membro da alta gestão, você seria a favor de construir a nova fábrica? Explique.

PROBLEMA 5.30 Análise do ponto de equilíbrio e análise do lucro-alvo [OA5.5, OA5.6]

A Marbury Stein Shop vende canecas de cerveja de todas as partes do mundo. O dono da loja, Clint Marbury, pensa em expandir suas operações contratando estudantes universitários, que seriam remunerados por comissão, para venderem canecas de cerveja na faculdade local. As canecas de cerveja exibiriam o emblema da faculdade.

Essas canecas de cerveja devem ser encomendadas do fabricante com três meses de antecedência e, como cada faculdade tem um emblema exclusivo, elas não podem ser devolvidas. As canecas custariam à Marbury US$ 15 cada, com uma encomenda mínima de 200 unidades. Qualquer caneca adicional teria de ser encomendada em incrementos de 50 unidades.

Como o plano de Marbury não exigiria instalações novas, os únicos custos associados ao projeto seriam os custos das canecas e os custos das comissões de vendas. O preço de venda das canecas seria de US$ 30 cada. A empresa pagaria aos estudantes uma comissão de US$ 6 por cada caneca vendida.

Requisitado:

1. Para fazer o projeto valer a pena em termos de seu próprio tempo, Marbury exigiria um lucro de US$ 7.200 pelos seis primeiros meses do empreendimento. Que nível de vendas em unidades e dólares seria necessário para alcançar o resultado operacional desejado? Mostre todos os cálculos.
2. Suponha que o empreendimento seja realizado e seja feita uma encomenda de 200 canecas. Qual seria o ponto de equilíbrio de Marbury em unidades e em dólares em vendas? Mostre os cálculos e explique o raciocínio por trás de sua resposta.

PROBLEMA 5.31 Mudanças nos custos fixos e variáveis; Análise do ponto de equilíbrio e Análise do lucro-alvo [OA5.4, OA5.5, OA5.6]

A Novelties Inc. produz e vende produtos de moda muito passageira direcionados ao mercado pré-adolescente. Um novo produto chegou ao mercado e a empresa está ansiosa para produzi-lo e vendê-lo. Existe capacidade suficiente na fábrica da empresa para produzir 30 mil unidades por mês. As despesas variáveis de produção e venda de uma unidade seriam de US$ 1,60 e as despesas fixas totalizariam US$ 40 mil por mês.

O departamento de marketing da empresa prevê que a demanda pelo produto excederá as 30 mil unidades que a empresa consegue produzir. Pode-se alugar capacidade de produção adicional de outra empresa a despesas fixas de US$ 2 mil por mês. As despesas variáveis na fábrica alugada somariam um total de US$ 1,75 por unidade, por causa de operações um tanto menos eficientes do que na fábrica principal. O produto seria vendido por US$ 2,50 por unidade.

Requisitado:

1. Calcule o ponto de equilíbrio mensal para o novo produto em unidades e em total de vendas em dólares.
2. Quantas unidades devem ser vendidas por mês para gerar um lucro mensal de US$ 9 mil?
3. Se o gerente de vendas recebe um bônus de 15 centavos por cada unidade vendida além do ponto de equilíbrio, quantas unidades devem ser vendidas por mês para gerar um retorno de 25% sobre o investimento mensal em despesas fixas?

CASOS

Consulte no *site* <www.grupoa.com.br> os suplementos para esta seção.

CASO 5.32 Estrutura de custo; Ponto de equilíbrio; Lucros-alvo [OA5.4, OA5.5, OA5.6]

A Marston Corporation produz termômetros descartáveis vendidos a hospitais por meio de uma rede de agentes de vendas independentes localizada nos Estados Unidos e no Canadá. Esses agentes vendem uma variedade de produtos a hospitais além do termômetro descartável da Marston, e recebem atualmente uma comissão de 18% sobre as vendas. Essa taxa de comissão foi usada quando a gerência da Marston preparou a seguinte demonstração de resultados orçada para o próximo ano:

Marston Corporation Demonstração de resultados orçada (US$)		
Vendas...		30.000.000
Custo de produtos vendidos:		
Variáveis...	17.400.000	
Fixos..	2.800.000	20.200.000
Margem bruta...		9.800.000
Despesas de venda e administrativas:		
Comissões...	5.400.000	
Despesas fixas com propaganda.................	800.000	
Despesas fixas administrativas.....................	3.200.000	9.400.000
Resultado operacional.....................................		400.000

Desde a conclusão dessa demonstração, a gerência da Marston descobriu que os agentes de vendas independentes exigem um aumento na taxa de comissão para 20% das vendas a partir do próximo ano. Esse seria o terceiro aumento nas comissões exigido pelos agentes de vendas independentes em cinco anos. Consequentemente, a gerência da Marston decidiu investigar a possibilidade de contratar sua própria equipe de vendas para substituir os agentes de vendas independentes.

O controlador da Marston estima que a empresa terá de contratar oito vendedores para abranger a área de mercado atual, e o custo anual total da folha de pagamento desses funcionários será de aproximadamente US$ 700 mil, incluindo benefícios adicionais. Os vendedores também receberão comissões de 10% das vendas. Espera-se que as despesas com viagens e entretenimento somem um total de US$ 400 mil ao ano. A empresa também deve contratar um gerente de vendas e uma equipe de suporte cujos salários e benefícios adicionais cheguem a US$ 200 mil por ano. Para compensar as promoções que os agentes de vendas independentes faziam em nome da Marston, a gerência acredita que o orçamento da empresa para despesas fixas com propaganda deveria ser aumentado em US$ 500 mil.

Requisitado:
1. Supondo vendas de US$ 30 milhões, construa uma demonstração de resultados com margem de contribuição orçada para o próximo ano para cada uma das alternativas a seguir:
   a. A taxa de comissão dos agentes de vendas independentes permanece inalterada a 18%.
   b. A taxa de comissão dos agentes de vendas independentes aumenta para 20%.
   c. A empresa emprega sua própria força de vendas.
2. Calcule o ponto de equilíbrio em vendas em dólares da Marston Corporation para o próximo ano supondo o seguinte:
   a. A taxa de comissão dos agentes de vendas independentes permanece inalterada a 18%.
   b. A taxa de comissão dos agentes de vendas independentes aumenta para 20%.
   c. A empresa emprega sua própria força de vendas.
3. Consulte sua resposta no item (1)(b) anterior. Se a empresa empregar sua própria força de vendas, qual volume de vendas seria necessário para gerar o resultado operaciona que a empresa realizaria se as vendas fossem de US$ 30 milhões e a empresa continuasse a vender por meio dos agentes (com uma taxa de comissão de 20%)?
4. Determine o volume de vendas para o qual o resultado operaciona seria igual, independentemente de a Marston Corporation vender por meio de agentes (com uma taxa de comissão de 20%) ou empregar sua própria força de vendas.
5. Prepare um gráfico no qual você possa representar os gráficos de ambas alternativas a seguir:
   a. A taxa de comissão dos agentes de vendas independentes aumenta para 20%.
   b. A empresa emprega sua própria força de vendas.
   No gráfico, use a receita de vendas total como a medida de atividade.
6. Escreva um memorando para o presidente da Marston Corporation fazendo uma recomendação sobre se a empresa deve continuar a usar agentes de vendas independentes (com uma taxa de comissão de 20%) ou empregar sua própria força de vendas. Explique em detalhe os motivos de sua recomendação no memorando.

(Adaptado do CMA)

CASO 5.33 Pontos de equilíbrio para produtos individuais em uma empresa com múltiplos produtos [OA5.6, OA5.9]

Jasmine Park encontrou seu chefe, Rick Gompers, na máquina de refrigerante do saguão da empresa. Rick é o vice-presidente de marketing da Down South Lures Corporation. Jasmine estava confusa com alguns cálculos que estava fazendo, então perguntou a ele:

Jasmine: "Rick, não sei bem como responder às perguntas que surgiram na reunião com o presidente ontem".

Rick: "Qual é o problema?".

Jasmine: "O presidente queria saber o ponto de equilíbrio para cada um dos produtos da empresa, mas estou com dificuldade de encontrá-los".

Rick: "Tenho certeza de que você conseguirá, Jasmine. E, por falar nisso, preciso de sua análise na minha mesa amanhã de manhã às 8h em ponto para poder dar uma olhada nela antes da próxima reunião às 9h".

A Down South Lures produz três tipos de iscas de pesca em sua fábrica no Alabama. A seguir, temos os dados relativos a esses produtos.

	Sapo	Vairão	Minhoca
Volume normal de vendas no ano	100.000	200.000	300.000
Preço de venda unitário (US$)	2	1,40	0,80
Custos variáveis por unidade (US$)	1,20	0,80	0,50

O total de despesas fixas de toda a empresa é de US$ 282 mil por ano. Os três produtos são vendidos em mercados altamente competitivos, então a empresa não consegue elevar seus preços sem perder um número inaceitável de clientes. A empresa não possui estoques de produção em andamento ou de produtos finais devido a um sistema de produção enxuta extremamente eficiente.

Requisitado:

1. Qual é o ponto de equilíbrio geral da empresa em total de vendas em dólares?
2. Do total de custos fixos de US$ 282 mil, US$ 18 mil poderiam ser evitados se a empresa parasse de produzir a isca de sapo, US$ 96 mil se a empresa parasse de produzir a isca de vairão, e US$ 60 mil se a empresa parasse de produzir a isca de minhoca. As despesas fixas restantes de US$ 108 mil consistem em custos fixos comuns como salários administrativos e aluguel do edifício da fábrica, que poderiam ser evitados somente fechando totalmente as portas do negócio.
   a. Qual é o ponto de equilíbrio em unidades para cada produto?
   b. Se a empresa vender exatamente a quantidade do ponto de equilíbrio de cada produto, qual será o lucro geral da empresa? Explique esse resultado.

CUSTEIO VARIÁVEL E RELATÓRIOS SEGMENTADOS: ferramentas de gerenciamento

6

▶▶ **Objetivos de aprendizagem**

OA**6.1** Explicar como o custeio variável difere do custeio por absorção e calcular o custo unitário de produto sob cada método.

OA**6.2** Preparar demonstrações de resultados usando o custeio variável e o custeio por absorção.

OA**6.3** Reconciliar os resultados operacionais obtidos pelo custeio variável e pelo custeio por absorção e explicar por que os dois montantes diferem.

OA**6.4** Preparar uma demonstração de resultados segmentada que diferencie custos fixos rastreáveis de custos fixos comuns e usá-la para a tomada de decisões.

FOCO NOS **NEGÓCIOS**

Investimento de US$ 2,5 bilhões em tecnologia

Nos dias de hoje, quando o assunto é automatização, é difícil superar a fábrica de US$ 2,5 bilhões de produção de semicondutores da **IBM** em East Fishkill, Nova York, Estados Unidos. A fábrica usa redes sem fio, 600 milhas de cabos e mais de 420 servidores para atingir o que a IBM afirma ser a maior potência computacional do que a NASA usa para lançar um foguete.

Cada lote de 25 *wafers* (um *wafer* pode ser processado em mil *chips* de computador) passa pelo processo de produção da fábrica em East Fishkill sem sequer ser tocado por mãos humanas. Um sistema computadorizado "analisa os pedidos e organiza os ciclos de produção... ajusta os ciclos de modo a permitir o planejamento de manutenção e... alimenta enormes quantidades de dados de produção nos sistemas de gerenciamento e relatórios gerenciais de toda a empresa". A fábrica pode literalmente funcionar sozinha, como aconteceu há alguns anos quando houve uma tempestade de neve e todos foram para casa enquanto o sistema automatizado continuou a produzir *chips* de computador até não ter mais nenhum trabalho a fazer.

Em um ambiente de produção como esse, os custos de mão de obra são insignificantes e os custos fixos indiretos de produção são enormes. Há uma forte tentação de aumentar os estoques e aumentar os lucros sem aumentar as vendas. "Como se faz isso?", você se pergunta. Pareceria lógico que produzir mais unidades não causaria nenhum impacto nos lucros a menos que as unidades fossem vendidas, certo? Errado! Como descobriremos neste capítulo, o custeio por absorção – o método mais amplamente utilizado para determinar os custos de produtos – pode artificialmente aumentar os lucros aumentando a quantidade de unidades produzidas.

FONTE: Ghostwriter, "Big Blue's US$ 2.5 Billion Sales Tool", *Fortune*, 19 de setembro de 2005, p. 316F-316J.

CONTABILIDADE GERENCIAL

Este capítulo descreve duas aplicações das demonstrações de resultado com margem de contribuição que foram introduzidas nos Capítulos 2 e 5. Em primeiro lugar, explica como as empresas manufatureiras podem preparar as demonstrações de resultado pelo *custeio variável*, que usam o formato com margem de contribuição, para fins de tomada de decisões internas. A abordagem do custeio variável será contrastada com as demonstrações de resultado elaboradas com o uso do *custeio por absorção* que foram discutidas no Capítulo 3 e que, em geral, são utilizadas para relatórios externos. Quase sempre, o custeio variável e o custeio por absorção produzem valores diferentes para o resultado operacional, e estes podem ser grandes. Além de mostrar as diferenças entre esses dois métodos, descreveremos as vantagens do custeio variável para fins de relatórios internos e mostraremos como as decisões da gerência podem ser afetadas pelo método de custeio escolhido.

Em segundo lugar, o capítulo explica como o formato com margem de contribuição pode ser usado para preparar demonstrações de resultados segmentadas. Além de criar demonstrações de resultados que incluam toda a empresa, os gerentes precisam medir a lucratividade de *segmentos* individuais de suas organizações. Um **segmento** é uma parte ou atividade de uma organização sobre a qual os gerentes gostariam de ter dados de custos, receitas ou lucros. Este capítulo explica como criar demonstrações de resultado com margem de contribuição que divulguem dados de lucros dos segmentos de negócios, como divisões, lojas, regiões geográficas, clientes e linhas de produto.

PANORAMA DE CUSTEIO VARIÁVEL E CUSTEIO POR ABSORÇÃO

Quando você começar a ler sobre demonstrações de resultados pelo custeio variável e custeio por absorção nas páginas a seguir, focalize sua atenção em três conceitos-chave. Em primeiro lugar, ambos os formatos de demonstração de resultados incluem custos de produto e custos de período, embora definam as classificações de custo de maneira diferente. Em segundo lugar, as demonstrações de resultados pelo custeio variável são baseadas no formato com margem de contribuição. Elas classificam as despesas de acordo com o comportamento dos custos – custos variáveis são lançados separados dos custos fixos. As demonstrações de resultados pelo custeio por absorção ignoram distinções entre custos fixos e custos variáveis. Em terceiro lugar, como mencionado no parágrafo anterior, os valores do resultado operacional pelo custeio variável e pelo custeio por absorção em geral diferem um do outro. O motivo dessas diferenças sempre está relacionado ao fato de que as demonstrações de resultados pelo custeio variável e as pelo custeio por absorção calculam os custos fixos indiretos de produção de maneira distinta. *Preste muita atenção nas duas maneiras diferentes de calcular custos fixos indiretos de produção pelo método de custeio variável e pelo método de custeio por absorção.*

Custeio variável

Pelo método de **custeio variável**, apenas os custos de produção que variam com o nível de produção são tratados como custos de produto. Isso normalmente incluiria materiais diretos, mão de obra direta e a porção variável dos custos indiretos de produção. Os custos fixos indiretos de produção não são tratados como um custo de produto nesse método. Em vez disso, os custos fixos indiretos de produção são tratados como um custo de período e, como as despesas de venda e administrativas, são lançados por completo em cada período. Como consequência, o custo de uma unidade de produto no estoque ou nos custos de produtos vendidos sob o método do custeio variável não contém nenhum custo geral de produção que seja fixo. O custeio variável às vezes é chamado de *custeio direto* ou *custeio marginal*.

Custeio por absorção

Como discutido no Capítulo 3, o **custeio por absorção** trata *todos* os custos de produção como custos de produto, independentemente de serem variáveis ou fixos. O custo de uma

---

▸ **Segmento**

qualquer parte ou atividade de uma organização sobre a qual os gerentes procuram ter dados de custo, receitas ou lucros.

▸▸ **OA6.1**

Explicar como o custeio variável difere do custeio por absorção e calcular o custo unitário de produto sob cada método.

▸ **Custeio variável**

método de custeio que inclui apenas os custos variáveis de produção – custos de materiais diretos, de mão de obra direta, e custos variáveis indiretos de produção – no custo unitário de produto.

▸ **Custeio por absorção**

método de custeio que inclui todos os custos de produção – materiais diretos, mão de obra direta, e custos fixos indiretos de produção e variáveis – no custo unitário de produto.

unidade de produto sob o método do custeio por absorção consiste em materiais diretos, mão de obra direta e custos indiretos de produção *tanto variáveis quanto fixos*. Assim, o custeio por absorção aloca uma porção dos custos gerais de produção fixos a cada unidade de produto, com os custos de produção variáveis. Por incluir todos os custos de produção nos custos de produto, o custeio por absorção em geral é chamado de método do *custo total*.

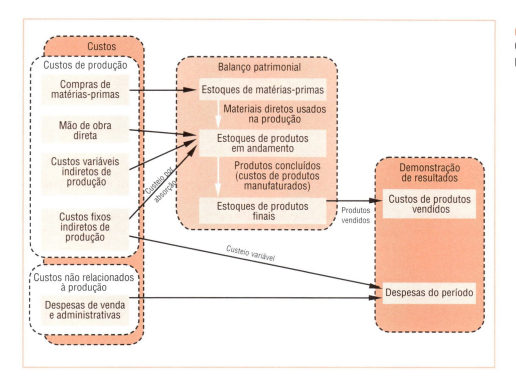

QUADRO 6.1
Custeio variável *versus* custeio por absorção.

Despesas de venda e administrativas

As despesas de venda e administrativas nunca são tratadas como custos de produto, independentemente do método de custeio. Assim, sob o método de custeio por absorção e o de custeio variável, as despesas de venda e administrativas fixas e variáveis são sempre abordadas como custos de período e são imputadas no período em que são incorridas.

Resumo das diferenças A diferença essencial entre o custeio variável e o custeio por absorção, como ilustra o Quadro 6.1, é como cada método calcula os custos fixos indiretos de produção – todos os outros custos são tratados do mesmo modo sob os dois métodos. No custeio por absorção, os custos indiretos de produção são incluídos como parte dos custos de estoques de produção em andamento. Quando as unidades são concluídas, esses custos são transferidos para os produtos finais e apenas quando as unidades são vendidas é que esses custos fluem, chegando à demonstração de resultados como parte dos custos de produtos vendidos. No custeio variável, os custos fixos indiretos de produção são considerados como custos de período – assim como as despesas de venda e administrativas – e são logo levados para a demonstração de resultados como despesas do período.

CUSTEIO VARIÁVEL E CUSTEIO POR ABSORÇÃO – EXEMPLO

Para ilustrar a diferença entre o custeio variável e o custeio por absorção, considere a Weber Light Aircraft, uma empresa que produz aeronaves recreativas leves. A seguir, temos os dados das operações da empresa:

	Por aeronave (US$)	Por mês (US$)
Preço de venda..	100.000	
Materiais diretos...	19.000	
Mão de obra direta...	5.000	
Custos variáveis indiretos de produção	1.000	
Custos fixos indiretos de produção..................................		70.000
Despesas de venda e administrativas variáveis..................	10.000	
Despesas de venda e administrativas fixas........................		20.000

	Janeiro	Fevereiro	Março
Estoques iniciais...............................	0	0	1
Unidades produzidas...........................	1	2	4
Unidades vendidas.............................	1	1	5
Estoques finais.................................	0	1	0

Ao analisar os dados anteriores, é importante que você perceba que nos meses de janeiro, fevereiro e março, o preço de venda por aeronave, o custo variável por aeronave e as despesas fixas mensais totais nunca mudam. As únicas variáveis que mudam nesse exemplo são o número de unidades produzidas (janeiro = 1; fevereiro = 2; março = 4) e o número de unidades vendidas (janeiro = 1; fevereiro = 1; março = 5).

Em um primeiro momento, construiremos as demonstrações de resultados por custeio variável da empresa para janeiro, fevereiro e março. Então, mostraremos como o resultado operacional da empresa seria determinado para os mesmos meses usando o custeio por absorção.

Demonstração de resultados com margem de contribuição pelo método do custeio variável

▶▶ OA6.2

Preparar demonstrações de resultados usando o custeio variável e o custeio por absorção.

Para preparar as demonstrações de resultados da empresa pelo método de custeio variável para janeiro, fevereiro e março, começaremos calculando o custo unitário de produto. Sob o custeio variável, os custos de produto consistem somente em custos de produção variáveis. Na Weber Light Aircraft, o custo de produção variável por unidade é de US$ 25 mil, determinado como a seguir:

Custo unitário de produto pelo método do custeio variável (US$)	
Materiais diretos...	19.000
Mão de obra direta...	5.000
Custos variáveis indiretos de produção	1.000
Custo unitário de produto pelo método de custeio variável	25.000

Como o custo de produção variável de cada mês é de US$ 25 mil por aeronave, os custos de produtos vendidos pelo método de custeio variável de todos os três meses podem ser calculados de maneira fácil como a seguir:

Custos de produtos vendidos pelo método de custeio variável			
	Janeiro	Fevereiro	Março
Custos de produção variáveis (US$) (a)............................	25.000	25.000	25.000
Unidades vendidas (b)	1	1	5
Custos variáveis de produtos vendidos (a) × (b) (US$)......	25.000	25.000	125.000

E as despesas de venda e administrativas totais da empresa seriam deduzidas como a seguir:

Despesas de venda e administrativas (US$)			
	Janeiro	Fevereiro	Março
Despesas de venda e administrativas variáveis (@ US$ 10.000 por unidade vendida).................................	10.000	10.000	50.000
Despesas de venda e administrativas fixas............................	20.000	20.000	20.000
Despesas de venda e administrativas totais	30.000	30.000	70.000

Considerando tudo, as demonstrações de resultados pelo custeio variável apareceriam como mostra o Quadro 6.2. Observe que foi usado o formato com margem de contribuição nessas demonstrações de resultados. Além disso, os custos indiretos de produção mensais fixos (US$ 70 mil) foram registrados como uma despesa de período no mês incorrido.

Demonstração de resultados com margem de contribuição pelo método de custeio variável (US$)			
	Janeiro	Fevereiro	Março
Vendas..	100.000	100.000	500.000
Despesas variáveis:			
Custos variáveis de produtos vendidos	25.000	25.000	125.000
Despesas de venda e administrativas variáveis................	10.000	10.000	50.000
Despesas variáveis totais	35.000	35.000	175.000
Margem de contribuição...............................	65.000	65.000	325.000
Despesas fixas:			
Custos fixos indiretos de produção............	70.000	70.000	70.000
Despesas de venda e administrativas fixas	20.000	20.000	20.000
Despesas fixas totais.....................................	90.000	90.000	90.000
Resultado operacional	− 25.000	− 25.000	235.000

QUADRO 6.2
Demonstração de resultados pelo método de custeio variável.

Uma forma simples para compreender como a Weber Light Aircraft calculava os valores de seu resultado operacional pelo método do custeio variável é se concentrar na margem de contribuição por aeronave vendida, que é calculado como a seguir:

Margem de contribuição por aeronave vendida (US$)		
Preço de venda por aeronave...	25.000	100.000
Custos de produção variáveis por aeronave..	10.000	—
Despesas de venda e administrativas variáveis por aeronave...................		35.000
Margem de contribuição por aeronave..		65.000

O resultado operacional pelo método de custeio variável de cada período sempre pode ser calculado multiplicando-se o número de unidades vendidas pela margem de contribuição por unidade e, então, subtraindo-se os custos fixos totais. Para a Weber Light Aircraft, esses cálculos seriam como a seguir:

	Janeiro	Fevereiro	Março
Número de aeronaves vendidas........................	1	1	5
Margem de contribuição por aeronave (US$)	× 65.000	× 65.000	× 65.000
Margem de contribuição total (US$).................	65.000	65.000	325.000
Despesas fixas totais (US$)	90.000	90.000	90.000
Resultado operacional (US$)............................	− 25.000	− 25.000	235.000

Observe que janeiro e fevereiro têm o mesmo resultado operacional. Isso ocorre porque foi vendida uma aeronave em cada mês e, como mencionado anteriormente, o preço de venda por aeronave, o custo variável por aeronave e as despesas fixas mensais totais permanecem constantes.

Demonstração de resultados pelo método de custeio por absorção

Quando começarmos a parte do exemplo que trata de custeio por absorção, lembre-se de que o único motivo pelo qual os resultados calculados por esse método diferem daqueles calculados pelo método de custeio variável é que cada um calcula os custos fixos indiretos de produção de maneira diferente. No método de custeio por absorção, os custos fixos indiretos de produção são incluídos nos custos de produto. No de custeio variável, os custos fixos indiretos de produção não são incluídos nos custos de produto, em vez disso, são tratados como uma despesa de período exatamente como as despesas de venda e administrativas.

O primeiro passo para preparar as demonstrações de resultados da Weber, pelo custeio por absorção, para janeiro, fevereiro e março, é determinar o custo unitário de produto da empresa para cada mês, como a seguir:[1]

Custo unitário de produto pelo método do custeio por absorção (US$)			
	Janeiro	Fevereiro	Março
Materiais diretos	19.000	19.000	19.000
Mão de obra direta...	5.000	5.000	5.000
Custos variáveis indiretos de produção	1.000	1.000	1.000
Custos fixos indiretos de produção (US$ 70.000 ÷ 1 unidade produzida em janeiro; US$ 70.000 ÷ 2 unidades produzidas em fevereiro; US$ 70.000 ÷ 4 unidades produzidas em março)	70.000	35.000	17.500
Custo unitário de produto pelo custeio por absorção	95.000	60.000	42.500

Observe que, em cada mês, os custos fixos indiretos de produção de US$ 70 mil, da Weber, são divididos pelo número de unidades produzidas para determinar o custo por unidade dos custos fixos indiretos de produção.

Dado esse custo unitário de produto, o resultado operacional da empresa pelo método de custeio por absorção em cada mês seria determinado como mostra o Quadro 6.3.

As vendas de todos os três meses no Quadro 6.3 são as mesmas que as exibidas na demonstração de resultados pelo custeio variável. Os custos de produtos vendidos de janeiro consistem em uma unidade produzida durante janeiro a um custo de US$ 95 mil segundo o sistema de custeio por absorção. Os custos de produtos vendidos de fevereiro consistem em uma unidade produzida durante fevereiro a um custo de US$ 60 mil, segundo o sistema de custeio por absorção. Os custos de produtos vendidos (US$ 230 mil) de março consistem em uma unidade produzida durante fevereiro a um custo de absorção de US$ 60 mil somada a quatro unidades produzidas em março com um custo de absorção total de

---

[1] Para maior simplicidade, supomos, nesta seção, que é usado um sistema de custeio real em que os custos efetivos são distribuídos pelas unidades produzidas durante o período. Se utilizássemos uma taxa predeterminada de custos indiretos, a análise seria similar, porém mais complexa.

US$ 170 mil (= 4 unidades produzidas × US$ 42.500 por unidade). As despesas de venda e administrativas são iguais aos valores lançados na demonstração de resultados por custeio variável; entretanto, são lançados como um montante em vez de serem decompostos em componentes variáveis e fixos.

QUADRO 6.3
Demonstração de resultados pelo custeio por absorção.

Demonstração de resultados pelo custeio por absorção (US$)			
	Janeiro	Fevereiro	Março
Vendas..	100.000	100.000	500.000
Custos de produtos vendidos (US$ 95.000 × 1 unidade; US$ 60.000 × 1 unidade; US$ 60.000 × 1 unidade + US$ 42.500 × 4 unidades)	95.000	60.000	230.000
Margem bruta	5.000	40.000	270.000
Despesas de venda e administrativas	30.000	30.000	70.000
Resultado operacional	– 25.000	10.000	200.000

Observe que, embora as vendas tenham sido iguais em janeiro e fevereiro e a estrutura de custo não tenha mudado, o resultado operacional foi US$ 35 mil mais alto em fevereiro do que em janeiro pelo método de custeio por absorção. Isso ocorre porque uma aeronave produzida em fevereiro não é vendida até março. Essa aeronave possui US$ 35 mil de custos fixos indiretos de produção associados a ela que são incorridos em fevereiro, mas que não serão registrados como parte dos custos de produtos vendidos até março.

Ao contrastar as demonstrações de resultados pelo custeio variável e pelo custeio por absorção nos Quadros 6.2 e 6.3, observe que o resultado operacional é igual em janeiro pelo custeio variável e pelo custeio por absorção, mas diferente nos outros dois meses. Discutiremos isso com mais detalhes em breve. Repare também que o formato da demonstração de resultados apurada pelo custeio variável difere daquele pelo custeio por absorção. Uma demonstração de resultados pelo custeio por absorção classifica os custos por função – custos de produção *versus* despesas de venda e administrativas. Nesse método de custeio, todos os custos de produção passam pelos custos dos produtos vendidos e todas as despesas de venda e administrativas são listadas separadamente como despesas do período. Ao contrário, na abordagem da margem de contribuição, os custos são classificados de acordo com o seu comportamento. Todas as despesas variáveis e todas as despesas fixas são listadas juntas. A categoria de despesas variáveis inclui os custos de produção (isto é, custos variáveis de produtos vendidos), além das despesas de venda e administrativas. A categoria de despesas fixas também inclui tanto os custos de produção quanto as despesas de venda e administrativas.

ASPECTO COMPORTAMENTAL DO CÁLCULO DO CUSTO UNITÁRIO DE PRODUTO

POR DENTRO
DAS EMPRESAS

Em 2004, a **Andreas STIHL**, uma fabricante de motosserras e outros produtos de paisagismo, pediu à sua subsidiária norte-americana, a STIHL Inc., para substituir suas demonstrações de resultados elaboradas com o uso do custeio por absorção por demonstrações que usassem a abordagem do custeio variável. Do ponto de vista dos sistemas computacionais, a mudança não era problemática, pois a STIHL usava um sistema empresarial chamado SAP, que acomodava tanto um método quanto outro. No entanto, do ponto de vista comportamental, a STIHL sentia que a mudança poderia trazer problemas. Por exemplo, os gerentes seniores da STIHL estavam cientes de que a abordagem do custeio variável divulgava um custo unitário de produto mais baixo do que a abordagem do custeio por absorção. Em virtude dessa realidade, a força de vendas poderia interpretar, erroneamente, que cada produto, por um passe de mágica, tinha se tornado mais lucrativo, justificando, dessa maneira, reduções de preço. Por causa de preocupações comportamentais como essa, a STIHL trabalhou duro para ensinar a seus funcionários como interpretar uma demonstração de resultados que utiliza o custeio variável.

FONTE: Carl S. Smith, "Going for GPK: STIHL Moves Toward This Costing System in the United States", *Strategic Finance*, abril de 2005, p. 36-39.

CONTABILIDADE GERENCIAL

OA6.3

Reconciliar os resultados operacionais obtidos pelo custeio variável e pelo custeio por absorção e explicar por que os dois montantes diferem.

RECONCILIAÇÃO DE RESULTADOS QUE REFLETEM O MÉTODO DE CUSTEIO VARIÁVEL COM RESULTADOS PELO MÉTODO DE CUSTEIO POR ABSORÇÃO

Como observado antes, o resultado operacional pelo método de custeio variável e pelo método do custeio por absorção pode não ser igual. No caso da Weber Light Aircraft, os resultados operacionais são iguais em janeiro, mas diferentes nos dois outros meses. Essas diferenças ocorrem porque no método de custeio por absorção, alguns custos fixos indiretos de produção são capitalizados nos estoques (ou seja, incluídos nos custos de produto) em vez de lançados na demonstração de resultados no mesmo período em que são incorridos. Se os estoques aumentarem durante um período, no método de custeio por absorção, alguns dos custos fixos indiretos de produção do período correntes serão *diferidos* para os estoques finais. Por exemplo, em fevereiro, foram produzidas duas aeronaves e cada uma delas carregou consigo US$ 35 mil (= US$ 70.000 ÷ 2 aeronaves produzidas) em custos fixos indiretos de produção. Como apenas uma aeronave foi vendida, US$ 35 mil desses custos fixos indiretos de produção apareceram na demonstração de resultados pelo custeio por absorção de fevereiro como parte dos custos de produtos vendidos, mas US$ 35 mil apareceriam no balanço patrimonial como parte dos estoques de produtos finais. Ao contrário, pelo método de custeio variável, *todos* os US$ 70 mil de custos fixos indiretos de produção apareceram na demonstração de resultados de fevereiro como uma despesa de período. Como consequência, o resultado operacional foi mais alto pelo método de custeio por absorção do que pelo de custeio variável em US$ 35 mil em fevereiro, o que se inverteu em março, quando foram produzidas quatro unidades, mas cinco foram vendidas. Em março, pelo método de custeio por absorção, US$ 105 mil em custos fixos indiretos de produção foram incluídos nos custos de produtos vendidos (US$ 35 mil pela unidade produzida em fevereiro e vendida em março somados a US$ 17.500 por cada uma das quatro unidades produzidas e vendidas em março), mas apenas US$ 70 mil foram reconhecidos como uma despesa de período pelo método do custeio variável. Logo, o resultado operacional em março foi US$ 35 mil mais baixo pelo método de custeio por absorção do que pelo custeio variável.

Em geral, quando as unidades produzidas excedem as unidades vendidas e, então, os estoques aumentam, o resultado operacional é mais alto pelo método de custeio por absorção do que pelo custeio variável. Isso ocorre porque alguns dos custos fixos indiretos de produção do período são diferidos para os estoques pelo método de custeio por absorção. Ao contrário, quando as unidades vendidas excedem as unidades produzidas e, logo, os estoques aumentam, o resultado operacional é mais baixo pelo método de custeio por absorção do que pelo custeio variável. Isso ocorre porque alguns dos custos fixos indiretos de produção dos períodos anteriores são *liberados* dos estoques pelo método de custeio por absorção. Quando as unidades produzidas e as unidades vendidas são iguais, não ocorre nenhuma mudança nos estoques e o resultado operacional é igual por ambos os métodos.[2]

Os resultados operacionais pelo método de custeio variável e pelo custeio por absorção podem ser reconciliadas determinando-se qual montante de custos fixos indiretos de produção foi diferido para os estoques, ou deles liberado, durante o período:

Custos fixos indiretos de produção diferidos para os estoques, ou deles liberados, pelo método de custeio por absorção (US$)			
	Janeiro	Fevereiro	Março
Custos fixos indiretos de produção nos estoques iniciais..........	0	0	35.000
Custos fixos indiretos de produção nos estoques finais	0	35.000	0
Custos fixos indiretos de produção diferidos para os (liberados dos) estoques	0	35.000	(35.000)

[2] Essas afirmações gerais sobre a relação entre o resultado operacional pelo método de custeio variável e pelo de custeio por absorção supõem que seja utilizado o pressuposto do fluxo de estoques UEPS (último a entrar, primeiro a sair) para avaliar os estoques. Mesmo quando o UEPS não é utilizado, essas afirmações tendem a estar corretas. Embora os U.S. GAAP (*Generally Accepted Accounting Principles* – princípios contábeis em geral aceitos nos Estados Unidos) permitam tanto o UEPS quanto o PEPS como pressupostos de fluxo de estoques, os Padrões Internacionais de Relatórios Financeiros (IRFS) não permitem o uso do UEPS.

Capítulo **6** ▶▶ Custeio variável e relatórios segmentados

A reconciliação seria, então, divulgada como mostra o Quadro 6.4:

Reconciliação dos resultados operacionais pelo custeio variável e pelo custeio por absorção (US$)			
	Janeiro	Fevereiro	Março
Resultado operacional pelo método de custeio variável	– 25.000	– 25.000	235.000
Somar (deduzir) custos fixos indiretos de produção diferidos para os (liberados dos) estoques pelo método de custeio por absorção	0	35.000	– 35.000
Resultado operacional pelo método de custeio por absorção..	– 25.000	10.000	200.000

QUADRO 6.4
Reconciliação dos resultados operacionais pelo método de custeio variável e pelo método de custeio por absorção.

De novo, observe que a diferença entre o resultado operacional pelos dois métodos se deve apenas aos custos fixos indiretos de produção que são diferidos para os estoques, ou deles liberados, durante o período que envolve o custeio por absorção – não afetam o resultado operacional pelo método do custeio variável, contanto que os custos de produção por unidade sejam estáveis pelo método de custeio por absorção. Mudanças nos estoques afetam o resultado operacional pelo método de custeio por absorção.

Relação entre produção e vendas do período	Efeito sobre os estoques	Relação entre os resultados operacionais pelo custeio por absorção e pelo custeio variável
Unidades produzidas = unidades vendidas	Nenhuma mudança nos estoques	Resultado operacional pelo custeio por absorção = Resultado operacional pelo custeio variável
Unidades produzidas > unidades vendidas	Estoques aumentam	Resultado operacional pelo custeio por absorção > Resultado operacional pelo custeio variável*
Unidades produzidas < unidades vendidas	Estoques diminuem	Resultado operacional pelo custeio por absorção < Resultado operacional pelo custeio variável†

> * O resultado operacional é mais alto pelo método de custeio por absorção porque, nesse método, os custos fixos indiretos de produção são diferidos para os estoques quando os estoques aumentam.
> † O resultado operacional é mais baixo pelo método de custeio por absorção porque, nesse método, os custos fixos indiretos de produção são liberados dos estoques quando os estoques diminuem.

QUADRO 6.5
Efeitos comparativos sobre os resultados – custeio por absorção e custeio variável.

Os motivos das diferenças entre o resultado operacional pelo método de custeio variável e pelo método de custeio por absorção são resumidos no Quadro 6.5. Quando as unidades produzidas são iguais às unidades vendidas, como em janeiro na Weber Light Aircraft, o resultado operacional pelo método de custeio por absorção será igual ao resultado operacional pelo método de custeio variável. Isso ocorre porque, quando a produção é igual às vendas, todos os custos fixos indiretos de produção incorridos no período corrente entram na demonstração de resultados em ambos os métodos. Para as empresas que usam produção enxuta, o número de unidades produzidas tende a ser igual ao número de unidades vendidas. Isso ocorre porque os produtos são produzidos em resposta a encomendas dos clientes, eliminando, dessa forma, os estoques de produtos finais e reduzindo os estoques de produção em andamento a quase nada. Então, quando uma empresa usa produção enxuta, as diferenças entre o resultado operacional pelo método de custeio variável e pelo custeio por absorção desaparecerão em grande parte.

Quando as unidades produzidas excedem as unidades vendidas, resultado operacional pelo método de custeio por absorção excede o resultado operacional pelo método de custeio variável. Isso ocorre porque os estoques aumentaram; portanto, pelo método de custeio por absorção, alguns dos custos fixos indiretos de produção incorridos no período corrente são diferidos para os estoques finais no balanço patrimonial, enquanto pelo método de custeio variável, todos os custos fixos indiretos de produção incorridos no período corrente entram na demonstração de resultados. Ao contrário, quando o número de unidades produzidas é menor do que o de unidades vendidas, o resultado operacional pelo método de custeio por absorção será menor do que o resultado operacional pelo variável. Isso ocorre porque os estoques diminuíram; portanto, pelo método de custeio por absorção, os custos fixos indiretos de produção que tinham sido diferidos para os estoques durante um período anterior entram na demonstração de resultados do período corrente com todos os custos fixos indiretos de produção incorridos durante o período corrente. Pelo método de custeio variável, apenas os custos fixos indiretos de produção do período corrente entram na demonstração de resultados.

POR DENTRO DAS EMPRESAS

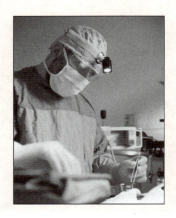

PRODUÇÃO ENXUTA DIMINUI OS ESTOQUES

A **Conmed**, uma produtora de aparelhos cirúrgicos em Utica, Nova York, Estados Unidos, adotou a produção enxuta substituindo suas linhas de montagem por células de produção em forma de U. A empresa também começou a produzir apenas unidades suficientes para satisfazer a demanda dos clientes em vez de produzir o máximo de unidades possível, estocando-as em armazéns. A empresa calculou que seus clientes usam um de seus aparelhos cirúrgicos descartáveis a cada 90 segundos, então, essa é exatamente a frequência com que ela produz uma nova unidade. Sua área de montagem para aparelhos de injeção de fluidos ocupa 1.006 m^2 de espaço e contém US$ 93 mil em peças. Agora, a empresa produz seus aparelhos de injeção de fluidos em 201 m^2 de espaço, mantendo apenas um estoque de US$ 6 mil em peças.

Quando a Conmed adotou a produção enxuta, ela reduziu muito seus estoques de produtos finais. Qual impacto você acha que essa redução inicial nos estoques pode ter causado no resultado operacional? Por quê?

FONTE: Pete Engardio, "Lean and Mean Gets Extreme," *BusinessWeek*, 23 e 30 de março de 2009, p. 60-62.

VANTAGENS DO CUSTEIO VARIÁVEL E DA ABORDAGEM DA MARGEM DE CONTRIBUIÇÃO

O método de custeio variável, com a abordagem da margem de contribuição, oferece vantagens atraentes para os relatórios internos. Esta seção discutirá quatro dessas vantagens.

Possibilitar uma análise CVL

A análise CVL – custo-volume-lucro – exige que os custos sejam decompostos em seus componentes fixo e variável. Como as demonstrações de resultados pelo custeio variável classificam os custos como fixos e variáveis, é muito mais fácil usar esse formato de demonstração de resultados para realizar a análise CVL do que tentar usar o formato por custeio por absorção, que mistura custos fixos com custos variáveis.

Além disso, o resultado operacional pelo método de custeio por absorção pode ou não concordar com os resultados da análise CVL. Por exemplo, suponhamos que você esteja interessado em calcular as vendas que seriam necessárias para gerar um lucro-alvo de US$ 235 mil na Weber Light Aircraft. A análise CVL baseada na demonstração de resultados pelo custeio variável de janeiro, do Quadro 6.2, seria como a seguir:

Vendas (a) (US$)	100.000
Margem de contribuição (b) (US$)	65.000
Índice de margem de contribuição (b) ÷ (a)	65%
Despesas fixas totais (US$)	90.000

$$\text{Vendas para alcançar o lucro-alvo} = \frac{\text{Lucro-alvo} + \text{Despesas fixas}}{\text{Índice MC}}$$

$$= \frac{\text{US\$ 235.000} + \text{US\$ 90.000}}{0,65} = \text{US\$ 500.000}$$

Assim, a análise CVL baseada na demonstração de resultados pelo custeio variável de janeiro prevê que o resultado operacional seria de US$ 235 mil quando as vendas fossem de US$ 500 mil. E, de fato, o resultado operacional pelo método de custeio variável é de US$ 235 mil quando as vendas são de US$ 500 mil em março. Entretanto, o resultado operacional pelo método de custeio por absorção não é US$ 235 mil em março, embora as vendas sejam de US$ 500 mil. Por que isso ocorre? O motivo é que, pelo método de custeio por absorção, o resultado operacional pode ser distorcida por mudanças nos estoques. Em março, os estoques diminuíram, então, alguns dos custos fixos indiretos de produção que tinham sido diferidos para os estoques finais de fevereiro foram liberados para a demonstração de resultados de março, resultando em um resultado operacional US$ 35 mil menor do que os US$ 235 mil previstos pela análise CVL. Se os estoques tivessem aumentado em março, o oposto teria ocorrido – o resultado operacional pelo método de custeio por absorção teria sido maior do que os US$ 235 mil previstos pela análise CVL.

Explicar as variações no resultado operacional

As demonstrações de resultados pelo custeio variável no Quadro 6.2 são claras e fáceis de compreender. Se todo o resto permanecer constante, quando as vendas aumentam, o resultado operacional aumenta. Quando as vendas diminuem, o resultado operacional diminui. Quando as vendas permanecem constantes, o resultado operacional é constante. O número de unidades produzidas não afeta o resultado operacional.

As demonstrações de resultados pelo custeio por absorção podem ser confusas e facilmente são mal interpretadas. Observe mais uma vez as demonstrações de resultados por custeio por absorção no Quadro 6.3; um gerente pode se perguntar por que o resultado operacional subiu de janeiro para fevereiro embora as vendas tenham sido iguais. Terá sido em decorrência de custos de venda mais baixos, operações mais eficientes ou algum outro fator? Na verdade, foi apenas porque o número de unidades produzidas excedeu o número de unidades vendidas em fevereiro e, então, alguns dos custos fixos indiretos de produção foram diferidos para os estoques naquele mês. Esses custos não sumiram – eles acabarão entrando na demonstração de resultados em um período posterior, quando os estoques baixarem. Não há como ver isso na demonstração de resultados pelo custeio por absorção.

Para evitar erros ao usar o custeio por absorção, os leitores de demonstrações contábeis devem estar alertas a variações nos níveis dos estoques. Pelo método de custeio por absorção, se os estoques aumentarem, os custos fixos indiretos de produção serão diferidos para os estoques, o que, por sua vez, aumentará o resultado operacional. Se os estoques diminuírem, os custos fixos indiretos de produção serão liberados dos estoques, o que, por sua vez, diminui o resultado operacional. Assim, quando o custeio por absorção é usado, as flutuações no resultado operacional podem ser decorrentes de variações nos estoques, e não de variações no nível de vendas.

Suporte à tomada de decisões

O método de custeio variável identifica de maneira correta os custos variáveis adicionais que serão incorridos para produzir uma unidade a mais, além de enfatizar o impacto dos custos fixos sobre os lucros. O montante total de custos de produção fixos aparece claramente na demonstração de resultados, ressaltando que todo o montante de custos de produção fixos tem de ser coberto para a empresa ser de fato lucrativa. No exemplo da Weber Light Aircraft, as demonstrações de resultados por meio do custeio variável divulgam muito bem que o custo de produzir uma unidade a mais é de US$ 25 mil e elas reconhecem sem reservas que US$ 70 mil dos custos fixos indiretos de produção têm de ser envolvidos para que se obtenha lucro.

Pelo método de custeio por absorção, os custos fixos indiretos de produção parecem ser variáveis quanto ao número de unidades vendidas, mas não são. Por exemplo, em janeiro, o custo de absorção por unidade de produto na Weber Light Aircraft é de US$ 95 mil, mas a porção variável deste custo é de apenas US$ 25 mil. Os custos fixos indiretos de produção de US$ 70 mil estão misturados com os de produção variáveis, obscurecendo, assim, o impacto dos custos fixos indiretos de produção sobre os lucros. Como os custos de absorção por unidade de produto são declarados por unidade, os gerentes podem erroneamente acreditar que, se uma unidade a mais for produzida, ela custará à empresa US$ 95 mil. Mas claro que não custará isso. O custo de produzir uma unidade a mais seria de apenas US$ 25 mil. Interpretar mal os custos de absorção por unidade de produto como variáveis pode levar a muitos problemas, inclusive decisões de precificação inapropriadas e a decisão de deixar de produzir produtos que, na verdade, são lucrativos.

Adaptação à teoria das restrições

A teoria das restrições (TOC), introduzida no Capítulo 1, sugere que o segredo para aumentar os lucros de uma empresa é gerenciar suas restrições. Por motivos que serão discutidos em um capítulo posterior, isso exige uma identificação cuidadosa dos custos variáveis de cada produto. Em consequência, as empresas envolvidas na TOC usam uma forma de custeio variável.

As demonstrações de resultados pelo custeio variável exigem um ajuste para serem compatíveis com a abordagem da TOC. Os custos de mão de obra direta precisam ser removidos dos custos de produção variáveis e ser divulgados como parte dos custos de produção fixos que são lançados no período em que são incorridos. A TOC trata os custos de mão de obra direta como um custo fixo por três motivos. Em primeiro lugar, embora os trabalhadores de mão de obra direta possam ser pagos por hora, muitas empresas têm um compromisso – às vezes aplicado por contratos de trabalho ou por lei – de garantir aos trabalhadores um número mínimo de horas remuneradas. Em segundo lugar, a mão de obra direta em geral não é a restrição; portanto, não há nenhum motivo para aumentá-la. Contratar mais trabalhadores de mão de obra direta aumentaria os custos sem aumentar a produção de produtos e serviços vendáveis. Em terceiro lugar, a TOC enfatiza a melhoria contínua para manter a competitividade. Sem funcionários comprometidos e entusiasmados, é quase impossível sustentar melhorias contínuas. Como demissões sempre têm um efeito devastador sobre o moral dos funcionários, os gerentes envolvidos na TOC são muito relutantes em demitir funcionários.

Por esses motivos, a maioria dos gerentes em empresas consideram a mão de obra direta como um custo fixo comprometido em vez de um custo variável. Logo, na forma modificada do custeio variável usado nessas empresas, a mão de obra direta não é com frequência classificada como um custo de produto.

DEMONSTRAÇÕES DE RESULTADOS SEGMENTADAS E A ABORDAGEM DA MARGEM DE CONTRIBUIÇÃO

▶▶ OA6.4

Preparar uma demonstração de resultados segmentada que diferencie custos fixos rastreáveis de custos fixos comuns e usá-la para a tomada de decisões.

No restante do capítulo, aprenderemos como usar a abordagem da margem de contribuição para construir demonstrações de resultados para segmentos de negócios. Essas demonstrações de resultados segmentadas são úteis para analisar a lucratividade dos segmentos, a tomada de decisões e a mensuração do desempenho dos gerentes de segmentos.

Custos fixos rastreáveis e comuns e margem por segmento

Você precisa compreender três novos termos para preparar demonstrações de resultados segmentadas usando a abordagem da margem de contribuição – *custo fixo rastreável*, *custo fixo comum* e *margem por segmento*.

Um **custo fixo rastreável** de um segmento é um custo fixo que é incorrido devido à existência do segmento – se o segmento nunca existisse, o custo fixo não seria incorrido; e se o segmento fosse eliminado, o custo fixo desapareceria. Alguns exemplos de custos fixos rastreáveis são:

- O salário do gerente do produto Fritos na PepsiCo é um custo fixo *rastreável* do segmento Fritos do negócio da PepsiCo.
- O custo de manutenção do edifício em que os Boeing 747s são montados é um custo fixo *rastreável* do segmento 747 do negócio da Boeing.
- O seguro de responsabilidade social da Disney World é um custo fixo *rastreável* do segmento Disney World do negócio Disney Corporation.

Um **custo fixo comum** é o que dá suporte às operações de mais de um segmento, mas não é rastreável como um todo ou em parte a nenhum outro segmento. Mesmo se um segmento fosse totalmente eliminado, não haveria nenhuma mudança em um verdadeiro custo fixo comum. Por exemplo:

- O salário do CEO da General Motors é um custo fixo *comum* das várias divisões da General Motors.
- O custo de aquecer o supermercado Safeway ou Kroger é um custo fixo *comum* dos vários departamentos da loja – gêneros alimentícios, produtos agrícolas, padaria, carnes etc.
- O custo do salário da recepcionista em um escritório compartilhado por diversos médicos é um custo fixo *comum* dos médicos. O custo é rastreável ao escritório, mas não aos médicos individualmente.

Para preparar uma demonstração de resultados segmentada, as despesas variáveis são deduzidas das vendas, gerando a margem de contribuição do segmento. A margem de contribuição nos diz o que acontece com os lucros quando o volume muda – mantendo constantes a capacidade e os custos fixos de um segmento –, e é especialmente útil em decisões que envolvem usos temporários de capacidade, como ordens de produção especiais. Esses tipos de decisão em geral envolvem apenas custos e receitas variáveis – os dois componentes da margem de contribuição.

A **margem por segmento** é obtida deduzindo-se os custos fixos rastreáveis de um segmento da margem de contribuição desse segmento. Ela representa a margem disponível depois de um segmento incluir todos os seus custos. *A margem por segmento é a melhor medida da lucratividade de um segmento a longo prazo*, pois inclui apenas os custos causados pelo segmento. Se um segmento não consegue cobrir seus próprios custos, então provavelmente deveria ser descontinuado (a menos que isso tenha importantes efeitos colaterais sobre outros segmentos). Observe que os custos fixos comuns não são alocados a segmentos.

▶ **Custo fixo rastreável**

custo fixo que é incorrido em virtude da existência de determinado segmento de negócios e que seria eliminado se o segmento fosse eliminado.

▶ **Custo fixo comum**

custo fixo que dá suporte a mais de um segmento de negócios, mas que não é rastreável integral ou parcialmente a nenhum dos segmentos de negócios.

▶ **Margem por segmento**

margem de contribuição de um segmento menos seus custos fixos rastreáveis. Representa a margem disponível depois de um segmento incluir todos os seus custos rastreáveis próprios.

POR DENTRO DAS EMPRESAS

A INTERNET ACABOU COM OS CATÁLOGOS?

A Smith & Hawken, uma varejista de acessórios de espaços ao ar livre, experimenta um aumento em suas vendas pela internet e uma diminuição em suas vendas por catálogo. Essas tendências parecem consistentes com a sabedoria convencional, que sugere que a internet tornará os catálogos obsoletos. Contudo, a Smith & Hawken, como muitos varejistas com crescentes vendas via internet, não tem planos para descontinuar seus catálogos. Na verdade, o número total de catálogos postados nos Estados Unidos por todas as empresas saltou de 16,6 bilhões em 2002 para 19,2 bilhões em 2005. Por quê?

Os compradores por catálogo e via Internet não são segmentos de clientes independentes. Os compradores por catálogo muitas vezes escolhem concluir suas transações *on-line* em vez de fazer os pedidos via telefone. Isso explica por que os catálogos continuam sendo um meio de marketing atraente embora as vendas por catálogo estejam caindo para muitas empresas. Se os varejistas separarem e analisarem as vendas por catálogo e as vendas via internet, eles podem descontinuar o segmento de catálogos, ignorando o impacto adverso desta decisão sobre as margens do segmento da internet.

FONTE: Louise Lee, "Catalogs, Catalogs, Everywhere", *BusinessWeek*, 4 de dezembro de 2006, p. 32-34.

A partir do ponto de vista da tomada de decisões, a margem por segmento é mais útil em importantes decisões que afetam a capacidade, como descontinuar um segmento. Ao contrário, como observamos antes, a margem de contribuição é mais útil em decisões que envolvem mudanças no volume a curto prazo, como a precificação de ordens de produção especiais que envolvem o uso temporário de capacidade existente.

Identificação dos custos fixos rastreáveis

A distinção entre custos fixos rastreáveis e comuns é fundamental no relatório por segmento porque os custos fixos rastreáveis são cobrados de segmentos e os custos fixos comuns não são. Em uma situação real, às vezes é difícil determinar se um custo deve ser classificado como rastreável ou comum.

A diretriz geral é tratar como custos rastreáveis *apenas aqueles custos que desapareceriam com o tempo se o segmento propriamente dito desaparecesse*. Por exemplo, se uma divisão de uma empresa fosse vendida ou descontinuada, não seria mais necessário pagar um salário ao gerente daquela divisão. Portanto, o salário do gerente da divisão seria classificado como um custo fixo rastreável da divisão. Por outro lado, o presidente da empresa sem dúvida continuaria a ser pago mesmo se uma das muitas divisões fosse descontinuada. Na verdade, ele talvez até passasse a receber mais se a descontinuidade da divisão fosse uma boa ideia. Portanto, o salário do presidente é comum às divisões da empresa e não deve ser atribuído a elas.

Ao atribuir custos a segmentos, o ponto-chave é resistir à tentação de alocar custos (como a depreciação das instalações corporativas) que são claramente comuns e que continuarão existindo não importa se o segmento existe ou não. *Qualquer alocação de custos comuns a segmentos reduz o valor da margem por segmento como uma medida de lucratividade e desempenho do segmento a longo prazo.*

Custos fixos rastreáveis podem se tornar custos comuns

Os custos fixos que são rastreáveis a um segmento podem ser um custo comum de outro segmento. Por exemplo, a **United Airlines** pode querer uma demonstração de resultados segmentada que mostre a margem por segmento de determinado voo de Chicago a Paris dividida em margens por segmento de primeira classe, classe executiva e classe econômica. A empresa aérea tem que pagar uma taxa de aterrissagem substancial no aeroporto Charles DeGaulle, em Paris. Esta taxa de aterrissagem fixa é um custo rastreável do voo, mas é um custo comum dos segmentos de primeira classe, classe executiva e classe econômica. Mesmo se a cabine de primeira classe estiver vazia, a taxa de aterrissagem integral precisa ser paga. Então, a taxa de aterrissagem não é um custo rastreável da cabine de primeira classe. Mas, ao mesmo tempo, pagar a taxa é necessário para que se tenha qualquer passageiro das três classes. Dessa maneira, a taxa de aterrissagem é um custo comum a elas.

DEMONSTRAÇÕES DE RESULTADOS SEGMENTADAS – EXEMPLO

A ProphetMax Inc. é uma empresa de software de computadores que cresce muito rápido. O Quadro 6.6 mostra sua demonstração de resultados pelo custeio variável do último mês. Com o crescimento da empresa, seus gerentes seniores passaram a pedir demonstrações de resultados segmentadas que pudessem ser usadas para a tomada de decisões e para a avaliação do desempenho gerencial. A controladora da ProphetMax respondeu criando exemplos de demonstrações de resultado com margem de contribuição segmentadas pelas divisões, linhas de produtos e canais de vendas da empresa. Ela criou o Quadro 6.7 para explicar que os lucros da ProphetMax podem ser segmentados em suas duas divisões – a Divisão de Produtos Empresariais e a Divisão de Produtos de Consumo. Os lucros da Divisão de Produtos de Consumo podem ser segmentados ainda nas linhas de produto *clip art* e jogos de computador. Por fim, os lucros da linha de produtos de jogos de computador (dentro da Divisão de Produtos de Consumo) podem ser segmentados nos canais de venda *on-line* e lojas de varejo.

POR DENTRO
DAS EMPRESAS

CÁLCULO DAS MARGENS POR SEGMENTOS AJUDA EMPREENDEDOR

Em 2001, a **Victoria Pappas Collection**, uma pequena empresa especializada em roupas esportivas femininas, divulgou um resultado operacional de US$ 280 mil e vendas de US$ 1 milhão. Quando a fundadora da empresa, Vickie Giannukos, segmentou a demonstração de resultados de sua empresa nos seis mercados que atendia, os resultados foram reveladores. Os mercados de Dallas e Atlanta tinham gerado US$ 825 mil em vendas e incorrido US$ 90 mil em custos fixos rastreáveis. Os outros quatro mercados juntos tinham produzido US$ 175 mil em vendas e também tinham incorrido US$ 90 mil em custos fixos rastreáveis. Dado o índice de margem de contribuição médio de 38%, os mercados de Dallas e Atlanta obtiveram uma margem por segmento de US$ 223.500 [(US$ 825.000 × 38%) − US$ 90.000] enquanto os outros quatro mercados juntos incorreram em uma margem líquida de US$ 23.500 [(US$ 175.000 × 38%) − US$ 90.000].

Vicky cometeu um erro comum − corria atrás de cada dólar possível em vendas sem saber se seus esforços eram lucrativos. Baseada em suas demonstrações de resultados segmentadas, ela descontinuou as operações em três cidades e contratou um novo representante de vendas em Los Angeles. Ela decidiu se concentrar em aumentar as vendas em Dallas e Atlanta, adiando a expansão para novos mercados até o momento em que isso pudesse ser feito de maneira lucrativa.

FONTE: Norm Brodsky, "The Thin Red Line," *Inc. Magazine*, janeiro de 2004, p. 49-52.

ProphetMax Inc.
Demonstração de resultados pelo método do custeio variável (US$)

Vendas	500.000
Despesas variáveis:	
Custos variáveis de produtos vendidos	180.000
Outras despesas variáveis	50.000
Despesas variáveis totais	230.000
Margem de contribuição	270.000
Despesas fixas	255.000
Resultado operacional	15.000

QUADRO 6.6
Demonstração de resultados pelo método do custeio variável da ProphetMax Inc.

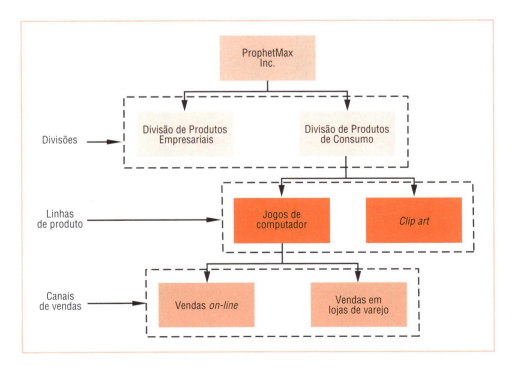

QUADRO 6.7
ProphetMax Inc.: exemplos de segmentos de negócios.

Níveis das demonstrações de resultados segmentadas

O Quadro 6.8, na próxima página, contém as demonstrações de resultados segmentadas feitas pela *controller* para os segmentos descritos no Quadro 6.7. A demonstração de resultados com margem de contribuição para toda a empresa aparece bem no alto do quadro sob a coluna "Total da empresa". Observe que o resultado operacional que aparece nessa coluna (US$ 15 mil) é igual ao resultado operacional que aparece no Quadro 6.6. Logo à direita da coluna "Total da empresa" há duas colunas – uma para cada uma das duas divisões. Podemos ver que as despesas fixas rastreáveis da Divisão de Produtos Empresariais são de **US$ 90 mil** e as da Divisão de Produtos de Consumo são de **US$ 80 mil**. Esses US$ 170 mil em despesas fixas rastreáveis (como mostra a coluna "Total da empresa") somados aos **US$ 85 mil** em despesas fixas comuns não rastreáveis a divisões individuais são iguais às despesas fixas totais (**US$ 255 mil**) da ProphetMax, como mostra o Quadro 6.6. Também podemos ver que a margem por segmento da Divisão de Produtos Empresariais é de US$ 60 mil e a da Divisão de Produtos de Consumo é de US$ 40 mil. Essas margens por segmentos mostram aos gerentes divisionais da empresa qual é a contribuição de cada uma de suas divisões para os lucros da empresa.

A parte do meio do Quadro 6.8 divide ainda mais os segmentos da Divisão de Produtos de Consumo em suas duas linhas de produtos, *clip art* e jogos de computador. A natureza dual de alguns custos fixos pode ser observada nesta parte do quadro. Observe, na parte de cima do Quadro 6.8, que quando os segmentos são definidos como divisões, a Divisão de Produtos de Consumo possui US$ 80 mil em despesas fixas rastreáveis. Entretanto, quando descemos até as linhas de produtos (na parte do meio do quadro), apenas **US$ 70 mil** do custo de US$ 80 mil que eram rastreáveis à Divisão de Produtos de Consumo são rastreáveis às linhas de produtos. Os outros **US$ 10 mil** se tornam um custo fixo comum das duas linhas de produtos da Divisão de Produtos de Consumo.

Por que US$ 10 mil em custos fixos rastreáveis se tornariam um custo fixo comum quando a divisão é decomposta em suas linhas de produtos? Os US$ 10 mil representam a despesa mensal de depreciação de uma máquina que é usada para embalar produtos em pacotes invioláveis para o mercado consumidor. A despesa de depreciação é um custo rastreável da Divisão de Produtos de Consumo como um todo, mas é um custo comum das duas linhas de produtos da divisão. Mesmo se uma das linhas de produtos fosse totalmente descontinuada, a máquina ainda seria usada para embalar os outros produtos. Portanto, nenhuma parte da despesa de depreciação pode de fato ser atribuída a produtos individuais.

O custo fixo rastreável de US$ 70 mil das linhas de produtos consiste nos custos de propaganda de produtos específicos. Foi gasto um total de US$ 30 mil com propaganda de *clip art* e US$ 40 mil em propaganda de jogos de computador. Claro que esses custos podem ser atribuídos a linhas de produtos individuais.

Demonstrações de resultados segmentadas e a tomada de decisões

A parte de baixo do Quadro 6.8 pode ser usada para ilustrar como as demonstrações de resultados segmentadas dão suporte à tomada de decisões. Ela segmenta ainda mais a linha de produtos de jogos de computador em seus dois canais de vendas, vendas *on-line* e lojas de varejo. O segmento de vendas *on-line* possui uma margem por segmento de US$ 48 mil e o segmento de lojas de varejo, uma margem por segmento de US$ (3 mil). Suponhamos que a ProphetMax queira saber o impacto sobre os lucros de descontinuar a venda de jogos de computador por meio de seu canal de vendas de lojas de varejo. A empresa acredita que as vendas *on-line* de seus jogos de computador aumentarão 10% se descontinuar o canal de vendas das lojas de varejo, e que a Divisão de Produtos Empresariais e a linha de produtos de *clip art* não serão afetadas por essa decisão. Como você calcularia o impacto dessa decisão sobre os lucros?

Segmentos definidos como divisões

(US$)	Total da empresa	Divisão de produtos empresariais	Divisão de produtos de consumo
		Divisões	
Vendas	500.000	300.000	200.000
Despesas variáveis:			
Custos variáveis de produtos vendidos	180.000	120.000	60.000
Outras despesas variáveis	50.000	30.000	20.000
Despesas variáveis totais	230.000	150.000	80.000
Margem de contribuição	270.000	150.000	120.000
Despesas fixas rastreáveis	**170.000**	**90.000**	**80.000**
Margem por segmento divisional	100.000	60.000	40.000
Despesas fixas comuns não rastreáveis a divisões individuais	**85.000**		
Resultado operacional	15.000		

Segmentos definidos como linhas de produtos da Divisão de Produtos de Consumo

(US$)	Divisão de produtos de consumo	Clip art	Jogos de computador
		Linhas de produtos	
Vendas	200.000	75.000	125.000
Despesas variáveis:			
Custos variáveis de produtos vendidos	60.000	20.000	40.000
Outras despesas variáveis	20.000	5.000	15.000
Despesas variáveis totais	80.000	25.000	55.000
Margem de contribuição	120.000	50.000	70.000
Despesas fixas rastreáveis	**70.000**	30.000	40.000
Margem por segmento da linha de produtos	50.000	20.000	30.000
Despesas fixas comuns não rastreáveis a linhas de produtos individuais	**10.000**		
Margem por segmento divisional	40.000		

Segmentos definidos como canais de venda de uma linha de produto, "jogos de computador", da Divisão de Produtos de Consumo

(US$)	Jogos de computador	On-line	Lojas de varejo
		Canais de venda	
Vendas	125.000	100.000	25.000
Despesas variáveis:			
Custos variáveis de produtos vendidos	40.000	32.000	8.000
Outras despesas variáveis	15.000	5.000	10.000
Despesas variáveis totais	55.000	37.000	18.000
Margem de contribuição	70.000	63.000	7.000
Despesas fixas rastreáveis	25.000	15.000	10.000
Margem por segmento dos canais de venda	45.000	48.000	− 3.000
Despesas fixas comuns não rastreáveis a canais de venda individuais	15.000		
Margem por segmento da linha de produtos	30.000		

QUADRO 6.8
ProphetMax Inc. – demonstrações de resultados segmentadas no formato com margem de contribuição.

O primeiro passo é calcular o impacto sobre os lucros do desaparecimento do canal de vendas das lojas de varejo. Se este canal de vendas desaparecer, supomos que todas as suas despesas de vendas, variáveis e fixas rastreáveis desaparecerão. A maneira mais rápida de resumir esses impactos financeiros é focalizar a margem por segmento das lojas de varejo. Em outras palavras, se o canal de vendas das lojas de varejo desaparecesse, então sua margem por segmento de uma perda de US$ 3 mil também desapareceria. Isso aumentaria o resultado operacional da ProphetMax em US$ 3 mil. O segundo passo é calcular o impacto sobre os lucros do aumento das vendas *on-line* de jogos de computador em 10%. Para fazer este cálculo, supomos que as despesas fixas rastreáveis totais (US$ 15 mil) das vendas *on-line* permaneçam constantes e seu índice de margem de contribuição permaneça constante a 63% (= US$ 63.000 ÷ US$ 100.000). Se as vendas *on-line* aumentarem em US$ 10 mil (= US$ 100.000 × 10%), então a margem de contribuição do segmento de vendas *on-line* aumentará em US$ 6,3 mil (= US$ 10.000 × 63%). O impacto geral de descontinuar o canal de vendas das lojas de varejo sobre os lucros pode ser resumido como a seguir:

Perda evitada no segmento de varejo (US$)...	3.000
Margem de contribuição adicional das vendas *on-line* (US$)	6.300
Aumento no resultado operacional da ProphetMax (US$)	9.300

DEMONSTRAÇÕES DE RESULTADOS SEGMENTADAS – ERROS COMUNS

Todos os custos atribuíveis a um segmento – e apenas esses custos – devem ser atribuídos ao segmento. Infelizmente, as empresas em geral cometem erros ao atribuírem custos a segmentos. Elas omitem alguns custos, atribuem de maneira equivocada custos fixos rastreáveis e alocam arbitrariamente custos fixos comuns.

Omissão de custos

Os custos atribuídos a um segmento devem incluir todos os custos de toda a cadeia de valor da empresa que são atribuíveis a esse segmento. Todas essas funções, de pesquisa e desenvolvimento e projeto de produtos, marketing, distribuição e serviços de atendimento ao cliente, são necessárias para levar um produto ou serviço até o cliente e gerar receitas.

No entanto, apenas os custos de produção são incluídos nos custos de produto no método de custeio por absorção, que é considerado necessário para relatórios financeiros externos. Para evitar ter que manter dois sistemas de custeio e garantir a consistência entre os relatórios interno e externo, muitas empresas também usam o método de custeio por absorção em seus relatórios como as demonstrações de resultados segmentadas. Em consequência, essas empresas omitem parcial ou integralmente de sua análise de lucratividade os custos em ascensão na cadeia de valor, que consistem nos custos de pesquisa e desenvolvimento e de projeto de produto e os custos "a jusante", que consistem nos custos de marketing, distribuição e serviços de atendimento ao cliente. Contudo, esses custos não relacionados à produção são tão essenciais para determinar a lucratividade dos produtos quanto os custos de produção. Esses custos a montante e a jusante, que em geral são incluídos nas despesas de venda e administrativas na demonstração de resultados pelo custeio por absorção, podem representar metade ou mais dos custos totais de uma organização. Se os custos a montante ou a jusante forem omitidos na análise de lucratividade, então o custo do produto estará subestimado e a gerência poderá, sem cuidado, desenvolver e manter produtos que, a longo prazo, resultarão em prejuízo.

Métodos inapropriados para atribuir custos rastreáveis aos segmentos

Além de omitir custos, muitas empresas não tratam corretamente as despesas fixas rastreáveis nas demonstrações de resultados segmentadas. Em primeiro lugar, elas não atribuem despesas fixas a segmentos mesmo quando é possível fazê-lo. Em segundo lugar, elas usam bases de alocação inapropriadas para alocar despesas fixas rastreáveis a segmentos.

Deixar de atribuir custos diretamente Custos que podem ser atribuídos diretamente a um segmento específico devem ser cobrados diretamente desse segmento e não devem ser alocados a outros segmentos. Por exemplo, o aluguel do escritório de uma filial de uma empresa de seguros deve ser cobrado diretamente da filial em vez de incluído em um agrupamento de custos indiretos de toda a empresa e então distribuídos por toda a empresa.

Base de alocação inapropriada Algumas empresas usam bases de alocação arbitrárias para alocar custos a segmentos. Por exemplo, algumas alocam despesas de venda e administrativas com base nas receitas de vendas. Assim, se um segmento gera 20% das vendas totais da empresa, seriam alocados a ele 20% das despesas de venda e administrativas da empresa como sua "fração justa". Segue-se este mesmo procedimento básico se os custos de produtos vendidos ou alguma outra medida for usada como base de alocação.

Os custos devem ser alocados a segmentos para fins de tomadas de decisões internas somente quando a base de alocação realmente direciona o custo alocado (ou quando está bastante correlacionada com o direcionador de custo real). Por exemplo, as vendas deveriam ser usadas para alocar despesas de venda e administrativas somente se um aumento de 10% nas vendas resultasse em um aumento de 10% nas despesas de venda e administrativas. Se as despesas de venda e administrativas não são determinadas pelo volume de vendas, essas despesas seriam alocadas de maneira equívoca – atribuindo um percentual alto demais das despesas de venda e administrativas aos segmentos com as maiores vendas.

Dividir custos comuns arbitrariamente entre os segmentos

A terceira prática empresarial que leva à distorção dos custos de segmentos é a prática de atribuir custos não rastreáveis a segmentos. Por exemplo, algumas empresas alocam os custos comuns do edifício da sede corporativa a produtos nos relatórios de segmento. Entretanto, em uma empresa com múltiplos produtos, provavelmente nenhum produto individual é responsável por qualquer parte significativa desse custo. Mesmo se um produto fosse totalmente eliminado, normalmente isso não causaria nenhum efeito significativo sobre qualquer dos custos do edifício da sede corporativa. Em resumo, não existe uma relação de causa e efeito entre o custo do edifício da sede corporativa e a existência de qualquer produto individual. Em consequência, qualquer alocação do custo do edifício da sede corporativa aos produtos seria necessariamente arbitrária.

Os custos comuns, como os custos do edifício da sede corporativa, são necessários, é claro, para o funcionamento da organização. A prática de alocar custos comuns arbitrariamente a segmentos em geral é justificada em razão de que "alguém" deve "cobrir custos comuns". Apesar de ser uma verdade inegável que uma empresa tenha que cobrir seus custos comuns para obter lucro, alocar custos comuns arbitrariamente a segmentos não garante que isso acontecerá. Na verdade, adicionar uma parte dos custos comuns aos custos reais de um segmento pode fazer um segmento lucrativo parecer não lucrativo. Se um gerente eliminar o segmento aparentemente não lucrativo, os custos rastreáveis reais do segmento continuarão a existir, mas suas receitas serão perdidas. E o que acontece com os custos comuns fixos que foram alocados ao segmento? Eles não desaparecem; são realocados a outros segmentos da empresa, fazendo parecer que todos os outros segmentos da empresa são menos lucrativos – possivelmente resultando na descontinuação de outros segmentos. O efeito líquido será a redução dos lucros gerais da empresa, dificultando ainda mais que se consiga "cobrir os custos comuns".

Além disso, os custos comuns fixos não são gerenciáveis pelo gerente ao qual eles foram arbitrariamente alocados; são de responsabilidade de gerentes de mais alto nível. Quando custos comuns fixos são alocados a gerentes, eles são responsabilizados por esses custos, embora não possam controlá-los.

> **POR DENTRO DAS EMPRESAS**
>
> **GERENCIAR A INOVAÇÃO DE PRODUTOS NO GOOGLE**
>
> Marissa Mayer, vice-presidente de produtos da ferramenta de busca e experiência do usuário do **Google**, acredita que o sucesso futuro da empresa depende da inovação. Ela encoraja que se corram riscos e reconhece que de 60 a 80% dos novos produtos da empresa não serão bem-sucedidos. Entretanto, criar uma cultura organizacional que aceita fracassos ajuda a produzir lançamentos de novos produtos que devem sustentar o crescimento das vendas futuras da empresa. Os gerentes seniores do Google podem usar demonstrações de resultados segmentadas para identificar os produtos não lucrativos que devem ser descontinuados e acompanhar o desempenho das inovações bem-sucedidas.
>
> FONTE: Ben Elgin, "So Much Fanfare, So Few Hits", *BusinessWeek*, 10 de julho de 2006, p. 26-29.

DEMONSTRAÇÕES DE RESULTADOS – PERSPECTIVA DOS RELATÓRIOS EXTERNOS

Demonstração de resultados que abrangem toda a empresa

Em termos práticos, o custeio por absorção é obrigatório para relatórios externos segundo os princípios contábeis geralmente aceitos nos Estados Unidos (GAAP – *Generally Accepted Accounting Principles*).[3] Além disso, os padrões internacionais de relatórios financeiros (IFRS – *International Financial Reporting Standards*) exigem explicitamente que as empresas usem o custeio por absorção. Provavelmente por causa do custo e da possível confusão de manter dois sistemas de custeio separados – um para relatórios externos e outro para relatórios internos – a maioria das empresas usa o custeio por absorção para seus relatórios externos e internos.

Com todas as vantagens da abordagem da margem de contribuição, você pode estar se perguntando por que a abordagem da absorção é usada. Apesar de a resposta ser, em parte, devido à manutenção de uma tradição, o custeio por absorção também é atraente para muitos contadores e gerentes porque eles acreditam que esse método faça corresponder melhor os custos às receitas. Os defensores do custeio por absorção discutem que todos os custos de produção têm que ser atribuídos a produtos a fim de fazer corresponder adequadamente os custos de produzir unidades de produtos às suas receitas quando eles são vendidos. Os custos fixos da depreciação, impostos, seguros, salários de supervisores, entre outros, são tão essenciais para a manufatura de produtos quanto os custos variáveis.

Os defensores do custeio variável discutem que os custos fixos de produção não são de fato os custos de nenhuma unidade de produto em particular. Esses custos são incorridos para que a empresa tenha a capacidade de manufaturar produtos durante determinado período e serão incorridos mesmo que nada seja produzido durante o período. Além disso, não importa se uma unidade é produzida ou não, os custos fixos de produção serão exatamente os mesmos. Portanto, os defensores do custeio variável discutem que os custos fixos de produção não fazem parte dos custos de produzir uma unidade de produto em particular e, assim, o princípio da competência determina que os custos fixos de produção devem ser lançados no período corrente.

Informações financeiras segmentadas

Os U.S. GAAP e os IFRS exigem que as empresas de capital aberto incluam dados financeiros segmentados e outros dados em seus relatórios anuais e que os relatórios segmen-

---

[3] A Comissão de Padrões de Contabilidade Financeira (FASB) criou uma única fonte de autoridade não governamental dos Princípios Contábeis Geralmente Aceitos nos Estados Unidos (U.S. GAAP), chamada Codificação dos Padrões Contábeis da FASB (Codificação da FASB). Embora a Codificação da FASB não proíba explicitamente o custeio variável, explicitamente proíbe as empresas de excluírem todos os custos indiretos de produção dos custos de produto. Ela também fornece uma discussão aprofundada sobre a alocação de custos indiretos fixos a produtos, deixando implícito que o custeio por absorção é obrigatório para relatórios externos. Embora algumas empresas incluam elementos significativos dos custos fixos de produção em seus relatórios externos, em termos práticos, os U.S. GAAP exigem o custeio por absorção para relatórios externos.

tados preparados para usuários externos *têm que usar os mesmos métodos e definições que as empresas usam nos relatórios segmentados internos que são preparados para auxiliar a tomada de decisões operacionais*. Essa é uma definição muito incomum, pois as empresas normalmente não são obrigadas a divulgar os mesmos dados que são usados para fins de tomada de decisões internas a usuários externos. Essa exigência cria incentivos para as empresas de capital aberto evitarem o uso do formato com margem de contribuição em relatórios segmentados internos. As demonstrações de resultado segmentadas com margem de contribuição contêm informações vitais que as empresas em geral relutam muito em divulgar ao público (e, por conseguinte, aos concorrentes). Além disso, essa exigência cria problemas ao reconciliar os relatórios internos com os externos.

3M DIVULGA LUCRATIVIDADE SEGMENTADA AOS ACIONISTAS

POR DENTRO DAS EMPRESAS

Em 2009, a **3M Company** divulgou aos seus acionistas sua lucratividade segmentada por linhas de produtos e áreas geográficas. Uma parte das informações segmentadas da empresa está resumida a seguir (todos os números estão representados em milhões):

	Vendas líquidas (US$)	Resultado operacional (US$)
Linhas de produtos:		
Industriais e transportes	7.116	1.238
Saúde	4.294	1.350
Produtos de consumo e de escritório	3.471	748
Segurança e serviços de proteção	3.180	745
Apresentação e gráficos	3.132	590
Eletrônicos e comunicações	2.276	322
Áreas geográficas:		
Estados Unidos	8.509	1.640
Ásia-Pacífico	6.120	1.528
Europa, Oriente Médio e África	5.972	1.003
América Latina e Canadá	2.516	631

O relatório anual da 3M não divulga as margens brutas ou as margens de contribuição de seus segmentos de negócios. Por que você acha que a empresa faz isso?

FONTE: 3M Company, Relatório Anual de 2009.

RESUMO

O custeio variável e o custeio por absorção são métodos alternativos de determinar o custo unitário de produto. Pelo método do custeio variável, apenas os custos de produção que variam com o nível de produção são tratados como custos de produto. Isso inclui materiais diretos, custos indiretos variáveis e, normalmente, mão de obra direta. Os custos fixos indiretos de produção são tratados como um custo de período e são lançados na demonstração de resultados assim que são incorridos. Ao contrário, o custeio por absorção trata os custos fixos indiretos de produção como custos de produto, com os custos de materiais diretos, de mão de obra direta e custos indiretos variáveis. Por ambos os métodos de custeio, as despesas de venda e administrativas são tratadas como custos de período e são lançadas na demonstração de resultados assim que são incorridas.

Como o custeio por absorção trata os custos fixos indiretos de produção como custos de produto, uma parte dos custos fixos indiretos de produção é atribuída a cada unidade assim que ela é produzida. Se unidades de produto não forem vendidas no final de um período, então os custos fixos indiretos de produção a elas associados é levado com elas para a conta de estoques e diferidos a um período futuro. Quando essas unidades são vendidas depois, os custos fixos indiretos de produção a elas associados são liberados da conta de estoques e descontados dos resultados como parte dos custos de produtos vendidos. Assim, pelo método de custeio por absorção, é possível diferir uma parte dos custos fixos indiretos de produção de um período a um período futuro por meio da conta de estoques.

Infelizmente, essa transferência de custos fixos indiretos de produção entre períodos pode causar flutuações inconstantes no resultado operacional e resultar em confusão e decisões mal tomadas. Para evitarem erros ao interpretarem os dados das demonstrações de resultados, os gerentes devem se manter alertas a mudanças nos níveis de estoques ou no custo unitário de produto durante o período.

As demonstrações de resultados segmentadas fornecem informações para avaliar a lucratividade e o desempenho de divisões, linhas de produtos, territórios de vendas e outros segmentos de uma empresa. Pela abordagem da margem de contribuição, os custos variáveis e os custos fixos são bem distintos uns dos outros e apenas os custos que são rastreáveis a um segmento são atribuídos a esse segmento. Um custo é considerado rastreável a um segmento apenas se for causado pelo segmento e puder ser evitado com sua eliminação. Custos fixos comuns não são alocados a segmentos. A margem por segmento consiste em receitas menos as despesas variáveis menos as despesas fixas rastreáveis do segmento.

PROBLEMA DE REVISÃO 1:
CONTRASTE ENTRE OS CUSTEIOS VARIÁVEL E POR ABSORÇÃO

A Dexter Corporation produz e vende um único produto, um tear de madeira manual para a produção de pequenos itens como cachecóis. A seguir, temos dados de custo e dados operacionais selecionados relativos ao produto por dois anos:

Preço de venda por unidade (US$)....................................	50
Custos de produção:	
Custos variáveis por unidade produzida (US$):	
Materiais diretos...	11
Mão de obra direta	6
Custos variáveis indiretos de produção...................	3
Custos fixos indiretos de produção por ano (US$).......	120.000
Despesas de venda e administrativas (US$):	
Despesas variáveis por unidade vendida	4
Despesas fixas por ano	70.000

	Ano 1	Ano 2
Unidades nos estoques iniciais	0	2.000
Unidades produzidas durante o ano......................................	10.000	6.000
Unidades vendidas durante o ano...	8.000	8.000
Unidades nos estoques finais...	2.000	0

Requisitado:
1. Suponha que a empresa use o método de custeio por absorção.
   a. Calcule o custo unitário de produto em cada ano.
   b. Prepare uma demonstração de resultados para cada ano.
2. Suponha que a empresa use o método de custeio variável.
   a. Calcule o custo unitário de produto em cada ano.
   b. Prepare uma demonstração de resultados para cada ano.
3. Faça a reconciliação do resultado operacional pelo método de custeio variável e pelo de custeio por absorção.

Solução do problema de revisão 1

1. a. Pelo método de custeio por absorção, todos os custos de produção, variáveis e fixos, são incluídos no custo unitário de produto:

	Ano 1	Ano 2
Materiais diretos (US$)	11	11
Mão de obra direta (US$)	6	6
Custos variáveis indiretos de produção (US$)	3	3
Custos fixos indiretos de produção (US$)		
(US$ 120.000 ÷ 10.000 unidades)	12	
(US$ 120.000 ÷ 6.000 unidades)	—	20
Custeio por absorção por custo unitário de produto (US$)	32	40

b. A seguir, temos as demonstrações de resultados pelo custeio por absorção:

	Ano 1	Ano 2
Vendas (8.000 unidades × US$ 50 por unidade) (US$)	400.000	400.000
Custos de produtos vendidos (8.000 unidades × US$ 32 por unidade); (2.000 unidades × US$ 32 por unidade) + (6.000 unidades x US$ 40 por unidade) (US$)	256.000	304.000
Margem bruta (US$)	144.000	96.000
Despesas de venda e administrativas (8.000 unidades × US$ 4 por unidade + US$ 70.000) (US$)	102.000	102.000
Resultado operacional (US$)	42.000	− 6.000

2. a. Pelo método de custeio variável, apenas os custos variáveis de produção são incluídos no custo unitário de produto:

	Ano 1	Ano 2
Materiais diretos (US$)	11	11
Mão de obra direta (US$)	6	6
Custos variáveis indiretos de produção (US$)	3	3
Custo unitário de produto pelo método do custeio variável (US$)	20	20

b. A seguir, temos as demonstrações de resultados pelo custeio variável:

		Ano 1		Ano 2
Vendas (8.000 unidades × US$ 50 por unidade) (US$)		400.000		400.000
Despesas variáveis (US$):				
Custos variáveis de produtos vendidos (8.000 unidades × US$ 20 por unidade)	160.000		160.000	
Despesas de venda e administrativas (8.000 unidades × US$ 4 por unidade)	32.000	192.000	32.000	192.000
Margem de contribuição (US$)		208.000		208.000
Despesas fixas (US$):				
Custos fixos indiretos de produção	120.000		120.000	
Despesas de venda e administrativas fixas	70.000	190.000	70.000	190.000
Resultado operacional (US$)		18.000		18.000

CONTABILIDADE GERENCIAL

3. A seguir, temos a reconciliação do resultado operacional pelo método de custeio variável e pelo método de custeio por absorção:

	Ano 1	Ano 2
Resultado operacional pelo método de custeio variável (US$)	18.000	18.000
Adicionar custos fixos indiretos de produção diferidos para os estoques pelo método de custeio por absorção (2.000 unidades × US$ 12 por unidade) (US$) ...	24.000	
Deduzir custos fixos indiretos de produção liberada dos estoques pelo método de custeio por absorção (2.000 unidades × US$ 12 por unidade) (US$)	____	− 24.000
Resultado operacional pelo método de custeio por absorção (US$)	42.000	6.000

PROBLEMA DE REVISÃO 2:
DEMONSTRAÇÕES DE RESULTADOS SEGMENTADAS

O pessoal da empresa de advocacia Frampton, Davis & Smythe construiu o seguinte relatório, que divide os resultados gerais da empresa no último mês em dois segmentos de negócios – direito de família e direito comercial:

	Total	Direito de família	Direito comercial
Receitas dos clientes (US$)...........................	1.000.000	400.000	600.000
Despesas variáveis (US$)...............................	220.000	100.000	120.000
Margem de contribuição (US$)	780.000	300.000	480.000
Despesas fixas rastreáveis (US$)...................	670.000	280.000	390.000
Margem por segmento (US$).........................	110.000	20.000	90.000
Despesas fixas comuns (US$)........................	60.000	24.000	36.000
Resultado operacional (US$)...........................	50.000	− 4.000	54.000

No entanto, esse relatório não está muito correto. As despesas fixas comuns como o salário do sócio-gerente, as despesas administrativas gerais e os custos gerais de propaganda da empresa foram alocados aos dois segmentos com base nas receitas de clientes.

Requisitado:

1. Refaça o relatório de segmento, eliminando a alocação das despesas fixas comuns. A empresa ficaria em melhor situação financeira se o segmento de direito de família fosse eliminado? (Nota: Muitos dos clientes de direito comercial da empresa também usam a empresa para seus casos de direito de família, como redigir testamentos.)
2. A agência de propaganda da empresa propôs uma campanha com o objetivo de aumentar as receitas do segmento de direito de família. A campanha publicitária custaria US$ 20 mil e a agência de propaganda afirma que ela aumentaria as receitas do segmento de direito de família em US$ 100 mil. O sócio-gerente da Frampton, Davis & Smythe acredita que esse aumento nos negócios poderia ser acomodado sem nenhum aumento nas despesas fixas. Estime o efeito que essa campanha publicitária teria sobre a margem por segmento de direito de família e sobre o resultado operacional geral da empresa.

Solução do problema de revisão 2

1. A seguir, temos a demonstração de resultados segmentada corrigida:

	Total	Direito de família	Direito comercial
Receitas dos clientes (US$)..........................	1.000.000	400.000	600.000
Despesas variáveis (US$)..............................	220.000	100.000	120.000
Margem de contribuição (US$)	780.000	300.000	480.000
Despesas fixas rastreáveis (US$)...................	670.000	280.000	390.000
Margem por segmento (US$).........................	110.000	20.000	90.000
Despesas fixas comuns (US$)........................	60.000		
Resultado operacional (US$).........................	50.000		

Não, a empresa não ficaria em melhor situação financeira se a prática de direito de família fosse eliminada. O segmento de direito de família abrange todos os seus custos e contribui com US$ 20 mil por mês para cobrir as despesas fixas comuns da empresa. Embora a margem por segmento de direito de família seja muito mais baixa do que a do segmento de direito comercial, ela ainda é lucrativa. Além disso, o segmento de direito de família pode ser um serviço que a empresa tem que fornecer para seus clientes comerciais a fim de se manter competitiva.

2. Pode-se estimar que a campanha publicitária aumentará a margem por segmento de direito de família em US$ 55 mil, como a seguir:

Receita extra dos clientes (US$)	100.000
Índice de margem de contribuição do segmento de direito de família (US$ 300.000 ÷ US$ 400.000)	× 75%
Margem de contribuição incremental (US$)	75.000
Menos custo da campanha publicitária (US$)	20.000
Margem por segmento extra (US$)...	55.000

Como não haveria aumento nas despesas fixas (incluindo as despesas fixas comuns), o aumento no resultado operacional geral também é de US$ 55 mil.

PERGUNTAS

6.1 Qual é a diferença básica entre o custeio por absorção e o custeio variável?

6.2 As despesas de venda e administrativas são tratadas como custos de produto ou como custos de período no método de custeio variável?

6.3 Explique como os custos fixos indiretos de produção são transferidos de um período para outro no método de custeio por absorção.

6.4 Quais são os argumentos a favor de tratar os custos fixos indiretos de produção como custos de produto?

6.5 Quais são os argumentos a favor de tratar os custos fixos indiretos de produção como custos de período?

6.6 Se as unidades produzidas e as unidades vendidas são iguais, com qual método você esperaria mostrar o maior resultado operacional, o custeio variável ou o custeio por absorção? Por quê?

6.7 Se as unidades produzidas excedem as unidades vendidas, com qual método você esperaria mostrar o maior resultado operacional, o custeio variável ou o custeio por absorção? Por quê?

6.8 Se os custos fixos indiretos de produção são liberados dos estoques no método de custeio por absorção, qual a sua opinião sobre o nível de produção em relação ao nível de vendas?

6.9 No método de custeio por absorção, como é possível aumentar o resultado operacional sem aumentar as vendas?

6.10 Como a produção enxuta reduz ou elimina a diferença no resultado operacional divulgado nos métodos de custeio por absorção e de custeio variável?
6.11 O que é um segmento de uma organização? Dê vários exemplos de segmentos.
6.12 Quais custos são atribuídos a um segmento sob a abordagem da margem de contribuição?
6.13 Distinga entre um custo rastreável e um custo comum. Dê exemplos de cada um.
6.14 Explique como a margem por segmento difere da margem de contribuição.
6.15 Por que os custos comuns não são alocados a segmentos sob a abordagem da margem de contribuição?
6.16 Como é possível que um custo que é rastreável a um segmento se torne um custo comum se o segmento for dividido em outros segmentos?

APLICAÇÃO EM EXCEL [OA6.2]

Disponível, em português e inglês, no *site* <www.grupoa.com.br>

O formulário de planilha em Excel a seguir deve ser usado para recriar parte do Problema de Revisão 1, das páginas 252 à 254. No *site*, você receberá instruções sobre como usar esse formulário de planilha.

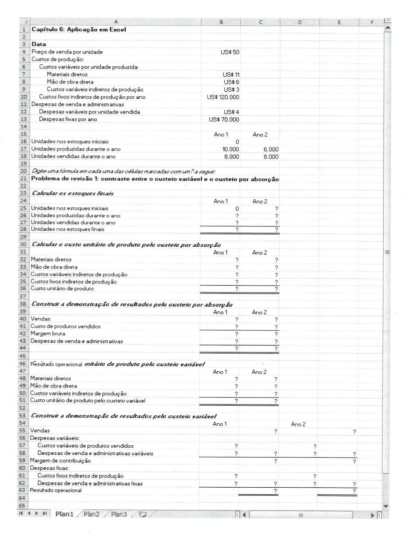

Você só deve prosseguir para os exercícios a seguir depois de ter completado sua planilha.

Requisitado:

1. Verifique sua planilha alterando as unidades vendidas nos dados para 6 mil no Ano 2. Os custos de produtos vendidos pelo custeio por absorção no Ano 2 agora devem ser US$ 240 mil. Se não forem, verifique a célula C41. A fórmula dessa célula deve ser =IF(C26<C27,C26*C36 +(C27−C26)*B36,C27*C36)]. Se sua planilha funcionar bem, o resultado operacional pelo custeio por absorção e pelo custeio variável deverão ser de US$ − 34 mil no Ano 2, isto é, o

prejuízo no Ano 2 é de US$ 34 mil em ambos os sistemas. Se você não obtiver essas respostas, encontre os erros em sua planilha e corrija-os.

Por que o resultado operacional pelo método de custeio por absorção agora é igual ao resultado operacional pelo método de custeio variável no Ano 2?

2. Digite os dados a seguir de uma outra empresa em sua planilha:

Data		
Preço de venda por unidade (US$)..	75	
Custos de produção:		
Custos variáveis por unidade produzida (US$):		
Materiais diretos..	12	
Mão de obra direta	5	
Custos variáveis indiretos de produção..........................	7	
Custos fixos indiretos de produção por ano (US$)............................	150.000	
Despesas de venda e administrativas (US$):		
Despesas variáveis por unidade vendida	1	
Despesas fixas por ano	60.000	
	Ano 1	Ano 2
Unidades nos estoques iniciais	0	
Unidades produzidas durante o ano..	15.000	10.000
Unidades vendidas durante o ano...	12.000	12.000

O resultado operacional sob o custeio variável é diferente no Ano 1 e no Ano 2? Por quê? Explique a relação entre o resultado operacional sob o custeio por absorção e sob o custeio variável no Ano 1. Explique a relação entre o resultado operacional sob o custeio por absorção e sob o custeio variável no Ano 2.

3. No final do Ano 1, o conselho de diretoria da empresa estabeleceu uma meta para o Ano 2 de um resultado operacional de US$ 500 mil sob o custeio por absorção. Se esta meta for alcançada, será pago um gordo bônus ao CEO da empresa. Mantendo todos os dados iguais à parte (2) anterior, altere as unidades produzidas no Ano 2 para 50 mil unidades. Essa mudança resultaria no pagamento de um bônus ao CEO? Você acha que essa mudança seria interessante para a empresa? O que provavelmente acontecerá no Ano 3 com o resultado operacional pelo método de custeio por absorção se as vendas permanecerem constantes a 12 mil unidades por ano?

EXERCÍCIOS

Consulte no *site* <www.grupoa.com.br> os suplementos para esta seção.

EXERCÍCIO 6.1 Custo unitário de produto pelo custeio variável e pelo custeio por absorção [OA6.1]

A Shastri Bicycle de Bombaim, Índia, produz uma bicicleta barata, mas resistente, para uso nas agitadas ruas da cidade, que é vendida por 500 rúpias. (A moeda indiana é denominada em rúpias, denotada por R.) A seguir, temos dados selecionados das operações da empresa no ano passado:

Unidades nos estoques iniciais	0
Unidades produzidas	10.000
Unidades vendidas.......................................	8.000
Unidades nos estoques finais....................................	2.000
Custos variáveis por unidade:	
Materiais diretos.......................................	R 120
Mão de obra direta.....................................	R 140
Custos variáveis indiretos de produção	R 50
Despesas de venda e administrativas variáveis............	R 20
Custos fixos:	
Custos fixos indiretos de produção............................	R 600.000
Despesas de venda e administrativas fixas	R 400.000

Requisitado:
1. Suponha que a empresa use o método de custeio por absorção. Calcule o custo unitário de produto de uma bicicleta.
2. Suponha que a empresa use o método de custeio variável. Calcule o custo unitário de produto de uma bicicleta.

EXERCÍCIO 6.2 Demonstração de resultados pelo método do custeio variável; Explicação da diferença no resultado operacional [OA6.2]

Use os dados do Exercício 6.1 sobre a Shastri Bicycle. A seguir, temos a demonstração de resultados pelo custeio por absorção preparada pelo contador da empresa para o ano passado:

Vendas...	R 4.000.000
Custos de produtos vendidos..................	2.960
Margem bruta..	1.040
Despesas de venda e administrativas.....	560.000
Resultado operacional.............................	R 480.000

Requisitado:
1. Determine quanto dos estoques finais consiste em custos fixos indiretos de produção diferidos para o próximo período.
2. Prepare uma demonstração de resultados para o ano usando o método de custeio variável. Explique a diferença no resultado operacional entre os dois métodos de custeio.

EXERCÍCIO 6.3 Reconciliação do resultado operacional pelo método de custeio por absorção e de custeio variável [OA6.3]

A High Tension Transformers Inc. produz transformadores de carga pesada para estações de transformação elétrica. A empresa usa o custeio variável para relatórios gerenciais internos e o custeio por absorção para relatórios externos para os acionistas, credores e o governo. A empresa forneceu os seguintes dados:

	Ano 1	Ano 2	Ano 3
Estoques:			
Iniciais (unidades)...................................	180	150	160
Finais (unidades).....................................	150	160	200
Resultado operacional pelo método do custeio variável (US$)...................	292.400	269.200	251.800

Os custos fixos indiretos de produção por unidade da empresa se mantiveram constantes a US$ 450 durante todos os três anos.

Requisitado:
1. Determine o resultado operacional de cada ano pelo método de custeio por absorção. Apresente sua resposta na forma de um relatório de reconciliação.
2. No Ano 4, o resultado operacional da empresa pelo método de custeio variável foi de US$ 240.200 e seu resultado operacional pelo método de custeio por absorção foi de US$ 267.200. Os estoques aumentaram ou diminuíram durante o Ano 4? Quanto dos custos fixos indiretos de produção foi diferido para os estoques, ou deles liberados, durante o Ano 4?

EXERCÍCIO 6.4 Demonstração de resultados segmentada básica [OA6.4]

A Caltec Inc. produz e vende pacotes de CDs e DVDs graváveis. A seguir, temos informações sobre receitas e custos relacionados aos produtos:

	Produto	
	CD	DVD
Preço de venda por pacote (US$).........................	8	25
Despesas variáveis por pacote (US$)..................	3,20	17,50
Despesas fixas rastreáveis por ano (US$)...........	138.000	45.000

As despesas fixas comuns da empresa totalizam US$ 105 mil por ano. No ano passado, a empresa produziu e vendeu 37.500 pacotes de CDs e 18 mil pacotes de DVDs.

Requisitado:

Prepare uma demonstração de resultados com margem de contribuição para o ano segmentada por linhas de produtos.

EXERCÍCIO 6.5 Dedução de mudanças nos estoques [OA6.3]

A Ferguson Products Inc., uma empresa manufatureira, divulgou US$ 130 milhões em vendas e um prejuízo de US$ 25 milhões em sua demonstração de resultados pelo custeio por absorção que foi fornecida aos acionistas. De acordo com uma análise CVL preparada para a gerência, o ponto de equilíbrio da empresa é US$ 120 milhões em vendas.

Requisitado:

Supondo que a análise CVL esteja correta, é provável que o nível de estoques da empresa tenha aumentado, diminuído ou permanecido inalterado durante o ano? Explique.

EXERCÍCIO 6.6 Inferência do método de custeio; Custo unitário de produto [OA6.1]

A Amcor Inc. incorre nos seguintes custos para produzir e vender um único produto.

Custos variáveis por unidade (US$):	
Materiais diretos	10
Mão de obra direta	5
Custos variáveis indiretos de produção...................................	2
Despesas de venda e administrativas variáveis	4
Custos fixos por ano (US$):	
Custos fixos indiretos de produção..	90.000
Despesas de venda e administrativas fixas	300.000

Durante o ano passado, 30 mil unidades foram produzidas e 25 mil unidades foram vendidas. A conta de estoques de produtos finais mostra, no final do ano, um saldo de US$ 85 mil das 5 mil unidades não vendidas.

Requisitado:

1. A empresa usa custeio por absorção ou custeio variável para determinar o custo de unidades na conta de estoques de produtos finais? Mostre cálculos para justificar sua resposta.
2. Suponha que a empresa deseja preparar demonstrações contábeis para o ano para divulgar aos acionistas.
    a. O valor de US$ 85 mil para estoques de produtos finais é o valor correto a ser usado nessas demonstrações para fins de relatórios externos? Explique.
    b. A que valor em dólares as 5 mil unidades devem ser mantidas em estoque para fins de relatórios externos?

EXERCÍCIO 6.7 Custo unitário de produto e demonstrações de resultados pelo custeio variável e pelo custeio por absorção [OA6.1, OA6.2]

A empresa Maxwell produz e vende um único produto. Os custos a seguir foram incorridos no primeiro ano de operações da empresa:

Custos variáveis por unidade:	
Custos variáveis de produção (US$):	
Materiais diretos..	18
Mão de obra direta	7
Custos variáveis indiretos de produção............................	2
Despesas de venda e administrativas variáveis	2
Custos fixos por ano (US$):	
Custos fixos indiretos de produção..	200.000
Despesas de venda e administrativas fixas	110.000

Durante o ano, a empresa produziu 20 mil unidades e vendeu 16 mil unidades. O preço de venda do produto da empresa é de US$ 50 por unidade.

Requisitado:

1. Suponha que a empresa use o método de custeio por absorção:
   a. Calcule o custo unitário de produto.
   b. Prepare uma demonstração de resultados para o ano.
2. Suponha que a empresa use o método de custeio variável:
   a. Calcule o custo unitário de produto.
   b. Prepare uma demonstração de resultados para o ano.
3. A *controller* da empresa acredita que a empresa deveria ter determinado o preço de venda do ano passado a US$ 51 em vez de US$ 50 por unidade. Ela estima que a empresa teria vendido 15 mil unidades a um preço de US$ 51 por unidade, aumentando, assim, a margem bruta da empresa em US$ 2 mil e seu resultado operacional em US$ 4 mil. Supondo que as estimativas da *controller* estejam corretas, você acha que o aumento no preço teria sido uma boa ideia?

EXERCÍCIO 6.8 Demonstração de resultados segmentada [OA6.4]

A empresa Michaels segmenta sua demonstração de resultados em suas divisões Oeste e Leste. As vendas gerais, o índice de margem de contribuição e o resultado operacional da empresa são US$ 600 mil, 50% e US$ 50 mil, respectivamente. A margem de contribuição e o índice de margem de contribuição da Divisão Oeste são US$ 150 mil e 75%, respectivamente. A margem por segmento da Divisão Leste é de US$ 70 mil. A empresa possui US$ 60 mil de custos comuns fixos que não podem ser associados a nenhuma das divisões.

Requisitado:

Prepare uma demonstração de resultados para a empresa Michaels que use o formato com margem de contribuição e seja segmentada por divisões. Além disso, para a empresa como um todo e para cada segmento, mostre cada item nas demonstrações de resultados segmentadas como um percentual das vendas.

EXERCÍCIO 6.9 Custo unitário de produto pelo custeio variável e demonstração de resultados; Ponto de equilíbrio [OA6.1, OA6.2]

A CompuDesk Inc. produz uma escrivaninha de carvalho especialmente projetada para computadores pessoais. A escrivaninha é vendida por US$ 200. A seguir, temos os dados das operações do ano passado:

Unidades nos estoques iniciais	0
Unidades produzidas	10.000
Unidades vendidas	9.000
Unidades nos estoques finais	1.000
Custos variáveis por unidade (US$):	
Materiais diretos	60
Mão de obra direta	30
Custos variáveis indiretos de produção	10
Despesas de venda e administrativas variáveis	20
Total de custos variáveis por unidade	120
Custos fixos (US$):	
Custos fixos indiretos de produção	300.000
Despesas de venda e administrativas fixas	450.000
Total de custos fixos	750.000

Requisitado:

1. Suponha que a empresa use o método de custeio variável. Calcule o custo unitário de produto de uma escrivaninha para computador.
2. Suponha que a empresa use o método de custeio variável. Prepare uma demonstração de resultados com margem de contribuição para o ano.
3. Qual é o ponto de equilíbrio da empresa em termos de unidades vendidas?

EXERCÍCIO 6.10 Custo unitário de produto pelo custeio por absorção e demonstração de resultados [OA6.1, OA6.2]

Use os dados do Exercício 6.9 sobre a CompuDesk. Suponha, neste exercício, que a empresa use o método de custeio por absorção.

Requisitado:
1. Calcule o custo unitário de produto de uma escrivaninha de computador.
2. Prepare uma demonstração de resultados.

EXERCÍCIO 6.11 Demonstração de resultados segmentada [OA6.4]

A empresa Bovine, uma distribuidora de DVDs no atacado, tem sofrido prejuízos há algum tempo, como mostra sua última demonstração de resultados com margem de contribuição mensal a seguir:

Vendas (US$)	1.500
Despesas variáveis (US$)	588.000
Margem de contribuição (US$)	912.000
Despesas fixas (US$)	945.000
Resultado operacional (US$)	– 33.000

Na tentativa de isolar o problema, o presidente pediu uma demonstração de resultados segmentada por mercado geográfico. Dessa forma, o departamento de contabilidade levantou os seguintes dados:

	Mercado geográfico		
	Sul	Centro	Norte
Vendas (US$)	400.000	600.000	500.000
Despesas variáveis como um percentual das vendas	52%	30%	40%
Despesas fixas rastreáveis (US$)	240.000	330.000	200.000

Requisitado:
1. Prepare uma demonstração de resultados com margem de contribuição segmentada por mercado geográfico, como deseja o presidente.
2. O gerente de vendas da empresa acredita que as vendas no mercado geográfico "Centro" poderiam aumentar em 15% se o orçamento mensal de propaganda aumentasse em US$ 25 mil. Você recomendaria o aumento na propaganda? Mostre cálculos para justificar sua resposta.

EXERCÍCIO 6.12 Custo unitário de produto e demonstrações de resultados pelo custeio variável e custeio por absorção [OA6.1, OA6.2, OA6.3]

A empresa Fletcher produz e vende um único produto. As informações a seguir pertencem aos dois primeiros anos de operações da empresa:

Custos variáveis por unidade (US$):	
Produção	
Materiais diretos	20
Mão de obra direta	12
Custos variáveis indiretos de produção	4
Despesas de venda e administrativas variáveis ...	3
Custos fixos por ano (US$):	
Custos fixos indiretos de produção	200.000
Despesas de venda e administrativas fixas	80.000

Durante seu primeiro ano de operações, a Fletcher produziu 50 mil unidades e vendeu 40 mil unidades. Durante seu segundo ano de operações, ela produziu 40 mil unidades e vendeu 50 mil unidades. O preço de venda do produto da empresa é de US$ 50 por unidade.

Requisitado:
1. Suponha que a empresa use o método de custeio variável:
   a. Calcule o custo unitário de produto para o Ano 1 e o Ano 2.
   b. Prepare uma demonstração de resultados para o Ano 1 e o Ano 2.
2. Suponha que a empresa use o método de custeio por absorção:
   a. Calcule o custo unitário de produto para o Ano 1 e o Ano 2.

b. Prepare uma demonstração de resultados para o Ano 1 e o Ano 2.
3. Explique a diferença no resultado operacional pelo método de custeio variável e pelo custeio por absorção no Ano 1. Além disso, explique por que os dois resultados operacionais diferem no Ano 2.

EXERCÍCIO 6.13 Demonstração de resultados pelo método de custeio variável; Reconciliação [OA6.2, OA6.3]

A empresa Morey acaba de concluir seu primeiro ano de operações. A seguir, temos a demonstração de resultados pelo custeio por absorção da empresa nesse ano:

Demonstração de resultados (US$) – Morey	
Vendas (40.000 unidades a US$ 33,75 por unidade)	1.350.000
Custos de produtos vendidos (40.000 unidades × US$ 21 por unidade)	840.000
Margem bruta	510.000
Despesas de venda e administrativas	420.000
Resultado operacional	90.000

As despesas de venda e administrativas da empresa consistem em US$ 300 mil por ano em despesas fixas e US$ 3 por unidade vendida nas despesas variáveis. O valor de US$ 21 por custo unitário de produto dado anteriormente é calculado como a seguir:

Materiais diretos (US$)	10
Mão de obra direta (US$)	4
Custos variáveis indiretos de produção (US$)	2
Custos fixos indiretos de produção (US$ 250.000 ÷ 50.000 unidades) (US$)	5
Custo unitário de produto pelo custeio por absorção (US$)	21

Requisitado:
1. Refaça a demonstração de resultados da empresa no formato com margem de contribuição, usando o método de custeio variável.
2. Reconcilie qualquer diferença entre o resultado operacional em sua demonstração de resultados pelo custeio variável e o resultado operacional na demonstração de resultados por custeio por absorção.

EXERCÍCIO 6.14 Trabalhando com uma demonstração de resultados segmentada [OA6.4]

A Marple Associates é uma empresa de consultoria especializada em sistemas de informação para empresas de construção e paisagismo, e possui dois escritórios – um em Houston e um em Dallas. A empresa classifica os custos diretos de trabalhos de consultoria como custos variáveis. A seguir, temos a demonstração de resultados segmentada com margem de contribuição do último ano da empresa:

	Total da empresa		Houston		Dallas	
	(US$)	(%)	(US$)	(%)	(US$)	(%)
Vendas	750.000	100	150.000	100	600.000	100
Despesas variáveis	405.000	54	45.000	30	360.000	60
Margem de contribuição	345.000	46	105.000	70	240.000	40
Despesas fixas rastreáveis	168.000	22,4	78.000	52	90.000	15
Margem por segmento por escritório	177.000	23,6	27.000	18	150.000	25
Despesas fixas comuns não rastreáveis aos escritórios	120.000	16				
Resultado operacional	57.000	7,6				

Requisitado:
1. Em quanto o resultado operacional da empresa aumentaria se Dallas aumentasse suas vendas em US$ 75 mil por ano? Suponha que não haja nenhuma mudança nos padrões de comportamento dos custos.
2. Use os dados originais da empresa. Suponha que as vendas em Houston aumentem em US$ 50 mil no próximo ano e que as vendas em Dallas permaneçam inalteradas. Suponha que não haja mudanças nos custos fixos.
    a. Prepare uma nova demonstração de resultados segmentada para a empresa usando o formato anterior. Mostre montantes e percentuais.
    b. Observe, com base na demonstração de resultados que você preparou, que o índice MC de Houston permaneceu inalterado a 70% (o mesmo que nos dados anteriores), mas que o índice da margem por segmento mudou. Como você explica a mudança no índice da margem por segmento?

EXERCÍCIO 6.15 Trabalhar com uma demonstração de resultados segmentada [OA6.4]

Use os dados do Exercício 6.14. Suponha que as vendas em Dallas por mercado sejam as seguintes:

	Dallas		Mercado Clientes de construção		Clientes de paisagismo	
	(US$)	(%)	(US$)	(%)	(US$)	(%)
Vendas	600.000	100	400.000	100	200.000	100
Despesas variáveis	360.000	60	260.000	65	100.000	50
Margem de contribuição	240.000	40	140.000	35	100.000	50
Despesas fixas rastreáveis	72.000	12	20.000	5	52.000	26
Margem por segmento de mercado	168.000	28	120.000	30	48.000	24
Despesas fixas comuns não rastreáveis	18.000	3				
Margem por segmento do escritório	150.000	25				

A empresa gostaria de iniciar uma campanha publicitária intensa em um dos dois mercados durante o próximo mês. A campanha custaria US$ 8 mil. Estudos de marketing indicam que tal campanha aumentaria as vendas em US$ 70 mil no mercado de construção ou em US$ 60 mil no mercado de paisagismo.

Requisitado:
1. Em qual dos mercados você recomendaria que a empresa concentrasse sua campanha publicitária? Mostre cálculos que justifiquem sua reposta.
2. No Exercício 6.14, Dallas mostra US$ 90 mil em despesas fixas rastreáveis. O que aconteceu com os US$ 90 mil neste exercício?

PROBLEMAS

Consulte no *site* <www.grupoa.com.br> os suplementos para esta seção.

PROBLEMA 6.16 Custo unitário de produto e demonstrações de resultados pelo custeio variável e pelo custeio por absorção; Explicação da diferença no resultado operacional [OA6.1, OA6.2, OA6.3]

A Wiengot Antennas Inc. produz e vende um único tipo de antena de TV. A empresa acabou de abrir uma nova fábrica para produzir a antena, e a seguir temos os dados de custos e receitas do primeiro mês de operação da fábrica na forma de uma planilha.

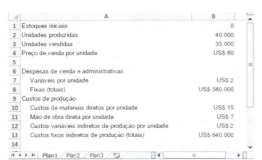

Como a nova antena tem um projeto exclusivo, a gerência está ansiosa para ver quão lucrativa ela será e pediu que fosse preparada uma demonstração de resultados para o mês.

Requisitado:
1. Suponha que a empresa use o método de custeio por absorção.
    a. Determine o custo unitário de produto.
    b. Prepare uma demonstração de resultados para o mês.
2. Suponha que a empresa use o método de custeio variável.
    a. Determine o custo unitário de produto.
    b. Prepare uma demonstração de resultados com margem de contribuição para o mês.
3. Explique o motivo de qualquer diferença nos saldos dos estoques finais sob os dois métodos de custeio e o impacto dessa diferença sobre o resultado operacional divulgado.

PROBLEMA 6.17 Custo unitário de produto e demonstrações de resultados pelo custeio variável e pelo custeio por absorção [OA6.1, OA6.2]

A empresa Nickelson produz e vende um único produto. As informações a seguir pertencem a cada um dos três primeiros anos de operações da empresa:

Custos variáveis por unidade:	
Produção (US$):	
Materiais diretos...	25
Mão de obra direta	16
Custos variáveis indiretos de produção.........................	5
Despesas de venda e administrativas variáveis................	2
Custos fixos por ano (US$):	
Custos fixos indiretos de produção...................................	300.000
Despesas de venda e administrativas fixas	180.000

Durante seu primeiro ano de operações, a Nickelson produziu 60 mil unidades e vendeu 60 mil unidades. Durante seu segundo ano, produziu 75 mil unidades e vendeu 50 mil unidades. Em seu terceiro ano, produziu 40 mil unidades e vendeu 65 mil unidades. O preço de venda do produto da empresa é de US$ 56 por unidade.

Requisitado:
1. Calcule o ponto de equilíbrio da empresa em unidades vendidas.
2. Suponha que a empresa use o método de custeio variável:
    a. Calcule o custo unitário de produto para os Anos 1, 2 e 3.
    b. Prepare uma demonstração de resultados para os Anos 1, 2 e 3.
3. Suponha que a empresa use o método de custeio por absorção:
    a. Calcule o custo unitário de produto para os Anos 1, 2 e 3.
    b. Prepare uma demonstração de resultados para os Anos 1, 2 e 3.
4. Compare os valores do resultado operacional que você calculou nos itens 2 e 3 ao ponto de equilíbrio que você calculou no item 1. Quais valores de resultado operacional parecem contraintuitivos? Por quê?

PROBLEMA 6.18 Demonstração de resultados pelo método de custeio variável; Reconciliação [OA6.2, OA6.3]

Durante os dois primeiros anos de operação da empresa Denton, ela divulgou o seguinte resultado operacional pelo método de custeio por absorção:

	Ano 1 (US$)	Ano 2 (US$)
Vendas (a US$ 50 por unidade)	1.000.000	1.500.000
Custos de produtos vendidos (a US$ 34 por unidade)..................	680.000	1.020.000
Margem bruta	320.000	480.000
Despesas de venda e administrativas*..	310.000	340.000
Resultado operacional	10.000	140.000

* US$ 3 variáveis por unidade; US$ 250.000 fixos todo ano.

O custo unitário de produto de US$ 34 da empresa é calculado como a seguir:

Materiais diretos (US$)	8
Mão de obra direta	10
Custos variáveis indiretos de produção	2
Custos fixos indiretos de produção (US$ 350.000 ÷ 25.000 unidades)	14
Custo unitário de produto pelo custeio por absorção (US$)	34

A seguir, temos os dados de produção e custos dos dois anos:

	Ano 1	Ano 2
Unidades produzidas	25.000	25.000
Unidades vendidas	20.000	30.000

Requisitado:
1. Prepare uma demonstração de resultados com margem de contribuição pelo método de custeio variável para cada ano.
2. Reconcilie os valores do resultado operacional pelo método de custeio por absorção e pelo método de custeio variável para cada ano.

PROBLEMA 6.19 Relatórios de segmentos e tomada de decisões [OA6.4]
A seguir, temos a demonstração de resultados com margem de contribuição do último mês da empresa Reston:

Demonstração de resultados (US$) para o mês que termina em 31 de maio – Empresa Reston		
Vendas	900.000	100%
Despesas variáveis	408.000	45,3
Margem de contribuição	492.000	54,7
Despesas fixas	465.000	51,7
Resultado operacional	27.000	3%

A gerência está decepcionada com o desempenho da empresa e pensa no que pode ser feito para aumentar os lucros. Ao examinar os registros de vendas e custos, você determinou o seguinte:
a. A empresa está dividida em dois territórios de vendas – Central e Leste. O território central registrou US$ 400 mil em vendas e US$ 208 mil em despesas variáveis durante maio. O restante das despesas de vendas e das despesas variáveis foi registrado no território leste. Despesas fixas de US$ 160 mil e US$ 130 mil são rastreáveis aos territórios central e leste, respectivamente. O resto das despesas fixas é comum aos dois territórios.
b. A empresa é a distribuidora exclusiva de dois produtos chamados Awls e Pows, cujas vendas totalizaram US$ 100 mil e US$ 300 mil, respectivamente, no território central durante maio. As despesas variáveis são de 25% do preço de venda dos Awls e 61% dos Pows. Os registros de custos mostram que US$ 60 mil das despesas fixas do território central são rastreáveis ao Awls e US$ 54 mil ao Pows, sendo, o restante, comum aos dois produtos.

Requisitado:
1. Prepare demonstrações de resultados segmentadas com margem de contribuição, primeiro mostrando o total da empresa decomposto em territórios de vendas e, então, mostrando o território central decomposto em linhas de produto. Além disso, para a empresa como um todo e para cada segmento, mostre cada item nas demonstrações de resultados segmentadas como um percentual das vendas.
2. Observe a demonstração que você preparou mostrando o total da empresa segmentado por territórios de vendas. Quais os pontos revelados por essa demonstração deveriam ser ressaltados para a gerência?
3. Observe a demonstração que você preparou mostrando o território central segmentado por linhas de produtos. Quais os pontos revelados por essa demonstração deveriam ser ressaltados para a gerência?

PROBLEMA 6.20 Problema abrangente com custos fixos de mão de obra [OA6.1, OA6.2, OA6.3]

A Advance Products Inc. acaba de organizar uma nova divisão para produzir e vender mesas para computadores pessoais especialmente projetadas, usando madeiras de lei selecionadas. A tabela seguinte mostra os custos mensais da divisão:

Custos de produção (US$):	
Custos variáveis por unidade:	
Materiais diretos (US$)	86
Custos variáveis indiretos de produção (US$)	4
Custo fixos indiretos de produção (total) (US$)	240.000
Despesas de venda e administrativas:	
Variáveis	15% das vendas
Fixas (total) (US$)	160.000

A Advance Products considera todos os seus trabalhadores como funcionários de tempo integral, e a empresa tem uma antiga política de não demitir. Além disso, a produção é bastante automatizada. Assim, a empresa inclui seus custos de mão de obra em seus custos fixos indiretos de produção. As mesas são vendidas por US$ 250 cada.

Durante o primeiro mês de operações, a seguinte atividade foi registrada:

Unidades produzidas	4.000
Unidades vendidas	3.200

Requisitado:
1. Calcule o custo unitário de produto sob:
   a. o método de custeio por absorção.
   b. o método de custeio variável.
2. Prepare uma demonstração de resultados para o mês usando o método de custeio por absorção.
3. Prepare uma demonstração de resultados com margem de contribuição para o mês usando o método de custeio variável.
4. Suponha que a empresa tenha que obter um financiamento adicional. Como membro da alta gestão, quais das demonstrações preparadas nos itens (2) e (3) anteriores você preferiria levar consigo para negociar com o banco? Por quê?
5. Reconcilie o resultado operacional calculado pelo método de custeio por absorção e pelo método de custeio variável nos itens (2) e (3) anteriores.

PROBLEMA 6.21 Prepare e reconcilie demonstrações pelo método de custeio variável [OA6.1, OA6.2, OA6.3]

A empresa Linden produz e vende um único produto. A seguir, temos os dados de custos do produto:

Custos variáveis por unidade (US$):	
Materiais diretos	6
Mão de obra direta	12
Custos variáveis indiretos da fábrica	4
Despesas de venda e administrativas variáveis	3
Total de custos variáveis por unidade	25
Custos fixos por mês (US$):	
Custos fixos indiretos de produção	240.000
Despesas de venda e administrativas fixas	180.000
Total de custos fixos por mês	420.000

O produto é vendido por US$ 40 por unidade. Os dados de produção e venda de maio e junho, os dois primeiros meses de operações, são os seguintes:

	Unidades produzidas	Unidades vendidas
Maio............................	30.000	26.000
Junho..........................	30.000	34.000

A seguir, temos demonstrações de resultados preparadas pelo departamento de contabilidade usando o método de custeio por absorção (US$):

	Maio	Junho
Vendas..	1.040.000	1.360.000
Custos de produtos vendidos..............................	780.000	1.020.000
Margem bruta	260.000	340.000
Despesas de venda e administrativas	258.000	282.000
Resultado operacional	2.000	58.000

Requisitado:
1. Determine o custo unitário de produto sob:
   a. o método de custeio por absorção.
   b. o método de custeio variável.
2. Prepare demonstrações de resultados com margem de contribuição pelo custeio variável para maio e junho.
3. Reconcilie o resultado operacional pelo método de custeio variável e pelo método de custeio por absorção.
4. O departamento de contabilidade da empresa determinou o ponto de equilíbrio como 28 mil unidades por mês, calculado como a seguir:

$$\frac{\text{Custo fixo por mês}}{\text{Margem de contribuição por unidade}} = \frac{\text{US\$ 420.000}}{\text{US\$ 15 por unidade}} = 28.000 \text{ unidades}$$

Ao receber essa cifra, o presidente comentou, "Há algo esquisito aqui. O *controller* diz que o ponto de equilíbrio é de 28 mil unidades por mês. Contudo, vendemos apenas 26 mil unidades em maio e a demonstração de resultados que recebemos mostrou um lucro de US$ 2 mil. Em que valores devemos acreditar?". Prepare uma breve explicação sobre o que aconteceu na demonstração de resultados de maio.

PROBLEMA 6.22 Custeio por absorção e custeio variável; Produção constante, vendas flutuantes [OA6.1, OA6.2, OA6.3]

Sandi Scott obteve uma patente de um pequeno aparelho eletrônico e organizou a Scott Products Inc. para produzir e vender o aparelho. Durante o primeiro mês de operações, o produto foi muito bem recebido no mercado, então, a Srta. Scott estava ansiosa para obter um grande lucro. Por este motivo, ela ficou surpresa em ver prejuízo para o mês em sua demonstração de resultados. Essa demonstração foi preparada por seu serviço de contabilidade, que se orgulha de fornecer a seus clientes dados financeiros oportunos. A demonstração se encontra a seguir:

Scott Products Inc. Demonstração de resultados (US$)		
Vendas (40.000 unidades)...		200.000
Despesas variáveis:		
Custos variáveis de produtos vendidos	80.000	
Despesas de venda e administrativas variáveis...................	30.000	110.000
Margem de contribuição...		90.000
Despesas fixas:		
Custos fixos indiretos de produção.......................................	75.000	
Despesas de venda e administrativas fixas	20.000	95.000
Resultado operacional		– 5.000

A Srta. Scott ficou desanimada com o prejuízo do mês, em especial porque havia planejado usar a demonstração para encorajar os investidores a comprarem ações da nova empresa. Um amigo, que é um contador público certificado, insiste que a empresa deveria usar o método de custeio por absorção em vez de custeio variável. Ele afirma que se a empresa usasse custeio por absorção, ela provavelmente teria divulgado lucro naquele mês.

A seguir, temos dados de custo selecionados relativos ao produto e ao primeiro mês de operações:

Unidades produzidas	50.000
Unidades vendidas	40.000
Custos variáveis por unidade:	
Materiais diretos (US$)	1
Mão de obra direta (US$)	0,80
Custos variáveis indiretos de produção (US$)	0,20
Despesas de venda e administrativas variáveis (US$)	0,75

Requisitado:
1. Complete o seguinte:
    a. Calcule o custo unitário de produto sob o método de custeio por absorção.
    b. Refaça a demonstração de resultados da empresa no mesmo mês usando o custeio por absorção.
    c. Reconcilie os valores de resultado operacional pelo método de custeio variável e de custeio por absorção.
2. O amigo contador público estava correto ao sugerir que a empresa na verdade tinha obtido "lucro" naquele mês? Explique.
3. Durante o segundo mês de operações, a empresa produziu mais uma vez 50 mil unidades, mas vendeu 60 mil unidades. (Suponha que não tenham ocorrido mudanças nos custos fixos totais.)
    a. Prepare uma demonstração de resultados com margem de contribuição para o mês usando o método de custeio variável.
    b. Prepare uma demonstração de resultados para o mês usando o método de custeio por absorção.
    c. Reconcilie o resultado operacional pelo método de custeio variável e pelo método de custeio por absorção.

PROBLEMA 6.23 Reestruturação de uma demonstração de resultados segmentada [OA6.4]

A Brabant NV, dos Países Baixos, é uma distribuidora de queijos no atacado que vende por meio da Comunidade Europeia. Infelizmente, os lucros da empresa têm diminuído, o que tem causado uma preocupação considerável. Para ajudar a compreender a condição da empresa, o diretor-executivo solicitou que as demonstrações de resultados sejam segmentadas por território de vendas. Dessa maneira, o departamento de contabilidade da empresa preparou a seguinte demonstração para março, o mês mais recente. (A moeda utilizada nos Países Baixos é o euro, que é designado por €.)

	Território de vendas		
	Sul da Europa	Centro da Europa	Norte da Europa
Vendas (€)	300.000	800.000	700.000
Despesas territoriais (rastreáveis) (€):			
Custos de produtos vendidos	93.000	240.000	315.000
Salários	54.000	56.000	112.000
Seguros	9.000	16.000	14.000
Propaganda	105.000	240.000	245.000
Depreciação	21.000	32.000	28.000
Transporte	15.000	32.000	42.000
Total de despesas territoriais (€)	297.000	616.000	756.000
Resultado territorial antes das despesas corporativas (€)	3.000	184.000	− 56.000
Despesas corporativas (€):			
Propaganda (geral)	15.000	40.000	35.000
Despesas administrativas gerais (rastreáveis)	20.000	20.000	20.000
Total de despesas corporativas (€)	35.000	60.000	55.000
Resultado operacional (€)	− 32.000	124.000	− 111.000

Os custos de produtos vendidos e as despesas de transporte são, ambos, variáveis; todos os outros custos são fixos. A Brabant NV compra queijos em um leilão e de cooperativas de fazendeiros, e os distribui nos três territórios listados anteriormente. Cada um dos três territórios de venda possui seu próprio gerente e pessoal de vendas. Os queijos variam bastante em termos de lucratividade; alguns têm uma margem alta e outros uma margem baixa. (Certos queijos, depois de terem sido envelhecidos por longos períodos, são os mais caros e têm as margens mais altas.)

Requisitado:
1. Liste qualquer desvantagem ou ponto fraco que você veja no formato de demonstração ilustrado anteriormente.
2. Explique a base que parece estar sendo usada para alocar as despesas corporativas aos territórios. Você concorda com essas alocações? Explique.
3. Prepare uma nova demonstração de resultados segmentada com margem de contribuição para maio. Mostre uma coluna de "Total" além dos dados de cada território. Além disso, para a empresa como um todo e para cada território de vendas, mostre cada item da demonstração de resultados segmentada como um percentual de vendas.
4. Analise a demonstração que você preparou no item (3) anterior. Quais pontos que podem ajudar a melhorar o desempenho da empresa você ressaltaria para os gerentes?

PROBLEMA 6.24 Incentivos criados pelo custeio por absorção; Ética e o gerente [OA6.2]
Aristotle Constantinos, o gerente da divisão australiana da DuraProducts, tenta determinar o programa de produção para o último trimestre do ano. Esta divisão tinha planejado vender 100 mil unidades durante o ano, mas projeções correntes indicam que as vendas serão de apenas 78 mil unidades no total. Em 30 de setembro, as seguintes atividades foram divulgadas:

	Unidades
Estoques, 1º de janeiro	0
Produção	72.000
Vendas	60.000
Estoques, 30 de setembro	12.000

A demanda está amena e a previsão de vendas do último trimestre é de apenas 18 mil unidades.

A divisão pode alugar espaço de armazém para estocar até 30 mil unidades. A divisão deve manter um nível de estoque mínimo de pelo menos 1.500 unidades. O Sr. Constantinos está ciente de que a produção tem que ser de pelo menos 6 mil unidades por trimestre a fim de reter um núcleo de funcionários-chave. A capacidade de produção máxima é de 45 mil unidades por trimestre.

Devido à natureza das operações da divisão, os custos fixos indiretos de produção são um importante elemento de custo de produto.

Requisitado:
1. Suponha que a divisão use o método de custeio variável. Quantas unidades devem ser programadas para produção durante o último trimestre do ano? (A fórmula básica para calcular a produção necessária para um período em uma empresa é: Vendas esperadas + Estoques finais desejados − Estoques iniciais = Produção necessária). Mostre seus cálculos e explique sua resposta. O número de unidades programadas para produção afetará o lucro divulgado da divisão para o ano? Explique.
2. Suponha que a divisão use o método de custeio por absorção e que o gerente divisional receba um bônus anual baseado no resultado operacional da divisão. Se o Sr. Constantinos quer maximizar o resultado operacional de sua divisão para o ano, quantas unidades devem ser programadas para a produção durante o último trimestre? [Ver a fórmula no item (1) anterior.] Explique.
3. Identifique as questões éticas envolvidas na decisão que o Sr. Constantinos tem que tomar sobre o nível de produção do último trimestre do ano.

PROBLEMA 6.25 Preparação e interpretação de demonstrações; Mudanças nas vendas e na produção; Produção enxuta [OA6.1, OA6.2, OA6.3]
A Memotec Inc. produz e vende uma única peça eletrônica. Os resultados operacionais dos três primeiros anos de atividade foram os seguintes (base de custeio por absorção):

	Ano 1	Ano 2	Ano 3
Vendas (US$)	1.000.000	800.000	1.000.000
Custos de produtos vendidos (US$).............	800.000	560.000	850.000
Margem bruta (US$)	200.000	240.000	150.000
Despesas de venda e administrativas (US$)...	170.000	150.000	170.000
Resultado operacional (US$)........................	30.000	90.000	– 20.000

As vendas caíram em 20% durante o Ano 2 em virtude da entrada de vários concorrentes estrangeiros no mercado. A Memotec esperava que as vendas permanecessem constantes a 50 mil unidades para o ano; a produção foi determinada em 60 mil unidades a fim de construir uma reserva de proteção contra aumentos repentinos e inesperados na demanda. No início do Ano 3, a gerência pode ver que aumentos repentinos na demanda eram improváveis e que o estoque era excessivo. Para se desfazer do excesso de estoque, a Memotec reduziu a produção durante o Ano 3, como exibido a seguir:

	Ano 1	Ano 2	Ano 3
Produção em unidades	50.000	60.000	40.000
Vendas em unidades	50.000	40.000	50.000

A seguir, temos informações adicionais sobre a empresa:
a. A fábrica da empresa é muito automatizada. Os custos variáveis de produção (materiais diretos, mão de obra direta e custos variáveis indiretos de produção) totalizam apenas US$ 4 por unidade, e os custos fixos indiretos de produção totalizam US$ 600 mil por ano.
b. Os custos fixos indiretos de produção são aplicados a unidades de produto com base na produção de cada ano, isto é, calcula-se uma nova taxa de custos indiretos fixos todo ano.
c. As despesas de venda e administrativas variáveis são de US$ 2 por unidade vendida. As despesas de venda e administrativas fixas totalizam US$ 70 mil por ano.
d. A empresa usa um pressuposto do fluxo de estoques PEPS.

A gerência da Memotec não consegue compreender por que os lucros triplicaram durante o Ano 2 quando as vendas caíram em 20%, e por que foi incorrido prejuízo durante o Ano 3 quando as vendas recuperaram níveis anteriores.

Requisitado:
1. Prepare uma demonstração de resultados com margem de contribuição pelo custeio variável para cada ano.
2. Consulte as demonstrações de resultados pelo custeio por absorção da página anterior.
   a. Calcule o custo unitário de produto em cada ano sob o custeio por absorção (mostre quanto desse custo é variável e quanto é fixo).
   b. Reconcilie o resultado operacional pelo método de custeio variável e pelo método de custeio por absorção para cada ano.
3. Consulte outra vez a demonstração de resultados pelo custeio por absorção. Explique por que o resultado operacional foi mais alta no Ano 2 do que no Ano 1 sob a abordagem da absorção, à luz do fato de que foram vendidas menos unidades no Ano 2 do que no Ano 1.
4. Consulte mais uma vez a demonstração de resultados pelo custeio por absorção. Explique por que a empresa sofreu um prejuízo no Ano 3, mas divulgou lucro no Ano 1, embora o mesmo número de unidades tenha sido vendido em cada ano.
5. a. Explique como as operações teriam sido diferentes no Ano 2 e no Ano 3 se a empresa estivesse usando a produção enxuta com o resultado de os estoques finais serem zero.
   b. Se a produção enxuta tivesse sido usada durante o Ano 2 e o Ano 3 e a taxa predeterminada de custos indiretos baseada em 50 mil unidades por ano, qual teria sido o resultado operacional da empresa em cada ano sob o custeio por absorção? Explique o motivo de quaisquer diferenças entre esses valores de receita e os valores divulgados pela empresa nas demonstrações da página anterior.

PROBLEMA 6.26 Demonstrações de resultados segmentadas [OA6.4]

A Vega Foods Inc. comprou há pouco tempo um pequeno engenho que ela pretende operar como uma de suas subsidiárias. O engenho recém-adquirido possui três produtos que oferece à venda

– cereal de trigo, mistura de panqueca e farinha. Cada produto é vendido por US$ 10 por pacote. Os custos de materiais, mão de obra e outros custos de produção variáveis são de US$ 3 por saco de cereal de trigo, US$ 4,20 por saco de mistura de panqueca, e US$ 1,80 por saco de farinha. As comissões de vendas são de 10% sobre as vendas de qualquer produto. Todos os outros custos são fixos.

A seguir, temos a demonstração de resultados do engenho para o último mês:

		Linha de produtos		
	Total da empresa	Cereal de trigo	Mistura de panqueca	Farinha
Vendas (US$)	600.000	200.000	300.000	100.000
Despesas (US$):				
Materiais, mão de obra e outras	204.000	60.000	126.000	18.000
Comissões de vendas	60.000	20.000	30.000	10.000
Propaganda	123.000	48.000	60.000	15.000
Salários	66.000	34.000	21.000	11.000
Depreciação de equipamentos	30.000	10.000	15.000	5.000
Aluguel de armazém	12.000	4.000	6.000	2.000
Administração geral	90.000	30.000	30.000	30.000
Despesas totais (US$)	585.000	206.000	288.000	91.000
Resultado operacional (US$)	15.000	− 6.000	12.000	9.000

Temos disponíveis sobre a empresa as informações adicionais a seguir:

a. O mesmo equipamento é usado para moer e empacotar os três produtos. Na demonstração de resultados anteriormente, a depreciação de equipamentos foi alocada com base nas vendas em dólares. Uma análise do uso do equipamento indica que ele é usado 40% do tempo para fazer cereal de trigo, 50% para fazer mistura de panqueca e 10% para fazer farinha.

b. Todos os três produtos são estocados no mesmo armazém. Na demonstração de resultados anterior, o aluguel de armazém foi alocado com base nas vendas em dólares. O armazém contém 7.315 m^2 de espaço, dos quais 2.438 m^2 são usados para cereal de trigo, 4.267 m^2 são usados para mistura de panqueca e 610 m^2 são usados para farinha. O aluguel de espaço no armazém custa à empresa US$ 0,50 por m^2 por mês.

c. Os custos de administração geral estão relacionados à administração da empresa como um todo. Na demonstração de resultados anteriores, esses custos foram divididos em parte iguais entre as três linhas de produtos.

d. Todos os outros custos são rastreáveis às linhas de produtos.

A gerência da Vega Foods está ansiosa para melhorar a margem do engenho, que é de 2,5% sobre as vendas.

Requisitado:

1. Prepare uma nova demonstração de resultados segmentada com margem de contribuição para o mês. Ajuste a alocação da depreciação de equipamentos e do aluguel de armazém como indicam as informações adicionais fornecidas.
2. Depois de ver a demonstração de resultados do corpo principal do problema, a gerência decidiu eliminar o cereal de trigo porque ele não retorna lucro, e concentrar todos os recursos disponíveis na promoção da mistura de panqueca.
   a. Com base na demonstração que preparou, você concorda com a decisão de eliminar o cereal de trigo? Explique.
   b. Com base na demonstração que preparou, você concorda com a decisão de concentrar todos os recursos disponíveis na promoção da mistura de panqueca? Suponha que haja um amplo mercado disponível para os três produtos. (Dica: calcule o índice de margem de contribuição de cada produto.)

CASOS

Consulte no *site* <www.grupoa.com.br> os suplementos para esta seção.

CASO 6.27 Custo unitário de produto e demonstrações de resultados pelo custeio variável e custeio por absorção [OA6.1, OA6.2]

A empresa O'Donnell produz e vende um único produto. As informações a seguir referem-se aos três primeiros anos de operações da empresa:

Custos variáveis por unidade (US$):	
de produção	
Materiais diretos	30
Mão de obra direta	18
Custos variáveis indiretos de produção	6
Despesas de venda e administrativas variáveis	4
Custos fixos por ano (US$):	
Custos fixos indiretos de produção	600.000
Despesas de venda e administrativas fixas	180.000

Durante seu primeiro ano de operações, a O'Donnell produziu 100 mil unidades e vendeu 80 mil unidades. Durante seu segundo ano, produziu 75 mil unidades e vendeu 90 mil unidades. Em seu terceiro ano, produziu 80 mil unidades e vendeu 75 mil unidades. O preço de venda do produto da empresa é de US$ 70 por unidade.

Requisitado:
1. Suponha que a empresa use o método de custeio variável e um pressuposto de fluxos de estoques PEPS (primeiro a entrar, primeiro a sair; em outras palavras, supõe-se que as unidades mais antigas são vendidas antes):
   a. Calcule o custo unitário de produto para os Anos 1, 2 e 3.
   b. Prepare uma demonstração de resultados para os Anos 1, 2 e 3.
2. Suponha que a empresa use o método de custeio variável e um pressuposto de fluxos de estoques UEPS (UEPS significa último a entrar, primeiro a sair. Em outras palavras, supõe-se que as unidades mais novas são vendidas antes):
   a. Calcule o custo unitário de produto para os Anos 1, 2 e 3.
   b. Prepare uma demonstração de resultados para os Anos 1,2 e 3.
3. Suponha que a empresa use o método de custeio por absorção e um pressuposto de fluxos de estoques PEPS (PEPS significa primeiro a entrar, primeiro a sair. Em outras palavras, supõe-se que as unidades mais antigas são vendidas antes):
   a. Calcule o custo unitário de produto para os Anos 1, 2 e 3.
   b. Prepare uma demonstração de resultados para os Anos 1, 2 e 3.
4. Suponha que a empresa use o método de custeio por absorção e um pressuposto de fluxos de estoques UEPS (UEPS significa último a entrar, primeiro a sair. Em outras palavras, supõe-se que as unidades mais novas são vendidas antes):
   a. Calcule o custo unitário de produto para os Anos 1, 2 e 3.
   b. Prepare uma demonstração de resultados para os Anos 1, 2 e 3.

CASO 6.28 Organização de prestação de serviços; Relatório de segmento [OA6.4]

A Associação Norte-americana de Acupunturistas é uma associação profissional para acupunturistas que possui 10 mil membros. A associação opera a partir de uma sede central, mas possui filiais locais em toda a América do Norte. A publicação mensal da associação, a *American Acupuncture*, aborda os últimos avanços do campo. A associação também publica relatórios especiais e livros, e patrocina cursos que qualificam membros para o crédito de educação profissional continuada exigido pelos comitês estaduais de certificação. A demonstração de receitas e despesas da associação do ano corrente é apresentada a seguir:

Associação Norte-americana de Acupunturistas Demonstração de receitas e despesas (US$) do ano que termina em 31 de dezembro	
Receitas	970.000

Despesas:	
Salários	440.000
Custos de ocupação	120.000
Distribuição para as filiais locais	210.000
Impressão	82.000
Postagem	24.000
Salários dos instrutores de educação continuada	60.000
Gerais e administrativas	27.000
Despesas totais	963.000
Excesso de receitas acima das despesas	7.000

O conselho de diretoria da associação solicitou que você construísse uma demonstração de resultados segmentada que mostre a contribuição financeira de cada um dos quatro principais programas da associação – serviços para os membros, jornais, livros e relatórios e educação continuada. Os dados a seguir foram reunidos para lhe auxiliar:

a. A taxa de associação é de US$ 60 por ano, dos quais US$ 15 cobrem uma assinatura de um ano do jornal da associação. Os outros US$ 45 pagam serviços gerais para os membros.

b. Assinaturas de um ano da *American Acupuncture* são vendidas a não membros e bibliotecas a US$ 20 cada. No ano passado, foi vendido um total de mil dessas assinaturas. Além de assinaturas, o jornal gerou US$ 50 mil em receitas de propaganda. Os custos por assinatura de jornal para membros e não membros são de US$ 4 para impressão e US$ 1 para postagem.

c. Diversos relatórios técnicos e livros profissionais foram vendidos, totalizando US$ 70 mil durante o ano. Os custos desses materiais totalizaram US$ 25 mil, e os custos de postagem totalizaram US$ 8 mil.

d. A associação oferece diversos cursos de educação continuada, que geraram receitas de US$ 230 mil no ano passado.

e. Os custos de salários da equipe central e espaço ocupado por cada programa são os seguintes:

	Salários (US$)	Espaço ocupado (m^2)
Serviços a membros	170.000	914
Jornal	60.000	305
Livros e relatórios	40.000	305
Educação continuada	50.000	610
Equipe central	120.000	914
Total	440.000	3.048

f. Os US$ 120 mil em custos de ocupação incorridos no ano passado incluem US$ 20 mil em custo de aluguel para uma parte do armazém usada para estocagem pelo programa de serviços aos membros. A associação possui um contrato de aluguel flexível que a permite pagar apenas pelo espaço de armazém que utilizar.

g. Os custos de impressão além das assinaturas de jornal e de livros e relatórios para a educação continuada.

h. A distribuição para as filiais locais são para serviços aos membros.

i. As despesas gerais e administrativas incluem os custos relativos à administração geral da associação como um todo. A equipe central da associação faz algumas postagens de materiais para fins administrativos gerais.

j. As despesas que podem ser associadas ou atribuídas à equipe central, além de outras que não são rastreáveis aos programas, serão tratadas como custos comuns. Não é necessário distinguir entre custos variáveis e fixos.

Requisitado:

1. Prepare uma demonstração de resultados segmentada com margem de contribuição, para a Associação Norte-americana de Acupunturistas, para o ano passado. Essa demonstração deve mostrar a margem por segmento de cada programa além de resultados da associação como um todo.

2. Dê argumentos a favor e contra alocar todos os custos da associação aos quatro programas.

(Adaptado do CMA)

MÉTODO DE CUSTEIO BASEADO EM ATIVIDADES: ferramenta para auxiliar a tomada de decisões

7

▶▶ **Objetivos de aprendizagem**

OA7.1 Compreender o custeio baseado em atividades e como ele difere de um sistema de custeio tradicional.

OA7.2 Atribuir custos a agrupamento de custos individuais usando a primeira fase de alocação.

OA7.3 Calcular índices de atividade para agrupamentos de custos.

OA7.4 Atribuir custos a um objeto de custo usando a segunda fase de alocação.

OA7.5 Usar o custeio baseado em atividades para calcular margens de produto e do cliente.

OA7.6 (Apêndice 7A) Preparar e interpretar um relatório de análise de ações usando os dados do custeio baseado em atividades.

OA7.7 (Apêndice 7B) Usar as técnicas do custeio baseado em atividades para calcular o custo unitário de produto para relatórios externos.

FOCO NOS
NEGÓCIOS

Gerenciar a complexidade dos produtos

Os gerentes com frequência compreendem que aumentar a variedade de matérias-primas usadas em seus produtos aumenta os custos. Por exemplo, a General Mills estudou suas 50 variedades de refeições congeladas Hamburger Helper e concluiu que poderia baixar os custos descontinuando metade delas sem alienar os clientes. A Seagate estudou sete variedades de seus discos rígidos de computador e descobriu que apenas 2% de suas peças podiam ser compartilhadas com mais de um disco rígido. Os engenheiros consertaram o problema reprojetando os discos rígidos, de modo que usassem mais componentes comuns. Em vez de usar 61 tipos de parafusos para fazer os discos rígidos, os engenheiros reduziram este número para 19. Todos os produtos da Seagate foram, por fim, projetados de modo que 75% de suas peças componentes fossem compartilhadas com outras linhas de produtos.

Os sistemas de custeio baseado em atividades quantificam o aumento nos custos, como custos de aquisição, custos de manuseio de materiais e custos de montagem que são causados por produtos com projetos ineficientes e outros fatores.

FONTES: Mina Kimes, "Cereal Cost Cutters", *Fortune*, 10 de novembro de 2008, p. 24; Erika Brown, "Drive Fast, Drive Hard", *Forbes*, 9 de janeiro de 2006, p. 92-96.

Capítulo 7 ▶▶ Método de custeio baseado em atividades

Este capítulo introduz o conceito de *custeio baseado em atividades*, adotado por uma ampla variedade de organizações como a **Charles Schwab**, **Citigroup**, **Lowe's**, **Coca-Cola**, **Conco Food Service**, **Banta Foods**, **J&B Wholesale**, **Fairchild Semiconductor**, **Assan Aluminum**, **Sysco Foods**, **Fisher Scientific International** e **Peregrine Outfitters**. O **custeio baseado em atividades (ABC –** *Activity Based Costing*) é um método de custeio projetado para dar aos gerentes informações de custos para decisões estratégicas e outros tipos de decisões que possam afetar a capacidade e, portanto, os custos "fixos", bem como os variáveis. O custeio baseado em atividades é normalmente usado como um complemento, em vez de um substituto do sistema de custeio usual de uma empresa. A maioria das organizações que usa este método possui dois sistemas de custeio – o sistema de custeio oficial, usado para preparar relatórios financeiros externos, e o sistema de custeio baseado em atividades, usado para a tomada de decisões interna e para gerenciar atividades.

Este capítulo concentra-se principalmente em aplicações ABC na produção para fazer um contraste com o material apresentado nos capítulos anteriores. Mais especificamente, os Capítulos 3 e 4 concentraram-se nos sistemas de custeio por absorção tradicionais usados por empresas manufatureiras para calcular o custo unitário de produto com a finalidade de avaliar estoques e determinar os custos dos produtos vendidos para os relatórios financeiros externos. Em contraste, este capítulo explica como as empresas manufatureiras podem usar o custeio baseado em atividades em vez de os métodos tradicionais para calcular o custo unitário de produtos com a finalidade de gerenciar os custos indiretos e tomar decisões. O Capítulo 6 teve uma finalidade similar, concentrando-se em como usar o custeio variável para auxiliar decisões que não precisam afetar os custos fixos. Este capítulo estende essa ideia, mostrando como o custeio baseado em atividades pode ser usado para auxiliar decisões que potencialmente afetam todos os custos fixos além dos custos variáveis.

> ▶ **Custeio baseado em atividades (ABC –** *Activity Based Costing*)
>
> método de custeio baseado em atividades, projetado para fornecer aos gerentes informações de custo para decisões estratégicas e outras que possam afetar a capacidade e, portanto, os custos fixos e variáveis.

CUSTEIO BASEADO EM ATIVIDADES: PANORAMA

Como afirmado anteriormente, o custeio por absorção tradicional é criado para fornecer dados para relatórios financeiros externos. Em contraste, o custeio baseado em atividades é criado para a tomada de decisões interna. Consequentemente, o custeio baseado em atividades difere da contabilidade de custos tradicional de três maneiras. No custeio baseado em atividades:

> ▶▶ OA7.1
>
> Compreender o custeio baseado em atividades e como ele difere de um sistema de custeio tradicional.

1. Os custos não relacionados à produção e os custos de produção podem ser atribuídos a produtos, mas apenas na base de causa e efeito.
2. Alguns custos de produção podem ser excluídos dos custos de produto.
3. São usados inúmeros agrupamentos de custos indiretos, sendo cada um deles alocado a produtos e a outros objetos de custo usando sua medida de atividade exclusiva.

Cada uma dessas variações da prática da contabilidade de custos tradicional será discutida separadamente.

Custos não relacionados à produção e o custeio baseado em atividades

Na contabilidade de custos tradicional, apenas os custos de produção são atribuídos a produtos. As despesas de venda e administrativas são tratadas como despesas de período e não são atribuídas a produtos. Entretanto, muitos desses custos não relacionados à produção também fazem parte dos custos de venda, distribuição e serviços de atendimento de produtos específicos. Por exemplo, comissões pagas a vendedores, custos de transporte e custos de consertos no prazo de garantia podem ser facilmente associados a produtos individuais. Neste capítulo, usaremos o termo *custos indiretos* para nos referirmos a custos não relacionados à produção e a custos de produção que sejam indiretos. No custeio baseado em atividades, aos produtos são atribuídos todos os custos indiretos – tanto os custos de produção quanto os custos não relacionados à produção – que tenham sido causados por eles. Em essência, determinaremos todo o custo de um produto em vez de apenas seu custo de produção. Nos Capítulos 3 e 4, o foco era determinar apenas o custo de produção de um produto.

Custos de produção e o custeio baseado em atividades

Em sistemas de contabilidade de custos tradicional, todos os custos de produção são atribuídos a produtos – mesmo os custos de produção que não são causados pelos produtos. Por exemplo, no Capítulo 3, verificamos que uma taxa predeterminada de custos indiretos que envolvem toda a fábrica é calculada dividindo-se todos os custos indiretos de produção orçados por uma medida de atividade orçada como horas de mão de obra direta. Essa abordagem divide todos os custos indiretos de produção pelos produtos com base nas horas de mão de obra direta usadas por cada um deles. Ao contrário, os sistemas de custeio baseado em atividades propositadamente não atribuem dois tipos de custos indiretos de produção a produtos.

Os custos indiretos de produção incluem custos como os salários dos guardas de segurança da fábrica, o salário do *controller* da fábrica e o custo de suprimentos usados pela secretária do gerente da fábrica. Esses tipos de custos são atribuídos aos produtos em um sistema tradicional de custeio por absorção ainda que não sejam de forma alguma afetados por quais produtos são fabricados durante um período. Ao contrário, os sistemas de custeio baseado em atividades não atribuem arbitrariamente esses tipos de custos, que são chamados de custos de *suporte de uma organização*, aos produtos. O custeio baseado em atividades trata esses tipos de custos como despesas de período em vez de como custos de produto.

Além disso, em um sistema tradicional de custeio por absorção, os custos de capacidade não utilizada, ou ociosa, são atribuídos aos produtos. Se o nível orçado de atividade diminuir, a taxa de custos indiretos e o custo unitário de produto aumentam, já que os custos mais altos da capacidade ociosa são divididos por uma base menor. Ao contrário, no custeio baseado em atividades, só se atribuem aos produtos os custos da capacidade por eles utilizados – e não os custos da capacidade que eles não usam. Isso fornece um custo unitário de produto mais estável e é consistente com a meta de atribuir aos produtos somente os custos dos recursos por eles utilizados.[1]

Agrupamentos de custo, bases de alocação e custeio baseado em atividades

Durante o século XIX e a maior parte do século XX, os sistemas de custo eram simples e satisfatórios. Comumente, o agrupamento de custos indiretos de toda a fábrica ou um número de agrupamentos de custos indiretos departamentais era usado para atribuir custos indiretos a produtos. A abordagem de toda a fábrica sempre teve algo em comum com a abordagem departamental – contavam com bases de alocação como horas de mão de obra direta e horas-máquina para alocar custos indiretos aos produtos. Nos processos de produção intensivos mais antigos, a mão de obra direta era a escolha mais comum de uma base de alocação de custos indiretos, pois representava um grande componente dos custos de produto, as horas de mão de obra direta eram acompanhadas de perto e muitos gerentes acreditavam que as horas de mão de obra direta, o volume total de unidades produzidas e os custos indiretos tinham uma alta correlação. Três variáveis, como horas de mão de obra direta, volume total de unidades produzidas e custos indiretos, têm uma alta correlação se tendem a se movimentar juntas. Considerando que a maioria das empresas na época produzia uma variedade muito limitada de produtos que exigiam recursos similares para serem produzidos, bases de alocação como horas de mão de obra direta, ou mesmo horas-máquina, funcionavam bem porque, na verdade, havia provavelmente pouca diferença nos custos indiretos atribuíveis a diferentes produtos.

Então, as condições começaram a mudar. Como um percentual do custo total, a mão de obra direta começou a diminuir e os custos indiretos começaram a aumentar. Muitas tarefas que antes eram realizadas por trabalhadores de mão de obra direta agora eram

---

[1] O Apêndice 3A discute de que forma os custos de capacidade ociosa podem ser considerados um custo de período em uma demonstração de resultados. Esse tratamento realça o custo da capacidade ociosa em vez de lhe embutir nos estoques e nos custos de produtos vendidos custos de produtos vendidos. Os procedimentos apresentados neste capítulo para o custeio baseado em atividades têm o mesmo efeito final.

realizadas por equipamentos automatizados – um componente dos custos indiretos. As empresas começaram a criar novos produtos e serviços em um ritmo cada vez mais rápido que diferia em volume, tamanho do lote e complexidade. Gerenciar e sustentar essa diversidade de produtos exigia investimentos em muito mais recursos indiretos, como programadores de produção e engenheiros de projeto de produtos, que obviamente não tinham nenhuma ligação com horas de mão de obra direta ou horas-máquina. Nesse novo ambiente, continuar a contar exclusivamente com um número restrito de agrupamentos de custos indiretos e bases de alocação tradicionais representava um risco de distorção do custo unitário dos produtos divulgados, tornando-os, portanto, enganosos quando usados para fins de tomada de decisões.

O custeio baseado em atividades, graças aos avanços na tecnologia que tornam executáveis sistemas de custeio mais complexos, fornece uma alternativa de definição de agrupamentos de custo e de seleção de bases de alocação às abordagens tradicionais de toda a fábrica ou departamental. A abordagem baseada em atividades é atraente no ambiente de negócios de hoje por usar mais agrupamentos de custo e medidas exclusivas de atividade para melhor compreender os custos de gerenciar e sustentar a diversidade de produtos.

No custeio baseado em atividades, uma **atividade** é qualquer evento que cause o consumo de recursos indiretos. Um **agrupamento de custos de atividades** é um "pacote" no qual são acumulados os custos relacionados a uma única medida de atividade no sistema ABC. Uma **medida de atividade** é uma base de alocação em um sistema de custeio baseado em atividades. O termo *direcionador de custo* também é usado para se referir a uma medida de atividade porque ela deve "direcionar" o custo que é alocado. Os dois tipos mais comuns de medida de atividades são os *direcionadores de transação* e os *direcionadores de duração*. **Direcionadores de transação** são contagens simples do número de vezes que uma atividade ocorre, como o número de cobranças enviadas aos clientes, e **direcionadores de duração** medem a quantidade de tempo necessária para realizar uma atividade, como o tempo gasto na preparação de cobranças individuais para os clientes. Em geral, os direcionadores de duração são medidas mais precisas de consumo de recursos do que os direcionadores de transação, mas é necessário mais esforço para registrá-los. Por esse motivo, os direcionadores de transação são mais frequentemente usados na prática.

▶ **Atividade**

evento que causa o consumo de recursos indiretos em uma organização.

▶ **Agrupamento de custos de atividades**

"pacote" no qual são acumulados os custos relacionados a uma única medida de atividade em um sistema ABC.

▶ **Medida de atividade**

base de alocação em um sistema de custeio baseado em atividades; idealmente, uma medida da quantidade de atividade que direciona os custos em um agrupamento de custos de atividades.

▶ **Direcionador de transação**

uma contagem simples do número de vezes que uma atividade ocorre.

▶ **Direcionador de duração**

medida da quantidade de tempo necessária para realizar uma atividade.

DIRECIONADORES DE CUSTO GASTRONÔMICOS NO CLUB MED – BORA BORA

POR DENTRO DAS EMPRESAS

O Club Med – Bora Bora, do Taiti, é um resort de propriedade da empresa francesa **Club Med** e por ela operado. A maioria dos hóspedes compra pacotes *all-inclusive,* que incluem acomodação, participação nas diversas atividades do resort, uma grande variedade de bebidas e refeições luxuosas servidas em bufê. Os hóspedes do resort vêm de todas as partes do mundo, incluindo Ásia, América do Norte, América do Sul e Europa. A natureza internacional dos hóspedes apresenta desafios para a equipe da cozinha – por exemplo, o café da manhã japonês inclui sopa de missô, vegetais ensopados no molho de soja e mingau de arroz, enquanto os alemães costumam comer frios, queijo e pão. Além disso, o número de hóspedes varia muito, de 300 na alta temporada a 20 na baixa temporada. Os chefs de cozinha devem garantir que haja comida disponível nas quantidades e variedades corretas para agradar a variada clientela do resort. Para que isso seja possível, prepara-se um relatório diário listando quantos hóspedes japoneses, alemães, franceses, poloneses, norte-americanos, e assim por diante, estão registrados naquele momento. Essa informação ajuda os chefs a prepararem as quantidades apropriadas de comidas especializadas. Em essência, os custos na cozinha são determinados não somente pelo número de hóspedes, mas por quantos deles são japoneses, alemães, franceses, entre outros. Os custos são determinados por direcionadores múltiplos.

FONTE: Conversa com Dominique Tredano, Chef de Village (ou seja, gerente-geral), Club Med – Bora, Bora. Para informações sobre o Club Med, ver <www.clubmed.com>.

Os sistemas de custeio tradicionais dependem exclusivamente de bases de alocação que são determinadas pelo volume de produção. Em contrapartida, o custeio baseado em atividades define cinco níveis de atividade – o nível da unidade, do lote, do produto, do cliente e de suporte da organização – que não estão diretamente relacionados ao volume

> **Atividades no nível da unidade**
>
> atividades realizadas cada vez que uma unidade é produzida.

> **Atividades no nível do lote**
>
> atividades realizadas toda vez que um lote de produtos é manuseado ou processado, independentemente de quantas unidades há nele. A quantidade de recursos consumidos depende do número de lotes produzidos, e não do número de unidades no lote.

> **Atividades no nível do produto**
>
> atividades relacionadas a produtos específicos que devem ser realizadas não importando quantas unidades são produzidas ou quantos lotes são concluídos.

de unidades produzidas. Os custos e a medida de atividades correspondente para as atividades no nível da unidade estão, sim, relacionados ao volume de unidades produzidas; no entanto, as outras categorias não estão. Esses níveis são descritos como a seguir:[2]

1. **Atividades no nível da unidade** são realizadas toda vez que uma unidade é produzida. Os custos das atividades no nível da unidade devem ser proporcionais ao número de unidades produzidas. Por exemplo, fornecer energia elétrica para o funcionamento de equipamentos de processamento seria uma atividade no nível da unidade porque a energia elétrica tende a ser consumida em proporção ao número de unidades produzidas.

2. **Atividades no nível do lote** são realizadas cada vez que um lote é manuseado ou processado, independentemente de quantas unidades ele contém. Por exemplo, tarefas como fazer pedidos de compras, instalação de equipamentos e organização de entregas aos clientes são atividades no nível do lote. São incorridos uma vez para cada lote (ou pedido do cliente). Os custos no nível do lote dependem do número de lotes processados em vez do número de unidades produzidas, do número de unidades vendidas, ou de outras medidas de volume. Por exemplo, o custo de instalar uma máquina para o processamento de lotes é o mesmo independentemente de o lote conter um ou mil itens.

3. **Atividades no nível do produto** estão relacionadas a produtos específicos e devem, de forma característica, ser realizadas não importam quantos lotes são processados ou quantas unidades do produto são produzidas ou vendidas. Por exemplo, atividades como projetar um produto, anunciar um produto e manter o gerente e a equipe responsável por um produto são todas realizadas no nível do produto.

POR DENTRO DAS EMPRESAS

JANTAR NO CANYON

A **Western River Expeditions** <www.westernriver.com> promove excursões de *rafting* nos rios Colorado, Verde e Salmon. Uma de suas excursões mais populares é uma de seis dias pelo Grand Canyon, que inclui corredeiras famosas como a Crystal e a Lava Falls, além de uma paisagem incrível cujo acesso se dá somente pela parte de baixo do Grand Canyon. A empresa promove excursões de um ou dois botes, cada um com dois guias e até 18 participantes. Durante a viagem, a empresa fornece todas as refeições, que são preparadas pelos guias.

Em termos da hierarquia de atividades, um participante pode ser considerado uma unidade e, um bote, um lote. Nesse contexto, os salários pagos aos guias são um custo do nível do lote porque cada bote exige dois guias independentemente do número de participantes em cada bote. Cada participante recebe uma caneca para usar durante a excursão e para levar para casa no final como *souvenir*. O custo da caneca é um custo do nível da unidade, pois o número de canecas distribuídas é proporcional ao número de participantes em uma excursão.

E quanto aos custos da comida servida aos participantes e aos guias: esse é um custo do nível da unidade, do nível do lote, do nível do produto, ou um custo de sustentação da organização? À primeira vista, pode-se pensar que os custos da comida são custos do nível da unidade – quanto maior o número de participantes, maiores os custos da comida. No entanto, essa ideia não está correta. Foram criados cardápios-padrão para cada dia da viagem. Por exemplo, o cardápio da primeira noite consiste em coquetel de camarão, bife, pão de milho, salada e *cheesecake*. Um dia antes de a excursão começar, toda a comida necessária para a viagem é levada do armazém central e embalada em contentores modulares. Não é prático ajustar com exatidão a quantidade de comida ao número real de participantes que se planejou ter em uma excursão – a maior parte da comida vem pré-embalada em lotes grandes. Por exemplo, a receita de coquetel de camarão pode exigir dois pacotes de camarão congelado por bote e esse número de pacotes será embalado independentemente de quantos participantes são esperados no bote. Por consequência, os custos da comida não são custos do nível da unidade que variam com o número de participantes que realmente farão uma excursão. Em vez disso, os custos da comida são custos do nível do lote.

FONTE: Conversas com os funcionários da Western River Expeditions.

---

[2] Robin Cooper, "Cost Classification in Unit-Based and Activity-Based Manufacturing Cost Systems", *Journal of Cost Management*, outono de 1990, p. 4-14.

Capítulo **7** ▶▶ Método de custeio baseado em atividades

4. **Atividades no nível do cliente** estão relacionadas a clientes específicos e incluem atividades que não estão associadas a nenhum produto em especial, como ligações de vendas, postagens de catálogos e suporte técnico em geral.

5. **Atividades de suporte da organização** são realizadas independentemente de quais clientes são atendidos, quais produtos são produzidos, quantos lotes são concluídos, ou quantas unidades são fabricadas. Essa categoria inclui atividades como aquecer a fábrica, limpar os escritórios executivos, abastecer uma rede de computadores, conseguir empréstimos, preparar relatórios anuais para os acionistas, entre outros.

Muitas empresas em todo o mundo ainda baseiam suas alocações de custos indiretos em horas de mão de obra direta ou horas-máquina. Em situações em que os custos indiretos e as horas de mão de obra direta têm uma correlação alta ou naquelas em que a meta do processo de alocação dos custos indiretos é preparar relatórios financeiros externos, essa prática faz sentido. Entretanto, se os custos indiretos de toda a fábrica não se movimentam com as horas de mão de obra direta ou horas-máquina de toda a fábrica, então os custos de produto serão distorcidos – com a possibilidade de distorcer decisões tomadas dentro da empresa.

> ▶ **Atividades no nível do cliente**
>
> atividades realizadas para dar suporte aos clientes, mas que não estão relacionadas a qualquer produto em especial.

> ▶ **Atividades de suporte da organização**
>
> atividades realizadas independentemente de quais clientes são atendidos, quais produtos são produzidos, quantos lotes são concluídos ou quantas unidades são fabricadas.

PROJETAR UM SISTEMA DE CUSTEIO BASEADO EM ATIVIDADES (ABC)

Uma implementação bem-sucedida do custeio baseado em atividades possui três características essenciais. Em primeiro lugar, os altos gerentes devem apoiar a implementação do ABC, pois sua liderança é instrumental para motivar adequadamente todos os funcionários a aceitarem a necessidade de mudança. Em segundo lugar, os altos gerentes devem garantir que os dados do ABC estejam ligados a como as pessoas são avaliadas e recompensadas. Se os funcionários continuarem a ser avaliados por meio de dados de custo tradicionais (não ABC), rapidamente passarão a achar que o ABC não é importante e o abandonarão. Em terceiro lugar, deve ser criada uma equipe multifuncional para projetar e implementar o sistema ABC, a qual deve incluir representantes de cada área que usará os dados ABC, como os departamentos de marketing, produção, engenharia e contabilidade. Esses funcionários de diferentes funções possuem um grande conhecimento de muitas partes das operações de uma organização necessário para projetar um sistema ABC eficaz. Além disso, explorar o conhecimento de gerentes multifuncionais diminui sua resistência ao ABC porque eles se sentem incluídos no processo de implementação. Toda vez que contadores tentam implementar um sistema ABC, sem o apoio da alta gerência e o envolvimento multifuncional, os resultados são ignorados.

IMPLEMENTAÇÃO DO CUSTEIO BASEADO EM ATIVIDADES NA CHINA

POR DENTRO
DAS EMPRESAS

A empresa **Xu Ji Electric** tem suas ações listadas na Bolsa de Valores Shen Zhen, da China. De 2001 a 2003, ela implantou com êxito um sistema de custeio baseado em atividades (ABC) porque os altos gerentes apoiaram continuamente o novo sistema – particularmente durante uma fase difícil, quando o software do ABC enfrentou problemas. Sua adoção também foi auxiliada pela decisão da Xu Ji de direcionar a implementação com uma abordagem descendente, alinhada à norma cultural da empresa de suporte à cadeia de comando hierárquica.

A experiência dessa empresa é similar às implementações ABC da Western, que reconheceu consistentemente a necessidade de apoio por parte da alta gerência. No entanto, contrário à experiência da Xu Ji, muitos gerentes da Western não apoiam prontamente a implementação descendente de inovações de gerenciamento em suas organizações, e preferem estar envolvidos nos processos de tomada de decisões que introduzem mudanças em suas organizações.

FONTE: Lana Y.J. Liu e Fei Pan, "The Implementation of Activity-based Costing in China: An Innovation Action Research Approach", *The British Accounting Review* 39, 2007, p. 249-264.

CONTABILIDADE GERENCIAL EM AÇÃO

Classic Brass Inc.

Questão

A Classic Brass Inc. produz duas principais linhas de produtos para iates de luxo – balaústres* padronizados e caixas de bússolas customizadas. O presidente da empresa, John Towers, participou recentemente de uma conferência sobre gerenciamento na qual o custeio baseado em atividades foi discutido. Depois desse evento, ele marcou uma reunião com os altos gerentes da empresa para discutir o que tinha aprendido. Estavam presentes na reunião a gerente de produção, Susan Richter, o gerente de marketing, Tom Olafson, e a gerente de contabilidade, Mary Goodman. Towers começou a reunião distribuindo a demonstração de resultados da empresa que Mary Goodman tinha preparado algumas horas antes (ver Quadro 7.1):

John: Bem, é oficial. Nossa empresa entrou no vermelho pela primeira vez na história – um prejuízo de US$ 1.250,00.

Tom: Não sei o que mais podemos fazer! Considerando nossas tentativas bem-sucedidas de aumentar as vendas das caixas de bússola customizadas, eu esperava ver um aumento em nossos resultados finais, e não um prejuízo líquido. Está certo que temos perdido ainda mais licitações do que o normal para os balaústres padronizados devido ao nosso recente aumento de preço, mas...

John: Você acha que os preços de nossos balaústres padronizados estão altos demais?

Tom: Não, eu não acho que os preços estejam altos demais. Acho que os preços de nossos concorrentes é que estão baixos demais. Na verdade, aposto que cobram um preço abaixo do custo.

Susan: Por que nossos concorrentes cobrariam um preço abaixo do custo?

Tom: Eles estão tentando conseguir uma maior participação de mercado.

Susan: E de que adianta ter maior participação de mercado se eles perdem dinheiro em cada unidade vendida?

John: Acho que a Susan está certa. Mary, qual é sua opinião sobre isso?

Mary: Se nossos concorrentes cobram pelos balaústres valor abaixo do custo-padrão, não são eles que deveriam perder dinheiro em vez de nós? Se é a nossa empresa que usa informações precisas para tomar decisões informadas enquanto nossos concorrentes supostamente não sabem o que fazem, então por que nosso "resultado final" está levando uma surra? Infelizmente, acho que talvez sejamos nós que não sabemos o que fazemos, e não nossos concorrentes.

QUADRO 7.1 Demonstração de resultados da Classic Brass.

Demonstração de resultados (US$) da Classic Brass Ano que termina em 31 de dezembro de 2011		
Vendas...		3.200.000
Custos de produtos vendidos:		
Materiais diretos..	975.000	
Mão de obra direta...	351.250	
Custos indiretos de produção*...	1.000.000	2.326.250
Margem bruta..		873.750
Despesas de venda e administrativas:		
Despesas de expedição..	65.000	
Despesas administrativas gerais...	510.000	
Despesas de marketing..	300.000	875.000
Resultado operacional...		– 1.250

* O sistema de custeio tradicional da empresa aloca custos indiretos de produção a produtos usando uma taxa de custos indiretos de toda a empresa e horas-máquina como base de alocação. Os níveis de estoque não mudaram durante o ano.

---

* N. de E.: Haste de madeira ou de metal adaptada a certos veículos para servir de apoio aos passageiros, no embarque ou desembarque.

John: De acordo com o que ouvi na conferência que acabei de assistir, estou inclinado a concordar. Uma das apresentações da conferência lidava com custeio baseado em atividades. Quando o palestrante começou a descrever as informações comuns reveladas pelos sistemas de custeio baseado em atividades, eu estava sentado na audiência e comecei a sentir uma pontada no estômago.

Mary: Sinceramente, John, tenho dito há anos que nosso sistema de custeio existente está correto para relatórios externos, mas que é arriscado usá-lo para a tomada de decisões interna. Parece que agora você entendeu, não é?

John: Sim.

Mary: Bem, então que tal se todos vocês dedicassem tempo e energia para me ajudar a construir um sistema de custeio baseado em atividades bastante simples que possa nos dar uma luz sobre os problemas que enfrentamos?

John: Faremos isso. Quero que cada um de vocês indique um de seus melhores funcionários para uma "equipe ABC" especial para investigarmos como determinamos os custos de nossos produtos.

Assim como na maioria das outras implementações do ABC, a equipe decidiu que seu novo sistema ABC complementaria, em vez de substituir, o sistema de contabilidade de custos existente, que continuaria a ser usado para relatórios financeiros externos. O novo sistema ABC seria utilizado para preparar relatórios especiais para decisões gerenciais, como ofertas de compras de novos negócios.

O gerente de contabilidade traçou o gráfico que aparece no Quadro 7.2 para explicar a estrutura geral do modelo ABC aos membros de sua equipe. Objetos de custo, como produtos, geram atividades. Por exemplo, o pedido de uma caixa de bússola customizada para um cliente exige a atividade de preparar uma ordem de produção. Tal atividade consome recursos. Uma ordem de produção usa uma folha de papel que consome tempo para ser preenchida. E o consumo de recursos gera custos. Quanto maior o número de folhas usadas para preencher ordens de produção e quanto maior a quantidade de tempo dedicada ao preenchimento dessas ordens, maiores serão os custos. O custeio baseado em atividades tenta encontrar essas relações para identificar como os produtos e clientes afetam os custos.

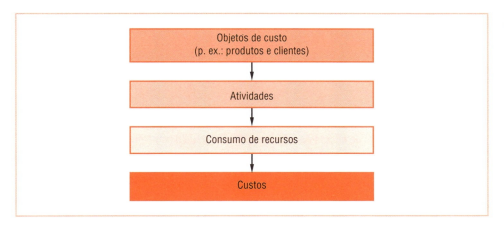

QUADRO 7.2
Modelo de custeio baseado em atividades.

Como na maioria das outras empresas, a equipe ABC da Classic Brass sentia que o sistema de contabilidade de custos tradicional da empresa media adequadamente os custos de materiais diretos e mão de obra direta de produtos porque esses custos são associados diretamente aos produtos. Portanto, o estudo do ABC envolveria somente os outros custos da empresa – os custos indiretos de produção e os de venda e administrativos.

A equipe julgou que era importante planejar com cuidado como implantaria o novo sistema ABC na Classic Brass. Dessa maneira, desmembrou o processo de implantação em cinco passos.

Passos para implementar o custeio baseado em atividades

1. Definir atividades, agrupamentos de custos de atividades e medidas de atividades.
2. Atribuir custos indiretos a agrupamentos de custos de atividades.
3. Calcular índices de atividades.
4. Atribuir custos indiretos a objetos de custo usando os índices de atividades e as medidas de atividades.
5. Preparar relatórios gerenciais.

Passo 1: Definir atividades, agrupamentos de custos de atividades e medidas de atividades

O primeiro grande passo na implementação de um sistema ABC é identificar as atividades que formarão a base do sistema. Essa tarefa pode ser difícil e demorada, e ainda envolver muitas decisões. Um procedimento comum é que integrantes da equipe de implementação do ABC entrevistem pessoas que trabalham em departamentos que geram custos indiretos e lhes peçam que descrevam suas principais atividades, o que normalmente, resulta em uma longa lista.

A extensão dessas listas de atividades apresenta um problema. Se, por um lado, quanto maior o número de atividades rastreadas pelo sistema ABC, provavelmente os custos serão mais precisos. Por outro, um sistema complexo envolvendo muitas atividades custa caro para projetar, implantar, manter e usar. Como consequência, a longa lista original de atividades normalmente é reduzida a apenas algumas, combinando-se atividades similares. Por exemplo, talvez várias ações estejam envolvidas no manuseio e transporte de matérias-primas – do recebimento das matérias-primas nas docas de carregamento à separação delas nos locais adequados no depósito. Todas essas atividades podem ser combinadas em uma única atividade chamada "manuseio de materiais".

Ao combinar atividades em um sistema ABC, as atividades devem ser agrupadas no nível apropriado. As atividades no nível do lote não devem ser combinadas com atividades no nível da unidade, ou atividades no nível do produto não podem ser combinadas com atividades no nível do lote, e assim por diante. Em geral, é melhor combinar em um mesmo nível apenas as atividades que possuam alta correlação entre si. Por exemplo, o número de pedidos de clientes recebidos provavelmente tem alta correlação com o número de pedidos de clientes concluídos e enviados para entrega, então essas duas atividades no nível do lote (receber e enviar pedidos) podem normalmente ser combinadas com pouca perda de precisão.

Na Classic Brass, a equipe ABC, em consulta com os altos gerentes, selecionou os seguintes *agrupamentos de custos de atividades* e *medida de atividades*:

Agrupamentos de custos de atividades na Classic Brass	
Agrupamento de custos de atividades	Medidas de atividades
Pedidos de clientes	Número de pedidos de clientes
Projeto de produto	Número de projetos de produtos
Tamanho do pedido.....................................	Horas-máquina
Relacionamento com o cliente....................	Número de clientes ativos
Outros	Não aplicável

Ao agrupamento de *custos de pedidos de clientes* serão atribuídos todos os custos de recursos que são consumidos no recebimento e processamento de pedidos de clientes, incluindo os custos de processamento de documentos e quaisquer custos envolvidos na configuração de máquinas para pedidos específicos. A medida de atividade desse agrupamento de custos é o número de pedidos recebidos dos clientes. Essa é uma atividade no nível do lote porque cada pedido produz trabalhos que ocorrerão independentemente de o pedido ser de uma ou de mil unidades.

Ao agrupamento de *custos de projeto* de produto serão atribuídos todos os custos de recursos consumidos no projeto de produtos. A medida de atividade desse agrupamento de custos é o número de produtos projetados. Essa é uma atividade no nível do produto porque a quantidade de trabalho dedicado ao projeto de um novo produto não depende do número de unidades que serão encomendadas ou de lotes que serão processados.

Ao agrupamento de custos de *tamanho do pedido* serão atribuídos todos os custos de recursos consumidos em decorrência do número de unidades produzidas, incluindo os custos de diversos suprimentos para a fábrica, energia elétrica para fazer funcionar as máquinas e depreciação de alguns equipamentos. Essa é uma atividade no nível da unidade porque cada unidade exige uma parte desses recursos. A medida de atividade desse agrupamento de custos é horas-máquina.

Ao agrupamento de custos de *relacionamento com o cliente* serão atribuídos todos os custos associados à manutenção do relacionamento com clientes, inclusive os custos de ligações de venda e de entreter os clientes. A medida de atividade desse agrupamento de custos é o número de clientes que a empresa possui em sua lista de clientes ativos. Esse agrupamento representa uma atividade no nível do cliente.

Ao agrupamento de custos *outros* serão atribuídos todos os custos indiretos que não são associados a pedidos de clientes, projetos de produtos, o tamanho dos pedidos ou relacionamentos com clientes. Esses custos consistem principalmente de custos de suporte da organização e custos de capacidade ociosa. Esses custos *não serão* atribuídos a produtos porque eles representam recursos que *não* são consumidos por produtos.

É improvável que qualquer outra empresa use exatamente os mesmos agrupamentos de custos de atividades e medidas de atividades que foram selecionadas pela Classic Brass. Por causa da quantidade de decisões envolvidas, o número e as definições dos agrupamentos de custos de atividades e das medidas de atividades usadas pelas empresas variam consideravelmente.

MECANISMO DO CUSTEIO BASEADO EM ATIVIDADES
Passo 2: Atribuir custos indiretos a agrupamentos de custos de atividades

O Quadro 7.3 mostra os custos indiretos anuais (tanto custos de produção quanto custos não relacionados a ela) que a Classic Brass pretende atribuir a seus agrupamentos de custos de atividades. Observe que os dados do quadro são organizados por departamento (por exemplo: produção, administração geral e marketing), uma vez que os dados foram extraídos do livro-razão da empresa. Os livros-razão normalmente classificam custos dentro dos departamentos nos quais eles são incorridos, por exemplo, salários, suprimentos, aluguel, entre outros, se incorridos no departamento de marketing, são cobrados desse departamento. A orientação funcional do livro-razão reflete a apresentação dos custos da demonstração de resultados por absorção no Quadro 7.1. Na verdade, você perceberá que os custos totais do departamento de produção no Quadro 7.3 (**US$ 1 milhão**) são iguais aos custos indiretos de produção totais da demonstração de resultados no Quadro 7.1. Da mesma forma, os custos totais dos departamentos de administração geral e marketing no Quadro 7.3 (**US$ 510 mil** e **US$ 300 mil**) são iguais às despesas de marketing e despesas gerais e administrativas exibidas no Quadro 7.1.

Três custos incluídos na demonstração de resultados no Quadro 7.1 – materiais diretos, mão de obra direta e expedição – são excluídos dos custos exibidos no Quadro 7.3. A equipe do ABC os exclui intencionalmente porque o sistema de custeio existente pode associar com precisão os custos de materiais diretos, mão de obra direta e expedição a produtos. Não há necessidade de incorporar esses custos diretos às alocações dos custos indiretos baseadas em atividades.

O sistema de custeio baseado em atividades da Classic Brass dividirá os nove tipos de custos indiretos do Quadro 7.3 por seus agrupamentos de custos de atividades por meio de um processo de alocação chamado *primeira fase de alocação*. A **primeira fase de alocação** em um sistema ABC é o processo de atribuir custos indiretos funcionalmente organizados, extraídos do livro-razão de uma empresa, aos agrupamentos de custos de atividades.

 OA7.2

Atribuir custos a agrupamento de custos individuais usando a primeira fase de alocação.

▸ **Primeira fase de alocação**

processo pelo qual custos indiretos são atribuídos a agrupamentos de custos de atividades em um sistema de custeio baseado em atividades.

QUADRO 7.3	Departamento de produção:		
Custos indiretos anuais (tanto custos de produção quanto custos não relacionados à produção) na Classic Brass (US$).	Salários indiretos da fábrica...	**500.000**	
	Depreciação de equipamentos da fábrica	**300.000**	
	Serviços de utilidade pública consumidos na fábrica.............	120.000	
	Arrendamento do edifício da fábrica	<u>80.000</u>	**1.000.000**
	Departamento de administração geral:		
	Remunerações e salários administrativos	400.000	
	Depreciação de equipamentos de escritório...........................	50.000	
	Arrendamento do edifício administrativo................................	<u>60.000</u>	**510.000**
	Departamento de marketing:		
	Remuneração e salários do marketing..................................	250.000	
	Despesas de venda	<u>50.000</u>	**300.000**
	Custos indiretos totais...		<u>1.810.000</u>

As primeiras fases de alocação são normalmente baseadas nos resultados de entrevistas com funcionários que têm informações de primeira mão sobre as atividades. Por exemplo, a Classic Brass precisa alocar **US$ 500 mil** dos salários indiretos da fábrica aos seus cinco agrupamentos de custos de atividades. Essas alocações serão mais precisas se os funcionários classificados como trabalhadores indiretos da fábrica (p. ex.: supervisores, engenheiros e inspetores de qualidade) forem solicitados a estimar que percentual de seu tempo é gasto lidando com pedidos de clientes, com projetos de produto, com o processamento de unidades de produto (ou seja, tamanho do pedido) e com relacionamento com os clientes. Essas entrevistas são conduzidas com um cuidado considerável. Os entrevistados devem compreender com detalhe o que as atividades englobam e o que se espera deles na entrevista. Além disso, é característico entrevistar os gerentes departamentais para determinar como os custos não relacionados ao pessoal devem ser distribuídos pelos agrupamentos de custos de atividades. Por exemplo, o gerente de produção da Classic Brass seria entrevistado para determinar como os **US$ 300 mil** de depreciação de equipamentos da fábrica (exibidos no Quadro 7.3) devem ser alocados aos agrupamentos de custos de atividades. A questão-chave que o gerente de produção deveria responder é: "Que percentual da capacidade disponível das máquinas é consumido por cada atividade, como o número de pedidos de clientes ou o número de unidades processadas (ou seja, tamanho dos pedidos)?".

POR DENTRO
DAS EMPRESAS

ABC AJUDA UMA EMPRESA DE LATICÍNIOS A COMPREENDER SEUS CUSTOS

A **Kemps LLC**, sediada em Mineápolis, Minnesota, Estados Unidos, produz produtos de laticínios como leite, iogurte e sorvete. A empresa implementou um sistema ABC que ajudou os gerentes a compreenderem o impacto da diversidade de produtos e clientes sobre as margens de lucro. O modelo ABC "capta diferenças em como a empresa fazia os pedidos de clientes [ligação do cliente, ligação do pessoal de vendas, fax, motorista do caminhão de entrega, intercâmbio eletrônico de dados (EDI) ou internet], como embalava os pedidos (pilhas com seis caixas cheias, caixas individuais ou caixas de plástico 'break-pack' parcialmente cheias para pedidos pequenos), como entregava os pedidos (transportadoras comerciais ou sua própria frota, incluindo quilômetros por rota), e tempo gasto pelo motorista no local de cada cliente".

O sistema ABC da Kemps ajudou a empresa a adquirir um grande cliente nacional por ter identificado os "custos de produção, distribuição e gestão de pedidos associados ao atendimento desse cliente". A capacidade de fornecer ao cliente informações de custo precisas construiu um relacionamento de confiança que distinguiu a Kemps dos outros concorrentes. A Kemps também usou seus dados do ABC para transformar clientes não lucrativos em clientes lucrativos. Por exemplo, um cliente concordou em aceitar um aumento de 13% no preço, eliminar dois produtos de baixo volume e começar a fazer pedidos de carga completa do caminhão em vez de solicitar entregas de carga parcial, diminuindo, assim, os custos da Kemps em US$ 150 mil por ano.

FONTE: Robert S. Kaplan e Steven R. Anderson, "Time-Driven Activity-based Costing", Harvard Business Review, novembro de 2004, p. 131-139.

Os resultados das entrevistas na Classic Brass são exibidos no Quadro 7.4. Por exemplo, a depreciação dos equipamentos da fábrica é distribuída pelos agrupamentos de custos, sendo **20%** para o agrupamento de pedidos de clientes, **60%** para o agrupamento de tamanho do pedido e **20%** para "outros". O recurso, nesse caso, é tempo de uso de máquina. Segundo as estimativas feitas pelo gerente de produção, 60% do tempo de uso de máquina total disponível foi usado para realmente processar unidades para atender aos pedidos. Esse percentual entra na coluna de "tamanho do pedido". Cada pedido de cliente exige uma configuração, o que também exige tempo de uso de máquina. Essa atividade consome 20% do total de tempo de uso de máquina disponível e entra na coluna de "pedidos de clientes". Os outros 20% de tempo de uso de máquina disponível representa tempo ocioso e entra na coluna de "outros".

O Quadro 7.4 e muitos dos outros quadros neste capítulo são apresentados na forma de planilhas do Excel. Todos os cálculos necessários no custeio baseado em atividades podem ser feitos à mão. No entanto, configurar um sistema de custeio baseado em atividades em uma planilha ou usar um software especial para ABC pode poupar muito trabalho – particularmente em situações que envolvam muitos agrupamentos de custos de atividades e em organizações que atualizam periodicamente seus sistemas ABC.

Não entraremos em detalhe de como todos os percentuais do Quadro 7.4 foram determinados. Entretanto, observe que **100%** do arrendamento do prédio da fábrica foi atribuído ao agrupamento de custos "outros". A Classic Brass possui um único estabelecimento de produção. Ela não tem planos de expandir ou sublocar qualquer espaço que esteja sobrando. O custo desse estabelecimento de produção é tratado como um custo de suporte da organização, pois não há como evitar nem mesmo uma parte desse custo se determinado produto ou cliente foi eliminado. (Lembre-se de que os custos de suporte da organização são atribuídos ao agrupamento de custos "outros" e não são alocados a produtos.) Ao contrário, algumas empresas têm estabelecimentos separados para produzir produtos específicos. Os custos desses estabelecimentos separados poderiam ser associados diretamente aos produtos específicos.

Uma vez que as distribuições percentuais do Quadro 7.4 foram estabelecidas, torna-se fácil alocar custos aos agrupamentos de custos de atividades. Os resultados dessa primeira fase de alocação são exibidos no Quadro 7.5. Cada custo é alocado pelos agrupamentos de custos de atividades multiplicando-o pelos percentuais do Quadro 7.4. Por exemplo, os salários indiretos da fábrica de **US$ 500 mil** são multiplicados pelo item de **25%** sob a coluna "pedidos de clientes" no Quadro 7.4 para chegar ao item de **US$ 125 mil** sob a coluna "pedidos de clientes" no Quadro 7.5. Da mesma maneira, os salários indiretos da fábrica de US$ 500 mil são multiplicados pelo item de **40%** sob a coluna "projeto de produto" no Quadro 7.4 para chegar ao item de **US$ 200 mil** sob a coluna "projeto de produto" no Quadro 7.5. Todos os itens do Quadro 7.5 são calculados dessa maneira.

Agora que a primeira fase de alocação aos agrupamentos de custos de atividades foi concluída, o próximo passo é calcular os índices de atividade.

Passo 3: Calcular índices de atividade

 OA7.3

Calcular índices de atividade para agrupamentos de custos.

Os índices de atividade que serão usados para atribuir custos indiretos a produtos e clientes são calculados no Quadro 7.6. A equipe do ABC determinou o total de atividade para cada agrupamento de custos que seria necessário para produzir o *mix* de produtos atual da empresa e para atender seus clientes atuais. Esses números estão listados no Quadro 7.6. Por exemplo, a equipe do ABC descobriu que são necessários **400** novos projetos de produtos todo ano para atender os clientes atuais da empresa. Os índices de atividade são calculados dividindo-se o custo *total* de cada atividade por sua atividade *total*. Por exemplo, o custo anual total de **US$ 320 mil** do agrupamento de custo de pedidos de clientes (calculado no Quadro 7.5) é dividido pelo total de **1.000** pedidos de clientes por ano para chegar ao índice de atividade de **US$ 320** por pedido. Da mesma maneira, o custo total de US$ 252 mil do agrupamento de custos de projeto de produto é dividido pelo número *total* de projetos (ou seja, 400 projetos de produtos) para determinar o índice de atividade de **US$ 630** por projeto. Observe que não foi calculado um índice de atividade para a categoria de custos "*outros*". Isso porque o agrupamento de custos "outros" consiste em custos de suporte da organização e custos de capacidade ociosa que não são alocados a produtos e clientes.

QUADRO 7.4
Resultados de entrevistas: distribuição de consumo de recursos pelos agrupamentos de custos de atividades.

	A	B	C	D	E	F	G	H
1			Agrupamentos de custos de atividades					
2			Pedidos de clientes	Projetos de produtos	Tamanho dos pedidos	Relacionamento com o cliente	Outros	Total
3	Departamento de produção:							
4	Salários indiretos da fábrica	25%	40%	20%	10%	5%	100%
5	Depreciação de equipamentos da fábrica	20%	0%	60%	0%	20%	100%
6	Serviços de utilidade pública consumidos pela fábrica	0%	10%	50%	0%	40%	100%
7	Arrendamento do edifício da fábrica	0%	0%	0%	0%	100%	100%
8								
9	Departamento de administração geral:							
10	Remunerações e salários administrativos	15%	5%	10%	30%	40%	100%
11	Depreciação de equipamentos de escritório	30%	0%	0%	25%	45%	100%
12	Arrendamento do edifício da administração	0%	0%	0%	0%	100%	100%
13								
14	Departamento de marketing:							
15	Remunerações e salários do marketing	22%	8%	0%	60%	10%	100%
16	Despesas de venda	10%	0%	0%	70%	20%	100%
17								
18								

F 07.04 / F 07.05 / F 07.06 / F 07.08 / F 07.09 / F 07.10 / F 07.11 / F 07.12

QUADRO 7.5
Primeira fase de alocação a agrupamentos de custos de atividades.

	A	B	C	D	E	F	G	H
1			Agrupamentos de custos de atividades (US$)					
2			Pedidos de clientes	Projetos de produtos	Tamanho dos pedidos	Relacionamento com o cliente	Outros	Total
3								
4	Departamento de produção:							
5	Salários indiretos da fábrica	125.000	200.000	100.000	50.000	25.000	500.000
6	Depreciação de equipamentos da fábrica	60.000	0	180.000	0	60.000	300.000
7	Serviços de utilidade pública consumidos pela fábrica	0	12.000	60.000	0	48.000	120.000
8	Arrendamento do edifício da fábrica	0	0	0	0	80.000	80.000
9								
10	Departamento de administração geral:							
11	Remunerações e salários administrativos	60.000	20.000	40.000	120.000	160.000	400.000
12	Depreciação de equipamentos de escritório	15.000	0	0	12.500	22.500	50.000
13	Arrendamento do edifício da administração	0	0	0	0	60.000	60.000
14								
15	Departamento de marketing:							
16	Remunerações e salários do marketing	55.000	20.000	0	150.000	25.000	250.000
17	Despesas de venda	5.000	0	0	35.000	10.000	50.000
18								
19	Total	320.000	252.000	380.000	367.500	490.500	1.810.000
20								

F 07.04 / F 07.05 / F 07.06 / F 07.08 / F 07.09 / F 07.10 / F 07.11 / F 07.12

O Quadro 7.4 mostra que "pedidos de clientes" consomem 25% dos recursos representados pelos US$ 500 mil de salários indiretos da fábrica.

25% × US$ 500.000 = US$ 125.000

Outros itens da tabela são calculados de maneira similar.

Os índices no Quadro 7.6 indicam que, *em média*, um pedido de cliente consome recursos que custam US$ 320; um projeto de produto consome recursos que custam US$ 630; uma unidade de produto consome recursos que custam **US$ 19** por hora-máquina; e manter um relacionamento com um cliente consome recursos que custam **US$ 1.470**. Observe que esses são valores *médios*. Alguns membros da equipe de projeto ABC na Classic Brass discutiram que seria injusto cobrar de todos os produtos o mesmo custo de US$ 630 dos projetos de produto independentemente de quanto tempo de projeto eles realmente exigissem. Depois de discutir os prós e contras, a equipe concluiu que, no momento atual, não valeria o esforço de registrar o tempo real gasto no projeto de cada novo produto. Eles concluíram que os benefícios de uma maior precisão não seriam grandes o suficiente para justificar o custo mais alto de implementar e manter o sistema de custeio mais detalhado. Da mesma maneira, alguns membros da equipe não se sentiam à vontade em atribuir o mesmo custo de US$ 1.470 a cada cliente. Alguns clientes não são exigentes – encomendam produtos-padrão com antecedência em relação a quando precisarão deles. Outros são muito exigentes e consomem muito tempo da equipe administrativa e de marketing, que, geralmente, encomendam produtos customizados, tendem a fazer os pedidos na última hora e mudam de ideia a todo momento. Ainda que todos concordassem com essa observação, os dados que seriam necessários para medir as demandas de recursos feitas por clientes individuais não estavam disponíveis.

Em vez de adiar a implementação do sistema ABC, a equipe decidiu adiar esses aperfeiçoamentos para uma data posterior.

Antes de continuar, seria útil conhecer melhor o processo geral de atribuição de custos a produtos e outros objetos de custo em um sistema de ABC. O Quadro 7.7 fornece uma perspectiva visual do sistema ABC na Classic Brass. Recomendamos que você leia esse quadro atentamente. Em particular, observe que a categoria "outros", que contém os custos de suporte da organização e os custos de capacidade ociosa, não é alocada a produtos ou clientes.

QUADRO 7.6
Cálculo dos índices de atividade.

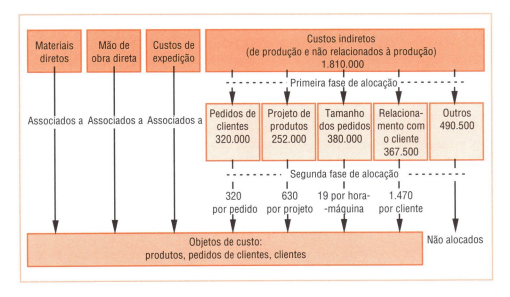

QUADRO 7.7
Modelo de custeio baseado em atividades (US$) na Classic Brass.

Passo 4: Atribuir custos indiretos a objetos de custo

O quarto passo na implementação do custeio baseado em atividades é chamado *segunda fase de alocação*. Na **segunda fase de alocação**, os índices de atividade são usados para aplicar custos indiretos a produtos e clientes. Em primeiro lugar, ilustraremos como atribuir custos a produtos, seguido por um exemplo de como atribuir custos a clientes.

Os dados de que a equipe ABC precisa para atribuir custos indiretos aos dois produtos da Classic Brass – balaústres padronizados e caixas de bússolas customizadas – são os seguintes:

> **Balaústres padronizados**
>
> 1. Essa linha de produtos não exige nenhum recurso novo para ser projetada.
> 2. Foram pedidas 30 mil unidades durante o ano, compreendendo 600 pedidos separados.
> 3. Cada balaústre exige 35 minutos de tempo de uso de máquina, somando um total de 17,5 mil horas-máquina.

▶▶ OA7.4

Atribuir custos a um objeto de custo usando a segunda fase de alocação.

▶ **Segunda fase de alocação**

processo pelo qual são usados índices de atividade para aplicar custos a produtos e clientes no custeio baseado em atividades.

> **Caixas de bússolas customizadas**
>
> 1. Esse é um produto customizado que exige novos recursos para ser projetado.
> 2. Foram feitos 400 pedidos de caixas de bússolas customizadas. Os pedidos desse produto são feitos separadamente daqueles de balaústres padronizados.
> 3. Foram preparados 400 projetos customizados; um projeto customizado para cada pedido.
> 4. Como alguns pedidos foram de mais de uma unidade, foi produzido um total de 1.250 caixas de bússolas customizadas durante o ano. Uma caixa de bússola customizada exige uma média de 2 horas-máquina, somando um total de 2,5 mil horas-máquina.

Observe que foram feitos 600 pedidos de balaústres padronizados e 400 pedidos de caixas de bússolas customizadas, somando um total de mil pedidos de clientes. Todos os 400 projetos de produtos estavam relacionados às caixas de bússolas customizadas; nenhum estava relacionado aos balaústres padronizados. Produzir 30 mil balaústres padronizados exigia 17.500 horas-máquina e produzir 1.250 caixas de bússolas customizadas exigia 2.500 horas-máquina, somando um total de 20 mil horas-máquina.

POR DENTRO DAS EMPRESAS

QUANTO CUSTA TRANSPORTAR UMA MALA?

Custa aproximadamente US$ 15 para uma empresa aérea transportar uma mala de um destino a outro. A atividade "transportar bagagem" consiste em inúmeras subatividades, como rotular as malas, fazer triagem, colocá-las em carrinhos, levá-las até o pátio ao lado do avião, carregá-las no avião e entregá-las nas esteiras ou nos voos de conexão.

Diversos funcionários investem uma parte de suas horas de trabalho "transportando bagagem", inclusive o pessoal em terra, agentes de *check-in*, balconistas de serviços de atendimento, gerentes de serviços de bagagem e trabalhadores de manutenção. Ao todo, os custos de mão de obra compreendem US$ 9 por mala. As empresas aéreas também gastam milhões de dólares em equipamentos de bagagem, sistemas de triagem, carrinhos, tratores e esteiras de transporte, além de custos de aluguel relacionados a salas de bagagem, carrosséis de triagem e escritórios. Elas também pagam para entregar malas extraviadas na casa dos clientes e para compensá-los por malas perdidas que nunca são encontradas. Essas despesas somam até aproximadamente US$ 4 por mala. As despesas finais de transporte de bagagem são os custos de combustível, que somam, em média, em torno de US$ 2 por mala.

Muitas das principais empresas aéreas cobram US$ 15 por trecho para transportar uma mala e US$ 25 por trecho para transportar uma segunda mala. A United Airlines espera receber US$ 275 milhões anualmente pelas taxas cobradas pelo transporte de bagagem.

FONTE: Scott McCartney, "What It Costs an Airline to Fly Your Luggage", *The Wall Street Journal*, 25 de novembro de 2008, p. D1 e D8.

QUADRO 7.8 Atribuir custos indiretos a produtos.

	A	B	C	D	E	F
1	**Custos indiretos dos balaústres padronizados**					
2		(a) ÷ (b)		(b)		(a) × (b)
3	*Agrupamentos de custos de atividades*	Índice de atividade (US$)		Atividade		Custo do ABC (US$)
4	Pedidos de clientes	320	por pedido	600	pedidos	**192.000**
5	Projeto de produtos	630	por projeto	0	projetos	0
6	Tamanho dos pedidos	19	por hora-máquina	17.500	horas-máquina	332.500
7	Total					524.500
8						
9	**Custos indiretos das caixas de bússolas customizadas**					
10		(a) ÷ (b)		(b)		(a) × (b)
11	*Agrupamentos de custos de atividades*	Índice de atividade (US$)		Atividade		Custo do ABC (US$)
12	Pedidos de clientes	320	por pedido	400	pedidos	**128.000**
13	Projeto de produtos	630	por projeto	400	projetos	252.000
14	Tamanho dos pedidos	19	por hora-máquina	2.500	horas-máquina	47.500
15	Total					427.500
16						
17	*Do Quadro 7.6.					

Capítulo **7** ▶▶ Método de custeio baseado em atividades

O Quadro 7.8 ilustra como os custos indiretos são atribuídos aos balaústres padronizados e às caixas de bússolas customizadas. Por exemplo, o quadro mostra que **US$ 192 mil** de custos indiretos do agrupamento de custos de atividades de pedidos de clientes são atribuídos aos balaústres padronizados (**US$ 320** por pedido × **600** pedidos). Da mesma maneira, **US$ 128 mil** de custos indiretos do agrupamento de custos de atividades de pedidos de clientes são atribuídos às caixas de bússolas customizadas (**US$ 320** por pedido × **400** pedidos). O agrupamento de custos de pedidos de clientes continha um total de US$ 320 mil (ver Quadro 7.5 ou 7.6) e esse montante foi atribuído aos dois produtos (US$ 192.000 + US$ 128.000 = US$ 320.000).

O Quadro 7.8 mostra que um total de US$ 952 mil de custos indiretos foi atribuído às duas linhas de produtos da Classic Brass – US$ 524,5 mil a balaústres padronizados e US$ 427,5 mil a caixas de bússolas customizadas. Esse montante é menor do que o US$ 1,810 milhão de custos indiretos incluídos no sistema ABC. Por quê? O montante de custos indiretos atribuídos a produtos não corresponde ao montante de custos indiretos no sistema ABC porque a equipe ABC não atribuiu intencionalmente os US$ 367,5 mil de "relacionamento com o cliente" e os US$ 490,5 mil dos "outros" custos a produtos. A atividade "relacionamento com o cliente" é uma atividade no nível do cliente e a atividade "outros" é uma atividade de suporte da organização – nenhuma delas é causada por produtos. Como exibido a seguir, quando os custos das atividades de "relacionamento com o cliente" e "outros" são somados aos US$ 952 mil de custos indiretos atribuídos a produtos, o total é US$ 1,810 milhão.

	Balaústres padronizados	Caixas de bússola customizadas	Total
Custos indiretos (US$) atribuídos a produtos			
Pedidos de clientes	192.000	128.000	320.000
Projeto de produto	0	252.000	252.000
Tamanho do pedido	332.500	47.500	380.000
Subtotal	524.500	427.500	952.000
Custos indiretos (US$) não atribuídos a produtos			
Relacionamento com o cliente			367.500
Outros			490.500
Subtotal			858.000
Total de custos indiretos			1.810.000

A seguir, descreveremos outro exemplo de segunda fase de alocação – atribuir custos de atividades a clientes. Os dados de que a Classic Brass precisa para atribuir custos indiretos a um de seus clientes – a Windward Yachts – são os seguintes:

Windward Yachts

1. A empresa fez um total de três pedidos.
   a. Dois pedidos foram de 150 balaústres padronizados cada.

   b. Um pedido foi de uma única unidade de caixa de bússola customizada.
2. Foi usado um total de 177 horas-máquina para atender os três pedidos.

   a. Os 300 balaústres padronizados exigiram 175 horas-máquina.

   b. A caixa de bússola customizada exigiu 2 horas-máquina.
3. A Windward Yachts é um dos 250 clientes atendidos pela Classic Brass.

O Quadro 7.9 ilustra como o sistema ABC atribui custos indiretos ao seu cliente. Como mostra o Quadro 7.9, a equipe ABC calculou que US$ 6.423 de custos indiretos deveriam ser atribuídos à Windward Yachts. O quadro mostra que à Windward Yachts são atribuídos **US$ 960** (**US$ 320** por pedido × **3** pedidos) de custos indiretos do agrupamento de custos de atividade de pedidos de clientes; US$ 630 (US$ 630 por projeto × 1 projeto) do agrupamento de custos de projeto de produto; US$ 3.363 (US$ 19 por hora-máquina × 177 horas-máquina) do agrupamento de custos de tamanho do pedido; e US$ 1.470 (US$ 1.470 por cliente × 1 cliente) do agrupamento de custos de relacionamento com o cliente.

QUADRO 7.9
Atribuir custos indiretos a clientes.

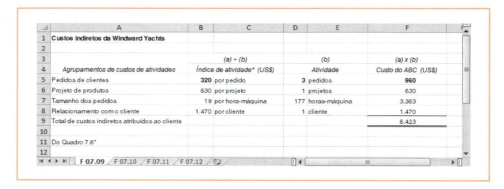

Com a segunda fase de alocação completa, a equipe do projeto ABC estava pronta para voltar a atenção para a criação de relatórios que ajudariam a explicar o primeiro resultado operacional que a empresa já teve.

▶▶ **OA7.5**

Usar o custeio baseado em atividades para calcular margens de produto e do cliente.

Passo 5: Preparar relatórios gerenciais

Os relatórios gerenciais mais comuns preparados com dados do ABC são os relatórios de lucratividade de produtos e de clientes, que ajudam as empresas a canalizarem seus recursos às suas oportunidades de crescimento mais lucrativas, realçando, ao mesmo tempo, produtos e clientes que influenciam os lucros. Começaremos ilustrando um relatório de lucratividade de produtos, seguido por um relatório de lucratividade de clientes.

A equipe do ABC da Classic Brass percebeu que o lucro de um produto, também chamado de *margem de produto*, é uma função das vendas do produto e dos custos diretos e indiretos que o produto causa. As alocações de custo ABC exibidas no Quadro 7.8 resumem apenas os custos indiretos de cada produto. Portanto, para calcular o lucro de um produto (ou seja, margem de produto), a equipe do projeto precisava reunir dados das vendas e dos custos diretos de cada produto, além de seus custos indiretos calculados anteriormente. Os dados pertinentes de vendas e custos diretos de cada produto são exibidos a seguir. Observe que os números na coluna de total estão de acordo com a demonstração de resultados do Quadro 7.1.

	Balaústres padronizados	Caixas de bússola customizadas	Total
Vendas (US$)	2.660.000	540.000	3.200.000
Custos diretos (US$):			
Materiais diretos	905.500	69.500	975.000
Mão de obra direta	263.750	87.500	351.250
Expedição.......................	60.000	5.000	65.000

Assim que os dados anteriores foram reunidos, a equipe do projeto criou o relatório de lucratividade de produtos exibido no Quadro 7.10. O relatório revelou que os balaústres padronizados são lucrativos, com uma margem de produto positiva de **US$ 906.250**, enquanto as caixas de bússolas customizadas não são lucrativas, com uma margem de produto negativa de **US$ 49,5 mil**. Tenha em mente que o relatório de lucratividade de produtos não inclui os custos, propositalmente, nos agrupamentos de custos de atividades de "relacionamento com o cliente" e "outros". Esses custos, que totalizam US$ 858 mil, foram excluídos do relatório porque não são causados pelos produtos. Os custos de "relacionamento com o cliente" são causados por clientes, não por produtos. Os custos de "outros" são custos de suporte da organização e custos de capacidade ociosa e não são causados por nenhum produto específico.

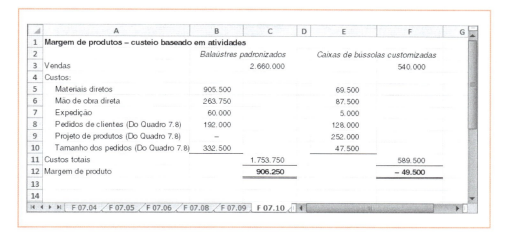

QUADRO 7.10
Margem de produtos – custeio baseado em atividades (US$).

A margem de produtos pode ser reconciliada com o resultado operacional, como a seguir:

	Balaústres padronizados	Caixas de bússola customizadas	Total
Vendas (US$) (ver Quadro 7.10).............................	2.660.000	540.000	3.200.000
Custos totais (US$) (ver Quadro 7.10).....................	1.753.750	589.500	2.343.250
Margem de produtos (US$) (ver Quadro 7.10)	906.250	– 49.500	856.750
Custos indiretos (US$) não atribuídos a produtos:			
Relacionamento com o cliente...........................			367.500
Outros...			490.500
Total...			858.000
Resultado operacional.......................................			– 1.250

Depois, a equipe do projeto criou um relatório de lucratividade de clientes para a Windward Yachts. Assim como para o relatório de lucratividade de produtos, a equipe do projeto precisou reunir dados das vendas para a Windward Yachts e dos custos de materiais diretos, de mão de obra direta e de expedição associados a essas vendas. Esses dados são apresentados a seguir:

	Windward Yachts
Vendas (US$)	11.350
Custos diretos (US$):	
Custos de materiais diretos..........	2.123
Custos de mão de obra direta.......	1.900
Custos de expedição...................	205

Por meio destes e dos dados do Quadro 7.9, a equipe do projeto criou o relatório de lucratividade de clientes exibido no Quadro 7.11, o qual revelou que a margem de cliente da Windward Yachts é de **US$ 699**. Um relatório similar poderia ser preparado para cada

CONTABILIDADE GERENCIAL

um dos 250 clientes da Classic Brass, permitindo, assim, que a empresa cultive relacionamentos com seus clientes mais lucrativos, adotando ações que visem à diminuição do impacto negativo de clientes não lucrativos.

QUADRO 7.11
Margem de cliente – custeio baseado em atividades.

	A	B	C
1	**Margem de cliente – Custeio baseado em atividades (US$)**		
2			Windward Yachts
3	Vendas		11.350
4	Custos:		
5	Materiais diretos	2.123	
6	Mão de obra direta	1.900	
7	Expedição	205	
8	Pedidos de clientes (Do Quadro 7.9)	960	
9	Projeto de produtos (Do Quadro 7.9)	630	
10	Tamanho dos pedidos (Do Quadro 7.9)	3.363	
11	Relacionamento com o cliente (Do Quadro 7.9)	1.470	10.651
12	Margem de cliente		**699**
13			
14			

F 07.10 **F 07.11** F 07.12

POR DENTRO DAS EMPRESAS

CUSTEIO BASEADO EM ATIVIDADES AINDA É USADO?

Pesquisadores entrevistaram 348 gerentes para determinar quais métodos de custeio suas empresas usam. A tabela a seguir mostra o percentual (%) de entrevistados cujas empresas usam vários métodos de custeio para atribuir custos departamentais a objetos de custo, como os produtos.

	Departamentos						
Método de custeio	Pesquisa e desenvolvimento	Projeto de produtos e processos	Produção	Vendas e marketing	Distribuição	Serviço de atendimento ao cliente	Serviços compartilhados
Baseado em atividades	13	14,7	18,3	17,3	17,2	21,8	23
Padrão[1]	17,6	20,7	42	18,1	28,4	18,5	23
Normal[2]	4,6	8,6	9,9	7,9	6	8,1	5,6
Efetivo[3]	23,1	25	23,7	23,6	26,7	16,9	15,9
Outro	1,9	0,9	0	0,8	0,9	1,6	2,4
Não alocados	39,8	30,2	6,1	32,3	20,7	33,1	30,2

[1] O custeio-padrão é usado para os cálculos de variação no Capítulo 10.

[2] O custeio normal é usado para os cálculos do custeio por ordem de produção no Capítulo 3.

[3] O custeio real é usado para criar as demonstrações de resultado pelo custeio por absorção e pelo custeio variável no Capítulo 6.

Os resultados mostram que 18,3% dos entrevistados usam o ABC para alocar custos de produção a objetos de custo e 42% usam o custeio-padrão com a mesma finalidade. O ABC é usado por pelo menos 13% dos entrevistados em todos os departamentos funcionais de toda a cadeia de valor. Muitas empresas não alocam custos não relacionados à produção de objetos de custo.

FONTE: William O. Stratton, Denis Desroches, Raef Lawson e Toby Hatch, "Activity-Based Costing: Is It Still Relevant?", *Management Accounting Quarterly*, primavera de 2009, p. 31-40.

Capítulo **7** ▸▶ Método de custeio baseado em atividades

COMPARAÇÃO DOS CUSTOS DO PRODUTO PELOS SISTEMAS DE CUSTEIO TRADICIONAL E ABC

A equipe ABC usou um processo que envolve dois passos para comparar seus custos de produto pelo método tradicional e pelo ABC. Primeiro, a equipe analisou as margens dos produtos divulgadas pelo sistema de custeio tradicional. Depois, comparou as diferenças entre as margens de produtos pelo método tradicional e pelo ABC.

Margens de produtos calculadas por meio do sistema de custeio tradicional

O sistema de custeio tradicional da Classic Brass atribui somente custos de produção aos produtos – isso inclui custos de materiais diretos, de mão de obra direta e custos indiretos de produção. Despesas de venda e administrativas não são atribuídas aos produtos. O Quadro 7.12 mostra a margem de produtos divulgada pelo sistema de custeio tradicional da Classic Brass. Explicaremos em três passos como essas margens foram calculadas. Primeiro, os dados de custos de vendas e de materiais diretos e mão de obra direta são os mesmos números usados pela equipe ABC para preparar o Quadro 7.10. Em outras palavras, o sistema de custeio tradicional e o sistema ABC tratam esses dados de receitas e custos de maneira idêntica.

Segundo, o sistema de custeio tradicional usa uma taxa de custos indiretos de toda a fábrica para atribuir custos indiretos de produção a produtos. O numerador da taxa de custos indiretos de toda a fábrica é US$ 1 milhão, que é o montante de custos indiretos de produção exibido na demonstração de resultados do Quadro 7.1. A nota de rodapé do Quadro 7.1 menciona que o sistema de custeio tradicional usa horas-máquina para atribuir custos indiretos de produção aos produtos. A atividade de "tamanho do pedido" no Quadro 7.6 usou 20 mil horas-máquina como seu nível de atividade. Essas mesmas 20 mil horas-máquina seriam usadas no denominador da taxa de custos indiretos de toda a fábrica, que é calculada como a seguir:

$$\text{Taxa de custos indiretos de toda a fábrica} = \frac{\text{Total dos custos indiretos de produção estimados}}{\text{Total de horas-máquina estimadas}}$$

$$= \frac{\text{US\$ 1.000.000}}{\text{20.000 horas-máquina}}$$

$$= \text{US\$ 50 por hora-máquina}$$

Como 17.500 horas-máquina foram dedicadas aos balaústres padronizados, atribuem-se **US$ 875 mil** (17.500 horas-máquina × US$ 50 por hora-máquina) de custos indiretos de produção a essa linha de produtos. Da mesma forma, as caixas de bússolas customizadas exigiram 2,5 mil horas-máquina, então se atribuem **US$ 125 mil** (2.500 horas-máquina × US$ 50 por hora-máquina) de custos indiretos de produção a essa linha de produtos. As vendas de cada produto menos seus custos de produtos vendidos são iguais à margem de produto de **US$ 615.750** para os balaústres padronizados e **US$ 258 mil** para as caixas de bússolas customizadas.

Observe que o resultado operacional de US$ 1.250 exibido no Quadro 7.12 está de acordo com o prejuízo divulgado na demonstração de resultados do Quadro 7.1 e com o prejuízo exibido na tabela a seguir do Quadro 7.10. As vendas *totais* da empresa, seus custos *totais* e seu resultado operacional resultante são iguais independentemente de olharmos a demonstração de resultados usando o custeio por absorção do Quadro 7.1, a análise ABC de lucratividade de produtos descrita na página 291, ou a análise tradicional de lucratividade de produtos do Quadro 7.12. Ainda que o total permaneça constante no sistema tradicional e no sistema ABC, o que difere é como se divide esse total pelas duas linhas de produtos. Os cálculos tradicionais da margem de produto sugerem que os balaústres padronizados geram uma margem de produto de US$ 615.750 e as caixas de bússolas customizadas, uma margem de produto de US$ 258 mil. Entretanto, essas margens de produtos diferem da margem de produtos ABC divulgada no Quadro 7.10. De fato, o sistema de custeio tradicional dá sinais distorcidos aos gerentes da Classic Brass sobre a lucratividade de cada produto. Vamos explicar por quê.

QUADRO 7.12
Margem de produtos –
Sistema de custeio tradicional.

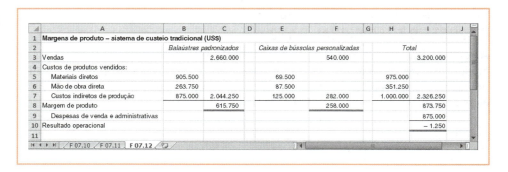

Diferenças entre os custos do produto pelos sistemas de custeio tradicional e ABC

As mudanças nas margens de produtos causadas pela passagem de um sistema de custeio tradicional para um sistema de custeio baseado em atividades (US$) são mostradas a seguir:

	Balaústres padronizados	Caixas de bússola customizadas
Margem de produtos – tradicional.............................	615.750	258.000
Margem de produtos – ABC	906.250	– 49.500
Mudança na margem de produtos divulgada	290.500	– 307.500

O sistema de custeio tradicional sobrecusteia os balaústres padronizados e, consequentemente, divulga uma margem de produto artificialmente baixa para esse produto. A passagem para uma visão da lucratividade de produtos baseada em atividades aumenta a margem de produto dos balaústres padronizados em US$ 290,5 mil. Ao contrário, o sistema de custeio tradicional subcusteia as caixas de bússolas customizadas e divulga uma margem de produto artificialmente alta para esse produto. A passagem para o custeio baseado em atividades diminui a margem de produto das caixas de bússolas customizadas em US$ 307,5 mil.

Os motivos para a mudança da margem de produtos divulgada ao passar de um método para o outro são revelados no Quadro 7.13. A parte superior do quadro mostra as atribuições de custos diretos e indiretos de cada produto conforme foram divulgadas pelo sistema de custeio tradicional no Quadro 7.12. Por exemplo, o Quadro 7.13 inclui esses custos para os balaústres padronizados: materiais diretos, US$ 905,5 mil; mão de obra direta, US$ 263.750; e custos indiretos de produção, US$ 875 mil. Cada um desses custos corresponde àqueles divulgados no Quadro 7.12. Observe que as despesas de venda e administrativas de US$ 875 mil não são alocadas a produtos de modo intencional, porque esses custos são considerados custos de período. Da mesma forma, a parte inferior do Quadro 7.13 resume as atribuições de custos diretos e indiretos de acordo com o divulgado pelo sistema de custeio baseado em atividades no Quadro 7.10. As únicas informações novas no Quadro 7.13 são exibidas nas duas colunas de percentuais. A primeira mostra o percentual de cada custo atribuído a balaústres padronizados. Por exemplo, os **US$ 905.500** de custos de materiais diretos associados aos balaústres padronizados é **92,9%** dos custos totais de materiais diretos da empresa, de **US$ 975 mil**. A segunda coluna faz a mesma coisa em relação às caixas de bússolas customizadas.

Há três motivos pelos quais os sistemas de custeio tradicional e baseado em atividades produzem diferentes margens de produtos. Em primeiro lugar, o sistema de custeio tradicional da Classic Brass aloca todos os custos indiretos de produção a produtos, o que força ambos a absorverem todos os custos indiretos de produção independentemente de terem realmente consumido os custos que lhes foram alocados. O sistema ABC não atribui os custos indiretos de produção consumidos pela atividade de "relacionamento com o cliente" a produtos porque esses custos são causados por clientes, e não

Capítulo **7** ▶▶ Método de custeio baseado em atividades

por produtos específicos. Ele também não atribui os custos indiretos de produção incluídos na atividade "outros" a produtos porque esses custos são custos de suporte da organização e custos de capacidade ociosa e não são causados por nenhum produto em particular. Do ponto de vista do ABC, atribuir esses custos a produtos é inerentemente arbitrário e contraproducente.

QUADRO 7.13
Comparação de atribuições de custo pelo método tradicional e pelo método baseado em atividades.

Sistema de custeio tradicional	Balaústres padronizados		Caixas de bússolas customizadas		
	(a) Montante (US$)	(a) ÷ (c) %	(b) Montante (US$)	(b) ÷ (c) %	(c) Total (US$)
Materiais diretos......................	**905.500**	**92,9**	69.500	7,1	**975.000**
Mão de obra direta...................	263.750	75,1	87.500	24,9	351.250
Custos indiretos de produção..	875.000	**87,5**	125.000	**12,5**	1.000.000
Custos totais atribuídos a produtos.............................	2.044.250		282.000		2.326.250
Despesas de venda e administrativas					875.000
Custos totais					3.201.250
Sistema de custeio baseado em atividades					
Custos diretos:					
Materiais diretos..................	905.500	92,9	69.500	7,1	975.000
Mão de obra direta..............	263.750	75,1	87.500	24,9	251.250
Expedição...........................	60.000	92,3	5.000	7,7	65.000
Custos indiretos:					
Pedidos de clientes..............	192.000	**60**	128.000	**40**	320.000
Projetos de produtos..........	0	**0**	252.000	**100**	252.000
Tamanho dos pedidos..........	332.500	87,5	47.500	12,5	380.000
Custos totais atribuídos a produtos...........................	1.753.750		589.500		2.343.250
Custos não atribuídos a produtos:					
Relacionamento com o cliente............................					367.500
Outros....................................					490.500
Custos totais					3.201.250

Em segundo lugar, o sistema de custeio tradicional da Classic Brass aloca todos os custos indiretos de produção usando uma base de alocação relacionada ao volume – horas-máquina – que pode ou não refletir o que realmente gera os custos. Em outras palavras, no sistema tradicional, **87,5%** dos custos indiretos de produção é simplesmente atribuído a balaústres padronizados e **12,5%** são atribuídos a caixas de bússolas customizadas. Por exemplo, o sistema de custeio tradicional atribui de forma inadequada 87,5% dos custos da atividade "pedidos de clientes" (uma atividade no nível do lote) a balaústres padronizados embora o sistema ABC tenha revelado que esses produtos causavam apenas **60%** desses custos. No entanto, o sistema de custeio tradicional atribui apenas 12,5% desses custos a caixas de bússolas customizadas embora esse produto cause apenas **40%** desses custos. Da mesma forma, o sistema de custeio tradicional atribui 87,5% dos custos da atividade "projeto de produto" (uma atividade no nível do produto) a balaústres padronizados embora esses produtos não causem nenhum **(0%)** desses custos. Todos **(100%)** os custos da atividade "projeto de produto", em vez de apenas 12,5%, deveriam ser atribuídos às caixas de bússolas customizadas. O resultado é que os sistemas de custeio tradicionais sobrecusteiam produtos de alto volume (como os balaústres padronizados) e subcusteiam os produtos de baixo volume (como as caixas de bússolas customizadas) porque eles atribuem custos do nível do lote e do nível do produto usando bases de alocação relacionadas ao volume.

O terceiro motivo pelo qual a margem de produtos difere nos dois sistemas de custeio é que o sistema ABC atribui os custos indiretos não relacionados à produção causados por produtos para aqueles produtos na base de causa e efeito. O sistema de custeio tradicional desconsidera esses custos porque eles são classificados como custos de período. O sistema ABC associa diretamente os custos de expedição a produtos e inclui os custos indiretos não relacionados à produção causados por produtos nos agrupamentos de custos de atividades que são atribuídos a produtos.

A equipe do projeto ABC apresentou os resultados de seu trabalho em uma reunião em que estavam presentes todos os altos gerentes da Classic Brass, inclusive o presidente John Towers, a gerente de produção Susan Richter, o gerente de marketing Tom Olafson, e a gerente de contabilidade Mary Goodman. A equipe ABC trouxe consigo cópias do gráfico que mostra o projeto ABC (Quadro 7.7), e da tabela que compara as atribuições de custo pelos métodos tradicional e ABC (Quadro 7.13). Depois da apresentação formal pela equipe ABC, aconteceu a seguinte discussão:

CONTABILIDADE GERENCIAL EM AÇÃO

Classic Brass Inc.

Conclusão

John: Eu gostaria de agradecer pessoalmente à equipe ABC por todo o trabalho que realizou e por uma apresentação extremamente interessante. Estou começando a duvidar de muitas das decisões que tomamos no passado usando nosso antigo sistema de contabilidade de custos. De acordo com a análise ABC, fazíamos tudo ao contrário. Perdemos dinheiro nos produtos customizados e ganhamos bastante nos produtos padronizados.

Mary: Devo admitir que eu não tinha ideia de que o trabalho de projeto de produto das caixas de bússolas customizadas era tão caro! Eu sabia que embutir esses custos em nossa taxa de custos indiretos de toda a fábrica penalizava os balaústres padronizados, mas eu não compreendia a magnitude do problema.

Susan: Eu nunca acreditei que ganhávamos muito dinheiro nos trabalhos customizados. Temos que ver todos os problemas que eles nos causam no departamento de produção.

Tom: Odeio admitir, mas os trabalhos customizados sempre parecem dar dor de cabeça no marketing também.

John: Se perdemos dinheiro com as caixas de bússolas customizadas, por que não sugerimos aos nossos clientes que eles procurem outra empresa para esse tipo de trabalho?

Tom: Espere um minuto, perderíamos muitas vendas.

Susan: E daí? Economizaríamos muito mais custos.

Mary: Talvez sim, talvez não. Alguns dos custos não desapareceriam se descontinuássemos os produtos customizados.

Tom: Como quais?

Mary: Bem, Tom, acho que você disse que em torno de 10% de nosso tempo é gasto lidando com novos produtos. Em decorrência disso, 10% do seu salário foi alocado ao agrupamento de custos de "projeto de produto". Se descontinuássemos todos os produtos que exigem projeto, você estaria disposto a ter um corte salarial de 10%?

Tom: Você só pode estar brincando.

Mary: Você enxerga o problema? Só porque 10% de seu tempo é gasto em produtos customizados não significa que a empresa economizaria 10% do seu salário se os descontinuasse. Antes de tomarmos uma decisão drástica como descontinuar os produtos customizados, devemos identificar quais custos são realmente relevantes.

John: Acho que entendo aonde você quer chegar. Não queremos descontinuar vários produtos e depois descobrir que nossos custos na verdade não mudaram muito. É verdade que descontinuar os produtos liberaria recursos como o tempo de Tom, mas é melhor termos certeza de que teremos um bom uso para esses recursos antes de tomarmos essa decisão.

Capítulo **7** ▸▶ Método de custeio baseado em atividades

Como ilustra essa discussão entre os gerentes da Classic Brass, deve-se ter cautela antes de tomar decisões baseadas em uma análise ABC como a exibida nos Quadros 7.10 e 7.11. As margens de produto e cliente calculadas nesses quadros são um ponto de partida útil para uma análise mais detalhada, mas os gerentes precisam saber quais custos são realmente afetados antes de tomarem qualquer decisão, como descontinuar um produto ou abandonar um cliente ou mudar os preços de produtos ou serviços. O Apêndice 7A mostra como se pode construir um *relatório de análise de ações* para ajudar os gerentes a tomarem tais decisões. Um **relatório de análise de ações** fornece mais detalhes sobre custos e como eles podem se ajustar a mudanças do que a análise ABC apresentada nos Quadros 7.10 e 7.11.

▸ **Relatório de análise de ações**

relatório que mostra quais custos foram atribuídos a um objeto de custo, como um produto ou um cliente, e quão difícil seria ajustar o custo se houvesse uma mudança na atividade.

POR DENTRO
DAS EMPRESAS

COMPARAR CUSTOS DE PRODUTO PELO MÉTODO DE CUSTEIO BASEADO EM ATIVIDADES E PELO MÉTODO TRADICIONAL

A **Airco Heating and Air Conditioning (Airco)**, localizada em Van Buren, Arkansas, Estados Unidos, implantou um sistema ABC para melhor compreender a lucratividade de seus produtos. O sistema ABC atribuiu US$ 4.458.605 de custos indiretos a oito atividades, como a seguir:

Agrupamento de custos de atividades	Custo total (US$)	Atividade total	Índice de atividade (US$)
Máquinas..	435.425	73.872 horas-máquina	5,89
Manutenção	132.597	14 produtos administrados	9.471,21
Manuseio de materiais...............................	1.560.027	16.872 produtos	92,46
Transformação da produção (*changeover*)*	723.338	72 horas de configuração	10.046,36
Programação da produção (*scheduling*)	24.877	2.788 ciclos de produção	8,92
Recebimento de matérias-primas	877.107	2.859 recibos	306,79
Expedição de produtos	561.014	22.183.222 km	0,04
Serviço de atendimento ao cliente.................	144.220	2.533 contatos com o cliente	56,94
Total..	4.458.605		

Os gerentes da Airco ficaram surpresos com o fato de que 55% (US$ 1.560.027 + US$ 877.107 ÷ US$ 4.458.605) de seus recursos indiretos eram consumidos pelas atividades de manuseio de materiais e recebimento de matérias-primas. Em resposta a esses dados, eles reduziram as distâncias de transporte de matérias-primas e de peças dentro da fábrica. Além disso, compararam os percentuais de margem de produto pelo método tradicional e pelo ABC (calculado dividindo-se a margem de cada produto pelas vendas do produto) para as sete linhas de produtos de ar-condicionado da empresa, como resumido a seguir:

	Produtos						
	5-ton	6-ton	7,5-ton	10-ton	12,5-ton	15-ton	20-ton
Margem de produto tradicional (%) ...	− 20	4	40	− 4	20	42	70
Margem de produto ABC (%).............	− 15	− 8	50	1	− 6	40	69

Em resposta aos dados ABC, a Airco decidiu explorar a possibilidade de elevar os preços dos ares-condicionados de 5-ton, 6-ton e 12,5-ton buscando, ao mesmo tempo, reduzir o consumo de custos indiretos por esses produtos.

FONTE: Copyright 2004 de Heather Nachtmann e Mohammad Hani Al-Rifai, "An Application of Activity-Based Costing in the Air Conditioner Manufacturing Industry," *The Engineering Economist* 49, 3. ed., 2004, p. 221-236. Reproduzido com permissão de Taylor & Francis Group, LLC, <www.taylorandfrancis.com>.

---

* N. de T.: *Changeover* refere-se à transformação ou adaptação de uma máquina ou linha de produção à fabricação de outro produto.

DETERMINAR ALVOS DE MELHORIAS NOS PROCESSOS

▶ Gestão baseada em atividades (ABM, *Activity Based Management*)

abordagem de gestão com a finalidade de gerenciar atividades como uma maneira de eliminar desperdícios e reduzir atrasos e defeitos.

O custeio baseado em atividades também pode ser usado para identificar atividades que se beneficiariam com melhorias nos processos. Quando usado dessa maneira, o custeio baseado em atividades geralmente é chamado de *gestão baseada em atividades*. Fundamentalmente, a **gestão baseada em atividades (ABM – *Activity Based Management*)** envolve concentrar-se em atividades de modo a eliminar desperdícios, diminuir o tempo de processamento e reduzir defeitos. A gestão baseada em atividades é usada em organizações tão diversas quanto empresas manufatureiras, hospitais e o Corpo de Fuzileiros Navais dos Estados Unidos.

O primeiro passo em qualquer programa de melhorias é decidir o que precisa ser melhorado. A abordagem da teoria das restrições discutida no Capítulo 1 é uma ferramenta poderosa para determinar áreas-alvo em uma organização cuja melhoria geraria maior benefício. A gestão baseada em atividades serve como uma segunda abordagem. Os índices de atividade calculados no custeio baseado em atividades podem fornecer dicas valiosas quanto a onde há desperdício e oportunidades de melhorias. Por exemplo, analisando os índices de atividade no Quadro 7.6, os gerentes da Classic Brass podem concluir que US$ 320 para processar o pedido de um cliente é um valor caro demais para uma atividade que não agrega valor algum ao produto. Consequentemente, podem direcionar o alvo de seus esforços de melhoria de processos à atividade de "pedidos de clientes".

▶ Benchmarking

abordagem sistemática para identificar as atividades com o maior potencial de melhoria.

Benchmarking é outra maneira de alavancar as informações contidas nos índices de atividade. **Benchmarking** é uma abordagem sistemática para identificar as atividades que mais precisam de melhorias, e se baseia na comparação do desempenho de uma organização com o de outras organizações similares conhecidas pelo excelente desempenho. Se uma parte específica da organização tiver um desempenho muito abaixo do padrão típico, os gerentes provavelmente se voltarão ao aprimoramento dessa área.

POR DENTRO DAS EMPRESAS

MELHORIAS NOS PROCESSOS AJUDAM ENFERMEIRAS

O **Providence Portland Medical Center (PPMC)** usou o ABC para melhorar um dos processos mais caros e com mais tendência a erros em suas unidades de enfermagem: pedidos, distribuição e administração de medicamentos a pacientes. Para a surpresa de todos os envolvidos, os dados ABC mostraram que "as atividades relacionadas a medicamentos somavam 43% dos custos operacionais totais da unidade de enfermagem". Os membros da equipe ABC sabiam que uma das causas desse processo demorado era a ilegibilidade das receitas que os médicos enviavam às farmácias via fax. Substituir a máquina de fax padrão por uma muito melhor, que custava US$ 5 mil, praticamente eliminou as receitas ilegíveis e diminui os telefonemas subsequentes em mais de 90% – economizando ao hospital US$ 500 mil por ano. No total, a equipe do ABC gerou ideias de melhorias que ofereceram economias líquidas de US$ 1 milhão em recursos reposicionáveis. "Esse montante significa tempo extra que as enfermeiras e farmacêuticos podem dedicar a cuidados diretos aos pacientes."

FONTE: "How ABC Analysis Will Save PPMC Over US$ 1 Million a Year", *Financial Analysis, Planning & Reporting*, novembro de 2003, p. 6-10.

CUSTEIO BASEADO EM ATIVIDADES E RELATÓRIOS EXTERNOS

Embora o custeio baseado em atividades geralmente forneça custos de produto mais precisos do que os métodos de custeio tradicionais, ele não é usado frequentemente para relatórios externos por diversos motivos.[3] Em primeiro lugar, os relatórios externos são menos detalhados do que os relatórios internos preparados para a tomada de decisões. Nos relatórios externos, não se registram custos de produtos individuais. Os custos de produtos vendidos e as avaliações de estoques são registrados, mas eles não são decompostos por produto. Se ocorrer o subcusteio de alguns produtos e o sobrecus-

---

[3] O Apêndice 7B ilustra como uma variação do custeio baseado em atividades pode ser usada para desenvolver custos de produto para relatórios externos.

teio de outros, os erros tendem a neutralizar uns aos outros quando os custos de produto são somados.

Em segundo lugar, geralmente é muito difícil fazer mudanças no sistema contábil de uma empresa. Na maioria das empresas, os sistemas de contabilidade oficiais normalmente são embutidos em complexos programas de computador que foram modificados na própria empresa no decorrer de muitos anos. É muito difícil fazer mudanças nesses programas de computador sem causar inúmeros *bugs*.

Em terceiro lugar, um sistema ABC como o descrito neste capítulo não está em conformidade com os princípios contábeis geralmente aceitos (GAAP – *Generally Accepted Accounting Principles*). Como discutido nos Capítulos 2, 3 e 4, os custos de produto calculados para relatórios externos devem incluir todos os custos de produção e apenas eles; mas, em um sistema ABC, como descrito neste capítulo, os custos de produto excluem alguns custos de produção e incluem outros não relacionados à produção. É possível ajustar os dados ABC no final do período para que eles estejam em conformidade como os GAAP, mas isso exige mais trabalho.

Em quarto lugar, os auditores provavelmente não se sentirão à vontade com alocações baseadas em entrevistas com o pessoal da empresa. Esses dados subjetivos podem ser facilmente manipulados pela gerência para tornar os lucros e outras variáveis-chave mais favoráveis.

Por todos esses motivos, a maioria das empresas confina seus esforços no ABC a estudos especiais para a gerência e não tentam integrar o custeio baseado em atividades em seus sistemas formais de contabilidade de custos.

RESTRIÇÕES DO CUSTEIO BASEADO EM ATIVIDADES

Implementar um sistema de custeio baseado em atividades é um projeto grande que exige recursos substanciais. E, uma vez implantado, um sistema de custeio baseado em atividades é mais caro de manter do que um sistema de custeio tradicional – é necessário, periodicamente, coletar, checar e inserir no sistema de dados referentes as inúmeras medidas de atividades. Os benefícios de obter maior precisão podem não superar esses custos.

O custeio baseado em atividades produz números, como margens de produtos, que não correspondem aos números produzidos pelos sistemas de custeio tradicionais. No entanto, os gerentes estão acostumados a usar sistemas de custeio tradicionais para realizarem suas operações e os sistemas de custeio tradicionais também são frequentemente usados em avaliações de desempenho. Essencialmente, o custeio baseado em atividades muda as regras do jogo. Faz parte da natureza humana que mudanças nas organizações – particularmente aquelas que mudam as regras do jogo – enfrentem resistência de uma forma ou de outra. Isso sublinha a importância do apoio da alta gerência e da total participação dos gerentes de linhas de produção, além do pessoal da contabilidade, em qualquer iniciativa de custeio baseado em atividades. Se este método for visto como uma iniciativa contábil sem o total apoio da alta gerência, ela estará fadada ao fracasso.

Na prática, a maioria dos gerentes insiste em alocar absolutamente todos os custos aos produtos, clientes e outros objetos de custo em um sistema de custeio baseado em atividades – inclusive os custos de capacidade ociosa e os custos para sustentar a organização. Isso resulta em um sobrecusteio dos custos e um subcusteio das margens, e em erros na precificação e em outras decisões fundamentais.

Os dados do custeio baseado em atividades podem ser facilmente mal interpretados e devem ser usados com cuidado na tomada de decisões. Os custos atribuídos aos produtos, clientes e outros objetos de custo são apenas *potencialmente* relevantes. Antes de tomar qualquer decisão significativa usando dados gerados pelo custeio baseado em atividades, os gerentes precisam identificar quais custos são de fato relevantes para a decisão em questão. Ver Apêndice 7A para mais detalhes.

Como discutido na seção anterior, mesmo os relatórios produzidos pelos melhores sistemas de custeio baseado em atividades não estão em conformidade com as exigências dos relatórios externos. Consequentemente, uma organização envolvida no custeio baseado em atividades deve ter dois sistemas de custeio – um para uso interno e outro para a preparação de relatórios externos –, um processo mais caro do que manter apenas um sistema e que pode causar confusão sobre em qual sistema acreditar e confiar.

CONTABILIDADE GERENCIAL

POR DENTRO DAS EMPRESAS

PERSPECTIVA CRÍTICA DO ABC

A **Marconi** é uma empresa portuguesa de telecomunicações que encontrou problemas com seu sistema ABC. Os gerentes de produção da empresa perceberam que 23% dos custos incluídos no sistema eram custos comuns que não deveriam ser alocados a produtos e que fazer isso não seria somente errado, mas também irrelevante para seus esforços de redução de custos operacionais. Além disso, os trabalhadores da linha de frente da Marconi resistiam ao sistema ABC porque acreditavam que ele poderia ser usado para enfraquecer sua autonomia e justificar cortes de pessoal, terceirizações e intensificação do trabalho. Eles acreditavam que o ABC criava uma "síndrome de perus enfileirados para a ceia de Natal" porque se esperava que eles voluntariamente oferecessem informações para ajudar a criar um sistema de custeio que em algum momento levaria à demissão. Essas duas complicações criavam um terceiro problema – os dados necessários para construir o modelo de custeio ABC eram fornecidos por funcionários insatisfeitos e desconfiados. Consequentemente, a precisão dos dados era, na melhor das hipóteses, questionável. Em resumo, as experiências da Marconi ilustram alguns dos desafios que complicam as implantações do ABC no mundo real.

FONTE: Maria Major e Trevor Hopper, "Managers Divided: Implementing ABC in a Portuguese Telecommunications Company", *Management Accounting Research*, junho de 2005, p. 205-229.

RESUMO

Os métodos tradicionais de contabilidade de custos sofrem de várias deficiências que podem resultar na distorção dos custos para fins de tomada de decisões. Todos os custos de produção – mesmo aqueles que não são causados por nenhum produto em especial – são alocados aos produtos. Os custos não relacionados à produção causados por produtos não são atribuídos aos produtos. E, finalmente, os métodos tradicionais tendem a depender demais de bases de alocação no nível da unidade, como mão de obra direta e horas-máquina. Esse cenário resulta no sobrecusteio de produtos de alto volume e subcusteio de produtos de baixo volume e pode levar a erros na tomada de decisões.

O custeio baseado em atividades estima os custos dos recursos consumidos por objetos de custo, como produtos e clientes. A abordagem do custeio baseado em atividades supõe que os objetos de custo geram atividades que, por sua vez, consomem recursos. As atividades formam a ligação entre custos e objetos de custo. O custeio baseado em atividades está relacionado a custos indiretos – tanto aos custos indiretos de produção quanto aos custos indiretos de venda e administrativos. A contabilidade da mão de obra direta e de materiais diretos normalmente é a mesma sob os métodos de custeio tradicional e ABC.

Para construir um sistema ABC, as empresas em geral escolhem um pequeno conjunto de atividades que resumem grande parte do trabalho realizado nos departamentos geradores de custos indiretos. Associado a cada atividade há um agrupamento de custos de atividades. Até onde é possível, os custos indiretos são diretamente associados a esses agrupamentos de custos de atividades. Os custos indiretos restantes são alocados aos agrupamentos de custos de atividades na primeira fase de alocação. Entrevistas com os gerentes geralmente fornecem a base dessas alocações.

Calcula-se um índice de atividade para cada agrupamento de custos dividindo-se os custos a ele atribuídos por sua medida de atividade. Os índices de atividade fornecem aos gerentes informações úteis relativas aos custos de realizar atividades de custos indiretos. Um custo particularmente alto de uma atividade pode estimular esforços no sentido de melhorar a maneira como a atividade é realizada na organização.

Na segunda fase de alocação, são usados índices de atividade para aplicar custos a objetos de custo, como produtos e clientes. Os custos calculados sob o método de custeio baseado em atividades geralmente são bem diferentes dos custos gerados pelo sistema tradicional de contabilidade de custos de uma empresa. Embora o sistema ABC seja consideravelmente mais preciso, os gerentes devem ser cautelosos antes de tomarem decisões baseadas nos dados do ABC. Alguns dos custos podem não ser evitáveis e, logo, não seriam relevantes.

PROBLEMA DE REVISÃO: CUSTEIO BASEADO EM ATIVIDADES

A Ferris Corporation produz um único produto – um gabinete para arquivo à prova de fogo – que ela vende para distribuidores de móveis de escritório. A empresa possui um sistema ABC simples que usa para a tomada de decisões interna, e dois departamentos de custos indiretos cujos custos estão listados a seguir:

Custos indiretos de produção (US$)	500.000
Custos indiretos de venda e administrativos (US$)	300.000
Total de custos indiretos (US$)	800.000

O sistema ABC da empresa possui os seguintes agrupamentos de custos de atividades e medidas de atividades:

Agrupamento de custos de atividades	Medida de atividade
Montagem de unidades	Número de unidades
Processamento de pedidos...................	Número de pedidos
Suporte a clientes	Número de clientes
Outros..	Não aplicável

Os custos atribuídos ao agrupamento de custos de atividades "outros" não possui medida de atividade; eles consistem em custos de capacidade ociosa e custos de suporte da organização – nenhum dos quais são atribuídos a pedidos, clientes ou ao produto.

A Ferris Corporation distribui os custos indiretos de produção e os custos indiretos de venda e administrativos aos agrupamentos de custos de atividades com base em entrevistas com os funcionários, cujos resultados são exibidos a seguir:

Distribuição do consumo de recursos pelos agrupamentos de custos de atividades				
	Montagem de unidades	Processamento de pedidos	Suporte aos clientes	Outros	Total
Custos indiretos de produção (%) ...	50	35	5	10	100
Custos indiretos de venda e administrativos (%)	10	45	25	20	100
Atividade total..........	1.000 unidades	250 pedidos	100 clientes		

Requisitado:

1. Estruture a primeira fase de alocação dos custos indiretos aos agrupamentos de custos de atividades, como no Quadro 7.5.
2. Calcule os índices de atividade dos agrupamentos de custos de atividades como no Quadro 7.6.
3. A OfficeMart é um dos clientes da Ferris Corporation. No ano passado, a OfficeMart encomendou quatro vezes gabinetes para arquivos diferentes, e pediu um total de 80 gabinetes durante esse período. Construa uma tabela como a do Quadro 7.9, mostrando os custos indiretos atribuíveis à OfficeMart.
4. O preço de venda de um gabinete para arquivos é US$ 595. Os custos dos materiais diretos são de US$ 180 por unidade e os custos de mão de obra direta são de US$ 50 por unidade. Qual é a margem de cliente da OfficeMart? Ver Quadro 7.11 para um exemplo de como preencher esse relatório.

Solução do problema de revisão

1. A primeira fase de alocação dos custos aos agrupamentos de custos de atividades aparece a seguir:

	Agrupamentos de custos de atividades (US$)				
	Montagem de unidades	Processamento de pedidos	Suporte a clientes	Outros	Total
Custos indiretos de produção	250.000	175.000	25.000	50.000	500.000
Custos indiretos de venda e administrativos	30.000	135.000	75.000	60.000	300.000
Custos totais	280.000	310.000	100.000	110.000	800.000

2. Os índices de atividade dos agrupamentos de custos de atividades são:

Agrupamentos de custos de atividades	(a) Custos totais (US$)	(b) Atividade total	(a) ÷ (b) Índice de atividade (US$)
Montagem de unidades	280.000	1.000 unidades	280 por unidade
Processamento de pedidos	310.000	250 pedidos	1.240 por pedido
Suporte a clientes	100.000	100 clientes	1.000 por cliente

3. Os custos indiretos atribuíveis à OfficeMart seriam calculados como a seguir:

Agrupamentos de custos de atividades	(a) Índice de atividade (US$)	(b) Atividade	(a) × (b) Custos ABC (US$)
Montagem de unidades	280 por unidade	80 unidades	22.400
Processamento de pedidos	1.240 por pedido	4 pedidos	4.960
Suporte a clientes	1.000 por cliente	1 cliente	1.000

4. A margem de cliente pode ser calculada como segue:

Vendas (US$ 595 por unidade × 80 unidades) (US$)..........		47.600
Custos (US$):		
Materiais diretos (US$ 180 por unidade × 80 unidades)..	14.400	
Mão de obra direta (US$ 50 por unidade × 80 unidades).	4.000	
Montagem de unidades (acima)....................................	22,400	
Processamento de pedidos (acima)	4,960	
Suporte a clientes (acima)..	1.000	46.760
Margem de cliente..		840

PERGUNTAS

7.1 Como o custeio baseado em atividades difere dos métodos de custeio tradicionais como o custeio por ordem de produção, descrito no Capítulo 3?

7.2 Por que a mão de obra direta é uma base de alocação ruim para alocar custos indiretos em muitas empresas?

7.3 Por que o apoio da alta gerência e o envolvimento de todas as funções da empresa são essenciais ao tentar implementar um sistema de custeio baseado em atividades?

7.4 O que são atividades no nível da unidade, no nível do lote, no nível do produto e atividades de suporte da organização?

7.5 Quais tipos de custos não devem ser atribuídos a produtos em um sistema de custeio baseado em atividades?

7.6 Por que há duas fases de alocação no custeio baseado em atividades?

7.7 Por que a primeira fase do processo de alocação no custeio baseado em atividades é geralmente baseada em entrevistas?

7.8 Quando se usa o custeio baseado em atividades, por que os custos indiretos de produção geralmente passam de produtos de alto volume para produtos de baixo volume?

7.9 Como os índices de atividade (ou seja, custos por atividade) das várias atividades podem ser usados para determinar alvos de melhorias nos processos?

7.10 Por que o custeio baseado em atividades descrito neste capítulo é inaceitável para relatórios financeiros externos?

APLICAÇÃO EM EXCEL [OA7.1, OA7.2, OA7.3, OA7.4]

Disponível, em português e inglês, no *site* **<www.grupoa.com.br>**

O formulário de planilha em Excel a seguir deve ser usado para recriar parte do Problema de Revisão das páginas 301 e 302. No *site*, você receberá instruções sobre como usar esse formulário de planilha.

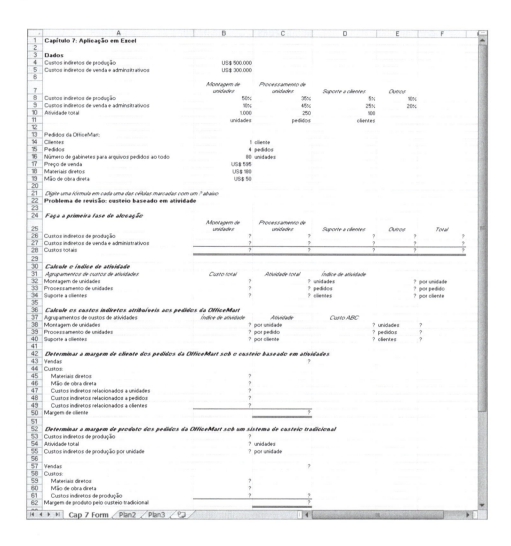

Você só deve prosseguir para os exercícios depois de ter completado sua planilha.

Requisitado:

1. Verifique sua planilha dobrando o número de unidades pedidas na célula B16 para 160. A margem de cliente sob o custeio baseado em atividades agora deve ser de US$ 7.640 e a margem de produto pelo custeio tradicional deve ser US$ – 21.600. Se você não obtiver esses resultados, encontre os erros em sua planilha e corrija-os.
   a. Por que a margem de cliente sob o custeio baseado em atividades dobrou mais quando o número de unidades pedidas dobrou?
   b. Por que a margem de produto pelo sistema de custeio tradicional teve seu número exatamente dobrado, indo de um prejuízo de US$ 10,8 mil para um prejuízo de US$ 21,6 mil?

c. Qual sistema de custeio, custeio baseado em atividades ou custeio tradicional, fornece um quadro mais preciso do que acontece com os lucros quando o número de unidades pedidas aumenta? Explique.

2. Suponha que a OfficeMart faça diferentes pedidos no próximo ano, comprando arquivos de gabinete de mais alta qualidade mais com frequência, mas em quantidades menores por pedido. Insira os seguintes dados em sua planilha:

Dados				
Custos indiretos de produção (US$)	500.000			
Custos indiretos de venda e administrativos (US$)	300.000			
	Montagem de unidades	Processamento de pedidos	Suporte a clientes	Outros
Custos indiretos de produção.......	50%	35%	5%	10%
Custos indiretos de venda e administrativos......................	10%	45%	25%	20%
Atividade total	1.000 unidades	250 pedidos	100 clientes	
Pedidos da OfficeMart:				
Clientes...	1 cliente			
Pedidos	20 pedidos			
Número total de arquivos de gabinete pedidos...................	80 unidades			
Preço de venda (US$)	795			
Materiais diretos (US$)................	185			
Mão de obra direta (US$)..............	90			

a. Qual é a margem de cliente sob o custeio baseado em atividades?
b. Qual é a margem de produto sob o sistema de custeio tradicional?
c. Explique por que a lucratividade está tão diferente ao compará-la ao momento em que a OfficeMart efetuava pedidos mais baratos e com menos frequência, mas em quantidades maiores por pedido.

3. Usando os dados que você digitou na parte (2), mude o percentual de custos indiretos de venda e administrativos atribuíveis ao processamento de pedidos de 45% para 30% e o percentual atribuível a suporte a clientes de 25% para 40%. Essa parte da planilha deve ficar da seguinte maneira:

	Montagem de unidades	Processamento de pedidos	Suporte a clientes	Outros
Custos indiretos de produção (%)....	50	35	5	10
Custos indiretos de venda e administrativos (%)	10	30	40	20
Atividade total	1.000 unidades	250 pedidos	100 clientes	

a. Com relação aos resultados da parte (2), o que aconteceu com a margem de cliente sob o sistema de custeio baseado em atividades? Por quê?
b. Com relação aos resultados da parte (2), o que aconteceu com a margem de produto sob o sistema de custeio tradicional? Por quê?

EXERCÍCIOS

Consulte no *site* <www.grupoa.com.br> os suplementos para esta seção.

EXERCÍCIO 7.1 Hierarquia de custos ABC [OA7.1]

As atividades a seguir ocorrem na Verdewich Corporation, uma empresa que fabrica uma variedade de produtos:

a. Vários indivíduos gerenciam os estoques de peças.
b. Um funcionário da fábrica emite pedidos de compra para uma ordem de produção.
c. O departamento de pessoal treina novos trabalhadores de produção.

d. O gerente geral da fábrica se reúne com os chefes de outros departamentos, como o de marketing, para coordenar planos.
e. Trabalhadores de mão de obra direta montam produtos.
f. Engenheiros projetam novos produtos.
g. O armazenador de materiais despacha matérias-primas para serem usadas em ordens de produção.
h. O departamento de manutenção realiza manutenção preventiva periódica em equipamentos de uso geral.

Requisitado:
Classifique cada uma das atividades anteriores como uma atividade no nível da unidade, do lote, do produto ou como uma atividade de suporte da organização.

EXERCÍCIO 7.2 Primeira fase de alocação [OA7.2]

A VaultOnWheels Corporation opera uma frota de carros blindados que fazem coletas e entregas agendadas para seus clientes na área de Phoenix, Arizona, Estados Unidos. A empresa implementa um sistema de custeio baseado em atividades que possui quatro agrupamentos de custos de atividades: percurso, coleta e entrega, serviço de atendimento ao cliente e outros. As medidas de atividades são: quilômetros, para o agrupamento de custos de "percurso", número de coletas e entregas, para o agrupamento de custos de "coleta e entrega" e número de clientes, para o agrupamento de custos de "serviço de atendimento ao cliente". O agrupamento de custos "outros" não possui medida de atividade porque é uma atividade de suporte da organização. Os seguintes custos serão atribuídos por meio do sistema de custeio baseado em atividades (US$):

Salários do motorista e do guarda................	840.000
Despesas operacionais do veículo	270.000
Depreciação do veículo.....................................	150.000
Salários e despesas de representantes dos clientes.......	180.000
Despesas de escritório	40.000
Despesas administrativas................................	340.000
Custos totais	1.820.000

A distribuição de consumo de recursos pelos agrupamentos de custos de atividades é a seguinte:

	Percurso (%)	Coleta e entrega (%)	Serviço de atendimento ao cliente (%)	Outros (%)	Totais (%)
Salários do motorista e do guarda ...	40	45	10	5	100
Despesas operacionais do veículo ...	75	5	0	20%	100
Depreciação do veículo.....................	70	10	0	20	100
Salários e despesas de representantes dos clientes......	0	0	85	15	100
Despesas de escritório	0	25	35	40	100
Despesas administrativas.................	0	5	55	40	100

Requisitado:
Complete a primeira fase de alocação de custos a agrupamentos de custos de atividades como ilustrado no Quadro 7.5.

EXERCÍCIO 7.3 Cálculo de índices de atividade [OA7.3]

A As You Like It Gardening é uma pequena empresa de serviços de jardinagem que usa o custeio baseado em atividades para estimar custos para fins de precificação e para outros fins. O proprietário da empresa acredita que os custos sejam determinados primordialmente pelo tamanho do gramado dos clientes, pelo tamanho dos canteiros dos clientes, pela distância a ser percorrida até os clientes e pelo número de clientes. Além disso, os custos de manutenção dos canteiros do jardim dependem do tipo de manutenção necessária: baixa manutenção (em especial árvores e arbustos comuns) ou alta manutenção (em especial flores e plantas exóticas). Assim, a empresa usa os cinco agrupamentos de custos de atividades listados a seguir:

CONTABILIDADE GERENCIAL

Agrupamento de custos de atividades	Medida de atividade
Cuidados com o gramado..	m² de gramado
Cuidados com os canteiros de baixa manutenção..........	m² de canteiros de baixa manutenção
Cuidados com os canteiros de alta manutenção.............	m² de canteiros de alta manutenção
Percurso até o local de trabalho.....................................	km
Cobrança e serviços de atendimento ao cliente..............	Número de clientes

A empresa concluiu sua primeira fase de alocação de custos. Os custos e atividades anuais da empresa são resumidos como segue:

Agrupamento de custos de atividades	Custos indiretos estimados (US$)	Atividade esperada
Cuidados com o gramado............	77.400	54.864 m² de gramado
Cuidados com os canteiros de baixa manutenção................	30.000	7.315 m² de canteiros de alta manutenção
Cuidados com os canteiros de alta manutenção...................	57.600	5.486 m² de canteiros de alta manutenção
Percurso até os locais de trabalho	4.200	38,850 km
Cobrança e serviços de atendimento ao cliente.........	8.700	30 clientes

Requisitado:

Calcule o índice de atividade para cada um dos agrupamentos de custos de atividades.

EXERCÍCIO 7.4 Segunda fase de alocação [OA7.4]

A Larner Corporation é uma fabricante diversificada de produtos industriais. O sistema de custeio baseado em atividades da empresa contém os seis agrupamentos de custos de atividades e índices de atividade como segue:

Agrupamento de custos de atividades	Índices de atividade (US$)
Mão de obra direta de apoio	7 por hora de mão de obra direta
Processamento de máquinas	3 por hora-máquina
Configuração de máquinas	40 por configuração
Pedidos de produção	160 por pedido
Entregas	120 por entrega
Apoio ao produto	800 por produto

Foram fornecidos dados de atividade para os seguintes produtos:

	Atividade total esperada	
	J78	W52
Horas de mão de obra direta	1.000	40
Horas-máquina..	3.200	30
Configuração de máquinas	5	1
Pedidos de produção	5	1
Entregas	10	1
Apoio ao produto	1	1

Requisitado:

Determine os custos indiretos totais que seriam atribuídos a cada um dos produtos listados anteriormente sob o sistema de custeio baseado em atividades.

EXERCÍCIO 7.5 Análise de lucratividade de produtos e clientes [OA7.4, OA7.5]

A Updraft Systems Inc. produz parapentes para a venda em lojas especializadas em artigos esportivos. A empresa possui um modelo-padrão desses objetos, mas também faz parapentes customizados. A gerência projetou um sistema de custeio baseado em atividades com os seguintes agrupamentos de custos de atividades e índices de atividade:

Agrupamento de custos de atividades (US$)	Índice de atividade
Mão de obra direta de apoio	18 por hora de mão de obra direta
Processamento de pedidos	192 por pedido
Criação de projeto customizado	261 por projeto customizado
Serviço de atendimento ao cliente	426 por cliente

A gerência gostaria de uma análise de lucratividade de determinado cliente, a Eagle Wings, que pediu estes produtos nos últimos 12 meses:

	Modelo-padrão	Projeto customizado
Número de parapentes	10	2
Número de pedidos	1	2
Número de projetos customizados	0	2
Horas de mão de obra direta por parapente	28,5	32
Preço de venda por parapente (US$)	1.650	2.300
Custo de materiais diretos por parapente (US$)	462	576

A taxa salarial da mão de obra direta da empresa é de US$ 19 por hora.

Requisitado:
Usando o sistema de custeio baseado em atividades da empresa, calcule a margem de cliente da Eagle Wings.

EXERCÍCIO 7.6 Segunda fase de alocação para um pedido [OA7.4]

A Transvaal Mining Tools Ltd., da África do Sul, produz ferramentas especializadas usadas na indústria de mineração. A empresa usa um sistema de custeio baseado em atividades para fins de tomada de decisões internas, e possui quatro agrupamentos de custos de atividades, listados a seguir:

Agrupamento de custos de atividades	Medida de atividade	Índice de atividade
Tamanho do pedido	Número de horas de mão de obra direta	R 17,60 por hora de mão de obra direta*
Pedidos de clientes	Número de pedidos de clientes	R 360 por pedido de clientes
Testes de produtos	Número de horas de testes	R 79 por hora de testes
Vendas	Número ligações de vendas	R 1.494 por ligação de vendas

* A moeda na África do Sul é o *rand*, denotado aqui por R.

O presidente-executivo da empresa gostaria de obter informações sobre o custo de um pedido recém-concluído de furadeiras de rochas duras. O pedido precisou de 150 horas de mão de obra direta, 18 horas de testes de produto, e três ligações de vendas.

Requisitado:
Prepare um relatório resumindo os custos indiretos atribuídos ao pedido de furadeiras de rochas duras. Quais são os custos indiretos totais atribuídos ao pedido?

EXERCÍCIO 7.7 Primeira fase de alocação [OA7.2]

A vice-presidente de operações do First Bank of Eagle, Kristin Wu, está interessada em investigar a eficiência das operações do banco. Ela está particularmente preocupada com os custos de realização de transações de rotina no banco e gostaria de comparar esses custos nas várias filiais do banco. Se as filiais com operações mais eficientes puderem ser identificadas, seus métodos poderão ser estudados e replicados nas outras filiais. Apesar de o banco manter registros meticulosos de salários e outros custos, até agora não houve nenhuma tentativa de mostrar como esses custos estão relacionados aos vários serviços prestados pelo banco. A Srta. Wu pediu sua ajuda para realizar um estudo das operações do banco usando o custeio baseado em atividades. Em particular, ela gostaria de saber o custo da abertura de uma conta, o custo do processamento de depósitos e saques e o custo de processamento de outras transações dos clientes.

A filial Avon do First Bank of Eagle enviou os seguintes dados de custo sobre o ano passado:

Salários dos caixas (US$).................................	150.000
Salário do auxiliar de gerência da filial (US$)	70.000
Salário do gerente da filial (US$)........................	85.000
Total (US$)..	305.000

Quase todos os outros custos da filial – aluguel, depreciação, uso de serviços de utilidade pública, entre outros – são custos de suporte da organização que não podem ser adequadamente atribuídos a nenhuma transação individual de clientes, como no caso de depósitos de cheques.

Além dos dados de custo anteriores, os funcionários da filial Avon foram entrevistados para saber como o tempo foi distribuído no ano passado pelas atividades incluídas no estudo de custeio baseado em atividades. A seguir, temos os resultados dessas entrevistas:

	Distribuição de consumo de recursos pelas atividades (%)				
	Abertura de contas	Processamento de depósitos e saques	Processamento de outras transações dos clientes	Outras atividades	Total
Salários dos caixas..........	0	75	15	10	100
Salário do auxiliar de gerência da filial.......	10	15	25	50	100
Salário do gerente da filial....................	0	0	20	80	100

Requisitado:
Prepare a primeira fase de alocação para a Srta. Wu como ilustrado no Quadro 7.5.

EXERCÍCIO 7.8 Cálculo e interpretação de índices de atividade [OA7.3]

(Este exercício é uma continuação do Exercício 7.7; deve ser solucionado somente se o Exercício 7.7 também tiver sido solucionado.) O gerente da filial Avon do First Bank of Eagle forneceu os seguintes dados sobre as transações da filial no ano passado:

Atividade	Atividade total na filial Avon
Abertura de contas	200 contas abertas
Processamento de depósitos e saques	50.000 depósitos e saques
Processamento de outras transações de clientes.........	1.000 outras transações de clientes

Os custos mais baixos divulgados pelas outras filiais para essas atividades são exibidos a seguir:

Atividade	Custo mais baixo (US$) entre todas as filiais do First Bank of Eagle
Abertura de contas	24,35 por conta aberta
Processamento de depósitos e saques	2,72 por depósito ou saque
Processamento de outras transações de clientes.............	48,90 por outra transação de clientes

Requisitado:
1. Usando a primeira fase de alocação do Exercício 7.7 e os dados anteriores, calcule os índices de atividade do sistema de custeio baseado em atividades. (Use o Quadro 7.6 como guia.) Arredonde todos os cálculos para o valor mais aproximado.
2. O que esses resultados lhe sugerem em relação às operações da filial Avon?

EXERCÍCIO 7.9 Análise de lucratividade de clientes [OA7.3, OA7.4, OA7.5]

A Med Max compra suprimentos cirúrgicos de diversos fabricantes e então os revende a centenas de hospitais. A Med Max determina seus preços para todos os hospitais cobrando um percentual de *markup* de 5% sobre seus custos de produtos vendidos a esses hospitais. Por exemplo, se um hospital compra suprimentos da Med Max que custaram US$ 100 para a empresa comprar dos fabricantes, a Med Max cobraria US$ 105 do hospital.

Durante anos, a Med Max acreditou que esse percentual de *markup* de 5% cobria suas despesas de venda e administrativas e fornecia um lucro razoável. Entretanto, tendo em vista uma queda contínua nos lucros, a Med Max decidiu implementar um sistema de custeio baseado em atividades para ajudar a melhorar sua compreensão da lucratividade de clientes. A empresa decompôs suas despesas de venda e administrativas em cinco atividades, exibidas a seguir:

Agrupamento de custos de atividades	Medida de atividade	Custos totais (US$)	Atividade total
Entregas ao cliente	Número de entregas	400.000	5.000 entregas
Processamento manual de pedidos	Número de pedidos manuais	300.000	4.000 pedidos
Processamento eletrônico de pedidos	Número de pedidos eletrônicos	200.000	12.500 pedidos
Escolha de itens de produtos	Número de itens de produtos escolhidos	500.000	400.000 itens de produtos
Outros custos de suporte da organização	Não aplicável	600.000	
Total de despesas de venda e administrativas		2.000.000	

A Med Max levantou os dados seguintes para dois dos principais hospitais que ela atende – City General e County General (ambos compraram uma quantidade total de suprimentos médicos que tinham custado à Med Max US$ 30 mil para comprar de seus fabricantes):

	Atividade	
Medida de atividade	City General	County General
Número de entregas	10	20
Número de pedidos manuais	0	40
Número de pedidos eletrônicos	10	0
Número de itens de produtos escolhidos	100	260

Requisitado:
1. Calcule a receita total que a Med Max receberia do City General e do County General.
2. Calcule o índice de atividade para cada agrupamento de custos de atividades.
3. Calcule os custos totais de atividades que seriam atribuídos ao City General e ao County General.
4. Calcule a margem de cliente da Med Max para o City General e para o County General. (Dica: Não ignore os custos de produtos vendidos de US$ 30 mil incorridos à Med Max para atender cada hospital.)
5. Descreva os comportamentos de compra que provavelmente caracterizam os clientes menos lucrativos da Med Max.

EXERCÍCIO 7.10 Medida de atividades [OA7.1]

Várias atividades na Morales Corporation, uma empresa manufatureira, estão listadas a seguir. Cada uma delas foi classificada como uma atividade no nível da unidade, do lote, do produto, do cliente ou uma atividade de suporte da organização.

	Atividade	Classificação da atividade	Exemplos de medidas de atividade
a.	Materiais são levados das docas à área de montagem por uma equipe de manuseio de materiais..........................	Nível do lote	
b.	Trabalhadores de mão de obra direta montam vários produtos...	Nível da unidade	
c.	Treinamento sobre diversidade é oferecido a todos os funcionários da empresa	De suporte da organização	
d.	Um produto é projetado por uma equipe multifuncional	Nível do produto	
e.	Equipamentos são configurados para processar um lote......	Nível do lote	
f.	Um cliente é cobrado por todos os produtos entregues durante um mês	Nível do cliente	

Requisitado:

Complete a tabela dando um exemplo de uma medida de atividade para cada atividade.

EXERCÍCIO 7.11 Exercício abrangente sobre custeio baseado em atividades [OA7.2, OA7.3, OA7.4, OA7.5]

A Silicon Optics forneceu os seguintes dados para o uso em seu sistema de custeio baseado em atividades:

Custos indiretos	
Remunerações e salários (US$)	350.000
Outros custos indiretos (US$).......................................	200.000
Total de custos indiretos (US$)	550.000

Agrupamento de custos de atividades	Medida de atividade	Atividade total
Mão de obra direta de apoio	Número de horas de mão de obra direta	10.000 HMODs
Processamento de pedidos	Número de pedidos	500 pedidos
Suporte ao cliente	Número de clientes	100 clientes
Outros	Esta é uma atividade de suporte da organização	Não aplicável

	Distribuição do consumo de recursos pelas atividades (%)				
	Mão de obra direta de apoio	Processamento de pedidos	Suporte ao cliente	Outros	Total
Remunerações e salários...	30	35	25	10	100
Outros custos indiretos	25	15	20	40	100

Durante o ano, a Silicon Optics concluiu um pedido de um disjuntor óptico especial para um novo cliente, a Indus Telecom, que não fez nenhum outro pedido durante o ano. A seguir, temos dados sobre esse pedido:

Dados sobre o pedido da Indus Telecom	
Preço de venda (US$)	295 por unidade
Unidades pedidas.......................................	100 unidades
Materiais diretos (US$)..............................	264 por unidade
Horas de mão de obra direta	0,5 HMOD por unidade
Taxa salarial da mão de obra direta (US$) .	25 per HMOD

Capítulo 7 ▶▶ Método de custeio baseado em atividades

Requisitado:

1. Usando o Quadro 7.5 como um guia, prepare um relatório mostrando a primeira fase de alocação de custos indiretos aos agrupamentos de custos de atividades.
2. Usando o Quadro 7.6 como um guia, calcule os índices de atividade dos agrupamentos de custos de atividades.
3. Prepare um relatório mostrando os custos indiretos do pedido da Indus Telecom, incluindo os custos de "suporte ao cliente".
4. Usando o Quadro 7.11 como um guia, prepare um relatório mostrando a margem de cliente da Indus Telecom.

EXERCÍCIO 7.12 Cálculo dos custos de produto ABC [OA7.3, OA7.4]

A Performance Products Corporation fabrica dois produtos, rodas e pinos de titânio. A seguir, temos os dados sobre os dois produtos:

	Horas de mão de obra direta por unidade	Produção anual
Rodas	0,40	20.000 unidades
Pinos	0,20	80.000 unidades

A seguir, temos informações adicionais sobre a empresa:

a. As rodas exigem US\$ 17 em materiais diretos por unidade, e os pinos exigem US\$ 10.
b. A taxa salarial de mão de obra direta é de US\$ 16 por hora.
c. As rodas têm uma fabricação mais complexa do que os pinos, e exigem equipamentos especiais.
d. O sistema ABC possui os seguintes agrupamentos de custos de atividades:

	A	B	C	D	E
1	*Agrupamentos de custos de atividades*	*Custos indiretos*		*Atividade*	
2	*(e medidas de atividade)*	*estimados (US\$)*	*Rodas*	*Pinos*	*Total*
3	Configurações de máquinas (número de configurações)	21.600	100	80	180
4	Processamento especial (horas-máquina)	180.000	4.000	0	4.000
5	Fábrica geral (horas de mão de obra direta)	288.000	8.000	16.000	24.000
6					
7					

Plan1 / Plan2 / Plan3

Requisitado:

1. Calcule o índice de atividade para cada agrupamento de custos de atividade.
2. Determine o custo unitário de cada produto de acordo com o sistema ABC, incluindo materiais diretos e mão de obra direta.

EXERCÍCIO 7.13 Segunda fase de alocação e cálculo de margens [OA7.4, OA7.5]

A Theatre Seating Inc. produz assentos ajustáveis de alta qualidade para cinemas e teatros. O sistema de custeio baseado em atividades da empresa possui quatro agrupamentos de custos de atividades, que estão listados a seguir com suas medidas de atividade e índices de atividade:

Agrupamento de custos de atividades (US\$)	Medida de atividade	Índice de atividade
Mão de obra direta de apoio	Número de horas de mão de obra direta	12 por hora de mão de obra direta
Processamento de lotes	Número de lotes	96 por lote
Processamento de pedidos	Número de pedidos	284 por pedido
Serviço de atendimento ao cliente............	Número de clientes	2.620 por cliente

A empresa acaba de concluir um único pedido da CineMax Entertainment Corporation para produzir 2.400 assentos customizados, o qual foi produzido em quatro lotes. Cada assento exigiu 0,8 hora de mão de obra direta. O preço de venda foi de US\$ 137,95, os custos de materiais diretos foram de US\$ 112, e os custos de mão de obra direta foram de US\$ 14,40, todos por assento. Esse foi o único pedido feito pela CineMax Entertainment nesse ano.

Requisitado:

Usando o Quadro 7.11 como guia, prepare um relatório mostrando a margem de cliente sobre as vendas para a CineMax Entertainment nesse ano.

EXERCÍCIO 7.14 Hierarquia de custos [OA7.1]

A Green Glider Corporation produz veículos de golfe que ela vende diretamente a campos de golfe em todo o mundo. Há vários modelos básicos disponíveis, que são modificados para atender às necessidades de cada campo de golfe em particular. Um campo de golfe localizado no noroeste do Pacífico, por exemplo, especificaria, como de costume, que seus veículos de golfe viessem equipados com coberturas retráteis à prova de chuva. Além disso, cada cliente (ou seja, campo de golfe) customiza seus veículos com seu esquema de cores e logotipo. A empresa em geral produz todos os veículos de golfe de um cliente antes de começar a trabalhar nos veículos do próximo cliente. Várias atividades realizadas na Green Glider Corporation estão listadas a seguir:

a. O departamento de compras encomenda do fornecedor da empresa a cor de tinta especificada pelo cliente.
b. Um volante é instalado em um carrinho de golfe.
c. Um advogado externo redige um novo contrato genérico de vendas para a empresa, restringindo a responsabilidade da Green Glider em caso de acidentes que envolvam seus veículos de golfe.
d. A oficina de pintura da empresa faz um estêncil para o logotipo de um cliente.
e. Um representante de vendas visita um antigo cliente para verificar como os veículos de golfe da empresa estão funcionando e para tentar fazer uma nova venda.
f. O departamento de contas a receber prepara a fatura de um pedido concluído.
g. Usa-se energia elétrica para aquecer e iluminar a fábrica e os escritórios administrativos.
h. Um veículo de golfe é pintado.
i. O engenheiro da empresa modifica o projeto de um modelo para eliminar um possível problema de segurança.
j. O departamento de marketing manda imprimir um catálogo e posta cópias aos gerentes de campos de golfe.
k. Veículos de golfe concluídos são testados individualmente na pista de testes da empresa.
l. Um novo modelo de veículo de golfe é enviado à principal revista comercial de golfe para ser avaliado para a avaliação anual de veículos de golfe realizada pela revista.

Requisitado:

Classifique cada um dos custos ou atividades anteriores como uma atividade no nível do lote, do produto, do cliente ou uma atividade de suporte à organização. Nesse caso, os clientes são campos de golfe, os produtos são modelos do veículo de golfe, um lote é um pedido específico de um cliente e as unidades são veículos de golfe individuais.

EXERCÍCIO 7.15 Cálculo e interpretação de dados de custeio baseado em atividades [OA7.3, OA7.4]

O Sven's Cookhouse é um restaurante popular localizado em Lake Union, em Seattle, Estados Unidos. Seu proprietário tenta compreender melhor os custos do restaurante e contratou uma estagiária para realizar um estudo de custeio baseado em atividades. A estagiária, em consulta ao proprietário, identificou as três principais atividades. Ele, então, concluiu a primeira fase de alocação de custos aos agrupamentos de custos de atividades, usando dados das operações do mês passado. Os resultados aparecem a seguir:

Agrupamento de custos de atividades	Medida de atividade	Custos totais (US$)	Atividade total
Servir um grupo de clientes............	Número de grupos servidos	12.000	5.000 grupos
Servir um cliente............................	Número de clientes servidos	90.000	12.000 clientes
Servir uma bebida..........................	Número de bebidas pedidas	26.000	10.000 bebidas

Esses custos incluem todos os custos do restaurante, exceto seus custos de suporte, como aluguel, impostos sobre bens imóveis e salários da alta gerência. Clientes que peçam para se sentar na mesma mesa são contados como um grupo. Alguns custos, como os de limpar toalhas de mesa, são iguais, mesmo que haja apenas uma pessoa à mesa ou se a mesa estiver cheia. Outros custos, como os de lavar louças, dependem do número de clientes servidos.

Antes do estudo de custeio baseado em atividades, o proprietário sabia muito pouco sobre os custos do restaurante. Tinha em mente que os custos totais do mês (incluindo os custos de suporte da organização) tinham sido de US$ 180 mil e que 12 mil clientes tinham sido servidos. Portanto, o custo médio por cliente foi de US$ 15.

Requisitado:
1. De acordo com o sistema de custeio baseado em atividades, quais são os custos totais de servir cada um dos seguintes grupos de clientes?
    a. Grupo de quatro clientes que pede um total de três bebidas.
    b. Grupo de dois clientes que não pede bebida.
    c. Cliente sozinho que pede duas bebidas.
2. Converta os custos totais que você calculou no item (1) anterior a custos por clientes. Em outras palavras, qual é o custo médio por cliente de servir cada um dos grupos a seguir?
    a. Grupo de quatro clientes que pede um total de três bebidas.
    b. Grupo de dois clientes que não pede nenhuma bebida.
    c. Cliente sozinho que pede duas bebidas.
3. Por que os custos por cliente dos três grupos diferentes diferem uns dos outros e do custo médio geral de US$ 15 por cliente?

PROBLEMAS

Consulte no *site* <www.grupoa.com.br> os suplementos para esta seção.

PROBLEMA 7.16 Segunda fase de alocação e margens de produtos [OA7.4, OA7.5]

A AnimPix Inc. é uma pequena empresa que cria animações geradas por computador para filmes e televisão. Grande parte do trabalho da empresa consiste em comerciais curtos para a televisão, mas a empresa também faz animações realistas por computador para efeitos especiais em filmes.

Os jovens fundadores ficaram cada vez mais preocupados com a economia da empresa – em especial porque pouco tempo antes surgiram muitos concorrentes na área local. Para ajudar a compreender a estrutura de custo da AnimPix Inc., foi projetado um sistema de custeio baseado em atividades. Três principais atividades são realizadas na empresa: conceito de animação, produção de animação e administração de contratos. A atividade de conceito de animação é realizada na fase da proposta de contrato, quando a empresa faz licitações em projetos. Essa é uma atividade intensiva que envolve indivíduos de todas as partes da empresa na criação de *storyboards* (esboços sequenciais dos filmes) e protótipos de *still* que serão mostrados aos possíveis clientes. Depois de um cliente ter aceitado um projeto, a animação entra em produção e se inicia a administração de contrato. A equipe técnica faz quase todo o trabalho envolvido na produção da animação, enquanto a equipe administrativa é responsável pela administração do contrato. Os agrupamentos de custos de atividades e suas medidas e índices de atividades estão listados a seguir:

Agrupamento de custos de atividades (US$)	Medida de atividade	Índice de atividade
Conceito de animação....................	Número de propostas	6.000 por proposta
Produção da animação	Minutos de animação	7.700 por minuto de animação
Administração de contrato	Número de contratos	6.600 por contrato

Esses índices de atividade incluem todos os custos da empresa, exceto os custos de capacidade ociosa e os custos de suporte da organização. Não há custos de mão de obra direta ou de materiais diretos.

A análise preliminar que usa esses índices de atividade indicou que o segmento de comerciais locais do mercado pode não ser lucrativo. Esse segmento é altamente competitivo. Produtores de comerciais locais podem pedir a várias empresas como a AnimPix para participarem de licitações, resultando em um índice muito baixo de contratos aceitos. Além disso, as sequências de animação tendem a ser muito mais curtas para os comerciais locais do que para outros trabalhos. Como o trabalho de animação é cobrado baseado em valores-padrão de acordo com o tempo de duração da animação completa, as receitas desses projetos curtos tendem a ser abaixo da média. A seguir, temos os dados relativos à atividade no mercado de comerciais locais:

Medida de atividade	Comerciais locais
Número de propostas.................	20
Minutos de animação.................	12
Número de contratos.................	8

O total de vendas referente a comerciais locais chegou a US$ 240 mil.

Requisitado:
1. Determine o custo de atender o mercado de comerciais locais.
2. Prepare um relatório mostrando a margem obtida a partir do atendimento ao mercado de comerciais locais. (Lembre-se, essa empresa não tem custos de materiais diretos ou de mão de obra direta.)
3. O que você recomendaria à gerência em relação ao mercado de comerciais locais?

PROBLEMA 7.17 Comparação entre a margem de produtos pelo método de custeio tradicional e pelo custeio baseado em atividades [OA7.1, OA7.3, OA7.4, OA7.5]

A Precision Manufacturing Inc. (PMI) produz dois tipos de peças componentes – a EX300 e a TX500. A seguir, temos uma demonstração de resultados pelo custeio por absorção para o último período:

Demonstração de resultados (US$) da Precision Manufacturing Inc.	
Vendas	1.700.000
Custos de produtos vendidos	1.200.000
Margem bruta	500.000
Despesas de venda e administrativas	550.000
Resultado operacional	– 50.000

A PMI produziu e vendeu 60 mil unidades de EX300 pelo preço de US$ 20 por unidade e 12.500 unidades de TX500 pelo preço de US$ 40 por unidade. O sistema de custeio tradicional da empresa aloca custos indiretos de produção a produtos por meio de uma taxa de custos indiretos de toda a empresa e dólares de mão de obra direta como a base de alocação. A seguir, temos informações adicionais sobre as duas linhas de produtos da empresa:

	EX300 (US$)	TX500 (US$)	Total (US$)
Materiais diretos	366.325	162.550	528.875
Mão de obra direta	120.000	42.500	162.500
Custos indiretos de produção			508.625
Custos de produtos vendidos			1.200.000

A empresa criou um sistema de custeio baseado em atividades para avaliar a lucratividade de seus produtos. A equipe de implementação do sistema ABC da PMI concluiu que US$ 50 mil e US$ 100 mil das despesas de propaganda da empresa poderiam ser diretamente associados à EX300 e à TX500, respectivamente. O restante das despesas de venda e administrativas era de atividades de suporte da organização. A equipe do ABC também distribuiu os custos indiretos de produção da empresa às quatro atividades seguintes:

Agrupamento de custos de atividades (e medidas de atividade)	Custos indiretos de produção (US$)	Atividade EX300	Atividade TX500	Total
Uso de máquinas (horas-máquina)	198.250	90.000	62.500	152.500
Configurações (horas de configuração)	150.000	75	300	375
Custos que sustentam os produtos (número de produtos)	100.000	1	1	2
Outros (custos de sustentação da organização)	60.375	NA	NA	NA
Total de custos indiretos de produção	508.625			

Requisitado:
1. Usando o Quadro 7.12 como um guia, calcule a margem de produtos da EX300 e da TX500 sob o sistema de custeio tradicional da empresa.
2. Usando o Quadro 7.10 como um guia, calcule a margem de produtos da EX300 e da TX500 sob o sistema de custeio baseado em atividades.

3. Usando o Quadro 7.13 como guia, prepare uma comparação quantitativa das atribuições realizadas sob o método de custeio tradicional e o método de custeio baseado em atividades. Explique por que as atribuições de custo realizadas sob os dois métodos diferem.

PROBLEMA 7.18 Comparação entre a margem de produtos pelo método de custeio tradicional e pelo custeio baseado em atividades [OA7.1, OA7.3, OA7.4, OA7.5]

A Rocky Mountain Corporation produz dois tipos de botas para caminhada – a Xactive e a Pathbreaker. Os dados sobre essas duas linhas de produtos aparecem a seguir:

	Xactive	Pathbreaker
Preço de venda por unidade (US$)	12.700	8.900
Materiais diretos por unidade (US$)	6.480	5.100
Mão de obra direta por unidade (US$)	1.820	1.300
Horas de mão de obra direta por unidade	1,4 HMOD	1,0 HMOD
Produção e vendas anuais estimadas	25.000 unidades	75.000 unidades

A empresa possui um sistema de custeio tradicional no qual os custos indiretos de produção são aplicados a unidades com base em horas de mão de obra direta. A seguir, temos os dados sobre os custos indiretos de produção e horas de mão de obra direta para o próximo ano:

Custos indiretos de produção totais estimados (US$)	2.200
Horas de mão de obra direta totais estimadas	110.000 HMODs

Requisitado:
1. Usando o Quadro 7.12 como um guia, calcule a margem de produtos para a Xactive e a Pathbreaker sob o sistema de custeio tradicional da empresa.
2. A empresa considera substituir seu sistema de custeio tradicional por um sistema de custeio baseado em atividades que atribuiria seus custos indiretos de produção aos quatro agrupamentos de custos de atividades a seguir (o agrupamento de custos "outros" inclui custos de suporte da organização e custos de capacidade ociosa):

Atividades e medidas de atividade	Custos indiretos estimados (US$)	Atividade esperada Xactive	Atividade esperada Pathbreaker	Total
Mão de obra direta de apoio (horas de mão de obra direta)	797.500	35.000	75.000	110.000
Configurações de lotes (configurações)	680.000	250	150	400
Apoio ao produto (número de produtos)	650.000	1	1	2
Outros	72.500	NA	NA	NA
Total de custos indiretos de produção	2.200			

Usando o Quadro 7.10 como guia, calcule a margem de produtos da Xactive e da Pathbreaker sob o sistema de custeio baseado em atividades.
3. Usando o Quadro 7.13 como guia, prepare uma comparação quantitativa das atribuições de custo pelo método tradicional e pelo método baseado em atividades. Explique por que as atribuições de custos diferem nos dois métodos.

PROBLEMA 7.19 Custeio baseado em atividades e licitação de ordens de produção [OA7.2, OA7.3, OA7.4]

A Denny Asbestos Removal Company remove de edifícios isolamentos de amianto, que são potencialmente tóxicos, e produtos relacionados. O avaliador da empresa está envolvido em uma antiga disputa com os supervisores *in situ*, os quais reclamam que o avaliador não distingue adequadamente entre trabalhos rotineiros, como a remoção de isolamento de amianto ao redor de canos de aquecimento em casas mais antigas, e trabalhos não rotineiros, como a remoção de teto de gesso contaminado por amianto em edifícios industriais. Os supervisores *in situ* acreditam que os trabalhos não rotineiros sejam muito mais caros do que os trabalhos rotineiros e que eles devem, portanto, custar mais caro aos clientes. O avaliador resume sua posição da seguinte maneira: "Meu trabalho é medir a área de onde o amianto será retirado. Como ordena a alta gerência, eu simplesmente multiplico a medida da área em metros quadrados por US$ 4 mil por cada 300 m^2 para determinar o preço oferecido. Como nosso custo médio é de apenas US$ 3 mil por cada 300 m^2, isso nos dá flexibilidade suficiente para cuidar dos custos adicionais de trabalhos não rotineiros que surgem. Além disso, é difícil saber o que é rotineiro e o que não é até você realmente começar o trabalho de remoção".

Para esclarecer essa controvérsia, a empresa iniciou um estudo de custeio baseado em atividades de todos os seus custos. A seguir, temos os dados do sistema de custeio baseado em atividades:

Agrupamento de custos de atividades	Medida de atividade	Atividade total
Remoção de amianto	Centenas de m^2	152.400 m^2
Estimativa e organização do trabalho............................	Número de trabalhos	200 trabalhos*
Trabalho realizado em trabalhos não rotineiros...............	Número de trabalhos não rotineiros	25 trabalhos não rotineiros
Outros (custos de sustentação da organização e custos de capacidade ociosa)..	Nenhuma	Não aplicável

* O número total de trabalhos inclui trabalhos rotineiros e não rotineiros. Ambos os tipos exigem estimativa e organização.

Custos do ano	(US$)
Remunerações e salários..	200.000
Tarifas de descarte do amianto	600.000
Depreciação de equipamentos...	80.000
Suprimentos *in situ*	60.000
Despesas de escritório	190.000
Licenciamento e seguros..	370.000
Custos totais	1.500.000

	Distribuição do consumo de recursos pelas atividades (%)				
	Remoção do amianto	Estimativa e organização de trabalhos	Trabalhos não rotineiros	Outros	Total
Remunerações e salários..............	40	10	35	15	100
Tarifas de descarte do amianto	70	0	30	0	100
Depreciação de equipamentos.......	50	0	40	10	100
Suprimentos *in situ*	55	15	20	10	100
Despesas de escritório	10	40	30	20	100
Licenciamento e seguros..............	50	0	40	10	100

Requisitado:

1. Usando o Quadro 7.5 como guia, elabore a primeira fase de alocação de custos aos agrupamentos de custos de atividades.
2. Usando o Quadro 7.6 como guia, calcule os índices de atividade dos agrupamentos de custos de atividades.
3. Usando os índices de atividade que você calculou, determine o custo total e o custo médio por cada 300 m^2 de cada um dos seguintes trabalhos segundo o sistema de custeio baseado em atividades.
a. Um trabalho rotineiro de remoção de 610 m^2 de amianto.

b. Um trabalho rotineiro de remoção de 1.219 m² de amianto.
c. Um trabalho não rotineiro de remoção de 610 m² de amianto.
4. Dados os resultados obtidos no item (3) anterior, você concorda com o avaliador, de que a atual política de licitação da empresa é adequada?

PROBLEMA 7.20 Avaliar a lucratividade de serviços [OA7.2, OA7.3, OA7.4, OA7.5]

A Gore Range Carpet Cleaning é uma empresa de administração familiar em Eagle-Vail, Colorado, Estados Unidos. A empresa sempre cobrou por seus serviços uma tarifa única pela limpeza de uma centena de metros quadrados de tapete. A tarifa atual é de US$ 22,95 por cada centena de metros quadrados. Entretanto, tem-se discutido se a empresa ganha de fato algum dinheiro em trabalhos realizados para alguns clientes – em especial aqueles localizados em fazendas mais remotas, que exigem um tempo de viagem considerável. A filha do dono, que de férias de verão da faculdade em casa, sugeriu investigar essa questão por meio do custeio baseado em atividades. Depois de discutir um pouco o assunto, um sistema simples, que consistia em quatro agrupamentos de custos de atividades pareceu ser adequado. A seguir, temos os agrupamentos de custos de atividades e suas medidas de atividades:

Agrupamento de custos de atividades	Medida de atividade	Atividade no ano
Limpeza de tapetes	m² limpo (00s)	3.050 centenas de m²
Percurso até os locais de trabalho	km percorridos	80.467 km
Apoio aos trabalhos	Número de trabalhos	1.800 trabalhos
Outros (custos de sustentação da organização e custos de capacidade ociosa)	Nenhuma	Não aplicável

Os custos totais de operar a empresa no ano são de US$ 340 mil, o que inclui os seguintes custos (US$):

Salários	140.000
Produtos de limpeza	25.000
Depreciação dos equipamentos de limpeza	10.000
Despesas dos veículos	30.000
Despesas de escritório	60.000
Remuneração do presidente	75.000
Custos totais	340.000

O consumo de recursos é distribuído pelas atividades como segue:

	Distribuição do consumo de recursos pelas atividades (%)				
	Limpeza de tapetes	Percurso até os locais de trabalho	Apoio aos trabalhos	Outros	Total
Salários	75	15	0	10	100
Produtos de limpeza	100	0	0	0	100
Depreciação de equipamentos de limpeza	70	0	0	30	100
Despesas dos veículos	0	80	0	20	100
Despesas de escritório	0	0	60	40	100
Remuneração do presidente	0	0	30	70	100

A atividade de apoio aos trabalhos consiste em receber telefonemas de clientes potenciais em seu *home office*, agendar trabalhos, resolver problemas, entre outros.

Requisitado:

1. Usando o Quadro 7.5 como guia, prepare a primeira fase de alocação de custos aos agrupamentos de custos de atividades.
2. Usando o Quadro 7.6 como guia, calcule os índices de atividade dos agrupamentos de custos de atividades.
3. A empresa recentemente concluiu um trabalho de limpeza de 183 m² de tapete na Fazenda Lazy Bee – uma viagem de 84 km ida e volta do escritório da empresa em Eagle-Vail. Calcule o custo desse trabalho por meio do sistema de custeio baseado em atividades.
4. A receita proveniente do trabalho na Fazenda Lazy Bee foi de US$ 137,70 (183 m² a US$ 22,95 por centena de m²). Usando o Quadro 7.11 como guia, prepare um relatório mostrando a margem desse trabalho.
5. O que você conclui em relação à lucratividade do trabalho realizado na Fazenda Lazy Bee? Explique.
6. Qual conselho você daria ao presidente em relação à precificação de trabalhos no futuro?

▶▶ OA7.6

(Apêndice 7A) Preparar e interpretar um relatório de análise de ações usando os dados do custeio baseado em atividades.

APÊNDICE 7A: ANÁLISE DE AÇÕES ABC

Uma análise do ABC convencional, como aquela apresentada nos Quadros 7.10 e 7.11 neste capítulo, possui várias restrições importantes. Voltando ao Quadro 7.10, lembre-se de que as caixas de bússolas customizadas mostram uma margem de produto negativa de US$ 49,5 mil. Por causa desse aparente prejuízo, os gerentes consideravam descontinuar esse produto. Entretanto, como a discussão entre os gerentes revelou, é improvável evitar todo o custo de US$ 589,5 mil do produto se ele fosse descontinuado. Parte desses custos continuaria mesmo que o produto fosse totalmente eliminado. *Antes* de tomar uma decisão, é vital identificar quais custos seriam evitados e quais continuariam. Apenas os custos que podem ser evitados são relevantes na decisão. Além disso, muitos dos custos são custos gerenciados, que exigiriam uma ação explícita da gerência para serem eliminados. Se a linha de produtos de caixas de bússolas customizadas fosse eliminada, os custos de materiais diretos seriam evitados sem nenhuma ação explícita da gerência – os materiais simplesmente não seriam requisitados. Em contrapartida, se as caixas de bússolas customizadas fossem descontinuadas, seriam necessárias ações explícitas da gerência para eliminar os custos indiretos dos salários de trabalhadores que são atribuídos a esse produto.

Simplesmente transferir esses custos gerenciados a outros produtos não solucionaria nada. Para trazer qualquer benefício para a empresa, esses custos teriam de ser eliminados ou os recursos teriam de ser *transferidos para a restrição*. Ainda que eliminar o custo seja obviamente benéfico, reempregar os recursos só será benéfico se eles forem transferidos para a restrição no processo. Se os recursos forem reempregados em um centro de trabalho que não é uma restrição, ele aumentará o excesso de capacidade nesse centro de trabalho – o que não traz nenhum benefício direto para a empresa.

Além disso, se alguns custos indiretos precisarem ser eliminados em decorrência da descontinuação de um produto, gerentes específicos deverão ser responsabilizados por eliminar esses custos, ou as reduções provavelmente não acontecerão. Se ninguém for especificamente responsabilizado por eliminar os custos, eles provavelmente continuarão a incorrer. Sem pressão externa, os gerentes em geral evitam cortar custos em suas áreas de responsabilidade. O relatório de análise de ações desenvolvido neste Apêndice tem o objetivo de ajudar os altos gerentes a identificarem quais custos são relevantes em uma decisão e a colocarem a responsabilidade pela eliminação desses custos nas mãos dos gerentes adequados.

ÍNDICES DE ATIVIDADE – RELATÓRIO DE ANÁLISE DE AÇÕES

A elaboração de um relatório de análise de ações começa com os resultados da primeira fase de alocação, que são reproduzidos como Quadro 7A.1. Ao contrário da análise do ABC convencional abordada neste capítulo, o cálculo dos índices de atividade para um relatório de análise de ações é um pouco mais complicado. Além de calcular um índice de atividade geral para cada agrupamento de custos de atividades, calcula-se um índice de atividade para cada célula do Quadro 7A.1. Os cálculos de índices de atividade para a análise de ações são realizados no Quadro 7A.2. Por exemplo, os custos indiretos de **US$ 125 mil** em salários da fábrica para o agrupamento de custos "pedidos de clientes" são divididos pela atividade total desse agrupamento de custos – **1.000** pedidos – para chegar ao índice de atividade de **US$ 125** por pedido de cliente para salários indiretos da fábrica. Da mesma maneira, o custo indireto de **US$ 200 mil** em salários da fábrica para o agrupamento de custos "projeto de produto" são divididos pela atividade total desse agrupamento de custos – **400** projetos – para chegar ao índice de atividade de **US$ 500** por projeto para salários indiretos da fábrica. Observe que os totais na parte inferior do Quadro 7A.2 estão de acordo com os índices de atividade gerais que aparecem no Quadro 7.6 neste capítulo. O Quadro 7A.2, que mostra os índices de atividade para o relatório de análise de ações, contém mais detalhes do que o Quadro 7.6, que exibe os índices de atividade da análise ABC convencional.

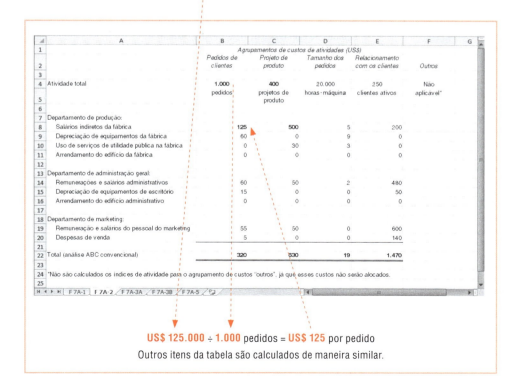

QUADRO 7A.1
Primeira fase de alocação a agrupamentos de custos de atividades.

QUADRO 7A.2
Cálculo dos índices de atividade para o relatório de análise de ações.

Atribuição de custos indiretos aos produtos – relatório de análise de ações

Calcular os custos indiretos a serem atribuídos aos produtos para um relatório de análise de ações também envolve mais detalhes do que para uma análise convencional do ABC. Os cálculos para a Classic Brass são realizados no Quadro 7A.3. Por exemplo, o índice de atividade de US$ 125 por pedido de cliente para salários indiretos da fábrica é multiplicado por **600** pedidos de balaústres padronizados para chegar ao custo de **US$ 75 mil** para salários indiretos da fábrica no Quadro 7A.3. Em vez de apenas um único valor de custo para cada agrupamento de custos como na análise ABC convencional, agora temos uma matriz de custo inteira mostrando muito mais detalhes. Observe que a coluna "total" na matriz de custo no Quadro 7A.3 está de acordo com os custos ABC dos balaústres padronizados no Quadro 7.8. De fato, a análise ABC convencional do Quadro 7.10 pode ser facilmente construída usando a coluna "total" na parte inferior das matrizes de custo no Quadro 7A.3. Ao contrário, o relatório de análise de ações será baseado nos totais por linha do lado direito das matrizes de custo no Quadro 7A.3. Além disso, o relatório de análise de ações incluirá um simples esquema de códigos de cores que ajudará os gerentes a identificarem o grau de facilidade com que os vários custos podem ser ajustados.

QUADRO 7A.3
Matrizes de custos da análise de ações.

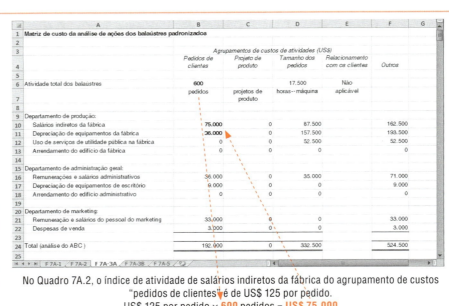

No Quadro 7A.2, o índice de atividade de salários indiretos da fábrica do agrupamento de custos "pedidos de clientes" é de US$ 125 por pedido.
US$ 125 por pedido × **600** pedidos = **US$ 75.000**
Outros itens da tabela são calculados de maneira similar.

No Quadro 7A.2, o índice de atividade de salários indiretos da fábrica do agrupamento de custos "pedidos de clientes" é de US$ 125 por pedido.
US$ 125 por pedido × **400** pedidos = **US$ 50.000**
Outros itens da tabela são calculados de maneira similar.

Código de facilidade de ajuste

A equipe do ABC construiu o Quadro 7A.4 para auxiliar os gerentes no uso dos dados ABC. Nesse quadro, a cada custo foi atribuído um *código de facilidade de ajuste* – verde, amarelo ou vermelho. O **código de facilidade de ajuste** reflete o grau de facilidade com que os custos poderiam ser ajustados a mudanças nas atividades.[4] Custos "verdes" são aqueles que se ajustariam mais ou menos automaticamente a mudanças nas atividades sem nenhuma ação da parte dos gerentes. Por exemplo, custos de materiais diretos se ajustariam a mudanças nos pedidos sem que os gerentes tenham de realizar qualquer ação. Se um cliente não pedir balaústres, não serão necessários materiais diretos para fabricar esses produtos e, assim, eles não serão requisitados. Custos "amarelos" são aqueles que poderiam ser ajustados em resposta a mudanças nas atividades, mas esses ajustes exigem ações da parte da gerência; o ajuste não é automático. A equipe do ABC acredita, por exemplo, que os custos de mão de obra direta deveriam ser incluídos na categoria amarela. Os gerentes devem tomar decisões difíceis e agir explicitamente no sentido de aumentar ou diminuir, em agregado, os custos de mão de obra direta – particularmente porque a empresa tem uma política de não demitir. Custos "vermelhos" são aqueles que poderiam ser ajustados a mudanças nas atividades somente com uma grande dificuldade, e o ajuste exigiria ação da parte da gerência. Os arrendamentos de edifícios se encaixam nessa categoria, pois seria muito difícil e caro quebrar os contratos.

> ▶ **Códigos de facilidade de ajuste**
>
> os custos são codificados como verdes, amarelos ou vermelhos – dependendo do grau de facilidade com que o custo poderia ser ajustado a mudanças nas atividades. Os custos "verdes" se ajustam automaticamente a mudanças nas atividades. Os custos "amarelos" poderiam ser ajustados em resposta a mudanças nas atividades, mas esses ajustes exigem ações da gerência; o ajuste não é automático. Os custos "vermelhos" poderiam ser ajustados a mudanças nas atividades somente com grande dificuldade e exigiriam ações da gerência.

Verde: *Custos que se ajustam automaticamente a mudanças nas atividades sem ações da parte da gerência.*

- Materiais diretos
- Custos de expedição

Amarelo: *Custos que poderiam, a princípio, ser ajustados a mudanças nas atividades, mas que exigiriam ações da parte da gerência.*

- Mão de obra direta
- Salários indiretos da fábrica
- Uso de serviços de utilidade pública na fábrica
- Remunerações e salários administrativos
- Depreciação de equipamentos de escritório
- Remunerações e salários do pessoal do marketing
- Despesas de venda

Vermelho: *Custos que seriam muito difíceis de serem ajustados a mudanças nas atividades e que exigiriam ações da parte da gerência.*

- Depreciação dos equipamentos da fábrica
- Arrendamento do edifício da fábrica
- Arrendamento do edifício administrativo

QUADRO 7A.4
Códigos de facilidade de ajuste.

Dados do ABC sob a perspectiva da análise de ações

Observando o Quadro 7A.3, os totais do lado direito da tabela indicam que os **US$ 427,5 mil** de custos indiretos das caixas de bússolas customizadas consistem em **US$ 262,5 mil** de salários indiretos da fábrica, **US$ 46,5 mil** de depreciação dos equipamentos da fábrica e assim por diante. Esses dados são exibidos no Quadro 7A.5, que mostra uma análise de ações das caixas de bússolas customizadas. Um relatório de análise de ações mostra quais custos foram atribuídos ao objeto de custo, como um produto ou cliente, e quão difícil seria ajustar o custo se houvesse uma mudança nas atividades. Observe que a margem vermelha na parte inferior do Quadro 7A.5, (**US$ 49,5 mil**), é exatamente igual à margem de produto das caixas de bússolas customizadas no Quadro 7.10 neste capítulo.

---

[4] A ideia de usar cores para codificar o grau de facilidade com que os custos podem ser ajustados nos foi sugerida em um seminário apresentado pela Boeing e por um artigo de Alfred King, "Green Dollars and Blue Dollars: The Paradox of Cost Reduction", *Journal of Cost Management*, outono de 1993, p. 44-52.

QUADRO 7A.5
Análise de ações de caixas de bússolas customizadas: sistema de custeio baseado em atividades.

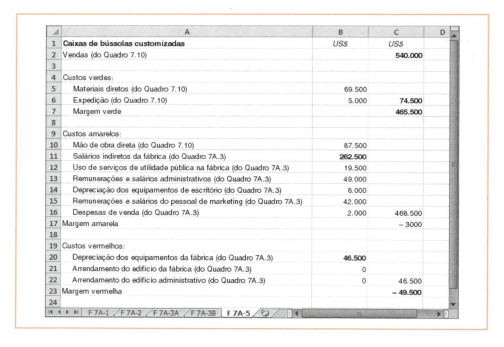

	A	B	C
1	Caixas de bússolas customizadas	US$	US$
2	Vendas (do Quadro 7.10)		540.000
3			
4	Custos verdes:		
5	Materiais diretos (do Quadro 7.10)	69.500	
6	Expedição (do Quadro 7.10)	5.000	74.500
7	Margem verde		465.500
8			
9	Custos amarelos:		
10	Mão de obra direta (do Quadro 7.10)	87.500	
11	Salários indiretos da fábrica (do Quadro 7A.3)	262.500	
12	Uso de serviços de utilidade pública na fábrica (do Quadro 7A.3)	19.500	
13	Remunerações e salários administrativos (do Quadro 7A.3)	49.000	
14	Depreciação dos equipamentos de escritório (do Quadro 7A.3)	6.000	
15	Remunerações e salários do pessoal de marketing (do Quadro 7A.3)	42.000	
16	Despesas de venda (do Quadro 7A.3)	2.000	468.500
17	Margem amarela		– 3000
18			
19	Custos vermelhos:		
20	Depreciação dos equipamentos da fábrica (do Quadro 7A.3)	46.500	
21	Arrendamento do edifício da fábrica (do Quadro 7A.3)	0	
22	Arrendamento do edifício administrativo (do Quadro 7A.3)	0	46.500
23	Margem vermelha		– 49.500

Os dados de custo da análise de ações no Quadro 7A.5 são ordenados pela facilidade de ajuste codificada por cores. Todos os custos verdes – aqueles que se ajustam mais ou menos automaticamente a mudanças nas atividades – aparecem juntos no topo da lista de custos. Esses custos totalizam US$ 74,5 mil e são subtraídos das vendas de US$ 540 mil, gerando uma margem verde de US$ 465,5 mil. O mesmo procedimento é seguido para os custos amarelo e vermelho. Essa análise de ações indica que custos teriam que ser cortados e quão difícil seria cortá-los se as caixas de bússolas customizadas fossem descontinuadas. Antes de tomarem qualquer decisão sobre descontinuar produtos, os gerentes responsáveis pelos custos devem concordar em eliminar os recursos representados por esses custos ou transferir os recursos para uma área na organização que realmente precise deles – a saber, uma restrição. Se os gerentes não assumirem tal compromisso, é provável que os custos continuem a ser incorridos. Como consequência, a empresa perderia as vendas dos produtos sem eliminar realmente os custos.

CONTABILIDADE GERENCIAL **EM AÇÃO** Classic Brass Inc.

Conclusão

Após a análise das ações pela equipe do ABC, a alta gerência da Classic Brass se reuniu novamente para avaliar os resultados da análise ABC.

John: Da última vez que nos reunimos, discutimos se era aconselhável descontinuar a linha de produtos das caixas de bússolas customizadas. Soube que a equipe ABC fez análises adicionais para nos ajudar a tomar essa decisão.

Mary: Isso mesmo. O relatório de análise de ações que desenvolvemos indica o grau de facilidade com que cada custo seria ajustado e onde deveriam ser feitas economias de custos e se teríamos ou não de descontinuar as caixas de bússolas customizadas.

John: O que é essa margem vermelha na parte inferior da análise de ações? Não é uma margem de produto?

Mary: É, sim. No entanto, ela se chama margem vermelha porque devemos parar e pensar com muito cuidado antes de tomar qualquer decisão baseada nela.

John: Por quê?

Mary: Por exemplo, nós subtraímos os custos da depreciação dos equipamentos da fábrica para chegar a essa margem vermelha. Duvidamos de que possamos evitar qualquer parte desse custo se descontinuássemos os pedidos customizados. Usamos as mesmas máquinas nos pedidos customizados que usamos nos produtos padronizados. Os equipamentos da fábrica não têm nenhum valor de revenda, e não sofrem desgaste com o uso.

John: E quanto a essa margem amarela?

Mary: Amarelo significa proceder com grande cautela. Para chegar à margem amarela, deduzimos das vendas diversos custos que poderiam ser ajustados somente se os gerentes envolvidos estivessem dispostos a eliminar recursos ou a transferi-los para a restrição.

John: Se eu compreendi bem a margem amarela, o prejuízo aparente de US$ 3 mil nas caixas de bússolas customizadas resulta dos US$ 262,5 mil de salários indiretos da fábrica.

Susan: Certo, isso é basicamente os salários de nossos engenheiros de projeto.

John: Não me sinto à vontade com a ideia de demitir qualquer um de nossos projetistas por diversos motivos. Então, o que nos resta?

Mary: Que tal elevar os preços de nossos produtos customizados?

Tom: Provavelmente podemos fazer isso. Temos cobrado menos do que a concorrência para garantir que conseguiríamos ganhar as licitações de trabalhos customizados porque achávamos que eles eram muito lucrativos.

John: Por que não fazemos uma cobrança direta pela criação de um projeto?

Tom: Alguns de nossos concorrentes já fazem isso. Entretanto, acho que não conseguiríamos cobrar o suficiente para cobrir nossos custos de projeto.

John: Há algo que possamos fazer para tornar a criação de projetos mais eficiente, de modo que custe menos? Não demitirei ninguém, mas, se tornássemos o processo de criação de projeto mais eficiente, poderíamos diminuir o valor cobrado pela criação de projetos e distribuir esses custos por mais clientes.

Susan: Talvez seja possível. Formarei uma equipe de melhoria de processos para ver isso.

John: Verificaremos alguns dados de referência sobre custos de criação de projetos. Se nos dedicarmos a isso, tenho certeza de que logo seremos de primeira qualidade.

Susan: Ok. Mary, você me ajuda com os dados de referência?

Mary: Claro.

John: Vamos nos reunir mais ou menos daqui a uma semana para discutir nosso progresso. Há algo mais na pauta de hoje?

As questões levantadas na discussão anterior são muito importantes. Ao medir os recursos consumidos por produtos (e outros objetos de custo), um sistema ABC fornece uma base muito melhor para a tomada de decisões do que um sistema tradicional de contabilidade de custos que distribui os custos indiretos sem levar muito em conta o que pode estar causando esses custos indiretos. Um sistema ABC bem projetado fornece aos gerentes estimativas de custos potencialmente relevantes que podem ser um ponto de partida muito útil para a análise gerencial.

RESUMO (APÊNDICE 7A)

O relatório de análise de ações ilustrado neste apêndice é um valioso complemento ao kit de ferramentas ABC. Um relatório de análise de ações fornece mais informações para a tomada de decisões do que uma análise ABC convencional. O relatório de análise de ações deixa claro onde os custos deveriam ser ajustados na organização em decorrência de uma ação. Em uma análise convencional do ABC, um custo como US$ 320 para processar um pedido representa custos de muitas partes da organização. Se um pedido é cancelado, haverá pouca pressão para realmente eliminar o custo de US$ 320, a menos que esteja claro onde os custos são incorridos e quais gerentes seriam responsáveis por reduzi-los. Ao contrário, um relatório de análise de ações associa os custos ao local onde são incorridos na organização e torna muito mais fácil que se responsabilize os gerentes a reduzi-los. Além disso, um relatório de análise de ações fornece informações sobre o grau de facilidade de ajuste de um custo. Os custos que não podem ser ajustados não são relevantes em uma decisão.

O Quadro 7A.6 resume todos os passos necessários para criar tanto um relatório de análise de ações como o ilustrado neste apêndice e uma análise de atividade como mostra o capítulo.

QUADRO 7A.6
Resumo dos passos necessários para a produção de um relatório de análise de ações.

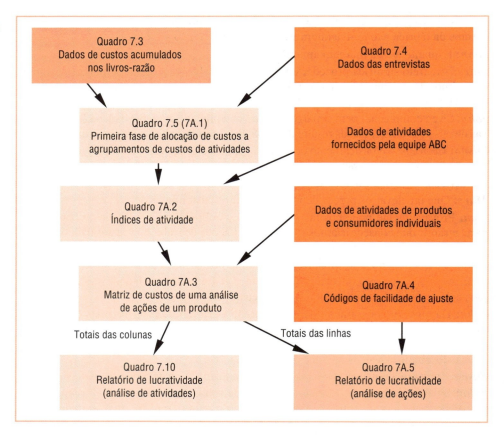

PROBLEMA DE REVISÃO: RELATÓRIO DE ANÁLISE DE ATIVIDADES

Consulte os dados sobre a Ferris Corporation no problema de revisão do final do capítulo, nas páginas 301 e 302.

Requisitado:
1. Calcule os índices de atividade da Ferris Corporation como no Quadro 7A.2.
2. Usando o Quadro 7A.3 como guia, elabore uma tabela que mostre os custos indiretos dos pedidos da OfficeMart descritos no item (3) do problema de revisão do final do capítulo.
3. A gerência da Ferris Corporation atribuiu códigos de facilidade de ajuste aos custos, como segue:

Custo	Código de facilidade de ajuste
Materiais diretos	Verde
Mão de obra direta	Amarelo
Custos indiretos de produção	Amarelo
Custos indiretos de venda e administrativos	Vermelho

Usando o Quadro 7A. 5 como guia, prepare uma análise de ações dos pedidos da OfficeMart.

Solução do problema de revisão

1. Os índices de atividade dos agrupamentos de custos de atividades são:

	Montagem de unidades	Processamento de pedidos	Suporte a clientes
Atividade total	1.000 unidades	250 pedidos	100 clientes
Custos indiretos de produção (US$)	250	700	250
Custos indiretos de venda e administrativos (US$)	30	540	750
Total (US$)	280	1.240	1.000

Capítulo **7** ▶▶ Método de custeio baseado em atividades

2. Os custos indiretos dos quatro pedidos de um total de 80 arquivos de gabinete seriam calculados como segue:

	Montagem de unidades	Processamento de pedidos	Suporte a clientes	Total
Atividade	80 unidades	4 pedidos	1 cliente	
Custos indiretos de produção (US$)	20.000	2.800	250	23.050
Custos indiretos de venda e administrativos (US$)	2.400	2.160	750	5.310
Total (US$)	22.400	4.960	1.000	28.360

3. O relatório de análise de ações é:

Vendas (US$)		47.600
Custos verdes (US$):		
Materiais diretos...	14.400	14.400
Margem verde		33.200
Custos amarelos (US$):		
Mão de obra direta...	4.000	
Custos indiretos de produção................................	23.050	27.050
Margem amarela		6.150
Custos vermelhos (US$):		
Custos indiretos de venda e administrativos	5.310	5.310
Margem vermelha		840

APÊNDICE 7A EXERCÍCIOS E PROBLEMAS

Consulte no *site* <www.grupoa.com.br> os suplementos para esta seção.

EXERCÍCIO 7A.1 Preparando um relatório de análise de ações [OA7.6]

A Pro Golf Corporation produz tacos de golfe de marcas de luxo para lojas de artigos profissionais em toda a América do Norte. A empresa usa o custeio baseado em atividades para avaliar a lucratividade do atendimento de seus clientes. Essa análise é baseada na classificação dos custos da empresa como a seguir, usando o esquema de códigos de cores para descrever a facilidade de ajuste descrito no Apêndice 7A:

	Códigos de facilidade de ajuste
Materiais diretos	Verde
Mão de obra direta	Amarelo
Mão de obra indireta	Amarelo
Depreciação dos equipamentos da fábrica...........................	Vermelho
Administração da fábrica..	Vermelho
Remunerações e salários de vendas e administrativos	Vermelho
Depreciação de venda e administrativa..............................	Vermelho
Despesas de marketing..	Amarelo

A gerência deseja avaliar a lucratividade de determinado cliente – o Peregrine Golf Club de Eagle, Colorado, Estados Unidos. Nos 12 últimos meses, esse cliente fez um pedido de 80 tacos de golfe que tiveram de ser produzidos em dois lotes por causa de diferenças no rótulo do produto solicitadas pelo cliente. A seguir, temos dados resumidos sobre o pedido:

Número de tacos..	80
Número de pedidos..	1
Número de lotes...	2
Horas de mão de obra direta por taco...........................	0,3
Preço de venda por taco (US$)......................................	48
Custos de materiais diretos por taco (US$).................	25,40
Taxa salarial de mão de obra direta por hora (US$).....	21,50

Um analista de custos que trabalha no escritório do *controller* da empresa produziu a seguinte matriz de custos da análise de ações para Peregrine Golf Club:

Matriz de custos da análise de ações do Peregrine Golf Club

Agrupamentos de custos de atividades

	Volume	Processamento de lotes	Processamento de pedidos	Serviço de atendimento ao cliente	Total
Atividade	24 horas de mão de obra direta	2 lotes	1 pedido	1 cliente	
Custos indiretos de produção (US$):					
Mão de obra indireta..........................	33,60	51,60	4,80	0	90
Depreciação dos equipamentos da fábrica	105,60	0,80	0	0	106,40
Administração da fábrica........................	16,80	0,60	14	231	262,40
Custos indiretos de venda e administrativos (US$):					
Remunerações e salários	12	0,00	38	386	436
Depreciação	0	0	5	25	30
Despesas de marketing	115,20	0	57	368	540,20
Total (US$)...................................	283,20	53	118,80	1.010	1.465

Requisitado:
Prepare um relatório de análise de ações mostrando a lucratividade do Peregrine Golf Club. Inclua no relatório custos de materiais diretos e de mão de obra direta. Use o Quadro 7A.5 como guia para organizar o relatório.

EXERCÍCIO 7A.2 Segunda fase de alocação usando a abordagem da análise de ações [OA7.4, OA7.6]

Este exercício deve ser solucionado com o Exercício 7.6.

A seguir, temos os resultados da primeira fase de alocação do sistema de custeio baseado em atividades na Transvaal Mining Tools Ltd., nos quais os índices de atividade foram calculados como a seguir:

	Tamanho do pedido	Pedidos de clientes	Testes de produtos	Vendas
Custos indiretos de produção				
Mão de obra indireta.............................	R 9,60	R 231	R 36	R 0
Depreciação da fábrica	7	0	18	0
Uso de serviços de utilidade pública na fábrica.	0,20	0	1	0
Administração da fábrica.........................	0	46	24	12
Custos de venda e administrativos:				
Remunerações e salários	0,80	72	0	965
Depreciação	0	11	0	36
Impostos e seguros	0	0	0	49
Despesas de venda	0	0	0	432
Total de custos indiretos.........................	R 17,60	R 360	R 79	R 1.494

Requisitado:
1. Usando o Quadro 7A.3 como guia, prepare um relatório que mostre os custos indiretos do pedido de furadeiras de rochas duras discutido no Exercício 7.6. Qual é o total de custos indiretos do pedido?
2. Explique as duas diferentes perspectivas que esse relatório fornece aos gerentes em relação à natureza dos custos indiretos envolvidos no pedido. (Dica: Veja os totais de linhas e colunas do relatório que você preparou.)

EXERCÍCIO 7A.3 Segunda fase de alocação e cálculos de margens usando a abordagem da análise de ações [OA7.4, OA7.6]

Consulte os dados da empresa Theatre Seating Inc. no Exercício 7.13 e os seguintes detalhes adicionais sobre os índices de atividade:

	Índices de atividade			
	Mão de obra direta de apoio	Processamento de lotes	Processamento de pedidos	Serviço de atendimento ao cliente
Custos indiretos de produção (US$):				
Mão de obra indireta....................	1,80	72	18	0
Depreciação dos equipamentos da fábrica.	7,35	3,25	0	0
Administração da fábrica.............	2,10	7	28	268
Custos de venda e administrativos (US$):				
Remunerações e salários...........	0,50	13	153	1.864
Depreciação	0	0,75	6	26
Despesas de marketing.............	0,25	0	79	462
Total do índice de atividade (US$).........	12	96	284	2.620

A gerência forneceu seus códigos de facilidade de ajustes para fins de preparação de análises de ações.

	Código de facilidade de ajustes
Materiais diretos...............................	Verde
Mão de obra direta...........................	Amarelo
Custos indiretos de produção:	Amarelo
Mão de obra indireta......................	Vermelho
Depreciação dos equipamentos da fábrica........	Vermelho
Administração da fábrica.............	
Custos de venda e administrativos:	Vermelho
Remunerações e salários.............	
Depreciação	Vermelho
Despesas de marketing.............	Amarelo

Requisitado:
Usando o Quadro 7A.5 como guia, prepare um relatório de análise de ações para a CineMax Entertainment similar ao que foi preparado para produtos.

EXERCÍCIO 7A.4 Exercício abrangente de custeio baseado em atividades [OA7.2, OA7.3, OA7.4, OA7.6]

Use os dados da Silicon Optics, do Exercício 7.11.

Requisitado:
1. Usando o Quadro 7A.1 como guia, prepare um relatório que mostre a primeira fase de alocação de custos indiretos aos agrupamentos de custos de atividades.
2. Usando o Quadro 7A.2 como guia, calcule os índices de atividade dos agrupamentos de custos de atividades.
3. Usando o Quadro 7A.3 como guia, prepare um relatório que mostre os custos indiretos do pedido da Indus Telecom, incluindo os custos de "suporte ao cliente".

4. Usando o Quadro 7.11 como guia, prepare um relatório mostrando a margem de cliente da Indus Telecom.
5. Usando o Quadro 7A.5 como guia, prepare um relatório de análise de ações mostrando a margem de cliente da Indus Telecom. Os materiais diretos devem ser codificados como custos verdes, a mão de obra direta e as remunerações e os salários como custos amarelos, e outros custos indiretos como custos vermelhos.
6. Qual ação, caso alguma ação seja necessária, você recomenda como resultado das análises anteriores?

PROBLEMA 7A.5 Segunda fase de alocação e margens de produtos [OA7.4, OA7.6]
Use os dados da AnimPix Inc. do Problema 7.16. Além deles, a empresa forneceu os seguintes detalhes sobre seus índices de atividade:

	Índices de atividade		
	Conceito de animação	Produção da animação	Administração de contrato
Salários da equipe técnica (US$)	3.500	5.000	1.800
Depreciação de equipamentos de animação (US$)	600	1.500	0
Remunerações e salários administrativos (US$)	1.400	200	4.600
Custos de suprimentos (US$)	300	600	100
Custos das instalações (US$)	200	400	100
Total (US$)	6.000	7.700	6.600

A gerência forneceu os seguintes códigos de facilidade de ajuste para os vários custos:

	Código de facilidade de ajuste
Salários da equipe técnica	Vermelho
Depreciação de equipamentos de animação	Vermelho
Remunerações e salários administrativos	Amarelo
Custos de suprimentos	Verde
Custos das instalações	Vermelho

Esses códigos criaram certa controvérsia. Em particular, alguns administradores se opuseram a codificar seus próprios salários como amarelo, enquanto os salários da equipe técnica foram codificados como vermelho. Entretanto, os fundadores da empresa rejeitaram essas objeções ressaltando que "nossa equipe técnica é nosso ativo mais valioso. É muito difícil encontrar bons animadores e eles seriam os últimos a serem eliminados se tivéssemos de fazer cortes".

Requisitado:
1. Usando o Quadro 7A.3 como guia, determine o custo do mercado de comerciais locais. (Pense no mercado de comerciais locais como um produto.)
2. Usando o Quadro 7A.5 como guia, prepare um relatório de análise de ações para o mercado de comerciais locais. (Essa empresa não possui custos de materiais diretos ou de mão de obra direta.)
3. O que você recomendaria à gerência com relação ao mercado de comerciais locais?

▶▶ OA7.7
(Apêndice 7B) Usar as técnicas do custeio baseado em atividades para calcular o custo unitário de produto para relatórios externos.

APÊNDICE 7B: USAR UMA FORMA MODIFICADA DO CUSTEIO BASEADO EM ATIVIDADES PARA DETERMINAR CUSTOS DE PRODUTO PARA RELATÓRIOS EXTERNOS

Este capítulo enfatizou o uso de informações de custeio baseado em atividades em decisões internas. Entretanto, uma forma modificada de custeio baseado em atividades também pode ser usada para desenvolver custos de produto para relatórios financeiros externos. Para essa

Capítulo **7** ▶▶ Método de custeio baseado em atividades

finalidade, os custos de produto incluem todos os custos indiretos de produção – incluindo os custos de sustentação da organização e os custos de capacidade ociosa – e excluem todos os custos não relacionados à produção, mesmo aqueles claramente causados pelos produtos.

Os sistemas de custeio por absorção mais simples descritos no Capítulo 3 atribuem custos indiretos de produção a produtos por meio de uma taxa predeterminada de custos indiretos que envolvem toda a empresa baseada em horas de mão de obra direta ou horas-máquina. Quando é usado o custeio baseado em atividades para atribuir custos indiretos de produção a produtos, calcula-se uma taxa predeterminada de custos indiretos para cada agrupamento de custos de atividades. Um exemplo esclarecerá essa diferença.

A Maxtar Industries produz churrasqueiras/defumadoras de alta qualidade. A empresa possui duas linhas de produtos – Premium e Standard. De acordo com a tradição, a empresa atribui custos indiretos de produção a esses produtos por meio de uma taxa predeterminada de custos indiretos de toda a empresa baseada em horas de mão de obra direta. O Quadro 7B.1 detalha como o custo unitário de produto das duas linhas de produtos é calculado por meio do sistema de custeio tradicional da empresa. O custo unitário de produto da linha de produtos Premium é de **US\$ 71,60** e o custo unitário de produto da linha de produtos Standard é de **US\$ 53,70**, de acordo com esse sistema de custeio tradicional.

Dados básicos

Custos indiretos de produção totais estimados (US\$)		US\$ 1.520.000
Total estimado de horas de mão de obra direta		400.000 HMODs

	Premium	Standard
Materiais diretos por unidade (US\$)	US\$ 40	US\$ 30
Mão de obra direta por unidade (US\$)	US\$ 24	US\$ 18
Horas de mão de obra direta por unidade	2 HMODs	1,5 HMODs
Unidades produzidas	50.000 unidades	200.000 unidades

Cálculo da taxa predeterminada de custos indiretos

$$\text{Taxa predeterminada de custos indiretos} = \frac{\text{Custos indiretos de produção totais estimados}}{\text{Valor da base de alocação total estimado}}$$

$$= \frac{\text{US\$ 1.520.000}}{\text{400.000 HMODs}} = \text{US\$ 3,80 por HMOD}$$

Custo unitário de produto pelo custeio tradicional

	Premium	Standard
Materiais diretos (US\$)...	40	30
Mão de obra direta (US\$)	24	18
Custos indiretos de produção (2 HMODs × US\$ 3,80 por HMOD; 1,5 HMOD × US\$ 3,80 por HMOD)	7,60	5,70
Custo unitário de produto..	**US\$ 71,60**	**US\$ 53,70**

QUADRO 7B.1
Sistema de custeio tradicional da Maxtar Industries.

Há pouco tempo, a Maxtar Industries experimentou o uso da abordagem de custeio baseado em atividades para determinar seu custo unitário de produto para fins de relatórios externos. O sistema de custeio baseado em atividades da empresa possui três agrupamentos de custos de atividades: (1) mão de obra direta de apoio; (2) configuração de máquinas; e (3) administração de peças. O topo do Quadro 7B.2 exibe dados básicos sobre esses agrupamentos de custos de atividades. Observe que os custos indiretos totais estimados nesses três agrupamentos de custos, **US\$ 1.520 mil**, estão de acordo com os custos indiretos totais estimados no sistema de custeio tradicional da empresa. O sistema de custeio baseado em atividades da empresa simplesmente fornece uma maneira alternativa de alocar os custos indiretos de produção da empresa aos dois produtos.

QUADRO 7B.2
Sistema de custeio baseado em atividades da Maxtar Industries.

Dados básicos

Atividades e medida de atividades	Custos indiretos estimados (US$)	Atividade esperada		
		Premium	Standard	Total
Mão de obra direta de apoio (HMODs)	800.000	100.000	300.000	400.000
Configuração de máquinas (configurações).......	480.000	600	200	800
Administração de peças (tipos de peças)...........	240.000	140	60	200
Total de custos indiretos de produção	**1.520.000**			

Cálculo dos índices de atividade

Atividades	(a) Custos indiretos estimados (US$)	(b) Atividade esperada total	(a) ÷ (b) Índice de atividade (US$)
Mão de obra direta de apoio........................	800.000	400.000 HMODs	2 por HMOD
Configuração de máquinas.................	**US$ 480.000**	**800 configurações**	**US$ 600 por configuração**
Administração de peças..	240.000	200 tipos de peças	1.200 por tipo de peça

Atribuir custos indiretos a produtos

Custos indiretos do produto Premium

Agrupamentos de custos de atividades	(a) Índice de atividade (US$)	(b) Atividade	(a) × (b) Custo ABC
Mão de obra direta de apoio............................	2 por HMOD	100.000 HMODs	200.000
Configuração de máquinas.....................	**US$ 600 por configuração**	**600 configurações**	**360.000**
Administração de peças..	1.200 por tipo de peça	140 tipos de peça	168.000
Total...............................			**728.000**

Custos indiretos dos produtos Standard

Agrupamentos de custos de atividades	(a) Índice de atividade (US$)	(b) Atividade	(a) × (b) Custo ABC
Mão de obra direta de apoio......................	2 por HMOD	300.000 HMODs	600.000
Configuração de máquinas	600 por configuração	200 configurações	120.000
Administração de peças.	1.200 por tipo de peça	60 tipos de peça	72.000
Total...............................			792.000

Custos de produto pelo custeio baseado em atividades

	Premium (US$)	Standard (US$)
Materiais diretos..	40	30
Mão de obra direta...	24	18
Custos indiretos de produção (**US$ 728.000 ÷ 50.000 unidades**; US$ 792.000 ÷ 200.000 unidades)................................	**14,56**	**3,96**
Custo unitário de produto..	**78,56**	**51,96**

Os índices de atividade dos três agrupamentos de custos de atividades são calculados na segunda tabela do Quadro 7B.2. Por exemplo, os custos totais do agrupamento de custos de atividades "configuração de máquinas", **US$ 480 mil**, são divididos pela atividade total associada a esse agrupamento de custos, **800 configurações**, para determinar o índice de atividade de **US$ 600 por configuração**.

Os índices de atividade são usados para alocar custos indiretos aos dois produtos na terceira tabela do Quadro 7B.2. Por exemplo, o índice de atividade do agrupamento de custos de atividades "configuração de máquinas", **US$ 600** por configuração, é multiplicado pelas **600** configurações da linha de produto Premium para determinar o custo de **US$ 360 mil** de configuração de máquina alocado à linha de produto Premium.

A tabela na parte inferior do Quadro 7B.2 exibe os custos indiretos por unidade e o custo unitário de produto calculados pelo método de custeio baseado em atividades. Os custos indiretos por unidade são determinados dividindo-se os custos indiretos totais pelo número de unidades produzidas. Por exemplo, os custos indiretos totais da linha de produto Premium de **US$ 728 mil** são divididos por **50 mil** unidades para determinar os custos indiretos por unidade de **US$ 14,56**. Observe que o custo unitário de produto difere daquele calculado por meio do sistema de custeio tradicional da empresa no Quadro 7B.1. Como o sistema de custeio baseado em atividades contém agrupamentos de custos de atividade tanto no nível do lote (configuração de máquinas) quanto no nível do produto (administração de peças), o custo unitário de produto sob o custeio baseado em atividades segue o padrão comum pelo qual os custos indiretos são transferidos do produto de volume alto para o produto de volume baixo. O custo unitário de produto da linha Standard, o produto de volume alto, diminuiu de US$ 53,70 sob o sistema de custeio tradicional para **US$ 51,96** sob o custeio baseado em atividades. Ao contrário, o custo unitário de produto da linha de produto Premium, o produto de volume baixo, aumentou de US$ 71,60 sob o sistema de custeio tradicional para **US$ 78,56** sob o custeio baseado em atividades. Em vez de atribuir arbitrariamente a maior parte dos custos de configuração de máquinas e de administração de peças ao produto de volume alto, o sistema de custeio baseado em atividades, mais precisamente, atribui esses custos aos dois produtos.

APÊNDICE 7B EXERCÍCIOS E PROBLEMAS

Consulte no *site* <www.grupoa.com.br> os suplementos para esta seção.

EXERCÍCIO 7B.1 Custos de produto pelo custeio baseado em atividades para relatórios externos [OA7.7]

A Pryad Corporation produz barracas muito leves para mochileiros. A seguir, temos os dados sobre as duas linhas de produtos da empresa:

	Deluxe	Standard
Materiais diretos por unidade (US$)	60	45
Mão de obra direta por unidade (US$)	9,60	7,20
Horas de mão de obra direta por unidade ..	0,8 HMODs	0,6 HMODs
Produção anual estimada	10.000 unidades	70.000 unidades

A empresa possui um sistema de custeio tradicional no qual custos indiretos de produção são aplicados a unidades com base em horas de mão de obra direta. A seguir, temos os dados sobre os custos indiretos de produção e horas de mão de obra direta do próximo ano:

Custos indiretos de produção totais estimados.............................	US$ 290.000
Total estimado de horas de mão de obra direta	50.000 HMODs

Requisitado:
1. Determine o custo unitário de produto do Deluxe e do Standard sob o sistema de custeio tradicional da empresa.
2. A empresa considera substituir seu sistema de custeio tradicional para determinar custos unitários de produto para relatórios externos por um sistema de custeio baseado em atividades. O sistema de custeio baseado em atividades teria os três seguintes agrupamentos de custos de atividades:

Atividades e medidas de atividade	Custos indiretos estimados (US$)	Atividade esperada Deluxe	Standard	Total
Mão de obra direta de apoio (horas de mão de obra direta)	150.000	8.000	42.000	50.000
Configurações de lote (configurações)	60.000	200	50	250
Testes de segurança (testes)	80.000	80	20	100
Custos indiretos de produção totais	290.000			

Determine o custo unitário de produto dos produtos Deluxe e Standard sob o sistema de custeio baseado em atividades.

EXERCÍCIO 7B.2 Custos de produto pelo custeio baseado em atividades para relatórios externos [OA7.7]

A empresa Kunkel fabrica dois produtos e usa um sistema de custeio tradicional no qual uma única taxa predeterminada de custos indiretos de toda a empresa é calculada com base em horas de mão de obra direta. A seguir, temos os dados dos dois produtos para o próximo ano:

	Mercon	Wurcon
Custos de materiais diretos por unidade (US$)	10	8
Custos de mão de obra direta por unidade (US$)	3	3,75
Horas de mão de obra direta por unidade	0,20	0,25
Número de unidades produzidas	10.000	40.000

Esses produtos são customizados até certo ponto para clientes específicos.

Requisitado:
1. Espera-se que os custos indiretos de produção da empresa esse ano sejam de US$ 336 mil. Usando o sistema de custeio tradicional da empresa, calcule o custo unitário de produto para os dois produtos.
2. A gerência considera um sistema de custeio baseado em atividades em que metade dos custos indiretos continuaria a ser alocada com base em horas de mão de obra direta e a outra metade seria alocada com base no tempo dedicado a projetos de engenharia. Espera-se que o produto Mercon precise de 4 mil horas de projeto de engenharia e que o produto Wurcon também precise de 4 mil horas. Calcule o custo unitário de produto dos dois produtos usando o sistema ABC proposto.
3. Explique por que o custo unitário de produto difere entre os dois sistemas.

PROBLEMA 7B.3 Custeio baseado em atividades como uma alternativa ao custeio de produtos tradicional [OA7.7]

A empresa Rehm produz um produto que está disponível em um modelo deluxe e um modelo regular. A empresa produz o modelo regular há muitos anos, e o deluxe foi introduzido faz alguns anos para conquistar um novo segmento do mercado. Desde a introdução do modelo deluxe, os lucros da empresa vêm diminuindo continuamente e a gerência está cada vez mais preocupada com a precisão de seu sistema de custeio. As vendas do modelo deluxe têm aumentado rapidamente.

Os custos indiretos de produção são atribuídos a produtos com base em horas de mão de obra direta. Este ano, a empresa estimou que incorrerá em US$ 6 milhões em custos indiretos de produção e produzirá 15 mil unidades do modelo deluxe e 120 mil unidades do modelo regular. O modelo deluxe exige 1,6 hora de tempo de mão de obra direta por unidade, e o modelo regular exige 0,8 hora. Os custos de materiais e mão de obra por unidade são os seguintes:

	Modelo	
	Deluxe	Regular
Materiais diretos (US$)...............................	154	112
Mão de obra direta (US$)	16	8

Requisitado:
1. Usando horas de mão de obra direta como a base para atribuir custos indiretos de produção a produtos, calcule a taxa predeterminada de custos indiretos. A partir dessa taxa e de outros dados do problema, determine o custo unitário de produto de cada modelo.
2. A gerência considera usar o custeio baseado em atividades para aplicar custos indiretos de produção a produtos para relatórios financeiros externos. O sistema de custeio baseado em atividades teria os quatro agrupamentos de custos de atividades a seguir:

Agrupamento de custos de atividades	Medida de atividade	Custos indiretos estimados (US$)
Pedidos de compra	Número de pedidos de compra	252.000
Pedidos de sucata e reprocessamento.....	Número de pedidos de sucata/reprocessamento	648.000
Teste de produtos	Número de testes	1.350.000
Relacionados a máquinas	Horas-máquina	3.750.000
Total de custos indiretos.........................		6.000.000

	Atividade esperada		
Medida de atividade	Deluxe	Regular	Total
Número de pedidos de compra......................................	400	800	1.200
Número de pedidos de sucata/reprocessamento	500	400	900
Número de testes..	6.000	9.000	15.000
Horas-máquina...	20.000	30.000	50.000

Usando o Quadro 7.6 como guia, calcule as taxas predeterminadas de custos indiretos (ou seja, índices de atividade) de cada um dos quatro agrupamentos de custos de atividades.
3. Usando as taxas predeterminadas de custos indiretos calculadas na parte (2) anterior, faça o seguinte:
a. Calcule o valor total dos custos indiretos de produção que seriam aplicados a cada modelo usando o sistema de custeio baseado em atividades. Depois de calcular esses totais, determine o montante dos custos indiretos de produção por unidade para cada modelo.
b. Calcule o custo unitário de produto de cada modelo (custos de materiais, de mão de obra e custos indiretos de produção).
4. A partir dos dados que você desenvolveu nos itens (1) a (3) anteriores, identifique fatores que podem responder pela diminuição nos lucros da empresa.

PROBLEMA 7B.4 Custeio baseado em atividades como uma alternativa ao custeio de produtos tradicional [OA7.7]

A Erte Inc. produz dois modelos de válvulas de vapor de alta pressão, o modelo XR7 e o modelo ZD5. A seguir, temos dados relativos aos dois produtos:

Produto	Horas de mão de obra direta	Produção anual	Total de horas de mão de obra direta
XR7...............	0,2 HMODs por unidade	20.000 unidades	4.000 HMODs
ZD5...............	0,4 HMODs por unidade	40.000 unidades	16.000 HMODs
			20.000 HMODs

A seguir, temos informações adicionais sobre a empresa:
a. O produto XR7 exige US$ 35 em materiais diretos por unidade, e o produto ZD5 exige US$ 25.
b. A taxa salarial de mão de obra direta é de US$ 20 por hora.
c. A empresa sempre usou horas de mão de obra direta como a base para aplicar custos indiretos de produção a produtos. Os custos indiretos de produção totalizam US$ 1,48 milhão por ano.
d. O produto XR7 é mais complexo para produzir do que o produto ZD5 e exige o uso de uma máquina de fresagem.
e. Por causa do trabalho especial necessário no item (d) anterior, a empresa considera o uso do custeio baseado em atividades para aplicar custos indiretos a produtos. Foram identificados três agrupamentos de custos de atividades e a primeira fase de alocação foi concluída. A seguir, temos dados sobre esses agrupamentos de custos de atividades:

Agrupamento de custos de atividades	Medida de atividade	Custo total estimado (US$)	XR7	ZD5	Total
Configuração de máquinas....	Número de configurações	180.000	150	100	250
Fresagem especial	Horas-máquina	300.000	1.000	0	1.000
Fábrica em geral....................	Horas de mão de obra direta	1.000.000	4.000	16.000	20.000
		1.480.000			

Requisitado:
1. Suponha que a empresa continue a usar horas de mão de obra direta como a base para aplicar custos indiretos a produtos.
    a. Calcule a taxa predeterminada de custos indiretos.
    b. Determine o custo unitário de cada produto.
2. Suponha que a empresa decida usar o custeio baseado em atividades para aplicar custos indiretos a produtos.
    a. Calcule o índice de atividade de cada agrupamento de custos de atividades. Além disso, calcule o montante dos custos indiretos que seria aplicado a cada produto.
    b. Determine o custo unitário de cada produto.
3. Explique por que os custos indiretos passaram do produto de volume alto para o produto de volume baixo sob o custeio baseado em atividades.

CASO 7B.5 Custeio baseado em atividades como uma alternativa ao custeio de produtos tradicional [OA7.7]

A Coffee Bean Inc. (CBI) é uma empresa que processa e distribui diversas misturas de café. A empresa compra grãos de café de todas as partes do mundo e os tosta, mistura e embala para a revenda. A CBI possui atualmente 40 diferentes tipos de café vendidos a lojas gourmet em sacos de meio quilo. O principal custo do café é a matéria-prima. Entretanto, o processo de tostagem, mistura e embalagem, em sua maior parte automatizado, exige um montante substancial de custos indiretos de produção. A empresa usa relativamente pouca mão de obra direta.

Alguns dos cafés da CBI são muito populares e são vendidos em grandes volumes, enquanto algumas das novas misturas são vendidas em volume muito baixo. A CBI cobra por seu café um preço de produção mais uma margem (*markup*) de 30%. Se os preços de certos cafés da CBI estão bem mais altos do que o mercado, são feitos ajustes para alinhar os preços da CBI aos do mercado, pois os clientes são bastante conscientes em termos de preços.

Para o próximo ano, o orçamento da CBI inclui custos indiretos de produção estimados de US$ 3 milhões. A CBI atribui custos indiretos de produção a produtos com base em horas de mão de obra direta. Os custos esperados de mão de obra direta totalizam US$ 600 mil, representando 50 mil horas de mão de obra direta. Com base no orçamento de vendas e nos custos esperados de matérias-primas, a empresa comprará e usará US$ 6 milhões em matérias-primas (grãos de café em sua grande parte) durante o ano.

A seguir, temos os custos esperados de materiais diretos e mão de obra direta de sacos de meio quilo de dois dos produtos da empresa.

	Mona Loa	Malaysian
Materiais diretos (US$)..	4,20	3,20
Mão de obra direta (0,025 hora por saco) (US$)	0,30	0,30

O *controller* da CBI acredita que o sistema de custeio tradicional da empresa possa estar fornecendo informações de custo enganosas. Para determinar se isso está ou não correto, este profissional preparou uma análise dos custos indiretos de produção esperados do ano, como mostra a tabela a seguir:

Agrupamento de custos de atividades	Medida de atividade	Atividade esperada para o ano	Custo esperado para o ano (US$)
Compras....................	Pedidos de compra	1.710 pedidos	513.000
Manuseio de materiais	Número de configurações	1.800 configurações	720.000
Controle de qualidade	Número de lotes	600 lotes	144.000
Tostagem...................	Horas de tostagem	96.100 horas de tostagem	961.000
Mistura......................	Horas de mistura	33.500 horas de mistura	402.000
Embalagem................	Horas de embalagem	26.000 horas de embalagem	260.000
Total de custos indiretos de produção			3.000.000

A seguir, temos os dados relativos à produção esperada dos cafés Mona Loa e Malaysian.

	Mona Loa	Malaysian
Vendas esperadas	100.000 sacos de meio quilo	2.000 sacos de meio quilo
Tamanho do lote..	10.000 sacos de meio quilo	500 sacos de meio quilo
Configurações..	3 por lote	3 por lote
Tamanho do pedido de compra	20.000 sacos de meio quilo	500 sacos de meio quilo
Tempo de tostagem por cada 100 sacos de meio quilo	1 hora	1 hora
Tempo de mistura por cada 100 sacos de meio quilo	0,5 hora	0,5 hora
Tempo de embalagem por cada 100 sacos de meio quilo........	0,1 hora	0,1 hora

Requisitado:

1. Usando horas de mão de obra direta como base para atribuir custos indiretos de produção a produtos, faça o seguinte:
   a. Determine a taxa predeterminada de custos indiretos que será usada durante o ano.
   b. Determine o custo unitário de produto de meio quilo de café Mona Loa e meio quilo de café Malaysian.
2. Usando o custeio baseado em atividades como a base para atribuir custos indiretos de produção a produtos, faça o seguinte:
   a. Determine o montante total de custos indiretos de produção atribuído ao café Mona Loa e ao café Malaysian para o ano.
   b. Usando os dados desenvolvidos no item (2a) anterior, calcule o montante de custos indiretos de produção por cada meio quilo de café Mona Loa e Malaysian. Arredonde todos os cálculos para o centavo mais próximo.
   c. Determine o custo unitário de produto de meio quilo de café Mona Loa e meio quilo de café Malaysian.
3. Escreva um breve memorando para o presidente da CBI explicando o que você encontrou nos itens (1) e (2) anteriores e discutindo as implicações para a empresa de usar mão de obra direta como a base para atribuir custos indiretos de produção a produtos.

(Adaptado do CMA)

8 PLANEJAMENTO DE LUCROS

▶▶ **Objetivos de aprendizagem**

OA8.1 Compreender por que as organizações fazem orçamentos e os processos que usam para criá-los.

OA8.2 Preparar um orçamento de vendas, incluindo um cronograma de recebimento em numerários.

OA8.3 Preparar um orçamento de produção.

OA8.4 Preparar um orçamento de materiais diretos, incluindo um cronograma de desembolsos de caixa esperados para a compra de materiais.

OA8.5 Preparar um orçamento de mão de obra direta.

OA8.6 Preparar um orçamento de custos indiretos de produção.

OA8.7 Preparar um orçamento de despesas de venda e administrativas.

OA8.8 Preparar um orçamento de caixa.

OA8.9 Preparar um orçamento de demonstração de resultados.

OA8.10 Preparar um orçamento de balanço patrimonial.

FOCO NOS NEGÓCIOS

Planejamento para enfrentar uma crise – Civil War Preservation Trust

A Civil War Preservation Trust (CWPT) é uma organização de capital fechado sem fins lucrativos com 70 mil membros que trabalha na preservação dos campos de batalha remanescentes da Guerra Civil nos Estados Unidos – muitos dos quais estão sob a ameaça da expansão comercial como shopping centers, casas, parques industriais e cassinos. Para conter a expansão, a CWPT tem como tradição comprar o terreno ou o direito de construir nele, o que já poupou mais de 101,17 km² da expansão comercial, incluindo, por exemplo, 2,82 km² de campos de batalha em Gettysburg.

A equipe de gerência da CWPT estava preocupada em especial com a proposta de orçamento para 2009, que seria apresentada ao conselho de diretoria no outono de 2008. A CWPT é mantida pelas contribuições de seus membros e muitos deles tinham sido afetados pela crise financeira que seguiu o colapso do mercado de hipotecas *subprime*. Logo, era particularmente difícil prever os fundos que estariam disponíveis para operações em 2009. Assim, o orçamento para 2009 contemplava três variações baseadas em hipóteses econômicas progressivamente pessimistas. Os orçamentos mais pessimistas eram chamados de "orçamentos contingentes". À medida que 2008 passou e que as contribuições dos membros diminuíram um pouco em relação aos níveis anteriores, a CWPT passou para o primeiro orçamento contingente, o qual exigia diversas ações para reduzir os custos, como um congelamento nas contratações e nos salários, mas mantinha um programa agressivo de proteção aos campos de batalha por meio de compras de terrenos e de direitos para construir. Felizmente, a CWPT não teve que passar para o orçamento mais pessimista de todos – que teria envolvido demissões e outras medidas extraordinárias de contenção de custos.

Em vez de reagir aos acontecimentos desfavoráveis entrando em pânico, a CWPT usou o processo orçamentário para planejar com cuidado e antecedência possíveis eventualidades.

FONTES: Comunicação com James Lighthizer, presidente, e David Duncan, diretor de associação e expansão, Civil War Preservation Trust; e o *site* da CWPT, <civilwar.org>.

Capítulo **8** ▸▶ Planejamento de lucros

337

Neste capítulo, concentraremo-nos nos passos dados por empresas para alcançar seus níveis de lucros planejados – um processo chamado de *planejamento de lucros*. O planejamento de lucros é realizado por meio da preparação de diversos orçamentos que, juntos, formam um plano integrado de negócios, conhecido como o *orçamento-mestre*. O orçamento-mestre é uma ferramenta gerencial essencial que comunica os planos da gerência a toda a organização, aloca recursos e coordena atividades.

MODELO BÁSICO DE ORÇAMENTO

Um **orçamento** é um plano detalhado do futuro que em geral é expresso em termos quantitativos formais. Os indivíduos às vezes criam orçamentos pessoais que fazem o balanço de sua renda e das despesas com alimentação, vestuário, habitação, entre outros, possibilitando, ao mesmo tempo, algumas economias. Uma vez estabelecido um orçamento, os gastos efetivos são comparados com este orçamento para assegurar que o plano seja seguido. As empresas usam os orçamentos de maneira similar, embora a quantidade de trabalho e de detalhes por trás de um orçamento empresarial exceda em muito os de um orçamento pessoal.

Os orçamentos são usados para duas finalidades distintas – *planejamento* e *controle*. O **planejamento** envolve o estabelecimento de metas e a preparação de vários orçamentos para alcançar essas metas. O **controle** envolve coletar *feedback* para assegurar que o plano seja executado de forma adequada ou para que seja alterado no caso de mudanças circunstanciais. Para ser eficaz, um bom sistema orçamentário tem que possibilitar tanto o planejamento quanto o controle. Um bom planejamento sem um controle eficaz é uma perda de tempo e de esforços.

Vantagens de um orçamento

As organizações obtêm vários benefícios com a criação de orçamentos, como:

1. Os orçamentos *comunicam* os planos da gerência a toda a organização.
2. Os orçamentos forçam os gerentes a *pensarem* e *planejarem* o futuro. Na ausência da necessidade de se preparar um orçamento, muitos gerentes passariam todo o seu tempo lidando com emergências do dia a dia.
3. O processo orçamentário fornece um meio de *alocar recursos* às partes da organização onde possam ser usados de maneira mais eficaz.
4. O processo orçamentário pode revelar possíveis *gargalos de produção* antes de eles ocorrerem.
5. Os orçamentos *coordenam* as atividades de toda a organização, integrando os planos de suas várias partes. A criação de orçamentos ajuda a assegurar que todos na organização sigam a mesma direção.
6. Os orçamentos definem metas e objetivos que podem servir como *parâmetros* de avaliação do desempenho subsequente.

▸▶ OA8.1

Compreender por que as organizações fazem orçamentos e os processos que usam para criá-los.

▸ **Orçamento**

plano detalhado para o futuro que em geral é expresso em termos quantitativos formais.

▸ **Planejamento**

método de desenvolver metas e preparar orçamentos para alcançá-las.

▸ **Controle**

processo de coletar *feedback* para assegurar que um plano seja devidamente executado ou alterado no caso de mudanças das circunstâncias.

POR DENTRO
DAS EMPRESAS

EXECUTAR A ESTRATÉGIA COM ORÇAMENTOS

Robert DeMartini, CEO da **New Balance**, estabeleceu uma meta de triplicar as receitas de sua empresa para US$ 3 bilhões em quatro anos. Ele triplicou o orçamento de propaganda anual da empresa e dobrou seu orçamento de pesquisas do consumidor em uma tentativa de atrair mais clientes jovens. Essas decisões representaram uma mudança estratégica para a New Balance, que em geral gastava menos de US$ 20 milhões por ano em propaganda em comparação a concorrentes como a **Nike** e a **Adidas**, que investem US$ 184 milhões e US$ 80 milhões por ano, respectivamente.

Um motivo pelo qual as empresas preparam orçamentos é alocar recursos aos departamentos de uma maneira que garanta as prioridades estratégicas. DeMartini usou o orçamento para enviar um sinal claro de que esperava que seu departamento de marketing desempenhasse um importantíssimo papel na tentativa da empresa de alcançar suas metas de aumento de receitas. Com o passar do tempo, ele comparará o aumento real das receitas provenientes de clientes jovens com as despesas do departamento de marketing para ver se sua estratégia funciona ou se precisa de ajustes.

FONTE: Stephanie Kang, "New Balance Steps up Marketing Drive", *The Wall Street Journal*, 21 de março de 2008, p. B3.

Contabilidade por responsabilidade

▶ **Contabilidade por responsabilidade**

sistema de responsabilização em que os gerentes são responsabilizados por aqueles itens de receita e custos – e somente por eles – sobre os quais eles podem exercer um controle significativo.
Os gerentes são responsabilizados por diferenças entre os resultados orçados e realizados.

A maior parte do que tratamos neste capítulo e nos três próximos capítulos está relacionado à *contabilidade por responsabilidade*. A ideia fundamental por trás da **contabilidade por responsabilidade** é que um gerente deve ser responsabilizado por aqueles itens – e somente por aqueles itens – que ele pode de fato controlar. Cada item de linha (ou seja, receita ou custo) no orçamento é de responsabilidade de um gestor que é responsabilizado por desvios subsequentes entre as metas orçadas e os resultados realizados. De fato, a contabilidade por responsabilidade personaliza as informações contábeis, responsabilizando indivíduos por receitas e custos. Este conceito é central para qualquer planejamento de lucros e sistema de controle eficazes. Alguém tem que ser responsabilizado por cada custo, caso contrário, ninguém será o responsável e o custo sem dúvida sairá do controle.

O que acontece se os resultados realizados não corresponderem às metas orçadas? O gestor não será penalizado necessariamente. Entretanto, ele deve tomar a iniciativa de corrigir quaisquer discrepâncias desfavoráveis, compreender a fonte de discrepâncias significativas, sejam elas favoráveis ou desfavoráveis, e estar preparado para explicar os motivos dessas discrepâncias para a alta gestão. O objetivo de um sistema de contabilidade por responsabilidade eficaz é assegurar que nada "fique fora", que a organização reaja de maneira rápida e adequada aos desvios de seus planos, e que a organização aprenda com o feedback oriundo da comparação entre as metas orçadas e os resultados realizados. O objetivo é não penalizar os indivíduos por não alcançarem metas.

POR DENTRO DAS EMPRESAS

PREFEITO DA CIDADE DE NOVA YORK SE BENEFICIA COM A CRIAÇÃO DE ORÇAMENTOS

Michael Bloomberg, o prefeito da **cidade de Nova York**, faz apresentações de orçamento anuais a seus colegas políticos eleitos, à câmara municipal e à mídia. Pela história, os prefeitos da cidade delegavam esses tipos de apresentação a um de seus diretores de orçamento; no entanto, a Bloomberg acredita que ao investir seu tempo em explicar os fatores que influenciam a economia da cidade, seus constituintes passam a compreender melhor suas prioridades fiscais. Isso, por sua vez, ajuda a melhorar suas negociações com a câmara municipal e seu relacionamento com vários grupos de interesse. O prefeito também disponibiliza todo o seu orçamento *on-line* de modo que os nova-iorquinos possam averiguar detalhes orçamentários, como o custo de administrar agências governamentais específicas.

FONTE: Tom Lowry, "The CEO Maioor", *BusinessWeek*, 25 de junho de 2007, p. 58-64.

Escolher um período orçamentário

Os orçamentos operacionais em geral abrangem um período de um ano correspondente ao ano fiscal da empresa. Muitas empresas dividem seu ano orçamentário em quatro trimestres. O primeiro trimestre é, então, subdividido em meses e são desenvolvidos orçamentos mensais. Os três últimos trimestres podem ser incluídos no orçamento apenas como totais trimestrais. À medida que o ano passa, os valores do segundo trimestre são decompostos em montantes mensais, depois os do terceiro trimestre, e assim por diante. Essa abordagem tem a vantagem de exigir uma revisão e reavaliação periódica dos dados do orçamento durante todo o ano.

Às vezes, são usados *orçamentos contínuos* ou *perpétuos*. Um **orçamento contínuo** ou **perpétuo** é um orçamento de 12 meses que passa um mês (ou trimestre) para a frente quando o mês atual (ou trimestre) acaba. Em outras palavras, um mês (ou trimestre) é adicionado ao final do orçamento quando cada mês (ou trimestre) chega ao fim. Essa abordagem deixa os gerentes atentos em pelo menos um ano à frente, de modo que eles não estreitem demais seu foco em resultados de curto prazo.

Neste capítulo, veremos orçamentos operacionais de um ano. Entretanto, usando basicamente as mesmas técnicas, podem-se preparar orçamentos operacionais para períodos que se estendem por muitos anos. Pode ser difícil prever com precisão dados de

▶ **Orçamento contínuo**

orçamento de 12 meses que passa um mês para a frente quando o mês atual acaba.

▶ **Orçamento perpétuo**

ver *Orçamento contínuo*.

vendas e de outros tipos muito além de um ano, mas mesmo estimativas aproximadas podem ser valiosas para revelar possíveis problemas e oportunidades que, caso contrário, seriam ignoradas.

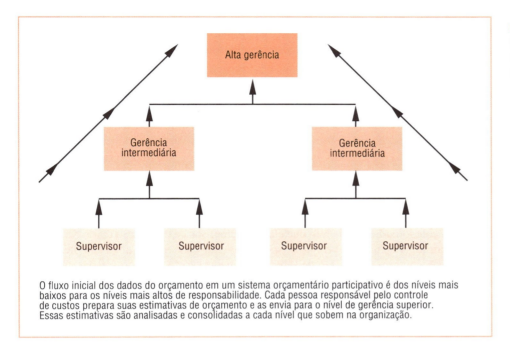

QUADRO 8.1
Fluxo inicial dos dados do orçamento em um sistema orçamentário autoimposto.

Orçamento autoimposto

O sucesso de um programa orçamentário é bastante determinado pelo modo como um orçamento é desenvolvido. Muitas vezes, o orçamento é imposto de cima para baixo, com pouca participação dos gerentes de níveis hierárquicos mais baixos. Entretanto, nos programas orçamentários mais bem-sucedidos, os gerentes participam ativamente de seus orçamentos. Impor expectativas de cima para baixo e então penalizar os colaboradores que não atendem a essas expectativas gera ressentimento em vez de cooperação e compromisso. Na verdade, muitos gerentes acreditam que ter o poder de criar seus próprios orçamentos autoimpostos seja o método mais eficaz de preparação de orçamentos. Um **orçamento autoimposto** ou **orçamento participativo**, como ilustra o Quadro 8.1, é um orçamento preparado com a plena cooperação e participação de gerentes de todos os níveis.

Orçamentos autoimpostos apresentam inúmeras vantagens:

1. Indivíduos em todos os níveis da organização são organizados como membros da equipe cujas visões e opiniões são avaliadas pela alta gerência.
2. As estimativas de orçamento preparadas pelos gerentes da linha de frente em geral são mais precisas e confiáveis do que as estimativas preparadas por altos gerentes que têm um conhecimento mais distante dos mercados e das operações do dia a dia.
3. A motivação em geral é mais alta quando os indivíduos participam do estabelecimento de suas próprias metas do que quando as metas são impostas de cima para baixo. Orçamentos autoimpostos geram comprometimento.
4. Um gerente que não consegue cumprir um orçamento que foi imposto de cima para baixo pode sempre dizer que o orçamento não era realista e, portanto, impossível de ser cumprido. Com um orçamento autoimposto, não é possível dar essa desculpa.

Uma importante restrição do orçamento autoimposto é que os gerentes de níveis mais baixos permitem muita *folga orçamentária*. Como o gerente que cria o orçamento será responsabilizado pelos resultados realizados que se desviarem do orçamento, ele terá uma tendência natural a criar um orçamento fácil de alcançar (ou seja, o gerente embutirá uma "folga" no orçamento). Por este motivo, os orçamentos preparados por gerentes de níveis hierárquicos mais baixos devem ser analisados por níveis mais altos da gerência. Itens questionáveis

▶ **Orçamento autoimposto**

método de preparar orçamentos em que os gerentes preparam seus próprios orçamentos. Esses orçamentos são, então, revisados pelos gerentes de níveis mais altos e quaisquer problemas são resolvidos por acordo mútuo.

▶ **Orçamento participativo**

ver *Orçamento autoimposto*.

devem ser discutidos e bem modificados. Sem essa análise, os orçamentos autoimpostos podem ser muito folgados, resultando em um desempenho abaixo do ótimo.

Como esses comentários sugerem, todos os níveis da organização devem trabalhar juntos para produzir o orçamento. Os gerentes de níveis hierárquicos mais baixos são mais familiarizados com as operações do dia a dia do que os altos gerentes. Os altos gerentes têm uma perspectiva mais estratégica do que os gerentes de níveis hierárquicos mais baixos. Cada nível de responsabilidade em uma organização deve contribuir com seus conhecimentos e perspectivas singulares em um esforço cooperativo para desenvolver um orçamento integrado. No entanto, uma abordagem autoimposta de criação de orçamentos funciona melhor quando todos os gerentes compreendem a estratégia da organização. Caso contrário, os orçamentos propostos pelos gerentes de níveis hierárquicos mais baixos não terão uma direção coerente. Em capítulos posteriores, discutiremos em mais detalhes como uma empresa pode formular sua estratégia e comunicá-la a toda a organização.

Infelizmente, a maioria das empresas não segue o processo orçamentário que descrevemos. Geralmente, os altos gerentes iniciam o processo orçamentário emitindo metas de lucros. Os gerentes de níveis hierárquicos mais baixos são instruídos a preparar orçamentos que atendam a essas metas. A dificuldade é que as metas estabelecidas pelos altos gerentes podem ser muito altas ou permitir muita folga. Se as metas forem altas demais e os colaboradores souberem que elas são irrealistas, a motivação cairá. Se as metas permitirem folga demais, ocorrerão desperdícios. Infelizmente, os altos gerentes em geral não se encontram na posição de saber se as metas são ou não apropriadas. Claro que um sistema orçamentário autoimposto pode não ter direção estratégica suficiente, e os gerentes de níveis hierárquicos mais baixos podem ficar tentados a embutir folgas em seus orçamentos. No entanto, em virtude das vantagens motivacionais dos orçamentos autoimpostos, os altos gerentes devem ser cautelosos sobre a imposição de metas inflexíveis de cima para baixo.

Fatores humanos na criação de um orçamento

O sucesso de um programa orçamentário também depende do seu grau de aceitação, por parte dos gestores, a como uma parte vital das atividades da empresa e do modo como a alta gerência usa dados orçados.

Para um programa orçamentário ser bem-sucedido, ele tem que ter aceitação e apoio total das pessoas que ocupam posições-chave na gerência. Se gerentes intermediários ou inferiores sentirem que a alta gerência é indiferente quanto à criação de orçamentos, ou se sentirem que a alta gerência somente tolera a criação de orçamentos como um mal necessário, suas próprias atitudes refletirão uma falta de entusiasmo similar. A criação de orçamentos é um trabalho difícil, e se a alta gerência não demonstrar entusiasmo e comprometimento com o programa orçamentário, então é improvável que qualquer outra pessoa da organização demonstre.

Ao administrar o programa orçamentário, é importante que a alta gerência não use o orçamento para pressionar ou culpar colaboradores, pois essa maneira negativa de uso gera hostilidade, tensão e desconfiança em vez de cooperação e produtividade. Infelizmente, o orçamento muitas vezes é usado como um artifício de pressão e coloca-se uma ênfase excessiva em "cumprir o orçamento" sob todas as circunstâncias. Em vez de ser utilizado como uma arma, o orçamento deve servir como um instrumento positivo para auxiliar o estabelecimento de metas, a mensuração de resultados operacionais e o isolamento de áreas que precisam de atenção.

Os aspectos humanos na elaboração de orçamentos são muito importantes. O restante do capítulo lida com aspectos técnicos da elaboração de orçamentos, mas sem perder de vista os aspectos humanos. A finalidade do orçamento é motivar as pessoas e coordenar seus esforços, a qual será abalada se os gerentes se preocuparem com os aspectos técnicos ou se o orçamento for usado de uma maneira rígida e inflexível de controlar as pessoas.

Quão desafiadoras devem ser as metas de um orçamento? Alguns especialistas afirmam que as metas de um orçamento devem ser muito desafiadoras e exigir que os gerentes flexibilizem o orçamento para cumpri-las. Mesmo os gerentes mais capazes podem ter que se munir de esforços para cumprir um "orçamento tão irrealista" (*stretch budget*) e podem nem sempre ser bem-sucedidos. Na prática, a maioria das empresas estabelece

Capítulo **8** ▶▶ Planejamento de lucros

as metas de seu orçamento em um nível "totalmente alcançável", o qual pode ser desafiador, mas pode quase sempre ser alcançado por gerentes competentes cujos esforços sejam razoáveis.

Bônus baseados em cumprir ou exceder orçamentos, em geral, são um elemento-chave da remuneração da gerência. Pela tradição, não se paga nenhum bônus a menos que o orçamento seja cumprido. O bônus em geral aumenta quando a meta do orçamento é excedida, mas ele com frequência tem um limite máximo. Por motivos óbvios, os gerentes que têm um plano de bônus desse tipo ou cujo desempenho é avaliado com base no alcance de metas de orçamento geralmente preferem ser avaliados com base em orçamentos totalmente alcançáveis em vez de em orçamentos irrealistas. Além disso, os orçamentos totalmente alcançáveis podem ajudar a aumentar a confiança de um gerente e gerar um comprometimento maior com o orçamento. E, por fim, os orçamentos totalmente alcançáveis podem resultar em um comportamento menos indesejável, por gerentes que têm a intenção de ganhar seus bônus, no final dos períodos orçamentários.

PREVISÕES ENVIESADAS

POR DENTRO
DAS EMPRESAS

A remuneração de um gerente em geral é atrelada ao orçamento. É como não pagar bônus algum a menos que seja alcançado um limite de desempenho mínimo, como 80% da meta do orçamento. Uma vez que esse limite mínimo tenha sido ultrapassado, o bônus do gerente aumenta até um limite máximo, que em geral, representa 120% da meta do orçamento.

Esse método comum de atrelar a remuneração de um gerente ao orçamento possui alguns efeitos colaterais negativos. Por exemplo, um gerente de marketing de uma grande empresa de bebidas subestimou muito, propositalmente, a demanda pelos produtos da empresa antes das festas de fim de ano, de modo que a meta de receitas do orçamento fosse baixa e fácil de bater. Infelizmente, a empresa atrelou sua produção a essa previsão enviesada e ficou sem produtos para vender durante o pico de vendas da temporada de festas.

Como outro exemplo, próximo do fim do ano, um grupo de gerentes anunciou um aumento de preço de 10% que entraria em vigor a partir do dia 2 de janeiro do ano seguinte. Por que eles fariam isso? Ao anunciar esse aumento de preços, os gerentes esperavam que os clientes fizessem pedidos antes do final do ano, o que os ajudaria os gerentes a alcançarem suas metas de vendas no ano corrente. As vendas do ano seguinte, é claro, cairiam. Qual "truque" os gerentes fariam para alcançar suas metas de venda no ano seguinte tendo em vista essa queda na demanda?

FONTES: Michael C. Jensen, "Corporate Budgeting Is Broken – Let's Fix It", *Harvard Business Review*, novembro de 2001; e Michael C. Jensen, "Why Pay People to Lie?" *The Wall Street Journal*, 8 de janeiro de 2001, p. A32.

Comitê orçamentário

Um **comitê orçamentário** permanente normalmente é responsável pelas políticas gerais relacionadas ao programa orçamentário e pela coordenação da preparação do orçamento. Esse comitê pode consistir no presidente; vice-presidentes encarregados de várias funções como vendas, produção e compras; e o *controller*. Dificuldades e disputas relacionadas ao orçamento são resolvidas pelo comitê orçamentário, assim como a aprovação do orçamento final.

Podem surgir disputas (e surgem) sobre questões relacionadas ao orçamento. Como os orçamentos alocam recursos, o processo orçamentário determina, em grande medida, quais departamentos recebem mais e menos recursos. Além disso, o orçamento determina os parâmetros usados para avaliar gerentes e seus departamentos. Portanto, não deve ser nenhuma surpresa que gerentes levem o processo orçamentário muito a sério e invistam energia e emoção consideráveis para garantir que seus interesses, e os interesses de seus departamentos, sejam protegidos. Por causa disso, o processo orçamentário pode muito bem se degenerar em discussões internas nas quais o objetivo final de trabalhar em conjunto em busca de metas comuns é esquecido.

Administrar um programa orçamentário bem-sucedido, que evite batalhas interdepartamentais, exige habilidades interpessoais consideráveis além de habilidades pura-

▶ **Comitê orçamentário**

grupo de gerentes-chave que são responsáveis pela política orçamentária geral e pela coordenação da preparação do orçamento.

mente técnicas. Mas mesmo as melhores habilidades interpessoais fracassarão se, como discutido antes, a alta gerência usar o processo orçamentário para pressionar ou culpar colaboradores de forma inadequada.

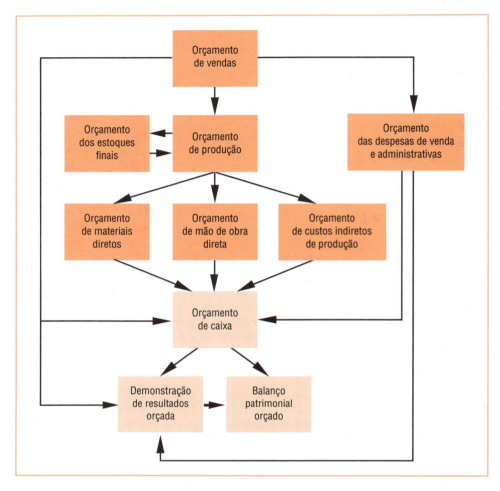

QUADRO 8.2 Inter-relações do orçamento-mestre.

Orçamento-mestre: panorama

O **orçamento-mestre** consiste em vários orçamentos separados, mas interdependentes, que estabelecem formalmente as metas de venda, de produção e financeiras da empresa. O orçamento-mestre culmina em um orçamento de caixa, uma demonstração de resultados orçada e um balanço patrimonial orçado. O Quadro 8.2 fornece um panorama das várias partes do orçamento-mestre e como estão relacionadas.

O primeiro passo no processo orçamentário é a preparação do **orçamento de vendas**, que é um cronograma detalhado que mostra as vendas esperadas para o período orçado. Um orçamento de vendas preciso é a chave de todo o processo orçamentário. Como ilustrado no Quadro 8.2, todas as outras partes do orçamento-mestre dependem do orçamento de vendas. Se o orçamento de vendas é impreciso, o resto do orçamento será impreciso. O orçamento de vendas é baseado na previsão de vendas da empresa, o que pode exigir o uso de sofisticados modelos matemáticos e ferramentas estatísticas. Não entraremos em detalhes sobre como as previsões de venda são feitas. Esse é um assunto mais apropriado para cursos de marketing.

O orçamento de vendas ajuda a determinar quantas unidades precisam ser produzidas. Assim, o orçamento de produção é preparado depois do orçamento de vendas. O orçamento de produção, por sua vez, é usado para determinar os orçamentos de custos de produção, incluindo o orçamento de materiais diretos, o de mão de obra direta e o de custos indiretos de produção. Esses orçamentos são, então, combinados com os dados do orçamento de vendas e com o orçamento de despesas de venda e administrativas para

▶ **Orçamento-mestre**

vários orçamentos separados, mas interdependentes, que estabelecem formalmente as metas de vendas, de produção e financeiras e que culmina no orçamento de caixa, na demonstração de resultados orçada e no balanço patrimonial orçado.

▶ **Orçamento de vendas**

cronograma detalhado que mostra as vendas esperadas expressas em termos de valor monetário e de unidades.

determinar o *orçamento de caixa*. Um **orçamento de caixa** é um plano detalhado que mostra como os recursos monetários serão adquiridos e usados. Observe, a partir do Quadro 8.2, que todos os orçamentos operacionais têm um impacto sobre o orçamento de caixa. Depois de o orçamento de caixa ser preparado, a demonstração de resultados orçada e, então, o balanço patrimonial orçado podem ser preparados.

▶ **Orçamento de caixa**

plano detalhado que mostra como recursos monetários serão adquiridos e usados ao longo de determinado período de tempo.

PREPARAR O ORÇAMENTO-MESTRE

Tom Wills é o acionista majoritário e presidente-executivo da Hampton Freeze Inc., uma empresa que ele fundou em 2010. A empresa produz picolés de alta qualidade usando apenas ingredientes naturais e oferecendo sabores exóticos, como tangerina picante e manga mentolada. Seu negócio é muito sazonal, sendo a maior parte das vendas na primavera e no verão.

Em 2011, o segundo ano de operações da empresa, uma grande crise de liquidez no primeiro e segundo trimestres quase forçou a empresa à falência. Apesar dessa crise de liquidez, 2011 acabou sendo um ano muito bem-sucedido em termos de fluxo de caixa e lucro líquido. Em decorrência, em parte, dessa experiência angustiante, Tom decidiu no final de 2011 contratar um gerente financeiro. Ele entrevistou vários candidatos promissores para o cargo e escolheu Larry Giano, que tinha uma experiência considerável na indústria de alimentos embalados. Na entrevista de emprego, Tom perguntou a Larry sobre os passos que ele daria para evitar uma recorrência da crise de liquidez de 2011:

Hampton Freeze Inc.

CONTABILIDADE GERENCIAL **EM AÇÃO**

Questão

Tom: Como eu disse antes, terminaremos 2011 com um ótimo lucro. O que você talvez não saiba é que tivemos alguns grandes problemas financeiros esse ano.
Larry: Deixe-me adivinhar. Vocês ficaram sem dinheiro em caixa em algum momento entre o primeiro e o segundo trimestres.
Tom: Como você sabia?
Larry: A maior parte das suas vendas se dá no segundo e terceiro trimestres, certo?
Tom: Isso, todo mundo quer comprar picolés na primavera e no verão, mas ninguém os compra quando o tempo fica frio.
Larry: Então você não tem muitas vendas no primeiro trimestre?
Tom: Isso.
Larry: E no segundo trimestre, que é a primavera, você tem que produzir como um louco para atender aos pedidos?
Tom: Exato.
Larry: Os seus clientes, os supermercados, pagam para você no dia em que faz suas entregas?
Tom: Você está brincando? Claro que não.
Larry: Então, no primeiro trimestre, você não tem muitas vendas. No segundo trimestre, você tem que produzir como um louco, o que consome muito dinheiro, mas você não recebe de seus clientes até muito tempo depois de ter pagado seus colaboradores e os fornecedores. Não é à toa que você teve um problema de caixa. Vejo esse padrão o tempo todo na indústria de processamento de alimentos em virtude da sazonalidade do negócio.
Tom: Então o que podemos fazer a respeito?
Larry: O primeiro passo é prever a magnitude do problema antes de ele ocorrer. Se pudermos prever com antecedência qual será o déficit monetário, podemos ir ao banco e conseguir crédito antes de precisarmos de fato. Os banqueiros tendem a ser cautelosos com pessoas em pânico, que aparecem implorando empréstimos de emergência. É muito mais provável que eles concedam o empréstimo se você parecer estar no controle da situação.
Tom: Como podemos prever o déficit monetário?
Larry: Você pode fazer um orçamento de caixa. Enquanto isso, pode muito bem aproveitar e fazer um orçamento-mestre. Você descobrirá que o esforço vale muito a pena.

Tom: Eu não gosto de orçamentos. Eles são restritivos demais. Minha esposa orça tudo em casa, e não consigo gastar o que eu quero.
Larry: Posso fazer uma pergunta pessoal?
Tom: O quê?
Larry: Onde você conseguiu o dinheiro para abrir esse negócio?
Tom: A maior parte, das economias de nossa família. Entendi o que você quer dizer. Não teríamos o dinheiro para abrir o negócio se minha esposa não nos forçasse a economizar todo mês.
Larry: Exatamente. Eu sugiro que você use a mesma disciplina em sua empresa. É ainda mais importante, porque você não pode esperar que seus colaboradores gastem seu dinheiro com o mesmo cuidado que você teria.

Com o total apoio de Tom Wills, Larry Giano começou a criar um orçamento-mestre para a empresa para o ano de 2012. Em seu planejamento do processo orçamentário, Larry redigiu a seguinte lista de documentos que fariam parte de um orçamento-mestre:

1. Um orçamento de vendas, incluindo um cronograma de cobranças em numerários, que estão sendo esperadas.
2. Um orçamento de produção (um orçamento de compras de mercadorias seria usado em uma empresa de *merchandising*).
3. Um orçamento de materiais diretos, incluindo um cronograma de desembolsos de caixa esperados para compras de materiais.
4. Um orçamento de mão de obra direta.
5. Um orçamento de custos indiretos de produção.
6. Um orçamento de estoques finais de produtos concluídos.
7. Um orçamento de despesas de venda e administrativas.
8. Um orçamento de caixa.
9. Uma demonstração de resultados orçada.
10. Um balanço patrimonial orçado.

Larry achou que era importante ter a cooperação de todos no processo orçamentário, então, ele pediu a Tom para marcar uma reunião envolvendo toda a empresa para explicar o processo orçamentário. Na reunião, houve reclamações no início, mas Tom conseguiu convencer quase todos da necessidade de planejamento e de conseguir um maior controle sobre os gastos. O fato de a crise monetária do início do ano ainda estar fresca na memória de todos ajudou. Por mais que algumas pessoas não gostassem da ideia de ter orçamentos, elas gostavam mais de seu emprego.

Nos meses seguintes, Larry trabalhou de perto com todos os gerentes envolvidos no orçamento-mestre, levantando dados com eles e assegurando que compreendessem e apoiassem por completo as partes do orçamento-mestre que os afetam. Em anos subsequentes, Larry esperava entregar todo o processo orçamentário nas mãos dos gerentes e assumir um papel mais consultivo.

Os documentos interdependentes que Larry Giano preparou para a Hampton Freeze são os Cronogramas 1 a 10 do orçamento-mestre da empresa, os quais estudaremos nesta seção.

Orçamento de vendas

Preparar um orçamento de vendas, incluindo um cronograma de recebimento em numerários.

O orçamento de vendas é o ponto de partida na preparação do orçamento-mestre. Como mostramos antes no Quadro 8.2, todos os outros itens do orçamento-mestre, incluindo produção, compras, estoques e despesas, dependem dele.

O orçamento de vendas é construído multiplicando-se as vendas unitárias orçadas pelo preço de venda. O Cronograma 1 contém o orçamento de vendas trimestral da Hampton Freeze para o ano de 2012. Observe, a partir dele, que a empresa planeja vender **100 mil** caixas de picolés durante o ano, com o pico de vendas no terceiro trimestre.

Um cronograma de recebimentos em numerário esperados, como o que aparece na parte inferior do Cronograma 1, é preparado depois do orçamento de vendas. Este cronograma será necessário mais tarde para preparar o orçamento de caixa. Recebimentos em numerário consistem em recebimentos de vendas a crédito feitas a clientes nos períodos anteriores somados aos recebimentos de vendas feitas no período orçamentário corrente. Na Hampton Freeze, todas as vendas são feitas a crédito; além disso, a experiência mostra que 70% das vendas são recebidos no trimestre em que a venda é feita e os 30% restantes são recebidos no trimestre seguinte. Por exemplo, **70%** das vendas do primeiro trimestre de US$ 200 mil (ou US$ 140 mil) são recebidos durante o primeiro trimestre e **30%** (ou US$ 60 mil) são recebidos durante o segundo trimestre.

CRONOGRAMA 1

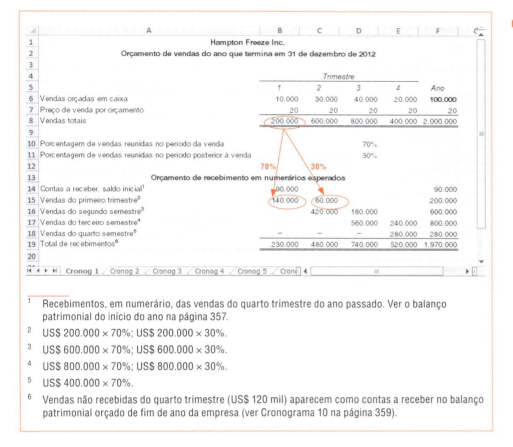

[1] Recebimentos, em numerário, das vendas do quarto trimestre do ano passado. Ver o balanço patrimonial do início do ano na página 357.
[2] US$ 200.000 × 70%; US$ 200.000 × 30%.
[3] US$ 600.000 × 70%; US$ 600.000 × 30%.
[4] US$ 800.000 × 70%; US$ 800.000 × 30%.
[5] US$ 400.000 × 70%.
[6] Vendas não recebidas do quarto trimestre (US$ 120 mil) aparecem como contas a receber no balanço patrimonial orçado de fim de ano da empresa (ver Cronograma 10 na página 359).

IMPORTÂNCIA DA GESTÃO DO RISCO DE VENDAS

POR DENTRO
DAS EMPRESAS

David Flynn fundou o **Amistad Media Group** em 1994 para ajudar empresas a fazerem seu próprio marketing para crescentes comunidades hispânicas em locais como Nebraska, Kansas e Carolina do Norte, Estados Unidos. Embora as vendas do Amistad tenham crescido de modo uniforme, chegando a um pico de US$ 49 milhões em 2003, sua base de clientes não tinha crescido muito em nove anos. Na verdade, apenas duas empresas geravam a maior parte das vendas do Amistad – **Novamex** e o **Exército dos Estados Unidos**. Quando o Exército dos Estados Unidos abandonou o Amistad como fornecedor em 2005, as vendas da empresa caíram muito e, em 2006, o grupo tinha falido.

A falência do Amistad ressalta a importância de se avaliar a previsão de vendas de uma empresa não apenas em termos de montante, mas também em termos do número de clientes atendidos. Pequenas empresas, em especial, devem procurar diversificar sua base de clientes, reduzindo, assim, o risco de que a perda de um ou dois clientes levem-nas à falência.

FONTE: Patrick Cliff, "Adios to a Pioneering Hispanic Marketing Firm", Inc. Magazine, maio de 2006, p. 34.

OA8.3

Preparar um orçamento de produção.

▶ **Orçamento de produção**

plano detalhado que mostra o número de unidades que devem ser produzidas durante um período a fim de satisfazer as necessidades de vendas e de estoques.

Orçamento de produção

O orçamento de produção é preparado depois do orçamento de vendas. O **orçamento de produção** lista o número de unidades que devem ser produzidas para satisfazer as necessidades de venda e para garantir os estoques finais desejados. As necessidades de produção podem ser determinadas como a seguir:

Vendas unitárias orçadas	XXXX
Mais estoque final de produtos concluídos	XXXX
Necessidade total...	XXXX
Menos estoque inicial de produtos concluídos...........................	XXXX
Necessidades de produção...	XXXX

Observe que as necessidades de produção são influenciadas pelo nível desejado de estoques finais. Os estoques devem ser planejados com cuidado. Estoques excessivos comprometem fundos e criam problemas de armazenagem. Estoques insuficientes podem levar a perdas de vendas ou a caros esforços de produção de última hora. Na Hampton Freeze, a gerência acredita que estoques finais iguais a 20% das vendas do próximo trimestre alcancem o equilíbrio adequado.

O Cronograma 2 contém o orçamento de produção da Hampton Freeze. A primeira linha no orçamento de produção contém as vendas orçadas, que foram tiradas diretamente do orçamento de vendas (Cronograma 1). A necessidade total do primeiro trimestre é determinada somando-se as vendas orçadas de 10 mil caixas para esse trimestre e os estoques finais desejados de 6 mil caixas. Como discutido antes, os estoques finais servem para fornecer alguma reserva de garantia caso ocorram problemas na produção ou as vendas aumentem de uma hora para a outra. Como as vendas orçadas para o segundo trimestre são de 30 mil caixas e a gerência deseja que os estoques finais de cada trimestre sejam iguais a 20% das vendas do trimestre seguinte, os estoques finais desejados para o primeiro trimestre são de 6 mil caixas (20% de 30 mil caixas). Como resultado, a necessidade total do primeiro trimestre é de 16 mil caixas. Entretanto, como a empresa possui 2 mil caixas nos estoques iniciais, apenas 14 mil caixas precisam ser produzidas no primeiro trimestre.

CRONOGRAMA 2

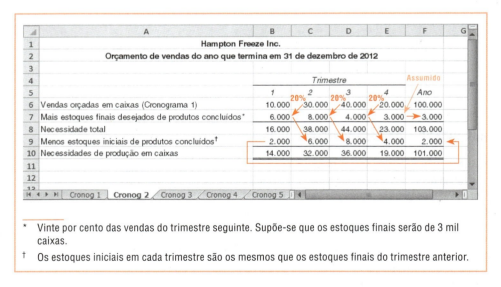

* Vinte por cento das vendas do trimestre seguinte. Supõe-se que os estoques finais serão de 3 mil caixas.

† Os estoques iniciais em cada trimestre são os mesmos que os estoques finais do trimestre anterior.

Preste especial atenção à coluna chamada "Ano" do lado direto do orçamento de produção no Cronograma 2. Em alguns casos (p. ex.: vendas orçadas, necessidade total e necessidades de produção), o montante listado para o ano é a soma dos montantes trimestrais do item. Em outros casos (p. ex.: estoques finais de produtos concluídos e estoques iniciais desejados de produtos concluídos), o valor listado para o ano não é apenas a soma dos valores trimestrais. Do ponto de vista do ano inteiro, os estoques iniciais de produtos concluídos são os mesmos que os estoques iniciais de produtos concluídos do primeiro trimestre – e não a soma dos estoques iniciais de produtos concluídos de todos os trimestres. Da mesma maneira, do ponto de vista do ano inteiro, os estoques finais de produtos concluídos são os mesmos que os estoques finais de produtos concluídos do quarto trimestre – e não a soma dos estoques finais de produtos concluídos de todos os quatro trimestres. É importante prestar atenção a tais distinções em todos os cronogramas a seguir.

Compras de estoque – empresa de *merchandising*

A Hampton Freeze prepara um orçamento de produção porque é uma empresa *manufatureira*. Se ela fosse uma empresa de *merchandising*, prepararia um **orçamento de compras de mercadorias** mostrando a quantidade de mercadorias a serem compradas dos fornecedores durante o período.

O formato do orçamento de compras de mercadorias é exibido a seguir:

Custos orçados de produtos vendidos...	XXXXX
Mais estoques finais desejados de mercadorias............................	XXXXX
Necessidade total..	XXXXX
Menos estoques iniciais de mercadorias	XXXXX
Compras necessárias	XXXXX

▶ **Orçamento de compras de mercadorias**

plano detalhado usado por uma empresa de *merchandising* que mostra a quantidade de produtos que devem ser comprados dos fornecedores durante o período.

Uma empresa de *merchandising* prepararia um orçamento de compras de mercadorias como o exibido antes para cada item mantido em estoque. O orçamento de compras de mercadorias pode ser expresso em valor monetário (como exibido antes) ou em unidades. A primeira linha de um orçamento de compras de mercadorias baseado em unidades mencionaria "Vendas unitárias orçadas" em vez de "Custos de produtos vendidos orçados".

Orçamento de materiais diretos

Um *orçamento de materiais diretos* é preparado depois de as necessidades de produção terem sido calculadas. O **orçamento de materiais diretos** detalha as matérias-primas que devem ser compradas para cumprir o orçamento de produção e para garantir estoques adequados. As compras necessárias de matérias-primas são calculadas como a seguir:

 OA8.4

Preparar um orçamento de materiais diretos, incluindo um cronograma de desembolsos de caixa esperados para a compra de materiais.

Necessidades de produção em unidades de produtos concluídos...............................	XXXXX
Matérias-primas necessárias por unidade de produtos concluídos............................	XXXXX
Matérias-primas necessárias para cumprir o cronograma de produção	XXXXX
Mais estoques finais desejados de matérias-primas	XXXXX
Total de matérias-primas necessárias..	XXXXX
Menos estoques iniciais de matérias-primas..	XXXXX
Matérias-primas a serem compradas..	XXXXX
Custo unitário de matérias-primas..	XXXXX
Custos das matérias-primas a serem compradas	XXXXX

▶ **Orçamento de materiais diretos**

plano detalhado que mostra a quantidade de matérias-primas que têm de ser compradas para cumprir o orçamento de produção e garantir estoques adequados.

O Cronograma 3 contém o orçamento de materiais diretos da Hampton Freeze. A única matéria-prima incluída nesse orçamento é açúcar de alto teor de frutose, que, além de água, é o principal ingrediente em picolés. As outras matérias-primas são relativamente irrelevantes e são incluídas nos custos indiretos de produção variáveis. Assim como com produtos concluídos, a gerência gostaria de manter algumas matérias-primas para servirem como reserva de garantia. Neste caso, a gerência gostaria de manter estoques finais de açúcar iguais a 10% das necessidades de produção do trimestre seguinte.

CRONOGRAMA 3

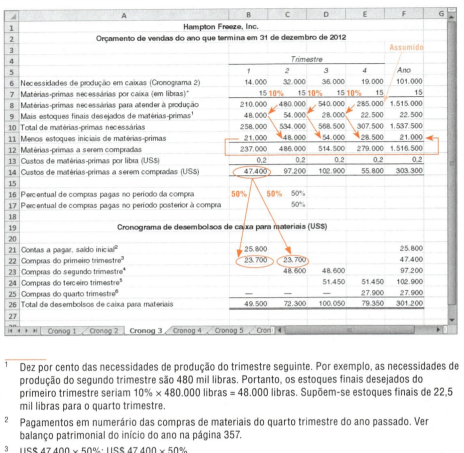

A primeira linha do orçamento de materiais diretos contém as necessidades de produção de cada trimestre, que são extraídas diretamente do orçamento de produção (Cronograma 2). Observando o primeiro trimestre, como o cronograma de produção exige a produção de 14 mil caixas de picolés e cada caixa exige 15 libras de açúcar, as necessidades de produção totais são 210 mil libras de açúcar (14 mil caixas × 15 libras por caixa). Além disso, a gerência quer ter estoques finais de 48 mil libras de açúcar, o que representa 10% das necessidades do trimestre seguinte, do total de 480 mil libras. Como resultado, as necessidades totais são de 258 mil libras (210 mil libras para a produção do trimestre corrente somadas a 48 mil libras para os estoques finais desejados). Entretanto, como a empresa já tem 21 mil libras em estoques iniciais, apenas 237 mil libras de açúcar (258.000 libras – 21.000 libras) terão que ser compradas. Por fim, os custos de compras de matérias-primas são determinados multiplicando-se a quantidade de matérias-primas a serem compradas por seu custo unitário. Neste caso, como 237 mil libras de açúcar precisam ser compradas durante o primeiro trimestre e o açúcar custa US$ 0,20 por libra, o custo total será de US$ 47,4 mil (237.000 libras × US$ 0,20 por libra).

Assim como com o orçamento de produção, os valores listados na coluna "Ano" nem sempre são a soma dos valores trimestrais. Os estoques finais desejados de matérias-primas para o ano são iguais aos estoques finais desejados de matérias-primas para o

---

* N. de T.: Medida de peso: 1 libra = 0,45 kg.

quarto trimestre. Da mesma forma, os estoques iniciais de matérias-primas para o ano são iguais aos estoques iniciais de matérias-primas para o primeiro trimestre.

O orçamento de materiais diretos (ou o orçamento de compras de mercadorias para uma empresa de *merchandising*) é em geral acompanhado por um cronograma de desembolsos de caixa esperados para a compra de matérias-primas (ou compras de mercadorias). Esse cronograma é necessário para preparar o orçamento de caixa geral. Desembolsos para a compra de matérias-primas (ou compras de mercadorias) consistem em pagamentos de compras a prazo em períodos anteriores somados a quaisquer pagamentos de compras no período orçamentário corrente. O Cronograma 3 contém um cronograma de desembolsos de caixa para a Hampton Freeze.

Em geral, as empresas não pagam seus fornecedores prontamente. Na Hampton Freeze, a política é pagar 50% das compras no trimestre em que a compra é realizada e 50% no trimestre seguinte, então, embora a empresa pretenda comprar US$ 47,4 mil em açúcar no primeiro trimestre, ela só pagará metade, US$ 23,7 mil, neste período, e a outra metade será paga no segundo trimestre. A empresa também pagará US$ 25,8 mil no primeiro trimestre pelo açúcar que foi comprado a prazo no trimestre anterior, mas que ainda não foi pago. Esse é o saldo inicial nas contas a pagar. Portanto, os desembolsos de caixa totais para a compra de açúcar no primeiro trimestre são de US$ 49,5 mil – o pagamento de US$ 25,8 mil pelo açúcar adquirido no trimestre anterior somado ao pagamento de US$ 23,7 mil pelo açúcar adquirido durante o primeiro trimestre.

Orçamento de mão de obra direta

O **orçamento de mão de obra direta** mostra as horas de mão de obra direta necessárias para satisfazer o orçamento de produção. Sabendo com antecedência quantas horas de mão de obra direta serão necessárias durante todo o ano orçamentário, a empresa pode desenvolver planos para ajustar a força de trabalho de acordo com a situação. As empresas que negligenciam a elaboração dos orçamentos correm o risco de enfrentar falta de mão de obra ou de ter que contratar e demitir trabalhadores em momentos inconvenientes. Políticas trabalhistas inconstantes levam à insegurança, baixo moral e ineficiência.

O orçamento de mão de obra direta da Hampton Freeze é exibido no Cronograma 4. A primeira linha do orçamento de mão de obra direta consiste nas necessidades de produção de cada trimestre, extraídas diretamente do orçamento de produção (Cronograma 2). As necessidades de mão de obra direta de cada trimestre são calculadas multiplicando-se o número de unidades a serem produzidas nesse trimestre pelo número de horas de mão de obra direta necessárias para produzir uma unidade. Por exemplo, 14 mil caixas serão produzidas no primeiro trimestre, e cada caixa exige 0,40 hora de mão de obra direta, então um total de 5,6 mil horas de mão de obra direta (14.000 caixas × 0,40 hora de mão de obra direta por caixa) serão necessárias no primeiro trimestre. As necessidades de mão de obra direta podem, então, ser convertidas em custos orçados de mão de obra direta. O modo como isso é feito depende da política trabalhista de cada empresa. No Cronograma 4, a Hampton Freeze supôs que a força de trabalho será ajustada à medida que as necessidades de mão de obra mudarem de um trimestre para o outro. Nesse caso, os custos de mão de obra direta são calculados apenas multiplicando-se as horas de mão de obra direta necessárias pela taxa salarial dos trabalhadores por hora. Por exemplo, os custos de mão de obra direta no primeiro trimestre são US$ 84 mil (5.600 horas de mão de obra direta × US$ 15 por hora de mão de obra direta).

No entanto, muitas empresas têm políticas de emprego ou contratos que evitam que elas demitam e recontratem trabalhadores, quando necessário. Suponha, por exemplo, que a Hampton Freeze tenha 25 trabalhadores classificados como mão de obra direta, mas cada um deles tenha pelo menos 480 horas de pagamento garantidas a cada trimestre a uma taxa salarial de US$ 15 por hora. Neste caso, o custo mínimo de mão de obra direta de um trimestre seria o seguinte:

25 trabalhadores × 480 horas por trabalhador × US$ 15 por hora = US$ 180.000

 OA8.5

Preparar um orçamento de mão de obra direta.

▶ **Orçamento de mão de obra direta**

plano detalhado que mostra as horas de mão de obra direta necessárias para cumprir o orçamento de produção.

CRONOGRAMA 4

	A	B	C	D	E	F
1		Hampton Freeze, Inc.				
2		Orçamento de vendas do ano que termina em 31 de dezembro de 2012				
3						
4						
5				Trimestre		
6		1	2	3	4	Ano
7	Produção necessária (Cronograma 2)	14.000	32.000	36.000	19.000	101.000
8	Horas de mão de obra direta por caixa	0,4	0,4	0,4	0,4	0,4
9	Total de horas de mão de obra direta necessárias	5.600	12.800	14.400	7.600	40.400
10	Custos de mão de obra direta por hora (US$)	15	15	15	15	15
11	Total de custos de mão de obra direta (US$)*	84.000	192.000	216.000	114.000	606.000

* Esse cronograma supõe que a força de trabalho de mão de obra direta seja totalmente ajustada ao total de horas de mão de obra direta necessárias em cada trimestre.

Observe que, neste caso, os custos de mão de obra direta para o primeiro e quarto trimestres teriam que aumentar em US$ 180 mil.

POR DENTRO DAS EMPRESAS

GERENCIAR CUSTOS DE MÃO DE OBRA EM UMA ECONOMIA DIFÍCIL

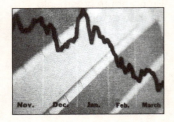

Quando a economia enfrenta problemas, muitas empresas decidem demitir colaboradores. Embora essa tática baixe os custos a curto prazo, ela também baixa o moral e a produtividade dos colaboradores retidos, sacrifica o conhecimento institucional que os colaboradores demitidos possuem e aumenta futuros custos de recrutamento e treinamento. A **Hypertherm Inc.** não demite um único colaborador permanente desde que foi fundada em 1968, respondendo a dificuldades econômicas. Em vez disso, elimina horas extras, corta equipes temporárias, posterga investimentos de capital, transfere colaboradores treinados em diversas funções para novas responsabilidades de trabalho e implementa uma semana de trabalho de quatro dias. Os colaboradores da Hypertherm compartilham sempre suas ideias, relacionadas a melhorias de processos, com a empresa porque sabem que se eliminarem as porções de suas responsabilidades de trabalho que não agregam valor, a empresa os remanejará em vez de eliminar custos de mão de obra que não agrega valor demitindo-os.

FONTE: Cari Tuna, "Some Firms Cut Costs Without Resorting to Layoffs", *The Wall Street Journal*, 15 de dezembro de 2008, p. B4.

Orçamento de custos indiretos de produção

OA8.6
Preparar um orçamento de custos indiretos de produção.

▶ **Orçamento de custos indiretos de produção**
plano detalhado que mostra os custos de produção que não sejam materiais diretos e mão de obra direta e que serão incorridos ao longo de um período de tempo especificado.

O **orçamento de custos indiretos de produção** lista todos os custos de produção que não sejam custos de materiais diretos ou de mão de obra direta. O Cronograma 5 mostra o orçamento de custos indiretos de produção da Hampton Freeze. Na Hampton Freeze, os custos indiretos de produção são decompostos em seus componentes variáveis e fixos. O componente variável é US$ 4 por hora de mão de obra direta e o componente fixo é US$ 60,6 mil por trimestre. Como o componente variável dos custos indiretos de produção depende da mão de obra direta, a primeira linha do orçamento de custos indiretos de produção consiste nas horas de mão de obra direta orçadas extraídas do orçamento de mão de obra direta (Cronograma 4). As horas de mão de obra direta orçadas em cada trimestre são multiplicadas pela taxa variável para determinar o componente variável dos custos indiretos de produção. Por exemplo, os custos indiretos de produção variáveis do primeiro trimestre são de US$ 22,4 mil (5.600 horas de mão de obra direta × US$ 4 por hora de mão de obra direta). Isso é somado aos custos indiretos de produção fixos do trimestre para determinar os custos indiretos de produção totais do trimestre, de US$ 83 mil (US$ 22.400 + US$ 60.600).

São necessárias algumas palavras sobre os custos fixos e o processo orçamentário. Na maioria dos casos, os custos fixos são os custos de fornecimento de capacidade para fabricar produtos, processar pedidos de compra, lidar com telefonemas dos clientes, entre outros. A quantidade de capacidade necessária depende do nível de atividade esperado para o período. Se o nível de atividade esperado for maior do que a capacidade corrente da empresa, então os custos fixos podem aumentar. Ou, se o nível esperado for bastante abaixo da capacidade corrente da empresa, então pode ser desejável diminuir os custos fixos, se possível. Entretanto, uma vez que os custos fixos tiverem sido determinados no orçamento, os custos de fato serão fixos. O momento de ajustar os custos fixos é durante o processo orçamentário. Um sistema de custeio baseado em atividades pode ajudar a determinar o nível apropriado de custos fixos no momento de criação do orçamento respondendo perguntas como, "De quantos colaboradores precisaremos, no escritório, para processar o número previsto de pedidos de compra no ano que vem?". Para simplificar, em todos os exemplos de criação de orçamento neste livro, suponha que os níveis adequados de custos fixos já tenham sido determinados.

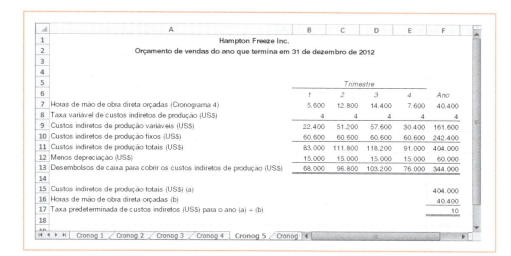

CRONOGRAMA 5

A última linha do Cronograma 5 da Hampton Freeze mostra os desembolsos de caixa orçados para cobrir os custos indiretos de produção. Como parte dos custos indiretos não representa saídas de caixa, os custos indiretos de produção totais orçados têm que ser ajustados para determinar os desembolsos de caixa para cobrir os custos indiretos de produção. Na Hampton Freeze, o único custo indireto de produção não monetário significativo é a depreciação, que é de US$ 15 mil por trimestre. Esses custos não monetários de depreciação são deduzidos dos custos indiretos de produção totais orçados para determinar os desembolsos de caixa esperados. A Hampton Freeze paga todos os custos indiretos envolvendo desembolsos de caixa no trimestre em que eles são incorridos. Observe que a taxa predeterminada de custos indiretos da empresa para o ano é de US$ 10 por hora de mão de obra direta, que é determinada dividindo-se os custos indiretos de produção totais orçados para o ano pelo total de horas de mão de obra direta orçadas para o ano.

Orçamento de estoques finais de produtos concluídos

Depois de concluir os Cronogramas 1–5, Larry Giano tinha todos os dados de que precisava para calcular o custo unitário do produto. Esse cálculo era necessário por dois motivos: primeiro, para determinar os custos de produtos vendidos na demonstração de resultados orçada; e segundo, para avaliar os estoques finais. Os custos das unidades não vendidas são calculados no **orçamento de estoques finais de produtos concluídos**.

Larry Giano pensou em usar o custeio variável para preparar as demonstrações orçamentárias da Hampton Freeze, mas decidiu, em vez disso, usar o custeio por absorção porque o banco, provavelmente, exigiria um sistema de custeio por absorção. Ele também sabia que seria fácil converter as demonstrações contábeis por custeio por absorção em uma base de custeio variável mais tarde. Naquele momento, a principal preocupação era determinar qual financiamento seria necessário em 2012, caso de fato fosse necessário, e então conseguir esse financiamento com o banco.

▶ **Orçamento de estoques finais de produtos concluídos**

orçamento que mostra a quantia (em valor monetário) dólar dos estoques de produtos concluídos não vendidos que aparecerão no balanço patrimonial final.

CRONOGRAMA 6

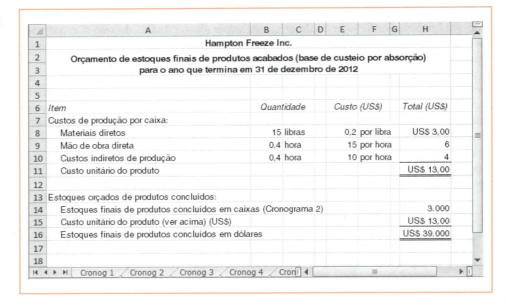

Os cálculos de custo unitário do produto são exibidos no Cronograma 6. Para a Hampton Freeze, o custo unitário do produto pelo custeio por absorção é de US$ 13 por caixa de picolés – que consistem em US$ 3 de materiais diretos, US$ 6 de mão de obra direta, e US$ 4 de custos indiretos de produção. Os custos indiretos de produção são aplicados a unidades de produto pela taxa de US$ 10 por hora de mão de obra direta. O custo orçado de manutenção dos estoques finais é de US$ 39 mil.

Orçamento de despesas de venda e administrativas

 OA8.7

Preparar um orçamento de despesas de venda e administrativas.

▶ **Orçamento de despesas de venda e administrativas**

cronograma detalhado das despesas planejadas que serão incorridas em áreas que não sejam a produção durante um período orçamentário.

O **orçamento de despesas de venda e administrativas** lista as despesas orçadas para as outras áreas além da produção. Em grandes organizações, esse orçamento seria uma compilação de muitos outros orçamentos individuais enviados pelos chefes de departamento e outras pessoas responsáveis pelas despesas de venda e administrativas. Por exemplo, o gerente de marketing enviaria um orçamento detalhando as despesas com propaganda para cada período orçamentário.

O Cronograma 7 contém o orçamento de despesas de venda e administrativas da Hampton Freeze. Assim como o orçamento de custos indiretos de produção, o orçamento de despesas de venda e administrativas é decomposto em seus componentes variáveis e fixos. No caso da Hampton Freeze, as despesas de venda e administrativas variáveis são de US$ 1,80 por caixa. Como resultado, as vendas orçadas em caixas para cada trimestre são lançadas no alto do cronograma. Esses dados são extraídos do orçamento de vendas (Cronograma 1). As despesas de venda e administrativas variáveis orçadas são determinadas multiplicando-se as caixas vendidas orçadas pelas despesas de venda e administrativas variáveis por caixa. Por exemplo, as despesas de venda e administrativas variáveis orçadas para o primeiro trimestre são de US$ 18 mil (10.000 caixas × US$ 1,80 por caixa). As despesas de venda e administrativas fixas (todos os dados fornecidos) são, então, somadas às despesas de venda e administrativas variáveis para chegar às despesas de venda e administrativas totais orçadas. Por fim, para determinar os desembolsos de caixa de itens de venda e administrativos, as despesas de venda e administrativas totais orçadas são ajustadas subtraindo-se quaisquer despesas de venda e administrativas não monetárias (neste caso, apenas a depreciação).[1]

---

[1] Outros ajustes talvez precisem ser feitos para diferenças entre fluxos de caixa, por um lado, e receitas e despesas, de outro. Por exemplo, se impostos sobre imóveis forem pagos duas vezes por ano em prestações de US$ 8 mil cada, as despesas com esses impostos teriam que ser "retiradas" das despesas de venda e administrativas totais orçadas e os pagamentos das prestações teriam que ser adicionados aos trimestres apropriados para determinar os desembolsos de caixa. Ajustes similares também poderiam ser necessários no orçamento de custos indiretos de produção. Neste capítulo, em geral, ignoramos essas complicações.

CRONOGRAMA 7

	A	B	C	D	E	F
1		Hampton Freeze Inc.				
2		Orçamento de vendas do ano que termina em 31 de dezembro de 2012				
3						
4				Trimestre		
5		1	2	3	4	Ano
6	Vendas orçadas em caixas (Cronograma 1) (US$)	10.000	30.000	40.000	20.000	100.000
7	Despesas de venda e administrativas variáveis por caixa (US$)	1,8	1,8	1,8	1,8	1,8
8	Despesas de venda e administrativas variáveis (US$)	18.000	54.000	72.000	36.000	180.000
9	Despesas de venda e administrativas fixas (US$):					
10	Propaganda	20.000	20.000	20.000	20.000	80.000
11	Salários executivos	55.000	55.000	55.000	55.000	220.000
12	Seguros	10.000	10.000	10.000	10.000	40.000
13	Impostos sobre imóveis	4.000	4.000	4.000	4.000	16.000
14	Depreciação	10.000	10.000	10.000	10.000	40.000
15	Despesas de venda e administrativas fixas totais (US$)	99.000	99.000	99.000	99.000	396.000
16	Despesas de venda e administrativas totais (US$)	117.000	153.000	171.000	135.000	576.000
17	Menos depreciação (US$)	10.000	10.000	10.000	10.000	40.000
18	Desembolsos de caixa para cobrir despesas de venda e administrativas (US$)	107.000	143.000	161.000	125.000	536.000

CANON INVESTE EM PESQUISA E DESENVOLVIMENTO

POR DENTRO DAS EMPRESAS

Quando a **Canon Inc.**, a fabricante líder mundial de câmeras digitais, prepara a parte de pesquisa e desenvolvimento (P&D) de seu orçamento de despesas de venda e administrativas, o foco é fazer investimentos de longo prazo para aumentar as vendas em vez de cortar custos para maximizar os lucros a curto prazo. Em 2005, a Canon gastou 8% de suas vendas em P&D enquanto muitos de seus concorrentes gastavam de 6 a 7,5% de suas vendas em P&D. O CEO da Canon, Fujio Mitarai, descreveu a filosofia de P&D de sua empresa dizendo: "temos que plantar as sementes para a próxima década e adiante". De fato, as sementes da Canon floresceram com as mais de 17 mil patentes registradas pela empresa desde 1995 – perdendo apenas para a **IBM**. O comprometimento da Canon com P&D ajuda a explicar por que suas câmeras digitais produzem grandes lucros em um momento em que muitos de seus concorrentes perdem dinheiro.

FONTE: Ian Rowley, Hiroko Tashiro e Louise Lee, "Canon: Combat-Ready", *BusinessWeek*, 5 de setembro de 2005, p. 48-49.

Orçamento de caixa

Como ilustrado no Quadro 8.2, o orçamento de caixa combina grande parte dos dados desenvolvidos nos passos anteriores. É uma boa ideia revisar o Quadro 8.2 para fixar um panorama geral em sua memória antes de prosseguir.

O orçamento de caixa é composto de quatro principais seções:

1. Seção de recebimentos.
2. Seção de desembolsos.
3. Seção de excesso ou déficit de caixa.
4. Seção de financiamento.

▶▶ OA8.8

Preparar um orçamento de caixa.

A seção de recebimentos lista todas as entradas de caixa, exceto de financiamento, esperadas durante o período orçamentário. Geralmente, a principal fonte de recebimentos são as vendas.

A seção de desembolsos resume todos os pagamentos em numerário que são planejados para o período orçamentário, os quais incluem compras de matérias-primas, pagamentos de mão de obra direta, custos indiretos de produção, entre outros, contidos em seus respectivos orçamentos. Além disso, outros desembolsos de caixa, como compras de equipamentos e dividendos, são listados.

A seção de excesso ou déficit de caixa é calculada como a seguir:

Saldo de caixa inicial...	XXXX
Mais recebimentos..	XXXX
Caixa total disponível...	XXXX
Menos desembolsos..	XXXX
Excesso (déficit) de caixa disponível excluindo os desembolsos.........................	XXXX

Se houver um déficit de caixa durante qualquer período orçamentário, a empresa precisará contrair empréstimos de fundos. Se houver um excesso de caixa durante qualquer período orçamentário, os fundos emprestados em períodos anteriores podem ser pagos ou fundos em excesso podem ser investidos.

A seção de financiamento detalha os empréstimos e pagamentos projetados para ocorrerem durante o período orçamentário, além de listar pagamentos de juros que serão devidos sobre o dinheiro emprestado.[2]

POR DENTRO DAS EMPRESAS

FLUXOS DE CAIXA INCOMPATÍVEIS – CAMINHAR POR ALTOS E BAIXOS

A Washington Trails Association (WTA) é uma organização de capital fechado sem fins lucrativos, que cuida em especial da proteção e manutenção de trilhas de caminhada no estado de Washington, Estados Unidos. Em torno de 2 mil trabalhadores voluntários da WTA doa mais de 80 mil horas por ano para a manutenção de trilhas acidentadas em terrenos federais, estaduais e privados. A organização é sustentada por mensalidades dos sócios, contribuições voluntárias, concessões e alguns contratos de trabalho para o governo.

A receita e as despesas da organização são inconstantes – embora um tanto previsíveis – no decorrer do ano, como mostra o gráfico a seguir. As despesas tendem a ser mais altas na primavera e no verão quando a maior parte do trabalho de manutenção das trilhas é feito. Entretanto, a receita chega a seu pico em dezembro, bem depois de as despesas terem sido incorridas. Como as saídas de caixa ocorrem boa parte do ano antes das entradas de caixa, é muito importante para a WTA planejar com cuidado seu orçamento de caixa e manter reservas de caixa adequadas para conseguir pagar suas contas.

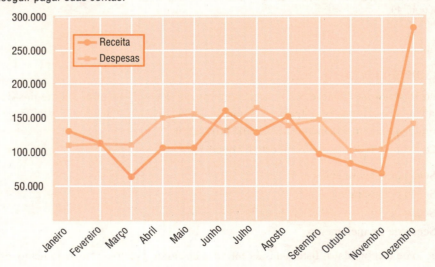

Nota: A receita total e as despesas totais são quase iguais ao longo do ano.

FONTES: Conversa com Elizabeth Lunney, Presidente da Washington Trails Association; documentos da WTA; e o *site* da WTA, <www.wta.org>.

---

[2] O formato da demonstração de fluxos de caixa, que será discutido em um capítulo posterior, também poderá ser usado para o orçamento de caixa.

CRONOGRAMA 8

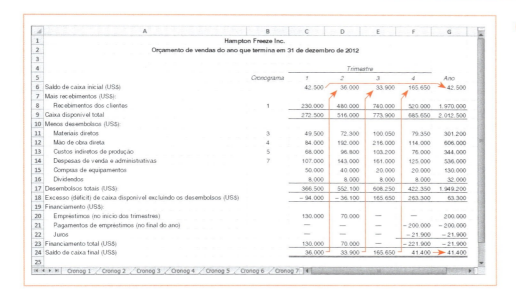

Os saldos de caixa no início e no fim do ano podem ser adequados embora ocorra um sério déficit de caixa em algum momento durante o ano. Como resultado, o orçamento de caixa deve ser decomposto em períodos de tempo curtos o suficiente para captar flutuações importantes nos saldos de caixa. Embora um orçamento de caixa mensal seja o mais comum, algumas organizações orçam seu caixa toda semana ou mesmo todos os dias. Larry Giano preparou um orçamento de caixa trimestral para a Hampton Freeze que pode ser refinado de acordo com a necessidade, e que aparece no Cronograma 8. O orçamento de caixa se baseia em cronogramas anteriores e em dados adicionais que são fornecidos a seguir:

▶ O saldo de caixa inicial é de US$ 42.500.
▶ A gerência planeja gastar US$ 130 mil durante o ano em compras de equipamentos: US$ 50 mil no primeiro trimestre; US$ 40 mil no segundo trimestre; US$ 20 mil no terceiro trimestre; e US$ 20 mil no quarto trimestre.
▶ O conselho de diretoria aprovou dividendos de US$ 8 mil por trimestre.
▶ A gerência gostaria de ter um saldo de caixa de pelo menos US$ 30 mil no início de cada trimestre para cada trimestre de contingências.
▶ A Hampton Freeze tem um acordo com um banco local que permite que a empresa contraia empréstimos incrementais de US$ 10 mil no início de cada trimestre, até um empréstimo total de US$ 250 mil. A taxa de juros sobre esses empréstimos é de 1% por mês e, para simplificar, suporemos que os juros não sejam compostos. A empresa pagaria o empréstimo, o quanto fosse capaz, somado aos juros acumulados no final do ano.

O orçamento de caixa é preparado um trimestre de cada vez, a começar pelo primeiro trimestre. Larry deu início ao orçamento de caixa lançando o saldo de caixa inicial do primeiro trimestre, de US$ 42,5 mil – valor exibido acima. Os recebimentos – neste caso, apenas os US$ 230 mil de recebimentos em numerário dos clientes – são somados ao saldo inicial para chegar ao caixa disponível total de US$ 272,5 mil. Como os desembolsos totais são de US$ 366,5 mil e o caixa disponível total é de US$ 272,5 mil, há um déficit de US$ 94 mil. Como a gerência gostaria de ter um saldo de caixa inicial de pelo menos US$ 30 mil para o segundo trimestre, a empresa terá que contrair um empréstimo de pelo menos US$ 124 mil.

Empréstimos necessários no início do primeiro trimestre	
Saldo de caixa final desejado (US$)	30.000
Mais déficit de caixa disponível excluindo os desembolsos (US$)	94.000
Empréstimo mínimo necessário (US$)	124.000

Lembre-se de que o banco exige que os empréstimos sejam feitos em incrementos de US$ 10 mil. Como a Hampton Freeze precisa de um empréstimo de US$ 124 mil, ela terá que tomar US$ 130 mil emprestados.

O segundo trimestre do orçamento de caixa é tratado de maneira similar. Observe que o saldo de caixa final do primeiro trimestre é transferido para o saldo de caixa inicial do segundo trimestre. Além disso, veja que é necessário outro empréstimo no segundo trimestre em virtude da continuação do déficit de caixa.

Empréstimos necessários no início do segundo trimestre (US$)	
Saldo de caixa final desejado..	30.000
Mais déficit de caixa disponível excluindo os desembolsos..............................	36.100
Empréstimo mínimo necessário...	66.100

Mais uma vez, lembre-se de que o banco exige que os empréstimos sejam feitos em incrementos de US$ 10 mil. Como a Hampton Freeze precisa de um empréstimo de pelo menos US$ 66,1 mil no início do segundo trimestre, a empresa terá que tomar US$ 70 mil emprestados do banco.

No terceiro trimestre, a situação dos fluxos de caixa melhora muito e o excesso de caixa disponível excluindo os desembolsos é de US$ 165.650. Portanto, a empresa acabará o trimestre com caixa mais do que suficiente e não será necessário nenhum empréstimo.

No final do quarto trimestre, o empréstimo e os juros acumulados têm que ser pagos. Os juros acumulados podem ser calculados como a seguir:

Juros sobre US$ 130.000 emprestados no início do primeiro trimestre: US$ 130.000 × 0,01 por mês × 12 meses* (US$)	15.600
Juros sobre US$ 70.000 emprestados no início do segundo trimestre: US$ 70.000 × 0,01 por mês × 9 meses*	6.300
Total de juros acumulados no final do quarto trimestre (US$)............................	21.900
*Para simplificar, supõe-se que os juros sejam simples, e não compostos.	

Observe que o pagamento de US$ 200 mil (US$ 130.000 + US$ 70.000) do empréstimo aparece na seção de financiamento no quarto trimestre com o pagamento de juros de US$ 21,9 mil calculados antes.

Assim como ocorre com os orçamentos de produção e de matérias-primas, os montantes sob a coluna "Ano" no orçamento de caixa nem sempre são a soma dos montantes dos quatro trimestres. Em particular, o saldo de caixa inicial do ano é igual ao saldo de caixa inicial do primeiro trimestre e o saldo de caixa final do ano é igual ao saldo de caixa final do quarto trimestre. Além disso, observe que o saldo de caixa inicial de qualquer trimestre é igual ao saldo de caixa final do trimestre anterior.

POR DENTRO DAS EMPRESAS

NOVAS INSPEÇÕES ATRAPALHAM OS FLUXOS DE CAIXA

A **Herald Metal and Plastic Works** é uma fabricantes chinesa de brinquedos que produz bonecos do Star Wars e G.I. Joes para a **Hasbro Inc.** nos Estados Unidos. A empresa costumava expedir seus brinquedos para a América logo depois de terem deixado a linha de produção. Entretanto, isso mudou quando os consumidores norte-americanos descobriram que algumas empresas chinesas usavam tintas venenosas à base de chumbo em seus processos de produção. O governo chinês agora exige que os fabricantes de brinquedo estoquem os produtos finais em armazéns por algo entre três semanas a dois meses até que seus inspetores os aprovem para exportação.

A Herald Metal and Plastic Works contrai empréstimos de credores para comprar matérias-primas e pagar os colaboradores que produzem seus brinquedos. A empresa tem dificuldades em pagar seus empréstimos porque o processo de inspeção do governo atrasa os recebimentos de pagamentos dos clientes.

FONTE: Chi-Chu Tschang, "Bottlenecks in Toyland", *BusinessWeek*, 15 de outubro de 2007, p. 52.

Demonstração de resultados orçada

Uma demonstração de resultados orçada pode ser preparada a partir dos dados desenvolvidos nos Cronogramas 1–8. *A demonstração de resultados orçada é um dos cronogramas-chave no processo orçamentário*, já que mostra os lucros planejados da empresa e serve como um parâmetro em relação ao qual o desempenho subsequente da empresa pode ser medido.

O Cronograma 9 contém a demonstração de resultados orçada da Hampton Freeze.

OA8.9

Preparar um orçamento de demonstração de resultados.

CRONOGRAMA 9

	A	B	C
1	Hampton Freeze Inc.		
2	Orçamento de vendas do ano que termina em 31 de dezembro de 2012		
3			
4		Cronogramas	(US$)
5	Vendas	1	2.000.000
6	Custos de produtos vendidos*	1, 6	1.300.000
7	Margem bruta		700.000
8	Despesas de venda e administrativas	7	576.000
9	Resultado operacional		124.000
10	Despesas com juros	8	21.900
11	Lucro líquido		102.100

* 100.000 caixas vendidas × US$ 13 por caixa = US$ 1.300.000.

Balanço patrimonial orçado

O balanço patrimonial orçado é desenvolvido a partir dos dados do balanço patrimonial do início do período orçamentário e dos dados contidos nos vários cronogramas. O balanço patrimonial orçado da Hampton Freeze é apresentado no Cronograma 10. Parte dos dados no balanço patrimonial orçado foi extraída do balanço patrimonial de fim do ano anterior (2011), que aparece a seguir:

OA8.10

Preparar um orçamento de balanço patrimonial.

Hampton Freeze Inc. – Balanço patrimonial (US$)
31 de dezembro de 2011

Ativos

Ativos circulantes:		
Caixa	42.500	
Contas a receber	90.000	
Estoques de matérias-primas (21.000 libras)	4.200	
Estoques de produtos finais (2.000 caixas)	26.000	
Ativos correntes totais		162.700
Fábricas e equipamentos:		
Terrenos	80.000	
Edifícios e equipamentos	700.000	
Depreciação acumulada	− 292.000	
Fábricas e equipamentos – líquido		488.000
Ativos totais		650.700

Passivos e patrimônio dos acionistas

Passivos circulantes:		
Contas a pagar (matérias-primas)		25.800
Patrimônio dos acionistas:		
Ações ordinárias, não ao par	175.000	
Lucros retidos	449.900	
Patrimônio dos acionistas total		624.900
Passivos totais e patrimônio dos acionistas		650.700

Depois de concluir o orçamento-mestre, Larry Giano levou os documentos a Tom Wills, o presidente-executivo da Hampton Freeze, para sua análise.

CONTABILIDADE GERENCIAL EM AÇÃO — Hampton Freeze Inc.

Conclusão

Larry: Aqui está o orçamento. De modo geral, o lucro líquido está excelente, e o fluxo de caixa líquido do ano inteiro é positivo.

Tom: Sim, mas vejo neste orçamento de caixa que temos o mesmo problema com fluxos de caixa negativos no primeiro e segundo trimestres que tivemos no ano passado.

Larry: É verdade. Não vejo nenhuma solução para este problema. Entretanto, não há dúvidas de que se você levar este orçamento ao banco hoje, eles aprovarão uma linha de crédito aberto que permitirá que você tome emprestado o suficiente para passar pelos dois primeiros trimestres sem nenhum problema.

Tom: Tem certeza? Eles não pareceram muito felizes em me ver no ano passado quando fui pedir um empréstimo emergencial.

Larry: Você pagou o empréstimo dentro do prazo?

Tom: Claro.

Larry: Não vejo nenhum problema. Você não pedirá um empréstimo emergencial desta vez. O banco terá tido antecedência suficiente. E com este orçamento, você terá um plano sólido que mostra quando e como você pagará o empréstimo. Confie em mim, eles concederão o empréstimo.

POR DENTRO DAS EMPRESAS — SUPERAR O EXCEL EM DIREÇÃO À WEB

Apesar de pesquisas mostrarem que dois terços das empresas norte-americanas ainda usam o Microsoft Excel para seu processo orçamentário, algumas passaram a usar uma abordagem mais avançada tecnologicamente. Por exemplo, a **Hendrick Motorsports** saltou para o topo do circuito de corrida de *stock car* NASCAR graças, em parte, a seu novo processo orçamentário. Scott Lampe, o presidente-executivo financeiro da Hendrick, descartou o Excel a favor do Forecaster, um programa de criação de orçamentos baseado na web. Ele comentou: "com uma planilha, você pode construir o modelo do modo que você quiser... o problema é que só você compreende o modelo. Então você tem que explicar a todos, um por um". A abordagem baseada na web permite que Lampe envolva no processo orçamentário seus chefes de equipe, os rapazes que trabalham com chassis e aqueles que trabalham com motores.

O **Facilities & Operations (F&O) Business Office of the Battelle, Pacific Northwest National Laboratory** possui mais de 130 atividades orçamentárias – cada uma das quais exige a preparação de um orçamento anual. Em 2001, a F&O substituiu seu orçamento baseado em planilhas por uma abordagem baseada na web. O novo sistema permite que a "gerência e equipe de apoio (da F&O) entre diretamente com seu plano de negócios e solicitações orçamentárias, eliminando a necessidade de um planejamento central e de que uma equipe orçamentária tenha que carregar as inúmeras solicitações orçamentárias e suas mudanças subsequentes". O sistema orçamentário baseado na web faz o pessoal da F&O economizar mais de 500 horas que antes eram gastas preparando planilhas do Excel e carregando dados.

FONTES: John Goff, "In The Fast Lane", CFO, dezembro de 2004, p. 53-58; Peter T. Smith, Craig A. Goranson, e Mary F. Astley, "Intranet Budgeting Does the Trick", *Strategic Finance*, maio de 2003, p. 30-33.

Capítulo **8** ▶▶ Planejamento de lucros

CRONOGRAMA 10

▲	A	B	C	D	E
1	Hampton Freeze Inc.				
2	Orçamento de venda do ano que termina em 31 de dezembro de 2012				
3					
4	*Ativos*				
5	Ativos circulantes (US$):				
6	Caixa	41.400 (a)			
7	Contas a receber	120.000 (b)			
8	Estoques de matérias-primas	4.500 (c)			
9	Estoques de produtos concluídos	39.500 (d)			
10	Ativos circulantes totais			204.900	
11	Fábricas e equipamentos:				
12	Terrenos	80.000 (e)			
13	Edifícios e equipamentos	830.000 (f)			
14	Depreciação acumulada	− 392.000 (g)			
15	Fábrica e equipamentos, líquido			518.000	
16	Ativos totais			722.900	
17					
18	*Passivos e patrimônio do acionista*				
19	Passivos circulantes (US$):				
20	Contas a pagar (matérias-primas)			27.900 (h)	
21	Patrimônio dos acionistas:				
22	Ações ordinárias, não ao par	175.000 (i)			
23	Lucros retidos	520.000 (j)			
24	Total do patrimônio dos acionistas			695.000	
25	Total de passivos e do patrimônio dos acionistas			722.900	
26					

⊮ ◂ ▸ ⊯ / Cronog 4 / Cronog 5 / Cronog 6 / Cro ◂ ▸

Explicação de 31 de dezembro de 2012, valores do balanço patrimonial:

(a) O saldo de caixa final, projetado pelo orçamento de caixa no Cronograma 8.

(b) Trinta por cento das vendas do quarto trimestre, do Cronograma 1 (US$ 400.000 × 30% = US$ 120.000).

(c) Do Cronograma 3, os estoques finais de matérias-primas serão de 22,5 mil libras. Esse material custa US$ 0,20 por libra. Portanto, os estoques finais em dólares serão de 22.500 libras × US$ 0,20 por libra = US$ 4.500.

(d) Do Cronograma 6.

(e) Do balanço patrimonial de 31 de dezembro de 2011 (sem mudança).

(f) O balanço patrimonial de 31 de dezembro de 2011 indicou um saldo de US$ 700 mil. Durante 2012, US$ 130 mil em equipamentos adicionais serão comprados (ver Cronograma 8), levando o saldo de 31 de dezembro de 2012 a US$ 830 mil.

(g) O balanço patrimonial de 31 de dezembro de 2011 indicou um saldo de US$ 292 mil. Durante 2012, serão descontados US$ 100 mil em depreciação (US$ 60 mil no Cronograma 5 e US$ 40 mil no Cronograma 7), levando o saldo de 31 de dezembro de 2012 a US$ 392 mil.

(h) Metade das compras de matérias-primas do quarto trimestre, do Cronograma 3.

(i) Do balanço patrimonial de 31 de dezembro de 2011 (sem mudanças).

(j)
Saldo em 31 de dezembro de 2011 (US$)	449.900
Mais lucro líquido do Cronograma 9 (US$)	102.100
	552.000
Menos dividendos pagos do Cronograma 8 (US$)	32.000
Saldo em 31 de dezembro de 2012 (US$)	520.000

RESUMO

Este capítulo descreve o processo orçamentário e mostra como os vários orçamentos operacionais se relacionam uns com os outros. O orçamento de vendas é a base do planejamento de lucros. Uma vez que o orçamento de vendas seja estabelecido, o orçamento de produção e o orçamento de despesas de venda e administrativas podem ser preparados, pois eles dependem de quantas unidades serão vendidas. O orçamento de produção determina quantas unidades serão produzidas, então, depois de ele ser preparado, os diversos orçamentos de custo de produção podem ser preparados. Todos esses orçamentos farão parte do orçamento de caixa e da demonstração de resultados e do balanço patrimonial orçados. As partes do orçamento-mestre são interligadas de muitas maneiras. Por exemplo, o cronograma de recebimentos em numerário esperados, que é completado de maneira interligada ao orçamento de vendas, fornece dados tanto para o orçamento de caixa quanto para o balanço patrimonial orçado.

O material deste capítulo é apenas uma introdução à criação de orçamentos e ao planejamento de lucros. Em capítulos posteriores, veremos como os orçamentos são usados para controlar as operações do dia a dia e como são usados na avaliação de desempenho.

PROBLEMA DE REVISÃO: CRONOGRAMAS ORÇAMENTÁRIOS

A Mynor Corporation produz e vende um produto sazonal cujo pico de vendas é no terceiro trimestre. As informações a seguir estão relacionadas às operações do Ano 2 – o próximo ano – e aos dois primeiros trimestres do Ano 3:

a. O único produto da empresa é vendido a US$ 8 por unidade. As vendas orçadas em unidades para os próximos seis trimestres são as seguintes (todas as vendas são a crédito):

	Ano 2 Trimestre				Ano 3 Trimestre	
	1	2	3	4	1	2
Vendas unitárias orçadas	40.000	60.000	100.000	50.000	70.000	80.000

b. As vendas são recebidas de acordo com o seguinte padrão: 75% no trimestre em que as vendas são feitas e os 25% restantes no trimestre seguinte. No dia 1º de janeiro do Ano 2, o balanço patrimonial da empresa mostrava US$ 65 mil em contas a receber, todas a serem recebidas no primeiro trimestre do ano. Dívidas ruins são insignificantes e podem ser ignoradas.

c. A empresa estima ter estoques finais de produtos concluídos no final de cada trimestre iguais a 30% das vendas unitárias orçadas do próximo trimestre. No dia 31 de dezembro do Ano 1, a empresa tinha 12 mil unidades nas mãos.

d. São necessárias cinco libras de matérias-primas para concluir uma unidade de produto. A empresa exige que os estoques finais de matérias-primas no final de cada trimestre sejam iguais a 10% das necessidades de produção do trimestre seguinte. No dia 31 de dezembro do Ano 1, a empresa tinha 23 mil libras de matérias-primas nas mãos.

e. As matérias-primas custam US$ 0,80 por libra. A compra de matérias-primas é paga de acordo com o seguinte padrão: 60% no trimestre em que as compras são feitas e os 40% restantes pagos no trimestre seguinte. No dia 1º de janeiro do Ano 2, o balanço patrimonial da empresa mostrava US$ 81,5 mil em contas a pagar relativas a compras de matérias-primas, a serem pagas no primeiro trimestre do ano.

Requisitado:

Prepare os seguintes orçamentos e cronogramas para o ano, mostrando os valores trimestrais e totais:

1. Um orçamento de vendas e um cronograma de recebimentos em numerário esperados.
2. Um orçamento de produção.
3. Um orçamento de materiais diretos e um cronograma de pagamentos em numerário esperados relacionados a compras de materiais.

Solução do problema de revisão

1. O orçamento de vendas é preparado como a seguir:

	Ano 2 Trimestre				Ano
	1	2	3	4	
Vendas unitárias orçadas (US$)......	40.000	60.000	100.000	50.000	250.000
Preço de venda por unidade (US$)..	× 8	× 8	× 8	× 8	× 8
Total de vendas (US$)....................	320.000	480.000	800.000	400.000	2.000.000

Com base nas vendas orçadas anteriormente, o cronograma de recebimentos em numerário esperados é preparado como a seguir:

	Ano 2 Trimestre				
	1	2	3	4	Ano
Contas a receber, saldo inicial (US$)	65.000				65.000
Vendas do primeiro trimestre (US$ 320.000 × 75%, 25%) (US$)	240.000	80.000			320.000
Vendas do segundo trimestre (US$ 480.000 × 75%, 25%) (US$)		360.000	120.000		480.000
Vendas do terceiro trimestre (US$ 800.000 × 75%, 25%) (US$)			600.000	200.000	800.000
Vendas do quarto trimestre (US$ 400.000 × 75%) (US$)				300.000	300.000
Total de recebimentos em numerário (US$)	305.000	440.000	720.000	500.000	1.965.000

2. Com base no orçamento de vendas em unidades, o orçamento de produção é preparado como a seguir:

	Ano 2 Trimestre					Ano 3 Trimestre	
	1	2	3	4	Ano	1	2
Vendas unitárias orçadas	40.000	60.000	100.000	50.000	250.000	70.000	80.000
Mais estoques finais desejados de produtos concluídos*	18.000	30.000	15.000	21.000†	21.000	24.000	
Necessidades totais	58.000	90.000	115.000	71.000	271.000	94.000	
Menos estoques iniciais de produtos concluídos	12.000	18.000	30.000	15.000	12.000	21.000	
Necessidades de produção	46.000	72.000	85.000	56.000	259.000	73.000	

* 30% das vendas unitárias orçadas do trimestre seguinte.
† 30% das vendas orçadas do primeiro trimestre do Ano 3.

3. Com base no orçamento de produção, será necessário comprar matérias-primas durante o ano, como a seguir:

	Ano 2 Trimestre					Ano 3 Trimestre
	1	2	3	4	Ano 2	1
Necessidades de produção (unidades)	46.000	72.000	85.000	56.000	259.000	73.000
Matérias-primas necessárias por unidade (libras)	× 5	× 5	× 5	× 5	× 5	× 5
Necessidades de produção (libras)	230.000	360.000	425.000	280.000	1.295.000	365.000
Mais estoques finais desejados de matérias-primas (libras)*	36.000	42.500	28.000	36.500 †	36.500	
Necessidade total (libras)	266.000	402.500	453.000	316.500	1.331.500	
Menos estoques iniciais de matérias-primas (libras)	23.000	36.000	42.500	28.000	23.000	
Matérias-primas a serem compradas (libras)	243.000	366.500	410.500	288.500	1.308.500	
Custos de matérias-primas (£)	× 0,80	× 0,80	× 0,80	× 0,80	× 0,80	
Custos das matérias-primas a serem compradas (US$)	194.400	293.200	328.400	230.800	1.046.800	

* 10% das necessidades de produção em libras do trimestre seguinte.
† 10% das necessidades de produção em libras do primeiro trimestre do Ano 3.

Com base nas compras de matérias-primas anteriores, os pagamentos em numerário esperados são calculados como a seguir:

(US$)	Ano 2 Trimestre				Ano 2
	1	2	3	4	
Contas a pagar, saldo inicial	81.500				81.500
Compras do primeiro trimestre (US$ 194.400 × 60%, 40%)	116.640	77.760			194.400
Compras do segundo trimestre (US$ 293.200 × 60%, 40%)		175.920	117.280		293.200
Compras do terceiro trimestre (US$ 328.400 × 60%, 40%)			197.040	131.360	328.400
Compras do quarto trimestre (US$ 230.800 × 60%).............................				138.480	138.480
Total de desembolsos de caixa..	198.140	253.680	314.320	269.840	1.035.980

PERGUNTAS

8.1 O que é um orçamento? O que é controle orçamentário?

8.2 Discuta alguns dos principais benefícios obtidos com a criação de orçamentos.

8.3 O que significa o termo contabilidade por responsabilidade?

8.4 O que é um orçamento-mestre? Resuma seu conteúdo.

8.5 Por que a previsão de vendas é o ponto de partida da criação de orçamentos?

8.6 "Em termos práticos, planejamento e controle significam exatamente a mesma coisa". Você concorda? Explique.

8.7 Descreva o fluxo de dados orçamentários em uma organização. Quem são os participantes do processo orçamentário, e como eles participam?

8.8 O que é um orçamento autoimposto? Quais são as principais vantagens dos orçamentos autoimpostos? Quais cuidados devem ser tomados em seu uso?

8.9 Como a criação de orçamentos pode auxiliar uma empresa a planejar quantos colaboradores ter na força de trabalho?

8.10 "A principal finalidade do orçamento de caixa é ver quanto dinheiro a empresa terá no banco no final do ano". Você concorda? Explique.

APLICAÇÃO EM EXCEL [OA8.2, OA8.3, OA8.4]

Disponível, em português e inglês, no *site* <www.grupoa.com.br>

O formulário de planilha em Excel a seguir deve ser usado para recriar o Problema de Revisão das páginas 360 à 362. No *site*, você receberá instruções sobre como usar o formulário de planilha.

Você deve prosseguir para os exercícios a seguir somente depois de completar sua planilha.

Requisitado:

1. Verifique sua planilha mudando as vendas unitárias orçadas no Trimestre 2 do Ano 2 na célula C5 para 75 mil unidades. O total de recebimentos em numerários esperados do ano agora devem ser US$ 2,085 milhões. Se você não obtiver essa resposta, encontre os erros em sua planilha e corrija-os. Os desembolsos de caixa totais do ano mudaram? Justifique.
2. A empresa acaba de contratar um novo gerente de marketing que insiste que as vendas unitárias podem ser drasticamente aumentadas diminuindo-se o preço de venda de US$ 8 para US$ 7. O gerente de marketing gostaria de usar as seguintes projeções no orçamento:

Dados	Ano 2 Trimestre				Ano 3 Trimestre	
	1	2	3	4	1	2
Vendas unitárias orçadas	50.000	70.000	120.000	80.000	90.000	100.000
Preço de venda por unidade (US$)	7 por unidade					

a. Qual é o total de recebimentos em numerário esperados para o ano sob esse orçamento revisado?
b. Qual é o total de necessidades de produção para o ano sob esse orçamento revisado?
c. Qual é o total de custos de matérias-primas a serem compradas para o ano sob esse orçamento revisado?
d. Qual é o total de desembolsos de caixa esperados para a compra de matérias-primas para o ano sob esse orçamento revisado?
e. Depois de ver esse orçamento revisado, o gerente de produção alertou que em virtude da atual restrição de produção, uma complexa máquina de fresagem, a fábrica não pode produzir mais do que 90 mil unidades em qualquer trimestre. Isso é um possível problema? Em caso afirmativo, o que pode ser feito a respeito?

EXERCÍCIOS

Consulte no *site* <www.grupoa.com.br> os suplementos para esta seção.

EXERCÍCIO 8.1 Cronograma de recebimentos em numerários esperados [OA8.2]

A Midwest Products é uma distribuidora de vassouras de folhas no atacado. Assim, o pico das vendas ocorre em agosto de cada ano, como mostra o orçamento de vendas da empresa para o terceiro trimestre, a seguir:

	Julho	Agosto	Setembro	Total
Vendas orçadas (US$) (todas a prazo)..........	600.000	900.000	500.000	2.000.000

A empresa aprendeu com a experiência passada que 20% das vendas de um mês são recebidos no mês da venda, outros 70% são recebidos no mês seguinte à venda e os 10% restantes são recebidos no segundo mês após a venda. Dívidas ruins são insignificantes e podem ser ignoradas. As vendas de maio totalizaram US$ 430 mil e as vendas de junho totalizaram US$ 540 mil.

Requisitado:

1. Prepare um cronograma de recebimentos em numerários esperados das vendas, por mês e no total, para o terceiro trimestre.
2. Suponha que a empresa preparará um balanço patrimonial orçado a partir de 30 de setembro. Calcule as contas a receber a partir dessa data.

EXERCÍCIO 8.2 Orçamento de produção [OA8.3]

A Crystal Telecom orçou as vendas de seu inovador telefone celular nos quatro próximos meses como a seguir:

	Vendas em unidades
Julho..	30.000
Agosto	45.000
Setembro..	60.000
Outubro	50.000

A empresa está agora no processo de preparação de um orçamento de produção para o terceiro trimestre. A experiência passada mostrou que os estoques de produtos concluídos no fim do mês têm que ser iguais a 10% das vendas do mês seguinte. Os estoques no fim de junho eram de 3 mil unidades.

Requisitado:

Prepare um orçamento de produção para o terceiro trimestre que mostre o número de unidades a serem produzidas em cada mês e ao todo no trimestre.

EXERCÍCIO 8.3 Orçamento de materiais diretos [OA8.4]

A Micro Products Inc. desenvolveu uma calculadora eletrônica muito potente. Cada calculadora exige três pequenos *chips* que custam US$ 2 cada e são comprados de um fornecedor estrangeiro. A Micro Products preparou um orçamento de produção para a calculadora para os quatro trimestres do Ano 2 e para o primeiro trimestre do Ano 3, como exibido a seguir:

	Ano 2				Ano 3
	Primeiro	Segundo	Terceiro	Quarto	Primeiro
Produção orçada, em calculadoras ..	60.000	90.000	150.000	100.000	80.000

O *chip* usado na produção da calculadora às vezes é difícil de conseguir, então é necessário manter estoques altos como uma precaução contra faltas de material. Por este motivo, os estoques de *chips* no final de um trimestre devem ser iguais a 20% das necessidades de produção do trimestre seguinte. Há um total de 36 mil *chips* disponíveis no início do primeiro trimestre do Ano 2.

Requisitado:

Prepare um orçamento de materiais diretos para os *chips*, por trimestre e no total, para o Ano 2. Na parte inferior de seu orçamento, mostre o valor em dólares das compras para cada trimestre e para o ano no total.

EXERCÍCIO 8.4 Orçamento de mão de obra direta [OA8.5]

O gerente de produção da Junnen Corporation fez a seguinte previsão de unidades a serem produzidas para cada trimestre do próximo ano fiscal.

	1º trimestre	2º trimestre	3º trimestre	4º trimestre
Unidades a serem produzidas.......	5.000	4.400	4.500	4.900

Cada unidade exige 0,40 hora de mão de obra direta e os trabalhadores de mão de obra direta recebem US$ 11 por hora.

Requisitado:

1. Construa o orçamento de mão de obra direta da empresa para o próximo ano fiscal, supondo que a força de trabalho de mão de obra direta seja ajustada a cada trimestre de modo a corresponder ao número de horas necessárias para produzir o número de unidades previsto.

2. Construa o orçamento de mão de obra direta da empresa para o próximo ano fiscal, supondo que a força de trabalho de mão de obra direta não seja ajustada a cada trimestre. Em vez disso, suponha que a força de trabalho de mão de obra direta da empresa consista de colaboradores permanentes que tenham garantia de pagamento de pelo menos 1.800 horas de trabalho por trimestre. Se o número de horas de mão de obra direta necessárias for menor do que esse número, os trabalhadores recebem por 1.800 horas de qualquer forma. Qualquer número dessas horas trabalhadas de 1.800 horas em um trimestre é pago segundo a taxa de 1,5 multiplicada pela taxa salarial normal por hora de mão de obra direta.

EXERCÍCIO 8.5 Orçamento de custos indiretos de produção [OA8.6]

O orçamento de mão de obra direta da Krispin Corporation para o próximo ano fiscal inclui as seguintes horas de mão de obra direta orçadas.

	1º trimestre	2º trimestre	3º trimestre	4º trimestre
Horas de mão de obra direta orçadas..	5.000	4.800	5.200	5.400

A taxa salarial de custos variáveis indiretos de produção da empresa é de US$ 1,75 por hora de mão de obra direta, e os custos fixos indiretos de produção da empresa são de US$ 35 mil por trimestre. O único item não monetário incluído nos custos fixos indiretos de produção é a depreciação, que é US$ 15 mil por trimestre.

Requisitado:
1. Construa o orçamento de custos indiretos de produção da empresa para o próximo ano fiscal.
2. Calcule a taxa de custos indiretos de produção da empresa (incluindo custos indiretos de produção variáveis e fixos) para o próximo ano fiscal. Arredonde para o centavo mais próximo.

EXERCÍCIO 8.6 Orçamento de despesas de venda e administrativas [OA8.7]

As vendas unitárias orçadas da empresa Haerve para o próximo ano fiscal são fornecidas a seguir:

	1º trimestre	2º trimestre	3º trimestre	4º trimestre
Vendas unitárias orçadas	12.000	14.000	11.000	10.000

As despesas de venda e administrativas variáveis da empresa são de US$ 2,75 por unidade. As despesas de venda e administrativas fixas incluem despesas com propaganda de US$ 12 mil, salários de executivos de US$ 40 mil, e depreciação de US$ 16 mil, todos por trimestre. Além disso, a empresa fará pagamentos de seguros de US$ 6 mil no 2º trimestre e de US$ 6 mil no 4º trimestre. Por fim, serão pagos impostos sobre imóveis de US$ 6 mil no 3º trimestre.

Requisitado:
Prepare o orçamento de despesas de venda e administrativas da empresa para o próximo ano fiscal.

EXERCÍCIO 8.7 Orçamento de caixa [OA8.8]

A Forest Outfitters é uma varejista que prepara seu orçamento para o próximo ano fiscal. A gerência preparou o seguinte resumo de seus fluxos de caixa orçados:

	1º trimestre	2º trimestre	3º trimestre	4º trimestre
Total de recebimentos em numerário (US$)	340.000	670.000	410.000	470.000
Total de desembolsos de caixa (US$)	530.000	450.000	430.000	480.000

O saldo de caixa inicial da empresa para o próximo ano fiscal será de US$ 50 mil. A empresa exige um saldo de caixa mínimo de US$ 30 mil e pode tomar emprestado de um banco local qualquer montante necessário a uma taxa de juros trimestral de 3%. A empresa pode tomar emprestado qualquer valor necessário no início de qualquer trimestre e pode pagar seus empréstimos, ou qualquer parte deles, no final de qualquer trimestre. Os pagamentos de juros vencem sobre qualquer principal no momento em que este for pago.

Requisitado:
Prepare o orçamento de caixa da empresa para o próximo ano fiscal.

EXERCÍCIO 8.8 Demonstração de resultados orçada [OA8.9]
A Seattle Cat é a distribuidora no atacado de um pequeno veleiro recreativo do tipo catamarã. A gerência reuniu os seguintes dados resumidos para usar em seu processo orçamentário anual:

Vendas unitárias orçadas	380
Preço de venda por unidade (US$)	1.850
Custo por unidade (US$)	1.425
Despesas de venda e administrativas variáveis (por unidade) (US$)	85
Despesas de venda e administrativas fixas (por ano) (US$)	105.000
Despesas com juros para o ano (US$)	11.000

Requisitado:
Prepare a demonstração de resultados orçada da empresa usando uma demonstração de resultados pelo custeio por absorção como mostra o Cronograma 9.

EXERCÍCIO 8.9 Balanço patrimonial orçado [OA8.10]

A gerência da Academic Copy, uma central de fotocópia localizada na Avenida Universitária, compilou os seguintes dados para usar na preparação de seu balanço patrimonial orçado para o próximo ano:

	Saldos finais (US$)
Caixa	?
Contas a receber	6.500
Estoques de suprimentos	2.100
Equipamentos	28.000
Depreciação acumulada	9.000
Contas a pagar	1.900
Ações ordinárias	4.000
Lucros retidos	?

O saldo inicial de lucros retidos era de US$ 21 mil, o lucro líquido foi orçado em US$ 8.600, e os dividendos foram orçados em US$ 3,5 mil.

Requisitado:
Prepare o balanço patrimonial orçado da empresa.

EXERCÍCIO 8.10 Orçamentos de venda e de produção [OA8.2, OA8.3]
O departamento de marketing da Graber Corporation fez a seguinte previsão de vendas para o próximo ano fiscal.

	1º trimestre	2º trimestre	3º trimestre	4º trimestre
Vendas unitárias orçadas	16.000	15.000	14.000	15.000

O preço de venda do produto da empresa é de US$ 22 por unidade. A gerência espera receber 75% das vendas no trimestre em que as vendas são feitas, 20% no trimestre seguinte, e há uma expectativa de que 5% das vendas não sejam recebidas. O saldo inicial de contas a receber, que se espera receber integralmente no primeiro trimestre, é de US$ 66 mil.

A empresa espera começar o primeiro trimestre com 3,2 mil unidades nos estoques de produtos concluídos. A gerência deseja que os estoques finais de produtos concluídos em cada trimestre sejam iguais a 20% das vendas orçadas do trimestre seguinte. Os estoques finais de produtos concluídos desejados para o quarto trimestre são de 3,4 mil unidades.

Requisitado:
1. Prepare o orçamento de vendas e o cronograma de recebimentos em numerários esperados da empresa.

2. Prepare o orçamento de produção da empresa para o próximo ano fiscal.

EXERCÍCIO 8.11 Orçamentos de materiais diretos e de mão de obra direta [OA8.4, OA8.5]
O departamento de produção da empresa Priston fez a seguinte previsão de unidades a serem produzidas por trimestre para o próximo ano fiscal.

	1º trimestre	2º trimestre	3º trimestre	4º trimestre
Unidades a serem produzidas.........	6.000	7.000	8.000	5.000

Além disso, os estoques iniciais de matérias-primas para o 1º trimestre são orçados em 3,6 mil libras e o saldo inicial de contas a pagar para o 1º trimestre é orçado em US$ 11.775.

Cada unidade exige três libras de matérias-primas que custam US$ 2,50 por libra. A gerência deseja terminar cada trimestre com estoques de matérias-primas iguais a 20% das necessidades de produção do trimestre seguinte. Os estoques finais desejados para o 4º trimestre são de 3,7 mil libras. A gerência planeja pagar 70% das compras de matérias-primas no trimestre em que elas são adquiridas e 30% no trimestre seguinte. Cada unidade exige 0,50 hora de mão de obra direta e os trabalhadores de mão de obra direta recebem US$ 12 por hora.

Requisitado:
1. Prepare o orçamento de materiais diretos e o cronograma de desembolsos de caixa esperados para as compras de materiais para o próximo ano fiscal da empresa.
2. Prepare o orçamento de mão de obra direta para o próximo ano fiscal da empresa, supondo que a força de trabalho de mão de obra direta seja ajustada a cada trimestre para corresponder ao número de horas necessárias para produzir o número de unidades previstas.

EXERCÍCIO 8.12 Orçamentos de mão de obra direta e de custos indiretos de produção [OA8.5, OA8.6]
O departamento de produção da Harveton Corporation fez a seguinte previsão de unidades a serem produzidas por trimestre para o próximo ano fiscal.

	1º trimestre	2º trimestre	3º trimestre	4º trimestre
Unidades a serem produzidas.........	16.000	15.000	14.000	15.000

Cada unidade exige 0,80 hora de mão de obra direta e os trabalhadores de mão de obra direta recebem US$ 11,50 por hora.

Além disso, os custos indiretos de produção variáveis são de US$ 2,50 por hora de mão de obra direta. Os custos indiretos de produção são US$ 90 mil por trimestre. O único elemento não monetário dos custos indiretos de produção é a depreciação, que é US$ 34 mil por trimestre.

Requisitado:
1. Prepare o orçamento de mão de obra direta da empresa para o próximo ano fiscal, supondo que a força de trabalho de mão de obra direta seja ajustada a cada trimestre de modo a corresponder ao número de horas necessárias para produzir o número de unidades previsto.
2. Prepare o orçamento de custos indiretos de produção da empresa.

EXERCÍCIO 8.13 Orçamentos de produção e de materiais diretos [OA8.3, OA8.4]
A Tonga Toys produz e distribui diversos produtos para varejistas. Um desses produtos, o Playclay, exige três libras de material A135 para a produção de cada unidade. A empresa agora planeja as necessidades de matérias-primas para o terceiro trimestre – julho, agosto e setembro. O pico das vendas de Playclay ocorre no terceiro trimestre de cada ano. Para manter a uniformidade da produção e das expedições, a empresa possui as seguintes exigências de estoques:

a. Os estoques de produtos concluídos à disposição no final de cada mês têm que ser iguais a 5 mil unidades mais 30% das vendas do mês seguinte. Os estoques de produtos concluídos no dia 30 de junho estão orçados em 17 mil unidades.
b. Os estoques de matérias-primas à disposição no final de cada mês têm que ser iguais à metade das necessidades de produção do mês seguinte em termos de matérias-primas. Os estoques de matérias-primas no dia 30 de junho em termos do material A135 são orçados em 64,5 mil libras.
c. A empresa não mantém estoques de produção em andamento.

A seguir, temos um orçamento de vendas de Playclay para os seis últimos meses do ano.

	Vendas orçadas em unidades
Julho............................	40.000
Agosto..........................	50.000
Setembro......................	70.000
Outubro........................	35.000
Novembro.....................	20.000
Dezembro.....................	10.000

Requisitado:
1. Prepare um orçamento de produção de Playclay para os meses de julho, agosto, setembro e outubro.
2. Examine o orçamento de produção que você preparou. Por que a empresa produzirá mais unidades do que vende em julho e agosto e menos unidades do que vende em setembro e outubro?
3. Prepare um orçamento de materiais diretos que mostre a quantidade de material A135 a ser comprada em julho, agosto, setembro, e no trimestre, no total.

EXERCÍCIO 8.14 Cronogramas de recebimentos em numerários esperados e de desembolsos; Demonstração de resultados; Balanço patrimonial [OA8.2, OA8.4, OA8.9, OA8.10]

A Colerain Corporation é uma empresa de *merchandising* que prepara um planejamento de lucros para o terceiro trimestre do ano-calendário. A seguir, temos o balanço patrimonial da empresa a partir de 30 de junho:

Colerain Corporation Balanço patrimonial (US$) 30 de junho	
Ativos	
Caixa...	80.000
Contas a receber...	126.000
Estoques...	52.000
Fábricas e equipamentos, excluída a depreciação.................	200.000
Total de ativos...	458.000
Passivos e patrimônio do acionista	
Contas a pagar..	61.100
Ações ordinárias..	300.000
Lucros retidos...	96.900
Total de passivos e patrimônio do acionista........................	458.000

Os gerentes da Colerain fizeram as seguintes suposições e estimativas adicionais:
1. As vendas estimadas de julho, agosto, setembro e outubro serão de US$ 200 mil, US$ 220 mil, US$ 210 mil e US$ 230 mil, respectivamente.
2. Todas as vendas serão a crédito, as quais todas serão recebidas. As vendas a crédito de cada mês são recebidas 30% no mês de venda e 70% no mês seguinte à venda. Todas as contas a receber em 30 de junho serão recebidas em julho.
3. Os estoques finais de cada mês têm que ser iguais a 40% do custo das vendas do mês seguinte. O custo de produtos vendidos é 65% das vendas. A empresa paga 50% de suas compras de mercadorias no mês da compra e os 50% restantes no mês seguinte à compra. Todas as contas a pagar em 30 de junho serão pagas em julho.
4. As despesas de venda e administrativas mensais são sempre US$ 65 mil. Todo mês, US$ 5 mil deste valor total representam despesas de depreciação e os US$ 60 mil restantes estão relacionados a despesas que são pagas no mês em que elas são incorridas.
5. A empresa não planeja tomar dinheiro emprestado ou pagar ou declarar dividendos durante o trimestre que termina em 30 de setembro, e também não planeja emitir ações ordinárias ou recomprar suas próprias ações durante esse mesmo período.

Requisitado:
1. Prepare um cronograma de recebimentos em numerários esperados para julho, agosto e setembro. Calcule também o total de recebimentos em numerários para o trimestre que termina em 30 de setembro.
2. a. Prepare um orçamento de compras de mercadorias para julho, agosto e setembro. Calcule também o total de compras de mercadorias para o trimestre que termina em 30 de setembro.
   b. Prepare um cronograma de desembolsos de caixa esperados para compras de mercadorias para julho, agosto e setembro. Calcule também o total de desembolsos de caixa para compras de mercadorias para o trimestre que termina em 30 de setembro.
3. Prepare uma demonstração de resultados para o trimestre que termina em 30 de setembro. Use o formato de absorção demonstrado no Cronograma 9.
4. Prepare um balanço patrimonial a partir de 30 de setembro.

EXERCÍCIO 8.15 análise de orçamento de caixa [OA8.8]
Um orçamento de caixa por trimestres de uma empresa de varejo é exibido a seguir (000 omitidos). A empresa exige um saldo de caixa mínimo de US$ 5 mil para começar cada trimestre.

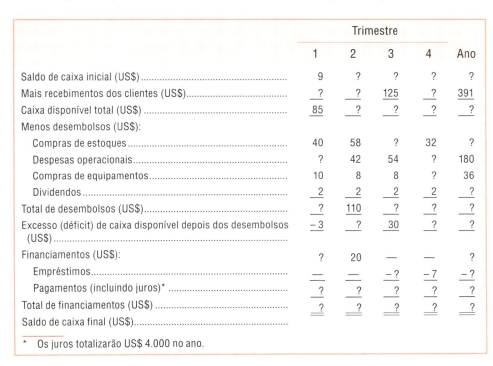

Requisitado:
Preencha os valores que faltam na tabela anterior.

PROBLEMAS
Consulte no *site* <www.grupoa.com.br> os suplementos para esta seção.

PROBLEMA 8.16 Cronogramas de recebimentos em numerários esperados e desembolsos [OA8.2, OA8.4, OA8.8]
A Calgon Products, uma distribuidora de bebidas orgânicas, precisa de um orçamento de caixa para setembro. As seguintes informações estão disponíveis:
a. O saldo de caixa no início de setembro é de US$ 9 mil.
b. As vendas efetivas de julho e agosto e as vendas esperadas de setembro são as seguintes:

	Julho	Agosto	Setembro
Vendas em numerário (US$)	6.500	5.250	7.400
Vendas a prazo (US$)	20.000	30.000	40.000
Vendas totais (US$)	26.500	35.250	47.400

As vendas a prazo são recebidas ao longo de um período de três meses, como a seguir: 10% recebidos no mês da venda, 70% recebidos no mês seguinte à venda e 18% recebidos no segundo mês depois da venda. Os 2% restantes não são recebíveis.

c. As compras de estoques totalizarão US$ 25 mil em setembro. Vinte por cento das compras de estoques de um mês são pagos durante o mês de compra. As contas a pagar restantes relativas às compras de estoques de agosto totalizam US$ 16 mil, que serão integralmente pagos em setembro.
d. As despesas de venda e administrativas são orçadas em US$ 13 mil para setembro. Deste valor, US$ 4 mil são para depreciação.
e. Equipamentos que custam US$ 18 mil serão comprados em numerário em setembro, e dividendos totalizando US$ 3 mil serão pagos durante o mês.
f. A empresa mantém um saldo de caixa mínimo de US$ 5 mil. O banco da empresa disponibilizou uma linha de crédito aberto para reforçar o saldo de caixa à medida que for necessário.

Requisitado:

1. Prepare um cronograma de recebimentos em numerário esperados para setembro.
2. Prepare um cronograma de desembolsos de caixa esperados para compras de estoques para setembro.
3. Prepare um orçamento de caixa para setembro. Indique na seção de financiamentos qualquer empréstimo que seja necessário durante setembro. Suponha que juros não serão pagos até o mês seguinte.

PROBLEMA 8.17 Orçamento de caixa com cronogramas de apoio [OA8.2, OA8.4, OA8.8]

A Janus Products Inc. é uma empresa de *merchandising* que vende fichários, papéis e outros materiais escolares. A empresa planeja suas necessidades de caixa para o terceiro trimestre. No passado, a Janus Products teve que contrair empréstimos durante o terceiro trimestre como apoio ao pico de vendas de materiais de volta às aulas, que ocorrem durante agosto nos Estados Unidos. As informações a seguir foram reunidas para auxiliar a preparação de um orçamento de caixa para o trimestre:

a. As demonstrações de resultados por absorção mensais orçadas para julho–outubro são as seguintes:

	Julho	Agosto	Setembro	Outubro
Vendas (US$)	40.000	70.000	50.000	45.000
Custos de produtos vendidos (US$)	24.000	42.000	30.000	27.000
Margem bruta (US$)	16.000	28.000	20.000	18.000
Despesas de venda e administrativas (US$):				
Despesas de venda	7.200	11.700	8.500	7.300
Despesas administrativas*	5.600	7.200	6.100	5.900
Total de despesas de venda e administrativas (US$)	12.800	18.900	14.600	13.200
Resultado operacional (US$)	3.200	9.100	5.400	4.800

*Inclui US$ 2.000 de depreciação por mês.

b. As vendas são 20% em numerário e 80% a crédito.
c. As vendas a crédito são recebidas ao longo de um período de três meses, sendo 10% recebidos no mês da venda, 70% um mês depois da venda e 20% no segundo mês depois da venda. As vendas de maio totalizaram US$ 30 mil, e as vendas de junho totalizaram US$ 36 mil.
d. As compras de estoques são pagas dentro de 15 dias. Portanto, 50% das compras de estoques de um mês são pagas no mês da compra. Os 50% restantes são pagos no mês seguinte. As contas a pagar relativas a compras de estoques em 30 de junho totalizam US$ 11,7 mil.
e. A empresa mantém seus níveis de estoques finais a 75% do custo de mercadorias a serem vendidas no mês seguinte. Os estoques de mercadorias em 30 de junho são de US$ 18 mil.
f. Terrenos que custam US$ 4,5 mil serão comprados em julho.
g. Dividendos de US$ 1 mil serão declarados e pagos em setembro.
h. O saldo de caixa em 30 de junho é de US$ 8 mil; a empresa tem que manter um saldo de caixa de pelo menos esse valor no final de cada mês.
i. A empresa tem um acordo com um banco local que permite que ela contraia empréstimos em incrementos de US$ 1 mil no início de cada mês, até um saldo total de US$ 40 mil. A taxa de juros sobre esses empréstimos é de 1% ao mês, e para simplificar, suporemos que os juros não sejam compostos. A empresa pagaria o quanto pudesse do empréstimo mais os juros acumulados no final do trimestre.

Requisitado:
1. Prepare um cronograma de recebimentos em numerários esperados para julho, agosto e setembro e para o trimestre, no total.
2. Prepare o seguinte para os estoques de mercadorias:
   a. Um orçamento de compras de mercadorias para julho, agosto e setembro.
   b. Um cronograma de desembolsos de caixa esperados para compras de mercadorias para julho, agosto, setembro, e para o trimestre, no total.
3. Prepare um orçamento de caixa para julho, agosto e setembro e para o trimestre, no total.

PROBLEMA 8.18 Orçamento de caixa com cronogramas de apoio; mudança de suposições [OA8.2, OA8.4, OA8.8]

Use os dados da Janus Products Inc. do Problema 8.17. O presidente da empresa está interessado em saber como a redução dos níveis de estoque e o recebimento antecipado de contas a receber afetarão o orçamento de caixa. Ele analisa as suposições relativas a recebimentos em numerários e estoques finais, a seguir:

1. As vendas continuam a ser 20% à vista e 80% a crédito. Entretanto, as vendas a crédito de julho, agosto e setembro são recebidas ao longo de um período de três meses, sendo 25% recebidos no mês da venda, 60% recebidos no mês seguinte à venda e 15% recebidos no segundo mês após a venda. As vendas a crédito de maio e junho são recebidas durante o terceiro trimestre usando-se os percentuais de recebimento especificados no Problema 8.17.
2. A empresa mantém seus níveis de estoques finais de julho, agosto e setembro a 25% dos custos das mercadorias a serem vendidas no mês seguinte. Os estoques de mercadorias em 30 de junho continuam sendo US$ 18 mil, e as contas a pagar relativas a compras de estoques em 30 de junho continuam sendo US$ 11,7 mil.

Todas as outras informações do Problema 8.17 não mencionadas antes permanecem inalteradas.

Requisitado:
1. Usando as novas suposições do presidente no item (1) anterior, prepare um cronograma de recebimentos em numerário esperados para julho, agosto e setembro e para o trimestre, no total.
2. Usando as novas suposições do presidente no item (2) anterior, prepare o seguinte em relação aos estoques de mercadorias:
   a. Um orçamento de compras de mercadorias para julho, agosto e setembro.
   b. Um cronograma de desembolsos de caixa esperados para compras de mercadorias para julho, agosto e setembro e para o trimestre, no total.
3. Usando as novas suposições do presidente, prepare um orçamento de caixa para julho, agosto, setembro, e para o trimestre, no total.
4. Prepare um breve memorando para o presidente explicando como as novas suposições afetam o orçamento de caixa.

PROBLEMA 8.19 Integração dos orçamentos de vendas, produção e materiais diretos [OA8.2, OA8.3, OA8.4]

A Crydon Inc. produz uma nadadeira do tipo pé de pato de qualidade avançada para mergulhadores. A gerência agora prepara orçamentos detalhados para o terceiro trimestre, de julho a setembro, e reuniu as seguintes informações para auxiliar na preparação do orçamento:

a. O departamento de marketing estimou as seguintes vendas para o restante do ano (em pares de nadadeiras):

O preço de venda das nadadeiras é de US$ 50 por par.

Julho......	6.000
Agosto.....	7.000
Setembro...	5.000
Outubro....	4.000
Novembro...	3.000
Dezembro...	3.000

b. Todas as vendas são a prazo. Com base na experiência passada, espera-se que as vendas sejam recebidas de acordo com o seguinte padrão:

| 40% no mês da venda |
| 50% no mês seguinte à venda |
| 10% não recebíveis |

O saldo inicial de contas a receber (excluindo os valores não recebíveis) em 1º de julho é de US$ 130 mil.
c. A empresa mantém estoques de produtos concluídos iguais a 10% das vendas do mês seguinte. Os estoques de produtos concluídos em 1º de julho serão de 600 pares.
d. Cada par de nadadeiras pé de pato exige 2 libras de composto de borracha. Para evitar falta de materiais, a empresa gostaria de ter estoques disponíveis desse composto no final de cada mês correspondentes a 20% das necessidades de produção do mês seguinte. Os estoques do composto de borracha disponíveis em 1º de julho serão de 2.440 libras.
e. O composto de borracha custa US$ 2,50 por libra. A Crydon paga 60% de suas compras no mês da compra; o restante é pago no mês seguinte. O saldo de contas a pagar relativas às compras do composto de borracha será de US$ 11,4 mil em 1º de julho.

Requisitado:
1. Prepare um orçamento de vendas, por mês e no total, para o terceiro trimestre. (Mostre seu orçamento em pares de nadadeiras e em dólares.) Prepare também um cronograma de recebimentos em numerários esperados, por mês e no total, para o terceiro trimestre.
2. Prepare um orçamento de produção para cada um dos meses de julho a outubro.
3. Prepare um orçamento de materiais diretos para o composto de borracha, por mês e no total, para o terceiro trimestre. Prepare também um cronograma de desembolsos de caixa esperados para a compra do composto de borracha, por mês e no total, para o terceiro trimestre.

PROBLEMA 8.20 Orçamento de caixa; Demonstração de resultados; Balanço patrimonial [OA8.2, OA8.4, OA8.8, OA8.9, OA8.10]

A seguir, temos o balanço patrimonial da Phototec Inc., uma distribuidora de suprimentos de fotografia, a partir de 31 de maio:

Phototec Inc.
Balanço patrimonial (US$)
31 de maio

Ativos

Caixa...	8.000
Contas a receber..	72.000
Estoques...	30.000
Edifícios e equipamentos, excluída a depreciação.............	500.000
Total de ativos...	610.000

Passivos e patrimônio do acionista

Contas a pagar..	90.000
Duplicatas a pagar...	15.000
Capital acionário..	420.000
Lucros retidos...	85.000
Total de passivos e patrimônio do acionista.......................	610.000

A empresa prepara um orçamento para junho e reuniu os seguintes dados:
a. As vendas são orçadas em US$ 250 mil para junho. Dessas vendas, US$ 60 mil serão à vista; o restante será de vendas a crédito. Metade das vendas a crédito de um mês é recebida no mês em que as vendas são realizadas e o restante é recebido no mês seguinte. Todas as contas a receber em 31 de maio serão recebidas em junho.
b. Espera-se que as compras de estoques totalizem US$ 200 mil durante junho. Essas compras serão todas a prazo. Quarenta por cento de todas as compras de estoques são pagos no mês da compra; o restante é pago no mês seguinte. Todas as contas a pagar para os fornecedores em 31 de maio serão pagas durante junho.
c. O saldo de estoques em 30 de junho é orçado em US$ 40 mil.
d. As despesas de venda e administrativas de junho são orçadas em US$ 51 mil, excluída a depreciação. Essas despesas serão pagas em numerário. A depreciação é orçada em US$ 2 mil para o mês.
e. A duplicata a pagar no balanço patrimonial de 31 de maio será paga durante junho. As despesas com juros da empresa para junho (sobre o total de empréstimos) será de US$ 500, que serão pagos em numerários.

f. Novos equipamentos de armazém que custam US$ 9 mil serão comprados em numerários em junho.
g. Durante junho, a empresa tomará emprestados US$ 18 mil de seu banco em troca de uma nova duplicata a pagar. A duplicata nova terá vencimento um ano depois.

Requisitado:

1. Prepare um orçamento de caixa para junho. Complemente seu orçamento com um cronograma de recebimentos em numerários esperados das vendas e um cronograma de desembolsos de caixa esperados para compras de estoques.
2. Prepare uma demonstração de resultados orçada para junho. Use a demonstração de resultados pelo custeio por absorção, como demonstra o Cronograma 9.
3. Prepare um balanço patrimonial orçado a partir de 30 de junho.

PROBLEMA 8.21 Cronograma de recebimentos em numerários esperados; Orçamento de caixa [OA8.2, OA8.8]

A Natural Care Corp., uma distribuidora de cosméticos naturais, está pronta para iniciar seu terceiro trimestre, no qual ocorre seu pico de vendas. A empresa solicitou um empréstimo de US$ 60 mil por 90 dias de seu banco para ajudar a cobrir necessidades de caixa durante o trimestre. Como a Natural Care teve dificuldade em pagar empréstimos no passado, o executivo de empréstimos do banco pediu que a empresa preparasse um orçamento de caixa para o trimestre. Em resposta a esse pedido, foram reunidos os seguintes dados:

a. Em 1º de julho, o início do terceiro trimestre, a empresa terá um saldo de caixa de US$ 43 mil.
b. A seguir, temos as vendas realizadas dos dois últimos meses e as vendas orçadas para o terceiro trimestre em dólares (todas as vendas são a prazo):

Maio (realizadas)..	360.000
Junho (realizadas)...	280.000
Julho (orçadas)...	350.000
Agosto (orçadas)...	420.000
Setembro (orçadas)	360.000

A experiência passada mostra que 25% das vendas de um mês são recebidos no mês da venda, 70% no mês seguinte à venda e 2% recebidos no segundo mês após a venda. O restante é não recebível.

c. As compras de mercadorias orçadas e as despesas orçadas para o terceiro trimestre são dadas a seguir:

	Julho	Agosto	Setembro
Compras de mercadorias (US$).............................	170.000	155.000	165.000
Salários e remunerações (US$).............................	70.000	70.000	65.000
Propaganda (US$)	80.000	90.000	100.000
Pagamentos de aluguel (US$)	30.000	30.000	30.000
Depreciação (US$)...	40.000	40.000	40.000

As compras de mercadorias são pagas integralmente durante o mês seguinte à compra. As contas a pagar de compras de mercadorias em 30 de junho, que serão pagas durante julho, totalizam US$ 160 mil.

d. Equipamentos que custam US$ 25 mil serão comprados em numerários durante julho.
e. Ao preparar o orçamento de caixa, suponha que o empréstimo de US$ 60 mil será feito em julho e pago em setembro. Os juros sobre o empréstimo totalizarão US$ 2 mil.

Requisitado:

1. Prepare um cronograma de recebimentos em numerários esperados para julho, agosto, setembro, e para o trimestre, no total.
2. Prepare um orçamento de caixa, por mês e no total, para o terceiro trimestre.
3. Se a empresa precisa de um saldo de caixa mínimo de US$ 20 mil para iniciar cada mês, o empréstimo poderá ser pago como planejado? Explique.

PROBLEMA 8.22 Aspectos comportamentais da elaboração de orçamentos; Ética e o gerente [OA8.1]

Granger Stokes, sócio-administrativo da empresa de capital de risco Halston and Stokes, estava insatisfeito com a alta gerência da PrimeDrive, uma fabricante de *drives* de computador. A Halston and Stokes tinha investido US$ 20 milhões na PrimeDrive, e o retorno sobre seu investimento era insatisfatório há vários anos. Em uma tensa reunião do conselho de diretoria da PrimeDrive, Stokes exerceu o direito de sua empresa como investidor majoritário na PrimeDrive e demitiu o presidente-executivo (CEO) desta empresa. Ele, então, agiu rapidamente para fazer com que o conselho de diretoria da PrimeDrive o nomeasse como o novo CEO.

Stokes se orgulhava de seu estilo exigente de gerenciamento. Na primeira reunião da gerência, ele pediu a dois dos gerentes que se levantassem e demitiu-os ali mesmo, só para mostrar a todos quem detinha o controle da empresa. Na reunião de análise do orçamento que se seguiu, ele rasgou os orçamentos departamentais que tinham sido enviados para sua análise e gritou com os gerentes por causa de suas metas "fracotes, que não serviam para nada". Ele então ordenou a todos que enviassem novos orçamentos que previssem um aumento de pelo menos 40% no volume de vendas e disse que não aceitaria desculpas por resultados que caíssem abaixo do orçamento.

Keri Kalani, uma contadora que trabalha para o gerente de produção da PrimeDrive, descobriu, quase no final do ano, que seu chefe não descartava *drives* defeituosos que tinham sido devolvidos por clientes. Em vez disso, ele os expedia em novas caixas para outros clientes, de modo a evitar perdas contábeis. O controle de qualidade tinha deteriorado durante o ano em decorrência da pressão para aumentar o volume e as devoluções de *drives* TRX defeituosos estavam chegando a níveis tão altos quanto 15% dos novos *drives* expedidos. Quando ela confrontou seu chefe com sua descoberta, ele disse a Keri que aquilo não era de sua conta. E então, para justificar suas ações, ele disse: "Todos nós, gerentes, encontramos maneiras de bater as metas de Stokes".

Requisitado:
1. Granger Stokes usa os orçamentos como uma ferramenta de planejamento e controle?
2. Quais são as consequências comportamentais do modo como os orçamentos são usados na PrimeDrive?
3. O que você acha que Keri Kalani deveria fazer, se é que ela deveria fazer alguma coisa?

(Adaptado do CMA)

PROBLEMA 8.23 Cronograma de recebimentos em numerários esperados; Orçamento de caixa [OA8.2, OA8.8]

Jodi Horton, presidente da varejista Crestline Products, acaba de solicitar ao banco da empresa um empréstimo de US$ 30 mil por 90 dias. A finalidade do empréstimo é auxiliar a empresa a adquirir estoques de suporte ao pico de vendas em abril. Como a empresa teve dificuldade em pagar seus empréstimos no passado, o executivo de empréstimos do banco pediu um orçamento de caixa para ajudar a determinar se o empréstimo deve ser feito. Os dados a seguir estão disponíveis para os meses abril–junho, durante os quais o empréstimo será usado:

a. Em 1º de abril, o início do período do empréstimo, o saldo de caixa será de US$ 26 mil. As contas a receber em 1º de abril totalizarão US$ 151,5 mil, dos quais US$ 141 mil serão recebidos durante abril e US$ 7,2 mil, durante maio. O restante será não recebível.
b. A experiência passada mostra que 20% das vendas de um mês são recebidas no mês da venda, 75% no mês seguinte à venda e 4%, no segundo mês após a venda. O 1% restante representa dívidas que nunca são recebidas. A seguir, temos as vendas e despesas orçadas para o período de três meses:

	Abril	Maio	Junho
Vendas (todas a prazo) (US$)	200.000	300.000	250.000
Compras de mercadorias (US$)	120.000	180.000	150.000
Folha de pagamentos (US$)	9.000	9.000	8.000
Pagamentos de arrendamento (US$)	15.000	15.000	15.000
Propaganda (US$)	70.000	80.000	60.000
Compras de equipamentos (US$)	8.000	—	—
Depreciação (US$)	10.000	10.000	10.000

c. As compras de mercadorias são pagas integralmente durante o mês seguinte à compra. As contas a pagar de compras de mercadorias em 31 de março, que serão pagas durante abril, totalizam US$ 108 mil.

d. Ao preparar o orçamento de caixa, suponha que o empréstimo de US$ 30 mil será feito em abril e pago em junho. Os juros sobre o empréstimo totalizarão US$ 1,2 mil.

Requisitado:
1. Prepare um cronograma de recebimentos em numerário esperados para abril, maio e junho e para os três meses, no total.
2. Prepare um orçamento de caixa, por mês e no total, para o período de três meses.
3. Se a empresa precisa de um saldo de caixa mínimo de US$ 20 mil para começar cada mês, o empréstimo poderá ser pago como planejado? Explique.

PROBLEMA 8.24 Orçamento de caixa com cronogramas de apoio [OA8.2, OA8.4, OA8.7, OA8.8]

O presidente da Univax Inc. acaba de procurar o banco da empresa em busca de um financiamento de curto prazo para o próximo ano, o Ano 2. A Univax é uma distribuidora de aspiradores de pó comerciais. O banco declarou que a solicitação de empréstimo tem que vir acompanhada de um orçamento de caixa detalhado que mostre os trimestres em que o financiamento será necessário, além de os montantes necessários e os trimestres em que os pagamentos podem ser feitos.

Para fornecer essas informações ao banco, o presidente ordenou que se reunissem os seguintes dados, a partir dos quais pode ser preparado um orçamento de caixa:

a. As vendas orçadas e as compras de mercadorias para o Ano 2, além das vendas e compras reais do último trimestre do Ano 1, são as seguintes:

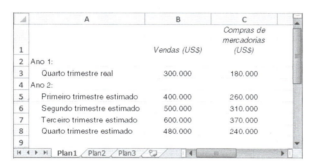

b. A empresa em geral recebe 33% das vendas de um trimestre antes de o trimestre acabar e outros 65% no trimestre seguinte. O restante é não recebível. Este padrão de recebimentos agora é experimentado nos dados reais do quarto trimestre do Ano 1.
c. Em torno de 20% das compras de mercadorias de um trimestre são pagos dentro do mesmo trimestre. O restante é pago no trimestre seguinte.
d. As despesas de venda e administrativas do Ano 2 são orçadas em US$ 90 mil por trimestre mais 12% das vendas. Do montante fixo, US$ 20 mil de cada trimestre é depreciação.
e. A empresa pagará US$ 10 mil em dividendos em numerários em cada trimestre.
f. Serão feitas compras de terrenos como a seguir durante o ano: US$ 80 mil no segundo trimestre e US$ 48,5 mil no terceiro trimestre.
g. A conta-corrente continha US$ 20 mil no final do Ano 1. A empresa tem que manter um saldo de caixa mínimo de pelo menos US$ 18 mil.
h. A empresa tem um acordo com um banco local que permite que ela contraia empréstimos em incrementos de US$ 10 mil no início de cada trimestre, até um saldo de empréstimo total de US$ 100 mil. A taxa de juros sobre esses empréstimos é de 1% ao mês e, para simplificar, suporemos que os juros não sejam compostos. A empresa pagaria o quanto pudesse do empréstimo mais juros acumulados no final do ano.
i. No presente momento, a empresa não possui nenhum empréstimo em aberto.

Requisitado:
1. Prepare o seguinte, por trimestre e no total, para o Ano 2:
    a. Um cronograma de recebimentos em numerários esperados das vendas.
    b. Um cronograma de desembolsos de caixa esperados para compras de mercadorias.
2. Calcule os desembolsos de caixa esperados para despesas de venda e administrativas, por trimestre e no total, para o Ano 2.
3. Prepare um orçamento de caixa por trimestre e no total para o Ano 2.

PROBLEMA 8.25 Aspectos comportamentais da criação de orçamentos [OA8.1]

Há cinco anos, Jack Cadence deixou seu cargo em uma grande empresa para abrir a Advanced Technologies Co. (ATC), uma empresa de *design* de software. O primeiro produto da ATC foi um pacote de software exclusivo para a integração de PCs em rede. A solidez das vendas desse primeiro produto permitiu que a empresa iniciasse o desenvolvimento de outros produtos de software e contratasse pessoal adicional. A equipe da ATC cresceu rapidamente de três pessoas que trabalhavam no porão de Cadence para mais de 70 indivíduos que trabalhavam em espaços alugados em um parque industrial. O crescimento continuado levou Cadence a contratar experientes gerentes de marketing, distribuição e produção e um experiente contador, Bill Cross.

Há pouco tempo, Cadence decidiu que a empresa tinha ficado grande demais para funcionar de maneira informal e que era necessário um programa formalizado de planejamento e controle centrado em torno de um orçamento. Cadence pediu ao contador, Bill Cross, para trabalhar com ele no desenvolvimento do orçamento inicial da ATC.

Cadence previu receitas de vendas baseadas em suas projeções tanto do crescimento do mercado do primeiro software quanto da bem-sucedida conclusão de novos produtos. Cross usou esses dados para construir o orçamento-mestre da empresa, que ele, então, decompôs em orçamentos departamentais. Cadence e Cross se reuniram várias vezes ao longo de um período de três semanas para fechar os detalhes dos orçamentos.

Quando Cadence e Cross ficaram satisfeitos com seu trabalho, os vários orçamentos departamentais foram distribuídos aos gerentes de departamentos com uma carta de apresentação explicando o novo sistema orçamentário da ATC. A carta solicitava o auxílio de todos para trabalharem juntos para alcançar os objetivos do orçamento.

Vários dos gerentes de departamento ficaram insatisfeitos com o modo como o processo orçamentário foi feito. Ao discutir a situação entre si, eles sentiam que parte das projeções do orçamento era muito pessimista e não realisticamente alcançável.

Requisitado:
1. Como o processo orçamentário que Cadence e Cross usaram na ATC difere da prática recomendada?
2. Quais são as implicações comportamentais do modo como Cadence e Cross prepararam o orçamento-mestre?

(Adaptado do CMA)

PROBLEMA 8.26 Completar um orçamento-mestre [OA8.2, OA8.4, OA8.7, OA8.8, OA8.9, OA8.10]

Os dados a seguir estão relacionados às operações da Picanuy Corporation, uma distribuidora de bens de consumo no atacado:

Ativos circulantes (US$) a partir de 31 de dezembro:	
Caixa	6.000
Contas a receber	36.000
Estoques	9.800
Edifícios e equipamentos, líquidos	110.885
Contas a pagar	32.550
Capital acionário	100.000
Lucros retidos	30.135

a. A margem bruta é de 30% das vendas. (Em outras palavras, o custo dos produtos vendidos é de 70% das vendas.)
b. A seguir, temos dados de vendas realizadas e orçadas (US$):

Dezembro (realizadas)	60.000
Janeiro	70.000
Fevereiro	80.000
Março	85.000
Abril	55.000

c. As vendas são 40% à vista e 60% a prazo. As vendas a crédito são recebidas no mês seguinte à venda. As contas a receber em 31 de dezembro são o resultado das vendas a crédito de dezembro.
d. Os estoques finais de cada mês devem ser iguais a 20% do custo de produtos vendidos orçado do mês seguinte.
e. Um quarto das compras de estoques de um mês é pago no mês da compra; os outros três quartos são pagos no mês seguinte. As contas a pagar em 31 de dezembro são o resultado das compras de estoques de dezembro.

Capítulo **8** ▶▶ Planejamento de lucros 377

f. As despesas mensais são as seguintes: comissões, US$ 12 mil; aluguel, US$ 1,8 mil; outras despesas (excluindo a depreciação), 8% das vendas. Suponha que essas despesas sejam pagas todos os meses. A depreciação é US$ 2,4 mil no trimestre e inclui depreciação sobre novos ativos adquiridos durante o trimestre.

g. Equipamentos serão adquiridos à vista: US$ 3 mil em janeiro e US$ 8 mil em fevereiro.

h. A gerência gostaria de manter um saldo de caixa mínimo de US$ 5 mil no final de cada mês. A empresa tem um acordo com um banco local que a permite contrair empréstimos em incrementos de US$ 1 mil no início de cada mês, até um saldo de empréstimo total de US$ 50 mil. A taxa de juros sobre esses empréstimos é de 1% ao mês, e para simplificar, suporemos que os juros não sejam compostos. A empresa pagaria o quanto pudesse do empréstimo mais juros acumulados no final trimestre.

Requisitado:

Usando os dados anteriores:

1. Complete o seguinte cronograma:

Cronograma de recebimentos em numerários esperados (US$)				
	Janeiro	Fevereiro	Março	Trimestre
Vendas à vista	28.000			
Vendas a prazo	36.000	____	____	____
Total de recebimentos	64.000	____	____	____

2. Complete o seguinte:

Orçamento de compras de mercadorias (US$)				
	Janeiro	Fevereiro	Março	Trimestre
Custos de produtos vendidos orçados	49.000*			
Mais estoques finais desejados	11.200†	____	____	____
Necessidades totais	60.200			
Menos estoques iniciais	9.800	____	____	____
Compras necessárias	50.400	____	____	____

* US$ 70.000 de vendas × 70% = US$ 49.000.

† US$ 80.000 × 70% × 20% = US$ 11.200.

Cronograma de desembolsos de caixa esperados-compras de mercadorias (US$)				
	Janeiro	Fevereiro	Março	Trimestre
Compras de dezembro	32.550*			32.550
Compras de janeiro	12.600	37.800		50.400
Compras de fevereiro				
Compras de março	____	____	____	____
Total de desembolsos	45.150	____	____	____

* Saldo inicial das contas a pagar.

3. Complete o seguinte cronograma:

Cronograma de desembolsos de caixa esperados-despesas de venda e administrativas (US$)				
	Janeiro	Fevereiro	Março	Trimestre
Comissões	12.000			
Aluguel	1.800			
Outras despesas	5.600	____		____
Total de desembolsos	19.400	____	____	____

4. Complete o seguinte orçamento de caixa:

Orçamento de caixa (US$)				
	Janeiro	Fevereiro	Março	Trimestre
Saldo de caixa inicial.........................	6.000			
Mais recebimentos em numerários................	64.000	_____	_____	_____
Total de caixa disponível..................	70.000	_____	_____	_____
Menos desembolsos de caixa:				
Para a compra de estoques........................	45.150			
Para despesas operacionais......................	19.400			
Para a compra de equipamentos................	3.000	_____	_____	_____
Total de desembolsos de caixa.....................	67.550			
Excesso (déficit) de caixa............................	2.450			
Financiamentos				
Etc.				

5. Prepare uma demonstração de resultados pelo custeio por absorção, similar à demonstrada no Cronograma 9 neste capítulo, para o trimestre que termina em 31 de março.
6. Prepare um balanço patrimonial a partir de 31 de março.

PROBLEMA 8.27 Completar um orçamento-mestre [OA8.2, OA8.4, OA8.7, OA8.8, OA8.9, OA8.10]

A Nordic, uma empresa de *merchandising*, prepara seu orçamento-mestre a cada três meses. Os dados a seguir foram reunidos para auxiliar na preparação do orçamento-mestre para o segundo trimestre.

a. A partir de 31 de março (o final do trimestre anterior), o balanço patrimonial da empresa mostrava os seguintes saldos de conta (US$):

Caixa...	9.000	
Contas a receber	48.000	
Estoques...	12.600	
Edifícios e equipamentos (líquidos)	214.100	
Contas a pagar		18.300
Capital acionário		190.000
Lucros retidos...	_____	75.400
	283.700	283.700

b. As vendas realizadas de março e as vendas orçadas para abril – julho são as seguintes (US$):

Março (realizadas)	60.000
Abril.................................	70.000
Maio..................................	85.000
Junho.................................	90.000
Julho.................................	50.000

c. As vendas são 20% à vista e 80% a crédito. Todos os pagamentos de vendas a crédito são recebidos no mês seguinte à venda. As contas a receber em 31 de março são o resultado das vendas a crédito de março.
d. O percentual de margem bruta da empresa é de 40% das vendas. (Em outras palavras, o custo de produtos vendidos é de 60% das vendas.)
e. As despesas de venda e administrativas mensais são orçadas como a seguir: salários e remunerações, US$ 7,5 mil por mês; expedição, 6% das vendas; propaganda, US$ 6 mil por mês; outras despesas, 4% das vendas. A depreciação, incluindo a depreciação de novos ativos adquiridos durante o trimestre, será de US$ 6 mil no trimestre.
f. Os estoques finais de cada mês devem ser iguais a 30% dos custos de produtos vendidos do mês seguinte.

Capítulo **8** ▶▶ Planejamento de lucros

g. Metade das compras de estoques de um mês é paga no mês da compra e metade, no mês seguinte.
h. As compras de equipamentos durante o trimestre serão as seguintes: abril, US$ 11,5 mil; e maio, US$ 3 mil.
i. Dividendos totalizando US$ 3,5 mil serão declarados e pagos em junho.
j. A gerência deseja manter um saldo de caixa mínimo de US$ 8 mil. A empresa tem um acordo com um banco local que permite que ela contraia empréstimos em incrementos de US$ 1 mil no início de cada mês, até um saldo de empréstimo total de US$ 20 mil. A taxa de juros sobre esses empréstimos é de 1% ao mês e, para simplificar, suporemos que os juros não sejam compostos. A empresa pagaria o quanto pudesse do empréstimo mais os juros acumulados no final do trimestre.

Requisitado:

Usando os dados anteriores, complete as seguintes demonstrações e cronogramas para o segundo trimestre:

1. Cronograma de recebimentos em numerários esperados (US$):

	Abril	Maio	Junho	Total
Vendas à vista	14.000			
Vendas a crédito	48.000			
Total de recebimentos	62.000			

2. a. Orçamento de compras de mercadorias (US$):

	Abril	Maio	Junho	Total
Custos de produtos vendidos orçados	42.000*	51.000		
Mais estoques finais desejados	15.300†			
Necessidades totais	57.300			
Menos estoques iniciais	12.600			
Compras necessárias	44.700			

* US$ 70.000 vendas × 60% = US$ 42.000.
† US$ 51.000 × 30% = US$ 15.300.

b. Cronograma de desembolsos de caixa esperados para compras de mercadorias (US$):

	Abril	Maio	Junho	Total
Para compras de março	18.300			18.300
Para compras de abril	22.350	22.350		44.700
Para compras de maio				
Para compras de junho				
Total de desembolsos de caixa para compras	40.650			

3. Cronograma de desembolsos de caixa esperados para despesas de venda e administrativas (US$):

	Abril	Maio	Junho	Total
Salários e remunerações	7.500			
Expedição	4.200			
Propaganda	6.000			
Outras despesas	2.800			
Total de desembolsos de caixa para despesas de venda e administrativas	20.500			

4. Orçamento de caixa (US$):

	Abril	Maio	Junho	Total
Saldo de caixa inicial..	9.000			
Mais recebimentos em numerário............................	62.000			
Total de caixa disponível..	71.000			
Menos desembolsos de caixa:				
Para compras de estoques....................................	40.650			
Para despesas de venda e administrativas	20.500			
Para compras de equipamentos............................	11.500			
Para dividendos...	—			
Total de desembolsos de caixa.................................	72.650			
Excesso (déficit) de caixa...	− 1.650			
Financiamentos				
Etc.				

5. Prepare uma demonstração de resultados pelo custeio por absorção para o trimestre que termina em 30 de junho, como demonstra o Cronograma 9 deste capítulo.
6. Prepare um balanço patrimonial a partir de 30 de junho.

CASOS

Consulte no *site* <www.grupoa.com.br> os suplementos para esta seção.

CASO 8.28 Avaliando os procedimentos orçamentários de uma empresa [OA8.1]

Tom Emory e Jim Morris saíram dos escritórios administrativos da Ferguson & Son Manufacturing Company e retornaram, caminhando, à fábrica. Tom é gerente da oficina de máquinas da fábrica da empresa; Jim é gerente do departamento de manutenção de equipamentos.

Os dois tinham acabado de participar da avaliação de desempenho mensal dos chefes de departamento da fábrica. Essas reuniões eram marcadas toda terceira terça-feira de cada mês desde que Robert Ferguson Jr., o filho do presidente, tinha se tornado gerente da fábrica um ano antes.

Enquanto caminhavam, Tom Emory disse: "Nossa, eu odeio essas reuniões! Nunca sei se os relatórios contábeis de meu departamento exibirão um bom ou um mau desempenho. Estou começando a esperar o pior. Se os contadores dizem que eu economizei um dólar para a empresa, eles me chamam de 'Senhor', mas se eu gastei um pouquinho a mais – caramba, aí estou em maus lençóis. Não sei se aguentarei até a aposentadoria".

Tom tinha acabado de receber a pior avaliação de sua longa carreira com a Ferguson & Son. Ele era o mais respeitado e experiente entre os maquinistas da empresa, trabalhava na Ferguson & Son há muitos anos e tinha sido promovido a supervisor da oficina de máquinas quando a empresa expandiu e se mudou para o presente local. O presidente (o Sr. Robert Ferguson) sempre dizia que o sucesso da empresa era por causa do trabalho de alta qualidade de maquinistas como Tom. Como supervisor, Tom enfatizava a importância da habilidade artesanal e dizia a seus trabalhadores que ele não queria desleixo em seu departamento.

Quando Robert Ferguson Jr. se tornou gerente da fábrica, ele decidiu que seriam feitas comparações mensais de desempenho entre os custos reais e orçados para cada departamento. Os orçamentos departamentais tinham a intenção de encorajar os supervisores a reduzirem ineficiências e buscarem oportunidades de redução de custos. O *controller* da empresa foi instruído a fazer sua equipe "apertar" um pouco o orçamento sempre que um departamento atingisse suas metas em determinado mês; isso era feito para reforçar o desejo do gerente da fábrica de reduzir custos. O jovem gerente da fábrica sempre enfatizava a importância de um progresso contínuo em direção a bater as metas do orçamento; ele também quis que todos soubessem, quando sucedeu seu pai, que ele mantinha um arquivo com esses relatórios de desempenho para referências futuras.

A conversa de Tom Emory com Jim Morris continuou assim:

Emory: Eu realmente não compreendo. Demos um duro danado para cumprir o orçamento e no instante em que conseguimos, eles apertam o orçamento ainda mais. Não temos como trabalhar mais rápido e ainda manter a qualidade. Acho que meus homens estão ao ponto de desistir de tentar. Além disso, esses relatórios não contam a história toda. Parece que estamos sempre interrompendo as ordens de produção maiores para cumprirmos pequenos trabalhos de última hora. O tempo que levamos com toda aquela reconfiguração e ajuste das máquinas está nos matando. E, francamente, Jim, você não ajudou em nada. Quando nossa prensa hidráulica quebrou no mês passado, seu pessoal tinha sumido. Tivemos que desmontá-la nós mesmos e ficamos presos com todo aquele tempo ocioso.

Morris: Peço desculpas quanto àquilo, Tom, mas você sabe que meu departamento também teve problemas para fazer o orçamento. Estávamos muito atrasados na época daquele problema e se tivéssemos passado um dia naquela máquina velha, nunca teríamos conseguido. Em vez disso, fizemos as inspeções das empilhadeiras, que estavam previstas no cronograma, porque sabíamos que poderíamos fazê-las em um tempo menor do que o que foi orçado.

Emory: Bem, Jim, pelo menos você tem algumas opções. Eu estou preso no que o departamento de cronogramas determina que eu faça e você sabe que eles estão sendo perseguidos pelo pessoal de vendas por causa daqueles pedidos especiais. Aliás, por que seu relatório não mostrou todos os suprimentos que vocês desperdiçaram no mês passado quando trabalharam no departamento do Bill?

Morris: Ainda não resolvemos aquele problema. Lançamos o máximo que podíamos nas contas de outros trabalhos e ainda nem lançamos tudo.

Emory: Bem, fico feliz em saber que você tem uma maneira de evitar a pressão. Os contadores parecem saber tudo o que acontece em meu departamento, às vezes até mesmo antes de mim. Achei que todos aqueles orçamentos e procedimentos contábeis eram para ajudar, mas só me causam problema. É uma droga. Eu tento fazer um trabalho de qualidade; eles só tentam economizar centavos.

Requisitado:

1. Identifique os problemas que existem no sistema de controle orçamentário da Ferguson & Son Manufacturing Company e explique como os problemas provavelmente reduzirão a eficácia do sistema.
2. Explique como o sistema de controle orçamentário da Ferguson & Son Manufacturing Company poderia ser revisado de modo a melhorar sua eficácia.

(Adaptado do CMA)

CASO 8.29 Orçamento-mestre com cronogramas de apoio [OA8.2, OA8.4, OA8.8, OA8.9, OA8.10]

Você acaba de ser contratado como estagiário na gerência da Cravat Sales Company, uma distribuidora em todos os Estados Unidos de gravatas de seda de um *designer* famoso. A empresa tem uma franquia exclusiva da distribuição das gravatas e as vendas têm crescido tão rápido nos últimos anos, que passou a ser necessário adicionar novos membros à equipe de gerência. Você foi responsabilizado pelo planejamento e criação de orçamentos. Sua primeira tarefa é preparar um orçamento-mestre para os três próximos meses, começando em 1º de abril. Você está ansioso para causar uma boa impressão no presidente e reuniu as informações a seguir.

A empresa deseja um saldo de caixa final mínimo todo mês de US$ 10 mil. As gravatas são vendidas para varejistas a US$ 8 cada. As vendas recentes e previstas em unidades são as seguintes:

Janeiro (realizadas)........	20.000	Abril......................	35.000	Julho...................	40.000
Fevereiro (realizadas).....	24.000	Maio......................	45.000	Agosto................	36.000
Março (realizadas)	28.000	Junho....................	60.000	Setembro............	32.000

O grande aumento nas vendas antes e durante junho é por causa do Dia dos Pais. Os estoques finais devem ser iguais a 90% das vendas em unidades do mês seguinte. As gravatas custam à empresa US$ 5 cada.

As compras são pagas como a seguir: 50% no mês da compra e os 50% restantes, no mês seguinte. Todas as vendas são a crédito, sem desconto, e pagáveis dentro de 15 dias. A empresa descobriu, no entanto, que apenas 25% das vendas de um mês são recebidos até o final do mês. Outros 50% são recebidos no mês seguinte e os 25% restantes são recebidos no segundo mês após a venda. As dívidas ruins têm sido insignificantes.

As despesas de venda e administrativas mensais da empresa (US$) são dadas a seguir:

Variáveis:	
Comissões de vendas	1 por gravata
Fixas:	
Remunerações e salários	22.000
Utilidades	14.000
Seguros	1.200
Depreciação	1.500
Diversas	3.000

Todas as despesas de venda e administrativas são pagas durante o mês, em numerários, exceto a depreciação e seguros vencidos. Terrenos serão comprados durante maio por US$ 25 mil à vista. A empresa declara dividendos de US$ 12 mil a cada trimestre, pagáveis no primeiro mês do trimestre seguinte. O balanço patrimonial da empresa em 31 de março é dado a seguir:

Ativos (US$)	
Caixa...	14.000
Contas a receber (US$ 48.000 das vendas de fevereiro; US$ 168.000 das vendas de março)	216.000
Estoques (31.500 unidades)	157.500
Seguros antecipados	14.400
Ativos fixos, excluída a depreciação...	172.700
Total de ativos	574.600
Passivos e patrimônio do acionista (US$)	
Contas a pagar	85.750
Dividendos a pagar	12.000
Capital acionário	300.000
Lucros retidos..	176.850
Total de passivos e patrimônio do acionista	574.600

A empresa tem um acordo com um banco que permite que ela contraia empréstimos em incrementos de US$ 1 mil no início de cada mês, até um saldo de empréstimo total de US$ 40 mil. A taxa de juros sobre esses empréstimos é de 1% ao mês e, para simplificar, suporemos que os juros não sejam compostos. No final do trimestre, a empresa pagaria ao banco todos os juros acumulados sobre o empréstimo e o máximo possível que pudesse pagar do principal (em incrementos de US$ 1 mil), retendo pelo menos US$ 10 mil no caixa.

Requisitado:

Prepare um orçamento-mestre para o período de três meses que termina em 30 de junho. Inclua os seguintes orçamentos detalhados:

1. a. Um orçamento de vendas por mês e no total.
   b. Um cronograma de recebimentos em numerário esperados das vendas, por mês e no total.
   c. Um orçamento de compras de mercadorias em unidades e em dólares. Mostre o orçamento por mês e no total.
   d. Um cronograma de desembolsos de caixa esperados para compras de mercadorias, por mês e no total.
2. Um orçamento de caixa. Mostre o orçamento por mês e no total.
3. Uma demonstração de resultados orçada para o período de três meses que termina em 30 de junho. Use a abordagem da margem de contribuição.
4. Um balanço patrimonial orçado a partir de 30 de junho.

ORÇAMENTOS FLEXÍVEIS E ANÁLISE DE DESEMPENHO

9

▶▶ **Objetivos de aprendizagem**

OA9.1 Preparar um orçamento flexível.

OA9.2 Preparar um relatório que mostre as variações das atividades.

OA9.3 Preparar um relatório que mostre as variações das receitas e das despesas.

OA9.4 Preparar um relatório que combine as variações das atividades e as variações das receitas e das despesas.

OA9.5 Preparar um orçamento flexível com mais de um direcionador de custo.

OA9.6 Compreender erros comuns cometidos na preparação de relatórios de desempenho baseados em resultados orçados e realizados.

FOCO NOS NEGÓCIOS

Inevitáveis erros de previsão

Embora planejar o futuro beneficie as empresas de inúmeras maneiras, elas devem ser capazes de responder quando os resultados realizados se desviam do plano. Por exemplo, apenas dois meses depois de dizer aos analistas da Wall Street que chegaria ao ponto de equilíbrio no primeiro trimestre de 2005, a **General Motors** (GM) reconheceu que suas vendas realizadas foram muito menores do que sua previsão original e a empresa teria um prejuízo de US$ 850 milhões naquele trimestre. Naquele ano, a GM reconheceu que os lucros projetados seriam 80% mais baixos do que os que foram indicados anteriormente. O preço das ações da empresa caiu em US$ 4,71.

Quando os planos de uma empresa se desviam de seus resultados realizados, os gerentes precisam compreender os motivos desses desvios. Quanto foi causado pelo fato de que as vendas realizadas simplesmente diferem das orçadas? Quanto foi causado pelas ações de gerentes? No caso da GM, o nível real de vendas foi muito menor do que o orçado, então alguns custos reais provavelmente foram menores do que os valores originalmente orçados. Esses custos mais baixos não sinalizam eficácia gerencial. Este capítulo explica como analisar as fontes de discrepâncias entre resultados orçados e realizados.

FONTE: Alex Taylor III, "GM Hits the Skids", *Fortune*, 4 de abril de 2005, p. 71-74.

CONTABILIDADE GERENCIAL

No último capítulo, exploramos como os orçamentos são desenvolvidos antes do início de um período. A criação de orçamentos envolve muito tempo e esforço e os resultados do processo orçamentário não devem ser engavetados e esquecidos. Para serem úteis, os orçamentos devem orientar a condução das operações reais e fazer parte do processo de avaliação de desempenho. Entretanto, os gerentes precisam ser muito cuidadosos sobre a forma como os orçamentos são usados. No governo, os orçamentos geralmente estabelecem o quanto será gasto e, de fato, gastar mais do que foi orçado pode ser considerado um crime. Isso não acontece em outras organizações. Naquelas com fins lucrativos, as despesas reais raramente são iguais às que foram orçadas no início do período, isso porque o nível real de atividade (como vendas unitárias) raramente será igual ao nível orçado de atividade; portanto, muitos custos e receitas reais naturalmente diferem do que foi orçado. Um gerente deve ser penalizado por gastar 10% a mais do que o orçado para um custo variável, como materiais diretos, se as vendas unitárias forem 10% mais altas do que o orçado? Claro que não. Neste capítulo, exploraremos como os orçamentos podem ser ajustados de modo que possam ser feitas comparações significativas com os custos reais.

ORÇAMENTOS FLEXÍVEIS

Características de um orçamento flexível

Os orçamentos que exploramos no último capítulo eram *planejamento orçamentário*. Um **planejamento orçamentário** é preparado antes de o período começar e é válido apenas no nível planejado de atividade. Um planejamento orçamentário estático é adequado para planejamentos, mas inadequado para avaliar o controle dos custos. Se o nível de atividade realizada for diferente do que foi planejado, seria enganoso comparar os custos reais ao planejamento orçamentário estático e imutável. Se o nível de atividade for mais alto do que o esperado, os custos variáveis deverão ser mais altos do que o esperado; e se o nível de atividade for mais baixo do que o esperado, os custos variáveis deverão ser mais baixos do que o esperado.

Os *orçamentos flexíveis* levam em consideração como as mudanças nas atividades afetam os custos. Um **orçamento flexível** é uma estimativa do que deveriam ter sido as receitas e os custos, dado o nível de atividade do período atual. Quando um orçamento flexível é usado na avaliação de desempenho, os custos reais são comparados aos custos que deveriam ter ocorrido para o nível de atividade realizada durante o período, e não ao planejamento orçamentário estático. Essa é uma distinção muito importante. Se não forem feitos ajustes para o nível de atividade, é muito difícil interpretar discrepâncias entre os custos orçados e os reais.

▶▶ OA9.1

Preparar um orçamento flexível.

▶ **Planejamento orçamentário**

orçamento criado no início do período orçamentário que é válido somente para o nível de atividade planejado.

▶ **Orçamento flexível**

relatório que mostra estimativas do que as receitas e os custos deveriam ter sido, dado o nível de atividade realizada do período.

POR DENTRO
DAS EMPRESAS **POR QUE AS EMPRESAS PRECISAM DE ORÇAMENTOS FLEXÍVEIS?**

A dificuldade de prever com precisão o desempenho financeiro futuro pode ser facilmente compreendida por meio da leitura do relatório anual de qualquer empresa de capital aberto. Por exemplo, a **Nucor Corporation**, uma fabricante de aço sediada em Charlotte, Carolina do Norte, EUA, cita diversos motivos pelos quais seus resultados realizados podem diferir das expectativas, inclusive os seguintes: (1) o suprimento e o custo de matérias-primas, energia elétrica e gás natural podem mudar inesperadamente; (2) a demanda do mercado por produtos de aço pode mudar; (3) pressões competitivas de produtos importados e materiais substitutos podem se intensificar; (4) incertezas em relação à economia global podem afetar a demanda dos clientes; (5) mudanças nas políticas comerciais internas e externas podem alterar as práticas correntes de importação e exportação; e (6) novas regulamentações governamentais podem aumentar significativamente os custos de conformidade ambiental. Cada um desses fatores poderia fazer as receitas e/ou custos de um orçamento estático diferirem de seus resultados realizados.

FONTE: Relatório anual de 2004 da Nucor Corporation, p. 3.

Deficiências do planejamento orçamentário estático

Para ilustrar a diferença entre um planejamento orçamentário estático e um orçamento flexível, considere o Rick's Hairstyling, um salão de cabeleireiros luxuoso localizado em Beverly Hills, Estados Unidos, pertencente a Rick Manzi e por ele gerenciado. O salão possui clientes muito fiéis – muitos dos quais são associados à indústria cinematográfica. Há pouco tempo, Rick tenta ter um controle melhor de suas receitas e seus custos, e, a pedido de sua contadora e consultora de negócios, Victoria Kho, começou a preparar orçamentos mensais. Victoria Kho é uma contadora independente especializada em pequenas empresas de prestação de serviços como o Rick's Hairstyling.

No final de fevereiro, Rick preparou o orçamento de março que aparece no Quadro 9.1. Rick acredita que o número de clientes atendidos em um mês seja a melhor medida do nível de atividade geral de seu salão. Ele se refere a essas visitas como "visitas de clientes", por exemplo, um cliente que vai ao salão e faz o cabelo é contado como uma visita de cliente.

Planejamento orçamentário do Rick's Hairstyling para o mês que termina em 31 de março	
Visitas de clientes orçadas (q)	**1.000**
Receita (US$ 180q)	180.000
Despesas:	
Remunerações e salários (US$ 65.000 + US$ 37q)	102.000
Produtos de cabelo (US$ 1,50q)	1.500
Gratuidades oferecidas aos clientes (US$ 4,10q)	4.100
Energia elétrica (**US$ 1.500 + US$ 0,10q**)	**1.600**
Aluguel (US$ 28.500)	28.500
Seguro de responsabilidade civil (US$ 2.800)	2.800
Seguro-saúde de funcionários (US$ 21.300)	21.300
Outras (US$ 1.200 + US$ 0,20q)	1.400
Total de despesas	163.200
Resultado operacional	**16.800**

QUADRO 9.1
Planejamento orçamentário (US$).

Observe que o termo *receita*, em substituição a *vendas*, é usado no planejamento orçamentário. Usamos o termo receita em todo o capítulo porque algumas organizações têm fontes de receita diferentes de vendas. Por exemplo, doações, além de vendas, são contadas como receita em organizações sem fins lucrativos.

Rick identificou oito grandes categorias de custos – "remunerações e salários", "produtos de cabelo", "gratuidades oferecidas aos clientes", "energia elétrica", "aluguel", "seguro de responsabilidade civil", "seguro-saúde de funcionários" e "outras". Gratuidades oferecidas aos clientes consistem em flores, balas e taças de champanhe que Rick oferece aos seus clientes enquanto estão no salão.

Trabalhando com Victoria, Rick estimou uma fórmula de custo para cada custo. Por exemplo, eles determinaram que a fórmula de custo de energia elétrica deveria ser **US$ 1.500 + US$ 0,10q**, em que q é igual ao número de visitas de clientes. Em outras palavras, a energia elétrica é um custo misto com um elemento fixo de US$ 1,5 mil e um elemento variável de US$ 0,10 por visita de cliente. Como o nível de atividade orçado foi estabelecido em **1.000** visitas de clientes, foi fácil calcular o valor orçado para cada item de linha no orçamento. Por exemplo, usando a fórmula de custo, o custo orçado de energia elétrica foi estabelecido em **US$ 1.600** (= US$ 1.500 + US$ 0,10 × 1.000).

No final de março, Rick descobriu que seu lucro real foi de **US$ 21.230**, como mostra a demonstração de resultados no Quadro 9.2. É importante perceber que os resultados realizados não são determinados colocando-se o número de visitas de clientes reais nas fórmulas de receitas e de custos. As fórmulas são simplesmente estimativas do que as receitas e os custos deveriam ser para determinado nível de atividade. O que realmente acontece normalmente difere do que deveria acontecer.

QUADRO 9.2
Resultados realizados – demonstração de resultados (US$).

Demonstração de resultados do Rick's Hairstyling para o mês que termina em 31 de março	
Visitas de clientes realizadas	**1.100**
Receita	194.200
Despesas:	
Remunerações e salários	106.900
Produtos de cabelo	1.620
Gratuidades oferecidas aos clientes	6.870
Energia elétrica	1.550
Aluguel	28.500
Seguro de responsabilidade civil	2.800
Seguro-saúde de funcionários	22.600
Outras	2.130
Total de despesas	172.970
Resultado operacional	– 21.230

Voltando ao Quadro 9.1, o resultado operacional orçado foi de **US$ 16,8 mil**, ou seja, o lucro real foi bem mais alto do que o planejado no início do mês. Isso foi, é claro, uma boa notícia, mas Rick queria saber mais. Os negócios aumentaram em 10% – o salão teve **1.100** visitas de clientes em vez das **1.000** visitas de clientes orçadas. Esse fato apenas poderia explicar a receita líquida mais alta? A resposta é não. Um aumento de 10% no resultado operacional teria resultado um resultado operacional de apenas US$ 18.480 (= 1,1 × US$ 16.800), e não os US$ 21.230 que realmente foram obtidos durante o mês. O que causou esse resultado melhor? Preços mais altos? Custos mais baixos? Outra coisa? Seja qual for a causa, Rick gostaria de saber a resposta e, então, esperançosamente, repetir o mesmo desempenho no próximo mês.

Em uma tentativa de analisar o que aconteceu em março, Rick preparou o relatório comparando os custos orçados aos custos reais que aparecem no Quadro 9.3. Observe que a maioria das variações desse relatório é rotulada de desfavorável (D) em vez de favorável (F) embora o resultado operacional tivesse sido de fato mais alta do que se esperava. Por exemplo, as remunerações e os salários mostram uma variação desfavorável de **US$ 4,9 mil** porque o orçamento estabelecia US$ 102 mil em remunerações e salários, enquanto a despesa real com remunerações e salários foi de US$ 106,9 mil. O problema com o relatório, como Rick logo percebeu, é que ele compara receitas e custos em um nível de atividade (**1.000** visitas de clientes) a receitas e custos em um nível de atividade diferente (**1.100** visitas de clientes). Isso é como comparar maçãs a laranjas. Como Rick teve cem visitas de clientes a mais do que o esperado, alguns de seus custos deveriam ser mais altos do que os orçados. Do ponto de vista de Rick, o aumento na atividade foi bom e deveria ser contado como uma variação favorável, mas o aumento na atividade teve, ao que parece, um impacto negativo sobre a maioria dos custos do relatório. Rick sabia que algo deveria ser feito para tornar o relatório significativo, mas ele não tinha certeza do que fazer. Então, marcou uma reunião com Victoria Kho para discutir o próximo passo.

CONTABILIDADE GERENCIAL **EM AÇÃO**

Rick's Hairstyling Salon

Questão

Victoria: Como vai a criação do orçamento?

Rick: Muito bem. Eu não tive nenhum problema para fazer o orçamento para março. Também preparei um relatório comparando os resultados realizados de março ao orçamento, mas esse relatório não me dá o que eu realmente quero saber.

Victoria: Seria porque seu nível de atividade realizado não corresponde ao nível de atividade orçado?

Rick: Isso. Eu sei que o nível de atividade não deveria afetar meus custos fixos, mas tivemos mais visitas de clientes do que eu esperava e isso certamente afetou meus outros custos.

Capítulo **9** ▶▶ Orçamentos flexíveis e análise de desempenho

387

Victoria: Então você quer saber se os custos reais mais altos são justificados pelo nível de atividade mais alto?

Rick: Exato.

Victoria: Se você deixar seus relatórios e seus dados comigo, posso analisá-los mais tarde hoje e amanhã terei um relatório para lhe mostrar.

Comparação do planejamento orçamentário estático aos resultados realizados do Rick's Hairstyling para o mês que termina em 31 de março

	Planejamento orçamentário	Resultados realizados	Variações	
Visitas de clientes	**1.000**	**1.100**		
Receita	180.000	194.200	14.200	F
Despesas:				
Remunerações e salários	102.000	106.900	**4.900**	D
Produtos de cabelo	1.500	1.620	120	D
Gratuidades oferecidas aos clientes	4.100	6.870	2.770	D
Energia elétrica	1.600	1.550	50	F
Aluguel	28.500	28.500	0	
Seguro de responsabilidade civil	2.800	2.800	0	
Seguro-saúde de funcionários	21.300	22.600	1.300	D
Outras	1.400	2.130	730	D
Total de despesas	163.200	172.970	9.770	D
Resultado operacional	16.800	21.230	4.430	F

QUADRO 9.3
Comparação do planejamento orçamentário estático aos resultados realizados (US$).

Como funciona um orçamento flexível

A abordagem do orçamento flexível reconhece que um orçamento pode ser ajustado de modo a mostrar quais *deveriam ser* os custos para o nível de atividade realizado. Para ilustrar como os orçamentos flexíveis funcionam, Victoria preparou o relatório no Quadro 9.4 que mostra quais deveriam ter sido *as receitas e os custos dado o nível de atividade realizado* em março. Preparar o relatório é fácil. A fórmula de cada custo é usada para estimar qual deveria ter sido o custo para **1.100** visitas de clientes – o nível de atividade realizado de março. Por exemplo, por meio da fórmula de custo **US$ 1.500 + US$ 0,10q**, o custo da energia elétrica em março *deveria ter sido* **US$ 1.610** (= US$ 1.500 + US$ 0,10 × 1.100).

Orçamento flexível do Rick's Hairstyling em 31 de março

Visitas de clientes reais (q)	**1.100**
Receita (US$ 180q)	198.000
Despesas:	
Remunerações e salários (US$ 65.000 + US$ 37q)	105.700
Produtos de cabelo (US$ 1,50q)	1.650
Gratuidades oferecidas aos clientes (US$ 4,10q)	4.510
Energia elétrica (**US$ 1.500 + US$ 0,10q**)	**1.610**
Aluguel (US$ 28.500)	28.500
Seguro de responsabilidade civil (US$ 2.800)	2.800
Seguro-saúde de funcionários (US$ 21.300)	21.300
Outras (US$ 1.200 + US$ 0,20q)	1.420
Total de despesas	167.490
Resultado operacional	**30.510**

QUADRO 9.4
Orçamento flexível baseado no nível de atividade realizado (US$).

CONTABILIDADE GERENCIAL

Podemos ver, a partir do orçamento flexível, que o resultado operacional em março *deveria ter sido* US$ 30.510, mas lembre-se, de acordo com o Quadro 9.2, de que o resultado operacional foi, na verdade, de apenas US$ 21.230. Os resultados não são tão bons quanto achávamos que seriam. Por quê? Responderemos a essa pergunta em breve.

Para resumir até esse ponto, Rick tinha orçado um lucro de US$ 16.800. O lucro real foi bem mais alto – US$ 21.230. Entretanto, considerando a quantidade de negócios em março, o lucro deveria ter sido ainda mais alto – US$ 30.510. Quais são as causas dessas discrepâncias? Rick sem dúvida gostaria de aumentar os fatores positivos, procurando diminuir os fatores negativos. Mas quais são eles?

VARIAÇÕES DO ORÇAMENTO FLEXÍVEL

Para responder às perguntas de Rick sobre as discrepâncias entre os custos orçados e os custos reais, devemos decompor as variações exibidas no Quadro 9.3 em dois tipos: das atividades e das receitas e das despesas. Faremos isso nas duas próximas seções.

Variações das atividades

> **OA9.2**
>
> Preparar um relatório que mostre as variações das atividades.

Parte da discrepância entre o lucro orçado e o real se deve ao fato de que o nível de atividade real em março foi maior do que o esperado. Qual a parte dessa discrepância se deu especialmente por causa desse fator? O relatório no Quadro 9.5 foi criado para responder a essa pergunta. Nele, planejamento orçamentário do início do período é comparado ao orçamento flexível baseado no nível de atividade real do período. O planejamento orçamentário mostra o que deveria ter acontecido no nível de atividade orçado, enquanto o orçamento flexível mostra o que deveria ter acontecido no nível de atividade real. Portanto, a diferença entre os dois orçamentos mostra o que deveria ter acontecido somente porque o nível de atividade real foi diferente do que se esperava.

QUADRO 9.5
Variações das atividades provenientes da comparação do planejamento orçamentário ao orçamento flexível baseado no nível de atividade real (US$).

Variações das atividades do Rick's Hairstyling para o mês que termina em 31 de março	Planejamento orçamentário	Orçamento flexível	Variações das atividades	
Visitas de clientes	1.000	1.100		
Receita (US$ 180,00q)	180.000	198.000	18.000	F
Despesas:				
Remunerações e salários (US$ 65.000 + US$ 37,00q)	102.000	105.700	3.700	D
Produtos de cabelo (US$ 1,50q)	1.500	1.650	150	D
Gratuidades oferecidas aos clientes (US$ 4,10q)	4.100	4.510	410	D
Energia elétrica (US$ 1.500 + US$ 0,10q)	1.600	1.610	10	D
Aluguel (US$ 28.500)	28.500	28.500	0	
Seguro de responsabilidade civil (US$ 2.800)	2.800	2.800	0	
Seguro-saúde de funcionários (US$ 21.300)	21.300	21.300	0	
Outras (US$ 1.200 + US$ 0,20q)	1.400	1.420	20	D
Total de despesas	163.200	167.490	4.290	D
Resultado operacional	16.800	30.510	13.710	F

Por exemplo, o orçamento baseado em mil visitas de clientes mostra uma receita de US$ 180.000 (= US$ 180 por visita de cliente × 1.000 visitas de clientes). O orçamento flexível baseado em 1.100 visitas de clientes mostra uma receita de US$ 198.000 (= US$ 180 por visita de cliente × 1.100 visitas de clientes). Como o salão teve cem visitas de clientes a mais do que o previsto no orçamento, a receita real deveria ter sido maior do que a receita orçada em US$ 18.000 (= US$ 198.000 – US$ 180.000). Essa variação das atividades é exibida no relatório como US$ 18.000 F (favorável). Da mesma forma, o orçamento baseado em 1.000 visitas de clientes mostra custos de energia elétrica de **US$ 1.600** (= US$ 1.500 + US$ 0,10 por visita de cliente × 1.000 visitas de clientes). O orçamento flexível baseado em 1.100 visitas de clientes mostra custos de energia elétrica de **US$ 1.610** (= US$ 1.500 + US$ 0,10 por visita de cliente × 1.100 visitas de clientes). Como o salão teve cem visitas de clientes a mais do que o previsto no orçamento, os custos reais de energia elétrica deveriam ter sido US$ 10 (= US$ 1.610 – US$ 1.600) mais altos do que o orçado. A variação das atividades de energia elétrica é exibida no relatório como **US$ 10 D** (desfavorável). Observe que, nesse caso, o rótulo "desfavorável" pode ser um pouco enganoso. Os custos *deveriam ser* US$ 10 mais altos para energia elétrica apenas porque os negócios aumentaram em cem visitas de clientes; portanto, essa variação é realmente desfavorável, se esse foi um custo necessário para atender mais clientes? Por motivos como esse, gostaríamos de alertá-lo sobre supor que as variações desfavoráveis sempre indicam um mau desempenho e as favoráveis, um bom desempenho.

Como todas as variações nesse relatório ocorrem somente em virtude da diferença no nível de atividade entre o planejamento orçamentário do início do período e o nível de atividade real, elas são chamadas **variações das atividades**. Por exemplo, a variação das atividades da receita é de **US$ 18 mil F**, a variação das atividades da energia elétrica é de **US$ 10 D**, e assim por diante. A mais importante variação das atividades aparece na última linha do relatório; a saber, a variação de **US$ 13.710 F** (favorável) do resultado operacional. Esta diz que, como a atividade foi mais alta do que o esperado no planejamento orçamentário, o resultado operacional deveria ter sido US$ 13.710 mais alta. Alertamos que não se deve enfatizar demais nenhuma variação nesse relatório. Como dissemos antes, espera-se que alguns custos sejam mais altos em decorrência do aumento dos negócios. É enganoso encarar essas variações desfavoráveis como um indicativo de mau desempenho.

▸ **Variação das atividades**

diferença entre um item de receita ou um item de custo no planejamento orçamentário estático e o mesmo item no orçamento flexível. Uma variação das atividades deve-se somente à diferença entre o nível de atividade suposto no planejamento orçamentário e o nível de atividade real usado no orçamento flexível.

Em contrapartida, a variação favorável das atividades do resultado operacional é importante. Exploremos essa variação com mais detalhe. Primeiro, como observamos, a atividade aumentou em 10%, mas o orçamento flexível indica que o resultado operacional deveria ter aumentado muito mais do que 10%. Um aumento de 10% no resultado operacional, dos US$ 16,8 mil no planejamento orçamentário, resultaria em um resultado operacional de US$ 18.480 (= 1,1 × US$ 16.800); entretanto, o orçamento flexível mostra um resultado operacional muito mais alto, de US$ 30.510. Por quê? A resposta é: por causa da presença de custos fixos. Quando aplicamos o aumento de 10% ao resultado operacional orçado para estimar o lucro no nível de atividade mais alto, supomos implicitamente que as receitas e *todos* os custos aumentam em 10%. Mas não é o que acontece. Observe que, quando o nível de atividade aumenta em 10%, três dos custos – aluguel, seguro de responsabilidade civil e seguro-saúde de funcionários – não aumentam em nada. Esses são custos puramente fixos. Então, embora as vendas aumentem em 10%, esses custos não aumentam; o que faz o resultado operacional aumentar em mais de 10%. Um efeito similar ocorre com os custos mistos que contêm elementos de custos fixos – remunerações e salários, energia elétrica e outros. Ainda que as vendas aumentem em 10%, esses custos mistos aumentam em menos de 10%, resultando em um aumento geral no resultado operacionala de mais de 10%. Em virtude da existência de custos fixos, o resultado operacional não muda de maneira proporcional às mudanças no nível de atividade. Há um efeito de alavanca. As mudanças percentuais no resultado operacional são normalmente maiores do que os aumentos percentuais na atividade.

Variações da receita e das despesas

Na última seção, respondemos a pergunta "Qual impacto as mudanças nas atividades têm sobre nossas receitas, custos e lucro?". Nesta seção, responderemos a pergunta "Controlamos bem nossas receitas, nossos custos e nosso lucro?".

Lembre-se de que o orçamento flexível baseado no nível de atividade real no Quadro 9.4 mostra o que *deveria ter acontecido dado o nível de atividade real*. Se compararmos esse orçamento flexível aos resultados realizados, compararemos o que deveria ter acontecido ao que de fato aconteceu, situação exibida no Quadro 9.6.

 OA9.3

Preparar um relatório que mostre as variações das receitas e das despesas.

QUADRO 9.6
Variações das receitas e das despesas provenientes da comparação do orçamento flexível aos resultados realizados.

Variações das receitas e das despesas (US$) do Rick's Hairstyling para o mês que termina em 31 de março				
	Orçamento flexível	Resultados realizados	Variações das receitas e das despesas	
Visitas de clientes	1.100	1.100		
Receita (US$ 180*q*)...	**198.000**	**194.200**	**3.800**	**D**
Despesas:				
Remunerações e salários (US$ 65.000 + US$ 37*q*)	105.700	106.900	1.200	D
Produtos de cabelo (US$ 1,50*q*)	1.650	1.620	30	F
Gratuidades oferecidas aos clientes (US$ 4,10*q*)	4.510	6.870	2.360	D
Energia elétrica (US$ 1.500 + US$ 0,10*q*)	**1.610**	**1.550**	**60**	**F**
Aluguel (US$ 28.500)...	28.500	28.500	0	
Seguro de responsabilidade civil (US$ 2.800)	2.800	2.800	0	
Seguro-saúde de funcionários (US$ 21.300)	21.300	22.600	1.300	D
Outras (US$ 1.200 + US$ 0,20*q*)	1.420	2.130	710	D
Total de despesas...	167.490	172.970	5.480	D
Resultado operacional	<u>30.510</u>	<u>21.230</u>	<u>9.280</u>	D

Concentrando-nos primeiro na receita, o orçamento flexível indica que, dado o nível de atividade realizado, a receita deveria ter sido de **US$ 198 mil**. Entretanto, a receita real totalizou **US$ 194,2 mil**. Como consequência, a receita foi de US$ 3,8 mil a menos do que deveria ter sido, dado o número real de visitas de clientes no mês. Essa discrepância é rotulada como uma variação desfavorável de **US$ 3,8 mil D** e chamada de *variação de receita*. Uma **variação de receita** é a diferença entre o que a receita total deveria ter sido, dados o nível de atividade real no período e a receita total real. Se a receita real exceder o que a receita deveria ter sido, a variação é rotulada como favorável. Se a receita real for menor do que a receita deveria ter sido, ela é rotulada como desfavorável. Por que a receita real seria menos ou mais do que ela deveria ter sido, dado o nível de atividade real? Simplesmente, a variação de receita é favorável se o preço de venda médio for maior do que o esperado; é desfavorável se o preço de venda médio for menor do que o esperado. Isso poderia acontecer por diversos motivos, inclusive uma mudança no preço de venda, um *mix* diferente de produtos vendidos, uma mudança na quantidade de descontos oferecidos, controles contábeis inadequados, entre outros.

Concentrando-nos, então, sobre os custos, o orçamento flexível indica que os custos de energia elétrica deveriam ter sido de **US$ 1.610** para as 1.100 visitas de clientes em março. Entretanto, o custo real da energia elétrica foi de **US$ 1.550**. Como o custo foi de US$ 60 a menos do que o esperado para o nível de atividade real durante o período, ele é rotulado como variação favorável, **US$ 60 F**. Esse é um exemplo de uma *variação de despesa*. Por definição, uma **variação de despesa** é a diferença entre quanto um custo deveria ter sido, dado o nível de atividade real, e o valor real do custo. Se o custo real é maior do que o custo deveria ter sido, a variação é rotulada de desfavorável. Se o custo real for menor do que o custo deveria ter sido, a variação é rotulada de favorável. Por que um custo teria uma variação favorável ou desfavorável? Há muitas explicações possíveis, inclusive o pagamento de um preço mais alto por insumos do que o que deveria ter sido pago, o uso de insumos excessivos para o nível de atividade real, mudanças tecnológicas, entre outros. No próximo capítulo, abordaremos esse tópico com mais detalhe.

Observe, com base no Quadro 9.6, que a variação geral do resultado operacional é de **US$ 9.280 D** (desfavorável). Isso significa que, dado o nível de atividade real do período, o resultado operacional foi US$ 9.280 mais baixa do que deveria ter sido. Há diversos

▶ **Variação de receita**

diferença entre quanto a receita deveria ter sido, dado o nível de atividade real, e a receita real do período. Uma variação de receita favorável (desfavorável) ocorre quando a receita é mais alta (mais baixa) do que o esperado, dado o nível de atividade real do período.

▶ **Variação de despesa**

diferença entre quanto um custo deveria ter sido, dado o nível de atividade real, e o valor real do custo. Uma variação de despesa favorável (desfavorável) ocorre quando o custo é mais baixo (mais alto) do que o esperado, dado o nível de atividade real do período.

motivos para isso ocorrer. O mais proeminente é a variação de receita desfavorável de US$ 3,8 mil. A seguir, temos a variação desfavorável de US$ 2.360 de gratuidades oferecidas aos clientes. Vendo por outro ângulo, as gratuidades oferecidas aos clientes foram 50% maiores do que deveriam ter sido segundo o orçamento flexível. Essa é uma variação que Rick certamente desejará investigar mais a fundo. Talvez seja o próprio Rick quem controla diretamente as gratuidades oferecidas aos clientes. Se não é ele, ele pode querer saber quem autorizou as despesas adicionais. Por que elas foram tão altas? Ofereceu-se mais do que o normal? Se sim, por quê? Ofereceram-se gratuidades mais caras aos clientes? Se sim, por quê? Observe que essa variação desfavorável não é necessariamente algo ruim. É possível, por exemplo, que tenha sido somente esse uso mais esbanjador das gratuidades o que levou ao aumento de 10% nas visitas de clientes.

POR DENTRO DAS EMPRESAS

DISCURSO SOBRE O ESTADO DA UNIÃO PREJUDICA A INDÚSTRIA DE JATOS CORPORATIVOS

Em dezembro de 2008, os executivos da indústria de automóveis de Detroit voaram em jatos corporativos privados para Washington D.C. para pleitear bilhões de dólares dos contribuintes para salvar suas empresas. O público protestou em alto e bom tom: Como as empresas à beira da falência podem arcar com o transporte de seus executivos em jatos corporativos privados? Um mês depois, o discurso sobre o Estado da União do presidente Obama incluiu críticas aos presidentes-executivos que "desapareciam em jatos privados".

O impacto desses eventos sobre a indústria de produção de jatos corporativos foi rápido e grave. A **Dassault Aviation** teve 27 cancelamentos de pedidos a mais do que novos pedidos no primeiro trimestre de 2009. A **Cessna Aircraft** teve 92 cancelamentos de pedidos no primeiro trimestre e demitiu 42% de sua força de trabalho. Aproximadamente 3,1 mil jatos inundaram o mercado de revenda em comparação aos 1,8 mil jatos que estavam em revenda no primeiro trimestre do ano anterior. O presidente-executivo da Cessna e o presidente da **Gulfstream Aerospace** foram à Casa Branca em maio de 2009 para dar um fim à retórica que destruía suas vendas.

Esses fatos ilustram como uma variação das atividades pode ser afetada por eventos incontroláveis. As vendas reais do primeiro trimestre nessas empresas foram substancialmente mais baixas do que suas vendas orçadas por causa de motivos que elas não tinham como prever ou controlar.

FONTE: Carol Matlack, "Public Flak Grounds Private Jets", *BusinessWeek*, 8 de junho de 2009, p. 13.

Relatório de desempenho que combine variações das atividades e variações das receitas e das despesas

▶▶ OA9.4

Preparar um relatório que combine as variações das atividades e as variações das receitas e das despesas.

O Quadro 9.7 exibe um relatório de desempenho que combina as variações das atividades (do Quadro 9.5) e as variações das receitas e das despesas (do Quadro 9.6). O relatório reúne informações desses dois quadros anteriores de uma maneira que facilita a interpretação do que aconteceu durante o período. O formato desse relatório é um pouco diferente do formato dos relatórios anteriores porque as variações aparecem entre os valores que são comparados, e não depois deles. Por exemplo, as variações das atividades aparecem entre os valores do planejamento orçamentário e os valores do orçamento flexível. No Quadro 9.5, as variações das atividades apareciam depois do planejamento orçamentário e do orçamento flexível.

Observe dois valores em particular no relatório de desempenho – a variação das atividades do resultado operacional de **US$ 13.710 F** (favorável) e a variação geral das receitas e das despesas do resultado operacional de **US$ 9.280 D** (desfavorável). Vale repetir o que esses dois valores significam. O primeiro, de US$ 13.710, ocorreu porque a atividade real (1.100 visitas de clientes) foi maior do que o nível de atividade orçado (1.000 visitas de clientes). O segundo, de US$ 9.280, ocorreu porque o lucro não foi tão alto quanto deveria ter sido para o nível de atividade real do período. Essas duas variações distintas significam coisas muito diferentes e exigem um tipo de ação diferente. Para produzir uma variação favorável das atividades do resultado operacional, os gerentes devem agir de modo a aumentar as visitas de clientes. Para produzir uma variação geral favorável das receitas e das despesas, os gerentes devem agir de modo a proteger os preços de venda, aumentar a eficiência operacional e reduzir os preços dos insumos.

O relatório de desempenho no Quadro 9.7 fornece informações muito mais úteis aos gerentes do que a simples comparação dos resultados orçados aos resultados realizados no Quadro 9.3. Neste, os efeitos das mudanças no nível de atividade foram misturados aos efeitos de como os preços eram controlados e as operações eram gerenciadas. O relatório de desempenho no Quadro 9.7 separa muito bem esses efeitos, permitindo que os gerentes tenham uma abordagem mais focada ao avaliar as operações.

Para compreender melhor como o relatório de desempenho realiza essa tarefa, observe o item "produtos de cabelo" no relatório de desempenho. No planejamento orçamentário, esse custo foi de **US$ 1,5 mil**, enquanto o custo real do período foi de **US$ 1.620**. Na comparação do planejamento orçamentário aos resultados realizados no Quadro 9.3, essa diferença é exibida como uma variação desfavorável de US$ 120. O Quadro 9.3 usa uma abordagem de planejamento orçamentário estático que compara custos reais em um nível de atividade a custos orçados em um nível de atividade diferente. Como dissemos antes, é como comparar maçãs e laranjas. Essa variação é, na verdade, uma mistura de dois efeitos muito diferentes, o que fica claro no relatório de desempenho do Quadro 9.7. A diferença entre o valor orçado e os resultados realizados é composta por duas variações diferentes – uma variação desfavorável das atividades, de **US$ 150**, e uma variação favorável de despesa, de **US$ 30**. A variação das atividades ocorre porque o nível de atividade foi maior do que o previsto no planejamento orçamentário, resultando, naturalmente, em um custo total mais alto para esse custo variável. A variação favorável das despesas ocorreu porque se gastou menos do que era esperado em produtos de cabelo, dado o nível de atividade real do mês.

O relatório de desempenho de orçamento flexível no Quadro 9.7 fornece uma avaliação de desempenho mais válida do que somente comparar os custos do planejamento orçamentário estático aos custos reais porque os custos reais são comparados ao que os custos deveriam ter sido no nível de atividade real. Em outras palavras, comparam-se maçãs a maçãs. Quando isso é feito, verificamos que a variação da despesa de produtos de cabelo é de **US$ 30 F** (favorável) em vez de US$ 120 D (desfavorável) como no relatório de desempenho original do planejamento orçamentário estático (ver Quadro 9.3). Em alguns casos, assim como ocorre com os produtos de cabelo no relatório de Rick, uma variação desfavorável do planejamento orçamentário estático pode ser transformada em uma variação favorável de receita ou de despesa quando um aumento no nível de atividade é considerado de forma adequada. A discussão a seguir aconteceu no dia seguinte, no salão de Rick.

CONTABILIDADE GERENCIAL EM AÇÃO   Rick's Hairstyling Salon

Conclusão

Victoria: Deixe-me mostrar o que eu fiz. [Victoria mostra a Rick o relatório de desempenho de orçamento flexível do Quadro 9.7.] Eu simplesmente usei as fórmulas de custos para atualizar o planejamento orçamentário de modo que ele reflita o aumento nas visitas de clientes que você teve em março. Isso me permitiu estabelecer um parâmetro melhor para o que os custos deveriam ter sido.

Rick: Foi a isso que você deu o título de "orçamento flexível baseado em 1.100 visitas de clientes"?

Victoria: Isso. Seu orçamento original era baseado em mil visitas de clientes, então ele subestimava o que alguns de seus custos deveriam ter sido quando você, na verdade, atendeu 1.100 clientes.

Rick: Isso está bem claro. Essas variações das despesas não são tão chocantes quanto as variações em meu primeiro relatório.

Victoria: Sim, mas você ainda tem uma variação desfavorável de US$ 2.360 das gratuidades oferecidas aos clientes.

Capítulo **9** ▸▶ Orçamentos flexíveis e análise de desempenho

QUADRO 9.7
Relatório de desempenho que combina as variações das atividades com as variações das receitas e das despesas (US$).

Relatório de desempenho de orçamento flexível do Rick's Hairstyling para o mês que termina em 31 de março

	(1) Planejamento orçamentário	Variações das atividades (2) – (1)		(2) Orçamento flexível	Variações das receitas e das despesas (3) – (2)		(3) Resultados realizados
Visitas de clientes...	1.000			1.100			1.100
Receita (US$ 180q).............	180.000	18.000	F	198.000	3.800	D	194.200
Despesas:							
Remunerações e salários (US$ 65.000 + US$ 37q)............	102.000	3.700	D	105.700	1.200	D	106.900
Produtos de cabelo (US$ 1,50q).......	1.500	150	D	1.650	30	F	1.620
Gratuidades oferecidas aos clientes (US$ 4,10q).......	4.100	410	D	4.510	2,360	D	6.870
Energia elétrica (US$ 1.500 + US$ 0,10q).........	1.600	10	D	1.610	60	F	1.550
Aluguel (US$ 28.500).....	28.500	0		28.500	0		28.500
Seguro de responsabilidade civil (US$ 2.800)	2.800	0		2.800	0		2.800
Seguro-saúde dos funcionários (US$ 21.300).....	21.300	0		21.300	1.300	D	22.600
Outras (US$ 1.200 + US$ 0,20q).....	1.400	20	D	1.420	710	D	2.130
Total de despesas....	163.200	4.290	D	167.490	5.480	D	172.970
Resultado operacional...........	16.800	13.710	F	30.510	9.280	D	21.230

Rick: Eu sei como isso aconteceu. Em março houve um grande jantar beneficente do Partido Democrata do qual eu me esqueci quando preparei o orçamento do mês. Para encaixar todos os nossos clientes regulares, tivemos de atendê-los com muita rapidez. Todos ainda tiveram um serviço de mais alto nível, mas eu me senti mal por não poder passar tanto tempo com cada cliente. Eu queria dar aos meus clientes algo extra para compensá-los por esse serviço menos pessoal, então eu encomendei muitas flores, que foram distribuídas em buquês.

Victoria: Com os preços que você cobra, Rick, tenho certeza de que o gesto foi apreciado.

Rick: Uma coisa me incomoda sobre o relatório. Quando discutimos meus custos antes, você chamou o aluguel, o seguro de responsabilidade civil e o seguro-saúde dos funcionários de custos fixos. Como eu posso ter uma variação em um custo fixo? Fixo não significa que não muda?

Victoria: Chamamos esses custos de fixos porque eles não devem ser afetados por mudanças no nível de atividade. Entretanto, isso não significa que não possam mudar por outros motivos. Além disso, o uso do termo fixo também sugere às pessoas que o custo não pode ser controlado, mas isso não é verdade. Geralmente, é mais fácil controlar os custos fixos do que os custos variáveis. Por exemplo, seria bem fácil mudar o quanto você paga em seguros ajustando o valor segurado. Seria muito mais difícil reduzir significativamente suas despesas com produtos de cabelo – um custo variável que é uma parte necessária do atendimento aos clientes.

Rick: Acho que entendi, mas é confuso.

Victoria: Apenas lembre-se de que um custo é chamado de variável se ele é proporcional ao nível de atividade; é chamado de fixo se não depende do nível de atividade. Entretanto, os custos fixos podem mudar por motivos que não estão relacionados a mudanças no nível de atividade. E controle pouco tem a ver com o fato de um custo ser variável ou fixo. Os custos fixos geralmente são mais controláveis do que os custos variáveis.

POR DENTRO DAS EMPRESAS

HOTÉIS GERENCIAM ALAVANCAS DE RECEITAS E CUSTOS EM MEIO À RECESSÃO

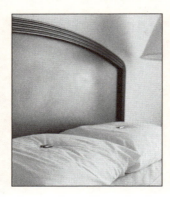

Quando a economia caiu em espiral em 2009, as cadeias de hotéis foram forçadas a tomar difíceis decisões na tentativa de alcançarem suas metas de lucros. Por exemplo, o **Wyndham Hotels and Resorts** decidiu retirar os kits de costura, desinfetantes bucais e toucas de banho de seus quartos – exigindo, em vez disso, que os clientes solicitassem essas conveniências na recepção. O **Intercontinental Hotels Group** parou de entregar jornais nos quartos dos membros do programa de fidelidade; o **Marriott International** diminuiu suas opções de café da manhã; e o **Ritz-Carlton** reduziu o horário de funcionamento de seus restaurantes, spas e lojas. Além disso, muitas cadeias de hotel reduziram tarifas.

Um relatório de desempenho de orçamento flexível pode ajudar os gerentes de hotel a analisarem como as mudanças descritas afetariam o resultado operacional. Ele isola as variações das atividades, receitas e despesas que ajudam a identificar os motivos por trás de diferenças entre a o resultado operacional orçado e a real.

FONTE: Sarah Nassauer, "No Showercaps at the Inn," *The Wall Street Journal*, 22 de janeiro de 2009, p. D1-D2.

Relatórios de desempenho em organizações sem fins lucrativos

Os relatórios de desempenho em organizações sem fins lucrativos são basicamente os mesmos que os relatórios de desempenho que consideramos até agora – com uma diferença evidente. As organizações sem fins lucrativos normalmente recebem um valor significativo de fundos de outras fontes que não sejam vendas. Por exemplo, as universidades recebem fundos de vendas (ou seja, mensalidades cobradas de alunos), de fundações e doações e – no caso de universidades públicas – de apropriações estatais. Isso significa que, assim como os custos, as receitas em organizações governamentais e em organizações sem fins lucrativos podem consistir tanto em elementos fixos quanto em variáveis. Por exemplo, a receita da **Seattle Opera Company** em um ano recente consistiu em subvenções e doações no valor de US$ 12,719 milhões e vendas de ingresso no valor de US$ 8,125 milhões (ou em torno de US$ 75,35 por ingresso vendido). Como consequência, a fórmula de receita da Opera pode ser escrita como:

$$\text{Receita} = \text{US\$ } 12.719.000 + \text{US\$ } 75{,}35q$$

onde q é o número de ingressos vendidos. Em outros aspectos, o relatório de desempenho da Seattle Opera e de outras organizações sem fins lucrativos seriam similares ao relatório de desempenho do Quadro 9.7.

Relatórios de desempenho em centros de custo

Os relatórios de desempenho geralmente são preparados para organizações que não têm nenhuma fonte de receitas externa. Em particular, em uma grande organização, pode-se preparar um relatório de desempenho para cada departamento – inclusive departamentos que não vendem nada a pessoas de fora. Por exemplo, é muito comum que se prepare um relatório de desempenho para departamentos de produção em empresas manufatureiras.

Capítulo **9** ▶▶ Orçamentos flexíveis e análise de desempenho

Esses relatórios devem ser preparados usando-se os mesmos princípios que discutimos e devem ser muito parecidos com o relatório de desempenho do Quadro 9.7 – exceto pelo fato de que a receita e, assim, o resultado operacional, não aparecerá no relatório. Como os gerentes desses departamentos são responsáveis pelos custos, mas não pelas receitas, eles geralmente são chamados de centros de custos.

ORÇAMENTOS FLEXÍVEIS COM MÚLTIPLOS DIRECIONADORES DE CUSTO

No Rick's Hairstyling, supusemos, até agora, que há apenas um direcionador de custo – o número de visitas de clientes. Entretanto, no capítulo sobre custeio baseado em atividades, descobrimos que talvez fosse necessário mais de um direcionador de custo para explicar de modo adequado todos os custos de uma organização. Por exemplo, alguns dos custos do Rick's Hairstyling provavelmente dependem mais do número de horas em que o salão está em funcionamento do que do número de visitas de clientes. Especificamente, a maioria deles de Rick recebe salários, mas alguns recebem por hora. Nenhum deles recebe com base no número de clientes atendidos. Consequentemente, a fórmula de custo das remunerações e salários seria mais precisa se fosse declarada em termos das horas de operação do que do número de visitas de clientes. O custo de energia elétrica é ainda mais complexo. Parte do custo é fixo – o aquecimento tem que ser mantido em um nível mínimo mesmo à noite, quando o salão está fechado. E parte depende do número de visitas de clientes – a energia consumida pelos secadores de cabelo depende do número de clientes atendidos. Parte do custo depende do número de horas em que o salão está aberto – os custos de iluminação do salão e de aquecimento a uma temperatura confortável. Como resultado, a fórmula de custo da energia elétrica seria mais precisa se fosse declarada em termos tanto do número de visitas de clientes quanto de horas de operação em vez do número de visitas de clientes apenas.

O Quadro 9.8 mostra um orçamento flexível no qual essas mudanças foram feitas. Nesse orçamento flexível, são listados dois direcionadores de custos – visitas de clientes e horas de operação – onde q_1 refere-se a visitas de clientes e q_2 refere-se a horas de operação. Por exemplo, as remunerações e os salários dependem das horas de operação e sua fórmula de custo é **US\$ 65.000 + US\$ 220q_2**. Como o salão operou, na verdade, por **185** horas, o valor das remunerações e dos salários no orçamento flexível é US\$ 105.700 (= US\$ 65.000 + US\$ 220 × 185). O custo da energia elétrica depende tanto das visitas de clientes quanto das horas de operação e sua fórmula de custo é **US\$ 390 + US\$ 0,10q_1 + US\$ 6,00q_2**. Como o número real de visitas de clientes foi **1.100** e o salão operou, na verdade, por 185 horas, o valor da energia elétrica no orçamento flexível é **US\$ 1.610** (= US\$ 390 + US\$ 0,10 × 1.100 + US\$ 6,00 × 185).

▶▶ OA9.5

Preparar um orçamento flexível com mais de um direcionador de custo.

Orçamento flexível do Rick's Hairstyling para o mês que termina em 31 de março	
Visitas de clientes realizadas (q_1)	**1.100**
Horas de operação realizadas (q_2)	**185**
Receita (US\$ 180q_1)	198.000
Despesas:	
Remunerações e salários (**US\$ 65.000 + US\$ 220q_2**)	**105.700**
Produtos de cabelo (US\$ 1,50q_1)	1.650
Gratuidades oferecidas aos clientes (US\$ 4,10q_1)	4.510
Energia elétrica (**US\$ 390 + US\$ 0,10q_1 + US\$ 6,00q_2**)	**1.610**
Aluguel (US\$ 28.500)	28.500
Seguro de responsabilidade civil (US\$ 2.800)	2.800
Seguro-saúde dos funcionários (US\$ 21.300)	21.300
Outras (US\$ 1.200 + US\$ 0,20q_1)	1.420
Total de despesas	167.490
Resultado operacional	30.510

QUADRO 9.8
Orçamento flexível baseado em mais de um direcionador de custo (US\$).

Esse orçamento flexível revisado baseado tanto em visitas de clientes quanto em horas de operação pode ser usado exatamente como fizemos com o orçamento flexível anterior, que era baseado apenas em visitas de clientes para calcular as variações das atividades, (Quadro 9.5), as variações das receitas e das despesas (Quadro 9.6), e um relatório de desempenho (Quadro 9.7). A diferença é que, como as fórmulas de custos baseadas em mais de um direcionador de custo são mais precisas do que aquelas baseadas apenas em um direcionador de custo, as variações também serão mais precisas.

POR DENTRO DAS EMPRESAS

HOSPITAIS PASSAM A USAR ORÇAMENTOS FLEXÍVEIS

Mary Wilkes, uma diretora administrativa sênior da **Phase 2 Consulting**, diz que os hospitais podem ter de pagar até US$ 300 mil para instalar um sistema de orçamentos flexíveis, mas o investimento deve se pagar rapidamente, possibilitando um "uso mais eficiente dos recursos do hospital, em especial quanto à mão de obra". Um dos segredos para criar um sistema de orçamento flexível eficaz é reconhecer a existência de múltiplos direcionadores de custos. Muitos hospitais frequentemente usam o volume de pacientes como um direcionador de custo ao preparar orçamentos flexíveis; entretanto, outras variáveis podem influenciar as receitas e os custos. Por exemplo, o percentual de pacientes coberto por seguros privados, Medicaid ou Medicare, além da proporção de pacientes sem seguro, todos podem influenciar as receitas e os custos. Um sistema de orçamento flexível que incorpora o volume de pacientes e essas outras variáveis é mais preciso do que um que se baseie somente no volume de pacientes.

FONTE: Paul Barr, "Flexing Your Budget", *Modern Healthcare*, 12 de setembro de 2005, p. 24-26.

▶▶ OA9.6

Compreender erros comuns cometidos na preparação de relatórios de desempenho baseados em resultados orçados e realizados

ALGUNS ERROS COMUNS

Começamos este capítulo discutindo a necessidade de os gerentes compreenderem a diferença entre o que se espera que aconteça – formalizado pelo orçamento – e o que realmente acontece. Para atender a essa necessidade, desenvolvemos um orçamento flexível que nos permite isolar as variações das atividades e as variações das receitas e das despesas. Infelizmente, essa abordagem nem sempre é seguida na prática – resultando em relatórios enganosos e de difícil interpretação. Um dos erros mais comuns ao preparar o relatório de desempenhos é supor implicitamente que todos os custos são fixos ou que são variáveis. Essas suposições errôneas levam a parâmetros de comparação imprecisos e a variações incorretas.

Já discutimos um desses erros – supor que todos os custos são fixos. Esse é o erro cometido quando os custos do planejamento orçamentário estático são comparados a custos reais sem nenhum ajuste no nível de atividade real. Essa comparação apareceu no Quadro 9.3. Por conveniência, a comparação de receitas e custos orçados a realizados é repetida no Quadro 9.9. Ao observá-lo, note que o custo orçado de produtos de cabelo, de US$ 1,5 mil, é diretamente comparado ao custo real de US$ 1.620, levando a uma variação desfavorável de US$ 120. No entanto, essa comparação só faz sentido se o custo dos produtos de cabelo for fixo; se este não for fixo (e, de fato, não é), esperaria-se que o custo subisse por causa do aumento no nível de atividade acima do orçado. Comparar os custos do planejamento orçamentário estático a custos reais somente faz sentido se o custo for fixo. Se o custo não for fixo, ele precisa ser ajustado em relação a qualquer mudança no nível de atividade que ocorra durante o período.

O outro erro comum ao comparar orçamentos a resultados realizados é supor que todos os custos são variáveis. Um relatório que comete esse erro aparece no Quadro 9.10. As variações que aparecem ali são calculadas comparando-se os resultados realizados aos valores na segunda coluna numérica em que todos os itens do orçamento foram inflacionados em 10% – o percentual de aumento do nível de atividade. Esse é um ajuste perfeitamente válido se um item for somente variável – como vendas e produtos

Capítulo **9** ▶ Orçamentos flexíveis e análise de desempenho

de cabelo. Porém não é um ajuste válido se o item contiver qualquer elemento fixo. Consideremos, por exemplo, o item aluguel. Se o salão atendesse 10% a mais de clientes em determinado mês, você esperaria que o aluguel aumentasse 10%? A resposta é não. Em geral, o aluguel é fixado antes e não depende do volume de negócios. Portanto, o valor exibido na segunda coluna numérica, de **US$ 31.350**, está incorreto, levando à errônea variação favorável de **US$ 2.850**. Na verdade, o aluguel real pago foi exatamente igual ao aluguel orçado, então não deveria haver variação alguma em um relatório válido.

QUADRO 9.9
Análise errônea que compara valores orçados a valores reais (supondo implicitamente que todos os itens da demonstração de resultados sejam fixos) (US$).

Rick's Hairstyling para o mês que termina em 31 de março			
	Planejamento orçamentário	Resultados realizados	Variações
Visitas de clientes	1.000	1.100	
Receita	180.000	194.200	14.200 F
Despesas:			
Remunerações e salários	102.000	106.900	4.900 D
Produtos de cabelo	**1.500**	**1.620**	**120 D**
Gratuidades oferecidas aos clientes	4.100	6.870	2.770 D
Energia elétrica	1.600	1.550	50 F
Aluguel	28.500	28.500	0
Seguro de responsabilidade civil	2.800	2.800	0
Seguro-saúde dos funcionários	21.300	22.600	1.300 D
Outras	1.400	2.130	730 D
Total de despesas	163.200	172.970	9.770 D
Resultado operacional	16.800	21.230	4.430 F

QUADRO 9.10
Análise errônea que supõe que todos os itens do orçamento sejam variáveis (US$).

Rick's Hairstyling para o mês que termina em 31 de março				
	(1) Planejamento orçamentário	(2) Planejamento orçamentário × (1.100/1.000)	(3) Resultados realizados	Variações (3) – (2)
Visitas de clientes	1.000		1.100	
Receita	180.000	198.000	194.200	3.800 D
Despesas:				
Remunerações e salários	102.000	112.200	106.900	5.300 F
Produtos de cabelo	1.500	1.650	1.620	30 F
Gratuidades oferecidas aos clientes	4.100	4.510	6.870	2.360 D
Energia elétrica	1.600	1.760	1.550	210 F
Aluguel	28.500	**31.350**	28.500	**2.850 F**
Seguro de responsabilidade civil	2.800	3.080	2.800	280 F
Seguro-saúde de funcionários	21.300	23.430	22.600	830 F
Outras	1.400	1.540	2.130	590 D
Total de despesas	163.200	179.520	172.970	6.550 F
Resultado operacional	16.800	18.480	21.230	2.750 F

POR DENTRO DAS EMPRESAS

CONHEÇA SEUS CUSTOS

Compreender a diferença entre custos fixos e variáveis pode ser fundamental. Kennard T. Wing, do **OMG Center for Collaborative Learning**, relata que um grande sistema de serviços de saúde cometeu o erro de classificar todos os seus custos como variáveis. Como resultado, quando o volume de pacientes caiu, os gerentes acharam que os custos deveriam ser cortados proporcionalmente e mais de mil pessoas foram demitidas – embora "a carga de trabalho da maioria delas não tivesse qualquer relação direta com o volume de pacientes. O resultado foi que o moral dos que ficaram caiu e, em menos de um ano, o sistema brigava para substituir não somente aqueles que demitiu, mas muito outros que pediram demissão. A questão é que os sistemas de contabilidade que criamos e implementamos realmente afetam as decisões da gerência de maneiras significativas. Um sistema construído sobre um modelo de negócios ruim não será usado ou, se usado, levará a decisões ruins".

FONTE: Kennard T. Wing, "Using Enhanced Cost Models in Variance Analysis for Better Control and Decision Making", *Management Accounting Quarterly*, inverno de 2000, p. 27-35.

RESUMO

Comparar diretamente as receitas e os custos do planejamento orçamentário estático a receitas e custos reais pode levar a conclusões errôneas. As receitas e os custos reais diferem das receitas e dos custos orçados por diversos motivos, mas um dos maiores deles é uma mudança no nível de atividade. É de se esperar que as receitas e os custos reais aumentem ou diminuam em resposta a um aumento ou diminuição do nível de atividade. Os orçamentos flexíveis permitem que os gerentes isolem as várias causas das diferenças entre os custos orçados e os reais.

Um orçamento flexível é um orçamento que é ajustado ao nível de atividade real. Ele é a melhor estimativa do que as receitas e os custos deveriam ter sido, dado o nível de atividade real durante o período. O orçamento flexível pode ser comparado ao orçamento do início do período ou aos resultados realizados.

Quando o orçamento flexível é comparado ao orçamento do início do período, as variações das atividades são o resultado. Uma variação das atividades mostra como uma receita ou um custo deveria ter mudado em resposta à diferença entre o nível de atividade orçado e o real.

Quando o orçamento flexível é comparado aos resultados realizados, as variações das receitas e das despesas são o resultado. Uma variação de receita favorável indica que a receita foi maior do que a que deveria ter sido esperada, dado o nível de atividade real. Uma variação de receita desfavorável indica que a receita foi menor do que deveria ter sido dado o nível de atividade real. Uma variação de despesa desfavorável indica que o custo foi menor do que o esperado dado o nível de atividade real. Uma variação de despesa desfavorável indica que o custo foi maior do que deveria ter sido dado o nível de atividade real.

Um relatório de desempenho de orçamento flexível combina as variações das atividades e as variações das receitas e das despesas em um único relatório.

Erros comuns ao comparar custos orçados a custos reais consistem em supor que todos os custos são fixos ou que todos os custos são variáveis. Se supusermos que todos os custos são fixos, as variações de custos variáveis e de custos mistos estarão incorretas. Se supusermos que todos os custos são variáveis, as variações de custos fixos e de custos mistos estarão incorretas. A variação de um custo só estará correta se o comportamento real do custo for usado para desenvolver o parâmetro do orçamento flexível.

PROBLEMA DE REVISÃO:
ANÁLISE DE VARIAÇÃO USANDO UM ORÇAMENTO FLEXÍVEL

O Harrald's Fish House é um restaurante de administração familiar especializado em frutos do mar no estilo escandinavo. A seguir, temos dados sobre as receitas e os custos mensais do restaurante (q refere-se ao número de refeições servidas):

	Fórmula
Receita (US$)	$16,50q$
Custo dos ingredientes (US$)	$6,25q$
Remunerações e salários (US$)	10.400
Serviços de utilidade pública (US$)	800 + $0,20q$
Aluguel (US$)	2.200
Outros custos (US$)	600 + $0,80q$

Requisitado:

1. Prepare o planejamento orçamentário do restaurante para abril supondo que sejam servidas 1.800 refeições.
2. Suponha que, na verdade, tenham sido servidas 1,7 mil refeições em abril. Prepare um orçamento flexível para esse nível de atividade.
3. A seguir, temos os resultados realizados de abril. Prepare um relatório de desempenho de orçamento flexível para o restaurante, para o mês de abril.

Receita (US$)	27.920
Custo dos ingredientes (US$)	11.110
Remunerações e salários (US$)	10.130
Serviços de utilidade pública (US$)	1.080
Aluguel (US$)	2.200
Outros (US$)	2.240

Solução do problema de revisão

1. A seguir, temos o planejamento orçamentário para abril:

Planejamento orçamentário do Harrald's Fish House para o mês que termina em 30 de abril (US$)	
Refeições servidas orçadas (q)	1.800
Receita (US$ 16,50q)	29.700
Despesas:	
Custo dos ingredientes (US$ 6,25q)	11.250
Remunerações e salários (US$ 10.400)	10.400
Serviços de utilidade pública (US$ 800 + US$ 0,20q)	1.160
Aluguel (US$ 2.200)	2.200
Outras (US$ 600 + US$ 0,80q)	2.040
Total de despesas	27.050
Resultado operacional	2.650

2. A seguir, temos o orçamento flexível para abril:

Orçamento flexível do Harrald's Fish House para o mês que termina em 30 de abril (US$)	
Refeições servidas reais (q)	1.700
Receita (US$ 16,50 q)	28.050
Despesas:	
Custo dos ingredientes (US$ 6,25 q)	10.625
Remunerações e salários (US$ 10.400)	10.400
Serviços de utilidade pública (US$ 800 + US$ 0,20 q)	1.140
Aluguel (US$ 2.200)	2.200
Outras (US$ 600 + US$ 0,80 q)	1.960
Total de despesas	26.325
Resultado operacional	1.725

3. A seguir, temos o relatório de desempenho de orçamento flexível para abril:

Relatório de desempenho de orçamento flexível do Harrald's Fish House para o mês que termina em 30 de abril (US$)					
	(1) Planejamento orçamentário	Variações das atividades (2) − (1)	(2) Orçamento flexível	Variações das receitas e das despesas (3) − (2)	(3) Resultados realizados
Refeições servidas..	1.800		1.700		1.700
Receita (US$ 16,50q)...	29.700	1.650 D	28.050	130 D	27.920
Despesas:					
Custo dos ingredientes (US$ 6,25q).........................	11.250	625 F	10.625	485 D	11.110
Remunerações e salários (US$ 10.400)......................	10.4000	0	10.400	270 F	10.130
Serviços de utilidade pública (US$ 800 + US$ 0,20q)	1.160	20 F	1.140	60 F	1.080
Aluguel (US$ 2.200)	2.200	0	2.200	0	2.200
Outras (US$ 600 + US$ 0,80q)	2.040	80 F	1.960	280 D	2.240
Total de despesas...	27.050	725 F	26.325	435 D	26.760
Resultado operacional	2.650	925 D	1.725	565 D	1.160

PERGUNTAS

9.1 O que é um planejamento orçamentário estático?

9.2 O que é um orçamento flexível e como ele difere de um planejamento orçamentário estático?

9.3 Quais são alguns dos possíveis motivos pelos quais os resultados podem diferir do que foi orçado no início de um período?

9.4 Por que é difícil interpretar uma diferença entre a despesa que foi orçada e quanto foi realmente gasto?

9.5 O que é uma variação das atividades e o que ela significa?

9.6 O que é uma variação de receita e o que ela significa?

9.7 O que é uma variação de despesa e o que ela significa?

9.8 O que um relatório de desempenho de orçamento flexível faz que uma simples comparação dos resultados orçados aos resultados realizados não consegue fazer?

9.9 Como um orçamento flexível baseado em dois direcionadores de custo difere de um orçamento flexível baseado em um único direcionador de custo?

9.10 Qual suposição é implicitamente feita sobre o comportamento de custo quando um planejamento orçamentário estático é comparado diretamente aos resultados realizados? Por que essa suposição é questionável?

9.11 Que suposição é implicitamente feita sobre o comportamento de custo quando todos os itens de um planejamento orçamentário estático são ajustados em proporção a uma mudança no nível de atividade? Por que essa suposição é questionável?

APLICAÇÃO EM EXCEL [OA9.1, OA9.2, OA9.3, OA9.4]

Disponível, em português e inglês, no *site* **<www.grupoa.com.br>**

O formulário de planilha em Excel a seguir deve ser usado para recriar o Problema de Revisão das páginas 398 à 400. No *site*, você receberá instruções sobre como usar o formulário de planilha.

Você só deve prosseguir para os exercícios a seguir depois de ter completado sua planilha.

Requisitado:

1. Verifique sua planilha mudando a receita na célula D4 para US$ 16; o custo dos ingredientes na célula D5 para US$ 6,50; e as remunerações e os salários na célula B6 para US$ 10 mil. A variação das atividades do resultado operacional deve agora ser US$ 850 D e a variação de despesa do total de despesas deve ser US$ 410 D. Se você não obtiver essas respostas, encontre os erros em sua planilha e corrija-os.

a. Qual é a variação das atividades da receita? Explique essa variação.
b. Qual é a variação de despesa do custo dos ingredientes? Explique essa variação.

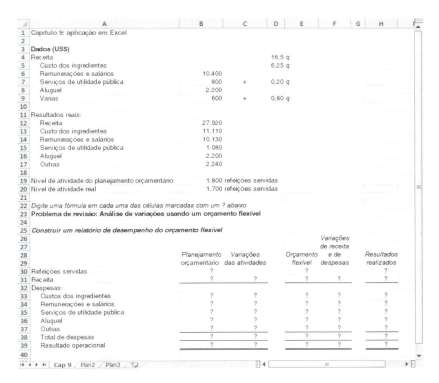

2. Revise os dados em sua planilha de modo que eles reflitam os resultados do ano seguinte:

Dados (US$)			
Receita			16,50q
Custo dos ingredientes			6,25q
Remunerações e salários.................................	10.400		
Serviços de utilidade pública.........................	800	+	0,20q
Aluguel	2.200		
Várias	600	+	0,80q
Resultados realizados:			
Receita	28.900		
Custo dos ingredientes	11.300		
Remunerações e salários.................................	10.300		
Serviços de utilidade pública.........................	1.120		
Aluguel	2.300		
Outras..	2.020		
Nível de atividade do planejamento orçamentário	1.700	refeições servidas	
Nível de atividade real.....................................	1.800	refeições servidas	

Usando o relatório de desempenho de orçamento flexível, avalie resumidamente o desempenho da empresa nesse ano e indique em que ponto a atenção deve ser concentrada.

EXERCÍCIOS

Consulte no *site* <www.grupoa.com.br> os suplementos para esta seção.

EXERCÍCIO 9.1 Preparar um orçamento flexível [OA9.1]
A Gator Divers é uma empresa que fornece serviços de mergulho como reparos subaquáticos de navios para clientes na área da Baía de Tampa, Estados Unidos. A seguir, temos o planejamento orçamentário da empresa para março:

Planejamento orçamentário da Gator Divers para o mês que termina em 31 de março (US$)	
Horas de mergulho orçadas (q)	200
Receita (US$ 380,00q)	76.000
Despesas:	
Remunerações e salários (US$ 12.000 + 130,00q)	38.000
Suprimentos (US$ 5,00q)	1.000
Aluguel de equipamentos (US$ 2.500 + US$ 26,00q)	7.700
Seguro (US$ 4.200)	4.200
Outras (US$ 540 + US$ 1,50q)	840
Total de despesas	51.740
Resultado operacional	24.260

Requisitado:
Durante março, o nível de atividade real da empresa foi de 190 horas de mergulho. Prepare um orçamento flexível para esse nível de atividade.

EXERCÍCIO 9.2 Preparar um relatório que mostre as variações das atividades [OA9.2]

A Air Meals é uma empresa que prepara refeições de bordo para empresas aéreas em sua cozinha localizada próxima ao aeroporto local. A seguir, temos o planejamento orçamentário da empresa para dezembro:

Planejamento orçamentário da Air Meals para o mês que termina em 31 de dezembro (US$)	
Refeições orçadas (q)	20.000
Receita (US$ 3,80q)	76.000
Despesas:	
Matérias-primas (US$ 2,30q)	46.000
Remunerações e salários (US$ 6.400 + US$ 0,25q)	11.400
Serviços de utilidade pública (US$ 2.100 + US$ 0,05q)	3.100
Aluguel das instalações (US$ 3.800)	3.800
Seguro (US$ 2.600)	2.600
Outras (US$ 700 + US$ 0,10q)	2.700
Total de despesas	69.600
Resultado operacional	6.400

Em dezembro, foram servidas, na verdade, 21 mil refeições. O orçamento flexível da empresa para esse nível de atividade é o seguinte:

Orçamento flexível da Air Meals para o mês que termina em 31 de dezembro (US$)	
Refeições orçadas (q)	21.000
Receita (US$ 3,80q)	79.800
Despesas:	
Matérias-primas (US$ 2,30q)	48.300
Remunerações e salários (US$ 6.400 + US$ 0,25q)	11.650
Serviços de utilidade pública (US$ 2.100 + US$ 0,05q)	3.150
Aluguel das instalações (US$ 3.800)	3.800
Seguro (US$ 2.600)	2.600
Outras (US$ 700 + US$ 0,10q)	2.800
Total de despesas	72.300
Resultado operacional	7.500

Requisitado:
1. Prepare um relatório que mostre as variações das atividades da empresa de dezembro.
2. Qual das variações das atividades deve ser um motivo de maior interesse para a gerência? Explique.

EXERCÍCIO 9.3 Preparar um relatório que mostre as variações das receitas e das despesas [OA9.3]

A Olympia Bivalve cultiva e vende ostras no noroeste do Pacífico. A empresa coletou e vendeu 3.175 kg de ostras em julho. A seguir, temos o orçamento flexível da empresa para julho:

Orçamento flexível da Olympia Bivalve para o mês que termina em 31 de julho (US$)	
Quilogramas realizados (q)	3.175
Receita (US$ 4,20q)	29.400
Despesas:	
Materiais de embalagem (US$ 0,40q)	2.800
Manutenção do leito de ostras (US$ 3.600)	3.600
Remunerações e salários (US$ 2.540 + US$ 0,50q)	6.040
Expedição (US$ 0,75q)	5.250
Serviços de utilidade pública (US$ 1.260)	1.260
Outras (US$ 510 + US$ 0,05q)	860
Total de despesas	19.810
Resultado operacional	9.590

Os resultados realizados de julho aparecem como segue:

Demonstração de resultados da Olympia Bivalve para o mês que termina em 31 de julho (US$)	
Quilogramas realizados	3.175
Receita	28.600
Despesas:	2.970
Materiais de embalagem	3.460
Manutenção do leito de ostras	6.450
Remunerações e salários	4.980
Expedição	1.070
Serviços de utilidade pública	1.480
Outras	
Total de despesas	20.410
Resultado operacional	8.190

Requisitado:
Prepare um relatório que mostre a variação de receitas e a de despesas para julho.

EXERCÍCIO 9.4 Preparar um relatório de desempenho de orçamento flexível [OA9.4]

A Mt. Hood Air oferece sobrevoos recreativos sobre o Mt. Hood e o desfiladeiro do rio Columbia. A seguir, temos os dados relativos às operações da empresa em agosto:

Dados das operações da Mt. Hood Air para o mês que termina em 31 de agosto (US$)			
	Planejamento orçamentário (US$)	Orçamento flexível (US$)	Resultados realizados (US$)
Voos (q)	50	52	52
Receita (US$ 360q)	18.000	18.720	16.980
Despesas:			
Remunerações e salários (US$ 3.800 + US$ 92q)	8.400	8.584	8.540
Combustível (US$ 34q)	1.700	1.768	1.930

Tarifas de aeroportos (US$ 870 + US$ 35q)..............	2.620	2.690	2.690
Depreciação das aeronaves (US$ 11q).......................	550	572	572
Despesas de escritório (US$ 230 + US$ 1q)..............	280	282	450
Total de despesas..	13.550	13.896	14.182
Resultado operacional	4.450	4.824	2.798

A empresa mede sua atividade em termos de voos. Os clientes podem comprar bilhetes individuais para sobrevoos ou alugar um avião inteiro com desconto para um sobrevoo.

Requisitado:
1. Prepare um relatório de desempenho de orçamento flexível para agosto.
2. Qual das variações deve ser de maior interesse da gerência? Explique.

EXERCÍCIO 9.5 Preparar um orçamento flexível com mais de um direcionador de custo [OA9.5]

A Icicle Bay Tours opera tours diários às geleiras nas costas do Alasca em seu barco chamado Emerald Glacier. A gerência identificou dois direcionadores de custos – o número de cruzeiros e o número de passageiros – que são usados em seus orçamentos e relatórios de desempenho. A empresa publica um programa dos cruzeiros que ela pode vir a complementar com velejos especiais se houver demanda suficiente. Até 80 passageiros podem ser acomodados no barco da empresa. A seguir, temos os dados sobre as fórmulas de custos da empresa:

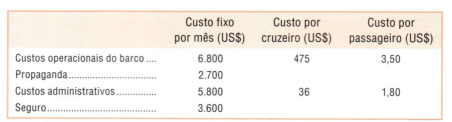

	Custo fixo por mês (US$)	Custo por cruzeiro (US$)	Custo por passageiro (US$)
Custos operacionais do barco	6.800	475	3,50
Propaganda.................................	2.700		
Custos administrativos...............	5.800	36	1,80
Seguro...	3.600		

Por exemplo, os custos operacionais do barco devem ser US$ 6.800 por mês somados a US$ 475 por cruzeiro mais US$ 3,50 por passageiro. As vendas da empresa devem alcançar uma média de US$ 28 por passageiro. O planejamento orçamentário da empresa para agosto baseia-se em 58 cruzeiros e 3.200 passageiros.

Requisitado:
Prepare o planejamento orçamentário da empresa para agosto.

EXERCÍCIO 9.6 Analisar um relatório de desempenho [OA9.6]

A Exterminator Inc. presta serviços de extermínio de pragas em áreas residenciais. A empresa possui várias equipes móveis que são despachadas de um local central em caminhões da empresa. A empresa usa o número de trabalhos para medir a atividade. No início de maio, a empresa orçou 200 trabalhos, mas o número real de trabalhos foi 208. Um relatório comparando as receitas e os custos orçados às receitas e aos custos reais aparece a seguir:

Relatório de variação da Exterminator Inc. para o mês que termina em 31 de maio				
	Planejamento orçamentário (US$)	Resultados realizados (US$)	Variações (US$)	
Trabalhos...	200	208		
Receita	37.000	36.400	600	D
Despesas:				
Custos operacionais das equipes móveis	16.900	17.060	160	D
Materiais de extermínio................................	4.000	4.350	350	D
Propaganda...	900	1.040	140	D
Custos de despache..	2.700	2.340	360	F
Aluguel do escritório	2.300	2.300	0	
Seguro..	3.600	3.600	0	
Total de despesas...	30.400	30.690	290	D
Resultado operacional	6.600	5.710	890	D

Requisitado:
O relatório de variação anterior é útil para avaliar quão bem as receitas e os custos foram controlados durante maio? Por quê?

EXERCÍCIO 9.7 Fazer uma análise crítica de um relatório de variação [OA9.6]
Use os dados da Exterminator Inc. no Exercício 9.6. Um estagiário da gerência sugeriu que as receitas e os custos orçados deveriam ser ajustados ao nível de atividade real em maio antes que fossem comparados às receitas e aos custos reais. Como o nível de atividade real foi 4% mais alto do que o orçado, o estagiário sugeriu que todas as receitas e os custos orçados fossem ajustados para 4% a mais. A seguir, temos um relatório comparando as receitas e os custos orçados, com esse ajuste, às receitas e aos custos reais:

Relatório de variação da Exterminator Inc. para o mês que termina em 31 de maio				
	Orçamento ajustado (US$)	Resultados realizados (US$)	Variações (US$)	
Trabalhos..	208	208		
Receita	38.480	36.400	2.080	D
Despesas:				
Custos operacionais das equipes móveis	17.576	17.060	516	F
Materiais de extermínio.....................................	4.160	4.350	190	D
Propaganda...	936	1.040	104	D
Custos de despache...	2.808	2.340	468	F
Aluguel do escritório	2.392	2.300	92	F
Seguro..	3.744	3.600	144	F
Total de despesas....................................	31.616	30.690	926	F
Resultado operacional	6.864	5.710	1.154	D

Requisitado:
O relatório de variação anterior é útil para avaliar quão bem as receitas e os custos foram controlados durante maio? Por quê?

EXERCÍCIO 9.8 Orçamentos flexíveis e variações das atividades [OA9.1, OA9.2]
A Harold's Roof Repair forneceu os seguintes dados sobre seus custos:

	Custo fixo por mês (US$)	Custo por hora de reparos (US$)
Remunerações e salários.....................	21.380	15,80
Peças e suprimentos............................		7,50
Depreciação de equipamentos.............	2.740	0,60
Despesas operacionais dos caminhões	5.820	1,90
Aluguel	4.650	
Despesas administrativas.....................	3.870	0,70

Por exemplo, as remunerações e os salários deveriam ser US$ 21.380 mais US$ 15,80 por hora de reparos. A empresa esperava trabalhar 2.500 horas de reparos em junho, mas, na verdade, trabalhou 2.400 horas de reparos. A empresa espera que suas vendas sejam de US$ 43,50 por hora de reparos.

Requisitado:
Prepare um relatório que mostre as variações das atividades da empresa para junho.

EXERCÍCIO 9.9 Orçamento flexível [OA9.1]
A Auto Lavage é uma empresa canadense, proprietária e que opera um grande lava-jato automático próximo a Québec. A tabela a seguir fornece dados sobre aos custos da empresa:

	Custo fixo por mês (US$)	Custo por carro lavado (US$)
Produtos de limpeza		0,70
Energia elétrica	1.400	0,10
Manutenção		0,30
Remunerações e salários....................................	4.700	0,40
Depreciação	8.300	
Aluguel	2.100	
Despesas administrativas...................................	1.800	0,05

Por exemplo, os custos de energia elétrica são de US$ 1,4 mil por mês mais US$ 0,10 por carro lavado. A empresa espera lavar 8 mil carros em outubro e receber uma média de US$ 5,90 por carro lavado.

Requisitado:
Prepare o planejamento orçamentário da empresa para outubro.

EXERCÍCIO 9.10 Orçamento Flexível [OA9.1]

Use os dados da Auto Lavage no Exercício 9.9. A empresa, na verdade, lavou 8.100 carros em outubro.

Requisitado:
Prepare o orçamento flexível da empresa para outubro.

EXERCÍCIO 9.11 Preparar um relatório que mostre as variações das atividades [OA9.2]
Use os dados da Auto Lavage no Exercício 9.9. Os resultados operacionais reais de outubro aparecem a seguir:

Demonstração de resultados da Auto Lavage do mês que termina em 31 de outubro (US$)	
Número real de carros lavados...	8.100
Receita	49.300
Despesas:	
Produtos de limpeza	6.100
Energia elétrica	2.170
Manutenção	2.640
Remunerações e salários	8.260
Depreciação	8.300
Aluguel	2.300
Despesas administrativas	2.100
Total de despesas..	31.870
Resultado operacional	17.430

Requisitado:
Prepare um relatório que mostre as variações das atividades de outubro.

EXERCÍCIO 9.12 Preparar um relatório que mostre as variações das receitas e das despesas [OA9.3]

Use os dados da Auto Lavage nos Exercícios 9.9 e 9.11.

Requisitado:
Prepare um relatório que mostre as variações de receitas e as variações de despesas da empresa em outubro.

EXERCÍCIO 9.13 Preparar um relatório de desempenho de orçamento flexível [OA9.4]

Use os dados da Auto Lavage nos Exercícios 9.9 e 9.11.

Requisitado:
Prepare um relatório de desempenho de orçamento flexível que mostre as variações das atividades e das receitas e as variações de despesas da empresa em outubro.

EXERCÍCIO 9.14 Orçamento flexível [OA9.1]

A Pierr Manufacturing Inc. forneceu as seguintes informações sobre seus custos de produção:

	Custo fixo por mês (US$)	Custo por hora-máquina (US$)
Materiais diretos		5,70
Mão de obra direta	42.800	
Suprimentos		0,20
Serviços de utilidade pública	1.600	0,15
Depreciação	14.900	
Seguro	11.400	

Por exemplo, os serviços de utilidades públicas devem ser US$ 1,6 mil por mês mais US$ 0,15 por hora-máquina. A empresa espera trabalhar 4 mil horas-máquina em julho. Observe que a mão de obra direta da empresa é um custo fixo.

Requisitado:

Prepare o planejamento orçamentário da empresa para os custos de produção em julho.

EXERCÍCIO 9.15 Fazer uma análise crítica de um relatório; Preparar um relatório de desempenho [OA9.1, OA9.4, OA9.6]

A Wings Flight School oferece aulas de voo em um pequeno aeroporto municipal. A proprietária e gerente da escola tem tentado avaliar o desempenho e controlar os custos usando um relatório de variação que compara o planejamento orçamentário aos resultados realizados. A seguir, temos um relatório de variação recente:

Relatório de variação da Wings Flight School para o mês que termina em 31 de agosto				
	Planejamento orçamentário (US$)	Resultados realizados (US$)	Variações (US$)	
Aulas	200	210		
Receita	45.000	47.300	2.300	F
Despesas:				
Salários dos instrutores	12.400	12.910	510	D
Depreciação das aeronaves	11.400	11.970	570	D
Combustível	4.200	5.150	950	D
Manutenção	3.270	3.470	200	D
Despesas das instalações em terra firme	2.440	2.350	90	F
Administração	4.410	4.340	70	F
Total de despesas	38.120	40.190	2.070	D
Resultado operacional	6.880	7.110	230	F

Depois de vários meses usando esses relatórios de variação, a proprietária ficou frustrada. Por exemplo, ela está bastante confiante de que as remunerações dos instrutores foram muito controladas em agosto, mas o relatório mostra uma variação desfavorável.

O planejamento orçamentário (US$) foi desenvolvido a partir das seguintes fórmulas, onde q é o número de aulas vendidas:

Receita	$225q$
Salários dos instrutores	$62q$
Depreciação das aeronaves	$57q$
Combustível	$21q$
Manutenção	$670 + 13q$
Despesas das instalações em terra firme	$1.640 + 4q$
Administração	$4.210 + 1q$

Requisitado:
1. A proprietária deve se sentir frustrada com os relatórios de variação? Explique.
2. Prepare um relatório de desempenho de orçamento flexível para a escola para agosto.
3. Avalie o desempenho da escola em agosto.

EXERCÍCIO 9.16 Trabalhar com mais de um direcionador de custo [OA9.4, OA9.5]

A Toque Cooking Academy oferece cursos de culinária de curta duração em seu pequeno *campus*. A gerência identificou dois direcionadores de custos que são usados em seu orçamento e relatórios de desempenho – o número de cursos e o número total de alunos. Por exemplo, a escola pode oferecer quatro cursos em um mês e ter um total de 60 alunos matriculados nesses quatro cursos. Os dados sobre a fórmula de custos da empresa aparecem a seguir:

	Custo fixo por mês (US$)	Custo por curso (US$)	Custo por aluno (US$)
Salários dos instrutores		2.980	
Materiais para as salas de aula			310
Serviços de utilidade pública	1.230	85	
Aluguel do *campus*	5.100		
Seguro	2.340		
Despesas administrativas	3.940	46	7

Por exemplo, as despesas administrativas devem ser US$ 3.940 por mês mais US$ 46 por curso mais US$ 7 por aluno. As vendas da empresa devem alcançar uma média de US$ 850 por aluno.

Os resultados operacionais realizados de outubro aparecem a seguir:

	Realizados (US$)
Receita	48.100
Salários dos instrutores	11.200
Materiais para as salas de aula	18.450
Serviços de utilidade pública	1.980
Aluguel do *campus*	5.100
Seguro	2.480
Despesas administrativas	3.970

Requisitado:
1. A Toque Cooking Academy espera oferecer quatro cursos com um total de 60 alunos em outubro. Prepare o planejamento orçamentário da empresa para esse nível de atividade.
2. A escola, na verdade, ofereceu quatro cursos com um total de 58 alunos em outubro. Prepare o orçamento flexível da empresa para esse nível de atividade.
3. Prepare um relatório de desempenho de orçamento flexível que mostre tanto as variações das atividades e de receitas quanto as variações de despesas de outubro.

EXERCÍCIO 9.17 Orçamentos flexíveis e variações de receitas e de despesas [OA9.1, OA9.3]

A Gelato Supremo é uma sorveteria popular em seu bairro. A empresa forneceu os seguintes dados sobre as suas operações:

	Elemento fixo por mês (US$)	Elemento variável por litro (US$)	Total real de julho (US$)
Receita		13,50	69.420
Matérias-primas		5,10	26.890
Salários	4.800	1,20	11.200
Serviços de utilidade pública	1.860	0,15	2.470
Aluguel	3.150		3.150
Seguro	1.890		1.890
Outros	540	0,15	1.390

Embora o sorvete seja vendido em casquinhas ou copinhos, a sorveteria mede sua atividade em termos do número total de litros de sorvete vendidos. Por exemplo, os salários devem ser US$ 4,8 mil mais US$ 1,20 por litro de sorvete vendido e os salários reais de julho foram US$ 11,2 mil. A Gelato Supremo esperava vender 5 mil litros em julho, mas, na verdade, vendeu 4,9 mil litros.

Requisitado:

Prepare um relatório que mostre as variações de receitas e as variações de despesas da Gelato Supremo em julho.

EXERCÍCIO 9.18 Relatório de desempenho de orçamento flexível [OA9.1, OA9.4]

A AirAssurance Corporation oferece serviços *in situ* de testes de qualidade do ar. A empresa forneceu os seguintes dados sobre suas operações:

	Componente fixo por mês (US$)	Componente variável por trabalho (US$)	Total real de março (US$)
Receita		275	24.750
Salários dos técnicos	8.600		8.450
Despesas operacionais do laboratório móvel	4.900	29	7.960
Despesas de escritório	2.700	3	2.850
Despesas com propaganda	1.580		1.650
Seguro	2.870		2.870
Várias despesas	960	2	465

A empresa usa o número de trabalhos como sua medida de atividade. Por exemplo, despesas operacionais do laboratório móvel devem ser US$ 4,9 mil mais US$ 29 por trabalho, e as despesas operacionais do laboratório móvel reais em março foram US$ 7.960.

A empresa esperava realizar cem trabalhos em março, mas, na verdade, realizou 98.

Requisitado:

Prepare um relatório de desempenho de orçamento flexível que mostre as variações das atividades e das receitas e as variações de despesas da AirAssurance Corporation em março.

EXERCÍCIO 9.19 Relatório de desempenho de orçamento flexível em um centro de custos [OA9.1, OA9.4]

A Triway Packaging Corporation produz e vende uma ampla variedade de produtos de embalagem. São preparados relatórios de desempenho mensais para cada departamento. O planejamento orçamentário e o orçamento flexível do Departamento de Produção (US$) são baseados nas seguintes fórmulas, onde *q* é o número de horas de mão de obra direta trabalhadas em um mês:

Mão de obra direta	16,30q
Mão de obra indireta	4.300 + 1,80q
Serviços de utilidade pública	5.600 + 0,70q
Suprimentos	1.400 + 0,30q
Depreciação de equipamentos	18.600 + 2,80q
Aluguel da fábrica	8.300
Impostos sobre imóveis	2.800
Administração da fábrica	13.400 + 0,90q

Os custos reais incorridos em novembro no Departamento de Produção são listados a seguir:

	Custos reais incorridos em novembro (US$)
Mão de obra direta	63.520
Mão de obra indireta	10.680
Serviços de utilidade pública	8.790
Suprimentos	2.810
Depreciação de equipamentos	29.240
Aluguel da fábrica	8.700
Impostos sobre imóveis	2.800
Administração da fábrica	16.230

Requisitado:
1. A empresa tinha feito um orçamento para um nível de atividade de 4 mil horas de mão de obra em novembro. Prepare o planejamento orçamentário do Departamento de Produção desse mês.
2. A empresa trabalhou, na verdade, 3,8 mil horas de mão de obra em novembro. Prepare o orçamento flexível do Departamento de Produção desse mês.
3. Prepare o relatório de desempenho de orçamento flexível do Departamento de Produção de novembro, incluindo as variações das atividades e as variações de despesas.
4. Quais aspectos do relatório de desempenho de orçamento flexível devem ser ressaltados para a gerência? Explique.

PROBLEMAS

Consulte no *site* <www.grupoa.com.br> os suplementos para esta seção.

PROBLEMA 9.20 Variação das atividades e variação de despesas [OA9.1, OA9.2, OA9.3]

Você acaba de ser contratado pela SecuriDoor Corporation, a produtora de um novo e revolucionário aparelho de abertura de portas de garagem. O presidente pediu que você analisasse o sistema de custeio da empresa e "fizesse o que fosse possível para nos ajudar a conseguir ter um maior controle sobre nossos custos indiretos de produção". Você descobre que a empresa nunca usou um orçamento flexível, e você sugere que preparar um desses seria um excelente primeiro passo para o planejamento e controle dos custos indiretos.

Depois de muito esforço e análise, você determinou as seguintes fórmulas de custos e levantou os seguintes dados de custos reais de abril:

	Fórmulas de custo (US$)	Custos reais em abril (US$)
Serviços de utilidade pública...	16.500 mais 0,15 por hora-máquina	21.300
Manutenção............................	38.600 mais 1,80 por hora-máquina	68.400
Suprimentos...........................	0,50 por hora-máquina	9.800
Mão de obra indireta...............	94.300 mais 1,20 por hora-máquina	119.200
Depreciação...........................	68.000	69.700

Em abril, a empresa trabalhou 18 mil horas-máquina e produziu 12 mil unidades. A empresa originalmente tinha planejado trabalhar 20 mil horas-máquina durante abril.

Requisitado:
1. Prepare um relatório que mostre as variações das atividades de abril. Explique o que essas variações significam.
2. Prepare um relatório que mostre as variações de despesas de abril. Explique o que essas variações significam.

PROBLEMA 9.21 Mais de um direcionador de custo [OA9.4, OA9.5]

A Verona Pizza é uma pequena pizzaria de bairro que possui uma pequena área para servir refeições no estabelecimento além de oferecer serviços gratuitos de refeições para viagem e de entrega em domicílio. O dono da pizzaria determinou que a loja possui dois principais direcionadores de custos – o número de pizzas vendidas e o número de entregas feitas. A seguir, temos dados sobre os custos da pizzaria:

	Custo fixo por mês (US$)	Custo por pizza (US$)	Custo por entrega (US$)
Ingredientes das pizzas.........................		4,20	
Equipe da cozinha..................................	5.870		
Serviços de utilidade pública.................	590	0,10	
Funcionário de entregas........................			2,90
Veículo de entregas................................	610		1,30
Depreciação de equipamentos...............	384		
Aluguel...	1.790		
Outros..	710	0,05	

Em outubro, a pizzaria fez um orçamento para 1.500 pizzas a um preço de venda médio de US$ 13 por pizza e 200 entregas.

A seguir, temos os dados sobre as operações da pizzaria em outubro:

	Resultados realizados (US$)
Pizzas	1.600
Entregas	180
Receita	21.340
Ingredientes das pizzas	6.850
Equipe da cozinha	5.810
Serviços de utilidade pública	875
Funcionário de entregas	522
Veículo de entregas	982
Depreciação de equipamentos	384
Aluguel	1.790
Várias	778

Requisitado:
1. Prepare um relatório de desempenho de orçamento flexível que mostre tanto as variações das atividades e de receitas quanto as variações de despesas da pizzaria em outubro.
2. Explique as variações das atividades.

PROBLEMA 9.22 Relatório de desempenho de uma organização sem fins lucrativos [OA9.1, OA9.4, OA9.6]

O banco de sangue KGV Blood Bank, uma empresa de caridade mantida em parte por subsídios governamentais, localiza-se na ilha caribenha de St. Lucia. O banco de sangue terminou suas operações de setembro, que foi um mês particularmente agitado por causa de um terrível furacão que afetou as ilhas vizinhas, causando muitos danos. O furacão poupou St. Lucia, mas os residentes da ilha se dispuseram a doar sangue para ajudar as pessoas das outras ilhas. Como resultado, o banco de sangue coletou e processou mais de 20% a mais de sangue do que fora originalmente planejado para o mês.

Na próxima página, temos um relatório preparado por um oficial do governo comparando os custos reais do banco de sangue aos custos orçados. (A moeda em St. Lucia é o dólar do Caribe Oriental.) A continuação do apoio do governo depende da capacidade do banco de sangue de demonstrar controle sobre seus custos.

Relatório de controle de custos (US$) do KGV Blood Bank para o mês que termina em 30 de setembro				
	Planejamento orçamentário	Resultados realizados	Variações	
Litros de sangue coletado	600	780		
Suprimentos médicos	7.110	9.252	2.142	D
Testes de laboratório	8.610	10.782	2.172	D
Depreciação de equipamentos	1.900	2.100	200	D
Aluguel	1.500	1.500	0	
Serviços de utilidade pública	300	324	24	D
Administração	14.310	14.575	265	D
Total de despesas	33.730	38.533	4.803	D

O diretor administrativo do banco de sangue ficou muito insatisfeito com esse relatório, alegando que seus custos estavam mais altos do que o esperado em virtude da emergência nas ilhas vizinhas. Ele também ressaltou que os custos adicionais tinham sido totalmente cobertos por pagamentos de residentes das outras ilhas em agradecimento aos serviços. O oficial do governo que preparou o relatório replicou que todos os valores tinham sido enviados pelo banco de sangue ao governo; ele estava apenas ressaltando que os custos reais tinham sido muito mais altos do que o prometido no orçamento.

As seguintes fórmulas de custos foram usadas para construir o planejamento orçamentário (US$):

Suprimentos médicos..	11,85q
Testes de laboratório	14,35q
Depreciação de equipamentos.......................................	1.900
Aluguel	1.500
Serviços de utilidade pública...	300
Administração..	13.200 + 1,85q

Requisitado:
1. Prepare um novo relatório de desempenho para setembro usando a abordagem do orçamento flexível.
2. Você acha que alguma das variações do relatório que você preparou deveria ser investigada? Por quê?

PROBLEMA 9.23 Análise crítica do relatório de variação; Preparação de um relatório de desempenho [OA9.1, OA9.4, OA9.6]

Há vários anos, a Shipley Corporation desenvolveu um sistema orçamentário abrangente para fins de planejamento e controle de lucros. Embora os supervisores departamentais estejam satisfeitos com o sistema, o gerente da fábrica expressou uma insatisfação considerável com as informações geradas pelo sistema.

A seguir, temos um típico relatório de custos departamentais de um período recente:

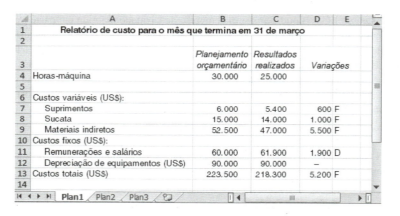

Depois de receber uma cópia desse relatório de custo, o supervisor do Departamento de Montagem afirmou, "Esse relatório é excelente. Ele me faz me sentir bem de ver como as coisas se desenvolvem em meu departamento. Não consigo compreender por que essas pessoas reclamam tanto dos relatórios".

Nos últimos anos, o departamento de marketing da empresa deixou cronicamente de cumprir as metas de vendas expressas nos orçamentos mensais da empresa.

Requisitado:
1. O presidente da empresa está incomodado com os relatórios de custo e gostaria que você avaliasse sua utilidade para a empresa.
2. Qual mudança, caso haja alguma, deveria ser feita no relatório para dar uma ideia melhor de quão bem os supervisores departamentais controlam os custos?
3. Prepare um novo relatório de desempenho para o trimestre, incorporando quaisquer mudanças que você tenha sugerido na pergunta (2) anterior.
4. Quão bem os custos foram controlados no Departamento de Montagem em março?

PROBLEMA 9.24 Análise crítica de um relatório de custo; Preparação de um relatório de desempenho [OA9.1, OA9.4, OA9.6]

Sue Jaski, supervisora do Departamento de Máquinas da Karaki Corporation, ficou visivelmente irritada depois de ser repreendida pelo mau desempenho de seu departamento ao longo do primeiro mês. A seguir, temos o relatório de controle de custos do departamento:

Departamento de Máquinas – Karaki Corporation
Relatório de controle de custo para o mês que termina em 30 de junho (US$)

	Planejamento orçamentário	Resultados realizados	Variações	
Horas-máquina..................................	40.000	42.000		
Salários de mão de obra direta............	70.000	71.400	1.400	D
Suprimentos......................................	20.000	21.300	1.300	D
Manutenção	20.100	20.100	0	
Serviços de utilidade pública...............	18.800	19.000	200	D
Supervisão	41.000	41.000	0	
Depreciação	67.000	67.000	0	
Total...	236.900	239.800	2.900	D

"Simplesmente não consigo compreender por que estamos no vermelho", Jaski reclamou com o supervisor de outro departamento. "Quando o chefe me chamou, achei que me elogiaria porque sei que meu departamento trabalhou mais e de maneira eficiente no mês passado do que jamais trabalhara antes. Em vez disso, ele acabou comigo. Por um minuto, achei que se tratava dos suprimentos que foram roubados de nosso armazém no mês passado. Mas eles só representavam algumas centenas de dólares, e dá só uma olhada nesse relatório. Tudo é desfavorável."

Os salários de mão de obra direta e os suprimentos são custos variáveis; a supervisão e a depreciação são custos fixos; e a manutenção e os serviços de utilidade pública são custos mistos. O componente fixo do custo de manutenção orçado é US$ 12,1 mil; o componente fixo orçado do custo de serviços de utilidade pública é US$ 12,8 mil.

Requisitado:
1. Avalie o relatório de controle de custos da empresa e explique por que as variações foram todas desfavoráveis.
2. Prepare um relatório de desempenho que ajudará os supervisores da Sra. Jaski a avaliarem quão bem os custos foram controlados no Departamento de Máquinas.

PROBLEMA 9.25 Análise crítica de um relatório; Preparação de um relatório de desempenho [OA9.1, OA9.4, OA9.6]

A Facilitator Corp. é uma empresa que age como facilitadora em permutas imobiliárias com favorecimento fiscal. Tais permutas, conhecidas como "1.031 exchanges"[*], permitem que os participantes evitem parcial ou integralmente impostos sobre ganhos de capital que, caso contrário, seriam devidos. Foi solicitado ao escriturário da empresa que preparasse um relatório a fim de ajudar seu proprietário/gerente a analisar seu desempenho. O primeiro ponto desse relatório aparece a seguir:

Análise de receitas e custos da Facilitator Corp para o mês que termina em 31 de maio (US$)

	Receitas e custos unitários do planejamento orçamentário	Receitas e custos unitários reais	Variações	
Permutas concluídas	20	25		
Receita	550	500	50	D
Despesas:				
Honorários advocatícios e tarifas de pesquisa	155	161	6	D
Despesas de escritório	209	172	37	F
Depreciação de equipamentos	30	24	6	F
Aluguel	75	60	15	F
Seguro...	15	12	3	F
Total de despesas.................................	484	429	55	F
Resultado operacional	66	71	5	F

---

* N. de T.: O termo se refere à Seção 1.031 do Código da Receita Fiscal dos EUA.

Observe que as receitas e os custos no relatório anterior são receitas e custos unitários. Por exemplo, as despesas de escritório médias no planejamento orçamentário são de US$ 209 por permuta realizada; as despesas de escritório médias reais são de US$ 172 por permuta realizada.

Os honorários advocatícios e tarifas de pesquisa são um custo variável; as despesas de escritório são um custo misto; e a depreciação de equipamentos, o aluguel e o seguro são custos fixos. No planejamento orçamentário, o componente fixo de despesas de escritório foi US$ 4,1 mil.

Todas as receitas da empresa são provenientes de tarifas e honorários cobrados quando uma permuta é concluída.

Requisitado:
1. Avalie o relatório preparado pelo escriturário.
2. Prepare um relatório de desempenho que ajudaria o proprietário/gerente a avaliar o desempenho da empresa em maio.
3. Usando o relatório que você criou, avalie o desempenho da empresa em maio.

CASOS

Consulte no *site* <www.grupoa.com.br> os suplementos para esta seção.

CASO 9.26 Ética e o gerente [OA9.3]

Lance Prating é o *controller* das instalações de produção em Colorado Springs, Estados Unidos, da Prudhom Enterprises Inc. O relatório anual de controle de custos é um dos muitos relatórios que devem ser preenchidos com a sede corporativa e tem de ser entregue à sede pouco depois do início do Ano Novo. Prating não gosta de deixar trabalhos para a última hora, então, logo antes do Natal, preparou um relatório preliminar de controle de custos. Depois, seriam necessários alguns ajustes de transações que ocorreram entre o Natal e o Ano Novo. A seguir, temos uma cópia do relatório preliminar, que Prating concluiu em 21 de dezembro:

Instalações de produção de Colorado Springs Relatório de controle de custos Esboço preliminar de 21 de dezembro (US$)				
	Orçamento flexível	Resultados realizados	Variação de despesas	
Horas de mão de obra..........................	9.000	9.000		
Mão de obra direta..............................	162.000	164.600	2.600	D
Energia..	2.700	2.950	250	D
Suprimentos..	28.800	29.700	900	D
Depreciação de equipamentos.............	226.500	228.300	1.800	D
Salários de supervisores	189.000	187.300	1.700	F
Seguro...	23.000	23.000	0	
Engenharia industrial...........................	160.000	154.000	6.000	F
Lease do edifício da fábrica	46.000	46.000	0	
Total de despesas................................	838.000	835.850	2.150	F

Tab Kapp, o gerente geral da fábrica de Colorado Springs, pediu para ver uma cópia do relatório preliminar. Prating levou uma cópia do relatório ao escritório de Kapp, onde aconteceu a seguinte conversa:

Kapp: Nossa! Quase todas as variações do relatório são desfavoráveis. As únicas variações favoráveis são as dos salários de supervisores e engenharia industrial. Como tivemos uma variação desfavorável para depreciação?

Prating: Você se lembra daquela máquina de fresagem que quebrou porque o operador usou o lubrificante errado?

Kapp: Sim.

Prating: Não conseguimos consertá-la. Tivemos que sucatear a máquina e comprar uma nova.

Kapp: Esse relatório não parece bom. Levei a maior bronca no ano passado quando tivemos apenas algumas variações desfavoráveis.

Prating: Sinto informar que o relatório final será ainda pior.

Kapp: Ai...

Prating: O item de linha de engenharia industrial no relatório refere-se ao trabalho para o qual contratamos a Sanchez Engineering. O contrato original era de US$ 160 mil, mas pedimos a eles alguns itens a mais que não estavam no contrato. Temos que reembolsar a Sanchez Engineering pelos custos desse trabalho extra. Os US$ 154 mil em custos reais que aparecem no relatório preliminar refletem apenas as faturas que eles cobraram até 21 de dezembro. A última fatura que eles nos enviaram foi em 28 de novembro, e eles só concluíram o projeto na semana passada. Ontem, recebi um telefonema de Mary Jurney, que trabalha na Sanchez e ela disse que eles nos enviariam a última fatura do projeto logo antes do fim do ano. A fatura total, incluindo os reembolsos do trabalho extra, será de...

Kapp: Não tenho certeza se quero ouvir isso.

Prating: US$ 176 mil.

Kapp: Ai!

Prating: O trabalho extra somou US$ 16 mil ao custo do projeto.

Kapp: Não posso entregar um relatório com uma variação geral desfavorável! Eles me matarão na sede corporativa. Ligue para a Mary, na Sanchez, e peça a ela para não enviar a fatura até o primeiro dia do próximo ano. Temos que manter essa variação favorável de US$ 6 mil para engenharia industrial no relatório.

Requisitado:

O que Lance Prating deve fazer? Explique.

CASO 9.27 Análise crítica de um relatório; Preparação de variações de despesas [OA9.3, OA9.5, OA9.6]

A Farrar University oferece um extenso programa de educação continuada em muitas cidades em todo o estado. Para a conveniência de seu corpo docente e de sua equipe administrativa e para economizar custos, a universidade opera uma frota de veículos. Essa frota operava com 20 veículos até fevereiro, quando foi adquirido um veículo a mais a pedido da administração da universidade. A frota é abastecida com gasolina, óleo e outros suprimentos. Um mecânico faz manutenção de rotina e pequenos consertos. Consertos maiores são realizados em uma oficina mecânica comercial nas proximidades. Todo ano, o supervisor da frota de veículos prepara um orçamento anual, que é analisado pela universidade e aprovado depois de serem feitas as modificações adequadas.

O relatório de controle de custos a seguir mostra os custos operacionais reais de março do ano corrente em comparação a 1/12 do orçamento anual.

Frota de veículos da Farrar University
Relatório de controle de custos para o mês que termina em 31 de março (US$)

	Orçamento anual	Orçamento mensal (1/12 do orçamento anual)	Março – real	Acima (abaixo) do orçado
Milhas.............................	600.000	50.000	58.000	
Veículos...........................	20	20	21	
Gasolina	96.000	8.000	8.970	– 970
Óleo, pequenos consertos e peças	30.000	2.500	2.840	– 340
Consertos externos...........	9.600	800	980	– 180
Seguro.............................	18.000	1.500	1.625	– 125
Salários e benefícios.........	103.320	8.610	8.610	0
Depreciação dos veículos ..	48.000	4.000	4.200	– 200
Total...............................	304.920	25.410	27.225	– 1.815

O orçamento anual foi baseado nas seguintes suposições:

a. US$ 0,16 por milha de gasolina.
b. US$ 0,05 por milha para óleo, pequenos consertos e peças.

c. US$ 480 por veículo por ano para consertos externos.
d. US$ 900 por veículo por ano para seguro.
e. US$ 8.610 por mês para salários e benefícios.
f. US$ 2.400 por veículo por ano para depreciação.

O supervisor da frota de veículos está insatisfeito com o relatório, alegando que ele pinta um quadro injusto do desempenho da frota.

Requisitado:
1. Prepare um novo relatório de desempenho para março baseado em um orçamento flexível que mostre as variações de despesas.
2. Quais são as deficiências do relatório de controle de custos original? Como o relatório que você preparou na parte (1) anterior supera essas deficiências?

(Adaptado do CMA)

CASO 9.28 Relatório de desempenho com mais de um direcionador de custo [OA9.4, OA9.5]

O Teatro Munchkin é uma organização sem fins lucrativos dedicada a apresentar peças infantis. O teatro tem uma equipe administrativa profissional trabalhando em tempo integral muito pequena. Por meio de um arranjo especial com o sindicato dos atores, atores e diretores não são remunerados por ensaios, recebendo apenas por apresentações propriamente ditas.

Os custos do planejamento orçamentário do ano corrente são mostrados a seguir. O Teatro Munchkin tinha planejado apresentar cinco diferentes produções com um total de 60 apresentações. Por exemplo, uma das produções era *O coelho Pedro*, que teve cinco apresentações.

Teatro Munchkin Custos do planejamento orçamentário para o ano que termina em 31 de dezembro (US$)	
Número de produções orçadas..	5
Número de apresentações orçadas..	60
Salários dos atores e diretores...	144.000
Salários dos auxiliares de palco...	27.000
Salários do pessoal das cabines de venda de ingressos e dos lanterninhas...........	10.800
Cenários, figurinos e adereços..	43.000
Aluguel da sala de teatro..	45.000
Programas impressos...	10.500
Publicidade...	13.000
Despesas administrativas...	43.200
Total..	336.500

Alguns dos custos variam de acordo com o número de produções, outros com o número de apresentações, e alguns são fixos e não dependem nem do número de produções nem do número de apresentações. Os custos de cenários, figurinos e adereços e os de publicidade variam com o número de produções. Independentemente de quantas vezes a peça *O coelho Pedro* é apresentada, o custo do cenário será o mesmo. Da mesma forma, o custo de publicidade de uma peça, com pôsteres e comerciais de rádio é o mesmo, não importa se houver 10, 20 ou 30 apresentações da peça. Em contrapartida, os salários dos atores, diretores, auxiliares de palco, pessoal da cabine de venda de ingressos e lanterninhas varia com o número de apresentações. Quanto maior o número de apresentações, maior será o custo dos salários. Da mesma forma, os custos de aluguel da sala e da impressão dos programas variam com o número de apresentações. As despesas administrativas são mais difíceis de determinar, mas a melhor estimativa é que aproximadamente 75% dos custos orçados são fixos, 15% dependem do número de produções e os 10% restantes dependem do número de apresentações.

Depois do início do ano, o conselho de diretoria do teatro autorizou a mudança do programa do teatro para quatro produções e um total de 64 apresentações. Os custos reais foram maiores do que os custos do planejamento orçamentário. (Os subsídios de doadores e as vendas de ingressos também foram correspondentemente mais altos, mas não são exibidos aqui.) A seguir, temos os dados sobre os custos reais:

Capítulo 9 ▶▶ Orçamentos flexíveis e análise de desempenho

Teatro Munchkin	
Custos reais do ano que termina em 31 de dezembro (US$)	
Número real de produções	4
Número real de apresentações	64
Salários de atores e diretores..	148.000
Salários dos auxiliares de palco	28.600
Pessoal das cabines de venda de ingressos e lanterninhas	12.300
Cenários, figurinos e adereços	39.300
Aluguel da sala de teatro..	49.600
Programas impressos..	10.950
Publicidade..	12.000
Despesas administrativas...	41.650
Total...	342.400

Requisitado:

1. Prepare um orçamento flexível para o Teatro Munchkin baseado no nível de atividade real do ano.
2. Prepare um relatório de desempenho de orçamento flexível para o ano que mostre tanto as variações das atividades quanto as variações de despesas.
3. Se você estivesse no conselho de diretoria do teatro, você ficaria satisfeito com quão bem os custos foram controlados durante o ano? Por quê?
4. A fórmula de custos fornece valores para o custo médio por produção e o custo médio por apresentação. Qual precisão você acha que esses valores teriam para prever o custo de uma nova produção ou de uma apresentação a mais de determinada produção?

10 CUSTOS-PADRÃO E VARIAÇÕES

▶▶ **Objetivos de aprendizagem**

OA10.1 Calcular as variações de quantidade e preço dos materiais diretos e explicar sua importância.

OA10.2 Calcular as variações de eficiência e de taxa salarial da mão de obra direta e explicar sua importância.

OA10.3 Calcular as variações de eficiência e de preço dos custos indiretos variáveis de produção e explicar sua importância.

OA10.4 (Apêndice 10A) Calcular e interpretar as variações de volume e de orçamento dos custos indiretos fixos.

OA10.5 (Apêndice 10B) Preparar lançamentos contábeis para registrar custos-padrão e variações.

FOCO NOS NEGÓCIOS

Gerenciamento de materiais e mão de obra direta

A fábrica da Schneider Electric em Oxford, Ohio, Estados Unidos, produz *busways* que transportam eletricidade do ponto de entrada de um edifício a locais remotos em todo o seu ambiente. Os gerentes da fábrica prestam muita atenção aos custos de material direto porque eles representam mais da metade dos custos totais de produção da fábrica. Para ajudar a controlar as taxas de sucateamento de materiais diretos como cobre, aço e alumínio, o departamento de contabilidade prepara variações da quantidade de materiais diretos, as quais comparam a quantidade-padrão de materiais diretos que deveria ter sido usada para produzir um produto (segundo cálculos feitos pelos engenheiros da fábrica) à quantidade de materiais diretos que foi realmente utilizada. Acompanhar de perto essas diferenças ajuda a identificar e lidar com as causas de sucateamento excessivo, como um operador de máquinas treinado inadequadamente, a má qualidade dos insumos, ou o mau funcionamento de uma máquina.

Como a mão de obra direta também é um componente significativo dos custos totais de produção da fábrica, a equipe de gerência monitora todos os dias a variação de eficiência da mão de obra direta, a qual compara a quantidade-padrão de tempo de mão de obra necessária para se produzir um produto à quantidade de tempo de mão de obra realmente empregada. Quando trabalhadores ociosos causam uma variação desfavorável da eficiência da mão de obra, os gerentes transferem trabalhadores, temporariamente, de departamentos com folga a departamentos com um acúmulo de trabalho a ser realizado.

FONTE: Conversa do autor com Doug Taylor, *controller* de fábrica, da fábrica de Oxford, Ohio, Estados Unidos da Schneider Electric.

Capítulo **10** ▶▶ Custos-padrão e variações

No último capítulo, investigamos as variações dos orçamentos flexíveis, as quais fornecem *feedback* sobre o desempenho de uma organização em relação ao seu orçamento. O impacto sobre os lucros de uma mudança no nível de atividade é expresso na variação de atividade do resultado operacional. As variações de receitas e despesas indicam quão bem as receitas e os custos foram controlados – dado o nível de atividade real. No caso de muitas variações de gastos, podemos conseguir ainda mais detalhes sobre como os custos foram controlados. Por exemplo, no Rick's Hairstyling, o caso apresentado no Capítulo 9, uma variação desfavorável de despesas com produtos de cabelo podia ser por causa do uso de um excesso de produtos ou ao pagamento de preços altos demais pelos produtos, ou alguma combinação desses dois. Seria útil separar esses dois efeitos distintos, em especial se diferentes pessoas fossem responsáveis pelo uso dos suprimentos e pela compra deles. Neste capítulo, aprenderemos como isso pode ser feito para alguns custos; basicamente, decomporemos as variações de despesas em duas partes – uma que mede quão bem os recursos foram usados e uma outra que mede quão bem os preços de aquisição desses recursos foram controlados.

Empresas que se encontram em segmentos de mercado altamente competitivos, como a **Federal Express**, **Southwest Airlines**, **Dell** e **Toyota**, devem ser capazes de oferecer produtos e serviços de alta qualidade a baixo custo. Se elas não o fizerem, seus clientes comprarão de concorrentes mais eficientes. Dito de maneira mais direta, os gerentes têm que obter insumos como matérias-primas e energia elétrica pelos preços mais baixos possíveis e usá-los da maneira mais eficiente possível – mantendo ou aumentando, ao mesmo tempo, a qualidade daquilo que vendem. Se os insumos forem comprados por preços altos demais ou se forem usados mais insumos do que realmente é necessário, o resultado serão custos mais altos.

Como os gerentes controlam os preços pagos por insumos e as quantidades usadas? Eles poderiam examinar cada transação em detalhe, mas esse obviamente seria um uso ineficiente do tempo da gerência. Para muitas empresas, a resposta para esse problema de controle está, pelo menos em parte, nos custos-padrão.

CUSTOS-PADRÃO – INTRODUÇÃO

Um padrão é um parâmetro ou "norma" de mensuração de desempenho. Há padrões em toda a parte. Seu médico avalia seu peso usando padrões para indivíduos de sua idade, altura e gênero. A comida que comemos em restaurantes é preparada usando receitas padronizadas. Os edifícios onde vivemos estão em conformidade com padrões estabelecidos nos códigos de construção civil. Os padrões também são amplamente utilizados na contabilidade gerencial, na qual estão relacionados à *quantidade* e ao *custo* (ou preço de aquisição) de insumos usados na manufatura de produtos ou na prestação de serviços.

Padrões de quantidade e preço são determinados para cada insumo importante, como no caso de matérias-primas e tempo de mão de obra. *Padrões de quantidade* especificam quanto de um insumo deveria ser usado para fabricar um produto ou prestar um serviço. *Padrões de preço* especificam quanto deveria ser pago por cada unidade de insumo. As quantidades reais e os custos reais dos insumos são comparados a esses padrões. Se a quantidade ou o custo dos insumos se afastar muito dos padrões, os gerentes investigam a discrepância para encontrar a causa do problema e eliminá-lo. Esse processo é chamado **gerenciamento por exceção**.

No nosso dia a dia, em geral operamos em modo de gerenciamento por exceção. Considere o que acontece quando você se senta no banco do motorista de seu carro. Você coloca a chave na ignição, vira a chave e liga o carro. Sua expectativa (o padrão) de que o carro seja ligado é atendida; você não precisa abrir o capô do carro e verificar a bateria, os cabos de conexão, as mangueiras de combustível, e assim por diante. Se você virar a chave e o carro não ligar, aí você terá uma discrepância (variação). Suas expectativas não são atendidas, e você precisará investigar os motivos. Observe que mesmo que o carro ligue depois de uma segunda tentativa, ainda assim seria sensato investigar. O fato de as expectativas não serem atendidas deveria ser visto como uma oportunidade para descobrir a causa do problema em vez de ser apenas motivo para irritação. Se a causa subjacente não for descoberta e corrigida, o problema pode acontecer de novo e piorar muito.

▶ **Gerenciamento por exceção**

sistema de gerenciamento pelo qual se estabelecem padrões para várias atividades, e então resultados realizados são comparados a esses padrões. Desvios significativos dos padrões são sinalizados como exceções.

Essa abordagem fundamental de identificação e solução de problemas é a essência do *ciclo da análise de variação*, que é ilustrado no Quadro 10.1. O ciclo começa com a preparação de relatórios de desempenho de custos-padrão no departamento de contabilidade, os quais ressaltam as variações, que são as diferenças entre os resultados realizados e o que deveria ter acontecido de acordo com os padrões. As variações geram questões. Por que essa variação ocorreu? Por que essa variação é maior do que a do período anterior? As variações significativas são investigadas para que se descubram suas causas subjacentes. São adotadas ações corretivas. E, então, as atividades do período seguinte são realizadas. O ciclo se reinicia com a preparação de um novo relatório de desempenho de custos-padrão sobre o período anterior. A ênfase deve ser realçar problemas, encontrar suas causas subjacentes e então adotar ações corretivas. A meta é melhorar as operações – e não encontrar culpados.

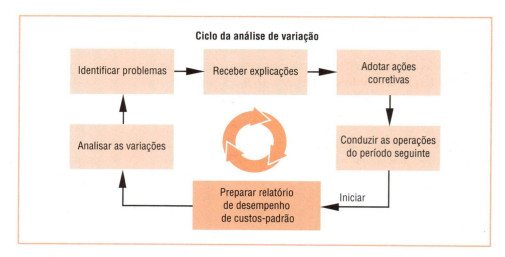

QUADRO 10.1
Ciclo da análise de variação.

Quem usa custos-padrão?

Organizações manufatureiras, de prestação de serviços, do setor alimentício e sem fins lucrativos, todas fazem uso de padrões até certo ponto. Centros de serviços automotivos como a **Firestone** e a **Sears**, por exemplo, geralmente estabelecem padrões específicos de tempo de mão de obra para a conclusão de determinadas tarefas, como instalar um carburador ou trocar válvulas e, então, medem o desempenho real com relação a esses padrões. Estabelecimentos de *fast-food* como o **McDonald's** têm padrões exatos para a quantidade de carne que entra em um sanduíche, além de padrões para o custo da carne. Hospitais têm custos-padrão para alimentos, serviços de lavanderia e outros itens, além de padrões de tolerância de tempo para certas atividades rotineiras, como testes de laboratório. Em resumo, você provavelmente encontrará custos-padrão em qualquer segmento de mercado e existente.

As empresas manufatureiras em geral têm sistemas de custeio-padrão altamente desenvolvidos nos quais são criados padrões para os materiais diretos, mão de obra direta e custos indiretos consumidos por cada produto. Um **relatório de custo-padrão** mostra as quantidades e os custos padrões dos insumos necessários para produzir uma unidade de um produto específico. Na próxima seção, forneceremos um exemplo de um relatório de custo-padrão.

Determinar custos-padrão

Padrões devem ser criados para encorajar a eficiência em operações *futuras*, e não apenas a repetição de operações *passadas* que podem, ou não, ter sido eficientes. Padrões tendem a incorrer em uma destas duas categorias – ideais ou práticos.

Padrões ideais podem ser alcançados somente sob as melhores circunstâncias. Eles não dão espaço a quebras de máquinas ou outras interrupções do trabalho e exigem um nível de esforço que pode ser alcançado apenas pelos funcionários mais habilidosos e eficientes dando o máximo de si 100% do tempo. Alguns gerentes acham que tais padrões estimulam melhorias contínuas, e afirmam que, embora os funcionários saibam que eles raramente alcançarão o padrão, este é um constante lembrete da necessidade de

▶ **Relatório de custo-padrão**

listagem detalhada das quantidades-padrão de insumos, além de seus custos, que são necessárias para produzir uma unidade de um produto específico.

▶ **Padrões ideais**

padrões que supõem uma eficiência máxima o tempo todo.

Capítulo **10** ▶▷ Custos-padrão e variações   **421**

uma eficiência e um esforço cada vez maiores. Poucas organizações usam padrões ideais. A maioria dos gerentes acredita que padrões ideais tendem a desencorajar até mesmo os funcionários mais esforçados. Além disso, é difícil interpretar as variações em relação a padrões ideais. É normal que haja variações distantes do ideal e, portanto, é difícil fazer o "gerenciamento por exceção".

Padrões práticos são padrões "rígidos, mas alcançáveis". Eles possibilitam que as máquinas tenham tempo ocioso e que os funcionários tenham períodos de descanso, e podem ser alcançados por meio de esforços razoáveis, ainda que altamente eficientes, de funcionários comuns. Variações em relação a padrões práticos geralmente sinalizam a necessidade de atenção da gerência, pois representam desvios que saem das condições normais de operação. Além disso, os padrões práticos podem servir a diversas finalidades: além de sinalizarem condições anormais, também podem ser usados na previsão de fluxo de caixa e no planejamento de estoques. Ao contrário, os padrões ideais não podem ser usados para esses fins por não darem espaço a ineficiências normais e resultarem em previsões não realistas.

No restante deste capítulo, suporemos o uso de padrões práticos, e não ideais.

> ▶ **Padrões práticos**
>
> padrões que permitem um tempo ocioso de máquina normal e outras interrupções do trabalho e que podem ser alcançados por meio de esforços razoáveis, mas muito eficientes, realizados pelo trabalhador comum.

Colonial Pewter Company

CONTABILIDADE GERENCIAL **EM AÇÃO**

Questão

A Colonial Pewter Company foi organizada há um ano. O único produto da empresa é uma reprodução elaborada de um suporte para livros do século XVIII feito em peltre, uma liga metálica. A maior parte do suporte para livros é feita à mão, por meio de ferramentas tradicionais de trabalho em metal. Como consequência, o processo de produção é intensivo em termos de mão de obra e exige um alto grau de habilidade.

Colonial Pewter Company

Há pouco tempo, a Colonial Pewter expandiu sua força de trabalho para tirar proveito de uma demanda inesperada de suportes para livros como presentes. A empresa começou com um pequeno grupo de artesãos experientes em trabalho em peltre, mas teve de contratar trabalhadores menos experientes em decorrência da expansão. O presidente da empresa, J. D. Wriston, convocou uma reunião para discutir problemas de produção. Estão presentes na reunião Tom Kuchel, o gerente de produção; Janet Warner, a gerente de compras; e Terry Sherman, o *controller* da empresa.

J. D.: Sinto que não estamos conseguindo a produção que deveríamos de nossos novos funcionários.

Tom: Dê-lhes uma chance. Alguns deles estão na empresa há menos de um mês.

Janet: Além disso, a produção parece desperdiçar uma quantidade enorme de material – particularmente peltre. Esse material é muito caro.

Tom: E quanto à remessa de peltre defeituoso que você comprou – aquele com ferro contaminado? Aquilo nos causou enormes problemas.

Janet: Como eu poderia saber que aquele material era de baixa qualidade? Além disso, foi um bom negócio.

J. D.: Calma, todo mundo. Vamos aos fatos antes de começarmos a atacar uns aos outros.

Tom: Concordo. Quanto mais fatos, melhor.

J. D.: O.k., Terry, é a sua vez. Fatos são do departamento do *controller*.

Terry: Sinto informar que não tenho como tirar as respostas da cartola, mas, se vocês me derem mais ou menos uma semana, posso criar um sistema que responda rotineiramente perguntas sobre a produtividade dos trabalhadores, o desperdício de material e os preços dos insumos.

J. D.: Marcaremos isso em nossas agendas.

Determinar custos-padrão de materiais diretos

A primeira tarefa de Terry Sherman era preparar padrões de preço e quantidade para a única matéria-prima significativa da empresa, lingotes de peltre. O **preço-padrão por unidade** de materiais diretos deve refletir o custo final dos materiais entregues. Depois

> ▶ **Preço-padrão por unidade**
>
> preço que deveria ser pago por um insumo.

> **Quantidade-padrão por unidade**
>
> quantidade de um insumo que deveria ser necessária para concluir uma unidade de produto, incluindo folgas para desperdícios, estragos, sobras e outras ineficiências normais.

de conversar com a gerente de compras, Janet Warner, Terry determinou o preço-padrão do peltre a US$ 4 por libra.*

A **quantidade-padrão por unidade** de materiais diretos deve revelar a quantidade de material necessário para cada unidade de produto final além de uma folga para desperdícios inevitáveis.[1] Depois de conversar com o gerente de produção, Tom Kuchel, Terry determinou a quantidade-padrão de peltre a 3 libras por par (de suporte para livros).

Depois que Terry determinou os padrões de preço e quantidade, ele calculou o custo-padrão de material por unidade do produto final, como segue:

3 libras por unidade × US$ 4 por libra = US$ 12 por unidade

Esse custo de US$ 12 aparecerá no relatório de custo-padrão do produto.

POR DENTRO DAS EMPRESAS

AUMENTO EXCEPCIONAL DOS CUSTOS DE TRANSPORTE AFETA OS PADRÕES DE MATERIAIS DIRETOS

Os padrões de preço de materiais diretos devem refletir o custo final dos materiais entregues. Por causa de aumentos nos custos de transporte marítimo de matérias-primas, muitas empresas aumentaram seus padrões de preço. Por exemplo, o custo médio para alugar um navio para o transporte de matérias-primas do Brasil para a China aumentou de US$ 65 mil para US$ 180 mil. Em alguns casos, os custos de transporte agora excedem os custos da carga de fato. Custa quase US$ 88 para transportar uma tonelada de ferro do Brasil para a Ásia; no entanto, o ferro realmente custa apenas US$ 60 por tonelada.

FONTE: Robert Guy Matthews, "Ship Shortage Pushes Up Prices of Raw Materials", *The Wall Street Journal*, 22 de outubro de 2007, p. A1 e A12.

Determinar padrões de mão de obra direta

Os padrões de preço e quantidade da mão de obra direta normalmente são expressos em termos de uma taxa salarial e horas de mão de obra. A **taxa salarial horária-padrão** da mão de obra direta deve incluir o salário pago por hora, impostos empregatícios e benefícios adicionais. Por meio do histórico salarial e consultando o gerente de produção, Terry Sherman determinou que a taxa salarial de mão de obra direta seria US$ 22 por hora.

> **Taxa salarial horária-padrão**
>
> taxa salarial que deveria ser incorrida por hora do tempo de mão de obra, incluindo impostos empregatícios e benefícios adicionais.

Muitas empresas preparam uma única taxa salarial horária-padrão para todos os funcionários de um departamento. Essa taxa salarial-padrão reflete o *mix* de trabalhadores esperado, embora as taxas salariais reais possam variar um pouco de um indivíduo para o outro em virtude de diferentes habilidades ou tempo de casa.

> **Horas-padrão por unidade**
>
> quantidade de tempo de mão de obra direta que deveria ser necessária para concluir uma unidade de produto, incluindo folgas para pausas, tempo ocioso de máquinas, limpeza, refugos e outras ineficiências normais.

O tempo-padrão de mão de obra direta necessário para concluir uma unidade de produto (chamado de **horas-padrão por unidade**) talvez seja o padrão mais difícil de ser determinado. Uma opção é decompor cada tarefa em movimentos corporais elementares (como alcançar, apertar e girar). Podem ser usadas tabelas publicadas de tempos-padrão para esses movimentos a fim de estimar o tempo total necessário para concluir a tarefa. Outra opção é um engenheiro industrial realizar um estudo de tempo e movimento, literalmente contando o tempo necessário para cada tarefa. Como dissemos antes, o tempo-padrão deve incluir folgas para pausas, necessidades pessoais dos funcionários, limpeza e tempo ocioso de máquina.

Depois de consultar o gerente de produção, Terry determinou o tempo-padrão de mão de obra direta como 0,50 hora de mão de obra direta por par de suportes para livros.

Depois que Terry determinou os padrões de taxa salarial e de tempo, ele calculou o custo-padrão de mão de obra direta por unidade de produto, como segue:

---

* N. do T.: Medida de peso: 1 libra = 0,45 kg.

[1] Embora folgas para desperdícios, estragos e refugos sejam geralmente embutidas nos padrões, essa prática geralmente é criticada porque contradiz a meta de zero-defeito de muitos programas de melhorias de processos. Se essas folgas para desperdícios, estragos e refugos forem embutidas no custo-padrão, elas devem ser periodicamente revisadas e reduzidas com o passar do tempo, de modo a refletir processos melhorados, melhor treinamento dos funcionários e melhores equipamentos.

Capítulo **10** ▶ Custos-padrão e variações

0,50 hora de mão de obra direta por unidade × US$ 22 por hora de mão de obra direta = US$ 11 por unidade

Esse custo-padrão de mão de obra direta por unidade de US$ 11 aparece com o custo-padrão de materiais diretos no relatório de custo-padrão de um par de suportes de peltre para livros.

Determinar os custos-padrão dos custos indiretos variáveis de produção

Do mesmo modo que ocorre com a mão de obra direta, os padrões de preço e quantidade dos custos indiretos variáveis de produção, em geral, são expressos em termos de uma taxa e horas. A taxa de custo representa *a parte variável da taxa predeterminada de custos indiretos* discutida no Capítulo 3; as horas estão relacionadas à base de atividades que é usada para aplicar os custos indiretos a unidades de produto (normalmente horas-máquina ou horas de mão de obra direta). Na Colonial Pewter, a parte variável da taxa predeterminada de custos indiretos é US$ 6 por hora de mão de obra direta. Portanto, Terry calculou o custo-padrão dos custos indiretos de produção por unidade da seguinte maneira:

0,50 hora de mão de obra direta por unidade × US$ 6 por hora de mão de obra direta = US$ 3 por unidade

Esse custo indireto variável de produção por unidade de US$ 3 aparece com os de materiais diretos e mão de obra direta no relatório de custo-padrão no Quadro 10.2. Observe que os **custos-padrão por unidade** dos custos indiretos variáveis de produção são calculados da mesma maneira que os de materiais diretos ou de mão de obra direta – a quantidade-padrão permitida por unidade de produto é multiplicada pelo preço-padrão. Nesse caso, a quantidade-padrão é expressa como 0,5 hora de mão de obra direta por unidade e o preço-padrão (ou taxa-padrão) é expresso como US$ 6 por hora de mão de obra direta.

▶ **Custo-padrão por unidade**

quantidade-padrão de um insumo permitida por unidade de um produto específico, multiplicada pelo preço-padrão.

Insumos	(1) Quantidade-padrão ou horas-padrão	(2) Preço-padrão ou taxa-padrão (US$)	Custo-padrão (1) × (2) (US$)
Materiais diretos	3 libras	4 por libra	12
Mão de obra direta..................................	0,50 hora	22 por hora	11
Custos indiretos variáveis de produção ...	0,50 hora	6 por hora	3
Custo-padrão total por unidade...............			26

QUADRO 10.2
Relatório de custos-padrão – custos de produção variáveis.

Usar padrões em orçamentos flexíveis

Os custos-padrão de materiais de US$ 12 por unidade, de mão de obra direta de US$ 11 por unidade e de custos indiretos variáveis de produção de US$ 3 por unidade podem ser usados para calcular as variações das atividades e despesas, como descrito no capítulo anterior. Para ilustrar, o relatório de desempenho do orçamento flexível da Colonial Pewter para junho é exibido no Quadro 10.3. Observe que o relatório inclui uma variação das atividades e uma variação de despesas para materiais diretos, mão de obra direta e custos indiretos variáveis. Esse relatório de desempenho baseia-se nos seguintes dados:

Saída originalmente orçada em junho...	2.100 unidades
Saída real em junho	2.000 unidades
Custo real de materiais diretos em junho* (US$)	24.700
Custo real de mão de obra direta em junho (US$)	22.680
Custos indiretos variáveis reais de produção em junho (US$).......................................	7.140

* Não houve estoques iniciais ou finais de matérias-primas em junho; todos os materiais comprados foram usados.

CONTABILIDADE GERENCIAL

QUADRO 10.3
Relatório de desempenho do orçamento flexível de custos de produção.

	Colonial Pewter — Relatório de desempenho do orçamento flexível – Custos de produção apenas do mês que termina em 30 de junho (US$)						
	Planejamento orçamentário	Variações das atividades		Orçamento flexível	Variações de despesas		Resultados realizados
Suportes para livros produzidos (q)	2.100			2.000			2.000
Materiais diretos (US$ 12 q).............	25.200	1.200	F	24.000	700	D	24.700
Mão de obra direta (US$ 11 q).............	23.100	1.100	F	22.000	680	D	22.680
Custos indiretos variáveis de produção (US$ 3 q)	6.300	300	F	6.000	1.140	D	7.140

Por exemplo, o custo de mão de obra direta no planejamento orçamentário no Quadro 10.3 é de **US$ 23.100** (= **US$ 11** por unidade × **2.100** unidades).

Ainda que o relatório de desempenho do Quadro 10.3 seja útil, ele seria ainda mais útil se as variações de despesas pudessem ser decompostas em seus componentes de preço e de quantidade. Por exemplo, a variação de despesas com materiais diretos no relatório é **US$ 700** desfavorável, o que significa que, dado o nível de produção atual do período, os custos de materiais diretos foram US$ 700 acima do esperado – pelo menos de acordo com o custo-padrão. Isso ocorreu em virtude de preços mais altos do que o esperado para os materiais? Ou foi por causa do uso excessivo de materiais? As variações de custo-padrão que discutiremos no restante do capítulo são criadas para responder a essas perguntas.

MODELO GERAL PARA A ANÁLISE DE VARIAÇÃO DE CUSTOS-PADRÃO

A ideia fundamental na análise de variação de custos-padrão é decompor as variações de despesas do orçamento flexível em dois elementos – um sobre a quantidade de insumos usada e outro sobre o preço pago pelos insumos. Usar insumos excessivos resulta em uma *variação desfavorável de quantidade*. Pagar caro demais pelos insumos resulta em uma *variação desfavorável de preço*. Uma **variação de quantidade** é a diferença entre quanto foi realmente usado de um insumo e quanto deveria ter sido usado, e é expressa em termos de valor monetário por meio do preço-padrão do insumo. Uma **variação de preço** é a diferença entre o preço real de um insumo e seu preço-padrão, multiplicada pela quantidade real do insumo comprado.

Por que os padrões são separados em duas categorias – quantidade e preço? As variações de quantidade e as de preço normalmente têm causas diferentes. Além disso, normalmente, diversos gerentes são responsáveis pela compra e pelo uso de insumos. Por exemplo, no caso de uma matéria-prima, um gerente de compras é responsável por seu preço. No entanto, é o gerente de produção o responsável pela quantidade de matéria-prima que é realmente usada na manufatura dos produtos. Como veremos, determinar padrões separados para quantidade e preço nos permite separar melhor as responsabilidades desses dois gerentes. Permite-nos, também, preparar relatórios mais rapidamente. As tarefas do gerente de compras já estão concluídas quando o material é entregue para uso na fábrica. Nesse momento, pode-se preparar um relatório de desempenho do gerente de compras. Entretanto, as responsabilidades do gerente de produção começaram nesse momento. Um relatório de desempenho do gerente de produção deve esperar até que a produção seja concluída e saibamos qual quantidade de matéria-prima foi usada no produto final. Portanto, é importante distinguir claramente entre desvios em relação aos padrões de preço (responsabilidade do gerente de compras) e desvios em relação aos padrões de quantidade (responsabilidade do gerente de produção).

▶ **Variação de quantidade**

variação calculada tirando-se a diferença entre a quantidade real do insumo usada e a quantidade do insumo que deveria ter sido usada para o nível real de saída e multiplicando-se o resultado pelo preço-padrão do insumo.

▶ **Variação de preço**

variação calculada tirando-se a diferença entre o preço real e o preço-padrão e multiplicando-se o resultado pela quantidade real do insumo.

Capítulo **10** ▸▶ Custos-padrão e variações

O Quadro 10.4 apresenta um modelo geral que pode ser usado para decompor as variações de despesas de um custo variável em uma variação de quantidade e uma de preço. A coluna (1) nesse quadro corresponde à coluna de "orçamento flexível" no Quadro 10.3. A coluna (3) corresponde à coluna de "resultados realizados" no Quadro 10.3. A coluna (2) foi inserida no Quadro 10.4 para possibilitar a separação das variações de despesas em uma variação de quantidade e uma de preço.

Devem-se observar três questões no Quadro 10.4. Primeiro, podem-se calcular a variação de quantidade e a variação de preço para cada um dos três elementos dos custos variáveis – materiais diretos, mão de obra direta e custos indiretos variáveis de produção – embora as variações tenham diferentes nomes. Por exemplo, a variação de preço é chamada de variação de preço dos materiais no caso de materiais diretos, mas de variação de taxa salarial no caso de mão de obra direta e variação de preço dos custos indiretos variáveis no caso de custos indiretos variáveis de produção.

> ▸ **Quantidade-padrão permitida**
>
> quantidade de um insumo que deveria ter sido usada para concluir a saída real do período. É calculada multiplicando-se o número real de unidades produzidas pela quantidade-padrão por unidade.

QUADRO 10.4
Modelo geral para a análise de variação de custos-padrão – custos de produção variáveis.

(1) Quantidade-padrão permitida para a saída real, pelo preço-padrão (QP × PP)	(2) Quantidade real de insumo pelo preço-padrão (QR × PP)	(3) Quantidade real de insumo pelo preço real (QR × PR)
Variação de quantidade (2) – (1) Variação de quantidade dos materiais Variação de eficiência da mão de obra Variação de eficiência dos custos	**Variação de preço (3) – (2)** Variação de preço dos materiais Variação de taxa salarial da mão de obra Variação do preço dos custos	
Variação de despesas* (3) – (1)		

_____
No caso dos materiais, a variação de quantidade dos materiais e a variação de preço dos materiais não são somadas à variação de despesas quando a quantidade comprada difere da quantidade usada na produção. A exceção será apresentada mais adiante (no capítulo).

Segundo, a variação de quantidade – independentemente de como é chamada – é calculada da mesma maneira se estiver lidando com materiais diretos, mão de obra direta ou custos indiretos variáveis de produção. O mesmo é válido para a variação de preço.

Terceiro, o insumo é a quantidade real de materiais diretos ou mão de obra direta comprada; a saída é a produção boa (não defeituosa) do período, expressa em termos de *quantidade-padrão* (ou de *horas-padrão*) *permitida* para a saída real (ver coluna 1 no Quadro 10.4). A **quantidade-padrão permitida** ou as **horas-padrão permitidas** significa a quantidade de um insumo que deveria ter sido usada para produzir a saída real do período. Ela poderia ter sido maior ou menor do que a quantidade real do insumo, dependendo da eficiência das operações. A quantidade-padrão permitida é calculada multiplicando-se a saída real em unidades pelo insumo-padrão permitido por unidade de saída.

Com esse modelo geral como base, agora calcularemos as variações de quantidade e preço da Colonial Pewter.

> ▸ **Horas-padrão permitidas**
>
> tempo que deveria levar para concluir a saída do período. São calculadas multiplicando-se o número real de unidades produzidas pelas horas-padrão por unidade.

USAR CUSTOS-PADRÃO – VARIAÇÕES DE MATERIAIS DIRETOS

Depois de determinar o custo-padrão de materiais diretos, mão de obra direta e custos indiretos variáveis de produção da Colonial Pewter, o próximo passo de Terry Sherman era calcular as variações da empresa para junho. Como discutido na seção anterior, as variações são calculadas comparando-se o custo-padrão aos custos reais. Terry consultou o relatório de custo-padrão do Quadro 10.2, que mostra o custo-padrão de materiais diretos, calculado da seguinte maneira:

> ▸▶ OA10.1
>
> Calcular as variações de quantidade e preço dos materiais diretos e explicar sua importância.

3 libras por unidade × US$ 4 por libra = US$ 12 por unidade

Os registros de junho da Colonial Pewter mostram que foram compradas 6.500 libras de peltre por um custo de US$ 3,80 por libra, somando um custo total de US$ 24,7 mil. Todo o material comprado foi usado em junho para fabricar 2 mil pares de suportes de peltre para livros.[2] Por meio desses dados e do custo-padrão do Quadro 10.2, Terry calculou as variações de quantidade e de preço no Quadro 10.5.

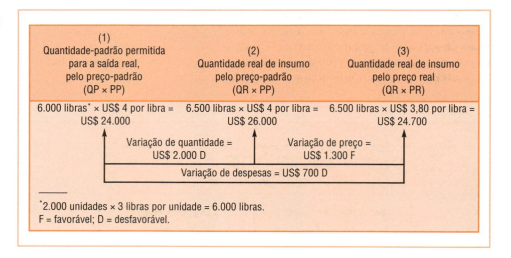

QUADRO 10.5
Análise de variação de custos-padrão – materiais diretos.

(Nota: a quantidade de materiais comprada é igual à quantidade usada na produção.)

As variações do Quadro 10.5 baseiam-se em três diferentes custos totais – US$ 24 mil, US$ 26 mil e US$ 24,7 mil. O primeiro, US$ 24 mil, refere-se a quanto deveria ter sido gasto em peltre para produzir a saída real de 2 mil unidades. Os padrões determinam 3 libras de peltre por unidade. Como foram produzidas 2 mil unidades, 6 mil libras de peltre deveriam ter sido usadas. Isso se refere à *quantidade-padrão permitida para a saída real*. Se essas 6 mil libras de peltre tivessem sido compradas pelo preço-padrão de US$ 4 por libra, a empresa teria gasto US$ 24 mil. Esse é o valor que aparece no orçamento flexível da empresa para o mês.

O terceiro valor de custo total, US$ 24,7 mil, é o valor pago pela quantidade real de peltre comprada. A diferença entre os US$ 24,7 mil que foram realmente gastos e o valor que deveria ter sido gasto, US$ 24 mil, é a variação de despesas do mês, que é igual a US$ 700. Essa variação é desfavorável (denotada por D) porque o valor realmente gasto excedeu o valor que deveria ter sido gasto.

O segundo valor de custo total, US$ 26 mil, é a chave que nos permite decompor a variação de despesas em dois elementos distintos – um relativo à quantidade e outro ao preço. Ele representa quanto a empresa deveria ter gasto se tivesse comprado a quantidade real de insumo, 6,5 mil libras, pelo preço-padrão de US$ 4 por libra em vez de pelo preço real de US$ 3,80 por libra.

Variação de quantidade dos materiais

Usando o valor de custo total de US$ 26 mil na coluna (2), podemos fazer duas comparações – uma com o custo total de US$ 24 mil na coluna (1) e outra com o custo total de US$ 24,7 mil na coluna (3). A diferença entre os US$ 24 mil na coluna (1) e os US$ 26 mil na coluna (2) é a variação de quantidade de US$ 2 mil, que é marcada como desfavorável (denotado por D).

Para compreender essa variação de quantidade, observe que a quantidade real de peltre usada na produção foi 6,5 mil libras. Entretanto, a quantidade-padrão de peltre permitida

---

[2] Em toda essa seção, supusemos estoques iniciais e finais de materiais iguais a zero e que todos os materiais comprados em um período sejam usados nesse mesmo período. O caso mais geral em que existem estoques iniciais e finais de materiais e os materiais não são necessariamente usados durante o período em que são comprados será considerado mais adiante, neste capítulo.

para a saída real é 6 mil libras. Portanto, foi usado peltre demais para produzir a saída real – 500 libras a mais. Para expressar isso em termos de dólares, as 500 libras são multiplicadas pelo preço-padrão de US$ 4 por libra para produzir a variação de quantidade de US$ 2 mil. Por que se usa o preço-padrão, e não o preço real do peltre nesse cálculo? Normalmente, é o gerente de produção que é responsável pela variação de quantidade. Se o preço real fosse usado no cálculo da variação de quantidade, o gerente de produção seria responsabilizado pela eficiência ou ineficiência do gerente de compras. Além de isso ser injusto, ocorreriam discussões inúteis entre os dois profissionais toda vez que o preço real de um insumo estivesse acima de seu preço-padrão. Para evitar essas discussões, usa-se o preço-padrão ao se calcular a variação de quantidade. A variação de quantidade no Quadro 10.5 é marcada como desfavorável (D) porque foi usado mais peltre para produzir a saída real do que o padrão designa. Uma variação de quantidade é marcada como favorável (F) se a quantidade real for menor do que a quantidade-padrão.

Variação de preço dos materiais

A diferença entre os US$ 26 mil na coluna (2) e os US$ 24,7 mil na coluna (3) é a variação de preço de US$ 1,3 mil, que é marcada como favorável (denotado por F).

Para compreender a variação de preço, observe que o preço de US$ 3,80 por libra pago pelo peltre é US$ 0,20 menor do que o preço-padrão de US$ 4 por libra permitido para o peltre. Como foram compradas 6,5 mil libras, o valor total da variação é US$ 1.300 (= US$ 0,20 por libra × 6.500 libras). Essa variação é marcada como favorável (F) porque o preço de compra real foi menor do que o preço-padrão de compra. Uma variação de preço é marcada como desfavorável (D) se o preço de compra real exceder o preço-padrão de compra.

Os cálculos no Quadro 10.5 refletem o fato de que todo o material comprado em junho também foi usado durante junho. Se a quantidade de material comprada diferir da quantidade que é usada, o cálculo da variação de preço é um pouco diferente. Essa pequena complicação será abordada no final deste capítulo.

▶ **Variação de quantidade dos materiais**

diferença entre a quantidade real de materiais usada na produção e a quantidade-padrão permitida para a saída real, multiplicada pelo preço-padrão por unidade de materiais.

POR DENTRO DAS EMPRESAS

COMPRAS DE MATERIAIS DIRETOS: PERSPECTIVA DA GESTÃO DE RISCO

A **Shenzhen Hepalink** produz heparina, um medicamento anticoagulante que é injetado diretamente na corrente sanguínea de alguns pacientes cirúrgicos. A empresa conta com fornecedores para extrair sua matéria-prima, chamada de heparina bruta, dos intestinos de porcos abatidos. A coleta de heparina bruta é suscetível à contaminação se o processo for administrado e monitorado de forma inadequada. Por exemplo, recentemente a **Baxter International** fez um *recall* de heparina contaminada que se acredita ter causado doenças, reações alérgicas e morte em alguns pacientes nos Estados Unidos e na Alemanha.

A Shenzhen Hepalink procura reduzir os riscos de contaminação comprando heparina bruta somente de abatedouros regulamentados pelo governo chinês e não de abatedouros rurais não regulamentados. A empresa também mantém laboratórios de garantia da qualidade nas instalações de cada fornecedor para assegurar que as regras aplicáveis sejam cumpridas. Esses cuidados aumentam o custo da matéria-prima da Shenzhen Hepalink, mas também reduzem o risco de que heparina contaminada seja injetada na corrente sanguínea de um paciente.

FONTE: Gordon Fairclough, "How a Heparin Maker in China Tackles Risks", *The Wall Street Journal*, 10 de março de 2009, p. B1 e B5.

Variação de quantidade dos materiais – análise mais detalhada

A **variação de quantidade dos materiais** mede a diferença entre a quantidade de materiais usados na produção e aquela que deveria ter sido usada de acordo com o padrão. Embora a variação esteja relacionada ao uso físico de materiais, como mostra o Quadro 10.5, ela é geralmente expressa em termos de valor monetário para ajudar a avaliar sua importância. A fórmula da variação de quantidade dos materiais é a seguinte:

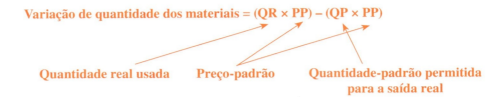

A fórmula pode ser fatorada como:

Variação de quantidade dos materiais = (QR − QP)PP

Usando os dados do Quadro 10.5 na fórmula, temos o seguinte:

$$QP = 2.000 \text{ unidades} \times 3 \text{ libras por unidade} = 6.000 \text{ libras}$$
$$\text{Variação de quantidade dos materiais} = (6.500 \text{ libras} - 6.000 \text{ libras}) \times US\$\ 4 \text{ por libra}$$
$$= US\$\ 2.000\ D$$

A resposta, é claro, é a mesma que a exibida no Quadro 10.5.

Os relatórios de variação muitas vezes são apresentados em forma de tabela. Uma parte do relatório de variação da Colonial Pewter é exibida a seguir, com a explicação do gerente de produção para a variação de quantidade dos materiais.

	(1)	(2)	(3)	(4)		
Tipo de material	Preço-padrão (US$)	Quantidade real (libras)	Quantidade-padrão permitida (libras)	Diferença na quantidade (2) − (3) (libras)	Variação de quantidade total (1) × (4) (US$)	Justificativa
Peltre	400	6.500	6.000	500	2.000 D	Materiais de baixa qualidade inadequados para a produção.

F = Favorável; D = Desfavorável.

É melhor isolar a variação de quantidade dos materiais quando os materiais são usados na produção. Obtêm-se os materiais necessários para o número de unidades a serem produzidas, de acordo com a lista de materiais-padrão para cada unidade. Qualquer material adicional geralmente é obtido com uma requisição de materiais extras, que são diferentes das requisições normais. Esse procedimento chama atenção para o uso excessivo de materiais *enquanto a produção ainda está em processo* e oferece a oportunidade de corrigir qualquer problema que se desenvolva.

O uso excessivo de materiais pode ser fruto de muitos fatores, como máquinas defeituosas, materiais de qualidade inferior, trabalhadores não treinados e má supervisão. De maneira geral, é responsabilidade do departamento de produção verificar que o uso de materiais se mantenha alinhado aos padrões. Algumas vezes, no entanto, o departamento de *compras* pode ser o responsável por uma variação desfavorável da quantidade de materiais. Por exemplo, se o departamento de compras comprar materiais de qualidade inferior a preços mais baixos, eles podem ser inadequados para o uso e resultar em um desperdício excessivo. Assim, o departamento de compras, e não o de produção, seria responsável pela variação de quantidade. Na Colonial Pewter, o gerente de produção, Tom Kuchel, alegou, no relatório de desempenho do departamento de produção, que a causa da variação desfavorável da quantidade de materiais em junho foi materiais de baixa qualidade.

Variação de preço dos materiais – análise mais detalhada

Uma **variação de preço dos materiais** mede a diferença entre o que é pago por determinada quantidade de materiais e o que deveria ter sido pago de acordo com o padrão. Segundo o Quadro 10.5, essa diferença pode ser expressa pela seguinte fórmula:

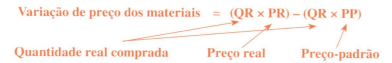

> **Variação de preço dos materiais**
>
> diferença entre o preço unitário real pago por um item e o preço-padrão, multiplicada pela quantidade comprada.

A fórmula pode ser fatorada da seguinte maneira:

Variação de preço dos materiais = QR (PR – PP)

Usando os dados do Quadro 10.5 nessa fórmula, temos o seguinte:

Variação de preço dos materiais = 6.500 libras (US$ 3,80 por libra – US$ 4 por libra) = US$ 1.300 F

Observe que a resposta é igual à que é exibida no Quadro 10.5. Note também que, ao usar essa fórmula, uma variação negativa sempre será marcada como favorável (F) e uma positiva sempre será marcada como desfavorável (D). Isso é válido para todas as fórmulas de variação neste capítulo.

Uma parte do relatório de variação da Colonial Pewter é exibida a seguir com a explicação do gerente de compras para a variação de preço dos materiais.

Empresa Colonial Pewter
Relatório de variação – Departamento de compras

Item comprado	(1) Quantidade comprada (libras)	(2) Preço real (US$)	(3) Preço-padrão (US$)	(4) Diferença no Preço (2) – (3) (US$)	Variação de preço total (1) × (4) (US$)	Justificativa
Peltre......	6.500	3,80	4	0,20	1.300 F	Negociado por um preço especialmente bom.

F = Favorável; D = Desfavorável.

Isolamento de variações As variações devem ser isoladas e levadas ao conhecimento da gerência o mais rápido possível, de modo que problemas possam ser imediatamente identificados e corrigidos. Aquelas mais significativas devem ser vistas como "sinais vermelhos"; ocorreu uma exceção que exige explicação do responsável e talvez uma resposta subsequente. O próprio relatório de desempenho pode conter explicações para as variações, como ilustrado anteriormente. No caso da empresa Colonial Pewter, o gerente de compras disse que a variação favorável de preço foi decorrente de negociações por um preço especialmente bom.

Responsabilidade pela variação Quem é responsável pela variação de preço dos materiais? De maneira geral, o gerente de compras possui controle sobre o preço pago pelas mercadorias e, portanto, é responsável pela variação de preço dos materiais. Muitos fatores influenciam os preços pagos pelas mercadorias, incluindo quantas unidades são encomendadas, a forma como o pedido é entregue, se o pedido é urgente e a qualidade dos materiais comprados. Se qualquer um desses fatores se desviar do que se supôs quando os padrões foram estabelecidos, pode ocorrer uma variação de preço. Por exemplo, comprar materiais de segunda linha em vez de materiais de alta qualidade pode resultar em uma variação favorável de preço, já que os materiais de qualidade inferior talvez sejam mais baratos. No entanto, devemos ter em mente que materiais de qualidade inferior podem gerar problemas de produção.

Entretanto, outra pessoa que não seja o gerente de compras poderia ser responsável por uma variação de preço dos materiais. Por exemplo, por causa de problemas de produção que estão fora do controle do gerente de compras, talvez ele teve que usar um serviço de entrega rápida. Nesses casos, o gerente de produção deve ser responsabilizado pela variação de preços.

No entanto, atenção: a análise de variação não deve ser usada para determinar culpados. A ênfase deve ser em oferecer suporte aos gerentes de linha e auxiliá-los a cumprir as metas da empresa de cujo estabelecimento eles participaram. Em resumo, a ênfase deve ser positiva em vez de negativa. Discutir demais sobre o que aconteceu, em especial em termos de tentar encontrar alguém a quem culpar, pode destruir o moral e qualquer espírito de cooperação.

POR DENTRO DAS EMPRESAS

GERENCIAMENTO DAS VARIAÇÕES DE PREÇO DOS MATERIAIS

Quando a **Tata Motores** teve um prejuízo de US$ 110 milhões em 2000, os executivos da empresa ordenaram uma redução de 10% nos custos. Os gerentes de compras da Tata responderam por meio de leilões inversos para comprar matérias-primas. Os leilões inversos exigem que os fornecedores façam ofertas concorrendo uns com os outros pelo direito de vender matéria-prima à Tata Motores. O fornecedor que fizer a menor oferta ganha o contrato. Os gerentes de compras da Tata usaram 750 leilões inversos por ano para diminuir o preço de compra médio da empresa em 7%. Embora essa prática produza variações de preços de compra favoráveis e lucros mais altos a curto prazo, esses benefícios podem acabar sendo neutralizados por taxas mais altas de sucateamento, retrabalho, consertos de garantia, reclamações dos clientes e perdas de vendas.

FONTE: Robyn Meredith, "The Next People's Car", *Forbes*, 16 de abril de 2007, p. 70-74.

USAR CUSTOS-PADRÃO – VARIAÇÕES DA MÃO DE OBRA DIRETA

▶▶ **OA10.2**

Calcular as variações de eficiência e de taxa salarial da mão de obra direta e explicar sua importância.

O passo seguinte de Terry Sherman para determinar as variações de junho da Colonial Pewter era calcular as variações da mão de obra direta do mês. Lembre-se, de acordo com o Quadro 10.2, que o custo-padrão da mão de obra direta por unidade de produto é US$ 11, calculado como segue:

0,50 hora por unidade × US$ 22 por hora = US$ 11 por unidade

Em junho, a empresa pagou a seus trabalhadores de mão de obra direta US$ 22.680, incluindo impostos empregatícios e benefícios adicionais, por 1.050 horas de trabalho, ou seja, era uma média de US$ 21,60 por hora. Usando esses dados e o custo-padrão do Quadro 10.2, Terry calculou as variações de eficiência e da taxa salarial da mão de obra direta que aparecem no Quadro 10.6.

Observe que os títulos das colunas do Quadro 10.6 são iguais aos que foram usados nos dois quadros anteriores, com a exceção de que, no Quadro 10.6, os termos *horas* e *taxa salarial* são usados em substituição aos termos *quantidade* e *preço*.

QUADRO 10.6
Análise de variação de custos-padrão – mão de obra direta.

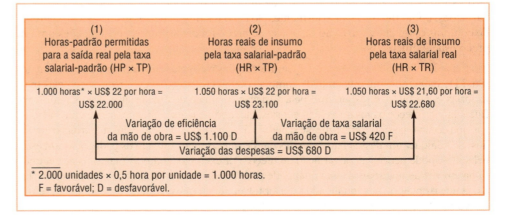

Variação de eficiência da mão de obra – análise mais detalhada

A **variação de eficiência da mão de obra** tenta medir a produtividade da mão de obra direta. Nenhuma outra variação é observada mais de perto pela gerência, pois se acredita amplamente que aumentar a produtividade da mão de obra direta seja vital para a redução de custos. A fórmula da variação de eficiência da mão de obra é expressa como segue:

Variação de eficiência da mão de obra = (HR × TP) − (HP × TP)

Horas reais   Taxa salarial-padrão   Horas-padrão permitidas para a saída real

A fórmula pode ser fatorada da seguinte maneira:

Variação de eficiência da mão de obra = (HR − HP)TR

Usando os dados do Quadro 10.6 na fórmula, temos o seguinte:

HP = 2.000 unidades × 0,5 hora por unidade = 1.000 horas

Variação de eficiência da mão de obra = (1.050 horas − 1.000 horas) US$ 22 por hora = US$ 1.100 D

> **Variação de eficiência da mão de obra**
>
> diferença entre as horas reais empregadas para concluir uma tarefa e as horas-padrão permitidas para a saída real, multiplicada pela taxa salarial horária-padrão.

Possíveis causas de uma variação desfavorável de eficiência da mão de obra incluem funcionários mal treinados ou desmotivados; materiais de baixa qualidade, que exigem mais tempo de mão de obra; equipamentos defeituosos, que quebram e geram interrupções do trabalho; má supervisão dos funcionários; e padrões imprecisos. Os gerentes encarregados da produção normalmente seriam responsáveis por controlar a variação de eficiência da mão de obra. No entanto, o gerente de compras poderia ser responsabilizado caso a compra de materiais de má qualidade resultasse em um tempo de processamento excessivo pela mão de obra.

Outra causa importante de variações desfavoráveis de eficiência da mão de obra pode ser uma demanda insuficiente pelos produtos da empresa. Os gerentes de algumas empresas afirmam que é difícil e, talvez, insensato ajustar sempre a força de trabalho em resposta a mudanças na quantidade de trabalho que precisa ser feita. Nessas empresas, a força de trabalho de mão de obra direta é essencialmente fixa a curto prazo: se a demanda é insuficiente para manter todos ocupados, os trabalhadores não são demitidos e em geral será registrada uma variação desfavorável de eficiência da mão de obra.

Se os pedidos dos clientes forem insuficientes para manter os trabalhadores ocupados, o gerente do centro de trabalho tem duas opções – aceitar uma variação desfavorável de eficiência da mão de obra ou aumentar os estoques.[3] Uma lição fundamental da produção enxuta é que aumentar os estoques sem nenhuma perspectiva imediata de venda é uma má ideia. Estoques excessivos – em especial estoques de produção em andamento – levam a altas taxas de defeitos, produtos obsoletos e operações ineficientes. Como consequência, quando a força de trabalho é basicamente fixa a curto prazo, os gerentes devem ser cautelosos sobre como as variações de eficiência da mão de obra são usadas. Alguns especialistas defendem a eliminação das variações de eficiência da mão de obra nessas situações – pelo menos com a finalidade de motivar e controlar os trabalhadores no ambiente fabril.

Variação de taxa salarial – análise mais detalhada

Como explicado anteriormente, a variação de preço da mão de obra direta é em geral chamada de **variação de taxa salarial**, a qual mede qualquer desvio do padrão apresentado pela taxa salarial média por hora paga a trabalhadores de mão de obra direta. A fórmula da variação de taxa salarial é expressa da seguinte maneira:

> **Variação de taxa salarial**
>
> diferença entre a taxa salarial horária real e a taxa-padrão, multiplicada pelo número de horas trabalhadas durante o período.

---

[3] Para uma discussão mais aprofundada, ver Eliyahu M. Goldratt e Jeff Cox, *The Goal*, 2. ed. revisada. (Croton-on-Hudson, NY: North River Press, 1992).

POR DENTRO DAS EMPRESAS

OPERADORES DE CAIXAS ENFRENTAM O CRONÔMETRO

A **Operations Workforce Optimization** (OWO) desenvolve um software que usa padrões de mão de obra projetados para determinar quanto tempo um operador de caixa deve levar para concluir o atendimento de um cliente. O software mede a produtividade de um funcionário comparando continuamente o tempo de atendimento real de clientes a padrões preestabelecidos de eficiência da mão de obra. Por exemplo, os operadores de caixas da **Meijer**, uma varejista regional localizada no Centro-Oeste dos Estados Unidos, podem ser despromovidos ou demitidos se não atenderem ou excederem os padrões de eficiência da mão de obra em pelo menos 95% dos clientes atendidos. Além da Meijer, a OWO atraiu outros clientes como a **Gap**, **Limited Brands**, **Office Depot**, **Nike** e **Toys "R" Us**, baseado na alegação de que seu software consegue reduzir os custos de mão de obra em 5 a 15%. O software também atraiu a atenção do sindicato **United Food and Commercial Workers Union**, que representa 27 mil funcionários da Meijer. O sindicato registrou uma queixa contra a Meijer relacionada a seu sistema de monitoramento de operadores de caixas.

FONTE: Vanessa O'Connell, "Stores Count Seconds to Cut Labor Costs", *The Wall Street Journal*, 17 de novembro de 2008, p. A1-A15.

$$\text{Variação de eficiência da mão de obra} = (HR \times TP) - (HP \times TP)$$

Horas reais   Taxa salarial padrão   Horas-padrão permitidas para a saída real

A fórmula pode ser fatorada da seguinte maneira:

$$\text{Variação de taxa salarial} = HR(TR - TP)$$

Usando os dados do Quadro 10.6 na fórmula, a variação de taxa salarial pode ser calculada como a seguir:

Variação de taxa salarial = 1.050 horas (US$ 21,60 por hora − US$ 22 por hora) = US$ 420 F

Na maioria das empresas, as taxas salariais pagas aos trabalhadores são bastante previsíveis. No entanto, podem surgir variações das taxas salariais em virtude do modo como a mão de obra é utilizada. Trabalhadores qualificados com taxas salariais horárias altas podem ser designados a realizar tarefas que exigem pouca qualificação e que seriam pagas com taxas salariais horárias mais baixas, o que resulta em uma variação desfavorável da taxa salarial porque a taxa salarial horária real excede a taxa-padrão especificada para aquela tarefa específica. Ao contrário, haveria uma variação favorável da taxa salarial se trabalhadores que recebem taxas salariais mais baixas do que o especificado no padrão fossem designados para realizar a tarefa. Entretanto, os trabalhadores de remuneração mais baixa podem não ser tão eficientes. Finalmente, trabalho em regime de hora extra com uma remuneração mais alta é atribuído à conta de mão de obra direta.

Quem é responsável por controlar a variação de taxa salarial? Como as variações de taxa salarial em geral surgem em decorrência de como a mão de obra é empregada, os supervisores de produção com frequência são os responsáveis por verificar que as variações de taxa salarial sejam mantidas sob controle.

▶▶ OA10.3

Calcular as variações de eficiência e de preço dos custos indiretos variáveis de produção e explicar sua importância.

USAR CUSTOS-PADRÃO – VARIAÇÕES DOS CUSTOS INDIRETOS VARIÁVEIS DE PRODUÇÃO

O passo final da análise de Terry Sherman sobre as variações da Colonial Pewter em junho era calcular as variações dos custos indiretos variáveis de produção. A parte variável dos custos indiretos de produção pode ser analisada por meio das mesmas fórmulas básicas que usamos para analisar os materiais diretos e a mão de obra direta. Lembre-se, do Quadro 10.2, de que o custo-padrão dos custos indiretos variáveis de produção é US$ 3 por unidade de produto, calculado desta maneira:

$$0,5 \text{ hora por unidade} \times \text{US\$ 6 por hora} = \text{US\$ 3 por unidade}$$

Os registros de custos da Colonial Pewter mostraram que os custos indiretos variáveis de produção reais totais de junho foram de US$ 7.140. Lembre-se de que, segundo a discussão anterior sobre as variações de mão de obra direta, foram registradas 1.050 horas de mão de obra direta durante o mês e que a empresa produziu 2 mil pares de suportes para livros. A análise de Terry sobre esses dados de custos indiretos aparece no Quadro 10.7.

Observe as similaridades entre os quadros 10.6 e 10.7. Elas ocorrem porque são usadas horas de mão de obra direta como a base de alocação de custos indiretos a unidades de produto; assim, os valores por hora que aparecem no Quadro 10.7 para custos indiretos variáveis de produção são os mesmos que os do Quadro 10.6 para mão de obra direta. A principal diferença entre os dois quadros está na taxa salarial horária-padrão utilizada, que nessa empresa é muito mais baixa para os custos indiretos variáveis de produção do que para a mão de obra direta.

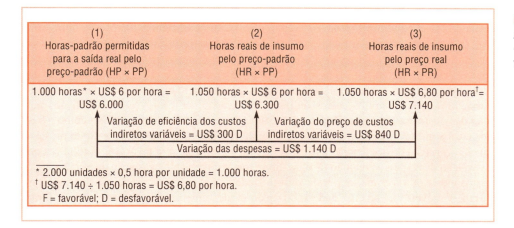

QUADRO 10.7
Análise de variação de custos-padrão – custos indiretos variáveis de produção.

Variações dos custos indiretos de produção – análise mais detalhada

A fórmula da **variação de eficiência dos custos indiretos variáveis** é expressa da seguinte maneira:

Essa fórmula pode ser fatorada da seguinte maneira:

Variação de eficiência dos custos indiretos variáveis = (HR − HP)PP

Novamente, usando os dados do Quadro 10.7, a variação pode ser calculada da seguinte maneira:

HP = 2.000 unidades × 0,5 hora por unidade = 1.000 horas

Variação de eficiência dos custos indiretos variáveis = (1.050 horas − 1.000 horas) US$ 6 por hora
= US$ 300 D

A fórmula da **variação do preço dos custos indiretos variáveis** é expressa da seguinte maneira:

▶ **Variação de eficiência dos custos indiretos variáveis**

diferença entre o nível de atividade real (horas de mão de obra direta, horas-máquina, ou alguma outra base) e o nível de atividade-padrão permitido, multiplicada pela parte variável da taxa predeterminada de custos indiretos.

▶ **Variação de preço dos custos indiretos variáveis**

diferença entre os custos indiretos variáveis reais incorridos durante um período e o custo-padrão que deveria ter sido incorrido com base no nível de atividade real do período.

$$\text{Variação do preço dos custos indiretos variáveis} = (HR \times PR) - (HR \times PP)$$

Horas reais   Preço real   Preço-padrão

Essa fórmula pode ser fatorada da seguinte maneira:

$$\text{Variação do preço dos custos indiretos variáveis} = HR(PR - PP)$$

Usando os dados do Quadro 10.7 na fórmula, a variação do preço dos custos indiretos variáveis pode ser calculada da seguinte maneira:

$$PR = US\$ \ 7.140 \div 1.050 \ \text{horas} = US\$ \ 6,80 \ \text{por hora}$$

$$\begin{aligned} \text{Variação do preço dos custos indiretos variáveis} &= 1.050 \ \text{horas} \ (US\$ \ 6,80 \ \text{por hora} - US\$ \ 6 \ \text{por hora}) \\ &= US\$ \ 840 \ D \end{aligned}$$

A interpretação das variações dos custos indiretos variáveis não é tão clara quanto as variações dos materiais diretos e da mão de obra direta. Em particular, a variação de eficiência dos custos indiretos variáveis é igual à variação de eficiência da mão de obra direta exceto por um detalhe – a taxa usada para converter a variação em valores monetários. Em ambos os casos, a variação é a diferença entre as horas reais trabalhadas e as horas-padrão permitidas para a saída real. No caso da variação de eficiência da mão de obra direta, essa diferença é multiplicada pela taxa salarial da mão de obra direta. No caso da variação de eficiência dos custos indiretos variáveis, essa diferença é multiplicada pela taxa dos custos indiretos variáveis. Então, quando se usa mão de obra direta como a base dos custos indiretos, toda vez que a variação de eficiência da mão de obra direta for favorável, a variação de eficiência dos custos indiretos variáveis será favorável. E toda vez que a variação de eficiência da mão de obra direta for desfavorável, a variação de eficiência dos custos indiretos variáveis será desfavorável. De fato, a variação de eficiência dos custos indiretos variáveis não nos diz nada sobre quão eficientemente os recursos indiretos foram usados. Ela depende somente de quão eficientemente a mão de obra direta foi usada.

CONTABILIDADE GERENCIAL **EM AÇÃO**   Colonial Pewter Company

| Colonial Pewter Company |

Conclusão

Ao se preparar para a reunião agendada para discutir a análise dos custos-padrão e das variações da Colonial Pewter, Terry distribuiu os quadros 10.2 a 10.7 ao grupo de gerência da Colonial Pewter. Esse grupo incluía J. D. Wriston, o presidente da empresa; Tom Kuchel, o gerente de produção; e Janet Warner, a gerente de compras. J. D. Wriston iniciou a reunião com a seguinte pergunta:

J. D.: Terry, acho que entendi o relatório que você distribuiu, mas, para me certificar, você se importaria em resumir os pontos principais do que você descobriu?

Terry: Como você pode observar, os maiores problemas são a variação desfavorável da quantidade de materiais de US\$ 2 mil e a variação desfavorável da eficiência da mão de obra de US\$ 1,1 mil.

J. D.: Tom, você é o chefe da produção. O que você acha que está causando a variação desfavorável da eficiência da mão de obra?

Tom: Só pode ser os novos funcionários da produção. Nossos funcionários experientes não devem ter muitos problemas em cumprir o padrão de meia hora por unidade. Todos sabíamos que teríamos alguma ineficiência por um tempo quando contratamos o novo pessoal. Meu plano para superar o problema é formar pares de cada um dos novos funcionários com um de nossos funcionários antigos e fazê-los trabalhar juntos por algum tempo. Isso deixaria nossos funcionários antigos um pouco mais lentos, mas aposto que a variação desfavorável desaparecerá e nossos novos funcionários aprenderão muito.

J. D.: Parece bom. Mas e quanto àquela variação de quantidade dos materiais de US$ 2 mil?
Terry: Tom, os novos funcionários estão produzindo muita sucata?
Tom: Sim, acho que estão.
J. D.: Acho que isso pode ser parte do problema. Há algo que você possa fazer a respeito?
Tom: Posso acompanhar de perto a taxa de sucateamento por alguns dias para ver onde é produzida. Se forem os novos funcionários, posso pedir aos antigos para ajudá-los com esse problema quando eu formar os pares.
J. D.: Janet, a variação favorável de preço de materiais de US$ 1,3 mil não nos ajuda se ela estiver contribuindo com as variações desfavoráveis de quantidade de materiais e de eficiência da mão de obra. Verificaremos se nossas compras de matéria-prima estão em conformidade com nossos padrões de qualidade.
Janet: Faz sentido.
J. D.: Ótimo. Vamos nos reencontrar daqui a algumas semanas para ver o que aconteceu. Espero que consigamos controlar essas variações desfavoráveis.

IMPORTANTE SUTILEZA NAS VARIAÇÕES DE MATERIAIS

A maioria das empresas calcula a variação de preço dos materiais quando os materiais são comprados em vez de quando são usados na produção. Há dois motivos para essa prática. Em primeiro lugar, postergar o cálculo da variação de preço até os materiais serem usados resultaria em atrasos nos relatórios de variação. Em segundo lugar, calcular a variação de preço quando os materiais são comprados permite que os materiais sejam mantidos nas contas de estoques pelo seu custo-padrão. Isso simplifica muito a escrituração. (Ver Apêndice 10B no final deste capítulo para uma explicação de como funciona a escrituração em um sistema de custeio-padrão.)

As equações apresentadas antes da definição das variações de quantidade e de preço dos materiais estão corretas e são reproduzidas a seguir:

Observe com cuidado que a variação de quantidade dos materiais baseia-se na quantidade real usada, enquanto a variação de preço dos materiais baseia-se na quantidade real comprada. Essa é uma distinção sutil, mas importante. Isso não importava no exemplo anterior porque a quantidade comprada (6,5 mil libras de peltre) era igual à quantidade usada (mais uma vez, 6,5 mil libras de peltre), mas, sim, quando a quantidade comprada difere da quantidade usada.

Para ilustrar, suponha que, durante junho, a Colonial Pewter tenha comprado 7 mil libras de materiais por US$ 3,80 por libra em vez de 6.500 libras, como supusemos antes no capítulo. Nesse caso, as variações de quantidade e preço de materiais diretos seriam calculadas como a seguir:

$$\text{Variação de quantidade dos materiais} = (\text{QR usada} \times \text{PP}) - (\text{QP} \times \text{PP})$$
$$= (6.500 \text{ libras} \times \text{US\$ 4 por libra}) - (6.000 \text{ libras} \times \text{US\$ 4 por libra})$$
$$= (6.500 \text{ libras} - 6.000 \text{ libras}) \times \text{US\$ 4 por libra}$$
$$= \text{US\$ 2.000 D}$$

$$\text{Variação de preço dos materiais} = (\text{QR comprada} \times \text{PR}) - (\text{QR comprada} \times \text{PP})$$
$$= (7.000 \text{ libras} \times \text{US\$ } 3{,}80 \text{ por libra}) - (7.000 \text{ libras} \times \text{US\$ } 4 \text{ por libra})$$
$$= 7.000 \text{ libras} \times (\text{US\$ } 3{,}80 \text{ por libra} - \text{US\$ } 4 \text{ por libra})$$
$$= \text{US\$ } 1.400 \text{ F}$$

Essa distinção entre a quantidade real comprada e a quantidade real usada talvez fique mais clara no Quadro 10.8.

QUADRO 10.8
Análise de variação de custos-padrão – materiais diretos.

(Nota: a quantidade de materiais comprada não é igual à quantidade usada na produção.)

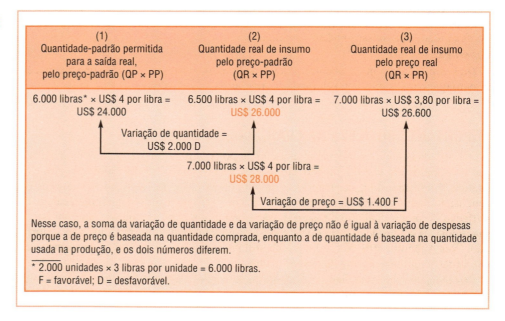

Observe que o formato do Quadro 10.8 difere do formato do Quadro 10.5 – ambos são usados para calcular as variações de materiais diretos. *O Quadro 10.8 sempre pode ser usado para calcular as variações dos materiais diretos. O Quadro 10.5 só pode ser usado para calcular a variação dos materiais diretos quando a quantidade comprada é igual à quantidade usada.*

No Quadro 10.8, o cálculo da variação de quantidade baseia-se no insumo real, enquanto o cálculo da variação de preço baseia-se na quantidade de insumo comprada. Por esse motivo, a coluna (2) do Quadro 10.8 contém dois totais de custo. Quando a variação de quantidade é calculada, o custo total usado da coluna (2) é **US$ 26 mil** – o custo dos insumos reais usados, avaliados pelo preço-padrão. Quando a variação de preço é calculada, o custo total usado da coluna (2) é **US$ 28 mil** – o custo dos insumos comprados, avaliados pelo preço-padrão.

Observe que a variação de preço é calculada com base na quantidade total de material comprada (7 mil libras), enquanto a de quantidade é calculada apenas com base na quantidade de materiais usada na produção durante o mês (6,5 mil libras). E quanto às outras 500 libras de material que foram compradas no período, mas que ainda não foram usadas? Quando esses materiais forem usados em períodos futuros, a variação de quantidade será calculada. No entanto, a variação de preço não será calculada quando os materiais forem por fim usados, porque a variação de preço foi calculada quando os materiais foram comprados.

Finalmente, como a variação de quantidade é baseada na quantidade usada, enquanto a variação de preço é baseada na quantidade comprada, a soma das duas variações em geral não é igual à variação de despesas do orçamento flexível, que é integralmente baseada na quantidade usada.

Gostaríamos de repetir que as fórmulas de variação e o Quadro 10.8 sempre podem ser usados. *Entretanto, o Quadro 10.5 só pode ser usado quando a quantidade de materiais comprada é igual à quantidade de materiais usada!*

ANÁLISE DE VARIAÇÃO E GERENCIAMENTO POR EXCEÇÃO

Análises de variação e relatórios de desempenho são importantes elementos do *gerenciamento por exceção*, que é uma abordagem que se concentra nas áreas de responsabilidade em que as metas e as expectativas não são cumpridas.

Os orçamentos e padrões discutidos neste e no capítulo anterior refletem os planos da gerência. Se tudo ocorrer de acordo com o plano, haverá pouca diferença entre os resultados realizados e os que seriam esperados de acordo com os orçamentos e padrões. Se isso acontecer, os gerentes poderão se concentrar em outras questões. No entanto, se os resultados realizados não estiverem em conformidade com o orçamento e os padrões, o sistema de criação de relatórios de desempenho envia um sinal aos gerentes de que ocorreu uma "exceção", o qual ocorre na forma de uma variação em relação ao orçamento ou padrões.

No entanto, vale a pena investigar todas as variações? A resposta é não. Quase sempre ocorrerão diferenças entre os resultados realizados e o que era esperado. Se toda variação fosse investigada, a gerência perderia um enorme tempo acompanhando diferenças de centavos. Podem ocorrer variações por diversos motivos – apenas algumas delas são significativas e merecem a atenção da gerência. Por exemplo, o tempo mais quente do que o normal no verão pode resultar em contas de energia elétrica mais altas do que o esperado por causa do ar-condicionado ou os funcionários podem trabalhar um pouco mais rápido ou um pouco mais devagar em determinado dia. Em virtude de fatores imprevisíveis aleatórios, pode-se esperar que quase qualquer custo produza uma variação de algum tipo.

Como os gerentes devem decidir por quais variações vale a pena investigar? Uma pista é o tamanho da variação. Uma variação de US$ 5 provavelmente não é grande o suficiente para chamar a atenção, mas uma de US$ 5 mil pode valer a pena investigar. Outra pista é o tamanho da variação em relação ao montante de despesas. Uma variação que representa apenas 0,1% das despesas em um item provavelmente está dentro dos limites que se esperaria, por causa de fatores aleatórios. Em contrapartida, é muito mais provável que uma variação de 10% das despesas seja um sinal de que algo está errado.

Uma abordagem mais confiável é traçar um gráfico de dados de variação em um gráfico de controle estatístico, como o ilustrado no Quadro 10.9. A ideia fundamental por trás deste tipo de gráfico é que algumas flutuações aleatórias nas variações de tempos em tempos são comuns. Uma variação só deve ser investigada quando é incomum em relação a esse nível normal de flutuação aleatória. Geralmente o desvio-padrão das variações é usado como a medida do nível normal de flutuações. Adota-se uma regra básica, como "investigar todas as variações maiores do que *X* desvios-padrão de zero". No gráfico de controle no Quadro 10.9, *X* é 1. Em outras palavras, a regra básica nessa empresa é investigar todas as variações maiores do que um desvio-padrão em qualquer direção (favorável ou desfavorável) em relação a zero. Isso significa que as variações nas semanas 7, 11 e 17 teriam sido investigadas, mas não nas outras.

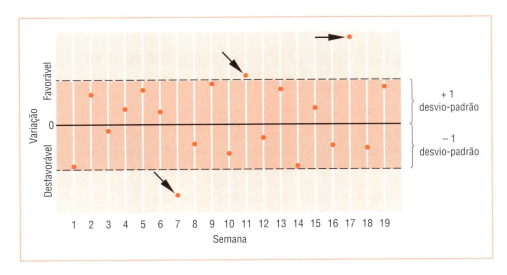

QUADRO 10.9
Gráfico de controle estatístico.

CONTABILIDADE GERENCIAL

Que valor de X deve ser escolhido? Quanto maior o valor de X, mais ampla será a faixa de variações aceitáveis que não serão investigadas. Assim, quanto maior o valor de X, menos tempo será gasto em tal tipo de investigação, porém mais provável será que uma situação realmente fora de controle seja ignorada. Em geral, se selecionarmos um valor de X em torno de 1, quase 30% de todas as variações darão início a uma investigação, embora não haja qualquer problema real. Se selecionarmos X igual a 1,5, esse valor cai para quase 13%. Se selecionarmos X igual a 2, esse valor cai até em torno de 5%. Não se esqueça, porém, de que selecionar um valor alto para X resulta não somente em menos alarmes falsos, mas também em uma probabilidade mais alta de que um problema real seja ignorado.

Além de estar atento a variações muito altas, o padrão das variações deve ser monitorado. Por exemplo, uma sequência de variações cada vez mais altas deveria dar início a uma investigação, embora nenhuma delas seja alta o suficiente para garantir uma investigação.

USO INTERNACIONAL DE CUSTOS-PADRÃO

Os custos-padrão são usados por empresas de todo o mundo. Um estudo descobriu que 3/4 das empresas pesquisadas no Reino Unido, 2/3 das empresas pesquisadas no Canadá e 40% das empresas pesquisadas no Japão usavam sistemas de custeio-padrão.[4]

Os custos-padrão foram introduzidos no Japão depois da Segunda Guerra Mundial, sendo a **Nippon Electronics Company (NEC)** uma das primeiras empresas japonesas a adotar o custo-padrão para todos os seus produtos. Muitas outras empresas do país seguiram a iniciativa da NEC e desenvolveram sistemas de custeio-padrão. Os modos como esses custos-padrão são usados no Japão – e também nos outros países citados – são mostrados no Quadro 10.10.

Com o passar do tempo, o padrão de uso exibido no Quadro 10.10 pode mudar, mas hoje os gerentes podem esperar encontrar custos-padrão na maioria dos países industrializados. Além disso, os usos mais importantes são para fins de gestão de custos e planejamento de orçamento.

QUADRO 10.10
Usos de custos-padrão em quatro países.

	Estados Unidos	Reino Unido	Canadá	Japão
Gestão de custos...	1*	2	2	1
Planejamento e controle orçamentário[†].......	2	3	1	3
Decisões de precificação.............................	3	1	3	2
Preparação de demonstrações contábeis	4	4	4	4

* Os números de 1 a 4 denotam importância de uso de sistemas de custeio-padrão, do maior para o menor.

† Inclui planejamento da gerência.

FONTE: Compilação de dados de um estudo realizado por Shin'ichi Inoue, "Comparative Studies of Recent Development of Cost Management Problems in U.S.A., U.K., Canada, and Japan", *Research Paper n. 29*, Kagawa University, p. 20.

AVALIAÇÃO DE CONTROLES BASEADOS EM CUSTOS-PADRÃO

Vantagens dos custos-padrão

Sistemas de custeio-padrão apresentam diversas vantagens.

1. Os custos-padrão são um elemento-chave na abordagem do gerenciamento por exceção. Se os custos estiverem em conformidade com os padrões, os gerentes podem se concentrar em outros problemas. Quando os custos estão bastante fora dos padrões, os gerentes são alertados de que pode haver problemas que mereçam atenção. Essa abordagem os ajuda a se concentrarem em questões importantes.

[4] Shin'ichi Inoue, "Comparative Studies of Recent Development of Cost Management Problems in U.S.A., U.K., Canada, and Japan", *Research Paper* n. 29, Kagawa University, p. 17. O estudo incluiu 95 empresas nos Estados Unidos, 52 empresas no Reino Unido, 82 empresas no Canadá e 646 empresas no Japão.

2. Padrões vistos como razoáveis pelos funcionários podem promover economia e eficiência, já que fornecem parâmetros que os indivíduos podem usar para avaliar o próprio desempenho.
3. Os custos-padrão podem simplificar bastante a escrituração. Em vez de registrar os custos reais de cada trabalho, pode-se cobrar de cada um deles o custo-padrão de materiais diretos, mão de obra direta e custos indiretos.
4. Os custos-padrão se encaixam muito bem em um sistema integrado de "contabilidade por responsabilidade". Os padrões estabelecem quais devem ser os custos, quem deve ser responsabilizado por eles e se os custos reais estão ou não sob controle.

Possíveis problemas com o uso dos custos-padrão

O uso inapropriado de custos-padrão pode apresentar inúmeros possíveis problemas.

1. Os relatórios de variação de custos-padrão normalmente são preparados todos os meses e são divulgados dias, ou mesmo semanas, depois do final do mês. Como resultado, as informações nos relatórios podem estar tão defasadas que se tornam quase inúteis. Relatórios rápidos e frequentes com uma precisão aproximada são melhores do que relatórios infrequentes que são muito precisos, mas defasados no momento que são divulgados. Algumas empresas agora divulgam variações e outros dados operacionais importantes com uma frequência diária ou ainda maior.

2. Se os gerentes forem insensíveis e usarem os relatórios de variação como ameaça, o moral dos funcionários pode cair, já que devem receber reforços positivos por trabalhos benfeitos. O gerenciamento por exceção, por natureza, tende a se concentrar no negativo. Se as variações forem usadas como ameaça, os subordinados podem ficar tentados a encobrir variações desfavoráveis ou agir de maneiras que não sejam do interesse da empresa para assegurar que aquelas sejam favoráveis. Por exemplo, os trabalhadores podem fazer um esforço intenso para aumentar a produção no final do mês de modo a evitar uma variação desfavorável da eficiência da mão de obra. Na pressa de produzir mais, a qualidade pode sair perdendo.
3. Os cálculos de padrões de quantidade de mão de obra e as variações de eficiência fazem duas importantes considerações. Em primeiro lugar, supõem que o ritmo do processo de produção seja determinado pela mão de obra; se a mão de obra trabalhar mais rápido, a produção aumentará. Entretanto, em muitas empresas a produção não é delimitada pelo ritmo de trabalho da mão de obra; em vez disso, é determinada pela rapidez de processamento de máquinas. Em segundo lugar, os cálculos supõem que a mão de obra seja um custo variável. Entretanto, a mão de obra direta pode ser essencialmente fixa, caso em que uma ênfase indevida sobre a variação de eficiência da mão de obra cria uma pressão para acumular estoques excessivos.
4. Em alguns casos, uma variação "favorável" pode ser tão ruim ou pior do que uma "desfavorável". Por exemplo, o **McDonald's** tem um padrão para a quantidade de carne de hambúrguer que um Big Mac deve conter. Uma variação "favorável" significaria que foi usada menos carne do que o padrão especifica. O resultado pode ser um Big Mac abaixo do padrão e possivelmente um cliente insatisfeito.
5. Uma ênfase excessiva no cumprimento dos padrões pode ofuscar outros objetivos importantes, como manter e melhorar a qualidade, a entrega no prazo e a satisfação do cliente. Essa tendência pode ser reduzida por meio de medidas de desempenho complementares que se concentrem nesses outros objetivos.
6. Apenas cumprir os padrões pode não ser suficiente; podem ser necessárias melhorias contínuas para sobreviver em um ambiente competitivo. Por esse motivo, algumas empresas se concentram nas tendências das variações de custos-padrão – objetivando a melhoria contínua em vez de apenas cumprir os padrões. Em outras empresas, padrões determinados por engenheiros de produção são substituídos por uma média atualizável dos custos reais, que se espera que diminua, ou por custos-meta muito desafiadores.

CONTABILIDADE GERENCIAL

Em resumo, os gerentes devem tomar muito cuidado ao usarem um sistema de custeio-padrão. É particularmente importante que esses profissionais se esforcem para se concentrar no lado positivo, em vez de apenas no negativo, e que estejam conscientes de possíveis consequências não intencionais de suas ações.

RESUMO

Um padrão é um parâmetro ou "norma" para medir o desempenho. Estabelecem-se padrões tanto para a quantidade quanto para o custo dos insumos necessários para fabricar produtos ou prestar serviços. Os padrões de quantidade indicam quanto de um insumo, como tempo de mão de obra ou matérias-primas, deve ser usado para fabricar um produto ou prestar um serviço. Padrões de custo indicam qual deveria ser o custo do insumo.

Em geral, estabelecem-se padrões de modo que possam ser alcançados por esforços razoáveis, mas bastante eficientes. Acredita-se que esses padrões "práticos" motivem os funcionários de forma positiva.

Quando padrões são comparados ao desempenho real, a diferença é chamada de *variação*. **Variações** são calculadas e informadas à gerência com frequência em relação aos elementos de quantidade e preço de materiais diretos, mão de obra direta e de custos indiretos variáveis. Variações de quantidades são calculadas tirando-se a diferença entre a quantidade real do insumo que é permitido para o nível de saída real e, então, multiplicando-se o resultado pelo preço-padrão do insumo. Variações de preços são calculadas tirando-se a diferença entre preços reais e preços-padrão e multiplicando-se o resultado pela quantidade de insumo comprada.

Nem todas as variações exigem atenção da gerência. Apenas aquelas incomuns ou particularmente significativas devem ser investigadas – caso contrário, seria gasto muito tempo investigando questões sem importância. Além disso, é preciso enfatizar que o objetivo da investigação não deve ser encontrar alguém a quem culpar, mas identificar o problema de modo que ele seja consertado e as operações, melhoradas.

Os relatórios de variação de custos-padrão tradicionais em geral são complementados com outras medidas de desempenho. Enfatizar demais as variações de custos-padrão pode levar a problemas em outras áreas essenciais, como qualidade de produto, níveis de estoque e entrega no prazo.

PROBLEMA DE REVISÃO: CUSTOS-PADRÃO

A empresa Xavier produz um único produto. Os custos indiretos variáveis de produção são aplicados a produtos com base em horas de mão de obra direta. O custo-padrão de uma unidade de produto é o seguinte:

Materiais diretos: 6 onças a US$ 0,50 por onça*	3
Mão de obra direta: 0,6 hora a US$ 30 por hora	18
Custos indiretos variáveis de produção: 0,6 hora a US$ 10 por hora..........................	6
Total do custo-padrão variável por unidade (US$)	27

Durante junho, foram produzidas 2 mil unidades. Os custos associados às operações desse mês foram os seguintes:

Materiais comprados: 18.000 onças a US$ 0,60 por onça	10.800
Materiais usados na produção: 14.000 onças...	—
Mão de obra direta: 1.100 horas a US$ 30,50 por hora	33.550
Custos indiretos variáveis de produção incorridos (US$)	12.980

Requisitado:
Calcule as variações de materiais diretos, de mão de obra direta e de custos indiretos variáveis.

* N. de T.: Medida de peso: 1 onça = 28 g.

Solução do problema de revisão

Variações de materiais diretos

Quantidade-padrão permitida para a saída real, pelo preço-padrão (QP × PP)	Quantidade real de insumo pelo preço-padrão (QR × PP)	Quantidade real de insumo pelo preço real (QR × PR)
12.000 onças* × US$ 0,50 por onça = US$ 6.000	14.000 onças × US$ 0,50 por onça = US$ 7.000	18.000 onças × US$ 0,60 por libra = US$ 10.800

Variação de quantidade = US$ 1.000 D

18.000 onças × US$ 0,50 por onça = US$ 9.000

Variação de preço = US$ 1.800 D

* 2.000 unidades × 6 onças por unidade = 12.000 onças.

Usando as fórmulas do capítulo, as mesmas variações seriam calculadas da seguinte maneira:

$$\text{Variação de quantidade dos materiais} = (QR - QP)PP$$
$$(14.000 \text{ onças} - 12.000 \text{ onças}) \text{ US\$ } 0,50 \text{ por onça} = \text{US\$ } 1.000 \text{ D}$$
$$\text{Variação de preço dos materiais} = QR(PR - PP)$$
$$18.000 \text{ onças } (\text{US\$ } 0,60 \text{ por onça} - \text{US\$ } 0,50 \text{ por onça}) = \text{US\$ } 1.800 \text{ D}$$

Variações de mão de obra direta

Horas-padrão permitidas para a saída real pela taxa-padrão (HP × TP)	Horas reais de insumo pela taxa-padrão (HR × TP)	Horas reais de insumo pela taxa real (HR × TR)
1.200 horas* × US$ 30 por hora = US$ 36.000	1.100 horas × US$ 30 por hora = US$ 33.000	1.100 horas × US$ 30,50 por hora = US$ 33.550

Variação de eficiência da mão de obra = US$ 3.000 F

Variação de taxa salarial da mão de obra = US$ 550 D

Variação de despesas = US$ 2.450 F

* 2.000 unidades × 6 horas por unidade = 1.200 horas.
F = favorável; D = desfavorável.

Usando as fórmulas do capítulo, as mesmas variações podem ser calculadas da seguinte maneira:

$$
\begin{aligned}
\text{Variação de eficiência da mão de obra} &= (HR \times TP) - (HP \times TP) \\
&= (1.100 \text{ horas} \times \text{US\$ } 30,00 \text{ por hora}) - (1.200 \text{ horas} \times \text{US\$ } 30 \text{ por hora}) \\
&= (1.100 \text{ horas} - 1.200 \text{ horas}) \times \text{US\$ } 30,00 \text{ por hora} \\
&= \text{US\$ } 3.000 \text{ F}
\end{aligned}
$$

$$
\begin{aligned}
\text{Variação de taxa salarial} &= (HR \times TR) - (HR \times TP) \\
&= (1.100 \text{ horas} \times \text{US\$ } 30,00 \text{ por hora}) - (1.100 \text{ horas} \times \text{US\$ } 30,50 \text{ por hora}) \\
&= 1.100 \text{ horas} \times (\text{US\$ } 30,00 \text{ por hora} - \text{US\$ } 30,50 \text{ por hora}) \\
&= \text{US\$ } 550 \text{ D}
\end{aligned}
$$

Variações dos custos indiretos variáveis de produção

Horas-padrão permitidas para a saída real, pelo preço-padrão (HP × PP)	Horas reais de insumo pelo preço-padrão (HR × PP)	Horas reais de insumo pelo preço real (HR × PR)
1.200 horas* × US$ 10 por hora = US$ 12.000	1.100 horas × US$ 10 por hora = US$ 11.000	1.100 horas × US$ 11,80 por hora[†] = US$ 12.980

Variação de eficiência dos custos indiretos variáveis = US$ 1.000 F

Variação do preço dos custos indiretos variáveis = US$ 1.980 D

Variação de despesas = US$ 980 D

---

* 2.000 unidades × 0,6 hora por unidade = 1.200 horas.
[†] US$ 12.980 ÷ 1.100 horas = US$ 11,80 por hora.
 F = favorável; D = desfavorável.

Usando as fórmulas do capítulo, as mesmas variações podem ser calculadas da seguinte maneira:

Variação de eficiência dos custos indiretos variáveis

$=$ (HR × PP) – (HP × PP)

$=$ (1.100 horas × US$ 10,00 por hora) – (1.200 horas × US$ 10,00 por hora)

$=$ (1.100 horas – 1.200 horas) × US$ 10,00 por hora

$=$ US$ 1.000 F

Variação do preço dos custos indiretos variáveis

$=$ (HR × PR) – (HR × PP)

$=$ (1.100 horas × US$ 10,00 por hora) – (1.100 horas × US$ 11,80 por hora)

$=$ 1.100 horas × (US$ 10,00 por hora – US$ 11,80 por hora)

$=$ US$ 1.980 D

PERGUNTAS

10.1 O que é uma quantidade-padrão? O que é um preço-padrão?

10.2 Qual é a distinção entre padrões ideais e práticos?

10.3 O que significa o termo gerenciamento por exceção?

10.4 Por que variações de preço e quantidade são calculadas separadamente?

10.5 Em geral, quem é responsável pela variação de preço dos materiais? E pela variação de quantidade dos materiais? E pela variação de eficiência da mão de obra?

10.6 A variação de preço dos materiais pode ser calculada em quais dois diferentes momentos? Qual momento é melhor? Por quê?

10.7 Se a variação de preço dos materiais for favorável, mas a variação de quantidade dos materiais for desfavorável, o que isso pode indicar?

10.8 Os padrões devem ser usados para identificar em quem colocar a culpa pelos problemas?

10.9 "Todos os nossos trabalhadores trabalham com contrato; portanto, nossa variação de taxa salarial será zero." Discuta.

10.10 Se houver, qual efeito você esperaria que materiais de baixa qualidade tivessem sobre as variações de mão de obra direta?

10.11 Se os custos indiretos variáveis de produção são aplicados à produção com base em horas de mão de obra direta e a variação de eficiência da mão de obra direta é desfavorável, a variação de eficiência dos custos indiretos variáveis será favorável ou desfavorável, ou poderia ser qualquer uma das duas? Explique.

10.12 O que é um gráfico de controle estatístico e como ele é usado?

10.13 Por que uma ênfase indevida sobre a variação de eficiência da mão de obras leva a um excesso nos estoques de produção de andamento?

APLICAÇÃO EM EXCEL (OA10.1, OA10.2, OA10.3)

Disponível, em português e inglês, no *site* <www.grupoa.com.br>

O formulário de planilha em Excel a seguir deve ser usado para recriar o principal exemplo do texto nas páginas 421 à 435. No *site*, você receberá instruções sobre como usar o formulário de planilha.

Você só deve prosseguir para os exercícios a seguir depois de ter completado sua planilha.

Requisitado:

1. Verifique sua planilha mudando a quantidade-padrão de materiais diretos na célula B6 para 2,9 libras, a quantidade-padrão de mão de obra direta na célula B7 para 0,6 hora, e os custos indiretos variáveis de produção na célula B8 para 0,6 hora. A variação de despesas com materiais deve ser, agora, de US$ 1,5 mil D, a variação de despesas com mão de obra agora, US$ 3.720 F, e a variação de despesas com custos indiretos variáveis, US$ 60 F. Se você não obtiver essas respostas, encontre os erros em sua planilha e corrija-os.
a. Qual é a variação de quantidade dos materiais? Explique-a.
b. Qual é a variação de taxa salarial? Explique-a.

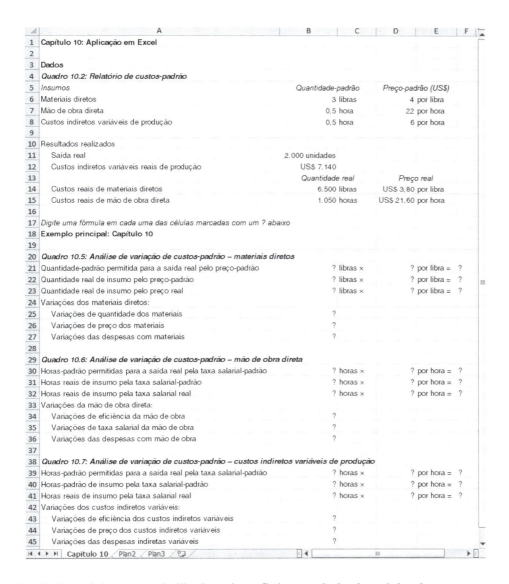

2. Revise os dados em sua planilha de modo a refletir os resultados do período subsequente:

Dados
Quadro 10.2: Relatório de custo-padrão

Insumos	Quantidade-padrão	Preço-padrão (US$)
Materiais diretos	3 libras	4 por libra
Mão de obra direta	0,50 hora	22 por hora
Custos indiretos variáveis de produção	0,50 hora	6 por hora
Resultados realizados:		
Saída real	2.100 unidades	
Custos indiretos variáveis reais de produção	US$ 5.100	
	Quantidade real	Preço real (US$)
Custos reais de materiais diretos	6.350 libras	4,10 por libra
Custos reais de mão de obra direta	1.020 horas	22,10 por hora

a. Qual é a variação de quantidade dos materiais? Qual é a variação de preço dos materiais?
b. Qual é a variação de eficiência da mão de obra? Qual é a variação de taxa salarial?
c. Qual é a variação de eficiência dos custos indiretos variáveis? Qual é a variação do preço dos custos indiretos variáveis?

EXERCÍCIOS

Consulte no *site* <www.grupoa.com.br> os suplementos para esta seção.

EXERCÍCIO 10.1 Variações de material [OA10.1]

A Harmon Household Products Inc. produz vários itens de produtos de consumo para uso doméstico geral. Um desses produtos, uma tábua de corte, exige uma madeira cara. Em um mês recente, a empresa fabricou 4 mil tábuas de corte usando 3.353 m^2 de tábua de madeira de lei, a qual custa à empresa US$ 18,7 mil.

O padrão da empresa para uma tábua de corte é de 1 m^2 de tábua de madeira de lei, pelo custo de US$ 1,80 por m^2 de tábua.

Requisitado:
1. Segundo os padrões, qual custo de madeira deveria ter sido incorrido para fabricar 4 mil tábuas de corte? Quanto maior ou menor é esse valor em relação ao custo que foi realmente incorrido?
2. Decomponha a diferença calculada no item (1) anterior em uma variação de preço dos materiais e uma variação de quantidade dos materiais.

EXERCÍCIO 10.2 Variações de mão de obra direta [OA10.2]

A AirMeals Inc. prepara refeições de bordo para várias das principais empresas aéreas. Um dos produtos da empresa é canelone recheado com molho de pimentão assado, minimilho fresco e salada primavera. Durante a última semana, a empresa preparou 6 mil dessas refeições usando 1.150 horas de mão de obra direta. A empresa pagou a esses trabalhadores de mão de obra direta um total de US$ 11,5 mil por esse trabalho, ou US$ 10 por hora.

De acordo com o relatório de custo-padrão dessa refeição, ela deve exigir 0,20 hora de mão de obra direta por um custo de US$ 9,50 por hora.

Requisitado:
1. De acordo com esses padrões, qual custo de mão de obra direta deveria ter sido incorrido para preparar 6 mil refeições? Quanto isso difere do custo real de mão de obra direta?
2. Decomponha a diferença calculada no item (1), anterior, em variação de taxa salarial e variação de eficiência da mão de obra.

EXERCÍCIO 10.3 Variações dos custos indiretos variáveis [OA10.3]

A Order Up Inc. presta serviços de atendimento de pedidos para comerciantes do mercado ponto. com. A empresa mantém armazéns que estocam itens oferecidos por seus clientes ponto.com. Quando um cliente recebe um pedido de um comprador, o pedido é repassado à Order Up, que tira o item do armazém, embalando-o e enviando-o ao comprador. A empresa usa uma taxa predeterminada de custos indiretos com base em horas de mão de obra direta.

No último mês, foram expedidos 140 mil itens a compradores, usando-se 5.800 horas de mão de obra direta. A empresa teve um total de US$ 15.950 em custos indiretos variáveis.

De acordo com os padrões da empresa, 0,04 hora de mão de obra direta é necessária para atender o pedido de um item e a taxa salarial dos custos indiretos variáveis é de US$ 2,80 por hora de mão de obra direta.

Requisitado:
1. De acordo com os padrões, quais custos indiretos variáveis deveriam ter sido incorridos para atender os pedidos dos 140 mil itens? Em quanto isso difere dos custos indiretos variáveis reais?
2. Decomponha a diferença calculada no item (1) anterior em uma variação do preço dos custos indiretos variáveis e uma variação de eficiência dos custos indiretos variáveis.

EXERCÍCIO 10.4 Variações da mão de obra e dos custos indiretos variáveis de produção [OA10.2, OA10.3]

A Hollowell Audio, Inc., fabrica discos compactos de acordo com especificações militares. A empresa usa padrões para controlar seus custos. Os padrões de mão de obra que foram estabelecidos para um disco são os seguintes:

Horas-padrão	Taxa salarial horária-padrão (US$)	Custo-padrão (US$)
6 minutos	2,400	2,40

Em julho, foram necessárias 2.125 horas de mão de obra direta para fabricar 20 mil discos. O custo de mão de obra direta totalizou US$ 49.300 nesse mês.

Requisitado:
1. De acordo com os padrões, quais custos de mão de obra direta deveriam ter sido incorridos para fabricar os 20 mil discos? Em quanto isso difere do custo que foi realmente incorrido?
2. Decomponha a diferença de custo do item (1) anterior em uma variação de taxa salarial e uma variação de eficiência da mão de obra.
3. A taxa salarial orçada dos custos indiretos variáveis de produção é de US$ 16 por hora de mão de obra direta. Em julho, a empresa incorreu em US$ 39,1 mil em custos indiretos variáveis de produção. Calcule a taxa de custos indiretos de produção e as variações de eficiência do mês.

EXERCÍCIO 10.5 Fazer cálculos inversos a partir das variações [OA10.2]

A Worldwide Credit Card Inc. usa padrões para controlar o tempo de mão de obra envolvido em abrir correspondência de portadores de cartão e registrar as remessas nelas contidas. A correspondência recebida é reunida em lotes e estabelece-se um tempo-padrão para a abertura e registro de cada lote. Os padrões de mão de obra relativos a um lote são os seguintes:

	Horas-padrão	Taxa-padrão (US$)	Custo-padrão (US$)
Por lote...............	1,25	12	15

O registro que mostra o tempo gasto na semana passada na abertura dos lotes de correspondência foi perdido. Entretanto, o supervisor de lotes lembra que foram recebidos e abertos 168 lotes durante a semana, e o *controller* lembra dos seguintes dados de variação relacionados a esses lotes:

Total da variação de despesas com mão de obra (US$)	330 D
Variação de taxa salarial (US$)	150 F

Requisitado:
1. Determine o número de horas reais de mão de obra gastas na abertura dos lotes de correspondência na semana passada.
2. Determine a taxa salarial horária real paga aos funcionários para abrirem os lotes na semana passada.

(Dica: uma maneira útil de proceder seria fazer os cálculos de maneira inversa, indo dos dados conhecidos aos desconhecidos ou usando as fórmulas de variação ou o formato de colunas exibido no Quadro 10.6.)

EXERCÍCIO 10.6 Variações de material e mão de obra [OA10.1, OA10.2]

A empresa Sonne produz um perfume chamado Whim. Os padrões de materiais diretos e mão de obra direta de um vidro de Whim são dados a seguir:

	Quantidade-padrão ou horas-padrão	Preço-padrão ou taxa-padrão (US$)	Custo-padrão (US$)
Materiais diretos............................	7,2 onças	2,50 por quilo	18
Mão de obra direta........................	0,4 hora	10 por hora	4

No último mês, foram registradas as seguintes atividades:

a. Foram comprados 567 quilogramas (kg) de material por um custo de US$ 2,40 por quilo.
b. Todo o material foi usado para produzir 2.500 vidros de Whim.
c. Foram registradas 900 horas de mão de obra direta, somando um custo de mão de obra total de US$ 10,8 mil.

Requisitado:
1. Calcule as variações de preço e quantidade de materiais diretos para o mês.
2. Calcule as variações de taxa salarial e eficiência da mão de obra direta para o mês.

EXERCÍCIO 10.7 Variações de material [OA10.1]

Consulte os dados do Exercício 10.6. Suponha que, em vez de ter produzido 2.500 vidros de Whim durante o mês, a empresa tenha produzido apenas 2 mil vidros usando 454 Kg de material. (O resto do material comprado permaneceu nos estoques de matérias-primas.)

Requisitado:
Calcule a variação de preço e de quantidade dos materiais diretos para esse mês.

EXERCÍCIO 10.8 Variações de materiais e de mão de obra [OA10.1, OA10.2]

A Topper Toys desenvolveu um novo brinquedo chamado Brainbuster. A empresa possui um sistema de custeio-padrão para ajudar a controlar custos e estabeleceu os seguintes padrões para o produto:

> Materiais diretos: 8 diodos por brinquedo por US$ 0,30 por díodo
> Mão de obra direta: 0,6 hora por brinquedo por US$ 14 por hora

Durante agosto, a empresa produziu 5 mil brinquedos Brainbuster. A seguir, temos os dados de produção do brinquedo em agosto:

> Materiais diretos: foram comprados 70 mil díodos por um custo de US$ 0,28 por díodo. Destes, 20 mil díodos ainda estavam nos estoques no final do mês.
> Mão de obra direta: foram trabalhadas 3.200 horas de mão de obra direta por um custo de US$ 48 mil.

Requisitado:
1. Calcule as seguintes variações para agosto:
    a. De preço e de quantidade dos materiais diretos.
    b. De taxa salarial e de eficiência da mão de obra direta.
2. Prepare uma breve explicação das possíveis causas de cada variação.

PROBLEMAS

Consulte no *site* <www.grupoa.com.br> os suplementos para esta seção.

PROBLEMA 10.9 Análise de variação abrangente [OA10.1, OA10.2, OA10.3]

A fábrica Ironton (Ohio, EUA) da Portland Company produz lingotes pré-moldados para uso industrial. Carlos Santiago, que foi há pouco tempo nomeado gerente-geral da fábrica de Ironton, acabou de receber a demonstração de resultados com margem de contribuição da fábrica sobre outubro. A demonstração é exibida a seguir:

	Orçada (US$)	Real (US$)
Vendas (5.000 lingotes)..	250.000	250.000
Despesas variáveis:		
Custo variável de produtos vendidos*....................................	80.000	96.390
Despesas variáveis de venda...	20.000	20.000

Total de despesas variáveis	100.000	116.390
Margem de contribuição	150.000	133.610
Despesas fixas:		
Custos indiretos de produção..	60.000	60.000
Despesas de venda e administrativas	75.000	75.000
Total de despesas fixas..	135.000	135.000
Resultado operacional	15.000	– 1.390

* Contém materiais diretos, mão de obra direta e custos indiretos variáveis de produção.

O Sr. Santiago ficou chocado ao ver o prejuízo nesse mês, em especial porque as vendas foram iguais às orçadas. Ele afirmou: "Eu sinceramente espero que a fábrica tenha um sistema de custeio-padrão em operação. Se não tiver, não terei a mínima ideia de onde começar a procurar o problema".

A fábrica usa, sim, um sistema de custeio-padrão, com os seguintes custos variáveis-padrão por lingote:

	Quantidade-padrão ou horas-padrão	Preço-padrão ou taxa-padrão (US$)	Custo-padrão (US$)
Materiais diretos	1 quilo	2,50 por libra	10
Mão de obra direta	0,6 hora	9 por hora	5,40
Custos indiretos variáveis de produção	0,3 hora*	2 por hora	0,60
Total de custos variáveis-padrão			16

* Baseado em horas-máquina.

Durante outubro, a fábrica produziu 5 mil lingotes e incorreu nos seguintes custos:
a. Foram comprados 9.331 kg de materiais por um custo de US$ 2,95 por libra. Não havia matérias-primas nos estoques no início do mês.
b. Foram usados 7.390 kg de materiais na produção. (Os estoques de produtos finais e de produção em andamento são insignificantes e podem ser ignorados.)
c. Foram trabalhadas 3.600 horas de mão de obra direta por um custo de US$ 8,70 por hora.
d. Foram incorridos custos indiretos variáveis de produção totais de US$ 4.320 nesse mês. Um total de 1,8 mil horas-máquina foi registrado.
É política da empresa liquidar todas as variações para o custo de produtos vendidos todo mês.

Requisitado:
1. Calcule as seguintes variações para outubro:
   a. De preço e quantidade de materiais diretos.
   b. De taxa salarial e eficiência da mão de obra direta.
   c. De taxa salarial e eficiência dos custos indiretos variáveis.
2. Resuma as variações que você calculou no item (1) anterior mostrando a variação geral líquida favorável ou desfavorável em outubro. Qual impacto esse valor teve sobre a demonstração de resultados da empresa?
3. Escolha as duas variações mais significativas que você calculou no item (1) anterior. Explique ao Sr. Santiago as possíveis causas dessas variações.

PROBLEMA 10.10 Análise de variação em um hospital [OA10.1, OA10.2, OA10.3]

"O que está acontecendo naquele laboratório?" – perguntou Derek Warren, administrador-chefe do Hospital Cottonwood, enquanto estudava os relatórios do mês, anterior. "Todo mês, o laboratório vacila entre lucros e prejuízos. Teremos de aumentar os preços cobrados de novo?"

"Não podemos" – respondeu Lois Ankers, o *controller*. "Estamos recebendo muitas reclamações sobre o último aumento, em especial das empresas de seguro-saúde e das unidades de saúde governamentais. Eles pagam apenas 80% do que cobramos. Estou começando a achar que o problema está nos custos."

Para determinar se os custos do laboratório estão alinhados aos de outros hospitais, o Sr. Warren pediu que você avaliasse os custos do mês passado. A Sra. Ankers lhe ofereceu as seguintes informações:

a. Dois tipos básicos de exames são realizados no laboratório – citológicos e de sangue. No mês passado, foram realizados 2,7 mil exames citológicos e 900 exames de sangue no laboratório.
b. São usadas pequenas lâminas de vidro em ambos os tipos de exames. No mês passado, o hospital comprou 16 mil lâminas por um custo de US$ 38,4 mil. Esse custo foi o valor líquido pago depois de um desconto de 4%. Um total de 2 mil dessas lâminas ficou sem uso no final do mês; não havia lâminas disponíveis no início do mês.
c. No mês passado, foram usadas 1,8 mil horas de tempo de mão de obra para realizar os exames citológicos e de sangue. O custo desse tempo de mão de obra foi de US$ 18.450.
d. Os custos indiretos variáveis do laboratório no mês passado totalizaram US$ 11,7 mil.

O Hospital Cottonwood nunca usou custo-padrão. No entanto, ao pesquisar na literatura da indústria, você determinou as seguintes médias nacionais para laboratórios hospitalares:

Lâminas: São necessárias três lâminas por exame laboratorial. Essas lâminas custam US$ 2,50 cada e são descartadas assim que o teste é concluído.

Mão de obra: Cada exame citológico exige 0,3 hora para ser concluído, e cada exame de sangue exige 0,6 hora para ser concluído. O custo médio desse tempo da mão de obra é de US$ 12 por hora.

Custos indiretos: Os custos indiretos são baseados em horas de mão de obra direta. A taxa média dos custos indiretos variáveis é de US$ 6 por hora.

Requisitado:
1. Calcule a variação de preço dos materiais das lâminas compradas no mês passado e calcule a variação de quantidade dos materiais das lâminas usadas no mês passado.
2. Para os custos de mão de obra no laboratório:
   a. Calcule a variação de taxa salarial e a variação de eficiência da mão de obra.
   b. Na maioria dos hospitais, 3/4 dos trabalhadores do laboratório são de técnicos certificados e 1/4 é de assistentes. Na tentativa de reduzir os custos, no Hospital Cottonwood apenas metade de seus funcionários são técnicos certificados e a outra metade, assistentes. Você recomendaria que essa política continuasse? Explique.
3. Calcule as variações da taxa e de eficiência dos custos indiretos variáveis. Existe alguma relação entre a variação de eficiência dos custos indiretos variáveis e a variação de eficiência da mão de obra? Explique.

PROBLEMA 10.11 Análise de variação básica [OA10.1, OA10.2, OA10.3]

A Barberry Inc. fabrica um produto chamado Fruta. A empresa usa um sistema de custeio-padrão e estabeleceu os seguintes padrões para uma unidade de Fruta:

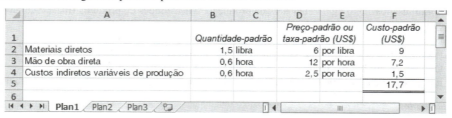

Em junho, a empresa registrou esse nível de atividades relativo à produção do Fruta:

a. A empresa produziu 3 mil unidades durante junho.
b. Um total de 8 mil libras de material foi comprado pelo custo de US$ 46 mil.
c. Não havia estoques iniciais de materiais; no entanto, no final do mês, 2 mil libras de materiais permaneceram nos estoques finais.
d. A empresa emprega dez pessoas na produção do Fruta. Em junho, elas trabalharam uma média de 160 horas por uma taxa média de US$ 12,50 por hora.
e. Os custos indiretos variáveis de produção são atribuídos ao produto Fruta com base nas horas de mão de obra direta. Os custos indiretos variáveis de produção em junho totalizaram US$ 3,6 mil. A gerência da empresa está ansiosa para determinar a eficiência das atividades de produção do Fruta.

Requisitado:
1. Para os materiais diretos:
   a. Calcule as variações de preço e de quantidade.
   b. Os materiais foram comprados de um novo fornecedor que está ansioso para fechar um contrato de compra de longo prazo. Você recomendaria que a empresa assinasse o contrato? Explique.
2. Para a mão de obra direta empregada na produção do Fruta:

a. Calcule as variações de taxa salarial e de eficiência.
b. No passado, as dez pessoas empregadas na produção do Fruta consistiam em quatro trabalhadores especializados e seis assistentes. Em junho, a empresa experimentou utilizar cinco trabalhadores especializados e cinco assistentes. Você recomendaria que esse novo *mix* de mão de obra continuasse? Explique.
3. Calcule as variações da taxa e de eficiência dos custos indiretos variáveis. Qual relação você observa entre essa variação de eficiência e a variação de eficiência da mão de obra?

PROBLEMA 10.12 Análise de variação básica; Impacto das variações sobre os custos unitários [OA10.1, OA10.2, OA10.3]

A empresa Landers fabrica diversos produtos. Os padrões relacionados a um deles são exibidos a seguir, com os dados de custos reais de maio.

	Custo-padrão por unidade (US$)	Custo real por unidade (US$)
Materiais diretos:		
Padrão: 1,80 pé* por US$ 3/pé............	5,40	
Real: 1,75 pé por US$ 3,20/pé.............		5,60
Mão de obra direta:		
Padrão: 0,90 hora por US$ 18/hora...........	16,20	
Real: 0,95 hora por US$ 17,40/hora...........		16,53
Custos indiretos variáveis:		
Padrão: 0,90 hora por US$ 5/hora...........	4,50	
Real: 0,95 hora por US$ 4,60/hora...........		4,37
Custo total por unidade........................	26,10	26,50
Custo real acima do custo-padrão por unidade ..		0,40

* Medida de comprimento: 1 pé = 30 cm.

O superintendente de produção ficou satisfeito quando viu esse relatório e comentou: "Esse custo de US$ 0,40 a mais está dentro do limite de 2% que a gerência estabeleceu para variações aceitáveis. É óbvio que não há muito com o que se preocupar em relação a esse produto".

A produção real do mês foi de 12 mil unidades. Os custos indiretos variáveis são atribuídos a produtos com base em horas de mão de obra direta. Não havia estoques iniciais ou finais de materiais.

Requisitado:
1. Calcule as seguintes variações para maio:
   a. De preço e quantidade de materiais.
   b. De taxa salarial e eficiência.
   c. De taxa salarial e eficiência dos custos indiretos variáveis.
2. Quanto do custo unitário em excesso de US$ 0,40 é rastreável a cada uma das variações calculadas no item (1) anterior.
3. Quanto do custo unitário em excesso de US$ 0,40 é rastreável em se tratando de uso ineficiente do tempo de mão de obra?
4. Você concorda com a afirmação de que o custo unitário em excesso não é motivo de preocupação?

PROBLEMA 10.13 Variações de materiais e mão de obra; Cálculos a partir de dados incompletos [OA10.1, OA10.2]

A Topaz Company fabrica um único produto e estabeleceu os seguintes padrões para materiais e mão de obra:

	Materiais diretos	Mão de obra direta
Quantidade-padrão ou horas-padrão por unidade........	? quilos	2,5 horas
Preço-padrão ou taxa-padrão (US$)............	? por quilo	9 por hora
Custo-padrão por unidade (US$)................	?	22,50

No mês passado, a empresa comprou 2.239 kg de materiais diretos por um custo de US$ 16.500. Todo esse material foi usado na produção de 1,4 mil unidades de produto. Os custos de mão de obra direta totalizaram US$ 28,5 mil no mês. As seguintes variações foram calculadas:

Variação de quantidade dos materiais (US$)........................	1.200 D
Total de variação de despesas com materiais (US$)	300 F
Variação de eficiência da mão de obra (US$).......................	4.500 F

Requisitado:
1. Para os materiais diretos:
   a. Calcule o preço-padrão por quilograma de materiais.
   b. Calcule a quantidade-padrão de materiais permitida para a produção do mês.
   c. Calcule a quantidade-padrão de materiais permitida por unidade de produto.
2. Para a mão de obra direta:
   a. Calcule o custo real de mão de obra direta por hora no mês.
   b. Calcule a variação de taxa salarial.

(Dica: ao solucionar o problema, pode ser útil passar de dados conhecidos a dados desconhecidos usando as fórmulas de variação ou o formato de colunas mostrado nos Quadros 10.5 e 10.6.)

PROBLEMA 10.14 Análise de variação abrangente [OA10.1, OA10.2, OA10.3]

A Vitalite Inc. fabrica diversos produtos, inclusive um kit de envoltório corporal. Os custos variáveis-padrão relativos a um kit são dados a seguir:

	Quantidade-padrão ou horas-padrão	Preço-padrão ou taxa-padrão (US$)	Custo-padrão (US$)
Materiais diretos	?	6 por metro	?
Mão de obra direta	?	?	?
Custos indiretos variáveis de produção	?	2 por hora de mão de obra direta	?
Custo-padrão total por kit...............			42

Em agosto, foram fabricados e vendidos 500 kits. A seguir, temos informações selecionadas sobre a produção do mês:

	Materiais usados (US$)	Mão de obra direta (US$)	Custos indiretos variáveis de produção (US$)
Custo-padrão total*	?	8.000	1.600
Custos reais incorridos....................	10.000	?	1.620
Variação de preço dos materiais	?		
Variação de quantidade dos materiais.................	600 D		
Variação de taxa salarial		?	
Variação de eficiência da mão de obra		?	
Variação de preço dos custos indiretos variáveis........................			?
Variação de eficiência dos custos indiretos variáveis.......................			?

*Relativo à produção do mês.

As seguintes informações adicionais estão disponíveis para a produção de kits em agosto:

Horas reais de mão de obra direta...	900
Diferença entre o custo-padrão e o custo real por kit produzido durante agosto (US$)	0,14 D

Requisitado:
1. Qual foi o custo-padrão total dos materiais usados em agosto?
2. Quantos metros de material são necessários no padrão por kit?
3. Qual foi a variação de preço dos materiais em agosto se não havia estoques iniciais ou finais de materiais?

4. Qual é a taxa-padrão da mão de obra direta por hora?
5. Qual foi a variação de taxa salarial em agosto? E a variação de eficiência da mão de obra?
6. Qual foi a variação de preço dos custos indiretos variáveis em agosto? E a variação de eficiência dos custos indiretos variáveis?
7. Complete o relatório de custo-padrão exibido no início do problema para um kit.

PROBLEMA 10.15 Análise de variação abrangente [OA10.1, OA10.2, OA10.3]

A empresa Helix fabrica vários produtos em sua fábrica, inclusive um quimono de caratê. A empresa usa um sistema de custeio-padrão para auxiliar no controle de custos. De acordo com os padrões que foram estabelecidos para os quimonos, a fábrica deveria trabalhar 780 horas de mão de obra direta por mês e produzir 1.950 robes. O custo-padrão associado a esse nível de produção é o seguinte:

	Total (US$)	Por unidade de produto (US$)
Materiais diretos	35.490	18,20
Mão de obra direta	7.020	3,60
Custos indiretos variáveis de produção (baseados em horas de mão de obra direta)	2.340	1,20
		23

Em abril, a fábrica trabalhou apenas 760 horas de mão de obra direta e produziu 2 mil quimonos. Os seguintes custos reais foram registrados no mês:

	Total (US$)	Por unidade de produto (US$)
Materiais diretos (6.000 jardas)	36.000	18
Mão de obra direta	7.600	3,80
Custos indiretos variáveis de produção	3.800	1,90
		23,70

No padrão, cada quimono deve exigir 3 metros de material. Todos os materiais comprados durante o mês foram usados na produção.

Requisitado:

Calcule as seguintes variações para abril:
1. De preço e de quantidade dos materiais.
2. De taxa salarial e de eficiência.
3. Da taxa e de eficiência dos custos indiretos variáveis de produção.

PROBLEMA 10.16 Múltiplos produtos, materiais e processos [OA10.1, OA10.2]

A Monte Rosa Corporation fabrica dois produtos, Alpha8s e Zeta9s, que passam por duas operações, sinterização e acabamento. Cada um dos produtos usa duas matérias-primas, X342 e Y561. A empresa usa um sistema de custeio-padrão, com os seguintes padrões para cada produto (por unidade):

	Matéria-prima		Tempo-padrão de mão de obra	
Produto	X342	Y561	Sinterização	Acabamento
Alpha8	1,8 quilo	2 litros	0,20 hora	0,80 hora
Zeta9	3,0 quilos	4,5 litros	0,35 hora	0,90 hora

A seguir, temos informações sobre os materiais comprados e os materiais usados na produção em maio:

Material	Compras	Custo de compra (US$)	Preço-padrão (US$)	Usados na produção (US$)
X342	14.000 quilos	51.800	3,50 por quilo	8.500 quilos
Y561	15.000 litros	19.500	1,40 por litro	13.000 litros

CONTABILIDADE GERENCIAL

As seguintes informações adicionais estão disponíveis:

a. A empresa reconhece as variações de preço quando os materiais são comprados.
b. A taxa salarial-padrão é de US$ 20 por hora na sinterização e US$ 19 por hora no acabamento.
c. Em maio, foram trabalhadas 1,2 mil horas de mão de obra direta na sinterização, produzindo um custo total de mão de obra de US$ 27 mil, e foram trabalhadas 2.850 horas de mão de obra direta no acabamento, produzindo um custo total de mão de obra de US$ 59.850.
d. A produção durante maio foi de 1.500 Alpha8s e 2 mil Zeta9s.

Requisitado:

1. Prepare um relatório de custo-padrão para cada produto, mostrando o custo-padrão de materiais diretos e de mão de obra direta.
2. Calcule as variações de quantidade e de preço de materiais para cada material.
3. Calcule as variações de eficiência e taxa salarial da mão de obra direta para cada operação.

CASO

Consulte no *site* <www.grupoa.com.br> os suplementos para esta seção.

CASO 10.17 Cálculos inversos a partir de dados de variação [OA10.1, OA10.2, OA10.3]

Há pouco tempo, você aceitou um cargo na Lorthen Inc. Como parte de suas tarefas, você analisa as variações divulgadas para cada período e faz uma apresentação para o comitê executivo da empresa.

Hoje cedo, você recebeu as variações de um dos principais produtos da empresa sobre o último período. Depois de analisá-las e organizar os dados para sua apresentação, sem intenção você colocou o material em cima de alguns papéis que iam para a máquina de picar. No meio do almoço, de repente você se deu conta de seu erro e correu para a sala onde fica a tal máquina. Lá, você encontrou o operador ocupado, colocando suas páginas na máquina. Você conseguiu puxar de volta da bandeja apenas parte de uma página, que contém as seguintes informações:

Relatório de custo-padrão (US$)	
Materiais diretos, 2 metros por US$ 16 metro..	32
Mão de obra direta, 1 hora por US$ 15 hora..	15
Custos indiretos variáveis, 1 hora por US$ 9 hora......................................	9

	Custo-padrão total (US$)	Variação de quantidade ou de eficiência (US$)	Variação de preço ou da taxa salarial (US$)
Materiais diretos	608.000	32.000 D	11.600 F
Mão de obra direta	285.000	15.000 D	4.000 D
Custos indiretos variáveis..	171.000	Destruído pela máquina de picar papel	4.000 F

O padrão para os custos indiretos variáveis é baseado em horas de mão de obra direta. Todos os materiais comprados durante o período foram usados na produção.

No almoço, seu supervisor disse quão satisfeito estava com seu trabalho e que aguardava ansioso sua apresentação de hoje à tarde. Você percebe que, para não parecer um bobalhão desastrado, você deve, de alguma forma, gerar os dados necessários que sustentem as variações antes de a reunião do comitê executivo começar daqui a uma hora.

Requisitado:

1. Quantas unidades foram produzidas durante o período?
2. Quantos metros de materiais diretos foram comprados e usados na produção?
3. Qual foi o custo real por metro de material?
4. Quantas horas reais de mão de obra direta foram trabalhadas durante o período?
5. Qual foi a taxa salarial real por hora de mão de obra direta?
6. Quais foram os custos indiretos variáveis de produção reais incorridos durante o período?

Capítulo **10** ▶▶ Custos-padrão e variações   **453**

APÊNDICE 10A: TAXAS PREDETERMINADAS DE CUSTOS INDIRETOS E ANÁLISE DE CUSTOS INDIRETOS EM UM SISTEMA DE CUSTEIO-PADRÃO

Neste apêndice, investigaremos como as taxas predeterminadas de custos indiretos que discutimos no Capítulo 3 podem ser usadas em um sistema de custeio-padrão. Em todo este Apêndice, suporemos que está sendo usado um sistema de custeio por absorção em que *todos* os custos de produção – tanto os fixos quanto os variáveis – são incluídos nos custos de produtos.

▶▶ OA10.4

(Apêndice 10A) Calcular e interpretar as variações de volume e de orçamento dos custos indiretos fixos.

Produção orçada...	25.000 motores
Horas-máquina padrão por motor...	2 horas-máquina por motor
Horas-máquina orçadas (2 horas-máquina por motor × 25.000 motores)	50.000 horas-máquina
Produção real..	20.000 motores
Horas-máquina padrão permitidas para a produção real (2 horas-máquina por motor × 20.000 motores)	40.000 horas-máquina
Horas-máquina reais..	42.000 horas-máquina
Custos indiretos variáveis de produção orçados (US$).........................	75.000
Custos indiretos fixos de produção orçados (US$)	300.000
Total de custos indiretos de produção orçados (US$)...........................	375.000
Custos indiretos variáveis de produção reais (US$)..............................	71.000
Custos indiretos fixos de produção reais (US$)	308.000
Total de custos indiretos de produção reais (US$)	379.000

QUADRO 10A.1
Dados da MicroDrive Corporation.

Taxas predeterminadas de custos indiretos

Os dados do Quadro 10A.1 pertencem à MicroDrive Corporation, uma empresa que produz motores elétricos miniatura. Observe que a empresa orçou 50 mil horas-máquina baseada na produção de 25 mil motores. Nesse nível de atividade, os custos indiretos variáveis de produção orçados foram de US$ 75 mil e os custos indiretos fixos de produção orçados foram de US$ 300 mil.

Lembre-se, de acordo com o Capítulo 3, de que a seguinte fórmula é usada para determinar a taxa predeterminada de custos indiretos no início do período:

$$\text{Taxa predeterminada de custos indiretos} = \frac{\text{Custos indiretos de produção totais estimados}}{\text{Valor total estimado da base de alocação}}$$

O valor total estimado da base de alocação na fórmula da taxa predeterminada de custos indiretos é chamado de **denominador de atividade**.

Como discutido no Capítulo 3, uma vez que a taxa predeterminada de custos indiretos tenha sido determinada, ela permanece inalterada durante todo o período, mesmo se o nível de atividade real diferir do que foi estimado. Como consequência, a quantidade de custos indiretos aplicada a cada unidade de produto é a mesma, não importa quando ele foi produzido durante o período.

A MicroDrive Corporation usa horas-máquina orçadas como seu denominador de atividade na taxa predeterminada de custos indiretos. Consequentemente, a taxa predeterminada de custos indiretos da empresa seria calculada da seguinte maneira:

$$\text{Taxa predeterminada de custos indiretos} = \frac{\text{US\$ 375.000}}{\text{50.000 HMs}} = \text{US\$ 7,50 por HM}$$

▶ **Denominador de atividade**

nível de atividade usado para calcular a taxa predeterminada de custos indiretos.

Essa taxa predeterminada de custos indiretos pode ser decomposta em seus componentes variável e fixo, da seguinte maneira:

$$\text{Componente variável da taxa predeterminada de custos indiretos} = \frac{\text{US\$ 75.000}}{\text{50.000 HMs}} = \text{US\$ 1,50 por HM}$$

$$\text{Componente fixo da taxa predeterminada de custos indiretos} = \frac{\text{US\$ 300.000}}{\text{50.000 HMs}} = \text{US\$ 6 por HM}$$

Para cada hora-máquina padrão registrada, cobra-se US\$ 7,50 da produção em andamento em custos indiretos de produção, dos quais US\$ 1,50 representa custos indiretos variáveis de produção e US\$ 6 representa custos indiretos fixos de produção. Ao todo, a MicroDrive Corporation aplicaria US\$ 300 mil de custos indiretos à produção em andamento, como exibido a seguir:

$$\begin{aligned}\text{Custos indiretos aplicados} &= \text{Taxa predeterminada de custos indiretos} \times \text{Horas-padrão permitidas para a saída real}\\ &= \text{US\$ 7,50 por hora-máquina} \times \text{40.000 horas-máquina}\\ &= \text{US\$ 300.000}\end{aligned}$$

Aplicação dos custos indiretos em um sistema de custeio-padrão

Para compreender as variações dos custos indiretos fixos, primeiro devemos compreender como os custos indiretos são aplicados à produção em andamento em um sistema de custeio-padrão. Lembre que, no Capítulo 3, aplicamos custos indiretos à produção em andamento com base no nível de atividade efetivo ou real. Esse procedimento estava correto porque, naquele momento, lidávamos com um sistema de custeio normal.[1] Entretanto, agora lidamos com um sistema de custeio-padrão. Nele, os custos indiretos são aplicados à produção em andamento com base nas *horas-padrão permitidas para a saída real do período* em vez de com base no número real de horas trabalhadas. O Quadro 10A.2 ilustra esse fato. Em um sistema de custeio-padrão, para cada unidade de determinado produto é cobrado o mesmo montante de custos indiretos, não importa quanto tempo a unidade realmente exige para seu processamento.

QUADRO 10A.2
Custos indiretos aplicados: sistema de custeio normal *versus* sistema de custeio-padrão.

Sistema de custeio tradicional		Sistema de custeio-padrão	
Custos indiretos de produção		Custos indiretos de produção	
Custos indiretos reais incorridos.	Custos indiretos aplicados: Horas reais × Taxa predeterminada de custos indiretos.	Custos indiretos reais incorridos.	Custos indiretos aplicados: Horas-padrão permitidas para a saída real × Taxa predeterminada de custos indiretos.
Custos indiretos subavaliados ou superavaliados.		Custos indiretos subavaliados ou superavaliados.	

Variação de orçamento

▶ **Variação de orçamento**

diferença entre os custos indiretos fixos reais e os custos indiretos fixos orçados para o período.

Em um sistema de custeio-padrão, são calculadas duas variações dos custos indiretos fixos de produção – a *variação de orçamento* e a *variação de volume*. Essas variações são calculadas no Quadro 10A.3. A **variação de orçamento** é simplesmente a diferença entre os custos indiretos fixos de produção e os custos indiretos fixos de produção orçados para o período. A fórmula é:

Variação de orçamento = Custos indiretos fixos reais − Custos indiretos fixos orçados

---

[1] Os sistemas de custeio normal são discutidos na página 90 no Capítulo 3.

Se os custos indiretos fixos reais excederem os custos indiretos fixos orçados, a variação de orçamento será marcada como desfavorável. Se os custos indiretos fixos reais forem menores do que os custos indiretos fixos orçados, a variação de orçamento será marcada como favorável.

Aplicando a fórmula aos dados da MicroDrive Corporation, a variação de orçamento é calculada da seguinte maneira:

$$\text{Variação de orçamento} = \text{US\$ } 308.000 - \text{US\$ } 300.000 = \text{US\$ } 8.000 \text{ D}$$

De acordo com o orçamento, os custos indiretos fixos de produção deveriam ter sido US$ 300 mil, mas, na verdade, foram US$ 308 mil. Como o custo real excede o orçamento em US$ 8 mil, a variação será marcada como desfavorável; no entanto, esse rótulo não sinaliza automaticamente ineficácia do desempenho gerencial. Por exemplo, essa variação pode ser o resultado de desperdícios e ineficiência, ou pode ocorrer em virtude de um investimento imprevisto, mas prudente em recursos indiretos fixos que melhorem a qualidade do produto ou a eficiência do ciclo de produção.

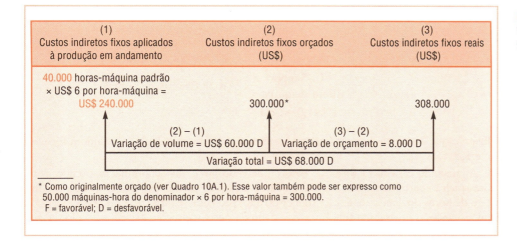

QUADRO 10A.3
Variações dos custos indiretos fixos.

Variação de volume

A **variação de volume** é definida pela seguinte fórmula:

$$\text{Variação de volume} = \text{Custos indiretos fixos orçados} - \text{Custos indiretos fixos aplicados à produção em andamento}$$

Quando os custos indiretos fixos de produção orçados excedem os custos indiretos fixos de produção aplicados à produção em andamento, a variação de volume é marcada como desfavorável. Quando os custos indiretos fixos de produção orçados são menores do que os custos indiretos fixos de produção aplicados à produção em andamento, a variação de volume é marcada como favorável. Como veremos, é preciso ter cuidado ao interpretar essa variação.

Para compreender a variação de volume, precisamos compreender como os custos indiretos fixos de produção são aplicados à produção em andamento em um sistema de custeio-padrão. Como discutido antes, os custos indiretos fixos de produção são aplicados à produção em andamento com base nas horas-padrão permitidas para a saída real do período. No caso da MicroDrive Corporation, a empresa produziu 20 mil motores e o padrão para cada um deles é de 2 horas-máquina. Portanto, o número de horas-padrão permitidas para a saída real é 40 mil horas-máquina (= 20.000 motores × 2 horas-máquina). Como mostra o Quadro 10A.3, a taxa predeterminada de custos indiretos fixos de produção de US$ 6 por hora-máquina é multiplicada pelas **40 mil** horas-máquina padrão permitidas para a saída real para chegar aos **US$ 240 mil** de custos indiretos fixos de produção aplicados à produção em, andamento. Outra maneira de pensar nisso é que o padrão de cada motor é 2 horas-máquina. Como a taxa predeterminada dos custos

▶ **Variação de volume**

variação que surge sempre que o número de horas-padrão permitidas para a saída real de um período for diferente do nível do denominador de atividade que foi usado para calcular a taxa predeterminada de custos indiretos. Ela é calculada multiplicando-se o componente fixo da taxa predeterminada de custos indiretos pela diferença entre o número de horas do denominador e o número de horas-padrão permitidas para a saída real.

indiretos fixos de produção é US$ 6 por hora-máquina, a cada motor atribuem-se US$ 12 (= 2 horas-máquina × US$ 6 por hora-máquina) de custos indiretos fixos de produção. Como resultado, um total de US$ 240 mil de custos indiretos fixos de produção é aplicado aos 20 mil motores que são realmente produzidos. Em qualquer uma das duas explicações, a variação de volume de acordo com a fórmula é:

$$\text{Variação de volume} = \text{US\$ 300.000} - \text{US\$ 240.000} = \text{US\$ 60.000 D}$$

A chave para interpretar a variação de volume é compreender que ela depende da diferença entre as horas usadas no denominador para calcular a taxa predeterminada de custos indiretos e as horas-padrão permitidas para a saída real do período. Embora isso não seja óbvio, a variação de volume também pode ser calculada por meio da seguinte fórmula:

$$\begin{matrix} \text{Variação} \\ \text{de volume} \end{matrix} = \begin{matrix} \text{Componente fixo da} \\ \text{taxa predeterminada} \\ \text{dos custos indiretos} \end{matrix} \times \begin{matrix} \text{(Horas do denominador} - \\ \text{Horas-padrão permitidas} \\ \text{para a saída real)} \end{matrix}$$

No caso da MicroDrive Corporation, a variação de volume pode ser calculada usando a seguinte fórmula:

$$\begin{aligned} \begin{matrix} \text{Variação} \\ \text{de volume} \end{matrix} &= \begin{matrix} \text{US\$ 6 por} \\ \text{máquina-hora} \end{matrix} \times \begin{matrix} \text{(50.000 horas-máquina} - \\ \text{40.000 horas-máquina)} \end{matrix} \\ &= \begin{matrix} \text{US\$ 6 por} \\ \text{hora-máquina} \end{matrix} \times \text{(10.000 horas-máquina)} \\ &= \text{US\$ 60.000 D} \end{aligned}$$

Observe que isso está de acordo com a variação de volume calculada usando a fórmula anterior.

Analisando essa nova fórmula, se o número de horas do denominador exceder o de horas-padrão permitidas para a saída real, a variação de volume será desfavorável. Se o número de horas do denominador for menor do que o de horas-padrão permitidas para a saída real, a variação de volume será favorável. Dito de outra forma, a variação de volume será desfavorável se o nível de atividade real for menor do que o esperado. A variação de volume será favorável se o nível de atividade real for maior do que o esperado. É importante observar que a variação de volume não mede sobregastos ou subgastos. Uma empresa deve incorrer no mesmo valor em valor monetário de custos indiretos fixos, independentemente de as atividades do período terem sido acima ou abaixo do nível planejado (do denominador).

A variação de volume em geral é vista como uma medida de utilização das instalações da empresa. Se o número de horas-padrão permitidas para a saída real foi maior do que (menor do que) o número de horas do denominador, significa que houve um uso eficiente (ineficiente) das instalações. Entretanto, outras medidas de utilização – como o percentual de capacidade utilizada – são mais fáceis de calcular e de compreender. Talvez uma interpretação melhor da variação de volume seja que esse erro ocorre quando o nível de atividade é estimado incorretamente e o sistema de custeio supõe que os custos fixos se comportem como se fossem variáveis. Essa interpretação pode ficar mais clara na próxima seção, que analisa graficamente as variações dos custos indiretos fixos de produção.

Análise gráfica das variações dos custos indiretos fixos

O Quadro 10A.4 mostra uma análise gráfica que ajuda a visualizar as variações de orçamentos e as variações de volume dos custos indiretos fixos. Como mostra o gráfico, os custos indiretos fixos são aplicados à produção em andamento de acordo com a taxa predeterminada de US$ 6 para cada hora-padrão de atividade. (A linha de custos aplicados é a linha de inclinação crescente no gráfico.) Como foi usado um nível de 50 mil horas-máquina no denominador ao calcular a taxa de US$ 6, a linha de custos aplicados cruza a linha de custos orçados exatamente no ponto de 50 mil horas-máquina. Se o número de horas do denominador e de horas-padrão permitidas para a saída real forem iguais, não ocorre variação de volume. É somente quando o número de horas-padrão difere do número de horas do denominador que surge uma variação de volume.

No caso da MicroDrive, o número de horas-padrão permitidas para a saída real (40 mil horas) é menor do que o número de horas do denominador (50 mil horas). O resultado é uma variação de volume desfavorável porque foram aplicados menos custos à produção do que foi originalmente orçado. Se a situação fosse a invertida e as horas-padrão permitidas para a saída real tivessem excedido as horas do denominador, então a variação de volume no gráfico seria favorável.

Cuidados na análise de custos indiretos fixos

Uma variação de volume de custos indiretos fixos surge porque, ao aplicar os custos à produção em andamento, agimos como se os custos fixos fossem variáveis. O gráfico do Quadro 10A.4 ilustra essa questão. Observe, com base nesse gráfico, que os custos indiretos fixos são aplicados à produção em andamento segundo uma taxa de US$ 6 por hora como se fossem variáveis. Tratar esses custos como se fossem variáveis é necessário para fins de custeio de produto, mas alguns perigos reais se escondem aqui. Os gerentes podem facilmente ser levados a pensar, de forma enganosa, que os custos fixos são, de fato, variáveis.

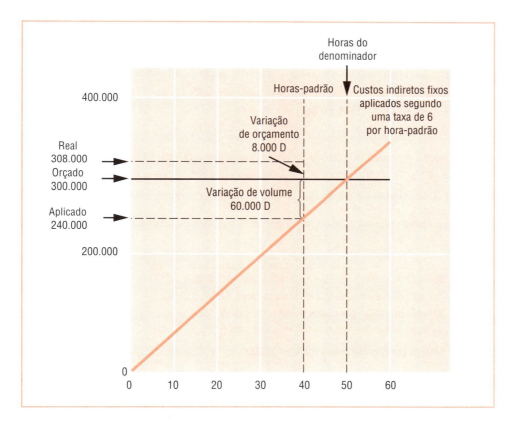

QUADRO 10A.4
Análise gráfica das variações dos custos indiretos fixos (US$).

Tenha muito claro em mente que os custos indiretos fixos ocorrem em grandes blocos. Expressar os custos fixos por unidade ou por hora, ainda que necessário para o custeio de produtos para relatórios externos, é artificial. Aumentos ou diminuições no nível de atividade na verdade não têm nenhum efeito sobre os custos fixos totais dentro do intervalo relevante de atividade. Embora os custos fixos sejam expressos por unidade ou por hora, eles não são proporcionais ao nível de atividade. Em certo sentido, a variação de volume é o erro que ocorre em decorrência de se tratarem custos fixos como se fossem custos variáveis no sistema de custeio.

Reconciliar variações dos custos indiretos e custos indiretos subavaliados ou sobreavaliados

Em um sistema de custeio-padrão, os custos indiretos subavaliados ou sobreavaliados de um período são iguais à soma das variações dos custos indiretos. Para esclarecer isso, voltaremos ao exemplo da MicroDrive Corporation.

Como discutimos antes, em um sistema de custeio-padrão, os custos indiretos são aplicados à produção em andamento com base nas horas-padrão permitidas para a saída real do período. A tabela a seguir mostra como os custos indiretos subavaliados ou sobreavaliados da MicroDrive são calculados.

Taxa predeterminada de custos indiretos (a) (US$)............................	7,50 por hora-máquina
Horas-padrão permitidas para a saída real (Quadro 10A.1) (b) (US$).	40.000 horas-máquina
Custos indiretos de produção aplicados (a) × (b) (US$)......................	300.000
Custos indiretos de produção reais (Quadro 10A.1) (US$).................	379.000
Custos indiretos de produção subavaliados ou sobreavaliados (US$)	79.000 subavaliados

Já calculamos a variação de orçamento e a variação de volume dessa empresa. Também precisaremos calcular as variações dos custos indiretos variáveis de produção. Os dados para esses cálculos estão contidos no Quadro 10A.1. Recordando as fórmulas das variações dos custos indiretos variáveis de produção que foram deduzidas antes neste capítulo, podemos calcular as variações de eficiência e de taxa salarial dos custos indiretos da seguinte maneira:

Variação de eficiência dos custos indiretos variáveis = (HR × PP) – (HP × PP)

= (US$ 63.000) – (40.000 horas-máquina × US$ 1,50 por hora-máquina)

= US$ 63.000 – US$ 60.000

= US$ 3.000 D

Variação de preço dos custos indiretos variáveis = (HR × PR) – (HR × PP)

= (US$ 71.000) – (42.000 horas-máquina × US$ 1,50 por hora-máquina)

= US$ 71.000 – US$ 63.000 = US$ 8.000 D

Agora, podemos calcular a soma de todas as variações de custos indiretos da seguinte maneira:

Variação de eficiência dos custos indiretos variáveis (US$)	3.000 D
Variação de preço dos custos indiretos variáveis (US$)	8.000 D
Variação de volume dos custos indiretos fixos (US$)	60.000 D
Variação de orçamento dos custos indiretos fixos (US$)...................	8.000 D
Total de variação dos custos indiretos (US$)....................................	79.000 D

Observe que o total de variação dos custos indiretos é US$ 79 mil, que é igual aos custos indiretos subavaliados de US$ 79 mil. Em geral, se os custos indiretos são subavaliados, o total de variação de custos-padrão indiretos é desfavorável. Se os custos indiretos são sobreavaliados, o total de variação de custos-padrão indiretos é favorável.

APÊNDICE 10A EXERCÍCIOS E PROBLEMAS

Consulte no *site* <www.grupoa.com.br> os suplementos para esta seção.

EXERCÍCIO 10A.1 Aplicação dos custos indiretos em um sistema de custeio-padrão [OA10.4]

A Mosbach Corporation possui um sistema de custeio-padrão em que atribui custos indiretos a produtos com base nas horas-padrão de mão de obra direta permitidas para a saída real do período. Os dados relativos ao último ano são os seguintes:

Custos indiretos variáveis por hora de mão de obra direta (US$)................................	3,50
Total de custos indiretos fixos por ano (US$)...	600.000
Horas-padrão orçadas de mão de obra direta (nível do denominador de atividade).....	80.000
Horas reais de mão de obra direta...	84.000
Horas-padrão de mão de obra direta permitidas para a saída real...............................	82.000

Requisitado:
1. Calcule a taxa predeterminada de custos indiretos para o ano.
2. Determine a quantidade de custos indiretos que seria aplicada à saída do período.

EXERCÍCIO 10A.2 Variações dos custos indiretos fixos [OA10.4]
A Lusive Corporation possui um sistema de custeio-padrão em que atribui custos indiretos a produtos com base nas horas-padrão de mão de obra direta permitidas para a saída real do período. A seguir, temos os dados relativos ao último ano:

Total de custos indiretos fixos orçados para o ano (US$)................................	400.000
Custos indiretos fixos reais para o ano (US$)...	394.000
Horas-padrão de mão de obra direta orçadas (nível do denominador de atividade)........	50.000
Horas de mão de obra direta realizadas	51.000
Horas-padrão de mão de obra direta permitidas para a saída real....................	48.000

Requisitado:
1. Calcule a parte fixa da taxa predeterminada de custos indiretos para o ano.
2. Calcule as variações de orçamento e de volume dos custos indiretos fixos.

EXERCÍCIO 10A.3 Variações dos custos indiretos fixos [OA10.4]
A seguir, temos informações operacionais selecionadas sobre três empresas diferentes em um período recente:

	Empresa		
	X	Y	Z
Horas de mão de obra direta na capacidade máxima	20.000	9.000	10.000
Horas de mão de obra direta orçadas*..	19.000	8.500	8.000
Horas de mão de obra direta realizadas	19.500	8.000	9.000
Horas-padrão de mão de obra direta permitidas para a saída real.........	18.500	8.250	9.500

*Nível do denominador de atividade para calcular a taxa predeterminada de custos indiretos.

Requisitado:
Para cada empresa, diga se a variação de volume seria favorável ou desfavorável e explique por quê.

EXERCÍCIO 10A.4 Relações entre as variações dos custos indiretos fixos [OA10.4]
A seguir, temos informações selecionadas sobre os custos indiretos fixos da Westwood Company no último ano:

Atividade:	
Número de unidades produzidas..	9.500
Horas-máquina padrão permitidas por unidade	2
Denominador de atividade (horas-máquina)........................	20.000
Custos:	
Custos indiretos fixos reais incorridos (US$)......................	79.000
Variação de orçamento (US$)	1.000 F

Os custos indiretos são atribuídos a produtos com base nas horas-máquina padrão.

Requisitado:

1. Qual foi a parte fixa da taxa predeterminada de custos indiretos?
2. Quais foram as horas-máquina padrão permitidas para a produção do período?
3. Qual foi a variação de volume?

EXERCÍCIO 10A.5 Taxas predeterminadas de custos indiretos [OA10.4]

Operando a um nível normal de 24 mil horas de mão de obra direta por ano, a Trone Company produz 8 mil unidades de produto. A taxa salarial da mão de obra direta é US$ 12,60 por hora. São usados 2 quilos de matérias-primas em cada unidade de produto por um custo de US$ 4,20 por quilo. Os custos indiretos variáveis de produção devem ser US$ 1,60 por hora-padrão de mão de obra direta. Os custos indiretos fixos de produção devem ser US$ 84 mil por ano.

Requisitado:

1. Usando 24 mil horas de mão de obra direta como o denominador de atividade, calcule a taxa predeterminada de custos indiretos e decomponha-a em seus elementos fixo e variável.
2. Complete o relatório de custo-padrão a seguir para uma unidade de produto:

Materiais diretos, 2 Kg por US$ 4,20 por quilo (US$)	8,40
Mão de obra direta, ? (US$)	?
Custos indiretos variáveis de produção, ? (US$)............................	?
Custos indiretos fixos de produção, ? (US$)	?
Custo-padrão total por unidade (US$)	?

EXERCÍCIO 10A.6 Taxa predeterminada de custos indiretos; Variações dos custos indiretos [OA10.3, OA10.4]

Os custos indiretos variáveis de produção da Weller Company devem ser US$ 1,05 por hora-máquina padrão e seus custos indiretos fixos de produção devem ser US$ 24,8 mil por mês. As seguintes informações de um mês recente estão disponíveis:

a. Foi escolhido um denominador de atividade de 8 mil horas-máquina para calcular a taxa predeterminada de custos indiretos.
b. No nível de atividade de 8 mil horas-máquina padrão, a empresa deve produzir 3.200 unidades de produto.
c. Os resultados operacionais reais da empresa foram os seguintes:

Número de unidades produzidas...	3.500
Horas-máquina realizadas	8.500
Custos indiretos variáveis de produção reais (US$)........................	9.860
Custos indiretos fixos de produção reais (US$)	25.100

Requisitado:

1. Calcule a taxa predeterminada de custos indiretos e decomponha-a em seus elementos de custos variáveis e fixos.
2. Quais foram as horas-padrão permitidas para a saída real desse ano?
3. Calcule as variações da taxa e de eficiência dos custos indiretos variáveis e as variações de orçamento e de volume dos custos indiretos fixos.

EXERCÍCIO 10A.7 Usar variações dos custos indiretos fixos [OA10.4]

O relatório de custo-padrão do único produto fabricado pela Prince Company é dado a seguir:

Relatório de custo-padrão – por unidade (US$)	
Materiais diretos, 1 metro por US$ 4 por metro..	4
Mão de obra direta, 0,8 hora de mão de obra direta por US$ 18,00 por hora de mão de obra direta	14,40
Custos indiretos variáveis, 0,8 hora de mão de obra direta por US$ 2,50 por hora de mão de obra direta...	2
Custos indiretos fixos, 0,8 hora de mão de obra direta por US$ 6 por hora de mão de obra direta	4,80
Custo-padrão total por unidade..	25,20

No ano passado, a empresa produziu 10 mil unidades de produto e trabalhou 8,2 mil horas de mão de obra direta realizadas. Os custos indiretos de produção são aplicados à produção com base nas horas de mão de obra direta. A seguir, temos dados selecionados sobre os custos indiretos fixos de produção da empresa nesse ano:

Custos indiretos fixos aplicados à produção em andamento (US$)	Custos indiretos fixos orçados (US$)	Custos indiretos fixos reais (US$)
__?__ horas × 6 por hora = __?__	?	45.600
Variação de volume = 3.000 F	Variação de orçamento = __?__	

Requisitado:
1. Quais foram as horas-padrão permitidas para a produção desse ano?
2. Qual foi o montante de custos indiretos fixos orçados para esse ano?
3. Qual foi a variação de orçamento desse ano?
4. Qual nível do denominador de atividade a empresa usou ao determinar a taxa predeterminada de custos indiretos desse ano?

PROBLEMA 10A.8 Variações de custo-padrão abrangente [OA10.1, OA10.2, OA10.3, OA10.4]

"Sem dúvida, é legal notar essa pequena variação na demonstração de resultados depois de todo o problema que tivemos ultimamente com o controle dos custos de produção" – disse Linda White, vice-presidente da empresa Molina. "A variação geral de produção de US$ 12.250 relatada no último período está muito abaixo do limite de 3% que estabelecemos para variações. Precisamos parabenizar todo mundo pelo trabalho benfeito."

A empresa produz e vende um único produto. A seguir, temos o relatório de custo-padrão do produto:

Cartão de custo-padrão – por unidade (US$)	
Materiais diretos, 4 metros por US$ 3,50 por metro............................	14
Mão de obra direta, 1,5 hora de mão de obra direta por US$ 12 por hora de mão de obra direta	18
Custos indiretos variáveis, 1,5 hora de mão de obra direta por US$ 2 por hora de mão de obra direta	3
Custos indiretos fixos, 1,5 hora de mão de obra direta por US$ 6 por hora de mão de obra direta	9
Custo-padrão por unidade	44

As seguintes informações adicionais estão disponíveis para o último ano:
a. A empresa fabricou 20 mil unidades de produto durante o ano.
b. Foi comprado um total de 71.323 m de material durante o ano por um custo de US$ 3,75 por metro. Todo esse material foi usado para fabricar as 20 mil unidades. Não houve estoques iniciais ou finais nesse ano.
c. A empresa trabalhou 32,5 mil horas de mão de obra direta durante o ano por um custo de US$ 11,80 por hora.
d. Os custos indiretos são aplicados a produtos com base nas horas-padrão de mão de obra direta. A seguir, temos os dados relativos aos custos indiretos de produção:

Nível do denominador de atividade (horas de mão de obra direta)........	25.000
Custos indiretos fixos orçados (US$)	150.000
Custos indiretos fixos reais (US$)..	148.000
Custos indiretos variáveis reais (US$)	68.250

Requisitado:
1. Calcule as variações de preço e de quantidade dos materiais diretos para esse ano.
2. Calcule as variações da taxa salarial e de eficiência da mão de obra direta para esse ano.

3. Para os custos indiretos de produção, calcule o seguinte:
    a. As variações de preço e de eficiência dos custos indiretos variáveis desse ano.
    b. As variações de orçamento e de volume dos custos indiretos fixos desse ano.
4. Some o total das variações que você calculou, e compare o montante líquido com os US$ 12.250 mencionados pelo vice-presidente. Você concorda que todos deveriam ser parabenizados pelo trabalho benfeito? Explique.

PROBLEMA 10A.9 Seleção de um denominador; Análise de custos indiretos; Relatório de custo-padrão [OA10.3, OA10.4]

Os custos indiretos variáveis de produção da Scott Company devem ser de US$ 2,50 por hora-padrão de mão de obra direta e os custos indiretos fixos de produção devem ser de US$ 320 mil por ano.

A empresa produz um único produto que exige 2,5 horas de mão de obra direta para ser concluído. A taxa salarial da mão de obra direta é US$ 20 por hora. São necessários três metros de matéria-prima para cada unidade de produto, por um custo de US$ 5 por metro.

A demanda pelo produto da empresa difere muito de um ano para o outro. O nível de atividade esperado para este ano é de 50 mil horas de mão de obra direta; o nível de atividade normal é de 40 mil horas de mão de obra direta por ano.

Requisitado:
1. Suponha que a empresa escolha 40 mil horas de mão de obra direta como o nível do denominador de atividade. Calcule a taxa predeterminada de custos indiretos, decompondo-a em seus componentes de custos variáveis e fixos.
2. Suponha que a empresa escolha 50 mil horas de mão de obra direta como o nível do denominador de atividade. Repita os cálculos do item (1) anterior.
3. Complete dois relatórios de custos-padrão como esboçado a seguir.

Denominador de atividade: 40.000 HMDOs	
Materiais diretos, 3 metros por US$ 5 por metro	15
Mão de obra direta, ?...	?
Custos indiretos variáveis de produção, ?	?
Custos indiretos fixos de produção, ?...............................	?
Custo-padrão total por unidade (US$)	?

Denominador de atividade: 50.000 HMDOs	
Materiais diretos, 3 metros por US$ 5 por metro	15
Mão de obra direta, ?...	?
Custos indiretos variáveis de produção, ?	?
Custos indiretos fixos de produção, ?...............................	?
Custo-padrão total por unidade (US$)	?

4. Suponha que 48 mil horas reais sejam trabalhadas durante o ano, e que sejam produzidas 18,5 mil unidades. Os custos indiretos de produção reais do ano são os seguintes:

Custos indiretos variáveis de produção (US$)..................	124.800
Custos indiretos fixos de produção (US$)	321.700
Total de custos indiretos de produção (US$)....................	446.500

   a. Calcule as horas-padrão permitidas para a saída real desse ano
   b. Calcule os itens que faltam na conta de custos indiretos de produção a seguir. Suponha que a empresa use 40 mil horas de mão de obra direta (nível de atividade normal) como o valor do denominador de atividade ao calcular as taxas de custos indiretos, como você usou no item (1) anterior.

Custos indiretos de produção

Custos reais	446.500	?
	?	?

c. Analise seu saldo de custos indiretos subavaliados ou sobreavaliados em termos das variações de preço e de eficiência dos custos indiretos variáveis e das variações de orçamento e de volume dos custos indiretos fixos.
5. Observando as variações que você calculou, qual parece ser a principal desvantagem de usar um nível de atividade normal em vez de o nível de atividade real esperado como denominador ao calcular a taxa predeterminada de custos indiretos? Quais vantagens você pode ver que contrabalancem essa desvantagem?

PROBLEMA 10A.10 Aplicar custos indiretos; Variações dos custos indiretos [OA10.3, OA10.4]

A Highland Shortbread Ltd. de Aberdeen, Escócia, fabrica um único produto e usa um sistema de custeio-padrão para ajudar a controlar os custos. Os custos indiretos de produção são aplicados à produção com base nas horas-máquina padrão. De acordo com o orçamento flexível da empresa, os seguintes custos indiretos devem ser incorridos a um nível de atividade de 18 mil horas-máquina (o nível do denominador de atividade escolhido para o ano):

Custos indiretos variáveis de produção (£)........................	31.500
Custos indiretos fixos de produção (£)	72.000
Total de custos indiretos de produção (£).........................	103.500

Durante o ano, foram registrados os seguintes resultados operacionais:

Horas-máquina reais trabalhadas.......................................	15.000
Horas-máquina padrão permitidas.....................................	16.000
Custos indiretos variáveis de produção reais incorridos (£)	26.500
Custos indiretos fixos de produção reais incorridos (£).................	70.000

No fim do ano, a conta de custos indiretos de produção da empresa continha os seguintes dados:

Custos indiretos de produção

Custos reais	96.500	Custos aplicados	92.000
	4.500		

A gerência gostaria de determinar a causa da subavaliação de £ 4.500 de custos indiretos.

Requisitado:
1. Calcule a taxa predeterminada de custos indiretos do ano. Decomponha-a em seus elementos de custos fixos e variáveis.
2. Mostre como foi calculado o valor de "Custos aplicados" de £ 92 mil na conta de custos indiretos de produção.
3. Analise o valor de custos indiretos subavaliados de £ 4.500 em termos das variações de preço e de eficiência dos custos indiretos variáveis e das variações de orçamento e de volume dos custos indiretos fixos.
4. Explique o significado de cada variação que você calculou no item (3) anterior.

PROBLEMA 10A.11 Aplicar custos indiretos; Variações dos custos indiretos [OA10.3, OA10.4]

A empresa Wymont fabrica um único produto que exige um grande tempo de mão de obra. Os custos indiretos são aplicados com base nas horas-padrão de mão de obra direta. Os custos indiretos variáveis de produção devem ser US$ 2 por hora-padrão de mão de obra direta e os custos indiretos fixos de produção devem ser US$ 180 mil por ano.

O produto da empresa exige 4 metros de materiais diretos que têm um custo de US$ 3 por metro. O produto exige 1,5 hora de mão de obra direta. A taxa salarial-padrão é de US$ 12 por hora.

Durante o ano, a empresa tinha planejado operar a um nível de denominador de atividade de 30 mil horas de mão de obra direta e fabricar 20 mil unidades de produto. O nível de atividade e os custos reais do ano foram os seguintes:

Número de unidades produzidas..	22.000
Horas reais de mão de obra direta trabalhadas...................	35.000
Custos indiretos variáveis de produção reais incorridos (US$)	63.000
Custos indiretos fixos de produção reais incorridos (US$).................	181.000

Requisitado:
1. Calcule a taxa predeterminada de custos indiretos do ano. Decomponha-a em seus componentes de custos variáveis e fixos.
2. Prepare um relatório de custo-padrão para o produto da empresa, mostrando os detalhes de todos os custos de produção.
3. a. Calcule as horas-padrão de mão de obra direta permitidas para a produção do ano.
   b. Complete a seguinte conta T de custos indiretos de produção para o ano:

Custos indiretos de produção

?	?
?	?

4. Determine o motivo da subavaliação ou sobreavaliação dos custos indiretos do item (3) anterior calculando as variações de preço e de eficiência dos custos indiretos variáveis e as variações de orçamento e de volume dos custos indiretos fixos.
5. Suponha que a empresa tenha escolhido 36 mil horas de mão de obra direta como o denominador de atividade em vez de 30 mil horas. Declare qual das variações calculadas no item (4) anterior, se houver, teria mudado, e explique como a(s) variação(ões) teria(m) mudado. Não são necessários cálculos.

PROBLEMA 10A.12 Variações de custo-padrão [OA10.1, OA10.2, OA10.3, OA10.4]

A Dresser Company usa um sistema de custeio-padrão e determina suas taxas predeterminadas de custos indiretos com base nas horas de mão de obra direta. Os dados a seguir foram retirados do orçamento da empresa para o ano corrente:

Denominador de atividade (horas de mão de obra direta)..	9.000
Custos indiretos variáveis de produção a 9.000 horas de mão de obra direta (US$).................	34.200
Custos indiretos fixos de produção (US$)...	63.000

O relatório de custo-padrão do único produto da empresa é dado a seguir:

Materiais diretos, 4 quilos por 2,60 por quilo (US$)...	10,40
Mão de obra direta, 2 horas de mão de obra direta por US$ 9 por hora................................	18
Custos indiretos, 2 horas de mão de obra direta por US$ 10,80 por hora...............................	21,60
Custo-padrão por unidade (US$)...	50

Durante o ano, a empresa fabricou 4,8 mil unidades de produto e incorreu nos seguintes custos:

Materiais comprados, 11.197 Kg por US$ 2,50 por quilo	27.992,50
Materiais usados na produção (em quilos)	20.000
Custos incorridos de mão de obra direta, 10.000 horas de mão de obra direta por US$ 8,60 por hora de mão de obra direta US$	86.000
Custos indiretos variáveis de produção incorridos US$..	35.900
Custos indiretos fixos de produção incorridos US$	64.800

Requisitado:
1. Refaça o relatório de custo-padrão em um formato mais claro e mais usável detalhando os elementos de custos indiretos variações e fixos.
2. Prepare uma análise das variações dos materiais e da mão de obra desse ano.
3. Prepare análise das variações dos custos indiretos variáveis e fixos desse ano.
4. Se houver, qual efeito a escolha de um nível de denominador de atividade tem sobre os custos-padrão por unidade? A variação de volume é uma variação controlável, do ponto de vista das despesas? Explique.

APÊNDICE 10B: LANÇAMENTOS CONTÁBEIS PARA REGISTRAR VARIAÇÕES

▶▶ OA10.5

(Apêndice 10B) Preparar lançamentos contábeis para registrar custos-padrão e variações.

Embora os custos-padrão e as variações possam ser calculados e usados pela gerência sem entrarem formalmente nos registros contábeis, muitas organizações preferem fazer lançamentos contábeis formais. Estes tendem a dar às variações uma ênfase maior do que os cálculos informais extraoficiais, a qual sinaliza o desejo da gerência de manter os custos dentro dos limites que foram estabelecidos. Além disso, o uso formal de custos-padrão simplifica bastante o processo contábil. Estoques e custos de produtos vendidos podem ser avaliados com base em seus custos-padrão – eliminando-se a necessidade de se acompanhar o custo real de cada unidade.

Variações dos materiais diretos

Para ilustrar os lançamentos contábeis necessários para registrar as variações dos custos-padrão, voltaremos aos dados do problema de revisão do final do capítulo. O lançamento para registrar a compra dos materiais diretos seria o seguinte:

Matérias-primas (18.000 onças por US$ 0,50 por onça)	9.000	
Variações de preço dos materiais (18.000 onças por US$ 0,10 por onça D)	1.800	
Contas a pagar (18.000 onças por US$ 0,60 por onça)..		10.800

Observe que a variação de preço é reconhecida quando as compras são feitas, em vez de quando os materiais são realmente usados na produção, e que os materiais são mantidos na conta de estoques pelo custo-padrão. Quando os materiais diretos são, depois, retirados dos estoques e usados na produção, a variação de quantidade é isolada da seguinte maneira:

Produção em andamento (12.000 onças por US$ 0,50 por onça)...............................	6.000	
Variação de quantidade dos materiais (2.000 onças D por US$ 0,50 por onça)..........	1.000	
Matérias-primas (14.000 onças por US$ 0,50 por onça)		7.000

Assim, os materiais diretos são adicionados à conta da produção em andamento pelo custo-padrão dos materiais que deveriam ter sido usados para produzir a saída real.

Observe que tanto a variação de preço quanto a variação de quantidade são desfavoráveis e representam lançamentos de débito. Se qualquer uma dessas variações tivesse sido favorável, apareceria como um lançamento de crédito.

Variações da mão de obra direta

Usando mais uma vez os dados de custos do problema de revisão do final do capítulo, o lançamento contábil feito para registrar a inocorrência de custos de mão de obra direta seria:

Produção em andamento (1.200 horas por US$ 30 por hora)................................	36.000	
Variação de taxa salarial (1.100 horas por US$ 0,50 D)...	550	
Variação de eficiência da mão de obra (100 horas F por US$ 30 por hora)........		3.000
Salários a pagar (1.100 horas por US$ 30,50 por hora)		33.550

Logo, assim como com os materiais diretos, os custos de mão de obra direta entram na conta de produção em andamento em seu valor-padrão, tanto em termos da taxa salarial quanto em termos das horas permitidas para a produção real do período. Observe que a variação desfavorável de eficiência da mão de obra é um lançamento de débito, enquanto a variação favorável de taxa salarial é um lançamento de crédito.

Fluxos de custos em um sistema de custeio-padrão

Os fluxos de custos pelas contas da empresa são ilustrados no Quadro 10B.1. Observe que são feitos lançamentos nas várias contas de estoques usando-se custos-padrão – e não custos reais. As diferenças entre custos reais e custos-padrão são lançadas em contas especiais que acumulam as diversas variações dos custos-padrão. Em geral, essas contas são liquidadas e transferidas para a conta de custos de produtos vendidos no final do período. Variações desfavoráveis aumentam os custos de produtos vendidos, e variações favoráveis diminuem os custos de produtos vendidos.

QUADRO 10B.1
Fluxos de custos em um sistema de custeio-padrão.*

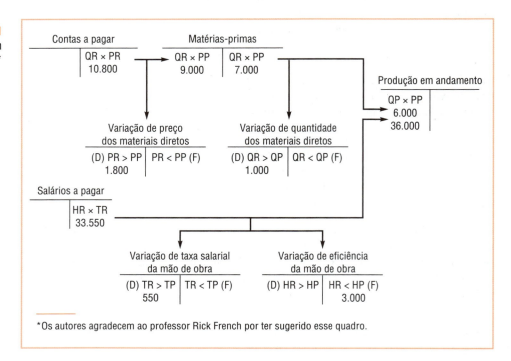

*Os autores agradecem ao professor Rick French por ter sugerido esse quadro.

APÊNDICE 10B EXERCÍCIOS E PROBLEMAS

Consulte no *site* <www.grupoa.com.br> os suplementos para esta seção.

EXERCÍCIO 10B.1 Registrar variações no livro-razão [OA10.5]

A Kinkel Corporation fabrica um produto com os seguintes custos-padrão de materiais diretos e de mão de obra direta (US$):

Materiais diretos: 1,50 metro por US$ 5,40 por metro.....................	8,10
Mão de obra direta: 0,25 hora por US$ 14 por hora	3,50

Durante o último mês, foram produzidas 8 mil unidades. Os custos associados à produção do mês foram os seguintes (US$):

Materiais comprados: 15.000 metros por US$ 5,60 por metro.................	84.000
Materiais usados na produção: 11.900 metros..	—
Mão de obra direta: 1.950 horas por US$ 14,20 por hora	27.690

As variações de custos-padrão dos materiais diretos e da mão de obra direta são:

Variação de preço dos materiais: 15.000 metros por US$ 0,20 por metro D................	3.000 D
Variação de quantidade dos materiais: 100 metros por US$ 5,40 por metro F............	540 F
Variação de taxa salarial: 1.950 horas por US$ 0,20 por hora D.................................	390 D
Variação de eficiência da mão de obra: 50 horas por US$ 14,00 por hora F................	700 F

Requisitado:
1. Prepare o lançamento contábil para registrar a compra dos materiais do mês na conta.
2. Prepare o lançamento contábil para registrar o uso dos materiais do mês.
3. Prepare o lançamento contábil para registrar a inocorrência de custos de mão de obra direta do mês.

EXERCÍCIO 10B.2 Variações dos materiais e da mão de obra; Lançamentos contábeis [OA10.1, OA10.2, OA10.5]

A Aspen Products Inc. iniciou a fabricação de um novo produto no dia 1º de abril. A empresa usa um sistema de custeio-padrão e estabeleceu os seguintes padrões para uma unidade do novo produto:

	Quantidade-padrão ou horas-padrão	Preço-padrão ou taxa salarial-padrão (US$)	Custo-padrão (US$)
Materiais diretos..................	1 metro	6 por pé	6
Mão de obra direta...............	0,4 hora	10 por hora	4

Em abril, foi registrado o seguinte nível de atividade relativo ao novo produto:
a. Foram comprados 2.134 metros de material por um custo de US$ 5,75 por pé.
b. Foram usados 1.829 metros de material para produzir 1,5 mil unidades do novo produto.
c. Foram trabalhadas 725 horas de mão de obra direta no novo produto por um custo de US$ 8.120.

Requisitado:
1. Para os materiais diretos:
   a. Calcule as variações de preço e quantidade dos materiais diretos.
   b. Prepare lançamentos contábeis para registrar a compra dos materiais e o uso dos materiais na produção.
2. Para a mão de obra direta:
   a. Calcule as variações de taxa salarial e de eficiência da mão de obra direta.
   b. Prepare lançamentos contábeis para registrar a inocorrência de custos de mão de obra direta no mês.
3. Faça os lançamentos que você preparou nas contas T a seguir:

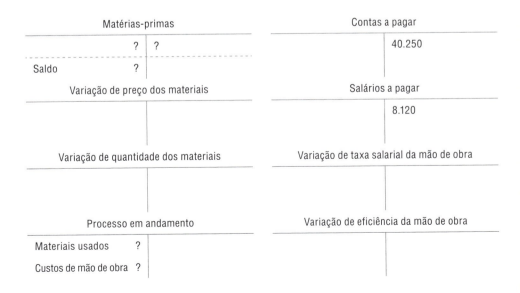

PROBLEMA 10B.3 Análise de variação abrangente com dados incompletos; Lançamentos contábeis [OA10.1, OA10.2, OA10.3, OA10.5]

A Topline Surf Boards fabrica um único produto. Os custos-padrão de uma unidade desse produto são os seguintes (US$):

Materiais diretos: 2 metros por US$ 1,00 por metro	2
Mão de obra direta: 1 hora por US$ 4,50 por hora	4,50
Custos indiretos variáveis de produção: 1 hora por US$ 3,00 por hora	3
Total de custos variáveis-padrão por unidade	9,50

Em outubro, foram produzidas 6 mil unidades. A seguir, temos dados selecionados sobre a produção do mês (US$):

Materiais comprados: 18.288 metros por US$ 0,95 por metro	57.000
Materiais usados na produção: 11.582 metros	—
Mão de obra direta: _?_ horas por US$ _?_ por hora	27.950
Custos indiretos variáveis de produção incorridos	20.475
Variação de eficiência dos custos indiretos variáveis de produção	1.500 D

Não havia estoques iniciais de matérias-primas. O preço dos custos indiretos variáveis de produção é baseado nas horas de mão de obra direta.

Requisitado:
1. Para os materiais diretos:
   a. Calcule as variações de preço e de quantidade de outubro.
   b. Prepare lançamentos contábeis para registrar a atividade de outubro.
2. Para a mão de obra direta:
   a. Calcule as variações de taxa salarial e de eficiência de outubro.
   b. Prepare um lançamento contábil para registrar a atividade da mão de obra em outubro.
3. Para os custos indiretos variáveis de produção:
   a. Calcule a variação de despesas de outubro e verifique a variação de eficiência dada antes.
   b. Se os custos indiretos de produção são aplicados à produção com base nas horas de mão de obra direta, é possível ter uma variação favorável de eficiência da mão de obra direta e uma variação desfavorável de eficiência dos custos indiretos variáveis? Explique.
4. Liste possíveis causas de cada variação que você calculou.

PROBLEMA 10B.4 Análise de variação abrangente; Lançamentos contábeis [OA10.1, OA10.2, OA10.3, OA10.5]

A Vermont Mills Inc. é uma grande produtora de roupas masculinas e femininas. A empresa usa custos-padrão para todos os seus produtos. Os custos-padrão e os custos reais de um período recente são dados a seguir para uma das linhas de produto da empresa (por unidade de produto):

	Custos-padrão (US$)	Custos reais (US$)
Materiais diretos:		
Padrão: 4 metros por US$ 3,60 por metro	14,40	
Real: 4,4 metros por US$ 3,35 por metro		14,74
Mão de obra direta:		
Padrão: 1,6 hora por US$ 4,50 por hora	7,20	
Real: 1,4 hora por US$ 4,85 por hora		6,79
Custos indiretos variáveis de produção:		
Padrão: 1,6 hora por US$ 1,80 por hora	2,88	
Real: 1,4 hora por US$ 2,15 por hora		3,01
Custo total por unidade	24,48	24,54

Durante esse período, a empresa fabricou 4.800 unidades de produto. A seguir, temos uma comparação entre os custos-padrão e os custos reais do período com base no custo total:

Custos reais: 4.800 unidades por US$ 24,54 cada	US$ 117.792
Custos-padrão: 4.800 unidades por US$ 24,48 cada	US$ 117.504
Diferença nos custos – desfavorável...	US$ 288

Não havia estoques de materiais disponíveis para começar o período. Durante o período, 21.120 metros de materiais foram comprados e usados na produção.

Requisitado:
1. Para os materiais diretos:
   a. Calcule as variações de preço e de quantidade do período.
   b. Prepare lançamentos contábeis para registrar todas as atividades sobre os materiais diretos no período.
2. Para a mão de obra direta:
   a. Calcule as variações de taxa salarial e de eficiência.
   b. Prepare um lançamento contábil para registrar a incorrência de custos de mão de obra direta no período.
3. Calcule as variações de preço e de eficiência dos custos indiretos variáveis de produção.
4. Ao notar a variação total dos custos de US$ 288, o presidente da empresa disse: "Essa variação de US$ 288 representa apenas 0,2% dos custos-padrão de US$ 117.504 do período. É óbvio que nossos custos estão totalmente sob controle". Você concorda? Explique.
5. Liste possíveis causas de cada variação que você calculou.

CASO

Consulte no *site* <www.grupoa.com.br> os suplementos para esta seção.

CASO 10B.5 Ética e o gerente; Manipulação de padrões [OA10.5]

Stacy Cummins, a recém-contratada *controller* da Merced Home Products Inc., ficou preocupada com o que descobriu sobre os custos-padrão da Divisão de Segurança Doméstica. Ao analisar os relatórios trimestrais de lucros de vários anos anteriores da Divisão de Segurança Doméstica, ela percebeu que os lucros dos primeiros trimestres eram sempre baixos, os dos segundos trimestres, um pouco melhores, os dos terceiros trimestres novamente um pouco melhores e os quartos trimestres sempre terminavam com um desempenho espetacular, com o qual a Divisão de Segurança Doméstica conseguia cumprir ou exceder sua meta de lucro do ano. Ela também ficou preocupada por ter encontrado cartas dos auditores externos da empresa à alta gerência avisando sobre um uso estranho dos custos-padrão naquela divisão.

Quando a Sra. Cummins encontrou essas cartas, ela perguntou ao *controller* assistente, Gary Farber, se ele sabia o que estava acontecendo na Divisão de Segurança Doméstica. Gary disse que todos da empresa sabiam que o vice-presidente encarregado daquela divisão, Preston Lansing, manipulava os padrões a fim de produzir o mesmo padrão de lucros trimestrais todo ano. De acordo com a política da empresa, as variações são levadas diretamente às demonstrações de resultados como um ajuste dos custos de produtos vendidos.

Variações favoráveis têm o efeito de aumentar o resultado operacional e variações desfavoráveis têm o efeito de diminuí-lo. Lansing tinha manipulado os padrões de modo que sempre houvesse grandes variações favoráveis. A política da empresa era um pouco vaga sobre quando essas variações deviam ser divulgadas nas demonstrações de resultados divisionais. Embora a intenção fosse claramente reconhecer as variações das demonstrações de resultados no período em que elas surgissem, nada nos manuais de contabilidade da empresa exigia isso explicitamente. Então, por muitos anos, Lansing seguiu a prática de guardar as variações favoráveis e usá-las para criar um padrão suave de crescimento dos lucros nos três primeiros trimestres, seguido por um grande "presente de Natal": um quarto trimestre extremamente bom. (A regulamentação de relatórios financeiros proíbe transportar variações de um ano para o seguinte nas demonstrações contábeis anuais auditadas, então todas as variações devem aparecer na demonstração de resultados até o final do ano.)

A Sra. Cummins estava preocupada com o que havia descoberto e tentou puxar esse assunto com o presidente da Merced Home Products, mas ele disse: "Todos sabemos o que Lansing faz, mas, enquanto ele entregar relatórios tão bons, não o incomode". Quando a Sra. Cummins perguntou se o conselho de diretoria estava ciente da situação, o presidente respondeu, irritado: "É claro que eles estão cientes!".

Requisitado:
1. Como Preston Lansing provavelmente "manipulou" os custos-padrão – os padrões foram estabelecidos altos demais ou baixos demais? Explique.
2. Preston Lansing deve continuar sua prática de gerenciar os lucros divulgados?
3. O que Stacy Cummins deve fazer nessa situação?

11 MENSURAÇÃO DE DESEMPENHO EM ORGANIZAÇÕES DESCENTRALIZADAS

▶▶ **Objetivos de aprendizagem**

OA11.1 Calcular o retorno sobre investimentos (ROI) e mostrar como mudanças nas vendas, despesas e ativos o afetam.

OA11.2 Calcular o lucro residual e compreender seus pontos fortes e fracos.

OA11.3 Calcular o tempo de ciclo do pedido, o tempo de transformação e eficiência do ciclo de produção (ECP).

OA11.4 Compreender como construir e usar o *balanced scorecard*.

OA11.5 (Apêndice 11A) Determinar a faixa, se houver, dentro da qual um preço de transferência negociado deve se enquadrar.

OA11.6 (Apêndice 11B) Cobrar dos departamentos operacionais os serviços prestados pelos departamentos de serviços.

FOCO NOS NEGÓCIOS

Sony tenta se recuperar

No passado, a Sony encantou os clientes com seu Walkman, a TV Trinitron, o PlayStation e o CD. No entanto, na era da mídia digital, a Sony perdeu espaço para muitos concorrentes mais bem administrados como a Microsoft, Apple, Sharp e Nokia. A Sony tenta se recuperar com a descontinuação de segmentos não lucrativos como: a Aibo, uma linha de animais de estimação robóticos; a Qualia, uma linha de produtos eletrônicos de butique; 1.220 salões de cosméticos; e 18 restaurantes Maxim de Paris. Além disso, a empresa fechou nove fábricas, vendeu US$ 705 milhões em ativos e eliminou 5,7 mil empregos.

O próximo passo da Sony é melhorar a comunicação entre suas unidades de negócios restantes. Por exemplo, em determinado momento, três unidades de negócios da Sony estavam inadvertidamente concorrendo umas com as outras ao desenvolverem seus próprios tocadores de música digital. O desafio da Sony é o de encorajar a tomada de decisões descentralizada para estimular a inovação de produtos e, ao mesmo tempo, centralizar o controle das comunicações dentro da empresa, de modo que os engenheiros não criem produtos concorrentes ou incompatíveis.

FONTE: Marc Gunther, "The Welshman, the Walkman and the Salarymen", *Fortune*, 12 de junho de 2006, p. 70-83.

Exceto em organizações muito pequenas, os altos gerentes têm que delegar algumas decisões. Por exemplo, não se pode esperar que o CEO da cadeia de **hotéis Hyatt** decida se determinado hóspede do Hotel Hyatt, em Maui, pode fazer o *check-out* mais tarde do que no horário normal. Em vez disso, os colaboradores de Maui são autorizados a tomar essa decisão. Nesse exemplo, os gerentes de grandes organizações têm de delegar algumas decisões àqueles que estão em níveis hierárquicos mais baixos da organização.

DESCENTRALIZAÇÃO NAS ORGANIZAÇÕES

Em uma **organização descentralizada**, a autoridade da tomada de decisões é dispersa por toda a organização, em vez de ficar confinada a alguns poucos alto executivos. Como observamos anteriormente, por necessidade, todas as grandes organizações são descentralizadas até um ponto específico. As organizações diferem, no entanto, em seu grau de descentralização. Naquelas fortemente centralizadas, a autoridade de tomada de decisões é delegada de forma relutante a gerentes de níveis hierárquicos mais baixos, que têm pouca liberdade para fazê-lo. Nas fortemente descentralizadas, até mesmo os gerentes de nível mais baixo têm autoridade para tomar quantas decisões forem possíveis. A maioria das organizações se enquadra em algum ponto entre esses dois extremos.

> **Organização descentralizada**
>
> organização na qual a autoridade da tomada de decisões não é confinada a alguns altos executivos, mas, em vez disso, é permeada por toda a organização.

Vantagens e desvantagens da descentralização

As principais vantagens da descentralização incluem:

1. Ao delegar a solução de problemas do dia a dia a gerentes de níveis hierárquicos mais baixos, a alta gerência pode se concentrar em problemas mais importantes, como a estratégia geral.
2. Autorizar gerentes de níveis hierárquicos mais baixos a tomarem decisões, coloca a autoridade de tomada de decisões nas mãos daqueles que tendem a ter as informações mais detalhadas e atualizadas sobre as operações do dia a dia.
3. Ao eliminar camadas de tomada de decisões e aprovações, as organizações podem responder mais rapidamente aos clientes e a mudanças no ambiente operacional.
4. Conceder autoridade de tomada de decisões ajuda a treinar os gerentes de níveis mais baixos para cargos de níveis hierárquicos mais altos.
5. Autorizar os gerentes de níveis hierárquicos mais baixos a tomarem decisões pode aumentar sua motivação e satisfação no emprego.

As principais desvantagens da descentralização incluem:

1. Gerentes de níveis hierárquicos mais baixos podem tomar decisões sem ter que compreender totalmente o quadro geral.
2. Se os gerentes de níveis hierárquicos mais baixos tomarem decisões sozinhos, pode haver falta de coordenação.
3. Gerentes de níveis hierárquicos mais baixos podem ter objetivos que entram em conflito com os objetivos de toda a organização.[1] Por exemplo, um gerente pode estar mais interessado em aumentar o tamanho de seu departamento, proporcionando-o mais poder e prestígio, do que em aumentar a sua eficácia.
4. Difundir ideias inovadoras pode ser difícil em uma organização descentralizada. Alguém, em alguma parte da organização, pode ter uma ideia excelente que beneficiaria outras partes da organização, mas sem uma forte direção central, a ideia pode não ser compartilhada com outras partes da organização ou por elas adotada.

---

[1] Existem problemas similares com os altos gerentes também. Os acionistas da empresa delegam sua autoridade de tomada de decisões aos altos gerentes. Infelizmente, estes podem abusar dessa confiança, oferecendo recompensas excessivamente generosas a eles próprios e aos seus amigos, gastando muito o dinheiro da empresa em escritórios suntuosos, entre outros. A questão de como garantir que os altos gerentes ajam de acordo com o interesse dos proprietários da empresa continua a desafiar os especialistas do assunto. Em grande medida, os proprietários dependem da avaliação de desempenho, que usa medidas de retorno sobre investimentos e lucro residual, como será discutido mais adiante neste capítulo, e de bônus e opções em ações. O mercado de ações também é um importante mecanismo disciplinador. Se os altos gerentes esbanjarem os recursos da empresa, o preço de suas ações certamente cairá – resultando na perda de prestígio, de bônus e, possivelmente, do emprego. E, é claro, condutas particularmente escandalosas em benefício próprio podem levar um presidente-executivo ao tribunal, como demonstrado em acontecimentos recentes.

POR DENTRO DAS EMPRESAS

DESCENTRALIZAÇÃO: EQUILÍBRIO DELICADO

A descentralização tem suas vantagens e desvantagens. A **Bed Bath & Beyond**, uma varejista de produtos especializados, beneficia-se por permitir que seus gerentes de lojas locais escolham 70% das mercadorias de sua loja com base nas preferências dos clientes locais. Por exemplo, as lojas de Manhattan armazenam tinta de parede, mas suas lojas de bairros mais afastados não o fazem, pois "as gigantes" dos materiais de construção, como a **Home Depot**, já atendem essa necessidade dos clientes.

Em contrapartida, a **Nestlé**, a empresa suíça de produtos alimentícios de consumo, tem trabalhado no sentido de superar ineficiências flagrantes que decorrem de sua estrutura de gerenciamento descentralizado. Por exemplo, na Suíça, "cada fábrica de doces e de sorvetes estava encomendando seu próprio açúcar. Além disso, diferentes fábricas usavam diferentes nomes para padrões de açúcar idênticos, quase que impossibilitando que os chefes na sede acompanhassem os custos". A Nestlé espera reduzir custos de maneira significativa e simplificar seus registros centralizando suas compras de matérias-primas.

FONTES: Nanette Byrnes, "What's Beyond for Bed Bath & Beyond?", *BusinessWeek*, 19 de janeiro de 2004, p. 44--50; e Carol Matlack, "Nestle Is Starting to Slim Down at Last", *BusinessWeek*, 27 de outubro de 2003, p. 56-57.

▶ **Centro de responsabilidade**

qualquer segmento de negócios cujo gerente tenha controle sobre custos, receitas ou investimentos em ativos operacionais.

▶ **Centro de custos**

segmento de negócios cujo gerente tem controle sobre os custos, mas não sobre as receitas ou os investimentos em ativos operacionais.

▶ **Centro de lucros**

segmento de negócios cujo gerente possui controle sobre custos e receitas, mas não sobre outros investimentos em ativos operacionais.

▶ **Centro de investimentos**

segmento de negócios cujo gerente possui controle sobre custos, receitas e investimentos em ativos operacionais.

CONTABILIDADE POR RESPONSABILIDADE

Organizações descentralizadas precisam de *sistemas de contabilidade por responsabilidade* que associem a autoridade de tomada de decisões de gerentes de níveis hierárquicos mais baixos à responsabilidade pelos resultados dessas decisões. O termo **centro de responsabilidade** é usado para qualquer parte de uma organização, sobre a qual um gerente tenha controle e seja responsabilizado por seus custos, lucros ou investimentos. Os três tipos principais de centros de responsabilidade são os *centros de custos*, os *centros de lucros* e os *centros de investimentos*.

Centros de custos, lucros e investimentos

Centros de custos   O gerente de um **centro de custos** tem controle sobre os custos, mas não sobre as receitas ou sobre o uso de fundos de investimento. Os departamentos de serviços como o de contabilidade, finanças, administração geral, jurídico e de pessoal são normalmente classificados como centros de custos, assim como as instalações fabris. Espera-se que os gerentes desses centros minimizem custos fornecendo, ao mesmo tempo, o nível de produtos e serviços demandado pelas outras partes da organização. Por exemplo, o gerente de uma fábrica seria avaliado, pelo menos em parte, comparando-se os custos reais com a quantidade dos custos que deveria ter sido para o nível real de saída durante o período. Variações dos custos-padrão e do orçamento flexível, como aquelas discutidas nos capítulos anteriores, no geral são usadas para avaliar o desempenho de centros de custos.

Centros de lucros   O gerente de um **centro de lucros** tem controle sobre os custos e as receitas, mas não sobre o uso de fundos de investimento. Por exemplo, o gerente encarregado do parque de diversões **Six Flags** seria responsável pelas receitas e custos e, logo, pelos lucros do parque de diversões, mas ele pode não ter controle sobre grandes investimentos no parque. Os gerentes de centros de lucros geralmente são avaliados comparando-se os lucros reais a lucros-alvo ou lucros orçados.

Centros de investimentos   O gerente de um **centro de investimentos** possui controle sobre custos, receitas e investimentos em ativos operacionais. Por exemplo, o vice-presidente de produção da **General Motors** na América do Norte tem um grande poder de decisão quanto aos investimentos na produção – como investir em equipamento para produzir motores mais eficientes em termos de combustível. Uma vez que os altos gerentes da General Motors e seu conselho de diretoria tenham aprovado as propostas do vice-presidente, ele será responsabilizado por fazê-las valer a pena. Como discutido na seção anterior, os gerentes de centros de investimentos, no geral, são avaliados usando-se medidas de retorno sobre investimentos (ROI) ou de lucro residual.

Capítulo **11** ▶▶ Mensuração de desempenho em organizações descentralizadas | **473**

CONTABILIDADE POR RESPONSABILIDADE: PERSPECTIVA CHINESA

POR DENTRO
DAS EMPRESAS

Durante anos, a **Han Dan Iron and Steel Company** esteve sob o controle do governo chinês. Nesse período, o sistema de contabilidade gerencial da empresa se concentrava em cumprir mandados do governo, em vez de responder ao mercado. Quando começou a surgir uma economia orientada ao mercado, a empresa percebeu que seu sistema de contabilidade gerencial estava obsoleto.

Os gerentes estavam preocupados em cumprir as cotas de produção, impostas pelo governo, em vez de controlar os custos e alcançar lucros-alvo, ou encorajar melhorias na produtividade. Para remediar essa situação, a empresa implantou o que chamou de s*istema de controle de custos por responsabilidade*, que (1) estabelecia custos e lucros-alvo; (2) atribuía custos-alvo aos gerentes de centros de responsabilidade; (3) avaliava o desempenho dos gerentes de centro de responsabilidade com base em sua habilidade de alcançar os alvos; e (4) fornecia incentivos para melhorar a produtividade.

FONTE: Z. Jun Lin e Zengbiao Yu, "Responsibility Cost Control System in China: A Case of Management Accounting Application", *Management Accounting Research*, dezembro de 2002, p. 447-467.

AVALIAÇÃO DO DESEMPENHO DOS CENTROS DE INVESTIMENTOS – RETORNO SOBRE INVESTIMENTOS

Um centro de investimentos é responsável por obter um retorno adequado sobre investimentos. As duas próximas seções apresentarão dois métodos para avaliar esse aspecto do desempenho de um centro de investimentos. O primeiro, discutido nesta seção, é chamado de *retorno sobre investimentos* (ROI). O segundo, abordado na próxima seção, é chamado de *lucro residual*.

Fórmula do retorno sobre investimentos (ROI)

O **retorno sobre investimentos (ROI –** *Return On Investment***)** é definido como o resultado operacional dividido pelos ativos operacionais médios:

$$\text{ROI} = \frac{\text{Resultado operacional}}{\text{Ativos operacionais médios}}$$

Quanto mais alto for o retorno sobre investimentos (ROI) de um segmento de negócios, maior será o lucro obtido pelo dinheiro investido nos ativos operacionais do segmento.

Definição de resultado operacional e ativos operacionais

Observe que se usa o *resultado operacional* na fórmula do ROI, em vez do lucro líquido. O **resultado operacional** é o lucro antes dos juros e dos impostos, e, às vezes, é chamada EBIT (*Earnings Before Interest and Taxes*). Usa-se o resultado operacional na fórmula porque a base (ou seja, o denominador) consiste em *ativos operacionais*. Por uma questão de consistência, usa-se o resultado operacional no numerador.

Os **ativos operacionais** incluem caixa, contas a receber, estoques, instalações e equipamentos e todos os outros ativos mantidos para fins operacionais. Exemplos de ativos que não são incluídos nos ativos operacionais (ou seja, exemplos de ativos não operacionais) abrangem terras mantidas para uso futuro, um investimento em outra empresa ou um edifício alugado para terceiros. Esses ativos não são mantidos para fins operacionais e, portanto, são excluídos dos ativos operacionais. A base de ativos operacionais usada na fórmula é calculada como a média dos ativos operacionais entre o início e o fim do ano.

A maioria das empresas usa o valor contábil líquido (ou seja, custo de aquisição menos depreciação acumulada) de ativos depreciáveis para calcular os ativos operacionais médios. Essa abordagem apresenta alguns problemas. O valor contábil líquido de um ativo diminui com o tempo à medida que a depreciação acumulada aumenta, o que diminui o denominador no cálculo do ROI, aumentando, com o tempo, o ROI.

Além disso, substituir antigos equipamentos depreciados por novos equipamentos aumenta o valor contábil dos ativos depreciáveis e diminui o ROI. Logo, usar o valor contá-

▶▶ OA11.1

Calcular o retorno sobre investimentos (ROI) e mostrar como mudanças nas vendas, despesas e ativos o afetam.

▶ **Retorno sobre investimentos (ROI –** *Return On Investment***)**

resultado operacional dividido por ativos operacionais médios. Também é igual à margem multiplicada por giro.

▶ **Resultado operacional**

lucros antes de os juros e os impostos serem deduzidos.

▶ **Ativos operacionais**

caixa, contas a receber, estoques, instalações e equipamentos e todos os outros ativos mantidos para fins operacionais.

bil líquido no cálculo dos Ativos operacionais médios resulta em um padrão previsível de aumento no ROI ao longo do tempo, à medida que a depreciação aumenta e desencoraja a substituição de antigos equipamentos por equipamentos novos e atualizados.

Uma alternativa ao uso do valor contábil líquido é o custo bruto do ativo, que ignora a depreciação acumulada. O custo bruto permanece constante ao longo do tempo porque a depreciação é ignorada, e por isso, o ROI não aumenta de modo automático ao longo do tempo, e substituir um ativo totalmente depreciado por um ativo novo de preço comparável não terá um efeito adverso sobre ele.

No entanto, a maioria das empresas usa a abordagem do valor contábil líquido para calcular ativos operacionais médios porque ela é consistente em suas práticas de relatórios financeiros de registrar o valor contábil líquido dos ativos no balanço patrimonial e de incluir a depreciação como uma despesa operacional da demonstração de resultados. Neste livro, usaremos a abordagem do valor contábil líquido a menos que um exercício ou problema específico indique o contrário.

Compreender o ROI

A equação do ROI, resultado operacional dividido por ativos operacionais médios, não ajuda muito os gerentes interessados em agir no sentido de melhorar seu ROI. Ela só oferece duas alavancas para melhorar o desempenho – o resultado operacional e os ativos operacionais médios. Felizmente, o ROI também pode ser expresso em termos de **margem** e **giro**, como a seguir:

$$ROI = Margem \times Giro$$

onde

$$Margem = \frac{Resultado\ operacional}{Vendas}$$

e

$$Giro = \frac{Vendas}{Ativos\ operacionais\ médios}$$

▶ **Margem**

resultado operacional dividida pelas vendas.

▶ **Giro**

vendas divididas por ativos operacionais médios.

Observe que os termos de vendas nas fórmulas de margem e giro se anulam quando são multiplicados um pelo outro, gerando a fórmula original do ROI, declarada em termos de resultado operacional e ativos operacionais médios. Então, qualquer uma das fórmulas do ROI gera a mesma resposta. No entanto, as fórmulas que envolvem margem e giro fornecem algumas informações extras.

Margem e giro são conceitos importantes para se compreender como um gerente pode afetar o ROI. Se todos os outros fatores permanecerem inalterados, a margem é melhorada aumentando-se os preços de venda, reduzindo-se as despesas operacionais ou aumentando-se as vendas unitárias. Aumentar os preços de venda e reduzir as despesas operacionais amplia o resultado operacional e, portanto, a margem. Aumentar as vendas unitárias também aumenta a margem geral por causa da alavancagem operacional.

Como discutido em um capítulo anterior, em virtude da alavancagem operacional, um determinado aumento percentual nas vendas unitárias em geral leva a um aumento percentual ainda maior no resultado operacional. Portanto, um aumento nas vendas unitárias normalmente tem o efeito de aumentar a margem. Alguns gerentes tendem a se concentrar demais na margem e ignorar o giro. No entanto, o giro incorpora uma área fundamental da responsabilidade de um gerente – o investimento em ativos operacionais. Fundos em excesso atrelados a ativos operacionais (caixa, contas a receber, estoques, fábricas e equipamentos e outros ativos) diminuem o giro do ROI. Na verdade, ativos operacionais em excesso podem ser tão problemáticos para o ROI quanto para despesas operacionais em excesso, o que diminui a margem.

Muitas ações envolvem combinações de mudanças nas vendas, despesas e ativos operacionais. Por exemplo, um gerente pode fazer um investimento em ativos operacionais (ou seja, aumentar) para reduzir as despesas operacionais ou aumentar as vendas. Para sabermos se o efeito líquido foi favorável ou não, ele é avaliado em termos do seu impacto geral sobre o ROI.

J. CREW PRESSIONA AS ALAVANCAS DO ROI

POR DENTRO DAS EMPRESAS

A **J. Crew** adotou uma interessante estratégia para melhorar seu ROI. A empresa começou a vender "produtos *super-premium* – como casacos de caxemira de US$ 1,5 mil e túnicas com apliques, também de US$ 1,5 mil – em edições limitadas, às vezes, não mais do que cem peças em todo o país". A criação intencional de escassez faz muitos itens serem vendidos em semanas, pois os compradores garantem logo os seus antes que eles acabem de uma vez por todas.

Essa estratégia ajuda a melhorar o ROI da J. Crew de duas maneiras. Primeiro, a empresa obtém margens maiores sobre produtos de preços mais altos, em que a demanda dos clientes excede de forma drástica a oferta. Em segundo lugar, a empresa cortou seus estoques pelo fato de serem compradas, dos fornecedores, quantidades muito pequenas de cada item. Embora a J. Crew sacrifique algumas vendas a clientes que teriam comprado itens esgotados, o efeito geral sobre os lucros tem sido favorável. "Estoques menores significam que a J. Crew não coloca mais pilhas de roupas em promoção, algo que acaba com as margens de lucro e treina os compradores a esperarem os descontos. Chegou um momento que (...) metade das roupas da J. Crew era vendida com desconto. Hoje, isso só acontece com uma pequena porcentagem delas."

FONTE: Julia Boorstin, "Mickey Drexler's Second Coming", *Fortune*, 2 de maio de 2005, p. 101-104.

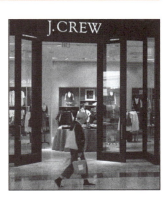

Por exemplo, suponha que a Montvale Burger Grill espere os seguintes resultados operacionais no próximo mês:

Vendas (US$)	100.000
Despesas operacionais (US$)	90.000
Resultado operacional (US$)	10.000
Ativos operacionais médios (US$)	50.000

O retorno sobre investimentos (ROI) esperado para o mês é calculado da seguinte maneira:

$$\text{ROI} = \frac{\text{Resultado operacional}}{\text{Vendas}} \times \frac{\text{Vendas}}{\text{Ativos operacionais médios}}$$

$$= \frac{\text{US\$ 10.000}}{\text{US\$ 100.000}} \times \frac{\text{US\$ 100.000}}{\text{US\$ 50.000}}$$

$$= 10\% \times 2 = 20\%$$

Suponha que o gerente da Montvale Burger Grill considere investir US$ 2 mil em uma máquina de sorvete *soft-serve* de última geração que faz diversos sabores diferentes. Essa nova máquina aumentaria as vendas em US$ 4 mil, mas exigiria despesas operacionais adicionais de US$ 1 mil. Assim, o resultado operacional aumentaria em US$ 3 mil, chegando a US$ 13 mil. O novo ROI seria:

$$\text{ROI} = \frac{\text{Resultado operacional}}{\text{Vendas}} \times \frac{\text{Vendas}}{\text{Ativos operacionais médios}}$$

$$= \frac{\text{US\$ 13.000}}{\text{US\$ 104.000}} \times \frac{\text{US\$ 104.000}}{\text{US\$ 52.000}}$$

$$= 12{,}5\% \times 2 = 25\% \text{ (em comparação a 20\% originalmente)}$$

Nesse exemplo em particular, o investimento aumenta o ROI, porém, isso nem sempre acontece.

A **E.I. du Pont de Nemours and Company** (mais conhecida como DuPont) foi pioneira no uso do ROI, e reconheceu a importância de analisar tanto a margem quanto o giro ao avaliar o desempenho de um gerente. O ROI agora é amplamente usado como a medida-chave no desempenho de centros de investimentos. O ROI reflete, em um único valor, muitos aspectos das responsabilidades do gerente. Ele pode ser comparado aos retornos de outros centros de investimentos da organização, aos retornos de outras empresas da mesma indústria e aos retornos passados do próprio centro de investimentos. A DuPont também desenvolveu o diagrama que aparece no Quadro 11.1. Esse quadro ajuda os gerentes a compreenderem o quanto podem melhorar o ROI.

QUADRO 11.1
Elementos do retorno sobre investimentos (ROI).

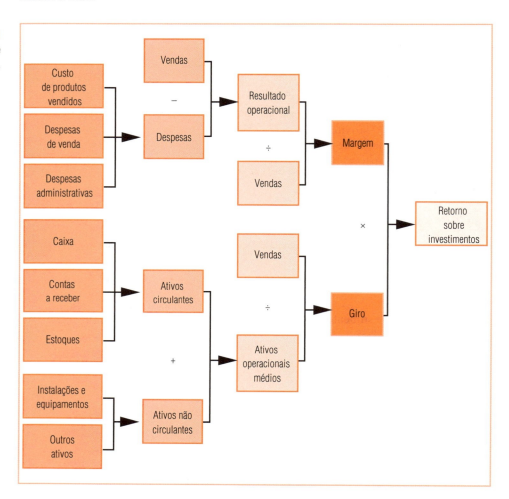

POR DENTRO DAS EMPRESAS
MICROSOFT SE MANTÉM POR CIMA DURANTE UMA RETRAÇÃO ECONÔMICA

A **Microsoft** respondeu a dificuldades econômicas baixando seus preços e aceitando, dessa forma, margens mais baixas por unidade vendida em troca de um giro mais alto. Por exemplo, a Microsoft baixou o preço de seu software Office de US$ 150 para US$ 100 (depois de descontos promocionais) e realizou um aumento de 415% nas vendas unitárias. Na China, a empresa combateu enormes problemas de pirataria baixando o preço do Office para US$ 29, o que resultou em um aumento de 800% nas vendas. A Microsoft estabeleceu um preço de venda de US$ 200 para seu sistema operacional Windows 7 PC, o que significava US$ 40 a menos do que o preço que a empresa cobrava por seu sistema operacional anterior, o Vista PC.

FONTE: Peter Burrows, "Microsoft's Aggressive New Pricing Strategy", *BusinessWeek*, 27 de julho de 2009, p. 51.

Críticas ao ROI

Embora o ROI seja amplamente utilizado ao avaliar o desempenho, ele está sujeito às seguintes críticas:

1. Simplesmente dizer aos gerentes para aumentar o ROI pode não ser suficiente. Os gerentes podem não saber como aumentar o ROI; eles podem aumentá-lo de maneira inconsistente com a estratégia da empresa; ou podem agir de maneira que o aumentem a curto prazo, mas prejudiquem a empresa a longo prazo (como fazer cortes em pesquisa e desenvolvimento). É por isso que o ROI é mais bem utilizado como parte do *balance scorecard* (indicador de desempenho), como será discutido mais adiante, neste capítulo. Este pode fornecer uma orientação concreta aos gerentes, tornando mais provável que suas ações sejam consistentes com a estratégia da empresa e reduzindo a probabilidade de que eles aumentem o desempenho de curto prazo, à custa do desempenho de longo prazo.
2. Um gerente que assume um segmento de negócio herda muitos custos comprometidos sobre os quais não tem nenhum controle. Esses custos podem ser relevantes ao avaliar o desempenho do segmento de negócios como um investimento, mas dificultam que se faça uma análise justa do desempenho do gerente.
3. Como discutido na próxima seção, um gerente que é avaliado com base no ROI pode rejeitar oportunidades de investimento que são lucrativas para toda a empresa, mas que teriam um impacto negativo sobre sua própria avaliação de desempenho.

LUCRO RESIDUAL

Lucro residual é outra maneira de medir o desempenho de um centro de investimentos. **Lucro residual** é o resultado operacional que um centro de investimentos obtém acima do retorno mínimo requisitado sobre seus ativos operacionais. Na forma de equação, é calculado da seguinte maneira:

OA11.2

Calcular o lucro residual e compreender seus pontos fortes e fracos.

$$\text{Lucro residual} = \text{Resultado operacional} - (\text{Ativos operacionais médios} \times \text{Taxa de retorno mínima requisitada})$$

O **valor econômico agregado** (**EVA**® – *Economic Value Added*) é uma adaptação do lucro residual que foi adotada por muitas empresas.[2] Sob o EVA, as empresas normalmente modificam seus princípios contábeis de várias maneiras. Por exemplo, fundos usados para pesquisa e desenvolvimento, no geral, são tratados como investimentos em vez de despesas.[3] É melhor lidar com essas complicações em um curso mais avançado – neste livro, não faremos nenhuma distinção entre o lucro residual e o EVA.

Quando o lucro residual ou o EVA são usados para medir o desempenho, o objetivo é maximizar o valor total de lucro residual ou EVA, e não maximizar o ROI – essa é uma importante distinção. Se o objetivo fosse maximizar o ROI, então, toda empresa deveria se privar de todos os seus produtos, exceto aquele com ROI mais alto.

Uma grande variedade de organizações adotou uma versão do lucro residual ou do EVA, incluindo a **Bausch & Lomb**, **Best Buy**, **Boise Cascade**, **Coca-Cola**, **Dun and Bradstreet**, **Eli Lilly**, **Federated Mogul**, **Georgia-Pacific**, **Guidant Corporation**, **Hershey Foods**, **Husky Injection Molding**, **J.C. Penney**, **Kansas City Power & Light**, **Olin**, **Quaker Oats**, **Silicon Valley Bank**, **Sprint**, **Toys R Us**, **Tupperware** e o **Serviço Postal dos Estados Unidos**. Além disso, instituições financeiras como a **Credit Suisse First Boston** agora usam o EVA – e seu conceito aliado, o valor agregado de mercado – para avaliar investimentos potenciais em outras empresas.

▶ **Lucro residual**

resultado operacional que um centro de investimentos obtém, acima do retorno mínimo requisitado sobre seus ativos operacionais.

▶ **Valor econômico agregado (EVA® – *Economic Value Added*)**

conceito similar ao lucro residual no qual uma variedade de ajustes pode ser feita nas demonstrações de resultados GAAP (*Generally Accepted Accounting Principles*) para fins de avaliação de desempenho.

---

[2] A ideia básica por trás do lucro residual e do valor econômico agregado existe há aproximadamente cem anos. Recentemente, o valor econômico agregado foi popularizado e virou marca registrada pela empresa de consultoria Stern, Stewart & Co.

[3] Mais de cem ajustes diferentes podem ser feitos para impostos diferidos, reservas de UEPS, provisões para passivos futuros, fusões e aquisições, ganhos ou perdas em virtude de mudanças nas regras contábeis, arrendamentos operacionais e outras contas, mas a maioria das empresas faz apenas alguns. Para mais detalhes, ver John O'Hanlon e Ken Peasnell, "Wall Street's Contribution to Management Accounting: the Stern Stewart EVA® Financial Management System", *Management Accounting Research 9*, 1998, p. 421-444.

Para fins de ilustração, considere os seguintes dados relativos a um centro de investimentos – a Divisão de Ketchikan da Alaskan Marine Services Corporation.

Alaskan Marine Services Corporation Divisão de Ketchikan Dados básicos para avaliação de desempenho	
Ativos operacionais médios (US$)	100.000
Resultado operacional (US$)....................................	20.000
Taxa de retorno mínima requisitada (%)	15

A Alaskan Marine Services Corporation tem há muito tempo uma política de usar o ROI para avaliar os gerentes de seus centros de investimentos, mas considera passar a usar o lucro residual. O *controller* da empresa, que é a favor da mudança para o lucro residual, forneceu a seguinte tabela, que mostra como o desempenho da divisão seria avaliado sob cada um dos dois métodos:

Alaskan Marine Services Corporation Divisão de Ketchikan		
	Medidas alternativas de desempenho	
	ROI	Lucro residual
Ativos operacionais médios (a) (US$).....................................	100.000	100.000
Resultado operacional (b) (US$)..	20.000	20.000
ROI, (b) ÷ (a)...	20%	
Retorno mínimo requisitado (15% × US$ 100.000) (US$)		15.000
Lucro residual (US$)..		5.000

O raciocínio por trás do cálculo do lucro residual é simples. A empresa consegue obter uma taxa de retorno de, pelo menos, 15% sobre seus investimentos. Como a empresa investiu US$ 100 mil na Divisão de Ketchikan, na forma de ativos operacionais, ela deverá obter, no mínimo, US$ 15 mil (15% × US$ 100.000) sobre esse investimento. Como o resultado operacional da Divisão de Ketchikan é de US$ 20 mil, o lucro residual acima do retorno mínimo requisitado é de US$ 5 mil. Se o lucro residual for adotado como a medida de desempenho que substituirá o ROI, a gerente da Divisão de Ketchikan seria avaliada com base no crescimento do lucro residual de um ano para o outro.

Motivação e lucro residual

Um dos principais motivos pelos quais o *controller* da Alaskan Marine Services Corporation gostaria de passar do ROI para o lucro residual está relacionado em como os gerentes visualizam novos investimentos sob os dois esquemas de mensuração de desempenho. A abordagem do lucro residual encoraja os gerentes a fazerem investimentos que são lucrativos para toda a empresa, mas que seriam rejeitados pelos gerentes que são avaliados por meio da fórmula do ROI.

Para ilustrar esse problema com o ROI, suponha que a gerente da Divisão de Ketchikan considere comprar uma máquina de diagnósticos computadorizados para auxiliar no conserto de motores marinhos a diesel. A máquina custaria US$ 25 mil e espera-se que gere uma receita operacional adicional de US$ 4,5 mil por ano. Do ponto de vista da empresa, esse seria um bom investimento porque ele promete uma taxa de retorno de 18% (US$ 4.500 ÷ US$ 25.000), o que excede a taxa de retorno mínima requisitada pela empresa, que é 15%.

Capítulo **11** ▶ Mensuração de desempenho em organizações descentralizadas

Se a gerente da Divisão de Ketchikan for avaliada com base no lucro residual, ela seria a favor do investimento na máquina de diagnósticos, como exibido a seguir:

Alaskan Marine Services Corporation Divisão de Ketchikan Desempenho avaliado por meio do lucro residual			
	Presente	Novo projeto	Geral
Ativos operacionais médios (US$)	100.000	25.000	125.000
Resultado operacional (US$)	20.000	4.500	24.500
Retorno mínimo requisitado (US$)	15.000	3.750*	18.750
Lucro residual (US$)	5.000	750	5.750
* US$ 25.000 × 15% = US$ 3.750.			

Como o projeto aumentaria o lucro residual da Divisão de Ketchikan em US$ 750, o gerente escolheria investir na nova máquina de diagnósticos.

Agora, suponha que a gerente da Divisão de Ketchikan seja avaliada com base no ROI. O efeito da máquina de diagnósticos sobre o ROI da divisão é calculado a seguir:

Alaskan Marine Services Corporation Divisão de Ketchikan Desempenho avaliado usando o ROI			
	Presente	Novo projeto	Geral
Ativos operacionais médios (a) (US$)	100.000	25.000	125.000
Resultado operacional (b) (US$)	20.000	4.500	24.500
ROI, (b) ÷ (a) (%)	20	18	19,6

O novo projeto reduz o ROI da divisão de 20% para 19,6%. Isso acontece porque a taxa de retorno de 18% sobre a nova máquina de diagnósticos, ainda que acima da taxa de retorno mínima requisitada da empresa, de 15%, está abaixo do ROI corrente da divisão, que é de 20%. Portanto, a nova máquina de diagnósticos diminuiria o ROI da divisão embora esse fosse um bom investimento do ponto de vista da empresa como um todo. Se a gerente da divisão for avaliada com base no ROI, ela relutará até mesmo em propor tal investimento.

No geral, um gerente que é avaliado com base no ROI rejeita qualquer projeto cuja taxa de retorno esteja abaixo do ROI corrente da divisão, mesmo que a taxa de retorno do projeto esteja acima da taxa de retorno mínima requisitada da empresa. Ao contrário, os gerentes que são avaliados usando o lucro residual darão início a qualquer projeto cuja taxa de retorno esteja acima da taxa de retorno mínima requisitada, pois ele aumentará seu lucro residual. Como é do interesse da empresa, como um todo, aceitar qualquer projeto cuja taxa de retorno esteja acima da taxa de retorno mínima requisitada, os gerentes que são avaliados com base no lucro residual tenderão a tomar decisões melhores no que diz respeito a projetos de investimento, em relação aos gerentes que são avaliados com base no ROI.

Comparação divisional e lucro residual

A abordagem do lucro residual possui uma grande desvantagem: ela não pode ser usada para comparar o desempenho de divisões de diferentes tamanhos. Divisões maiores, geralmente, têm mais lucro residual do que divisões menores – não necessariamente porque são mais bem gerenciadas, mas porque são maiores.

Como exemplo, considere os seguintes cálculos de lucro residual da divisão de atacado e da divisão de varejo da Sisal Marketing Corporation:

	Divisão de atacado (US$)	Divisão de varejo (US$)
Ativos operacionais médios (a)	1.000.000	250.000
Resultado operacional	120.000	40.000
Retorno mínimo requisitado: 10% × (a)	100.000	25.000
Lucro residual	20.000	15.000

Observe que a divisão de atacado possui um lucro residual levemente maior do que o da divisão de varejo, mas a divisão de atacado possui US$ 1 milhão em ativos operacionais, comparados a apenas US$ 250 mil em ativos operacionais da divisão de varejo. Assim, o maior lucro residual da divisão de atacado deve-se ao fato de ela ser maior do que a qualidade de sua gerência. Na verdade, parece que a divisão menor é mais bem gerenciada porque foi capaz de gerar quase o mesmo lucro residual com apenas um quarto de ativos operacionais. Ao comparar centros de investimentos, é provável que seja melhor se concentrar na variação percentual do lucro residual de um ano para o outro do que no valor absoluto do lucro residual.

OA11.3

Calcular o tempo de ciclo do pedido, o tempo de transformação e eficiência do ciclo de produção (ECP).

MEDIDAS DE DESEMPENHO OPERACIONAL

Além de medidas de desempenho financeiro, as organizações usam muitas medidas de desempenho não financeiras. Enquanto as medidas financeiras expressam os *resultados* do que as pessoas na organização fazem, elas não medem o que *determina* o desempenho organizacional. Por exemplo, as variações das atividades e receitas expressam os resultados dos esforços direcionados ao aumento das vendas, mas não medem as ações que realmente determinam as vendas, como melhorar a qualidade, expor mais clientes potenciais ao produto, atender pedidos de clientes no prazo, e assim por diante.

Como consequência, muitas organizações usam uma variedade de medidas não financeiras de desempenho além de medidas financeiras. Nesta seção, discutiremos três exemplos dessas medidas que são fundamentais para o sucesso em muitas organizações: tempo de ciclo do pedido, tempo de transformação e eficiência do ciclo de produção. Observe que, embora esses exemplos se concentrem nos fabricantes, podem-se usar medidas muito similares por qualquer organização de prestação de serviços que experimente uma defasagem entre o recebimento de um pedido do cliente e a resposta a esse pedido.

Tempo de ciclo do pedido

A quantidade de tempo do momento em que o pedido de um cliente é recebido até o momento em que o pedido concluído é expedido chama-se **tempo de ciclo do pedido**. Esse tempo sem dúvida é de grande interesse para muitos clientes que gostariam que o tempo de ciclo do pedido fosse o mais curto possível. Diminuir o tempo de ciclo do pedido pode dar à empresa uma vantagem competitiva essencial – e pode ser necessário para sua sobrevivência.

Tempo de transformação (tempo do ciclo de produção)

A quantidade de tempo necessária para transformar matérias-primas em produtos concluídos chama-se **tempo de transformação**, ou tempo do ciclo de produção. A relação entre o tempo de ciclo do pedido e o tempo de transformação (tempo do ciclo de produção) é ilustrada no Quadro 11.2.

Como mostra o Quadro 11.2, o tempo de transformação, ou tempo do ciclo de produção, é formado pelo tempo de processamento, tempo de inspeção, tempo de movimentação e tempo de fila. Tempo de processamento é a quantidade de tempo em que realmente se trabalha no produto. Tempo de inspeção é a quantidade de tempo gasto assegurando-se que o produto não seja defeituoso. Tempo de movimentação é a quantidade de tempo necessária para se movimentar materiais ou produtos parcialmente concluídos de uma estação de trabalho a outra. Tempo de fila é a quantidade de tempo que um produto gasta esperando para ser trabalhado, movimentado, inspecionado ou expedido.

▶ **Tempo de ciclo do pedido**

tempo decorrido do momento em que um pedido de cliente é recebido até o momento em que os produtos concluídos são expedidos para o cliente.

▶ **Tempo de transformação**

quantidade de tempo requisitado para transformar matérias-primas em produtos concluídos.

QUADRO 11.2
Tempo de ciclo do pedido e tempo de transformação (tempo do ciclo de produção).

Como mostra a parte inferior do Quadro 11.2, apenas uma das quatro atividades citadas agrega valor ao produto – o tempo de processamento. As outras três atividades – inspeção, movimentação e fila – não agregam nenhum valor e devem ser eliminadas o máximo possível.

Eficiência do ciclo de produção (ECP)

Por meio de esforços coordenados a fim de eliminar as atividades que *não agregam valor*: inspeção, movimentação e fila; algumas empresas reduziram seu tempo de transformação a apenas uma fração dos níveis anteriores. Por sua vez, isso ajudou a reduzir o tempo de ciclo do pedido de meses para apenas semanas ou horas. O tempo de transformação, que é considerado uma medida-chave no desempenho da entrega de produtos, pode ser colocado em uma perspectiva melhor calculando-se a **eficiência do ciclo de produção (ECP)**. A ECP é calculada relacionando o tempo de agregação de valor ao tempo de transformação. A fórmula é:

$$ECP = \frac{\text{Tempo de agregação de valor (Tempo de processamento)}}{\text{Tempo de transformação (Tempo do ciclo de produção)}}$$

▶ **Eficiência do ciclo de produção (ECP)**

tempo de processamento (de agregação de valor) como um percentual do tempo de transformação.

Qualquer tempo sem agregação de valor resulta em uma ECP menor do que 1. Um ECP de 0,5, por exemplo, significaria que metade do tempo de produção total consiste em inspeção, movimentação e outras atividades similares que não agregam valor. Em muitas empresas manufatureiras, a ECP é menor do que 0,1 (10%), ou seja, 90% do tempo em que uma unidade está em processamento são gastos em atividades que não agregam valor ao produto. Monitorar a ECP ajuda as empresas a reduzirem as atividades que não agregam valor e, assim, fazerem o produto chegar às mãos dos clientes de modo mais rápido e por um custo mais baixo.

Exemplo Para fornecer um exemplo dessas medidas, considere os seguintes dados da empresa Novex:

A Novex registra cuidadosamente o tempo levado para concluir os pedidos dos clientes. Durante o último trimestre, foram registradas as seguintes médias por pedido:

	Dias
Tempo de espera	17
Tempo de inspeção	0,4
Tempo de processamento	2
Tempo de movimentação	0,6
Tempo de fila	5

Os produtos são expedidos assim que a produção é concluída.

Requisitado:

1. Calcule o tempo de transformação.
2. Calcule a eficiência do ciclo de produção (ECP).
3. Qual percentual do tempo de produção é gasto em atividades que não agregam valor?
4. Calcule o tempo de ciclo do pedido.

Solução:

1. Tempo de transformação = Tempo de processamento + Tempo de inspeção + Tempo de movimentação + Tempo de fila

$$= 2 \text{ dias} + 0{,}4 \text{ dias} + 0{,}6 \text{ dias} + 5 \text{ dias}$$
$$= 8 \text{ dias}$$

2. Somente o tempo de processamento representa tempo de agregação de valor. Portanto, a ECP seria calculada da seguinte maneira:

$$\text{ECP} = \frac{\text{Tempo de agregação de valor}}{\text{Tempo de transformação}} = \frac{2 \text{ dias}}{8 \text{ dias}}$$
$$= 0{,}25$$

Assim, uma vez colocado em produção, um pedido comum é realmente trabalhado em 25% do tempo.

3. Como a ECP é de 25%, 75% (100% – 25%) do tempo de produção total é gasto em atividades que não agregam valor.

4. Tempo de ciclo do pedido = Tempo de espera + Tempo de transformação

$$= 17 \text{ dias} + 8 \text{ dias}$$
$$= 25 \text{ dias}$$

POR DENTRO
DAS EMPRESAS

MEDIDAS ENXUTAS DE DESEMPENHO OPERACIONAL

A **Watlow Electric Manufacturing Company** implantou a contabilidade enxuta para dar suporte a seus métodos enxutos de fabricação. A empresa parou de fornecer relatórios de variações de custos-padrão aos gerentes operacionais porque as informações eram geradas tarde demais (no fim de cada mês) e podiam não ser compreendidas pelos colaboradores da linha de frente. Em vez disso, a empresa começou a divulgar, a cada dia e a cada hora, medidas orientadas por processos que ajudaram os trabalhadores de linha de frente a melhorarem seu desempenho.

Exemplos de medidas enxutas de desempenho operacional são exibidos na tabela a seguir:

Medida	Descrição da medida
Percentual de entregas no prazo......	Mede o percentual de pedidos que os clientes definiriam como entregues no prazo.
Dia de hora em hora.........................	Mede a quantidade de produção por hora para assegurar que esteja sincronizada com a demanda dos clientes.
Percentual *first time through*............	Mede o percentual de unidades que completam o processo e são aprovadas em termos de qualidade, na primeira vez, sem serem devolvidas, sucateadas etc.
Número de acidentes e ferimentos...	Mede o número de acidentes e ferimentos ocorridos no ambiente fabril.
Auditoria 5S*	Mede a capacidade dos trabalhadores de manterem sua área de trabalho organizada e limpa.

* N. de T.: 5S significa, em inglês, *Sort, Straighten, Shine, Standardize and Sustain*. Essa ferramenta de trabalho, de origem japonesa, é conhecida como "os 5 sensos da qualidade": senso de utilização (*Seiri*), senso de ordenação (*Seiton*), senso de limpeza (*Seiso*), senso de saúde (*Seiketsu*) e senso de autodisciplina (*Shitsuke*).

FONTES: Jan Brosnahan, "Unleash the Power of Lean Accounting", *Journal of Accountancy*, julho de 2008, p. 60-66; e Brian Maskell e Frances Kennedy, "Why Do We Need Lean Accounting and How Does It Work?", *Journal of Corporate Accounting e Finance*, março/abril de 2007, p. 59-73.

BALANCED SCORECARD

Medidas financeiras, como o ROI e o lucro residual e medidas operacionais, como aquelas discutidas na seção anterior, podem ser incluídas no *balanced scorecard* consiste em um conjunto integrado de medidas de desempenho que são provenientes da estratégia de uma empresa e servem de suporte a ela. Uma estratégia é, em essencial, uma teoria sobre como alcançar as metas da organização. Por exemplo, a estratégia da Southwest Airlines é oferecer uma proposição de valor ao cliente de *excelência operacional* que possui três componentes-chave: passagens com preços baixos, conveniência e confiança.

A empresa opera apenas um tipo de aeronave, o Boeing 737, para reduzir os custos de manutenção e de treinamento, além de simplificar a programação da empresa. Ela reduz os custos ainda mais deixando de oferecer refeições a bordo, marcação de assentos e transferência de bagagem, e fazendo reservas da maioria de seus passageiros pela internet. A Southwest também usa voos de ponto a ponto em vez de o sistema radial (*hub-and-spoke*) de seus concorrentes maiores, prestando aos clientes, dessa forma, um serviço conveniente sem escalas até seu destino final.

Como a Southwest atende muitos aeroportos menos congestionados como o Chicago Midway, Burbank, Manchester, Oakland e Providence, ela oferece *check-ins* mais rápidos aos passageiros e partidas confiáveis, mantendo, ao mesmo tempo, uma alta utilização de ativos (ou seja, o de tempo de permanência das aeronaves no portão de embarque, de 25 minutos, permite à empresa funcionar com menos aeronaves e portões). De modo geral, a estratégia da empresa tem mostrado resultados positivos. Em uma época em que as concorrentes maiores da Southwest Airlines passam por dificuldades, ela continua a obter lucros substanciais.

Sob a abordagem do *balanced scorecard*, a alta gerência traduz sua estratégia em medidas de desempenho, que os colaboradores possam compreender e influenciar. Por exemplo, a quantidade de tempo que os passageiros têm que esperar na fila para despachar sua bagagens pode ser uma medida de desempenho para o supervisor encarregado do balcão de *check-in* da Southwest Airlines no aeroporto de Burbank. Essa medida de desempenho é de fácil compreensão do supervisor e pode ser aprimorada por suas ações.

Características comuns dos *balanced scorecards*

As medidas de desempenho, usadas na abordagem dos *balanced scorecards*, tendem a se enquadrar em um dos quatro grupos ilustrados no Quadro 11.3: financeiro, clientes, processos internos de negócios, aprendizagem e crescimento. Processos internos de negócios são o que a empresa faz na tentativa de satisfazer os clientes. Por exemplo, em uma empresa manufatureira, montar um produto é um processo interno de negócios. Em uma empresa aérea, o manuseio de bagagem é um processo interno de negócios. A ideia por trás desses agrupamentos (como indicam as setas verticais no Quadro 11.3) é que: a aprendizagem é necessária para melhorar os processos internos de negócios; melhorar os processos de negócios é necessário para aumentar a satisfação dos clientes; e aumentar a satisfação dos clientes é necessário para melhorar os resultados financeiros.

Observe que a ênfase no Quadro 11.3 é sobre *melhorias* – não somente em atingir algum objetivo específico como lucros de US$ 10 milhões. Na abordagem dos *balanced scorecards*, encorajam-se melhorias contínuas. Se uma organização não melhorar continuamente, perderá para concorrentes que o fazem.

As medidas de desempenho financeiro aparecem no alto do Quadro 11.3. Em última análise, a maioria das empresas existe para oferecer recompensas financeiras aos seus proprietários. Há exceções. Algumas – por exemplo, a The Body Shop – talvez tenham metas mais elevadas, como oferecer aos consumidores produtos que respeitem o meio ambiente. No entanto, mesmo organizações sem fins lucrativos têm que gerar recursos financeiros suficientes para se manterem em operação.

Entretanto, por diversos motivos, as medidas de desempenho financeiro não são suficientes em si mesmas – devem estar integradas a medidas não financeiras, em *balanced scorecards* bem projetados. Em primeiro lugar, as medidas financeiras são indicadores

OA11.4

Compreender como construir e usar *balanced scorecard*.

▶ **Balanced scorecard**

conjunto integrado de medidas de desempenho que são provenientes da estratégia de uma empresa e servem de suporte a ela.

defasados que relatam os resultados de ações passadas. Ao contrário, medidas não financeiras de direcionadores essenciais de sucesso como a satisfação do cliente são indicadores que orientam o desempenho financeiro futuro.

QUADRO 11.3
Da estratégia às medidas de desempenho: o *balanced scorecard*.

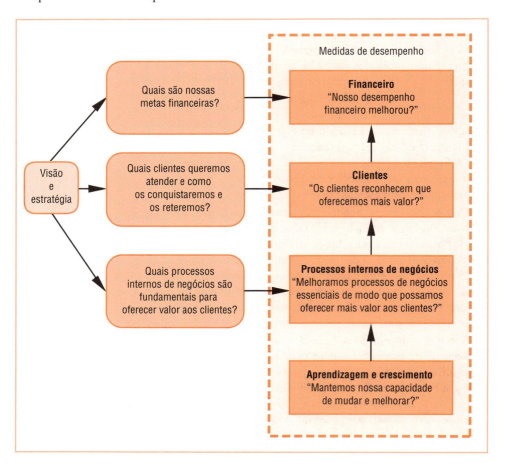

POR DENTRO DAS EMPRESAS

POR QUE AS EMPRESAS NÃO CONSEGUEM EXECUTAR SUAS ESTRATÉGIAS?

Robert Paladino trabalhou como vice-presidente e líder global de consultoria em telecomunicações e serviços de utilidade pública da **Balanced Scorecard Collaborative** – uma organização de consultoria que trabalha com as empresas para implementar *balanced scorecards*. Ele apresenta quatro motivos pelos quais nove em cada dez organizações não consegue executar suas estratégias de negócios.

Em primeiro lugar, apenas 5% da força de trabalho de uma empresa compreende a estratégia de sua organização. Paladino comentou que "se os colaboradores não compreendem os objetivos estratégicos, eles podem estar concentrados em preencher as lacunas de desempenho erradas". Em segundo lugar, 85% das equipes de gerência passam menos de uma hora por mês discutindo estratégia. Os gerentes não têm como implementar estratégias de maneira eficiente se não passarem tempo suficiente falando sobre elas. Em terceiro lugar, 60% das organizações não atrelam seus orçamentos à estratégia. O resultado inevitável é que as empresas buscam "estratégias financeiras que diferem, ou, o que é pior, que estão em conflito com suas estratégias de negócios e de qualidade ao cliente". Finalmente, apenas 25% dos gerentes têm seus incentivos atrelados à estratégia. Assim, a maioria dos gerentes trabalha de modo a maximizar sua remuneração melhorando medidas que estão estrategicamente mal direcionadas.

Paladino diz que os *balanced scorecards* superam essas quatro barreiras por ajudarem os colaboradores a concentrarem suas ações na execução das estratégias organizacionais.

FONTE: Robert E. Paladino, "Balanced Forecasts Drive Value", *Strategic Finance*, janeiro de 2005, p. 37-42.

Em segundo lugar, os altos gerentes normalmente são os responsáveis pelas medidas de desempenho financeiro – e não gerentes de níveis hierárquicos mais baixos. O supervisor encarregado de fazer o *check-in* de passageiros pode ser responsabilizado por quanto tempo estes têm que esperar na fila. Porém, é plausível que esse supervisor não possa ser responsabilizado pelo lucro de toda a empresa, já que isso é responsabilidade dos altos gerentes da empresa aérea.

O Quadro 11.4 lista alguns exemplos de medidas de desempenho que podem ser encontradas nos *balanced scorecards* das empresas. No entanto, poucas empresas, se houver alguma, usariam todas essas medidas de desempenho e quase todas adicionariam outras medidas de desempenho. Os gerentes devem selecionar, com cautela, medidas de desempenho para os *balanced scorecards* de sua própria empresa, tendo os seguintes pontos em mente.

Antes de qualquer ação, as medidas de desempenho devem ser consistentes com a estratégia da empresa, e dela decorrentes. Se elas não forem consistentes com a estratégia da empresa, as pessoas se sentirão trabalhando com finalidades concorrentes. Em segundo lugar, as medidas de desempenho devem ser significativamente compreensíveis e controláveis por aqueles que serão por elas avaliados. Em terceiro lugar, os *balanced scorecards* não devem conter medidas de desempenho excessivas. Isso pode levar a uma falta de direção e confusão.

QUADRO 11.4
Exemplos de medidas de desempenho dos *balanced scorecards*.

Perspectiva do cliente	
Medida de desempenho	Mudança desejada
Satisfação do cliente medida pelos resultados de pesquisas	+
Número de reclamações dos clientes	–
Participação de mercado	+
Devoluções de produtos como um percentual das vendas	–
Percentual de clientes retidos do último período	+
Número de clientes novos	+
Perspectiva dos processos internos de negócios	
Medida de desempenho	Mudança desejada
Percentual de vendas de novos produtos	+
Tempo de introdução de novos produtos no mercado	–
Percentual de ligações dos clientes respondidas em menos de 20 segundos	+
Entregas no prazo como um percentual de todas as entregas	+
Estoques de produção em andamento como um percentual das vendas	–
Variações desfavoráveis de custos-padrão	–
Unidades não defeituosas como um percentual das unidades concluídas	+
Tempo de ciclo do pedido	–
Tempo de transformação	–
Eficiência do ciclo de produção	+
Custos da qualidade	–
Tempo de configuração	–
Tempo decorrido da ligação do cliente até o conserto do produto	–
Percentual de reclamações dos clientes resolvidas no primeiro contato	+
Tempo para resolver uma reivindicação do cliente	–
Perspectiva da aprendizagem e do crescimento	
Medida de desempenho	Mudança desejada
Sugestões por colaborador	+
Rotatividade de colaboradores	–
Horas de treinamento interno por colaborador	+

Ainda que a organização como um todo tenha *balanced scorecards* gerais, cada indivíduo responsável também terá seus *scorecards* pessoais, os quais devem consistir em itens que o indivíduo pode influenciar pessoalmente e que estejam diretamente relacionados às medidas de desempenho dos gerais.

As medidas de desempenho desses *scorecards* pessoais não devem ser muito influenciadas por ações realizadas por terceiros na empresa, ou por eventos que estejam fora do controle do indivíduo. Além disso, o foco sobre a medida de desempenho não deve levar um indivíduo a realizar ações contrárias aos objetivos da organização.

Tendo em mente esses princípios amplos, agora veremos como a estratégia de uma empresa afeta seu *balanced scorecard*.

POR DENTRO DAS EMPRESAS

MENSURAR A FIDELIDADE DO CLIENTE

O consultor Fred Reichheld, da **Bain & Company**, recomenda que se mensure a fidelidade do cliente com a seguinte pergunta: "Em uma escala de 0 a 10, qual é a probabilidade de que você nos recomende a seus amigos e colegas?". Os clientes que escolhem uma pontuação de 9 ou 10 são chamados de promotores. Aqueles que escolhem uma pontuação de 0 a 6 são classificados como difamadores, enquanto os que escolhem 7 ou 8 são considerados passivamente satisfeitos. A pontuação líquida de promotores mede a diferença entre o percentual de clientes que são promotores e difamadores. A pesquisa de Reichheld sugere que mudanças na pontuação líquida de promotores de uma empresa estão correlacionadas com (ou se movimentam com) mudanças em suas vendas.

A Divisão de Saúde da **General Electric** usou pontuações líquidas de promotores para determinar 20% dos bônus de seus gerentes. A medida acabou sendo estendida a todas as divisões da empresa. Entre outras organizações que adotaram a pontuação líquida de promotor, estão a **American Express**, a empresa de consultoria **BearingPoint** e a empresa desenvolvedora de software **Intuit**.

FONTE: Jean McGregor, "Would You Recommend Us?", *BusinessWeek*, 30 de janeiro de 2006, p. 94.

Estratégia de uma empresa e o *balanced scorecard*

Voltando às medidas de desempenho do Quadro 11.3, cada empresa tem de decidir que clientes determinar como alvo e que processos internos de negócios são fundamentais para atraí-los e retê-los. Diferentes empresas, com estratégias distintas, determinarão diferentes clientes como alvo em diferentes tipos de produtos e serviços. Considere a indústria automobilística como um exemplo. A **BMW** enfatiza a engenharia e o manuseio; a **Volvo**, segurança; a **Jaguar**, detalhes luxuosos; e a **Honda**, confiança. Por causa dessas diferenças em ênfase, uma abordagem única da mensuração de desempenho não funciona nem mesmo dentro dessa única indústria. As medidas de desempenho devem ser adaptadas à estratégia específica de cada empresa.

Suponha, por exemplo, que a estratégia da Jaguar seja a de oferecer automóveis inconfundíveis, com um acabamento luxuoso a indivíduos ricos, que prezam por produtos individualizados e feitos à mão. Para oferecer essa proposição do valor de intimidade a seus clientes-alvo – os clientes ricos –, a Jaguar pode criar um número tão grande de opções de detalhes, como bancos de couro, combinações de cores no interior e exterior e painéis de madeira, que cada carro se torna praticamente exclusivo. Como exemplo, em vez de oferecer apenas bancos de couro beges ou azuis em couro bovino padrão, a empresa pode oferecer aos clientes a escolha de uma paleta de cores quase infinita em qualquer um, de diversos tipos de couros exóticos. Para tal sistema funcionar de maneira eficiente, a Jaguar teria de produzir um carro completamente customizado dentro de um prazo razoável – e sem incorrer em mais custos por essa customização referente ao que o cliente está disposto a pagar. O Quadro 11.5 sugere como a Jaguar pode refletir essa estratégia em seu *balanced scorecard*.

Se o *balanced scorecard* for construído corretamente, as medidas de desempenho devem estar ligadas umas às outras com base em uma relação de causa e efeito. Cada ligação pode, então, ser lida como uma hipótese nesta forma: "Se melhorarmos essa medida de desempenho, então, essa outra medida de desempenho também deverá melhorar". Começando da parte inferior do Quadro 11.5, podemos ler as ligações entre as medidas de desempenho, como veremos a seguir. Caso os colaboradores adquiram a habilidade de instalar novas opções, e de maneira eficiente, a empresa poderá oferecer mais opções, que poderão ser instaladas em menos tempo. Se houver mais opções disponíveis e elas forem instaladas em menos tempo, as pesquisas dos clientes provavelmente mostrarão maior satisfação com a variedade de opções disponíveis. Se a satisfação do cliente melhorar, é provável que o número de carros vendidos aumente também. Além disso, se a satisfação do cliente melhorar, a empresa poderá manter ou aumentar seus preços de venda, e se o tempo de instalação de opções diminuir, os custos dessa instalação também diminuirão. Em conjunto, isso deverá resultar em um aumento na margem de contribuição por carro. Se a margem de contribuição por carro aumentar e mais carros forem vendidos, o resultado deverá ser de um aumento no lucro residual.

Em essência, o *balanced scorecard* apresenta uma teoria de como a empresa pode realizar ações concretas para atingir seus resultados desejados (financeiros, nesse caso). A estratégia apresentada no Quadro 11.5 parece plausível, mas deve ser considerada como apenas uma teoria. Por exemplo, se a empresa tiver êxito em aumentar o número de opções disponíveis e diminuir o tempo necessário para instalar opções e, contudo, não houver um aumento na satisfação do cliente, no número de carros vendidos, na margem de contribuição por carro, ou no lucro residual, a estratégia teria que ser reconsiderada.

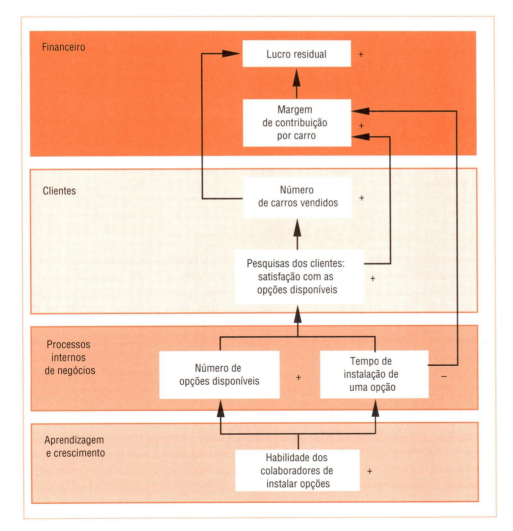

QUADRO 11.5
Possível estratégia na Jaguar e o *balanced scorecard*.

Uma das vantagens do *balanced scorecard* é que ele testa continuamente as teorias por trás da estratégia gerencial. Se uma estratégia não estiver funcionando, isso provavelmente se tornará evidente quando algum dos efeitos previstos (ou seja, vendas de mais carros) não ocorrer. Sem esse *feedback*, a organização pode continuar indefinida com uma estratégia baseada em falsas premissas.

O *balanced scorecard* foi adotado por diversas organizações, como o **Banco de Tokyo-Mitsubishi UFJ**, **Brigham & Women's Hospital**, **KeyCorp**, **Chilectra**, **China Resources Microelectronics**, **Delta Dental of Kansas**, **Gerdau Acominas**, **Korea East-West Power**, **Luxfer Gas Cylinders**, **Marriott Vacation Club International**, **Metrô de Madri**, **Federação Nacional dos Produtores de Café da Colômbia**, **Sprint Nextel**, **Best Buy**, **Ingersoll Rand**, **Serono**, **Tennessee Valley Authority**, **Royal Canadian Mounted Police**, **Crown Castle International**, **Ricoh Corporation, Mobistar**, **Hilton Hotels** e o **Serviço Postal dos Estados Unidos**. Estima-se que quase a metade de todas as empresas da *Fortune 1000* tenha implantando o *balanced scorecard*.

POR DENTRO DAS EMPRESAS

BALANCED SCORECARD DE BEM-ESTAR

A **Towers Watson** estima que gastos médios anuais com saúde, por colaborador nos Estados Unidos, hoje, excedam US$ 10 mil, em comparação a US$ 5.386 em 2002. Entretanto, empresas que implantaram programas bem-sucedidos de bem-estar corporativo têm custos anuais com saúde de US$ 1,8 mil a menos por colaborador do que outras organizações. Essas empresas de alto desempenho criam e acompanham medidas de desempenho de bem-estar como uma importante parte do gerenciamento de seus programas.

O *balanced scorecard* de bem-estar é um sistema com a finalidade de medir o desempenho do bem-estar corporativo, que possui quatro categorias de medidas – atitudes, participação, resultados físicos e resultados financeiros – que estão conectadas com base em uma relação de causa e efeito. Se as atitudes dos colaboradores em relação ao programa de bem-estar da empresa melhorarem, a taxa de participação dos colaboradores nessas atividades aumentará. Se os colaboradores aumentarem sua taxa de participação, isso produzirá resultados físicos, como queda nas taxas de obesidade, menos incidentes de diabetes e taxas mais altas de abandono ao fumo. Essas melhorias físicas devem produzir resultados financeiros para a empresa, com menores despesas médicas, farmacêuticas e com invalidez.

FONTES: Towers Perrin, "2010 Health Care Cost Survey", <www.towerswatson.com>; e Peter C. Brewer, Angela Gallo e Melanie R. Smith, "Getting Fit with Corporate Wellness Programs", *Strategic Finance*, maio de 2010, p. 27-33.

Atrelar a remuneração ao *balanced scorecard*

Compensação de incentivo para colaboradores, como bônus, é atrelada às medidas de desempenho do *balanced scorecard*. Entretanto, isso deve ser feito apenas depois de o gerenciamento da organização com os indicadores ser bem-sucedida há algum tempo – talvez um ano ou mais. Os gerentes têm que estar confiantes de que as medidas de desempenho sejam confiáveis, sensatas, compreendidas por aqueles que serão por elas avaliados e não facilmente manipuláveis. Como ressaltaram Robert Kaplan e David Norton – os criadores do conceito de *balanced scorecard* –, "a remuneração é uma alavanca tão forte que você deve estar muito confiante de ter as medidas certas e de ter bons dados para as medidas antes de fazer essa associação".[4]

Vantagens de um *feedback* gráfico e em tempo hábil

Quaisquer que sejam as medidas de desempenho usadas, devem ser divulgadas de maneira frequente e em tempo hábil. Por exemplo, dados sobre defeitos devem ser informados aos gerentes responsáveis pelo menos uma vez por dia, de modo que se possa agir rapidamente caso ocorra um número de defeitos incomum. Nas empresas mais avançadas, qualquer

---

[4] Lori Calabro, "On Balance: A CFO Interview", *CFO*, fevereiro de 2001, p. 73-78.

Capítulo **11** ▸▶ Mensuração de desempenho em organizações descentralizadas

defeito é informado *imediatamente* e sua causa é investigada antes que ocorram quaisquer outros defeitos.

Outra característica comum das medidas de desempenho sob a abordagem do *balanced scorecard* é que os gerentes se concentram em tendências nas medidas de desempenho ao longo do tempo. A ênfase está no progresso e na melhoria em vez do cumprimento de um padrão específico.

POR DENTRO
DAS EMPRESAS

SUSTENTABILIDADE E O *BALANCED SCORECARD*

A **Rede Analista de Pesquisa em Investimento Sustentável (SIRAN)** estudou mudanças nas práticas de relatórios sobre sustentabilidade de 100 empresas da Standard & Poor's (S&P) de 2005 a 2007. Das 100 empresas da S&P, 86 tinham *sites* sobre sustentabilidade corporativa a partir de 2007, um aumento de 48% desde 2005, e 49 empresas publicaram relatórios sobre sustentabilidade em 2007, um aumento de 26% em relação a 2005.

Graham Hubbard, professor da University of Adelaide, recomenda a incorporação do relatório de sustentabilidade no *balanced scorecard*, adicionando duas categorias de medidas relacionadas ao desempenho social e ao ambiental. As medidas de desempenho social concentram-se em investimentos filantrópicos de uma empresa, seus serviços comunitários e a segurança e satisfação de seus colaboradores. As medidas ambientais focam o uso de energia elétrica e água pela empresa por unidade de saída e seu desempenho na geração e descarte de lixo.

FONTES: Ghostwriter, "Rise in Sustainability Reporting by S&P 100 Companies", *Business and the Environment with ISO14000 Updates*, outubro de 2008, p. 5-6; e Graham Hubbard, "Measuring Organizational Performance: Beyond the Triple Bottom Line", *Business Strategy and the Environment*, março de 2009, p. 177-191.

POR DENTRO
DAS EMPRESAS

GOVERNANÇA CORPORATIVA E O *BALANCED SCORECARD*

Historicamente, o conselho de diretoria da **First Commonwealth Financial Corporation of Pennsylvania** só recebia acesso às medidas financeiras que eram requisitadas para fins regulatórios. Depois dos escândalos corporativos como a **Enron**, **Tyco** e **WorldCom**, o conselho decidiu melhorar sua supervisão da corporação criando um *balanced scorecard* que não somente ajudasse a assegurar o cumprimento regulatório, como também incluísse informações orientadas para o futuro, sobre a execução da estratégia da empresa.

O scorecard do conselho tinha quatro principais perspectivas – aprendizagem e crescimento, interna, dos interessados e financeira. A perspectiva interna incluía três principais processos – supervisão do desempenho, melhorias executivas e conformidade e comunicação. Para a supervisão do desempenho, o conselho criou medidas relacionadas a estratégias de aprovação e supervisão de sua execução, e aprovação e monitoramento de financiamentos de iniciativas estratégicas.

As medidas de melhorias executivas concentravam-se na avaliação e recompensa do desempenho executivo e na supervisão do planejamento de sucessão de cargos-chave. As medidas de conformidade e comunicação estavam relacionadas a assegurar que as divulgações corporativas fossem claras e confiáveis, e a monitorar riscos e o cumprimento regulatório.

FONTE: Robert S. Kaplan e Michael Nagel, "First Commonwealth Financial Corporation", *Harvard Business School Publishing*, 2003, p. 1-30.

RESUMO

Para fins de avaliação de desempenho, as unidades de negócios são classificadas como centros de custos, centros de lucros e centros de investimentos. Os centros de custos e de lucros normalmente são avaliados por meio das variações dos custos-padrão e do orçamento flexível, como discutido em capítulos anteriores. Os centros de investimentos são avaliados usando as técnicas discutidas neste capítulo.

O retorno sobre investimentos (ROI), o lucro residual e seu primo EVA são amplamente utilizados para avaliar o desempenho de centros de investimentos. O ROI sofre do problema do subinvestimento – os gerentes relutam em investir em projetos que diminuiriam seu ROI, cujos retornos excedem a taxa de retorno requisitada da empresa. As abordagens do lucro residual e do EVA solucionam esse problema dando aos gerentes crédito total por quaisquer retornos acima da taxa de retorno, requisitada da empresa.

O *balanced scorecard* é um sistema integrado de medidas de desempenho, criado para servir de suporte à estratégia de uma organização. As várias medidas do *balanced scorecard* devem estar ligadas com base em uma relação plausível de causa e efeito desde o nível mais baixo até os objetivos máximos da organização. O *balanced scorecard* é, essencialmente, uma teoria sobre como ações específicas realizadas por várias pessoas na organização estimulam os objetivos desta.

A teoria deve ser vista como provisória e sujeita a mudanças se as ações não resultarem, de fato, em melhorias nas metas financeiras e em outras metas da organização. Se a teoria mudar, as medidas de desempenho do *balanced scorecard* também devem mudar. O *balanced scorecard* é um sistema dinâmico de mensuração que evolui à medida que uma organização aprende cada vez mais sobre o que funciona e o que não funciona, e refina sua estratégia de acordo com isso.

PROBLEMA DE REVISÃO: RETORNO SOBRE INVESTIMENTOS (ROI) E LUCRO RESIDUAL

A Divisão de Ressonância Magnética da Medical Diagnostics Inc. divulgou os seguintes resultados para as operações de 2011:

Vendas (US$)	25 milhões
Resultado operacional (US$).............	3 milhões
Ativos operacionais médios (US$)	10 milhões

Requisitado:
1. Calcule a margem, o giro e o ROI da Divisão de Ressonância Magnética.
2. A alta gerência da Medical Diagnostics Inc. estabeleceu uma taxa de retorno mínima requisitada sobre os ativos operacionais médios de 25%. Qual é o lucro residual da Divisão de Ressonância Magnética do ano?

Solução do problema de revisão

1. A seguir, temos os cálculos requisitados:

$$\text{Margem} = \frac{\text{Resultado operacional}}{\text{Vendas}}$$
$$= \frac{\text{US\$ 3.000.000}}{\text{US\$ 25.000.000}}$$
$$= 12\%$$

$$\text{Giro} = \frac{\text{Vendas}}{\text{Ativos operacionais médios}}$$
$$= \frac{\text{US\$ 25.000.000}}{\text{US\$ 10.000.000}}$$
$$= 2,5$$

$$\text{ROI} = \text{Margem} \times \text{Giro}$$
$$= 12\% \times 2,5$$
$$= 30\%$$

2. O lucro residual da Divisão de Ressonância Magnética é calculado da seguinte maneira:

Ativos operacionais médios (US$)	10.000.000
Resultado operacional (US$)	3.000.000
Retorno mínimo requisitado (25% × US$ 10.000.000) (US$)	2.500.000
Lucro residual (US$)	500.000

PERGUNTAS

11.1 O que significa o termo descentralização?
11.2 Quais benefícios são gerados pela descentralização?
11.3 Faça a distinção entre um centro de custos, um centro de lucros e um centro de investimentos.
11.4 O que significam os termos margem e giro nos cálculos do ROI?
11.5 O que significa lucro residual?
11.6 De que maneira o uso do ROI, como uma medida de desempenho de um centro de investimentos, leva a decisões ruins? Como a abordagem do lucro residual supera esse problema?
11.7 Qual é a diferença entre tempo de ciclo do pedido e tempo de transformação? Quais são os quatro elementos que formam o tempo de transformação? Quais elementos deste tempo agregam valor, e quais não agregam?
11.8 O que significa uma eficiência do ciclo de produção (ECP) em menos de 1? Como você interpretaria uma ECP de 0,40?
11.9 Por que as medidas usadas no *balanced scorecard* diferem de uma empresa para outra?
11.10 Por que o *balanced scorecard* inclui medidas de desempenho financeiro, além de medidas de como os processos internos de negócios estão se saindo?

APLICAÇÃO EM EXCEL (OA11.1, OA11.2)

Disponível, em português e inglês, no *site* <www.grupoa.com.br>

O formulário de planilha em Excel a seguir deve ser usado para recriar o Problema de Revisão das páginas 490 e 491. No *site*, você receberá instruções sobre como usar esse formulário de planilha.

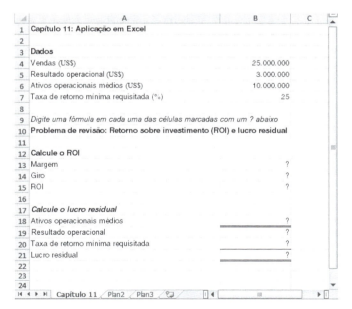

Você só deve prosseguir para os exercícios a seguir depois de ter completado sua planilha.

Requisitado:
1. Verifique sua planilha mudando os ativos operacionais médios na célula B6 para US$ 8 milhões. O ROI agora deverá ser de 38% e o lucro residual, de US$ 1 milhão. Se você não obtiver essas respostas, encontre os erros em sua planilha e corrija-os.
   Explique por que o ROI e o lucro residual aumentam quando os ativos operacionais médios diminuem.

2. Analise os dados em sua planilha, como a seguir:

Dados	
Vendas (US$)	1.200
Resultado operacional (US$)	72
Ativos operacionais médios (US$)	500
Taxa de retorno mínima requisitada (%)	15

a. Qual é o ROI?
b. Qual é o lucro residual?
c. Explique a relação entre o ROI e o lucro residual.

EXERCÍCIOS

Consulte no *site* <www.grupoa.com.br> os suplementos para esta seção.

EXERCÍCIO 11.1 Calcule o retorno sobre investimentos (ROI) [OA11.1]

A empresa Tundra Services, uma divisão de uma grande empresa petrolífera, presta vários serviços aos operadores do campo de petróleo North Slope, no Alasca, Estados Unidos. A seguir, temos os dados relativos a 2011:

Vendas (US$)	18.000.000
Resultado operacional (US$)	5.400
Ativos operacionais médios (US$)	36.000.000

Requisitado:
1. Calcule a margem da Tundra Services.
2. Calcule o giro da Tundra Services.
3. Calcule o retorno sobre investimentos (ROI) da Tundra Services.

EXERCÍCIO 11.2 Lucro residual [OA11.2]

A Midlands Design Ltd., de Manchester, Inglaterra, é uma empresa especializada em prestar serviços de *design* para empresas de desenvolvimento imobiliário residencial. No ano de 2011, a empresa teve um resultado operacional de £ 400 mil, com vendas de £ 2 milhões. Os ativos operacionais médios da empresa nesse ano foram de £ 2,2 milhões e sua taxa de retorno mínima requisitada foi de 16%. (A moeda no Reino Unido é a libra esterlina, denotada por £.)

Requisitado:
Calcule o lucro residual nesse ano.

EXERCÍCIO 11.3 Medidas de desempenho dos processos internos de negócios [OA11.3]

A Lipex Ltd., de Birmingham, Inglaterra, está interessada em diminuir a quantidade de tempo entre o momento em que um cliente faz um pedido e o momento em que este é concluído. No primeiro trimestre do ano, foram divulgados os seguintes dados:

Tempo de inspeção	0,5 dia
Tempo de processamento...................................	2,8 dias
Tempo de espera	16,0 dias
Tempo de fila	4,0 dias
Tempo de movimentação....................................	0,7 dia

Requisitado:
1. Calcule o tempo de transformação.
2. Calcule a eficiência do ciclo de produção (ECP) do trimestre.
3. Qual percentual do tempo de transformação foi gasto em atividades que não agregam valor?
4. Calcule o tempo de ciclo do pedido.
5. Se usando a produção enxuta todo o tempo de fila pudesse ser eliminado da produção, qual seria a nova ECP?

EXERCÍCIO 11.4 Criar o *balanced scorecard* [OA11.4]

A Mason Paper Company (MPC) fabrica diversos tipos de papel para uso em impressoras e fotocopiadoras. A MPC divulgou resultados operacionais nos dois últimos anos em virtude de uma intensa pressão em termos de preços de concorrentes muito maiores. A equipe de gerência da MPC – que inclui Kristen Townsend (presidente-executivo), Mike Martinez (vice-presidente de produção), Tom Andrews (vice-presidente de marketing) e Wendy Chen (vice-presidente financeiro) – contempla uma mudança de estratégia para salvar a empresa da falência iminente. A seguir, temos trechos de uma recente reunião da equipe de gerência:

Townsend: Como todos sabemos, o negócio de fabricação de papel depende totalmente de economias de escala. Os concorrentes maiores com o menor custo por unidade vencem. A capacidade restrita de nossas máquinas mais velhas nos impede de competir em tipos de papel de alto volume. Além disso, expandir nossa capacidade adquirindo uma nova máquina de produção de papel está fora de questão, dado o preço extraordinariamente alto desse tipo de equipamento. Portanto, proponho que abandonemos a redução de custos como uma meta estratégica e, em vez disso, busquemos a flexibilidade de produção como a chave de nosso futuro sucesso.

Chen: Flexibilidade de produção? O que significa isso?

Martinez: Significa que temos de abandonar nossa mentalidade de "produzir o máximo possível de toneladas de papel". Em vez disso, precisamos buscar as oportunidades que existem no empreendimento de baixo volume: tipos de papel não padronizados, especializados. Para termos êxito, teremos de melhorar nossa flexibilidade de três maneiras. Em primeiro lugar, temos que melhorar nossa capacidade de troca entre diferentes tipos de papel. Neste momento, precisamos de uma média de quatro horas para trocar de um tipo de papel para outro. Entregas no prazo aos nossos clientes dependerão do desempenho de transformação da produção. Em segundo lugar, precisamos expandir a variedade de tipos de papel que podemos fabricar. Atualmente, só podemos fabricar três tipos de papel. Nossos clientes têm de perceber que oferecemos uma "one-stop shop" – atender a todas as suas necessidades em termos de tipos de papel em um só lugar. Em terceiro lugar, teremos que melhorar nosso rendimento (toneladas de saída aceitáveis em relação ao total de toneladas processadas) nos tipos de papel não padronizados. Nosso percentual de desperdício nesses tipos de papel será inaceitavelmente alto, a menos que façamos algo para melhorar nossos processos. Nossos custos variáveis dispararão se não aumentarmos nosso rendimento!

Chen: Espere um minuto! Essas mudanças destruirão nossos números de taxa de utilização de equipamentos!

Andrews: Você está certa, Wendy. No entanto, a utilização de equipamentos não é o que mais importa quando se trata de competir em termos de flexibilidade. Nossos clientes não ligam para nossa taxa de utilização de equipamentos. Em vez disso, como o Mike acabou de insinuar, eles querem uma entrega *just-in-time* de menores quantidades de uma variedade completa de tipos de papel. Se pudermos diminuir o tempo decorrido do momento em que um pedido é feito ao momento em que ele é entregue e expandir nossa oferta de produtos, isso aumentará as vendas aos clientes atuais e atrairá novos clientes. Além disso, poderemos cobrar um preço mais alto devido à concorrência limitada, dentro desse nicho, de nossos concorrentes maiores e mais centrados em custos. É provável que nossa margem de contribuição por tonelada melhore de forma drástica!

Martinez: É claro, executar a mudança de estratégia não será fácil. Teremos que fazer um investimento substancial em treinamento, porque, em última análise, é o nosso pessoal que cria nossa competência de produção flexível.

Chen: Se adotarmos essa nova estratégia, ela definitivamente afetará o modo como medimos o desempenho. Precisaremos criar medidas que motivem nossos colaboradores a tomarem decisões que deem suporte às nossas metas de flexibilidade.

Townsend: Wendy, você tocou no ponto exato. Para nossa próxima reunião, você poderia listar algumas possíveis medidas que deem suporte à nossa nova estratégia?

Requisitado:

1. Contraponha a estratégia de produção anterior da MPC à sua nova estratégia de produção.
2. De modo geral, por que uma empresa que muda suas metas estratégicas mudaria também seu sistema de mensuração de desempenho? Quais são exemplos de medidas que teriam sido apropriadas para a MPC antes de sua mudança na estratégia? Por que essas medidas não dariam suporte à nova estratégia da MPC?
3. Construa um *balanced scorecard* que daria suporte à nova estratégia de produção da MPC. Use setas para mostrar as conexões causais entre as medidas de desempenho e mostre se a medida de desempenho deve aumentar ou diminuir com o tempo. Sinta-se livre para criar medidas que possam não ter sido especificamente mencionadas neste capítulo, mas que, no entanto, façam sentido considerando as metas estratégicas da empresa.
4. Quais hipóteses são embutidas no *balanced scorecard* da MPC? Quais dessas hipóteses você acredita serem as mais questionáveis e por quê?

EXERCÍCIO 11.5 Análise custo-volume-lucro e retorno sobre investimento (ROI) [OA11.1]

A Images.com é uma pequena varejista por internet de pôsteres de alta qualidade. A empresa possui US$ 800 mil em ativos operacionais e despesas fixas de US$ 160 mil por ano. Com esse nível de ativos operacionais e despesas fixas, a empresa consegue ter vendas de até US$ 5 milhões por ano. O índice de margem de contribuição da empresa é 10%, ou seja, um dólar de vendas adicional resulta em uma margem de contribuição adicional e um resultado operacional de 10 centavos.

Requisitado:

1. Complete a tabela a seguir mostrando a relação entre as vendas e o retorno sobre investimentos (ROI).

Vendas (US$)	Resultado operacional (US$)	Ativos operacionais médios (US$)	ROI
4.500.000	290.000	800.000	?
4.600.000	?	800.000	?
4.700.000	?	800.000	?
4.800.000	?	800.000	?
4.900.000	?	800.000	?
5.000.000	?	800.000	?

2. O que acontece com o retorno sobre investimentos (ROI) da empresa quando as vendas aumentam? Explique.

EXERCÍCIO 11.6 Efeitos de mudanças nas vendas, despesas e ativos sobre o ROI [OA11.1]

A BusServ.com Corporation presta serviços *business-to-business* na internet. A seguir, temos dados relativos ao último ano:

Vendas (US$)..............................	8.000.000
Resultado operacional (US$).....................	800.000
Ativos operacionais médios (US$).............	3.200.000

Requisitado:

Considere independentemente cada pergunta a seguir. Faça todos os cálculos com duas casas decimais.

1. Calcule o retorno sobre investimentos (ROI) da empresa.
2. O empresário que fundou a empresa está convencido de que as vendas aumentarão, no próximo ano, em 150%, e que o resultado operacional aumentará em 400%, sem nenhum aumento nos ativos operacionais médios. Qual seria o ROI da empresa?
3. O principal executivo financeiro da empresa acredita que um cenário mais realista seria um aumento de US$ 2 milhões nas vendas, exigindo um aumento de US$ 800 mil nos ativos operacionais médios, com um aumento resultante de US$ 250 mil no resultado operacional. Qual seria o ROI da empresa nesse cenário?

EXERCÍCIO 11.7 Contrastar retorno sobre investimentos (ROI) e lucro residual [OA11.1, OA11.2]

A Rains Nickless Ltd., da Austrália, possui duas divisões que operam em Perth e Darwin. A seguir, temos dados selecionados sobre as duas divisões:

	Divisão	
	Perth	Darwin
Vendas (US$)...........................	9.000.000	20.000.000
Resultado operacional (US$).................	630.000	1.800.000
Ativos operacionais médios (US$).........	3.000.000	10.000.000

Requisitado:

1. Calcule o retorno sobre investimentos (ROI) de cada divisão.
2. Suponha que a empresa avalie o desempenho usando o lucro residual e que a taxa de retorno mínima requisitada, para qualquer divisão, seja de 16%. Calcule o lucro residual de cada divisão.
3. O maior lucro residual da Divisão de Darwin é uma indicação de que ela é mais bem gerenciada? Explique.

EXERCÍCIO 11.8 Relações entre retorno sobre investimentos (ROI) e lucro residual [OA11.1, OA11.2]

Um amigo da família pediu sua ajuda para analisar as operações de três empresas anônimas que operam na mesma indústria do setor de serviços. Forneça os dados que faltam na tabela a seguir:

	Empresa A	Empresa B	Empresa C
Vendas (US$)	400.000	750.000	600.000
Resultado operacional (US$)	?	45.000	?
Ativos operacionais médios (US$)	160.000	?	150.000
Retorno sobre investimentos (ROI) (%)	20	18	?
Taxa de retorno mínima requisitada:			
Percentual (%)	15	?	12
Valor em dólar	?	50.000	?
Lucro residual (US$)	?	?	6.000

EXERCÍCIO 11.9 Avaliar novos investimentos e usar o retorno sobre investimentos (ROI) e o lucro residual [OA11.1, OA11.2]

A seguir, temos os dados de vendas e dados operacionais selecionados, relativos a três divisões de três diferentes empresas:

	Divisão A	Divisão B	Divisão C
Vendas (US$)	6.000.000	10.000.000	8.000.000
Ativos operacionais médios (US$)	1.500.000	5.000.000	2.000.000
Resultado operacional (US$)	300.000	900.000	180.000
Taxa de retorno mínima requisitada (%)	15	18	12

Requisitado:
1. Calcule o retorno sobre investimentos (ROI) de cada divisão, usando a fórmula declarada em termos de margem e giro.
2. Calcule o lucro residual de cada divisão.
3. Suponha que cada divisão tenha uma oportunidade de investimento que geraria uma taxa de retorno de 17%.
    a. Se o desempenho estiver sendo medido pelo ROI, qual divisão (ou divisões) provavelmente aceitará (aceitarão) a oportunidade? Qual (quais) rejeitará (rejeitarão)? Por quê?
    b. Se o desempenho estiver sendo medido pelo lucro residual, qual divisão (ou divisões) provavelmente aceitará (aceitarão) a oportunidade? Qual (quais) rejeitará (rejeitarão)? Por quê?

EXERCÍCIO 11.10 Calcular e interpretar o retorno sobre investimentos (ROI) [OA11.1]

A seguir, temos os dados operacionais selecionados sobre as duas divisões da York Company:

	Divisão Oriental	Divisão Ocidental
Vendas (US$)	1.000.000	1.750.000
Ativos operacionais médios (US$)	500.000	500.000
Resultado operacional (US$)	90.000	105.000
Imóveis, instalações e equipamentos (US$)	250.000	200.000

Requisitado:
1. Calcule a taxa de retorno de cada divisão, usando a fórmula de retorno sobre investimentos (ROI), declarada em termos de margem e giro.
2. Qual gerente divisional parece fazer o melhor trabalho? Por quê?

EXERCÍCIO 11.11 Criar um *balanced scorecard* [OA11.4]

A Ariel Tax Services prepara declarações de imposto de renda para clientes individuais e corporativos. À medida que a empresa gradualmente se expandiu para dez escritórios, o fundador, Max Jacobs, começou a sentir que estava perdendo o controle das operações. Em resposta a essa preocupação, ele decidiu implantar um sistema de mensuração de desempenho que ajudaria a controlar as operações correntes e a facilitar seus planos de expansão para 20 escritórios.

Jacobs descreve as chaves para o sucesso de seu negócio da seguinte forma:

"Nosso único ativo real é nosso pessoal. Temos de manter nossos colaboradores altamente motivados e temos que contratar a 'nata'. É interessante notar que o moral dos colaboradores e o sucesso no recrutamento são determinados pelos mesmos dois fatores – remuneração e progresso na carreira. Em outras palavras, oferecer uma remuneração maior em relação à média da indústria e oportunidades de um rápido progresso na carreira mantém o moral alto e torna nossa empresa um lugar atraente para trabalhar. Isso determina uma alta taxa de aceitação de ofertas de emprego em relação ao número de empregos oferecidos".

"Contratar pessoas altamente qualificadas e mantê-las motivadas garante o sucesso operacional, que, em nosso negócio, é determinado pela produtividade, eficiência e eficácia. A produtividade depende de os colaboradores estarem ocupados, e não ociosos. A eficiência está relacionada ao tempo necessário para se concluir uma declaração de impostos de renda. Finalmente, a eficácia é importante em nosso negócio no sentido de que não podemos tolerar erros. Concluir uma declaração rapidamente não tem valor algum se a declaração contiver erros."

"Nosso crescimento depende da aquisição de novos clientes por meio do 'boca a boca' de clientes fiéis e satisfeitos. Acreditamos que nossos clientes voltam ano após ano porque valorizam um serviço livre de erros, rápido e cortês. Cortesia é um aspecto importante de nosso negócio! Chamamos isso de qualidade dos serviços, e ela está diretamente ligada ao moral dos colaboradores, uma vez que colaboradores felizes tratam seus clientes com cuidado e interesse."

"Embora o crescimento das vendas seja obviamente importante para nossos planos futuros, um crescimento sem um aumento correspondente na lucratividade é inútil. Portanto, sabemos que nossa margem de lucro depende da eficiência dos custos além do crescimento das vendas. Considerando que a folha de pagamento é nossa maior despesa, temos que manter um equilíbrio ótimo entre o número de funcionários e a receita gerada. Como indiquei antes, a chave para manter esse equilíbrio é a produtividade dos funcionários. Se pudermos alcançar um crescimento das vendas com eficiência em termos de custos, teremos 20 escritórios lucrativos"!

Requisitado:
1. Crie um *balanced scorecard* para a Ariel Tax Services. Estabeleça a conexão entre as medidas do seu *scorecard* usando o modelo do Quadro 11.5. Indique se a expectativa de cada medida é que ela aumente ou diminua. Sinta-se à vontade para criar medidas que possam não ter sido mencionadas de modo específico no capítulo, mas que façam sentido, dadas as metas estratégicas da empresa.
2. Quais hipóteses são embutidas no *balanced scorecard* da Ariel Tax Services? Quais delas você acredita serem as mais questionáveis e por quê?
3. Discuta as possíveis vantagens e desvantagens de se implementar uma medida de processo interno de negócios chamada valor total em dólar dos reembolsos de impostos gerados. Você recomendaria usar essa medida no *balanced scorecard* da Ariel?
4. Seria benéfico tentar medir o desempenho individual de cada escritório no que diz respeito às medidas do *scorecard* que você criou? Por quê?

EXERCÍCIO 11.12 Efeitos de mudanças nos lucros e ativos sobre o retorno sobre investimentos (ROI) [OA11.1]

A Abs Shoppe é uma cadeia regional de academias de ginástica. Os gerentes das academias, que têm autoridade para fazer investimentos como forem necessários, são avaliados principalmente com base no retorno sobre investimentos (ROI). A Abs Shoppe divulgou os seguintes resultados para o ano passado:

Vendas (US$)	800.000
Resultado operacional (US$)	16.000
Ativos operacionais médios (US$)	100.000

Requisitado:

As perguntas a seguir devem ser consideradas independentemente. Faça todos os cálculos com duas casas decimais.

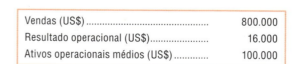

1. Calcule o retorno sobre investimentos (ROI) da academia.
2. Suponha que o gerente da academia consiga aumentar as vendas em US$ 80 mil e que, em decorrência disso, o resultado operacional aumente em US$ 6 mil. Suponha, também, que isso seja possível sem nenhum aumento nos ativos operacionais. Qual seria o retorno sobre investimentos (ROI) da academia?
3. Suponha que o gerente da academia consiga reduzir as despesas em US$ 3,2 mil sem nenhuma mudança nas vendas ou nos ativos operacionais. Qual seria o retorno sobre investimentos (ROI) da academia?
4. Suponha que o gerente da academia consiga reduzir os ativos operacionais em US$ 20 mil sem nenhuma mudança nas vendas ou no resultado operacional. Qual seria o retorno sobre investimentos (ROI) da academia?

EXERCÍCIO 11.13 Relações do retorno sobre investimentos (ROI) [OA11.1]
Forneça os dados faltantes na tabela a seguir:

	Fabricação	Consultoria	TI
		Divisão	
Vendas (US$)	800.000	?	?
Resultado operacional (US$)	72.000	?	40.000
Ativos operacionais médios (US$)	?	130.000	?
Margem (%)	?	4	8
Giro	?	5	?
Retorno sobre investimentos (ROI) (%)	18	?	20

PROBLEMAS
Consulte no *site* <www.grupoa.com.br> os suplementos para esta seção.

PROBLEMA 11.14 Retorno sobre investimentos (ROI) e lucro residual [OA11.1, OA11.2]
"Sei que a sede quer que adicionemos uma nova linha de produtos", disse Fred Halloway, gerente da Divisão Oriental da Kirsi Products, "mas quero ver os números antes de tomar uma decisão. O retorno sobre investimentos (ROI) de nossa divisão tem sido o líder na empresa há três anos e não quero sofrer nenhuma decepção".

A Kirsi Products é uma atacadista descentralizada com quatro divisões autônomas. As divisões são avaliadas com base no ROI, com bônus de fim de ano oferecidos aos gerentes divisionais que tiverem o ROI mais alto. A seguir, temos os resultados operacionais da Divisão Oriental da empresa no último ano:

Vendas (US$)	21.000.000
Despesas variáveis (US$)	13.400.000
Margem de contribuição (US$)	7.600.000
Despesas fixas (US$)	5.920.000
Resultado operacional (US$)	1.680.000
Ativos operacionais divisionais (US$)	5.250.000

A empresa teve um ROI geral de 18% no ano passado (considerando todas as divisões). A Divisão Oriental da empresa tem uma oportunidade de adicionar uma nova linha de produtos que exigiria um investimento de US$ 3 milhões. As características de custos e receitas da nova linha de produtos, por ano, seriam as seguintes:

Vendas (US$)	9.000.000
Despesas variáveis	65% das vendas
Despesas fixas (US$)	2.520.000

Requisitado:
1. Calcule o ROI da Divisão Oriental no ano passado, e calcule também qual seria o ROI se a nova linha de produtos fosse adicionada.

2. Se você estivesse na situação de Fred Halloway, você aceitaria ou rejeitaria a nova linha de produtos? Explique.
3. Por que você acha que a sede está ansiosa para a Divisão Oriental adicionar a nova linha de produtos?
4. Suponha que a taxa de retorno mínima requisitada da empresa sobre ativos operacionais seja de 15% e que o desempenho seja avaliado usando o lucro residual.
    a. Calcule o lucro residual da Divisão Oriental do ano anterior, e calcule também qual seria o lucro residual se a nova linha de produtos fosse adicionada.
    b. Sob essas circunstâncias, se você estivesse na situação de Fred Halloway, você aceitaria ou rejeitaria a nova linha de produtos? Explique.

PROBLEMA 11.15 Comparação de desempenho usando o retorno sobre investimentos (ROI) [OA11.1]

A seguir, temos dados comparativos de três empresas da mesma indústria de serviços:

	Empresa A	Empresa B	Empresa C
Vendas (US$)	4.000.000	1.500.000	?
Resultado operacional (US$)	560.000	210.000	?
Ativos operacionais médios (US$)	2.000.000	?	3.000.000
Margem (%)	?	?	3,5
Giro	?	?	2
Retorno sobre investimentos (ROI) (%)	?	7	?

Requisitado:
1. Quais são as vantagens de se decompor o cálculo do ROI em dois elementos separados, margem e giro?
2. Preencha as informações que faltam na tabela e comente sobre o desempenho relativo das três empresas com o máximo de detalhes que os dados permitirem. Faça recomendações específicas sobre como melhorar o ROI.
(FONTE: Adaptado do National Association of Accountants, *Research Report*, n. 35, p. 34.)

PROBLEMA 11.16 Medidas de desempenho de processos internos de negócios [OA11.3]

A MacIntyre Fabrications Ltd., de Aberdeen, Escócia, iniciou recentemente uma campanha de melhoras contínuas juntamente com um primeiro passo rumo à produção enxuta. A gerência desenvolveu novas medidas de desempenho como parte dessa campanha. Os seguintes dados operacionais foram reunidos nos quatro últimos meses:

	Mês 1	Mês 2	Mês 3	Mês 4
Tempo de transformação	?	?	?	?
Eficiência do ciclo de produção	?	?	?	?
Tempo de ciclo do pedido	?	?	?	?
Percentual de entregas no prazo	72%	73%	78%	85%
Total de vendas (unidades)	10.540	10.570	10.550	10.490

A gerência gostaria de saber o tempo de transformação, a eficiência do ciclo de produção e tempo de ciclo do pedido da empresa. Os dados para calcular essas medidas foram reunidos e são exibidos a seguir:

	Mês 1	Mês 2	Mês 3	Mês 4
Tempo de movimentação por unidade, em dias	0,5	0,5	0,4	0,5
Tempo de processamento por unidade, em dias	0,6	0,5	0,5	0,4
Tempo de espera por pedido antes do início da produção, em dias	9,6	8,7	5,3	4,7
Tempo de fila por unidade, em dias	3,6	3,6	2,6	1,7
Tempo de inspeção por unidade, em dias	0,7	0,7	0,4	0,3

Requisitado:
1. Para cada mês, calcule o que se pede:
   a. O tempo de transformação.
   b. A eficiência do ciclo de produção (ECP).
   c. O tempo de ciclo do pedido.
2. Usando as medidas de desempenho dadas no problema e aquelas que você calculou no item (1), identifique se a tendência ao longo dos quatro meses é, de modo geral, favorável, desfavorável, ou mista. Quais áreas aparentemente exigem melhorias e como elas podem ser melhoradas?
3. Volte ao tempo de movimentação, tempo de processamento e assim por diante, relativos ao mês 4.
   a. Suponha que, no mês 5, o tempo de movimentação, o tempo de processamento e assim por diante, sejam os mesmos que no mês 4, exceto se, por meio da implementação da produção enxuta, a empresa seja capaz de eliminar completamente o tempo de fila durante a produção. Calcule o novo tempo de transformação e ECP.
   b. Suponha que, no mês 6, o tempo de movimentação, tempo de processamento e assim por diante, sejam os mesmos que no mês 4, exceto se a empresa seja capaz de eliminar completamente tanto o tempo de fila durante a produção, quanto o tempo de inspeção. Calcule o novo tempo de transformação e ECP.

PROBLEMA 11.17 Construir um *balanced scorecard* [OA11.4]

O resort de esqui Deer Creek foi, por muitos anos, um pequeno resort de propriedade familiar que recebia esquiadores das cidades vizinhas, que vinham passar o dia no local. A Deer Creek foi recentemente adquirida pela Mountain Associates, uma grande operadora de resorts-destino em vários estados do oeste dos Estados Unidos. Os novos proprietários têm planos de transformar o resort em um resort-destino para viajantes que queiram se hospedar por uma semana ou mais. Como parte desse plano, os novos proprietários gostariam de fazer grandes melhorias no Lynx Lair Lodge, o restaurante de *fast-food* do resort, localizado no alto de uma montanha. O cardápio do Lodge é muito limitado – hambúrgueres, cachorros-quentes, *chilli*, sanduíches de atum, batatas fritas e pacotes de biscoitos e salgadinhos. Os proprietários anteriores do resort nunca precisaram melhorar o serviço do Lodge porque há pouca concorrência. Se os esquiadores quiserem almoçar na montanha, as únicas alternativas são o Lynx Lair Lodge ou um lanche trazido de casa.

Como parte do acordo feito ao adquirirem a Deer Creek, a Mountain Associates concordou em reter todos os colaboradores atuais do resort. O gerente do Lodge, embora trabalhador e entusiasmado, tem muito pouca experiência no negócio de restaurantes. O gerente é responsável por selecionar o cardápio, encontrar e treinar colaboradores e supervisionar as operações no dia a dia. A equipe de cozinha prepara os alimentos e lava as louças. A equipe do salão anota os pedidos, servem como operadores de caixa e limpam o salão.

Pouco depois de assumir o Deer Creek, a gerência da Mountain Associates fez uma longa reunião com todos os colaboradores do Lynx Lair Lodge para discutir o futuro do resort de esqui e os planos da gerência para o Lodge. No fim dessa reunião, a alta gerência e os colaboradores do Lodge criaram um *balanced scorecard* para o restaurante, que ajudaria a guiar as operações da próxima estação. Quase todos que participaram da reunião pareciam estar entusiasmados com o *scorecard* e os planos da gerência para o restaurante.

As medidas de desempenho a seguir foram incluídas no *balanced scorecard* do Lynx Lair Lodge:

- Satisfação do cliente com os serviços, medido por pesquisas dos clientes.
- Lucro total do Lynx Lair Lodge.
- Limpeza do salão, classificada por um representante da gerência da Mountain Associates.
- Tempo médio para preparar um pedido.
- Satisfação do cliente com as escolhas disponíveis no cardápio, medida por pesquisas.
- Tempo médio para anotar um pedido.
- Percentual do pessoal da cozinha que conclui um curso de culinária na faculdade comunitária local.
- Vendas.
- Percentual da equipe do salão que conclui um curso sobre hospitalidade na faculdade comunitária local.
- Número de itens no menu.

A Mountain Associates pagará os custos da equipe que fizer cursos na faculdade comunitária local.

Requisitado:
1. Usando as medidas de desempenho acima, construa um *balanced scorecard* para o Lynx Lair Lodge. Use o Quadro 11.5 como um guia. Use setas para mostrar conexões causais e indique com um sinal de (+) ou um (–) se a medida de desempenho deve aumentar ou diminuir.

2. Quais hipóteses são embutidas no *balanced scorecard* do Lynx Lair Lodge? Quais delas você acredita serem as mais questionáveis? Por quê?
3. Como a gerência saberá se uma das hipóteses, por trás dos *balanced scorecard*, é falsa?

PROBLEMA 11.18 Retorno sobre investimentos (ROI) e lucro residual [OA11.1, OA11.2]

Os dados financeiros da Bridger Inc. no ano passado são os seguintes:

Bridger Inc.
Balanço patrimonial (US$)

	Saldo inicial	Saldo final
Ativos		
Caixa	125.000	130.000
Contas a receber	340.000	480.000
Estoques	570.000	490.000
Instalações e equipamentos, líquido	845.000	820.000
Investimento na Brier Company	400.000	430.000
Terrenos (não desenvolvidos)	250.000	250.000
Total ativos	2.530.000	2.600.000
Passivos e patrimônio do acionista		
Contas a pagar	380.000	340.000
Dívidas de longo prazo	1.000.000	1.000.000
Patrimônio do acionista	1.150.000	1.260.000
Total de passivos e patrimônio do acionista	2.530.000	2.600.000

Bridger Inc.
Demonstração de resultados (US$)

Vendas		4.180.000
Despesas operacionais		3.553.000
Resultado operacional		627.000
Juros e impostos:		
Despesas com juros	120.000	
Despesas com impostos	200.000	320.000
Lucro líquido		307.000

A empresa pagou dividendos de US$ 197 mil no ano anterior. O "Investimento na Brier Company" no balanço patrimonial representa um investimento nas ações de outra empresa.

Requisitado:
1. Calcule a margem, giro e retorno sobre investimentos (ROI) da empresa no ano anterior.
2. O conselho de diretoria da Bridger Inc. estabeleceu um retorno mínimo requisitado de 20%. Qual foi o lucro residual da empresa no ano anterior?

PROBLEMA 11.19 Efeitos negativos de algumas medidas de desempenho [OA11.4]

Em geral, há mais de uma maneira de melhorar uma medida de desempenho. Infelizmente, algumas das ações realizadas por gerentes para fazer seu desempenho parecer melhor podem, na verdade, prejudicar a organização. Por exemplo, suponha que o departamento de marketing seja responsabilizado somente por aumentar a medida de desempenho "receita total".

Aumentos na receita total podem ser alcançados trabalhando-se mais e de maneira mais inteligente, mas também podem ser alcançados com um simples corte de preços. O aumento no volume, decorrente do corte de preços, quase sempre resulta em uma receita total maior. No entanto, isso nem sempre leva a lucros totais mais altos. Aqueles que projetam sistemas de mensuração de desempenho precisam ter em mente que gerentes sob pressão, ao buscar a melhora de suas medidas, podem agir de modo a gerar consequências negativas em outros setores.

Requisitado:

Para cada uma das seguintes situações, descreva ações que os gerentes podem realizar para mostrar melhorias nas medidas de desempenho, mas que, na verdade, não levam a melhorias no desempenho geral da organização.

1. Preocupado com o ritmo lento com que novos produtos são lançados no mercado, a alta gerência de uma empresa de produtos de consumo eletrônicos introduziu uma nova medida de desempenho – velocidade de chegada ao mercado. O departamento de pesquisa e desenvolvimento passa a ser o responsável por essa medida, que mede a quantidade média de tempo que um produto passa na fase de desenvolvimento antes de ser colocado à venda no mercado.
2. A presidente-executiva de uma empresa de telefonia tem sofrido pressão pública das autoridades da cidade para consertar o grande número de telefones públicos que não funciona. O pessoal de consertos da empresa reclama que o problema é vandalismo e danos causados por roubos de moedas dos telefones – particularmente em áreas de alta taxa de criminalidade da cidade. A presidente-executiva quer o problema resolvido e prometeu às autoridades da cidade que haverá uma melhoria substancial até o final do ano. Para assegurar que isso seja feito, ela responsabilizou os gerentes encarregados da instalação e manutenção de telefones públicos por aumentar o percentual de telefones públicos que estejam em pleno funcionamento.
3. Uma empresa manufatureira foi muito abalada por deixar cronicamente de expedir os pedidos para os clientes até a data prometida. Para resolver esse problema, o gerente de produção foi responsabilizado por aumentar o percentual de pedidos expedidos no prazo. Quando um cliente liga para fazer um pedido, o gerente de produção e o cliente acertam uma data de entrega. Se o pedido não for concluído até essa data, ele é contado como uma expedição atrasada.
4. Preocupado com a produtividade dos colaboradores, o conselho de diretoria de uma grande corporação multinacional determinou que o gerente de cada subsidiária fosse responsabilizado por aumentar a receita por colaborador de subsidiária.

PROBLEMA 11.20 Análise de retorno sobre investimentos (ROI) [OA11.1]

A seguir, temos a demonstração de resultados com margem de contribuição do último período da Westex Inc.:

A empresa tinha ativos operacionais médios de US$ 500 mil durante o período.

Requisitado:

1. Calcule o retorno sobre investimentos (ROI) da empresa para esse período usando a fórmula do ROI declarada em termos de margem e giro.

Para cada um dos itens a seguir, indique se a margem e o giro aumentarão, diminuirão, ou permanecerão inalteradas em decorrência dos eventos descritos e, então, calcule o novo valor do ROI. Considere cada item, separadamente, começando cada caso com o ROI original, calculado no item (1).

2. A empresa alcança uma economia de US$ 10 mil por período, usando materiais mais baratos.
3. Usando a produção enxuta, a empresa consegue reduzir o nível médio de estoques em US$ 100 mil. (Os fundos liberados são usados para pagar empréstimos bancários.)
4. As vendas aumentam em US$ 100 mil. Os ativos operacionais permanecem inalterados.
5. A empresa emite títulos de dívida e usa os resultados financeiros para comprar US$ 125 mil em máquinas e equipamentos no início do período. Os juros sobre os títulos de dívida são de US$ 15 mil por período. As vendas permanecem inalteradas. Os equipamentos novos, mais eficientes, reduzem os custos de produção em US$ 5 mil por período.
6. A empresa investe US$ 180 mil em caixa (recebidos de "contas a receber") em um terreno que será mantido para que, no futuro, possa ser usado como área de construção de uma fábrica.
7. Estoques obsoletos, mantidos em livros contábeis a um custo de US$ 20 mil, são destruídos e registrados como um prejuízo.

PROBLEMA 11.21 Criar um *balanced scorecard* que dê suporte a diferentes estratégias [OA11.4]

O Midwest Consulting Group (MCG) ajuda empresas a construírem *balanced scorecards*. Como parte de seus esforços de marketing, a MCG realiza um workshop anual sobre *balanced scorecards* para possíveis clientes. Como o mais novo colaborador da MCG, sua chefe pediu que você participasse do workshop deste ano, explicando aos participantes como a estratégia de uma empresa determina as medidas que são apropriadas para seus *scorecards*. Sua chefe lhe forneceu os trechos a seguir, retirados dos relatórios anuais de dois clientes da MCG. Ela pediu que você usasse esses trechos na sua parte do workshop.

Trecho retirado do relatório anual da Applied Pharmaceuticals:

> "O segredo do nosso negócio é fazer lançamentos consistentes e rápidos de novos produtos e manter a integridade no processo de produção. O lado da equação dos lançamentos de produtos depende do rendimento da pesquisa e desenvolvimento (por exemplo, o número de compostos medicamentosos comercializáveis em relação ao número total de possíveis compostos que se pretendeu criar). Procuramos otimizar o rendimento de nossa P&D e nossa capacidade de sermos os primeiros a comercializar um produto (*first-to-market*) investindo em tecnologia de última geração, contratando o maior percentual possível dos melhores e mais inteligentes engenheiros e oferecendo treinamento de alta qualidade a esses engenheiros. A integridade no processo de produção envolve estabelecer especificações de qualidade de alto nível e, então, envolver-se incessantemente em atividades de prevenção e avaliação para minimizar as taxas de defeitos. Nossos clientes têm que estar conscientes e ter respeito por nossa imagem de sermos 'os primeiros a comercializar um produto e os primeiros em qualidade'. Se conseguirmos cumprir essa promessa para nossos clientes, nossa meta financeira de aumentar nossos retornos sobre o patrimônio do acionista acontecerá naturalmente".

Trecho retirado do relatório anual do Destination Resorts International:

> "O sucesso ou fracasso do negócio depende da qualidade do serviço que nossos colaboradores de linha de frente prestam aos clientes. Portanto, é imperativo que nos esforcemos para manter em alta o moral dos colaboradores e minimizar sua rotatividade. Além disso, é fundamental que treinemos nossos colaboradores para que eles usem a tecnologia de modo a criar uma experiência consistente em todo o mundo para nossos clientes fiéis. Uma vez que um colaborador tenha colocado uma preferência de um cliente (fornecer dois travesseiros extras no quarto, levar café recém-preparado para o quarto às 8h etc.) em nosso banco de dados, nossa força de trabalho em todo o mundo terá que se esforçar para que esse cliente nunca mais precise repetir essa preferência em nenhum de nossos resorts-destino. Se treinarmos adequadamente e retivermos uma força de trabalho motivada, é provável notarmos melhorias contínuas em nosso percentual de *check-ins* de clientes fiéis livres de erros, no tempo levado para resolver reclamações dos clientes e na limpeza de nossos quartos, avaliada de forma independente. Isso, por sua vez, deverá determinar melhorias em nossa retenção de clientes, que é o segredo para cumprir nossas metas de crescimento das receitas".

Requisitado:

1. Com base nos trechos anteriores, compare e contraste as estratégias da Applied Pharmaceuticals e da Destination Resorts International.
2. Selecione medidas de desempenho para os *balanced scorecards* de cada empresa e faça a conexão entre as medidas usando o modelo do Quadro 11.5. Use setas para mostrar as conexões causais entre as medidas de desempenho e mostre se a medida de desempenho deve aumentar ou diminuir ao longo do tempo. Se for o caso, crie medidas que possam não ter sido especificamente mencionadas no capítulo, mas que façam sentido, dadas as metas estratégicas da empresa.
3. Quais hipóteses são embutidas em cada um dos *balanced scorecards*? Por que as hipóteses diferem entre as duas empresas?

PROBLEMA 11.22 Medidas de desempenho dos processos internos de negócios [OA11.3]

A Exeter Corporation iniciou recentemente uma campanha de melhorias contínuas. Em decorrência disso, houve muitas mudanças nos procedimentos operacionais. O progresso tem sido lento, particularmente em relação à tentativa de desenvolver novas medidas de desempenho para a fábrica.

Capítulo **11** ▶▶ Mensuração de desempenho em organizações descentralizadas

A gerência levantou os seguintes dados nos quatro últimos meses:

	Mês			
	1	2	3	4
Medidas de controle de qualidade:				
Reclamações dos clientes como um percentual de unidades vendidas....................	1,4%	1,3%	1,1%	1%
Solicitações de uso da garantia como um percentual de unidades vendidas	2,3%	2,1%	2%	1,8%
Defeitos como um percentual de unidades produzidas...............	4,6%	4,2%	3,7%	3,4%
Medidas de controle de materiais:				
Sucateamento como um percentual do custo total	3,2%	2,9%	3%	2,7%
Medidas de desempenho das máquinas:				
Percentual de disponibilidade das máquinas...........................	80%	82%	81%	79%
Uso como um percentual da disponibilidade	75%	73%	71%	70%
Tempo médio de configuração (horas)	2,7	2,5	2,5	2,6
Medidas de desempenho das entregas:				
Tempo de transformação...	?	?	?	?
Eficiência do ciclo de produção...	?	?	?	?
Tempo de ciclo do pedido...	?	?	?	?
Percentual de entregas no prazo...	84%	87%	91%	95%

O presidente participou de conferências nas quais foi ressaltada a importância do tempo de transformação, da eficiência do ciclo de produção e do tempo de ciclo do pedido, mas ninguém na empresa tem certeza de como essas medidas são calculadas. Os dados para calcular essas medidas foram reunidos e são exibidos a seguir:

	Mês			
	1	2	3	4
Tempo de espera por pedido antes do início da produção, em dias	16,7	15,2	12,3	9,6
Tempo de inspeção por unidade, em dias	0,1	0,3	0,6	0,8
Tempo de processamento por unidade, em dias......................................	0,6	0,6	0,6	0,6
Tempo de fila por unidade, em dias..	5,6	5,7	5,6	5,7
Tempo de movimentação por unidade, em dias..	1,4	1,3	1,3	1,4

Requisitado:
1. Para cada mês, calcule as seguintes medidas de desempenho operacional:
    a. Tempo de transformação.
    b. Eficiência do ciclo de produção (ECP).
    c. Tempo de ciclo do pedido.
2. Usando as medidas de desempenho dadas no problema e aquelas que você calculou no item (1), faça o que se pede:
    a. Identifique áreas em que a empresa pareça precisar melhorar.
    b. Identifique áreas em que a empresa pareça estar deteriorando ou estagnada.
    c. Explique por que você acha que algumas áreas específicas estão melhorando enquanto outras não estão.
3. Volte ao tempo de movimentação, tempo de processamento e assim por diante, dados na tabela para o mês 4.
    a. Suponha que, no mês 5, o tempo de movimentação, tempo de processamento e assim por diante, sejam iguais aos do mês 4, exceto se por meio da implementação da produção enxuta, a empresa tenha conseguido eliminar completamente o tempo de fila durante a produção. Calcule o novo tempo de transformação e a ECP.
    b. Suponha que, no mês 6, o tempo de movimentação, tempo de processamento e assim por diante, sejam iguais aos do mês 4, exceto se a empresa conseguir eliminar totalmente o tempo de fila durante a produção e o tempo de inspeção. Calcule o novo tempo de transformação e a ECP.

CASO

Consulte no *site* <www.grupoa.com.br> os suplementos para esta seção.

CASO 11.23 *Balanced scorecards* [OA11.4]

A Weierman Department Store está localizada no centro de uma cidade de médio porte no Centro-Oeste dos Estados Unidos. Embora a loja tenha sido lucrativa por muitos anos, enfrenta uma concorrência cada vez maior de grandes cadeias nacionais que abriram lojas nos subúrbios da cidade. Há pouco tempo, a área do centro da cidade tem passado por uma revitalização e os proprietários da Weierman Department Store estão bastante otimistas de que a loja possa voltar a ser lucrativa.

Na tentativa de acelerar o retorno à lucratividade, a gerência da Weierman Department Store está no processo de criar um *balanced scorecard* para a empresa. A gerência acredita que a empresa deve se concentrar em dois problemas principais. Em primeiro lugar, os clientes estão levando cada vez mais tempo para pagar as contas que fazem com o cartão de crédito da loja de departamento e a loja está com mais dívidas ruins do que o normal para a indústria. Se esse problema fosse solucionado, a empresa teria mais dinheiro em caixa para fazer reformas muito necessárias.

Investigações revelaram que grande parte do problema com os pagamentos atrasados e as contas não pagas é, aparentemente, por causa das faturas contestadas, resultantes de cobranças incorretas nas faturas dos clientes. Essas cobranças incorretas normalmente ocorrem porque os vendedores anotam dados incorretamente no recibo de cobrança. Em segundo lugar, a empresa tem incorrido em grandes prejuízos em vestimentas sazonais que não são vendidas. Esses itens são, em geral, revendidos com uma parcela de prejuízo para lojas de desconto especializadas em itens problemáticos.

A reunião em que o *balanced scorecard* foi discutido foi desorganizada e mal orientada talvez porque ninguém além dos vice-presidentes havia lido algo sobre como criar um *balanced scorecard*. No entanto, diversas medidas possíveis de desempenho foram sugeridas por vários gerentes. Tais medidas de desempenho são:

Medidas de desempenho sugeridas por vários gerentes:

- Receita total de vendas.
- Percentual de vendedores treinados para anotar corretamente os dados nos recibos de cobrança.
- Satisfação do cliente com a precisão das faturas, retirada das pesquisas mensais realizadas com os clientes.
- Vendas por colaborador.
- Despesas de viagens para compradores irem a desfiles de moda.
- Giro médio das contas a receber.
- Cortesia apresentada por membros da equipe recém-contratados aos membros mais antigos, baseada em pesquisas realizadas com os colaboradores antigos.
- Estoques não vendidos no final da estação como um percentual do custo total das vendas.
- Vendas por metro quadrado de espaço da fábrica.
- Percentual de fornecedores que fazem entregas no prazo.
- Qualidade da comida na cafeteria da equipe com base em pesquisas realizadas com a equipe.
- Contas a receber não pagas (dívidas ruins) como um percentual das vendas.
- Percentual de faturas de cobrança contendo erros.
- Percentual de colaboradores que participou do workshop sobre diversidade cultural da cidade.
- Lucro total.
- Lucro por colaborador.

Requisitado:

1. Como alguém com mais conhecimentos sobre o assunto do que quase todos da empresa, você foi solicitado a construir um *balanced scorecard* integrado. Em seu *scorecard*, use apenas as medidas de desempenho sugeridas pelos gerentes. Você não tem que usar todas as medidas de desempenho sugeridas pelos gerentes, mas deve construir um *scorecard* que revele uma estratégia para lidar com os problemas das contas a receber e com as mercadorias não vendidas. Construa o *scorecard* seguindo o formato usado no Quadro 11.5. Não fique preocupado apenas se determinada medida de desempenho se enquadra na perspectiva de aprendizagem e crescimento, de processos internos de negócios, de clientes, ou financeira, mas mostre claramente as conexões causais entre as medidas de desempenho, com setas, e se as medidas de desempenho devem aumentar ou diminuir.
2. Suponha que a empresa adote seu *balanced scorecard*. Depois de operar por um ano, ocorrem melhorias em algumas medidas de desempenho, mas não em outras. Qual deve ser o próximo passo da gerência?

Capítulo 11 ▶▶ Mensuração de desempenho em organizações descentralizadas

3. a. Suponha que os clientes expressem uma maior satisfação com a precisão de suas faturas de cobranças, mas que as medidas de desempenho do giro médio das contas a receber e de dívidas ruins não melhorem. Explique por que isso, talvez, possa acontecer.
   b. Suponha que as medidas de desempenho do giro médio das contas a receber, de dívidas ruins e de estoques não vendidos melhorem, mas o lucro total, não. Explique por que isso talvez possa acontecer. Suponha, em sua resposta, que a explicação se encontre na própria empresa.

APÊNDICE 11A: PREÇOS DE TRANSFERÊNCIA

Muitas vezes, algumas divisões de uma empresa fornecem produtos e serviços a outras divisões da mesma empresa. Por exemplo, a divisão de caminhões da **Toyota** fornece caminhões a outras divisões da Toyota para serem usados em suas operações. Quando as divisões são avaliadas com base em seu lucro, ROI, ou lucro residual, tem que ser estabelecido um preço para essa transferência, caso contrário, a divisão que produz o produto ou serviço não receberá nenhum crédito por ele.

O preço, nessas situações, é chamado de preço de transferência. Um **preço de transferência** é o preço cobrado quando um segmento de uma empresa fornece produtos ou serviços para outro segmento da mesma empresa. Por exemplo, a maioria das empresas da indústria petrolífera, como a **Shell**, tem divisões de refino de petróleo e de vendas a varejo que são avaliadas com base no ROI ou lucro residual.

A divisão de refino de petróleo processa o petróleo bruto em gasolina, querosene, lubrificantes e outros produtos finais. A divisão de vendas a varejo pega a gasolina e outros produtos da divisão de refino e os vende para toda a cadeia de postos de serviço da empresa. Cada produto tem um preço para transferências dentro da empresa.

Suponha que o preço de transferência da gasolina seja de US$ 0,80 por galão. Então a divisão de refino recebe um crédito de US$ 0,80 por galão em receitas no relatório de seu segmento e a divisão de varejo deve deduzir US$ 0,80 por galão como uma despesa no relatório de seu segmento. Obviamente, a divisão de refino gostaria que o preço de transferência fosse o mais alto possível, enquanto a divisão de varejo gostaria que o preço de transferência fosse o mais baixo possível. No entanto, a transação não tem nenhum efeito direto dobre o lucro divulgado de toda a empresa. É como tirar dinheiro de um bolso e colocar no outro.

Os gerentes são muito interessados em como os preços de transferência são determinados, pois eles podem ter um efeito drástico sobre a lucratividade divulgada de suas divisões. São usadas três abordagens comuns para determinar preços de transferência:

1. Permitir que os gerentes envolvidos na transferência negociem o preço de transferência.
2. Determinar preços de transferência a preço de custo, usando custos variáveis ou custos totais (por absorção).
3. Determinar preços de transferência a preço de mercado.

Consideraremos cada um desses métodos de determinação de preços de transferência separadamente, começando com os preços de transferência negociados. No decorrer da discussão, tenha em mente que o objetivo fundamental ao determinar preços de transferência é motivar os gerentes a agirem pelo interesse da empresa como um todo. Do contrário, ocorre uma **subotimização** quando os gerentes não agem pelo interesse da empresa como um todo ou mesmo pelo interesse de sua própria divisão.

Preços de transferência negociados

Um **preço de transferência negociado** resulta de discussões entre as divisões de compra e venda. Os preços de transferência negociados apresentam diversas vantagens importantes. Em primeiro lugar, essa abordagem preserva a autonomia das divisões e é consistente com o espírito da descentralização. Em segundo lugar, os gerentes das divisões provavelmente têm informações muito melhores sobre os custos e benefícios potenciais da transferência do que outros funcionários na empresa.

▶ **Preço de transferência**

preço cobrado quando uma divisão ou segmento fornece produtos ou serviços para outra divisão ou segmento de uma organização.

▶ **Subotimização**

nível geral de lucros que é mais baixo do que um segmento ou uma empresa pode obter.

▶ **Preço de transferência negociado**

preço de transferência acordado entre as divisões compradora e vendedora.

▶▶ OA11.5

(Apêndice 11A) Determinar a faixa, se houver, dentro da qual um preço de transferência negociado deve se enquadrar.

Quando são usados preços de transferência negociados, os gerentes envolvidos em uma transferência proposta, dentro da empresa, reúnem-se para discutir os termos e condições da transferência. Eles podem decidir por não realizá-la, mas se o fizerem, eles devem chegar a um acordo quanto ao preço de transferência. De modo geral, não podemos prever qual será esse preço de transferência acordado. Entretanto, podemos confiantemente prever duas coisas: (1) a divisão vendedora concordará com a transferência somente se seus lucros aumentarem em decorrência da transferência e (2) a divisão compradora concordará com a transferência somente se os seus lucros também aumentarem em decorrência dela. Isso pode parecer óbvio, mas é uma questão importante.

É claro que, se o preço de transferência estiver abaixo do custo da divisão vendedora, ela incorrerá em um prejuízo na transação e recusará a realizá-la. Da mesma forma, se o preço de transferência for determinado alto demais, será impossível para a divisão compradora obter qualquer lucro com o item transferido. Para qualquer transferência proposta, o preço de transferência possui tanto um limite inferior (determinado pela situação da divisão vendedora) quanto um limite superior (determinado pela situação da divisão compradora). O preço real de transferência, acordado pelos gerentes das duas divisões, pode cair em qualquer ponto entre esses dois limites. Esses limites determinam a **faixa de preços de transferências aceitáveis** – a faixa de preços de transferência dentro da qual os lucros de ambas as divisões que participam de uma transferência aumentariam.

Um exemplo nos ajudará a compreender os preços de transferência negociados. A Harris & Louder Ltd. é proprietária de restaurantes de *fast-food* e fabricantes de petiscos e bebidas no Reino Unido. Um desses estabelecimentos, o Pizza Maven, serve diversas bebidas que acompanham suas pizzas. Uma das bebidas é a cerveja de gengibre, que é servida diretamente do barril. A Harris & Louder acaba de adquirir uma nova divisão, a Imperial Beverages, que produz cerveja de gengibre. O diretor administrativo da Imperial Beverages procurou o diretor administrativo da Pizza Maven para sugerir que a Imperial Beverages comprasse sua cerveja de gengibre para vender nos restaurantes da Pizza Maven em vez da marca habitual dessa cerveja. Os gerentes da Pizza Maven concordam que a qualidade da cerveja de gengibre da Imperial Beverages é comparável à qualidade de sua marca regular. É apenas uma questão de preço. A seguir, temos os dados necessários (a moeda neste exemplo é a libra esterlina, denotada por £):

> ▶ **Faixa de preços de transferência aceitáveis**
>
> faixa de preços de transferência dentro da qual os lucros tanto da divisão vendedora quanto da divisão compradora aumentariam em decorrência de uma transferência.

Imperial Beverages:	
Capacidade de produção de cerveja de gengibre por mês	10.000 barris
Custos variáveis por barril de cerveja de gengibre (£)	8 por barril
Custos fixos por mês (£)	70.000
Preço de venda da cerveja de gengibre da Imperial Beverages no mercado externo (£)	20 por barril
Pizza Maven:	
Preço de compra da marca comum de cerveja de gengibre (£)	18 por barril
Consumo mensal de cerveja de gengibre	2.000 barris

Preço de transferência mínimo aceitável para a divisão vendedora

A divisão vendedora, a Imperial Beverages, estará interessada em uma transferência somente se o seu lucro aumentar. Claramente, o preço de transferência não pode cair abaixo dos custos variáveis por barril, de £ 8. E, se a Imperial Beverages não tiver capacidade suficiente para atender ao pedido da Pizza Maven, além de manter seus clientes regulares, ela teria que sacrificar parte de suas vendas regulares.

A Imperial Beverages esperaria ser compensada pela margem de contribuição de quaisquer vendas perdidas. Em suma, se a transferência não tiver nenhum efeito sobre os custos fixos, então, do ponto de vista da divisão vendedora, o preço de transferência tem que abranger tanto os custos variáveis de produzir as unidades transferidas quanto quaisquer custos de oportunidade das vendas perdidas.

Capítulo 11 ▸▸ Mensuração de desempenho em organizações descentralizadas

Perspectiva do vendedor:

$$\text{Preço de transferência} \geq \text{Custos variáveis por unidade} + \frac{\text{Margem de contribuição total de vendas perdidas}}{\text{Número de unidades transferidas}}$$

Preço de transferência máximo aceitável pela divisão compradora A divisão compradora, a Pizza Maven, estará interessada em uma transferência somente se o lucro aumentar. Em casos como esse, em que uma divisão compradora possui um fornecedor externo, a decisão é simples: comprar do fornecedor interno se o preço for menor do que o preço oferecido pelo fornecedor externo.

Perspectiva do comprador:

Preço de transferência ≤ Custos de comprar do fornecedor externo

Ou, se não existir fornecedor externo:

$$\text{Preço de transferência} \leq \text{Lucro a ser obtido por unidade vendida (sem incluir o preço de transferência)}$$

Consideraremos diferentes situações hipotéticas e veremos qual seria a faixa de preços de transferência aceitável em cada situação.

Divisão vendedora possui capacidade ociosa Suponha que a Imperial Beverages tenha capacidade ociosa suficiente para satisfazer a demanda da Pizza Maven por cerveja de gengibre sem sacrificar as vendas dessa cerveja para seus clientes regulares. Para ser específico, suponha que a Imperial Beverages venda apenas 7 mil barris de cerveja de gengibre por mês no mercado externo, o que deixa uma capacidade não utilizada de 3 mil barris por mês – mais do que o suficiente para satisfazer a necessidade da Pizza Maven de 2 mil barris por mês. Qual faixa de preços de transferência, se houver, melhoraria a situação das duas divisões com a transferência de 2 mil barris por mês?

1. A divisão vendedora, a Imperial Beverages, estará interessada na transferência somente se:

$$\text{Preço de transferência} \geq \text{Custos variáveis por unidade} + \frac{\text{Margem de contribuição total de vendas perdidas}}{\text{Número de unidades transferidas}}$$

Como a Imperial Beverages possui capacidade ociosa suficiente, não há perda de vendas no mercado externo. E como os custos variáveis por unidade são de £ 8, o preço mínimo de transferência aceitável para a divisão vendedora são de £ 8.

$$\text{Preço de transferência} \geq £\,8 + \frac{£\,0}{2.000} = £\,8$$

2. A divisão compradora, a Pizza Maven, pode comprar cerveja de gengibre similar de um fornecedor externo por £ 18. Portanto, a Pizza Maven não estaria disposta a pagar mais de £ 18 por barril pela cerveja de gengibre da Imperial Beverages.

$$\text{Preço de transferência} \leq \text{Custos para comprar do fornecedor externo} = £\,18$$

3. Combinando as exigências de ambas as divisões, a faixa de preços de transferência aceitáveis nessa situação é:

$$£\,8 \leq \text{Preço de transferência} \leq £\,18$$

CONTABILIDADE GERENCIAL

Supondo que os gerentes compreendam seus próprios negócios, e que sejam cooperativos, eles devem conseguir entrar em um acordo quanto a um preço de transferência dentro dessa faixa.

Divisão vendedora não possui nenhuma capacidade ociosa Considere que a Imperial Beverages não possua capacidade ociosa, ou seja, vende 10 mil barris de cerveja de gengibre por mês no mercado externo a £ 20 por barril. Para atender ao pedido da Pizza Maven, a Imperial Beverages teria que desviar 2 mil barris de seus clientes regulares. Qual faixa de preços de transferência, se houver, beneficiaria ambas as divisões transferindo os 2 mil barris dentro da empresa?

1. A divisão vendedora, a Imperial Beverages, estará interessada na transferência somente se:

$$\frac{\text{Preço de}}{\text{transferência}} \geq \frac{\text{Custos variáveis}}{\text{por unidade}} + \frac{\text{Margem de contribuição total de vendas perdidas}}{\text{Número de unidades transferidas}}$$

Como a Imperial Beverages não possui capacidade ociosa, há perda de vendas externas. A margem de contribuição, por barril, dessas vendas externas é de £ 12 (£ 20 – £ 8).

$$\text{Preço de transferência} \geq £ 8 + \frac{(£ 20 - £ 8) \times 2.000}{2.000} = £ 8 + (£ 20 - £ 8) = £ 20$$

Assim, no que diz respeito à divisão vendedora, o preço de transferência tem que, pelo menos, cobrir a receita das vendas perdidas, que é de £ 20 por barril. Isso faz sentido, pois o custo de produzir os 2 mil barris é o mesmo, sejam eles vendidos no mercado interno ou no mercado externo. A única diferença é que a divisão vendedora perde a receita de £ 20 por barril se ela transferir os barris para a Pizza Maven.

2. Como antes, a divisão compradora, a Pizza Maven, não estaria disposta a pagar mais do que os £ 18 por barril que já paga por uma cerveja de gengibre similar de seu fornecedor regular.

$$\text{Preço de transferência} \leq \text{Custos para comprar do fornecedor externo} = £ 18$$

3. Assim, a divisão vendedora insistiria em um preço de transferência de, no mínimo, £ 20. Mas a divisão compradora recusaria qualquer preço de transferência acima de £ 18. É impossível satisfazer ambas as divisões simultaneamente, pois não há como elas acordarem um preço de transferência e, então, não ocorrerá transferência. Isso é bom? A resposta é sim. Do ponto de vista da empresa, como um todo, a transferência não faz sentido. Por que abrir mão de vendas de £ 20 para economizar custos de £ 18?

Portanto, o preço de transferência é um mecanismo para compartilhar entre as duas divisões sobre qualquer lucro que a empresa, como um todo, obtenha em decorrência da transferência. Se a empresa perder dinheiro com a transferência, não haverá lucro para ser compartilhado e será impossível que as duas divisões cheguem a um acordo.

Todavia, se a empresa, como um todo, ganha dinheiro com a transferência, haverá um lucro a ser compartilhado e sempre será possível que as duas divisões encontrem um preço de transferência que agrade e aumente os lucros de ambas as divisões. Se a torta for maior, sempre é possível dividi-la de forma que todos ganhem um pedaço maior.

Divisão vendedora possui alguma capacidade ociosa Suponha agora que a Imperial Beverages venda 9 mil barris de cerveja de gengibre por mês, no mercado externo. A Pizza Maven só pode vender um tipo de cerveja de gengibre diretamente do barril, ou seja, não pode comprar mil barris da Imperial Beverages e mil barris de seu fornecedor regular, mas tem que comprar toda a sua cerveja de gengibre de um único fornecedor.

Para atender todo o pedido de 2 mil barris por mês da Pizza Maven, a Imperial Beverages teria que desviar mil barris de seus clientes regulares, que pagam £ 20 por barril.

Os outros mil barris podem ser produzidos usando-se a capacidade ociosa. Qual faixa de preços de transferência, se houver, beneficiaria ambas as divisões, transferindo os 2 mil barris dentro da empresa?

1. Como antes, a divisão vendedora, a Imperial Beverages, insistirá em um preço de transferência que pelo menos cubra seus custos variáveis e custos de oportunidade:

$$\text{Preço de transferência} \geq \text{Custos variáveis por unidade} + \frac{\text{Margem de contribuição total de vendas perdidas}}{\text{Número de unidades transferidas}}$$

Como a Imperial Beverages não possui capacidade ociosa suficiente para atender todo o pedido de 2 mil barris, há perda de vendas externas. A margem de contribuição por barril dos mil barris de vendas externas perdidas é de £ 12 (£ 20 – £ 8).

$$\text{Preço de transferência} \geq £\,8 + \frac{(£\,20 - £\,8) \times 1.000}{2.000} = £\,8 + £\,6 = £\,14$$

Assim, no que diz respeito à divisão vendedora, o preço de transferência tem que cobrir os custos variáveis de £ 8, mas o custo de oportunidade médio das vendas perdidas é de £ 6.

2. Como antes, a divisão compradora, a Pizza Maven, não estaria disposta a pagar mais do que os £ 18 por barril, que já paga ao seu fornecedor regular.

$$\text{Preço de transferência} \leq \text{Custos de comprar do fornecedor externo} = £\,18$$

3. Combinando as exigências de ambas as divisões, a faixa de preços de transferências aceitáveis é:

$$£\,14 \leq \text{Preço de transferência} \leq £\,18$$

Novamente, supondo que os gerentes compreendam seus próprios negócios, e que sejam cooperativos, eles devem ser capazes de chegar a um acordo quanto ao preço de transferência dentro dessa faixa.

Sem fornecedor externo   Se a Pizza Maven não possui fornecedor externo para a cerveja de gengibre, o preço máximo que a divisão compradora estaria disposta a pagar dependerá de quanto a divisão compradora espera ganhar sobre as unidades transferidas – excluindo-se o preço de transferência. Se, por exemplo, a Pizza Maven espera ganhar £ 30 por barril de cerveja de gengibre, depois de pagar suas próprias despesas, então, ela deve estar disposta a pagar até £ 30 por barril à Imperial Beverages. Lembre-se, no entanto, de que isso supõe que a Pizza Maven não possa comprar cerveja de gengibre de outras fontes.

Avaliação de preços de transferência negociados   Como discutido antes, se uma transferência dentro da empresa resultasse em lucros gerais mais altos para ela, sempre haveria uma faixa de preços de transferências dentro da qual tanto a divisão vendedora quanto a compradora teriam lucros mais altos e entrariam em acordo quanto à transferência. Portanto, se os gerentes compreenderem seus próprios negócios e forem cooperativos, sempre conseguirão fazer um acordo sobre um preço de transferência se for do interesse da empresa que eles o façam.

Infelizmente, nem todos os gerentes compreendem seus próprios negócios e nem todos são cooperativos. Como resultado, as negociações geralmente são abandonadas mesmo quando seria do interesse dos gerentes chegar a um acordo. Às vezes, a culpa é da maneira como esses profissionais são avaliados. Se os gerentes forem comparados uns aos outros em vez de ao seu próprio desempenho passado ou a parâmetros razoáveis, é quase garantido que se estabeleça uma atmosfera não cooperativa. No entanto, mesmo com o melhor sistema de avaliação de desempenho, algumas pessoas por natureza não são cooperativas.

Dados os conflitos que com frequência acompanham o processo de negociação, muitas empresas contam com outro meio de determinar preços de transferência. Infelizmente, como veremos adiante, todas as alternativas aos preços de transferência negociados apresentam sérias desvantagens.

Transferências a preço de custo para a divisão vendedora

Muitas empresas determinam os preços de transferências como iguais aos seus custos variáveis ou aos seus custos totais (por absorção) incorridos pela divisão vendedora. Embora a abordagem de custos para determinar preços de transferência seja relativamente simples de aplicar, ela possui alguns grandes problemas.

Em primeiro lugar, o uso de custos – em especial os custos totais – como um preço de transferência pode levar a más decisões e, assim, à subotimização. Voltemos ao exemplo envolvendo a cerveja de gengibre. Os custos totais da cerveja de gengibre nunca podem ser menores do que £ 15 por barril (£ 8 por barril em custos variáveis + £ 7 por barril em custos fixos, na capacidade máxima). E se o custo de comprar a cerveja de gengibre de um fornecedor externo fosse menos de £ 15 – por exemplo, £ 14 por barril? Se o preço de transferência fosse determinado como igual aos custos totais, a Pizza Maven nunca desejaria comprar cerveja de gengibre da Imperial Beverages, pois ela poderia comprar sua cerveja de gengibre de um fornecedor externo por um preço mais baixo. Entretanto, do ponto de vista da empresa como um todo, a cerveja de gengibre deve ser transferida da Imperial Beverages à Pizza Maven sempre que a Imperial Beverages tiver capacidade ociosa. Por quê? Porque, quando a Imperial Beverages possui capacidade ociosa, custa à empresa apenas £ 8 em custos variáveis para produzir um barril de cerveja de gengibre, mas comprar de fornecedores externos custa £ 14 por barril.

Em segundo lugar, se o custo for usado como preço de transferência, a divisão vendedora nunca terá lucro em nenhuma transferência interna. A única divisão que terá lucro será a divisão que fizer a venda final a terceiros.

Em terceiro lugar, preços baseados em custos não oferecem incentivos para controlar os custos. Se os custos reais de uma divisão forem simplesmente repassados à divisão seguinte, haverá pouco incentivo para qualquer um reduzir custos. Esse problema pode ser superado usando-se custos-padrão em vez de custos reais para os preços de transferência.

Apesar dessas deficiências, os preços de transferência baseados em custos são muitas vezes usados na prática. Seus defensores afirmam que eles são bem compreendidos e convenientes de serem usados.

Transferências a preço de mercado

▶ **Preço de mercado**

preço cobrado por um item no mercado aberto.

Alguma forma de **preço de mercado** competitivo (ou seja, o preço cobrado por um item no mercado aberto) às vezes é defendida como a melhor abordagem para o problema da determinação do preço de transferência – em especial se as negociações do preço de transferência sofrem dificuldades.

A abordagem do preço de mercado serve para situações em que há um mercado externo para o produto ou serviço transferido; o produto ou serviço é vendido em sua presente forma para clientes externos. Se a divisão vendedora não possui capacidade ociosa, o preço de mercado é a escolha correta para o preço de transferência. Isso porque, da perspectiva da empresa, o custo real da transferência é o custo de oportunidade da receita perdida com a venda externa. Independentemente de um item ser transferido internamente ou vendido no mercado externo, os custos de produção são os mesmos. Se o preço de mercado for usado como o preço de transferência, o gerente da divisão vendedora não perderá nada fazendo a transferência e o gerente da divisão compradora receberá o sinal certo sobre quanto realmente custa à empresa fazer a transferência.

Embora o preço de mercado funcione bem quando a divisão vendedora não possui capacidade ociosa, ocorrem dificuldades quando a divisão vendedora possui capacidade ociosa. Voltando mais uma vez ao exemplo da cerveja de gengibre, o preço de mercado

Capítulo **11** ▸▶ Mensuração de desempenho em organizações descentralizadas

externo da cerveja de gengibre produzida pela Imperial Beverages é de £ 20 por barril. Entretanto, a Pizza Maven pode comprar a quantidade de cerveja de gengibre que ela quiser de fornecedores externos por £ 18 por barril. Por que a Pizza Maven compraria da Imperial Beverages se ela fosse forçada a pagar o preço de mercado da Imperial Beverages? Em alguns esquemas de determinação de preços de transferência baseada em preços de mercado, o preço de transferência seria baixado para £ 18, que é o preço de mercado do fornecedor externo e a Pizza Maven seria direcionada a comprar da Imperial Beverages enquanto a empresa estivesse disposta a vender. Esse esquema pode funcionar razoavelmente bem, mas um problema é que os gerentes da Pizza Maven considerarão o custo da cerveja de gengibre como £ 18 em vez de £ 8, que é o custo real para a empresa quando a divisão vendedora possui capacidade ociosa. Como resultado, os gerentes da Pizza Maven tomarão decisões de preço e outras decisões baseados em um custo incorreto.

Infelizmente, nenhuma das soluções possíveis para o problema do preço de transferência é perfeita – nem mesmo os preços de transferência baseados no mercado.

Autonomia divisional e subotimização

Os princípios da descentralização sugerem que as empresas devem dar autonomia aos seus gerentes para determinarem preços de transferência e para decidirem se devem vender interna ou externamente. Pode ser muito difícil para os altos gerentes aceitarem esse princípio quando seus gerentes subordinados estão a ponto de tomar uma decisão subótima. Entretanto, se a alta gerência intervier, a finalidade da descentralização será eliminada. Além disso, para impor o preço de transferência correto, os altos gerentes deveriam saber detalhes sobre o mercado externo das divisões compradora e vendedora, além de seus custos variáveis e sua utilização de capacidade. Toda a premissa da descentralização é que os gerentes locais têm acesso a informações melhores para a tomada de decisões operacionais do que os altos gerentes na sede corporativa.

É claro que, se o gerente de uma divisão consistentemente tomar decisões subótimas, o desempenho da divisão cairá. A remuneração do gerente ofensor será adversamente afetada e será menos provável que ele seja promovido. Assim, um sistema de avaliação de desempenho baseado em lucros divisionais, ROI ou lucro residual fornece algumas verificações e contrapesos embutidos nele mesmo. No entanto, se os altos gerentes desejam criar uma cultura de autonomia e responsabilidade independente pelos lucros, têm de permitir que seus gerentes subordinados controlem seu próprio destino – mesmo ao ponto de dar aos seus gerentes o direito de cometerem erros.

Aspectos internacionais do preço de transferência

Os objetivos de determinar preços de transferência mudam quando uma corporação multinacional está envolvida e os produtos e serviços são transferidos cruzando fronteiras internacionais. Nesse contexto, os objetivos da determinação de preços de transferência internacional se concentram em minimizar impostos, tarifas e riscos cambiais, com a melhoria da posição competitiva da empresa e de suas relações com governos estrangeiros. Embora os objetivos domésticos como a motivação gerencial e a autonomia divisional sejam sempre importantes, em geral se tornam secundários quando as transferências envolvidas são internacionais. As empresas se concentram, então, em cobrar um preço de transferência que reduza seu imposto devido total ou que fortaleça uma subsidiária estrangeira.

Por exemplo, cobrar um preço de transferência baixo por peças expedidas para uma subsidiária estrangeira pode reduzir os pagamentos de taxas alfandegárias quando as peças cruzam fronteiras internacionais, ou pode ajudar a subsidiária a competir em mercados estrangeiros mantendo seus custos baixos. Entretanto, cobrar um preço de transferência alto pode ajudar uma corporação multinacional a obter lucros em um país que tenha controles rígidos sobre remessas ao exterior ou pode permitir que uma corporação multinacional transfira renda de um país com uma alíquota de impostos alta para um país que tenha alíquotas baixas.

PROBLEMA DE REVISÃO: PREÇO DE TRANSFERÊNCIA

Situação A

A Collyer Products Inc. possui uma Divisão de Válvulas que fabrica e vende uma válvula padrão:

Capacidade em unidades	100.000
Preço de venda para clientes externos (US$)	30
Custos variáveis por unidade (US$)	16
Custos fixos por unidade (baseados na capacidade) (US$)	9

A empresa possui uma Divisão de Bombas que poderia usar essa válvula em um desses produtos. A Divisão de Bombas atualmente compra 10 mil válvulas por ano de um fornecedor estrangeiro pelo custo de US$ 29 por válvula.

Requisitado:

1. Suponha que a Divisão de Válvulas tenha capacidade ociosa suficiente para atender a todas as necessidades da Divisão de Bombas. Qual é a faixa aceitável, se houver, do preço de transferência entre as duas divisões?
2. Suponha que a Divisão de Válvulas venda todas as válvulas que consegue produzir para clientes externos. Qual é a faixa aceitável, se houver, do preço de transferência entre as duas divisões?
3. Suponha mais uma vez que a Divisão de Válvulas venda todas as válvulas que consegue produzir para clientes externos. Suponha também que possam ser evitados US$ 3 em despesas variáveis em transferências dentro da empresa, em virtude dos custos de venda mais baixos. Qual é a faixa aceitável, se houver, do preço de transferência entre as duas divisões?

Solução da situação A

1. Como a Divisão de Válvulas possui capacidade ociosa, não precisa abdicar de vendas externas para assumir o negócio com a Divisão de Bombas. Aplicando a fórmula do preço de transferência mínimo aceitável do ponto de vista da divisão vendedora, temos:

$$\text{Preço de transferência} \geq \text{Custos variáveis por unidade} + \frac{\text{Margem de contribuição total de vendas perdidas}}{\text{Número de unidades transferidas}}$$

$$\text{Preço de transferência} \geq \text{US\$ } 16 + \frac{\text{US\$ } 0}{10.000} = \text{US\$ } 16$$

A Divisão de Bombas não estaria disposta a pagar mais de US$ 29, o preço que paga atualmente por suas válvulas a um fornecedor externo. Portanto, o preço de transferência deve cair dentro da faixa:

$$\text{US\$ } 16 \leq \text{Preço de transferência} \leq \text{US\$ } 29$$

2. Como a Divisão de Válvulas vende no mercado externo todas as válvulas que pode produzir, ela teria de abdicar de parte dessas vendas externas para assumir o negócio com a Divisão de Bombas. Assim, a Divisão de Válvulas tem um custo de oportunidade, que é a margem de contribuição total sobre as vendas perdidas:

$$\text{Preço de transferência} \geq \text{Custos variáveis por unidade} + \frac{\text{Margem de contribuição total de vendas perdidas}}{\text{Número de unidades transferidas}}$$

$$\text{Preço de transferência} \geq \text{US\$ } 16 + \frac{(\text{US\$ } 30 - \text{US\$ } 16) \times 10.000}{10.000} = \text{US\$ } 16 + \text{US\$ } 14 = \text{US\$ } 30$$

Como a Divisão de Bombas pode comprar válvulas de um fornecedor externo por apenas US$ 29 por unidade, não serão feitas transferências entre as duas divisões.

3. Aplicando a fórmula do preço de transferência mínimo aceitável do ponto de vista da divisão vendedora, temos:

$$\text{Preço de transferência} \geq \text{Custos variáveis por unidade} + \frac{\text{Margem de contribuição total de vendas perdidas}}{\text{Número de unidades transferidas}}$$

$$\text{Preço de transferência} \geq (\text{US\$ }16 - \text{US\$ }3) + \frac{(\text{US\$ }30 - \text{US\$ }16) \times 10.000}{10.000} = \text{US\$ }13 + \text{US\$ }14 = \text{US\$ }27$$

Neste caso, o preço de transferência tem de cair dentro da faixa:

$$\text{US\$ }27 \leq \text{Preço de transferência} \leq \text{US\$ }29$$

Situação B

Volte aos dados originais na situação A. Suponha que a Divisão de Bombas precise de 20 mil válvulas de alta pressão especiais por ano. Os custos variáveis da Divisão de Válvulas para fabricar e expedir a válvula especial seria de US$ 20 por unidade. Para produzir essas válvulas especiais, a Divisão de Válvulas deveria reduzir sua produção de válvulas regulares de 100 mil unidades por ano para 70 mil unidades por ano.

Requisitado:
No que diz respeito à Divisão de Válvulas, qual é o preço de transferência mínimo aceitável?

Solução da situação B

Para produzir as 20 mil válvulas especiais, a Divisão de Válvulas deve abdicar das vendas de 30 mil válvulas regulares para clientes externos. Aplicando a fórmula do preço de transferência mínimo aceitável do ponto de vista da divisão vendedora, temos:

$$\text{Preço de transferência} \geq \text{Custos variáveis por unidade} + \frac{\text{Margem de contribuição total de vendas perdidas}}{\text{Número de unidades transferidas}}$$

$$\text{Preço de transferência} \geq \text{US\$ }20 + \frac{(\text{US\$ }30 - \text{US\$ }16) \times 30.000}{20.000} = \text{US\$ }20 + \text{US\$ }21 = \text{US\$ }41$$

APÊNDICE 11A EXERCÍCIOS E PROBLEMAS

Consulte no *site* <www.grupoa.com.br> os suplementos para esta seção.

EXERCÍCIO 11A.1 Situações de preço de transferência [OA11.5]

Em cada um dos casos a seguir, suponha que a Divisão X tenha um produto que possa ser vendido ou para clientes externos ou para a Divisão Y da mesma empresa para uso em seu processo de produção. Os gerentes das divisões são avaliados com base em seus lucros divisionais.

	Caso A	Caso B
Divisão X:		
Capacidade em unidades	100.000	100.000
Número de unidades vendidas para clientes externos	100.000	80.000
Preço de venda por unidade para clientes externos (US$)	50	35
Custos variáveis por unidade (US$)	30	20
Custos fixos por unidade (com base na capacidade) (US$)	8	6
Divisão Y:		
Número de unidades necessárias para a produção	20.000	20.000
Preço de compra por unidade que é pago hoje a um fornecedor externo (US$)	47	34

Requisitado:
1. Use os dados do caso A. Suponha que US$ 3 por unidade em custos variáveis de venda possam ser evitados nas vendas intraempresas. Se os gerentes têm liberdade para negociar e tomar suas próprias decisões, ocorrerá uma transferência? Se sim, dentro de que faixa cairá o preço de transferência? Explique.
2. Use os dados do caso B. Nesse caso, não haverá nenhuma economia nos custos variáveis de venda nas vendas intraempresas. Se os gerentes têm liberdade para negociar e tomar decisões próprias, ocorrerá uma transferência? Se sim, dentro de que faixa cairá o preço de transferência? Explique.

EXERCÍCIO 11A.2 Preço de transferência do ponto de vista da empresa como um todo [OA11.5]

A Divisão A fabrica tubos de imagem para TVs. Os tubos podem ser vendidos para a Divisão B da mesma empresa ou para clientes externos. No ano passado, foram registradas as seguintes atividades na Divisão A:

Preço de venda por tubo (US$)	175
Custo variável por tubo (US$)	130
Número de tubos:	
Produzidos durante o ano	20.000
Vendidos para clientes externos	16.000
Vendidos para a Divisão B	4.000

As vendas para a Divisão B foram feitas pelo mesmo preço que as vendas para clientes externos. Os tubos comprados pela Divisão B foram usados em um aparelho de TV fabricado por essa divisão. A Divisão B incorreu em custos variáveis adicionais de US$ 300 por TV e então vendeu as TVs por US$ 600 cada.

Requisitado:
1. Prepare demonstrações de resultados para o ano passado para Divisão A, a Divisão B e a empresa como um todo.
2. Suponha que a capacidade de produção da Divisão A seja de 20 mil tubos por ano. No próximo ano, a Divisão B deseja comprar 5 mil tubos da Divisão A, em vez de apenas 4 mil tubos como no ano passado. (Não há tubos desse tipo disponíveis nas fontes externas.) Do ponto de vista da empresa como um todo, a Divisão A deve vender os mil tubos adicionais para a Divisão B, ou deve continuar a vendê-los para clientes externos? Explique.

EXERCÍCIO 11A.3 Preço de transferência [OA11.5]

A Divisão Elétrica da empresa Nelcro produz um transformador de alta qualidade. A seguir, temos dados de vendas e custos do transformador:

Preço de venda por unidade no mercado externo (US$)	40
Custos variáveis por unidade (US$)	21
Custos fixos por unidade (com base na capacidade) (US$)	9
Capacidade em unidades	60.000

A Nelcro possui uma Divisão de Motores que gostaria de começar a comprar seus transformadores da Divisão Elétrica. A Divisão de Motores hoje compra 10 mil transformadores todo ano de outra empresa pelo custo de US$ 38 por transformador. A Nelcro avalia seus gerentes divisionais com base nos lucros de cada divisão.

Requisitado:
1. Suponha que a Divisão Elétrica hoje venda apenas 50 mil transformadores todo ano para clientes externos.
   a. Do ponto de vista da Divisão Elétrica, qual é o preço de transferência mínimo aceitável dos transformadores vendidos para a Divisão de Motores?
   b. Do ponto de vista da Divisão de Motores, qual é o preço de transferência máximo aceitável dos transformadores adquiridos da Divisão Elétrica?
   c. Se os gerentes divisionais tivessem liberdade para negociar sem interferência, você esperaria que eles voluntariamente concordassem em transferir 10 mil transformadores da Divisão Elétrica para a Divisão de Motores? Por quê?
   d. Do ponto de vista da empresa como um todo, deve ocorrer transferência? Por quê?

2. Suponha que a Divisão Elétrica hoje venda todos os transformadores que ela consegue produzir para clientes externos.
   a. Do ponto de vista da Divisão Elétrica, qual é o preço de transferência mínimo aceitável dos transformadores vendidos para a Divisão de Motores?
   b. Do ponto de vista da Divisão de Motores, qual é o preço de transferência máximo aceitável dos transformadores adquiridos da Divisão Elétrica?
   c. Se os gerentes divisionais tivessem liberdade para negociar sem interferência, você esperaria que eles concordassem por si mesmos com a transferência de 10 mil transformadores da Divisão Elétrica para a Divisão de Motores? Por quê?
   d. Do ponto de vista da empresa como um todo, deve ocorrer uma transferência? Por quê?

PROBLEMA 11A.4 Preço de transferência baseado no preço de mercado [OA11.5]

A Divisão de Placas da empresa Damico fabrica uma placa de controle eletrônico que é bastante utilizada em tocadores de DVD de alta qualidade. Os custos por placa de controle são os seguintes:

Custos variáveis por placa (US$)	120
Custos fixos por placa* (US$)	30
Custos totais por placa (US$)	150

* Baseado em uma capacidade de 800.000 placas por ano.

Parte da saída da Divisão de Placas é vendida para fabricantes externos de tocadores de DVD e parte é vendida à Divisão de Produtos de Consumo da Damico, que produz um tocador de DVD que leva o nome da Damico. A Divisão de Placas cobra um preço de venda de US$ 190 por placa de controle em todas as vendas, tanto internas quanto externas.

Os custos, as receitas e o resultado operacional associados ao tocador de DVD da Divisão de Produtos de Consumo são fornecidos a seguir:

Preço de venda por tocador de DVD (US$)		580
Custos variáveis por tocador de DVD (US$):		
Custos da placa de controle	190	
Custos variáveis de outras peças	230	
Custos variáveis totais (US$)		420
Margem de contribuição (US$)		160
Custos fixos por tocador de DVD* (US$)		85
Resultado operacional por tocador de DVD (US$)		75

* Com base em uma capacidade de 200.000 tocadores de DVD por ano.

A Divisão de Produtos de Consumo tem um pedido de 5 mil tocadores de DVDs feito por um distribuidor estrangeiro, o qual deseja pagar apenas US$ 400 por tocador de DVD.

Requisitado:
1. Suponha que a Divisão de Produtos de Consumo tenha capacidade ociosa suficiente para atender o pedido de 5 mil unidades. É provável que a divisão aceite o preço de US$ 400 ou o rejeite? Explique.
2. Suponha que tanto a Divisão de Placas quanto a Divisão de Produtos de Consumo tenham capacidade ociosa. Sob essas condições, rejeitar o preço de US$ 400 seria vantajoso para a empresa como um todo, ou isso resultaria na perda de lucros potenciais? Mostre cálculos para justificar sua resposta.
3. Suponha que a Divisão de Placas opere em sua capacidade máxima e possa vender todas as suas placas de controle para fabricantes externos de tocadores de DVD. Suponha, no entanto, que a Divisão de Produtos de Consumo tenha capacidade ociosa suficiente para atender o pedido de 5 mil unidades. Sob essas condições, calcule o impacto sobre os lucros da Divisão de Produtos de Consumo de aceitar o pedido pelo preço de US$ 400.
4. A quais conclusões você chega com relação ao uso do preço de mercado como um preço de transferência em transações intraempresas?

PROBLEMA 11A.5 Preço de transferência básico [OA11.5]
Nos casos 1 a 3 a seguir, suponha que a Divisão A tenha um produto que possa ser vendido para a Divisão B da mesma empresa ou para clientes externos. Os gerentes de ambas as divisões são avaliados com base no retorno sobre investimentos (ROI) de sua divisão. Os gerentes têm liberdade para decidir se participarão ou não de qualquer transferência interna. Todos os preços de transferência são negociados. Trate cada caso de forma independente.

	Caso 1	Caso 2	Caso 3	Caso 4
Divisão A:				
Capacidade em unidades	50.000	300.000	100.000	200.000
Número de unidades vendidas hoje para clientes externos	50.000	300.000	75.000	200.000
Preço de venda por unidade para clientes externos (US$)	100	40	60	45
Custos variáveis por unidade (US$)	63	19	35	30
Custos fixos por unidade (com base na capacidade) (US$)	25	8	17	6
Divisão B:				
Número de unidades necessárias por ano	10.000	70.000	20.000	60.000
Preço de compra pago hoje a um fornecedor externo* (US$)	92	39	60	—

* Antes de qualquer desconto de compra.

Requisitado:
1. Consulte o caso 1. Um estudo indicou que a Divisão A pode evitar US$ 5 por unidade em custos variáveis em qualquer venda para a Divisão B. Os gerentes concordarão com a transferência e, se sim, dentro de qual faixa cairá o preço de transferência? Explique.
2. Consulte o caso 2. Suponha que a Divisão A possa evitar US$ 4 por unidade em custos variáveis em qualquer venda para a Divisão B.
    a. Você esperaria algum desacordo entre os dois gerentes divisionais quanto a qual deve ser o preço de transferência? Explique.
    b. Suponha que a Divisão A oferece vender 70 mil unidades para a Divisão B por US$ 38 por unidade e que a Divisão B recuse esse preço. Qual será a perda em lucros potenciais para a empresa como um todo?
3. Consulte o caso 3. Suponha que a Divisão B agora receba do fornecedor externo um desconto de 5% sobre o preço.
    a. Os gerentes concordarão em fazer uma transferência? Se sim, dentro de que faixa cairá o preço de transferência?
    b. Suponha que a Divisão B ofereça comprar 20 mil unidades da Divisão A por US$ 52 por unidade. Se a Divisão A aceitar esse preço, você esperaria que seu ROI aumentasse, diminuísse ou permanecesse inalterado? Por quê?
4. Consulte o caso 4. Suponha que a Divisão B queira que a Divisão A lhe forneça 60 mil unidades de um produto diferente daquele que a Divisão A produz agora. O novo produto exigiria US$ 25 por unidade em custos variáveis e exigiria que a Divisão A diminuísse a produção de seu produto atual em 30 mil unidades por ano. Qual é o preço de transferência mínimo aceitável da perspectiva da Divisão A?

PROBLEMA 11A.6 Preço de transferência com um mercado externo [OA11.5]
A Galati Products Inc. acaba de adquirir uma pequena empresa especializada na fabricação de receptores eletrônicos que são usados como uma peça componente de televisores. A Galati Products Inc. é uma empresa descentralizada e tratará a empresa recém-adquirida como uma divisão autônoma com total responsabilidade por seus lucros. A nova divisão, chamada de Divisão de Receptores, possui as seguintes receitas e custos associados a cada receptor que fabrica e vende:

Preço de venda (US$)		20
Despesas (US$):		
Variáveis	11	
Fixas (com base em uma capacidade de 100.000 receptores por ano)	6	17
Resultado operacional (US$)		3

Capítulo 11 ▶▶ Mensuração de desempenho em organizações descentralizadas

A Galati Products também possui uma Divisão de Montagem que monta televisores, a qual hoje compra 30 mil receptores por ano de um fornecedor estrangeiro pelo custo de US$ 20 por receptor, menos um desconto de 10%. O presidente da Galati Products está ansioso para que a Divisão de Montagem comece a comprar seus receptores da recém-adquirida Divisão de Receptores a fim de "manter os lucros dentro da família corporativa".

Requisitado:

Nos itens (1) e (2) a seguir, suponha que a Divisão de Receptores possa vender toda a sua saída para fabricantes externos de televisores pelo preço normal de US$ 20.

1. Os gerentes das Divisões de Receptores e de Montagem chegarão voluntariamente a um acordo quanto a um preço de transferência de 30 mil receptores todo ano? Por quê?
2. Se o preço da Divisão de Receptores se equiparar ao preço que a Divisão de Montagem paga hoje a seu fornecedor estrangeiro e vender 30 mil receptores para a Divisão de Montagem todo ano, qual será o efeito sobre os lucros da Divisão de Receptores, da Divisão de Montagem e da empresa como um todo?

Para os itens (3) a (6), suponha que a Divisão de Receptores venda hoje apenas 60 mil receptores todo ano para fabricantes externos de televisores pelo preço de US$ 20.

3. Os gerentes das Divisões de Receptores e de Montagem chegarão voluntariamente a um acordo quanto a um preço de transferência de 30 mil receptores todo ano? Por quê?
4. Suponha que o fornecedor estrangeiro da Divisão de Montagem baixe seu preço (sem contar o desconto de compra) para apenas US$ 16 por receptor. A Divisão de Receptores deve equiparar seu preço a esse? Explique. Se a Divisão de Receptores não equiparar seu preço a esse, qual será o efeito disso sobre os lucros da empresa como um todo?
5. Consulte o item (4). Se a Divisão de Receptores se recusar a equiparar seu preço a US$ 16, a Divisão de Montagem deve ser forçada a comprar da Divisão de Receptores por um preço mais alto para o bem da empresa como um todo? Explique.
6. Consulte o item (4) na página anterior. Suponha que, por causa das políticas inflexíveis da gerência, a Divisão de Montagem seja forçada a comprar 30 mil receptores por ano da Divisão de Receptores por US$ 20 cada um. Qual será o efeito disso sobre os lucros da empresa como um todo?

CASO

Consulte no *site* <www.grupoa.com.br> os suplementos para esta seção.

CASO 11A.7 Preço de transferência; Desempenho divisional [OA11.5]

A Stanco Inc. é uma organização descentralizada com cinco divisões. A Divisão de Produtos Eletrônicos da empresa produz uma variedade de itens eletrônicos, incluindo uma placa de circuito XL5. A divisão (que opera em sua capacidade máxima) vende a placa de circuito para clientes regulares por US$ 12,50 cada. As placas de circuito têm custos variáveis de produção de US$ 8,25 cada.

A Divisão de Relógios da empresa pediu à Divisão de Produtos Eletrônicos para lhe fornecer uma grande quantidade de placas de circuito XL5 por apenas US$ 9 cada. A Divisão de Relógios, que opera em apenas 60% de sua capacidade máxima, colocará as placas de circuito em um temporizador que ela produzirá e venderá a um grande fabricante de fornos. Os custos do temporizador fabricado pela Divisão de Relógios são os seguintes:

Placa de circuito XL5 (custo desejado) (US$).........................	9,00
Outras peças compradas (de fornecedores externos) (US$) .	30
Outros custos variáveis (US$)..	20,75
Custos indiretos e administrativos fixos (US$)......................	10
Custos totais por temporizador (US$)....................................	69,75

A gerente da Divisão de Relógios acredita que não pode fazer um orçamento acima de US$ 70 por temporizador para o fabricante de fornos se eles quiserem fechar o negócio. Como exibido antes, a fim de manter o preço de US$ 70 ou menos, ela não pode pagar mais do que US$ 9 por unidade para a Divisão de Produtos Eletrônicos pelas placas de circuito XL5. Embora esse preço represente um desconto substancial em relação ao preço normal de US$ 12,50, ela acredita que essa concessão é necessária para que sua divisão consiga fechar o contrato com o fabricante dos fornos e, assim, manter seu núcleo de colaboradores altamente qualificados.

A empresa usa retorno sobre investimentos (ROI) para medir o desempenho divisional.

Requisitado:
1. Suponha que você seja o gerente da Divisão de Produtos Eletrônicos. Você recomendaria que sua divisão fornecesse as placas de circuito XL5 para a Divisão de Relógios por US$ 9 cada, como solicitado? Por quê? Mostre todos os cálculos.
2. Seria lucrativo para a empresa como um todo que a Divisão de Produtos Eletrônicos fornecesse as placas de circuito para a Divisão de Relógios por US$ 9 cada? Explique sua resposta.
3. Em princípio, deveria ser possível para os dois gerentes chegarem a um acordo quanto a um preço de transferência nessa situação em particular? Se sim, dentro de qual faixa cairia esse preço de transferência?
4. Discuta os problemas organizacionais e os problemas de comportamento dos gerentes, se houver, inerentes a essa situação. O que você aconselharia o presidente da empresa a fazer nessa situação?
(Adaptado do CMA)

▶▶ OA11.6

(Apêndice 11B) Cobrar dos departamentos operacionais os serviços prestados pelos departamentos de serviços.

APÊNDICE 11B: ENCARGOS DO DEPARTAMENTO DE SERVIÇOS

A maioria das grandes organizações tem *departamentos operacionais* e *departamentos de serviços*. As principais finalidades da organização são realizadas nos **departamentos operacionais**. Ao contrário, os **departamentos de serviços** não se envolvem diretamente nas atividades operacionais. Em vez disso, eles prestam serviços ou assistência aos departamentos operacionais. Exemplos de departamentos de serviços incluem a cafeteria, auditoria interna, recursos humanos, contabilidade de custos e compras.

Os custos dos departamentos de serviços são cobrados dos departamentos operacionais por diversos motivos, como:

▶ Para encorajar os departamentos operacionais a fazer um bom uso dos recursos dos departamentos de serviços. Se os serviços fossem prestados gratuitamente, os gerentes operacionais se sentiriam inclinados a desperdiçar esses recursos.

▶ Para fornecer aos departamentos operacionais dados de custos mais completos para a tomada de decisões. Ações realizadas pelos departamentos operacionais têm impactos sobre os custos dos departamentos de serviços. Por exemplo, contratar outro colaborador aumenta os custos no departamento de recursos humanos. Esses custos dos departamentos de serviços devem ser cobrados dos departamentos operacionais, caso contrário os departamentos operacionais não os levariam em consideração ao tomarem decisões.

▶ **Departamento operacional**

departamento no qual as finalidades centrais da organização são realizadas.

▶ **Departamento de serviços**

departamento que não se envolve diretamente em atividades operacionais; em vez disso, presta serviços ou assistência aos departamentos operacionais.

▶ Para ajudar a mensurar a lucratividade dos departamentos operacionais. Cobrar dos departamentos operacionais os custos dos departamentos de serviços fornece uma contabilidade mais completa dos custos incorridos em decorrência das atividades realizadas nos departamentos operacionais.

▶ Para criar um incentivo para que os departamentos de serviços operem de maneira eficiente. Cobrar dos departamentos operacionais os custos dos departamentos de serviços fornece um sistema de verificações no sentido de que departamentos operacionais conscientes em termos de custos se interessarão ativamente em manter baixos os custos dos departamentos de serviços.

No Apêndice 11A, discutimos os *preços de transferência* cobrados em uma organização quando uma parte da organização fornece um produto para outra parte dela. Os encargos dos departamentos de serviços considerados neste Apêndice podem ser vistos como preços de transferência que são cobrados por serviços prestados pelos departamentos de serviços aos departamentos operacionais.

COBRANÇA DE CUSTOS POR COMPORTAMENTO

Sempre que possível, os custos variáveis e fixos dos departamentos de serviços devem ser cobrados dos departamentos operacionais separadamente para fornecer dados mais úteis para o planejamento e controle das operações departamentais.

Custos variáveis

Os custos variáveis variam no total em proporção a mudanças no nível de serviços prestados. Por exemplo, os custos de alimentos em uma cafeteria são custos variáveis que variam em proporção ao número de pessoas que usam a cafeteria ou o número de refeições servidas.

Os custos variáveis devem ser cobrados aos departamentos consumidores de acordo com a atividade que causa a incorrência de cada custo. Por exemplo, custos variáveis de um departamento de manutenção que são causados pelo número de horas-máquina trabalhadas nos departamentos operacionais devem ser cobrados dos departamentos operacionais com base em horas-máquina. Isso garantirá que esses custos sejam adequadamente rastreados a departamentos, produtos e clientes.

Custos fixos

Os custos fixos de departamentos de serviços representam os custos de disponibilizar capacidade para o uso. Esses custos devem ser cobrados dos departamentos consumidores em *taxas únicas predeterminadas* que são determinadas com antecedência e não mudam. A taxa única cobrada de um departamento pode ser baseada nas necessidades do período de pico do departamento ou em suas necessidades médias de longo prazo.

A lógica por trás de cobrar encargos de taxas únicas desse tipo é a seguinte: quando um departamento de serviços é estabelecido, sua capacidade será determinada pelas necessidades dos departamentos que ele atende. Essa capacidade pode refletir as necessidades de períodos de pico dos outros departamentos ou suas necessidades médias de longo prazo ou suas necessidades "normais". Dependendo de que capacidade de prestação de serviços é oferecida, será necessário fazer um comprometimento de recursos, o que se refletirá nos custos fixos do departamento de serviços. Esses custos fixos devem ser arcados pelos departamentos consumidores em proporção à quantidade de capacidade que cada departamento consumidor exige. Isso quer dizer que, se a capacidade disponível no departamento de serviços tiver sido produzida para atender às necessidades de períodos de pico dos departamentos consumidores, os custos fixos do departamento de serviços devem ser cobrados em taxas únicas predeterminadas dos departamentos consumidores. Se a capacidade disponível tiver sido gerada apenas para atender às necessidades "normais" ou de longo prazo, os custos fixos devem ser cobrados com base nisso.

Uma vez determinados, os encargos não devem variar de um período para o outro, pois eles representam o custo de ter determinado nível de capacidade de serviço disponível e à mão para cada departamento operacional. O fato de um departamento operacional não precisar do nível de pico ou mesmo do nível "normal" de serviços todo período é irrelevante; a capacidade de prestar esse nível de serviço deve estar disponível. Os departamentos operacionais devem arcar com os custos dessa disponibilidade.

Devem ser cobrados custos reais ou custos orçados?

Os *custos orçados*, e não os reais, de um departamento de serviços devem ser cobrados dos departamentos operacionais. Essa ação assegura que os departamentos de serviços permaneçam como os únicos responsáveis por explicar quaisquer diferenças entre seus custos reais e orçados. Se os departamentos de serviços puderem basear seus encargos em custos reais, os departamentos operacionais poderiam ser injustamente responsabilizados por sobrecustos nos departamentos de serviços.

Diretrizes para os encargos dos departamentos de serviços

A seguir, temos um resumo de como os custos dos departamentos de serviços devem ser cobrados dos departamentos operacionais:

- Os custos variáveis e fixos dos departamentos de serviços devem ser cobrados separadamente.
- Os custos variáveis dos departamentos de serviços devem ser cobrados usando-se uma taxa predeterminada aplicada aos serviços realmente consumidos.
- Os custos fixos representam os custos de ter disponível certa capacidade de serviços. Esses custos devem ser cobrados em taxas únicas de cada departamento operacional em proporção às suas necessidades no período de pico ou às suas necessidades médias de longo prazo. As taxas únicas devem ser baseadas nos custos fixos orçados, e não nos custos fixos reais.

Exemplo

A Seaboard Airlines tem duas divisões operacionais: a Divisão de Fretes e a Divisão de Passageiros, as quais são atendidas pelo Departamento de Manutenção da empresa. Os custos variáveis de prestação de serviços são orçados a US$ 10 por hora-voo. Os custos fixos do departamento são orçados a US$ 750 mil para o ano. Os custos fixos do Departamento de Manutenção são orçados com base na demanda do período de pico, que ocorre durante o dia de Ação de Graças e o período de festas de Ano Novo. A empresa aérea quer ter certeza de que nenhuma de suas aeronaves deixe de voar durante esse período-chave em virtude da falta de disponibilidade de espaço de manutenção. Quase 40% da manutenção durante esse período é realizada nos equipamentos da Divisão de Frete e 60% nos equipamentos da Divisão de Passageiros. Esses valores e as horas-voo orçadas para o próximo ano são os seguintes:

	Percentual requisitado da capacidade de períodos de pico (%)	Horas-voo orçadas
Divisão de Frete..................................	40	9.000
Divisão de Passageiros......................	60	15.000
Total..	100	24.000

Registros de fim de ano mostram que os custos variáveis e fixos reais no Departamento de Manutenção de aeronaves esse ano foram de US$ 260 mil e US$ 780 mil, respectivamente. Uma divisão registrou mais horas-voo durante o ano do que fora planejado e a outra divisão registrou menos horas-voo do que o planejado, como exibido a seguir:

	Horas-voo Orçadas	Horas-voo Realizadas
Divisão de Frete..............................	9.000	8.000
Divisão de Passageiros...................	15.000	17.000
Total de horas-voo..........................	24.000	25.000

Os custos do Departamento de Manutenção cobrados de cada divisão durante o ano seriam os seguintes:

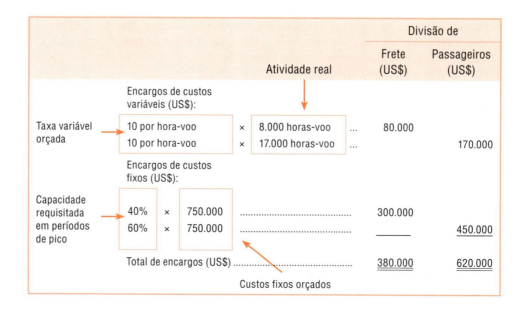

Observe que os custos variáveis de prestação de serviços são cobrados das divisões operacionais com base na taxa orçada (US$ 10 por hora) e a atividade real do ano. Ao contrário, os encargos de custos fixos são baseados inteiramente em dados orçados. Além disso, observe também que as duas divisões operacionais não são cobradas pelos custos reais do departamento de serviços, que são influenciados por quão bem esse departamento é gerenciado. Em vez disso, o departamento de serviços é responsabilizado pelos custos reais não cobrados de outros departamentos, como exibido a seguir:

	Variáveis (US$)	Fixos (US$)
Total de custos reais incorridos	260.000	780.000
Total de encargos (acima)	250.000*	750.000
Variações dos gastos – responsabilidade do Departamento de Manutenção	10.000	30.000

* US$ 10 por hora-voo × 25.000 horas-voo reais = US$ 250.000.

ALGUNS CUIDADOS AO ALOCAR CUSTOS DO DEPARTAMENTO DE SERVIÇOS

Riscos ao alocar custos fixos

Em vez de cobrar custos fixos dos departamentos operacionais e taxas únicas predeterminadas, algumas empresas os alocam usando uma base de alocação *variável* que flutua de um período para o outro. Essa prática pode distorcer decisões e criar sérias desigualdades entre os departamentos. As desigualdades ocorrem porque a alocação dos custos fixos a um departamento é fortemente influenciada pelo que acontece em outros departamentos.

As vendas em dinheiro são um exemplo de uma base de alocação variável que é em geral usada para alocar custos fixos de departamentos de serviços a departamentos operacionais. Usar as vendas em dinheiro como base é simples, direto e fácil de trabalhar. Além disso, as pessoas tendem a ver esse tipo de venda como uma medida de capacidade de pagamento, e, logo, como uma medida de quão prontamente os custos podem ser absorvidos de outras partes da organização.

Infelizmente, as vendas em dinheiro são com frequência uma base muito ruim para alocar ou cobrar custos porque variam de um período para o outro, enquanto os custos são, na maioria das vezes, em grande parte fixos. Portanto, uma diminuição dos esforços de vendas em um departamento desloca custos alocados desse departamento para outros departamentos mais bem-sucedidos. De fato, os departamentos que apresentam os melhores esforços de vendas são penalizados na forma de alocações mais altas. O resultado é em geral raiva e ressentimento por parte dos gerentes dos melhores departamentos.

Por exemplo, suponha que uma grande loja de roupas masculinas tenha um departamento de serviços e três departamentos de vendas – Ternos, Sapatos e Acessórios. Os custos do departamento de serviços totalizam US$ 60 mil por período e são alocados aos três departamentos de vendas dependendo das vendas em dinheiro. Um período recente demonstrou a seguinte alocação:

	Departamentos			
	Ternos	Sapatos	Acessórios	Total
Vendas por departamento (US$)	260.000	40.000	100.000	400.000
Percentual do total de vendas (%)	65	10	25	100
Alocação dos custos do departamento de serviços, com base no percentual do total de vendas (US$)	39.000	6.000	15.000	60.000

No período seguinte, suponha que o gerente do Departamento de Ternos tenha lançado um programa bem-sucedido para expandir as vendas em seu departamento em US$ 100 mil. Além disso, suponha que as vendas nos outros dois departamentos, os custos totais do departamento de serviços e o uso esperado dos recursos do departamento de serviços pelos departamentos de vendas tenham permanecido inalterados. Considerando essas suposições, as alocações de custos do departamento de serviços aos departamentos de vendas mudariam como exibido a seguir:

	Departamentos			
	Ternos	Sapatos	Acessórios	Total
Vendas por departamento (US$)............................	360.000	40.000	100.000	500.000
Percentual do total de vendas (%).........................	72%	8%	20%	100%
Alocação dos custos do departamento de serviços, com base no percentual do total de vendas (US$)..	43.200	4.800	12.000	60.000
Aumento (ou diminuição) em relação à alocação anterior (US$)	4.200	− 1.200	− 3.000	0

Depois de analisar essas alocações, o gerente do Departamento de Ternos talvez reclame, pois, por ter aumentado as vendas em seu departamento, é forçado a arcar com uma fração maior dos custos do departamento de serviços. Em essência, esse gerente está sendo punido por seu desempenho excelente ao ser cobrado por uma proporção maior dos custos do departamento de serviços. Em contrapartida, os gerentes dos departamentos que não tiveram nenhum aumento nas vendas estão sendo liberados de uma fração dos custos com os quais arcavam. Contudo, não houve nenhuma mudança na quantidade de serviços prestados para nenhum dos departamentos de um período para o outro.

Esse exemplo mostra por que uma base de alocação variável como vendas em dinheiro deve ser usada como base para alocar ou cobrar custos somente nos casos em que os custos dos departamentos de serviços de fato variam de acordo com a base de alocação escolhida. Quando os custos dos departamentos de serviços são fixos, eles devem ser cobrados dos departamentos operacionais segundo as diretrizes mencionadas anteriormente.

APÊNDICE 11B EXERCÍCIOS E PROBLEMAS

Consulte no *site* <www.grupoa.com.br> os suplementos para esta seção.

EXERCÍCIO 11B.1 Encargos dos departamentos de serviços [OA11.6]

A Reed Corporation opera um Departamento de Serviços Médicos para seus colaboradores. Os encargos dos custos variáveis deste departamento aos departamentos operacionais da empresa são baseados no número real de colaboradores em cada departamento. Já seus encargos dos custos fixos são baseados no número médio de colaboradores a longo prazo em cada departamento operacional.

Os custos variáveis do Departamento de Serviços Médicos são orçados a US$ 60 por colaborador. Os fixos são orçados a US$ 600 mil por ano. Os custos reais do Departamento de Serviços Médicos no último ano foram US$ 105,4 mil em custos variáveis e US$ 605 mil em custos fixos. A seguir, temos dados sobre os colaboradores nos três departamentos operacionais:

	Corte	Fresagem	Montagem
Número orçado de colaboradores	600	300	900
Número real de colaboradores no último ano..................	500	400	800
Número médio de colaboradores a longo prazo	600	400	1.000

Requisitado:
1. Determine os encargos do Departamento de Serviços Médicos do ano para cada um dos departamentos operacionais – Corte, Fresagem e Montagem.
2. Se houver, quanto dos custos reais do Departamento de Serviços Médicos do ano são alocados aos departamentos operacionais?

EXERCÍCIO 11B.2 Vendas em dinheiro como uma base de alocação para os custos fixos [OA11.6]

A Lacey's Department Store aloca suas despesas administrativas fixas aos seus quatro departamentos operacionais com base nas vendas em dinheiro (dólares). Em 2009, as despesas administrativas fixas totalizaram US$ 900 mil, as quais foram alocadas como a seguir:

	Masculino	Feminino	Sapatos	Artigos para o lar	Total
Total de vendas – 2009 (US$) ...	600.000	1.500.000	2.100.000	1.800.000	6.000.000
Percentual do total de vendas (%)	10	25	35	30	100
Alocação (baseada nos percentuais acima) (US$)	90.000	225.000	315.000	270.000	900.000

Em 2010, o ano seguinte, o Departamento Feminino dobrou suas vendas. Os níveis de vendas nos outros três departamentos permaneceram inalterados. Os dados de vendas da empresa em 2010 foram os seguintes:

	Departamento				
	Masculino	Feminino	Sapatos	Artigos para o lar	Total
Total de vendas (US$)................	600.000	3.000.000	2.100.000	1.800.000	7.500.000
Percentual do total de vendas (%)	8	40	28	24	100

Requisitado:
1. Usando as vendas em dinheiro como uma base de alocação, mostre a alocação das despesas administrativas fixas entre os quatro departamentos em 2010.
2. Compare sua alocação do item (1) com a alocação de 2009. Como o gerente do Departamento Feminino, como você se sentiria a respeito das despesas administrativas que foram cobradas de seu departamento em relação a 2010?
3. Comente sobre a utilidade das vendas em dinheiro como uma base de alocação.

EXERCÍCIO 11B.3 Encargos dos departamentos de serviços [OA11.6]

A Gutherie Oil Company possui um Departamento de Serviços de Transporte que fornece caminhões para transportar petróleo bruto das docas para as refinarias da empresa, chamadas Arbon e Beck. Os custos orçados dos serviços de transporte consistem em US$ 0,30 por galão em custos variáveis e US$ 200 mil em custos fixos. O nível de custos fixos é determinado pelas necessidades no período de pico. Durante o período de pico, a refinaria Arbon exige 60% da capacidade e a refinaria Beck exige 40%.

Durante o ano, o Departamento de Serviços de Transporte transportou de fato as seguintes quantidades de petróleo bruto para as duas refinarias: Arbon, 260 mil galões; e Beck, 140 mil galões. O Departamento de Serviços de Transporte incorreu em custos de US$ 365 mil durante o ano, dos quais US$ 148 mil foram em custos variáveis e US$ 217 mil, em custos fixos.

Requisitado:
1. Determine quanto dos US$ 148 mil em custos variáveis deve ser cobrado de cada refinaria.
2. Determine quanto dos US$ 217 mil em custos fixos deve ser cobrado de cada refinaria.
3. Alguma parte dos custos de US$ 365 mil do Departamento de Serviços de Transporte não será cobrada das refinarias? Explique.

PROBLEMA 11B.4 Encargos dos departamentos de serviços [OA11.6]

A empresa Northstar possui duas divisões operacionais – Máquinas-ferramenta e Produtos Especiais. A empresa possui um Departamento de Manutenção que faz a manutenção dos equipamentos de ambas as divisões. Os custos de operar o Departamento de Manutenção são orçados em US$ 80 mil por mês mais US$ 0,50 por hora-máquina. Os custos fixos do Departamento de Manutenção são determinados pelas necessidades do período de pico. A Divisão de Máquinas-ferramenta exige 65% da capacidade do período de pico e a Divisão de Produtos Especiais exige 35%.

Para outubro, a Divisão de Máquinas-ferramenta estimou que operaria a 90 mil horas-máquina de atividade e a Divisão de Produtos Especiais estimou que operaria a 60 mil horas-máquina de atividade. Entretanto, em virtude de conflitos da mão de obra e uma greve inesperada, a Divisão de Máquinas-ferramenta trabalhou apenas 60 mil horas-máquina no mês. A Divisão de Produtos Especiais trabalhou 60 mil horas-máquina, como planejado.

Registros de custos do Departamento de Manutenção mostram que os custos fixos reais de outubro totalizaram US$ 85 mil e os custos variáveis totalizaram US$ 78 mil.

Requisitado:
1. Quanto dos custos do Departamento de Manutenção deve ser cobrado de cada divisão para outubro?
2. Suponha que a empresa siga a prática de alocar todos os custos do Departamento de Manutenção incorridos em cada mês às divisões em proporção direta às máquinas-hora reais registradas em cada divisão naquele mês. Com base nisso, quanto dos custos seria alocado a cada divisão para outubro?
3. Quais críticas você pode fazer ao método de alocação usado na parte (2)?
4. Se os gerentes dos departamentos operacionais souberem que os custos fixos de serviços serão alocados com base nas necessidades do período de pico, qual provavelmente será sua estratégia quando divulgarem sua estimativa das necessidades do período de pico para o comitê orçamentário da empresa? Como membro da alta gerência, o que você faria para neutralizar essas estratégias?

PROBLEMA 11B.5 Encargos dos departamentos de serviços [OA11.6]

A Björnson A/S da Noruega possui apenas um departamento de serviços – uma cafeteria onde são fornecidas refeições para os colaboradores dos departamentos de Fresagem e Acabamento da empresa. Os custos da cafeteria são todos pagos pela empresa como um benefício adicional para seus colaboradores. Esses custos são cobrados dos departamentos de Fresagem e Acabamento com base nas refeições servidas aos colaboradores de cada departamento. A seguir, temos dados de custos e outros dados sobre a cafeteria e os departamentos de Fresagem e de Acabamento no último ano. (A unidade de moeda norueguesa é a coroa norueguesa, que é indicada a seguir por K.)

Cafeteria:

	Orçados	Reais
Custos variáveis dos alimentos (K)	300.000 *	384.000
Custos fixos (K)	200.000	215.000

* Orçados a 20 K por refeição servida.

Departamentos de Fresagem e Acabamento:

	Percentual requisitado da capacidade de períodos de pico (%)	Número de refeições servidas Orçado	Número de refeições servidas Real
Departamento de Fresagem.......	70	10.000	12.000
Departamento de Acabamento ..	30	5.000	4.000
Total..	100	15.000	16.000

O nível dos custos fixos na cafeteria é determinado pelas necessidades do período de pico.

Requisitado:

A gerência gostaria de obter dados para auxiliar na comparação entre o desempenho real e o desempenho planejado da cafeteria e nos outros departamentos.
1. Quanto dos custos da cafeteria deve ser cobrado do Departamento de Fresagem e do Departamento de Acabamento?
2. Alguma parte dos custos reais da cafeteria não deve ser cobrada dos outros departamentos? Se sim, calcule o valor que não deve ser cobrado e explique por que ele não deve ser cobrado.

ANÁLISE DIFERENCIAL: chave da tomada de decisões

12

▶▶ **Objetivos de aprendizagem**

OA**12.1** Identificar custos e benefícios relevantes e irrelevantes para uma decisão.

OA**12.2** Preparar uma análise que mostre se uma linha de produtos ou outro segmento de negócios deve ser adicionado ou eliminado.

OA**12.3** Preparar uma análise de decisão de produzir ou comprar.

OA**12.4** Preparar uma análise que mostre se um pedido especial deve ou não ser aceito.

OA**12.5** Determinar o uso mais lucrativo de um recurso restrito.

OA**12.6** Determinar o valor de obter mais do recurso restrito.

OA**12.7** Preparar uma análise que mostre se produtos conjuntos devem ser vendidos no ponto de separação ou se devem continuar a ser processados.

FOCO NOS
NEGÓCIOS

Administrar os números

Construir e expandir centros de convenção parece uma obsessão dos políticos. De fato, bilhões de dólares são gastos para construir ou expandir centros de convenção em inúmeras cidades nos Estados Unidos. Considerando que a participação de feiras de negócios tem diminuído bastante em todo o país, como os políticos justificam esses enormes investimentos? Os políticos frequentemente dependem de consultores que produzem estudos visando a mostrar um impacto econômico favorável sobre a área de um novo centro de convenções.

Esses estudos de impactos econômicos são falsos em dois aspectos. Primeiro: uma grande parte do chamado impacto econômico favorável seria realizada por uma cidade mesmo se ela não investisse na criação ou expansão de um centro de convenções. Por exemplo, os eleitores da cidade de Portland, no estado de Oregon, se opuseram fortemente a gastar US$ 82 milhões para expandir o centro de convenções de sua cidade. Não obstante, os políticos locais deram continuidade ao projeto. Depois de concluída a expansão, constatou-se que mais de 70% das pessoas que gastavam dinheiro em feiras de negócios em Portland eram da região. Quanto do dinheiro gasto por esses residentes locais teria sido gasto em Portland de qualquer maneira mesmo que o centro de convenções não tivesse sido expandido? Não se sabe, mas é muito provável que grande parte desse dinheiro tivesse sido gasto em locais como o zoológico, museu de arte, teatro, restaurantes locais, entre outros. Essa fração do impacto econômico "favorável" citado pelos consultores e usado pelos políticos para justificar a expansão de centros de convenções deveria ser ignorada. Segundo: como a oferta de centros de convenções em todos os Estados Unidos excede substancialmente a demanda, esses centros devem oferecer incentivos econômicos substanciais, como a isenção de taxas de aluguel, para atrair as feiras de negócios. O custo dessas concessões, embora geralmente excluídas das projeções dos consultores, corrói ainda mais a genuína viabilidade econômica de construir ou expandir um centro de convenções.

FONTE: Victoria Murphy, "The Answer Is Always Yes", *Forbes*, 28 de fevereiro de 2005, p. 82-84.

CONTABILIDADE GERENCIAL

> **Custo relevante**
>
> custo que difere entre alternativas em uma decisão. Sinônimos são custo evitável, custo diferencial e custo incremental.

> **Benefício relevante**
>
> benefício que difere entre alternativas em uma decisão. Sinônimos são benefício diferencial e benefício incremental.

> ▶▶ OA12.1
>
> Identificar custos e benefícios relevantes e irrelevantes para uma decisão.

> **Custo evitável**
>
> custo que pode ser eliminado por meio da escolha de uma alternativa e não de outra em uma decisão. Esse termo é sinônimo de custo relevante.

> **Custo perdido**
>
> qualquer custo já incorrido e que não pode ser mudado por qualquer decisão tomada agora ou no futuro.

Os gerentes devem decidir quais produtos vender, se devem produzir ou comprar peças componentes, quais preços cobrar, quais canais de distribuição usar, se devem ou não aceitar pedidos especiais a preços especiais, e assim por diante. Tomar tais decisões é em geral uma tarefa difícil por haver inúmeras alternativas e muitos dados, dos quais apenas alguns podem ser relevantes.

Toda decisão envolve escolher entre pelo menos duas alternativas. Ao tomar uma decisão, os custos e benefícios de uma alternativa devem ser comparados aos custos e benefícios de outras. A chave para fazer essas comparações é a *análise diferencial* – concentrar-se nos custos e benefícios que *diferem* entre as alternativas. Custos que diferem entre alternativas são chamados de **custos relevantes**. Benefícios que diferem entre alternativas são chamados **benefícios relevantes**. Diferenciar custos e benefícios relevantes dos irrelevantes é fundamental por dois motivos. Em primeiro lugar, dados irrelevantes podem ser ignorados – fazendo os tomadores de decisões economizarem grandes quantidades de tempo e esforço. Em segundo lugar, incluir custos e benefícios irrelevantes ao analisar alternativas pode facilmente resultar em decisões ruins. Para ter êxito na tomada de decisões, os gerentes devem ser capazes de diferenciar entre dados relevantes e irrelevantes e de usar corretamente os dados relevantes ao analisar alternativas. A finalidade deste capítulo é desenvolver essas habilidades ilustrando seu uso em uma grande variedade de situações de tomada de decisões. Essas habilidades de tomada de decisões são tão importantes em sua vida pessoal quanto para os gerentes. Depois de concluir o estudo deste capítulo, você deverá ser capaz de pensar mais claramente sobre decisões a serem tomadas em muitos aspectos de sua vida.

CONCEITOS DE CUSTO NA TOMADA DE DECISÕES
Identificar custos e benefícios relevantes

Apenas os custos e benefícios que diferem no total entre alternativas são relevantes para uma decisão. Se o valor total de um custo será o mesmo independentemente da alternativa selecionada, a decisão não tem qualquer efeito sobre o custo, então o custo pode ser ignorado. Por exemplo, se você tenta decidir se vai ao cinema ou aluga um DVD para assistir à noite, o custo do aluguel de seu apartamento é irrelevante. Se você for ao cinema ou alugar um DVD, o custo de seu aluguel será exatamente o mesmo e, portanto, é irrelevante para a decisão. Entretanto, o custo do ingresso do cinema e o custo de alugar o DVD seriam relevantes para a decisão porque eles são *custos evitáveis*.

Um **custo evitável** é um custo que pode ser eliminado ao escolher uma alternativa em detrimento de outra. Ao escolher a alternativa de ir ao cinema, o custo de alugar o DVD pode ser evitado. Ao escolher alugar o DVD, o custo do ingresso do cinema pode ser evitado. Portanto, o custo do ingresso do cinema e do aluguel do DVD são ambos custos evitáveis. Todavia, o aluguel de seu apartamento não é um custo evitável de nenhuma das alternativas. Você continuaria a alugar seu apartamento sob qualquer uma delas. Custos evitáveis são custos relevantes. Custos inevitáveis são custos irrelevantes.

Para refinar um pouco mais a noção de custos relevantes, duas amplas categorias de custos nunca são relevantes para decisões – custos irrecuperáveis e custos futuros que não diferem entre as alternativas. Como aprendemos no Capítulo 2, um **custo perdido** é um custo já incorrido e não pode ser evitado, não importa o que um gerente decida fazer. Por exemplo, suponha que uma revendedora de carros usados tenha comprado um Toyota Camry de cinco anos por US$ 12 mil. O valor pago pelo Camry é um custo perdido porque já foi incorrido e a transação não pode ser desfeita. Embora isso possa ser contraintuitivo, o valor que a revendedora pagou pelo Camry é irrelevante para tomadas de decisões como por quanto vender o carro. Custos perdidos são sempre os mesmos, independentemente das alternativas consideradas; portanto, são irrelevantes e devem ser ignorados ao tomar decisões.

Custos futuros que não diferem entre alternativas também devem ser ignorados. Continuando com o exemplo discutido antes, suponha que você planeja pedir uma pizza depois de ir ao cinema ou alugar um DVD. Se você comprar a mesma pizza, não importa qual seja o tipo de entretenimento de sua escolha, o custo é irrelevante para a escolha entre ir

Capítulo **12** ▶ Análise diferencial

ao cinema ou alugar um DVD. Observe que o custo da pizza não é um custo perdido porque ainda não foi incorrido. No entanto, é irrelevante para a decisão do tipo de entretenimento porque é um custo futuro que não difere entre as alternativas.

Em resumo, apenas os custos e benefícios que diferem entre alternativas são relevantes para uma decisão. Custos relevantes em geral são chamados de *custos evitáveis*. A chave para uma tomada de decisões bem-sucedida é concentrar-se apenas nesses custos e benefícios relevantes e ignorar todo o resto – incluindo os custos perdidos e os custos futuros, além dos benefícios que não diferem entre as alternativas.

CUSTO RELEVANTE DOS PRIVILÉGIOS EXECUTIVOS

POR DENTRO
DAS EMPRESAS

A **Comissão de Valores Mobiliários** está preocupada com presidentes-executivos que usam aviões de propriedade da empresa para viagens pessoais. Por exemplo, considere um presidente-executivo que usa o avião de luxo Gulfstream V de seus empregadores para transportar sua família em uma viagem de férias, de 2 mil milhas ida e volta, da cidade de Nova York a Orlando, na Flórida, Estados Unidos. A prática padrão entre as empresas com políticas de reembolso por viagens pessoais seria cobrar de seu presidente-executivo US$ 1,5 mil por esse voo com base em uma taxa de reembolso por milha estabelecida pelo IRS, a **Receita Federal dos EUA** (as taxas do IRS pretendem ser próximas do custo por milha de uma passagem de primeira classe de uma empresa aérea comercial). No entanto, críticos afirmam que usar as taxas de reembolso do IRS subestima demais os custos dos voos arcados pelos acionistas. Alguns deles dizem que o custo incremental de US$ 11 mil, incluindo combustível, taxas de aterrissagem e encargos de equipes de hotelaria, deveria ser reembolsado pelo presidente-executivo. Outros, ainda, discutem que, mesmo baseando os reembolsos em custos incrementais, o verdadeiro custo de um voo seria subestimado porque os custos fixos, como o custo do avião, salários da tripulação e seguro, deveriam ser incluídos. Esses custos são relevantes porque a quantidade excessiva de viagens pessoais realizadas por executivos corporativos essencialmente exige que suas empresas comprem, segurem e tripulem aviões adicionais. Este último grupo de críticos defende que o custo relevante da viagem da cidade de Nova York a Orlando é de US$ 43 mil – o preço de mercado que deveria ser pago para fretar um avião de porte comparável ao desse voo. Qual é o custo relevante desse voo? Os acionistas devem esperar que seu presidente-executivo reembolse US$ 0 (como é a prática em algumas empresas), US$ 1,5 mil, US$ 11 mil ou US$ 43 mil? Ou todas as empresas deveriam proibir o uso pessoal de ativos corporativos?

FONTE: Mark Maremont, "Amid Crackdown, the Jet Perk Suddenly Looks a Lot Pricier", *The Wall Street Journal*, 25 de maio de 2005, p. A1 e A8.

Custos diferentes para diferentes propósitos

Precisamos reconhecer um conceito fundamental desde o início de nossa discussão – custos que são relevantes em uma situação de decisão não são necessariamente relevantes em outra. Isso significa que os *gerentes precisam de diferentes custos para diferentes propósitos*. Para um propósito, determinado grupo de custos pode ser relevante; para outro, um grupo totalmente diferente de custos pode ser relevante. Assim, cada situação de decisão deve ser cuidadosamente analisada para isolar os custos relevantes. Caso contrário, dados irrelevantes podem obscurecer a situação e levar a uma decisão ruim.

O conceito de "diferentes custos para diferentes propósitos" é fundamental na contabilidade gerencial; veremos com frequência sua aplicação nas páginas a seguir.

Exemplo de identificação de custos e benefícios relevantes

Cíntia é aluna de um programa de MBA em Boston, Estados Unidos, e gostaria de visitar uma amiga na cidade de Nova York no fim de semana. Ela tenta decidir se vai de carro ou de trem. Como está com pouco dinheiro, quer considerar com cuidado os custos das duas alternativas. Se uma alternativa for muito mais barata do que a outra, isso talvez seja decisivo em sua escolha. De carro, a distância entre seu apartamento em Boston e o apartamento de sua amiga em Nova York é de 230 milhas.[*] Cíntia listou os seguintes itens a serem considerados:

---

* N. do T.: Medida de comprimento: 1 milha = 1,61 km.

Custos do automóvel (US$)		
Item	Custo anual de itens	Custo por milha (baseado em 10.000 milhas fixas por ano)
(a) Depreciação em linha reta do carro [(US$ 24.000 custo original – US$ 10.000 valor estimado de revenda em 5 anos)/5 anos]	2.800	0,280
(b) Custo da gasolina (US$ 2,70 por galão ÷ 27 milhas por galão)		0,100
(c) Custo anual do seguro e licença do carro	1.380	0,138
(d) Manutenção e consertos		0,065
(e) Preço do estacionamento na escola (US$ 45 por mês × 8 meses)	360	0,036
(f) Custo médio total por milha		0,619
Dados adicionais		
Item		
(g) Redução no valor de revenda do carro devido somente ao desgaste		0,026 por milha
(h) Custo da passagem de trem ida e volta de Boston a Nova York		104
(i) Benefício de relaxar e poder estudar durante a viagem de trem em vez de ter de dirigir		?
(j) Custo de colocar o cachorro em um canil enquanto estiver fora		40
(k) Benefício de ter um carro disponível em Nova York		?
(l) Incômodo de ter de estacionar um carro em Nova York		?
(m) Custo do estacionamento do carro em Nova York		25 por dia

Quais custos e benefícios são relevantes para essa decisão? Lembre-se de que apenas os custos e benefícios que diferem entre alternativas são relevantes. Todo o resto é irrelevante e pode ser ignorado.

Comece no início da lista com o item (a): o custo original do carro é um custo perdido. Esse custo já foi incorrido e, portanto, nunca pode diferir entre alternativas. Como resultado, é irrelevante e deve ser ignorado. O mesmo vale para a depreciação contábil de US$ 2.800 por ano, que simplesmente divide o custo perdido em cinco anos.

O item (b), o custo da gasolina consumida para dirigir até Nova York, é um custo relevante. Se Cíntia pegar o trem, esse custo não será incorrido. Logo, o custo difere entre alternativas e, portanto, é relevante.

O item (c), o custo anual do seguro e licença do carro, não é relevante. Não importa se Cíntia pegará o trem ou dirigirá nessa viagem especificamente, seu prêmio de seguro de automóvel anual e sua licença de automóvel serão iguais.[1]

O item (d), o custo de manutenção e consertos, é relevante. Embora os custos de manutenção e consertos tenham um grande componente aleatório, a longo prazo eles devem ser mais ou menos proporcionais ao número de milhas dirigidas. Assim, o custo médio de US$ 0,065 por milha é uma estimativa razoável para usar.

O item (e), a taxa mensal que Cíntia paga para estacionar em sua escola durante o ano acadêmico, não é relevante. Não importa qual alternativa ela escolha – dirigir ou pegar o trem –, ainda terá de pagar esse estacionamento.

O item (f) é o custo médio total de US$ 0,619 por milha. Como discutido antes, alguns elementos desse total são relevantes, mas alguns não são. Por conter alguns custos

---

[1] Se Cíntia sofrer um acidente enquanto dirige até Nova York ou na volta, isso pode afetar seu prêmio de seguro quando a apólice for renovada. O aumento no prêmio de seguro seria um custo relevante para essa viagem específica, mas o valor normal do prêmio de seguro não é relevante em nenhum caso.

Capítulo **12** ▶ Análise diferencial

irrelevantes, seria incorreto estimar o custo de dirigir até Nova York e voltar simplesmente multiplicando o valor de US$ 0,619 por 460 milhas (230 milhas cada trajeto × 2). Essa abordagem errônea produziria um custo de dirigir de US$ 284,74. Infelizmente, erros como esse são muitas vezes cometidos tanto na vida pessoal quanto nos negócios. Como o custo total é declarado por milha, as pessoas facilmente se confundem. Muitas vezes, as pessoas acreditam que, se o custo é declarado como US$ 0,619 por milha, o custo de dirigir 100 milhas é US$ 61,90. Mas não é. Muitos dos custos incluídos no custo de US$ 0,619 por milha são perdidos e/ou fixos e não aumentarão se o carro for dirigido por 100 milhas a mais. O custo de US$ 0,619 é um custo médio, não um custo incremental. Deve-se ter cuidado com esses custos por unidade (ou seja, custos declarados em termos de um valor em dólares por unidade, por milha, por hora de mão de obra direta, por hora-máquina etc.) – eles geralmente são enganosos.

O item (g) – a redução do valor de revenda do carro que ocorre em virtude de mais milhas percorridas – é relevante para a decisão. Como ela usa o carro, seu valor de revenda diminui, o que é um custo real de usar o carro e, portanto, deve ser levado em consideração. Cíntia estimou esse custo acessando o *site* Kelly Blue Book, no endereço <www.kbb.com>. A redução no valor de revenda de um ativo por meio do uso ao longo do tempo em geral é chamada de *depreciação real* ou *econômica*, a qual é diferente da depreciação contábil, que tenta associar o custo perdido de um ativo aos períodos que se beneficiam desse custo.

O item (h), o custo de US$ 104 de uma viagem ida e volta de trem, é relevante para essa decisão. Se dirigir, ela não terá de comprar a passagem.

O item (i) é relevante para essa decisão, mesmo que seja difícil atribuir um valor em dólares a relaxar e poder estudar enquanto estiver no trem. Ele é relevante porque é um benefício disponível sob uma alternativa, mas não sob a outra.

O item (j), o custo de colocar o cachorro de Cíntia no canil enquanto estiver fora, é irrelevante para essa decisão. Não importa se ela pegará o trem ou dirigirá até Nova York; o cachorro terá de ficar em um canil.

Assim como o item (i), os itens (k) e (l) são relevantes para a decisão mesmo que seja difícil medir seus impactos em dólar.

O item (m), o custo de estacionar em Nova York, é relevante para a decisão.

Juntando todos os dados relevantes, Cíntia estimaria os custos relevantes de dirigir e pegar o trem da seguinte maneira:

Custos financeiros relevantes de dirigir até Nova York e voltar (US$):	
Gasolina (460 milhas × US$ 0,100 por milha)	46,00
Manutenção e consertos (460 milhas × US$ 0,065 por milha)	29,90
Redução no valor de revenda do carro somente por causa do desgaste (460 milhas × US$ 0,026 por milha)	11,96
Custo de estacionar o carro em Nova York (2 dias × US$ 25 por dia)	50,00
Total	137,86
Custos financeiros relevantes de pegar o trem até Nova York e voltar (US$):	
Custo da passagem de ida e volta de Boston a Nova York	104,00

O que Cíntia deve fazer? De um ponto de vista puramente financeiro, seria US$ 33,86 (US$ 137,86 – US$ 104,00) mais barato ir de trem do que de carro. Cíntia deve decidir se a conveniência de ter um carro em Nova York pesa mais do que o custo adicional e as desvantagens de não poder relaxar e estudar no trem e o incômodo de ter de encontrar lugar para estacionar na cidade.

Nesse exemplo, concentramo-nos em identificar os custos e benefícios relevantes – todo o resto foi ignorado. No próximo, incluiremos todos os custos e benefícios – relevantes ou não. No entanto, ainda chegaremos à resposta certa porque os custos e benefícios irrelevantes cancelarão um ao outro quando compararmos as alternativas.

CONTABILIDADE GERENCIAL

POR DENTRO DAS EMPRESAS

DELL SOFRE UM BAQUE EM VIRTUDE DE SUA MÁ QUALIDADE NO SERVIÇO DE ATENDIMENTO AO CLIENTE

A **Dell Inc.** decidiu cortar custos do serviço de atendimento ao cliente transferindo a maioria de seus *call centers* para outros países e empregando trabalhadores temporários que eram recompensados por minimizarem a duração das ligações dos clientes. As consequências não intencionais das escolhas da Dell eram previsíveis – o número de ligações repetidas de clientes irritados disparou e as pontuações de satisfação do cliente e de "cliente que provavelmente voltará a comprar com a empresa" despencaram.

Temerosos de que os clientes insatisfeitos procurassem um concorrente, a Dell gastou US$ 150 milhões para contratar milhares de funcionários de tempo integral para *call centers* na América do Norte. A empresa também começou a recompensar esses funcionários com base em quão bem solucionavam os problemas dos clientes. Essas mudanças valeram a pena, já que a Dell começou a receber 2 milhões de ligações a menos por trimestre no serviço de atendimento ao cliente. As pontuações de satisfação do cliente e de "cliente que provavelmente voltará a comprar com a empresa" aumentaram bastante.

A experiência da Dell ressalta o perigo de superenfatizar os custos, deixando de lado as receitas que podem ser perdidas por causa de insatisfação dos clientes.

FONTE: David Kirkpatrick, "Dell in the Penalty Box", *Fortune*, 18 de setembro de 2006, p. 70-78.

Reconciliar as abordagens total e diferencial

A Oak Harbor Woodworks considera o uso de uma nova máquina para economizar mão de obra cujo aluguel custa US$ 3 mil por ano. A máquina será usada na linha de produção de tábuas de carne da empresa. A seguir, temos dados relativos às vendas e aos custos anuais de tábuas de carne com e sem a nova máquina:

	Situação atual	Situação com a nova máquina
Unidades produzidas e vendidas	5.000	5.000
Preço de venda por unidade (US$)	40	40
Custos de materiais diretos por unidade (US$)	14	14
Custos de mão de obra direta por unidade (US$)	8	5
Custos indiretos variáveis por unidade (US$)	2	2
Custos fixos, outros (US$)	62.000	62.000
Custos fixos, aluguel da nova máquina (US$)	—	3.000

Considerando esses dados, o resultado operacional do produto sob as duas alternativas pode ser calculada como mostra o Quadro 12.1.

Observe que o resultado operacional é **US$ 12 mil** mais alto com a nova máquina, então, essa é a melhor alternativa. Observe também que a vantagem de **US$ 12 mil** em virtude da nova máquina pode ser obtida de duas maneiras diferentes. É a diferença entre o resultado operacional de **US$ 30 mil** com a nova máquina e o resultado operacional de **US$ 18 mil** com a situação atual. É também a soma dos custos e benefícios diferenciais, como mostra a última coluna do Quadro 12.1. Um número positivo na coluna "custos e benefícios diferenciais" indica que a diferença entre as alternativas favorece a nova máquina; um número negativo indica que a diferença favorece a situação atual. Um zero nessa coluna simplesmente significa que o valor total do item é o mesmo para ambas as alternativas. Assim, como a diferença nos resultados operacionais é igual à soma das diferenças dos itens individuais, qualquer custo ou benefício que seja igual para ambas as alternativas não terá qualquer impacto sobre qual delas é a preferível. Esse é o motivo pelo qual os custos e benefícios que não diferem entre alternativas são irrelevantes e podem ser ignorados. Se os levarmos em consideração de fato, eles se cancelarão um ao outro quando compararmos as alternativas.

Capítulo **12** ▶▶ Análise diferencial

QUADRO 12.1
Custos totais
e diferenciais (US$).

	Situação atual	Situação com a nova máquina	Custos e benefícios diferenciais
Vendas (5.000 unidades × US$ 40 por unidade)...............	200.000	200.000	0
Despesas variáveis:			
Materiais diretos (5.000 unidades × US$ 14 por unidade)...................	70.000	70.000	0
Mão de obra direta (5.000 unidades × US$ 8 por unidade; 5.000 unidades × US$ 5 por unidade)..........	40.000	25.000	**15.000**
Custos indiretos variáveis (5.000 unidades × US$ 2 por unidade)...................	10.000	10.000	0
Total de despesas variáveis	120.000	105.000	
Margem de contribuição..	80.000	95.000	
Despesas fixas:			
Outros	62.000	62.000	0
Aluguel da nova máquina..	0	3.000	**− 3.000**
Total de despesas fixas..	62.000	65.000	
Resultado operacional	**18.000**	**30.000**	**12.000**

Poderíamos ter chegado à mesma solução de maneira muito mais rápida ignorando completamente os custos e benefícios irrelevantes.

▶ O preço de venda por unidade e o número de unidades vendidas não diferem entre as alternativas. Portanto, as receitas de venda totais são exatamente as mesmas para as duas alternativas, como mostra o Quadro 12.1. Como as receitas de venda são exatamente iguais, elas não têm qualquer efeito sobre a diferença no resultado operacional entre as duas alternativas. Isso é mostrado na última coluna do Quadro 12.1, que mostra um benefício diferencial de US$ 0.

▶ Os custos de materiais diretos por unidade, os custos indiretos variáveis por unidade e o número de unidades produzidas e vendidas não diferem entre as alternativas. Como resultado, o total de custos de materiais diretos e o total de custos indiretos variáveis são iguais para as duas alternativas e podem ser ignorados.

▶ As "outras" despesas fixas não diferem entre as alternativas, então também podem ser ignoradas.

De fato, os únicos custos que diferem entre as alternativas são os custos de mão de obra direta e o custo fixo do aluguel da nova máquina. Logo, as duas alternativas podem ser comparadas com base apenas nesses custos relevantes:

Vantagem líquida de alugar a nova máquina (US$)	
Diminuição nos custos de mão de obra direta (5.000 unidades com uma economia de custo de US$ 3 por unidade)..	**15.000**
Aumento nas despesas fixas	**− 3.000**
Economias líquidas anuais nos custos em virtude de aluguel da nova máquina	**12.000**

Se nos concentrarmos apenas nos custos e benefícios relevantes, obteremos a mesma resposta de quando listamos todos os custos e benefícios – inclusive aqueles que não diferem entre as alternativas e, logo, são irrelevantes. Obtemos a mesma resposta porque os únicos custos e benefícios que importam na comparação final dos resultados operacionais são aqueles que diferem entre as duas alternativas e, logo, não são iguais a zero na última coluna do Quadro 12.1. Esses dois custos relevantes aparecem ambos listados na análise anterior, que mostra a vantagem líquida de alugar a nova máquina.

Por que isolar os custos relevantes?

No exemplo anterior, usamos duas abordagens diferentes para analisar as alternativas. Primeiro, consideramos todos os custos, tanto os que eram relevantes quanto os que não eram; e, depois, consideramos apenas os custos relevantes. Obtivemos a mesma resposta com as duas abordagens. Seria natural perguntar: "Por que se incomodar em isolar os custos relevantes se os custos totais dão o mesmo resultado?". Isolar os custos relevantes é desejável por pelo menos dois motivos.

Em primeiro lugar, raramente há informações suficientes para preparar uma demonstração de resultados detalhada para ambas as alternativas. Suponha, por exemplo, que você deva tomar uma decisão relativa a uma parte de um único processo de negócios em uma empresa com múltiplos departamentos e múltiplos produtos. Nessas circunstâncias, seria quase impossível preparar uma demonstração de resultados de qualquer tipo. A fim de reunir os dados necessários para tomar uma decisão, você deveria contar somente com sua capacidade de reconhecer quais custos são relevantes e quais não são.

Em segundo lugar, misturar custos irrelevantes e custos relevantes pode causar confusão e distrair a atenção das informações que são realmente importantes. Além disso, existe o perigo de que um dado irrelevante possa ser usado de forma inadequada, resultando em uma decisão incorreta. A melhor abordagem é ignorar dados irrelevantes e basear a decisão por completo em dados relevantes.

A análise de custos relevantes, com a abordagem da demonstração de resultados com margem de contribuição, fornece uma excelente ferramenta para a tomada de decisões. Investigaremos vários usos dessa ferramenta nas seções restantes deste capítulo.

POR DENTRO DAS EMPRESAS

CUSTOS AMBIENTAIS FAZEM SENTIDO

Uma análise de decisão pode ser falha se incluir incorretamente custos irrelevantes como custos perdidos e custos futuros que não diferem entre alternativas, assim como se omitir custos futuros que diferem entre alternativas. Esse é um problema que ocorre em especial com custos ambientais, porque eles têm aumentado demais nos últimos anos e em geral são negligenciados pelos gerentes.

Considere as complicações ambientais apresentadas por uma decisão entre instalar um sistema à base de solvente ou de pó para peças com pintura em *spray*. Em um sistema de pintura à base de solvente, as peças são borrifadas à medida que passam por uma esteira. A tinta que não cai na peça é removida por uma cortina de água. O excesso de tinta se acumula em uma fossa como resíduos que devem ser removidos todo mês. As regulamentações ambientais classificam esses resíduos como lixo perigoso. Como resultado, é necessária a obtenção de uma licença para produzir o lixo e devem ser mantidos registros meticulosos sobre como o lixo é transportado, armazenado e eliminado. Os custos anuais de cumprir essas regulamentações podem facilmente exceder US$ 140 mil ao todo para uma fábrica de pintura que de início custaria apenas US$ 400 mil para construir. Os custos de cumprir as regulamentações ambientais incluem:

▶ Os resíduos de tinta devem ser transportados para um local especial de eliminação de lixo. A taxa de eliminação comum é em torno de US$ 55 mil por ano para um sistema modesto de pintura à base de solvente.

▶ Os trabalhadores devem receber treinamento especial para manipular os resíduos de tinta.

▶ A empresa deve ter um seguro especial.

▶ A empresa deve pagar taxas substanciais ao Estado por liberar poluentes (ou seja, o solvente) no ar.

▶ A água da cortina de água deve ser especialmente tratada para remover poluentes, o que pode custar dezenas de milhares de dólares por ano.

Ao contrário, um sistema de pintura à base de pó evita quase todos esses custos ambientais. O excesso de pó usado na pintura pode ser recuperado e reutilizado sem criar lixo perigoso. Além disso, o sistema à base de pó não libera poluentes na atmosfera. Portanto, embora o custo de construir um sistema à base de pó possa ser mais alto do que o custo de construir um sistema à base de solvente, a longo prazo, ainda pode ser bem mais baixo em virtude dos altos custos ambientais de um sistema à base de solvente. Os gerentes precisam estar conscientes desses custos ambientais e levá-los em consideração integralmente ao tomarem decisões.

FONTE: Germain Böer, Margaret Curtin e Louis Hoyt, "Environmental Cost Management", *Management Accounting*, volume 80, número 3, p. 28-38.

Capítulo **12** ▶ Análise diferencial

ADICIONAR E ELIMINAR LINHAS DE PRODUTO E OUTROS SEGMENTOS

Decidir se linhas de produtos ou outros segmentos de uma empresa devem ser eliminados e se novos segmentos devem ser adicionados são as decisões mais difíceis que um gerente deve tomar. Nestas, muitos fatores qualitativos e quantitativos devem ser considerados. Em última análise, no entanto, qualquer decisão final de eliminar um segmento de negócios ou adicionar um novo depende, em especial, do impacto que a decisão terá sobre o resultado operacional. Para avaliar esse impacto, os custos devem ser analisados com cuidado.

Ilustração da análise de custos

O Quadro 12.2 fornece informações sobre vendas e custos do último mês da empresa Discount Drug e suas três principais linhas de produtos – medicamentos, cosméticos e artigos domésticos. Uma rápida análise desse quadro sugere que eliminar o segmento de artigos domésticos aumentaria o resultado operacional geral da empresa em US$ 8 mil. Entretanto, essa seria uma conclusão falha, pois os dados do Quadro 12.2 não distinguem entre despesas fixas que podem ser evitadas se uma linha de produtos for eliminada e despesas fixas que não podem ser evitadas eliminando-se qualquer linha de produtos em particular.

Nesse cenário, as duas alternativas em consideração são manter as linhas de produtos de artigos domésticos ou eliminá-las. Portanto, apenas os custos que diferem entre essas duas alternativas (isto é, que podem ser evitados eliminando-se as linhas de produtos de artigos domésticos) são relevantes. Ao decidir entre eliminar ou não os artigos domésticos, é essencial identificar quais custos podem ser evitados, sendo, dessa forma, relevantes para a decisão, e quais custos não podem ser evitados, sendo, dessa forma, irrelevantes. A decisão deve ser analisada como a seguir.

Se a linha de artigos domésticos for eliminada, a empresa perderá US$ 20 mil por mês em margem de contribuição, mas, ao eliminar a linha, pode ser possível evitar alguns custos fixos como salários ou custos com propaganda. Se eliminar a linha de artigos domésticos permite que a empresa evite mais em custos fixos do que ela perde em margem de contribuição, seu resultado operacional geral aumentará com a eliminação. Todavia, se a empresa não for capaz de evitar tanto em custos fixos quanto ela perde em margem de contribuição, então a linha de artigos domésticos deve ser mantida. Em resumo, o gerente deve se perguntar: "Quais custos eu posso evitar se eliminar essa linha de produtos?".

Como vimos em nossa discussão anterior, nem todos os custos são evitáveis. Por exemplo, alguns dos custos associados à linha de produtos podem ser custos perdidos. Outros custos podem ser custos fixos alocados que não diferem no total independentemente de qual linha de produtos é eliminada ou mantida.

▶▶ OA12.2

Preparar uma análise que mostre se uma linha de produtos ou outro segmento de negócios deve ser adicionado ou eliminado.

QUADRO 12.2
Linhas de produtos da Discount Drug (US$).

		Linha de produtos		
	Total	Medicamentos	Cosméticos	Artigos domésticos
Vendas	250.000	125.000	75.000	50.000
Despesas variáveis	105.000	50.000	25.000	30.000
Margem de contribuição	145.000	75.000	50.000	20.000
Despesas fixas:				
Salários	50.000	29.500	12.500	8.000
Propaganda	15.000	1.000	7.500	6.500
Serviços de utilidade pública	2.000	500	500	1.000
Depreciação – dispositivos de mostruário.	5.000	1.000	2.000	2.000
Aluguel	20.000	10.000	6.000	4.000
Seguro	3.000	2.000	500	500
Administrativas gerais	30.000	15.000	9.000	6.000
Total de despesas fixas	125.000	59.000	38.000	28.000
Resultado operacional	20.000	16.000	12.000	– 8.000

Para mostrarmos como proceder em uma análise de linha de produtos, suponha que a Discount Drug tenha analisado os custos fixos cobrados das três linhas de produtos e determinado o seguinte:

1. As despesas com salários representam salários pagos a funcionários que trabalham diretamente no produto. Todos os funcionários que trabalham em artigos domésticos seriam demitidos se a linha de produtos fosse eliminada.

2. As despesas com propaganda representam propagandas específicas a cada linha de produtos e são evitáveis se a linha for eliminada.

3. As despesas com serviços de utilidade pública representam custos dos serviços de utilidade pública para toda a empresa. A quantia cobrada de cada linha de produtos é uma alocação baseada no espaço ocupado e não é evitável se a linha de produtos for eliminada.

4. As despesas com depreciação representam a depreciação em dispositivos de mostruário usados para exibir as várias linhas de produtos. Embora os dispositivos de mostruário sejam quase novos, eles são montados sob encomenda e não terão valor de revenda se a linha de artigos domésticos for eliminada.

5. As despesas com aluguel representam o aluguel de todo o edifício ocupado pela empresa; são alocadas às linhas de produtos com base nas vendas em dólares. O aluguel mensal de US$ 20 mil é fixo e determinado por um contrato de aluguel de longo prazo.

6. As despesas com seguros se referem aos estoques dentro de cada uma das três linhas de produtos. Se a linha de artigos domésticos for eliminada, os estoques relacionados serão liquidados e os prêmios de seguro diminuirão proporcionalmente.

7. As despesas administrativas gerais representam os custos dos departamentos de contabilidade, compras e gerência geral, que são alocados às linhas de produtos com base nas vendas em dólares. Esses custos não mudarão se a linha de artigos domésticos for eliminada.

De posse dessas informações, a gerência pode determinar que US$ 15 mil das despesas fixas associadas à linha de produtos de artigos domésticos são evitáveis e US$ 13 mil não são:

Despesas fixas	Custos totais atribuídos aos artigos domésticos (US$)	Inevitáveis* (US$)	Evitáveis (US$)
Salários	8.000		8.000
Propaganda	6.500		6.500
Serviços de utilidade pública	1.000	1.000	
Depreciação – dispositivos de mostruário	2.000	2.000	
Aluguel	4.000	4.000	
Seguro	500		500
Administrativas gerais	6.000	6.000	
Total	28.000	13.000	15.000

* Esses custos fixos representam custos perdidos ou custos futuros que não mudarão independentemente de a linha de artigos domésticos ser retida ou descontinuada.

Como mencionado antes, se a linha de produtos de artigos domésticos fosse eliminada, a empresa perderia a margem de contribuição do produto, de US$ 20 mil, mas economizaria suas despesas fixas associadas evitáveis. Agora, sabemos que essas despesas fixas evitáveis totalizam US$ 15 mil. Portanto, eliminar a linha de produtos de artigos domésticos resultaria em uma *redução* de US$ 5 mil no resultado operacional, como exibido a seguir:

Margem de contribuição perdida se a linha de artigos domésticos for descontinuada (ver Quadro 12.2) (US$)	– 20.000
Menos custos fixos que podem ser evitados se a linha de artigos domésticos for descontinuada (ver acima) (US$)	15.000
Diminuição no resultado operacional geral da empresa (US$)	– 5.000

Capítulo **12** ▸▶ Análise diferencial

Nesse caso, os custos fixos que podem ser evitados eliminando-se a linha de produtos de artigos domésticos US$ – 15 mil são menores do que a margem de contribuição que será perdida US$ – 20 mil. Portanto, com base nos dados fornecidos, a linha de artigos domésticos não deve ser descontinuada a menos que possa ser encontrado um uso mais lucrativo para o espaço de fábrica e de balcão de mostruário que ela ocupa.

Formato comparativo

Essa decisão também pode ser abordada preparando-se uma demonstração de resultados comparativa que mostre os efeitos de manter ou eliminar a linha de produtos. O Quadro 12.3 contém uma análise desse tipo para a empresa Discount Drug. Como mostra a última coluna do quadro, se a linha de artigos domésticos for eliminada, o resultado operacional geral da empresa diminuirá em US$ 5 mil cada período. Essa é a mesma resposta, é claro, que obtivemos quando nos concentramos apenas na margem de contribuição perdida e nos custos fixos evitáveis.

	Manter os artigos domésticos	Descontinuar os artigos domésticos	Diferença: aumento (ou diminuição) no resultado operacional
Vendas..	50.000	0	– 50.000
Despesas variáveis	30.000	0	30.000
Margem de contribuição.....................	20.000	0	– 20.000
Despesas fixas:			
Salários......................................	8.000	0	8.000
Propaganda..................................	6.500	0	6.500
Serviços de utilidade pública..................	1.000	1.000	0
Depreciação – dispositivos de mostruário..	2.000	2.000	0
Aluguel.......................................	4.000	4.000	0
Seguro..	500	0	500
Administrativas gerais............................	6.000	6.000	0
Total de despesas fixas.............................	28.000	13.000	15.000
Resultado operacional	– 8.000	– 13.000	– 5.000

QUADRO 12.3
Formato comparativo para a análise de linhas de produtos (US$).

Cuidado com a alocação dos custos fixos

Volte ao Quadro 12.2. Ele sugere que a linha de artigos domésticos deve ser mantida, como concluímos agora? Não. O Quadro 12.2 sugere que a linha de produtos de artigos domésticos está perdendo dinheiro. Por que manter uma linha de produtos que sofre prejuízo? A explicação para essa aparente inconsistência está, em parte, nos custos fixos comuns que são alocados às linhas de produtos. Como observamos no Capítulo 6, um dos grandes riscos em alocar custos fixos comuns é que essas alocações podem fazer uma linha de produtos (ou outro segmento de negócios) parecer menos lucrativa do que ela realmente é. Nesse exemplo, alocar os custos fixos comuns entre todas as linhas de produtos faz a linha de produtos de artigos domésticos parecer não lucrativa. Entretanto, como mostramos antes, eliminá-la resultaria em uma diminuição no resultado operacional geral da empresa. Esse ponto pode ser visto claramente se refizermos o Quadro 12.2 eliminando-se a alocação dos custos fixos comuns. O Quadro 12.4 usa a abordagem segmentada do Capítulo 6 para estimar a lucratividade das linhas de produtos.

O Quadro 12.4 nos dá uma perspectiva muito diferente da linha de artigos domésticos do que o Quadro 12.2. Como mostra o Quadro 12.4, a linha de artigos domésticos cobre todos os seus custos fixos rastreáveis e produz uma margem por segmento de US$ 3 mil para cobrir os custos fixos comuns da empresa. A menos que possa ser encontrada outra linha de produtos que produza uma margem por segmento maior do que US$ 3 mil, a empresa se sairia melhor mantendo a linha de artigos domésticos. Ao mantê-la, o resultado operacional geral da empresa será mais alto do que se a linha fosse eliminada.

CONTABILIDADE GERENCIAL

QUADRO 12.4
Linhas de produtos da empresa Discount Drug – refeita no formato com margem de contribuição (a partir do Quadro 12.2) (US$).

	Total	Linha de produtos		
		Medicamentos	Cosméticos	Artigos domésticos
Vendas..........................	250.000	125.000	75.000	50.000
Despesas variáveis	105.000	50.000	25.000	30.000
Margem de contribuição...........................	145.000	75.000	50.000	20.000
Despesas fixas rastreáveis:				
Salários..........................	50.000	29.500	12.500	8.000
Propaganda..........................	15.000	1.000	7.500	6.500
Depreciação – dispositivos de mostruário..	5.000	1.000	2.000	2.000
Seguro..........................	3.000	2.000	500	500
Total de despesas fixas rastreáveis............	73.000	33.500	22.500	17.000
Margem por segmento da linha de produtos..	72.000	41.500	27.500	3.000*
Despesas fixas comuns:				
Serviços de utilidade pública..................	2.000			
Aluguel..........................	20.000			
Administrativas gerais........................	30.000			
Total de despesas fixas comuns.................	52.000			
Resultado operacional	20.000			

* Se a linha de artigos domésticos for eliminada, a empresa perderá a margem por segmento de US$ 3 mil gerada por essa linha de produtos. Além disso, vimos que a depreciação dos dispositivos de mostruário, de US$ 2 mil, é um custo perdido que não pode ser evitado. A soma desses dois valores (US$ 3.000 + US$ 2.000 = US$ 5.000) seria a diminuição nos lucros gerais da empresa se a linha de artigos domésticos fosse descontinuada. É claro, a empresa pode decidir eliminar a linha de produtos depois, se as circunstâncias mudarem – como a decisão pendente de substituir ou não os dispositivos de mostruário.

Além disso, os gerentes podem decidir reter uma linha de produtos não lucrativa se ela ajudar a venda de outros produtos, ou se auxiliar a atração de clientes. Pão, por exemplo, pode não ser uma linha especialmente lucrativa em alguns mercados, mas os clientes esperam encontrar o produto disponível e muitos deles sem dúvida passariam a fazer suas compras em outros lugares se determinado mercado parasse de oferecê-lo.

POR DENTRO DAS EMPRESAS

ECONOMIA FRACA LEVA À DESCONTINUIDADE DE SEGMENTOS

Quando a economia sofre uma retração, muitas empresas têm de decidir se devem reter ou descontinuar certos produtos e serviços com resultados ruins. Por exemplo, a **Condé Nast Publications** reagiu a uma forte queda nas receitas de propaganda eliminando 180 empregos e descontinuando quatro revistas – *Gourmet*, *Modern Bride*, *Elegant Bride* e *Cookie*. Ela também fez cortes orçamentários de 20 a 25% em suas outras revistas. As vendas anuais de televisor com tela de plasma da **Pioneer Corp** caíram de 460 mil para 290 mil unidades. A empresa respondeu à diminuição na demanda eliminando milhares de empregos e retirando-se do mercado de televisores com tela de plasma.

FONTES: Russell Adams, "Ax Falls on Four Condé Nast Titles", *The Wall Street Journal*, 6 de outubro de 2009, p. B1; e Daisuke Wakabayashi, "Pioneer Unplugs Its TV Business", *The Wall Street Journal*, 13 de fevereiro de 2009, p. B1.

OA12.3

Preparar uma análise de decisão de produzir ou comprar.

DECISÃO DE PRODUZIR OU COMPRAR

Fornecer um produto ou serviço a um cliente envolve muitos passos. Por exemplo, considere todos os passos necessários para desenvolver e vender um produto, tal como o software de preparação da declaração de imposto de renda em lojas de varejo. Primeiro, o software deve ser desenvolvido, o que envolve engenheiros de software muito qualificados e um grande esforço de gestão de projetos. Então, o produto deve ser colocado em

Capítulo **12** ▸▶ Análise diferencial

uma forma que possa ser entregue aos clientes, o que envolve gravar o aplicativo em um CD ou DVD virgem, aplicar uma etiqueta e embalar o resultado em uma caixa atraente. Depois, o produto precisa ser distribuído para as lojas de varejo. Então, ele tem de ser vendido. E, finalmente, serviços de assistência telefônica e outras formas de serviços pós-venda devem ser oferecidos. E não podemos esquecer que o CD ou DVD virgem, a etiqueta e a caixa sem dúvida devem ser produzidos por alguém antes que qualquer uma dessas fases possa acontecer. Todas essas atividades, do desenvolvimento à produção e aos serviços pós-vendas, são chamadas de *cadeia de valor*.

Empresas distintas podem realizar cada uma das atividades da cadeia de valor ou uma única empresa pode realizar várias delas. Quando uma companhia está envolvida em mais de uma atividade em toda a cadeia de valor, ela é **verticalmente integrada**. Algumas empresas controlam todas as atividades na cadeia de valor, desde a produção de matérias-primas básicas até a distribuição final de produtos finais e a provisão de serviços pós-vendas. Outras empresas se contentam em se integrar em uma escala menor comprando muitas das peças e materiais que entram em seus produtos finais. A decisão de realizar uma das atividades na cadeia de valor internamente, em vez de comprar de um fornecedor, é chamada **decisão de produzir ou comprar**. Com muita frequência, essas decisões envolvem comprar determinada peça ou produzi-la dentro da empresa. Decisões de produzir ou comprar também envolvem decisões sobre se a empresa deve ou não terceirizar tarefas de desenvolvimento, serviços pós-vendas ou outras atividades.

Aspectos estratégicos da decisão de produzir ou comprar

A integração vertical oferece certas vantagens. Uma empresa integrada é menos dependente de seus fornecedores e pode conseguir garantir um fluxo mais suave das peças e materiais para produção do que uma empresa não integrada. Por exemplo, uma greve dos funcionários de um grande fornecedor de peças pode interromper por muitos meses as operações de uma empresa não integrada, enquanto uma empresa integrada que produz suas próprias peças conseguiria dar continuidade às operações. Além disso, algumas empresas sentem que podem controlar melhor a qualidade produzindo suas próprias peças e materiais, em vez de depender dos padrões de controle de qualidade de fornecedores externos. Uma empresa integrada, além de suas operações regulares, também realiza lucros com as peças e materiais que ela "produz" ao invés de "comprar".

As vantagens da integração vertical são contrabalançadas pelas vantagens do uso de fornecedores externos. Ao reunir a demanda de diversas empresas, um fornecedor pode desfrutar de economias de escala, as quais podem resultar em uma qualidade melhor e custos mais baixos do que seria possível se a empresa tentasse produzir as peças ou prestasse o serviço sozinha. Uma empresa deve ter cuidado, no entanto, para manter o controle sobre atividades essenciais para manter sua posição competitiva. Por exemplo, a **Hewlett-Packard** controla o software das impressoras a laser que ela produz em cooperação com a **Canon Inc.** do Japão. A tendência atual é a de menor integração vertical, com empresas como a **Sun Microsystems** e a Hewlett-Packard concentrando-se em projeto de hardware e software e contando com fornecedores externos para quase todo o resto da cadeia de valor. Esses fatores sugerem que a decisão de produzir ou comprar deve ser ponderada com muito cuidado.

> ▸ **Integração vertical**
>
> envolvimento, por parte de uma empresa, em mais de uma das atividades em toda a cadeia de valor, do desenvolvimento à produção, à distribuição, às vendas e aos serviços pós-venda.

> ▸ **Decisão de produzir ou comprar**
>
> decisão relacionada a se um item deve ser produzido internamente ou comprado de um fornecedor externo.

CESSNA TERCEIRIZA A CONSTRUÇÃO DE AERONAVES PARA A CHINA

POR DENTRO
DAS EMPRESAS

A empresa **Cessna Aircraft** contratou a estatal chinesa **Shenyang Aircraft Corporation** para produzir sua nova aeronave 162 SkyCatcher. Enquanto a **Boeing** e a **Airbus** têm usado as fabricantes chinesas para obter peças componentes, a Cessna é a primeira empresa a transferir a produção completa de uma aeronave para uma empresa chinesa. A Cessna espera que comprar as aeronaves da parceira chinesa produza economias de custos que lhe possibilite vender o avião por US$ 71 mil a menos do que se ele fosse feito em sua fábrica em Wichita, Kansas, Estados Unidos. A Cessna espera vender os mil primeiros SkyCatchers por US$ 109,5 mil, enquanto o modelo mais barato da empresa fabricado em Wichita é vendido por US$ 219,5 mil. Quais são alguns dos riscos que acompanham a decisão da Cessna de terceirizar a produção para a China?

FONTE: J. Lynn Lunsford, "Cessna's New Plane to Be Built in China", *The Wall Street Journal*, 28 de novembro de 2007, p. A14.

Exemplo de decisão de produzir ou comprar

Para ilustrar uma decisão de produzir ou comprar, considere a Mountain Goat Cycles. A empresa produz hoje sistemas de transmissão de marchas pesadas usados em sua mais popular linha de mountain bikes. O Departamento de Contabilidade da empresa divulga os seguintes custos para produzir internamente 8 mil unidades/ano de sistemas de transmissão:

	Por unidade	8.000 unidades
Materiais diretos (US$)	6	48.000
Mão de obra direta (US$)	4	32.000
Custos indiretos variáveis (US$)	1	8.000
Salário do supervisor (US$)	3	24.000
Depreciação de equipamentos especiais (US$)	2	16.000
Custos indiretos gerais alocados (US$)	5	40.000
Custos totais (US$)	21	168.000

Um fornecedor externo ofereceu 8 mil sistemas de transmissão por ano para a Mountain Goat Cycles pelo preço de apenas US$ 19 cada. A empresa deve parar de produzir os sistemas de transmissão internamente e passar a comprá-los do fornecedor externo? Como sempre, o foco deve ser sobre os custos relevantes – aqueles que diferem entre as alternativas. E os custos que diferem entre as alternativas consistem nos custos que poderiam ser evitados comprando-se os sistemas de transmissão do fornecedor externo. Se os custos que podem ser evitados na compra dos sistemas de transmissão do fornecedor externo totalizarem menos de US$ 19, a empresa deve continuar a produzir seus próprios sistemas de transmissão e rejeitar a oferta do fornecedor externo. Em contrapartida, se os custos que podem ser evitados comprando-se os sistemas de transmissão do fornecedor externo totalizarem mais de US$ 19, a oferta do fornecedor externo deve ser aceita.

Observe que a depreciação de equipamentos especiais é listada como um dos custos de se produzir os sistemas de transmissão internamente. Como os equipamentos já foram comprados, essa depreciação é um custo perdido e, portanto, irrelevante. Se os equipamentos pudessem ser vendidos, seu valor recuperado seria relevante. Ou se a máquina pudesse ser usada para fabricar outros produtos, isso também poderia ser relevante. No entanto, suporemos que os equipamentos não tenham qualquer valor de recuperação e nenhum outro uso, exceto a produção dos sistemas de transmissão de marchas pesadas.

Observe também que a empresa aloca uma parte de seus custos indiretos gerais aos sistemas de transmissão. Qualquer fração desses custos indiretos gerais que, na verdade, seriam eliminados se os sistemas de transmissão de marchas fossem comprados em vez de produzidos, seria relevante na análise. Entretanto, é provável que os custos indiretos gerais alocados aos sistemas de transmissão de marchas sejam, na verdade, comuns a todos os itens produzidos na fábrica e continuem iguais mesmo se os sistemas de transmissão fossem comprados de fora. Esses custos comuns alocados não são custos relevantes (porque não diferem entre as alternativas de produzir ou comprar) e devem ser eliminados da análise com os custos perdidos.

Os custos variáveis de produzir os sistemas de transmissão podem ser evitados comprando-se os sistemas de transmissão do fornecedor externo, então são custos relevantes. Suponhamos, nesse caso, que os custos variáveis incluem materiais diretos, mão de obra direta e custos indiretos variáveis. O salário do supervisor também é relevante se puder ser evitado com a compra dos sistemas de transmissão. O Quadro 12.5 contém a análise de custo relevante da decisão de produzir ou comprar supondo que o salário do supervisor possa, de fato, ser evitado.

Como produzir os sistemas de transmissão internamente custa US$ 40 mil a menos do que custaria comprá-los do fornecedor externo, a Mountain Goat Cycles deve rejeitar a oferta do fornecedor externo. Entretanto, a empresa pode considerar um fator adicional antes de chegar a uma decisão final – o custo de oportunidade do espaço que hoje é usado para produzir os sistemas de transmissão.

	Custos relevantes totais – 8.000 unidades	
	Produzir	Comprar
Materiais diretos (8.000 unidades × US$ 6 por unidade)	48.000	
Mão de obra direta (8.000 unidades × US$ 4 por unidade)	32.000	
Custos indiretos variáveis (8.000 unidades × US$ 1 por unidade)....	8.000	
Salário do supervisor..	24.000	
Depreciação de equipamentos especiais (não relevante)		
Custos indiretos gerais alocados (não relevante)		
Preço de compra de fornecedores externos		152.000
Custos totais	112.000	152.000
Diferença a favor de continuar a produzir	40.000	

QUADRO 12.5
Análise de decisão entre produzir ou comprar da Mountain Goat Cycles (US$).

TERCEIRIZAR TAREFAS EM VEZ DE EMPREGOS

POR DENTRO DAS EMPRESAS

A **Pfizer** economizou 4 mil das 66,5 mil horas de trabalho de seus gerentes permitindo que terceirizassem suas tarefas tediosas e demoradas a empresas na Índia. Com o clique de um mouse, os gerentes acessam um *site* chamado PfizerWorks para elaborar *on-line* pedidos de serviços como a preparação de slides em PowerPoint, de planilhas ou pesquisas de mercado simples. As solicitações são enviadas ao exterior e realizadas por uma empresa de terceirização de serviços. Essa terceirização permite que os gerentes da Pfizer dediquem seu tempo a tarefas de mais alto valor, como a motivação das equipes, a criação de novos produtos e a formulação de estratégias.

FONTE: Jena McGregor, "The Chore Goes Offshore", *BusinessWeek*, 23 e 30 de março de 2009, p. 50-51.

CUSTO DE OPORTUNIDADE

Se o espaço usado agora para produzir os sistemas de transmissão *estivesse ocioso*, caso não os produzisse, a Mountain Goat Cycles deveria continuar a produzir seus próprios sistemas de transmissão e a oferta do fornecedor externo deveria ser rejeitada, como afirmado anteriormente. Espaço ocioso que não possui nenhum uso alternativo apresenta um custo de oportunidade igual a zero.

Mas, e se o espaço usado para produzir sistemas de transmissão pudesse ser usado para outra finalidade? Nesse caso, o espaço teria um custo de oportunidade igual à margem por segmento que poderia ser obtida com o melhor uso alternativo do espaço.

Para ilustrar, suponha que o espaço que é usado para produzir sistemas de transmissão pudesse ser usado para produzir uma nova bicicleta *cross-country* que geraria uma margem por segmento de US$ 60 mil por ano. Sob essas condições, a Mountain Goat Cycles deveria aceitar a oferta do fornecedor e usar o espaço disponível para produzir a nova linha de produtos:

	Produzir	Comprar
Custos anuais totais (ver Quadro 12.5) (US$)	112.000	152.000
Custo de oportunidade – margem por segmento abdicada em uma possível nova linha de produtos (US$).....................	60.000	
Custos totais (US$)..	172.000	152.000
Diferença a favor de comprar do fornecedor externo (US$)......	20.000	

Custos de oportunidade não são registrados no livro-razão da organização porque não representam despesas reais. Em vez disso, representam benefícios econômicos que são abdicados por causa de alguma decisão que foi tomada. O custo de oportunidade para a Mountain Goat Cycles é grande o suficiente nesse caso para mudar a decisão.

POR DENTRO DAS EMPRESAS

ESCOLHAS DIFÍCEIS

Brad e Carole Karafil são proprietários e operam a **White Grizzly Adventures**, uma empresa de esqui *snowcat* e *snowboarding* em Meadow Creek, British Columbia, Canadá. Apesar de ser evento raro, às vezes a empresa não consegue operar em virtude do mau tempo. Os participantes recebem alojamento e alimentação, mas ninguém pode esquiar. O contrato assinado por cada participante determina que não haverá reembolso no caso de um cancelamento inevitável que esteja fora do controle dos operadores. Então, tecnicamente, Brad e Carole não são obrigados a oferecer nenhum reembolso se tiverem de cancelar as operações por esse motivo. No entanto, 70% de seus participantes são clientes de repetição e um participante que pagou em torno de US$ 300 por dia para esquiar provavelmente ficará insatisfeito se a atividade for cancelada, mesmo que isso não seja culpa da White Grizzly.

Quais custos, se houver, são economizados se o esqui for cancelado e o *snowcat* não operar? Não muitos. Os participantes ainda recebem alojamento e alimentação e os guias, que são contratados independentemente desse tipo de problema, são pagos mesmo assim. Alguns custos da operação do *snowcat* são evitados, mas quase mais nada. Portanto, haveria poucas economias de custos para serem repassadas aos participantes.

Brad e Carole poderiam emitir um crédito a ser usado para um dia de esqui em outra oportunidade. Se um cliente com tal crédito ocupasse um assento do *snowcat* que, caso contrário, estivesse vazio, o único custo significativo para Brad e Carole seria o custo da alimentação do cliente. No entanto, quase não existem assentos vazios – a demanda por assentos excede em muito a oferta, e a agenda em geral está lotada muito antes da temporada de esqui. Como resultado, o custo real de emitir um crédito para um dia de esqui é alto. Brad e Carole estariam abdicando de US$ 300 de um cliente pagante, por cada participante, a quem eles emitissem um crédito. Emitir um crédito envolve um custo de oportunidade de US$ 300 em receitas de vendas abdicadas.

O que você faria se tivesse de cancelar o esqui por causa do mau tempo? Você reembolsaria o cliente ou emitiria um crédito, perdendo dinheiro no processo, ou você arriscaria perder clientes? É uma escolha difícil.

FONTE: Brad e Carole Karafil, proprietários e operadores da White Grizzly Adventures, <www.whitegrizzly.com>.

 OA12.4

Preparar uma análise que mostre se um pedido especial deve ou não ser aceito.

▸ **Pedido especial**

pedido realizado uma única vez que não é considerado parte dos negócios normais da empresa.

PEDIDOS ESPECIAIS

Muitas vezes, os gerentes têm de avaliar se um *pedido especial* deve ou não ser aceito e, se for aceito, o preço que deve ser cobrado. Um **pedido especial** é realizado uma única vez e não é considerado parte dos negócios normais da empresa. Para ilustrar essa noção: a Mountain Goat Cycles acaba de receber uma solicitação do Departamento de Polícia de Seattle para produzir cem mountain bikes especialmente modificadas pelo preço de US$ 558 cada. As bicicletas seriam usadas para patrulhar algumas das seções residenciais mais habitadas da cidade. A Mountain Goat Cycles pode facilmente modificar seu modelo City Cruiser para atender às especificações da Polícia de Seattle. O preço de venda normal da bicicleta City Cruiser é US$ 698, e seu custo unitário de produto é de US$ 564, como exibido a seguir:

Materiais diretos (US$)	372
Mão de obra direta (US$)	90
Custos indiretos de produção (US$)	102
Custo unitário de produto (US$)	564

A fração variável dos custos indiretos de produção acima é de US$ 12 por unidade. O pedido não teria nenhum efeito sobre os custos indiretos de produção fixos totais da empresa.

As modificações solicitadas pelo Departamento de Polícia de Seattle consistem na solda de suportes para carregar rádios, cassetetes e outros equipamentos. Essas modificações exigiriam US$ 34 em custos variáveis incrementais. Além disso, a empresa teria de pagar US$ 2,4 mil a um estúdio de *design* gráfico para projetar e cortar matrizes que seriam usadas para pintar com *spray* o logo do Departamento de Polícia de Seattle e outras marcas de identificação nas bicicletas.

Esse pedido não deve ter qualquer efeito sobre as outras vendas da empresa. A gerente de produção disse que pode atender o pedido especial sem atrapalhar nenhuma parte da produção regular da empresa já programada.

Qual o efeito da aceitação desse pedido sobre o resultado operacional da empresa?

Apenas os custos e benefícios incrementais são relevantes. Como os custos indiretos fixos existentes não seriam afetados pelo pedido, eles não são relevantes. O resultado operacional incremental pode ser calculada como segue:

	Por unidade	Total de 100 bicicletas
Receita incremental (US$).................................	558	55.800
Menos custos incrementais (US$):		
Custos variáveis:		
Materiais diretos....................................	372	37.200
Mão de obra direta	90	9.000
Custos variáveis indiretos de produção.....	12	1.200
Modificações especiais	34	3.400
Total de custos variáveis	508	50.800
Custos fixos:		
Compra das matrizes................................		2.400
Total de custos incrementais (US$)		53.200
Resultado operacional incremental (US$)		2.600

Portanto, ainda que o preço de US$ 558 do pedido especial esteja abaixo do custo unitário de produto normal de US$ 564 e o pedido exija custos adicionais, o resultado operacional aumentaria. Em geral, um pedido especial é lucrativo se sua receita incremental exceder seus custos incrementais. Entretanto, é importante certificar-se de que haja, de fato, capacidade ociosa e que o pedido especial não diminua as vendas unitárias normais ou os preços das vendas normais. Por exemplo, se a empresa operasse em sua capacidade máxima, os custos de oportunidade teriam de ser levados em consideração além dos custos incrementais detalhados anteriormente.

UTILIZAÇÃO DE UM RECURSO RESTRITO

Os gerentes rotineiramente enfrentam o problema de decidir como os recursos restritos serão utilizados. Uma loja de departamentos, por exemplo, possui uma quantidade restrita de espaço e, portanto, não pode estocar todos os produtos que podem estar disponíveis. Um fabricante possui um número restrito de horas-máquina e um número restrito de horas de mão de obra direta à sua disposição. Quando algum recurso restringe a possibilidade de a empresa satisfazer a demanda, a empresa apresenta uma **restrição**. Como a empresa não pode satisfazer a demanda integralmente, os gerentes devem decidir quais produtos ou serviços precisam ser reduzidos. Em outras palavras, os gerentes têm de decidir quais produtos ou serviços fazem o melhor uso do recurso restrito. Os custos fixos em geral não são afetados por essas escolhas, então a ação que maximizará a margem de contribuição total da empresa deve ser selecionada.

Margem de contribuição por unidade do recurso restrito

Se alguns produtos tiverem de ser reduzidos por causa de uma restrição, a chave para maximizar a margem de contribuição total pode parecer óbvia – favorecer os produtos com a maior margem de contribuição unitária. Infelizmente, isso não está certo. Em vez disso, a solução correta é favorecer os produtos que oferecem a maior *margem de contri-*

 OA12.5

Determinar o uso mais lucrativo de um recurso restrito.

▸ **Restrição**

restrição com a qual a empresa deve operar, como tempo de máquina disponível ou matérias-primas, que restrinja a capacidade da empresa de satisfazer a demanda.

buição por unidade do recurso restrito. Para ilustrar, além de seus outros produtos, a Mountain Goat Cycles produz bolsas para bicicletas chamadas *panniers*, as quais vêm em dois modelos – um modelo de passeio e um modelo de montanhismo. A seguir, temos dados de custos e receitas dos dois modelos desses produtos:

	Pannier de montanhismo	*Pannier* de passeio
Preço de venda por unidade (US$)......................	25	30
Custos variáveis por unidade (US$)....................	10	18
Margem de contribuição por unidade (US$)........	15	12
Índice de margem de contribuição (MC) (%).......	60	40

O *pannier* de montanhismo parece ser muito mais lucrativo do que o de passeio. Ele possui uma margem de contribuição por unidade de US$ 15 enquanto a do modelo de passeio é de apenas US$ 12, além de um índice MC de 60%, enquanto o do modelo de passeio é de apenas 40%.

Mas, agora, deixe-nos adicionar mais uma informação – a fábrica que produz os *panniers* opera em sua capacidade máxima. Isso não significa que todas as máquinas e todos os funcionários trabalhem em seu máximo possível. Como as máquinas têm diferentes capacidades, algumas delas operarão em uma capacidade abaixo de 100%. Entretanto, se a fábrica como um todo não pode produzir mais nenhuma unidade, alguma máquina ou processo deve estar operando em sua capacidade máxima. A máquina ou o processo que restringe a saída geral é chamada de **gargalo de produção** – é a restrição.

Na Mountain Goat Cycles, o gargalo de produção (ou seja, a restrição) é uma máquina de costura. O *pannier* de montanhismo exige dois minutos de tempo de costura por unidade, e o de passeio exige um minuto de tempo de costura por unidade. A máquina de costura está disponível por 12 mil minutos por mês, e a empresa pode vender até 4 mil *panniers* de montanhismo e 7 mil *panniers* de passeio por mês. Produzir ambos os produtos até atender toda essa demanda exigiria 15 mil minutos, como exibido a seguir:

> ▶ **Gargalo de produção**
>
> máquina ou alguma outra parte de um processo que restringe a saída total do sistema como um todo.

	Pannier de montanhismo	*Pannier* de passeio	Total
Demanda mensal (em unidades) (a)..................	4.000	7.000	
Tempo de máquina de costura necessário para produzir uma unidade (em minutos) (b)..........	2	1	
Tempo de costura total necessário (em minutos) (a) × (b)....................................	8.000	7.000	15.000

Produzir até atender toda a demanda exigiria 15 mil minutos, mas só há 12 mil minutos disponíveis, o que simplesmente confirma que a máquina de costura é o gargalo de produção. Por definição, como a máquina de costura é um gargalo de produção, ela não tem capacidade suficiente para satisfazer a demanda existente por *panniers* de montanhismo e de passeio. Portanto, alguns pedidos de produtos devem ser recusados. Naturalmente, os gerentes desejarão saber qual produto é menos lucrativo. Para responder a essa pergunta, eles devem se concentrar na margem de contribuição por unidade do recurso restrito. Esse valor é calculado dividindo-se a margem de contribuição por unidade de um produto pela quantidade do recurso restrito necessária para produzir uma unidade desse produto. Esses cálculos são realizados a seguir para os *panniers* de montanhismo e de passeio:

	Pannier de montanhismo	*Pannier* de passeio
Margem de contribuição por unidade (a) (US$)...	15	12
Tempo de máquina de costura necessário para produzir uma unidade (b) (em minutos)....	2	1
Margem de contribuição por unidade do recurso restrito, (a) ÷ (b) (US$)......................	7,50 por minuto	12 por minuto

Agora, fica fácil decidir qual produto é menos lucrativo e não deve ser enfatizado. Cada minuto na máquina de costura dedicado ao pannier de passeio resulta em um aumento de US$ 12 na margem de contribuição e nos lucros. O valor equivalente do *pannier* de montanhismo é de apenas US$ 7,50 por minuto. Portanto, o modelo de passeio deve ser enfatizado. Embora o modelo de montanhismo tenha a maior margem de contribuição por unidade e o maior índice MC, o modelo de passeio fornece a maior margem de contribuição em relação ao recurso restrito.

Para verificar que o modelo de passeio é, de fato, o produto mais lucrativo, suponha que haja disponível uma hora a mais de costura e que haja pedidos não atendidos de ambos os produtos. A hora adicional na máquina de costura poderia ser usada para fazer 30 *panniers* de montanhismo (60 minutos ÷ 2 minutos por *pannier* de montanhismo) ou 60 *panniers* de passeio (60 minutos ÷ 1 minuto por *pannier* de passeio), com as seguintes implicações sobre os lucros:

	Pannier de montanhismo	*Pannier* de passeio
Margem de contribuição por unidade (US$)....	15	12
Unidades adicionais que podem ser processadas em uma hora............................	× 30	× 60
Margem de contribuição adicional (US$).........	450	720

Como a margem de contribuição adicional seria de US$ 720 para os *panniers* de passeio e de apenas US$ 450 para os *panniers* de montanhismo, os de passeio fazem o uso mais lucrativo do recurso restrito da empresa – a máquina de costura.

A máquina de costura está disponível por 12 mil minutos por mês, e produzir os *panniers* de passeio é o uso mais lucrativo da máquina de costura. Portanto, para maximizar os lucros, a empresa deve produzir todos os *panniers* de passeio que o mercado demandar (7 mil unidades) e usar qualquer capacidade restante para produzir *panniers* de montanhismo. A seguir, temos os cálculos para determinar quantos *panniers* de montanhismo podem ser produzidos:

Demanda mensal por *panniers* de passeio (a)	7.000 unidades
Tempo de máquina de costura necessário para produzir um *pannier* de passeio (b)	1 minuto
Tempo total de costura necessário para produzir *panniers* de passeio (a) × (b)...............	7.000 minutos
Tempo de costura restante disponível (12.000 minutos – 7.000 minutos) (c)	5.000 minutos
Tempo de máquina de costura necessário para produzir um *pannier* de montanhismo (d)..	2 minutos
Produção de *panniers* de montanhismo (c) ÷ (d)	2.500 unidades

Portanto, os lucros seriam maximizados produzindo-se 7 mil *panniers* de passeio e então usando-se a capacidade restante para produzir 2,5 mil *panniers* de montanhismo.

Esse exemplo mostra de forma clara que analisar apenas a margem de contribuição não é suficiente; esta deve ser analisada com relação à quantidade do recurso restrito que cada produto exige.

POR DENTRO DAS EMPRESAS

BOEING É RESTRINGIDA POR UM FORNECEDOR

A **Boeing Co.** teve de atrasar a entrega de suas aeronaves modelo 777 para a empresa aérea **Emirates** porque o fornecedor alemão **Sell GmbH** não conseguiu fornecer a tempo para a Boeing os equipamentos para a área de armazenagem e preparação de alimentos e bebidas do avião. O gargalo de produção forçou a Emirates a adiar diversas vezes sua planejada expansão para a costa oeste dos Estados Unidos e também forçou a Boeing a aceitar atrasos de pagamento de aeronaves vendidas por mais de US$ 200 milhões cada. Em resposta, a Sell GmbH contratou 250 funcionários a mais e investiu milhões de euros em novas máquinas e espaço fabril para expandir sua capacidade de produção.

FONTE: Daniel Michaels e J. Lynn Lunsford, "Lack of Seats, Galleys Stalls Boeing, Airbus", *The Wall Street Journal*, 8 de agosto de 2008, p. B1 e B4.

544 CONTABILIDADE GERENCIAL

▶▶ OA12.6

Determinar o valor de obter mais do recurso restrito.

▶ Relaxar (ou elevar) a restrição

ação que aumenta a quantidade de um recurso restrito. De modo equivalente, uma ação que aumenta a capacidade do gargalo de produção.

Gerenciar restrições

Gerenciar de maneira eficiente as restrições de uma organização é uma chave para aumentar os lucros. Como discutido antes, quando existe uma restrição no processo de produção, os gerentes podem aumentar os lucros produzindo os produtos com a maior margem de contribuição por unidade do recurso restrito. Entretanto, também podem aumentá-los a partir da ampliação da capacidade de operação do gargalo de produção.

Quando um gerente aumenta a capacidade do gargalo de produção, isso se chama **relaxar (ou elevar) a restrição**. No caso da Mountain Goat Cycles, a empresa trabalha hoje com um turno de oito horas. Para relaxar a restrição, seria possível solicitar que o operador da máquina de costura fizesse hora extra. Mais ninguém teria de fazer hora extra. Como todas as outras operações envolvidas na produção de *panniers* possuem excesso de capacidade, até certo ponto os *panniers* adicionais processados pela máquina de costura durante as horas extras poderiam ser concluídos durante o horário normal de trabalho nas outras operações.

Em geral, os benefícios de relaxar a restrição são enormes e podem ser facilmente quantificados – a chave é a margem de contribuição por unidade do recurso restrito, que já calculamos. Esse valor, originalmente declarado em termos de minutos no exemplo da Mountain Goat Cycles, é mais uma vez declarado abaixo em termos de horas, para maior facilidade de interpretação:

	Pannier de montanhismo	*Pannier* de passeio
Margem de contribuição por unidade do recurso restrito (em minutos) (US$)......	7,50 por minuto × 60 minutos por hora	12 por minuto × 60 minutos por hora
Margem de contribuição por unidade do recurso restrito (em horas) (US$).........	= 450 por hora	= 720 por hora

Então, qual é o valor de elevar a restrição – o tempo na máquina de costura? O gerente deve primeiro se perguntar: "O que eu faria com a capacidade adicional no gargalo de produção se ela estivesse disponível?". Se o tempo fosse usado para produzir mais *panniers* de montanhismo, valeria US$ 450 por hora. Se o tempo fosse usado para produzir mais *panniers* de passeio, valeria US$ 720 por hora. Neste último caso, a empresa deveria estar disposta a pagar um adicional salarial de hora extra ao operador da máquina de costura de até US$ 720 por hora! Suponha, por exemplo, que esse profissional receba US$ 20 por hora no horário normal de trabalho e o valor equivalente a uma hora e meia, ou US$ 30 por hora, por hora extra. Nesse caso, o adicional salarial de hora extra é de apenas US$ 10 por hora, enquanto, em princípio, a empresa deveria estar disposta a pagar um adicional de até US$ 720 por hora. A diferença entre o que a empresa deveria estar disposta a pagar como adicional salarial, US$ 720 por hora, e o que realmente teria de pagar, US$ 10 por hora, é puro lucro de US$ 710 por hora.

Para reforçar esse conceito, suponha que haja pedidos não atendidos de *panniers* de montanhismo. Quanto valeria para a empresa fazer a máquina de costura trabalhar hora extra nessa situação? Como a capacidade adicional seria usada para produzir o *pannier* de montanhismo, o valor dessa capacidade adicional cairia para US$ 7,50 por minuto ou US$ 450 por hora. No entanto, o valor de elevar a restrição ainda seria bastante alto e a empresa deveria estar disposta a pagar um adicional salarial de até US$ 450 por hora.

Esses cálculos indicam que os gerentes devem prestar muita atenção na operação do gargalo de produção. Se uma máquina do gargalo de produção quebrar ou for utilizada de maneira ineficiente, as perdas para a empresa podem ser bem grandes. Em nosso exemplo, para cada minuto que a máquina de costura estiver inoperante em virtude de quebras ou configurações, a empresa perderá entre US$ 7,50 e US$ 12.[2] As perdas por

---

[2] São necessárias configurações quando a produção passa de um produto para o outro. Por exemplo, considere uma empresa que produz painéis laterais de automóveis. Os painéis são pintados antes de serem enviados a uma montadora para a montagem final. O cliente pode exigir 100 painéis azuis, 50 painéis pretos e 20 painéis amarelos. Cada vez que a cor é mudada, é necessário remover a cor de tinta anterior do equipamento de

Capítulo **12** ▶▶ Análise diferencial

545

hora serão entre US$ 450 e US$ 720! Ao contrário, não haverá tamanha perda na margem de contribuição se for perdido tempo em uma máquina que não é um gargalo de produção – essas máquinas, de qualquer maneira, têm excesso de capacidade.

As implicações são claras. Os gerentes devem concentrar grande parte de sua atenção no gerenciamento do gargalo de produção. Como discutimos, os gerentes devem enfatizar os produtos que usam de forma mais lucrativa o recurso restrito, e também devem se certificar de que os produtos sejam processados sem problemas pelo gargalo de produção, com um mínimo de tempo perdido por causa de quebras e configurações. E eles devem tentar encontrar maneiras de aumentar a capacidade no gargalo de produção.

A capacidade de um gargalo de produção pode ser aumentada de modo eficiente e de diversas maneiras, como:

▶ Trabalhar hora extra no gargalo de produção.

▶ Subcontratar parte do processamento que seria feito no gargalo de produção.

▶ Investir em máquinas adicionais no gargalo de produção.

▶ Transferir trabalhadores de processos que não sejam gargalos de produção para o processo que é gargalo.

▶ Concentrar os esforços de melhoria de processos de negócios no gargalo de produção.

▶ Reduzir as unidades defeituosas. Cada unidade defeituosa processada pelo gargalo de produção e depois eliminada toma o lugar de uma unidade boa que poderia ter sido vendida.

Os três últimos métodos para aumentar a capacidade do gargalo de produção são em especial atraentes, pois são essencialmente livres de custos e podem até mesmo gerar outras economias de custos.

Os métodos e ideias discutidos nesta seção fazem parte da Teoria das Restrições, que foi introduzida no Capítulo 1. Diversas organizações têm usado com sucesso a Teoria das Restrições para melhorar seu desempenho, incluindo a **Avery Dennison**, **Bethlehem Steel**, **Binney & Smith**, **Boeing**, **Champion International**, **Ford Motor Company**, **General Motors**, **ITT**, **Monster Cable**, **National Semiconductor**, **Pratt and Whitney Canada**, **Pretoria Academic Hospital**, **Procter and Gamble**, **Texas Instruments**, **United Airlines**, **United Electrical Controls**, o **Comando Logístico da Força Aérea dos EUA** e o **Batalhão de Transporte da Marinha dos EUA**.

POR DENTRO
DAS EMPRESAS

ELEVAR UMA RESTRIÇÃO

O **Departamento de Polícia de Odessa**, no **Texas**, Estados Unidos, estava com dificuldades em contratar novos funcionários. Seu processo de contratação, para oito passos, estava levando 117 dias para ser concluído e os candidatos mais qualificados aceitavam, nesse meio-tempo, outras ofertas de emprego antes de o Departamento de Polícia de Odessa conseguir terminar de avaliar sua candidatura. A restrição no processo de contratação de oito passos era a investigação dos antecedentes dos candidatos, que exigia uma média de 104 dias. Os sete outros passos – preencher a ficha de inscrição e concluir um exame escrito, uma entrevista oral, um exame de polígrafo, um exame médico, um exame psicológico e um teste antidrogas – levavam um total de apenas 13 dias ao todo. O Departamento de Polícia de Odessa elevou sua restrição contratando mais verificadores, o que resultou em uma diminuição do tempo de processamento das inscrições de 117 para 16 dias.

FONTE: Lloyd J. Taylor III, Brian J. Moersch e Geralyn McClure Franklin, "Applying the Theory of Constraints to a Public Safety Hiring Process", *Public Personnel Management*, outono de 2003, p. 367-382.

pintura, limpá-lo com solventes e enchê-lo novamente com a nova cor de tinta. Isso leva tempo. Na verdade, alguns equipamentos podem exigir configurações tão demoradas e frequentes que ficam indisponíveis para a produção por mais tempo do que ficam disponíveis.

Problema das múltiplas restrições

O que uma empresa faz se ela tiver mais de uma restrição potencial? Por exemplo, uma empresa pode ter matérias-primas restritas, horas de mão de obra disponíveis restritas, espaço fabril restrito e um orçamento restrito para a propaganda voltada à promoção de um produto. Como ela determinaria a combinação certa de produtos a serem produzidos? A combinação ou o *mix* de produtos adequados pode ser encontrada fazendo-se uso de um método quantitativo conhecido como *programação linear*, que é ensinado em cursos de métodos quantitativos e de gestão operacional.

CUSTOS DE PRODUTOS CONJUNTOS E A ABORDAGEM DA MARGEM DE CONTRIBUIÇÃO

OA12.7

Preparar uma análise que mostre se produtos conjuntos devem ser vendidos no ponto de separação ou se devem continuar a ser processados.

Em algumas indústrias, diversos produtos finais são produzidos a partir de um único insumo. Por exemplo, na indústria de refinaria de petróleo, muitos produtos são extraídos do petróleo bruto, incluindo gasolina, combustível para jatos, óleo de aquecimento residencial, lubrificantes, asfalto e vários produtos químicos orgânicos. Outro exemplo é o da Cooperativa de Lã Santa Maria, do Novo México, EUA. A empresa compra lã bruta de criadores locais, faz sua separação em três graus – grossa, fina e superfina – e então a tinge usando métodos tradicionais que usam pigmentos de materiais locais. O Quadro 12.6 contém um diagrama do processo de produção.

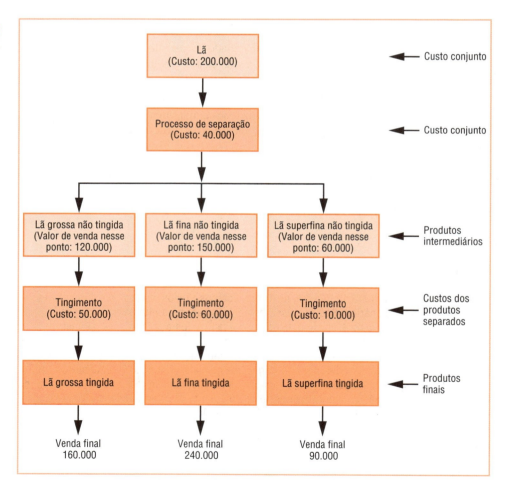

QUADRO 12.6 Cooperativa de Lã Santa Maria (US$).

▶ **Produtos conjuntos**

dois ou mais produtos que são produzidos a partir de um insumo comum.

Na Cooperativa de Lã Santa Maria, lã grossa, fina e superfina são produzidas a partir de um único insumo – lã bruta. Dois ou mais produtos produzidos a partir de um insumo comum são conhecidos como **produtos conjuntos**. O **ponto de separação** é o ponto no processo de manufatura a partir do qual os produtos conjuntos podem ser reconhecidos

Capítulo **12** ▶▶ Análise diferencial   **547**

como produtos separados. Isso não ocorre na Cooperativa de Lã Santa Maria até a lã bruta ter passado pelo processo de separação. O termo **custo conjunto** é usado para descrever os custos incorridos até o ponto de separação. Na Cooperativa de Lã Santa Maria, os custos conjuntos são os custos de US$ 200 mil da lã bruta e os custos de US$ 40 mil de separar a lã. A lã não tingida é chamada de *produto intermediário* porque não é um produto final nesse ponto. No entanto, existe um mercado de lã não tingida – embora ela seja vendida por um preço bem mais baixo do que a lã acabada, tingida.

Riscos da alocação

Custos conjuntos são custos comuns incorridos para produzir ao mesmo tempo uma variedade de produtos finais. Esses custos são há tempos alocados entre os diferentes produtos no ponto de separação. Uma abordagem comum é alocar os custos conjuntos de acordo com o valor de vendas relativas dos produtos finais.

Embora a alocação de custos conjuntos de produtos seja necessária para algumas finalidades, como a avaliação de estoques do balanço patrimonial, alocações desse tipo são muito enganosas para a tomada de decisões. O quadro *Por dentro das empresas*: "Fazendo tudo errado" (ver adiante) ilustra uma decisão incorreta que resultou do uso de um desses custos conjuntos. Você deve parar sua leitura agora e ler esse quadro antes de continuar.

▶ **Ponto de separação**

ponto no processo de produção a partir do qual alguns ou todos os produtos conjuntos podem ser reconhecidos como produtos individuais.

▶ **Custos conjuntos**

custos incorridos até o ponto de separação em um processo que fabrica produtos conjuntos.

POR DENTRO
DAS EMPRESAS

FAZER TUDO ERRADO

Uma empresa localizada no Golfo do México fabrica produtos de sabão. Suas seis principais linhas desses produtos são produzidas a partir de insumos comuns. Os custos conjuntos de produtos até o ponto de separação constituem a maior parte dos custos de produção de todas as seis linhas de produtos. Esses custos conjuntos de produtos são alocados às seis linhas de produtos com base no valor das vendas relativas de cada linha no ponto de separação.

A produção das seis principais linhas de produtos gera um subproduto. A empresa carregava esse subproduto em barcaças e o eliminava no Golfo do México porque se acreditava que os resíduos não tivessem nenhum valor comercial. Essa eliminação foi interrompida, no entanto, quando a divisão de pesquisas da empresa descobriu que, com algum processamento a mais, os resíduos poderiam ser vendidos como ingredientes de fertilizantes. O processamento extra custa US$ 175 mil por ano. Os resíduos seriam, então, vendidos a fabricantes de fertilizantes por US$ 300 mil.

Os contadores responsáveis por alocar os custos de produção incluíram o valor das vendas do subproduto com o valor das vendas das seis principais linhas de produtos em sua alocação de custos conjuntos de produtos no ponto de separação, o que resultou em uma alocação de US$ 150 mil ao subproduto nos custos conjuntos de produto. Essa alocação de US$ 150 mil, quando somada aos custos de processamento extra do subproduto, de US$ 175 mil, fez parecer que o subproduto não era lucrativo – como exibido na tabela a seguir. Ao ser apresentada a essa análise, a gerência da empresa decidiu que o processamento extra do subproduto deveria ser interrompido. A empresa voltou a eliminar os resíduos no Golfo.

Valor das vendas do subproduto depois do processamento extra (US$)	300.000
Menos custos atribuídos ao subproduto (US$)	325.000
Resultado operacional (US$)...	– 25.000

Decisões de vender ou processar mais

Custos conjuntos são irrelevantes em decisões sobre o que fazer com um produto do ponto de separação em diante. Uma vez alcançado o ponto de separação, os custos conjuntos foram incorridos e nada pode ser feito para evitá-los. Além disso, mesmo se o produto fosse eliminado em um aterro sem qualquer processamento extra, todos os custos conjuntos deveriam ser incorridos para se obter os outros produtos que emergem do ponto de separação. Portanto, nenhum dos custos conjuntos é economicamente atribuível a qualquer dos produtos intermediários ou finais. Os custos conjuntos são um custo comum de todos os produtos intermediários e finais e não devem ser alocados a eles com a finalidade de tomar decisões quanto aos produtos individuais. No caso da empresa de sabão no quadro *Por dentro das empresas*: "Fazendo tudo errado", os US$ 150 mil em custos conjuntos alocados não devem ter influenciado o que era feito com o subproduto do ponto de separação em diante. Mesmo ignorando o impacto ambiental negativo de eliminar os resíduos no Golfo do México, uma análise correta teria mostrado que a empresa lucrava ao fazer o processamento extra do subproduto, transformando-o em ingrediente de fertilizantes. A análise deveria ter sido feita da seguinte maneira:

	Eliminar no Golfo	Processar mais
Valor das vendas do ingrediente de fertilizantes (US$)	0	300.000
Custos do processamento adicional (US$)	0	175.000
Margem de contribuição (US$)	0	125.000
Vantagem do processamento adicional (US$)		125.000

> **▶ Decisão de vender ou processar mais**
>
> decisão relativa a se um produto conjunto deve ser vendido no ponto de separação ou depois de ser mais processado.

Decisões desse tipo sempre são conhecidas como **decisões de vender ou processar mais**. É lucrativo continuar processando um produto conjunto depois do ponto de separação *contanto que a receita incremental de tal processamento exceda o custo de processamento incremental incorrido depois do ponto de separação*. Custos conjuntos já incorridos até o ponto de separação são sempre irrelevantes em decisões sobre o que fazer do ponto de separação em diante.

Para fornecer um exemplo detalhado da decisão de vender ou processar mais, voltemos aos dados da Cooperativa de Lã Santa Maria, no Quadro 12.6. Podemos responder a várias perguntas importantes usando esses dados. Em primeiro lugar, a empresa ganhará dinheiro se realizar o processo inteiro, do início ao fim? Supondo que não haja qualquer outro custo além daqueles exibidos no Quadro 12.6, a empresa, de fato, ganha dinheiro, como podemos ver a seguir:

Análise da lucratividade da operação geral (US$):		
Valor das vendas final combinado (US$ 160.000 + US$ 240.000 + US$ 90.000)		490.000
Menos custos de fabricar os produtos finais:		
Custo da lã	200.000	
Custo da separação da lã	40.000	
Custos combinados do tingimento (US$ 50.000 + US$ 60.000 + US$ 10.000)	120.000	360.000
Lucros		130.000

Observe que os custos conjuntos de comprar e de separar a lã *são* relevantes ao considerarmos a lucratividade de toda a operação. Isso porque esses custos conjuntos *poderiam* ser evitados se toda a operação fosse descontinuada. Entretanto, esses custos conjuntos *não* são relevantes ao considerarmos a lucratividade de qualquer um dos produtos. Contanto que o processo esteja em andamento para produzir os outros produtos, nenhum custo adicional será incorrido para fabricar o produto específico em questão.

Embora a empresa lucre, de modo geral, pode estar perdendo dinheiro em um ou mais dos produtos. Se a empresa comprar lã e realizar um processo de separação, obterá os três produtos intermediários. Nada pode ser feito em relação a isso. No entanto, cada um desses produtos pode ser vendido *como tal* sem qualquer processamento a mais. Pode ser que a empresa lucrasse mais vendendo um ou mais dos produtos antes dos custos de tingimento. A maneira apropriada para fazer essa escolha é comparar as receitas incrementais aos custos incrementais de processar mais, como a seguir:

Análise de vender ou processar mais (US$):			
	Lã grossa	Lã fina	Lã superfina
Valor final das vendas depois de processar mais	160.000	240.000	90.000
Menos valor das vendas no ponto de separação	120.000	150.000	60.000
Receita incremental de processar mais	40.000	90.000	30.000
Menos custo de processar mais (tingimento)............	50.000	60.000	10.000
Lucros (prejuízos) de processar mais	− 10.000	30.000	20.000

Como essa análise mostra, a empresa lucraria mais vendendo a lã grossa não tingida como tal em vez de processá-la mais. Os outros dois produtos devem ser mais processados e tingidos antes de serem vendidos.

Observe que os custos conjuntos da lã (US$ 200 mil) e do processo de separação da lã (US$ 40 mil) não desempenham nenhum papel na decisão de vender ou processar mais os produtos intermediários. Esses custos conjuntos são relevantes em uma decisão sobre se a empresa deve ou não comprar lã e realizar o seu processo de separação, mas não são relevantes em decisões sobre o que fazer com os produtos intermediários uma vez que foram separados.

CUSTEIO BASEADO EM ATIVIDADES E CUSTOS RELEVANTES

Como discutido no Capítulo 7, o custeio baseado em atividades pode ser usado para ajudar a identificar custos potencialmente relevantes para fins de tomada de decisões. O custeio baseado em atividades melhora a rastreabilidade dos custos concentrando-se nas atividades causadas por um produto ou outro segmento. Entretanto, os gerentes devem ser cautelosos para não verem mais coisas nessa "rastreabilidade" do que deveriam. As pessoas têm uma tendência a supor que, se um custo é rastreável a um segmento, ele é automaticamente evitável. Isso não é verdade. Como enfatizado no Capítulo 7, os custos fornecidos por um sistema de custeio baseado em atividades bem projetado são apenas *potencialmente* relevantes. Antes de tomar uma decisão, os gerentes devem ainda decidir quais dos custos potencialmente relevantes são de fato evitáveis. Apenas os custos evitáveis são relevantes, e os outros devem ser ignorados.

Para ilustrar essa ideia, voltemos mais uma vez aos dados relativos à linha de artigos domésticos no Quadro 12.4. A depreciação de US$ 2 mil dos dispositivos de mostruário é um custo rastreável da linha de artigos domésticos porque está diretamente relacionada às atividades desse departamento. Descobrimos, no entanto, que os US$ 2 mil não são evitáveis se a linha de artigos domésticos for eliminada. A lição que temos de retirar daqui é que o método usado para atribuir um custo a um produto ou outro segmento não muda a natureza fundamental desse custo. Um custo perdido, como a depreciação de equipamentos antigos, ainda será um custo perdido, não importa se rastreado diretamente em um segmento específico em uma base de atividades, alocado a todos os segmentos com base nas horas de mão de obra, ou tratado de qualquer outra maneira no processo de custeio. Independentemente do método usado para atribuir custos a produtos ou outros segmentos, os princípios discutidos neste capítulo devem ser aplicados para determinar se os custos são ou não evitáveis em cada situação.

RESUMO

O conteúdo deste capítulo consiste em aplicações de uma simples e vigorosa ideia. Apenas os custos e benefícios que diferem entre alternativas são relevantes em uma decisão. Todos os outros custos e benefícios são irrelevantes e devem ser ignorados. Em particular, os custos perdidos são irrelevantes, já que são custos futuros que não diferem entre alternativas.

Essa simples ideia foi aplicada em uma variedade de situações, inclusive naquelas que envolvem adicionar ou eliminar uma linha de produtos, produzir ou comprar um componente, aceitar ou rejeitar um pedido especial, usar um recurso restrito e processar mais um produto conjunto ou não. Essa lista inclui apenas uma pequena amostra das possíveis aplicações do conceito de custo relevante. De fato, qualquer decisão que envolva custos depende da identificação e análise adequadas dos custos que são relevantes. Continuaremos a nos concentrar no conceito de custos relevantes no próximo capítulo, no qual consideraremos decisões de investimento a longo prazo.

PROBLEMA DE REVISÃO: CUSTOS RELEVANTES

A Charter Sports Equipment produz trampolins circulares, retangulares e octogonais. A seguir, temos os dados das vendas e despesas do mês passado:

			Trampolim	
	Total	Circular	Retangular	Octogonal
Vendas (US$)	1.000.000	140.000	500.000	360.000
Despesas variáveis (US$)	410.000	60.000	200.000	150.000
Margem de contribuição (US$)	590.000	80.000	300.000	210.000
Despesas fixas (US$):				
Propaganda – rastreável..........................	216.000	41.000	110.000	65.000
Depreciação de equipamentos especiais ..	95.000	20.000	40.000	35.000
Salários dos supervisores de linha	19.000	6.000	7.000	6.000
Custos indiretos gerais da fábrica*	200.000	28.000	100.000	72.000
Total de despesas fixas (US$)	530.000	95.000	257.000	178.000
Resultado operacional (US$)	60.000	− 15.000	43.000	32.000

* Um custo fixo comum que é alocado com base nas vendas em dólares.

A gerência está preocupada com o prejuízo continuado exibido pelos trampolins circulares e deseja uma recomendação sobre se a linha deve ou não ser descontinuada. Os equipamentos especiais usados para produzir os trampolins não possuem qualquer valor de revenda. Se o modelo de trampolim circular fosse eliminado, os dois supervisores de linha encarregados do modelo seriam dispensados.

Requisitado:

1. A produção e a venda dos trampolins circulares devem ser descontinuadas? A empresa não possui nenhum outro uso para a capacidade que hoje é usada para produzir os trampolins circulares. Justifique sua resposta com cálculos.
2. Redistribua os dados anteriores em um formato que seria mais útil para a gerência ao avaliar a lucratividade das várias linhas de produtos.

Solução do problema de revisão

1. Não, a produção e a venda dos trampolins circulares não devem ser descontinuadas. A seguir, temos os cálculos para justificar essa resposta:

Margem de contribuição perdida se os trampolins circulares forem descontinuados (US$)		− 80.000
Menos custos fixos que podem ser evitados (US$):		
Propaganda – rastreável	41.000	
Salários dos supervisores de linha	6.000	47.000
Diminuição no resultado operacional da empresa como um todo (US$)..........		− 33.000

A depreciação de equipamentos especiais é um custo perdido, e, portanto, não é relevante para a decisão. Os custos indiretos gerais da fábrica são alocados e presumivelmente continuarão, não importa se os trampolins circulares são descontinuados ou não; assim, não é relevante.

2. Se a gerência desejar um quadro mais claro da lucratividade dos segmentos, os custos indiretos gerais da fábrica não devem ser alocados. Eles são custos comuns e, portanto, devem ser deduzidos da margem por segmento da linha de produtos, como demonstrado no Capítulo 6. Um formato mais útil de demonstração de resultados seria o seguinte:

	Total	Trampolim		
		Circular	Retangular	Octogonal
Vendas (US$)	1.000.000	140.000	500.000	360.000
Despesas variáveis (US$)............................	410.000	60.000	200.000	150.000
Margem de contribuição (US$)	590.000	80.000	300.000	210.000
Despesas fixas rastreáveis (US$):				
Propaganda – rastreável...........................	216.000	41.000	110.000	65.000
Depreciação de equipamentos especiais	95.000	20.000	40.000	35.000
Salários dos supervisores de linha	19.000	6.000	7.000	6.000
Total de despesas fixas rastreáveis (US$)	330.000	67.000	157.000	106.000
Margem por segmento da linha de produtos (US$).....	260.000	13.000	143.000	104.000
Despesas fixas comuns (US$)....................................	200.000			
Resultado operacional (US$).......................................	60.000			

PERGUNTAS

12.1 O que é um *custo relevante*?

12.2 Defina os seguintes termos: *custo incremental*, *custo de oportunidade* e *custo perdido*.

12.3 Os custos variáveis são sempre custos relevantes? Explique.

12.4 "Custos perdidos são fáceis de serem identificados – são os custos fixos associados a uma decisão." Você concorda? Explique.

12.5 "Custos variáveis e custos diferenciais significam a mesma coisa." Você concorda? Explique.

12.6 "Todos os custos futuros são relevantes na tomada de decisões." Você concorda? Por quê?

12.7 A empresa Prentice considera eliminar uma de suas linhas de produtos. Quais custos da linha de produtos seriam relevantes para essa decisão? Quais seriam irrelevantes?

12.8 "Se um produto gera prejuízo, ele deve ser descontinuado." Você concorda? Explique.

12.9 Qual é o risco em alocar custos fixos comuns entre produtos ou outros segmentos de uma organização?

12.10 Como o custo de oportunidade entra em uma decisão de produzir ou comprar?

12.11 Dê pelo menos quatro exemplos de possíveis restrições.

12.12 Como relacionar a margem de contribuição de um produto à quantidade do recurso restrito que ele consome ajuda uma empresa a maximizar seus lucros?

12.13 Defina os seguintes termos: *produtos conjuntos*, *custos conjuntos* e *ponto de separação*.

12.14 Do ponto de vista da tomada de decisões, os custos conjuntos devem ser alocados entre produtos conjuntos?

12.15 Quais diretrizes devem ser usadas ao determinar se um produto conjunto deve ser vendido no ponto de separação ou mais processado?

12.16 As empresas aéreas às vezes oferecem passagens com preços reduzidos em certas horas da semana a membros da família de um(a) executivo(a) se eles o(a) acompanharem em uma viagem. Como o conceito de custos relevantes entra na decisão da empresa aérea de oferecer preços reduzidos desse tipo?

APLICAÇÃO EM EXCEL [OA12.7]

Disponível, em português e inglês, no *site* <www.grupoa.com.br>.

O formulário de planilha em Excel a seguir deve ser usado para recriar o exemplo das páginas 546 à 549. No *site*, você receberá instruções sobre como usar esse formulário de planilha.

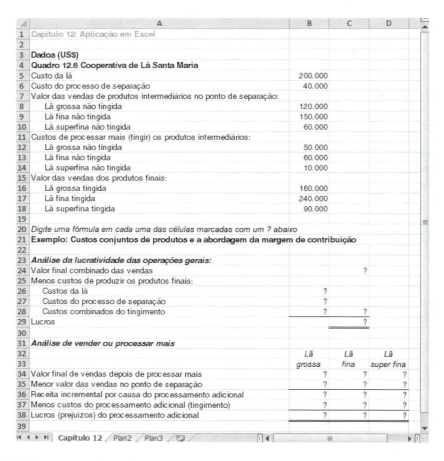

Você só deve prosseguir para os exercícios a seguir depois de ter completado sua planilha.

Requisitado:
1. Verifique sua planilha mudando o custo de processar mais a lã grossa não tingida, na célula B12, para US$ 30 mil. O lucro geral de processar todos os produtos intermediários em produtos finais agora devem ser US$ 150 mil e o lucro de processar mais a lã grossa agora deve ser US$ 10 mil. Se você não obtiver essas respostas, encontre os erros em sua planilha e corrija-os.
Como as operações deveriam mudar em resposta a essa mudança nos custos?
2. Em indústrias que processam produtos conjuntos, os custos dos insumos e o valor das vendas de produtos intermediários e finais geralmente são voláteis. Mude os dados de sua planilha para que eles correspondam ao seguinte:

Dados (US$)
Quadro 12.6 Cooperativa de Lã Santa Maria

Custo da lã.	290.000
Custo do processo de separação.	40.000
Valor das vendas dos produtos intermediários no ponto de separação:	
Lã grossa não tingida.	100.000
Lã fina não tingida.	110.000
Lã superfina não tingida.	90.000
Custos de processar mais (tingir) os produtos intermediários:	
Lã grossa não tingida.	50.000
Lã fina não tingida.	60.000
Lã superfina não tingida.	10.000
Valor das vendas dos produtos finais:	
Lã grossa tingida.	180.000
Lã fina tingida.	210.000
Lã superfina tingida.	90.000

a. Qual será o lucro geral se todos os produtos intermediários forem processados em produtos finais?
b. Qual será o lucro de processar cada produto intermediário?
c. Com esses novos custos e preço de vendas, quais recomendações você faria em relação às operações da empresa? Se suas recomendações forem seguidas, qual deverá ser o lucro geral da empresa?

EXERCÍCIOS

Consulte no *site* <www.grupoa.com.br> os suplementos para esta seção.

EXERCÍCIO 12.1 Identificar custos relevantes [OA12.1]

A seguir, temos listados diversos custos que podem ser relevantes em decisões enfrentadas pela gerência da Poulsen & Sonner A/S, uma fabricante dinamarquesa de móveis:

Item	Caso 1 Relevante	Caso 1 Não Relevante	Caso 2 Relevante	Caso 2 Não Relevante
a. Receita de vendas				
b. Materiais diretos				
c. Mão de obra direta				
d. Custos variáveis indiretos de produção				
e. Valor contábil – máquina modelo A3000				
f. Valor de descarte – máquina modelo A3000				
g. Depreciação – máquina modelo A3000				
h. Valor de mercado – máquina modelo A3000 B3800 (custo)				
i. Custos fixos indiretos de produção (gerais)				
j. Despesas variáveis de vendas				
k. Despesas fixas de vendas				
l. Despesas administrativas gerais				

Requisitado:

Copie as informações da tabela para sua página de respostas e coloque um X na coluna apropriada para indicar se cada item é relevante ou não nas seguintes situações. O item 1 está relacionado ao Caso 1 e o item 2 está relacionado ao Caso 2. Considere os dois casos independentemente.

1. A empresa opera cronicamente em sua capacidade máxima e a máquina de modelo antigo A3000 é a restrição da empresa. A gerência considera a compra de uma máquina de modelo novo B3800 para usar além da atual máquina de modelo antigo A3000 da empresa. A máquina de modelo antigo A3000 continuará a ser usada em sua capacidade máxima, como antes, sendo o modelo novo B38000 utilizado para expandir a produção. O aumento no volume será grande o suficiente para exigir aumentos nas despesas fixas de venda e nas despesas administrativas gerais, mas não nos custos fixos indiretos de produção.
2. A máquina de modelo antigo A3000 não é a restrição da empresa, mas a gerência considera substituí-la por uma máquina de modelo novo B3800 por causa das possíveis economias em custos de materiais diretos que pode gerar. A máquina de modelo novo A3000 seria vendida. Essa mudança não terá nenhum efeito sobre a produção ou as vendas, além de algumas economias nos custos de materiais diretos em virtude de menos desperdícios.

EXERCÍCIO 12.2 Eliminar ou manter um segmento [OA12.2]

A Jackson County Senior Services é uma organização sem fins lucrativos dedicada a prestar serviços essenciais a idosos que moram em suas próprias casas na área do condado de Jackson. São prestados três serviços aos idosos – enfermagem domiciliar, "Refeições sobre rodas" e trabalhos domésticos. No programa de enfermagem domiciliar, as enfermeiras visitam os idosos regularmente para verificar seu estado de saúde geral e realizar testes solicitados por seus médicos. O programa "Refeições sobre rodas" entrega uma refeição quente uma vez por dia a cada idoso inscrito no programa. O serviço de trabalhos domésticos fornece limpeza doméstica semanal e serviços de manutenção. A seguir, temos os dados sobre as receitas e as despesas do ano passado:

	Total	Enfermagem domiciliar	"Refeições sobre rodas"	Trabalhos domésticos
Receitas (US$)	900.000	260.000	400.000	240.000
Despesas variáveis (US$)	490.000	120.000	210.000	160.000
Margem de contribuição (US$)	410.000	140.000	190.000	80.000
Despesas fixas (US$):				
Depreciação	68.000	8.000	40.000	20.000
Seguro de responsabilidade civil	42.000	20.000	7.000	15.000
Salários dos administradores dos programas..............................	115.000	40.000	38.000	37.000
Despesas administrativas gerais*...	180.000	52.000	80.000	48.000
Total de despesas fixas (US$)	405.000	120.000	165.000	120.000
Resultado operacional (US$)	5.000	20.000	25.000	− 40.000

* Alocadas com base nas receitas dos programas.

A administradora-chefe da Jackson County Senior Services, Judith Miyama, está preocupada com as finanças da organização e considera o resultado operacional de US$ 5 mil no ano passado baixa demais. (Os resultados do ano passado foram muito similares aos resultados de anos anteriores e são representativos do que se esperaria no futuro.) Ela acredita que a organização deveria construir suas reservas financeiras mais rapidamente a fim de se preparar para a próxima inevitável recessão. Depois de observar o relatório anterior, a Srta. Miyama pediu mais informações sobre se seria aconselhável descontinuar o programa de trabalhos domésticos.

A depreciação em trabalhos domésticos é de uma pequena van usada para carregar os empregados domésticos e seus equipamentos de um trabalho ao outro. Se o programa fosse descontinuado, a van seria doada a uma organização de caridade. Os encargos de depreciação assumem um valor recuperado igual a zero. Nenhuma das despesas administrativas gerais seria evitada se o programa de trabalhos domésticos fosse eliminado, mas o seguro de responsabilidade civil e o salário do administrador do programa seriam evitados.

Requisitado:
1. O programa de trabalhos domésticos pode ser descontinuado? Explique. Justifique sua resposta mostrando seus cálculos.
2. Redistribua os dados anteriores em um formato que seja mais útil para avaliar a exequibilidade financeira de longo prazo dos vários serviços.

EXERCÍCIO 12.3 Produzir ou comprar um componente [OA12.3]

A Climate-Control Inc. fabrica uma variedade de unidades de aquecimento e de ar-condicionado. Atualmente, a empresa fabrica todas as suas peças componentes. Um fornecedor externo ofereceu vender um termostato para a Climate-Control por US$ 20 por unidade. Para avaliar essa oferta, a Climate-Control Inc. levantou as seguintes informações sobre seu próprio custo de produzir o termostato internamente:

	Por unidade (US$)	15.000 unidades por ano (US$)
Materiais diretos	6	90.000
Mão de obra direta..	8	120.000
Custos variáveis indiretos de produção	1	15.000
Custos fixos indiretos de produção, rastreáveis......................	5*	75.000
Custos fixos indiretos de produção, comuns, mas alocados ...	10	150.000
Custos totais	30	450.000

* 40% em salários dos supervisores; 60% em depreciação de equipamentos especiais (sem valor de revenda).

Requisitado:
1. Supondo que a empresa não tenha qualquer uso alternativo para as instalações usadas hoje para produzir o termostato, a oferta do fornecedor externo deve ser aceita? Mostre todos os cálculos.
2. Suponha que se os termostatos fossem comprados, a Climate-Control Inc. pudesse usar a capacidade liberada para lançar um novo produto. A margem por segmento do novo produto seria de US$ 65 mil por ano. A Climate-Control Inc deve aceitar a oferta de comprar os termostatos do fornecedor externo por US$ 20 cada? Mostre os cálculos.

EXERCÍCIO 12.4 Avaliar um pedido especial [OA12.4]

A Miyamoto Jewelers considera um pedido especial de dez braceletes de ouro feitos à mão para serem dados como presente a convidados de uma festa de casamento. O preço de venda normal de um bracelete de ouro é de US$ 389,95 e seu custo unitário de produto é de US$ 264, como exibido a seguir:

Materiais diretos (US$).................................	143
Mão de obra direta (US$)	86
Custos indiretos de produção (US$)	35
Custo unitário de produto (US$)	264

A maioria dos custos indiretos de produção é fixa e não é afetada por variações em quantas joias são produzidas em qualquer dado período. Entretanto, US$ 7 dos custos indiretos são variáveis no que diz respeito ao número de braceletes produzidos. O cliente interessado no pedido especial de braceletes gostaria de mandar aplicar filigranas especiais nas peças, as quais exigiriam materiais adicionais que custam US$ 6 por bracelete, além da aquisição de uma ferramenta especial que custa US$ 465 e que não teria outro uso, uma vez que esse pedido fosse concluído. Esse pedido não teria qualquer efeito sobre as vendas regulares da empresa e poderia ser atendido usando-se a capacidade existente da empresa sem afetar qualquer outro pedido.

Requisitado:
Qual efeito esse pedido teria sobre o resultado operacional da empresa se um preço especial de US$ 349,95 fosse oferecido por bracelete? O pedido especial deve ser aceito por esse preço?

EXERCÍCIO 12.5 Utilizar um recurso restrito [OA12.5]

A Sport Luggage Inc. produz bolsas de alta qualidade com lateral dura para equipamentos esportivos. A seguir, temos dados sobre três dos modelos mais populares da empresa.

	Esqui	Golfe	Pesca
Preço de venda por unidade (US$)..	220	300	175
Custo variável por unidade (US$)...	60	120	55
Tempo de processamento da máquina de moldagem por injeção de plástico necessário para produzir uma unidade (em minutos)....	4	5	2
Quilogramas de grânulos de plástico por unidade	2	3	2

Requisitado:
1. O tempo total disponível na máquina de moldagem por injeção de plástico é a restrição no processo de produção. Qual produto seria o uso mais e o menos lucrativo dessa restrição?
2. Uma grave falta de grânulos de plástico forçou a empresa a diminuir tanto sua produção que a máquina de moldagem por injeção de plástico deixou de ser o gargalo de produção. Em vez disso, a restrição passou a ser o total de quilogramas disponíveis de grânulos de plástico. Qual produto seria o uso mais e o menos lucrativo dessa restrição?
3. Qual produto tem a maior margem de contribuição por unidade? Por que esse produto não seria o uso mais lucrativo do recurso restrito em nenhum dos casos?

EXERCÍCIO 12.6 Gerenciar uma restrição de recurso [OA12.6]

A Georgian Ambience Ltd. produz móveis de alta qualidade reproduzindo modelos coloniais. Móveis estofados são uma de suas principais linhas de produtos e o gargalo de produção nessa linha de produção é o tempo na oficina de estofamento. Estofamento é um ofício que leva anos de experiência para ser dominado e a demanda por móveis estofados excede em muito a capacidade da empresa na oficina de estofamento. A seguir, temos informações sobre três das cadeiras estofadas da empresa:

	Poltrona Gainsborough	Cadeira de biblioteca de couro	Poltrona de tecido Chippendale
Preço de venda por unidade (US$)........................	1.300	1.800	$ 1.400
Custos variáveis por unidade (US$)	800	1.200	1.000
Tempo de oficina de estofamento necessário para produzir uma unidade (em horas)	8	12	5

Requisitado:

1. Mais tempo poderia ser disponibilizado na oficina de estofamento pedindo-se aos funcionários que trabalham nessa oficina para fazer hora extra. Supondo que essas horas extras sejam usadas para produzir cadeiras de couro para biblioteca, até quanto a empresa deveria estar disposta a pagar por hora para manter a oficina de estofamento aberta depois do horário normal de funcionamento?

2. Uma pequena empresa de estofamento nas proximidades ofereceu estofar móveis para a Georgian Ambience por um preço fixo de US$ 45 por hora. A gerência da Georgian Ambience está confiante de que o trabalho dessa empresa de estofamento é de alta qualidade e que seus artesãos devem ser capazes de concluir o trabalho com a mesma rapidez dos artesãos da Georgian Ambience nos trabalhos de estofamento mais simples, como a poltrona de tecido Chippendale. A gerência deve aceitar essa oferta? Explique.

EXERCÍCIO 12.7 Vender ou processar mais [OA12.7]

A empresa Solex fabrica três produtos a partir de um insumo comum em uma operação de processamento conjunta. Os custos de processamento conjunto até o ponto de separação totalizam US$ 100 mil por ano. A empresa aloca esses custos aos produtos conjuntos com base em seu valor total das vendas no ponto de separação. Esses valores das vendas são os seguintes: produto X, US$ 50 mil; produto Y, US$ 90 mil; e produto Z, US$ 60 mil.

Cada produto pode ser vendido no ponto de separação ou mais processado. O processamento adicional não exige instalações especiais. Os custos do processamento adicional e o valor das vendas depois desse processamento para cada produto (por ano) são exibidos a seguir:

Produto	Custos do processamento adicional (US$)	Valor das vendas depois do processamento adicional (US$)
X	35.000	80.000
Y	40.000	150.000
Z	12.000	75.000

Requisitado:

Qual(is) produto(s) deve(m) ser vendido(s) no ponto de separação, e qual(is) produto(s) deve(m) ser mais processado(s)? Mostre os cálculos.

EXERCÍCIO 12.8 Vender ou processar mais [OA12.7]

A empresa Morrell produz diversos produtos a partir do processamento de criptônio, um mineral raro. Os custos de materiais e de processamento totalizam US$ 30 mil por tonelada, um terço dos quais são alocados ao produto merifulon. O merifulon produzido a partir de uma tonelada de criptônio pode ser vendido no ponto de separação, ou mais processado por um custo de US$ 13 mil e então vendido por US$ 60 mil. O valor das vendas de merifulon no ponto de separação é de US$ 40 mil.

Requisitado:

O merifulon deve ser mais processado ou vendido no ponto de separação?

EXERCÍCIO 12.9 Utilização de um recurso restrito [OA12.5]

A empresa Shelby fabrica três produtos: produto X, produto Y e produto Z. A seguir, temos dados sobre os três (por unidade):

	Produto X	Produto Y	Produto Z
Preço de venda (US$)	80	56	70
Despesas variáveis (US$):			
Materiais diretos	24	15	9
Mão de obra e custos indiretos	24	27	40
Total de despesas variáveis (US$)	48	42	49
Margem de contribuição (US$)	32	14	21
Índice de margem de contribuição (%)	40	25	30

A demanda pelos produtos da empresa é muito alta, com muito mais pedidos por mês do que a empresa consegue produzir com as matérias-primas disponíveis. O mesmo material é usado em cada produto. Os materiais custam US$ 3 por quilograma, com um máximo de 2.268 quilogramas disponíveis por mês.

Requisitado:
Quais pedidos você aconselharia a empresa a aceitar primeiro, os do produto X, os do produto Y ou os do produto Z? E em segundo lugar? E em terceiro?

EXERCÍCIO 12.10 Eliminar ou manter um segmento [OA12.2]
A Dexter Products Inc. fabrica e vende diversos itens, inclusive uma mala de mão para pernoite. A empresa tem sofrido prejuízo com esse tipo de mala faz algum tempo, como se pode observar na demonstração de resultados com margem de contribuição a seguir:

Dexter Products Inc.
Demonstração de resultados – malas de pernoite para o trimestre que termina em 30 de junho (US$)

Vendas		450.000
Despesas variáveis:		
Despesas variáveis de produção	130.000	
Comissões de vendas	48.000	
Expedição	12.000	
Total de despesas variáveis		190.000
Margem de contribuição		260.000
Despesas fixas:		
Salário do gerente da linha de produtos	21.000	
Custos indiretos gerais da fábrica	104.000*	
Depreciação dos equipamentos (sem valor de revenda)	36.000	
Propaganda – rastreável	110.000	
Seguro dos estoques	9.000	
Departamento de compras	50.000†	
Total de despesas fixas		330.000
Resultado operacional		– 70.000

* Alocados com base em horas-máquina.
† Alocados com base nas vendas em dólares.

Descontinuar as malas de pernoite não afetaria as vendas das outras linhas de produtos da empresa, seus custos indiretos gerais totais da fábrica, ou suas despesas totais do departamento de compras.

Requisitado:
Você recomendaria que a empresa descontinuasse a fabricação e a venda das malas de pernoite? Justifique sua resposta com os cálculos apropriados.

EXERCÍCIO 12.11 Identificação de custos relevantes [OA12.1]
Samantha Ringer comprou um automóvel usado por US$ 10 mil no início do ano passado e incorreu nos seguintes custos operacionais:

Depreciação (US$ 10.000 ÷ 5 anos) (US$)	2.000
Seguro (US$)	960
Aluguel de garagem (US$)	480
Imposto e licença do automóvel (US$)	60
Custo operacional variável	8 ¢ por quilômetro

Os custos operacionais variáveis consistem em gasolina, óleo, pneus, manutenção e consertos. Samantha estima que, com sua taxa de uso atual do carro, ele terá valor de revenda zero daqui a cinco anos, então a depreciação em linha reta é de US$ 2 mil. O carro é mantido em uma garagem por uma taxa mensal.

Requisitado:
1. Samantha dirigiu o carro 16.093 quilômetros no ano passado. Calcule o custo médio por quilômetro de possuir e operar o carro.
2. Samantha não tem certeza se deve usar seu próprio carro ou alugar outro para uma longa viagem cruzando o país por duas semanas durante o feriadão de primavera. Quais dos custos anteriores são relevantes nessa decisão? Explique.
3. Samantha pensa em comprar um carro esportivo caro para substituir o carro que comprou no ano passado. Ela dirigiria o mesmo número de quilômetros independentemente de qual carro possui e alugaria a mesma vaga de estacionamento. Os custos operacionais variáveis do carro esportivo seriam quase os mesmos que os de seu antigo carro. Entretanto, seu seguro e o imposto e a licença do carro aumentariam. Quais custos são relevantes ao estimar o custo incremental de ter o carro mais caro? Explique.

EXERCÍCIO 12.12 Produzir ou comprar um componente [OA12.3]

A empresa Royal fabrica 20 mil unidades da peça R-3 por ano para usar em sua linha de produção. Nesse nível de atividade, o custo por unidade da peça R-3 é:

Materiais diretos (US$)......................................	4,80
Mão de obra direta (US$)	7
Custos variáveis indiretos de produção (US$)..	3,20
Custos fixos indiretos de produção (US$)	10
Custos totais por peça (US$)............................	25

Um fornecedor externo ofereceu vender 20 mil unidades da peça R-3 por ano para a Royal por US$ 23,50 por peça. Se a Royal aceitar essa oferta, as instalações que hoje são usadas para fabricar a peça R-3 poderiam ser alugadas para outra empresa por um aluguel anual de US$ 150 mil. No entanto, a empresa Royal determinou que US$ 6 dos custos fixos indiretos de produção que são aplicados à peça R-3 continuariam existindo, mesmo que a peça R-3 fosse comprada do fornecedor externo.

Requisitado:
Prepare cálculos que mostrem em quanto os lucros aumentarão ou diminuirão se a oferta do fornecedor externo for aceita.

EXERCÍCIO 12.13 Utilização de um recurso restrito [OA12.5, OA12.6]

A empresa Banner fabrica três produtos: A, B e C. A seguir, temos o preço de venda, os custos variáveis, e a margem de contribuição por unidade de cada produto:

	Produto A	Produto B	Produto C
Preço de venda (US$)	60	90	80
Custos variáveis (US$):			
Materiais diretos......................................	27	14	40
Mão de obra direta..................................	12	32	16
Custos variáveis indiretos de produção	3	8	4
Custos variáveis totais (US$)	42	54	60
Margem de contribuição (US$)	18	36	20
Índice de margem de contribuição (%)	30	40	25

Por causa de uma greve na fábrica de um de seus concorrentes, a demanda pelos produtos da empresa excede em muito sua capacidade de produção. A gerência tenta determinar em que produto(s) ela deveria se concentrar na próxima semana para atender aos pedidos em sua lista de espera. A taxa salarial da mão de obra direta é de US$ 8 por hora, e há apenas 3 mil horas de mão de obra disponíveis por semana.

Requisitado:
1. Calcule o valor de margem de contribuição que será obtido por hora da mão de obra gasta em cada produto.
2. Em quais pedidos você recomendaria que a empresa trabalhasse na próxima semana – os pedidos do produto A, do produto B, ou do produto C? Mostre os cálculos.
3. Pagando hora extra, podem ser disponibilizadas mais de 3 mil horas de mão de obra direta na próxima semana. Até quanto a empresa deveria estar disposta a pagar por hora em salários adicionais enquanto houver demanda não atendida por esses três produtos? Explique.

EXERCÍCIO 12.14 Pedido especial [OA12.4]

A empresa Glade fabrica um único produto. Os custos de produzir e vender uma única unidade desse produto no nível de atividade atual da empresa, de 8 mil unidades por mês, são:

Materiais diretos (US$).....................................	2,50
Mão de obra direta (US$)	3
Custos variáveis indiretos de produção (US$).............	0,50
Custos fixos indiretos de produção (US$)	4,25
Despesas variáveis administrativas e de venda (US$)..	1,50
Despesas fixas administrativas e de venda (US$)	2

O preço de venda normal é de US$ 15 por unidade. A capacidade da empresa é de 10 mil unidades por mês. Foi recebido um pedido de um cliente potencial estrangeiro para produzir 2 mil unidades pelo preço de US$ 12 por unidade. Esse pedido não afetaria as vendas regulares.

Requisitado:
1. Se o pedido for aceito, em quanto os lucros mensais aumentarão ou diminuirão? (O pedido não mudaria os custos fixos totais da empresa.)
2. Suponha que a empresa possua 500 unidades desse produto que sobraram do ano passado e são inferiores ao modelo atual. As unidades devem ser vendidas por meio de canais regulares por preços reduzidos. Quais custos unitários são relevantes para estabelecer um preço de venda mínimo para essas unidades? Explique.

EXERCÍCIO 12.15 Eliminar ou manter um segmento [OA12.2]

A Boyle's Home Center, uma empresa de varejo, possui dois departamentos, Banheiros e Cozinhas. A seguir, temos a demonstração de resultados com margem de contribuição da empresa do último mês:

		Departamento	
	Total	Banheiros	Cozinhas
Vendas (US$)..	5.000.000	1.000.000	4.000.000
Despesas variáveis (US$)................................	1.900.000	300.000	1.600.000
Margem de contribuição (US$)	3.100.000	700.000	2.400.000
Despesas fixas (US$)...................................	2.700.000	900.000	1.800.000
Resultado operacional (US$)............................	400.000	– 200.000	600.000

Um estudo indica que US$ 370 mil das despesas fixas cobradas do Departamento de Banheiros são custos perdidos ou alocados que continuarão a existir mesmo que este departamento seja eliminado. Além disso, a eliminação do Departamento de Banheiros resultaria em uma diminuição de 10% nas vendas do Departamento de Cozinhas.

Requisitado:
Se o Departamento de Banheiros for eliminado, qual será o efeito sobre ao resultado operacional da empresa como um todo?

EXERCÍCIO 12.16 Produzir ou comprar um componente [OA12.3]

Por muitos anos, a empresa Diehl produziu uma pequena peça elétrica que usa na produção de sua linha padrão de tratores a diesel. O custo unitário de produto da empresa para a peça, com base em um nível de produção de 60 mil peças por ano, é:

	Por peça	Total
Materiais diretos (US$)	4	
Mão de obra direta (US$)	2,75	
Custos variáveis indiretos de produção (US$)	0,50	
Custos fixos indiretos de produção, rastreáveis (US$)	3	180.000
Custos fixos indiretos de produção, comuns (alocados com base em horas de mão de obra) (US$)	2,25	135.000
Custo unitário de produto (US$)	12,50	

Um fornecedor externo ofereceu fornecer as peças elétricas para a Diehl por apenas US$ 10 por peça. Um terço dos custos fixos de produção rastreáveis representa salários de supervisores e outros custos que podem ser eliminados se as peças forem compradas. Os outros dois terços dos custos fixos de produção rastreáveis consistem na depreciação de equipamentos especiais que não possuem valor de revenda. A depreciação econômica desses equipamentos deve-se à obsolescência, e não ao desgaste em virtude do uso. A decisão de comprar as peças do fornecedor externo não teria qualquer efeito sobre os custos fixos comuns da empresa, e o espaço usado para produzir as peças ficaria ocioso, caso contrário.

Requisitado:

Prepare cálculos que mostrem em quanto os lucros aumentariam ou diminuiriam em decorrência da compra das peças do fornecedor externo em vez de produzi-las na própria empresa.

EXERCÍCIO 12.17 Identificação de custos relevantes [OA12.1]

Steve acaba de voltar de uma expedição de pesca de salmão. Ele teve sorte nessa viagem e trouxe para casa dois salmões. A esposa de Steve, Wendy, não gosta que ele pesque, e, para desencorajá-lo a fazer outras expedições de pesca, apresentou a ele os seguintes dados de custos. (Os custos por expedição são baseados em uma média de dez expedições de pesca por ano.)

Custo por expedição de pesca (US$):	
Depreciação do barco de pesca* (depreciação anual de US$ 1.500 ÷ 10 expedições)	150
Taxas de armazenamento do barco (aluguel anual de US$ 1.200 ÷ 10 expedições)	120
Despesas com material de pesca, exceto iscas (despesas anuais de US$ 200 ÷ 10 expedições)	20
Iscas	7
Licença de pesca (licença anual de US$ 40 ÷ 10 expedições)	4
Combustível e conservação do barco por expedição	25
Alimentos consumidos durante a expedição	8
Custo total por expedição de pesca	334
Custo por salmão (US$ 334 ÷ 2 salmões)	167

* O custo original do barco era de US$ 15 mil. Ele possui uma vida útil estimada de dez anos, depois dos quais não terá nenhum valor de revenda. O barco não se desgasta com o uso, mas se torna menos desejável para revenda à medida que fica mais velho.

Requisitado:

1. Supondo que a expedição de pesca que Steve acabou de fazer seja comum, quais custos são relevantes para uma decisão sobre se ele deve ou não fazer outra expedição neste ano?
2. Suponha que, na próxima expedição de Steve, ele tenha sorte e pesque três salmões no tempo que levou para pescar dois salmões na última expedição. Quanto o terceiro salmão custaria a Steve para ser pescado? Explique.
3. Discuta os custos relevantes em uma decisão sobre se Steve deve ou não parar de pescar.

PROBLEMAS

Consulte no *site* <www.grupoa.com.br> os suplementos para esta seção.

PROBLEMA 12.18 Eliminar ou manter um tour [OA12.2]

A Blueline Tours Inc. opera tours pelos Estados Unidos. Um estudo indicou que parte desses tours não são lucrativos, e se considera eliminá-los para melhorar o desempenho operacional geral da empresa.

Um desses tours é uma viagem de dois dias de ônibus pelos estados do Sul do país para ver mansões históricas. A seguir, temos uma demonstração de resultados de um típico tour pelas Mansões Históricas:

Receita das passagens (capacidade de 100 cadeiras × 40% ocupação × US$ 75 preço da passagem por pessoa) (US$)	3.000	100%
Despesas variáveis (US$ 22,50 por pessoa) (US$)	900	30
Margem de contribuição (US$)	2.100	70%
Despesas do tour (US$):		
Promoção do tour	600	
Salário do motorista do ônibus	350	
Taxa do guia turístico	700	
Combustível para o ônibus	125	
Depreciação do ônibus	450	
Seguro de responsabilidade civil, ônibus	200	
Taxa de pernoite em estacionamento, ônibus	50	
Quarto e refeições, motorista do ônibus e guia turístico	175	
Manutenção e preparação do ônibus	300	
Total de despesas do tour (US$)	2.950	
Resultado operacional (US$)	− 850	

Temos as seguintes informações adicionais sobre o tour:
a. Os motoristas de ônibus recebem um salário fixo anual; já os guias turísticos, por cada tour realizado.
b. Os custos de "manutenção e preparação do ônibus" na tabela é uma alocação dos salários de mecânicos e outros funcionários de serviços responsáveis por manterem a frota de ônibus da empresa em boas condições operacionais.
c. A depreciação dos ônibus deve-se à obsolescência. A depreciação por causa de desgaste é insignificante.
d. Os prêmios de seguro de responsabilidade civil são baseados no número de ônibus na frota da empresa.
e. Eliminar o tour pelas Mansões Históricas não permitiria que a Blueline Tours reduzisse o número de ônibus em sua frota, o número de motoristas de ônibus em sua folha de pagamento ou o tamanho da equipe de manutenção e preparação.

Requisitado:
1. Prepare uma análise que mostre qual será o impacto sobre os lucros da empresa se esse tour for descontinuado.
2. O diretor de tours da empresa foi criticado porque apenas em torno de 50% das cadeiras nos tours da Blueline são preenchidas, em comparação à média da indústria, de 60%. O diretor de tours explicou que a ocupação média de cadeiras da Blueline poderia melhorar consideravelmente eliminando-se em torno de 10% de seus tours, mas que fazer isso também reduziria os lucros. Explique como isso poderia acontecer.

PROBLEMA 12.19 Vender ou processar mais [OA12.7]

(Preparado a partir de uma situação sugerida pelo professor John W. Hardy.) A Abilene Meat Processing Corporation é uma grande empresa de processamento de carne e de outros produtos de carne. A empresa possui uma grande quantidade de bistecas disponível, e tenta decidir se vende as bistecas no estado em que se encontram ou se as processa mais, transformando-as em cortes de filé-mignon e alcatra.

A gerência acredita que 1 quilo de bisteca produziria os seguintes lucros:

Preço de venda no atacado (US$ 2,25 por quilograma) (US$)..........................	2,25
Menos custos conjuntos incorridos até o ponto de separação em que a bisteca pode ser identificada como um produto separado (US$).....	1,70
Lucro por quilograma (US$)...	0,55

Como mencionado antes, em vez de serem vendidas como tais, as bistecas podem ser mais processadas em cortes de filé-mignon e alcatra. Cortar um lado de uma bisteca fornece o filé-mignon e cortar o outro lado fornece a alcatra. Uma bisteca de 7 quilos cortada dessa forma gera um filé-mignon de 187 gramas e uma alcatra de 249 gramas; os gramas restantes são desperdiçados. O custo de processar as bistecas nesses cortes é de US$ 0,20 por quilo. O filé-mignon pode ser vendido por US$ 3,60 por quilo e a alcatra pode ser vendida no atacado por US$ 2,90 por quilo.

Requisitado:
1. Determine o lucro por quilo de processar mais as bistecas em bifes de filé-mignon e alcatra.
2. Você recomendaria que as bistecas fossem vendidas como tais ou mais processadas? Por quê?

PROBLEMA 12.20 Fechar ou continuar a operar uma fábrica [OA12.2]

(Nota: esse tipo de decisão é similar a eliminar ou não uma linha de produtos.)

A empresa Hallas fabrica uma cola rápida em sua fábrica no Noroeste dos Estados Unidos. A empresa em geral produz e vende 40 mil galões da cola por mês, a qual é conhecida como MJ-7, e é usada na indústria de madeira para fabricar madeira compensada. O preço de venda da MJ-7 é de US$ 35 por galão, seus custos variáveis são de US$ 21 por galão, seus custos fixos indiretos de produção na fábrica totalizam US$ 230 mil por mês, e os custos fixos totais de venda totalizam US$ 310 mil por mês.

Greves nas fábricas que compram a maior parte da cola MJ-7 fizeram as vendas da Hallas cair por um tempo para apenas 11 mil galões por mês. A gerência da empresa estima que as greves durarão dois meses, depois dos quais as vendas da MJ-7 devem voltar ao normal. Por causa do baixo nível de vendas atual, a gerência da Hallas pensa em fechar a fábrica durante a greve.

Se a Hallas fechar a fábrica do Noroeste, os custos fixos indiretos de produção podem ser reduzidos em US$ 60 mil por mês e os custos fixos de venda podem ser reduzidos em 10%. Os custos de reinício no final do período de fechamento totalizariam US$ 14 mil. Como a Hallas usa métodos de produção enxuta, não há estoques disponíveis.

Requisitado:
1. Supondo que as greves continuem por dois meses, você recomendaria que a Hallas fechasse a fábrica do Noroeste? Explique. Mostre os cálculos para justificar sua resposta.
2. Em qual nível de vendas (em galões) para o período de dois meses a Hallas deve ser indiferente entre fechar a fábrica ou mantê-la aberta? Mostre os cálculos. [Dica: esse é um tipo de análise de ponto de equilíbrio, exceto porque a parte de custos fixos de seu cálculo do ponto de equilíbrio deve incluir apenas os custos fixos relevantes (ou seja, evitáveis) ao longo do período de dois meses.]

PROBLEMA 12.21 Aceitar ou rejeitar um pedido especial [OA12.4]

A Pietarsaari Oy, uma empresa finlandesa, produz bastões de esqui *cross-country* que vende por € 32 o par. (A unidade de moeda finlandesa, o euro, é denotada por €.) Operando em sua capacidade máxima, a empresa pode produzir 50 mil pares de bastão de esqui por ano. Os custos associados a esse nível de produção e vendas são dados a seguir:

	Por par	Total
Materiais diretos (€)	12	600.000
Mão de obra direta (€)	3	150.000
Custos variáveis indiretos de produção (€).......	1	50.000
Custos fixos indiretos de produção (€)	5	250.000
Despesas variáveis de venda (€)	2	100.000
Despesas fixas de venda (€)	4	200.000
Custos totais (€)	27	1.350.000

Requisitado:

1. O exército finlandês gostaria de fazer uma compra única de 10 mil pares de bastões de esqui para suas tropas das montanhas. O exército pagaria um valor fixo de € 4 por par, e, além disso, reembolsaria a Pietarsaari Oy por seus custos unitários de produção (tanto fixos quanto variáveis). Em virtude de uma recessão, a empresa produziria e venderia apenas 40 mil pares de bastões de esqui este ano, caso contrário. (Os custos fixos indiretos de produção totais seriam os mesmos independentemente de serem produzidos 40 mil ou 50 mil pares de bastões de esqui.) A empresa não incorreria em suas despesas variáveis de venda usuais com esse pedido especial.

    Se a Pietarsaari Oy aceitar a oferta do exército, em quanto o resultado operacional aumentará ou diminuirá do que ela seria se apenas 40 mil pares de bastões de esqui fossem produzidos e vendidos durante o ano?

2. Suponha a mesma situação descrita no item (1) anterior, exceto pelo fato de que a empresa já opera na capacidade máxima e poderia vender 50 mil pares de bastões de esqui por meio de seus canais regulares. Assim, aceitar a oferta do exército exigiria abrir mão de vendas de 10 mil pares pelo preço normal de € 32 o par. Se a oferta do exército for aceita, em quanto o resultado operacional aumentará ou diminuirá em relação ao que seria se os 10 mil pares fossem vendidos por meio de canais regulares?

PROBLEMA 12.22 Decisão de produzir ou comprar [OA12.3]

A empresa Bronson fabrica diversos tipos de canetas esferográficas. A empresa acaba de receber uma oferta de um fornecedor externo para fornecer a carga de tinta para a linha de canetas Zippo, pelo preço de US$ 0,48 por dúzia de cargas. A empresa está interessada nessa oferta porque sua própria produção de cargas está na capacidade máxima.

A Bronson estima que, se a oferta do fornecedor fosse aceita, os custos de mão de obra direta e os custos variáveis indiretos de produção da linha de canetas Zippo seriam reduzidos em 10% e os custos de materiais diretos seriam reduzidos em 20%.

Sob as operações atuais, a Bronson fabrica todas as suas canetas do início ao fim. As canetas Zippo são vendidas por meio de atacadistas por US$ 4 por caixa, sendo que cada uma contém uma dúzia de canetas. Os custos fixos indiretos de produção cobrados da linha de canetas Zippo totalizam US$ 50 mil por ano. (Os mesmos equipamentos e instalações são usados para produzir várias linhas de canetas.) Os custos presentes de produzir uma dúzia de canetas Zippo (uma caixa) são dados a seguir:

Materiais diretos (US$)..................................	1,50
Mão de obra direta (US$)	1,00
Custos indiretos de produção (US$)	0,80*
Custos totais (US$)..	3,30

* Inclui custos indiretos de produção tanto fixos quanto variáveis, com base na produção de 100 mil caixas de canetas por ano.

Requisitado:

1. A empresa Bronson deve aceitar a oferta do fornecedor? Mostre os cálculos.
2. Qual é o preço máximo que a Bronson deve estar disposta a pagar ao fornecedor externo por 12 cargas? Explique.
3. Em virtude da falência de um concorrente, a Bronson espera vender 150 mil caixas de canetas Zippo no próximo ano. Como dito antes, a empresa possui hoje capacidade suficiente para produzir cargas para apenas 100 mil caixas de canetas Zippo por ano. Ao incorrer em US$ 30 mil em custos fixos adicionais por ano, a empresa poderia expandir sua produção de cargas para satisfazer a demanda prevista por canetas Zippo. O custo variável por unidade para produzir as cargas adicionais seriam os mesmos que os atuais. Sob essas circunstâncias, quantas caixas de cargas devem ser compradas do fornecedor externo e quantas devem ser produzidas pela Bronson? Mostre os cálculos para justificar sua resposta.
4. Quais fatores qualitativos a empresa Bronson considera ao determinar se deve produzir ou comprar as cargas de tinta?

(Adaptado do CMA)

PROBLEMA 12.23 Fechar ou manter uma loja funcionando [OA12.2]

A Thrifty Markets Inc. opera três lojas em uma grande área metropolitana. A demonstração de resultados segmentada usando um sistema de custeio por absorção do último trimestre é dada a seguir:

CONTABILIDADE GERENCIAL

Demonstração de resultados da Thrifty Markets Inc. para o trimestre que termina em 31 de março (US$)				
	Total	Loja no norte de NY	Loja no centro de NY	Loja no Westpark, NY
Vendas..	2.500.000	900.000	600.000	1.000.000
Custo de produtos vendidos......................................	1.450.000	513.000	372.000	565.000
Margem bruta	1.050.000	387.000	228.000	435.000
Despesas de venda e administrativas:				
Despesas de venda:				
Propaganda direta	118.500	40.000	36.000	42.500
Propaganda geral*	20.000	7.200	4.800	8.000
Salários do pessoal de vendas...........................	157.000	52.000	45.000	60.000
Salários do pessoal de entrega	30.000	10.000	10.000	10.000
Aluguel da loja	215.000	70.000	65.000	80.000
Depreciação dos dispositivos de mostruário da loja......	46.950	18.300	8.800	19.850
Depreciação dos equipamentos de entrega..................	27.000	9.000	9.000	9.000
Total de despesas de venda	614.450	206.500	178.600	229.350
Despesas administrativas:				
Salários dos gerentes das lojas	63.000	20.000	18.000	25.000
Salários do escritório geral*	50.000	18.000	12.000	20.000
Serviços de utilidade pública	89.800	31.000	27.200	31.600
Seguro de dispositivos de mostruário e estoques	25.500	8.000	9.000	8.500
Impostos empregatícios....................................	36.000	12.000	10.200	13.800
Despesas gerais de escritório – outras*......................	25.000	9.000	6.000	10.000
Total de despesas administrativas	289.300	98.000	82.400	108.900
Total de despesas operacionais..........................	903.750	304.500	261.000	338.250
Resultado operacional	146.250	82.500	− 33.000	96.750

*Alocadas com base nas vendas em dólares.

A gerência está muito preocupada com a incapacidade da loja do centro de exibir lucros, e considera fechar a loja. A empresa pediu que você fizesse uma recomendação sobre o que deve ser feito. As informações adicionais a seguir estão disponíveis sobre a loja:

a. Um gerente da loja está na empresa há muitos anos; ele seria retido e transferido para outro cargo na empresa se a loja fosse fechada. Seu salário é de US$ 6 mil por mês, ou US$ 18 mil por trimestre. Se a loja não fosse fechada, um novo funcionário seria contratado para preencher o outro cargo por um salário de US$ 5 mil por mês.

b. O contrato de aluguel do edifício que abriga a loja do centro pode ser quebrado sem multa.

c. Os dispositivos de mostruário em uso na loja do centro seriam transferidos para as outras duas lojas se a loja do centro fosse fechada.

d. Os impostos empregatícios da empresa são de 12% dos salários.

e. Uma única equipe de entregas atende as três lojas. Um entregador poderia ser dispensado se a loja do centro fosse fechada; o salário desse funcionário chega a US$ 7 mil por trimestre. Os equipamentos de entrega seriam distribuídos pelas outras lojas. Os equipamentos não se desgastam com o uso, mas acabam se tornando obsoletos.

f. Um terço do seguro da loja do centro está relacionado aos dispositivos de mostruário.

g. Os salários do escritório geral e outras despesas estão relacionados à gerência geral da Thrifty Markets Inc. O funcionário do escritório geral responsável pela loja do centro seria dispensado se a loja fosse fechada. A remuneração desse funcionário chega a US$ 8 mil por trimestre.

Requisitado:

1. Prepare um cronograma que mostre a mudança nas receitas e despesas e o impacto sobre o resultado operacional geral da empresa que ocorreria se a loja do centro fosse fechada.

2. Com base em seus cálculos no item (1) anterior, qual recomendação você faria para a gerência da Thrifty Markets Inc.?

3. Supondo que a loja do centro fosse fechada, as vendas da loja da zona norte de NY aumentariam em US$ 200 mil por trimestre em virtude da transferência das compras de clientes fiéis

para essa loja. A loja da zona norte possui uma ampla capacidade para acomodar mais vendas, e sua margem bruta é de 43% das vendas. Qual efeito esses fatores teriam sobre sua recomendação relativa à loja do centro? Mostre os cálculos.

PROBLEMA 12.24 Análise de custos relevantes em uma variedade de situações
[OA12.2, OA12.3, OA12.4]

A empresa Barker possui um único produto chamado Zet. Em geral, a empresa produz e vende 80 mil Zets por ano pelo preço de venda de US$ 40 por unidade. Os custos unitários da empresa nesse nível de atividade são os seguintes:

Materiais diretos (US$)	9,50	
Mão de obra direta (US$)	10	
Custos variáveis indiretos de produção (US$)	2,80	
Custos fixos indiretos de produção (US$)	5	(400.000 total)
Despesas variáveis de venda (US$)	1,70	
Despesas fixas de venda (US$)	4,50	(360.000 total)
Custos totais por unidade (US$)	33,50	

A seguir, temos uma série de perguntas relacionadas à produção e venda de Zets. Cada item deve ser considerado de forma independente.

Requisitado:
1. Suponha que a Barker tenha capacidade suficiente para produzir 100 mil Zets por ano sem qualquer aumento nos custos fixos indiretos de produção. A empresa poderia aumentar as vendas em 25% com relação às atuais 80 mil unidades por ano se estivesse disposta a aumentar as despesas fixas de venda em US$ 150 mil. As despesas fixas de venda mais altas seriam justificáveis?
2. Suponha mais uma vez que a Barker tenha capacidade suficiente para produzir 100 mil Zets por ano. A empresa tem a oportunidade de vender 20 mil unidades em um mercado estrangeiro. Impostos de importação, autorizações estrangeiras e outros custos especiais associados ao pedido totalizariam US$ 14 mil. Os únicos custos de venda que seriam associados ao pedido seriam o custo de expedição de US$ 1,50 por unidade. Calcule o preço do ponto de equilíbrio por unidade nesse pedido.
3. Um dos materiais usados na produção de Zets é obtido de um fornecedor estrangeiro. Agitações civis no país do fornecedor produziram um corte de envio de materiais que se espera que dure três meses. A Barker possui material suficiente à disposição para operar a 25% dos níveis normais por três meses. Como uma alternativa, a empresa poderia fechar a fábrica por esse período. Essa atitude reduziria os custos fixos indiretos de produção em 40% nos três meses e as despesas fixas de venda continuariam em dois terços de seu nível normal. Qual seria o impacto sobre os lucros de fechar a fábrica pelo período de três meses?
4. A empresa possui 500 Zets disponíveis produzidos no mês passado e têm pequenas manchas. Por causa das manchas, será impossível vender essas unidades pelo preço normal. Se a empresa desejar vendê-los por meio dos canais de distribuição regulares, qual valor de custo unitário é relevante para determinar um preço de venda mínimo? Explique.
5. Um fabricante externo ofereceu produzir Zets e expedi-los diretamente aos clientes da Barker. Se a Barker aceitar essa oferta, as instalações que ela usa para produzir os Zets ficarão ociosas; entretanto, os custos fixos indiretos de produção continuariam a 30%. Como o fabricante externo pagaria por todos os custos de expedição, as despesas variáveis de venda seriam reduzidas em 60%. Calcule o custo unitário relevante para a comparação com o preço cotado pelo fabricante externo.

PROBLEMA 12.25 Análise de decisão entre produzir ou comprar [OA12.3]

"Aquele antigo equipamento de produzir subconjuntos está desgastado", disse Paul Taylor, presidente da empresa Timkin. "Precisamos tomar uma decisão rapidamente." A empresa tenta decidir se deve alugar um novo equipamento e continuar a produzir seus subconjuntos internamente, ou se deve descontinuar a produção de seus subconjuntos e comprá-los de um fornecedor externo. As alternativas são as seguintes:

Alternativa 1: alugar um novo equipamento para produzir os subconjuntos por US$ 60 mil por ano.
Alternativa 2: comprar os subconjuntos de um fornecedor externo por US$ 8 cada.

Os custos unitários atuais da empresa Timkin para produzir os subconjuntos internamente (com o antigo equipamento) são dados a seguir. Esses custos são baseados em um nível de atividade corrente de 40 mil subconjuntos por ano:

Materiais diretos (US$)...	2,75
Mão de obra direta (US$)	4
Custos variáveis indiretos (US$)	0,60
Custos fixos indiretos (US$ 0,75 supervisão, US$ 0,90 depreciação, e US$ 2 custos indiretos gerais da empresa) (US$).	3,65
Custos totais por unidade (US$)	11

O novo equipamento seria mais eficiente e, de acordo com o fabricante, reduziria os custos de mão de obra direta e os custos variáveis indiretos em 25%. Os custos de supervisão (US$ 30 mil por ano) e os custos de materiais diretos por unidade não seriam afetados pelo novo equipamento. A capacidade do novo equipamento seria de 60 mil subconjuntos por ano.

Os custos indiretos gerais totais da empresa não seriam afetados por essa decisão.

Requisitado:

1. O presidente não tem certeza do que a empresa deveria fazer e gostaria de uma análise que mostre os custos unitários e os custos totais de cada uma das duas alternativas dadas. Suponha que 40 mil subconjuntos sejam necessários por ano. O que você recomendaria ao presidente?
2. Sua recomendação no item (1) anterior seria a mesma se as necessidades da empresa fossem (a) 50 mil subconjuntos por ano, ou (b) 60 mil subconjuntos por ano?
3. Quais outros fatores você recomendaria que a empresa considerasse antes de tomar uma decisão?

PROBLEMA 12.26 Eliminar ou reter um produto [OA12.2]

Tracey Douglas é a proprietária e diretora-executiva da Heritage Garden Furniture Ltd., uma empresa sul-africana que produz reproduções com qualidade de museu de móveis antigos para exteriores. A Srta. Douglas gostaria de saber se seria aconselhável ou não eliminar o modelo de espreguiçadeira C3. Essas espreguiçadeiras já estiveram entre os produtos de melhores vendas da empresa, mas hoje parecem não ser lucrativas.

A seguir, temos uma demonstração de resultados pelo custeio por absorção resumida sobre a empresa e o modelo de espreguiçadeira C3 para o trimestre terminado em 30 de junho:

	Todos os produtos	Modelo de espreguiçadeira C3
Vendas (R)..	2.900.000	300.000
Custo de produtos vendidos (R):		
Materiais diretos......................................	759.000	122.000
Mão de obra direta...................................	680.000	72.000
Benefícios adicionais (20% da mão de obra direta)............	136.000	14.400
Custos variáveis indiretos de produção	28.000	3.600
Aluguel e manutenção do edifício................	30.000	4.000
Depreciação	75.000	19.100
Custos totais de produtos vendidos (R).............	1.708.000	235.100
Margem bruta (R)	1.192.000	64.900
Despesas de venda e administrativas (R):		
Salários dos gerentes de produtos................	75.000	10.000
Comissões de vendas (5% das vendas)...........	145.000	15.000
Benefícios adicionais (20% dos salários e comissões)	44.000	5.000
Expedição..	120.000	10.000
Despesas administrativas gerais..................	464.000	48.000
Total de despesas de venda e administrativas (R).............	848.000	88.000
Resultado operacional (R)	344.000	−23.100

A moeda na África do Sul é o *rand*, denotado aqui por R.

Os dados adicionais a seguir foram fornecidos pela empresa:
a. Mão de obra direta é um custo variável.
b. Todos os produtos da empresa são fabricados nas mesmas instalações e usam os mesmos equipamentos. O aluguel e a manutenção do edifício e a depreciação são alocados a produtos usando-se várias bases. Os equipamentos não se desgastam com o uso; eles se tornam obsoletos.
c. Há uma ampla capacidade para atender todos os pedidos.
d. Eliminar o modelo de espreguiçadeira C3 não teria qualquer efeito sobre as vendas das outras linhas de produtos.
e. A produção em andamento e os estoques de produtos finais são insignificantes.
f. Os custos de expedição são traçados diretamente a produtos.
g. As despesas administrativas gerais são alocadas a produtos com base nas vendas. Não haveria qualquer efeito sobre as despesas administrativas gerais se o modelo de espreguiçadeira C3 fosse eliminado.
h. Se o modelo de espreguiçadeira C3 fosse eliminado, o gerente do produto seria dispensado.

Requisitado:
1. Dado o nível atual de vendas, você recomendaria que o modelo de espreguiçadeira C3 fosse eliminado? Prepare cálculos apropriados para justificar sua resposta.
2. Quais teriam que ser as vendas do modelo C3, no mínimo, para justificar reter o produto? Explique. (Dica: organize os dados como um problema de ponto de equilíbrio, mas inclua apenas os custos relevantes.)

PROBLEMA 12.27 Utilização de um recurso restrito [OA12.5, OA12.6]

A empresa de brinquedos Brandilyn Toy Company fabrica uma linha de bonecas e um kit de costura de roupas de boneca. A demanda pelas bonecas aumentou e a gerência solicita sua assistência para determinar o melhor *mix* de vendas e produção para o próximo ano. A empresa forneceu os seguintes dados:

	Produto	Demanda no próximo ano (unidades)	Preço de venda por unidade (US$)	Materiais diretos (US$)	Mão de obra direta (US$)
2	Marcy	26.000	35	3,50	4,80
3	Tina	42.000	24	2,30	3
4	Cari	40.000	22	4,50	8,40
5	Lenny	46.000	18	3,10	6
6	Kit de costura	450.000	14	1,50	2,40

Temos disponíveis as seguintes informações adicionais:
a. A fábrica da empresa possui uma capacidade de 150 mil horas de mão de obra por ano com um único turno. Os atuais funcionários e equipamentos da empresa podem produzir todos os cinco produtos.
b. Espera-se que a taxa de mão de obra direta de US$ 12 por hora permaneça inalterada durante o próximo ano.
c. Os custos fixos totalizam US$ 356 mil por ano. Os custos indiretos variáveis são de US$ 4 por hora de mão de obra direta.
d. Todos os custos da empresa não relacionados à produção são fixos.
e. Os estoques de produtos finais da empresa são insignificantes e podem ser ignorados.

Requisitado:
1. Determine a margem de contribuição por hora de mão de obra direta gasta em cada produto.
2. Prepare um programa que mostre o total de horas de mão de obra direta que serão necessárias para produzir as unidades estimadas a serem vendidas no próximo ano.
3. Examine os dados que você calculou nos itens (1) e (2) anteriores. Como você alocaria as 150 mil horas de mão de obra direta de capacidade aos vários produtos da Brandilyn Toy Company?
4. Qual é o preço mais alto, em termos de uma taxa salarial por hora, que a Brandilyn Toy Company deveria estar disposta a pagar por capacidade adicional (isto é, por mais tempo de mão de obra direta)?
5. Identifique maneiras pelas quais a empresa poderia conseguir produzir mais saída de modo que ela não deixasse de atender nenhuma parte da demanda por seus produtos.

(Adaptado do CMA)

PROBLEMA 12.28 Vender ou processar mais [OA12.7]

A empresa Heather Honey compra favos de mel de apiários por US$ 2 por quilo. A empresa produz dois principais produtos a partir dos favos de mel – mel e cera de abelha. O mel é extraído dos favos, que são derretidos de maneira a formar cubos de cera de abelha. A cera de abelha é vendida por US$ 1,50 a libra.

O mel pode ser vendido na forma bruta por US$ 3 por quilo. No entanto, parte do mel bruto é usada pela empresa para fazer balas de mel. As balas são empacotadas em uma caixa decorativa e vendidas em lojas de presentes e em lojas especializadas. Uma caixa de bala de mel é vendida por US$ 4,40.

Cada caixa de bala de mel contém três quartos de quilograma de mel. Os outros custos variáveis associados à produção das balas são os seguintes:

Caixa decorativa (US$)	0,40
Outros ingredientes (US$)	0,25
Mão de obra direta (US$)	0,20
Custos variáveis indiretos de produção (US$)	0,10
Custos variáveis de produção totais (US$)	0,95

A seguir, temos os custos fixos indiretos de produção mensais associados à produção da bala:

Salário do fabricante mestre de balas (US$)	3.880
Depreciação do equipamento de produção das balas (US$)	400
Custos fixos de produção totais (US$)	4.280

O fabricante mestre de balas não possui nenhuma outra obrigação além de supervisionar a produção das balas de mel. O equipamento de produção das balas é um equipamento especializado construído especificamente para produzir essa bala em particular. O equipamento não possui valor de revenda e não sofre desgaste com o uso.

Um vendedor recebe US$ 2 mil por mês mais uma comissão de 5% das vendas para comercializar as balas de mel.

A empresa tinha desfrutado de vendas grandes das balas de mel por vários anos, mas a entrada recente de um produto concorrente no mercado tinha diminuído suas vendas. A gerência da empresa agora pensa se seria mais lucrativo vender todo o mel em vez de converter parte dele em balas.

Requisitado:
1. Qual é a margem de contribuição incremental por caixa de processar mais o mel, transformando-o em balas?
2. Qual é o número mínimo de caixas de bala que deve ser vendido por mês para justificar a continuação do processamento do mel em balas? Explique. Mostre todos os cálculos.

(Adaptado do CMA)

CASOS

Consulte no *site* <www.grupoa.com.br> os suplementos para esta seção.

CASO 12.29 Produzir ou comprar; Utilização de um recurso restrito [OA12.1, OA12.3, OA12.5]

A Storage Systems Inc. vende uma ampla variedade de latões, latas, caixas e outros contentores que são usados na indústria química. Um dos produtos da empresa é um latão de metal resistente à corrosão chamado latão XSX, usado para armazenar lixo tóxico. A produção é restrita pela capacidade de uma máquina de soldagem automatizada que é usada para fazer soldagens de precisão. Um total de 2 mil horas de tempo de soldagem estão disponíveis por ano na máquina. Como cada latão exige 0,8 hora de tempo de soldagem, a produção anual é restrita a 2.500 latões. No momento, a máquina de soldagem é usada apenas para fazer os latões XSX. O departamento de contabilidade forneceu os seguintes dados financeiros sobre os latões XSX:

		Latões XSX
Preço de venda por latão (US$)		154
Custo por latão (US$):		
Materiais diretos	44,50	
Mão de obra direta (US$ 18 por hora)	4,50	
Custos indiretos de produção	3,15	
Despesas de venda e administrativas	15,40	67,55
Margem por latão (US$)		86,45

Capítulo **12** ▶▶ Análise diferencial

A gerência acredita que 3 mil latões XSX poderiam ser vendidos por ano se a empresa tivesse capacidade de produção suficiente. Como alternativa a adicionar outra máquina de soldagem, a gerência analisou a possibilidade de comprar latões adicionais de um fornecedor externo. A Metal Products Inc., uma fornecedora de produtos de qualidade, conseguiria fornecer até 1.800 latões do tipo XSX por ano pelo preço de US$ 120 cada, que a Storage Systems revenderia aos seus clientes pelo seu preço de venda normal depois de colocar os rótulos apropriados.

Jasmine Morita, gerente de produção da Storage Systems, sugeriu que a empresa poderia fazer um uso melhor da máquina de soldagem produzindo quadros de bicicletas mountain bike de alta qualidade, o que exigiria apenas 0,2 hora de tempo de soldagem por quadro. Jasmine acredita que a Storage Systems poderia vender até 3.500 quadros de mountain bike por ano para fabricantes dessas bicicletas pelo preço de US$ 65 por quadro. O departamento de contabilidade forneceu os seguintes dados sobre o novo produto proposto:

Quadros de mountain bike (US$)		
Preço de venda por quadro...		65
Custo por quadro:		
Materiais diretos..	17,50	
Mão de obra direta (US$ 18 por hora)...................	22,50	
Custos indiretos de produção.............................	15,75	
Despesas de venda e administrativas..................	6,50	62,25
Margem por quadro		2,75

Os quadros de mountain bike poderiam ser produzidos com o equipamento e pessoal existentes. Os custos indiretos de produção são alocados a produtos com base em horas de mão de obra direta. A maior parte dos custos indiretos de produção consiste em custos comuns fixos, como aluguel do edifício da fábrica, mas parte deles é variável. Os custos variáveis indiretos de produção foram estimados em US$ 1,05 por latão XSX e US$ 0,60 por quadro de mountain bike. Os custos variáveis indiretos de produção não seriam incorridos sobre os latões adquiridos do fornecedor externo.

As despesas de venda e administrativas são alocadas a produtos com base nas receitas. Quase todas as despesas de venda e administrativas são custos comuns fixos, mas estimou-se que as despesas variáveis de venda e administrativas somam US$ 0,85 por latão XSX e somariam US$ 0,40 por quadro de mountain bike. Seriam incorridas despesas variáveis de venda e administrativas de US$ 0,85 por latão quando os latões adquiridos do fornecedor externo fossem vendidos aos clientes da empresa.

Todos os funcionários da empresa – de mão de obra direta e indireta – recebem por uma semana cheia de 40 horas de trabalho e a empresa tem a política de demitir trabalhadores apenas em grandes recessões.

Requisitado:
1. Dadas as margens dos dois produtos indicadas nos relatórios enviados pelo departamento de contabilidade, faz algum sentido até mesmo considerar produzir os quadros de mountain bike? Explique.
2. Calcule a margem de contribuição por unidade de:
   a. Latões XSX comprados.
   b. Latões XSX fabricados.
   c. Quadros de mountain bike fabricados.
3. Determine o número de latões XSX (se houver) que deveria ser comprado e o número de latões XSX e/ou quadros de mountain bike (se houver) que deveria ser fabricado. De quanto é o aumento no lucro líquido que resultaria desse plano em relação às operações atuais?

Assim que sua análise foi mostrada para a equipe de alta gerência da Storage Systems, vários gerentes começaram a discutir sobre como deveriam ser tratados os custos de mão de obra direta ao tomarem essa decisão. Um gerente argumentou que a mão de obra direta é sempre tratada como custo variável na literatura da área e na prática e sempre foi considerada um custo variável na Storage Systems. Afinal, "direta" significa que você pode associar os custos diretamente a produtos. Se a mão de obra direta não é um custo variável, o que é? Outro gerente argumentou veementemente que a mão de obra direta deveria ser considerada um custo fixo na Storage Systems. Ninguém tinha sido demitido havia mais de uma década e, para todos os fins práticos, todos na fábrica recebem salários mensais. Todos que são classificados como mão de obra direta trabalham uma semana regular de 40 horas e não foi necessário fazer hora extra desde que a empresa adotou as técnicas de produção enxuta. Seja a máquina de soldagem usada para produzir latões ou quadros de bicicleta, a folha de pagamento total será exatamente a mesma. Há folga suficiente na forma de

tempo ocioso para acomodar qualquer aumento no tempo total de mão de obra direta que os quadros de mountain bike exigiriam.
4. Refaça os itens (2) e (3) anteriores, fazendo a suposição oposta à original sobre a mão de obra direta. Em outras palavras, se você tratou a mão de obra direta como um custo variável, refaça a análise tratando-a como um custo fixo. Se você a tratou como um custo fixo, refaça a análise tratando-a como um custo variável.
5. Qual você acredita que seja a maneira correta de tratar a mão de obra direta nessa situação – como um custo variável ou como um custo fixo? Explique.

CASO 12.30 Decisão de fechar ou não uma fábrica [OA12.1, OA12.2]

A Mobile Seating Corporation fabrica bancos de automóveis, vans, caminhões e barcos. A empresa possui diversas fábricas, inclusive a fábrica de capas Greenville, que produz capas de banco.

Miriam Restin é a gerente da fábrica Greenville, mas também trabalha como gerente de produção geral da empresa. Seu orçamento como gerente regional é cobrado da fábrica de capas Greenville.

Restin soube que a Mobile Seating recebeu uma oferta de um fornecedor externo para fornecer o equivalente à saída de um ano todo da Greenville por US$ 21 milhões. Restin ficou impressionada com o baixo preço, pois o orçamento dos custos operacionais da Greenville para o próximo ano foi determinado em US$ 24,3 milhões. Se esse orçamento for aceito, a fábrica Greenville será fechada.

O orçamento dos custos operacionais da fábrica Greenville para o próximo ano é apresentado na tabela abaixo. A seguir, temos fatos adicionais relacionados às operações da fábrica:

a. Em virtude do compromisso da fábrica Greenville em usar tecidos de alta qualidade em todos os seus produtos, o Departamento de Compras foi instruído a fazer pedidos de compras globais aos principais fornecedores para garantir o recebimento de materiais suficientes no próximo ano. Se esses pedidos forem cancelados em decorrência do fechamento da fábrica, multas rescisórias chegariam a 25% dos custos de materiais diretos.
b. Quase 350 funcionários perderão o emprego se a fábrica for fechada. Isso inclui todos os trabalhadores de mão de obra direta e supervisores, gerência e pessoal administrativo, além dos encanadores, eletricistas e outros trabalhadores qualificados classificados como trabalhadores indiretos da fábrica. Alguns desses trabalhadores teriam dificuldade para encontrar um novo emprego, e quase todos teriam dificuldade de encontrar um emprego com uma base salarial comparável à da Greenville, de US$ 12,50 por hora, que é a mais alta da região. Uma cláusula no contrato da Greenville com o sindicato pode ajudar alguns funcionários; a empresa deve fornecer auxílio-desemprego e treinamento aos seus antigos funcionários por 12 meses depois do fechamento da fábrica. O custo estimado de prestar esse serviço seria de US$ 0,8 milhão.
c. Alguns funcionários provavelmente escolheriam se aposentar mais cedo porque a Mobile Seating Corporation possui um excelente plano de aposentadoria. Na verdade, US$ 0,7 milhão da despesa anual com aposentadorias continuaria a existir independentemente de a Greenville estar aberta ou não.
d. Restin e sua equipe regional não seriam afetados pelo fechamento da fábrica Greenville. Eles ainda seriam responsáveis pela administração de três outras fábricas da região.
e. Se a fábrica Greenville fosse fechada, a empresa realizaria em torno de US$ 2 milhões em valor recuperado pelos equipamentos da fábrica. Se a fábrica permanecer aberta, não há planos para fazer nenhum investimento significativo em novos equipamentos ou edifícios. Os antigos equipamentos são adequados para o trabalho e durariam indefinidamente.

Fábrica Greenville
Orçamento anual de custos operacionais (US$)

Materiais		8.000.000
Mão de obra:		
Direta	6.700.000	
Supervisão	400.000	
Mão de obra indireta da fábrica	1.900.000	9.000.000
Custos indiretos:		
Depreciação – equipamentos	1.300.000	
Depreciação – edifício	2.100.000	
Despesas com aposentadorias	1.600.000	
Gerente e funcionários da fábrica	600.000	
Despesas corporativas*	1.700.000	7.300.000
Custos orçados totais		24.300.000

* Despesas corporativas fixas alocadas a fábricas e a outras unidades operacionais com base em custos orçados totais de salários e remunerações.

Requisitado:

1. Identifique as vantagens não relacionadas a custos de a Mobile Seating Corporation continuar a obter capas de sua própria fábrica de capas Greenville.
2. A Mobile Seating Corporation planeja preparar uma análise financeira que será usada na decisão de fechar ou não a fábrica de capas Greenville. A gerência lhe pediu para identificar:
   a. Os custos orçados anuais que são relevantes para a decisão relacionada a fechar ou não a fábrica (mostre os valores em dólares).
   b. Os custos orçados anuais que não são relevantes para a decisão relacionada a fechar ou não a fábrica e explique por que não são relevantes (novamente, mostre os valores em dólares).
   c. Quaisquer custos não recorrentes que surgissem em decorrência do fechamento da fábrica e explique como afetariam a decisão (mais uma vez, mostre os valores em dólares).
3. Observando os dados que você preparou no item (2) anterior, a fábrica deve ser fechada? Mostre os cálculos e explique sua resposta.
4. Identifique qualquer receita ou custo que não tenha sido especificamente mencionado no problema, mas que a Mobile Seating Corporation deva considerar antes de tomar uma decisão.

(Adaptado do CMA)

CASO 12.31 Caso integrativo: Custos relevantes; Precificação [OA12.1, OA12.4]

O único produto da Jenco Incorporated é uma combinação de fertilizante e herbicida chamada Fertikil. O Fertikil é vendido em todo o país por meio de canais de marketing normais para viveiros de mudas e lojas de artigos de jardinagem.

O viveiro de mudas Taylor Nursery planeja vender um composto similar de fertilizante e herbicida por meio de sua cadeia regional de viveiros sob sua própria marca privada. A Taylor não possui instalações fabris próprias, então pediu à Jenco (e a várias outras empresas) para enviar um orçamento a fim de produzir e entregar um pedido de 9.331 quilogramas do composto de marca privada para a Taylor. Embora o composto químico da Taylor seja diferente do da Fertikil, os processos de produção são muito similares.

O composto da Taylor seria produzido em lotes de 373 quilos. Cada lote exigiria 30 horas de mão de obra direta e os seguintes produtos químicos:

Produtos químicos	Quantidade em quilogramas
CW-3	149
JX-6	112
MZ-8	75
BE-7	37

Os três primeiros produtos químicos (CW–3, JX–6, e MZ–8) são usados na produção de Fertikil. O BE–7 era usado em outro composto que a Jenco descontinuou há vários meses. O suprimento de BE–7 que a Jenco tinha à mão quando o outro composto foi descontinuado não foi descartado. A Jenco poderia vender seu suprimento de BE–7 pelo preço prevalecente no mercado menos US$ 0,10 por quilo em despesas de venda e manuseio.

A Jenco também tem à mão um produto químico chamado CN–5, que foi fabricado para uso em outro produto que não é mais produzido. O CN–5, que não pode ser usado no Fertikil, pode ser substituído por CW–3 na base de um para um sem afetar a qualidade do composto da Taylor. O estoque de CN–5 possui um valor recuperado de US$ 500.

Dados de estoques e custos dos produtos químicos que podem ser usados para produzir o composto da Taylor são exibidos a seguir:

Matéria-prima	Quilogramas em estoque	Preço real quando comprado (US$)	Preço de mercado atual (US$)
CW-3	8.211	0,80	0,90
JX-6	1.866	0,55	0,60
MZ-8	2.986	1,40	1,60
BE-7	1.493	0,60	0,65
CN-5	2.053	0,75	(Valor recuperado)

A taxa salarial atual da mão de obra direta é de US$ 14 por hora. A taxa predeterminada de custos indiretos é baseada em horas de mão de obra direta-horas (HMOD). A taxa predeterminada de custos indiretos do ano corrente, baseada em uma capacidade de dois turnos de um total de 400 mil HMOD sem hora extra, é a seguinte:

Custos variáveis indiretos de produção (US$)...............	4,50 por HMOD
Custos fixos indiretos de produção (US$)	7,50 por HMOD
Taxa combinada (US$)..	12 por HMOD

A gerente de produção da Jenco relata que os equipamentos e instalações atuais são adequados à fabricação do composto da Taylor. Portanto, o pedido não teria nenhum efeito sobre os custos totais fixos indiretos de produção. Entretanto, a Jenco está dentro de sua capacidade de 400 horas com dois turnos esse mês. Qualquer hora adicional acima dessas 400 horas deve ser feita como hora extra. Se necessário, o composto da Taylor poderia ser produzido dentro do horário normal transferindo-se uma parte da produção do Fertikil para horas extras. A taxa salarial da Jenco para hora extra é 1,5 vez a taxa salarial regular, ou US$ 21 por hora. Não há espaço para nenhum aumento no valor da taxa predeterminada de custos indiretos em virtude de horas extras.

Requisitado:

1. A Jenco decidiu enviar um orçamento para um pedido de 9.331 quilos do novo composto da Taylor. O pedido deve ser entregue até o final deste mês. A Taylor Nursery indicou que esse é um pedido único que não será repetido. Calcule o preço mais baixo que a Jenco poderia oferecer pelo pedido sem reduzir seu resultado operacional.
2. Consulte os dados originais. Suponha que a Taylor Nursery planeje fazer pedidos regulares de lotes de 9.331 quilos do novo composto durante o próximo ano. A Jenco espera que a demanda pelo Fertikil continue alta. Portanto, os pedidos recorrentes da Taylor Nursery fariam a Jenco ultrapassar sua capacidade máxima de dois turnos. Entretanto, a produção poderia ser reprogramada, de modo que apenas 60% de cada pedido da Taylor Nursery pudesse ser concluído dentro do horário regular. Outra opção seria parte da produção do Fertikil ser transferida temporariamente para horas extras, de modo que os pedidos da Taylor Nursery pudessem ser produzidos no horário regular. Preços de mercado correntes são as melhores estimativas disponíveis sobre os preços de mercado futuros.

    A política de *markup* padrão da Jenco para novos produtos é cobrar 40% sobre o custo de produção total, incluindo os custos fixos indiretos de produção. Calcule o preço que a Jenco cobraria da Taylor Nursery por cada lote de 9.331 quilos do novo composto, supondo que ele fosse tratado como um novo produto e que essa política de precificação fosse seguida.

(Adaptado do CMA)

CASO 12.32 Ética e o gerente; Interromper ou continuar operações [OA12.2]

Marvin Braun acaba de ser nomeado vice-presidente da região da Grande Bacia de Nevada, Estados Unidos, da Financial Services Corporation (FSC). A empresa presta serviços de processamento de cheques para pequenos bancos. Os bancos enviam os cheques apresentados para depósito ou pagamento à FSC, que, então, registra os dados de cada cheque em um banco de dados computadorizado. A FSC envia os dados eletronicamente ao centro de compensação mais próximo do Banco da Reserva Federal dos Estados Unidos, onde as transferências de fundos apropriadas são feitas entre os bancos. A região da Grande Bacia de Nevada consiste em três centros de processamento de cheques na parte leste de Idaho – Pocatello, Idaho Falls e Ashton. Antes de sua promoção a vice-presidente, o Sr. Braun tinha sido gerente de um centro de processamento de cheques em Indiana.

Imediatamente após assumir seu novo cargo, o Sr. Braun solicitou ao *controller* da região, Lance Whiting, um relatório financeiro completo do ano fiscal recém-terminado. O Sr. Braun especificou que o relatório financeiro deve seguir o formato padronizado requisitado pela sede corporativa para todos os relatórios regionais de desempenho. Esse relatório é dado a seguir:

Desempenho financeiro da região da Grande Bacia de Nevada (US$)

		Centros de processamento de cheques		
	Total	Pocatello	Idaho Falls	Ashton
Receitas..	20.000.000	7.000.000	8.000.000	5.000.000
Despesas operacionais:				
Mão de obra direta..	12.200.000	4.400.000	4.700.000	3.100.000
Custos indiretos variáveis......................................	400.000	150.000	160.000	90.000
Depreciação de equipamentos..............................	2.100.000	700.000	800.000	600.000

Despesas com o centro	2.000.000	600.000	500.000	900.000
Despesas administrativas locais*	450.000	150.000	180.000	120.000
Despesas administrativas regionais†	400.000	140.000	160.000	100.000
Despesas administrativas corporativas‡	1.600.000	560.000	640.000	400.000
Total de despesas operacionais	19.150.000	6.700.000	7.140.000	5.310.000
Resultado operacional	850.000	300.000	860.000	− 310.000

* Despesas administrativas locais são as despesas administrativas incorridas nos centros de processamento de cheques.
† Despesas administrativas regionais são alocadas aos centros de processamento de cheques com base nas receitas.
‡ Despesas administrativas corporativas representam uma cobrança padrão de 8% sobre as receitas.

Ao ver esse relatório, o Sr. Braun convocou Lance Whiting para uma explicação.

Braun: Fale-me sobre Ashton. Eles não sofreram prejuízo no ano anterior, sofreram?

Whiting: Não, o centro de Ashton teve um bom lucro anual desde que abriu há seis anos, mas a Ashton perdeu um grande contrato esse ano.

Braun: Por quê?

Whiting: Um de nossos concorrentes nacionais entrou no mercado local e fez ofertas agressivas para ganhar o contrato. Não pudemos arcar com uma oferta superior. Os custos de Ashton – particularmente suas despesas com o centro – são simplesmente altos demais. Quando Ashton perdeu o contrato, tivemos de dispensar muitos funcionários, mas não conseguimos reduzir os custos fixos do centro de Ashton.

Braun: Por que as despesas do centro de Ashton são tão altas? É um centro menor do que o de Pocatello ou o de Idaho Falls e, ainda assim, suas despesas são mais altas.

Whiting: O problema é que conseguimos alugar locais muito baratos em Pocatello e Idaho Falls. Não há locais tão baratos em Ashton, então tivemos de construí-lo. Infelizmente, houve grandes sobrecustos. A empreiteira que contratamos era inexperiente com esse tipo de trabalho e, na verdade, foi à falência antes de o projeto ser concluído. Depois de contratar outra empreiteira para terminar o trabalho, já tínhamos ultrapassado demais o orçamento. As grandes taxas de depreciação das instalações do centro não importavam no início porque não tínhamos muita concorrência na época e podíamos cobrar preços mais altos.

Braun: Bem, não podemos mais fazer isso. O centro de Ashton obviamente terá de ser fechado. Seus negócios podem ser transferidos para os dois outros centros de processamento de cheques da região.

Whiting: Não aconselho a fazer isso. A depreciação de US$ 900 mil do centro de Ashton é enganosa. O centro terá uma duração indefinida se for feita a manutenção adequada. E ele não possui valor de revenda; não há outra atividade comercial nos arredores do centro de Ashton.

Braun: E quanto aos seus outros custos?

Whiting: Se transferíssemos os negócios de Ashton para os dois outros centros de processamento da região, não economizaríamos nada em mão de obra direta ou em custos indiretos variáveis. Talvez economizássemos em torno de US$ 60 mil em despesas administrativas locais, mas não economizaríamos nada em despesas administrativas regionais. E a sede corporativa ainda nos cobraria 8% de nossa receita como despesas administrativas corporativas. Além disso, deveríamos alugar mais espaço em Pocatello e Idaho Falls para acomodar o trabalho transferido de Ashton; isso provavelmente nos custaria pelo menos US$ 400 mil por ano. E não esqueça que fazer a mudança do equipamento de Ashton para Pocatello e Idaho Falls também nos custará alguma coisa. E a mudança atrapalhará os serviços para os clientes.

Braun: Compreendo tudo isso, mas um centro de processamento que perde dinheiro em meu relatório de desempenho é totalmente inaceitável.

Whiting: E se você fechar Ashton, deixará alguns funcionários leais desempregados.

Braun: Isso é uma pena, mas temos de encarar a dura realidade dos negócios.

Whiting: E você teria de dar baixa nos investimentos nas instalações de Ashton.

Braun: Posso explicar uma baixa para a sede corporativa; contratar uma empreiteira inexperiente para construir as instalações de Ashton foi erro de meu antecessor. Mas eles vão querer minha cabeça na sede se eu mostrar resultados operacionais todo ano em um de meus centros de processamento. Ashton deve ser fechada. Na próxima reunião com o conselho de diretoria, recomendarei que o centro de Ashton seja fechado.

Requisitado:

1. Do ponto de vista da empresa como um todo, o centro de processamento de Ashton pode ser fechado e seu trabalho, redistribuído pelos outros centros de processamento da região? Explique.

2. Você acha que a decisão de Marvin Braun de fechar o centro de Ashton é ética? Explique.

3. Qual influência a depreciação das instalações de Ashton tem sobre os preços cobrados pelo centro por seus serviços?

CASO 12.33 Decisão de vender ou processar mais [OA12.7]

A Midwest Mills tem uma fábrica que pode moer grão de trigo em um cereal de trigo partido e então moer ainda mais, transformando-o em farinha. A empresa pode vender todo o cereal de trigo partido que ela consegue produzir pelo preço de venda de US$ 490 por tonelada. No passado, a empresa vendeu apenas parte de seu trigo partido como cereal e reteve o restante para moer mais, produzindo farinha. A farinha era vendida a US$ 700 por tonelada, mas há pouco tempo o preço se tornou instável e caiu para US$ 625 por tonelada. A seguir, temos os custos e receitas associados a uma tonelada de farinha:

	Por tonelada de farinha
Preço de venda (US$)	625
Custo para produzir (US$):	
Matérias-primas:	
Materiais de enriquecimento 80	
Trigo partido 470	
Total de matérias-primas 550	
Mão de obra direta 20	
Custos indiretos de produção 60	630
Lucro (prejuízo) de produção (US$)	−5

Em virtude da baixa no preço da farinha, o gerente de vendas acredita que a empresa deva descontinuar a produção de farinha e usar toda a sua capacidade de moagem para produzir trigo partido que será vendido como cereal.

O mesmo equipamento de moagem é usado para ambos os produtos. Moer uma tonelada de trigo partido para transformá-lo em farinha exige a mesma capacidade que moer uma tonelada de trigo para obter uma tonelada de trigo partido. Logo, a escolha é entre uma tonelada de farinha e duas toneladas de trigo partido. A seguir, temos dados de custos e receitas do cereal de trigo partido:

	Por tonelada de trigo partido
Preço de venda (US$)	490
Custo para produzir (US$):	
Grãos de trigo 390	
Mão de obra direta 20	
Custos indiretos de produção 60	470
Lucro de produção (US$)	20

O gerente de vendas discute que, como o preço atual de US$ 625 por tonelada de farinha resulta em prejuízo de US$ 5 por tonelada, a moagem de farinha não deve ser retomada até que o preço por tonelada suba para mais de US$ 630.

A empresa atribui custos indiretos de produção aos dois produtos com base em horas de moagem. A mesma quantidade de tempo é necessária para moer uma tonelada de trigo moído ou uma tonelada de farinha. Quase todos os custos indiretos de produção são fixos. Os custos de materiais e de mão de obra são variáveis.

A empresa pode vender todo o cereal partido e a farinha que conseguir produzir pelos preços de mercado atuais.

Requisitado:

1. Você concorda com o gerente de vendas de que a empresa deve descontinuar a moagem de farinha e usar toda a capacidade de moagem para moer trigo partido se o preço da farinha continuar a US$ 625 por tonelada? Justifique sua resposta com cálculos e explicações.
2. Qual é o preço mais baixo que a empresa deveria aceitar por uma tonelada de farinha? Mais uma vez, justifique sua resposta com cálculos e explicações.

DECISÕES DE ORÇAMENTO DE CAPITAL 13

▶▶ Objetivos de aprendizagem

OA13.1 Avaliar a aceitabilidade de um projeto de investimento usando o método do valor presente líquido.

OA13.2 Avaliar a aceitabilidade de um projeto de investimento usando o método da taxa interna de retorno.

OA13.3 Avaliar um projeto de investimento que possui fluxos de caixa incertos.

OA13.4 Classificar projetos de investimento por ordem de preferência.

OA13.5 Determinar o período de *payback* de um investimento.

OA13.6 Calcular a taxa de retorno simples de um investimento.

OA13.7 (Apêndice 13A) Compreender conceitos de valor presente e o uso de tabelas de valor presente.

OA13.8 (Apêndice 13C) Incluir imposto de renda em uma análise de orçamento de capital.

Investimentos de capital: chave para o crescimento lucrativo

FOCO NOS NEGÓCIOS

A **Cintas Corporation**, sediada em Cincinnati, Ohio, presta serviços altamente especializados a diversas empresas em toda a América do Norte. O que sustenta seu sucesso é o fornecimento de uniformes corporativos a mais de 5 milhões de trabalhadores norte-americanos. A Cintas possui 419 estabelecimentos de locação de uniformes, seis fábricas e oito centros de distribuição em toda a América do Norte. O desafio da Cintas é escolher dentre diversas oportunidades concorrentes de expansão de capital.

Na Cintas, cada proposta de investimento de capital deve ser acompanhada por uma análise financeira que estima as entradas e saídas de caixa do projeto. O trabalho da controladoria da Divisão de Aluguel é desafiar a validade das premissas por trás das estimativas financeiras. O custo de construção de um novo estabelecimento foi subestimado? As futuras taxas de crescimento das receitas estão excessivamente otimistas? É necessário construir um novo estabelecimento ou podemos reformar e expandir algum existente? Fazer perguntas construtivas assim ajuda a Cintas a canalizar seus restritos fundos de investimento às oportunidades mais lucrativas.

FONTE: Conversa do autor com Paul Carmichael, *controller* sênior, Cintas Corporation.

CONTABILIDADE GERENCIAL

> **Orçamento de capital**
>
> processo de planejar investimentos significativos em projetos que têm implicações de longo prazo, como a compra de novos equipamentos ou a introdução de um novo produto.

Em geral, os gerentes consideram decisões que envolvem um investimento no presente esperando obter lucros futuros. Por exemplo, a **Tri-Con Global Restaurants Inc.** faz um investimento ao abrir um novo restaurante da Pizza Hut. A **L. L. Bean** faz um investimento ao instalar um novo computador para lidar com cobranças dos clientes. A **Chrysler** faz um investimento ao reprojetar um produto, como o Jeep Eagle. A **Merck & Co.** investe em pesquisas médicas. A **Amazon.com** faz um investimento ao reformular seu *site*. Todos esses investimentos exigem gastos imediatos com a expectativa de fluxos de caixa líquidos adicionais no futuro.

O termo **orçamento de capital** é usado para descrever como os gerentes planejam investimentos significativos em projetos que possuem implicações de longo prazo como a compra de novos equipamentos ou o lançamento de novos produtos. A maioria das empresas possui mais projetos do que verba para financiamento. Logo, os gerentes têm de selecionar com cuidado os projetos que prometem o maior retorno futuro. Quão bem os gerentes tomam decisões de orçamento de capital é um fator fundamental para a saúde financeira de longo prazo da organização.

ORÇAMENTO DE CAPITAL – PLANEJAR INVESTIMENTOS

Decisões típicas de um orçamento de capital

Qualquer decisão que envolve uma despesa imediata a fim de obter um retorno futuro é uma decisão de orçamento de capital. As mais comuns incluem:

1. Decisões de redução de custos. Novos equipamentos devem ser comprados para reduzir custos?
2. Decisões de expansão. Uma nova fábrica, um novo armazém ou outras instalações devem ser adquiridos para aumentar a capacidade e as vendas?
3. Decisões de seleção de equipamentos. Quais das várias máquinas disponíveis devem ser compradas?
4. Decisões de alugar ou comprar. Novos equipamentos devem ser alugados ou comprados?
5. Decisões de substituição de equipamentos. Equipamentos antigos devem ser substituídos agora ou mais tarde?

> **Decisão de seleção**
>
> decisão referente à aceitabilidade de um projeto proposto.

> **Decisão de preferência**
>
> decisão na qual as alternativas têm de ser ordenadas.

As decisões de orçamento de capital se enquadram em duas amplas categorias – *decisões de seleção* e *decisões de preferência*. As **decisões de seleção** estão relacionadas à aceitação ou não de um determinado projeto proposto – se ele passa ou não de um limite máximo pré-estipulado. Por exemplo, uma empresa pode ter uma política de aceitar apenas projetos que forneçam um retorno de pelo menos 20% sobre o investimento. A taxa de retorno exigida é a taxa de retorno mínima que um projeto tem de gerar para ser aceitável. As **decisões de preferência**, ao contrário, estão relacionadas à escolha dentre várias alternativas aceitáveis. Para ilustrar essa questão, uma empresa pode considerar diversas máquinas diferentes para substituir uma máquina existente na linha de montagem. Escolher qual máquina comprar é uma decisão de preferência. Neste capítulo, primeiro discutiremos as decisões de seleção e, então, passaremos às decisões de preferência ao final.

Valor do dinheiro no tempo

Investimentos de capital, na maior parte das vezes, geram retornos que se estendem por períodos de tempo razoavelmente longos. Em consequência, é importante reconhecer *o valor do dinheiro no tempo* ao avaliar propostas de investimento. Um dólar, por exemplo, vale mais hoje do que daqui a um ano. Se por nenhum outro motivo, pelo menos pelo fato de você poder colocá-lo no banco e ter mais do que um dólar daqui a um ano. Portanto, projetos que prometem retornos mais rápidos são preferíveis àqueles que prometem retornos mais lentos.

As técnicas de orçamento de capital que reconhecem o valor do dinheiro no tempo envolvem *descontar fluxos de caixa*. Passaremos a maior parte deste capítulo mostrando como usar os métodos de fluxos de caixa descontados ao tomar decisões de orçamento de capital. Se você ainda não estiver familiarizado com esse tipo de desconto e com o uso

Capítulo **13** ▶▶ Decisões de orçamento de capital   577

de tabelas de valor presente, você deve ler o "Apêndice 13A: conceito de valor presente", no final deste capítulo, antes de prosseguir.

POR DENTRO DAS EMPRESAS

ESCOLHER UM *SNOWCAT*

Às vezes, uma decisão de longo prazo não deve envolver cálculos de valor presente ou qualquer outra técnica analítica sofisticada. A **White Grizzly Adventures** de Meadow Creek, Columbia Britânica, Canadá, precisa de dois *snowcats* para as operações de esqui em neve fofa – um para transportar os participantes até o alto da montanha e outro para ficar de reserva no caso de problemas mecânicos com o primeiro. A **Bombardier**, do Canadá, vende *snowcats* novos por US$ 250 mil e usados e recondicionados por US$ 150 mil Em qualquer caso, os *snowcats* funcionam bem por cerca de 5 mil horas antes de precisarem de recondicionamento. A escolha da White Grizzly é, portanto, clara. Como tanto os *snowcats* novos quanto os recondicionados duram em torno de 5 mil horas, mas os recondicionados custam US$ 100 mil a menos, são então a escolha óbvia. Eles podem não ter todos os últimos acessórios, mas fazem o trabalho por um preço acessível para uma pequena empresa.

Os *snowcats* da Bombardier não possuem cabines de passageiros como equipamento padrão. Para economizar dinheiro, a White Grizzly constrói sua própria cabine de passageiros customizada por cerca de US$ 15 mil, usando assentos reciclados do Ford Escort e alumínio industrial para a carroceria e revestimento. Se comprada no varejo, uma cabine de passageiros custaria aproximadamente o dobro e não seria tão adequada para o esqui.

FONTE: Brad & Carole Karafil, proprietários e operadores da White Grizzly Adventures, <www.whitegrizzly.com>.

FLUXOS DE CAIXA DESCONTADOS – MÉTODO DO VALOR PRESENTE LÍQUIDO

 OA13.1

Avaliar a aceitabilidade de um projeto de investimento usando o método do valor presente líquido.

Duas abordagens para a tomada de decisões de orçamento de capital usam fluxos de caixa descontados. A primeira é *o método do valor presente líquido*, e a segunda é o *método da taxa interna de retorno*. O método do valor presente líquido será discutido nesta seção, seguido por uma discussão sobre o método da taxa interna de retorno.

Exemplificação do método do valor presente líquido

▶ **Valor presente líquido**

diferença entre o valor presente das entradas de caixa de um projeto de investimento e o valor presente de suas saídas de caixa.

Sob o método do valor presente líquido, o valor presente das entradas de caixa de um projeto é comparado ao valor presente das saídas de caixa do mesmo projeto. A diferença entre o valor presente desses fluxos de caixa, chamada de **valor presente líquido**, determina se o projeto é ou não um investimento aceitável. Para ilustrar, considere os seguintes dados:

Exemplo A: A empresa Harper considera comprar uma máquina capaz de realizar algumas operações agora realizadas manualmente. A máquina custará US$ 50 mil e terá duração de cinco anos. No final do período de cinco anos, a máquina terá um valor residual (ou recuperado) igual a zero. O uso da máquina reduzirá os custos com mão de obra em US$ 18 mil por ano. A Harper exige um retorno mínimo antes dos impostos de 20% em todos os projetos de investimentos.[1]

A máquina deve ser comprada? A Harper tem de determinar se um investimento de caixa hoje de US$ 50 mil pode ser justificado se resultar em uma redução de US$ 18 mil em custos em cada um dos próximos cinco anos. A resposta pode parecer óbvia porque a economia de custo total é de US$ 90 mil (US$ 18 mil por ano × 5 anos). Entretanto, a empresa pode obter um retorno de 20% investindo esse dinheiro em outra coisa. Não é suficiente que as reduções de custo cubram apenas o custo original da máquina; também devem gerar um retorno de pelo menos 20% ou a empresa se sairia melhor com outro investimento.

---

[1] Para simplificar, ignoramos inflação e impostos. O impacto do imposto de renda sobre decisões de orçamento de capital é discutido no Apêndice 13C.

CONTABILIDADE GERENCIAL

QUADRO 13.1
Análise do valor presente líquido de um projeto proposto.

Custo inicial (US$)				50.000
Vida do projeto				5 anos
Economias de custo anuais (US$)				18.000
Valor recuperado (US$)				0
Taxa de retorno exigida				20%

Item	Ano(s)	Valor do fluxo de caixa (US$)	Fator de 20%	Valor presente dos fluxos de caixa (US$)
Economias de custo anuais	1–5	18.000	2,991*	53.838
Investimento inicial	Hoje	− 50.000	1,000	− 50.000
Valor presente líquido				3.838

*Do Quadro 13B.2 no Apêndice 13B, no final deste capítulo.

Para determinar se o investimento é desejável, a sequência de economias de custo anuais de US$ 18 mil deve ser descontada para chegar ao seu valor presente e, então, comparada ao custo da nova máquina. O retorno mínimo exigido de 20% da Harper é usado como a *taxa de desconto* no processo de desconto. O Quadro 13.1 ilustra o cálculo do valor presente líquido desse projeto proposto. As economias de custo anuais de US$ 18 mil são multiplicadas por 2,991, o fator do valor presente de uma anuidade de cinco anos com a taxa de desconto de 20%, obtendo-se US$ 53.838[2]. Esse é o valor presente das economias de custo anuais. O valor presente do investimento inicial é calculado multiplicando-se o valor do investimento de US$ 50 mil por 1.000, o fator do valor presente de qualquer fluxo de caixa que ocorra de imediato.

De acordo com a análise, a Harper deve comprar a nova máquina. O valor presente das economias de custo é US$ 53.838, enquanto o valor presente do investimento necessário (custo da máquina) é de apenas US$ 50 mil. Deduzindo-se o valor presente do investimento necessário do valor presente das economias de custo, obteremos o *valor presente líquido* de US$ 3.838. Toda vez que o valor presente líquido for maior ou igual a zero, como em nosso exemplo, um projeto de investimento é aceitável. Toda vez que o valor presente líquido for negativo (o valor presente das saídas de caixa exceder o valor presente das entradas de caixa), um projeto de investimento não é aceitável. Em resumo:

Se o valor presente líquido é ...	Então o projeto é ...
Positivo	Aceitável porque seu retorno é maior do que a taxa de retorno exigida.
Zero	Aceitável porque seu retorno é igual à taxa de retorno exigida.
Negativo	Não aceitável porque seu retorno é menor do que a taxa de retorno exigida.

Há outra maneira de interpretar o valor presente líquido. A Harper poderia gastar até US$ 53.838 com a nova máquina e, ainda assim, obter a taxa de retorno mínima exigida de 20%. O valor presente líquido de US$ 3.838, portanto, mostra o valor de "reserva" ou "margem de erro". A empresa poderia subestimar o custo da nova máquina em até US$ 3.838, ou superestimar o valor presente líquido das economias de caixa futuras em até US$ 3.838, e o projeto ainda assim seria atraente em termos financeiros.

Ênfase nos fluxos de caixa

O lucro líquido contábil baseia-se em acréscimos que ignoram quando os fluxos de caixa ocorrem. Entretanto, no orçamento de capital, a cronologia dos fluxos de caixa é funda-

---

[2] A não ser que seja dito o contrário, para simplificar suporemos que neste capítulo todos os fluxos de caixa que não sejam o investimento inicial ocorrem no final dos anos.

mental. O valor presente de um fluxo de caixa depende de quando ele ocorre. Por este motivo, no orçamento de capital o foco é o fluxo de caixa, e não o lucro líquido contábil.[3] A seguir, descreveremos exemplos de saídas de caixa e entradas de caixa que em geral são relevantes para as decisões de investimento de capital.

Saídas de caixa típicas A maioria dos projetos tem pelo menos três tipos de saídas de caixa. Primeiro, eles exigem de modo geral uma saída de caixa imediata na forma de um investimento inicial em equipamentos, outros ativos e custos de instalação. Qualquer valor recuperado com a venda de antigos equipamentos pode ser reconhecido como uma redução no investimento inicial ou como uma entrada de caixa. Em segundo lugar, alguns projetos exigem que uma empresa expanda seu *capital de giro*. **Capital de giro** é o ativo circulante (por exemplo, caixa, contas a receber e estoques) menos o passivo circulante. Quando uma empresa inicia um novo projeto, os saldos nas contas de ativos circulantes costumam aumentar. Por exemplo, abrir uma nova loja de departamentos Nordstrom exige dinheiro adicional nas caixas registradoras e mais estoques. Esse capital de giro adicional precisa ser tratado como parte do investimento inicial de um projeto. Em terceiro lugar, muitos projetos exigem desembolsos de caixa periódicos para consertos e manutenção e custos operacionais adicionais.

▶ **Capital de giro**

ativos circulantes menos passivos circulantes.

Entradas de caixa típicas A maioria dos projetos também possui pelo menos três tipos de entradas de caixa. Em primeiro lugar, um projeto em geral aumenta as receitas ou reduz custos. De uma maneira ou de outra, o montante envolvido deve ser tratado como uma entrada de caixa para fins de orçamento de capital. Observe que, do ponto de vista de um fluxo de caixa, uma redução nos custos é equivalente a um aumento nas receitas. Em segundo lugar, também se realizam com frequência entradas de caixa do valor recuperado da venda de equipamentos quando um projeto termina, embora a empresa possa, na verdade, ter de pagar para descartar alguns itens sem valor ou com maiores riscos. Em terceiro lugar, qualquer capital de giro comprometido no projeto pode ser liberado para algum outro uso no final do projeto e deve ser tratado como uma entrada de caixa nesse momento. O capital de giro é liberado, por exemplo, quando uma empresa vende seus estoques ou cobra as contas a receber.

POR DENTRO DAS EMPRESAS

GRANDE APOSTA DA BEST BUY

A **Best Buy** está modernizando centenas de lojas na tentativa de adaptar as ofertas de mercadorias e as habilidades dos colaboradores de modo a atender às necessidades dos clientes-alvo de cada loja. O custo para reformar um departamento de uma loja pode exceder com facilidade os US$ 600 mil em iluminação e acessórios, mais os custos adicionais de treinamento de colaboradores. Embora essas saídas de caixa iniciais sejam quantificadas de maneira fácil, as futuras entradas de caixa que elas gerarão são bastante incertas.

As primeiras dezenas de lojas reformadas pela Best Buy registraram um crescimento nas vendas três vezes maior do que o das lojas não reformadas. A Best Buy reagiu a esses resultados iniciais renovando de maneira precipitada outras 154 lojas nos três meses seguintes. Pouco depois de concluir as caras reformas, a empresa teve a infelicidade de informar à Wall Street que as taxas de crescimento das lojas recém-reformadas eram apenas um pouco maiores do que a das lojas não renovadas. Essa notícia decepcionante fez o valor de mercado das ações ordinárias da Best Buy cair vertiginosamente em quase US$ 3 bilhões em um só dia. Ficou claro que os analistas da Wall Street estavam muito preocupados com a capacidade de gerar fluxos de caixa futuros desse projeto de investimento de capital. Apesar desse contratempo, a Best Buy continua comprometida com sua ação; no entanto, a empresa decidiu diminuir o ritmo do projeto.

FONTE: Matthew Boyle, "Best Buy's Giant Gamble", *Fortune*, 3 de abril de 2006, p. 69-75.

---

[3] Sob certas condições, as decisões de orçamento de capital podem ser feitas de forma correta, descontando-se o lucro líquido contábil apropriadamente definido. Entretanto, essa abordagem exige técnicas avançadas que estão além do escopo deste livro.

Em resumo, os seguintes tipos de fluxos de caixa são comuns em projeto de investimentos empresariais:

> Saídas de caixa:
>   Investimento inicial (incluindo custos de instalação).
>   Necessidades de mais capital de giro.
>   Consertos e manutenção.
>   Custos operacionais incrementais.
> Entradas de caixa:
>   Receitas incrementais.
>   Redução nos custos.
>   Valor recuperado.
>   Liberação de capital de giro.

Recuperação do investimento original

O método do valor presente líquido fornece de maneira automática o retorno do investimento original. Toda vez que o valor presente líquido for positivo, o projeto recuperará o custo original do investimento somado às entradas de caixa excessivas e suficientes para compensar a organização por comprometer fundos no projeto. Para demonstrar essa questão, considere a seguinte situação:

Exemplo B: o Hospital Carver considera a compra de um acessório para sua máquina de raio X que custará US$ 3.170. O acessório será útil por quatro anos, depois dos quais não terá nenhum valor recuperado. Ele aumentará as entradas de caixa em US$ 1.000 por ano no departamento de raio X. A diretoria do hospital exige uma taxa de retorno de pelo menos 10% em investimentos desse tipo.

Uma análise de valor presente líquido da conveniência da compra do acessório de raio X é apresentada no Quadro 13.2. Observe que o acessório possui uma taxa de retorno exata de 10% sobre o investimento original porque o valor presente líquido é zero a uma taxa de desconto de 10%.

Cada entrada de caixa anual de US$ 1.000 decorrente do uso do acessório é formada por duas partes. Uma representa uma recuperação de uma parte *dos* US$ 3.170 originais pagos pelo acessório e a outra representa um retorno *sobre* esse investimento. A decomposição da entrada de caixa de US$ 1.000 de cada ano entre a recuperação *do* investimento e retorno *sobre* o investimento é exibida no Quadro 13.3.

A entrada de caixa de **US$ 1 mil** do primeiro ano consiste *em* um retorno de **US$ 317** sobre o investimento (um retorno de 10% sobre o investimento original de **US$ 3.170**), somado a um retorno de **US$ 683** desse investimento. Como o montante do investimento não recuperado diminui a cada ano, o valor em dólar do retorno sobre o investimento também diminui a cada ano. No final do quarto ano, todos os US$ 3.170 do investimento original serão recuperados.

QUADRO 13.2
Hospital Carver – análise do valor presente líquido de um acessório de raio X.

Custo inicial (US$)	3.170
Vida do projeto	4 anos
Entrada de caixa líquida anual (US$)	1.000
Valor recuperado (US$)	0
Taxa de retorno exigida	10%

Item	Ano (s)	Valor do fluxo de caixa (US$)	Fator 10%	Valor presente dos fluxos de caixa (US$)
Entrada de caixa líquida anual	1–4	1.000	3.170*	US$ 3.170
Investimento inicial	Hoje	–3.170	1.000	–3.170
Valor presente líquido				0

* Do Quadro 13B.2 no Apêndice 13B.

	(1)	(2)	(3)	(4)	(5)
Ano	Investimento pendente durante o ano	Entrada de caixa	Retorno sobre investimento (1) × 10%	Recuperação do investimento durante o ano (2) − (3)	Investimento não recuperado no fim do ano (1) − (4)
1.......	3.170	1.000	317	683	2.487
2.......	2.487	1.000	249	751	1.736
3.......	1.736	1.000	173	827	909
4.......	909	1.000	91	909	0
Total de investimento recuperado				3.170	

QUADRO 13.3
Hospital Carver – decomposição das entradas de caixa anuais (US$).

Pressupostos facilitadores

Em geral, admitem-se dois pressupostos facilitadores na análise do valor presente líquido.

O primeiro é de que todos os fluxos de caixa, que não sejam o investimento inicial, ocorrem no final dos períodos. Isso é um tanto irreal, pois os fluxos de caixa ocorrem durante todo um período, e não apenas no fim dele. O propósito desse pressuposto é simplificar os cálculos.

O segundo é que todos os fluxos de caixa gerados por um projeto de investimento sejam reinvestidos de imediato a uma taxa de retorno igual à taxa de desconto. A menos que essas condições sejam atendidas, o valor presente líquido calculado para o projeto não será preciso. Usamos uma taxa de desconto de 10% para o Hospital Carver no Quadro 13.2. A menos que os fluxos de caixa em cada período sejam reinvestidos logo a um retorno de 10%, o valor presente líquido calculado para o acessório de raio X estará errado.

POR DENTRO
DAS EMPRESAS

BUCK KNIVES FAZ AS MALAS

A **Buck Knives** estava perdendo dinheiro com sua fábrica de San Diego, Califórnia, Estados Unidos. A empresa respondeu a essa crise carregando toda a fábrica em uma caravana de caminhões-trailer e mudando-se para Post Falls, Idaho, EUA. A relocação custou US$ 6,5 milhões, mas a Buck Knives justificou a mudança com base nas economias de custo anuais resumidas a seguir.

	San Diego	Post Falls
Energia elétrica (custo por kilowatt-hora) (US$)	0,118	0,031
Remuneração dos trabalhadores (custo anual por colaborador) (US$)........	2.095	210
Média do salário por hora (US$)	15,15	12,40
Imposto estadual (%)...	8,84	7,6
Seguro-saúde (anual por família) (US$)	9.091	8.563
Espaço do escritório (custo por m^2) (US$)	34,20	1,50
Imposto sobre vendas (%)..	7,75	5

Como você analisaria a viabilidade financeira dessa decisão? O primeiro passo seria converter os dados da tabela anterior em um único valor de economias anuais. Então, a análise do valor presente líquido poderia ser usada para comparar o valor descontado das economias de custo anuais à despesa de caixa inicial associada à relocação.

FONTE: Chris Lydgate, "The Buck Stopped Here", *Inc. Magazine*, maio de 2006, p. 86-95.

Escolher uma taxa de desconto

Um valor presente líquido positivo indica que o retorno do projeto excede a taxa de desconto. Um valor presente líquido negativo indica que o retorno do projeto é menor do que a taxa de desconto. Portanto, se a taxa de retorno mínima exigida for usada como a taxa de desconto, um projeto com um valor presente líquido positivo terá um retorno que excede a taxa de retorno mínima exigida e será aceitável. Ao contrário, um projeto com um valor presente líquido negativo terá um retorno menor do que a taxa de retorno mínima exigida e será inaceitável.

Qual é a taxa de retorno mínima exigida de uma empresa? O *custo de capital* de uma empresa é em geral considerado como a taxa de retorno mínima exigida. O **custo de capital** é a taxa média de retorno que a empresa tem de pagar a seus credores de longo prazo e aos seus acionistas pelo uso de seus fundos. Se a taxa de retorno de um projeto é menor do que o custo de capital, a empresa não ganha o suficiente para compensar seus credores e acionistas. Portanto, qualquer projeto com uma taxa de retorno menor do que o custo de capital deve ser rejeitado.

O custo de capital serve como um *dispositivo de triagem*. Quando o custo de capital é usado como a taxa de desconto na análise do valor presente líquido, qualquer projeto com um valor presente líquido negativo não cobre o custo de capital da empresa e deve ser descartado.

Exemplo ampliado do método do valor presente líquido

O Exemplo C fornece um modelo ampliado de como o método do valor presente líquido é usado para analisar um projeto proposto. Este exemplo ajuda a ligar e reforçar muitas das ideias discutidas até agora.

> **Custo de capital**
>
> taxa média de retorno que uma empresa deve pagar a seus credores de longo prazo e acionistas pelo uso de seus fundos.

Exemplo C: Sob um acordo de licenciamento especial, a Swinyard Corporation tem uma oportunidade de comercializar um novo produto pelo período de cinco anos. O produto seria comprado do fabricante e a Swinyard seria responsável pelos custos de promoção e distribuição. O acordo de licenciamento poderia ser renovado no final do período de cinco anos. Depois de um estudo cuidadoso, a Swinyard estimou os seguintes custos e receitas para o novo produto:

Custo dos equipamentos necessários (US$)	60.000
Capital de giro necessário (US$)	100.000
Modernização dos equipamentos daqui a quatro anos (US$)	5.000
Valor recuperado dos equipamentos daqui a cinco anos (US$)	10.000
Receitas e custos anuais (US$):	
Receitas de vendas	200.000
Custos de produtos vendidos	125.000
Custos operacionais correntes (para salários, propaganda e outros custos diretos)	35.000

Ao final do período de cinco anos, se a Swinyard decidir não renovar o acordo de licenciamento, o capital de giro será liberado para outros investimentos. A Swinyard usa uma taxa de desconto de 14%. Você recomendaria que o produto seja lançado?

Esse exemplo envolve uma variedade de entradas e saídas de caixa. A solução é dada no Quadro 13.4.

Observe como o capital de giro é tratado neste quadro: é contado como uma saída de caixa no início do projeto e como uma entrada de caixa quando é liberado no final projeto. Observe também como as receitas de vendas, os custos de produtos vendidos e os custos correntes são tratados. **Custos correntes** são desembolsos reais de caixa para salários, propaganda e outras despesas operacionais.

Como o valor presente líquido da proposta é positivo, o novo produto é aceitável.

> **Custos correntes**
>
> desembolsos de caixa reais para o pagamento de salários, propaganda, consertos e custos similares.

Receitas de vendas (US$)			200.000	
Menos custo de produtos vendidos (US$)			125.000	
Menos custos correntes de salários, propaganda etc. (US$)			35.000	
Entradas de caixa líquidas anuais (US$)			40.000	

Item	Ano(s)	Valor do fluxo de caixa (US$)	Fator de 14%	Valor presente dos fluxos de caixa (US$)
Compra de equipamentos	Hoje	− 60.000	1,000	− 60.000
Capital de giro necessário	Hoje	− 100.000	1,000	− 100.000
Modernização de equipamentos	4	− 5.000	0,592*	− 2.960
Entradas de caixa líquidas anuais das vendas da linha de produtos	1–5	40.000	3,433†	137.320
Valor recuperado dos equipamentos	5	10.000	0,519*	5.190
Capital de giro liberado	5	100.000	0,519*	51.900
Valor presente líquido				31.450

* Do Quadro 13B.1, no Apêndice 13B.
† Do Quadro 13B.2, no Apêndice 13B.

QUADRO 13.4
Método do valor presente líquido – exemplo ampliado.

PROBLEMAS ECONÔMICOS DIMINUEM ORÇAMENTOS DE CAPITAL

POR DENTRO
DAS EMPRESAS

Quando a saúde da economia é incerta, os gastos de capital diminuem. A presidente-executiva da **Rite Aid**, Mary Sammons, cortou o orçamento de capital de sua empresa em US$ 50 milhões em virtude de condições econômicas incertas. A **PetroHawk Energy** respondeu a uma economia fraca cortando seu orçamento de capital de US$ 1,5 bilhão em um terço. A **Estee Lauder** "apertou o cinto" desafiando os gerentes a definirem o que era necessário e do que eles poderiam abrir mão. A **YUM! Brands** (proprietária da **Pizza Hut**, **KFC** e **Taco Bell**) enfrentou as dificuldades econômicas abandonando projetos que "talvez dessem certo", procurando valorizar apenas o necessário no orçamento de capital.

FONTE: Matthew Boyle, "The Budget Knives Come Out," *BusinessWeek*, 13 de outubro de 2008, p. 30.

FLUXOS DE CAIXA DESCONTADOS – MÉTODO DA TAXA INTERNA DE RETORNO

A **taxa interna de retorno** é a taxa de retorno de um projeto de investimento ao longo de sua vida útil. Ela é calculada encontrando-se a taxa de desconto que iguala o valor presente das saídas de caixa de um projeto ao valor presente de suas entradas de caixa. Em outras palavras, a taxa interna de retorno é a taxa de desconto que resulta de um valor presente líquido igual a zero.

Exemplificação do método da taxa interna de retorno

Para ilustrar o método da taxa interna de retorno, considere os seguintes dados:

Exemplo D: O Distrito da Escola de Glendale considera a compra de um grande cortador de grama puxado por um trator. No momento, a grama é cortada usando-se um pequeno cortador manual movido a gás. O cortador puxado por trator custará US$ 16.950, terá vida útil de dez anos e valor residual insignificante, que pode ser ignorado. Também faria o trabalho mais rápido, o que resultaria em economia de US$ 3 mil ao ano com mão de obra.

Para calcular a taxa interna de retorno do novo cortador, temos que encontrar a taxa de desconto que resultará em um valor presente líquido igual a zero. Como fazemos isso? A aborda-

▶▶ OA13.2

Avaliar a aceitabilidade de um projeto de investimento usando o método da taxa interna de retorno.

▶ **Taxa interna de retorno**

taxa de desconto para a qual o valor presente líquido de um projeto de investimento é igual a zero; a taxa de retorno de um projeto ao longo de sua vida útil.

gem mais simples e direta *quando a entrada de caixa líquida é igual todo ano*, é dividir o investimento no projeto pela entrada de caixa líquida anual esperada. Esse cálculo gera um fator a partir do qual a taxa interna de retorno pode ser determinada. A fórmula é a seguinte:

$$\text{Fator da taxa interna de retorno} = \frac{\text{Investimento necessário}}{\text{Entrada de caixa líquida anual}} \quad (1)$$

O fator deduzido da fórmula (1) é, então, localizado nas tabelas de valor presente para ver que taxa de retorno ele representa. Usando a fórmula (1) e os dados do projeto proposto para o Distrito da Escola de Glendale, temos:

$$\frac{\text{Investimento necessário}}{\text{Entrada de caixa líquida anual}} = \frac{\text{US\$ 16.950}}{\text{US\$ 3.000}} = 5,650$$

Assim, o fator de desconto que tornará igual uma série de entradas de caixa de US$ 3 mil e um investimento presente de US$ 16.950 é 5,650. Agora, temos que encontrar esse fator no Quadro 13B.2, no Apêndice 13B, para ver que taxa de retorno ele representa. Devemos usar a linha de dez períodos no Quadro 13B.2, porque os fluxos de caixa do projeto continuam por dez anos. Se olharmos ao longo da linha de dez períodos, veremos que um fator de 5,650 representa uma taxa de retorno de 12%. Portanto, a taxa interna de retorno do projeto do cortador de grama é de 12%. Podemos verificar isso calculando o valor presente líquido do projeto por meio de uma taxa de desconto de 12%, como mostra o Quadro 13.5.

Observe, a partir do Quadro 13.5, que usar uma taxa de desconto de 12% iguala o valor presente das entradas de caixa líquidas anuais ao valor presente do investimento necessário para o projeto, deixando o valor presente líquido igual a zero. A taxa de 12%, portanto, representa a taxa interna de retorno do projeto.

Valor recuperado e outros fluxos de caixa

A técnica que acabamos de demonstrar funciona se os fluxos de caixa de um projeto forem idênticos todo ano. Mas, e se não forem? Por exemplo, e se um projeto tiver algum valor recuperado ao fim de sua vida útil além das entradas de caixa anuais? Sob essas circunstâncias, pode ser usado um processo de tentativa e erro para encontrar a taxa de retorno que resultará em um valor presente líquido igual a zero. O processo de tentativa e erro pode ser realizado à mão; no entanto, programas de computador como planilhas podem fazer os cálculos necessários em uma questão de segundos. Fluxos de caixa irregulares ou desiguais não devem impedir que um analista determine a taxa interna de retorno de um projeto.

QUADRO 13.5
Avaliação do cortador de grama usando-se uma taxa de desconto de 12%.

Custo inicial (US$)	16.950
Vida do projeto	10 anos
Economias de custo anuais (US$)	3.000
Valor recuperado (US$)	0

Item	Ano (s)	Valor do fluxo de caixa (US$)	Fator 12%	Valor presente dos fluxos de caixa (US$)
Economias de custo anuais	1–10	3.000	5.650*	16.950
Investimento inicial	Hoje	– 16.950	1.000	– 16.950
Valor presente líquido				0

* Do Quadro 13B.2, no Apêndice 13B.

Usar a taxa interna de retorno

Para avaliar um projeto, a taxa interna de retorno é comparada à taxa de retorno mínima exigida da empresa, que em geral é o custo de capital da empresa. Se a taxa interna de retorno for maior ou igual à taxa de retorno exigida, então o projeto é aceitável. Se a taxa interna de retorno for menor do que a taxa de retorno exigida, então o projeto é rejeitado.

No caso do exemplo do Distrito da Escola de Glendale, suponha que o distrito tenha estabelecido uma taxa de retorno mínima exigida de 15% sobre todos os projetos. Como a taxa interna de retorno do cortador de grama é de apenas 12%, o projeto não alcança o limite mínimo de 15% e deve ser rejeitado.

Custo de capital como uma ferramenta de triagem

Como vimos nos exemplos anteriores, o custo de capital de modo geral é usado para identificar e excluir projetos de investimentos indesejáveis. Essa triagem é realizada de diferentes maneiras, e depende se a empresa usa o método da taxa interna de retorno ou o método do valor presente líquido.

Quando é usado o método da taxa interna de retorno, o custo de capital é usado como a taxa de retorno mínima que um projeto tem de apresentar para ser aceito. Se a taxa interna de retorno de um projeto não for alta o suficiente para superar o limite mínimo do custo de capital, então o projeto é, na maioria das vezes, rejeitado. Vimos a aplicação dessa ideia no exemplo do Distrito da Escola de Glendale, em que a taxa de retorno mínima foi determinada em 15%.

Quando o método do valor presente líquido é usado, o custo de capital é a *taxa de desconto* usada para calcular o valor presente líquido de um projeto proposto. Qualquer projeto que gere um valor presente líquido negativo é rejeitado, a menos que outros fatores sejam bastante significativos para garantir sua aceitação.

O uso do custo de capital como uma ferramenta de triagem é resumido no Quadro 13.6.

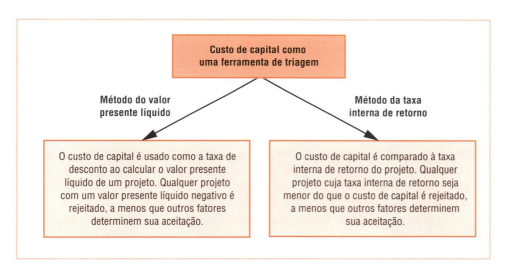

QUADRO 13.6
Decisões de triagem do orçamento de capital.

Comparação dos métodos do valor presente líquido e da taxa interna de retorno

O método do valor presente líquido apresenta várias vantagens importantes em relação ao método da taxa interna de retorno.

Em primeiro lugar, o método do valor presente líquido é em geral mais simples de utilizar do que o método da taxa interna de retorno. Como mencionado antes, o método da taxa interna de retorno pode exigir que se procure a taxa de desconto que resulta em um valor presente líquido igual a zero. Isso pode ser um processo de tentativa e erro muito trabalhoso, embora possa ser automatizado com o uso de um computador.

Em segundo lugar, o método da taxa interna de retorno faz uma suposição questionável. Ambos os métodos supõem que os fluxos de caixa gerados por um projeto durante sua vida útil sejam logo reinvestidos. No entanto, os dois métodos fazem diferentes suposições quanto à taxa de retorno que é obtida sobre esses fluxos de caixa. O método do valor presente líquido supõe que a taxa de retorno seja a taxa de desconto, enquanto o método da taxa interna de retorno supõe que a taxa de retorno obtida sobre os fluxos de caixa seja a taxa interna de retorno do projeto. Porém, se a taxa interna de retorno do projeto for alta, essa suposição pode não ser realista. De modo que é mais realista supor que as entradas de caixa possam ser reinvestidas a uma taxa de retorno igual à taxa de desconto – em especial se a taxa de desconto for o custo de capital da empresa ou a taxa de retorno de uma oportunidade. Por exemplo, se a taxa de desconto for o custo de capital da empresa, essa taxa de retorno pode ser realizada, na verdade, pagando-se os credores da empresa e recomprando-se as ações com os fluxos de caixa do projeto. Em resumo, quando o método do valor presente líquido e o método da taxa interna de retorno não concordam no que diz respeito à atratividade de um projeto, é melhor usar o método do valor presente líquido. Dos dois métodos, este é o que faz a suposição mais realista sobre a taxa de retorno que pode ser obtida sobre os fluxos de caixa do projeto.

EXPANDIR O MÉTODO DO VALOR PRESENTE LÍQUIDO

Até agora, todos os nossos exemplos envolveram uma avaliação de um único projeto de investimento. Na seção seguinte, expandiremos a discussão sobre o método do valor presente líquido, incluindo a avaliação de dois projetos alternativos. Além disso, integraremos conceitos de custos relevantes à análise de fluxos de caixa descontados. Usaremos duas abordagens para comparar projetos de investimentos concorrentes – a *abordagem do custo total* e a *abordagem do custo incremental* – ilustradas nas próximas páginas.

Abordagem do custo total

A abordagem do custo total é o método mais flexível para comparar projetos concorrentes. Para ilustrar o mecanismo da abordagem, considere os seguintes dados:

Exemplo E: A empresa Harper Ferry opera um serviço de barca de passageiros de alta velocidade que cruza o Rio Mississippi. Uma de suas barcas está em más condições, e pode ser reformada por um custo imediato de US$ 200 mil. Outros consertos e a modernização do motor serão necessários daqui a cinco anos pelo custo de US$ 80 mil. Ao todo, a barca durará dez anos se esse trabalho for feito. Ao final dos dez anos, a barca terá de ser sucateada por um valor recuperado de US$ 60 mil. O valor residual da barca neste momento é de US$ 70 mil. A operação da barca custará US$ 300 mil por ano e as receitas totalizarão US$ 400 mil anuais.

Como alternativa, a Harper Ferry pode comprar uma nova barca pelo custo de US$ 360 mil. A nova barca terá vida útil de dez anos, mas exigirá alguns reparos que custarão US$ 30 mil ao final de cinco anos. Findos os dez anos, a barca terá um valor residual de US$ 60 mil. A operação da barca custará US$ 210 mil por ano e as receitas totalizarão US$ 400 mil anuais.

A empresa Harper Ferry exige um retorno de pelo menos 14% sobre todos os projetos de investimentos.

A empresa deve comprar a nova barca ou reformar a antiga? O Quadro 13.7 mostra a solução por meio da abordagem do custo total.

Devemos observar duas questões no quadro. Primeiro, *todas* as entradas de caixa e *todas* as saídas de caixa estão inclusas em cada alternativa. Não foi feito nenhum esforço para isolar os fluxos de caixa relevantes para a decisão daqueles que não o são. A inclusão de todos os fluxos de caixa associados a cada alternativa dá à abordagem o seu nome – a abordagem do *custo total*.

Segundo, observe que é calculado um valor presente líquido para cada alternativa. Essa é uma vantagem distinta da abordagem do custo total porque há um número ilimitado de alternativas que podem ser comparadas, lado a lado, para determinar a melhor opção. Por exemplo, uma alternativa para a Harper Ferry Company seria sair do negócio de barcas. Se a gerência desejasse, o valor presente líquido poderia ser calculado para compará-lo às alternativas exibidas no Quadro 13.7. No caso em questão, comparando apenas duas alternativas, os dados indicam que a escolha mais lucrativa é comprar a barca nova.[4]

	Barca nova	Barca antiga
Receitas anuais (US$)	400.000	400.000
Custos operacionais em caixa anuais (US$)	210.000	300.000
Entradas de caixa líquidas anuais (US$)	190.000	100.000

Item	Ano(s)	Valor dos fluxos de caixa (US$)	Fator de 14%*	Valor presente dos fluxos de caixa (US$)
Comprar a barca nova:				
Investimento inicial	Hoje	− 360.000	1,000	− 360.000
Valor recuperado da barca antiga	Hoje	70.000	1,000	70.000
Consertos daqui a cinco anos.	5	− 30.000	0,519	− 15.570
Entradas de caixa líquidas anuais	1-10	190.000	5,216	991.040
Valor recuperado da nova barca	10	60.000	0,270	16.200
Valor presente líquido				701.670
Ficar com a barca antiga:				
Reforma..................................	Hoje	− 200.000	1,000	− 200.000
Consertos daqui a cinco anos.	5	− 80.000	0,519	− 41.520
Entradas de caixa líquidas anuais	1-10	100.000	5,216	521.600
Valor recuperado da antiga barca	10	60.000	0,270	16.200
Valor presente líquido				296.280
Valor presente líquido a favor de comprar a nova barca				**405.390**

* Todos os fatores de valor presente são dos Quadros 13B.1 e 13B.2, no Apêndice 13B.

QUADRO 13.7
Abordagem do custo total para a seleção de um projeto.

Abordagem do custo incremental

Quando estão sendo consideradas apenas duas alternativas, a abordagem de custo incremental oferece um caminho mais simples e mais direto para tomar uma decisão. Nesse caso, apenas os custos e receitas que *diferem* nas duas alternativas são incluídos na análise. Para ilustrar essa ideia, volte aos dados no Exemplo E relativos à empresa Harper Ferry. A solução que usa apenas custos diferenciais é apresentada no Quadro 13.8.[5]

Duas coisas devem ser observadas nos dados desse quadro. Primeiro, o valor presente líquido a favor de comprar a barca nova exibido no Quadro 13.8, de **US$ 405.390**, está de acordo com o valor presente líquido exibido no Quadro 13.7, que usa a abordagem do custo total. As duas abordagens são equivalentes.

Segundo, os custos usados no Quadro 13.8 são apenas as diferenças entre os custos exibidos para as duas alternativas no quadro anterior. Por exemplo, o investimento incremental de US$ 160 mil necessário para comprar a barca nova no Quadro 13.8 é a diferença entre o custo de US$ 360 mil da barca nova e o custo de US$ 200 mil necessário para renovar a barca antiga, do Quadro 13.7. Os outros números no Quadro 13.8 foram calculados da mesma maneira.

[4] Apesar do exemplo, a alternativa com o maior valor presente líquido nem sempre é a melhor escolha. Para uma discussão mais aprofundada, ver a seção "Decisões de preferência – classificação de projetos de investimentos".

[5] Tecnicamente, a abordagem de custos incrementais tem um nome errôneo, pois ela se concentra em custos diferenciais (isto é, tanto no aumento quanto na diminuição deles) em vez de apenas em custos incrementais. Do modo como aqui é apresentado, o termo *custos incrementais* deve ser interpretado de maneira ampla, incluindo tanto os aumentos quanto as diminuições de custos.

QUADRO 13.8 Abordagem do custo incremental para a seleção de um projeto.

Item	Ano (s)	Valor dos fluxos de caixa (US$)	Fator de 14%*	Valor presente dos fluxos de caixa (US$)
Investimento incremental para comprar a barca nova	Hoje	– 160.000	1,000	– 160.000
Valor recuperado da barca antiga hoje	Hoje	70.000	1,000	70.000
Diferença nos custos dos consertos daqui a cinco anos	5	50.000	0,519	25.950
Aumento nas entradas de caixa líquidas anuais	1-10	90.000	5,216	469.440
Diferença no valor recuperado daqui a dez anos	10	0	0,270	0
Valor presente líquido a favor de comprar a barca nova				**405.390**

* Todos os fatores de valor presente são dos Quadros 13B.1 e 13B.2, no Apêndice 13B.

Decisões de custo mínimo

Algumas decisões não envolvem nenhuma receita. Por exemplo, uma empresa pode querer decidir se deve comprar ou alugar um jato executivo. A escolha seria feita com base em qual das alternativas – comprar ou alugar – custaria menos. Em situações como essas, nas quais não há receitas envolvidas, a alternativa melhor é aquela com o *menor custo total* do ponto de vista do valor presente. Logo, essas são conhecidas como decisões de custo mínimo. Para ilustrar uma decisão de menor custo, considere os seguintes dados:

Exemplo F: A empresa Val-Tek considera substituir uma antiga máquina de roscagem por uma nova que reduziria bastante os custos operacionais anuais. A seguir, temos dados selecionados relativos à máquina antiga e à nova:

	Máquina antiga	Máquina nova
Custo de compra quando nova (US$)	200.000	250.000
Valor recuperado hoje (US$)	30.000	—
Custos operacionais anuais (US$)	150.000	90.000
Modernização imediata necessária (US$)	40.000	—
Valor recuperado daqui a seis anos (US$)	0	50.000
Vida útil restante	6 anos	6 anos

A Val-Tek usa uma taxa de desconto de 10%.

O Quadro 13.9 analisa as alternativas que usam a abordagem do custo total. Como esta é uma decisão de custo mínimo, os valores presentes são negativos para ambas as alternativas. Entretanto, o valor presente da alternativa de comprar a máquina nova é US$ 109.500 mais alto do que a outra alternativa. Portanto, comprar a máquina nova é a alternativa de menor custo.

O Quadro 13.10 apresenta uma análise das mesmas alternativas por meio da abordagem do custo incremental. Mais uma vez, quando feitas de modo correto, a abordagem do custo total e a abordagem do custo incremental chegam à mesma resposta.

Item	Ano(s)	Valor dos fluxos de caixa (US$)	Fator de 10%*	Valor presente dos fluxos de caixa (US$)
Comprar a máquina nova:				
Investimento inicial..................................	Hoje	– 250.000	1,000	– 250.000†
Valor recuperado da máquina antiga.......	Hoje	30.000	1,000	30.000†
Custos operacionais anuais.....................	1-6	– 90.000	4,355	– 391.950
Valor recuperado da máquina nova.........	6	50.000	0,564	28.200
Valor presente das saídas de caixa líquidas				– 583.750
Manter a máquina antiga:				
Modernização necessária imediata.........	Hoje	– 40.000	1,000	– 40.000
Custos operacionais anuais.....................	1-6	– 150.000	4,355	– 653.250
Valor presente das saídas de caixa líquidas				– 693.250
Valor presente líquido a favor de comprar a máquina nova				109.500

* Todos os fatores são dos Quadros 13B.1 e 13B.2, no Apêndice 13B.
† Esses dois itens poderiam ser somados em um único valor de custo incremental de US$ 220.000 (US$ 250.000 – US$ 30.000 = US$ 220.000).

QUADRO 13.9
Abordagem do custo total (decisão de custo mínimo).

Item	Ano(s)	Valor dos fluxos de caixa (US$)	Fator de 10%*	Valor presente dos fluxos de caixa (US$)
Investimento incremental necessário para comprar a máquina nova	Hoje	– 210.000	1,000	– 210.000†
Valor recuperado da máquina antiga	Hoje	30.000	1,000	30.000†
Economias em custos operacionais anuais	1Ð6	60.000	4,355	261.300
Diferença no valor recuperado daqui a seis anos	6	50.000	0,564	28.200
Valor presente líquido a favor de comprar a máquina nova				109.500

* Todos os fatores são dos Quadros 13B.1 e 13B.2, no Apêndice 13B.
† Esses dois itens poderiam ser somados em um único valor de custo incremental de US$ 180.000 (US$ 210.000 – US$ 30.000 = US$ 180.000).

QUADRO 13.10
Abordagem do custo incremental (decisão de custo mínimo).

POR DENTRO DAS EMPRESAS

CONSTRUÇÃO RESIDENCIAL A FAVOR DO "VERDE" – OU NÃO?

Muitos proprietários de imóveis residenciais gostam da ideia de construir casas mais favoráveis ao meio ambiente até receberem a conta. A **Specpan**, uma empresa de pesquisas de Indianápolis, Indiana, Estados Unidos, estima que uma casa "verde" custe de 10 a 19% a mais do que uma casa convencional de mesmo padrão. Por exemplo, instalar telhas com cobertura de vidro que captam a energia solar custa US$ 15 mil por cada 30 m^2 em comparação a US$ 1,2 mil por cada 30 m^2 para telhas padrão de fibra e cimentos. Tinta para pintar interiores que respeita o meio ambiente custa US$ 35–US$ 42 por galão, em comparação a US$ 20–US$ 32 por galão de tinta látex. Para complicar ainda mais a decisão de custo mínimo, o proprietário comum vive em uma casa por apenas sete anos antes de se mudar. Dentro desse período de tempo, muitos investimentos "verdes" parecem pouco atraentes do ponto de vista financeiro. Não obstante, o Instituto Americano de Arquitetos relata que 63% de seus clientes expressam interesse em materiais para revestimento de piso que sejam renováveis, como cortiça e bambu, um aumento de 53% em relação ao ano anterior.

FONTE: June Fletcher, "The Price of Going Green", *The Wall Street Journal*, 29 de fevereiro de 2008, p. W8.

OA13.3

Avaliar um projeto de investimento que possui fluxos de caixa incertos.

FLUXOS DE CAIXA INCERTOS

Até agora, supusemos que todos os fluxos de caixa futuros são conhecidos com certeza. No entanto, os fluxos de caixa futuros de modo geral são incertos ou difíceis de estimar. Há diversas técnicas disponíveis para lidar com isso. Algumas delas são bastante complexas – envolvendo simulações computadorizadas ou habilidades matemáticas avançadas – e estão além do escopo deste livro. Entretanto, podemos fornecer algumas informações muito úteis aos gerentes sem entrarmos em detalhes técnicos.

Exemplo

Como um exemplo de fluxos de caixa futuros de difícil estimativa, considere o caso de investimentos em equipamentos automatizados. Os custos imediatos desses equipamentos e os benefícios tangíveis, como reduções nos custos operacionais e no desperdício, tendem a ser fáceis de estimar. Entretanto, os benefícios intangíveis, como mais confiabilidade, mais velocidade e mais qualidade, são mais difíceis de quantificar. Esses benefícios intangíveis sem dúvida afetam os fluxos de caixa futuros – em especial tratando-se de vendas maiores e talvez de preços de venda mais altos – mas os efeitos de fluxo de caixa são difíceis de estimar. O que pode ser feito?

Um procedimento bem simples pode ser seguido quando os benefícios intangíveis forem significativos. Suponha, por exemplo, que uma empresa com uma taxa de desconto de 12% considera comprar equipamentos automatizados que teriam vida útil de dez anos. Suponha também que uma análise de fluxos de caixa descontados apenas dos custos e benefícios tangíveis mostre um valor presente líquido negativo de US$ 226 mil. Fica claro que se os benefícios intangíveis forem grandes o suficiente, poderão transformar esse valor presente líquido negativo em positivo. Neste caso, o valor do fluxo de caixa adicional por ano proveniente dos benefícios intangíveis que seriam necessários para tornar o projeto atraente do ponto de vista financeiro pode ser calculado da seguinte maneira:

Valor presente líquido excluindo os benefícios intangíveis (negativos) (US$)	– 226.000
Fator do valor presente de uma anuidade a 12% por 10 períodos (do Quadro 13B.2, no Apêndice 13B)	5,650

$$\frac{\text{Valor presente líquido negativo a ser neutralizado, US\$ 226.000}}{\text{Fator do valor presente, 5,650}} = \text{US\$ 40.000}$$

Assim, se os benefícios intangíveis dos equipamentos automatizados valerem pelo menos US$ 40 mil por ano para a empresa, então os equipamentos automatizados devem ser comprados. Se, na opinião da gerência, esses benefícios intangíveis não valerem US$ 40 mil por ano, então os equipamentos automatizados não devem ser adquiridos.

Essa técnica pode ser usada em outras situações em que os fluxos de caixa futuros são difíceis de estimar, por exemplo, no caso do valor recuperado. Para ilustrar, suponha que todos os fluxos de caixa de um investimento em um superpetroleiro tenham sido estimados – menos o seu valor recuperado daqui a vinte anos. Usando uma taxa de desconto de 12%, a gerência determinou que o valor presente líquido de todos esses fluxos de caixa seja de US$ 1,04 milhão negativo. Esse valor presente líquido negativo seria neutralizado pelo valor recuperado do superpetroleiro. De qual tamanho teria de ser o valor recuperado para tornar esse investimento atraente?

Valor presente líquido excluindo valor recuperado (negativo) (US$)	– 1.040.000
Fator do valor presente a 12% por 20 períodos (do Quadro 13B.1, no Apêndice 13B)	0,104

$$\frac{\text{Valor presente líquido negativo a ser neutralizado, US\$ 1.040.000}}{\text{Fator do valor presente, 0,104}} = \text{US\$ 10.000.000}$$

Assim, se o valor recuperado do petroleiro daqui a vinte anos for de pelo menos US$ 10 milhões, seu valor presente líquido seria positivo e o investimento seria feito. Entretanto, se a gerência acredita ser improvável que o valor recuperado seja tão alto quanto US$ 10 milhões, o investimento não deve ser feito.

Opções reais

A análise neste capítulo supõe que um investimento não possa ser adiado e que, uma vez iniciado, nada possa ser feito para alterar o curso do projeto. Na realidade, os investimentos de modo geral podem ser adiados, e essa é uma opção particularmente atraente quando o valor presente líquido de um projeto é modesto e os fluxos de caixa futuros envolvem uma grande incerteza que pode ser resolvida com o tempo. De maneira similar, uma vez que um investimento tenha sido feito, a gerência geralmente pode explorar mudanças no ambiente de negócios e realizar ações que melhorem os fluxos de caixa futuros. Por exemplo, comprar um superpetroleiro fornece à gerência inúmeras opções, algumas das quais podem se tornar mais atraentes com o passar do tempo. Em vez de ela mesma operar o superpetroleiro, a empresa pode decidir alugá-lo para outra operadora se as taxas de locação se tornarem altas o suficiente. Ou, se surgir uma escassez de superpetroleiros, a gerência pode decidir vendê-lo, obtendo lucro. No caso de um investimento em equipamentos automatizados, a gerência pode no início comprar apenas o modelo básico sem acessórios caros, mas manter em aberto a opção de adicionar mais capacidade e competência no futuro. A capacidade de adiar o início de um projeto, de expandi-lo se as condições forem favoráveis, de diminuir o prejuízo se elas forem desfavoráveis e modificar os planos à medida que as condições de negócios mudam, agrega valor a muitos investimentos. Essas vantagens podem ser quantificadas usando-se o que é chamado de *análise de opções reais*, mas as técnicas estão além do escopo deste livro.

DECISÕES DE PREFERÊNCIA – CLASSIFICAÇÃO DE PROJETOS DE INVESTIMENTOS

OA13.4

Classificar projetos de investimento por ordem de preferência.

Lembre-se de que ao considerar oportunidades de investimento, os gerentes têm de tomar dois tipos de decisão – decisões de seleção e decisões de preferência. As decisões de seleção, que vêm primeiro, envolvem decidir se um investimento proposto é aceitável. As decisões de preferência vêm *depois* das decisões de seleção e tentam responder à seguinte pergunta: "Qual a ordem de preferência das propostas de investimento restantes, visto que todas foram selecionadas na triagem e fornecem taxa de retorno aceitável? Em outras palavras, qual(ais) seria(m) a(s) *melhor(es)* para a empresa aceitar?".

Às vezes, as decisões de preferência são chamadas de decisões de racionamento ou de classificação. Fundos de investimento restritos têm de ser racionados entre muitas alternativas concorrentes. Logo, as alternativas têm de ser ordenadas. Pode-se usar o método da taxa interna de retorno ou o método do valor presente líquido ao se tomar decisões de preferência. Entretanto, como discutido antes, se os dois métodos estiverem em conflito, é melhor usar o método do valor presente líquido, que é mais confiável.

Método da taxa interna de retorno

Ao usar o método da taxa interna de retorno para ordenar projetos de investimentos concorrentes, a regra de preferência é: *quanto mais alta a taxa interna de retorno, mais desejável o projeto*. Um projeto de investimento com uma taxa interna de retorno de 18% é em geral considerado preferível a outro que tenha um retorno de apenas 15%. A taxa interna de retorno é muito utilizada para classificar projetos por ordem de preferência.

Método do valor presente líquido

O valor presente líquido de um projeto não pode ser comparado de maneira direta ao valor presente líquido de outro projeto, a menos que os investimentos iniciais sejam iguais. Por exemplo, suponha que uma empresa considere dois investimentos concorrentes, como exibidos a seguir:

	Investimento (US$)	
	A	B
Investimento necessário.........................	− 10.000	− 5.000
Valor presente das entradas de caixa	11.000	6.000
Valor presente líquido............................	1.000	1.000

Embora cada projeto tenha um valor presente líquido de US$ 1.000, os projetos não serão igualmente desejáveis se os fundos disponíveis para investimento forem restritos. O projeto que exige um investimento de apenas US$ 5 mil é muito mais desejável do que o projeto que exige um investimento de US$ 10 mil. Esse fato pode ser realçado dividindo-se o valor presente líquido do projeto pelo investimento necessário. O resultado, exibido a seguir na forma de equação, é chamado de **índice de lucratividade do projeto**.

> **Índice de lucratividade do projeto**
>
> coeficiente do valor presente líquido dos fluxos de caixa de um projeto pelo investimento necessário.

$$\text{Índice de lucratividade do projeto} = \frac{\text{Valor presente líquido do projeto}}{\text{Investimento necessário}} \quad (2)$$

Os índices de lucratividade do projeto dos dois investimentos anteriores seriam calculados da seguinte maneira:

	Investimento (US$)	
	A	B
Valor presente líquido (a)	1.000	1.000
Investimento necessário (b)	10.000	5.000
Índice de lucratividade do projeto, (a) ÷ (b)	0,10	0,20

Ao usar o índice de lucratividade do projeto para ordenar projetos de investimento concorrentes, a regra de preferência é: *quanto maior o índice de lucratividade do projeto, mais desejável o projeto*.[6] Aplicando essa regra aos dois investimentos anteriores, o investimento B deve ser escolhido em detrimento do investimento A.

O índice de lucratividade do projeto é uma aplicação das técnicas para utilizar recursos restritos discutidas no capítulo anterior. Neste caso, o recurso restrito é os fundos restritos disponíveis para investimento, e o índice de lucratividade do projeto é similar à margem de contribuição por unidade do recurso restrito.

Alguns detalhes devem ser esclarecidos em relação ao cálculo do índice de lucratividade do projeto. O "investimento necessário" refere-se a qualquer saída de caixa que ocorra no início do projeto, menos qualquer valor recuperado com a venda de equipamentos antigos. O "investimento necessário" também inclui qualquer investimento em capital de giro de que o projeto possa precisar.

> ▶▶ OA13.5
>
> Determinar o período de *payback* de um investimento.

OUTRAS ABORDAGENS PARA AS DECISÕES DE ORÇAMENTO DE CAPITAL

Os métodos do valor presente líquido e da taxa interna de retorno são muito utilizados como ferramentas de tomada de decisões. Entretanto, alguns gerentes também usam o método do *payback* e o método da taxa de retorno simples para tomarem decisões de orçamento de capital. Cada um desses métodos será discutido à parte.

---

[6] Em virtude dos projetos exigirem investimentos feitos em uma prestação única, a ordenação do índice de lucratividade do projeto pode não ser perfeita. No entanto, é um bom ponto de partida. Para mais detalhes, ver o Apêndice B, sobre análise de lucratividade, no final do livro.

POR DENTRO DAS EMPRESAS

FEDEX VIRA "VERDE" – BEM, NÃO EXATAMENTE!

Em 2003, a **FedEx** anunciou um plano de dez anos para substituir 3 mil caminhões de entrega a cada ano por veículos híbridos mais favoráveis ao meio ambiente, o que eliminaria 250 mil toneladas de gases de efeito estufa por ano. Os veículos híbridos custam 75% a mais do que os caminhões convencionais, mas ao longo de dez anos, gerariam economias de combustível que neutralizariam o custo mais alto. Em 2007, a FedEx tinha comprado menos de 100 veículos híbridos porque a gerência decidiu que o investimento "verde" não seria o uso mais lucrativo dos recursos da empresa. O diretor ambiental da FedEx justificou as ações da empresa dizendo: "temos responsabilidade fiduciária para com nossos acionistas. Não podemos subsidiar o desenvolvimento dessa tecnologia para nossos concorrentes".

Esse exemplo ilustra os desafios que as empresas enfrentam ao tentar satisfazer as expectativas de vários interessados. Talvez os acionistas da FedEx aplaudissem a decisão da empresa de voltar atrás em seu plano de dez anos, mas clientes com consciência ambiental talvez criticassem as ações da empresa. O que você acha?

FONTE: Ben Elgin, "Little Green Lies", *BusinessWeek*, 29 de outubro de 2007, p. 45-52.

Método do *payback*

O método do *payback* concentra-se no período de *payback*. O **período de *payback*** é o tempo que um projeto leva para recuperar seu custo inicial com as entradas de caixa líquidas que gera, e que às vezes é chamado de "o tempo que leva para um investimento se pagar". A premissa básica do método do *payback* é que quanto mais rápido o custo de um investimento puder ser recuperado, mais desejável o investimento.

O período de *payback* é expresso em anos. *Quando a entrada de caixa líquida anual é igual todo ano*, a fórmula a seguir pode ser usada para calcular o período de *payback*:

$$\text{Período de } payback = \frac{\text{Investimento necessário}}{\text{Entrada de caixa líquida anual}} \quad (3)$$

Para ilustrar o método do *payback*, considere os seguintes dados:

Exemplo G: A empresa York precisa de uma nova máquina de fresagem. A empresa considera duas máquinas: a máquina A e a máquina B. A máquina A custa US$ 15 mil, tem vida útil de dez anos e reduzirá os custos operacionais em US$ 5 mil por ano. A máquina B custa apenas US$ 12 mil, também reduzirá os custos operacionais em US$ 5 mil por ano, mas tem vida útil de apenas cinco anos.

Requisitado:
Qual máquina deve ser comprada de acordo com o método do *payback*?

▶ **Período de *payback***

período de tempo que um projeto leva para recuperar todo seu custo inicial com as entradas de caixa líquidas que gera.

POR DENTRO DAS EMPRESAS

O MELHOR DA INVENTIVIDADE EMPRESARIAL

Jonathan Pratt é proprietário de dois **Ümani Cafés** no condado de Westchester, Nova York, Estados Unidos. Ele pagava US$ 200 por mês para descartar o óleo vegetal usado para fritar alimentos em seus restaurantes. Além disso, comprava US$ 700 de gasolina por mês para operar o caminhão picape de sua empresa. Então, Pratt teve uma ideia. Comprou um Ford F250 a diesel no **eBay** por US$ 11 mil e pagou US$ 1,5 mil para transportá-lo do Arizona a Nova York. Depois, instalou um kit de conversão de US$ 850 em seu novo caminhão para permitir que ele rodasse com óleo vegetal. Como não tinha mais de pagar para descartar o óleo vegetal ou comprar gasolina, Pratt percebeu que seu investimento se pagaria em cerca de 15 meses (US$ 13.350 ÷ US$ 900 = 14,83 meses). Além disso, ele agora tinha o carro com o melhor cheiro da cidade – ao dirigi-lo pelas ruas, o caminhão solta cheiro de batata frita.

FONTE: Jean Chatzky, "Out of the Frying Pan, Into the Ford", *Money*, outubro de 2004, p. 28.

$$\text{Período de payback da máquina A} = \frac{\text{US\$ 15 mil}}{\text{US\$ 5 mil}} = 3 \text{ anos}$$

$$\text{Período de payback da máquina B} = \frac{\text{US\$ 12 mil}}{\text{US\$ 5 mil}} = 2,4 \text{ anos}$$

De acordo com os cálculos de *payback*, a empresa York deve comprar a máquina B porque ela possui um período de *payback* menor do que o da máquina A.

Avaliação do método do *payback*

O método do *payback* não é uma medida real da lucratividade de um investimento. Em vez disso, ele apenas diz a um gerente quantos anos são necessários para recuperar o investimento original. Infelizmente, um período de *payback* mais curto nem sempre significa que um investimento é mais desejável do que outro.

Para ilustrar essa ideia, volte ao Exemplo G. A máquina B possui um período de *payback* mais curto do que o da máquina A, mas tem vida útil de apenas cinco anos, em vez dos dez anos da outra. A Máquina B teria de ser comprada duas vezes – uma de imediato e outra depois do quinto ano – para fornecer o mesmo serviço da máquina A. Sob essas circunstâncias, a máquina A teria probabilidade de ser um investimento melhor do que a máquina B, embora a máquina B tenha um período de *payback* mais curto. Infelizmente, o método do *payback* ignora todos os fluxos de caixa que ocorrem depois do período de *payback*.

Outra crítica feita ao método do *payback* é que ele não considera o valor do dinheiro no tempo. Uma entrada de caixa a ser recebida vários anos adiante tem o mesmo peso de uma entrada de caixa recebida de imediato. Para ilustrar isso, suponha que para um investimento de US\$ 8 mil, você possa comprar qualquer uma das duas sequências de entradas de caixa a seguir:

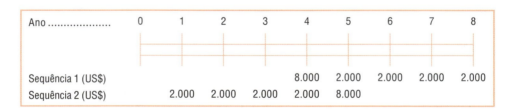

Qual sequência de entradas de caixa você preferiria receber em retorno de seu investimento de US\$ 8 mil? Cada sequência possui um período de *payback* de 4 anos. Portanto, se usássemos apenas o *payback* para tomar a decisão, as sequências seriam consideradas igualmente desejáveis. Entretanto, do ponto de vista do valor do dinheiro no tempo, a sequência 2 é muito mais desejável do que a sequência 1.

Todavia, sob certas condições, o método do *payback* pode ser muito útil. Em primeiro lugar, ele pode ajudar a identificar quais propostas de investimento são consideráveis. Em outras palavras, pode ser usado como uma ferramenta de triagem para ajudar a responder à pergunta: "Devo levar adiante a consideração dessa proposta?". Se uma proposta não fornecer um *payback* dentro de um período específico, então pode não haver necessidade de levá-la adiante. Além disso, o período de *payback* é em geral importante para novas empresas que estão com pouco dinheiro em caixa. Quando uma empresa tem pouco dinheiro em caixa, um projeto com um período de *payback* curto, mas com uma baixa taxa de retorno pode ser preferível em relação a outro como uma taxa de retorno alta, mas com um longo período de *payback*. O motivo é que a empresa pode precisar de um retorno mais rápido de seu investimento de caixa. E, por fim, o método do *payback* às vezes é usado em indústrias em que os produtos se tornam obsoletos muito rapidamente – como a de produtos eletrônicos de consumo. Como os produtos podem durar apenas um ou dois anos, o período de *payback* sobre investimentos deve ser muito curto.

ECONOMIA DOS VEÍCULOS HÍBRIDOS

POR DENTRO DAS EMPRESAS

A tabela adiante mostra os prêmios de preços (depois de reduções fiscais) que os clientes têm de pagar para comprar quatro tipos de veículos híbridos. Mostra também as economias anuais de gasolina que os clientes realizam por dirigir uma versão híbrida do veículo em vez de um modelo-padrão do mesmo veículo (supondo que os veículos sejam dirigidos 24.140 quilômetros por ano e que a gasolina custe US$ 2,79 por galão). Dividindo-se o prêmio de preço pelas economias anuais de gasolina, obtém-se o período de *payback* ao comprar a versão híbrida do veículo.

Montadora e modelo	Prêmio de preço (US$)	Economia anual de gasolina (US$)	Período de *payback*
Ford Escape	1.364	438	3,1
Honda Civic	1.482	317	4,7
Toyota Camry	3.763	310	12,1
Toyota Highlander	4.372	388	11,3

Os valores de *payback* anteriores ressaltam o dilema enfrentado pelos clientes que querem fazer compras mais favoráveis ao meio ambiente, mas que são restringidos por seus recursos financeiros restritos.

FONTE: Mike Spector, "The Economics of Hybrids", *The Wall Street Journal*, 29 de outubro de 2007, p. R5-R6.

Exemplo ampliado do *payback*

Como mostra a fórmula (3) na página 593, o período de *payback* é calculado dividindo-se o investimento em um projeto pelas entradas de caixa líquidas anuais do projeto. Se novos equipamentos estão substituindo equipamentos antigos, então qualquer valor recuperado a ser recebido mediante o descarte dos equipamentos antigos deve ser deduzido do custo dos novos equipamentos, e apenas o investimento *incremental* deve ser usado no cálculo do *payback*. Além disso, qualquer depreciação deduzida ao atingir o resultado operacional do projeto deve ser somada de volta para obter a entrada de caixa líquida anual esperada do projeto. Para ilustrar isso, considere os seguintes dados:

Exemplo H: A Goodtime Fun Centers Inc. opera parques de diversão. Algumas das máquinas automáticas de venda de um de seus parques geram muito pouca receita, então a empresa considera removê-las e instalar equipamentos que sirvam sorvete expresso. Os equipamentos custariam US$ 80 mil e teriam vida útil de oito anos sem nenhum valor recuperado. As receitas e os custos incrementais anuais associados à venda do sorvete seriam os seguintes:

Vendas (US$)	150.000
Despesas variáveis (US$)	90.000
Margem de contribuição (US$)	60.000
Despesas fixas (US$):	27.000
Salários	3.000
Manutenção	10.000
Depreciação	
Despesas fixas totais (US$)	40.000
Resultado operacional (US$)	20.000

As máquinas automáticas de venda podem ser vendidas por um valor residual de US$ 5 mil. A empresa não comprará equipamentos a menos que tenham um período de *payback* menor ou igual a três anos. A máquina de sorvete expresso passa desse limite mínimo?

O Quadro 13.11 calcula o período de *payback* da máquina de sorvete expresso. Várias coisas devem ser observadas ali. Primeiro, a depreciação é somada de volta ao resultado operacional para obter a entrada de caixa líquida anual proveniente dos novos equipamentos. A depreciação não é um desembolso de caixa; assim, deve ser somada de volta para ajustar o resultado operacional baseado no que há em caixa. Segundo, o cálculo do *payback* deduz o valor recuperado das máquinas antigas do custo dos novos equipamentos, de modo que apenas o investimento incremental seja usado no cálculo do período de *payback*.

QUADRO 13.11
Cálculo do período de *payback*.

Passo 1: *Calcule a entrada de caixa líquida anual.* Como a entrada de caixa líquida anual não é dada, tem de ser calculada antes de o período de *payback* ser determinado:

Resultado operacional	US$ 20.000
Mais: dedução de depreciação (não é desembolso de caixa)	10.000
Entrada de caixa líquida anual..	US$ 30.000

Passo 2: *Calcule o período de payback.* Usando a entrada de caixa líquida anual anterior, o período de *payback* pode ser determinado da seguinte maneira:

Custo dos novos equipamentos...	US$ 80.000
Menos valor recuperado dos equipamentos antigos	5.000
Investimento necessário...	US$ 75.000

$$\text{Período de } payback = \frac{\text{Investimento necessário}}{\text{Entrada de caixa líquida anual}}$$

$$= \frac{\text{US\$ 75.000}}{\text{US\$ 30.000}} = 2,5 \text{ anos}$$

Como os equipamentos propostos têm um período de *payback* de menos de três anos, a exigência de *payback* da empresa foi atendida.

Payback e fluxos de caixa desiguais

Quando os fluxos de caixa associados a um projeto de investimento mudam de um ano para o outro, a fórmula de *payback* simples evidenciada anteriormente não pode ser usada. Considere os seguintes dados:

Ano	Investimento (US$)	Entrada de caixa (US$)
1.........	4.000	1.000
2.........		0
3.........		2.000
4.........	2.000	1.000
5.........		500
6.........		3.000
7.........		2.000

Qual é o período de *payback* desse investimento? A resposta é 5,5 anos, mas para obtermos esse valor é necessário rastrear o investimento não recuperado ano a ano. Os passos envolvidos nesse processo são exibidos no Quadro 13.12. Na metade do sexto ano, terão sido realizadas entradas de caixa suficientes para recuperar todo o investimento de US$ 6.000 (US$ 4.000 + US$ 2.000).

Ano	Investimento (US$)	Entrada de caixa (US$)	Investimento não recuperado* (US$)
1........	4.000	1.000	3.000
2........		0	3.000
3........		2.000	1.000
4........	2.000	1.000	2.000
5........		500	1.500
6........		3.000	0
7........		2.000	0

* Investimento não recuperado do Ano X = Investimento não recuperado do Ano X-1 + Investimento do Ano X – Entrada de caixa do Ano X.

QUADRO 13.12
Payback e fluxos de caixa desiguais.

Método da taxa de retorno simples

O método da **taxa de retorno simples** é outra técnica de orçamento de capital que não envolve descontar fluxos de caixa. A taxa de retorno simples também é conhecida como taxa de retorno contábil ou taxa de retorno sem ajuste.

Ao contrário dos outros métodos de orçamento de capital discutidos, o método da taxa de retorno simples concentra-se no resultado operacional contábil em vez de nos fluxos de caixa. Para obter a taxa de retorno simples, o resultado operacional incremental anual gerada por um projeto é dividida pelo investimento inicial no projeto, como exibido a seguir.

  OA13.6

Calcular a taxa de retorno simples de um investimento.

▶ **Taxa de retorno simples**

taxa de retorno calculada dividindo-se o resultado operacional contábil incremental anual de um projeto pelo investimento inicial necessário.

$$\text{Taxa de retorno simples} = \frac{\text{Resultado operacional incremental anual}}{\text{Investimento inicial}} \quad (4)$$

Duas questões precisam ser realçadas. Primeiro, os encargos de depreciação que resultam do investimento devem ser deduzidos ao se determinar o resultado operacional incremental anual. Segundo, o investimento inicial deve ser reduzido de qualquer valor recuperado realizado com a venda de equipamentos antigos.

Exemplo I: A Brigham Tea Inc. é uma empresa que processa chá de baixa acidez, que considera comprar equipamentos para uma linha de processamento adicional que aumentaria as receitas em US$ 90 mil por ano. As despesas operacionais incrementais seriam de US$ 40 mil por ano. Os equipamentos custariam US$ 180 mil e teriam vida útil de nove anos sem nenhum valor recuperado.

Para aplicar a fórmula da taxa de retorno simples, temos primeiro que determinar o resultado operacional incremental anual do projeto:

Receita incremental anual (US$)		90.000
Despesas operacionais incrementais anuais (US$)........................	40.000	
Depreciação anual (US$ 180.000 – US$ 0)/9 (US$)	20.000	
Despesas incrementais anuais (US$)		60.000
Resultado operacional incremental anual (US$)............................		30.000

Dado que o resultado operacional incremental anual do projeto é de US$ 30 mil e o investimento inicial é de US$ 180 mil, a taxa de retorno simples é de 16,7%, como exibido a seguir:

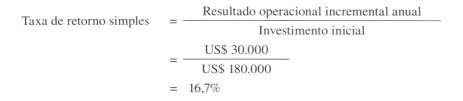

Exemplo J: A Midwest Farms Inc. contrata pessoas em regime de meio expediente para selecionar ovos. O custo da seleção manual é de US$ 30 mil por ano. A empresa pesquisa por uma máquina de seleção de ovos que custaria US$ 90 mil e teria vida útil de quinze anos. A máquina teria um valor recuperado insignificante e custos de US$ 10 mil por ano de operação e manutenção. Os equipamentos de seleção de ovos usados no presente poderiam ser vendidos hoje por um valor residual de US$ 2.500.

Esse projeto é um pouco diferente do projeto anterior porque envolve reduções de custo sem nenhuma receita adicional. Não obstante, o resultado operacional incremental anual pode ser calculada tratando-se as economias de custo anuais como se fossem receitas incrementais, como a seguir:

Economias de custo incrementais anuais (US$)............................		30.000
Despesas operacionais incrementais anuais (US$).......................	10.000	
Depreciação anual (US$ 90.000 – US$ 0)/15 (US$)......................	6.000	
Despesas incrementais anuais (US$)..		16.000
Resultado operacional incremental anual (US$)............................		14.000

Assim, embora os novos equipamentos não fossem gerar nenhuma receita adicional, eles reduziriam os custos em US$ 14 mil por ano. Isso teria o efeito de aumentar o resultado operacional em US$ 14 mil por ano.

Por fim, o valor recuperado dos equipamentos antigos neutraliza o custo inicial dos novos equipamentos, como a seguir:

Custos dos novos equipamentos (US$)...................................	90.000
Menos valor recuperado dos equipamentos antigos (US$).........	2.500
Investimento inicial (US$)...	87.500

Dado o resultado operacional incremental anual de US$ 14 mil e o investimento inicial de US$ 87.500, a taxa de retorno simples é de 16%, calculada da seguinte maneira:

$$\text{Taxa de retorno simples} = \frac{\text{Resultado operacional incremental anual}}{\text{Investimento inicial}}$$

$$= \frac{\text{US\$ 14.000}}{\text{US\$ 87.500}}$$

$$= 16\%$$

Críticas ao método da taxa de retorno simples

O método da taxa de retorno simples ignora o valor do dinheiro no tempo, ou seja, considera, por exemplo, um dólar recebido daqui a dez anos como tão valioso quanto um dólar recebido hoje. Assim, o método da taxa de retorno simples pode ser enganoso se as alternativas tiverem diferentes padrões de fluxo de caixa. Além disso, muitos projetos não têm receitas e despesas incrementais constantes ao longo de suas vidas úteis. Em consequência, a taxa de retorno simples flutuará de um ano para o outro, com a possibilidade de um projeto parecer desejável em alguns anos e indesejável em outros. Ao contrário, o método do valor presente líquido fornece um único valor que resume todos os fluxos de caixa ao longo de toda a vida útil do projeto.

PÓS-AUDITORIA DOS PROJETOS DE INVESTIMENTO

Depois de um projeto de investimento ter sido aprovado e implementado, deve ser realizada uma *pós-auditoria*. Uma **pós-auditoria** envolve verificar se os resultados esperados foram de fato realizados. Essa é uma parte importante do processo de orçamento

▶ **Pós-auditoria**

investigação que ocorre depois de um projeto ser aprovado e implementado para determinar se os resultados esperados foram de fato alcançados.

de capital porque ajuda a manter os gerentes honestos em suas propostas de investimento. Qualquer tendência de inflar os benefícios ou minimizar os custos em uma proposta deve ficar evidente depois de algumas pós-auditorias serem realizadas. A pós-auditoria também oferece uma oportunidade de reforçar e quem sabe expandir projetos bem-sucedidos e de diminuir o prejuízo em projetos malsucedidos.

Deve-se usar na pós-auditoria o mesmo método de orçamento de capital utilizado no processo de aprovação original. Assim, se um projeto foi aprovado com base em uma análise do valor presente líquido, o mesmo procedimento deve ser usado ao realizar a pós-auditoria. Entretanto, os dados usados na análise da pós-auditoria devem ser *dados reais observados* em vez de dados estimados. Isso dá à gerência uma oportunidade para fazer uma comparação lado a lado para ver o grau de sucesso do projeto. Ajuda também a garantir que os dados estimados recebidos em futuras propostas sejam preparados com cuidado porque aqueles que enviam os dados sabem que suas estimativas serão comparadas a resultados realizados no processo de pós-auditoria. Os resultados realizados que estiverem muito distantes das estimativas originais devem ser analisados com cuidado.

POR DENTRO DAS EMPRESAS

ROYAL CARIBBEAN CRUISES LANÇA O NAVIO DE CRUZEIROS OASIS OF THE SEAS

A **Royal Caribbean Cruises** investiu US$ 1,4 bilhão para construir o Oasis of the Seas, um navio de cruzeiros que leva 5,4 mil passageiros e possui 20 andares de altura acima do nível do mar. A embarcação é um terço maior do que qualquer outro navio de cruzeiros e contém 21 piscinas, 24 restaurantes, 13 lojas de varejo e escorregadores aquáticos de 91 metros de comprimento. A empresa espera que as extraordinárias atrações do navio conquistem grandes números de clientes dispostos a pagar preços mais altos. Entretanto, a retração econômica fez muitos clientes evitarem esbanjar durante as férias.

FONTE: Mike Esterl, "Huge Cruise Ships Prepare for Launch but Face Uncertain Waters", *The Wall Street Journal*, 4 de dezembro de 2009, p. B1–B2.

RESUMO

Decisões de investimento devem levar em consideração o valor do dinheiro no tempo porque um dólar, por exemplo, hoje vale mais do que um dólar amanhã. Os métodos do valor presente líquido e da taxa interna de retorno refletem esse fato. No método do valor presente líquido, os fluxos de caixa futuros são descontados em seu valor presente. A diferença entre o valor presente das entradas de caixa e o valor presente das saídas de caixa é chamada de valor presente líquido de um projeto. Se o valor presente líquido de um projeto for negativo, o projeto será rejeitado. A taxa de desconto no método do valor presente líquido em geral é baseada em uma taxa de retorno mínima exigida, como o custo de capital da empresa.

A taxa interna de retorno é a que iguala o valor presente das entradas de caixa e o valor presente das saídas de caixa, resultando em um valor presente líquido igual a zero. Se a taxa interna de retorno for menor do que a taxa de retorno mínima exigida de uma empresa, o projeto será rejeitado.

Depois de rejeitar projetos cujos valores presentes líquidos são negativos ou cujas taxas internas de retorno são menores do que a taxa de retorno mínima exigida, podem ainda restar mais projetos do que a empresa suportaria com seus fundos. Esses projetos podem ser ordenados usando-se ou o índice de lucratividade ou a taxa interna de retorno do projeto. O índice de lucratividade é calculado dividindo-se o valor presente líquido do projeto pelo investimento inicial necessário.

Algumas empresas preferem usar o método do *payback* ou a taxa de retorno simples para avaliar propostas de investimento. O período de *payback* é o tempo necessário para recuperar de modo integral o investimento inicial feito em um projeto. A taxa de retorno simples é determinada dividindo-se o resultado operacional contábil do projeto pelo investimento inicial no projeto.

PROBLEMA DE REVISÃO: COMPARAÇÃO DOS MÉTODOS DE ORÇAMENTO DE CAPITAL

A empresa Lamar considera um projeto que teria vida útil de oito anos e exigiria um investimento de US$ 2,4 milhões em equipamentos. Ao fim de oito anos, o projeto terminaria e os equipamentos não teriam nenhum valor recuperado. O projeto geraria o seguinte resultado operacional a cada ano:

Vendas (US$)		3.000.000
Despesas variáveis (US$)		1.800.000
Margem de contribuição (US$)		1.200.000
Despesas fixas (US$):		
Propaganda, salários e outros custos fixos correntes	700.000	
Depreciação	300.000	
Total de despesas fixas (US$)		1.000.000
Resultado operacional (US$)		200.000

A taxa de desconto da empresa é de 12%.

Requisitado:
1. Calcule a entrada de caixa líquida anual do projeto.
2. Calcule o valor presente líquido. O projeto é aceitável?
3. Encontre a taxa interna de retorno, arredondando-a para a porcentagem inteira mais próxima.
4. Calcule o período de *payback*.
5. Calcule a taxa de retorno simples.

Solução do problema de revisão

1. A entrada de caixa líquida anual pode ser calculada deduzindo-se as despesas de caixa do valor das vendas:

Vendas (US$)	3.000.000
Despesas variáveis (US$)	1.800.000
Margem de contribuição (US$)	1.200.000
Propaganda, salários e outros custos correntes fixos (US$)	700.000
Entrada de caixa líquida anual (US$)	500.000

Ou a entrada de caixa líquida anual pode ser calculada somando-se a depreciação de volta ao resultado operacional:

Resultado operacional (US$)	200.000
Mais: dedução da depreciação (não é despesa de caixa) (US$)	300.000
Entrada de caixa líquida anual (US$)	500.000

2. O valor presente líquido é calculado como a seguir:

Item	Ano(s)	Quantidade de fluxos de caixa (US$)	Fator de 12%	Valor presente dos fluxos de caixa (US$)
Custo de novos equipamentos	Hoje	− 2.400.000	1,000	− 2.400.000
Entrada de caixa líquida anual	1-8	500.000	4,968	2.484.000
Valor presente líquido				84.000

Sim, o projeto é aceitável porque possui um valor presente líquido positivo.

3. A fórmula para calcular o fator da taxa interna de retorno é:

$$\text{Fator da taxa interna de retorno} = \frac{\text{Investimento necessário}}{\text{Entrada de caixa líquida anual}}$$

$$= \frac{\text{US\$ 2.400.000}}{\text{US\$ 500.000}} = 4{,}800$$

Observando outra vez o Quadro 13B.2 no Apêndice 13B no final do capítulo e procurando na linha de oito períodos, descobrimos que um fator de 4,800 representa uma taxa de retorno de aproximadamente 13%.

4. A fórmula do período de *payback* é:

$$\text{Período de } payback = \frac{\text{Investimento necessário}}{\text{Fluxo de caixa líquido anual}}$$

$$= \frac{\text{US\$ 2.400.000}}{\text{US\$ 500.000}} = 4{,}8 \text{ anos}$$

5. A fórmula da taxa de retorno simples é:

$$\text{Taxa de retorno simples} = \frac{\text{Resultado operacional incremental anual}}{\text{Investimento inicial}}$$

$$= \frac{\text{US\$ 200.000}}{\text{US\$ 2.400.000}}$$

$$= 8{,}3\%$$

PERGUNTAS

13.1 Qual é a diferença entre decisões de seleção e decisões de preferência do orçamento de capital?

13.2 O que significa o termo *valor do dinheiro* no tempo?

13.3 O que significa o termo *desconto*?

13.4 Por que não se usa a receita líquida contábil nos métodos do valor presente líquido e da taxa interna de retorno de tomar decisões de orçamento de capital?

13.5 Por que os métodos de fluxos de caixa descontados são considerados superiores a outros métodos de decisões de orçamento de capital?

13.6 O que é valor presente líquido? Ele pode ser negativo? Explique.

13.7 Identifique dois pressupostos facilitadores associados aos métodos dos fluxos de caixa descontados de tomar decisões de orçamento de capital.

13.8 Se uma empresa tem de pagar juros de 14% sobre dívidas de longo prazo, então seu custo de capital é de 14%. Você concorda? Explique.

13.9 O que significa a taxa interna de retorno de um projeto de investimento? Como a taxa interna de retorno é calculada?

13.10 Explique como o custo de capital serve como ferramenta de triagem ao usar (a) o método do valor presente líquido e (b) o método da taxa interna de retorno.

13.11 À medida que a taxa de desconto aumenta, o valor presente de determinado fluxo de caixa futuro também aumenta. Você concorda? Explique.

13.12 Analise o Quadro 13.4. O retorno sobre essa proposta de investimento é de exatos 14%, mais de 14%, ou menos de 14%? Explique.

13.13 Como o índice de lucratividade do projeto é calculado? O que ele mede?

13.14 O que significa o termo *período de payback*? Como o período de *payback* é determinado? Como o método do *payback* pode ser útil?

13.15 Qual é a principal crítica do método do *payback* e do método da taxa de retorno simples para tomar decisões de orçamento de capital?

APLICAÇÃO EM EXCEL [OA13.1, OA13.3]

Disponível, em português e inglês, no *site* <www.grupoa.com.br>

O formulário de planilha em Excel a seguir deve ser usado para recriar o Exemplo C e o Quadro 13.4 das páginas 582 e 583, respectivamente. No *site*, você receberá instruções sobre como usar o formulário de planilha.

Você só deve prosseguir com os exercícios depois de ter completado sua planilha.

Requisitado:

1. Verifique sua planilha mudando a taxa de desconto para 10%. O valor presente líquido agora deve ser entre US$ 56.518 e US$ 56.535 – dependendo da precisão dos cálculos. Se você não obtiver uma resposta dentro dessa faixa, encontre os erros em sua planilha e corrija-os.
Explique por que o valor presente líquido diminuiu em decorrência da redução da taxa de desconto de 14% para 10%.
2. A empresa considera outro projeto que envolve a compra de novos equipamentos. Mude a área dos dados de sua planilha de modo que ela corresponda ao seguinte:

Dados (US$)		
Exemplo C		
Custos dos equipamentos necessários........................		120.000
Capital de giro necessário		80.000
Modernização dos equipamentos daqui a	5 anos	40.000
Valor residual dos equipamentos daqui a....................	10 anos	20.000
Receitas e custos anuais:		
Receitas de vendas..		245.000
Custo de produtos vendidos.......................................		160.000
Custos operacionais correntes..................................		50.000
Taxa de desconto		14%

a. Qual é o valor presente líquido do projeto?
b. Experimente mudar a taxa de desconto em incrementos de um por cento (p. ex.: 13%, 12%, 15% etc.). Para que taxa de juros o valor presente líquido passa de negativa para positiva?
c. A taxa interna de retorno está entre duas taxas de descontos inteiras, quais (p. ex.: entre 10% e 11%, entre 11% e 12%, entre 12% e 13%, entre 13% e 14% etc.)?
d. Mude mais uma vez a taxa de desconto para 14%. Suponha que o valor recuperado seja incerto. Quanto o valor recuperado teria de ser para resultar em um valor presente líquido positivo?

EXERCÍCIOS

Consulte no *site* <www.grupoa.com.br> os suplementos para esta seção.

EXERCÍCIO 13.1 Método do valor presente líquido [OA13.1]

A gerência da empresa Opry, uma distribuidora atacadista de produtos de bronzeamento, considera a compra de uma máquina de US$ 25 mil que reduziria os custos operacionais em seu armazém em US$ 4 mil por ano. Ao fim da vida útil de dez anos da máquina, ela não terá nenhum valor residual. A taxa de retorno exigida da empresa é de 12%.

Requisitado:

(Ignore os impostos de renda.)

1. Determine o valor presente líquido do investimento na máquina.
2. Qual é a diferença entre as entradas de caixa e saídas de caixa totais sem desconto ao longo de toda a vida útil da máquina?

EXERCÍCIO 13.2 Taxa interna de retorno [OA13.2]

A pizzaria Pisa Pizza Parlor está pesquisando a compra de um novo caminhão de entrega de US$ 45 mil que conteria prateleiras de aquecimento especialmente projetadas para a entrega de pizzas, e teria vida útil de seis anos. O novo método de entrega de pizzas economizaria US$ 5.400 por ano em relação ao atual. Além disso, resultaria na venda de 1.800 pizzas a mais por ano. A empresa realiza uma margem de contribuição de US$ 2 por pizza.

Requisitado:

(Ignore os impostos de renda.)

1. Quais seriam as entradas de caixa anuais totais associadas ao novo caminhão para fins de orçamento de capital?
2. Encontre a taxa interna de retorno esperada pelo novo caminhão arredondando-a para a porcentagem inteira mais próxima.
3. Além dos dados fornecidos, suponha que, em virtude das prateleiras de aquecimento exclusivas, o caminhão tenha um valor recuperado de US$ 13 mil ao fim de seis anos. Sob essas condições, calcule a taxa interna de retorno arredondando-a para a porcentagem inteira mais próxima. (Dica: Você pode achar útil usar a abordagem do valor presente líquido; encontre a taxa de desconto que fará o valor presente líquido ser o mais próximo de zero possível. Use o formato exibido no Quadro 13.4.)

EXERCÍCIO 13.3 Fluxos de caixa futuros incertos [OA13.3]

A Union Bay Plastics investiga a compra de equipamentos automatizados que economizariam US$ 100 mil por ano em custos de mão de obra direta e de manutenção de estoques. Esses equipamentos custam US$ 750 mil e espera-se que tenham vida útil de dez anos sem nenhum valor recuperado. A taxa de retorno exigida da empresa é de 15% sobre todas as compras de equipamentos. Esses equipamentos forneceriam benefícios intangíveis, como mais flexibilidade e mais qualidade na saída, que são difíceis de estimar, mas bastante significativos.

Requisitado:

(Ignore os impostos de renda.)

Qual valor anual em dólar os benefícios intangíveis teriam de ter a fim de tornar os equipamentos um investimento aceitável?

EXERCÍCIO 13.4 Ordem de preferência [OA13.4]

A seguir, temos informações sobre quatro propostas de investimento:

	Proposta de investimento (US$)			
	A	B	C	D
Investimento necessário	−85.000	−200.000	−90.000	−170.000
Valor presente das entradas de caixa	119.000	250.000	135.000	221.000
Valor presente líquido	34.000	50.000	45.000	51.000
Vida do projeto	5 anos	7 anos	6 anos	6 anos

Requisitado:

1. Calcule o índice de lucratividade do projeto para cada proposta de investimento.
2. Classifique as propostas por ordem de preferência.

EXERCÍCIO 13.5 Método do *payback* [OA13.5]
A gerência da Weimar Inc., uma empresa de projetos de engenharia civil, considera um investimento em uma impressora de alta qualidade de plantas de projeto que terá os seguintes fluxos de caixa:

Ano	Investimento (US$)	Entrada de caixa (US$)
1.........	38.000	2.000
2.........	6.000	4.000
3.........		8.000
4.........		9.000
5.........		12.000
6.........		10.000
7.........		8.000
8.........		6.000
9.........		5.000
10.......		5.000

Requisitado:
1. Determine o período de *payback* do investimento.
2. O período de *payback* seria afetado se a entrada de caixa do último ano fosse muito maior?

EXERCÍCIO 13.6 Método da taxa de retorno simples [OA13.6]
A gerência da Wallingford MicroBrew considera a compra de uma máquina de engarrafagem automatizada por US$ 80 mil, a qual substituiria um antigo equipamento que custa US$ 33 mil anuais para ser operada. A nova máquina custaria US$ 10 mil por ano para ser operada. A máquina antiga, que está em uso no momento, poderia ser vendida agora por um valor residual de US$ 5 mil. A nova máquina teria vida útil de dez anos sem nenhum valor recuperado.

Requisitado:
Calcule a taxa de retorno simples da nova máquina de engarrafagem automatizada.

EXERCÍCIO 13.7 Período de *payback* e taxa de retorno simples [OA13.5, OA13.6]
O parque de diversões Heritage Amusement Park gostaria de construir um novo brinquedo chamado Sonic Boom, que a gerência acredita que seria muito popular. O brinquedo custaria US$ 450 mil para ser construído, e teria um valor recuperado de 10% ao fim de sua vida útil de quinze anos. A empresa estima que os seguintes custos e receitas anuais seriam associados ao brinquedo:

Receitas da venda de ingressos (US$)......................	250.000
Menos despesas operacionais (US$):	
Manutenção...	40.000
Salários...	90.000
Depreciação...	27.000
Seguro..	30.000
Total de despesas operacionais (US$)......................	187.000
Resultado operacional (US$)....................................	63.000

Requisitado:
(Ignore os impostos de renda.)
1. Suponha que o Heritage Amusement Park não construirá um novo brinquedo a menos que forneça um período de *payback* menor ou igual a seis anos. O Sonic Boom satisfaz essa exigência?
2. Calcule a taxa de retorno simples prometida pelo novo brinquedo. Se o Heritage Amusement Park exigir uma taxa de retorno simples de pelo menos 12%, o Sonic Boom atenderá esse critério?

EXERCÍCIO 13.8 Trabalhar com o valor presente líquido [OA13.3]
O Hospital Mountain View comprou novos equipamentos de laboratório por US$ 134.650. Espera-se que os equipamentos durem três anos e forneçam as seguintes entradas de caixa:

Ano 1	US$ 45.000
Ano 2	US$ 60.000
Ano 3	?

Requisitado:

(Ignore os impostos de renda.) Supondo que os equipamentos gerem uma taxa de retorno de exatos 16%, qual é a entrada de caixa esperada para o Ano 3?

EXERCÍCIO 13.9 Análise básica de valor presente líquido e taxa interna de retorno [OA13.1, OA13.2]

(Ignore os impostos de renda.) Considere cada caso a seguir de maneira independente.

1. A taxa de retorno exigida da empresa Minden é de 15%. A empresa pode comprar uma nova máquina pelo custo de US$ 40.350. A nova máquina geraria entradas de caixa de US$ 15 mil por ano e teria vida de quatro anos sem nenhum valor recuperado. Calcule o valor presente líquido da máquina. (Use o formato exibido no Quadro 13.1.) A máquina é um investimento aceitável? Explique.
2. A Leven Products Inc. investiga a compra de uma nova máquina de moagem que possui vida útil de quinze anos. Estima-se que a máquina economizará US$ 20 mil por ano em custos operacionais de caixa. Qual a taxa interna de retorno da máquina se ela custa US$ 111,5 mil?
3. A Sunset Press acaba de comprar uma nova máquina de corte que custa US$ 14.125. Espera-se que a máquina economize US$ 2,5 mil por ano em custos operacionais de caixa e que tenha vida útil de dez anos. Calcule a taxa interna de retorno da máquina. Se a taxa de retorno exigida da empresa é de 16%, esse foi um bom investimento? Explique.

EXERCÍCIO 13.10 Taxa interna de retorno e valor presente líquido [OA13.1, OA13.2]

A empresa de serviços de limpeza Scalia's Cleaning Service investiga a compra de uma máquina ultrassom para limpar persianas. A máquina custaria US$ 136,7 mil, incluindo os custos da fatura, frete e treinamento dos colaboradores para operá-la. A Scalia's estimou que a nova máquina aumentaria os fluxos de caixa da empresa, excluindo as despesas, em US$ 25 mil por ano. A máquina teria vida útil de catorze anos sem nenhum valor recuperado esperado.

Requisitado:

(Ignore os impostos de renda.)

1. Calcule a taxa interna de retorno da máquina para a porcentagem inteira mais próxima.
2. Calcule o valor presente líquido da máquina. Use uma taxa de desconto de 16%. Por que se obtém um valor presente líquido igual a zero?
3. Suponha que a nova máquina fosse aumentar os fluxos de caixa anuais da empresa, excluindo as despesas, em apenas US$ 20 mil por ano. Sob essas condições, calcule a taxa interna de retorno arredondando-a para a porcentagem inteira mais próxima.

EXERCÍCIO 13.11 Comparação de projetos usando o valor presente líquido [OA13.1]

A empresa Sharp possui US$ 15 mil para investir e tenta decidir entre dois usos alternativos dos fundos, como a seguir:

	Investir no Projeto A	Investir no Projeto B
Investimento necessário (US$)	15.000	15.000
Entradas anuais de caixa (US$)	4.000	0
Entrada de caixa única ao fim de 10 anos (US$)		60.000
Vida do projeto	10 anos	10 anos

A Sharp usa uma taxa de desconto de 16%.

Requisitado:

(Ignore os impostos de renda.)

Qual investimento você recomendaria que a empresa aceitasse? Mostre todos os cálculos usando valor presente líquido. Prepare cálculos separados para cada investimento.

EXERCÍCIO 13.12 Cálculos básicos do período de *payback* e da taxa de retorno simples [OA13.5, OA13.6]

A empresa Martin considera a compra de um novo equipamento. A seguir, temos informações relevantes sobre ele:

Custo de compra (US$)	180.000
Economias de custo anuais que serão geradas pelo equipamento (US$)	37.500
Vida do equipamento	12 anos

Requisitado:

(Ignore os impostos de renda.)

1. Calcule o período de *payback* do equipamento. Se a empresa rejeitar todas as propostas com período de *payback* de mais de quatro anos, o equipamento seria comprado?
2. Calcule a taxa de retorno simples do equipamento. Use depreciação em linha reta baseada na vida útil do equipamento. Ele seria comprado se a taxa de retorno exigida da empresa fosse de 14%?

EXERCÍCIO 13.13 Vida futura incerta [OA13.3]

A Worldwide Travel Service investiu em certos equipamentos que custaram à empresa US$ 307.100. Espera-se que os equipamentos gerem entradas de caixa de US$ 50 mil por ano.

Requisitado:

Quantos anos os equipamentos terão de ser usados a fim de fornecer à empresa um retorno de 14% sobre seu investimento?

EXERCÍCIO 13.14 Análise do valor presente líquido de duas alternativas [OA13.1]

A empresa Wriston possui US$ 300 mil para investir e tenta decidir entre dois usos alternativos dos fundos. As alternativas são as seguintes:

	A	B
Custos dos equipamentos necessários (US$)	300.000	0
Investimento de capital de giro necessário (US$)	0	300.000
Entradas de caixa anuais (US$)	80.000	60.000
Valor recuperado dos equipamentos depois de 7 anos (US$)	20.000	0
Vida do projeto	7 anos	7 anos

O capital de giro necessário para o projeto B será liberado para outros investimentos ao fim de sete anos. A Wriston usa uma taxa de desconto de 20%.

Requisitado:

(Ignore os impostos de renda.)

Qual alternativa de investimento (se houver) você recomendaria que a empresa aceitasse? Mostre todos os cálculos usando o formato do valor presente líquido. Prepare cálculos separados para cada projeto.

EXERCÍCIO 13.15 Análise básica de valor presente líquido [OA13.1]

No dia 2 de janeiro, Fred Critchfield pagou US$ 18 mil por 900 ações ordinárias da empresa Acme. O Sr. Critchfield recebeu um dividendo de US$ 0,80 por ação no fim de cada ano durante quatro anos. Ao findar esse período, ele vendeu suas ações por US$ 22,5 mil. O Sr. Critchfield tem o objetivo de obter um retorno mínimo de 12% sobre todos os seus investimentos.

Requisitado:

(Ignore os impostos de renda.)

O Sr. Critchfield obteve um retorno de 12% sobre as ações? Use o método do valor presente líquido e o formato geral exibido no Quadro 13.4. Arredonde todos os cálculos para o valor inteiro mais próximo.

PROBLEMAS

Consulte no *site* <www.grupoa.com.br> os suplementos para esta seção.

PROBLEMA 13.16 Análise básica do valor presente líquido [OA13.1]

A Renfree Mines Inc. é proprietária dos direitos de mineração de um grande terreno em uma área montanhosa. O terreno contém um depósito mineral que a empresa acredita que possa ser comercialmente atraente. Foi feita uma análise de engenharia e de custos e espera-se que os seguintes fluxos de caixa sejam associados à abertura e à operação de uma mina na área:

Custos de equipamentos necessários (US$)..	850.000
Recebimentos de caixa líquido anual (US$)..	230.000*
Capital de giro necessário (US$)	100.000
Custos de reparos nas estradas em três anos (US$)	60.000
Valor recuperado dos equipamentos em cinco anos (US$)....................	200.000

* Recebimentos das vendas de minério menos custos correntes de salários, serviços de utilidade pública, seguro, entre outros.

O depósito mineral estaria exaurido depois de cinco anos de mineração. Nesse momento, o capital de giro seria liberado para outros investimentos. A taxa de retorno exigida da empresa é de 14%.

Requisitado:

(Ignore os impostos de renda.) Determine o valor presente líquido do projeto de mineração proposto. O projeto deve ser aceito? Explique.

PROBLEMA 13.17 Classificação de projetos de investimento por ordem de preferência [OA13.4]

A empresa Austin investiga quatro diferentes oportunidades de investimento. Veja as informações a seguir:

	Número do projeto			
	1	2	3	4
Investimento necessário (US$)	−480.000	−360.000	−270.000	−450.000
Valor presente das entradas de caixa a uma taxa de desconto de 10% (US$)	567.270	433.400	336.140	522.970
Valor presente líquido (US$)	87.270	73.400	66.140	72.970
Vida do projeto (anos)	6	12	6	3
Taxa interna de retorno (%)	16	14	18	19

Como a taxa de retorno exigida da empresa é de 10%, foi usada uma taxa de desconto de 10% nos cálculos do valor presente da página anterior. Há fundos restritos disponíveis para investimento, então a empresa não pode aceitar todos os projetos disponíveis.

Requisitado:
1. Calcule o índice de lucratividade em cada projeto de investimento.
2. Classifique os quatro projetos por ordem de preferência em termos de:
    a. Valor presente líquido.
    b. Índice de lucratividade do projeto.
    c. Taxa interna de retorno.
3. Qual classificação você prefere? Por quê?

PROBLEMA 13.18 Classificação de projetos de investimento por ordem de preferência [OA13.4]

A empresa Yancey possui fundos restritos para investimento e deve racionar os fundos entre quatro projetos concorrentes. A seguir, são apresentadas informações selecionadas sobre os quatro projetos:

Projeto	Investimento necessário (US$)	Valor presente líquido (US$)	Vida do projeto (anos)	Taxa interna de retorno (%)
A.............	800.000	221.615	7	18
B.............	675.000	210.000	12	16
C.............	500.000	175.175	7	20
D	700.000	152.544	3	22

Os valores presentes líquidos anteriores foram calculados usando-se uma taxa de desconto de 10%. A empresa quer sua assistência para determinar qual projeto aceitar em primeiro lugar, em segundo, e assim por diante. Os fundos de investimento da empresa são restritos.

Requisitado:
1. Calcule o índice de lucratividade de cada projeto.

2. Em ordem de preferência, classifique os quatro projetos em termos de:
   a. Valor presente líquido.
   b. Índice de lucratividade do projeto.
   c. Taxa interna de retorno.
3. Qual classificação você prefere? Por quê?

PROBLEMA 13.19 Análise do valor presente líquido; Fluxos de caixa incertos [OA13.1, OA13.3]

A Tiger Computers Inc., de Cingapura, considera a compra de uma máquina de entalhe para a produção de suas placas de circuito. A máquina custaria US$ 900 mil. (Todos os valores estão em dólares de Cingapura.) Seriam necessários outros US$ 650 mil para custos de instalação e software. A gerência acredita que a máquina automática geraria reduções anuais substanciais nos custos, como:

	Redução anual nos custos (US$)
Custos de mão de obra	240.000
Custos de materiais	96.000

A nova máquina exigiria manutenção considerável para mantê-la ajustada. Os engenheiros da empresa estimam que os custos de manutenção aumentariam em US$ 4.250 por mês se a máquina fosse comprada. Além disso, ela exigiria modernização no valor de US$ 90 mil ao findar o sexto ano.

A nova máquina de entalhe seria usada por dez anos e depois vendida pelo valor residual de US$ 210 mil. Ela substituiria uma antiga máquina que pode ser vendida agora pelo valor residual de US$ 70 mil. A Tiger Computers Inc. exige um retorno de pelo menos 18% sobre investimentos desse tipo.

Requisitado:

(Ignore os impostos de renda.)

1. Calcule as economias de custo líquidas anuais esperadas pela nova máquina de entalhe.
2. Usando os dados do item (1) e do problema, calcule o valor presente líquido da nova máquina. (Use a abordagem do custo incremental.) Você recomendaria que a máquina fosse comprada? Explique.
3. Suponha que a gerência possa identificar vários benefícios intangíveis associados à nova máquina, incluindo mais flexibilidade na troca de placa de circuito, melhor qualidade da saída e entrega mais rápida em decorrência do melhor rendimento no trabalho. Qual valor em dólar por ano a gerência teria de associar a esses benefícios intangíveis a fim de tornar a nova máquina de entalhe um investimento aceitável?

PROBLEMA 13.20 Taxa de retorno simples; *Payback* [OA13.5, OA13.6]

A pizzaria Lugano's Pizza Parlor considera comprar um grande forno e equipamentos para misturar e assar "pão maluco". O forno e os equipamentos custariam US$ 120 mil incluindo entrega e instalação. Eles seriam utilizados por cerca de quinze anos e depois teriam um valor residual de 10%. As seguintes informações adicionais estão disponíveis:

a. O Sr. Lugano estima que a compra do forno e dos equipamentos permitiria que a pizzaria assasse e vendesse 72 mil pães malucos por ano. O pão é vendido por US$ 1,25 cada.
b. Os custos dos ingredientes de um pão representam 40% do preço de venda. O Sr. Lugano estima que os outros custos anuais associados seriam: salários, US$ 18 mil; serviços de utilidade pública, US$ 9 mil; e seguro, US$ 3 mil.
c. A pizzaria usa depreciação em linha reta para todos os ativos, deduzindo o valor recuperado do custo original.

Requisitado:

(Ignore os impostos de renda.)

1. Prepare uma demonstração de resultados com margem de contribuição mostrando o resultado operacional em cada ano de produção e venda do pão maluco.
2. Calcule a taxa de retorno simples para o novo forno e equipamentos. Se para o Sr. Lugano, a taxa de retorno simples deve ser superior a 12%, ele comprará o forno e os equipamentos?
3. Calcule o período de *payback* do forno e equipamentos. Se para o Sr. Lugano qualquer compra de equipamento deve ter um *payback* de menos de seis anos, ele adquirirá os equipamentos?

PROBLEMA 13.21 Análise básica de valor presente líquido [OA13.1]

A padaria Doughboy Bakery gostaria de comprar uma nova máquina para colocar açúcar-glacê e outras coberturas em doces, pois hoje são colocadas à mão. A máquina custa US$ 90 mil nova. Ela duraria oito anos e exigiria modernização de US$ 7,5 mil ao fim do quinto ano. Depois de oito anos, a máquina poderia ser vendida por US$ 6 mil.

A padaria estima que operar a nova máquina custará US$ 14 mil por ano. O método manual de colocar coberturas nos doces custa US$ 35 mil anuais. Além de reduzir os custos operacionais, a nova máquina permitirá um aumento na produção de doces em 5 mil pacotes por ano. A padaria realiza uma margem de contribuição de US$ 0,60 por pacote e exige um retorno de 16% sobre todos os investimentos em equipamentos.

Requisitado:

(Ignore os impostos de renda.)

1. Quais são as entradas de caixa líquidas anuais que serão fornecidas pela nova máquina?
2. Calcule o valor presente líquido da nova máquina. Use a abordagem do custo incremental e arredonde para os valores em dólar mais próximos.

PROBLEMA 13.22 Análise do valor presente líquido, alugar ou comprar [OA13.1]

A Blinko Products quer um avião para ser usado por sua equipe corporativa. O modelo que a empresa quer adquirir, um Zephyr II, pode ser comprado ou alugado do fabricante. A empresa fez a seguinte avaliação:

Alternativa de compra. Se o Zephyr II for adquirido, os custos incorridos pela empresa serão os seguintes:

Custo de compra do avião (US$)	850.000
Custo anual de serviços, licenças e impostos (US$)	9.000
Consertos (US$):	
Três primeiros anos, anual	3.000
Quarto ano	5.000
Quinto ano	10.000

O avião seria vendido depois de cinco anos. Com base nos valores de revenda atuais, a empresa seria capaz de vendê-lo por cerca da metade de seu custo original no fim do período de cinco anos.

Alternativa de locação. Se o Zephyr II for alugado, a empresa terá de fazer um depósito imediato de US$ 50 mil para cobrir qualquer dano causado durante o uso. O contrato de aluguel seria válido por cinco anos, ao fim dos quais o depósito seria reembolsado. O aluguel exigiria um pagamento anual de US$ 200 mil (o primeiro pagamento vence no fim do Ano 1). Como parte do custo desse aluguel, o fabricante forneceria todos os serviços e consertos, obteria a licença do avião e pagaria todos os impostos. Ao fim do período de cinco anos, o avião seria devolvido ao fabricante.

A taxa de retorno exigida da Blinko Products é de 18%.

Requisitado:

(Ignore os impostos de renda.)

1. Use a abordagem do custo total para determinar o valor presente dos fluxos de caixa associados a cada alternativa.
2. Qual alternativa você recomendaria que a empresa aceitasse? Por quê?

PROBLEMA 13.23 Taxa de retorno simples e análise de *payback* de duas máquinas [OA13.5, OA13.6]

A fábrica de móveis Blue Ridge Furniture considera a compra de dois diferentes equipamentos, descrito a seguir:

Máquina A. Novidade no mercado, comprime serragem para produzir vários tipos de estantes. No momento, a serragem é descartada como lixo. As informações sobre a máquina são as seguintes:

a. A máquina custaria US$ 780 mil e teria um valor recuperado de 25% no fim de seus dez anos de vida útil. A empresa usa depreciação em linha reta e considera o valor recuperado ao calcular as deduções de depreciação.
b. As estantes produzidas pela máquina gerariam receitas de US$ 350 mil por ano. Os custos de produção variáveis seriam de 20% das vendas.
c. As despesas anuais fixas associadas às novas estantes seriam: propaganda, US$ 42 mil; salários, US$ 86 mil; serviços de utilidades públicas, US$ 9 mil; e seguro, US$ 13 mil.

Máquina B. Chegou ao mercado uma segunda máquina que automatizaria um processo de lixamento que hoje é feito, em grande parte, à mão. Temos as seguintes informações disponíveis:

a. A nova máquina de lixamento custaria US$ 220 mil e não teria nenhum valor recuperado no fim de sua vida útil de dez anos. A empresa usaria depreciação em linha reta.

b. Várias peças antigas de equipamentos de lixamento que estão totalmente depreciadas seriam descartadas a um valor residual de US$ 7,2 mil.
c. A nova máquina de lixamento forneceria economias anuais substanciais nos custos operacionais de caixa. Ela exigiria um operador com um salário anual de US$ 26 mil e US$ 3 mil em custos de manutenção por ano. O procedimento de lixamento atual, feito à mão, custa à empresa US$ 85 mil por ano.

A Blue Ridge Furniture exige uma taxa de retorno simples de 16% sobre a compra de todos os equipamentos. Além disso, a empresa não compra equipamentos a menos que tenham um período de *payback* menor ou igual a quatro anos.

Requisitado:

(Ignore os impostos de renda.)

1. Para a máquina A:
    a. Prepare demonstração de resultados que mostre o resultado operacional esperada a cada ano com as novas estantes. Use o formato com margem de contribuição.
    b. Calcule a taxa de retorno simples.
    c. Calcule o período de *payback*.
2. Para a máquina B:
    a. Calcule a taxa de retorno simples.
    b. Calcule o período de *payback*.
3. De acordo com os critérios da empresa, qual máquina, se houver, deve ser comprada?

PROBLEMA 13.24 Taxa de retorno simples; Payback [OA13.5, OA13.6]

A Nagoya Amusements Corporation distribui jogos eletrônicos e outros aparelhos de diversão em supermercados e estabelecimentos similares em todo o Japão. A empresa verificou a compra de um novo jogo eletrônico chamado Mystic Invaders. O fabricante venderá 20 jogos para a Nagoya Amusements pelo preço total de ¥ 180 mil (a moeda japonesa é o iene, que é denotado pelo símbolo ¥). Informações adicionais:

a. O jogo teria vida útil de cinco anos e um valor recuperado insignificante. A empresa usa depreciação em linha reta.
b. O jogo substituiria outros que não são populares e geram pouca receita. Esses outros jogos seriam vendidos por um total de ¥ 30 mil.
c. A Nagoya Amusements estima que o Mystic Invaders geraria receitas incrementais anuais de ¥ 200 mil (os 20 jogos). Os custos incrementais anuais correntes seriam, no total: manutenção, ¥ 50 mil; e seguro, ¥ 10 mil. Além disso, a empresa teria de pagar uma comissão de 40% da receita total aos supermercados e outros estabelecimentos onde os jogos fossem expostos.

Requisitado:

(Ignore os impostos de renda.)

1. Prepare uma demonstração de resultados com margem de contribuição que apresenta o resultado operacional de cada ano do Mystic Invaders.
2. Calcule a taxa de retorno simples sobre o Mystic Invaders. Se a Nagoya Amusements aceitar qualquer projeto com uma taxa de retornos simples maior do que 14, o jogo será adquirido?
3. Calcule o período de *payback* do Mystic Invaders. Se a empresa aceitar qualquer investimento com um período de *payback* menor do que três anos, o jogo será comprado?

PROBLEMA: 13.25 Valor presente líquido; Abordagens total e incremental [OA13.1]

O Hospital Eastbay possui um gerador auxiliar usado quando ocorre falta de energia elétrica. O gerador está gasto e tem de ser modernizado ou substituído por um gerador novo. O hospital reuniu as seguintes informações:

A	B	C
	Gerador atual	Novo gerador
2 Custo de compra (novo) (US$)	16.000	20.000
3 Valor contábil restante (US$)	9.000	—
4 Modernização necessária agora (US$)	8.000	—
5 Custos operacionais anuais de caixa (US$)	12.500	7.500
6 Valor recuperado – hoje (US$)	4.000	—
7 Valor recuperado – daqui a oito anos (US$)	3.000	6.000

Se a empresa mantiver e modernizar seu gerador atual, ele durará mais oito anos. Se for comprado um gerador novo, ele será usado por oito anos, depois substituído. O novo gerador seria movido a diesel, o que resultaria em uma redução substancial nos custos operacionais anuais, como exibido antes.

O hospital faz os cálculos de depreciação em linha reta. Todas as compras de equipamentos são avaliadas usando-se taxa de desconto de 16%.

Requisitado:

(Ignore os impostos de renda.)

1. O Eastbay Hospital deve manter o antigo gerador ou comprar o novo? Use a abordagem do custo total para o valor presente líquido ao tomar sua decisão.
2. Refaça o item (1), desta vez usando-se a abordagem do custo incremental.

PROBLEMA 13.26 Taxa de retorno simples; *Payback*; Taxa interna de retorno [OA13.2, OA13.5, OA13.6]

A Chateau Beaune é uma vinícola de propriedade familiar localizada na região de Borgonha, França, administrada por Gerard Despinoy. A temporada de colheita, no início do outono, é o período mais atarefado do ano, e são contratados muitos trabalhadores de meio expediente para ajudar a colher e processar as uvas. O Sr. Despinoy investiga a compra de uma máquina de colheita que reduziria de modo significativo a quantidade de mão de obra no processo. A máquina é montada de modo a escarranchar as parreiras, que são abertas em filas mais baixas. Dois trabalhadores são levados na máquina, logo acima do nível do solo, em cada lado da parreira. À medida que a máquina lentamente desce pelo vinhedo, os trabalhadores cortam os cachos de uvas das videiras, que então caem em um funil. A máquina separa as uvas dos talos e de outros resíduos. Os resíduos são, então, pulverizados e espalhados atrás da máquina como um rico adubo verde. O Sr. Despinoy levantou as seguintes informações relativas à decisão de compra:

a. A vinícola economizaria € 190 mil por ano em custos de mão de obra com a nova máquina. Além disso, não teria mais de comprar e espalhar adubo verde – uma economia anual de € 10 mil. (A moeda francesa é o euro, que é denotado pelo símbolo €.)
b. A máquina de colheita custaria € 480 mil, teria vida útil estimada de doze anos e um valor recuperado igual a zero. A vinícola usa depreciação em linha reta.
c. Os custos correntes anuais associados à máquina de colheita seriam: seguro, € 1 mil; combustível, € 9 mil; e um contrato de manutenção, € 12 mil. Além disso, dois operadores seriam contratados e treinados para usarem a máquina, com um custo total de € 70 mil por ano, incluindo todos os benefícios.
d. O Sr. Despinoy acha que o investimento na máquina de colheita deveria obter uma taxa de retorno de pelo menos 16%.

Requisitado:

(Ignore os impostos de renda.)

1. Determine a economia líquida anual, em custos operacionais de caixa, se a máquina de colheita fosse comprada.
2. Calcule a taxa de retorno simples esperada com a máquina de colheita.
3. Calcule o período de *payback* da máquina de colheita. O Sr. Despinoy não comprará equipamentos a menos que tenham um período de *payback* menor ou igual a cinco anos. Sob esse critério, a máquina deve ser adquirida?
4. Calcule a taxa interna de retorno prometida pela máquina de colheita (arredonde para a porcentagem inteira mais próxima). Com base nesse cálculo, a taxa de retorno simples parece ser um guia preciso em decisões de investimento?

PROBLEMA 13.27 Análise do valor presente líquido de um novo produto [OA13.1]

A empresa Atwood tem a oportunidade de produzir e vender um novo detector de fumaça para residências. Para determinar se seria um empreendimento lucrativo, a empresa coletou os seguintes dados sobre custos prováveis e potencial de mercado:

a. Novos equipamentos teriam de ser adquiridos para produzir o detector de fumaça. Os equipamentos custariam US$ 100 mil e seriam utilizados por doze anos. Depois, teriam um valor recuperado igual a 10% do custo original.
b. Produzir e vender o detector de fumaça exigiria um investimento de capital de giro de US$ 40 mil para financiar as contas a receber, os estoques e as necessidades de caixa do dia a dia. Esse capital de giro seria liberado para outras coisas depois de doze anos.
c. Um extenso estudo de marketing projeta as vendas em unidades ao longo dos próximos doze anos, da seguinte maneira:

Ano	Vendas em unidades
1............	4.000
2............	7.000
3............	10.000
4-12........	12.000

d. Os detectores de fumaça seriam vendidos por US$ 45 cada; os custos variáveis de produção, administração e vendas seriam de US$ 25 por unidade.
e. Para conseguir entrar no mercado, a empresa teria de fazer propaganda agressiva nos primeiros anos de vendas. A seguir, temos o programa de propaganda:

Ano	Quantidade de propaganda anual (US$)
1-2..........	70.000
3.............	50.000
4-12.........	40.000

f. Outros custos fixos como salários, seguro, manutenção e depreciação em linha reta dos equipamentos totalizariam US$ 127,5 mil por ano. (A depreciação é baseada em custo menos valor recuperado.)
g. A taxa de retorno exigida da empresa é de 20%.

Requisitado:

(Ignore os impostos de renda.)

1. Calcule a entrada de caixa líquida (recebimentos de caixa menos despesas operacionais de caixa anuais) prevista da venda dos detectores de fumaça para cada ano ao longo dos próximos doze anos.
2. Usando os dados calculados no item (1) e os fornecidos no problema, determine o valor presente líquido do investimento proposto. Você recomenda que a empresa Atwood aceite o detector de fumaça como um novo produto?

PROBLEMA 13.28 Taxa interna de retorno; Análise de sensibilidade [OA13.2]

A Dra. Heidi Black, sócia-gerente da clínica dental Crestwood Dental Clinic, tenta determinar se deve ou não retirar arquivos de pacientes e outros itens de uma sala na clínica para usá-la como consultório. Ela determinou que, para deixar a sala pronta para uso, o investimento exigido seria de US$ 142.950, o que envolve a compra de equipamentos e outros custos adicionais. Com base nos recebimentos gerados nas outras salas da clínica, a Dra. Black estima que a nova sala geraria uma entrada de caixa líquido de US$ 37,5 mil por ano. Os equipamentos adquiridos teriam vida útil estimada de sete anos.

Requisitado:

(Ignore os impostos de renda.)

1. Calcule a taxa interna de retorno sobre os equipamentos, arredondando-a para a porcentagem inteira mais próxima. Verifique sua resposta calculando o valor presente líquido dos equipamentos usando a taxa interna de retorno que você calculou como taxa de desconto.
2. Suponha que a Dra. Black não compre equipamentos novos a menos que prometam um retorno de pelo menos 14%. Calcule a quantidade de entrada de caixa anual que forneceria esse retorno sobre o investimento de US$ 142.950.
3. Embora sete anos seja a vida média de equipamentos dentais, a Dra. Black sabe que, por causa das mudanças na tecnologia, essa vida pode variar de modo substancial. Calcule a taxa interna de retorno arredondando-a para a porcentagem inteira mais próxima, se a vida dos equipamentos fosse de (a) cinco anos e (b) nove anos, em vez de sete anos. Há alguma informação obtida por meio desses cálculos que você ficaria ansioso em partilhar com a Dra. Black?
4. A Dra. Black não tem certeza que a sala geraria uma entrada de caixa anual de US$ 37,5 mil. Ela acredita que a entrada de caixa real pode variar em até 20%, a mais ou a menos, desse valor.
    a. Suponha que a entrada de caixa real a cada ano seja 20% maior do que o estimado. Recalcule a taxa interna de retorno arredondando-a para a porcentagem inteira mais próxima.
    b. Suponha que a entrada de caixa real a cada ano seja 20% a menos do que o estimado. Recalcule a taxa interna de retorno arredondando-a para a porcentagem inteira mais próxima.

5. Volte aos dados originais. Suponha que os equipamentos sejam comprados e que o consultório seja aberto. Entretanto, em virtude de um número crescente de dentistas na área, a clínica consegue gerar apenas US$ 30 mil por ano em recebimentos de caixa líquido. Ao fim de cinco anos, a clínica fecha a sala e vende os equipamentos a um dentista recém-formado pelo preço à vista de US$ 61.375. Calcule a taxa interna de retorno, arredondando-a para a porcentagem inteira mais próxima obtida pela clínica sobre seu investimento ao longo do período de cinco anos. Arredonde todos os valores em dólar. (Dica: uma maneira útil de proceder é encontrar a taxa de desconto que fará o valor presente líquido do investimento ser igual ou próximo de zero.)

PROBLEMA 13.29 Valor presente líquido; Fluxos de caixa futuros incertos; Pós-auditoria [OA13.1, OA13.3]

"Se pudermos comprar aquele novo robô para associar aos nossos outros equipamentos automatizados, nós teremos um sistema flexível de manufatura (FMS) completo e em funcionamento na fábrica de Northridge" – disse Hal Swain, gerente de produção da Diller Products.

"Somente esperaremos que os custos menores de mão de obra e estoque possam justificar sua aquisição" – respondeu Linda Wycoff, a *controller*. "Caso contrário, nunca o compraremos. Você sabe o que o presidente pensa a respeito de os equipamentos se pagarem com custos reduzidos."

A seguir, temos dados selecionados relativos ao robô:

Custo do robô (US$)	1.600.000
Software e instalação (US$)	700.000
Economias anuais com custos de mão de obra (US$)	?
Economias anuais com custos de manutenção de estoque (US$)	190.000
Aumento mensal em custos de energia elétrica e manutenção (US$)	2.500
Valor recuperado em 12 anos (US$)	90.000
Vida útil (anos)	12

Estudos de engenharia sugerem que o uso do robô resultará em uma economia de 20 mil horas de mão de obra direta por ano. A taxa salarial da mão de obra é de US$ 16 por hora. Além disso, o fluxo de trabalho mais leve possibilitado pelo FMS permitirá que a empresa reduza a quantidade de estoque à mão em US$ 300 mil. Os fundos liberados serão disponibilizados para outros usos na empresa. Essa redução de estoques ocorrerá no primeiro ano de operação. A taxa de retorno exigida da empresa é de 20%.

Requisitado:

(Ignore os impostos de renda.)

1. Determine as economias de custo anuais líquidas se o robô for comprado. (Não inclua a redução de estoques de US$ 300 mil ou o valor recuperado nesse cálculo.)
2. Calcule o valor presente líquido do investimento proposto no robô. Com base nesses dados, você recomenda que o robô seja adquirido? Explique.
3. Suponha que o robô tenha sido comprado. No fim do primeiro ano, Linda Wycoff descobriu que alguns itens não funcionaram como planejado. Em virtude de imprevistos, os custos de software e instalação foram de US$ 125 mil a mais do que o estimado, e a mão de obra direta foi reduzida em apenas 17,5 mil horas por ano, em vez de em 20 mil horas. Supondo que todos os outros dados de custos estivessem corretos, a empresa parece ter feito um bom investimento? Mostre cálculos, usando o formato do valor presente líquido como no item (2). (Dica: Pode ser útil se imaginar voltando ao início do primeiro ano, com esses novos dados.)
4. Ao ver sua análise do item (3), o presidente afirmou: "Esse robô é o pior investimento que já fiz. E agora ficaremos amarrados a ele por anos".
   a. Explique ao presidente quais benefícios além das economias de custo podem decorrer do uso do novo robô e do FMS.
   b. Calcule para o presidente o valor em dólar da entrada de caixa necessária a cada ano dos benefícios no item (a) para que os equipamentos gerem uma taxa de retorno de 20%.

PROBLEMA 13.30 Análise de valor presente líquido [OA13.1]

Frank White se aposentará daqui a seis anos. Ele quer abrir algum tipo de pequena empresa que possa ser gerenciada no tempo livre de seu emprego regular, mas que possa ser fechada facilmente quando se aposentar. Ele considera várias alternativas de investimento, dentre as quais abrir uma lavanderia automática. Após um cuidadoso estudo, o Sr. White determinou:

a. As máquinas de lavar roupa, secadoras e outros equipamentos necessários para abrir a lavanderia custariam US$ 194 mil. Além disso, seriam necessários US$ 6 mil em capital de giro para comprar estoque de sabão em pó, alvejantes e outros itens relacionados e fornecer dinheiro trocado (moedas) para as máquinas. O sabão em pó, alvejantes e itens relacionados seriam vendidos aos clientes a preço de custo. Depois de seis anos, o capital de giro seria liberado para outro investimento.

b. A lavanderia automática cobraria US$ 1,50 por vez para usar as máquinas de lavar roupa e US$ 0,75 por vez pelas secadoras. O Sr. White espera que a lavanderia automática tenha uma receita bruta de US$ 1,8 mil por semana com as máquinas de lavar roupa e US$ 1.125 por semana com as secadoras.

c. Os únicos custos variáveis da lavanderia automática seriam 7,5 centavos por vez em água e energia elétrica para as máquinas de lavar roupa e 9 centavos por vez para gás e energia elétrica para as secadoras.

d. Os custos fixos seriam US$ 3 mil por mês em aluguel, US$ 1.500 por mês em limpeza e US$ 1.875 por mês em manutenção, seguro e outros itens.

e. Os equipamentos teriam um valor de descarte de 10% depois de seis anos.

O Sr. White não abrirá a lavanderia automática a menos que ela forneça um retorno de pelo menos 12%.

Requisitado:

(Ignore os impostos de renda.)

1. Supondo que a lavanderia automática abrisse 52 semanas por ano, calcule os recebimentos de caixa líquidos anuais esperados de sua operação (recebimentos de caixa brutos menos desembolsos de caixa). (Não inclua os custos dos equipamentos, o capital de giro ou o valor recuperado nesses cálculos.)

2. Você aconselharia o Sr. White a abrir a lavanderia automática? Mostre cálculos usando o método do valor presente líquido da análise de investimento. Arredonde todos os valores para o valor inteiro mais próximo.

PROBLEMA 13.31 Análise do valor presente líquido de títulos [OA13.1]

Anita Vasquez recebeu US$ 160 mil do espólio de sua mãe. Ela colocou os fundos recebidos nas mãos de um corretor, que comprou os seguintes títulos em nome de Anita:

a. Ações ordinárias, pelo custo de US$ 80 mil. As ações não pagavam dividendos, mas foram vendidas por US$ 180 mil no fim de quatro anos.

b. Ações preferenciais ao par de US$ 30 mil. As ações pagaram dividendos de 6% (baseados no valor ao par) todo ano por quatro anos. Ao fim de quatro anos, as ações foram vendidas por US$ 24 mil.

c. Títulos de dívida, pelo custo de US$ 50 mil. Os títulos de dívida pagaram US$ 3 mil em juros a cada seis meses. Depois de quatro anos, foram vendidos por US$ 58,5 mil. (Nota: Ao descontar um fluxo de caixa que ocorre semianualmente, o procedimento é dividir a taxa de desconto ao meio e dobrar o número de períodos. Use o mesmo procedimento ao descontar valores recebidos de vendas).

Os títulos foram todos vendidos ao fim de quatro anos de modo que Anita tivesse fundos disponíveis para iniciar um novo empreendimento. O corretor afirmou que os investimentos tinham obtido um retorno de mais de 20% e entregou à Anita os seguintes cálculos para sustentar sua afirmativa:

Ações ordinárias (US$):	
Ganhos com a venda (180.000 − 80.000)	100.000
Ações preferenciais (US$):	
Dividendos pagos (6% × 30.000 × 4 anos)................	7.200
Resultado com a venda (24.000 − 30.000).................	− 6.000
Títulos de dívida (US$):	
Juros pagos (3.000 × 8 períodos)	24.000
Ganhos com a venda (58.500 − 50.000)....................	8.500
Ganho líquido com todos os investimentos (US$).......	133.700

$$\frac{US\$ \ 133.700 \div 4 \ anos}{US\$ \ 160.000} = 20{,}9\%$$

Requisitado:

(Ignore os impostos de renda.)

1. Usando uma taxa de desconto de 20%, calcule o valor presente líquido de cada um dos três investimentos. Sobre qual(is) investimento(s) Anita obteve uma taxa de desconto de 20%? (Arredonde os cálculos para o valor inteiro mais próximo).
2. Considerando os três investimentos juntos, Anita obteve uma taxa de retorno de 20%? Explique.
3. Anita quer usar os US$ 262.500 (US$ 180.000 + US$ 24.000 + US$ 58.500 + US$ 262.500) recebidos da venda dos títulos para abrir uma franquia de restaurante *fast-food* com um contrato de dez anos. Qual entrada de caixa líquida anual a loja tem de gerar para Anita obter um retorno de 16% ao longo do período de dez anos? Anita não receberá de volta seu investimento original ao fim do contrato. (Arredonde os cálculos para o valor inteiro mais próximo.)

PROBLEMA 13.32 Manter ou vender um imóvel [OA13.1]

Ben Ryatt, professor de línguas em uma universidade no Sul dos Estados Unidos, é proprietário de um pequeno edifício comercial adjacente ao campus universitário. O imóvel foi adquirido há doze anos pelo custo total de US$ 560 mil – US$ 52 mil pelo terreno e US$ 508 mil pelo edifício. Ele já recebeu uma oferta de uma empresa imobiliária que quer comprar o imóvel, no entanto, este tem sido uma boa fonte de renda ao longo dos anos, então o Professor Ryatt está na dúvida se deve mantê-lo ou vendê-lo. Suas alternativas são:

Manter o imóvel. O contador do Professor Ryatt tem mantido registros minuciosos da renda do imóvel ao longo dos últimos dez anos, os quais indicam as seguintes receitas e despesas anuais:

Recebimentos de aluguel (US$)		150.000
Menos despesas do edifício (US$):		
Serviços de utilidades públicas	28.600	
Depreciação do edifício	17.800	
Impostos sobre imóveis e seguro	19.500	
Consertos e manutenção	10.500	
Serviço e materiais de limpeza	43.500	119.900
Resultado operacional (US$)		30.100

O Professor Ryatt faz um pagamento de hipoteca no valor de US$ 12.600 por ano sobre o imóvel. A hipoteca será quitada em mais dez anos. Ele tem depreciado o edifício pelo método da depreciação linear, supondo um valor recuperado de US$ 9,6 mil pelo edifício, o que ainda acredita ser um valor apropriado. Além disso, tem certeza de que o edifício pode ser alugado por mais dezesseis anos, e que, depois desse período, o terreno valerá 2,5 vezes o valor pago por ele.

Vender o imóvel. Uma empresa imobiliária ofereceu comprar o imóvel pagando de imediato US$ 150 mil, mais US$ 23 mil por ano pelos próximos dezesseis anos. O controle da propriedade passaria de imediato à imobiliária. Para vender o imóvel, o Professor Ryatt precisaria quitar a hipoteca, o que pode ser feito em um pagamento único de US$ 71 mil.

Requisitado:

(Ignore os impostos de renda.) O Professor Ryatt exige uma taxa de retorno de 14%. Você recomenda que ele mantenha ou venda o imóvel? Mostre cálculos usando a abordagem do custo total para o valor presente líquido.

CASOS

Consulte no *site* <www.grupoa.com.br> os suplementos para esta seção.

CASO 13.33 Comparação de alternativas usando a análise do valor presente líquido [OA13.1]

A divisão de pesquisa de mercado da empresa Woolrich projetou um aumento substancial na demanda por um dos produtos da empresa ao longo dos próximos anos. Para atender a essa demanda, a empresa terá de produzir as seguintes unidades:

Ano	Produção em unidades
1	20.000
2	30.000
3	40.000
4-10	45.000

No momento, a empresa usa uma única máquina modelo 2600 para fabricar esse produto. Para aumentar sua capacidade produtiva, a empresa considera duas alternativas:

Alternativa 1. Comprar outra máquina modelo 2600 que operaria com a atual. Temos as seguintes informações disponíveis sobre essa alternativa:

a. A máquina modelo 2600, em uso no momento, foi comprada por US$ 165 mil há quatro anos. Seu valor contábil presente é de US$ 99 mil, e seu valor de mercado presente é de US$ 90 mil.
b. Uma nova máquina modelo 2600 custa US$ 180 mil. A antiga máquina modelo 2600 terá de ser substituída daqui a seis anos pelo custo de US$ 200 mil. A máquina substituta terá um valor de mercado de cerca de US$ 100 mil quando tiver quatro anos de uso.
c. Os custos variáveis necessários para fabricar uma unidade de produto usando a máquina modelo 2600 são dados abaixo.
d. Os custos de consertos e manutenção anuais de uma única máquina modelo 2600 totalizam US$ 3 mil.

Alternativa 2. A empresa poderia comprar uma máquina modelo 5200 e usar a antiga máquina modelo 2600 como equipamento de *standby*. A máquina modelo 5200 é uma unidade de alta velocidade com o dobro de capacidade da máquina modelo 2600. Temos as seguintes informações disponíveis sobre essa alternativa:

a. O custo de uma nova máquina modelo 5200 é US$ 250 mil.
b. Os custos variáveis necessários para fabricar uma unidade de produto usando a máquina modelo 5200 são dados abaixo.
c. O custo de manutenção da máquina modelo 5200 é mais alto do que o da máquina modelo 2600. Os consertos e manutenção de uma máquina modelo 5200 e de uma máquina modelo 2600, usada como *standby*, totalizariam US$ 4,6 mil por ano.

Temos as seguintes informações gerais disponíveis sobre as duas alternativas:

a. Tanto a máquina modelo 2600 quanto a máquina modelo 5200 têm vida útil de dez anos a partir do momento em que foram usadas pela primeira vez na produção. O valor residual de ambas as máquinas é insignificante e pode ser ignorado. A empresa usa depreciação linear.
b. Os dois modelos da máquina não são igualmente eficientes. A seguir, temos os custos variáveis comparativos por unidade de produto:

	Modelo 2600	Modelo 5200
Materiais diretos por unidade (US$)	0,36	0,40
Mão de obra direta por unidade (US$)..................	0,50	0,22
Suprimentos e lubrificantes por unidade (US$).......	0,04	0,08
Custos variáveis totais por unidade (US$)..............	0,90	0,70

c. Nenhum outro custo da fábrica mudaria em decorrência da decisão entre as duas máquinas.
d. A Woolrich usa uma taxa de desconto de 18%.

Requisitado:

(Ignore os impostos de renda.)

1. Qual alternativa a empresa deve escolher? Use a abordagem do valor presente líquido. (Arredonde para o valor inteiro mais próximo.)
2. Suponha que o custo de materiais diretos aumente em 50%. Isso tornaria a máquina modelo 5200 mais ou menos desejável? Explique. Não são necessários cálculos.
3. Suponha que o custo de mão de obra direta aumente em 25%. Isso tornaria a máquina modelo 5200 mais ou menos desejável? Explique. Não são necessários cálculos.

CASO 13.34 Ética e o gerente; Pós-auditoria

Depois de cinco anos em uma empresa nacional de CPA (contadores públicos certificados) com uma maioria de grandes clientes, Amy Kimbell entrou para a Hi-Quality Productions Inc. (Hi-Q) como gerente de contabilidade de produção. Ela possui credenciais de CPA e CMA (contador gerencial certificado).

A Hi-Q é uma empresa de capital aberto que produz componentes automotivos. Uma operação na Divisão Alfa exige um processo bastante automatizado. A alta gerência e o conselho de diretoria da Hi-Q terceirizaram essa operação a outra empresa para evitar um grande investimento em tecnologia que, na opinião deles, mudava sempre.

Cada divisão operacional da Hi-Q possui um comitê orçamentário. Há dois anos, o comitê orçamentário da Divisão Alfa apresentou ao conselho sua proposta de internalizar a operação de alta tecnologia. Isso exigiria um investimento de capital em torno de US$ 4 milhões, mas levaria a economias de custos mais do que suficientes para justificar o gasto. O conselho aprovou a proposta e o investimento foi feito. Mais tarde, naquele mesmo ano, Amy Kimbell foi promovida a assistente da controladoria corporativa. Nesse cargo, ela participava do comitê orçamentário de todas as divisões.

Pouco mais de um ano depois do processo de alta tecnologia ter sido colocado em operação, o conselho solicitou uma análise de pós-auditoria das economias de custo reais. Quando o conselho solicita uma dessas análises, os dados são fornecidos pela gerência da divisão afetada e são analisados pelo comitê orçamentário da divisão. Quando os dados foram enviados para análise, Amy Kimbell percebeu que várias das projeções da proposta original tinham sido muito agressivas. Elas incluíam um valor recuperado muito alto para os equipamentos, além de vida útil muito longa sobre a qual as economias de custo foram projetadas. Se tivessem sido usadas projeções mais realistas, Amy duvida que o conselho tivesse concordado em fazer o investimento.

Também na análise de pós-auditoria, Amy percebeu que valores substanciais de custos operacionais incrementais do departamento de serviços causados pelo novo investimento não estavam sendo atribuídos à operação de alta tecnologia. Em vez disso, esses custos eram alocados como custos indiretos gerais a todos os departamentos, e observou que a taxa estimada para unidades estragadas e defeituosas contida na proposta era usada na análise em vez da taxa real, que era bem mais alta.

Quando Amy Kimbell chamou a atenção do comitê orçamentário para esses pontos, disseram que como novo membro, ela não seria responsabilizada por decisões que tivessem sido feitas antes de sua chegada, como o investimento na operação de alta tecnologia. Dessa forma, ela deveria deixar que os membros veteranos do comitê resolvessem essa análise em particular. Quando Amy continuou a expressar preocupação, foi firmemente informada que aprovar a proposta original tinha sido uma decisão unânime do comitê porque se acreditava que aquilo seria o melhor para a empresa a longo prazo. E, considerando o consenso, eles achavam justificável fazer certos "ajustes e exceções" na análise de pós-auditoria para garantir o bem-estar da empresa a longo prazo.

Requisitado:
1. O que Amy deve fazer? (Consulte o Statement of Ethical Professional Practice do IMA – instituto dos contadores gerenciais – em busca de orientações.)
2. Você tem alguma análise crítica sobre o modo como as pós-auditorias são conduzidas na Hi-Q?

(Adaptado de Roland L. Madison e Curtis C. Verschoor, "New Position Brings Ethical Dilemma", *Strategic Finance*, dezembro de 2000, p. 22, 24. Usado com permissão da IMA, Montvale, NJ, USA, <www.imanet.org.>).

CASO 13.35 Análise de valor presente líquido em uma decisão de alugar ou comprar [OA13.1]
A Wyndham Stores opera uma cadeia regional de lojas de departamento de alto nível. A empresa abrirá em breve uma nova loja em um subúrbio próspero e em crescimento. Ao discutir como a empresa pode adquirir o edifício desejado e outras instalações necessárias para abrir a nova loja, Harry Wilson, o vice-presidente de marketing da empresa, afirmou: "Sei que a maioria dos nossos concorrentes começou a alugar estabelecimentos em vez de comprá-los, mas não entendo as razões econômicas por trás disso. Nosso pessoal de desenvolvimento me disse que podemos comprar o terreno, construir um edifício nele e comprar todos os acessórios de que precisamos por US$ 14 milhões. Também disse que os impostos sobre imóveis, seguro, manutenção e consertos ficariam em US$ 200 mil por ano. Contando com o fato de que planejamos manter o local por vinte anos, temos aí um total de US$ 18 milhões. Mas então você percebe que o edifício valerá pelo menos US$ 5 milhões daqui a vinte anos, o que geraria um custo líquido para nós de apenas US$ 13 milhões. Alugar custa muito mais do que isso".

"Não tenho tanta certeza" – respondeu Erin Reilley, a vice-presidente executiva da empresa. "A companhia de seguros Guardian está disposta a comprar o terreno, construir um edifício e instalar os acessórios de acordo com nossas especificações e então nos alugar o edifício por vinte anos pelo pagamento anual de apenas US$ 1 milhão."

"É o que estou dizendo" – disse Harry. "A US$ 1 milhão por ano, alugar nos custaria US$ 20 milhões ao longo dos vinte anos em vez de apenas US$ 13 milhões. E o que teríamos no fim? Nada! O edifício pertenceria à empresa de seguros! Aposto que eles querem que o primeiro aluguel seja pago adiantado."

"Isso" – respondeu Erin. "Teríamos de fazer o primeiro pagamento de imediato e outro no início de cada um dos dezenove anos seguintes. Entretanto, você está relevando algumas coisas. Em primeiro lugar, teríamos de comprometer grande parte de nossos fundos por vinte anos se escolhêssemos a alternativa da compra. Precisaríamos fazer um pagamento à vista de US$ 6 milhões se comprássemos o imóvel e então teríamos de quitar os outros US$ 8 milhões ao longo de quatro anos, ou seja, US$ 2 milhões por ano."

CONTABILIDADE GERENCIAL

"Mas isso não custa nada em comparação aos US$ 20 milhões em aluguel" – disse Harry. "Além disso, se alugarmos, eu acredito que teremos de arcar com um depósito-caução de US$ 400 mil que não receberíamos de volta até o fim. E também precisaríamos pagar todos os custos de consertos e manutenção como se fôssemos proprietários do imóvel. Não é de se estranhar que essas companhias de seguro estejam tão ricas, já que conseguem fechar acordos como esse."

"Bem, admito que ainda não fiz todos os cálculos" – respondeu Erin. "Mas tenho a discriminação dos custos operacionais do edifício, que incluem US$ 90 mil anuais em impostos sobre imóveis, US$ 60 mil em seguro, e US$ 50 mil em reparos e manutenção. Se alugarmos, a Guardian ficará com os custos de seu próprio seguro e pagará os impostos sobre imóveis, mas teremos de arcar com os reparos e a manutenção. Preciso juntar todos os números e ver se alugar faz sentido com nossa taxa de retorno exigida de 12% antes dos impostos. O presidente quer uma apresentação e uma recomendação na reunião do comitê executivo amanhã."

Requisitado:

(Ignore o imposto de renda.)

1. Usando a abordagem do valor presente líquido, determine se a Wyndham Stores deve alugar ou comprar a nova loja. Suponha que é você quem fará a apresentação diante do comitê executivo da empresa.
2. Como você responderá na reunião se Harry Wilson puxar o assunto do valor de venda futuro do edifício?

▶▶ OA13.7

(Apêndice 13A) Compreender conceitos de valor presente e o uso de tabelas de valor presente.

APÊNDICE 13A: CONCEITO DE VALOR PRESENTE

Um dólar, por exemplo, recebido hoje vale mais do que um dólar recebido daqui a um ano, porque se você tiver um dólar hoje, pode colocá-lo no banco e fazê-lo render. Como dólares hoje valem mais do que dólares no futuro, os fluxos de caixa que são recebidos em momentos distintos têm de ser avaliados de forma diferente.

Matemática dos juros

Se um banco pagar 5% de juros, então um depósito de US$ 100 hoje, valerá US$ 105 daqui a um ano. Isso pode ser expresso da seguinte maneira:

$$F^1 = P\,(1 + r) \tag{1}$$

onde F_1 = o saldo no fim de um período, P = o montante investido agora e r = a taxa de juros por período.

No caso em que US$ 100 são depositados em uma conta poupança que paga 5% de juros, P = US$ 100 e r = 0,05. Sob essas condições, F_1 = US$ 105.

▶ **Valor presente**

valor hoje de uma quantia que será recebida em algum período futuro.

O dispêndio monetário presente de US$ 100 é chamado de **valor presente** dos US$ 105 a serem recebidos daqui a um ano. É também conhecido como valor descontado do recebimento futuro de US$ 105. Os US$ 100 representam o valor em termos presentes dos US$ 105 a serem recebidos daqui a um ano, quando a taxa de juros é de 5%.

Juros compostos E se os US$ 105 forem deixados no banco por um segundo ano? Nesse caso, no fim do segundo ano, o depósito original de US$ 100 terá crescido para US$ 110,25:

Depósito original (US$)	100
Juros no primeiro ano: US$ 100 × 0,05............................	5
Saldo no fim do primeiro ano (US$)..............................	105
Juros no segundo ano: US$ 105 × 0,05	5,25
Saldo no fim do segundo ano (US$)................................	110,25

Observe que os juros do segundo ano são de US$ 5,25, em comparação a apenas US$ 5 no primeiro ano. Essa diferença surge porque os juros estão sendo pagos sobre juros no segundo ano. Isso quer dizer que os US$ 5 de juros obtidos durante o primeiro ano foram deixados na conta e adicionados ao depósito original de US$ 100 no cálculo dos juros do segundo ano. Isso é conhecido como **juros compostos**. Nesse caso, a composição é anual. Os juros podem ser compostos semianual, trimestral ou mensalmente, ou com frequência ainda maior. Quanto maior for a frequência de composição, mais rapidamente o saldo aumentará.

▶ **Juros compostos**

processo de pagar juros sobre juros em um investimento.

Podemos determinar o saldo em uma conta depois de *n* períodos de composição usando a seguinte equação:

$$F_n = P(1 + r)^n \qquad (2)$$

onde *n* = o número de períodos de composição.

Se *n* = 2 anos e a taxa de juros é de 5% ao ano, o saldo em dois anos será calculado da seguinte maneira:

$$F_2 = US\$\ 100\ (1 + 0{,}05)^2$$

$$F_2 = US\$\ 110{,}25$$

Valor presente e valor futuro O Quadro 13A.1 mostra a relação entre valor presente e valor futuro. Como mostra o quadro, se US$ 100 forem depositados em um banco a 5% de juros compostos anualmente, o valor terá crescido para US$ 127,63 ao fim de cinco anos.

Cálculo do valor presente

Um investimento pode ser visto de duas formas – em termos de valor futuro ou em termos de valor presente. Vimos, a partir de nossos cálculos anteriores, que se soubermos o valor presente de uma soma (como nosso depósito de US$ 100), o valor futuro em *n* anos pode ser calculado usando-se a equação (2). Mas, e se a situação inverter e soubermos o valor *futuro* de um montante, mas não o valor presente?

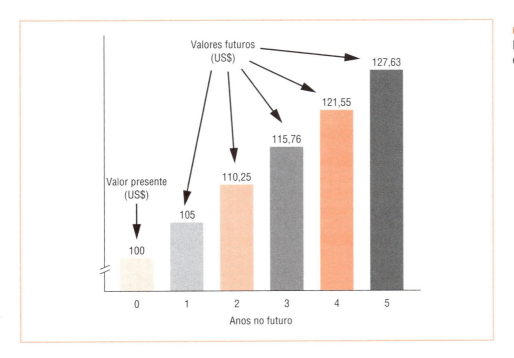

QUADRO 13A.1
Relação entre valor presente e valor futuro.

Por exemplo, suponha que você tenha de receber US$ 200 daqui a dois anos. Você sabe que o valor futuro dessa quantia é US$ 200 porque esse é o montante que receberá daqui a dois anos. Mas qual o valor presente – quanto essa quantia vale *no momento*? O valor presente de qualquer quantia a ser recebida no futuro pode ser calculado invertendo-se a equação (2) e encontrando o valor de P:

$$P = \frac{F_n}{(1 + r)^n} \qquad (3)$$

Em nosso exemplo, F_n = US$ 200 (o montante a ser recebido no futuro), r = 0,05 (a taxa de juros anual), e n = 2 (o número de anos no futuro em que o montante será recebido).

$$P = \frac{US\$\ 200}{(1 + 0,05)^2}$$

$$P = \frac{US\$\ 200}{1,1025}$$

$$P = US\$\ 181,40$$

Como mostra o cálculo, o valor presente de um montante igual a US$ 200 a ser recebido daqui a dois anos é de US$ 181,40, se a taxa de juros for de 5%. De fato, US$ 181,40 recebidos *no presente* são equivalentes a US$ 200 recebidos daqui a dois anos.

    O processo de encontrar o valor presente de um fluxo de caixa futuro (o que acabamos de fazer) é chamado **desconto.** Nós *descontamos* os US$ 200 para seu valor presente de US$ 181,40. Os juros de 5% usados para encontrar esse valor presente são chamados de **taxa de desconto**. Descontar quantias futuras para obter o valor presente é uma prática comum nos negócios, sobretudo em decisões de orçamento de capital.

    Se você possui uma tecla de potência (y^x) em sua calculadora, os cálculos anteriores são bem fáceis. Entretanto, algumas das fórmulas de valor presente que usaremos são mais complexas. Felizmente, há tabelas disponíveis nas quais muitos dos cálculos já foram feitos. Por exemplo, o Quadro 13B.1 do Apêndice 13B mostra o valor presente descontado de US$ 1 a ser recebido em vários períodos no futuro, sob várias taxas de juros. A tabela indica que o valor presente de US$ 1 a ser recebido daqui a dois períodos a 5% é 0,907. Como em nosso exemplo queremos mostrar o valor presente de US$ 200 em vez de apenas US$ 1, precisamos multiplicar o fator da tabela por US$ 200:

$$US\$\ 200 \times 0,907 = US\$\ 181,40$$

Essa resposta é a mesma que obtivemos por meio da fórmula na equação (3).

Valor presente de uma série de fluxos de caixa

Embora alguns investimentos envolvam uma única quantia a ser recebida (ou paga) em um único ponto no futuro, outros investimentos envolvem uma *série* de fluxos de caixa. Uma série de fluxos de caixa idênticos é chamada de **anuidade**. Para dar um exemplo, suponha que uma empresa tenha acabado de comprar alguns títulos de dívida do governo. Os títulos de dívida gerarão juros de US$ 15 mil por ano e serão mantidos por cinco anos. Qual o valor presente da série de recebimentos de juros dos títulos de dívida? Como mostra o Quadro 13A.2, se a taxa de desconto for 12%, o valor presente desse fluxo será US$ 54.075. Os fatores de desconto usados nesse quadro foram tirados do Quadro 13B.1, no Apêndice 13B.

> ▶ **Desconto**
>
> processo de encontrar o valor presente de um fluxo de caixa futuro.

> ▶ **Taxa de desconto**
>
> taxa de retorno que é usada para encontrar o valor presente de um fluxo de caixa futuro.

> ▶ **Anuidade**
>
> série de fluxos de caixa idênticos.

QUADRO 13A.2
Valor presente de uma série de recebimentos de caixa.

Ano	Fator a 12% (Quadro 13B.1)	Juros recebidos (US$)	Valor presente (US$)
1......	0,893	15.000	13.395
2......	0,797	15.000	11.955
3......	0,712	15.000	10.680
4......	0,636	15.000	9.540
5......	0,567	15.000	8.505
			54.075

Capítulo **13** ▶▶ Decisões de orçamento de capital

O Quadro 13A.2 ilustra dois pontos importantes. Primeiro, o valor presente dos juros de US$ 15 mil diminui quanto mais distante no futuro. O valor presente de US$ 15 mil recebidos daqui a um ano é US$ 13.395, em comparação a apenas US$ 8.505 se recebidos daqui a cinco anos. Esse ponto sublinha o valor do dinheiro no tempo.

O segundo ponto é que os cálculos usados no Quadro 13A.2 envolveram um trabalho desnecessário. O mesmo valor presente de US$ 54.075 poderia ter sido obtido, de modo mais fácil, consultando o Quadro 13B.2 no Apêndice 13B. O Quadro 13B.2 contém o valor presente de US$ 1 a ser recebido a cada ano ao longo de uma *série* de anos sob várias taxas de juros. O Quadro 13B.2 foi deduzido apenas com a soma dos fatores do Quadro 13B.1, da seguinte maneira:

Ano	Fatores a 12% (do Quadro 13B.1)
1................	0,893
2................	0,797
3................	0,712
4................	0,636
5................	<u>0,567</u>
	<u>3,605</u>

A soma desses cinco fatores é 3,605. Observe, com base no Quadro 13B.2, que o fator de US$ 1 a ser recebido todo ano, por cinco anos, a 12%, também é 3,605. Se usarmos esse fator e o multiplicarmos pela entrada de caixa anual de US$ 15 mil, obteremos o mesmo valor presente de US$ 54.075 que obtivemos antes no Quadro 13A.2.

$$US\$\ 15.000 \times 3,605 = US\$\ 54.075$$

Portanto, ao calcular o valor presente de uma série de fluxos de caixa iguais que começa no fim do período 1, o Quadro 13B.2 deve ser usado.

Em resumo, as tabelas de valor presente no Apêndice 13B devem ser usadas da seguinte maneira:

Quadro 13B.1: Para encontrar o valor presente de um único fluxo de caixa (como um único pagamento ou recebimento) que ocorrerá no futuro.

Quadro 13B.2: Para encontrar o valor presente de uma série de fluxos de caixa idênticos que começam no fim do período corrente e continuam no futuro.

O uso de ambas as tabelas é ilustrado em vários quadros no corpo principal do capítulo. *Quando o fator de um valor presente aparece em um quadro, você deve dedicar um tempo para voltar ao Quadro 13B.1 ou ao Quadro 13B.2 para se familiarizar com as tabelas e como elas funcionam.*

PROBLEMA DE REVISÃO: CÁLCULOS BÁSICOS DE VALOR PRESENTE

As situações a seguir são independentes. Encontre sua própria solução para cada uma delas e compare-a à solução dada.

1. John planeja se aposentar daqui a doze anos. Ao se aposentar, gostaria de tirar férias longas, que ele espera que custem pelo menos US$ 40 mil. Quanto ele teria de investir hoje para obter US$ 40 mil ao fim de doze anos se a taxa de retorno for:
   a. Oito por cento?
   b. Doze por cento?

2. Os Morgans gostariam de mandar sua filha para um acampamento de música no fim de cada um dos próximos cinco anos. O acampamento custa US$ 1 mil por ano. Quanto eles precisariam investir hoje para ter US$ 1 mil no fim de cada ano se a taxa de retorno for:
   a. 8%?
   b. 12%?
3. Você acaba de receber uma herança de um parente, e pode optar entre receber uma quantia única de US$ 200 mil ao fim de dez anos ou receber US$ 14 mil ao fim de cada ano pelos próximos dez anos. Sua taxa de desconto é 12%, qual alternativa você preferiria?

Solução do problema de revisão

1. a. A quantia que deve ser investida hoje seria o valor presente dos US$ 40 mil, usando uma taxa de desconto de 8%. No Quadro 13B.1 no Apêndice 13B, o fator para uma taxa de desconto de 8% para 12 períodos é 0,397. Multiplicando esse fator de desconto pelos US$ 40 mil necessários daqui a doze anos, teremos a quantia do investimento presente necessário: US$ 40 mil × 0,397 = US$ 15.880.
    b. Procederemos como no item (a), mas, desta vez, usaremos uma taxa de desconto de 12%. No Quadro 13B.1 no Apêndice 13B, o fator para uma taxa de desconto de 12% para 12 períodos é 0,257. Multiplicando esse fator de desconto pelos US$ 40 mil necessários daqui a doze anos, teremos a quantia do investimento presente necessária: US$ 40.000 × 0,257 = US$ 10.280.
    Observe que à medida que a taxa de desconto (taxa de retorno desejada) aumenta, o valor presente diminui.
2. Esta parte difere do item (1) no sentido de que agora lidamos com uma anuidade em vez de com uma única quantia futura. A quantia que tem de ser investida hoje é o valor presente dos US$ 1 mil necessários ao fim de cada ano, por cinco anos. Como lidamos com uma anuidade, ou uma série de fluxos de caixa anuais, temos de consultar o Quadro 13B.2 no Apêndice 13B para encontrar o fator de desconto apropriado.
    a. No Quadro 13B.2 no Apêndice 13B, o fator de desconto de 8% por cinco períodos é 3,993. Portanto, a quantia que tem de ser investida hoje para ter US$ 1.000 disponíveis ao fim de cada ano, por cinco anos, é US$ 1.000 × 3,993 = US$ 3.993.
    b. No Quadro 13B.2 no Apêndice 13B, o fator de desconto para 12% por cinco períodos é 3,605. Portanto, a quantia que tem de ser investida hoje para ter US$ 1 mil disponíveis ao fim de cada ano, por cinco anos, é US$ 1.000 × 3,605 = US$ 3.605.
    Observe que, outra vez, à medida que a taxa de desconto aumenta, o valor presente diminui. Quando a taxa de retorno aumenta, menos tem de ser investido hoje para gerar determinada quantia no futuro.
3. Nesta parte, precisaremos consultar ambos os Quadros 13B.1 e 13B.2, no Apêndice 13B. No Quadro 13B.1, deveremos encontrar o fator de desconto para 12% por 10 períodos, e então aplicá-lo à quantia única de US$ 200 mil a ser recebida daqui a dez anos. No Quadro 13B.2, precisaremos encontrar o fator de desconto para 12% para 10 períodos, e então aplicá-lo à série de pagamentos de US$ 14 mil a serem recebidos ao longo do período de dez anos. A alternativa que tiver o maior valor presente é a que deve ser selecionada.

$$US\$\ 200.000 \times 0,322 = US\$\ 64.400$$
$$US\$\ 14.000 \times 5,650 = US\$\ 79.100$$

Assim, você deve preferir receber os US$ 14 mil por ano por dez anos do que a quantia única de US$ 200 mil. Isso significa que você poderia investir os US$ 14 mil recebidos ao fim de cada ano a 12% e ter mais do que US$ 200 mil ao fim de dez anos.

APÊNDICE 13A EXERCÍCIOS

Consulte no *site* <www.grupoa.com.br> os suplementos para esta seção.

EXERCÍCIO 13A.1 Conceitos básicos de valor presente [OA13.7]

A Largo Freightlines planeja construir uma nova garagem daqui a três anos para ter mais espaço para consertar seus caminhões. A garagem custará US$ 400 mil.

Requisitado:

Quanto a empresa deve investir hoje para ter US$ 400 mil disponíveis ao fim do período de três anos? Suponha que a empresa possa investir dinheiro a:
a. 8%.
b. 12%.

EXERCÍCIO 13A.2 Conceitos básicos de valor presente [OA13.7]

Você acabou de descobrir que é beneficiário do testamento de sua finada tia Susan. A executora do espólio lhe deu três opções para receber sua herança:

a. US$ 50 mil de imediato.
b. US$ 75 mil ao fim de seis anos.
c. US$ 12 mil ao fim de cada ano, por seis anos (totalizando US$ 72 mil).

Requisitado:

Se você pudesse investir dinheiro a um retorno de 12%, que opção preferiria?

EXERCÍCIO 13A.3 Conceitos básicos de valor presente [OA13.7]

Ao fim de três anos, quando você se formar na faculdade, seu pai prometeu lhe dar um carro usado que custará US$ 12 mil.

Requisitado:

Quanto ele deve investir hoje para ter os US$ 12 mil ao fim de três anos supondo que possa investir dinheiro a:

a. 6%?
b. 10%?

EXERCÍCIO 13A.4 Conceitos básicos de valor presente [OA13.7]

Sally acaba de vencer o milionário *jackpot* "Big Slam" em um cassino. Como recompensa, o cassino lhe pagará US$ 50 mil por ano, por vinte anos, como recompensa.

Requisitado:

Se Sally pode investir dinheiro a uma taxa de retorno de 10%, qual o valor presente de seu prêmio? Ela de fato ganhou um milhão de dólares? Explique.

EXERCÍCIO 13A.5 Conceitos básicos de valor presente [OA13.7]

A seguir, temos as entradas de caixa anuais de duas oportunidades de investimento concorrentes. Cada uma delas exigirá o mesmo investimento inicial.

	Investimento X (US$)	Investimento Y
Ano 1	1.000	4.000
Ano 2	2.000	3.000
Ano 3	3.000	2.000
Ano 4	4.000	1.000
Total	10.000	10.000

Requisitado:

Calcule o valor presente das entradas de caixa de cada investimento usando uma taxa de desconto de 20%.

EXERCÍCIO 13A.6 Conceitos básicos de valor presente [OA13.7]

A Martell Products Inc. pode comprar uma nova copiadora que economizará US$ 5 mil por ano em custos de cópias. A copiadora terá duração de seis anos e nenhum valor recuperado.

Requisitado:

Qual o preço de compra máximo que a Martell Products deve estar disposta a pagar pela copiadora se a taxa de retorno exigida da empresa é:

a. 10%?
b. 16%?

APÊNDICE 13B: TABELAS DE VALOR PRESENTE
QUADRO 13B.1

Valor presente de US$ 1; $\dfrac{1}{(1+r)^n}$

Períodos	4%	5%	6%	7%	8%	9%	10%	11%	12%	13%	14%	15%	16%	17%	18%	19%	20%	21%	22%	23%	24%	25%
1	0,962	0,952	0,943	0,935	0,926	0,917	0,909	0,901	0,893	0,885	0,877	0,870	0,862	0,855	0,847	0,840	0,833	0,826	0,820	0,813	0,806	0,800
2	0,925	0,907	0,890	0,873	0,857	0,842	0,826	0,812	0,797	0,783	0,769	0,756	0,743	0,731	0,718	0,706	0,694	0,683	0,672	0,661	0,650	0,640
3	0,889	0,864	0,840	0,816	0,794	0,772	0,751	0,731	0,712	0,693	0,675	0,658	0,641	0,624	0,609	0,593	0,579	0,564	0,551	0,537	0,524	0,512
4	0,855	0,823	0,792	0,763	0,735	0,708	0,683	0,659	0,636	0,613	0,592	0,572	0,552	0,534	0,516	0,499	0,482	0,467	0,451	0,437	0,423	0,410
5	0,822	0,784	0,747	0,713	0,681	0,650	0,621	0,593	0,567	0,543	0,519	0,497	0,476	0,456	0,437	0,419	0,402	0,386	0,370	0,355	0,341	0,328
6	0,790	0,746	0,705	0,666	0,630	0,596	0,564	0,535	0,507	0,480	0,456	0,432	0,410	0,390	0,370	0,352	0,335	0,319	0,303	0,289	0,275	0,262
7	0,760	0,711	0,665	0,623	0,583	0,547	0,513	0,482	0,452	0,425	0,400	0,376	0,354	0,333	0,314	0,296	0,279	0,263	0,249	0,235	0,222	0,210
8	0,731	0,677	0,627	0,582	0,540	0,502	0,467	0,434	0,404	0,376	0,351	0,327	0,305	0,285	0,266	0,249	0,233	0,218	0,204	0,191	0,179	0,168
9	0,703	0,645	0,592	0,544	0,500	0,460	0,424	0,391	0,361	0,333	0,308	0,284	0,263	0,243	0,225	0,209	0,194	0,180	0,167	0,155	0,144	0,134
10	0,676	0,614	0,558	0,508	0,463	0,422	0,386	0,352	0,322	0,295	0,270	0,247	0,227	0,208	0,191	0,176	0,162	0,149	0,137	0,126	0,116	0,107
11	0,650	0,585	0,527	0,475	0,429	0,388	0,350	0,317	0,287	0,261	0,237	0,215	0,195	0,178	0,162	0,148	0,135	0,123	0,112	0,103	0,094	0,086
12	0,625	0,557	0,497	0,444	0,397	0,356	0,319	0,286	0,257	0,231	0,208	0,187	0,168	0,152	0,137	0,124	0,112	0,102	0,092	0,083	0,076	0,069
13	0,601	0,530	0,469	0,415	0,368	0,326	0,290	0,258	0,229	0,204	0,182	0,163	0,145	0,130	0,116	0,104	0,093	0,084	0,075	0,068	0,061	0,055
14	0,577	0,505	0,442	0,388	0,340	0,299	0,263	0,232	0,205	0,181	0,160	0,141	0,125	0,111	0,099	0,088	0,078	0,069	0,062	0,055	0,049	0,044
15	0,555	0,481	0,417	0,362	0,315	0,275	0,239	0,209	0,183	0,160	0,140	0,123	0,108	0,095	0,084	0,074	0,065	0,057	0,051	0,045	0,040	0,035
16	0,534	0,458	0,394	0,339	0,292	0,252	0,218	0,188	0,163	0,141	0,123	0,107	0,093	0,081	0,071	0,062	0,054	0,047	0,042	0,036	0,032	0,028
17	0,513	0,436	0,371	0,317	0,270	0,231	0,198	0,170	0,146	0,125	0,108	0,093	0,080	0,069	0,060	0,052	0,045	0,039	0,034	0,030	0,026	0,023
18	0,494	0,416	0,350	0,296	0,250	0,212	0,180	0,153	0,130	0,111	0,095	0,081	0,069	0,059	0,051	0,044	0,038	0,032	0,028	0,024	0,021	0,018
19	0,475	0,396	0,331	0,277	0,232	0,194	0,164	0,138	0,116	0,098	0,083	0,070	0,060	0,051	0,043	0,037	0,031	0,027	0,023	0,020	0,017	0,014
20	0,456	0,377	0,312	0,258	0,215	0,178	0,149	0,124	0,104	0,087	0,073	0,061	0,051	0,043	0,037	0,031	0,026	0,022	0,019	0,016	0,014	0,012
21	0,439	0,359	0,294	0,242	0,199	0,164	0,135	0,112	0,093	0,077	0,064	0,053	0,044	0,037	0,031	0,026	0,022	0,018	0,015	0,013	0,011	0,009
22	0,422	0,342	0,278	0,226	0,184	0,150	0,123	0,101	0,083	0,068	0,056	0,046	0,038	0,032	0,026	0,022	0,018	0,015	0,013	0,011	0,009	0,007
23	0,406	0,326	0,262	0,211	0,170	0,138	0,112	0,091	0,074	0,060	0,049	0,040	0,033	0,027	0,022	0,018	0,015	0,012	0,010	0,009	0,007	0,006
24	0,390	0,310	0,247	0,197	0,158	0,126	0,102	0,082	0,066	0,053	0,043	0,035	0,028	0,023	0,019	0,015	0,013	0,010	0,008	0,007	0,006	0,005
25	0,375	0,295	0,233	0,184	0,146	0,116	0,092	0,074	0,059	0,047	0,038	0,030	0,024	0,020	0,016	0,013	0,010	0,009	0,007	0,006	0,005	0,004
26	0,361	0,281	0,220	0,172	0,135	0,106	0,084	0,066	0,053	0,042	0,033	0,026	0,021	0,017	0,014	0,011	0,009	0,007	0,006	0,005	0,004	0,003
27	0,347	0,268	0,207	0,161	0,125	0,098	0,076	0,060	0,047	0,037	0,029	0,023	0,018	0,014	0,011	0,009	0,007	0,006	0,005	0,004	0,003	0,002
28	0,333	0,255	0,196	0,150	0,116	0,090	0,069	0,054	0,042	0,033	0,026	0,020	0,016	0,012	0,010	0,008	0,006	0,005	0,004	0,003	0,002	0,002
29	0,321	0,243	0,185	0,141	0,107	0,082	0,063	0,048	0,037	0,029	0,022	0,017	0,014	0,011	0,008	0,006	0,005	0,004	0,003	0,002	0,002	0,002
30	0,308	0,231	0,174	0,131	0,099	0,075	0,057	0,044	0,033	0,026	0,020	0,015	0,012	0,009	0,007	0,005	0,004	0,003	0,003	0,002	0,002	0,001
40	0,208	0,142	0,097	0,067	0,046	0,032	0,022	0,015	0,011	0,008	0,005	0,004	0,003	0,002	0,001	0,001	0,001	0,000	0,000	0,000	0,000	0,000

QUADRO 13B.2

Valor presente de uma anuidade de US$ postecipado; $\dfrac{1}{r}\left[1-\dfrac{1}{(1+r)^n}\right]$

Períodos	4%	5%	6%	7%	8%	9%	10%	11%	12%	13%	14%	15%	16%	17%	18%	19%	20%	21%	22%	23%	24%	25%
1	0,962	0,952	0,943	0,935	0,926	0,917	0,909	0,901	0,893	0,885	0,877	0,870	0,862	0,855	0,847	0,840	0,833	0,826	0,820	0,813	0,806	0,800
2	1,886	1,859	1,833	1,808	1,783	1,759	1,736	1,713	1,690	1,668	1,647	1,626	1,605	1,585	1,566	1,547	1,528	1,509	1,492	1,474	1,457	1,440
3	2,775	2,723	2,673	2,624	2,577	2,531	2,487	2,444	2,402	2,361	2,322	2,283	2,246	2,210	2,174	2,140	2,106	2,074	2,042	2,011	1,981	1,952
4	3,630	3,546	3,465	3,387	3,312	3,240	3,170	3,102	3,037	2,974	2,914	2,855	2,798	2,743	2,690	2,639	2,589	2,540	2,494	2,448	2,404	2,362
5	4,452	4,329	4,212	4,100	3,993	3,890	3,791	3,696	3,605	3,517	3,433	3,352	3,274	3,199	3,127	3,058	2,991	2,926	2,864	2,803	2,745	2,689
6	5,242	5,076	4,917	4,767	4,623	4,486	4,355	4,231	4,111	3,998	3,889	3,784	3,685	3,589	3,498	3,410	3,326	3,245	3,167	3,092	3,020	2,951
7	6,002	5,786	5,582	5,389	5,206	5,033	4,868	4,712	4,564	4,423	4,288	4,160	4,039	3,922	3,812	3,706	3,605	3,508	3,416	3,327	3,242	3,161
8	6,733	6,463	6,210	5,971	5,747	5,535	5,335	5,146	4,968	4,799	4,639	4,487	4,344	4,207	4,078	3,954	3,837	3,726	3,619	3,518	3,421	3,329
9	7,435	7,108	6,802	6,515	6,247	5,995	5,759	5,537	5,328	5,132	4,946	4,772	4,607	4,451	4,303	4,163	4,031	3,905	3,786	3,673	3,566	3,463
10	8,111	7,722	7,360	7,024	6,710	6,418	6,145	5,889	5,650	5,426	5,216	5,019	4,833	4,659	4,494	4,339	4,192	4,054	3,923	3,799	3,682	3,571
11	8,760	8,306	7,887	7,499	7,139	6,805	6,495	6,207	5,938	5,687	5,453	5,234	5,029	4,836	4,656	4,486	4,327	4,177	4,035	3,902	3,776	3,656
12	9,385	8,863	8,384	7,943	7,536	7,161	6,814	6,492	6,194	5,918	5,660	5,421	5,197	4,988	4,793	4,611	4,439	4,278	4,127	3,985	3,851	3,725
13	9,986	9,394	8,853	8,358	7,904	7,487	7,103	6,750	6,424	6,122	5,842	5,583	5,342	5,118	4,910	4,715	4,533	4,362	4,203	4,053	3,912	3,780
14	10,563	9,899	9,295	8,745	8,244	7,786	7,367	6,982	6,628	6,302	6,002	5,724	5,468	5,229	5,008	4,802	4,611	4,432	4,265	4,108	3,962	3,824
15	11,118	10,380	9,712	9,108	8,559	8,061	7,606	7,191	6,811	6,462	6,142	5,847	5,575	5,324	5,092	4,876	4,675	4,489	4,315	4,153	4,001	3,859
16	11,652	10,838	10,106	9,447	8,851	8,313	7,824	7,379	6,974	6,604	6,265	5,954	5,668	5,405	5,162	4,938	4,730	4,536	4,357	4,189	4,033	3,887
17	12,166	11,274	10,477	9,763	9,122	8,544	8,022	7,549	7,120	6,729	6,373	6,047	5,749	5,475	5,222	4,990	4,775	4,576	4,391	4,219	4,059	3,910
18	12,659	11,690	10,828	10,059	9,372	8,756	8,201	7,702	7,250	6,840	6,467	6,128	5,818	5,534	5,273	5,033	4,812	4,608	4,419	4,243	4,080	3,928
19	13,134	12,085	11,158	10,336	9,604	8,950	8,365	7,839	7,366	6,938	6,550	6,198	5,877	5,584	5,316	5,070	4,843	4,635	4,442	4,263	4,097	3,942
20	13,590	12,462	11,470	10,594	9,818	9,129	8,514	7,963	7,469	7,025	6,623	6,259	5,929	5,628	5,353	5,101	4,870	4,657	4,460	4,279	4,110	3,954
21	14,029	12,821	11,764	10,836	10,017	9,292	8,649	8,075	7,562	7,102	6,687	6,312	5,973	5,665	5,384	5,127	4,891	4,675	4,476	4,292	4,121	3,963
22	14,451	13,163	12,042	11,061	10,201	9,442	8,772	8,176	7,645	7,170	6,743	6,359	6,011	5,696	5,410	5,149	4,909	4,690	4,488	4,302	4,130	3,970
23	14,857	13,489	12,303	11,272	10,371	9,580	8,883	8,266	7,718	7,230	6,792	6,399	6,044	5,723	5,432	5,167	4,925	4,703	4,499	4,311	4,137	3,976
24	15,247	13,799	12,550	11,469	10,529	9,707	8,985	8,348	7,784	7,283	6,835	6,434	6,073	5,746	5,451	5,182	4,937	4,713	4,507	4,318	4,143	3,981
25	15,622	14,094	12,783	11,654	10,675	9,823	9,077	8,422	7,843	7,330	6,873	6,464	6,097	5,766	5,467	5,195	4,948	4,721	4,514	4,323	4,147	3,985
26	15,983	14,375	13,003	11,826	10,810	9,929	9,161	8,488	7,896	7,372	6,906	6,491	6,118	5,783	5,480	5,206	4,956	4,728	4,520	4,328	4,151	3,988
27	16,330	14,643	13,211	11,987	10,935	10,027	9,237	8,548	7,943	7,409	6,935	6,514	6,136	5,798	5,492	5,215	4,964	4,734	4,524	4,332	4,154	3,990
28	16,663	14,898	13,406	12,137	11,051	10,116	9,307	8,602	7,984	7,441	6,961	6,534	6,152	5,810	5,502	5,223	4,970	4,739	4,528	4,335	4,157	3,992
29	16,984	15,141	13,591	12,278	11,158	10,198	9,370	8,650	8,022	7,470	6,983	6,551	6,166	5,820	5,510	5,229	4,975	4,743	4,531	4,337	4,159	3,994
30	17,292	15,372	13,765	12,409	11,258	10,274	9,427	8,694	8,055	7,496	7,003	6,566	6,177	5,829	5,517	5,235	4,979	4,746	4,534	4,339	4,160	3,995
40	19,793	17,159	15,046	13,332	11,925	10,757	9,779	8,951	8,244	7,634	7,105	6,642	6,233	5,871	5,548	5,258	4,997	4,760	4,544	4,347	4,166	3,999

626 | CONTABILIDADE GERENCIAL

▶▶ OA13.8

(Apêndice 13C) Incluir imposto de renda em uma análise de orçamento de capital.

APÊNDICE 13C: IMPOSTO DE RENDA NAS DECISÕES DE ORÇAMENTO DE CAPITAL

Ignoramos os impostos de renda neste capítulo por dois motivos. Primeiro, muitas organizações não pagam impostos de renda. Organizações sem fins lucrativos, como hospitais e fundações de caridade, ou agências governamentais são isentos de impostos de renda. Segundo, o orçamento de capital é complexo e é melhor que seja absorvido em pequenas doses. Agora que temos uma base sólida nos conceitos de valor presente e desconto, podemos explorar os efeitos dos impostos de renda sobre as decisões de orçamento de capital.

O código fiscal dos Estados Unidos é bastante complexo. Só estamos "dando uma pincelada" aqui. Para manter o assunto dentro de limites razoáveis, adotamos muitos pressupostos simplificadores sobre o código fiscal. Entre os mais importantes estão: (1) a renda tributável é igual à receita líquida calculada para os relatórios financeiros; e (2) a alíquota de impostos é uma porcentagem inteira da renda tributável. O código fiscal real é muito mais complexo do que isso; de fato, especialistas reconhecem que nenhuma pessoa domina o código por completo. Entretanto, as simplificações que fizemos nesse Apêndice nos permitem abordar as implicações mais importantes dos impostos de renda para o orçamento de capital sem ficarmos paralisados pelos detalhes.

Conceito de custo após os impostos

▶ **Custo após os impostos**

montante de saída de caixa líquido que resulta de uma despesa de caixa dedutível dos impostos depois dos efeitos dos impostos de renda terem sido considerados. O montante é determinado multiplicando-se a despesa de caixa dedutível dos impostos por (1 – Alíquota de impostos).

As empresas, assim como os indivíduos, têm de pagar impostos de renda. No caso das empresas, o montante de imposto a ser pago é determinado pela renda tributável líquida. As despesas dedutíveis (deduções fiscais) diminuem a renda tributável líquida da empresa e, logo, reduzem os impostos que ela tem de pagar. Por esse motivo, as despesas geralmente são declaradas com base em seu valor *depois dos impostos*. Por exemplo, se uma empresa paga um aluguel de US$ 10 milhões por ano, mas essa despesa resulta em uma dedução nos impostos de renda de US$ 3 milhões, o custo do aluguel depois dos impostos é de US$ 7 milhões. Uma despesa menos seu efeito sobre o imposto de renda é conhecida como **custo após os impostos**.

Para ilustrar esse conceito, suponha que uma empresa com uma alíquota de imposto de 30% considere um programa de treinamento que custa US$ 60 mil. Que impacto isso teria sobre os impostos da empresa? Para simplificar, suponhamos que o programa de treinamento não tenha nenhum efeito imediato sobre as vendas. Quanto a empresa paga de fato pelo programa de treinamento depois de levar em consideração o impacto disso sobre os impostos? A resposta é **US$ 42 mil**, como mostra o Quadro 13C.1. Embora o programa de treinamento custe **US$ 60 mil** antes dos impostos, ele reduziria os impostos da empresa em **US$ 18 mil**, então seu custo *após os impostos* seria de apenas US$ 42 mil.

QUADRO 13C.1
Cálculo do custo após os impostos (US$).

	Sem programa de treinamento	Com programa de treinamento
Vendas	850.000	850.000
Menos despesas dedutíveis dos impostos:		
Salários, seguro e outros	700.000	700.000
Novo programa de treinamento		60.000
Total de despesas	700.000	760.000
Receita tributável	150.000	90.000
Impostos de renda (30%)	45.000	27.000

Custo do novo programa de treinamento	**60.000**
Menos: redução nos impostos de renda (US$ 45.000 – US$ 27.000)	**18.000**
Custo do novo programa de treinamento após os impostos	**42.000**

Capítulo **13** ▸▶ Decisões de orçamento de capital

O custo após os impostos de qualquer despesa dedutível dos impostos pode ser determinado por meio da seguinte fórmula:[1]

$$\begin{matrix} \text{Custo após os impostos} \\ \text{(saída de caixa líquida)} \end{matrix} = \begin{matrix} \text{(1 – alíquota de impostos)} \\ \times \text{ Despesa de caixa dedutível} \end{matrix} \quad (1)$$

Podemos verificar a precisão dessa fórmula aplicando-a à despesa de US\$ 60 mil com o novo programa de treinamento:

$$(1 - 0,30) \times \text{US\$ } 60.000 =$$
US\$ 42.000 custo após os impostos do programa de treinamento

Essa fórmula é muito útil porque fornece o montante real de caixa que uma empresa tem de pagar depois de considerar os efeitos dos impostos. É essa saída de caixa real depois dos impostos que deve ser usada nas decisões de orçamento de capital.

Um raciocínio similar se aplica a receitas e outras entradas de caixa *tributáveis*. Como esses recebimentos de caixa são tributáveis, a empresa tem de pagar uma parte deles em impostos. O **benefício depois dos impostos**, ou entrada de caixa líquida, realizado com determinado recebimento de caixa, pode ser obtido aplicando-se uma simples variação da fórmula de despesas de caixa usadas acima:

> ▸ **Benefício depois dos impostos**
>
> montante de entrada de caixa líquida realizado de um recebimento de caixa tributável depois dos efeitos dos impostos de renda terem sido considerados. O montante é determinado multiplicando-se o recebimento de caixa tributável por (1 – Alíquota de impostos).

$$\begin{matrix} \text{Benefício depois dos impostos} \\ \text{(saída de caixa líquida)} \end{matrix} = \begin{matrix} \text{(1 – alíquota de impostos)} \\ \times \text{ Recebimento de caixa tributável} \end{matrix} \quad (2)$$

Enfatizamos o termo *recebimentos de caixa tributáveis* porque nem todas as entradas de caixa são tributáveis. Por exemplo, a liberação de capital de giro ao fim de um projeto de investimento não seria uma entrada de caixa tributável. Ela não é contada como receita nem para a contabilidade financeira nem para fins de declaração de impostos por ser uma simples recuperação do investimento inicial.

Proteção fiscal da depreciação

A depreciação não é um fluxo de caixa. Por esse motivo, a depreciação foi ignorada no Capítulo 13 em todos os cálculos de fluxos de caixa descontados. Entretanto, a depreciação afeta, sim, os impostos que têm de ser pagos e, portanto, possui um efeito sobre os fluxos de caixa da empresa.

Para ilustrar o efeito das deduções de depreciação sobre os pagamentos de impostos, considere uma empresa com vendas anuais de US\$ 500 mil e despesas operacionais de US\$ 310 mil. Além disso, a empresa possui um ativo depreciável sobre o qual a dedução de depreciação é de US\$ 90 mil por ano. A alíquota de impostos é 30%. Como mostra o Quadro 13C.2, a dedução de depreciação reduz os impostos da empresa em US\$ 27 mil. De fato, uma dedução de depreciação de US\$ 90 mil *protege* US\$ 90 mil em receitas dos impostos e, dessa forma, *reduz* o montante de impostos que a empresa tem de pagar. Como as deduções de depreciação protegem as receitas de tributação, elas costumam ser chamadas de **proteção fiscal da depreciação**.[2] A redução nos pagamentos de impostos possibilitada pela proteção fiscal da depreciação é igual ao montante de uma dedução de depreciação multiplicado pela alíquota de impostos, como a seguir:

> ▸ **Proteção fiscal da depreciação**
>
> redução nos impostos que resultam das deduções de depreciação. A redução tributária nos impostos é calculada multiplicando-se a dedução de depreciação pela alíquota de impostos.

$$\begin{matrix} \text{Economia tributária da proteção} \\ \text{fiscal da depreciação} \end{matrix} = \begin{matrix} \text{Alíquota de impostos} \\ \times \text{ Dedução da depreciação} \end{matrix} \quad (3)$$

---

[1] Essa fórmula supõe que uma empresa opera com lucro; se operar com prejuízo, a situação fiscal pode ser muito complexa. Para simplificar, suporemos, em todos os exemplos, exercícios e problemas, que a empresa opera com lucro.

[2] O termo *proteção fiscal da depreciação* pode dar a impressão de que há algo de ilícito sobre as deduções de depreciação – que as empresas recebem algum tipo de desoneração tributária especial. Entretanto, para usar uma dedução de depreciação, uma empresa já tem de ter adquirido um ativo depreciável – o que em geral exige uma saída de caixa. Essencialmente, o código fiscal exige que as empresas posterguem o reconhecimento da saída de caixa como despesa até os encargos de depreciação serem registrados.

QUADRO 13C.2
Impacto das deduções de depreciação sobre os impostos devidos (US$).

	Sem dedução de depreciação	Com dedução de depreciação
Vendas	500.000	500.000
Despesas operacionais	310.000	310.000
Fluxo de caixa das operações	190.000	190.000
Despesa de depreciação	—	90.000
Receita tributável	190.000	100.000
Impostos de renda (30%)	57.000	30.000

Impostos US$ 27.000 mais baixos com a dedução de depreciação.

Comparação de fluxos de caixa:		
Fluxo de caixa das operações (acima).................	190.000	190.000
Impostos de renda (acima)...................................	57.000	30.000
Fluxo de caixa líquido...	133.000	160.000

Fluxo de caixa US$ 27.000 mais alto com a dedução de depreciação.

Podemos verificar essa fórmula aplicando-a à dedução de depreciação de US$ 90 mil de nosso exemplo:

$$0,30 \times US\$ 90.000 = US\$ 27.000 \text{ de redução em pagamento de impostos}$$

Neste apêndice, quando estimarmos os fluxos de caixa depois dos impostos para decisões de orçamento de capital, incluiremos as economias tributárias fornecidas pela proteção fiscal da depreciação.

Para simplificar, suponhamos em todos os nossos exemplos e problemas que a depreciação divulgada para fins tributários é a depreciação linear, sem nenhuma dedução para o valor recuperado. Em outras palavras, suponhamos que damos baixa em todo o custo original do ativo de maneira uniforme ao longo de sua vida útil. Como o valor contábil do ativo no fim de sua vida útil será zero sob esse método de depreciação, suponhamos que qualquer valor recebido com o descarte do ativo no fim de sua vida útil será tributado como uma receita comum.

Na realidade, as regras para a depreciação são mais complexas do que isso e a maioria das empresas tira proveito dos métodos de depreciação acelerada permitidos pelo código fiscal. Esses métodos acelerados em geral resultam em uma redução nos impostos correntes e um aumento que neutraliza essa redução nos impostos futuros. Essa transferência de parte do ônus tributário do ano corrente para anos futuros é vantajosa do ponto de vista do valor presente porque um dólar, por exemplo, hoje vale mais do que um dólar no futuro. No Quadro 13C.3, você encontrará um resumo dos conceitos que introduzimos até agora.

QUADRO 13C.3
Ajustes tributários necessários em uma análise de orçamento de capital.

Item	Tratamento
Despesa de caixa dedutível dos impostos*..	Multiplicar por (1 – Alíquota de impostos) para obter custo após os impostos.
Recebimento de caixa tributável*................	Multiplicar por (1 – Alíquota de impostos) para obter entrada de caixa depois dos impostos.
Dedução de depreciação.............................	Multiplicar pela alíquota de impostos para obter a economia tributária da proteção fiscal da depreciação.

*   Despesas de caixa podem ser deduzidas dos recebimentos de caixa e a diferença multiplicada por (1 – Alíquota de impostos). Ver o exemplo no alto do Quadro 13C.4.

Capítulo **13** ▶▶ Decisões de orçamento de capital

Exemplo de impostos de renda e orçamento de capital

Tendo compreendido o custo e a receita depois dos impostos e a proteção fiscal da depreciação, agora estamos preparados para examinar um exemplo abrangente de impostos de renda e orçamento de capital.

A empresa Holland detém os direitos minerais do terreno que possui um depósito de minério. A empresa está na dúvida se deve ou não comprar equipamentos e abrir uma mina na propriedade. Depois de um estudo cuidadoso, a empresa reuniu os seguintes dados:

Custos dos equipamentos necessários (US$)...	300.000
Capital de giro necessário (US$)	75.000
Recebimentos anuais de caixa estimados das vendas de minério (US$).......................	250.000
Despesas anuais de caixa estimadas para o pagamento de salários, seguro, serviços de utilidades públicas e outras despesas de caixa da extração do minério (US$)..........	170.000
Custo de reparo das estradas, necessários daqui a 6 anos (US$)................................	40.000
Valor recuperado dos equipamentos daqui a 10 anos (US$)	100.000

O minério estaria exaurido depois de dez anos de atividade de mineração, quando a mina seria fechada. Os equipamentos seriam, então, vendidos por seu valor recuperado. A empresa Holland usa o método de depreciação linear sem nenhum valor recuperado para calcular as deduções de depreciação para fins tributários. O custo de capital depois dos impostos da empresa é de 12% e sua alíquota de impostos é de 30%. Para sermos consistentes, quando tomamos o valor presente líquido dos fluxos de caixa depois dos impostos, usamos o custo de capital *depois dos impostos* como a taxa de desconto.

A empresa Holland deve comprar os equipamentos e abrir uma mina na propriedade? A solução para o problema é dada no Quadro 13C.4. Sugerimos que você leia esta solução item por item e observe os seguintes pontos:

Custo dos novos equipamentos. O investimento inicial de US$ 300 mil nos novos equipamentos está incluído no total sem nenhuma redução de impostos. Isso representa um *investimento*, e não uma despesa, então não é feito nenhum ajuste tributário. (Apenas receitas e despesas são ajustadas para incluir o efeito dos impostos.) Entretanto, esse investimento afeta os impostos por meio de deduções de depreciação que são consideradas a seguir.

Capital de giro. Observe que o capital de giro necessário para o projeto é incluído no seu total sem reduções de impostos. Assim como o custo de novos equipamentos, o capital de giro é um investimento e não uma despesa, então não é feito nenhum ajuste tributário. Observe também que não é feito nenhum acordo tributário quando o capital de giro é liberado no fim da vida do projeto. A liberação do capital de giro não é um fluxo de caixa tributável porque é um retorno de fundos de investimento de volta à empresa.

Recebimentos de caixa líquidos anuais. Os recebimentos de caixa líquidos anuais das vendas de minério são ajustados para incluir os efeitos dos impostos de renda, como discutido antes neste capítulo. Observe, no alto do Quadro 13C.4, que as despesas de caixa anuais são deduzidas dos recebimentos de caixa anuais para obter os recebimentos de caixa líquidos. Isso simplifica os cálculos.

Reparo das estradas. Como o reparo das estradas ocorre apenas uma vez (no sexto ano), ele é tratado à parte das outras despesas. O reparo das estradas é uma despesa de caixa dedutível dos impostos, e, portanto, é ajustado para incluir os efeitos dos impostos de renda, como discutido neste capítulo.

Deduções de depreciação. As economias tributárias geradas pelas deduções de depreciação são, essencialmente, uma anuidade que é incluída nos cálculos de valor presente da mesma maneira que outros fluxos de caixa.

Valor recuperado dos equipamentos. Como a empresa não considera o valor recuperado ao calcular as deduções de depreciação, o valor contábil será zero no fim da vida de

CONTABILIDADE GERENCIAL

um ativo. Assim, qualquer valor recuperado recebido é tributável como receita para a empresa. O benefício depois dos impostos é determinado multiplicando-se o valor recuperado por (1 – Alíquota de impostos).

Como o valor presente líquido do projeto de mineração proposto é positivo, os equipamentos devem ser comprados e a mina, aberta. Estude o Quadro 13C.4 em detalhes. *O Quadro 13C.4 é o quadro-chave desse assunto!*

QUADRO 13C.4
Exemplo de impostos de renda e orçamento de capital.

				Por ano		
Recebimentos de caixa das vendas de minério (US$).....................				250.000		
Menos pagamentos de salários, seguro, serviços de utilidades públicas, e outras despesas de caixa (US$)				<u>170.000</u>		
Recebimentos de caixa líquidos (US$)..				<u>80.000</u>		

Itens e cálculos	Ano(s)	(1) Montante (US$)	(2) Efeito dos impostos*	Fluxos de caixa depois dos impostos (1) × (2) (US$)	Fator de 12%	Valor presente dos fluxos de caixa (US$)
Custo de novos equipamentos.....	Hoje	– 300.000	—	– 300.000	1.000	– 300.000
Capital de giro necessário..........	Hoje	– 75.000	—	– 75.000	1,000	– 75.000
Recebimentos de caixa líquidos anuais (acima)....	1-10	80.000	1 – 0,30	56.000	5,650	316.400
Reparos das estradas.......	6	– 40.000	1 – 0,30	– 28.000	0,507	– 14.196
Deduções de depreciação anuais	1-10	30.000	0,30	9.000	5,650	50.850
Valor recuperado dos equipamentos	10	100.000	1 – 0,30	70.000	0,322	22.540
Liberação do capital de giro	10	75.000	—	75.000	0,322	<u>24.150</u>
Valor presente líquido................						<u>24.744</u>

* Recebimentos de caixa tributáveis e despesa de caixa dedutível dos impostos são multiplicados por (1 – Alíquota de impostos) para determinar o fluxo de caixa depois dos impostos. As deduções de depreciação são multiplicadas pela alíquota de impostos propriamente dita para determinar o fluxo de caixa depois dos impostos (ou seja, economias tributárias da proteção fiscal da depreciação).

RESUMO (APÊNDICE 13C)

A menos que uma empresa seja uma organização isenta de impostos, como uma escola sem fins lucrativos ou uma unidade governamental, os impostos sobre a renda devem ser considerados ao tomar decisões de orçamento de capital. Calcula-se o valor depois dos impostos de despesas de caixa dedutíveis dos impostos e recebimentos de caixa tributáveis multiplicando-os por (1 – Alíquota de impostos). Apenas o montante depois dos impostos deve ser usado ao determinar a conveniência de uma proposta de investimento.

Embora a depreciação não seja uma saída de caixa, é uma dedução válida para fins tributários e, como tal, afeta os impostos devidos. A proteção fiscal da depreciação – calculada multiplicando-se a dedução de depreciação pela alíquota de impostos propriamente dita – também resulta em economias nos impostos de renda.

APÊNDICE 13C EXERCÍCIOS E PROBLEMAS

Consulte no *site* <www.grupoa.com.br> os suplementos para esta seção.

EXERCÍCIO 13C.1 Fluxos de caixa depois dos impostos na análise do valor presente líquido [OA13.8]

A Kramer Corporation considera dois projetos de investimentos, sendo que cada um exigiria US$ 50 mil. A seguir, temos dados de custos e fluxos de caixa relativos aos dois projetos:

	Projeto A	Projeto B
Investimento em fotocopiadora de alta velocidade (US$)....	50.000	
Investimento em capital de giro (US$).............................		50.000
Entradas de caixa líquidas anuais (US$)	9.000	9.000
Vida do projeto..	8 anos	8 anos

A fotocopiadora de alta velocidade teria um valor recuperado de US$ 5 mil em oito anos. Para fins tributários, a empresa calcula deduções de depreciação supondo um valor recuperado igual a zero e usa depreciação linear. A fotocopiadora seria depreciada ao longo de oito anos. Ao fim desse período, o investimento em capital de giro seria liberado. A empresa exige um retorno depois dos impostos de 10% sobre todos os investimentos. A alíquota de impostos é de 30%.

Requisitado:
Calcule o valor presente líquido de cada projeto de investimento. (Arredonde para o número inteiro aproximado.)

EXERCÍCIO 13C.2 Análise de valor presente líquido incluindo impostos de renda [OA13.8]

A Press Publishing Company contrata estudantes da universidade local para separar páginas de vários trabalhos de impressão. Essa separação é feita à mão, e tem um custo de US$ 60 mil por ano. Acaba de chegar ao mercado uma máquina de separação que poderia substituir esse processo. Ela custaria US$ 140 mil, teria vida útil de dez anos, exigiria um operador pelo custo anual de US$ 18 mil e teria custos anuais de manutenção de US$ 7 mil. Seriam necessárias novas peças de rolagem para a máquina depois de cinco anos, com um custo total de US$ 20 mil. O valor recuperado da máquina daqui a dez anos seria de US$ 40 mil.

Para fins tributários, a empresa calcula deduções de depreciação supondo um valor recuperado igual a zero e usa depreciação linear. A máquina de separação seria depreciada ao longo de dez anos. A gerência exige um retorno depois dos impostos de 14% sobre todas as compras de equipamentos. A alíquota de impostos da empresa é de 30%.

Requisitado:
1. Determine as economias de custo líquidas anuais antes dos impostos que a nova máquina de separação fornecerá.
2. Usando os dados do item (1) e outros dados do exercício, calcule o valor presente líquido da máquina de separação. (Arredonde todos os montantes em dólar para o número inteiro aproximado.) Você recomenda que a máquina seja comprada?

EXERCÍCIO 13C.3 Custos depois dos impostos [OA13.8]

Solucione cada uma das questões a seguir:

1. A empresa Stoffer contratou uma empresa de consultoria gerencial para analisar e fazer recomendações relativas à estrutura organizacional da Stoffer. A taxa da empresa de consultoria será de US$ 100 mil. Qual será o custo após os impostos de contratar a empresa de consultoria se a alíquota de impostos da Stoffer é de 30%?
2. O clube de equitação Green Hills Riding Club redirecionou sua propaganda a um diferente setor do mercado. Em decorrência dessa mudança na propaganda, as receitas anuais do clube aumentaram em US$ 40 mil. Se a alíquota de impostos do clube é de 30%, qual o benefício depois dos impostos das receitas mais altas?
3. O time de basquete Golden Eagles acaba de instalar um placar eletrônico na arena em que joga pelo custo de US$ 210 mil. Para fins tributários, o custo original inteiro do placar eletrônico será depreciado ao longo de sete anos, usando o método de depreciação linear. Determine as economias tributárias anuais de proteção fiscal da depreciação. Suponha que a alíquota de impostos de renda seja de 30%.

PROBLEMA 13C.4 Análise básica de valor presente líquido incluindo impostos de renda [OA13.8]

Foi oferecido à empresa de serviços postais expressos Rapid Parcel Service um contrato de oito anos para entregar correspondências e pequenos pacotes entre instalações do exército. Para aceitar o contrato, a empresa teria de comprar vários novos caminhões de entrega pelo custo total de US$ 450 mil. A seguir, temos outros dados relativos ao contrato:

Recebimentos de caixa líquidos anuais (antes dos impostos) do contrato (US$)	108.000
Custo de modernização dos motores dos caminhões daqui a cinco anos (US$)............	45.000
Valor recuperado dos caminhões no término do contrato (US$)	20.000

Se o contrato fosse aceito, vários caminhões antigos e totalmente depreciados seriam vendidos por um preço total de US$ 30 mil. Esses fundos seriam usados para ajudar a comprar os novos caminhões. Para fins tributários, a empresa calcula deduções de depreciação supondo um valor recuperado igual a zero e usa depreciação linear. Os caminhões seriam depreciados ao longo de oito anos. A empresa exige um retorno depois dos impostos de 12% sobre todas as compras de equipamentos. A alíquota de impostos é de 30%.

Requisitado:
Calcule o valor presente líquido dessa oportunidade de investimento. Arredonde todos os valores em dólar para o número inteiro aproximado. Você recomenda que o contrato seja aceito?

PROBLEMA: 13C.5 Comparação de alternativas de investimento incluindo impostos de renda [OA13.8]

A Srta. Keri Lee, especialista em aperfeiçoar edifícios de modo que eles cumpram os padrões de segurança sísmicos, acaba de receber um bônus de US$ 200 mil depois dos impostos pela conclusão bem-sucedida de um projeto dentro do prazo e do orçamento. Os negócios têm sido tão bons que ela planeja se aposentar em doze anos e relaxar ao sol, esquiar e fazer trabalhos de caridade. A Srta. Lee considera duas alternativas para investir seu bônus.

Alternativa 1. Ela pode comprar títulos de dívida municipais que vencem daqui a doze anos e que pagam juros de 8%. Esses juros seriam livres de impostos e pagos anualmente.

Alternativa 2. Há uma pequena loja de perfumes com desconto, disponível para venda em um pequeno *outlet* de lojas de fábrica nas proximidades. A loja pode ser comprada de seu dono atual por US$ 200 mil. Temos as seguintes informações relativas a essa alternativa:

a. Do preço de compra, US$ 80 mil iria para acessórios e outros itens depreciáveis. O restante seria para o capital de giro da empresa (estoques, contas a receber e caixa). Os acessórios e outros itens depreciáveis teriam vida útil de pelo menos 12 anos, mas seriam depreciados para fins tributários ao longo de oito anos, usando-se as seguintes alíquotas publicadas pela Receita Federal dos Estados Unidos:

Ano	Porcentagem original do custo de depreciação (%)
1.......	14,3
2.......	24,5
3.......	17,5
4.......	12,5
5.......	8,9
6.......	8,9
7.......	8,9
8.......	4,5
	100

O valor recuperado não é deduzido no cálculo da depreciação para fins tributários. De qualquer maneira, ao fim de doze anos, esses itens depreciáveis teriam um valor recuperado insignificante; entretanto, o capital de giro seria liberado para reinvestimento.

b. Registros da loja indicam que as vendas tiveram uma média de US$ 400 mil por ano, e os custos correntes tiveram uma média de US$ 370 mil por ano (sem incluir impostos de renda).

Esses custos correntes incluem aluguel do edifício, custos de produtos vendidos, serviços de utilidades públicas, remunerações para equipe de vendas e gerente da loja. A Srta. Lee planeja confiar as operações do dia a dia da loja ao gerente.

c. A alíquota de impostos da Srta. Lee é de 40%.

Requisitado:

Aconselhe a Srta. Lee sobre qual alternativa escolher. Use a abordagem do custo total para fluxos de caixa descontados em sua análise e taxa de desconto de 8%. (Arredonde todos os valores em dólar.)

PROBLEMA: 13C.6 Análise de valor presente líquido incluindo impostos de renda [OA13.8]

A empresa Crescent Drilling detém os direitos de perfuração de vários terrenos onde foi encontrado gás natural. A quantidade de gás em alguns dos terrenos é bastante marginal, e a empresa não tem certeza se seria ou não lucrativo extrair e vender o gás neles contido. Um desses terrenos é o 410, sobre o qual foram reunidas as seguintes informações:

Investimento em equipamentos necessários para o trabalho de extração (US$)	600.000
Investimento necessário em capital de giro (US$)	85.000
Recebimentos de caixa anuais da venda de gás, excluindo as despesas operacionais de caixa relacionadas (antes dos impostos) (US$)	110.000
Custo de restauração do terreno ao concluir o trabalho de extração (US$)	70.000

O gás natural no terreno 410 seria exaurido depois de dez anos de trabalho de extração. Os equipamentos teriam vida útil de quinze anos, mas poderiam ser vendidos por apenas 15% de seu custo original quando a extração fosse concluída. Para fins tributários, a empresa depreciaria os equipamentos ao longo de dez anos usando depreciação linear e supondo um valor recuperado igual a zero. A alíquota de impostos é de 30%, e a taxa de desconto depois dos impostos da empresa é de 10%. O capital de giro seria liberado para outros usos na conclusão do projeto.

Requisitado:

1. Calcule o valor presente líquido do terreno 410. Arredonde todos os valores em dólar para o número inteiro aproximado.
2. Você recomenda que o projeto de investimento seja empreendido?

14 DEMONSTRAÇÃO DE FLUXOS DE CAIXA

Objetivos de aprendizagem

OA14.1 Classificar entradas e saídas de caixa como operacional, de investimento ou de financiamento.

OA14.2 Preparar uma demonstração de fluxos de caixa usando o método indireto para determinar o caixa líquido gerado pelas atividades operacionais.

OA14.3 Calcular o fluxo de caixa livre.

OA14.4 (Apêndice 14A) Usar o método direto para determinar o caixa líquido gerado pelas atividades operacionais.

FOCO NOS NEGÓCIOS

Compreender os fluxos de caixa

Em 2009, a The Kroger Company, a maior varejista de alimentos e medicamentos dos Estados Unidos, divulgou um lucro líquido de US$ 57 milhões. No mesmo ano, a empresa gastou US$ 2,3 bilhões em fábricas e equipamentos, pagou dividendos totalizando US$ 238 milhões, quitou uma dívida de longo prazo de US$ 432 milhões e gastou US$ 218 milhões com a compra de suas próprias ações ordinárias. À primeira vista, esses valores podem parecer confusos, porque a Kroger gasta quantias de dinheiro que excedem em muito seu lucro líquido. Neste capítulo, você aprenderá sobre a demonstração de fluxos de caixa, que explica a relação entre o lucro líquido de uma empresa e suas entradas e saídas de caixa.

FONTE: The Kroger Company, *2009 Form 10-K Annual Report*, <www.sec.gov/edgar/searchedgar/companysearch.html>.

São necessárias três principais demonstrações financeiras para os relatórios externos – uma demonstração de resultados, um balanço patrimonial e uma demonstração de fluxos de caixa. A **demonstração de fluxos de caixa** ressalta as principais atividades que causam impacto sobre os fluxos de caixa e, logo, afetam o saldo de caixa geral. Os gerentes se concentram no caixa por um ótimo motivo – sem caixa suficiente nos momentos certos, uma empresa pode perder excelentes oportunidades de investimento ou mesmo ir à falência.

A demonstração de fluxos de caixa responde a perguntas que não podem ser facilmente respondidas ao analisar a demonstração de resultados e o balanço patrimonial. Por exemplo, onde a **Delta Airlines** conseguiu o dinheiro para pagar um dividendo de quase US$ 140 milhões em um ano em que, segundo sua demonstração de resultados, teve mais de US$ 1 bilhão em prejuízos? Como a **Walt Disney Company** conseguiu investir quase US$ 800 milhões para expandir e renovar seus parques temáticos apesar de um prejuízo de mais de US$ 500 milhões sobre seu investimento na EuroDisney? Onde a **The Kroger Company** conseguiu US$ 2,3 bilhões para investir em fábricas e equipamentos em um ano em que seu lucro líquido foi de apenas US$ 57 milhões? As respostas a essas perguntas podem ser encontradas na demonstração de fluxos de caixa.

A demonstração de fluxos de caixa é uma valiosa ferramenta analítica para os gerentes e para investidores e credores, embora os gerentes tendam a se preocupar mais com as demonstrações de fluxos de caixa previstas e preparadas como parte do processo orçamentário. A demonstração de fluxos de caixa pode ser usada para responder a perguntas essenciais, como:

1. A empresa produz, com suas operações atuais, fluxos de caixa suficientemente positivos para continuar sendo viável?
2. A empresa será capaz de pagar suas dívidas?
3. A empresa será capaz de pagar seus dividendos?
4. Por que a receita líquida e o fluxo de caixa líquido diferem?
5. Quanto a empresa deverá tomar emprestado a fim de fazer os investimentos necessários?

Os gerentes preparam a demonstração de fluxos de caixa aplicando um princípio fundamental de contabilidade de partidas dobradas – a variação no saldo de caixa deve ser igual às variações em todas as outras contas do balanço patrimonial que não estejam em termos de caixa.[1] Esse princípio garante que analisar adequadamente as variações em todas as contas não monetárias do balanço patrimonial sempre quantifica as entradas e saídas de caixa que explicam a variação no saldo de caixa. Nosso objetivo neste capítulo é converter esse complexo princípio em um pequeno número de conceitos e passos que simplifiquem o processo de preparar e interpretar uma demonstração de fluxos de caixa.

Antes de entrarmos nas especificidades de como se preparar a demonstração de fluxos de caixa, precisamos rever duas equações fundamentais que se aplicam a todas as contas de ativos, contra-ativos, passivos e patrimônio dos acionistas:

Equação fundamental para contas de ativos

Saldo inicial + Débitos − Créditos = Saldo final

Equação fundamental para contas de contra-ativos, passivos e patrimônio dos acionistas

Saldo inicial − Débitos + Créditos = Saldo final

> ▶ **Demonstração de fluxos de caixa**
>
> demonstração financeira que ressalta as principais atividades que afetam os fluxos de caixa e, logo, o saldo de caixa geral.

---

[1] A demonstração de fluxos de caixa é baseada nas seguintes equações fundamentais do balanço patrimonial e da demonstração de resultados.

(1) Variação no caixa + Variação nos ativos não monetários = Variação nos passivos + Variação no patrimônio dos acionistas

(2) Fluxo de caixa líquido = Variação no caixa

(3) Variação no patrimônio dos acionistas = Receita líquida − Dividendos + Variação no capital acionário

Essas três equações podem ser usadas para deduzir esta:

(4) Fluxo de caixa líquido = Receita líquida − Variação nos ativos não monetários + Variação nos passivos − Dividendos + Variação no capital acionário

Essencialmente, a demonstração de fluxos de caixa, que explica o fluxo de caixa líquido, é construída começando pela receita líquida e, então, ajustada em relação às variações nas contas não monetárias do balanço patrimonial.

▶ **Equivalentes de caixa**

investimentos de curto prazo altamente líquidos como títulos do Tesouro, papéis comerciais e fundos do mercado monetário que são feitos somente com a finalidade de gerar um retorno sobre fundos temporariamente ociosos.

▶ **Atividades operacionais**

atividades que geram entradas e saídas de caixa relacionadas a transações de receitas e despesas que afetam a receita líquida.

Essas equações o ajudarão a calcular várias entradas e saídas de caixa que entram na demonstração de fluxos de caixa e serão mencionadas em todo o capítulo.

DEMONSTRAÇÃO DE FLUXOS DE CAIXA: CONCEITOS-CHAVE

A demonstração de fluxos de caixa resume todas as entradas e saídas de caixa de uma empresa durante um período, explicando, dessa forma, a variação em seu saldo de caixa. Em uma demonstração de fluxos de caixa, a definição ampla de caixa inclui caixa e *equivalentes de caixa*. **Equivalentes de caixa** consistem em investimentos de curto prazo de alta liquidez como notas do Tesouro, papéis comerciais e fundos do mercado monetário que são feitos com a única finalidade de gerar retorno sobre fundos temporariamente ociosos. A maioria das empresas investe suas reservas de caixa em excesso nesses tipos de ativos que rendem juros que podem ser facilmente convertidos em dinheiro. Como esses ativos são equivalentes a dinheiro, eles são incluídos em uma demonstração de fluxos de caixa.

O restante desta seção discutirá quatro conceitos-chave que você precisa compreender para preparar uma demonstração de fluxos de caixa. Esses quatro conceitos incluem sua organização, a distinção entre métodos direto e indireto para sua preparação, a conclusão do processo de três passos em que consiste o método indireto e o registro de fluxos de caixa brutos no local apropriado de uma demonstração de fluxos de caixa.[2]

POR DENTRO DAS EMPRESAS

ESTOQUE DE CAIXA DA APPLE

A **Apple Inc.** acumulou US$ 20,8 bilhões em caixa e investimentos de curto prazo. Seus investidores tinham diversas opiniões sobre como a empresa deveria usar esse dinheiro. Alguns investidores queriam que a Apple explorasse alvos de aquisição na indústria da música. Outros acreditavam que deveria investir em empresas iniciantes que desenvolvessem tecnologias emergentes, como uma bateria melhor para o iPhone. Outros, ainda, achavam que a empresa deveria estocar matéria-prima tendo em vista os aumentos de preço que se assomavam.

Esse exemplo ilustra o ciclo interminável da gestão de um negócio. Quando uma empresa consegue gerar fluxos de caixa positivos, ela imediatamente levanta outra questão na mente dos investidores – o que você planeja fazer por mim agora?

Fonte: Peter Burrows, "Apple's Cash Conundrum", *BusinessWeek*, 11 de agosto de 2008, p. 32.

▶▶ **OA14.1**

Classificar entradas e saídas de caixa como operacional, de investimento ou de financiamento.

▶ **Atividades de investimento**

atividades que geram entradas e saídas de caixa relacionadas à aquisição de ativos não circulantes como propriedades, instalações e equipamentos, investimentos de longo prazo, e empréstimos a outra entidade.

Organizar a demonstração de fluxos de caixa

Para facilitar a comparação de dados de diferentes empresas, os princípios contábeis geralmente aceitos dos Estados Unidos (GAAP – *Generally Accepted Accounting Principles*) e os padrões internacionais de relatórios financeiros (IFRS – *International Financial Reporting Standards*) exigem que as empresas sigam regras prescritas ao prepararem a demonstração de fluxos de caixa. Uma dessas regras exige a organização da demonstração em três seções que divulgam os fluxos de caixa resultantes das *atividades operacionais*, *atividades de investimento* e *atividades de financiamento*. As **atividades operacionais** geram entradas e saídas de caixa relacionadas a transações de receitas e despesas que afetam a receita líquida. As **atividades de investimento** geram entradas e saídas de caixa relativas à aquisição ou ao descarte de ativos não circulantes como propriedades, instalações e equipamentos, investimentos de longo prazo e empréstimos a outra entidade. As **atividades de financiamento** geram entradas e saídas de caixa relativas à contração de empréstimos e ao pagamento do principal aos credores e à conclusão das transa-

---

[2] Outro conceito relacionado às demonstrações de fluxos de caixa é o de transações de permuta direta, que se refere a transações em que itens não circulantes do balanço patrimonial são trocados um pelo outro. Por exemplo, uma empresa pode emitir ações ordinárias em permuta direta de imóveis. As transações de permuta direta não são divulgadas na demonstração de fluxos de caixa; entretanto, são reveladas em um programa separado que acompanha a demonstração. Cursos de contabilidade mais avançada abordam esse assunto com mais detalhe. Não incluiremos transações de permuta direta neste capítulo.

Capítulo **14** ▶▶ Demonstração de fluxos de caixa

ções com os proprietários da empresa, como vender ou recomprar ações ordinárias e pagar dividendos. Os tipos mais comuns de entradas e saídas de caixa que resultam dessas três atividades são resumidos no Quadro 14.1.[3]

	Entrada de caixa	Saída de caixa
Atividades operacionais		
Receber de clientes...	√	
Pagar fornecedores por compras de estoque		√
Pagar contas a seguradoras, provedores de serviços de utilidade pública etc. ...		√
Pagar remunerações e salários aos colaboradores		√
Pagar impostos a agências governamentais...............................		√
Pagar juros aos credores..		√
Atividades de investimento		
Comprar propriedades, instalações e equipamentos....................		√
Vender propriedades, instalações e equipamentos.......................	√	
Comprar ações e títulos de dívida como um investimento de longo prazo..........		√
Vender ações e títulos de dívida para investimento de longo prazo.....................	√	
Emprestar dinheiro a outra entidade		√
Receber o principal sobre um empréstimo a outra entidade...............	√	
Atividades de financiamento		
Tomar dinheiro emprestado de um credor..................................	√	
Pagar o valor principal de uma dívida		√
Receber caixa da venda de ações ordinárias..............................	√	
Pagar caixa para recomprar suas próprias ações ordinárias		√
Pagar um dividendo aos acionistas..		√

QUADRO 14.1
Entradas e saídas de fluxo resultantes de atividades operacionais, de investimento e de financiamento.

Atividades operacionais: método direto ou indireto?

Os GAAP e IFRS dos Estados Unidos permitem que as empresas calculem o montante líquido de caixa das entradas e saídas resultantes das atividades operacionais, que é conhecido como **caixa líquido gerado pelas atividades operacionais**, usando o método *direto* ou *indireto*. Ambos os métodos têm a mesma finalidade, que é expressar em termos de caixa a receita líquida que está em termos de regime de acréscimo. Entretanto, eles abordam essa tarefa de duas maneiras diferentes.

No **método direto**, a demonstração de resultados é reconstruída em termos de caixa e de cima para baixo. Por exemplo, lista-se caixa recebido de clientes em vez de receita, e pagamentos aos fornecedores em vez de custos de produtos vendidos. Em essência, os recebimentos de caixa são contados como receitas e os desembolsos de caixa pertencentes às atividades operacionais são contados como despesas. A diferença entre os recebimentos de caixa e os desembolsos de caixa é o caixa líquido gerado pelas atividades operacionais.

Sob o **método indireto**, a receita líquida é ajustada em termos de caixa. Em outras palavras, em vez de calcular as vendas em caixa, despesas de caixa e assim por diante, esses montantes são deduzidos *indiretamente*, removendo da receita líquida qualquer item que não afete os fluxos de caixa. O método indireto é vantajoso em relação ao método direto porque mostra os motivos de qualquer diferença entre a receita líquida e o caixa líquido gerado pelas atividades operacionais.

Embora ambos os métodos resultem no mesmo montante de caixa líquido gerado pelas atividades operacionais, apenas em torno de 1% das empresas usa o método direto

▶ **Atividades de financiamento**

atividades que geram entradas e saídas de caixa relacionadas a empréstimos e pagamentos do principal a credores e à conclusão de transações com os proprietários da empresa, como a venda ou a recompra de ações ordinárias e o pagamento de dividendos.

▶ **Caixa líquido gerado pelas atividades operacionais**

resultado líquido das entradas e saídas de caixa provenientes de operações do dia a dia.

▶ **Método direto**

método para calcular o caixa líquido gerado pelas atividades operacionais no qual a demonstração de resultados é reconstruída em termos de caixa e de cima para baixo.

▶ **Método indireto**

método para calcular o caixa líquido gerado pelas atividades operacionais que começa com a receita líquida e a ajusta, expressando-a em termos de caixa.

---

[3] Entradas de caixa operacionais também incluem renda proveniente de juros e de dividendos; no entanto, neste capítulo limitaremos nosso escopo a recebimentos de caixa das vendas aos clientes.

e os outros 99% usam o método indireto.[4] Se uma empresa usa o método direto para preparar sua demonstração de fluxos de caixa, então ela também tem de fornecer um relatório complementar que use o método indireto. Entretanto, se uma empresa escolher usar o método indireto, não se exige que também divulgue resultados usando o método direto. Como o método direto impõe mais trabalho, poucas empresas escolhem essa abordagem. Portanto, explicaremos o método direto no Apêndice 14A, e abordaremos o método indireto no decorrer do capítulo.

Método indireto: processo de três passos

O método indireto ajusta a receita líquida ao caixa líquido gerado pelas atividades operacionais usando um processo de três passos.

Passo 1   O primeiro passo é *somar encargos de depreciação* à receita líquida. Encargos de depreciação são os créditos na conta de depreciação acumulada durante o período – a soma total dos itens que aumentaram a depreciação acumulada. Por que fazemos isso? Porque a depreciação acumulada é uma conta não monetária do balanço patrimonial e temos que ajustar a receita líquida considerando todas as variações nas contas não monetárias do balanço patrimonial que ocorreram durante o período.

Para calcular os créditos na conta de depreciação acumulada, usamos a equação de contra-ativos que foi mencionada anteriormente:

Equação fundamental para contas de contra-ativos, passivos e patrimônio dos acionistas
Saldo inicial − Débitos + Créditos = Saldo final

Por exemplo, suponha que a conta de depreciação acumulada tenha saldos inicial e final de US$ 300 e US$ 500, respectivamente. Além disso, suponha que a empresa venda equipamentos com depreciação acumulada de US$ 70 durante o período. Considerando que usamos os débitos na conta de depreciação acumulada para registrar a depreciação acumulada de ativos que foram vendidos ou baixados, a depreciação que precisa ser somada à receita líquida é calculada como segue:

$$\text{Saldo inicial} - \text{Débitos} + \text{Créditos} = \text{Saldo final}$$
$$\text{US\$ } 300 - \text{US\$ } 70 + \text{Créditos} = \text{US\$ } 500$$
$$\text{Créditos} = \text{US\$ } 500 - \text{US\$ } 300 + \text{US\$ } 70$$
$$\text{Créditos} = \text{US\$ } 270$$

A mesma lógica pode ser representada usando-se uma conta T de depreciação acumulada. Considerando que conhecemos os saldos inicial e final da conta e o montante do débito que teria sido registrado para a venda de equipamentos, o lado de crédito da conta T deve ser igual a **US$ 270**.

Depreciação acumulada (US$)			
		Saldo inicial	300
Venda de equipamentos	70		**270**
		Saldo final	500

Para empresas de serviços e de *merchandising*, os créditos na conta T de depreciação acumulada são iguais aos débitos na conta de despesas de depreciação. Para essas empresas, o ajuste do passo 1 consiste em somar as despesas de depreciação à receita líquida. Entretanto, para as empresas manufatureiras, alguns dos créditos na conta T de depreciação acumulada estão relacionados à depreciação de ativos de produção que são debitados dos estoques de produção em andamento em vez de das despesas de depreciação. Para essas empresas, os encargos de depreciação não são simplesmente iguais às despesas de depreciação.

---

[4]   Instituto Americano de Contadores Públicos Certificados, *Accounting Trends and Techniques:* 2007 (Jersey City, NJ, 2007), p. 503.

Capítulo **14** ▶ Demonstração de fluxos de caixa

Como a depreciação é somada de volta à receita líquida na demonstração de fluxos de caixa, algumas pessoas concluem, de forma errada, que uma empresa pode aumentar seu fluxo de caixa simplesmente aumentando suas despesas de depreciação. Isso é falso; uma empresa não pode aumentar seu caixa líquido gerado pelas atividades operacionais aumentando suas despesas de depreciação. Se ela aumentar suas despesas de depreciação em X dólares, a receita líquida diminuirá em X dólares e o montante do ajuste do passo 1 desse processo aumentará em X dólares. A diminuição na receita líquida e o aumento no montante do ajuste no passo 1 neutralizam um ao outro exatamente, resultando em um impacto zero sobre o caixa líquido gerado pelas atividades operacionais.

Passo 2   O segundo passo é *analisar as variações líquidas nas contas não monetárias do balanço patrimonial* que causem um impacto sobre a receita líquida. O Quadro 14.2 fornece diretrizes gerais sobre como analisar contas de ativos e passivos circulantes.[5] Para cada conta exibida no quadro, você começará consultando o balanço patrimonial para calcular a variação no saldo da conta do início ao fim do período. Depois, ou você somará cada um desses montantes à receita líquida ou os subtrairá dela, como mostra o Quadro 14.2. Observe que as variações em todas as contas de ativos circulantes (contas a receber, estoques e despesas antecipadas) resultam no mesmo tipo de ajuste à receita líquida. Se o saldo de uma conta de ativos aumenta durante o período, o montante desse aumento é subtraído da receita líquida. Se o saldo de uma conta de ativos diminui durante o período, o montante da diminuição é somado à receita líquida. As contas de passivos circulantes (contas a pagar, provisões para pagamentos e impostos de renda devidos) são tratadas da maneira oposta. Se o saldo de uma conta de passivos aumenta, o montante desse aumento é somado à receita líquida. Se o saldo de uma conta de passivos diminui, o montante da diminuição é subtraído da receita líquida.

Tenha em mente que a finalidade desses ajustes é expressar a receita líquida em termos de caixa. Por exemplo, a variação no saldo de contas a receber mede a diferença entre vendas a crédito e recebimentos de caixa de clientes que compraram a crédito. Quando o saldo de contas a receber aumenta, isso significa que o montante de vendas a crédito excede o montante de caixa recebido dos clientes. Nesse caso, a variação no saldo de contas a receber é subtraída da receita líquida porque reflete o montante pelo qual as vendas a crédito excedem os recebimentos de caixa dos clientes. Quando o saldo de contas a receber diminui, isso significa que o caixa recebido dos clientes excede as vendas a crédito. Nesse caso, a variação no saldo de contas a receber é somada à receita líquida porque reflete o montante pelo qual os recebimentos de caixa dos clientes excedem as vendas a crédito.

	Aumento no saldo da conta	Diminuição no saldo da conta
Ativos circulantes		
Contas a receber	Subtrair	Somar
Estoques	Subtrair	Somar
Despesas antecipadas	Subtrair	Somar
Passivos circulantes		
Contas a pagar	Somar	Subtrair
Provisões para pagamento	Somar	Subtrair
Impostos de renda devidos	Somar	Subtrair

QUADRO 14.2
Diretrizes gerais para analisar como as variações nas contas não monetárias do balanço patrimonial afetam a receita líquida na demonstração de fluxos de caixa.

As outras contas exibidas no Quadro 14.2 têm uma lógica subjacente similar. Os ajustes nos estoques e nas contas a pagar expressam os custos de produtos vendidos em termos de caixa pago para compra de estoques. Os ajustes nas despesas antecipadas e nas provisões para pagamento expressam as despesas de venda e administrativas em termos de caixa. Os ajustes nos impostos de renda devidos expressam as despesas com impostos de renda em termos de caixa.

---

[5]   Outras contas como a de "juros devidos" podem afetar esses cálculos. Entretanto, para simplificar, neste capítulo, concentraremo-nos nas contas exibidas no Quadro 14.2

Passo 3 O terceiro passo para calcular o caixa líquido gerado pelas atividades operacionais é *ajustar os ganhos/perdas* incluídos na demonstração de resultados. Sob as regras dos GAAP e IFRS, dos Estados Unidos, ganhos e perdas devem ser incluídos na seção de atividades de investimento da demonstração de fluxos de caixa. Como ganhos e perdas já estão na receita líquida, que está na seção de atividades operacionais, eles têm de ser removidos da receita líquida antes de serem mostrados na seção de atividades de investimento. Para fazer esse ajuste, devemos subtrair os ganhos da receita líquida e somar as perdas à receita líquida na seção de atividades operacionais.

POR DENTRO DAS EMPRESAS

PAGAMENTOS LENTOS OPRIMEM PEQUENAS EMPRESAS

Quando o mercado imobiliário da Califórnia quebrou, a **Artisan Shutter Company** passou por problemas graves de fluxo de caixa. Metade dos clientes da empresa começou a fazer pagamentos atrasados. Finalmente, a empresa teve de demitir 15% de seus colaboradores por causa de entradas de caixa insuficientes. Esse problema ficou evidente na demonstração de fluxos de caixa, que mostrava que os pagamentos atrasados aumentavam o saldo de contas a receber da Artisan e, logo, diminuíam seu caixa líquido gerado pelas atividades operacionais. Os proprietários da empresa tiveram de "atacar" suas contas de aposentadoria e acumular enormes dívidas em seus cartões de crédito somente para pagar suas contas e evitar a falência.

Dedique um tempo para contrastar esse quadro *Por dentro das empresas* ao quadro intitulado "Amazon.com impulsiona os fluxos de caixa", na página 653. Qual é a sua opinião?

FONTE: Kelly K. Spors e Simona Covel, "Slow Payments Squeeze Small-Business Owners", *The Wall Street Journal*, 31 de outubro de 2008, p. B1 e B6.

Atividades de investimento e financiamento: fluxos de caixa brutos

Os GAAP e IFRS dos Estados Unidos exigem que as seções de investimentos e financiamentos da demonstração de fluxos de caixa revelem os fluxos de caixa brutos. Para ilustrar isso, suponha que as lojas de departamentos **Macy's** comprem US$ 50 milhões em imóveis durante o ano e vendam outros imóveis por US$ 30 milhões. Em vez de mostrar a variação líquida de US$ 20 milhões, a empresa tem de mostrar os montantes brutos tanto das compras quanto das vendas. A compra de US$ 50 milhões seria divulgada como uma saída de caixa e a venda de US$ 30 milhões seria divulgada como uma entrada de caixa na seção de investimento da demonstração de fluxos de caixa. Da mesma maneira, se a **Alcoa** receber US$ 80 milhões da venda de títulos de dívida de longo prazo e então pagar US$ 30 milhões para extinguir outros títulos de dívida, as duas transações devem ser divulgadas separadamente na seção de financiamentos da demonstração de fluxos de caixa em vez de ser calculado o resultado líquido de um com o outro.

O método de divulgar os fluxos de caixa brutos não é usado na seção de atividades operacionais da demonstração de fluxos de caixa, em que débitos e créditos neutralizam um ao outro. Por exemplo, se a **Sears** somar US$ 600 milhões às suas contas a receber em decorrência de vendas durante o ano e forem recebidos US$ 520 milhões em contas a receber, apenas o aumento líquido de US$ 80 milhões é divulgado na demonstração de fluxos de caixa.

Para calcular os fluxos de caixa brutos das seções de investimentos e financiamentos da demonstração de fluxos de caixa, você começará calculando as variações no saldo de cada conta aplicável do balanço patrimonial. Assim como ocorre com os ativos circulantes, quando o saldo de uma conta de ativos não circulantes (incluindo propriedades, instalações e equipamentos; investimentos de longo prazo; e empréstimos a outras entidades) aumenta, isso sinaliza a necessidade de subtrair as saídas de caixa na seção de atividades de investimento da demonstração de fluxos de caixa. Se o saldo em uma conta de ativos não circulantes diminui durante o período, isso sinaliza a necessidade de somar as entradas de caixa. As contas de passivos e o patrimônio dos acionistas (títulos de dívida a pagar e ações ordinárias) são tratados da maneira oposta. Se o saldo de uma conta de passivos e patrimônio dos acionistas aumenta, isso sinaliza uma necessidade de somar as entradas de caixa na seção de atividades de financiamento da demonstração de fluxos de caixa. Se o saldo de

Capítulo **14** ▶▶ Demonstração de fluxos de caixa

uma conta de passivos e patrimônio dos acionistas diminui, isso sinaliza uma necessidade de subtrair as saídas de caixa. O Quadro 14.3 resume essas diretrizes gerais.

	Aumento no saldo da conta	Diminuição no saldo da conta
Ativos não circulantes (atividades de investimento)		
Propriedades, instalações e equipamentos......................	Subtrair	Somar
Investimentos de longo prazo	Subtrair	Somar
Empréstimos a outras entidades.....................................	Subtrair	Somar
Passivos e patrimônio dos acionistas (atividades de financiamento)		
Títulos de dívida a pagar...	Somar	Subtrair
Ações ordinárias..	Somar	Subtrair
Lucros retidos..	*	*
* Exige maior análise para quantificar dividendos pagos em dinheiro.		

QUADRO 14.3
Diretrizes gerais para analisar como as variações nas contas não monetárias do balanço patrimonial afetam as seções de investimentos e financiamentos da demonstração de fluxos de caixa.

Embora essas diretrizes forneçam um ponto de partida útil, para calcular adequadamente as entradas e saídas brutas de cada conta, você terá de analisar as transações que ocorreram dentro dessa conta durante o período. Ilustraremos como fazer isso por meio de propriedades, instalações e equipamentos e dos lucros retidos.

Propriedades, instalações e equipamentos   Quando uma empresa compra propriedades, instalações ou equipamentos, ela faz um débito na conta de propriedades, instalações e equipamentos no valor da compra. Quando ela vende ou descarta esses tipos de ativos, faz um crédito nessa mesma conta, mas no valor do custo original do ativo. Para calcular as saídas de caixa relacionadas a propriedades, instalações e equipamentos, usamos a equação fundamental de ativos que mencionamos antes:

Equação fundamental para contas de ativos
Saldo inicial + Débitos − Créditos = Saldo final

Por exemplo, suponha que os saldos inicial e final de uma empresa em sua conta de propriedades, instalações e equipamentos sejam US$ 1 mil e US$ 1,8 mil, respectivamente. Além disso, durante o período a empresa vendeu um equipamento por US$ 40 em caixa que, em um primeiro momento, custou US$ 100 e teve depreciação acumulada de US$ 70. A empresa registrou um ganho de US$ 10 sobre a venda, que foi incluído na receita líquida.

Começamos calculando o aumento de US$ 800 na conta de propriedades, instalações e equipamentos. Esse aumento sinaliza a necessidade de subtrair as saídas de caixa na seção de atividades de investimento da demonstração de fluxos de caixa. Na verdade, pode ser tentador concluir que a maneira adequada de analisar as propriedades, instalações e equipamentos nesse caso é registrar uma saída de caixa de US$ 800 correspondente ao aumento de US$ 800 no saldo da conta. Entretanto, isso só seria correto se a empresa não vendesse nenhuma propriedade, instalação ou equipamento durante o ano. Como a empresa vendeu equipamentos, temos de usar a equação fundamental de contas de ativos para calcular as saídas de caixa, como a seguir:

Saldo inicial + Débitos − Créditos = Saldo final
US$ 1.000 + Débitos − US$ 100 = US$ 1.800
Débitos = US$ 1.800 − US$ 1.000 + US$ 100
Débitos = US$ 900

A mesma lógica pode ser expressa usando uma conta T de propriedades, instalações e equipamentos. Considerando que conhecemos os saldos inicial e final da conta e o montante de crédito que teria sido registrado para dar baixa do *custo original* do equipamento que foi vendido, as adições à conta, como resume o lado de débitos da conta T, devem ser iguais a **US$ 900**.

Propriedades, instalações e equipamentos (US$)

Saldo inicial	1.000		
Adições	**900**	Venda de equipamentos	100
Saldo final	1.800		

Então, em vez de divulgar uma saída de caixa de US$ 800 pertencente a propriedades, instalações e equipamentos na seção de atividades de investimento da demonstração de fluxos de caixa, a contabilidade adequada exige que se subtraia o ganho de US$ 10 sobre a venda de equipamentos da receita líquida na seção de atividades operacionais da demonstração. Exige também que se divulgue uma entrada de caixa de US$ 40 da venda de equipamentos e uma saída de caixa de US$ 900 nas somas à conta de propriedades, instalações e equipamentos na seção de atividades de investimento da demonstração.

Lucros retidos Quando uma empresa obtém uma receita líquida, ela faz um crédito na conta de lucros retidos e, quando paga um dividendo, faz um débito na conta de lucros retidos. Para calcular o montante de um pagamento de dividendo, usamos a equação fundamental de contas de patrimônio dos acionistas, mencionada anteriormente:

Equação fundamental para contas de patrimônio dos acionistas
Saldo inicial − Débitos + Créditos = Saldo final

Por exemplo, suponha que os saldos inicial e final de uma empresa em sua conta de lucros retidos sejam US$ 2 mil e 3 mil, respectivamente. Além disso, a empresa divulgou uma receita líquida de US$ 1,2 mil e pagou um dividendo, mas não sabemos de quanto. Começamos calculando o aumento de US$ 1.000 na conta de lucros retidos. Entretanto, esse montante reflete a receita líquida obtida durante o período além de o valor do pagamento do dividendo. Portanto, devemos usar a equação anterior para calcular o montante do pagamento do dividendo, da seguinte maneira:

Saldo inicial − Débitos + Créditos = Saldo final
US$ 2.000 − Débitos + US$ 1.200 = US$ 3.000
US$ 3.200 = US$ 3.000 + Débitos
Débitos = US$ 200

A mesma lógica pode ser expressa usando-se uma conta T de lucros retidos. Considerando que conhecemos os saldos inicial e final da conta e a receita líquida que teria sido registrada do lado do crédito da conta T, o dividendo, como divulgado no lado do débito da conta T, deve ser igual a **US$ 200**.

Lucros retidos (US$)

		Saldo inicial	2.000
Dividendo	**200**	Receita líquida	1.200
		Saldo final	3.000

Então, em vez de erroneamente divulgar um fluxo de caixa de US$ 1.000 pertencente à variação geral nos lucros retidos, a contabilidade adequada exige que se divulgue a receita líquida de US$ 1.200 dentro da seção de atividades operacionais da demonstração de fluxos de caixa e um dividendo de US$ 200 na seção de atividades de financiamento da demonstração.

Capítulo **14** ▶ Demonstração de fluxos de caixa

643

POR DENTRO
DAS EMPRESAS

DELTA PETROLEUM VENDE AÇÕES PARA FINANCIAR EXPANSÃO

A **Delta Petroleum Corporation** queria aumentar suas perfurações para a extração de gás natural e petróleo no Colorado e em Utah, Estados Unidos. Entretanto, o orçamento de capital da empresa para 2008 excedia seu fluxo de caixa. Para cobrir a diferença, a Delta vendeu 36 milhões de novas ações de suas ações ordinárias à **Tracinda Corporation** por US$ 684 milhões. A Delta está confiante de que a entrada de caixa de sua transação aumentará sua reserva de recursos naturais e, afinal, aumentará o preço de suas ações; no entanto, a transação deu à Tracinda uma participação acionária de 35% na Delta e permitiu a esta empresa que nomeasse um terço do conselho de diretoria da Delta.

Quando as empresas não podem financiar seus planos de expansão com caixa gerado internamente, normalmente escolhem uma dentre duas opções para ganhar acesso a caixa. Ou tomam dinheiro emprestado de credores ou vendem ações ordinárias a compradores, que ganham participação acionária em sua empresa.

FONTE: Russell Gold, "Delta Petroleum's Stake Sale Eases Need for Cash". *The Wall Street Journal*, 2 de janeiro de 2008, p. A3.

Resumo dos conceitos-chave

O Quadro 14.4 resume os quatro conceitos-chave que discutimos. O primeiro deles é que a demonstração de fluxos de caixa é dividida em três seções: atividades operacionais, atividades de investimento e atividades de financiamento. O caixa líquido usado ou gerado por esses três tipos de atividades é combinado, gerando aumento ou diminuição líquidos em caixa e equivalentes de caixa, que explica a variação no saldo de caixa. O segundo conceito-chave é que a seção de atividades operacionais da demonstração de fluxos de caixa pode ser preparada por meio dos métodos direto ou indireto. O método direto expressa, em termos de caixa, as vendas, os custos de produtos vendidos, as despesas de venda e administrativas e as despesas com impostos de renda. O método indireto começa com a receita líquida em regime de acréscimo e a ajusta em termos de caixa. O terceiro conceito-chave é que o método indireto exige três passos para calcular o caixa líquido gerado pelas atividades operacionais. O primeiro passo é somar a depreciação de volta à receita líquida. O segundo passo é analisar as variações líquidas nas contas não monetárias do balanço patrimonial que afetem a receita líquida. O terceiro passo é ajustar os ganhos e perdas incluídos na demonstração de resultados. O quarto conceito-chave é registrar entradas e saídas de caixa brutas nas seções de investimentos e financiamentos da demonstração de fluxos de caixa.

QUADRO 14.4
Resumo dos conceitos-chave necessários para se preparar uma demonstração de fluxos de caixa.

Conceito-chave #1		Conceito-chave #2	
A demonstração de fluxos de caixa é dividida em três seções:		Os GAAP e IFRS dos EUA permitem dois métodos de preparação da seção de atividades operacionais da demonstração de fluxos de caixa:	
Atividades operacionais		**Método direto (Apêndice 14A)**	
Caixa líquido gerado (usado) pelas atividades operacionais	US$ xx	Recebimentos de caixa dos clientes	US$ xx
Atividades de investimento		Caixa pago para a compra de estoques	− xx
Caixa líquido gerado (usado) pelas atividades de investimento	xx	Caixa pago para despesas de venda e administrativas	− xx
Atividades de financiamento		Caixa pago para impostos de renda	− xx
Caixa líquido gerado (usado) pelas atividades de financiamento	xx	Caixa líquido gerado (usado) pelas atividades operacionais	US$ xx
		Método indireto	
Aumento/diminuição líquida em caixa e equivalentes de caixa	xx	Receita líquida	US$ xx
Caixa e equivalentes de caixa, saldo inicial	xx	Vários ajustes (+/−)	xx
Caixa e equivalentes de caixa, saldo final	US$ xx	Caixa líquido gerado (usado) pelas atividades operacionais	US$ xx

CONTABILIDADE GERENCIAL

QUADRO 14.4
Continuação.

Conceito-chave #3		Conceito-chave #4	
Calcular o caixa líquido gerado pelas atividades operacionais usando-se o método indireto é um processo de três passos:		As seções de investimentos e financiamentos da demonstração de fluxos de caixa devem divulgar fluxos de caixa brutos:	
Atividades operacionais			
Receita líquida	US$ xx	Caixa líquido gerado (usado) pelas atividades operacionais	US$ xx
Ajustes para expressar a receita líquida em termos de caixa:		**Atividades de investimento**	
Passo 1 { Somar: Depreciação	xx	Compra de propriedades, instalações e equipamentos	– xx
		Venda de propriedades, instalações e equipamentos	xx
Analisar variações líquidas nas contas não monetárias do balanço patrimonial:		Compras de investimentos de longo prazo	– xx
Passo 2 { Aumento nas contas de ativos circulantes	– xx	Vendas de investimentos de longo prazo	xx
Diminuição nas contas de ativos circulantes	xx	Caixa líquido gerado (usado) pelas atividades de investimento	– xx
Aumento nas contas de passivos circulantes	xx	**Atividades de financiamento**	
Diminuição nas contas de passivos circulantes	– xx	Emissão de títulos de dívida a pagar	xx
Passo 3 { Ajuste de ganhos/perdas:		Pagamento do principal sobre títulos de dívida a pagar	– xx
Ganhos sobre vendas	– xx	Emissão de ações ordinárias	xx
Perdas sobre vendas	xx	Compra de suas próprias ações ordinárias	– xx
		Pagamento de um dividendo	– xx
Caixa líquido gerado (usado) pelas atividades operacionais	US$ xx	Caixa líquido gerado (usado) pelas atividades de financiamento	xx
		Aumento/diminuição líquida em caixa e equivalentes de caixa	xx
		Caixa e equivalentes de caixa, saldo inicial	xx
		Caixa e equivalentes de caixa, saldo final	US$ xx

EXEMPLO DE UMA DEMONSTRAÇÃO DE FLUXOS DE CAIXA

Para ilustrar as ideias introduzidas na seção anterior, agora construiremos uma demonstração de fluxos de caixa para uma empresa de *merchandising* chamada Apparel, Inc. A demonstração de resultados e o balanço patrimonial da empresa são exibidos nos Quadros 14.5 e 14.6.

QUADRO 14.5
Apparel Inc. – demonstração de resultados.

Apparel Inc. – Demonstração de resultados (em milhões de dólares)	
Vendas	3.638
Custos de produtos vendidos	2.469
Margem bruta	1.169
Despesas de venda e administrativas	941
Resultado operacional	228
Itens não operacionais: ganhos sobre venda da loja	3
Lucro antes dos impostos	231
Impostos de renda	91
Receita líquida	140

▶▶ OA14.2

Preparar uma demonstração de fluxos de caixa usando o método indireto para determinar o caixa líquido gerado pelas atividades operacionais.

Suponhamos também os seguintes fatos sobre a Apparel Inc.:

1. A empresa vendeu uma loja que teve um custo original de US$ 15 milhões e depreciação acumulada de US$ 10 milhões. O caixa resultante da venda foi de US$ 8 milhões. O ganho sobre a venda foi de US$ 3 milhões.
2. A empresa não emitiu nenhum título de dívida novo durante o ano.
3. A empresa não recomprou nenhuma de suas ações ordinárias durante o ano.
4. A empresa pagou um dividendo em dinheiro durante o ano.

Observe que o balanço patrimonial no Quadro 14.6 inclui o montante da variação em cada conta do balanço patrimonial. Por exemplo, os saldos inicial e final em caixa e equivalentes de caixa são de US$ 29 milhões e US$ 91 milhões, respectivamente. Esse é um

Capítulo **14** ▸▶ Demonstração de fluxos de caixa

aumento de US$ 62 milhões no saldo da conta. Um cálculo similar é realizado para todas as outras contas do balanço patrimonial. Estude as variações nesses saldos de conta porque voltaremos a eles nas próximas páginas. Por exemplo, tenha em mente que a finalidade da demonstração de fluxos de caixa da Apparel é divulgar os fluxos de caixa operacionais, de investimento e de financiamento por trás do aumento de US$ 62 milhões em caixa e equivalentes de caixa exibido no Quadro 14.6. *Além disso, saiba que, embora os saldos de conta estejam calculados para você no Quadro 14.6, você normalmente precisará calcular esses valores sozinho antes de tentar construir a demonstração de fluxos de caixa.*

QUADRO 14.6
Apparel Inc. –
balanço patrimonial.

Apparel, Inc. Balanço patrimonial comparativo (em milhões de dólares)	Saldo final	Saldo inicial	Variação
Ativo			
Ativo circulante:			
Caixa e equivalentes de caixa...	91	29	+ 62
Contas a receber...	637	654	– 17
Estoques	586	537	+ 49
Total do ativo circulante...	1.314	1.220	
Propriedades, instalações e equipamentos........................	1.517	1.394	+ 123
Menos depreciação acumulada	654	561	+ 93
Propriedades, instalações e equipamentos líquidos...........	863	833	
Total de ativo...	2.177	2.053	
Passivo e patrimônio dos acionistas			
Passivo circulante:			
Contas a pagar...	264	220	+ 44
Provisões para pagamento...	193	190	+ 3
Impostos de renda devidos	75	71	+ 4
Total do passivo circulante	532	481	
Títulos de dívida a pagar..	479	520	– 41
Total do passivo	1.011	1.001	
Patrimônio dos acionistas:			
Ações ordinárias..	157	155	+ 2
Lucros retidos..	1.009	897	+ 112
Total de patrimônio dos acionistas..................................	1.166	1.052	
Total do passivo e patrimônio dos acionistas	2.177	2.053	

Atividades operacionais

Esta seção usa o processo de três passos explicado anteriormente para construir a seção de atividades operacionais da demonstração de fluxos de caixa da Apparel.

Passo 1 O primeiro passo para calcular o caixa líquido gerado pelas atividades operacionais da Apparel é *somar a depreciação* à receita líquida. O balanço patrimonial no Quadro 14.6 mostra que a conta de depreciação acumulada da Apparel tinha saldos inicial e final de US$ 561 milhões e US$ 654 milhões, respectivamente. Também sabemos, de acordo com as suposições listadas antes, que a Apparel vendeu uma loja durante o ano que tinha US$ 10 milhões de depreciação acumulada. Considerando esses fatos, podemos usar a equação fundamental para contra-ativos (introduzida na página 635) para determinar que a Apparel precisa somar US$ 103 milhões de depreciação à sua receita líquida:

Saldo inicial − Débitos + Créditos = Saldo final
US$ 561 milhões − US$ 10 milhões + Créditos = US$ 654 milhões
Créditos = US$ 654 milhões − US$ 561 milhões + US$ 10 milhões
Créditos = US$ 103 milhões

Passo 2 O segundo passo para calcular o caixa líquido gerado pelas atividades operacionais é *analisar as variações líquidas nas contas não monetárias do balanço patrimonial* que afetem a receita líquida. O Quadro 14.7 explica os cinco ajustes que a Apparel precisa fazer para concluir esse passo. Para facilitar sua consulta, a parte superior do Quadro 14.7 reproduz um trecho das diretrizes gerais para concluir esse passo que foram resumidas anteriormente no Quadro 14.2. A parte inferior do Quadro 14.7 aplica as diretrizes gerais da parte superior do quadro ao balanço patrimonial da Apparel. Por exemplo, o Quadro 14.6 mostra que o saldo de contas a receber da Apparel diminuiu em US$ 17 milhões. A parte superior do Quadro 14.7 diz que diminuições nas contas a receber são somadas à receita líquida. Isso explica por que a parte inferior do 14.7 inclui um sinal de adição diante da diminuição de US$ 17 milhões nas contas a receber da Apparel. Da mesma maneira, o Quadro 14.6 mostra que os saldos de estoques da Apparel aumentaram em US$ 49 milhões. Quando os estoques aumentam, o montante desse aumento é subtraído da receita líquida. Isso explica por que a parte inferior do Quadro 14.7 inclui um sinal de subtração na frente do aumento de US$ 49 milhões em estoques da Apparel. Uma lógica similar pode ser usada para explicar por que os aumentos do Quadro 14.6 em contas a pagar (+ 44), provisões para pagamentos (+ 3) e impostos de renda devidos (+ 4) resultam, todos, em adições à receita líquida da Apparel que são mostradas na parte inferior do Quadro 14.7.

QUADRO 14.7
Apparel Inc.: analisar como as variações líquidas nas contas não monetárias do balanço patrimonial afetam a receita líquida na demonstração de fluxos de caixa.

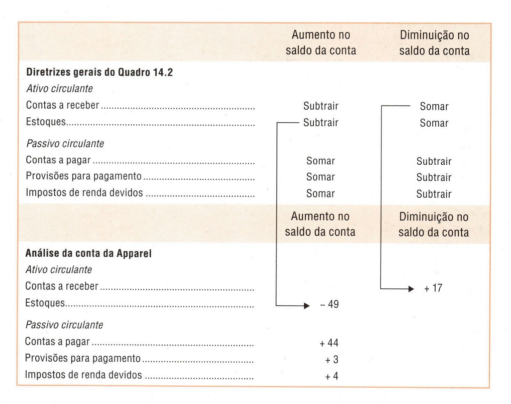

Passo 3 O terceiro passo para calcular o caixa líquido gerado pelas atividades operacionais é *ajustar os ganhos/perdas* incluídos na demonstração de resultados. A Apparel divulgou um ganho de US$ 3 milhões em sua demonstração de resultados no Quadro 14.5; portanto, esse montante precisa ser subtraído da receita líquida. Subtrair os ganhos sobre vendas remove os ganhos da seção de atividades operacionais da demonstração de fluxos de caixa. Todo o montante resultante dessa venda será registrado na seção de atividades de investimento da demonstração.

O Quadro 14.8 mostra a seção de atividades operacionais da demonstração de fluxos de caixa da Apparel. Dedique um tempo a associar cada um dos números que calculamos a esse quadro. O montante total dos ajustes na receita líquida é de US$ 119 milhões, resultando em um caixa líquido gerado pelas atividades operacionais de US$ 259 milhões.

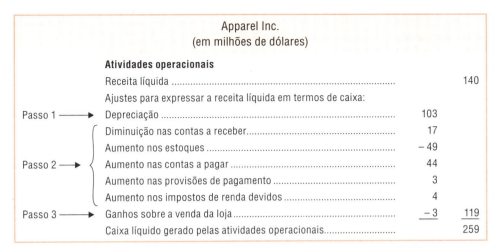

QUADRO 14.8
Apparel Inc.: seção de atividades operacionais da demonstração de fluxos de caixa.

Atividades de investimento

Os fluxos de caixa de investimento da Apparel pertencem à sua conta de propriedades, instalações e equipamentos, que, segundo o Quadro 14.6, tinha saldos inicial e final de US$ 1.394 milhões e US$ 1.517 milhões, respectivamente, resultando em um aumento de US$ 123 milhões. Esse aumento sugere que a Apparel comprou equipamentos; entretanto, não engloba os fluxos de caixa brutos que precisam ser divulgados na demonstração de fluxos de caixa.

As suposições na página 644 dizem que a Apparel vendeu uma loja que tinha um custo original de US$ 15 milhões, resultando em US$ 8 milhões em caixa. A entrada de caixa dessa venda precisa ser registrada na seção de atividades de investimento da demonstração de fluxos de caixa. Para calcular as saídas de caixa relativas às compras de propriedades, instalações e equipamentos, usamos a equação fundamental para ativos, mencionada no início do capítulo:

$$\text{Saldo inicial} + \text{Débitos} - \text{Créditos} = \text{Saldo final}$$
$$\text{US\$ 1.394 milhões} + \text{Débitos} - \text{US\$ 15 milhões} = \text{US\$ 1.517 milhões}$$
$$\text{Débitos} = \text{US\$ 1.517 milhões} - \text{US\$ 1.394 milhões} + \text{US\$ 15 milhões}$$
$$\text{Débitos} = \text{US\$ 1.38 milhões}$$

Observe que os créditos na equação anterior incluem o custo original da loja que foi vendida. Quando as saídas de caixa de US$ 138 milhões são combinadas com o caixa de US$ 8 resultante da venda da loja, o caixa líquido da Apparel usado nas atividades de investimento é de US$ 130 milhões.

Atividades de financiamento

O Quadro 14.9 explica como calcular os fluxos de caixa de financiamento da Apparel relativos às suas contas de "títulos de dívida a pagar" e de "ações ordinárias" do balanço patrimonial. A parte superior do quadro reproduz um trecho das diretrizes gerais para analisar os fluxos de caixa de financiamento, que foram resumidas anteriormente no Quadro 14.3. A parte inferior do Quadro 14.9 aplica as diretrizes gerais da parte superior do quadro a essas duas contas do balanço patrimonial à Apparel. Analisaremos cada conta separadamente.

O Quadro 14.6 mostra que o saldo da conta de títulos de dívida a pagar da Apparel diminuiu em US$ 41 milhões. Como afirmado na página 644, já que a Apparel não emitiu nenhum título de dívida durante o ano, podemos concluir que a diminuição de US$ 41 milhões na conta deve-se apenas à extinção de títulos de dívida a pagar. A parte superior do Quadro 14.9 diz que uma diminuição na conta de títulos de dívida a pagar sinaliza a necessidade de subtrair as saídas de caixa na seção de atividades de investimento da demonstração de fluxos de caixa. Isso explica por que a parte inferior do quadro inclui um sinal de subtração diante da diminuição de US$ 41 milhões na conta de títulos de dívida a pagar da Apparel. Da mesma forma, o Quadro 14.6 mostra que o saldo da conta de ações ordinárias da Apparel aumentou em US$ 2 milhões. Como afirmado na página 644, já que a Apparel não recomprou nenhuma de suas próprias ações durante o ano, podemos concluir que o aumento de US$ 2 milhões na conta deve-se somente à emissão de ações ordinárias. A parte superior do Quadro 14.9 mostra que aumentos na conta de ações ordinárias sinalizam a necessidade de somar as entradas de caixa na seção de atividades de investimento da demonstração de fluxos de caixa, o que explica por que a parte inferior do quadro inclui um sinal de adição na frente do aumento de US$ 2 milhões na conta de ações ordinárias da Apparel.

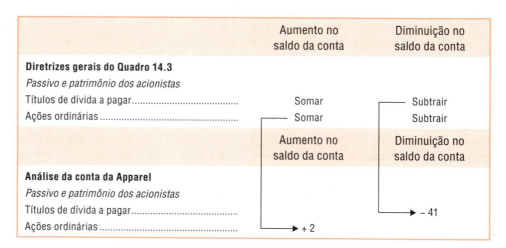

QUADRO 14.9
Apparel Inc.: analisar como as variações nas contas não monetárias do balanço patrimonial afetam os fluxos de caixa de financiamentos na demonstração de fluxos de caixa.

QUADRO 14.10
Apparel Inc. Demonstração de fluxos de caixa.

Apparel Inc. Demonstração de fluxos de caixa – método indireto (em milhões de dólares)		
Atividades operacionais		
Receita líquida		140
Ajustes para expressar receita líquida em termos de caixa:		
Depreciação	103	
Diminuição nas contas a receber	17	
Aumento nos estoques	– 49	
Aumento nas contas a pagar	44	
Aumento nas provisões de pagamento	3	
Aumento nos impostos de renda devidos	4	
Ganhos sobre venda da loja	– 3	119
Caixa líquido gerado pelas atividades operacionais		259
Atividades de investimento		
Adições à conta de propriedades, instalações e equipamentos	– 138	
Resultados da venda da loja	8	
Caixa líquido usado nas atividades de investimento		– 130
Atividades de financiamento		
Extinção dos títulos de dívida a pagar	– 41	
Emissão de ações ordinárias	2	
Dividendos pagos em dinheiro	– 28	
Caixa líquido usado nas atividades de financiamento		– 67
Aumento líquido em caixa e equivalentes de caixa		62
Caixa e equivalentes de caixa, saldo inicial		29
Caixa e equivalentes de caixa, saldo final		91

Capítulo **14** ▸▸ Demonstração de fluxos de caixa

A última saída de caixa de financiamento da Apparel é seu pagamento de dividendo aos portadores de ações ordinárias. O pagamento de dividendo pode ser calculado por meio da equação fundamental para a conta de patrimônio dos acionistas, mencionada no início do capítulo:

$$\text{Saldo inicial} - \text{Débitos} + \text{Créditos} = \text{Saldo final}$$
$$\text{US\$ 897 milhões} - \text{Débitos} + \text{US\$ 140 milhões} = \text{US\$ 1.009 milhões}$$
$$\text{US\$ 1.037 milhões} = \text{US\$ 1.009 milhões} + \text{Débitos}$$
$$\text{Débitos} = \text{US\$ 28 milhões}$$

Quando as saídas de caixa de US\$ 69 milhões (= US\$ 41 milhões + US\$ 28 milhões) são combinadas com as entradas de caixa de US\$ 2 milhões, o caixa líquido da Apparel usado nas atividades de financiamento é de US\$ 67 milhões.

O Quadro 14.10 mostra a demonstração de fluxos de caixa da Apparel. A seção de atividades operacionais dessa demonstração foi transferida do Quadro 14.8. Dedique um tempo a associar ao Quadro 14.10 os fluxos de caixa de investimento e financiamento que acabamos de discutir. Observe que o aumento líquido no caixa e equivalentes de caixa é de US\$ 62 milhões (= US\$ 259 milhões − US\$ 130 milhões − US\$ 67 milhões), o que está de acordo com a variação na conta de caixa e equivalentes de caixa exibida no balanço patrimonial no Quadro 14.6.

Analisar o quadro geral

No início do capítulo, mencionamos que a demonstração de fluxos de caixa é preparada a partir da análise das variações nas contas não monetárias do balanço patrimonial. Apresentamos, então, um método para preparar a demonstração de fluxos de caixa, o qual simplificou o processo de criação da demonstração de fluxos de caixa. Agora, mostraremos que ele é equivalente a analisar as variações nas contas não monetárias no balanço patrimonial.

O Quadro 14.11 usa contas T para resumir como as variações nas contas não monetárias do balanço patrimonial da Apparel Inc. quantificam as entradas e saídas de caixa que explicam a variação em seu saldo de caixa. A parte superior do quadro é a conta T da Apparel e a parte inferior fornece contas T das contas restantes do balanço patrimonial da empresa. Observe que o caixa líquido gerado pelas atividades operacionais (US\$ 259 milhões) e o aumento líquido em caixa e equivalentes de caixa (US\$ 62) exibidos na conta T de caixa estão de acordo com os valores correspondentes na demonstração de fluxos de caixa exibida no Quadro 14.10.

QUADRO 14.11
Contas T depois do lançamento das variações nas contas – Apparel Inc. (em milhões).

Caixa					
Receita líquida	(1)	140	49	(4)	Aumento nos estoques
Depreciação	(2)	103	3	(12)	Ganhos sobre a venda da loja
Diminuição nas contas a receber	(3)	17			
Aumento nas contas a pagar	(5)	44			
Aumento nas provisões de pagamento	(6)	3			
Aumento nos impostos de renda devidos	(7)	4			
Caixa líquido gerado pelas atividades operacionais		259	138	(8)	Adições a propriedades, instalações e equipamentos
Resultado financeiro da venda da loja	(12)	8			
Aumento nas ações ordinárias	(11)	2	41	(9)	Diminuição dos títulos de dívida a pagar
			28	(10)	Dividendos pagos em dinheiro
Aumento líquido em caixa e equivalentes de caixa		62			

CONTABILIDADE GERENCIAL

QUADRO 14.11
Continuação.

Contas a receber		
Saldo	654	
		17	(3)
Saldo	637	

Estoques		
Saldo	537	
(4)	49	
Saldo	586	

Propriedades, instalações e equipamentos		
Saldo	1.394	
(8)	138	15	(12)
Saldo	1.517	

Depreciação acumulada			
		561	Saldo
(12)	10	103	(2)
		654	Saldo

Contas a pagar			
		220	Saldo
		44	(5)
		264	Saldo

Provisões para pagamento			
		190	Saldo
		3	(6)
		193	Saldo

Impostos de renda devidos			
		71	Saldo
		4	(7)
		75	Saldo

Títulos de dívida a pagar			
		520	Saldo
(9)	41		
		479	Saldo

Ações ordinárias			
		155	Saldo
		2	(11)
		157	Saldo

Lucros retidos			
		897	Saldo
(10)	28	140	(1)
		1.009	Saldo

Explicaremos o Quadro 14.11 em cinco passos. O lançamento (1) registra a receita líquida da Apparel (US$ 140 milhões) no lado de créditos da conta de lucros retidos e no lado de débitos da conta de caixa. A receita líquida de US$ 140 milhões exibida na conta T de caixa será ajustada até que ela reflita o aumento líquido em caixa e equivalentes de caixa de US$ 62 milhões. O lançamento (2) soma a depreciação de US$ 103 milhões à receita líquida. Os lançamentos (3) a (7) ajustam a receita líquida, incluindo as variações nas contas de ativos circulantes e passivos circulantes. Os lançamentos (8) a (11) resumem as saídas e entradas de caixa relativas a adições a propriedades, instalações e equipamentos, a extinção de títulos de dívida a pagar, o pagamento de dividendo em dinheiro e a emissão de ações ordinárias. O lançamento (12) registra a venda da loja. Observe que os ganhos sobre a venda (US$ 3 milhões) são registrados no lado de créditos da conta T de caixa. Isso é equivalente a subtrair os ganhos da receita líquida de modo que todo o montante dos resultados financeiros da venda (US$ 8 milhões) possa ser registrado na seção de atividades de investimento da demonstração de fluxos de caixa.

INTERPRETAR A DEMONSTRAÇÃO DE FLUXOS DE CAIXA

Os gerentes podem perceber muitas coisas úteis estudando a demonstração de fluxos de caixa. Nesta seção, discutiremos duas diretrizes que os gerentes deveriam usar ao interpretarem a demonstração de fluxos de caixa.

Considerar as circunstâncias específicas de uma empresa

Uma demonstração de fluxos de caixa deve ser avaliada no contexto das circunstâncias específicas de uma empresa. Para ilustrar esse ponto, consideremos dois exemplos relacionados a empresas iniciantes e empresas com vendas crescentes *versus* decrescentes. As empresas iniciantes geralmente não conseguem gerar fluxos de caixa positivos a partir de suas operações; portanto, dependem da emissão de ações e da contração de empréstimos a fim de obter fundos para as atividades de investimento. Isso significa que as empresas iniciantes em geral têm um caixa líquido negativo gerado pelas atividades ope-

Capítulo **14** ▸▶ Demonstração de fluxos de caixa

SEC EXIGE QUE A CATERPILLAR RECALCULE SEUS FLUXOS DE CAIXA

POR DENTRO
DAS EMPRESAS

A **Comissão de Valores Mobiliários** (SEC) exigiu que a Caterpillar divulgasse seus fluxos de caixa de 2002 e 2003 como a seguir (os montantes estão em milhões):

	2002	2003
Fluxos de caixa originalmente divulgados pela Caterpillar (US$):		
Caixa líquido gerado pelas atividades operacionais	2.366	2.066
Caixa líquido usado para as atividades de investimento	− 2.708	− 2.793
Total	− 342	− 727
Fluxos de caixa recalculados pela Caterpillar (US$):		
Caixa líquido usado para as atividades operacionais	− 3.962	− 5.611
Caixa líquido gerado pelas atividades de investimento	3.620	4.884
Total	− 342	− 727

O novo cálculo resultou em uma queda drástica no caixa líquido gerado pelas atividades operacionais da Caterpillar tanto em 2002 quanto em 2003, embora a variação geral no caixa e nos investimentos de curto prazo da empresa permanecesse a mesma depois da nova divulgação. Por que você acha que a SEC exigiu que a Caterpillar divulgasse as reclassificações resumidas?

FONTE: Ghostwriter, "SEC Acts to Curb Cash Flow Shenanigans", *Inc.*, junho de 2005, p. 26, e formulários 10-K da Caterpillar para 2002, 2003 e 2004.

racionais e grandes picos nos caixas líquidos usados para as atividades de investimento e gerados pelas atividades de financiamento. Entretanto, à medida que uma empresa iniciante amadurece, ela deve começar a gerar caixa suficiente para sustentar as operações do dia a dia e manter suas instalações e seus equipamentos sem ações ou empréstimos adicionais. Isso significa que o caixa líquido gerado pelas atividades operacionais deve passar de um valor negativo para um positivo. O caixa líquido usado para as atividades de investimento deve cair um pouco e se estabilizar, e o caixa líquido gerado pelas atividades de financiamentos deve diminuir.

Uma empresa com vendas crescentes teria um aumento em seus saldos de contas a receber, estoques e contas a pagar. Entretanto, se uma empresa com vendas decrescentes tiver aumentos nos saldos dessas contas, isso pode sinalizar problemas. Talvez as contas a receber aumentem porque a empresa tenta estimular as vendas vendendo para clientes que não conseguem pagar suas contas. Talvez o aumento nos estoques sugira que a empresa está comprometida com grandes quantidades de estoque obsoleto. As contas a pagar podem aumentar porque a empresa adia os pagamentos aos fornecedores na tentativa de inflar seu caixa líquido gerado pelas atividades operacionais. Observe que as interpretações plausíveis dessas variações nos saldos de conta dependem das circunstâncias da empresa.

Considerar as relações entre os números

Embora cada número em uma demonstração de fluxos de caixa forneça informações úteis, os gerentes obtêm aquelas mais significativas examinando as relações entre os números.

Por exemplo, alguns gerentes estudam as tendências de suas empresas em margens de fluxo de caixa comparando o caixa líquido gerado pelas atividades operacionais às vendas. O objetivo é aumentar continuamente os fluxos de caixa operacionais obtidos por cada dólar (ou qualquer outra moeda) em vendas. Se observarmos de novo a demonstração de resultados da Apparel no Quadro 14.5 e sua demonstração de fluxos de caixa no Quadro 14.10, podemos determinar que sua margem de fluxo de caixa é em torno de US$ 0,07 por dólar em vendas (= US$ 259 ÷ US$ 3.638). Os gerentes também comparam o caixa líquido gerado pelas atividades operacionais ao saldo final dos passivos circulantes. Se o caixa líquido gerado pelas atividades operacionais for maior do que (menor do que) os passivos circulantes, isso indica que a empresa gerou (não gerou) fluxo de caixa operacional suficiente para pagar suas contas no final do período. O caixa líquido gerado pelas atividades operacionais de US$ 259 milhões da Apparel (ver Quadro 14.10) não foi suficiente para pagar seus passivos circulantes de US$ 481 milhões no fim do ano (ver Quadro 14.6).

Como um terceiro exemplo, os gerentes comparam as adições à conta de propriedades, instalações e equipamentos na seção de atividades de investimento da demonstração de fluxos de caixa à depreciação incluída na seção de atividades operacionais da demonstração. Se as adições à conta de propriedades, instalações e equipamentos forem consistentemente menores do que a depreciação, isso sugere que a empresa não investe dinheiro suficiente para manter seus ativos não circulantes. Se voltarmos à demonstração de fluxos de caixa da Apparel no Quadro 14.10, verificaremos que suas adições à conta de propriedades, instalações e equipamentos (US$ 138 milhões) são maiores do que sua depreciação (US$ 103 milhões). Isso sugere que a Apparel investe dinheiro mais do que suficiente para manter seus ativos não circulantes.

OA14.3

Calcular o fluxo de caixa livre.

▶ **Fluxo de caixa livre**

medida que avalia a capacidade de uma empresa de financiar seus desembolsos de capital e dividendos a partir de seu caixa líquido gerado pelas atividades operacionais.

Fluxo de caixa livre *Fluxo de caixa livre* é uma medida usada pelos gerentes para analisar a relação entre três números da demonstração de fluxos de caixa – o caixa líquido gerado pelas atividades operacionais, as adições à conta de propriedades, instalações e equipamentos (também chamadas de desembolsos de capital) e dividendos. O **fluxo de caixa livre** mede a capacidade de uma empresa de financiar seus desembolsos de capital com propriedades, instalações e equipamentos e seus dividendos a partir de seu caixa líquido gerado pelas atividades operacionais.[6] A equação para calculá-lo é a seguinte:

$$\text{Fluxo de caixa livre} = \text{Caixa líquido gerado pelas atividades operacionais} - \text{Desembolsos de capital} - \text{Dividendos}$$

Usando essa equação e a demonstração de fluxos de caixa exibida no Quadro 14.10, podemos calcular o fluxo de caixa livre (em milhões) da Apparel da seguinte maneira:

$$\text{Fluxo de caixa livre} = \text{US\$ } 259 - \text{US\$ } 138 - \text{US\$ } 28$$
$$\text{Fluxo de caixa livre} = \text{US\$ } 93$$

A interpretação de fluxo de caixa livre é fácil. Um número positivo indica que a empresa gerou fluxo de caixa suficiente com suas atividades operacionais para financiar seus desembolsos de capital e seus pagamentos de dividendos. Um número negativo sugere que a empresa precisou obter dinheiro de outras fontes, como a contração de empréstimos de credores ou a emissão de ações ordinárias, para financiar seus investimentos em propriedades, instalações e equipamentos e seu pagamento de dividendos. Um fluxo de caixa livre negativo não sinaliza automaticamente mau desempenho. Como discutido anteriormente, espera-se que uma nova empresa com enormes perspectivas de crescimento tenha um fluxo de caixa livre negativo durante sua fase inicial. Entretanto, mesmo novas empresas precisam às vezes gerar fluxo de caixa livre positivo para sobreviver.

Qualidade dos lucros Os gerentes e investidores em geral analisam a relação entre a receita líquida e o caixa líquido gerado pelas atividades operacionais para ajudar a avaliar até que ponto os lucros de uma empresa de fato refletem o desempenho operacional. Os gerentes com frequência percebem que os lucros são de qualidade mais alta, ou indicativos de bom desempenho operacional, quando (1) não são mal influenciados pela inflação, (2) são calculados por meio de princípios e estimativas contábeis conservadoras e (3) estão correlacionados com o caixa líquido gerado pelas atividades operacionais. Quando a receita líquida e o caixa líquido gerado pelas atividades operacionais de uma empresa se movimentam juntos (em outras palavras, estão correlacionados um com o outro), isso sugere que os lucros resultam de variações nas vendas e nas despesas operacionais. Ao contrário, se a receita líquida de uma empresa cresce uniformemente e seu caixa líquido gerado pelas atividades operacionais diminui, isso sugere que a receita líquida é influenciada por fatores não relacionados ao desempenho operacional, como transações não recorrentes ou princípios e estimativas contábeis agressivos.

---

[6] Para um resumo de definições alternativas de fluxo de caixa livre, ver John Mills, Lynn Bible e Richard Mason, "Defining Free Cash Flow", *CPA Journal*, janeiro de 2002, p. 36-42.

AMAZON.COM IMPULSIONA SEUS FLUXOS DE CAIXA

POR DENTRO DAS EMPRESAS

A **Amazon.com** recebe dinheiro de seus clientes imediatamente quando ocorrem vendas em seu *site*. Quando a empresa estendeu o número de dias para pagar seus fornecedores de 63 para 72 dias, isso gerou um grande salto no saldo de contas a pagar da empresa, o que ajudou a aumentar seu fluxo de caixa livre de US$ 346 milhões para US$ 1,36 bilhão. Em um trimestre, as vendas da Amazon.com aumentaram 28%, mas suas contas a pagar quase dobraram, causando um aumento de 116% no fluxo de caixa livre. Você acha que os gerentes devem aumentar os fluxos de caixa atrasando os pagamentos aos fornecedores? Isso promoveria uma relação cooperativa com os fornecedores?

FONTE: Martin Peers, "Amazon's Astute Timing", *The Wall Street Journal*, 30 de outubro de 2009, p. C10.

RESUMO

A demonstração de fluxos de caixa é uma das três principais demonstrações financeiras preparadas pelas organizações. Ela explica como o caixa foi gerado e como foi usado durante um período. A demonstração de fluxos de caixa é amplamente utilizada como uma ferramenta para avaliar a saúde financeira das organizações.

Para fins de relatórios externos, a demonstração de fluxos de caixa deve ser organizada em termos de suas atividades operacionais, de investimento e de financiamento. O caixa líquido gerado pelas atividades operacionais é uma medida importante porque indica quão bem-sucedida é uma empresa em gerar caixa continuamente. O método indireto de calcular o caixa líquido gerado pelas atividades operacionais é um processo de três passos. O primeiro passo é somar a depreciação à receita líquida. O segundo passo é analisar as variações líquidas nas contas não monetárias no balanço patrimonial que afetam a receita líquida. O terceiro passo é ajustar os ganhos e perdas incluídos na demonstração de resultados.

As seções de investimentos e financiamentos da demonstração de fluxos de caixa devem divulgar fluxos de caixa brutos. A demonstração de fluxos de caixa resume o aumento ou a diminuição líquidos em caixa e equivalentes de caixa durante o período, explicando a variação no saldo de caixa.

PROBLEMA DE REVISÃO

A seguir, temos o balanço patrimonial comparativo da empresa Rockford em 2011 e a demonstração de resultados da empresa nesse ano:

Empresa Rockford
Balanço patrimonial comparativo (em milhões de dólares)

	2011	2010
Ativos		
Ativos circulantes:		
Caixa e equivalentes de caixa	26	10
Contas a receber	180	270
Estoques	205	160
Despesas antecipadas	17	20
Total do ativo circulante	428	460
Propriedades, instalações e equipamentos	430	309
Menos depreciação acumulada	218	194
Propriedades, instalações e equipamentos líquidos	212	115
Investimentos de longo prazo	60	75
Total do ativo	700	650

Passivo e patrimônio dos acionistas		
Passivo circulante:		
Contas a pagar...	230	310
Provisões para pagamento..	70	60
Impostos de renda devidos	15	8
Total de passivos circulantes..	315	378
Títulos de dívida a pagar..	135	40
Total de passivos	450	418
Patrimônio dos acionistas:		
Ações ordinárias..	140	140
Lucros retidos	110	92
Total de patrimônio dos acionistas..	250	232
Total do passivo e patrimônio dos acionistas	700	650

Empresa Rockford Demonstração de resultados do ano que termina em 31 de dezembro de 2011 (em milhões de dólares)	
Vendas	1.000
Custos de produtos vendidos	530
Margem bruta	470
Despesas de venda e administrativas	352
Resultado operacional	118
Itens não operacionais:	
Perda sobre a venda de equipamentos............................	4
Lucro antes dos impostos	114
Impostos de renda	48
Receita líquida...	66

Dados adicionais:

1. A Rockford pagou um dividendo em dinheiro em 2011.
2. A perda de US$ 4 milhões sobre a venda de equipamentos reflete uma transação na qual equipamentos com um custo original de US$ 12 milhões e uma depreciação acumulada de US$ 5 milhões foram vendidos por US$ 3 milhões em dinheiro.
3. A Rockford não comprou nenhum investimento de longo prazo durante o ano. Não houve ganhos ou perdas sobre a venda de investimentos de longo prazo.
4. A Rockford não extinguiu nenhum título de dívida a pagar durante 2011 nem emitiu ou recomprou ações ordinárias.

Requisitado:

1. Usando o método indireto, determine o caixa líquido gerado pelas atividades operacionais em 2011.
2. Construa uma demonstração de fluxos de caixa para 2011.

Solução do problema de revisão

A primeira tarefa que você deve concluir antes de voltar sua atenção às exigências específicas do problema é calcular as variações em cada conta do balanço patrimonial, como exibido a seguir (todos os montantes estão em milhões):

Capítulo 14 ▶▶ Demonstração de fluxos de caixa

Empresa Rockford
Balanço patrimonial comparativo (em milhões de dólares)

	2011	2010	Variação
Ativo			
Ativo circulante:			
Caixa e equivalentes de caixa	26	10	− 16
Contas a receber	180	270	− 90
Estoques	205	160	+ 45
Despesas antecipadas	17	20	− 3
Total do ativo circulante	428	460	
Propriedades, instalações e equipamentos	430	309	+ 121
Menos depreciação acumulada	218	194	+ 24
Propriedades, instalações e equipamentos líquidos	212	115	
Investimentos de longo prazo	60	75	− 15
Total do ativo	700	650	
Passivo e patrimônio dos acionistas			
Passivo circulante:			
Contas a pagar	230	310	− 80
Provisões para pagamento	70	60	+ 10
Impostos de renda devidos	15	8	− 7
Total do passivo circulante	315	378	
Títulos de dívida a pagar	135	40	+ 95
Total do passivo	450	418	
Patrimônio dos acionistas:			
Ações ordinárias	140	140	+ 0
Lucros retidos	110	92	+ 18
Total de patrimônio dos acionistas	250	232	
Total de passivo e patrimônio dos acionistas	700	650	

Requisitado 1:

Você deve seguir três passos para calcular o caixa líquido gerado pelas atividades operacionais.

Passo 1: Somar a depreciação à receita líquida.

Para concluir esse passo, aplique a equação da página 635 da seguinte maneira:

$$\text{Saldo inicial} - \text{Débitos} + \text{Créditos} = \text{Saldo final}$$
$$\text{US\$ 194 milhões} - \text{US\$ 5 milhões} + \text{Créditos} = \text{US\$ 218 milhões}$$
$$\text{Créditos} = \text{US\$ 218 milhões} - \text{US\$ 194 milhões} + \text{US\$ 5 milhões}$$
$$\text{Créditos} = \text{US\$ 29 milhões}$$

Passo 2: Analisar as variações líquidas nas contas não monetárias no balanço patrimonial que afetam a receita líquida.

Para concluir esse passo, aplique a lógica do Quadro 14.2 da seguinte maneira:

	Aumento no saldo da conta	Diminuição no saldo da conta
Ativo circulante		
Contas a receber		+ 90
Estoques	− 45	
Despesas antecipadas		+ 3
Passivo circulante		
Contas a pagar		− 80
Provisões para pagamento	+ 10	
Impostos de renda devidos	+ 7	

Passo 3: Ajustar ganhos/perdas incluídos na demonstração de resultados.

A perda de US$ 4 milhões sobre a venda de equipamentos deve ser somada à receita líquida.

Tendo concluído esses três passos, a seção de atividades operacionais da demonstração de fluxos de caixa apareceria da seguinte maneira:

Empresa Rockford		
Demonstração de fluxos de caixa – Método indireto		
para o ano que termina em 31 de dezembro de 2011 (em milhões de dólares)		
Atividades operacionais		
Receita líquida..		66
Ajustes para expressar receita líquida em termos de caixa:		
Depreciação	29	
Diminuição nas contas a receber	90	
Aumento nos estoques...	− 45	
Diminuição nas despesas antecipadas..................	3	
Diminuição nas contas a pagar	− 80	
Aumento nas provisões de pagamento...................	10	
Aumento nos impostos de renda devidos..............	7	
Perda sobre a venda de equipamentos..................	4	18
Caixa líquido gerado pelas atividades operacionais...........................		84

Requisitado 2:

Para finalizar a demonstração de fluxos de caixa, temos de completar as seções de investimentos e financiamento da demonstração, o que exige a análise das contas de propriedades, instalações e equipamentos, investimentos de longo prazo, títulos de dívida a pagar, ações ordinárias e lucros retidos. A tabela a seguir baseia-se no Quadro 14.3 e expressa as variações em quatro saldos de conta da Rockford.

	Aumento no saldo da conta	Diminuição no saldo da conta
Ativos não circulantes (atividades de investimento)		
Propriedades, instalações e equipamentos...............................	− 121	
Investimentos de longo prazo		+ 15
Passivos e patrimônio dos acionistas (atividades de financiamento)		
Títulos de dívida a pagar...	+ 95	
Ações ordinárias	Sem variação	Sem variação
Lucros retidos..	*	*

* Exige-se uma análise maior para quantificar dividendos pagos em dinheiro.

Os dados no início do problema afirmam que a Rockford não comprou nenhum investimento de longo prazo durante o ano e que não houve ganhos ou perdas sobre a venda de investimentos de longo prazo. Isso significa que a diminuição de US$ 15 milhões nos investimentos de longo prazo corresponde à entrada de caixa de US$ 15 milhões da venda de investimentos de longo prazo que está registrada na seção de investimentos da demonstração de fluxos de caixa. Os dados também afirmam que a Rockford não extinguiu nenhum título de dívida a pagar durante o ano; portanto, o aumento de US$ 95 milhões nos títulos de dívida a pagar devem ser em virtude da emissão dos títulos de dívida a pagar. Essa entrada de caixa está registrada na seção de financiamentos da demonstração de fluxos de caixa.

A conta de ações ordinárias não teve nenhuma atividade durante o período, então não afeta a demonstração de fluxos de caixa. Isso nos deixa duas contas que ainda precisam de uma análise maior – propriedades, instalações e equipamentos e lucros retidos.

A empresa vendeu equipamentos que tiveram um custo original de US$ 12 milhões por US$ 3 milhões em caixa. O resultado financeiro da venda precisa ser registrado na seção de atividades de investimento da demonstração de fluxos de caixa. As saídas de caixa relacionadas às atividades de investimento da Rockford podem ser calculadas por meio da equação fundamental para ativos mencionada na página 635:

$$\text{Saldo inicial} + \text{Débitos} - \text{Créditos} = \text{Saldo final}$$
$$\text{US\$ 309 milhões} + \text{Débitos} - \text{US\$ 12 milhões} = \text{US\$ 430 milhões}$$
$$\text{Débitos} = \text{US\$ 430 milhões} - \text{US\$ 309 milhões} + \text{US\$ 12 milhões}$$
$$\text{Débitos} = \text{US\$ 133 milhões}$$

A conta de lucros retidos da Rockford e a equação fundamental para patrimônio dos acionistas (introduzida na página 635) podem ser usadas para calcular o pagamento de dividendos da empresa da seguinte maneira:

$$\text{Saldo inicial} - \text{Débitos} + \text{Créditos} = \text{Saldo final}$$
$$\text{US\$ 92 milhões} - \text{Débitos} + \text{US\$ 66 milhões} = \text{US\$ 110 milhões}$$
$$\text{US\$ 158 milhões} = \text{US\$ 110 milhões} + \text{Débitos}$$
$$\text{Débitos} = \text{US\$ 48 milhões}$$

A demonstração de fluxos de caixa completa da empresa é exibida a seguir. Observe que o aumento líquido em caixa e equivalentes de caixa (US\$ 16 milhões) é igual à variação no saldo da conta de caixa e equivalentes de caixa.

Empresa Rockford
Demonstração de fluxos de caixa – método indireto para o ano
que termina em 31 de dezembro de 2011 (em milhões de dólares)

Atividades operacionais:

Receita líquida		66
Ajustes para expressar receita líquida em termos de caixa:		
Depreciação	29	
Diminuição nas contas a receber	90	
Aumento nos estoques	− 45	
Diminuição nas despesas antecipadas	3	
Diminuição nas contas a pagar	− 80	
Aumento nas provisões de pagamento	10	
Aumento nos impostos de renda devidos	7	
Perda sobre a venda de equipamentos	4	18
Caixa líquido gerado pelas atividades operacionais		84

Atividades de investimento:

Adições à conta de propriedades, instalações e equipamentos	− 133	
Diminuição nos investimentos de longo prazo	15	
Resultados financeiros da venda de equipamentos	3	
Caixa líquido usado nas atividades de investimento		− 115

Atividades de financiamento:

Aumento nos títulos de dívida a pagar	95	
Dividendos pagos em dinheiro	− 48	
Caixa líquido gerado pelas atividades de financiamento		47
Aumento líquido em caixa e equivalentes de caixa		16
Caixa e equivalentes de caixa no início do ano		10
Caixa e equivalentes de caixa no fim do ano		26

PERGUNTAS

14.1 Qual é a finalidade de uma demonstração de fluxos de caixa?

14.2 O que são *equivalentes de caixa* e por que eles são incluídos com o caixa em uma demonstração de fluxos de caixa?

14.3 Quais são as três principais seções em uma demonstração de fluxos de caixa, e quais tipos de entradas e saídas de caixa devem ser incluídas em cada seção?

14.4 Quais diretrizes gerais você pode fornecer para interpretar a demonstração de fluxos de caixa?

14.5 Se um ativo é vendido com ganhos, por que os ganhos são subtraídos da receita líquida no cálculo do caixa líquido gerado pelas atividades operacionais sob o método indireto?

14.6 Por que as transações que envolvem as contas a pagar não são consideradas como atividades de financiamento?

14.7 Suponha que uma empresa pague um empréstimo de US$ 300 mil a seu banco e então, mais adiante no mesmo ano, contraia outro empréstimo de US$ 500 mil. Qual(is) montante(s) apareceria(m) na demonstração de fluxos de caixa?

14.8 Como os métodos direto e indireto diferem em sua abordagem do cálculo do caixa líquido gerado pelas atividades operacionais?

14.9 Um executivo uma vez afirmou: "A depreciação é uma de nossas maiores entradas de caixa operacionais". Você concorda? Explique.

14.10 Se o saldo de contas a receber aumenta durante o período, como esse aumento será reconhecido a partir do método indireto de calcular o caixa líquido gerado pelas atividades operacionais?

14.11 A venda de um equipamento em dinheiro pode ser considerada uma atividade de financiamento ou uma atividade de investimento? Por quê?

14.12 Qual é a diferença entre o caixa líquido gerado pelas atividades operacionais e o fluxo de caixa livre?

EXERCÍCIOS

Consulte no *site* <www.grupoa.com.br> os suplementos para esta seção.

EXERCÍCIO 14.1 Classificar transações [OA14.1]

A seguir, temos certos eventos que ocorreram na Hazzard Inc. no ano passado:

a. Pagaram-se contas a seguradoras e provedoras de serviços de utilidade pública.
b. Compraram-se equipamentos em dinheiro.
c. Pagaram-se remunerações e salários aos colaboradores.
d. Pagaram-se impostos ao governo.
e. Emprestou-se dinheiro a outra entidade.
f. Venderam-se ações ordinárias.
g. Pagou-se um dividendo em dinheiro aos acionistas.
h. Pagaram-se juros a credores.
i. Quitou-se o montante principal de uma dívida.
j. Pagaram-se aos fornecedores por compras de estoques.
k. Tomou-se dinheiro emprestado de um credor.
l. Pagou-se dinheiro para recomprar suas próprias ações.
m. Recebeu-se dinheiro dos clientes.

Requisitado:
Prepare uma folha de resposta com os seguintes títulos para as colunas:

	Atividades		
Transação	Operacionais	De investimento	De financiamento
a.			
b.			
Etc.			

Registre as entradas e saídas de caixa em sua folha de respostas e indique como cada uma delas seria classificada em uma demonstração de fluxos de caixa. Coloque um X na coluna apropriada.

EXERCÍCIO 14.2 Caixa líquido gerado pelas atividades operacionais [OA14.2]

Para o ano que termina, a empresa Strident teve uma receita líquida de US$ 84 mil. Os saldos nas contas de ativos circulantes e passivos circulantes no início e no fim do ano foram os seguintes:

	31 de dezembro	
	Fim do ano	Início do ano
Ativos circulantes (US$):		
Caixa	60.000	80.000
Contas a receber................................	165.000	190.000
Estoques	437.000	360.000
Despesas antecipadas	12.000	14.000
Passivos circulantes (US$):		
Contas a pagar....................................	370.000	390.000
Provisões para pagamento.................	8.000	12.000
Impostos de renda devidos	36.000	30.000

A conta de depreciação acumulada tinha créditos totais de US$ 50 mil durante o ano.

Requisitado:

Usando o método indireto, determine o caixa líquido gerado pelas atividades operacionais desse ano.

EXERCÍCIO 14.3 Calcular o fluxo de caixa livre [OA14.3]

A empresa Paisley preparou a seguinte demonstração de fluxos de caixa para o ano corrente:

Empresa Paisley
Demonstração de fluxos de caixa – método indireto (US$)

Atividades operacionais:		
Receita líquida...		40.000
Ajustes para expressar receita líquida em termos de caixa:		
Depreciação	22.000	
Aumento nas contas a receber.............................	− 50.000	
Aumento nos estoques	− 35.000	
Diminuição nas despesas antecipadas..................	6.000	
Aumento nas contas a pagar	60.000	
Diminuição nas provisões para pagamento	− 12.000	
Aumento nos impostos de renda devidos.............	5.000	− 4.000
Caixa líquido gerado pelas atividades operacionais....................		36.000
Atividades de investimento:		
Resultados da venda de equipamentos	24.000	
Empréstimo para a empresa Allen...	− 30.000	
Adições à conta de instalações e equipamentos........................	− 120.000	
Caixa líquido usado para as atividades de investimento............		− 126.000
Atividades de financiamento:		
Aumento nos títulos de dívida a pagar	80.000	
Aumento nas ações ordinárias	50.000	
Dividendos em dinheiro	− 20.000	
Caixa líquido gerado pelas atividades de financiamento		110.000
Aumento líquido no caixa		− 20.000
Saldo de caixa, início do ano		27.000
Saldo de caixa, fim do ano..		47.000

Requisitado:

Calcule o fluxo de caixa livre da Paisley para o ano corrente.

EXERCÍCIO 14.4 Preparar uma demonstração de fluxos de caixa; Fluxo de caixa livre [OA14.1, OA14.2, OA14.3]

A seguir, temos os dados da demonstração financeira comparativa da empresa Holly:

	31 de dezembro	
	Este ano	Último ano
Ativos (US$)		
Caixa	4	7
Contas a receber	36	29
Estoques	75	61
Total de ativos circulantes	115	97
Propriedades, instalações e equipamentos	210	180
Menos depreciação acumulada	40	30
Propriedades, instalações e equipamentos líquidos	170	150
Total de ativos	285	247
Passivos e patrimônio dos acionistas (US$)		
Contas a pagar	45	39
Ações ordinárias	90	70
Lucros retidos	150	138
Total de passivos e patrimônio dos acionistas	285	247

Este ano, a empresa divulgou a seguinte receita líquida:

Vendas (US$)	500
Custos de produtos vendidos (US$)	300
Margem bruta (US$)	200
Despesas de venda e administrativas (US$)	180
Receita líquida (US$)	20

Este ano, a Holly declarou e pagou um dividendo em dinheiro. Não houve vendas de instalações ou equipamentos durante este ano. A empresa não recomprou nenhuma de suas ações este ano.

Requisitado:

1. Usando o método indireto, prepare a demonstração de fluxos de caixa deste ano.
2. Calcule o fluxo de caixa livre da Holly para este ano.

EXERCÍCIO 14.5 Preparar uma demonstração de fluxos de caixa [OA14.1, OA14.2]

As seguintes variações ocorreram no ano passado nas contas do balanço patrimonial da empresa Herald:

Contas de ativos e contra-ativos (US$)		Contas de passivos e patrimônio dos acionistas (US$)	
Caixa	20 A	Contas a pagar	20 A
Contas a receber	10 D	Provisões para pagamento	10 D
Estoques	30 A	Impostos de renda devidos	15 A
Despesas antecipadas	5 D	Títulos de dívida a pagar	20 D
Investimentos de longo prazo	30 D	Ações ordinárias	40 A
Propriedades, instalações e equipamentos	120 A	Lucros retidos	40 A
Depreciação acumulada	40 A		
D = Diminuição; A = Aumento.			

Os investimentos de longo prazo que tinham custado à empresa US$ 50 foram vendidos durante o ano por US$ 45, e terrenos que tinham custado US$ 30 foram vendidos por US$ 70. Além disso, a empresa declarou e pagou US$ 35 em dividendos em dinheiro durante o ano. Além da venda do terreno, não ocorreu nenhuma outra venda ou baixa de instalações ou equipamentos durante o ano. A Herald não emitiu nenhum título de dívida durante o ano nem recomprou nenhuma de suas próprias ações.

A seguir, temos a demonstração de resultados da empresa para esse ano:

Venda (US$)		600
Custos de produtos vendidos (US$)		250
Margem bruta (US$)		350
Despesas de venda e administrativas (US$)		280
Resultado operacional (US$)		70
Itens não operacionais (US$):		
Perdas sobre a venda de investimentos	– 5	
Ganhos sobre a venda de terrenos	40	35
Lucros antes dos impostos (US$)		105
Impostos de renda (US$)		30
Receita líquida (US$)		75

O saldo de caixa inicial da empresa foi US$ 100 e seu saldo final foi de US$ 120.

Requisitado:
1. Use o método indireto para determinar o caixa líquido gerado pelas atividades operacionais desse ano.
2. Prepare uma demonstração de fluxos de caixa para esse ano.

EXERCÍCIO 14.6 Caixa líquido gerado pelas atividades operacionais [OA14.2]

Na tabela a seguir, temos variações em diversas contas e ganhos e perdas sobre a venda de ativos durante o ano para a empresa Weston.

Item	Montante (US$)
Contas a receber	Diminuição de 70.000
Estoques	Aumento de 110.000
Despesas antecipadas	Diminuição de 3.000
Contas a pagar	Diminuição de 40.000
Provisões para pagamento	Aumento de 9.000
Impostos de renda devidos	Aumento de 15.000
Venda de equipamentos	Ganho de 8.000
Venda de investimentos de longo prazo	Perda de 12.000

Requisitado:
Para cada item, coloque um X na coluna chamada Somar ou Subtrair para indicar se o montante em dólar deve ser somado ou subtraído da receita líquida sob o método indireto no cálculo do caixa líquido gerado pelas atividades operacionais desse ano. Use os seguintes títulos de colunas ao preparar suas respostas:

Item	Montante	Somar	Subtrair

PROBLEMAS

Consulte no *site* www.grupoa.com.br os suplementos para esta seção.

PROBLEMA 14.7 Compreender uma demonstração de fluxos de caixa [OA14.1, OA14.2]

A empresa Logan é uma empresa de *merchandising* que preparou a demonstração de fluxos de caixa e a demonstração de resultados fornecidas a seguir:

Empresa Logan
Demonstração de fluxos de caixa – método indireto (US$)

Atividades operacionais		
Receita líquida		175
Ajustes para expressar receita líquida em termos de caixa:		
Depreciação	108	
Diminuição nas contas a receber	21	
Diminuição nos estoques	39	
Diminuição nas contas a pagar	−50	
Diminuição nas provisões para pagamento	−6	
Aumento nos impostos de renda devidos	5	
Perdas sobre a venda de equipamentos	3	120
Caixa líquido gerado pelas atividades operacionais		295
Atividades de investimento		
Adições à conta de propriedades, instalações e equipamentos	−110	
Resultados da venda de equipamentos	9	
Caixa líquido usado nas atividades de investimento		−101
Atividades de financiamento		
Extinção de títulos de dívida a pagar	−31	
Emissão de ações ordinárias	4	
Dividendos pagos em dinheiro	−35	
Caixa líquido usado nas atividades de financiamento		−62
Aumento líquido em caixa e equivalentes de caixa		132
Caixa e equivalentes de caixa, saldo inicial		70
Caixa e equivalentes de caixa, saldo final		202

Empresa Logan
Demonstração de resultados (US$)

Vendas	4.120
Custos de produtos vendidos	2.890
Margem bruta	1.230
Despesas de venda e administrativas	835
Resultado operacional	395
Itens não operacionais: perdas sobre a venda de equipamentos	−3
Lucro antes dos impostos	392
Impostos de renda	217
Receita líquida	175

Requisitado:

Suponha que você tenha sido solicitado a ministrar um *workshop* para os colaboradores do departamento de marketing da empresa Logan. A finalidade de seu *workshop* é explicar como a demonstração de fluxos de caixa difere da demonstração de resultados. Sua audiência espera que você explique a lógica por trás de cada número incluído na demonstração de fluxos de caixa. Prepare um memorando que explique o formato da demonstração de fluxos de caixa e a lógica de cada número incluído da demonstração de fluxos de caixa da Logan.

PROBLEMA 14.8 Preparar uma demonstração de fluxos de caixa [OA14.1, OA14.2]

A seguir, temos o balanço patrimonial comparativo e a demonstração de resultados da empresa Eaton:

Capítulo 14 ▶▶ Demonstração de fluxos de caixa

Empresa Eaton
Balanço patrimonial comparativo
31 de dezembro de 2011 e 2010 (US$)

	2011	2010
Ativos		
Caixa	4	11
Contas a receber	310	230
Estoques	160	195
Despesas antecipadas	8	6
Total de ativos circulantes	482	442
Propriedades, instalações e equipamentos	500	420
Menos depreciação acumulada	85	70
Propriedades, instalações e equipamentos líquidos	415	350
Investimentos de longo prazo	31	38
Total de ativos	928	830
Passivos e patrimônio dos acionistas		
Contas a pagar	300	225
Provisões para pagamento	70	80
Impostos de renda devidos	71	63
Total de passivos circulantes	441	368
Títulos de dívida a pagar	195	170
Total de passivos	636	538
Ações ordinárias	160	200
Lucros retidos	132	92
Total de patrimônio dos acionistas	292	292
Total de passivos e patrimônio dos acionistas	928	830

Empresa Eaton
Demonstração de resultados para o ano que termina em 31 de dezembro de 2011 (US$)

Vendas		750
Custos de produtos vendidos		450
Margem bruta		300
Despesas de venda e administrativas		223
Resultado operacional		77
Itens não operacionais:		
Ganhos sobre a venda de investimentos	5	
Perdas sobre a venda de equipamentos	− 2	3
Lucro antes dos impostos		80
Impostos de renda		24
Receita líquida		56

Durante 2011, a Eaton vendeu equipamentos por US$ 18 que tinham custado US$ 30 e sobre os quais havia uma depreciação acumulada de US$ 10. Além disso, a empresa vendeu investimentos de longo prazo por US$ 12 que tinham custado US$ 7 quando comprados há vários anos. Foi pago um dividendo em dinheiro durante 2011 e a empresa recomprou US$ 40 de suas próprias ações. A Eaton não extinguiu nenhum título de dívida durante 2011.

Requisitado:

1. Usando o método indireto, determine o caixa líquido gerado pelas atividades operacionais para 2011.
2. Usando as informações no item (1) anterior, com uma análise das contas restantes do balanço patrimonial, prepare uma demonstração de fluxos de caixa para 2011.

PROBLEMA 14.9 Preparar uma demonstração de fluxos de caixa; Fluxo de caixa livre [OA14.1, OA14.2, OA14.3]

A seguir, temos uma demonstração de resultados da empresa Foxboro, ano 2:

Vendas (US$)	700.000
Custos de produtos vendidos (US$)	400.000
Margem bruta (US$)	300.000
Despesas de venda e administrativas (US$)	216.000
Resultado operacional (US$)	84.000
Ganhos sobre venda de equipamentos (US$)	6.000
Lucros antes dos impostos (US$)	90.000
Impostos de renda (US$)	27.000
Receita líquida (US$)	63.000

Os valores em seu balanço patrimonial no fim dos Anos 1 e 2 são os seguintes:

A	Ano 1	Ano 2
Ativos (US$)		
Caixa	11.000	19.000
Contas a receber	250.000	180.000
Estoques	318.000	270.000
Despesas antecipadas	7.000	16.000
Total de ativos circulantes	586.000	485.000
Instalações e equipamentos	620.000	500.000
Depreciação acumulada	165.000	130.000
Instalações e equipamentos, líquido	455.000	370.000
Empréstimo à empresa Harker	40.000	–
Total de ativos	1.081.000	855.000
Passivos e patrimônio dos acionistas (US$)		
Contas a pagar	310.000	260.000
Provisões para pagamentos	42.000	50.000
Impostos de renda devidos	84.000	80.000
Total de passivos circulantes	436.000	390.000
Títulos de dívida a pagar	190.000	100.000
Total de passivos	626.000	490.000
Ações ordinárias	335.000	275.000
Lucros retidos	120.000	90.000
Total do patrimônio dos acionistas	455.000	365.000
Total de passivos e patrimônio dos acionistas	1.081.000	855.000

Equipamentos que tinham custado US$ 30 mil e sobre os quais havia uma depreciação acumulada de US$ 10 mil foram vendidos durante o Ano 2 por US$ 26 mil. A empresa declarou e pagou um dividendo em dinheiro durante o Ano 2. Ela não extinguiu nenhum título de dívida ou recomprou nenhuma de suas próprias ações.

Requisitado:
1. Usando o método indireto, calcule o caixa líquido gerado pelas atividades operacionais no Ano 2.
2. Prepare uma demonstração de fluxos de caixa para o Ano 2.
3. Calcule o fluxo de caixa livre no Ano 2.
4. Resuma por que o caixa diminuiu tanto durante o ano.

PROBLEMA 14.10 Classificação de transações [OA14.1]

A seguir, temos várias transações que ocorreram na empresa Mohawk no ano passado:
a. Extinguiram-se títulos de dívida a partir do pagamento do valor principal devido.
b. Pagaram-se juros a um credor.
c. Pagaram-se impostos de renda ao governo.
d. Concedeu-se um empréstimo de longo prazo a um fornecedor.
e. Declararam-se e pagaram-se dividendos em dinheiro.
f. Venderam-se ações ordinárias à vista a investidores.
g. Venderam-se equipamentos à vista.
h. Pagaram-se salários aos colaboradores.
i. Receberam-se pagamentos em caixa de clientes.

j. Gastou-se caixa para recomprar suas próprias ações.
k. Compraram-se equipamentos à vista.
l. Pagaram-se fornecedores pela compra de estoques.

Requisitado:
Prepare uma folha de respostas com os seguintes títulos:

	Atividades				
Transação	Operacionais	De investimento	De financiamento	Entrada de caixa	Saída de caixa
a.					
b.					
Etc.					

Registre as transações anteriores em sua folha de respostas e indique como cada uma delas seria classificada em uma demonstração de fluxos de caixa. Coloque um X na coluna apropriada. Além disso, coloque um X na coluna correspondente à entrada de caixa ou saída de caixa.

PROBLEMA 14.11 Preparar uma demonstração de fluxos de caixa [OA14.1, OA14.2]

A seguir, temos um balanço patrimonial comparativo e uma demonstração de resultados da empresa Blankley:

Empresa Blankley
Balanço patrimonial comparativo
(em milhões de dólares)

	Saldo final	Saldo inicial
Ativos		
Ativos circulantes:		
Caixa e equivalentes de caixa	39	81
Contas a receber	640	588
Estoques	650	610
Total de ativos circulantes	1.329	1.279
Propriedades, instalações e equipamentos	1.505	1.484
Menos depreciação acumulada	770	651
Propriedades, instalações e equipamentos líquidos	735	833
Total de ativos	2.064	2.112
Passivos e patrimônio dos acionistas		
Passivos circulantes:		
Contas a pagar	260	160
Provisões para pagamento	180	170
Impostos de renda devidos	77	72
Total de passivos circulantes	517	402
Títulos de dívida a pagar	415	600
Total de passivos	932	1.002
Patrimônio dos acionistas:		
Ações ordinárias	145	145
Lucros retidos	987	965
Total de patrimônio dos acionistas	1.132	1.110
Total de passivos e patrimônio dos acionistas	2.064	2.112

CONTABILIDADE GERENCIAL

Empresa Blankley Demonstração de resultados (em milhões de dólares)	
Vendas	3.700
Custos de produtos vendidos	2.540
Margem bruta	1.160
Despesas de venda e administrativas	880
Resultado operacional	280
Itens não operacionais: ganhos sobre venda de equipamentos	2
Lucros antes dos impostos	282
Impostos de renda	112
Receita líquida	170

A Blankley também forneceu as seguintes informações:

1. A empresa vendeu equipamentos que tiveram um custo original de US$ 12 milhões e uma depreciação acumulada de US$ 7 milhões. Os resultados em caixa da venda foram de US$ 7 milhões. Os ganhos sobre a venda foram de US$ 2 milhões.
2. A empresa não emitiu nenhum título de dívida novo durante o ano.
3. A empresa pagou um dividendo em dinheiro durante o ano.
4. A empresa não concluiu nenhuma transação envolvendo ações ordinárias durante o ano.

Requisitado:

1. Usando o método indireto, prepare uma demonstração de fluxos de caixa para o ano.
2. Suponha que a Blankley tivesse tido vendas de US$ 3,9 mil, receita líquida de US$ 190, e caixa líquido gerado pelas atividades operacionais de US$ 160 no ano anterior (todos os números estão declarados em milhões). Prepare um memorando que resuma suas interpretações do desempenho financeiro da Blankley.

PROBLEMA 14.12 Dados faltantes; Demonstração de fluxos de caixa [OA14.1, OA14.2]

A empresa Estes listou as variações líquidas nas contas de seu balanço patrimonial do ano passado da seguinte maneira:

	Débitos > Créditos em (US$):	Créditos > Débitos em (US$):
Caixa	51.000	
Contas a receber	170.000	
Estoques		63.000
Despesas antecipadas	4.000	
Empréstimos de longo prazo a subsidiárias		80.000
Investimentos de longo prazo	90.000	
Instalações e equipamentos	340.000	
Depreciação acumulada		65.000
Contas a pagar		48.000
Provisões para pagamento	5.000	
Impostos de renda devidos		9.000
Títulos de dívida a pagar		200.000
Ações ordinárias		120.000
Lucros retidos		75.000
	660.000	660.000

Estão disponíveis as seguintes informações adicionais sobre as atividades da empresa no ano passado:

a. A receita líquida do ano foi de US$ __?__ .
b. A empresa vendeu equipamentos durante o ano por US$ 35 mil. Os equipamentos tinham originalmente custado à empresa US$ 160 mil, e tinham US$ 145 mil em depreciação acumulada no momento da venda.
c. A empresa declarou e pagou US$ 10 mil em dividendos em dinheiro durante o ano.

Capítulo 14 ▶▶ Demonstração de fluxos de caixa

d. Os saldos inicial e final na conta de instalações e equipamentos e de depreciação acumulada são fornecidos a seguir:

	Inicial	Final
Instalações e equipamentos (US$).................	2.850.000	3.190.000
Depreciação acumulada (US$)	975.000	1.040.000

e. O saldo na conta de caixa no início do ano era de US$ 109 mil; o saldo no fim do ano era de US$ __?__.

f. Se não forem fornecidos dados explicando a variação em uma conta, faça a suposição mais razoável possível quanto à causa da variação.

Requisitado:

Usando o método indireto, prepare uma demonstração de fluxos de caixa para esse ano.

PROBLEMA 14.13 Preparar e interpretar uma demonstração de fluxos de caixa [OA14.1, OA14.2]

A seguir, temos um balanço patrimonial comparativo da empresa Alcorn contendo dados dos dois últimos anos:

Empresa Alcorn Balanço patrimonial comparativo (US$)	Este ano	Ano passado
Ativos		
Ativos circulantes:		
Caixa e equivalentes de caixa.....................................	71.000	50.000
Contas a receber..	590.000	610.000
Estoques	608.000	420.000
Despesas antecipadas..	10.000	5.000
Total de ativos circulantes	1.279.000	1.085.000
Propriedades, instalações e equipamentos......................	2.370.000	1.800.000
Menos depreciação acumulada	615.000	560.000
Propriedades, instalações e equipamentos líquidos.........	1.755.000	1.240.000
Investimentos de longo prazo	80.000	130.000
Empréstimos a subsidiárias...	120.000	70.000
Total de ativos..	3.234.000	2.525.000
Passivos e patrimônio dos acionistas		
Passivos circulantes:		
Contas a pagar...	870.000	570.000
Provisões para pagamento..	25.000	42.000
Impostos de renda devidos	133.000	118.000
Total de passivos circulantes...	1.028.000	730.000
Títulos de dívida a pagar..	620.000	400.000
Total de passivos	1.648.000	1.130.000
Patrimônio dos acionistas:		
Ações ordinárias..	1.090.000	1.000.000
Lucros retidos..	496.000	395.000
Total de patrimônio dos acionistas..................................	1.586.000	1.395.000
Total de passivos e patrimônio dos acionistas.................	3.234.000	2.525.000

Estão disponíveis as seguintes informações adicionais sobre as atividades da empresa este ano:

a. A empresa declarou e pagou um dividendo em dinheiro este ano.

b. Títulos de dívida com um saldo principal de US$ 380 mil foram pagos durante este ano.

c. Equipamentos foram vendidos este ano por US$ 70 mil. Os equipamentos tinham custado US$ 130 mil e tinham US$ 40 mil em depreciação acumulada na data da venda.
d. Investimentos de longo prazo foram vendidos durante o ano por US$ 110 mil. Esses investimentos tinham custado US$ 50 mil quando comprados há vários anos.
e. As subsidiárias não pagaram nenhum empréstimo em aberto durante o ano.
f. A Alcorn não recomprou nenhuma de suas próprias ações durante o ano.

A empresa divulgou a seguinte receita líquida este ano:

Vendas (US$)		3.000.000
Custos de produtos vendidos (US$)		1.860.000
Margem bruta (US$)		1.140.000
Despesas de venda e administrativas (US$)		930.000
Resultado operacional (US$)		210.000
Itens não operacionais (US$):		
Ganhos sobre a venda de investimentos	60.000	
Perda sobre a venda de equipamentos	20.000	40.000
Lucros antes dos impostos (US$)		250.000
Impostos de renda (US$)		80.000
Receita líquida (US$)		170.000

Requisitado:
1. Usando o método indireto, prepare uma demonstração de fluxos de caixa para este ano.
2. Quais problemas relacionados às atividades da empresa foram revelados pela demonstração de fluxos de caixa que você preparou?

PROBLEMA 14.14 Prepare e interprete uma demonstração de fluxos de caixa; Fluxo de caixa livre [OA14.1, OA14.2, OA14.3]

Sharon Feldman, presidente da empresa Allied, considera US$ 20 mil o saldo de caixa mínimo para fins operacionais. Como podemos observar nas demonstrações a seguir, havia disponível apenas US$ 15 mil em caixa no final de 2011. Como a empresa divulgou uma grande receita líquida nesse ano e também emitiu títulos de dívida e vendeu alguns investimentos de longo prazo, a forte queda no caixa preocupou a Sra. Feldman.

Empresa Allied
Balanço patrimonial comparativo
31 de dezembro de 2011 e 2010 (US$)

	2011	2010
Ativos		
Ativos circulantes:		
Caixa	15.000	33.000
Contas a receber	200.000	210.000
Estoques	250.000	196.000
Despesas antecipadas	7.000	15.000
Total de ativos circulantes	472.000	454.000
Investimentos de longo prazo	90.000	120.000
Instalações e equipamentos	860.000	750.000
Menos depreciação acumulada	210.000	190.000
Instalações e equipamentos líquidos	650.000	560.000
Total de ativos	1.212.000	1.134.000
Passivos e patrimônio dos acionistas		
Passivos circulantes:		
Contas a pagar	175.000	230.000
Provisões para pagamento	8.000	15.000
Impostos de renda devidos	42.000	39.000

Total de passivos circulantes..................................	225.000	284.000
Títulos de dívida a pagar..	200.000	100.000
Total de passivos	425.000	384.000
Patrimônio dos acionistas:		
Ações ordinárias...	595.000	600.000
Lucros retidos..	192.000	150.000
Total de patrimônio dos acionistas.............................	787.000	750.000
Total de passivos e patrimônio dos acionistas	1.212.000	1.134.000

Empresa Allied
Demonstração de resultados
para o ano que termina em 31 de dezembro de 2011 (US$)

Vendas...		800.000
Custos de produtos vendidos.................................		500.000
Margem bruta		300.000
Despesas de venda e administrativas		214.000
Resultado operacional		86.000
Itens não operacionais:		
Ganhos sobre a venda de investimentos..............	20.000	
Perda sobre a venda de equipamentos................	−6.000	14.000
Lucros antes dos impostos		100.000
Impostos de renda...		30.000
Receita líquida...		70.000

Estão disponíveis as seguintes informações adicionais para o ano de 2011:

a. A empresa vendeu investimentos de longo prazo com um custo original de US$ 30 mil por US$ 50 mil durante o ano.
b. Equipamentos que tinham custado US$ 90 mil e sobre os quais havia US$ 40 mil em depreciação acumulada foram vendidos durante o ano por US$ 44 mil.
c. A empresa declarou e pagou um dividendo em dinheiro durante o ano.
d. As ações de um acionista dissidente foram recompradas à vista e extintas durante o ano. Não houve emissões de novas ações.
e. A empresa não extinguiu nenhum título de dívida durante o ano.

Requisitado:
1. Usando o método indireto, calcule o caixa líquido gerado pelas atividades operacionais em 2011.
2. Prepare uma demonstração de fluxos de caixa para 2011.
3. Calcule o fluxo de caixa livre em 2011.
4. Explique os principais motivos para a queda do saldo de caixa da empresa.

APÊNDICE 14A: MÉTODO DIRETO PARA DETERMINAR O CAIXA LÍQUIDO GERADO PELAS ATIVIDADES OPERACIONAIS

 OA14.4

(Apêndice 14A) Usar o método direto para determinar o caixa líquido gerado pelas atividades operacionais.

Para calcular o caixa líquido gerado pelas atividades operacionais pelo método direto, temos de reconstruir a demonstração de resultados em termos de caixa de cima para baixo. O Quadro 14A.1 mostra os ajustes que devem ser feitos às vendas, despesas, e assim por diante, expressando-as em termos de caixa. Para ilustrar isso, incluímos no quadro os dados da Apparel Inc. apresentados durante o capítulo.

Observe que o caixa líquido gerado pelas atividades operacionais de US$ 259 milhões está de acordo com o valor calculado no capítulo pelo método indireto. Os dois valores estão de acordo porque os métodos direto e indireto são apenas diferentes caminhos para se chegar ao mesmo destino. As seções de atividades de investimento e de atividades de financiamento da demonstração serão exatamente as mesmas que foram exibidas para o método indireto no Quadro 14.10. A única diferença entre os métodos indireto e direto está na seção de atividades operacionais.

CONTABILIDADE GERENCIAL

Similaridades e diferenças no tratamento de dados

Embora cheguemos ao mesmo destino sob o método direto ou indireto, nem todos os dados são tratados da mesma maneira nos dois processos de ajuste. Pare por um momento, volte à parte inferior do Quadro 14.7 na página 646 e compare os ajustes descritos nesse quadro aos ajustes feitos pelo método direto no Quadro 14A.1. Os ajustes das contas que afetam a receita (que, em nosso exemplo, incluem apenas as contas a receber) são tratados da mesma maneira nos dois métodos. Em um caso ou no outro, aumentos nas contas são subtraídos e diminuições são somadas. Entretanto, os ajustes das contas que afetam as despesas (que incluem todas as contas restantes do Quadro 14.7) são tratados de maneiras opostas no método direto e no método indireto. Isso porque, sob o método indireto, os ajustes são feitos na *receita líquida*, enquanto, no método direto, os ajustes são feitos nas próprias *contas de despesas*.

QUADRO 14A.1
Modelo geral: método direto para determinar o caixa líquido gerado pelas atividades operacionais.

Item de receita ou despesas	Somar (+) ou subtrair (–) para expressar em termos de caixa	Ilustração Apparel Inc. (em milhões)	
Vendas (como divulgadas)..		3.638	
Ajustes para expressar em termos de caixa:			
Aumento nas contas a receber................................	–		
Diminuição nas contas a receber...........................	+	+ 17	3.655
Custos de produtos vendidos (como divulgados)............		2.469	
Ajustes para expressar em termos de caixa:			
Aumento nos estoques...	+	+ 49	
Diminuição nos estoques...	–		
Aumento nas contas a pagar...................................	–	– 44	
Diminuição nas contas a pagar...............................	+		2.474
Despesas de venda e administrativas (como divulgadas)...		941	
Ajustes para expressar em termos de caixa:			
Aumento nas despesas antecipadas........................	+		
Diminuição nas despesas antecipadas	–		
Aumento nas provisões de pagamento....................	–	– 3	
Diminuição nas provisões para pagamento.............	+		
Depreciação...	–	– 103	835
Despesas com impostos de renda (como divulgadas)		91	
Ajustes para expressar em termos de caixa:			
Aumento nos impostos de renda devidos..................	–	– 4	
Diminuição nos impostos de renda devidos.............	+		87
Caixa líquido gerado pelas atividades operacionais..........			259

Para ilustrar essa diferença, observe o modo como estoques e depreciação são tratados nos métodos direto e indireto. Sob o método indireto (Quadro 14.7 na página 646), um aumento na conta de estoques (US$ 49) é *subtraído* da receita líquida no cálculo do montante de caixa líquido gerado pelas atividades operacionais. Sob o método direto (Quadro 14A.1), um aumento nos estoques é *somado* aos custos de produtos vendidos. O motivo da diferença pode ser explicado da seguinte maneira: um aumento nos estoques significa que as compras de estoques no período excederam os custos de produtos vendidos incluídos na demonstração de resultados. Portanto, para ajustar a receita líquida de modo a expressá-la em termos de caixa, temos de subtrair esse aumento da receita líquida (método indireto) ou somá-lo aos custos de produtos vendidos (método direto). De uma maneira ou de outra, acabaremos com o mesmo valor para o caixa líquido gerado pelas atividades operacionais. Da mesma forma, a depreciação é somada à receita líquida no método indireto para neutralizar seu efeito (Quadro 14.8), enquanto no método direto é subtraída das despesas de venda e administrativas para neutralizar seu efeito (Quadro 14A.1). Essas diferenças no tratamento dos dados são válidas para todos os outros itens de despesas nos dois métodos.

No caso de ganhos e perdas sobre a venda de ativos, não são necessários ajustes no método direto. Esses ganhos e perdas são simplesmente ignorados por não serem parte das vendas, dos custos de produtos vendidos, das despesas de venda e administrativas, ou dos impostos de renda. Observe que, no Quadro 14A.1, o ganho de US$ 3 milhões da Apparel com a venda da loja não é listado como um ajuste na seção de atividades operacionais.

Regras especiais – métodos direto e indireto

Como dito antes, quando o método direto é usado, os GAAP e IFRS dos Estados Unidos exigem uma reconciliação entre a receita líquida e o caixa líquido gerado pelas atividades operacionais, segundo foram determinadas pelo método indireto. Assim, quando uma empresa escolhe usar o método direto, ela também deve apresentar o método indireto em uma tabela separada acompanhando a demonstração de fluxos de caixa.

Por outro lado, se uma empresa escolhe usar o método indireto para calcular o caixa líquido gerado pelas atividades operacionais, então ela também deve fornecer uma decomposição especial dos dados. A empresa tem de fornecer uma divulgação separada do valor dos juros e do valor dos impostos de renda pagos durante o ano. Essa divulgação separada é exigida para que os usuários possam pegar os dados fornecidos pelo método indireto e fazer estimativas de quais teriam sido os valores das vendas, dos impostos de renda, e assim por diante, se o método direto tivesse sido usado.

APÊNDICE 14A EXERCÍCIOS E PROBLEMAS

Consulte no *site* <www.grupoa.com.br> os suplementos para esta seção.

EXERCÍCIO 14A.1 Caixa líquido gerado pelas atividades operacionais [OA14.4]

Use os dados da empresa Strident no Exercício 14.2. A demonstração de resultados da empresa para o último ano foi a seguinte:

Vendas (US$)	1.000.000
Custos de produtos vendidos (US$)	580.000
Margem bruta (US$)	420.000
Despesas de venda e administrativas (US$)	300.000
Lucros antes dos impostos (US$)	120.000
Impostos de renda (US$)	36.000
Receita líquida (US$)	84.000

Requisitado:
Usando o método direto (e os dados do Exercício 14.2), converta a demonstração de resultados da empresa para expressá-la em termos de caixa.

EXERCÍCIO 14A.2 Caixa líquido gerado pelas atividades operacionais [OA14.4]

Use os dados da empresa Holly, do Exercício 14.4.

Requisitado:
Usando o método direto, converta a demonstração de resultados para expressá-la em termos de caixa.

EXERCÍCIO 14A.3 Ajustar a receita líquida para expressá-la em termos de caixa [OA14.4]

Use os dados da empresa Herald do Exercício 14.5.

Requisitado:
Use o método direto para converter a demonstração de resultados da empresa para expressá-la em termos de caixa.

EXERCÍCIO 14A.4 Caixa líquido gerado pelas atividades operacionais [OA14.4]

A empresa Jones é uma empresa de *merchandising* cuja demonstração de resultados para o Ano 2 é a seguinte:

Vendas (US$)	2.000
Custos de produtos vendidos (US$)	1.200
Margem bruta (US$)	800
Despesas de venda e administrativas (US$)	500
Lucros antes dos impostos (US$)	300
Impostos de renda (US$)	120
Receita líquida (US$)	180

As despesas de vendas e administrativas da empresa para o Ano 2 incluem US$ 80 de despesas de depreciação. Contas selecionadas do balanço patrimonial da Jones no fim dos Anos 1 e 2 são exibidas a seguir:

	Ano 2	Ano 1
Ativos circulantes (US$)		
Contas a receber	200	230
Estoques	160	180
Despesas antecipadas	40	36
Passivos circulantes (US$)		
Contas a pagar	100	80
Provisões para pagamento	15	20
Impostos de renda devidos	90	70

Requisitado:
1. Usando o método direto, converta a demonstração de resultados para expressá-la em termos de caixa.
2. Suponha que, durante o Ano 2, a Jones tenha um ganho de US$ 7 mil sobre a venda de investimentos e uma perda de US$ 2 mil sobre a venda de equipamentos. Explique como essas duas transações afetariam seus cálculos no item (1) anterior.

PROBLEMA 14A.5 Preparar uma demonstração de fluxos de caixa [OA14.1, OA14.4]

Use os dados da demonstração financeira da empresa Eaton, do Problema 14.8.

Requisitado:
1. Usando o método direto, ajuste a demonstração de resultados da empresa para 2011 para expressá-la em termos de caixa.
2. Usando as informações obtidas no item (1) anterior, junto com uma análise das contas restantes do balanço patrimonial, prepare uma demonstração de fluxos de caixa para 2011.

PROBLEMA 14A.6 Preparar e interpretar uma demonstração de fluxos de caixa [OA14.1, OA14.4]

Use os dados da demonstração financeira da empresa Foxboro, do Problema 14.9. Mike Perry, presidente da empresa, considera US$ 15 mil o saldo de caixa mínimo para fins operacionais. Como podemos ver a partir dos dados do balanço patrimonial, havia apenas US$ 11 mil disponíveis em caixa no final do ano corrente. O Sr. Perry não consegue entender essa forte queda, em especial porque as vendas e os lucros nunca estiveram tão altos.

Requisitado:
1. Usando o método direto, ajuste a demonstração de resultados para expressá-la em termos de caixa no Ano 2.
2. Usando os dados do item (1) anterior e outros dados do problema que forem necessários, prepare uma demonstração de fluxos de caixa para o Ano 2.
3. Explique por que o caixa diminuiu tanto durante o ano.

PROBLEMA 14A.7 Preparar e interpretar uma demonstração de fluxos de caixa [OA14.1, OA14.4]

Use as demonstrações financeiras da empresa Allied no Problema 14.14. Como a conta de caixa diminuiu muito em 2011, o comitê executivo da empresa está ansioso para ver como a demonstração de resultados apareceria em termos de caixa.

Requisitado:
1. Usando o método direto, ajuste a demonstração de resultados da empresa para 2011 para expressá-la em termos de caixa.
2. Usando os dados do item (1) anterior e outros dados do problema que forem necessários, prepare uma demonstração de fluxos de caixa para 2011.

ANÁLISE DAS DEMONSTRAÇÕES FINANCEIRAS

15

▶▶ **Objetivos de aprendizagem**

OA15.1 Preparar e interpretar demonstrações financeiras na forma comparativa e do tipo *common-size*.

OA15.2 Calcular e interpretar índices financeiros que seriam úteis para um acionista ordinário.

OA15.3 Calcular e interpretar índices financeiros que seriam úteis para um credor de curto prazo.

OA15.4 Calcular e interpretar índices financeiros que seriam úteis para um credor de longo prazo.

FOCO NOS **NEGÓCIOS**

De olho nos dividendos

Quando a economia enfrenta problemas, os investidores acompanham de perto a capacidade de uma empresa em pagar dividendos. Em 2008, 36 empresas do Standard & Poor's 500 suspenderam US$ 33,3 bilhões de pagamentos de dividendos. O Citigroup cortou seu dividendo em 41%, o Washington Mutual (agora parte do **JPMorgan Chase**) reduziu seu dividendo trimestral de 15 centavos para 1 centavo por ação, e o **CIT Group** cortou seu dividendo em 60%.

Algumas empresas aumentam seu apelo de mercado durante fases de crises econômicas, mantendo seu compromisso com generosos pagamentos de dividendos. Por exemplo, em 2008, Adrian Darley, da **Ignis Asset Management**, recomendou investir na **Vivendi**, **France Telecom** e **Deutsche Telekom** porque essas empresas se comprometeram a fazer os pagamentos de dividendos programados que variavam de 4,9 a 7,2% de seus respectivos preços.

FONTES: Andrea Tryphonides, "Dividends Replace P/Es as Stock Guides", *The Wall Street Journal*, 24 de novembro de 2008, p. C2; Tom Lauricella, "Keeping the Cash: Slowdown Triggers Stingy Dividends", *The Wall Street Journal*, 21 de abril de 2008, p. C1; e Annelena Lobb, "Investors Lick Wounds from Dividend Cuts", *The Wall Street Journal*, 7 de novembro de 2008, p. C1.

CONTABILIDADE GERENCIAL

Todas as demonstrações financeiras são documentos históricos. Elas resumem o que *aconteceu* durante determinado período. Entretanto, a maioria dos usuários das demonstrações financeiras está interessada no que *acontecerá* no futuro. Por exemplo, os acionistas estão interessados nos lucros e dividendos futuros, e os credores, na futura capacidade da empresa de pagar suas dívidas. Embora as demonstrações financeiras sejam históricas por natureza, ainda podem fornecer aos usuários informações valiosas. Esses usuários contam com a *análise de demonstrações financeiras*, que envolve examinar as tendências dos principais dados financeiros, comparando-os entre as empresas, e investigar índices financeiros para avaliar a saúde financeira e as perspectivas futuras de uma empresa. Neste capítulo, direcionaremos nossa atenção sobre os índices mais importantes e outras ferramentas analíticas que os analistas financeiros usam.

Além dos acionistas e credores, os gerentes também estão essencialmente interessados nos índices financeiros discutidos aqui. Em primeiro lugar, os índices fornecem indicadores de quão bom é o desempenho da empresa e suas unidades de negócios. Alguns deles podem ser usados em uma abordagem de *balanced scorecard*, como discutido em um capítulo anterior.

Os índices específicos selecionados dependem da estratégia da empresa. Por exemplo, uma empresa que queira enfatizar a capacidade de resposta dos clientes, pode monitorar mais de perto o índice de giro dos estoques, que será discutido mais adiante. Em segundo lugar, como os gerentes devem prestar contas aos acionistas e, assim, podem querer levantar fundos de fonte externas, eles têm que prestar muita atenção aos índices financeiros usados por investidores externos.

RESTRIÇÕES DA ANÁLISE DE DEMONSTRAÇÕES FINANCEIRAS

Esta seção discute duas restrições da análise de demonstrações financeiras relacionadas à comparação de dados financeiros entre empresas e a olhar para além dos índices ao formular conclusões.

Comparar dados financeiros entre empresas

Comparações de uma empresa com outra podem fornecer dicas valiosas quanto à saúde financeira de uma organização. Infelizmente, diferenças nos métodos de contabilidade entre empresas, às vezes, dificultam a comparação de seus dados financeiros. Por exemplo, se uma empresa avalia seus estoques usando o método UEPS – último a entrar, primeiro a sair – e outra empresa, pelo método do custo médio, as comparações diretas de seus dados financeiros como avaliações de estoque e custo de produtos vendidos podem ser enganosas.

Às vezes, são apresentados dados suficientes nas notas de rodapé das demonstrações financeiras para que os dados sejam expressos novamente em termos comparáveis. Caso contrário, o analista deve ter em mente qualquer falta de comparabilidade. Mesmo com essas restrições, comparações de índices-chave com os de outras empresas e com médias da indústria em geral sugerem caminhos para novas análises.

O que há por trás dos índices

Os índices não devem ser vistos como uma finalidade, mas como um *ponto de partida*. Eles levantam muitas questões e apontam para oportunidades de maior análise, mas são raras as vezes que respondem, isoladamente, a qualquer questão. Além de índices, os analistas devem avaliar tendências da indústria e mudanças tecnológicas, nos gostos dos consumidores, nos fatores econômicos mais amplos e dentro da própria empresa.

▶▶ OA15.1

Preparar e interpretar demonstrações financeiras na forma comparativa e do tipo *common-size*.

DEMONSTRAÇÕES NA FORMA COMPARATIVA E *COMMON-SIZE*

Um item em um balanço patrimonial ou demonstração de resultado significa pouco quando é apresentado isoladamente. Suponha que as vendas de uma empresa, em determinado ano, tenham sido de US$ 250 milhões. Isoladamente, isso não é uma informação útil. Como esse valor se compara às vendas do ano anterior? Como as vendas estão relacionadas aos custos de produtos vendidos? Ao fazer esses tipos de comparação, três técnicas analíticas são bastante utilizadas:

1. Variações percentuais e variações em moeda nas demonstrações (*análise horizontal*).
2. Demonstrações *common-size* (de tamanho comum) (*análise vertical*).
3. Índices.

A primeira e a segunda técnicas serão discutidas nesta seção, e a terceira será discutida no restante do capítulo. Ao longo de todo o capítulo, ilustraremos essas técnicas analíticas usando as demonstrações financeiras da Brickey Electronics, uma empresa que produz componentes eletrônicos especializados.

Variações em valores e percentuais nas demonstrações

A **análise horizontal** (também conhecida como **análise de tendências**) se encarrega de analisar dados financeiros ao longo do tempo, como calcular as variações em moeda (p. ex.: dólar) e as variações percentuais de um ano para outro dentro de um conjunto de demonstrações financeiras. Os Quadros 15.1 e 15.2 mostram as demonstrações financeiras da Brickey Electronics nessa *forma comparativa*. As variações em dólar ressaltam as variações que são as mais importantes economicamente – as variações percentuais ressaltam as variações mais incomuns.

A análise horizontal pode ser ainda mais útil quando são usados dados de vários anos para calcular *percentuais de tendência*. Para calcular **percentuais de tendência**, seleciona-se um ano-base e os dados de todos os anos são declarados como um percentual dele. Para ilustrar, considere as vendas e a receita líquida do **McDonald's Corporation**, o maior varejista de serviços alimentícios do mundo, com mais de 31 mil restaurantes espalhados em mais de 115 países:

▸ **Análise horizontal**

comparação lado a lado das demonstrações financeiras de dois ou mais anos.

▸ **Análise de tendências**

ver *Análise horizontal*.

▸ **Percentuais de tendência**

vários anos de dados financeiros expressos como um percentual de desempenho em relação a um ano-base.

	2008	2007	2006	2005	2004	2003	2002	2001	2000	1999
Vendas (milhões de dólares)	23.522	22.787	20.895	19.117	17.889	16.154	14.527	14.074	13.794	13.251
Receita líquida (milhões de dólares)	4.313	2.395	3.544	2.602	2.279	1.471	893	1.637	1.977	1.948

Tenha o cuidado de observar que os dados da tabela anterior foram dispostos com o ano mais recente à esquerda. Isso pode ser o oposto daquilo com que você está acostumado, mas é a maneira de como os dados financeiros em geral são dispostos em relatórios anuais e em outras fontes. Apenas ao olhar para esses dados, você poderá ver que as vendas aumentaram a cada ano, mas a receita líquida, não. Entretanto, expressar esses dados em percentuais de tendência auxilia as interpretações:

	2008	2007	2006	2005	2004	2003	2002	2001	2000	1999
Vendas (%)	176	172	158	144	135	122	110	106	104	100
Receita líquida (%)	221	123	182	134	117	76	46	84	101	100

Na tabela anterior, tanto as vendas quanto a receita líquida foram expressas como um percentual das vendas e da receita líquida de 1999. Por exemplo, as vendas de 2008, de US$ 23.522 são 221% das vendas de 1999, de US$ 13.251. Essa análise de tendências é, em particular, surpreendente quando os dados são colocados em um gráfico, como no Quadro 15.3.

O crescimento das vendas do McDonald's foi impressionante durante todo o período de 10 anos, mas a receita líquida foi muito mais instável. Observe que a receita líquida sofreu uma forte queda em 2001 e 2002, recuperou-se por completo em 2004, e, então, sofreu uma forte queda mais uma vez em 2007. Em 2008, o McDonald's teve um recorde de vendas e lucros.

676 CONTABILIDADE GERENCIAL

QUADRO 15.1

Brickey Electronics – Balanço patrimonial comparativo (em milhares de dólares)				
			Aumento (diminuição)	
	Este ano	Ano passado	Montante	Percentual
Ativo				
Ativo circulante:				
Caixa	**1.200**	**2.350**	− 1.150	− 48,9%*
Contas a receber, líquido	**6.000**	**4.000**	2.000	50%
Estoques	8.000	10.000	− 2.000	− 20%
Despesas antecipadas	300	120	180	150%
Total de ativo circulante	15.500	16.470	− 970	− 5,9%
Propriedades e equipamentos:				
Terrenos	4.000	4.000	0	0%
Edifícios e equipamentos, líquido..........	12.000	8.500	3.500	41,2%
Total de propriedades e equipamentos......	16.000	12.500	3.500	28%
Total do ativo	31.500	28.970	2.530	8,7%
Passivo e propriedade dos acionistas				
Passivo circulante:				
Contas a pagar	5.800	4.000	1.800	45%
Provisões para pagamento	900	400	500	125%
Duplicatas a pagar, curto prazo............	300	600	− 300	− 50%
Total do passivo circulante	**7.000**	**5.000**	2.000	40%
Passivo de longo prazo:				
Títulos de dívida a pagar, **8%**	7.500	8.000	− 500	− 6,3%
Total do passivo	14.500	13.000	1.500	11,5%
Patrimônio dos acionistas				
Ações preferenciais, US$ 100 ao par, 6%	**2.000**	**2.000**	0	0%
Ações ordinárias, **US$ 12** ao par...........	**6.000**	6.000	0	0%
Capital adicional pago........................	1.000	1.000	0	0%
Total de capital pago..........................	9.000	9.000	0	0%
Lucros retidos...................................	8.000	6.970	1.030	14,8%
Total de patrimônio dos acionistas...........	**17.000**	**15.970**	1.030	6,4%
Total do passivo e patrimônio dos acionistas	31.500	28.970	2.530	8,7%

* As variações entre o presente ano e o ano anterior são expressas como um percentual do montante em dólar do ano anterior. Por exemplo, o caixa diminuiu em US$ 1.150 entre os dois anos. Essa diminuição expressa na forma percentual é calculada da seguinte maneira: US$ 1.150 ÷ US$ 2.350 = 48,9%. Outros valores percentuais neste quadro e no Quadro 15.2 são calculados da mesma maneira.

▶ **Análise vertical**

apresentação das demonstrações financeiras de uma empresa na forma de *common-size*.

▶ **Demonstrações financeiras *common-size***

demonstração que evidencia os itens que aparecem nela, na forma percentual além da moeda (p. ex.: dólar). Na demonstração de resultados, os percentuais se baseiam na receita total de vendas, e no balanço patrimonial, os percentuais se baseiam no total de ativos.

Demonstrações *common-size* (análise vertical)

A análise horizontal, que foi discutida nas seções anteriores, examina variações nas contas da demonstração financeira ao longo do tempo. A **análise vertical** se concentra nas relações entre as contas da demonstração financeira em determinado ponto no tempo. Uma **demonstração financeira *common-size* (de tamanho comum)** é uma análise vertical na qual cada conta da demonstração financeira é expressa como um percentual.

Na demonstração de resultados, todos os itens são em geral expressos como um percentual das vendas. Já nos balanços patrimoniais, com frequência são expressos como um percentual do total de ativos. O Quadro 15.4 contém o balanço patrimonial de tamanhos comuns da Brickey Electronics e o Quadro 15.5 contém sua demonstração de resultados *common-size*.

QUADRO 15.2

Brickey Electronics
Demonstração de resultados comparativa e reconciliações dos lucros retidos
(em milhares de dólares)

	Este ano	Ano passado	Aumento (diminuição) Montante	Percentual
Vendas...	**52.000**	48.000	**4.000**	8,3%
Custos de produtos vendidos	**36.000**	31.500	**4.500**	14,3%
Margem bruta	16.000	16.500	– 500	– 3%
Despesas de venda e administrativas:	7.000	6.500	500	7,7%
Despesas de venda	5.860	6.100	– 240	– 3,9%
Despesas administrativas				
Total de despesas de venda e administrativas	12.860	12.600	260	2,1%
Resultado operacional	**3.140**	3.900	– 760	– 19,5%
Despesa com juros	640	700	– 60	– 8,6%
Receita líquida antes dos impostos..............	2.500	3.200	– 700	– 21,9%
Imposto de renda (**30%**)	750	960	– 210	– 21,9%
Receita líquida.......................................	**1.750**	2.240	– 490	– 21,9%
Dividendos pagos aos acionistas preferenciais, US$ 6 por ação (ver Quadro 15.1).............	120	120		
Receita líquida que sobra para os acionistas ordinários...	1.630	2.120		
Dividendos pagos aos acionistas ordinários, **US$ 1,20** por ação.................................	600	600		
Receita líquida somada aos lucros retidos.....	1.030	1.520		
Lucros retidos, início do ano.....................	6.970	5.450		
Lucros retidos, fim do ano.......................	8.000	6.970		

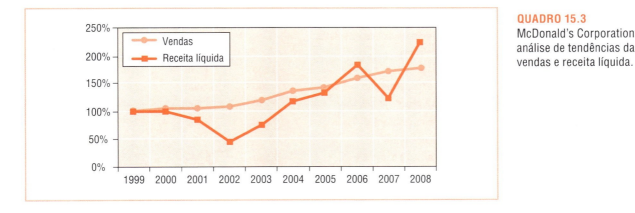

QUADRO 15.3
McDonald's Corporation: análise de tendências das vendas e receita líquida.

Observe, com base no Quadro 15.4, que formatar os *common-size* evidencia a importância relativa dos ativos circulantes em comparação aos ativos não circulantes. Mostra também que ocorreram variações significativas na composição dos ativos circulantes ao longo do ano passado. Por exemplo, as contas a receber aumentaram em importância relativa, e tanto o caixa quanto os estoques diminuíram em importância relativa. Julgando a partir do forte aumento nas contas a receber, as deteriorações no saldo de caixa podem ser o resultado de uma incapacidade de receber pagamentos dos clientes.

Passando agora para a demonstração de resultados, no Quadro 15.5 os custos de produtos vendidos como um percentual das vendas aumentaram de 65,6% no ano anterior para 69,2% do presente ano. Ou, analisando a partir de outra perspectiva, a *margem bruta percentual* diminuiu de 34,4% no ano anterior para 30,8% do presente ano. Os gerentes e analistas de investimento, em geral, prestam muita atenção nessa medida de lucratividade. A margem bruta percentual é calculada da seguinte maneira:

$$\text{Margem bruta percentual} = \frac{\text{Margem bruta}}{\text{Vendas}}$$

A margem bruta percentual deve ser mais estável para as empresas de varejo do que para outras empresas, pois os custos de produtos vendidos no varejo excluem os custos fixos. Quando os custos fixos são incluídos nos custos de produtos vendidos, a margem bruta percentual deve aumentar e diminuir em proporção ao volume de vendas. Com os aumentos no volume de vendas, os custos fixos são divididos por mais unidades e a margem bruta percentual deve melhorar.

QUADRO 15.4

Brickey Electronics
Balanço patrimonial comparativo *common-size*
(em milhares de dólares)

	Este ano	Ano passado	Percentuais *common-size* Este ano	Percentuais *common-size* Ano passado
Ativos				
Ativos circulantes:				
Caixa	1.200	2.350	3,8%*	8,1%
Contas a receber, líquido	6.000	4.000	19%	13,8%
Estoques	8.000	10.000	25,4%	34,5%
Despesas antecipadas	300	120	1%	0,4%
Total de ativos circulantes	15.500	16.470	49,2%	56,9%
Propriedades e equipamentos:				
Terrenos	4.000	4.000	12,7%	13,8%
Edifícios e equipamentos, líquido	12.000	8.500	38,1%	29,3%
Total de propriedades e equipamentos	16.000	12.500	50,8%	43,1%
Total ativos	31.500	28.970	100%	100%
Passivos e propriedade dos acionistas				
Passivos circulantes:				
Contas a pagar	5.800	4.000	18,4%	13,8%
Provisões para pagamento	900	400	2,9%	1,4%
Duplicatas a pagar, curto prazo	300	600	1%	2,1%
Total de passivos circulantes	7.000	5.000	22,2%	17,3%
Passivos de longo prazo:				
Títulos de dívida a pagar, 8%	7.500	8.000	23,8%	27,6%
Total de passivos	14.500	13.000	46%	44,9%
Patrimônio dos acionistas				
Ações preferenciais, US$ 100, 6%	2.000	2.000	6,3%	6,9%
Ações ordinárias, US$ 12 ao par	6.000	6.000	19%	20,7%
Capital adicional pago	1.000	1.000	3,2%	3,5%
Total de capital pago	9.000	9.000	28,6%	31,1%
Lucros retidos	8.000	6.970	25,4%	24%
Total de patrimônio dos acionistas	17.000	15.970	54%	55,1%
Total de passivos e propriedade dos acionistas	31.500	28.970	100%	100%

* Cada conta de ativo, em uma demonstração *common-size*, é expressa como um percentual do total de ativos, e cada conta de passivos e patrimônio dos acionistas é expressa como um percentual do total de passivos e propriedade dos acionistas. Por exemplo, o valor percentual acima do saldo de caixa do presente ano é calculado da seguinte maneira: US$ 1.200 ÷ US$ 31.500 = 3,8%.

As demonstrações *common-size* são particularmente úteis ao comparar o desempenho de diferentes empresas. Por exemplo, em 2008, a receita líquida do Burger King foi de US$ 190 milhões e a do McDonald's, de US$ 4.313 milhões. Seria ingênuo olhar para esses dois números e concluir que o McDonald's teve um desempenho superior ao do Burger King. O McDonald's é muito maior do que o Burger King, então sua receita líquida mais alta pode ser em virtude de seu tamanho maior, e não de seu desempenho gerencial.

Para incluir seus diferentes tamanhos na análise, a receita líquida de cada empresa pode ser expressa como um percentual de suas receitas de vendas. Considerando-se que as receitas de vendas do Burger King foram de US$ 2.455 milhões e as do McDonald's, US$ 23.522 milhões, a receita líquida do Burger King, como um percentual das vendas, foi de 7,7%, e a do McDonald's, 18,3%. Esses percentuais de tamanhos comuns sustentam a conclusão mais divulgada de que o desempenho do McDonald's é favoravelmente comparável ao do Burger King.

QUADRO 15.5

Brickey Electronics
Demonstração de resultados comparativa *common-size*
(em milhares de dólares)

	Este ano	Ano passado	Percentuais *common-size** Este ano	Ano passado
Vendas	52.000	48.000	100%	100%
Custos de produtos vendidos	36.000	31.500	69,2%	65,6%
Margem bruta	16.000	16.500	30,8%	34,4%
Despesas de venda e administrativas:				
Despesas de venda	7.000	6.500	13,5%	13,5%
Despesas administrativas	5.860	6.100	11,3%	12,7%
Total de despesas de venda e administrativas	12.860	12.600	24,7%	26,3%
Resultado operacional	3.140	3.900	6%	8,1%
Despesa com juros	640	700	1,2%	1,5%
Receita líquida antes dos impostos	2.500	3.200	4,8%	6,7%
Imposto de renda (30%)	750	960	1,4%	2%
Receita líquida	1.750	2.240	3,4%	4,7%

* Observe que os valores percentuais de cada ano são expressos como um percentual do total de vendas do ano. Por exemplo, o valor percentual dos custos de produtos vendidos no presente ano é calculado da seguinte maneira: US$ 36.000 US$ 52.000 = 69,2%.

ANÁLISE DE ÍNDICES – ACIONISTA ORDINÁRIO

 OA15.2

Os acionistas ordinários usam índices financeiros relacionados à receita líquida, dividendos e patrimônio dos acionistas para avaliar o desempenho financeiro de uma empresa. Esta seção descreverá sete desses índices. *Todos os cálculos serão realizados para o presente ano.*

Calcular e interpretar índices financeiros que seriam úteis para um acionista ordinário.

Lucros por ação

Um investidor compra ações na expectativa de realizar um retorno na forma ou de dividendos, ou de futuros aumentos no valor das ações. Como os lucros formam a base dos pagamentos de dividendos e dos futuros aumentos no valor das ações, os investidores estão interessados nos *lucros por ação* de uma empresa.

Lucros por ação são calculados dividindo-se a receita líquida disponível aos acionistas ordinários, pelo número médio de ações ordinárias em circulação durante o ano. A "receita líquida disponível aos acionistas ordinários" é igual à receita líquida, menos os dividendos pagos aos acionistas preferenciais.

$$\text{Lucros por ação} = \frac{\text{Receita líquida} - \text{Dividendos preferenciais}}{\text{Número médio de ações ordinárias em circulação}}$$

Usando os dados dos Quadros 15.1 e 15.2, os lucros por ação da Brickey Electronics seriam calculados da seguinte maneira:

$$\text{Lucros por ação} = \frac{\text{US\$ 1.750.000} - \text{US\$ 120.000}}{(500.000 \text{ ações}^* + 500.000 \text{ ações})/2} = \text{US\$ 3,26 por ação}$$

POR DENTRO DAS EMPRESAS

CADA CENTAVO IMPORTA!

Em janeiro de 2005, a empresa de leilões *on-line* **eBay** anunciou que seus lucros do quarto trimestre de 2004 subiram 44% em comparação ao mesmo trimestre do ano anterior. Embora os lucros desse período, de 30 centavos por ação, correspondessem à previsão da própria empresa, ficaram abaixo das previsões dos analistas da Wall Street em uma média de quatro centavos por ação. Como resultado, o preço das ações da eBay caiu US$ 15,36 em menos de 24 horas. Considerando que a eBay tinha quase 662 milhões de ações ordinárias em circulação na época, os acionistas da empresa viram mais de US$ 10 bilhões se dissiparem em apenas um dia.

A experiência da eBay ilustra, do modo claro, como os investidores da Wall Street exercem pressão sobre empresas de capital aberto para produzir lucros trimestrais que atendam às expectativas. Os críticos, no geral, aconselham os gerentes a assumirem um ponto de vista de longo prazo maior ao tomarem decisões, mas os gerentes enfrentam a dura e fria realidade de que se os seus lucros trimestrais forem menores do que as expectativas da Wall Street, o preço de suas ações poderá cair vertiginosamente.

FONTE: Mylene Mangalindan, "eBay Posts 44% Jump in Profit; Forecast Is Tepid" *The Wall Street Journal*, 20 de janeiro de 2005, p. A3.

POR DENTRO DAS EMPRESAS

ANALISTAS FAZEM PREVISÕES TENDENCIOSAS DE LUCROS?

Pesquisas da Penn State University sugerem que as previsões de lucros por ação (EPS – *earnings per share*) dos analistas da Wall Street são intencionalmente superestimadas. O estudo examinou as previsões do EPS a longo prazo (de três a cinco anos) e a curto prazo (um ano) de 1984 a 2006. Ao longo desse período de 22 anos, a média dos analistas para a taxa de crescimento estimada do EPS a longo prazo foi de 14,7%, em comparação a uma taxa de crescimento médio real de 9,1%. As projeções do EPS médio a curto prazo, dos analistas, foi de 13,8% em comparação a uma taxa de crescimento anual real do EPS de 9,8%. Os professores que realizaram o estudo afirmam que "os analistas são recompensados por previsões tendenciosas por seus empregadores, que querem que aumentem as ações de modo que a corretagem possa obter comissões de venda e fechar acordos de subscrição".

FONTE: Andrew Edwards, "Study Suggests Bias in Analysts' Rosy Forecasts", *The Wall Street Journal*, 21 de março de 2008, p. C6.

Índice preço-lucro

O índice preço-lucro expressa a relação entre o preço de mercado por ação de um grupo de ações e seu lucro por ação. Se supusermos que as ações da Brickey Electronics têm um preço de mercado de US$ 40 por ação no fim do presente ano, então, seu índice preço-lucro seria calculado da seguinte maneira:

$$\text{Índice preço-lucro} = \frac{\text{Preço de mercado por ação}}{\text{Lucro por ação}}$$

---

* Valor ao par total de **US$ 6.000.000** ÷ **US$ 12** valor ao par por ação = 500.000 ações.

$$= \frac{\text{US\$ 40 por ação}}{\text{US\$ 3,26 por ação}} = 12,3$$

O índice preço-lucro é 12,3, isto é, cada ação é vendida por aproximadamente 12,3 vezes o seu lucro corrente.

Um índice preço-lucro alto significa que os investidores estejam dispostos a pagar um prêmio pelas ações da empresa – isso porque, ao certo, espera-se que os lucros da empresa tenham um crescimento futuro mais alto do que a média. Ao contrário, se os investidores acreditarem que as perspectivas de crescimento dos lucros futuros de uma empresa são restritas, o índice preço-lucro da empresa seria relativamente baixo.

No fim da década de 1990, os preços das ações de algumas empresas da internet – em particular aquelas com nenhum ou pouco lucro – vendiam a níveis que resultaram em índices preço-lucro altíssimos, quase sem precedentes. Muitos críticos avisaram que esses índices preço-lucro eram insustentáveis a longo prazo – e estavam certos. Os preços das ações de quase todas as empresas da internet caíram depois.

Índices de pagamento e de rendimento dos dividendos

Os investidores em ações de uma empresa ganham dinheiro a partir de duas maneiras – aumentos no valor de mercado das ações e recebimento de dividendos. Em geral, os lucros devem ser retidos em uma empresa, e não distribuídos como dividendos, enquanto a taxa de retorno dos fundos investidos dentro da empresa exceder a taxa de retorno que os acionistas poderiam obter em investimentos alternativos fora dela. Portanto, as empresas com excelentes perspectivas de crescimento lucrativo em geral pagam pouco ou nada. As empresas com poucas oportunidades de crescimento lucrativo, mas com lucros estáveis e confiáveis, tendem a pagar um percentual mais alto de dividendos, oriundos de seu fluxo de caixa operacional.

Índice de pagamento de dividendos O *índice de pagamento de dividendos* quantifica o percentual de lucros correntes são pagos em dividendos. Esse índice é calculado dividindo-se os dividendos por ação pelo lucro por ação das ações ordinárias:

$$\text{Índice de pagamento de dividendos} = \frac{\text{Dividendos por ação}}{\text{Lucro por ação}}$$

Para a Brickey Electronics, o índice de pagamento de dividendos é calculado da seguinte maneira:

$$\text{Índice de pagamento de dividendos} = \frac{\text{US\$ 1,20 por ação (ver Quadro 15.2)}}{\text{US\$ 3,26 por ação}} = 36,8\%$$

Não existe um índice de pagamento de dividendos "correto", embora o índice tenda a ser similar para empresas de um mesmo segmento. Como observado anteriormente, nas empresas com amplas oportunidades de crescimento, as altas taxas de retorno tendem a ter índices de pagamento baixos, enquanto empresas com oportunidades restritas de reinvestimento tendem a ter índices de pagamento mais altos.

Índice de rendimento de dividendos O *índice de rendimento de dividendos* é calculado dividindo-se os dividendos correntes pelo preço de mercado corrente por ação:

$$\text{Índice de rendimento de dividendos} = \frac{\text{Dividendos por ação}}{\text{Preço de mercado por ação}}$$

Como o preço de mercado das ações da Brickey Electronics é US\$ 40 por ação, o rendimento do dividendo é calculado da seguinte maneira:

$$\text{Índice de rendimento de dividendos} = \frac{\text{US\$ 1,20 por ação}}{\text{US\$ 40 por ação}} = 3\%$$

O índice de rendimento de dividendos mede a taxa de retorno (apenas na forma de dividendos pagos em dinheiro) que seria obtida por um investidor que compra ações ordinárias ao preço de mercado corrente. Um baixo índice de rendimento de dividendos não é bom, nem ruim por si só.

POR DENTRO DAS EMPRESAS

IBM ELEVA SEU DIVIDENDO EM 25%

No início da década de 1990, a **IBM** quase entrou em colapso e foi forçada a cortar seu pagamento de dividendos. Entretanto, desde então, a empresa "virou a mesa" muito bem. Em 2008, a IBM elevou seu dividendo por ação trimestral em 25%, aumentando, assim, seu *payout* anual para quase US$ 2,5 bilhões. O aumento de 25% marcou o 13º ano consecutivo em que a IBM elevou seu dividendo por ação. A empresa também planeja gastar US$ 12 bilhões para recomprar suas próprias ações. Essa transação diminuirá o número de ações em circulação e aumentará os lucros por ação da empresa.

FONTE: William M. Bulkeley, "IBM, Flush with Cash, Raises Dividend 25%", *The Wall Street Journal*, 30 de abril de 2008, p. B7.

Retorno sobre o total de ativos

O *retorno sobre o total de ativos* é uma medida de desempenho operacional que é definida da seguinte forma:

$$\text{Retorno sobre o total de ativos} = \frac{\text{Receita líquida} + [\text{Despesas com juros} \times (1 - \text{Alíquota de impostos})]}{\text{Total médio de ativos}}$$

As despesas com juros são somadas com a receita líquida para mostrar qual teria sido o lucro se a empresa não tivesse nenhuma dívida. Com esse ajuste, o retorno sobre o total de ativos pode ser comparado entre empresas com diferentes montantes de dívida ou em uma única empresa que mudou seu *mix* de capital de terceiros e capital próprio ao longo do tempo. Observe o capital próprio ao longo do tempo. Considere que as despesas com juros são colocadas, em termos, depois dos impostos ao multiplicá-las pelo fator (1 – Alíquota de impostos).

O retorno sobre o total de ativos da Brickey Electronics é calculado da seguinte maneira (baseando-se nos Quadros 15.1 e 15.2):

$$\text{Retorno sobre o total de ativos} = \frac{\text{US\$ } 1.750.000 + [\text{US\$ } 640.000 \times (1 - 0,30)]}{(\text{US\$ } 31.500.000 + \text{US\$ } 28.970.000) / 2} = 7,3\%$$

A Brickey Electronics obteve um retorno de 7,3% no total médio de ativos empregado ao longo do ano anterior.

Retorno sobre o patrimônio dos acionistas ordinários

O *retorno sobre o patrimônio dos acionistas ordinários* se baseia no valor contábil do patrimônio dos acionistas ordinários, e é calculado da seguinte maneira:

$$\text{Retorno sobre o patrimônio dos acionistas ordinários} = \frac{\text{Receita líquida} - \text{Dividendos preferenciais}}{\text{Patrimônio médio dos acionistas ordinários}}$$

onde

$$\text{Patrimônio médio dos acionistas ordinários} = \text{Total médio do patrimônio dos acionistas} - \text{Média das ações preferenciais}$$

Para a Brickey Electronics, o retorno sobre o patrimônio dos acionistas ordinários é calculado da seguinte maneira:

Capítulo **15** ▸▶ Análise das demonstrações financeiras

$$\text{Média total do patrimônio dos acionistas} = \frac{(US\$\ 17.000.000 + US\$\ 15.970.000)}{2} = US\$\ 16.485.000$$

$$\text{Média das ações preferenciais} = \frac{(US\$\ 2.000.000 + US\$\ 2.000.000)}{2} = US\$\ 2.000.000$$

$$\text{Patrimônio médio dos acionistas ordinários} = US\$\ 16.485.000 - US\$\ 2.000.000 = US\$\ 14.485.000$$

$$\text{Retorno sobre o patrimônio dos acionistas ordinários} = \frac{US\$\ 1.750.000 - US\$\ 120.000}{US\$\ 14.485.000} = 11,3\%$$

Compare o retorno sobre o patrimônio dos acionistas ordinários (11,3%) ao retorno sobre o total de ativos calculado nas seções anteriores (7,3%). Por que o retorno sobre o patrimônio dos acionistas ordinários é bem mais alto? A resposta se encontra na alavancagem financeira.

Alavancagem financeira

A **alavancagem financeira** é o resultado da diferença entre a taxa de retorno que a empresa obtém sobre os investimentos em seus próprios ativos e a taxa de retorno que a empresa tem que pagar aos seus credores. Se a taxa de retorno sobre o total de ativos da empresa exceder a taxa de retorno que a empresa paga aos seus credores, sua *alavancagem financeira será positiva*. Se a taxa de retorno sobre o total de ativos for menor do que a taxa de retorno que a empresa paga aos seus credores, a *alavancagem financeira será negativa*.

Podemos ver a alavancagem financeira em operação no caso da Brickey Electronics. Observe, com base no Quadro 15.1, que a empresa paga 8% de juros sobre seus títulos de dívida a pagar. Os custos dos juros, depois dos impostos desses títulos de dívida, são de apenas 5,6% [taxa de juros de 8% × (1 – 0,30) = 5,6%]. Como exibido antes, o retorno sobre o total de ativos da empresa depois dos impostos é 7,3%. Como o retorno sobre o total de ativos de 7,3% é maior do que os custos dos títulos de dívida depois dos impostos de 5,6%, a alavancagem é positiva, e a diferença vai para os acionistas ordinários.

Isso explica, em parte, por que o retorno sobre o patrimônio dos acionistas ordinários de 11,3% é maior do que o retorno sobre o total de ativos, de 7,3%. Se a alavancagem financeira é positiva, ter alguma dívida na estrutura de capital pode beneficiar substancialmente os acionistas ordinários. Por esse motivo, as empresas em geral tentam manter um nível de dívida que é considerado normal dentro de sua indústria.

Infelizmente, a alavancagem é "uma faca de dois gumes". Se os ativos não obtiverem um retorno alto suficiente para cobrir os custos dos juros da dívida e dos dividendos de ações preferenciais, os acionistas ordinários perderão. Nesse caso, a alavancagem financeira é negativa.

Valor contábil por ação

Valor contábil por ação mede o montante que seria distribuído aos detentores de cada ação ordinária se todos os ativos fossem vendidos pelos montantes registrados no balanço patrimonial (ou seja, seus valores contábeis) e se todos os credores fossem pagos. O valor contábil por ação se baseia totalmente nos custos históricos. A fórmula para calculá-lo é a seguinte:

$$\text{Valor contábil por ação} = \frac{\text{Total do patrimônio dos acionistas} - \text{Ações preferenciais}}{\text{Número de ações ordinárias em circulação}}$$

O valor contábil por ação, das ações ordinárias da Brickey Electronics, é calculado da seguinte forma:

$$\text{Valor contábil por ação} = \frac{US\$\ 17.000.000 - US\$\ 2.000.000}{500.000\ \text{ações}} = US\$\ 30\ \text{por ação}$$

▸ **Alavancagem financeira**

diferença entre a taxa de retorno sobre ativos e a taxa paga a credores.

684 CONTABILIDADE GERENCIAL

Se esse valor contábil for comparado ao valor de mercado de US$ 40 das ações da Brickey Electronics, as ações poderão parecer superprecificadas. Entretanto, como discutido anteriormente, os preços de mercado refletem as expectativas sobre lucros e dividendos futuros, enquanto o valor contábil reflete, em grande parte, os resultados de eventos que ocorreram no passado. Em geral, o valor de mercado de uma ação excede seu valor contábil. Por exemplo, em um ano, as ações ordinárias da **Microsoft** foram negociadas por mais de 4 vezes do seu valor contábil, e o valor de mercado da **Coca-Cola** era de mais de 17 vezes do seu valor contábil.

ANÁLISE DE ÍNDICES – CREDOR DE CURTO PRAZO

▶▶ OA15.3

Calcular e interpretar índices financeiros que seriam úteis para um credor de curto prazo.

Os credores de curto prazo, assim como os fornecedores, querem ser pagos dentro do prazo. Portanto, concentram-se nos fluxos de caixa da empresa e em seu *capital de giro*, pois essas são as principais fontes de caixa de curto prazo da empresa. *Todos os cálculos desta seção serão realizados para o presente ano.*

Capital de giro

O excesso de ativos circulantes sobre os passivos circulantes é conhecido como *capital de giro*.

Capital de giro = Ativos circulantes – Passivos circulantes

O capital de giro da Brickey Electronics é calculado da seguinte maneira:

Capital de giro = US$ 15.500.000 – US$ 7.000.000 = US$ 8.500.000

Um capital de giro amplo fornece alguma garantia aos credores de curto prazo, que serão pagos pela empresa. Entretanto, manter grandes montantes de capital de giro tem um custo. O capital de giro deve ser financiado com capital de terceiros e capital próprio de longo prazo – ambos caros. Por isso, os gerentes, muitas vezes, querem minimizar o capital de giro.

Um saldo grande e crescente de capital de giro pode não ser um bom sinal. Por exemplo, poderia ser o resultado de um crescimento indesejado nos estoques. Para termos uma perspectiva adequada sobre o capital de giro, ele deve ser complementado com quatro índices: o índice de liquidez corrente, o índice de liquidez seca, o giro de contas a receber e o giro de estoques – cada um deles será discutido a seguir.

Índice de liquidez corrente

O capital de giro de uma empresa é, com frequência, expresso na forma de um índice. Os ativos circulantes de uma empresa, divididos por seus passivos circulantes, são conhecidos como *índice de liquidez corrente*:

$$\text{Índice de liquidez corrente} = \frac{\text{Ativos circulantes}}{\text{Passivos circulantes}}$$

Para a Brickey Electronics, o índice de liquidez corrente é calculado do seguinte modo:

$$\text{Índice de liquidez corrente} = \frac{\text{US\$ 15.500.000}}{\text{US\$ 7.000.000}} = 2,21$$

Embora seja considerada ampla a medida da capacidade de pagamento de dívidas de curto prazo, o índice de liquidez corrente tem que ser interpretado com grande cuidado. Um índice *decrescente* pode ser um sinal de condições financeiras em deterioração, ou ser o resultado da eliminação de estoques obsoletos ou outros ativos circulantes estagnados. Um índice *crescente* pode ser o resultado do acúmulo de estoques, ou indicar uma melhoria na situação financeira. Em suma, o índice de liquidez corrente é útil, mas difícil de interpretar.

A regra básica geral determina um índice de liquidez corrente de, pelo menos, 2. Entretanto, muitas empresas operam com sucesso com um índice de liquidez corrente abaixo de 2. A adequação de um índice de liquidez corrente depende muito da *composição* dos ativos. Por exemplo, como vemos na tabela da próxima página, tanto a Worthington

Corporation quanto a Greystone Inc. têm índices de liquidez corrente iguais a 2. Em contrapartida, não se encontram em situações financeiras comparáveis. A Greystone tem mais chances de passar por dificuldades em cumprir suas obrigações financeiras correntes porque quase todos os seus ativos circulantes consistem em estoques, em vez de em ativos mais líquidos como caixa e contas a receber.

	Worthington Corporation	Greystone Inc.
Ativos circulantes (US$):		
Caixa	25.000	2.000
Contas a receber, líquido	60.000	8.000
Estoques	85.000	160.000
Despesas antecipadas	5.000	5.000
Total de ativos circulantes (a) (US$)	175.000	175.000
Passivos circulantes (b) (US$)	87.500	87.500
Índice de liquidez corrente, (a) ÷ (b) (US$)	2	2

Índice de liquidez seca (teste ácido)

O *índice de liquidez seca* é um teste mais rigoroso da capacidade de uma empresa de pagar suas dívidas de curto prazo do que o índice de liquidez corrente. Estoques e despesas antecipadas são excluídos do total de ativos circulantes, deixando apenas os ativos mais líquidos para serem divididos pelos passivos circulantes.

$$\text{Índice de liquidez seca} = \frac{\text{Caixa + Títulos comercializáveis + Contas a receber + Duplicatas de curto prazo a receber}}{\text{Passivos circulantes}}$$

O índice de liquidez seca mede quão bem a empresa pode cumprir suas obrigações sem ter que liquidar ou depender demais de seus estoques. Idealmente, cada dólar, por exemplo, de passivos deveria ser "garantido" por, pelo menos, US$ 1 de ativos líquidos. Entretanto, são comuns índices de liquidez seca de 0,3.

O índice de liquidez seca da Brickey Electronics é calculado a seguir:

$$\text{Índice de liquidez seca} = \frac{\text{US\$ 1.200.000 + US\$ 0 + US\$ 6.000.000 + US\$ 0}}{\text{US\$ 7.000.000}} = 1,03$$

Embora o índice de liquidez seca da Brickey Electronics esteja dentro da faixa aceitável, um analista poderia ficar preocupado com várias tendências reveladas no balanço patrimonial da empresa. Observe, no Quadro 15.1, que as dívidas de curto prazo aumentam, enquanto o saldo de caixa diminui. Talvez o saldo de caixa mais baixo seja o resultado do aumento substancial nas contas a receber. Em suma, como ocorre com o índice de liquidez corrente, o índice de liquidez seca deve ser interpretado prestando-se atenção em seus componentes básicos.

Giro de contas a receber

Os *índices do giro de contas a receber* e do *prazo médio de recebimento* medem a rapidez com que as vendas a crédito são convertidas em caixa. O *giro de contas a receber* é calculado dividindo-se as vendas a prazo (ou seja, vendas a crédito) pelo saldo médio das contas a receber do ano:

$$\text{Giro das contas a receber} = \frac{\text{Vendas a prazo}}{\text{Saldo médio das contas a receber}}$$

Supondo que todas as vendas da Brickey Electronics tenham sido a prazo, seu giro de contas a receber é calculado da seguinte maneira:

$$\text{Giro das contas a receber} \ = \ \frac{\text{US\$ 52.000.000}}{(\text{US\$ 6.000.000} + \text{US\$ 4.000.000}) \ / \ 2} = 10,4$$

O giro de contas a receber pode, então, ser dividido em 365 dias para determinar o número médio de dias necessários para receber uma venda a prazo (conhecido como *prazo médio de recebimento*).

$$\textbf{Prazo médio de recebimento} \ = \ \frac{\textbf{365 dias}}{\textbf{Giro das contas a receber}}$$

O período médio de recebimento da Brickey Electronics é calculado da seguinte maneira:

$$\text{Período médio de recebimento} \ = \ \frac{365 \text{ dias}}{10,4} = 35 \text{ dias}$$

Isso significa que, em média, a empresa leva 35 dias para receber o pagamento de uma venda a crédito. Se isso é bom ou ruim, depende dos termos de crédito que a Brickey Electronics oferece aos seus clientes. Muitos clientes tendem a segurar o pagamento pelo máximo de tempo que os termos de crédito permitirem. Se os termos de crédito são de 30 dias, então, um período médio de recebimento de 35 dias em geral seria visto como muito bom. Entretanto, se os termos de crédito da empresa são de dez dias, logo, um período médio de recebimento de 35 dias é preocupante. Um período de recebimento longo pode ser o resultado de ter um número excessivo de contas antigas não recebíveis, da demora em emitir faturas ou de cobrar as contas atrasadas, de verificações de crédito muito relaxadas, e assim por diante. Na prática, prazos médios de recebimento entre 10 e 180 dias são comuns, dependendo da indústria.

Giro de estoques

O *índice de giro de estoques* mede quantas vezes os estoques de uma empresa foram vendidos e substituídos durante o ano, e é calculado dividindo-se os custos de produtos vendidos pelo nível médio de estoques [(Saldo de estoques inicial + Saldo de estoques final) ÷ 2]:

$$\textbf{Giro de estoques} \ = \ \frac{\textbf{Custo dos produtos vendidos}}{\textbf{Média do saldo de estoques}}$$

O giro de estoques da Brickey é calculado da seguinte maneira:

$$\text{Giro de estoques} \ = \ \frac{\text{US\$ 36.000.000}}{(\text{US\$ 8.000.000} + \text{US\$ 10.000.000})/2} = 4$$

O número de dias necessários, em média para, vender os estoques inteiros (chamado de *prazo médio de venda*) pode ser calculado dividindo-se 365 pelo giro de estoques:

$$\textbf{Prazo médio de venda} \ = \ \frac{\textbf{365 dias}}{\textbf{Giro dos estoques}}$$

$$= \ \frac{365 \text{ dias}}{4 \text{ vezes}} = 91 \ \tfrac{1}{4} \text{ dias}$$

O prazo médio de venda varia de uma indústria para outra. Os supermercados, com estoques perecíveis significativos, tendem a girar seus estoques rapidamente. Em contrapartida, joalherias tendem a girar seus estoques lentamente. Na prática, são comuns prazos médios de venda de 10 a 90 dias, dependendo da indústria.

Uma empresa cujo índice de giro de estoques é muito mais baixo do que a média de sua indústria pode ter estoques excessivos ou o tipo errado de estoques. Alguns gerentes afirmam que devem comprar em grandes quantidades para tirar proveito de descontos de quantidade. Mas esses descontos podem ser comparados aos custos adicionais de seguros, impostos e riscos de obsolescência e deteriorações, que resultam de se manter estoques excessivos.

O giro de estoques deve aumentar em empresas que adotam a produção enxuta. Se implementada adequadamente, a produção enxuta deve resultar tanto na diminuição nos estoques quanto em um aumento de vendas em virtude de um melhor atendimento ao cliente.

ANÁLISE DE ÍNDICES – CREDOR DE LONGO PRAZO

Os credores estão interessados na capacidade de uma empresa de pagar seus empréstimos a longo prazo. Por exemplo, se uma empresa pagou todo o seu caixa disponível na forma de dividendos, não sobraria nada para pagar os credores. Como consequência, os credores buscam proteção exigindo que os mutuários concordem com várias cláusulas ou regras restritivas.

Essas cláusulas restritivas, no geral, incluem restrições ao pagamento de dividendos além de regras, declarando que a empresa tem que manter certos índices financeiros em níveis especificados. Embora as cláusulas restritivas sejam bastante utilizadas, elas não garantem que os credores serão pagos quando os empréstimos vencerem. A empresa ainda tem que gerar lucros suficientes para cobrir os pagamentos.

OA15.4

Calcular e interpretar índices financeiros que seriam úteis para um credor de longo prazo.

Índice de cobertura de juros

A medida mais comum da capacidade de uma empresa de oferecer proteção a seus credores de longo prazo é o *índice de cobertura de juros*, que é calculado dividindo-se os lucros antes das despesas, com juros e imposto de renda (ou seja, resultado operacional) pelas despesas com juros:

$$\text{Índice de cobertura de juros} = \frac{\text{Lucros antes das despesas com juros e imposto de renda}}{\text{Despesas com juros}}$$

Para a Brickey Electronics, o índice de cobertura de juros, no presente ano, é calculado da seguinte maneira:

$$\text{Índice de cobertura de juros} = \frac{\text{US\$ 3.140.000}}{\text{US\$ 640.000}} = 4,9$$

O índice de cobertura de juros se baseia nos lucros antes das despesas com juros e impostos de renda porque esse é o montante de lucros disponível para fazer pagamentos de juros. As despesas com juros são deduzidas *antes* de os impostos de renda serem determinados, e os credores têm direito preferencial aos lucros antes de os impostos serem pagos.

Um índice de cobertura de juros, menor que 1, é inadequado porque as despesas com juros excedem os lucros que estão disponíveis para pagá-los. Ao contrário, um índice de cobertura de juros maior ou igual a 2 pode ser considerado suficiente para proteger os credores de longo prazo.

CONSTRUTORAS RESIDENCIAIS ENFRENTAM CRISE DE LIQUIDEZ

POR DENTRO
DAS EMPRESAS

A retração econômica se fez sentir na indústria de construção residencial. Muitas construtoras que tomaram emprestados grandes montantes de dinheiro para comprar terrenos durante o *boom* habitacional precedente cortaram os preços das casas na tentativa de gerar caixa para fazer seus pagamentos de juros. Os preços das ações das construtoras residenciais **Tousa**, **Standard Pacific** e **WCI Communities Inc.** caíram 98%, 88%, e 82%, respectivamente. A WCI, uma construtora de edifícios altos de apartamentos na costa da Flórida, não conseguiu manter o índice de cobertura de juros mínimo, exigido em seu contrato de empréstimo. A incerteza em torno do mercado de apartamentos na Flórida não deixava claro se a WCI conseguiria pagar seus US$ 120 milhões de despesas com juros no ano seguinte.

FONTE: Michael Corkery, "Beware of Liquidity Traps in Builders", *The Wall Street Journal*, 29 de novembro de 2007, p. C1-C2.

Índice de endividamento (*debt-to-equity ratio*)

Os credores de longo prazo também estão interessados na capacidade de uma empresa em manter um saldo razoável entre o capital de terceiros e seu capital próprio. Esse saldo é medido pelo *índice de endividamento*:

$$\text{Índice de endividamento} = \frac{\text{Total do passivo}}{\text{Patrimônio dos acionistas}}$$

O índice de endividamento da Brickey para o presente ano é calculado da seguinte maneira:

$$\text{Índice de endividamento} = \frac{\text{US\$ 14.500.000}}{\text{US\$ 17.000.000}} = 0,85$$

O índice de endividamento indica as proporções relativas de capital de terceiros (total do passivo) e capital próprio (total de patrimônio dos acionistas) no balanço patrimonial da empresa. No fim do ano, os credores da Brickey Electronics forneciam 85 centavos por cada US$ 1 fornecido pelos acionistas.

Credores e acionistas têm diferentes visões sobre o índice de endividamento ótimo que a empresa deve manter. Em geral, os acionistas gostariam de muito capital de terceiros para tirar proveito da alavancagem financeira positiva. Todavia, como o capital próprio representa o total de ativos em excesso, em relação ao total de passivos, e dessa maneira, uma proteção para os credores, estes gostariam de ver menos capital de terceiros e mais capital próprio.

Na prática, são comuns índices de endividamento de 0 (sem dívida) a 3. De maneira geral, em indústrias com pouco risco financeiro, os credores toleram índices de endividamento altos. Em indústrias com maior risco financeiro, os credores exigem índices de endividamento mais baixos.

POR DENTRO DAS EMPRESAS

PEQUENA EMPRESA LUTA PARA GERENCIAR SUA DÍVIDA

Chuck Bidwell e Jennifer Guarino compraram a empresa **J.W. Hulme** para expandir o negócio para malas, mochilas e bolsas de luxo. Os coproprietários planejavam aumentar em dez vezes a lista de correspondência via catálogo, alcançando 10 mil lares e dobrando sua variedade de produtos para 250 itens. Para financiar essa estratégia de crescimento, a empresa tomou emprestado mais de US$ 2 milhões, fazendo seu índice de endividamento dar um salto de 2,94 para 5,53. Quando a empresa, depois, buscou US$ 250 mil em empréstimos adicionais para financiar sua próxima leva de catálogos, os credores ficaram apreensivos. As vendas anuais mais recentes da empresa, de US$ 1,5 milhão ficavam a US$ 500 mil abaixo das projeções dos proprietários. Além disso, os níveis de estoques tinham inflado para US$ 1 milhão, sinalizando uma demanda decrescente pelos produtos da empresa.

FONTE: Julie Jargon, "On Front Lines of Debt Crisis, Luggage Maker Fights for Life" *The Wall Street Journal*, 9 de janeiro de 2009, p. A1 e A8.

RESUMO DOS ÍNDICES E FONTES DE DADOS COMPARATIVOS ENTRE ÍNDICES

O Quadro 15.6 (na próxima página) contém um resumo dos índices discutidos neste capítulo. A fórmula de cada índice e um comentário resumido sobre a importância de cada um deles são incluídos no quadro.

O Quadro 15.7 (página 690) contém uma lista de fontes públicas que fornecem dados comparativos de índices organizados por indústria. Essas fontes são bastante utilizadas por gerentes, investidores e analistas. O banco de dados **EDGAR**, listado no Quadro 15.7, é uma fonte de dados, em especial, rica. Ele contém cópias de todos os relatórios arquivados junto à SEC (*Securities and Exchange Commission*) desde 1995 – incluindo relatórios anuais arquivados como Formulário 10-K.

Índice	Fórmula	Importância
Margem bruta percentual	Margem bruta ÷ Vendas	Ampla medida de lucratividade.
Lucros por ação (de ações ordinárias)	(Receita líquida – Dividendos preferenciais) ÷ Número médio de ações ordinárias em circulação	Afeta o preço de mercado por ação, refletido no índice preço-lucro.
Índice preço-lucro	Preço de mercado por ação ÷ Lucros por ação	Índice que mede se uma ação é relativamente barata ou relativamente cara em relação aos lucros correntes.
Índice de pagamento de dividendos	Dividendos por ação ÷ Lucros por ação	Índice que mostra se uma empresa paga a maior parte de seus lucros em dividendos ou se reinveste os lucros internamente.
Índice de rendimento de dividendos	Dividendos por ação ÷ Preço de mercado por ação	Mostra o retorno em termos de dividendos em dinheiro, que são fornecidos por um grupo de ações.
Retorno sobre o ativo	{Receita líquida + [Despesa com juros × (1– Alíquota de impostos)]} ÷ Média total de ativos	Mede quão bem os ativos de uma empresa foram empregados pela gerência.
Retorno sobre o patrimônio dos acionistas ordinários	(Receita líquida – Dividendos preferenciais) ÷ (Total médio do patrimônio dos acionistas – Média de ações preferenciais)	Quando comparado ao retorno sobre o total de ativos, mede até que ponto a alavancagem financeira funciona a favor ou contra os acionistas ordinários.
Valor contábil por ação	(Total de patrimônio dos acionistas – Ações preferenciais) ÷ Número médio de ações ordinárias em circulação	Mede o montante que seria distribuído aos acionistas ordinários, se todos os ativos fossem vendidos pelos montantes registrados no balanço patrimonial e se todos os credores fossem pagos.
Capital de giro	Ativos circulantes – Passivos circulantes	Mede a capacidade da empresa de pagar os passivos circulantes usando apenas os ativos circulantes.
Índice de liquidez corrente	Ativos circulantes ÷ Passivos circulantes	Teste de capacidade de pagamento de dívidas de curto prazo.
Índice de liquidez seca	(Caixa + Títulos a receber + Contas a receber + Duplicatas de curto prazo a receber) ÷ Passivos circulantes	Teste de capacidade de pagamento de dívidas de curto prazo sem depender dos estoques.
Giro de contas a receber	Vendas a prazo ÷ Saldo médio de contas a receber	Mede quantas vezes as contas a receber de uma empresa foram transformadas em caixa durante o ano.
Prazo médio de recebimento	365 dias ÷ Giro de contas a receber	Mede o número médio de dias que uma empresa leva para receber o pagamento de um cliente.
Giro de estoques	Custos de produtos vendidos ÷ Saldo médio de estoques	Mede quantas vezes os estoques de uma empresa foram vendidos durante o ano.
Prazo médio de venda	365 dias ÷ Giro de estoques	Mede o número médio de dias que uma empresa leva para vender, uma vez, seus estoques.
Índice de cobertura de juros	Lucros antes das despesas com juros e impostos de renda ÷ Despesas com juros	Mede a capacidade da empresa de fazer pagamentos de juros.
Índice de endividamento	Total de passivos ÷ Patrimônio dos acionistas	Mede o montante de ativos fornecidos pelos credores para cada moeda (p. ex.: dólar) de ativos fornecido pelos acionistas.

QUADRO 15.6
Resumo dos índices.

QUADRO 15.7
Fonte de índices financeiros.

Fonte	Conteúdo
Almanac of Business and Industrial Financial Ratios, Aspen Publishers; publicado todos os anos.	Fonte exaustiva que contém demonstrações de resultados *common-size* e índices financeiros por indústria e tamanho, das empresas, dentro de cada indústria.
AMA Annual Statement Studies, Risk Management Association; publicado todos os anos.	Publicação bastante utilizada, que contém demonstrações *common-size* e índices financeiros sobre empresas individuais – as empresas são ordenadas por segmento de atuação.
EDGAR, Securities and Exchange Commission; *site* atualizado continuamente; <www.sec.gov>.	Banco de dados exaustivo na internet que contém relatórios arquivados pelas empresas junto à SEC – esses relatórios podem ser baixados.
FreeEdgar, EDGAR Online, Inc.; *site* atualizado continuamente; <www.freeedgar.com>.	*Site* que permite dar busca em arquivos da SEC, sendo que informações financeiras podem ser baixadas diretamente em planilhas do Excel.
Hoover's Online, Hoovers, Inc.; *site* atualizado continuamente; <www.hoovers.com>.	*Site* que fornece perfis resumidos de 10 mil empresas dos Estados Unidos com links para seus *sites*, relatórios anuais, gráficos sobre suas ações, reportagens e informações sobre seus segmentos.
Industry Norms & Key Business Índices, Dun & Bradstreet; publicado anualmente.	14 índices financeiros bastante utilizados e calculados para mais de 800 grandes grupos industriais.
Mergent Industrial Manual and Mergent Bank and Finance Manual; publicado anualmente.	Fonte exaustiva que contém índices financeiros sobre todas as empresas listadas na Bolsa de Valores de Nova York, na Bolsa de Valores Americana e em bolsas regionais norte-americanas.
Standard & Poor's Industry Survey, Standard & Poor's; publicado anualmente.	Várias estatísticas, incluindo alguns índices financeiros, são dadas por segmento de mercado e sobre as principais empresas dentro de cada grupo.

POR DENTRO
DAS EMPRESAS

XBRL: PRÓXIMA GERAÇÃO DE RELATÓRIOS FINANCEIROS

A **Comissão de Valores Mobiliários dos EUA (SEC)** incentiva as empresas a enviarem relatórios financeiros usando um programa de computador chamado Extensible Business Reporting Language, o XBRL. O XBRL é uma "derivação, para relatórios financeiros, da Extensible Markup Language, ou XML – um sistema que estabelece marcas (*tags*) individuais para elementos em documentos estruturados, permitindo que elementos específicos sejam imediatamente acessados e agregados".

O XBRL melhora, de modo radical, o processo de criação de relatórios em duas maneiras. Primeiro, os dados são marcados (*tagged*) de acordo com um sistema em geral aceito, o que simplifica o processo de fazer comparações de resultados financeiros do mesmo tipo entre as empresas. Por exemplo, "muitos dos componentes de uma lista de 'propriedades, instalações e equipamentos' em um balanço patrimonial [...] podem ser descritos de maneiras diferentes pelas empresas, mas ao serem marcadas em XBRL, uma comparação direta se torna muito mais simples".

Segundo, o XBRL simplifica a troca de dados financeiros. Sem ele, os dados financeiros de uma empresa são armazenados em um formato que é exclusivo das aplicações de software daquela empresa específica e que não pode ser lido facilmente por outros softwares financeiros. Esse problema é resolvido com o XBRL porque os dados marcados se tornam "independentes das aplicações originárias e podem ser facilmente compartilhados com quaisquer aplicações que reconheçam o XBRL. Esse recurso do XBRL torna a linguagem muito mais atraente para reguladores do governo e analistas financeiros".

FONTES: Glenn Cheney, "U.S. gets its XBRL in gear: SEC, FDIC OK tagged data", *Accounting Today*, 14 de março-3 de abril de 2005, p. 26-27; Neal Hannon, "XBRL Fundamentals", *Strategic Finance*, abril de 2005, p. 57-58; e Ghostwriter, "From Tags to Riches", *CFO-IT*, primavera de 2005, p. 13-14.

RESUMO

Os dados contidos nas demonstrações financeiras representam um resumo quantitativo das operações e atividades de uma empresa. Alguém que tenha habilidade em analisar essas demonstrações pode aprender muito sobre os pontos fortes e fracos de uma empresa, seus problemas emergentes, sua eficiência operacional e lucratividade, entre outros.

Há muitas técnicas disponíveis para analisar as demonstrações financeiras e para avaliar a direção e a importância das tendências e variações. Neste capítulo, discutimos três dessas técnicas analíticas – variações em moeda e variações percentuais nas demonstrações (análise horizontal), demonstrações *common-size* (análise vertical), e análise de índices. Consulte o Quadro 15.6 para uma lista de índices detalhada.

PROBLEMA DE REVISÃO: ÍNDICES SELECIONADOS E ALAVANCAGEM FINANCEIRA

A Starbucks Corporation é a varejista e torradora líder de cafés especiais na América do Norte, vendendo café recém-preparado, doces e salgados finos e café em grãos. A seguir, temos os dados (um pouco modificados) das demonstrações financeiras da empresa:

Starbucks Corporation Balanço patrimonial comparativo (em milhões de dólares)	Este ano	Ano passado
Ativos		
Ativos circulantes:		
Caixa	281	313
Títulos a receber	157	141
Contas a receber	288	224
Estoques	692	636
Outros ativos circulantes..........................	278	216
Total do ativo circulante............................	1.696	1.530
Propriedades e equipamentos, líquido	2.890	2.288
Outros ativos..	758	611
Total do ativo...	5.344	4.429
Passivo e patrimônio dos acionistas		
Passivo circulante:		
Contas a pagar...	391	341
Empréstimos bancários de curto prazo	710	700
Provisões para pagamento........................	757	662
Outros passivos circulantes	298	233
Total do passivo circulante	2.156	1.936
Passivo de longo prazo.............................	904	265
Total do passivo	3.060	2.201
Patrimônio dos acionistas		
Ações preferenciais	0	0
Ações ordinárias e capital adicional pago..............	40	40
Lucros retidos...	2.244	2.188
Total do patrimônio dos acionistas	2.284	2.228
Total do passivo e patrimônio dos acionistas.............	5.344	4.429

CONTABILIDADE GERENCIAL

Starbucks Corporation Demonstração de resultados (em milhões de dólares)	
	Este ano
Vendas..	9.411
Custos de produtos vendidos	3.999
Margem bruta	5.412
Despesas de venda e administrativas:	
Despesas operacionais da loja	3.216
Outras despesas operacionais	294
Depreciações e amortizações...........................	467
Despesas gerais e administrativas..................	489
Total de despesas de venda e administrativas	4.466
Resultado operacional	946
Mais juros e outras receitas	110
Despesa com juros	0
Receita líquida antes dos impostos.....................	1.056
Imposto de renda (em torno de 36%)..................	384
Receita líquida...	672

Requisitado:
1. Calcule o retorno sobre o total de ativos.
2. Calcule o retorno sobre o patrimônio dos acionistas ordinários.
3. A alavancagem financeira do Starbucks é positiva ou negativa? Explique.
4. Calcule o índice de liquidez corrente.
5. Calcule o índice de liquidez seca.
6. Calcule o giro de estoques.
7. Calcule o período médio de venda.
8. Calcule o índice de endividamento.

Soluções para o problema de revisão

1. Retorno sobre o total de ativos:

$$\text{Retorno sobre o total de ativos} = \frac{\text{Receita líquida} + [\text{Despesas com juros} \times (1 - \text{Alíquota de impostos})]}{\text{Total médio de ativos}}$$

$$= \frac{\text{US\$ 672} + [\text{US\$ 0} \times (1 - 0{,}36)]}{\text{US\$ 5.344} + \text{US\$ 4.429}/2} = 13{,}8 \text{ (arredondado)}$$

2. Retorno sobre o patrimônio dos acionistas ordinários:

$$\text{Retorno sobre o patrimônio dos acionistas ordinários} = \frac{\text{Receita líquida} - \text{Dividendos preferenciais}}{\text{Patrimônio médio dos acionistas ordinários}}$$

$$= \frac{\text{US\$ 672} - \text{US\$ 0}}{(\text{US\$ 2.284} + \text{US\$ 2.228})/2} = 29{,}8 \text{ (arredondado)}$$

3. A empresa possui alavancagem financeira positiva porque o retorno sobre o patrimônio dos acionistas ordinários de 29,8% é maior do que o retorno sobre o total de ativos de 13,8%. A alavancagem financeira positiva foi obtida de passivos circulantes e passivos de longo prazo.

4. Índice de liquidez corrente:

$$\text{Índice de liquidez corrente} = \frac{\text{Ativos circulantes}}{\text{Passivos circulantes}}$$

$$= \frac{\text{US\$ 1.696}}{\text{US\$ 2.156}} = 0{,}79 \text{ (arredondado)}$$

5. Índice de liquidez seca:

$$\text{Índice de liquidez seca} = \frac{\text{Caixa + Títulos comercializáveis + Contas a receber + Duplicatas de curto prazo a receber}}{\text{Passivos circulantes}}$$

$$= \frac{\text{US\$ 281 + US\$ 157 + US\$ 288 + US\$ 0}}{\text{US\$ 2.156}} = 0{,}34 \text{ (arredondado)}$$

6. Giro de estoques:

$$\text{Giro de estoques} = \frac{\text{Custo de produtos vendidos}}{\text{Saldo médio dos estoques}}$$

$$= \frac{\text{US\$ 3.999}}{(\text{US\$ 692 + US\$ 636})/2} = 6{,}02 \text{ (arredondado)}$$

7. Período médio de venda:

$$\text{Período médio de venda} = \frac{365 \text{ dias}}{\text{Giro de estoques}}$$

$$= \frac{365 \text{ dias}}{6{,}02} = 61 \text{ dias (arredondado)}$$

8. Índice de endividamento:

$$\text{Índice de endividamento} = \frac{\text{Total de passivos}}{\text{Patrimônio dos acionistas}}$$

$$= \frac{\text{US\$ 2.156 + US\$ 904}}{\text{US\$ 2.284}} = 1{,}34 \text{ (arredondado)}$$

PERGUNTAS

15.1 Faça a distinção entre análise horizontal e análise vertical dos dados de uma demonstração financeira.

15.2 Qual é a finalidade básica de examinar tendências nos índices financeiros e outros dados de uma empresa? Quais outros tipos de comparação um analista pode fazer?

15.3 Suponha que duas empresas do mesmo segmento obtenham lucros iguais. Por que essas empresas talvez possam ter diferentes índices preço-lucro? Se uma empresa tem um índice preço-lucro de 20 e divulga lucros por ação para o ano corrente de US$ 4, por qual preço você esperaria encontrar as ações sendo vendidas no mercado?

15.4 Você esperaria que uma empresa, em uma indústria de rápido crescimento tecnológico, tenha um índice de pagamento de dividendos alto ou baixo?

15.5 O que significa rendimento do dividendo, em um investimento em ações ordinárias?

15.6 O que significa o termo alavancagem financeira?

15.7 O presidente de uma empresa de plásticos foi citado em um periódico de negócios. Ele teria dito: "Não tivemos um único dólar de dívida que cobra juros em mais de 10 anos. Não são muitas empresas que podem dizer isso". Sendo acionista dessa empresa, como você se sentiria sobre essa política de não assumir dívidas?

15.8 Se o valor de mercado de uma ação excede seu valor contábil, ela está superprecificada. Você concorda? Explique.

15.9 Uma empresa em busca de uma linha de crédito em determinado banco foi rejeitada. Entre outros fatores, o banco afirmou que o índice de liquidez corrente da empresa de 2 para 1 não era adequado. Dê motivos pelos quais um índice de liquidez corrente de 2 para 1 possa não ser adequado.

EXERCÍCIOS

Consulte no *site* <www.grupoa.com.br> os suplementos para esta seção.

EXERCÍCIOS 15.1 Demonstração de resultados *common-size* [OA15.1]
A seguir, temos uma demonstração de resultados comparativa da empresa Ryder:

Empresa Ryder Demonstração de resultados comparativa (US$)		
	Este ano	Ano passado
Vendas..	5.000.000	4.000.000
Custos de produtos vendidos.........................	3.160.000	2.400.000
Margem bruta	1.840.000	1.600.000
Despesas de venda e administrativas:		
Despesas de venda..	900.000	700.000
Despesas administrativas.............................	680.000	584.000
Total de despesas de venda e administrativas.	1.580.000	1.284.000
Resultado operacional	260.000	316.000
Despesas com juros..	70.000	40.000
Receita líquida antes dos impostos.................	190.000	276.000

O presidente está preocupado com o fato de a receita líquida estar baixa, embora as vendas tenham aumentado durante o ano. Além disso, está preocupado com o fato de as despesas administrativas terem aumentado porque a empresa fez um esforço conjunto para eliminar o desperdício das organizações.

Requisitado:
1. Expresse a demonstração de resultados de cada ano em percentuais *common-size*. Arredonde os cálculos para uma casa decimal.
2. Comente brevemente sobre as variações entre os dois anos.

EXERCÍCIOS 15.2 Índices financeiros para acionistas ordinários [OA15.2]

A seguir, vemos as demonstrações financeiras comparativas da Heritage Antiquing Services para o ano fiscal, que termina em 31 de dezembro. A empresa não emitiu ações ordinárias ou preferenciais durante o ano. Havia um total de 600 mil ações ordinárias em circulação. A taxa de juros sobre o título de dívida a pagar era de 14%, a alíquota de impostos, 40%, e o dividendo por ação das ações ordinárias, US$ 0,75. O valor de mercado das ações ordinárias da empresa no fim do ano era de US$ 26. Todas as vendas da empresa são a prazo.

Heritage Antiquing Services Balanço patrimonial comparativo (em milhares de dólares)		
	Este ano	Ano passado
Ativo		
Ativo circulante:		
Caixa	1.080	1.210
Contas a receber, líquido	9.000	6.500
Estoques	12.000	10.600
Despesas antecipadas	600	500
Total ativos circulantes	22.680	18.810
Propriedades e equipamentos:		
Terrenos	9.000	9.000
Edifícios e equipamentos, líquido.....................................	36.800	38.000
Total de propriedades e equipamentos...............................	45.800	47.000
Total do ativo...	68.480	65.810

Capítulo 15 ▶▶ Análise das demonstrações financeiras

Passivo e patrimônio dos acionistas

Passivo circulante:

Contas a pagar	18.500	17.400
Provisões para pagamento	900	700
Duplicatas a pagar, curto prazo	—	100
Total de passivos circulantes	19.400	18.200

Passivos de longo prazo:

Títulos de dívida a pagar	8.000	8.000
Total do passivo	27.400	26.200

Patrimônio dos acionistas

Ações preferenciais	1.000	1.000
Ações ordinárias	2.000	2.000
Capital adicional pago	4.000	4.000
Total de capital pago	7.000	7.000
Lucros retidos	34.080	32.610
Total de patrimônio dos acionistas	41.080	39.610
Total do passivo e patrimônio dos acionistas	68.480	65.810

Heritage Antiquing Services
Demonstração de resultados comparativa e reconciliações (em milhares de dólares)

	Este ano	Ano passado
Vendas	66.000	64.000
Custos de produtos vendidos	43.000	42.000
Margem bruta	23.000	22.000
Despesas de venda e administrativas:	11.500	11.000
Despesas de venda	7.400	7.000
Despesas administrativas		
Total de despesas de venda e administrativa	18.900	18.000
Resultado operacional	4.100	4.000
Despesa com juros	800	800
Receita líquida antes dos impostos	3.300	3.200
Imposto de renda	1.320	1.280
Receita líquida	1.980	1.920
Dividendos pagos aos acionistas preferenciais	60	400
Receita líquida restante para os acionistas ordinários	1.920	1.520
Dividendos pagos aos acionistas ordinários	450	450
Receita líquida somada aos lucros retidos	1.470	1.070
Lucros retidos, início do ano	32.610	31.540
Lucros retidos, fim do ano	34.080	32.610

Requisitado:

Calcule os seguintes índices financeiros para os acionistas ordinários para o presente ano:

1. Margem bruta percentual.
2. Lucros por ação de ações ordinárias.
3. Índice preço-lucro.
4. Índice de pagamento de dividendos.
5. Índice de rendimento de dividendos.
6. Retorno sobre o total de ativos.
7. Retorno sobre o patrimônio dos acionistas ordinários.
8. Valor contábil por ação.

EXERCÍCIOS 15.3 Índices financeiros para credores de curto prazo [OA15.3]
Use os dados do Exercício 15.2 sobre a Heritage Antiquing Services.

Requisitado:
Calcule os seguintes dados financeiros para credores de curto prazo para o presente ano:
1. Capital de giro.
2. Índice de liquidez corrente.
3. Índice de liquidez seca.
4. Giro de contas a receber.
5. Prazo médio de recebimento.
6. Giro de estoques.
7. Prazo médio de venda.

EXERCÍCIOS 15.4 Índices financeiros para credores de longo prazo [OA15.4]
Use os dados do Exercício 15.2 sobre a Heritage Antiquing Services.

Requisitado:
Calcule os seguintes dados financeiros para credores de longo prazo para o presente ano:
1. Índice de cobertura de juros.
2. Índice de endividamento.

EXERCÍCIOS 15.5 Medidas financeiras selecionadas para credores de curto prazo [OA15.3]
A Rightway Products teve um índice de liquidez corrente de 2,5 em 30 de junho do ano corrente. Nessa data, o ativo da empresa foi o seguinte:

Caixa (US$)	80.000
Contas a receber, líquido (US$)	460.000
Estoques (US$)	750.000
Despesas antecipadas (US$)	10.000
Instalações e equipamentos, líquido (US$)	1.900.000
Total do ativo (US$)	3.200.000

Requisitado:
1. Qual era o capital de giro da empresa em 30 de junho?
2. Qual era o índice de liquidez seca da empresa em 30 de junho?
3. A empresa pagou uma conta referente a uma compra a prazo US$ 100 mil logo depois de 30 de junho.
   a. Qual efeito essa transação teve sobre o capital de giro? Mostre os cálculos.
   b. Qual efeito essa transação teve sobre o índice de liquidez corrente? Mostre os cálculos.

EXERCÍCIOS 15.6 Índices financeiros selecionados [OA15.3, OA15.4]
A seguir, temos as demonstrações financeiras mais recentes da empresa Madison:

Empresa Madison Balanço patrimonial 30 de junho (US$)	
Ativo	
Ativo circulante:	
Caixa	21.000
Contas a receber, líquidos	160.000
Estoques de mercadorias	300.000
Despesas antecipadas	9.000
Total do ativo circulante	490.000
Instalações e equipamentos, líquido	810.000
Total do ativo	1.300.000
Passivo e patrimônio dos acionistas	
Passivo:	
Passivos circulantes	200.000
Títulos de dívida a pagar, 10%	300.000

Total de passivos		500.000
Patrimônio dos acionistas		
Ações ordinárias, US$ 5 valor ao par...............	100.000	
Lucros retidos..	700.000	
Total do patrimônio dos acionistas		800.000
Total do passivo e patrimônio dos acionistas		1.300.000

Empresa Madison
Demonstração de resultados do ano que termina em 30 de junho (US$)

Vendas...	2.100.000
Custos de produtos vendidos	1.260.000
Margem bruta	840.000
Despesas de venda e administrativas	660.000
Resultado operacional	180.000
Despesas com juros...	30.000
Receita líquida antes dos impostos...................................	150.000
Impostos de renda	45.000
Receita líquida..	105.000

Os saldos de conta no início do ano fiscal da empresa eram: Contas a receber, US$ 140 mil; e Estoques, US$ 260 mil. Todas as vendas foram a prazo.

Requisitado:

Calcule os seguintes índices financeiros:

1. Margem bruta percentual.
2. Índice de liquidez corrente.
3. Índice de liquidez seca.
4. Prazo médio de recebimento.
5. Prazo médio de venda.
6. Índice de endividamento.
7. Índice de cobertura de juros.
8. Valor contábil por ação.

EXERCÍCIOS 15.7 Índices financeiros selecionados para acionistas ordinários [OA15.2]

Volte às demonstrações financeiras da empresa Madison, do Exercício 15.6. Além dos dados apresentados nessas demonstrações, suponha que a empresa Madison pague dividendos de US$ 3,15 por ação, durante o ano. Suponha também que as ações ordinárias da empresa tenham um preço de mercado de US$ 63 por ação, em 30 de junho, e que não haja mudança no número de ações ordinárias em circulação durante o ano fiscal.

Requisitado:

Calcule o seguinte:

1. Lucros por ação.
2. Índice de pagamento de dividendos.
3. Índice de rendimento de dividendos.
4. Índice preço-lucro.

EXERCÍCIOS 15.8 Índices financeiros selecionados para acionistas ordinários [OA15.2]

Volte às demonstrações financeiras da empresa Madison, do Exercício 15.6. Os ativos no início do ano totalizavam US$ 1,1 milhão e o patrimônio dos acionistas totalizou US$ 725 mil.

Requisitado:

Calcule o seguinte:

1. Retorno sobre o total de ativos.
2. Retorno sobre o patrimônio dos acionistas ordinários.
3. A alavancagem financeira foi positiva ou negativa nesse ano? Explique.

EXERCÍCIOS 15.9 Índices financeiros selecionados para acionistas ordinários [OA15.2]

A seguir, temos os dados financeiros selecionados das demonstrações de fim de ano, de 30 de setembro da empresa Kosanka:

Total de ativos (US$)	5.000.000
Dívida de longo prazo (taxa de juros de 12%) (US$)	750.000
Ações preferenciais, US$ 100 ao par, 7% (US$)	800.000
Total de patrimônio dos acionistas (US$)	3.100.000
Juros pagos sobre dívidas de longo prazo (US$)	90.000
Receita líquida (US$)	470.000

O total de ativos no início do ano era de US$ 4,8 milhões, e o total do patrimônio dos acionistas era de US$ 2,9 milhões. Não houve nenhuma mudança nas ações preferenciais durante o ano. A alíquota de impostos da empresa é de 30%.

Requisitado:
1. Calcule o retorno sobre o total de ativos.
2. Calcule o retorno sobre o patrimônio dos acionistas ordinários.
3. A alavancagem financeira da empresa é positiva ou negativa? Explique.

EXERCÍCIOS 15.10 Percentuais de tendência [OA15.1]

As vendas, os ativos circulantes e os passivos circulantes da empresa Starkey (todos em milhares de dólares) foram divulgados, como veremos a seguir, dos últimos cinco anos (sendo o Ano 5 o mais recente):

	Ano 5	Ano 4	Ano 3	Ano 2	Ano 1
Vendas	5.625	5.400	4.950	4.725	4.500
Ativos circulantes:					
Caixa	64	72	84	88	80
Contas a receber	560	496	432	416	400
Estoques	896	880	816	864	800
Total de ativos circulantes	1.520	1.448	1.332	1.368	1.280
Passivos circulantes	390	318	324	330	300

Requisitado:
1. Expresse todos os dados de ativos, passivos e vendas em percentuais de tendência. (Mostre os percentuais de cada item.) Use o Ano 1 como ano-base, e arredonde os cálculos para uma casa decimal.
2. Comente os resultados de sua análise.

PROBLEMAS

Consulte no *site* <www.grupoa.com.br> os suplementos para esta seção.

PROBLEMA 15.11 Demonstrações *common-size* e índices financeiros para credores [OA15.1, OA15.3, OA15.4]

A Modern Building Supply vende vários materiais de construção para estabelecimentos de varejo. A empresa acaba de procurar o banco Linden State Bank solicitando um empréstimo de US$ 300 mil para fortalecer a conta de Caixa e para pagar certas obrigações de curto prazo urgentes. A seguir, temos as demonstrações financeiras da empresa nos dois últimos anos:

Modern Building Supply
Balanço patrimonial comparativo (US$)

	Este ano	Ano passado
Ativos		
Ativos circulantes:		
Caixa	90.000	200.000
Títulos a receber	0	50.000
Contas a receber, líquido	650.000	400.000
Estoques	1.300.000	800.000
Despesas antecipadas	20.000	20.000
Total de ativos circulantes	2.060.000	1.470.000
Instalações e equipamentos, líquido	1.940.000	1.830.000
Total do ativo	4.000.000	3.300.000
Passivos e patrimônio dos acionistas		
Passivos:		
Passivos circulantes	1.100.000	600.000
Títulos de dívida a pagar, 12%	750.000	750.000
Total de passivos	1.850.000	1.350.000
Patrimônio dos acionistas		
Ações preferenciais, US$ 50 ao par, 8%	200.000	200.000
Ações ordinárias, US$ 10 ao par	500.000	500.000
Lucros retidos	1.450.000	1.250.000
Total de patrimônio dos acionistas	2.150.000	1.950.000
Total de passivos e patrimônio dos acionistas	4.000.000	3.300.000

Modern Building Supply
Demonstração de resultados comparativa e reconciliações (US$)

	Este ano	Ano passado
Vendas	7.000.000	6.000.000
Custos de produtos vendidos	5.400.000	4.800.000
Margem bruta	1.600.000	1.200.000
Despesas de venda e administrativas	970.000	710.000
Resultado operacional	630.000	490.000
Despesa com juros	90.000	90.000
Receita líquida antes dos impostos	540.000	400.000
Impostos de renda (40%)	216.000	160.000
Receita líquida	324.000	240.000
Dividendos pagos:		
Dividendos preferenciais	16.000	16.000
Dividendos ordinários	108.000	60.000
Total de dividendos pagos	124.000	76.000
Receita líquida retida	200.000	164.000
Lucros retidos, início do ano	1.250.000	1.086.000
Lucros retidos, fim do ano	1.450.000	1.250.000

Durante o ano anterior, a empresa expandiu o número de linhas que mantém em estoque para estimular as vendas e aumentar os lucros. Também fez ações agressivas de captação de novos clientes. Os termos de venda são 2/10, líquido 30. Todas as vendas são a prazo.

Suponha que os seguintes índices sejam comuns de empresas na indústria de materiais de construção:

Índice de liquidez corrente...................................	2,5
Índice de liquidez seca......................................	1,2
Prazo médio de recebimento...............................	18 dias
Prazo médio de venda..	50 dias
Índice de endividamento....................................	0,75
Índice de cobertura de juros...............................	6
Retorno sobre o total de ativos	10%
Índice preço-lucro..	9

Requisitado:
1. O banco Linden State Bank está na dúvida se deve ou não conceder o empréstimo. Para auxiliá-lo a tomar uma decisão, você foi solicitado a calcular os seguintes montantes e índices para o presente ano e para o ano anterior:
   a. Capital de giro.
   b. Índice de liquidez corrente.
   c. Índice de liquidez seca.
   d. Prazo médio de recebimento. (As contas a receber, no início do ano anterior, totalizaram US$ 350 mil.)
   e. Prazo médio de venda. (Os estoques, no início do ano anterior, totalizaram US$ 720 mil.)
   f. Índice de endividamento.
   g. Índice de cobertura de juros.
2. Para o presente ano e para o ano anterior (arredonde os cálculos para uma casa decimal):
   a. Apresente o balanço patrimonial *common-size*.
   b. Apresente a demonstração de resultados *common-size* até a linha de receita líquida.
3. Com base em sua análise nos itens (1) e (2) anteriores, quais problemas ou pontos fortes você observa na Modern Building Supply? Faça recomendações se o empréstimo deve ou não ser aprovado.

PROBLEMA 15.12 Índices financeiros para acionistas ordinários [OA15.2]
Use as demonstrações financeiras e outros dados do Problema 15.11. Suponha que você tenha acabado de herdar várias centenas de ações da Modern Building Supply. Não estando familiarizado com a empresa, você decide fazer um trabalho analítico antes de tomar uma decisão quanto a reter ou vender as ações que você herdou.

Requisitado:
1. Você decide primeiro avaliar o bem-estar dos acionistas ordinários. Para este ano e para o ano passado, calcule o seguinte:
   a. Os lucros por ação.
   b. O índice de rendimento de dividendos para ações ordinárias. As ações ordinárias da empresa são vendidas hoje por US$ 45 cada; no ano anterior, foram vendidas por US$ 36 cada ação.
   c. O índice de pagamento de dividendos para ações ordinárias.
   d. O índice preço-lucro. Como os investidores veem a Modern Building Supply em comparação a outras empresas da mesma indústria? Explique.
   e. O valor contábil, por ação, das ações ordinárias. A diferença entre o valor de mercado e o valor contábil sugere que o preço corrente das ações está alto demais? Explique.
2. Você decide, então, avaliar a taxa de retorno da empresa. Calcule o seguinte para este ano e para o ano anterior:
   a. O retorno sobre o total de ativos. (O total de ativos no início do ano anterior era de US$ 2,7 milhões.)
   b. O retorno sobre o patrimônio dos acionistas ordinários. (O patrimônio dos acionistas no início do ano anterior era de US$ 1,786 milhão.)
   c. A alavancagem financeira da empresa é positiva ou negativa? Explique.
3. Com base em seu trabalho analítico (e supondo que você não tenha nenhuma necessidade imediata de caixa), você reteria ou venderia as ações que você herdou? Explique.

Capítulo **15** ▶▶ Análise das demonstrações financeiras 701

PROBLEMA 15.13 Interpretações de índices financeiros [OA15.2, OA15.3]
Por ser uma investidora prudente, Sally Perkins sempre investiga uma empresa a fundo, antes de comprar suas ações para investimento. A Sra. Perkins está interessada nas ações ordinárias da Plunge Enterprises. Estão disponíveis os seguintes dados sobre a empresa:

	Ano 3	Ano 2	Ano 1
Índice de liquidez corrente	2,8	2,5	2
Índice de liquidez seca	0,7	0,9	1,2
Giro de contas a receber	8,6	9,5	10,4
Giro de estoques	5	5,7	6,8
Tendências de vendas	130	118	100
Dividendos pagos por ação* (US$)	2,50	2,50	2,50
Índice de rendimento de dividendos (%)	5	4	3
Índice de pagamento de dividendos (%)	40	50	60
Retorno sobre o total de ativos (%)	13	11,8	10,4
Retorno sobre o patrimônio dos acionistas ordinários (%)	16,2	14,5	9

* Não houve mudança nas ações ordinárias em circulação ao longo do período de três anos.

A Sra. Perkins gostaria de respostas para diversas perguntas sobre a tendência dos eventos, ao longo dos três últimos anos na Plunge Enterprises. Suas perguntas são as seguintes:
   a. O preço de mercado das ações da empresa está subindo ou descendo?
   b. Os lucros por ação estão subindo ou descendo?
   c. O índice preço-lucro está subindo ou descendo?
   d. A empresa emprega alavancagem financeira de modo vantajoso para os acionistas ordinários?
   e. Está ficando mais fácil para a empresa pagar suas contas até o vencimento?
   f. Os clientes pagam suas contas, pelo menos, com a mesma velocidade com que pagavam no Ano 1?
   g. O total de contas a receber aumenta, diminui ou permanece constante?
   h. O nível de estoques aumenta, diminui ou permanece constante?

Requisitado:
Responda a cada uma das perguntas da Sra. Perkins e explique como você chegou à sua resposta.

PROBLEMA 15.14 Efeitos de transações sobre vários índices [OA15.3]
A seguir, temos valores selecionados do balanço patrimonial da empresa Reingold no início do ano:

	A	B
1	Caixa (US$)	70.000
2	Títulos a receber (US$)	12.000
3	Contas a receber, líquido (US$)	350.000
4	Estoques (US$)	460.000
5	Despesas antecipadas (US$)	8.000
6	Instalações e equipamentos, líquido (US$)	950.000
7	Contas a pagar (US$)	200.000
8	Provisões para pagamento (US$)	60.000
9	Notas com vencimento em um ano (US$)	100.000
10	Títulos de divida a pagar em cinco anos (US$)	140.000

Durante o ano, a empresa concluiu as seguintes transações:
   x. Comprou estoques a prazo: US$ 50 mil.
   a. Declarou um dividendo em dinheiro: US$ 30 mil.
   b. Quitou contas a pagar: US$ 100 mil.
   c. Recebeu caixa de contas a receber: US$ 80 mil.
   d. Comprou equipamentos à vista: US$ 75 mil.
   e. Pagou um dividendo, em dinheiro, declarado antes: US$ 30 mil.
   f. Pegou dinheiro emprestado do banco a curto prazo: US$ 60 mil.
   g. Vendeu estoques que custaram US$ 70 mil por US$ 100 mil, a prazo.
   h. Deu baixa em contas não recebíveis no valor de US$ 10 mil, reduzindo o saldo de contas a receber.

i. Vendeu títulos a receber que custaram US$ 12 mil, à vista, US$ 9 mil.
j. Emitiu ações ordinárias adicionais, vendendo-as à vista: US$ 200 mil.
k. Quitou todas as dívidas de curto prazo vencidas: US$ 160 mil.

Requisitado:

1. Calcule os seguintes montantes e índices a partir do início do ano:
   a. Capital de giro.
   b. Índice de liquidez corrente.
   c. Índice de liquidez seca.
2. Indique o efeito e cada uma das transações anteriores sobre o capital de giro, o índice de liquidez corrente e o índice de liquidez seca. Considere o efeito em termos de aumento, diminuição ou nenhum efeito. O item (x) é dado como um exemplo do formato a ser usado:

Transação	Efeito sobre		
	Capital de giro	Índice de liquidez corrente	Índice de liquidez seca
(x) Comprou estoques a prazo	Nenhum	Diminuição	Diminuição

PROBLEMA 15.15 Efeitos de transações sobre vários índices financeiros [OA15.2, OA15.3, OA15.4]

Na coluna da direita a seguir, estão listados certos índices financeiros. À esquerda de cada índice, há uma transação de negócios ou um evento relacionado às atividades operacionais da empresa Graham.

Transação de negócios ou evento	Índice
1. Estoques foram vendidos à vista, com lucro.	Índice de endividamento
2. Terrenos foram comprados à vista.	Lucros por ação
3. Estoques foram vendidos a prazo, a preço de custo.	Índice de liquidez seca
4. Algumas contas a pagar, foram quitadas.	Capital de giro
5. Um cliente pagou uma conta atrasada.	Prazo médio de recebimento
6. Um dividendo em dinheiro foi declarado, mas ainda não foi pago.	Índice de liquidez corrente
7. Um dividendo em dinheiro, declarado antes, foi pago.	Índice de liquidez corrente
8. O preço das ações ordinárias da empresa aumentou.	Valor contábil por ação
9. O preço das ações ordinárias da empresa e os lucros por ação permaneceram inalterados.	Índice de rendimento de dividendos
10. Propriedades foram vendidas com lucro.	Retorno sobre o total de ativos
11. Estoques obsoletos receberam baixa como uma perda.	Índice de giro de estoques
12. Títulos de dívida foram vendidos com uma taxa de juros menor do que o retorno sobre ativos da empresa.	Retorno sobre o patrimônio dos acionistas ordinários
13. O preço das ações ordinárias da empresa diminuiu e o dividendo pago por ação permaneceu o mesmo.	Índice de pagamento de dividendos
14. A receita líquida da empresa diminuiu, mas dívidas de longo prazo permaneceram inalteradas.	Índice de cobertura de juros
15. Uma conta não recebível obteve baixa para a reserva de dívidas ruins.	Índice de liquidez corrente
16. Estoques foram comprados a crédito.	Índice de liquidez seca
17. O preço das ações ordinárias da empresa aumentou e os lucros por ação permaneceram inalterados.	Índice preço-lucro
18. A empresa quitou algumas contas a pagar.	Índice de endividamento

Requisitado:

Indique o efeito que cada transação teria sobre o índice listado ao lado dela. Declare o efeito em termos de aumento, diminuição ou efeito nulo sobre o índice envolvido, e justifique sua escolha. Em todos os casos, suponha que os ativos circulantes excedam os passivos circulantes antes e depois do evento ou transação. Use o seguinte formato para suas respostas:

	Efeito sobre o índice	Motivo do aumento, diminuição ou efeito nulo
1		
2		
Etc...		

PROBLEMA 15.16 Análise abrangente de índices [OA15.2, OA15.3, OA15.4]
Você acaba de ser contratado como executivo de empréstimos do banco Fairfield State Bank. Seu supervisor lhe deu um arquivo contendo uma solicitação da empresa Hedrick, uma fabricante de peças de automóveis, sob um empréstimo de US$ 1 milhão por cinco anos. A seguir, temos os dados da demonstração financeira da empresa nos dois últimos anos:

Empresa Hedrick
Balanço patrimonial comparativo (US$)

	Este ano	Ano passado
Ativo		
Ativos circulantes:		
Caixa	320.000	420.000
Títulos comercializáveis	0	100.000
Contas a receber, líquido	900.000	600.000
Estoques	1.300.000	800.000
Despesas antecipadas	80.000	60.000
Total de ativos circulantes	2.600.000	1.980.000
Instalações e equipamentos, líquido	3.100.000	2.980.000
Total do ativo	5.700.000	4.960.000
Passivo e patrimônio dos acionistas		
Passivo:		
Passivos circulantes	1.300.000	920.000
Títulos de dívida a pagar, 10%	1.200.000	1.000.000
Total do passivo	2.500.000	1.920.000
Patrimônio dos acionistas		
Ações preferenciais, 8%, US$ 30 valor ao par	600.000	600.000
Ações ordinárias, US$ 40 valor ao par	2.000.000	2.000.000
Lucros retidos	600.000	440.000
Total do patrimônio dos acionistas	3.200.000	3.040.000
Total de passivos e patrimônio dos acionistas	5.700.000	4.960.000

Empresa Hedrick
Demonstração de resultados comparativa e reconciliações (US$)

	Este ano	Ano passado
Vendas (todas a prazo)	5.250.000	4.160.000
Custos de produtos vendidos	4.200.000	3.300.000
Margem bruta	1.050.000	860.000
Despesas de venda e administrativas	530.000	520.000
Resultado operacional	520.000	340.000
Despesa com juros	120.000	100.000
Receita líquida antes dos impostos	400.000	240.000
Impostos de renda (30%)	120.000	72.000
Receita líquida	280.000	168.000
Dividendos pagos:		
Ações preferenciais	48.000	48.000
Ações ordinárias	72.000	36.000
Total de dividendos pagos	120.000	84.000
Receita líquida retida	160.000	84.000
Lucros retidos, início do ano	440.000	356.000
Lucros retidos, fim do ano	600.000	440.000

Marva Rossen, que há apenas dois anos foi nomeada presidente da empresa Hedrick, admite que a empresa foi "inconsistente" em seu desempenho nos últimos anos. Mas Rossen afirma que a empresa está com seus custos sob controle e que agora está com um forte crescimento nas vendas, como evidencia o aumento de mais de 25% nas vendas ao longo do ano anterior. Rossen também discute que os investidores reconheceram a melhoria da situação na Hedrick, como mostra o salto no preço de suas ações ordinárias de US$ 20, por ação, no ano anterior para US$ 36, por ação, no presente ano. Rossen acredita que, com uma forte liderança e o equipamento modernizado, o empréstimo de US$ 1 milhão permitirá que a empresa compre, e que os lucros serão ainda mais altos no futuro.

Ansioso para impressionar seu supervisor, você decide gerar todas as informações possíveis sobre a empresa. Você determina que os seguintes índices são comuns das empresas da indústria da Hedrick:

Índice de liquidez corrente............................	2,3
Índice de liquidez seca.................................	1,2
Prazo médio de recebimento.......................	31 dias
Prazo médio de venda..................................	60 dias
Retorno sobre ativos....................................	9,5%
Índice de endividamento..............................	0,65
Índice de cobertura de juros........................	5,7
Índice preço-lucro...	10

Requisitado:
1. Você decide primeiro avaliar a taxa de retorno que a empresa gera. Calcule o seguinte para o presente ano e para o ano anterior:
    a. O retorno sobre o total de ativos. (O total de ativos no início do ano anterior foi de US$ 4,320 milhões.)
    b. O retorno sobre o patrimônio dos acionistas ordinários. (O patrimônio dos acionistas no início do ano anterior totalizava US$ 3,016 milhões. Não houve nenhuma mudança nas ações preferenciais ou ordinárias nos dois últimos anos.)
    c. A alavancagem financeira da empresa é positiva ou negativa? Explique.
2. Depois, você decide avaliar o bem-estar dos acionistas ordinários. Para o presente ano e para o ano anterior, calcule:
    a. Lucros por ação.
    b. Índice de rendimento de dividendos para as ações ordinárias.
    c. Índice de pagamento de dividendos para as ações ordinárias.
    d. Índice preço-lucro. Como os investidores veem a Hedrick em comparação a outras empresas na mesma indústria? Explique.
    e. Valor contábil, por ação, das ações ordinárias. A diferença, por ação, entre valor de mercado e valor contábil sugere que o preço corrente das ações está muito baixo? Explique.
    f. Margem bruta percentual.
3. Você decide, por fim, avaliar os índices dos credores para determinar a capacidade de pagamento de curto e longo prazo. Para o presente ano e para o ano anterior, calcule:
    a. Capital de giro.
    b. Índice de liquidez corrente.
    c. Índice de liquidez seca.
    d. Prazo médio de recebimento. (As contas a receber, no início do ano anterior, totalizaram US$ 520 mil.)
    e. Prazo médio de venda. (Os estoques, no início do ano anterior, totalizaram US$ 640 mil.)
    f. Índice de endividamento.
    g. Índice de cobertura de juros.
4. Faça uma recomendação ao seu supervisor quanto ao empréstimo, se deve ou não ser aprovado.

PROBLEMA 15.17 Demonstrações financeiras *common-size* [OA15.1]

Volte aos dados da demonstração financeira da Empresa Hedrick, fornecidos no Problema 15.16.

Requisitado:

Para o presente ano e para o ano anterior:
1. Apresente o balanço patrimonial *common-size*.
2. Apresente a demonstração de resultados *common-size* até a linha de receita líquida.
3. Comente os resultados de sua análise.

PROBLEMA 15.18 Ética e o gerente [OA15.3]

A Mountain Aerosport foi fundada por Jurgen Prinz para produzir um esqui que ele tinha projetado com a finalidade de fazer manobras aéreas. Até esse momento, Jurgen financiou a empresa com suas próprias economias e com caixa gerado por seu negócio. Entretanto, Jurgen agora enfrenta uma crise de caixa.

No ano que acabou de terminar, surgiu uma forte escassez da junta de aço e tungstênio, vital para a empresa, assim que ela começava a produção para a temporada de Natal. Os fornecedores garantiram a Jurgen que o aço seria entregue a tempo para expedir os produtos para o Natal, mas não conseguiram cumprir essa promessa por completo. Em consequência disso, a Mountain Aerosport estava com grandes estoques de esquis não concluídos no final do ano, e não tinha conseguido atender a todos os pedidos realizados por varejistas, para a temporada de Natal. Por esse motivo, as vendas ficaram abaixo das expectativas do ano, e Jurgen não tem dinheiro para pagar seus credores.

Bem antes de as contas a pagar vencerem, Jurgen visitou um banco local e se informou sobre como obter um empréstimo. O executivo de empréstimos do banco garantiu a Jurgen que não haveria nenhum problema em conseguir um empréstimo para pagar suas contas – contanto que em sua última demonstração financeira, o índice de liquidez corrente estivesse acima de 2, o índice de liquidez seca estivesse acima de 1 e o resultado operacional fosse pelo menos quatro vezes maior do que os juros do empréstimo proposto. Jurgen prometeu voltar mais tarde com uma cópia de sua demonstração financeira.

Jurgen gostaria de pedir um empréstimo de US$ 120 mil por seis meses, com uma taxa de juros de 10% ao ano. A seguir, temos os relatórios financeiros não auditorados da empresa.

Mountain Aerosport
Balanço patrimonial comparativo a partir de 31 de dezembro, presente e ano anterior
(em milhares de dólares)

	Este ano	Ano passado
Ativo		
Ativos circulantes:		
Caixa	105	225
Contas a receber, líquido	75	60
Estoques	240	150
Despesas antecipadas	15	18
Total de ativos circulantes	435	453
Propriedades e equipamentos	405	270
Total do ativo	840	723
Passivo e patrimônio dos acionistas		
Passivos circulantes:		
Contas a pagar	231	135
Provisões para pagamento	15	15
Total de passivos circulantes	246	150
Passivos de longo prazo	0	0
Total do passivo	246	150
Patrimônio dos acionistas		
Ações ordinárias e capital adicional pago	150	150
Lucros retidos	444	423
Total de patrimônio dos acionistas	594	573
Total do passivo e patrimônio dos acionistas	840	723

Mountain Aerosport
Demonstração de resultados
para o ano que termina em 31 de dezembro,
presente ano (em milhares de dólares)

Vendas (todas a prazo)	630
Custos de produtos vendidos	435
Margem bruta	195
Despesas de venda e administrativas:	
Despesas de venda	63
Despesas administrativas	102
Total de despesas de venda e administrativas	165
Resultado operacional	30
Despesa com juros	0
Receita líquida antes dos impostos	30
Imposto de renda (30%)	9
Receita líquida	21

Requisitado:

1. Com base nas demonstrações financeiras não auditadas, como mostra a tabela anterior, e na exigência feita pelo executivo de empréstimos, a empresa se qualificaria para o empréstimo?
2. No ano anterior, Jurgen comprou e instalou equipamentos novos e mais eficientes para substituir uma antiga fornalha de tratamento térmico. Jurgen tinha planejado vender o equipamento antigo, mas descobriu que ele ainda é necessário toda vez que o processo de tratamento térmico é um gargalo na produção. Quando Jurgen discutiu seus problemas de fluxo de caixa com seu cunhado, este sugeriu que Jurgen vendesse o equipamento antigo ou pelo menos o reclassificasse como estoque no balanço patrimonial, porque ele poderia ser vendido logo. No momento, o equipamento está lançado na conta de propriedades e equipamentos e poderia ser vendido por seu valor contábil de US$ 68 mil. O banco não exige que as demonstrações financeiras sejam auditadas. Qual conselho você daria a Jurgen, em relação à máquina?

PROBLEMA 15.19 Demonstrações incompletas – Análise de índices [OA15.2, OA15.3, OA15.4]

A seguir, temos demonstrações financeiras incompletas da empresa Tanner:

Empresa Tanner
Demonstração de resultados
para o ano que termina em 31 de dezembro
(US$)

Vendas	2.700.000
Custos de produtos vendidos	?
Margem bruta	?
Despesas de venda e administrativas	?
Resultado operacional	?
Despesa com juros	45.000
Receita líquida antes dos impostos	?
Impostos de renda (40%)	?
Receita líquida	?

Tanner
Balanço patrimonial - 31 de dezembro (US$)

Ativos circulantes:

Caixa	?
Contas a receber, líquido	?
Estoques	?
Total de ativos circulantes	?
Instalações e equipamentos, líquidos.	?
Total de ativos	?
Passivos circulantes	250.000
Títulos de dívida a pagar, 10%	?
Total de passivos	?

Patrimônio dos acionistas:

Ações ordinárias, US$ 2,50 valor ao par	?
Lucros retidos	?
Total de patrimônio dos acionistas	?
Total de passivos e patrimônio dos acionistas	?

Temos as seguintes informações adicionais disponíveis sobre a empresa:

a. Na tabela abaixo, temos índices financeiros selecionados, calculados a partir das demonstrações anteriores:

Índice de liquidez corrente	2,40
Índice de liquidez seca	1,12
Giro de contas a receber	15
Giro de estoques	6
Índice de endividamento	0,875
Índice de cobertura de juros	7
Lucros por ação	US$ 4,05
Retorno sobre o total de ativos	14%

b. Todas as vendas durante o ano foram a prazo.

c. As despesas com juros, na demonstração de resultados, estão relacionadas aos títulos de dívida a pagar – o montante de títulos de dívida em circulação não mudou durante todo o ano.

d. Não houve nenhuma mudança no número de ações ordinárias em circulação durante o ano.

e. Saldos selecionados no início do ano corrente (1º de janeiro) foram os seguintes:

Contas a receber (US$)	160.000
Estoques (US$)	280.000
Total do ativo (US$)	1.200.000

Requisitado:

Calcule os valores faltantes nas demonstrações financeiras da empresa. (Dica: você pode achar útil pensar na diferença entre o índice de liquidez corrente e o índice de liquidez seca.)

A | PRECIFICAÇÃO DE PRODUTOS E SERVIÇOS

▶▶ **Objetivos de aprendizagem**

OA.1(A) Calcular o preço maximizador de lucro de um produto ou serviço usando a elasticidade-preço da demanda e o custo variável.

OA.2(A) Calcular o preço de venda de um produto usando a abordagem de custeio por absorção.

OA.3(A) Calcular o custo-meta de um novo produto ou serviço.

INTRODUÇÃO

Alguns produtos têm um preço de mercado estabelecido. Os consumidores não pagam mais do que esse preço e não há motivo para um fornecedor cobrar menos – ele consegue vender tudo o que produz por esse preço. Sob essas circunstâncias, o fornecedor apenas cobra pelo produto o preço de mercado prevalecente. Os mercados de matérias-primas básicas, como produtos da fazenda e minerais, seguem esse padrão.

Neste apêndice, estamos interessados na situação mais comum em que uma empresa enfrenta o problema de determinar seus próprios preços. De modo evidente, a decisão quanto ao preço pode ser fundamental. Se o preço for determinado excessivamente alto, os clientes não comprarão os produtos da empresa. Se o preço for determinado excessivamente baixo, os custos da empresa não serão cobertos.

A abordagem comum na precificação é somar uma margem, ou *markup*, ao custo.[1] O *markup* de um produto é a diferença entre seu preço de venda e seu custo, e costuma ser expresso como um percentual do custo.

Preço de venda = (1 + Percentual de *markup*) × Custo

Por exemplo, uma empresa que usa um *markup* de 50% soma 50% aos custos de seus produtos para determinar o preço de vendas. Se um produto custa US$ 10, a empresa cobraria US$ 15 pelo produto. Essa abordagem é chamada de **precificação *cost-plus***, porque um percentual de *markup* predeterminado é aplicado a uma base de custos para determinar o preço de venda.

Duas questões-chave têm de ser abordadas em relação à precificação *cost-plus*. Em primeiro lugar, qual custo deve ser usado? Em segundo lugar, como o *markup* deve ser determinado? Várias abordagens alternativas serão consideradas neste Apêndice, a começar pela abordagem em geral favorecida pelos economistas.

▶ **Markup**

diferença entre o preço de venda de um produto ou serviço e seu custo. O *markup* costuma ser expresso como um percentual do custo.

▶ **Precificação *cost-plus***

método de precificação em que um *markup* predeterminado é aplicado a uma base de custo para determinar o preço de venda alvo.

---

[1] Há algumas restrições jurídicas sobre preços. Leis antitruste proíbem preços "predatórios", que, de modo geral, são interpretados pelos tribunais como um preço abaixo do custo variável médio. A "discriminação de preços" – cobrar diferentes preços a clientes do mesmo mercado pelo mesmo produto ou serviço – também é proibida por lei.

NEGÓCIO DE ESCULTURA ARTÍSTICA

POR DENTRO DAS EMPRESAS

Shidoni Foundry, localizada em Tesuque, Novo México, é um estabelecimento de moldagem e fabricação de obras de arte. O processo de criação de uma escultura de bronze ou de outro metal é complexo. O artista cria a escultura usando barro de molde e então contrata uma fundição, como a Shidoni, para produzir a escultura de metal de fato. Os artesãos da Shidoni fazem um molde de borracha a partir do modelo de barro e então o usam para fazer uma versão, em cera, do original. A cera é, por sua vez, usada para fazer um molde de cerâmica e, por fim, a versão em bronze é fundida. Os moldes de cera e de cerâmica são destruídos no processo de produção da fundição do metal, mas o molde de borracha não é, e pode ser reutilizado para fazer outras peças.

A superfície da escultura de metal pode ser tratada com várias pátinas. Uma das fotos que acompanham o texto mostra Harry Gold, o artista de pátina da oficina, aplicando pátina a uma escultura de metal com pincel e maçarico. A outra foto mostra uma escultura concluída, com as pátinas aplicadas.

O artista enfrenta uma difícil decisão de negócios. O molde de borracha para uma escultura pequena como o índio sentado na foto ao lado custa cerca de US$ 500; o molde de uma escultura tamanho natural como o cowboy custa cerca de US$ 3.800 a US$ 5 mil. E isso é apenas o molde! Felizmente, como discutido anteriormente, várias peças fundidas podem ser feitas a partir de cada molde. Entretanto, cada fundição "em tamanho real" custa cerca de US$ 8.500 a US$ 11 mil. Ao contrário, a fundição de uma escultura de índio muito menor custaria em torno de US$ 750. Considerando-se os custos fixos do molde e os custos variáveis da fundição, dos tratamentos de acabamento e das bases, o artista tem de decidir quantas cópias produzir e quanto cobrar por cada uma delas. Quanto menos cópias, maior o fator de raridade e, logo, mais alto o preço que pode ser cobrado dos amantes da arte. Entretanto, nesse caso, os custos fixos de fazer o molde devem ser divididos por menos itens. O artista não pode determinar um preço tão alto pelas esculturas que o investimento nos moldes e nas cópias não possa ser recuperado.

FONTE: Conversas com os funcionários da Shidoni, incluindo Bill Rogers e Harry Gold, e literatura sobre a empresa. Ver <www.shidoni.com> para mais informações em relação à empresa.

ABORDAGEM DOS ECONOMISTAS PARA A PRECIFICAÇÃO

Se uma empresa eleva o preço de um produto, as vendas unitárias costumam cair. Por esse motivo, a precificação é um delicado equilíbrio em que os benefícios de receitas mais altas por unidade são pesadas contra o menor volume que resulta da cobrança de um preço mais alto. A sensibilidade das vendas unitárias a variações no preço são chamadas de *elasticidade-preço da demanda*.

Elasticidade-preço da demanda

A elasticidade-preço de um produto deve ser um elemento-chave na determinação de seu preço. A **elasticidade-preço da demanda** mede o grau com que uma variação no preço afeta as vendas unitárias de um produto ou serviço. Diz-se que a demanda por um produto é *inelástica* se uma variação no preço tem pouco efeito sobre o número de unidades vendidas. A demanda por perfumes de grife vendidos por pessoal especializado em balcões de cosméticos em lojas de departamentos é, de forma relativa, inelástica. Elevar ou baixar os preços desses produtos luxuosos causa pouco efeito sobre as vendas unitárias. Entretanto, a demanda por um produto é *elástica* se uma variação no preço gozar de um efeito substancial sobre o volume de unidades vendidas. Um exemplo de um produto cuja demanda é elástica é a gasolina. Se um posto de gasolina elevar seu preço, as vendas unitárias cairão, pois os clientes procurarão preços mais baixos em outros postos.

A elasticidade do preço é muito importante ao determinar preços. Os gerentes devem estabelecer *markup*s mais altos em relação ao custo quando os clientes são, em termos relativos, insensíveis ao preço (em outras palavras, a demanda é inelástica), e *markup*s mais baixos quando os clientes são, em termos relativos, sensíveis ao preço (em outras palavras, a demanda é elástica). Esse princípio é seguido em lojas de departamento. As mercadorias vendidas na seção de pechinchas têm um *markup* muito mais baixo do que as mercadorias vendidas no resto da loja porque os clientes que compram na seção de pechinchas são muito mais sensíveis ao preço (isso quer dizer que a demanda é elástica).

▶▶ OA.1(A)

Calcular o preço maximizador de lucro de um produto ou serviço usando a elasticidade-preço da demanda e o custo variável.

▶ **Elasticidade-preço da demanda**

medida de quanto uma variação no preço afeta as vendas unitárias de um produto ou serviço.

A elasticidade-preço da demanda por um produto ou serviço, ϵ_{pd}, pode ser estimada por meio da seguinte fórmula.[2,3]

$$\epsilon_{pd} = \frac{\ln(1 + \text{variação \% na quantidade vendida})}{\ln(1 + \text{variação \% no preço})}$$

Por exemplo, suponha que os gerentes da Nature's Garden acreditem que um aumento de 10% no preço de venda de seu xampu de maçã e amêndoas resultaria em uma diminuição de 15% no número de garrafas de xampu vendido.[4] A elasticidade-preço da demanda por esse produto seria calculada da seguinte maneira:

$$\epsilon_{pd} = \frac{\ln[1 + (-0{,}15)]}{\ln[1 + (0{,}10)]} = \frac{\ln(0{,}85)}{\ln(1{,}10)} = -1{,}71$$

Para fins de comparação, os gerentes da Nature's Garden acreditam que outro produto, o sabonete de glicerina de morango, sofreria uma queda de 20% nas vendas unitárias se seu preço aumentasse em 10%. (Os compradores desse produto são mais sensíveis ao preço do que os compradores do xampu de maçã e amêndoas.) A elasticidade-preço da demanda do sabonete de glicerina de morango é:

$$\epsilon_{pd} = \frac{\ln[1 + (-0{,}20)]}{\ln[1 + (0{,}10)]} = \frac{\ln(0{,}80)}{\ln(1{,}10)} = -2{,}34$$

Os dois produtos, como outros produtos normais, têm uma elasticidade de preços menor do que -1.

Observe que a elasticidade-preço da demanda do sabonete de glicerina de morango é maior (em valores absolutos) do que a elasticidade-preço da demanda do xampu de maçã e amêndoas. Isso indica que a demanda por sabonete de glicerina de morango é mais elástica do que a demanda por xampu de maçã e amêndoas.

Na próxima subseção, a elasticidade-preço da demanda será usada para calcular o preço de venda que maximiza os lucros da empresa.

Preço maximizador de lucros

Sob certas condições, o preço maximizador de lucros pode ser determinado a partir da realização de um *markup* sobre os custos variáveis usando-se a seguinte fórmula:[5]

$$\textit{Markup} \text{ maximizador de lucros sobre os custos variáveis} = \frac{-1}{1 + \epsilon_{pd}}$$

Usando o *markup* anterior, o preço de venda seria determinado por meio da fórmula:

Preço maximizador de lucros = (1 + *Markup* maximizador de lucros sobre os custos variáveis) × Custos variáveis por unidade

O preço maximizador de lucros dos dois produtos da Nature's Garden é calculado a seguir, usando as fórmulas:

---

[2] O termo "ln( )" é a função logaritmo natural. Você pode calcular o logaritmo natural de qualquer número usando o botão LN ou lnx em sua calculadora. Por exemplo, ln(0,85) = – 0,1625.

[3] Essa fórmula supõe que a elasticidade-preço da demanda seja constante, a qual ocorre quando a relação entre o preço de venda, p, e as vendas unitárias, q, pode ser expressa da seguinte forma: $\ln(q) = a + \epsilon_{pd}\ln(p)$. Mesmo se isso não for, em rigor, verdadeiro, a fórmula fornece uma maneira útil de estimar a elasticidade-preço de um produto.

[4] A variação estimada nas vendas unitárias deve levar em consideração as respostas dos concorrentes a uma mudança nos preços.

[5] A fórmula supõe que a (a) elasticidade-preço da demanda seja constante; (b) Custo total = Custo fixo total + Custos variáveis por unidade × Quantidade vendida; e (c) o preço do produto não tem nenhum efeito sobre as vendas ou os custos de nenhum outro produto. A fórmula pode ser deduzida por meio do cálculo diferencial e integral.

Xampu de maçã e amêndoas

Markup maximizador de lucros em custos variáveis $= \left(\dfrac{-1}{1 + (-1{,}71)} \right) = 1{,}41$

Preço maximizador de lucros = (1 + 1,41)US$ 2,00 = US$ 4,82

Sabonete de glicerina de morango

Markup maximizador de lucros em custos variáveis $= \left(\dfrac{-1}{1 + (-2{,}34)} \right) = 0{,}75$

Preço maximizador de lucros = (1 + 0,75)US$ 0,40 = US$ 0,70

Observe que o *markup* de 75% para o sabonete de glicerina de morango é menor do que o *markup* de 141% para o xampu de maçã e amêndoas. O motivo disso é que os compradores do sabonete de glicerina de morango são mais sensíveis ao preço do que os compradores de xampu de maçã e amêndoas. O sabonete de glicerina de morango é um produto em partes comum, com substitutos próximos disponíveis em quase todos os supermercados.

O Quadro A.1 mostra como o *markup* maximizador de lucros é afetado de maneira geral por quão sensível as vendas unitárias são em relação ao preço. Por exemplo, se um aumento de 10% no preço levar a uma diminuição de 20% nas vendas unitárias, o *markup* ótimo sobre os custos variáveis, segundo o quadro, é de 75% – o valor calculado antes para o sabonete de glicerina de morango. Observe que o *markup* ótimo cai à medida que as vendas unitárias se tornam mais sensíveis ao preço.

É importante tomar cuidado ao usar essas fórmulas para estabelecer um preço de venda, já que se baseiam em pressupostos simplificadores, e a estimativa da variação percentual nas vendas unitárias, que resultaria de determinada variação percentual no preço, de modo provável, seria inexata. No entanto, as fórmulas podem fornecer dicas valiosas em relação a se os preços devem aumentar ou diminuir. Suponha, por exemplo, que o sabonete de glicerina de morango seja vendido, hoje, por US$ 0,60 por barra. A fórmula indica que o preço maximizador de lucros é de US$ 0,70 por barra. Em vez de aumentar o preço em US$ 0,10, seria prudente fazer um aumento mais modesto no preço para observar o que acontece com as vendas unitárias e com os lucros.

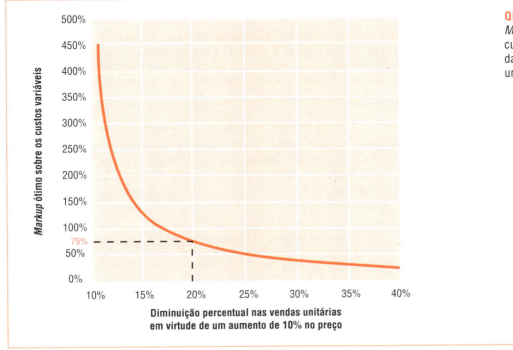

QUADRO A.1
Markup ótimo sobre os custos variáveis em função da sensibilidade das vendas unitárias ao preço.

A fórmula do preço maximizador de lucros expressa uma lição muito importante. Se os custos fixos totais forem os mesmos, independentemente de a empresa cobrar US$ 0,60 ou US$ 0,70, eles não podem ser relevantes na decisão de que preço cobrar pelo sabonete. O preço de venda ótimo deve depender apenas de dois fatores – os custos variáveis por unidade e quão sensíveis são as vendas unitárias a variações nos preços. Os custos fixos não desempenham nenhum papel na determinação do preço ótimo. Os custos fixos são relevantes ao decidir se a empresa deve ou não oferecer um produto, mas não são relevantes ao decidir quanto cobrar por ele.

Podemos, sem problemas, verificar que um aumento no preço de venda do sabonete de glicerina de morango do preço atual de US$ 0,60 por barra é justificável, com base apenas na previsão de que um aumento de 10% no preço de venda levaria a uma diminuição de 20% nas vendas unitárias. Suponha, por exemplo, que a Nature's Garden vende hoje, 200 mil barras de sabonete por ano pelo preço de US$ 0,60 a barra. Se a variação no preço não tiver nenhum efeito sobre os custos fixos da empresa ou sobre outros produtos, o efeito sobre os lucros de aumentar o preço em 10% pode ser calculado da seguinte maneira:

	Preço atual (US$)	Preço mais alto (US$)
Preço de venda (a)	0,60	0,60 + (0,10 × 0,60) = 0,66
Vendas unitárias (b)	200.000	200.000 – (0,20 × 200.000) = 160.000
Vendas (a) × (b)	120.000	105.600
Custos variáveis (US$ 0,40 por unidade) .	80.000	64.000
Margem de contribuição	40.000	41.600

Embora os preços baseados em *markup* sobre os custos variáveis de acordo com a elasticidade-preço da demanda sejam, ao que parece, ótimos, as pesquisas revelam, de forma consistente, que a maioria dos gerentes aborda o problema de precificação a partir de uma perspectiva, em sua totalidade, diferente.[6] Eles preferem fazer o *markup* como se fosse alguma versão dos custos totais, e não dos custos variáveis, e o *markup* é baseado nos lucros desejados em vez de fatores relacionados à demanda. Essa abordagem é chamada de abordagem do custeio por absorção para a precificação *cost-plus*.

ABORDAGEM DO CUSTEIO POR ABSORÇÃO PARA A PRECIFICAÇÃO *COST-PLUS*

OA.2(A)

Calcular o preço de venda de um produto usando a abordagem de custeio por absorção.

A abordagem do custeio por absorção para a precificação *cost-plus* difere da abordagem dos economistas em quanto *markup* é cobrado sobre os custos e em como o *markup* é determinado. Sob a abordagem do custeio por absorção para a precificação *cost-plus*, a base de custo é o custo unitário de produto do custeio por absorção, como definido no Capítulo 3, em vez de os custos variáveis.

Estabelecer um preço de venda alvo usando o custeio por absorção

Para ilustrar essa ideia, suponha que a gerência da empresa Ritter queira determinar o preço de venda de um produto que acabou de passar por algumas modificações de projeto. O departamento de contabilidade forneceu estimativas de custo para o produto remodelado, como vemos a seguir:

---

[6] Um estudo constatou que 83% das 504 grandes empresas manufatureiras pesquisadas usavam alguma forma de custo integral (o custo por absorção ou o custo por absorção mais as despesas de venda e administrativas) como base da precificação. Os 17% restantes usavam apenas os custos variáveis como base para as decisões de precificação. Ver V. Govindarajan e Robert N. Anthony, "How Firms Use Cost Data in Pricing Decisions", *Management Accounting*, julho de 1983, p. 30 – 36. Uma pesquisa menos extensa realizada por Eunsup Shim e Ephraim F. Sudit, "How Manufacturers Price Products", *Management Accounting*, fevereiro de 1995, p. 37-39, obteve resultados similares.

Todavia, uma pesquisa realizada pelos executivos de uma pequena empresa resumida na revista Inc., de novembro de 1996, p. 84, revelou que apenas 41% determinam preços baseados nos custos. As outras cobram o que acham que os clientes estão dispostos a pagar ou o que o mercado demanda.

Apêndice **A** ▶▶ Precificação de produtos e serviços

CONCORRÊNCIA INFLUENCIA OS PREÇOS

POR DENTRO
DAS EMPRESAS

O **Departamento de Transporte** diz que a cidade de Cincinnati tem o aeroporto mais caro dos Estados Unidos. Os passageiros de Cincinnati pagam uma tarifa média de 20,63 centavos de dólar por milha, enquanto mais de 20 aeroportos, como os de Buffalo, Oakland, Reno e Tampa, oferecem voos a menos de 12 centavos de dólar por milha. Por que os preços são mais altos em Cincinnati? A **Delta Airlines** controla mais de 80% do mercado de Cincinnati, então a falta de concorrência permite que ela cubra tarifas mais altas. Por exemplo, a Delta cobra US$ 529 pelo voo direto de Cincinnati a Las Vegas porque é a única empresa aérea a oferecer serviço "nonstop" (sem escalas) nesse trecho. Entretanto, a Delta só pode cobrar US$ 258 pelo voo direto de Atlanta a Las Vegas porque a **AirTran Airways** também faz voos "nonstop" nesse trecho. De forma óbvia, a Delta tem de equilibrar o desejo de elevar os preços no aeroporto de Cincinnati com a possibilidade de seus clientes a trocarem por empresas que partem de aeroportos próximos como os de Dayton, Columbus, Louisville, Lexington e Indianápolis.

FONTE: Scott McCartney, "The Most Expensive City to Leave: Cincinnati", *The Wall Street Journal*, 11 de dezembro de 2007, p. B9 – B10.

	Por unidade (US$)	Total (US$)
Materiais diretos	6	
Mão de obra direta	4	
Custos variáveis indiretos de produção	3	
Custos fixos indiretos de produção		70.000
Despesas variáveis de venda e administrativas	2	
Despesas fixas de venda e administrativas		60.000

O primeiro passo na abordagem do custeio por absorção para a precificação *cost-plus* é calcular o custo unitário de produto. Para a empresa Ritter, esse valor chega a US$ 20 por unidade a um volume de 10 mil unidades, como calculado a seguir:

Materiais diretos (US$)	6
Mão de obra direta (US$)	4
Custos variáveis indiretos de produção (US$)	3
Custos fixos indiretos de produção (US$) (US$ 70.000 ÷ 10.000 unidades)	7
Custo unitário de produto (US$)	20

A empresa Ritter tem uma política geral de cobrar um *markup* de 50% sobre o custo unitário de produtos. Um formulário de cotação de preços da empresa preparado usando o custeio por absorção é apresentado no Quadro A.2. Observe que as despesas de venda e administrativas não são incluídas na base de custo. Em vez disso, espera-se que o *markup* cubra essas despesas.

Materiais diretos	6
Mão de obra direta	4
Custos variáveis indiretos de produção	3
Custos fixos indiretos de produção (com base em 10.000 unidades)	7
Custo unitário de produto	20
Markup para cobrir as despesas de venda e administrativas e lucro desejado de 50% do custo de produção unitário	10
Preço de venda alvo	30

QUADRO A.2
Formulário de cotação de preços – com base no custeio por absorção (10 mil unidades) (US$).

Determinar o percentual de *markup*

O percentual de *markup* de 50% da empresa Ritter poderia ser uma regra geral, de modo amplo, utilizada na indústria, ou apenas uma tradição da empresa, que parece funcionar. O percentual de *markup* pode também ser o resultado de um cálculo explícito. Como discutimos, o *markup* anterior do custo deve ser determinado, sobretudo, pelas condições do mercado. Entretanto, muitas empresas baseiam seu *markup* no custo e nos lucros desejados. O raciocínio é o seguinte: o *markup* tem de ser grande o suficiente para cobrir as despesas de venda e administrativas e para fornecer um retorno sobre o investimento (ROI) adequado. Considerando-se as vendas unitárias previstas, o *markup* pode ser calculado da seguinte maneira:

$$\text{Percentual de } markup \text{ sobre o custo por absorção} = \frac{(\text{ROI exigido} \times \text{Investimento}) + \text{Despesas de venda e administrativas}}{\text{Custo unitário de produto} \times \text{Vendas unitárias}}$$

Para mostrar como essa fórmula é aplicada, suponha que a empresa Ritter invista US$ 100 mil em ativos operacionais como equipamentos para produzir e comercializar 10 mil unidades do produto por ano. Se a Ritter exige um ROI de 20%, o *markup* do produto seria determinado da seguinte maneira:

$$\text{Percentual de } markup \text{ sobre o custo por absorção} = \frac{(20\% \times \text{US\$ 100.000}) + (\text{US\$ 2 por unidade} \times 10.000 \text{ unidades} + \text{US\$ 60.000})}{\text{US\$ 20 por unidade} \times 10.000 \text{ unidades}}$$

$$= \frac{(\text{US\$ 20.000}) + (\text{US\$ 80.000})}{\text{US\$ 200.000}} = 50\%$$

Como demonstrado anteriormente, esse *markup* de 50% leva a um preço de venda alvo de US$ 30 para a Ritter. *Se a empresa efetivamente vender 10 mil unidades do produto por esse preço, o ROI da empresa sobre esse produto será, de fato, 20%*, o que pode ser verificado no Quadro A.3. Entretanto, se, afinal, mais de 10 mil unidades forem vendidas por esse preço, o ROI será maior do que 20%. Se menos de 10 mil unidades forem vendidas, o ROI será menor do que 20%. *O ROI exigido será alcançado apenas se o volume de vendas unitárias for alcançado.*

QUADRO A.3
Demonstração de resultados e análise ROI – vendas unitárias reais da Ritter = 10.000 unidades; preço de venda = US$ 30 (US$).

Materiais diretos	6
Mão de obra direta	4
Custos variáveis indiretos de produção	3
Custos fixos indiretos de produção (US$ 70.000 ÷ 10.000 unidades)	7
Custo unitário de produto	20

Empresa Ritter
Demonstração de resultados com custeio por absorção

Vendas (30 por unidade × 10.000 unidades)	300.000
Custo de produtos vendidos (20 por unidade × 10.000 unidades)	200.000
Margem bruta	100.000
Despesas de venda e administrativas (2 por unidade × 10.000 unidades + 60.000)	80.000
Resultado operacional	20.000

ROI

$$\text{ROI} = \frac{\text{Resultado operacional}}{\text{Ativos operacionais médios}}$$

$$= \frac{\text{US\$ 20.000}}{\text{US\$ 100.000}}$$

$$= 20\%$$

Apêndice **A** ▶ Precificação de produtos e serviços

POR DENTRO
DAS EMPRESAS

RESTRIÇÕES DA PRECIFICAÇÃO *COST-PLUS*

A invenção das televisões de tela plana destruiu a demanda dos clientes pelos móveis que abrigavam as televisões volumosas do passado. Cadeias de hotel descartaram mais de 40 mil desses móveis, ajudando a criar uma enorme oferta de unidades obsoletas que quase ninguém queria comprar. A partir de uma perspectiva de precificação *cost-plus*, o custo de se produzir um móvel de TV talvez tenha subido nos últimos anos, com o aumento no preço da madeira. Entretanto, essa perspectiva centrada no custo é irrelevante em um mercado no qual a demanda por móveis de TV, na prática, desapareceu.

FONTE: Juliet Chung, "Au Revoir, Armoire", *The Wall Street Journal*, 10-11 de novembro de 2007, p. W1 e W3.

PROBLEMAS COM O CUSTEIO POR ABSORÇÃO

O custeio por absorção faz as decisões de precificação parecerem, de forma enganosa, simples. Tudo o que uma empresa precisa fazer é calcular seu custo unitário de produto, decidir quanto lucro deseja e então determinar seu preço. Isso faz parecer que uma empresa pode ignorar a demanda e chegar a um preço que, por certo, gerará o lucro que ela quiser. Entretanto, como observado anteriormente, o custeio por absorção depende de uma previsão das vendas unitárias. Nem o *markup* nem o custo unitário de produto podem ser calculados sem essa previsão.

O custeio por absorção, em essência, supõe que os clientes *precisam* das vendas unitárias previstas e pagarão qualquer preço que a empresa decidir cobrar. Entretanto, os clientes têm uma escolha. Se o preço for alto demais, eles podem comprar de um concorrente ou decidir não comprar nada. Suponha, por exemplo, que quando a empresa Ritter determina seu preço por US$ 30, ela venda apenas 7 mil unidades em vez de as 10 mil unidades previstas. Como mostra o Quadro A.4, a empresa teria um prejuízo de US$ 25 mil sobre o produto em vez de um lucro de US$ 20 mil.[7] Alguns gerentes acreditam que a abordagem da precificação pelo custeio por absorção é segura. Isso é uma ilusão. O custeio por absorção é seguro apenas se os clientes decidirem comprar pelo menos a determinada quantidade de unidades que os gerentes previram.

Materiais diretos	6
Mão de obra direta	4
Custos variáveis indiretos de produção	3
Custos fixos indiretos de produção (US$ 70.000 ÷ 10.000 unidades)	10
Custo unitário de produto	23

Empresa Ritter
Demonstração de resultados com custeio por absorção

Vendas (30 por unidade × 7.000 unidades)	210.000
Custo de produtos vendidos (23 por unidade × 7.000 unidades)	161.000
Margem bruta	49.000
Despesas de venda e administrativas (2 por unidade × 7.000 unidades + 60.000)	74.000
Resultado operacional	− 25.000

ROI

$$ROI = \frac{\text{Resultado operacional}}{\text{Ativos operacionais médios}}$$

$$= \frac{-25.000}{US\$\ 100.000}$$

$$= -25\%$$

QUADRO A.4
Demonstração de resultados e análise ROI – vendas unitárias reais da Ritter = 7.000 unidades; preço de venda = US$ 30 (US$).

---

[7] Pode ser impossível chegar ao ponto de equilíbrio usando o custeio por absorção quando a empresa tem mais de um produto – mesmo quando seria possível obter lucros substanciais a partir da abordagem dos economistas para a precificação. Para mais detalhes, ver Eric Noreen e David Burgstahler, "Full Cost Pricing and the Illusion of Satisficing", *Journal of Management Accounting Research* 9 (1997).

MÉTODO DO CUSTO-META

OA.3(A)

Calcular o custo-meta de um novo produto ou serviço.

▶ **Método do custo-meta**

processo de determinar o custo máximo permissível de um novo produto e então desenvolver um protótipo que possa ser produzido de maneira lucrativa por esse valor máximo de custo-meta.

Nossa discussão, até agora, presumiu que um produto já tenha sido desenvolvido, custeado e esteja pronto para ser comercializado assim que seu preço for estabelecido. Em muitos casos, a sequência de eventos é, em rigor, o inverso. Em outras palavras, a empresa *sabe* que preço deve ser cobrado, e o problema é *desenvolver* um produto que possa ser comercializado, de modo lucrativo, pelo preço desejado. Mesmo nessa situação em que a sequência normal de eventos é invertida, o custo ainda é um fator fundamental. A empresa pode se valer de uma abordagem chamada *método do custo-meta*. **Método do custo-meta** é o processo de determinar o custo máximo permissível para um novo produto e então desenvolver um protótipo que possa ser produzido de maneira lucrativa por esse valor máximo de custo-meta. Várias empresas usam o método do custo-meta, dentre elas: **Compaq**, **Culp**, **Cummins Engine**, **Daihatsu Motors**, **Chrysler**, **Ford**, **Isuzu Motors**, **ITT Automotive**, **Komatsu**, **Matsushita Electric**, **Mitsubishi Kasei**, **NEC**, **Nippodenso**, **Nissan**, **Olympus**, **Sharp**, **Texas Instruments** e **Toyota**.

O custo-meta de um produto é calculado a partir do preço de venda previsto do produto e então os lucros desejados são deduzidos, como a seguir:

$$\text{Custo-meta} = \text{Preço de venda previsto} - \text{Lucros desejados}$$

A equipe de desenvolvimento do produto recebe, então, a responsabilidade de projetar o produto de modo que possa ser produzido por não mais do que o custo-meta.

Motivos para usar o método do custo-meta

O método do custo-meta foi desenvolvido em reconhecimento de duas importantes características de mercados e custos. A primeira é que muitas empresas têm menos controle sobre o preço do que gostariam. O mercado (em outras palavras, a oferta e a demanda) de fato determina o preço, e a empresa que tenta ignorar isso, o faz por própria conta e risco. Portanto, o preço de mercado previsto é dado como certo no método do custo-meta. A segunda observação a apontar é que a maior parte do custo de um produto é determinada na fase de projeto. Uma vez tendo sido projetado e entrado em produção, não há muito o que se possa fazer para reduzir seu custo de modo significativo. A maioria das oportunidades de redução de custo vem de projetar um produto de modo que ele seja simples de produzir, que use peças baratas e que seja robusto e confiável. Se a empresa tiver pouco controle sobre o preço de mercado e pouco controle sobre o custo, uma vez que o produto tenha entrado em produção, as principais oportunidades para afetar os lucros vêm na fase de projeto, na qual as características valiosas pelas quais os clientes estão dispostos a pagar podem ser adicionadas e a maior parte dos custos é, com efeito, determinada. Então, nesse momento é que o esforço é concentrado – no projeto e desenvolvimento do produto. A diferença entre o método do custo-meta e outras abordagens de desenvolvimento de produtos é profunda. Em vez de projetar o produto e então descobrir quanto ele custa, o custo-meta é estabelecido primeiro e então o produto é projetado de modo que o custo-meta seja alcançado.

Exemplo de custeio pelo método do custo-meta

Para fornecer um exemplo simples do método do custo-meta, suponha a seguinte situação: a empresa Handy deseja investir US$ 2 milhões para projetar, desenvolver e produzir um novo *mixer* portátil. O Departamento de Marketing da empresa pesquisou os recursos e preços de produtos concorrentes e determinou que o preço de US$ 30 permitiria que a Handy vendesse 40 mil *mixers* portáteis por ano. Como a empresa deseja um ROI de 15%, o custo-meta para produzir, vender, distribuir e prestar serviços para um *mixer* é US$ 22,50, como calculado a seguir:

Vendas projetadas (40.000 *mixers* × US$ 30 por *mixer*)........	1.200.000
Menos lucros desejados (15% × US$ 2.000.000)...................	300.000
Custo-meta por 40.000 *mixers*..	900.000
Custo-meta por *mixer* (US$ 900.000 ÷ 40.000 *mixers*)..........	22,50

Apêndice **A** ▸▶ Precificação de produtos e serviços

Esse custo-meta de US$ 22,50 seria decomposto em custos-alvo para as várias funções: produção, marketing, distribuição, serviço pós-vendas e assim por diante. Cada área funcional seria responsável por manter seus custos reais dentro da meta.

POR DENTRO
DAS EMPRESAS

GESTÃO DE CUSTOS NA FASE DE PROJETO DE PRODUTO

A **Boeing** construiu a estrutura de seu jato 787 Dreamliner usando plástico reforçado por fibra de carbono. Embora esse tipo de plástico tenha sido usado em hastes de taco de golfe e raquetes de tênis, ele nunca foi utilizado para construir o exterior de um avião. A Boeing está animada com essa matéria-prima inovadora porque esta permite enormes economias de custo. Por exemplo, o Dreamliner da Boeing deve ter uma eficiência de combustível 20% maior do que o Boeing 767 ou o **Airbus** A330, seus custos de manutenção devem ser 30% mais baixos do que os dos aviões de alumínio e o número de fixadores necessários para montar sua fuselagem deve ser 80% menor do que os dos aviões convencionais. Além disso, os aviões de alumínio exigem caras inspeções contra corrosão depois de seis anos de serviço, enquanto o Dreamliner pode voar por 12 anos antes de precisar de uma inspeção comparável. Para o deleite da Boeing, as vendas do Dreamliner "decolaram" porque "os clientes ganham muito pelo valor pago. Por US$ 120 milhões – aproximadamente o que pagavam pelo Boeing 767-300 comparável na década de 1980 – as empresas aéreas obtêm um avião, em sua totalidade, novo, que voa mais rápido do que os da concorrência e que custa substancialmente menos para ser operado".

FONTE: Stanley Holmes, "A Plastic Dream Machine", *BusinessWeek*, 20 de junho de 2005, p. 32-36.

RESUMO

A precificação envolve um delicado equilíbrio. Preços mais altos resultam em mais receita por unidade, mas fazem cair as vendas unitárias. Em que ponto, com exatidão, determinar os preços para maximizar os lucros é um problema difícil, mas, em geral, o *markup* sobre o custo deve ser mais alto para os produtos cujos clientes são menos sensíveis ao preço. Diz-se que a demanda por tais produtos é inelástica em termos de preço.

Os gerentes, em geral contam com fórmulas *cost-plus* para estabelecer seus preços-alvo. A partir do ponto de vista dos economistas, a base de custo do *markup* deve ser os custos variáveis. Ao contrário, no custeio por absorção, a base de custo é o custo unitário de produto do custeio por absorção e o *markup* é calculado de modo que cubra os custos de produção e forneça um retorno adequado sobre o investimento. Com o custeio por absorção, os custos não serão cobertos e o retorno sobre o investimento não será adequado a menos que a previsão de vendas unitárias, usada na fórmula *cost-plus*, seja precisa. Se a aplicação da fórmula *cost-plus* resultar em um preço alto demais, a previsão das vendas unitárias não será alcançada.

Algumas empresas adotam uma abordagem diferente para a precificação. Em vez de começar com os custos e então determinar os preços, começam com os preços e então determinam custos permissíveis. As empresas que usam o método do custo-meta estimam qual o preço de mercado provável de um novo produto com base em recursos e preços previstos de produtos que estão no mercado. Elas subtraem os lucros desejados do preço de mercado estimado para chegar ao custo-meta do produto. À equipe de projeto e desenvolvimento é dada, então, a responsabilidade de que o custo real do novo produto não exceda o custo-meta.

PERGUNTAS

A.1   O que é precificação *cost-plus*?

A.2   O que a elasticidade-preço da demanda mede? O que é demanda inelástica? O que é demanda elástica?

A.3   De acordo com a abordagem dos economistas para a determinação de preços, o preço maximizador de lucros deve depender de quais dois fatores?

A.4   Qual produto deve ter um *markup* maior sobre os custos variáveis, um produto cuja demanda é elástica ou um produto cuja demanda é inelástica?

A.5 Quando a abordagem do custeio por absorção para a precificação *cost-plus* é usada, o que o *markup* tem de cobrir?

A.6 Qual suposição o custeio por absorção faz sobre como os consumidores reagem aos preços?

A.7 Discuta a seguinte afirmação: "O custo integral pode ser visto como uma base de proteção. Se uma empresa sempre determina seus preços acima do custo integral, ela nunca deve se preocupar com resultados operacionais".

A.8 O que é método do custo-meta? Como os custos-meta entram na decisão de precificação?

EXERCÍCIOS

Consulte no *site* <www.grupoa.com.br> os suplementos para esta seção.

EXERCÍCIO A.1 Abordagem dos economistas para a precificação [OA.1(A)]

Kimio Nakimura é dona de uma sorveteria que opera durante os meses de verão em Jackson Hole, Wyoming, Estados Unidos. Sua loja atende, acima de tudo, turistas que passam pela cidade a caminho do Parque Nacional de Yellowstone.

Kimio está na dúvida sobre como deve precificar suas casquinhas de sorvete e experimentou dois preços em semanas sucessivas durante a agitada temporada de agosto. O número de pessoas que entrou na loja foi quase o mesmo em cada semana. Durante a primeira, ela cobrou US$ 1,79 pelas casquinhas e foram vendidas 860 unidades. Durante a segunda, ela cobrou US$ 1,39 e foram vendidas 1.340 casquinhas. Os custos variáveis de uma casquinha são de US$ 0,41 e consistem apenas nos custos do sorvete e da casquinha de fato. As despesas fixas da sorveteria são de US$ 425 por semana.

Requisitado:
1. Kimio ganhou mais dinheiro vendendo as casquinhas por US$ 1,79 ou por US$ 1,39?
2. Estime a elasticidade-preço da demanda das casquinhas de sorvete.
3. Estime o preço maximizador de lucros das casquinhas de sorvete.

EXERCÍCIO A.2 Determinar um preço de venda pelo custeio por absorção [OA.2(A)]

A empresa Naylor considera a introdução de um novo produto. A gerência reuniu as seguintes informações:

Número de unidades a serem produzidas e vendidas por ano......................	12.500
Custo unitário de produto (US$)	30
Despesas de venda e administrativas anuais projetadas (US$)	60.000
Investimento estimado requisitado pela empresa (US$)............................	500.000
Retorno sobre investimento (ROI) desejado..	18%

A empresa usa a abordagem do custeio por absorção para a precificação *cost-plus*.

Requisitado:
1. Calcule o *markup* necessário para alcançar o ROI desejado.
2. Calcule o preço de venda alvo por unidade.

EXERCÍCIO A.3 Método do custo-meta [OA.3(A)]

A Eastern Auto Supply Inc. produz e distribui peças de automóveis. A empresa está ansiosa para entrar no mercado em rápido crescimento de baterias de longa duração baseada na tecnologia do lítio. A gerência acredita que para ser, em sua totalidade, competitiva, o preço da nova bateria em desenvolvimento não pode exceder US$ 65. Por esse preço, a gerência está confiante de que a empresa poderá vender 50 mil baterias por ano. As baterias exigiriam um investimento de US$ 2,5 milhões, e o ROI desejado é de 20%.

Requisitado:
Calcule o custo-meta de uma bateria.

PROBLEMAS

Consulte no *site* <www.grupoa.com.br> os suplementos para esta seção.

PROBLEMA A.4 A abordagem dos economistas para a precificação [OA.1(A)]

O serviço postal de Santa Lucia, uma ilha nas Pequenas Antilhas, obtém uma parte significativa de suas receitas da venda de folhas de selo especiais como *souvenir* para colecionadores de selo. Essas folhas de modo geral, contêm vários selos de alto valor de Santa Lucia representando um

Apêndice A ▶▶ Precificação de produtos e serviços

tema comum, como o aniversário do funeral da Princesa Diana, e são criadas e impressas para o serviço postal pela Imperial Printing, uma agência de serviços de selos no Reino Unido. As folhas de *souvenir* custam ao serviço postal US$ 0,60 cada. (A moeda em Santa Lucia é o dólar do Caribe Oriental.) Santa Lucia as tem vendido por US$ 5 cada e costuma vender 50 mil unidades. Para testar o mercado, o serviço postal, há pouco tempo, cobrou US$ 6 por este produto e as vendas caíram para 40 mil unidades.

Requisitado:

1. O serviço postal de Santa Lucia ganha mais dinheiro vendendo folhas de *souvenir* por US$ 5 cada ou US$ 6 cada?
2. Estime a elasticidade-preço da demanda das folhas de *souvenir*.
3. Estime o preço maximizador de lucros das folhas de *souvenir*.
4. Se a Imperial Printing aumentar o preço que cobra do serviço postal de Santa Lucia, por folha de *souvenir*, para US$ 0,70 cada, quanto o serviço postal poderá cobrar de seus clientes pelas folhas?

PROBLEMA A.5 Custos-padrão; Determinação de preços pelo custeio por absorção [OA.2(A)]

A Euclid Fashions Inc. está lançando uma jaqueta esportiva. Um relatório de custo-padrão foi preparado para a nova jaqueta, como exibido a seguir:

	Quantidade ou horas-padrão	Preço-padrão ou taxa salarial-padrão (US$)	Custo-padrão (US$)
Materiais diretos	2 jardas	4,60 por jarda	9,20
Mão de obra direta.............................	1,4 horas	10 por hora	14
Custos indiretos de produção (1/6 variável)	1,4 horas	12 por hora	16,80
Custo-padrão total por jaqueta...........			40

Temos disponíveis as seguintes informações adicionais relativas à nova jaqueta:

a. O único custo variável de venda e administrativo será US$ 4 por jaqueta para a expedição. Os custos fixos de venda e administrativos serão (por ano):

Salários (US$)....................................	90.000
Propaganda e outros (US$)...............	384.000
Total (US$)	474.000

b. Como a empresa produz muitos produtos, não podem ser dedicadas mais do que 21 mil horas de mão de obra direta por ano à produção das novas jaquetas.
c. Será necessário um investimento de US$ 900 mil para manter estoques e contas a receber e para comprar alguns equipamentos novos. A taxa de retorno exigida da empresa é de 24%.
d. Os custos indiretos de produção são alocados a produtos com base nas horas de mão de obra direta.

Requisitado:

1. Suponha que a empresa use a abordagem do custeio por absorção para a precificação *cost-plus*.
   a. Calcule o *markup* que a empresa precisa sobre as jaquetas para alcançar um ROI de 24% se ela vender todas as jaquetas que puder produzir usando 21 mil horas de mão de obra.
   b. Usando o *markup* que você calculou, prepare um formulário de cotação de preços para uma única jaqueta.
   c. Suponha que a empresa seja capaz de vender todas as jaquetas que consegue produzir. Prepare uma demonstração de resultados para o primeiro ano de atividade e calcule o ROI da empresa sobre as jaquetas para esse ano, usando a fórmula do ROI do Capítulo 11.
2. Depois de comercializar as jaquetas por vários anos, a empresa enfrenta uma queda na demanda por causa de uma recessão econômica. Um grande estabelecimento de varejo fará uma grande compra de jaquetas no atacado se sua etiqueta for costurada e se conseguir chegar a um preço aceitável. Qual é o preço mínimo aceitável para esse pedido?

CONTABILIDADE GERENCIAL

PROBLEMA A.6 Dados faltantes; Cálculos de *markup*; Retorno sobre o investimento; Precificação [OA.2(A)]

A Rest Easy Inc. projetou um novo colchão inflável à prova de furos, que não se compara a nada no mercado. Por conta das propriedades exclusivas do novo colchão inflável, a empresa prevê que será capaz de vender todos os colchões que conseguir produzir. Com base nisso, temos disponível a demonstração de resultados orçada para o primeiro ano de atividade da empresa:

Vendas (_?_ colchões por _?_ por colchão) (US$)	?
Custo de produtos vendidos (_?_ colchões por _?_ por colchão) (US$)	4.000.000
Margem bruta (US$)..	?
Despesas de venda e administrativas (US$).....................................	2.160.000
Resultado operacional (US$)..	?

Temos as seguintes informações adicionais sobre o novo colchão inflável:

a. A empresa contratará trabalhadores suficientes para dedicar 100 mil horas de mão de obra direta à produção dos colchões.

b. A seguir, temos um relatório de custo-padrão, parcialmente completo, para os novos colchões infláveis:

	Quantidade-padrão ou horas-padrão	Preço-padrão ou taxa salarial-padrão (US$)	Custo-padrão (US$)
Materiais diretos	5 metros	6 por metro	30
Mão de obra direta.....................................	2 horas	? por hora	?
Custos indiretos de produção...................	? horas	? por hora	?
Custo-padrão total por colchão inflável			?

c. Será necessário um investimento de US$ 3,5 milhões para manter estoques e contas a receber e para comprar alguns equipamentos novos. A gerência decidiu que o projeto do novo colchão é bastante exclusivo para a empresa determinar um preço de venda que gerará um retorno sobre o investimento (ROI) de 24%.

d. A seguir, temos outras informações relativas à produção e custos:

Custos variáveis indiretos de produção (por colchão) (US$)	7
Despesas variáveis de venda (por colchão) (US$).......................................	5
Custos fixos indiretos de produção (total) (US$)	1.750.000
Despesas fixas de venda e administrativas (total) (US$)	?
Número de colchões produzidos e vendidos (por ano) (US$)......................	?

e. Os custos indiretos de produção são alocados à produção com base nas horas de mão de obra direta.

Requisitado:

1. Complete o relatório de custo-padrão de um único colchão.
2. Suponha que a empresa use a abordagem do custeio por absorção para a precificação *cost-plus*.
   a. Calcule o *markup* que a empresa precisa cobrar sobre os colchões para alcançar um retorno sobre o investimento (ROI) de 24%.
   b. Usando o *markup* que você calculou, prepare um formulário de cotação de preços para um único colchão.
   c. Suponha, como afirmado, que a empresa possa vender todos os colchões que conseguir produzir. Complete a demonstração de resultados para o primeiro ano de atividades e então calcule o ROI da empresa para o ano.
3. Suponha que a mão de obra direta seja um custo variável. Quantas unidades a empresa teria que vender pelo preço que você calculou no item (2) para alcançar o ROI de 24%? Quantas unidades teriam que ser produzidas e vendidas para chegar ao ponto de equilíbrio?

PROBLEMA A.7 Método do custo-meta [OA.3(A)]

A Choice Culinary Supply Inc. vende equipamentos e suprimentos para restaurantes na maior parte dos Estados Unidos. A gerência considera adicionar uma máquina de sorvete italiano à sua linha de máquinas de produção de sorvete. Além disso, negociará o preço da máquina de sorvete com seu fabricante italiano.

A gerência da Choice Culinary Supply acredita que as máquinas de sorvete possam ser vendidas a seus clientes nos Estados Unidos por US$ 3.795 cada. Por esse preço, as vendas anuais desse equipamento devem ser de 80 unidades. Se a máquina de sorvete for adicionada às linhas de produto da Choice Culinary Supply, a empresa terá de investir US$ 50 mil em estoques e acessórios especiais para o armazém. Os custos variáveis de vender as máquinas de sorvete seriam de US$ 350 por máquina.

Requisitado:

1. Se a Choice Culinary Supply exige um retorno sobre o investimento (ROI) de 20%, qual é o valor máximo que a empresa estaria disposta a pagar ao fabricante italiano pelas máquinas de sorvete?
2. A gerência gostaria de saber como o preço de compra das máquinas afetaria o ROI da Choice Culinary Supply. Construa um gráfico que mostre o ROI da Choice Culinary Supply em função do preço de compra da máquina de sorvete. Coloque o preço de compra no eixo *X* e o ROI resultante no eixo *Y*. Trace o gráfico do ROI dos preços de compra entre US$ 2,4 mil e US$ 3,4 mil por máquina.
3. Depois de muitas horas de negociações, a gerência concluiu que o fabricante italiano não está disposto a vender sua máquina de sorvete por um preço relativamente baixo para a Choice Culinary Supply obter seu ROI exigido de 20%. Além de apenas desistir da ideia de adicionar a máquina de sorvete às linhas de produtos da Choice Culinary Supply, o que a gerência poderia fazer?

PROBLEMA A.8 Abordagem dos economistas para a precificação; Abordagem do custeio por absorção para a precificação *cost-plus* [OA.1(A), OA.2(A)]

A Softway Inc. foi fundada por dois jovens engenheiros de software para comercializar o AdBlocker, um aplicativo de software que eles tinham criado para bloquear anúncios ao navegar na internet. As vendas do software têm sido boas, totalizando 20 mil unidades por mês, mas a empresa está perdendo dinheiro, como indicado a seguir:

Vendas (20.000 unidades × US$ 18,95 por unidade) (US$)	379.000
Custos variáveis (20.000 unidades × US$ 5,90 por unidade) (US$)	118.000
Margem de contribuição (US$)	261.000
Despesas fixas (US$)	264.000
Resultado operacional (US$)	– 3.000

Os únicos custos variáveis da empresa são a taxa de US$ 5,90 que ela paga à outra empresa para reproduzir o software em CDs, imprimir manuais e embalar o resultado em uma caixa atraente para a venda aos consumidores. As despesas fixas de venda e administrativas mensais são de US$ 264 mil.

A gerente de marketing da empresa tem discutido há algum tempo que o preço do software está alto demais. Ela estima que cada diminuição de 10% no preço gerará um aumento de 20% nas vendas unitárias. A gerente de marketing gostaria de sua ajuda para preparar uma apresentação para os proprietários da empresa sobre a questão da determinação do preço.

Requisitado:

1. Para ajudar a gerente de marketing a se preparar para sua apresentação, ela pediu que você preenchesse as lacunas da tabela a seguir. Os preços de venda na tabela foram calculados diminuindo-se sucessivamente o preço de venda em 10%. As vendas unitárias estimadas foram calculadas aumentando-se sucessivamente as vendas unitárias em 20%. Por exemplo, US$ 17,06 é 10% a menos do que US$ 18,95 e 24 mil unidades é 20% a mais do que 20 mil unidades.

Preço de venda (US$)	Vendas unitárias	Vendas (US$)	Custos variáveis (US$)	Custos fixos (US$)	Receita operacional (US$)
18,95	20.000	379.000	118.000	264.000	− 3.000
17,06	24.000	409.440	141.600	264.000	3.840
15,35	28.800	?	?	?	?
13,82	34.560	?	?	?	?
12,44	41.472	?	?	?	?
11,20	49.766	?	?	?	?
10,08	59.719	?	?	?	?
9,07	71.663	?	?	?	?
8,16	85.996	?	?	?	?
7,34	103.195	?	?	?	?

2. Usando os dados da tabela, construa um gráfico que mostre o resultado operacional em função do preço de venda. Coloque o preço de venda no eixo X e o resultado operacional no eixo Y. Usando o gráfico, estime o preço de venda aproximado com o qual o resultado operacional é maximizado.

3. Calcule a elasticidade-preço da demanda do software AdBlocker. Com base nesse cálculo, qual é o preço maximizador de lucros?

4. Os proprietários investiram US$ 120 mil na empresa e acham que deveriam estar ganhando pelo menos 2% ao mês sobre esses fundos. Se fosse usada a abordagem do custeio por absorção para a precificação, qual seria o preço de venda alvo, com base nas vendas correntes de 20 mil unidades? O que você acha que aconteceria com o resultado operacional da empresa se esse preço fosse cobrado?

5. Se os proprietários da empresa estiverem insatisfeitos com o resultado operacional e o retorno sobre o investimento pelo preço de venda que você calculou no item (3) anterior, eles devem aumentar o preço de venda? Explique.

ANÁLISE DE LUCRATIVIDADE

▶▶ Objetivos de aprendizagem

OA.1(B) Calcular o índice de lucratividade e usá-lo para selecionar possíveis ações.

OA.2(B) Calcular e usar o índice de lucratividade em decisões de *trade-off* de volume.

OA.3(B) Calcular e usar o índice de lucratividade em outras decisões de negócios.

INTRODUÇÃO

Talvez mais do que qualquer outra informação, os gerentes gostariam de conhecer a lucratividade de seus produtos, clientes e outros segmentos de negócios. Eles querem ter essa informação para que possam saber que segmentos eliminar e adicionar e quais segmentos enfatizar. Este apêndice fornece uma estrutura coerente para medir a lucratividade, reunindo materiais relevantes de diversos capítulos. Depois de estudá-lo, você deverá compreender bem os princípios por trás da análise de lucratividade. O primeiro passo é distinguir entre *lucratividade absoluta e lucratividade relativa*.

POR DENTRO DAS EMPRESAS

PIONEER DÁ UM FIM AO SEU NEGÓCIO DE TVS

A **Pioneer Corporation** saiu do negócio de televisões de plasma porque não era lucrativa em termos absolutos. A empresa só produzia modelos de TV de plasma de 50 e 60 polegadas, e, quando a economia entrou em retração, a demanda por esses modelos de luxo caiu. A Pioneer tentou cortar os custos comprando seus painéis de plasma da **Panasonic** em vez de produzi-los, mas isso não foi suficiente para superar uma queda de 37% nas vendas unitárias anuais em conjunto com uma intensa concorrência de preços de rivais maiores.

FONTE: Daisuke Wakabayashi, "Pioneer Unplugs Its TV Business", *The Wall Street Journal*, 13 de fevereiro de 2009, p. B1.

LUCRATIVIDADE ABSOLUTA

A **lucratividade absoluta** envolve o impacto sobre os lucros gerais de uma organização causado pela adição ou eliminação de determinado segmento, como um produto ou cliente – sem que qualquer outra mudança seja feita. Por exemplo, se a **Coca-Cola** considerasse fechar suas operações no país africano de Zimbábue, os gerentes estariam interessados na lucratividade absoluta dessas operações. Mensurar a lucratividade absoluta de um segmento existente é conceitualmente fácil – basta comparar as receitas que seriam perdidas eliminando o segmento aos custos que seriam evitados. Ao considerar um novo segmento potencial, basta comparar as receitas adicionais geradas com a adição do

▶ **Lucratividade absoluta**

impacto sobre os lucros gerais da organização causado pela adição ou eliminação de determinado segmento, como um produto ou cliente – sem fazer nenhuma outra mudança.

CONTABILIDADE GERENCIAL

segmento aos custos adicionais que seriam incorridos. Em cada caso, devem-se incluir apenas os custos adicionais que, na realidade, seriam evitados ou incorridos. Todos os outros custos são irrelevantes e devem ser ignorados.

Na prática, descobrir quais custos mudariam e quais não mudariam se um segmento fosse eliminado (ou adicionado) pode ser muito difícil. O custeio baseado em atividades pode ajudar a identificar esses custos, mas todos os custos devem ser analisados com cuidado para determinar se de fato mudariam. Por exemplo, um estudo de custeio baseado em atividades das operações da Coca-Cola de Zimbábue poderia incluir o valor da equipe de suporte fornecida às operações daquele país pela sede corporativa da Coca-Cola em Atlanta. Entretanto, se eliminar as operações de Zimbábue não causasse qualquer impacto sobre os custos reais em Atlanta, esses custos não seriam relevantes e deveriam ser excluídos ao mensurar a lucratividade absoluta das operações de Zimbábue.

Para exemplos da mensuração da lucratividade absoluta, ver "Apêndice 7A: Análise de ações ABC", a seção "Demonstrações de resultado segmentadas e a abordagem da margem de contribuição" do Capítulo 6, e a seção "Adicionar e eliminar linhas de produtos e outros segmentos" do Capítulo 12.

LUCRATIVIDADE RELATIVA

OA.1(B)

Calcular o índice de lucratividade e usá-lo para selecionar possíveis ações.

▸ Lucratividade relativa

classificação de produtos, clientes ou outros segmentos de negócios para fins de realização de *trade-offs* entre os segmentos. Ela é necessária quando existe uma restrição.

Mesmo quando cada segmento é lucrativo em termos *absolutos*, os gerentes, em geral, querem saber quais segmentos são os mais e os menos lucrativos. A **lucratividade relativa** envolve classificar produtos, clientes e outros segmentos de negócios para determinar quais devem ser enfatizados.

Por que os gerentes estão interessados em classificar segmentos ou determinar a lucratividade relativa de segmentos? A resposta para essa pergunta, que de modo enganoso parece ser simples, é a chave para medir a lucratividade relativa. O único motivo para classificar segmentos é se algo lhe força a fazer trade-offs[*] entre eles. Se não forem necessários *trade-offs*, a solução é simples – manter todos os segmentos que são lucrativos em termos absolutos. O que forçaria um gerente a fazer *trade-offs* entre segmentos lucrativos? Só existe uma resposta – uma restrição. Na ausência de restrições, deve-se dar continuidade a todos os segmentos que são lucrativos em termos absolutos. Entretanto, se houver a presença de uma restrição, então, por definição, a empresa não pode dar continuidade a todas as oportunidades lucrativas. Escolhas têm de ser feitas. Assim, medir a lucratividade relativa apenas faz sentido quando existe uma restrição que força *trade-offs*. Nunca é demais repetir essa questão; as restrições são fundamentais para a compreensão e mensuração da lucratividade relativa.

Como a lucratividade relativa deve ser mensurada? Divida a medida de lucratividade absoluta de cada segmento, que é o seu lucro incremental, pela quantidade da restrição exigida pelo segmento. Por exemplo, veja os dados a seguir sobre dois dos muitos segmentos de uma empresa:

	Segmento A	Segmento B
Lucro incremental (US$)	100.000	200.000
Quantidade necessária do recurso restrito	100 horas	400 horas

O Segmento B pode parecer mais atraente do que o Segmento A porque seu lucro incremental é duas vezes maior, mas exige quatro vezes mais do recurso restrito. Na verdade, o Segmento B não seria o melhor uso do recurso restrito porque ele gera apenas US$ 500 de lucro incremental por hora (US$ 200.000 ÷ 400 horas), enquanto o Segmento A gera US$ 1 mil de lucro incremental por hora (US$ 100.000 ÷ 100 horas). Outra maneira de observar isso é supor que há disponíveis 400 horas do recurso restrito. Você preferiria

---

[*] N. de T.: Um *trade-off* é uma situação em que há conflitos de escolha: ao se fazer uma escolha, perde-se uma qualidade, aspecto ou quantidade de uma coisa, ganhando em troca uma qualidade, aspecto ou quantidade de outra.

usar as horas em quatro segmentos como o Segmento A, gerando um lucro incremental total de US$ 400 mil, ou em um segmento como o Segmento B, que gera US$ 200 mil em lucro incremental?

Em geral, a lucratividade relativa dos segmentos deve ser mensurada pelo **índice de lucratividade**, definido a seguir:

▶ **Índice de lucratividade**

medida de lucratividade relativa, que é calculada dividindo-se o lucro incremental de um segmento pela quantidade do recurso restrito exigida pelo segmento.

$$\text{Índice de lucratividade} = \frac{\text{Lucro incremental do segmento}}{\text{Quantidade do recurso restrito exigida pelo segmento}}$$

O índice de lucratividade é calculado, a seguir, para os dois segmentos, no exemplo:

	Segmento A	Segmento B
Lucro incremental (a) (US$)	100.000	200.000
Quantidade necessária do recurso restrito (b)	100 horas	400 horas
Índice de lucratividade (a) ÷ (b) (US$)	1.000 por hora	500 por hora

Já encontramos vários exemplos do índice de lucratividade nos capítulos anteriores. Por exemplo, no Capítulo 13, o índice de lucratividade do projeto foi definido como:

$$\text{Índice de lucratividade do projeto} = \frac{\text{Valor presente líquido do projeto}}{\text{Valor do investimento exigido pelo projeto}}$$

O índice de lucratividade do projeto é usado quando uma empresa tem mais projetos de longo prazo com valores presentes líquidos positivos do que ela pode financiar. Nesse caso, o lucro incremental do segmento é o valor presente líquido do projeto. E como os fundos de investimento são a restrição, a quantidade do recurso restrito exigida pelo segmento é o valor do investimento exigido pelo projeto.

Como exemplo do uso do índice de lucratividade, considere o caso da Quality Kitchen Design, uma pequena empresa especializada em projetar cozinhas para residências de luxo. A gerência considera os dez projetos de curto prazo listados no Painel A do Quadro B.1. O lucro incremental de cada projeto é listado na segunda coluna. Por exemplo, o lucro incremental do Projeto A é **US$ 9.180**. Esse lucro incremental consiste nas receitas do projeto menos quaisquer custos que seriam incorridos pela empresa em decorrência da aceitação do projeto. A restrição de uma empresa é o tempo do projetista líder. O Projeto A exigiria **17 horas** do tempo do projetista líder. Se todos os projetos fossem aceitos, eles exigiriam um total de **100 horas**. Infelizmente, só há 46 horas disponíveis. Em consequência, a gerência terá de rejeitar alguns projetos. O índice de lucratividade será usado ao decidir quais projetos aceitar e que projetos recusar. O índice de lucratividade de um projeto é calculado dividindo-se o lucro incremental pela quantidade de tempo do projetista líder exigida pelo projeto. No caso do Projeto A, o índice de lucratividade é **US$ 540 por hora**.

Os projetos são classificados na ordem do índice de lucratividade no Painel B do Quadro B.1. A última coluna desse painel mostra a quantidade acumulada do recurso restrito (ou seja, o tempo do projetista líder) necessária para realizar os projetos nesse ponto da lista e antes dele. Por exemplo, as **7 horas** listadas à direita do Projeto J na coluna de quantidades acumuladas representa a soma das **4 horas** exigidas pelo Projeto F mais as **3 horas** exigidas pelo Projeto J.

Para encontrar a melhor combinação de projetos dentro dos limites do recurso restrito, observe a lista do Painel B até o ponto em que todo o recurso restrito disponível é usado. Nesse caso, como estão disponíveis 46 horas do tempo do projetista líder, esse seria o ponto acima da linha cheia traçada no Painel B do Quadro B.1. Os projetos F, J, B, I, D e A se encontram acima dessa linha e exigiriam um total exato de 46 horas de tempo do projetista. O plano ótimo consiste em aceitar esses seis projetos e recusar os outros. O lucro incremental total decorrente da aceitação desses projetos seria

US$ 32.930, como mostra o Painel C do Quadro B.1. Nenhuma outra combinação exequível de projetos geraria um lucro incremental total mais alto.[1]

QUADRO B.1
Classificar segmentos com base no índice de lucratividade.

Painel A: Cálculo do índice de lucratividade

	Lucro incremental (A) (US$)	Quantidade necessária do recurso restrito (B)	Índice de lucratividade (A) ÷ (B) (US$)
Projeto A.............	9.180	17 horas	540 por hora
Projeto B.............	7.200	9 horas	800 por hora
Projeto C.............	7.040	16 horas	440 por hora
Projeto D	5.680	8 horas	710 por hora
Projeto E.............	5.330	13 horas	410 por hora
Projeto F.............	4.280	4 horas	1.070 por hora
Projeto G	4.160	13 horas	320 por hora
Projeto H	3.720	12 horas	310 por hora
Projeto I..............	3.650	5 horas	730 por hora
Projeto J	2.940	3 horas	980 por hora
		100 horas	

Painel B: Classificação baseada no índice de lucratividade

	Índice de lucratividade (US$)	Quantidade necessária do recurso restrito	Quantidade acumulada do recurso restrito usado
Projeto F.............	1.070 por hora	4 horas	4 horas
Projeto J	980 por hora	3 horas	7 horas
Projeto B.............	800 por hora	9 horas	16 horas
Projeto I..............	730 por hora	5 horas	21 horas
Projeto D	710 por hora	8 horas	29 horas
Projeto A.............	540 por hora	17 horas	46 horas
Projeto C.............	440 por hora	16 horas	62 horas
Projeto E.............	410 por hora	13 horas	75 horas
Projeto G	320 por hora	13 horas	88 horas
Projeto H	310 por hora	12 horas	100 horas

Painel C: Plano ótimo

	Lucro incremental (US$)
Projeto F.............	4.280
Projeto J	2.940
Projeto B.............	7.200
Projeto I	3.650
Projeto D	5.680
Projeto A	9.180
	32.930

---

[1] Nesse exemplo, os projetos superiores consumiram, com exatidão, todo o recurso restrito disponível. Isso nem sempre acontecerá. Por exemplo, suponha que haja disponíveis apenas 45 horas de tempo do projetista líder. Essa pequena mudança complica as questões de modo considerável. Em virtude do fato de os projetos exigirem grandes quantidades do recurso restrito, o plano ótimo não é necessariamente fazer os projetos F, J, B, I e D – parando no Projeto D da lista e uma exigência acumulada de 29 horas. Isso deixaria 16 horas não utilizadas de tempo do projetista líder. O melhor uso desse tempo pode ser o Projeto C, que tem um lucro incremental de US$ 7.040. Entretanto, há outras possibilidades também. Encontrar e avaliar todas as possibilidades mais prováveis pode exigir muito tempo e engenhosidade. Quando o recurso restrito não é, de modo total, exaurido pelos primeiros projetos da lista, pode ser necessário mexer na solução. Por esse motivo, a lista gerada pela classificação com base no índice de lucratividade deve ser vista como um ponto de partida em vez de uma solução definitiva quando os projetos exigem grandes quantidades do recurso restrito.

Devemos reforçar um ponto muito importante que pode ser esquecido em meio a esses detalhes. O índice de lucratividade é baseado no lucro *incremental*. Ao calcular o lucro incremental para um segmento como produto, cliente ou projeto, apenas os custos *incrementais* do segmento devem ser incluídos. Esses são os custos que seriam evitados – sejam eles fixos ou variáveis – se o segmento fosse eliminado. Todos os outros custos não são relevantes e devem ser ignorados – incluindo a alocação dos custos comuns.

POR DENTRO DAS EMPRESAS

KRAFT ACUMULA MARCAS E DEPOIS SE DESFAZ DELAS

Em 2000, a **Kraft Foods** Inc. adquiriu a Nabisco por US$ 19 bilhões. Essa aquisição, em conjunto com nove outras, impulsionou as vendas anuais da Kraft para mais de US$ 32 bilhões. De fato, a Kraft tinha reunido uma carteira de marcas impressionante, que incluía os biscoitos Oreo, as carnes Oscar Mayer, os cereais Post, os cafés Maxwell House e as pizzas DiGiorno, entre outras. Entretanto, o presidente-executivo (CEO – *Chief Executivo Officer*) da Kraft, Roger K. Deromedi, decidiu que estava na hora de fazer alguns cortes na empresa. Em 2004, a Kraft vendeu suas marcas Life Savers e Altoids para a **Wm. Wrigley Jr. Co.** por US$ 1,5 bilhão, à vista. Deromedi vendeu essas marcas secundárias para permitir que a Kraft se "concentrasse nas marcas de maior sucesso que podem estar no topo de sua categoria em todo o mundo". De modo presumível, a Kraft considerava a Life Savers e a Altoids relativamente não lucrativas em comparação às outras marcas da organização que competiam por fundos de investimento escassos.

FONTE: Michael Arndt, "Why Kraft Is on a Crash Diet", *BusinessWeek*, 29 de novembro de 2004, p. 46.

DECISÕES DE *TRADE-OFF* DE VOLUME

OA.2(B)

Calcular e usar o índice de lucratividade em decisões de *trade-off* de volume.

Anteriormente, afirmamos que você já encontrou diversos exemplos do índice de lucratividade neste livro. Um foi o índice de lucratividade de um projeto no Capítulo 13. O outro exemplo do índice de lucratividade se encontra na seção "Utilização de um recurso restrito", no Capítulo 12. Essa seção lida com situações em que uma empresa não possui capacidade suficiente para satisfazer a demanda por todos os seus produtos. Portanto, a empresa tem que produzir menos de alguns produtos do que o mercado demanda. Isso é chamado de decisão de *trade-off* de volume, porque a decisão, na margem, consiste em "trocar" unidades de um produto por unidades de outro. Os custos fixos, em geral, não são afetados por essas decisões – a capacidade será utilizada em sua totalidade; trata-se apenas de como será utilizada. Nas decisões de *trade-off* de volume em que os custos fixos são irrelevantes, o índice de lucratividade assume esta forma especial:

$$\text{Índice de lucratividade para uma decisão de \textit{trade-off} de volume} = \frac{\text{Margem de contribuição unitária}}{\text{Quantidade do recurso restrito exigida por uma unidade}}$$

Esse índice de lucratividade é idêntico à "margem de contribuição por unidade do recurso restrito" que foi usada no Capítulo 12 para decidir quais produtos deviam ser enfatizados. Um exemplo de uma decisão de *trade-off* de volume é apresentada no Quadro B.2. Nesse exemplo, a empresa fabrica três produtos que usam o recurso restrito – uma máquina que está disponível 2,2 mil minutos por semana. Como mostra o Painel B do Quadro B.2, produzir todos os três produtos até a demanda exigiria **2,7 mil minutos** por semana – 500 minutos a mais do que há disponível. Em consequência, a empresa não pode satisfazer, de maneira total, a demanda por esses três produtos, e algum produto ou alguns produtos têm de ter uma produção menor.

O índice de lucratividade para essa decisão é calculado no Painel C do Quadro B.2. Por exemplo, o índice de lucratividade do produto RX200 é **US$ 3 por minuto**. O valor comparável do produto VB30 é **US$ 5 por minuto** e do produto SQ500 é **US$ 4 por minuto**. Como consequência, a classificação correta dos produtos qualifica primeiro o VB30, seguido pelo SQ500 e depois pelo RX200.

CONTABILIDADE GERENCIAL

O plano ótimo de produção é discriminado no Painel D do Quadro B.2. Os produtos mais lucrativos, o VB30 e o SQ500, são produzidos até a demanda; e o tempo restante da restrição é usado para produzir **200 unidades** do RX200 (1.000 minutos disponíveis ÷ 5 minutos por unidade).

A margem de contribuição total de seguir esse plano é calculada no Painel E do Quadro B.2. A margem de contribuição total de **US\$ 8.600** é mais alta do que a margem de contribuição que poderia ser realizada seguindo qualquer outro plano executável. Supondo que os custos fixos não sejam afetados pela decisão de quais produtos enfatizar, esse plano também gera um lucro total mais alto do que qualquer outro plano executável.

QUADRO B.2
Usar o índice de lucratividade em uma decisão de *trade-off* de volume.

Painel A: Dados dos produtos

	Produtos		
	RX200	VB30	SQ500
Margem de contribuição unitária	US\$ 15 por unidade	US\$ 10 por unidade	US\$ 16 por unidade
Demanda por semana	300 unidades	400 unidades	100 unidades
Quantidade necessária do recurso restrito	5 minutos por unidade	2 minutos por unidade	4 minutos por unidade

Painel B: Demanda total do recurso restrito

	Produtos			
	RX200	VB30	SQ500	Total
Demanda por semana (a).....................................	300 unidades	400 unidades	100 unidades	
Quantidade necessária do recurso restrito (b)	5 minutos por unidade	2 minutos por unidade	4 minutos por unidade	
Quantidade total da restrição necessária por semana para atender a demanda (a) × (b)........	1.500 minutos	800 minutos	400 minutos	**2.700 minutos**

Painel C: Cálculo do índice de lucratividade

	Produtos		
	RX200	VB30	SQ500
Margem de contribuição unitária (a)	US\$ 15 por unidade	US\$ 10 por unidade	US\$ 16 por unidade
Quantidade do recurso restrito necessária (b)	5 minutos por unidade	2 minutos por unidade	4 minutos por unidade
Índice de lucratividade (margem de contribuição por unidade do recurso restrito) (a) ÷ (b)	**US\$ 3 por minuto**	**US\$ 5 por minuto**	**US\$ 4 por minuto**

Painel D: Plano ótimo

Quantidade disponível do recurso restrito..	2.200 minutos
Menos: recurso restrito necessário para a produção de 400 unidades de VB30	800 minutos
Restante disponível do recurso restrito..	1.400 minutos
Menos: recurso restrito necessário para a produção de 100 unidades de SQ500......................	400 minutos
Restante disponível do recurso restrito..	1.000 minutos
Menos: Recurso restrito necessário para a produção de **200 unidades** de RX200*	1.000 minutos
Restante disponível do recurso restrito..	0 minutos

* 1.000 minutos disponíveis ÷ 5 minutos por unidade de RX200 = 200 unidades de RX200.

Painel E: Margem de contribuição total sob o plano ótimo

	Produtos			
	RX200	VB30	SQ500	Total
Margem de contribuição unitária (a)	US\$ 15 por unidade	US\$ 10 por unidade	US\$ 16 por unidade	
Plano ótimo de produção (b)	200 unidades	400 unidades	100 unidades	
Margem de contribuição (a) × (b)........................	US\$ 3.000	US\$ 4.000	US\$ 1.600	**US\$ 8.600**

Apêndice **B** ▸▶ Análise de lucratividade

IMPLICAÇÕES GERENCIAIS

Além das decisões de adicionar ou eliminar produtos ou serviços oferecidos e das decisões de *trade-off* de volume discutidas anteriormente, o índice de lucratividade pode ser usado de outras maneiras. Por exemplo, quais produtos você preferiria que seus vendedores enfatizassem – aqueles com um baixo índice de lucratividade ou aqueles com um alto índice de lucratividade? A resposta é, evidentemente, que os vendedores devem ser encorajados a enfatizar as vendas dos produtos com os maiores índices de lucratividade. Entretanto, se os vendedores recebem comissão baseada nas vendas, quais produtos eles tentarão vender? A seguir, temos os preços de venda dos produtos RX200, VB30 e SQ500:

	Produtos		
	RX200	VB30	SQ500
Preço de venda unitário (US$)...............	40	30	35

Se os vendedores recebem comissões baseadas na venda bruta, eles preferirão vender o produto RX200, que tem o preço de venda mais alto. Mas esse é o produto menos lucrativo considerando-se a restrição atual. Ele possui um índice de lucratividade de apenas US$ 3 por minuto em comparação a US$ 5 por minuto para o VB30 e US$ 4 por minuto para o SQ500.

Isso sugere que os vendedores devem receber comissões baseadas no índice de lucratividade e na quantidade de tempo da restrição vendida do que nas receitas de venda, o que os encorajaria a vender os produtos mais lucrativos em vez de os produtos com os preços de venda mais altos. Como funcionaria esse sistema de remuneração? Antes de fazer uma ligação de vendas, um vendedor receberia um relatório atualizado indicando quanto do recurso restrito está disponível no momento e uma listagem de todos os produtos que mostrem a quantidade da restrição que cada um exige e o índice de lucratividade. Esse relatório teria a seguinte aparência:

Relatório de dados de marketing			
	Produtos		
	RX200	VB30	SQ500
Preço de venda unitário (US$)....................................	**40**	30	35
Custos variáveis por unidade (US$)	25	20	19
Margem de contribuição unitária (a) (US$)................	15	10	16
Quantidade do recurso restrito necessária por unidade (b)..	5 minutos	2 minutos	4 minutos
Índice de lucratividade (a) ÷ (b) (US$)	**3 por minuto**	**5 por minuto**	4 por minuto
Tempo disponível total do recurso restrito: **100 minutos**			

O essencial aqui é perceber que o vendedor está, em essência, vendendo tempo da restrição. Um vendedor que é remunerado com base no índice de lucratividade preferirá vender o produto VB30 porque o vendedor conseguiria um crédito de US$ 500 pelas vendas se todos os **100 minutos** forem usados no produto VB30 (**US$ 5 por minuto** × 100 minutos), enquanto o crédito seria de apenas US$ 300 para a venda do produto RX200 ou US$ 400 para a venda do produto SQ500.[2]

---

[2] Seriam dados incentivos equivalentes pelas comissões com base na margem de contribuição total. Se todos os 100 minutos disponíveis fossem usados para produzir o produto VB30, 50 unidades poderiam ser produzidas (100 minutos ÷ 2 minutos por unidade), para as quais a margem de contribuição total seria de US$ 500 (US$ 10 por unidade × 50 unidades). Da mesma maneira, a margem de contribuição total dos produtos RX200 e SQ500 seria de US$ 300 e US$ 400, respectivamente, se todos os minutos disponíveis fossem usados para produzir apenas esses produtos.

▸▶ OA.3(B)

Calcular e usar o índice de lucratividade em outras decisões de negócios.

O índice de lucratividade também tem implicações sobre a precificação de novos produtos. Suponha que a empresa tenha projetado um novo produto, o WR6000, cujos custos variáveis sejam de US$ 30 por unidade e que exija 6 minutos do recurso restrito por unidade. Como a empresa está, hoje, usando toda a sua capacidade, o novo produto deslocaria, de modo exato, a produção de produtos existentes. Em consequência, o preço do novo produto deve cobrir não só seus custos variáveis, mas também o custo de oportunidade de deslocar os produtos existentes. Qual produto seria deslocado? A produção do RX200 deveria ser eliminada primeiro porque esse é o produto menos lucrativo. E quanto valeria um minuto do recurso restrito se ele fosse usado para fabricar o produto RX200? Um minuto do recurso restrito vale **US$ 3 por minuto**, este é o índice de lucratividade do produto RX200. Portanto, o preço de venda do novo produto deve, pelo menos, cobrir os custos discriminados a seguir:[3]

$$\text{Preço de venda do novo produto} \geq \text{Custos variáveis do novo produto} + \left(\text{Custo de oportunidade do recurso restrito por unidade} \times \text{Quantidade do recurso restrito exigida por uma unidade do novo produto} \right)$$

No caso do novo produto WR6000, os cálculos seriam:

Preço de venda do WR6000 $\geq$ US$ 30 + (US$ 3 por minuto × 6 minutos) = US$ 30 + US$ 18 = US$ 48

O WR6000 seria vendido por pelo menos US$ 48 ou a empresa teria resultados melhores continuando a usar a capacidade disponível para produzir o RX200.[4]

POR DENTRO DAS EMPRESAS

LIDAR COM CLIENTES NÃO LUCRATIVOS

Um varejista descobriu que muitos dos maiores clientes em seu programa de "fidelidade" eram não lucrativos porque compravam apenas itens promocionais e devolviam muitos itens. A empresa parou de enviar a esses clientes avisos de futuras vendas "exclusivas".

FONTE: Larry Selden e Geoffrey Colvin, "Will this Customer Sink Your Stock?", *Fortune*, 30 de setembro de 2002, p. 127-132.

RESUMO

Deve ser feita uma forte distinção entre lucratividade absoluta e lucratividade relativa. Um segmento é considerado lucrativo no sentido absoluto se eliminá-lo resultar em lucros mais baixos, de um modo geral. A lucratividade absoluta é medida pelo lucro incremental do segmento, que é a diferença entre as receitas do segmento e os custos que poderiam ser evitados eliminando o segmento.

Uma medida de lucratividade relativa é usada para classificar segmentos do mais lucrativo para o menos lucrativo. Tais classificações são necessárias apenas se uma restrição forçar a organização a fazer escolhas entre segmentos. Para medir, de modo adequado, a lucratividade relativa, deve-se conhecer três questões. Primeiro, a restrição deve ser identificada. Segundo, o lucro incremental associado a cada segmento deve ser calculado. Terceiro, a quantidade do recurso restrito

---

[3] Além disso, o preço de venda de um novo produto deve cobrir quaisquer custos fixos evitáveis do produto. É mais fácil falar do que fazer, porém, alcançar esse objetivo envolve estimar quantas unidades serão vendidas – o que, por sua vez, depende do preço de venda.

[4] Se a produção do WR6000, por fim, deslocasse por completo a produção do RX200, o custo de oportunidade mudaria. Ele aumentaria para US$ 4 por minuto o índice de lucratividade do produto seguinte na fila para ser cortado.

exigida por cada segmento tem de ser determinada. A lucratividade relativa é medida pelo índice de lucratividade, que é o lucro incremental do segmento dividido pela quantidade do recurso restrito exigido pelo segmento. O índice de lucratividade pode ser usado em diversas situações, incluindo seleções de projetos e decisões de *trade-off* de volume.

PERGUNTAS

B.1 O que significa lucratividade absoluta?
B.2 O que significa lucratividade relativa?
B.3 Um proprietário bem-sucedido de uma pequena empresa afirmou: "Temos a melhor tecnologia, os melhores produtos e o melhor pessoal do mundo. Não temos restrições". Você concorda?
B.4 Quais informações são necessárias para mensurar a lucratividade absoluta de um segmento?
B.5 Quais informações são necessárias para mensurar a lucratividade relativa de um produto?
B.6 Como a lucratividade relativa de produtos deve ser determinada em uma decisão de trade-off de volume?
B.7 Quais custos devem ser cobertos pelo preço de venda de um novo produto?

EXERCÍCIOS

Consulte no *site* www.grupoa.com.br os suplementos para esta seção.

EXERCÍCIO B.1 Classificar projetos com base no índice de lucratividade [OA.1(B)]

A Atlantic Amusements está no processo de revisar propostas para novos brinquedos em seus parques temáticos espalhados pela costa do Atlântico. O único engenheiro de segurança experiente da empresa tem de analisar com cuidado os planos e monitorar a construção de cada um dos projetos – essa restrição impossibilita a construção de todos os brinquedos novos este ano. Os valores presentes líquidos e a quantidade de tempo do engenheiro de segurança exigida pelos brinquedos propostos estão listados a seguir:

Brinquedo proposto	Valor presente líquido (US$)	Tempo do engenheiro de segurança (horas)
Brinquedo 1	741.400	220
Brinquedo 2	382.500	150
Brinquedo 3	850.500	350
Brinquedo 4	450.500	170
Brinquedo 5	620.400	220
Brinquedo 6	1.004.400	310
Brinquedo 7	953.800	380
Brinquedo 8	332.500	190
Brinquedo 9	385.500	150
Brinquedo 10	680.400	270
Total	6.401.900	2.410

Requisitado:
1. O engenheiro de segurança está disponível para trabalhar nos brinquedos novos por 1.220 horas durante o ano. Quais dos brinquedos propostos a empresa deve construir este ano? (Nota: o lucro incremental de um projeto de longo prazo, como construir um brinquedo novo, é seu valor presente líquido.)
2. Qual seria o valor presente líquido total dos brinquedos construídos em seu plano?

EXERCÍCIO B.2 Decisão de *trade-off* de volume [OA.2(B)]

A Bateaux du Bois Ltd. faz reproduções de barcos clássicos em madeira. O gargalo no processo de produção é ajustar as placas de madeira de modo a construir as partes curvas do casco. Esse processo exige a atenção do artesão mais experiente da oficina. Há disponível um total de 1,8 mil horas por ano na operação que é o gargalo. A seguir, temos dados relativos aos quatro produtos da empresa:

	Trader	Trapper	Quebec	Runner
Margem de contribuição unitária (US$)..............................	444	464	312	462
Demanda anual (unidades)	80	80	70	120
Horas exigidas por unidade na operação que é o gargalo....	6	8	4	7

Não é possível evitar nenhum custo fixo modificando quantas unidades são produzidas de nenhum produto ou mesmo eliminando qualquer um dos produtos.

Requisitado:
1. Há capacidade suficiente na operação que é o gargalo para satisfazer a demanda por todos os produtos?
2. Qual é o plano de produção ótimo para o ano?
3. Qual seria a margem de contribuição total para o plano ótimo de produção que você propôs?

EXERCÍCIO B.3 Precificar um produto novo [OA.3(B)]

A Java Stop é proprietária e opera uma cadeia popular de estandes de café que serve mais de 30 bebidas diferentes feitas com café. A restrição nesses estandes é a quantidade de tempo necessária para atender um pedido, que pode ser considerável para as bebidas mais complexas. Muitas vezes, perdem-se vendas porque os clientes vão embora depois de ver uma longa fila de espera para fazer um pedido. Uma análise cuidadosa dos produtos existentes da empresa revelou que o custo de oportunidade do tempo de atendimento de um pedido é de US$ 3,40 por minuto.

A empresa considera introduzir um produto novo, o cappuccino de amaretto, para ser feito com extrato de amêndoas e açúcar fino. Os custos variáveis do cappuccino de amaretto, tamanho-padrão, seriam de US$ 0,46 e o tempo necessário para atender um pedido da bebida seria de 45 segundos.

Requisitado:
Qual é o preço mínimo aceitável para o novo cappuccino de amaretto?

PROBLEMAS

Consulte no *site* www.grupoa.com.br os suplementos para esta seção.

PROBLEMA B.4 Classificar alternativas e gerenciar uma restrição [OA.1(B), OA.3(B)]

A padaria Terri's Baking Company desenvolveu a reputação de produzir bolos de casamento excelentes e exclusivos, além de apresentar uma variedade normal de pães e doces finos. Embora o negócio de bolos de casamento gere muito dinheiro, ele cria alguns problemas para a proprietária da padaria, Terri Chavez, em especial em junho. A reputação dos bolos de casamento da empresa se baseia nas habilidades de Megan Easterling, que decora todos os bolos. Infelizmente, no ano passado, a empresa aceitou muitos pedidos para alguns fins de semana de junho, fazendo Megan trabalhar até ficar exausta e quase pedir demissão. Para evitar que isso ocorra de novo, Terri prometeu a Megan que ela não precisará trabalhar mais do que 33 horas em semana alguma para preparar os bolos de casamento para o fim de semana seguinte. (Megan também tem outras funções na padaria, então mesmo com a restrição de 33 horas, ela trabalharia mais do que em tempo integral, em junho.)

No início de maio, já foram feitas várias reservas de bolos de casamento para a primeira semana de junho. Quando um cliente faz uma reserva, a Sra. Chavez reúne informações suficientes sobre o tamanho da festa e os desejos do cliente para que ela possa determinar o preço do bolo, o custo para produzi-lo e a quantidade de tempo que Megan deve gastar decorando-o. As reservas para o primeiro fim de semana de junho estão listadas a seguir:

Cliente	Lucro incremental (US$)	Tempo necessário de Megan (horas)
Audet............................	140	4
Boyer............................	124	4
Comfort........................	160	5
Donaghe......................	96	3
Due...............................	190	5
Dupuy...........................	288	8
Ebberts........................	93	3
Imm...............................	136	4
Mulgrew.......................	234	6
Paulding	204	6
Total..............................	1.665	48

Por exemplo, o bolo de Audet exigiria quatro horas do tempo de Megan e geraria um lucro de US$ 140 para a padaria. Seguindo a prática da indústria, o preço dos bolos é baseado em seu tamanho e fórmulas-padrão e não reflete quanta decoração seria necessária.

Requisitado:

1. A Sra. Chavez acredita que deve cancelar reservas suficientes para reduzir a carga de trabalho de Megan para o nível prometido. Ela sabe que os clientes cujas reservas forem canceladas ficarão desapontados, mas pretende indicar a todos eles outra excelente padaria do outro lado da cidade. Se o único objetivo é maximizar o lucro total da empresa, quais reservas devem ser canceladas?
2. Qual seria o lucro total se sua recomendação, na parte (1) anterior, fosse seguida?
3. Suponha que, por motivos competitivos, fosse impraticável para a Terri's Baking Company mudar o preço de seus bolos de casamento. Quais recomendações você faria à Sra. Chavez em relação a aceitar reservas no futuro?
4. Suponha que a Terri's Baking Company pudesse mudar o modo como determina os preços de seus bolos de casamento. Quais recomendações você faria à Sra. Chavez em relação a isso no futuro?
5. O que a Sra. Chavez poderia fazer para deixar tanto Megan quanto seus clientes felizes, ao mesmo tempo em que aumenta seus lucros? Seja criativo. (Dica: Revise a seção sobre gerenciamento de restrições no Capítulo 12.)

PROBLEMA B.5 Lucratividade de clientes e decisões gerenciais [OA.1(B), OA.3(B)]

A FirstLine Pharmaceuticals Inc. é uma distribuidora, no atacado, de medicamentos controlados para farmácias varejistas independentes e de hospitais. A gerência acredita que bons representantes de clientes sejam o fator-chave para determinar se a empresa será ou não bem-sucedida no futuro. Os representantes de clientes servem como a ponte entre a empresa e os clientes – ajudando as farmácias a monitorarem seus estoques, entregando medicamentos quando os estoques do cliente estão baixos e fornecendo informações atualizadas sobre medicamentos de muitas empresas diferentes. Os representantes de clientes devem ser muito confiáveis e experientes. Bons representantes são difíceis de encontrar e não são substituídos com facilidade.

Os representantes de clientes, de modo habitual, registram a quantidade de tempo que passam atendendo a cada farmácia. Esse tempo inclui o tempo de deslocamento de e para o armazém central da empresa além do tempo gasto repondo estoques, lidando com reclamações, respondendo a perguntas sobre medicamentos, informando os farmacêuticos sobre os últimos avanços e os produtos mais novos, analisando faturas, explicando procedimentos, e assim por diante. Algumas farmácias exigem mais cuidado e atenção do que outras e, em consequência, consomem mais tempo dos representantes.

Há pouco tempo, os representantes de clientes têm reclamado cada vez mais de que é impossível fazer seu trabalho sem realizar muito mais do que a jornada de trabalho comum. Isso levou a um aumento alarmante no número de representantes de clientes que pedia demissão, optando por empregos em outras organizações. Como resultado, a gerência considera deixar de atender alguns clientes para reduzir a carga de trabalho sobre os representantes de clientes. A seguir, temos dados relativos a uma amostra representativa dos clientes da empresa:

	Farmácia Willows	Farmácia de um hospital sueco	Farmácia de uma clínica em Georgetown	Farmácia Kristen
Receitas totais (US$)	344.880	1.995.200	1.414.170	154.800
Custo dos medicamentos vendidos (US$)	263.340	1.446.520	1.047.660	120.960
Custos dos serviços de atendimento ao cliente (US$)	12.240	62.640	39.900	4.500
Tempo dos representantes de clientes	180	1.160	570	90

Os custos de serviço de atendimento ao cliente incluem todos os custos – que não sejam os custos dos medicamentos de fato – que poderiam ser evitados deixando de atender ao cliente. Esses custos incluem os salários por hora dos representantes de clientes, suas comissões de venda, os custos relacionados à quilometragem dos veículos fornecidos pelos representantes da empresa, e assim por diante.

Requisitado:

1. Classifique os quatro clientes em termos de sua lucratividade.

2. Os representantes de clientes, hoje, recebem US$ 25 por hora, mais uma comissão de 1% das receitas de vendas. Se essas quatro farmácias são, de fato, representativas dos clientes da empresa, a empresa poderia arcar com salários mais altos para seus representantes de clientes a fim de atrair e reter esses profissionais?

PROBLEMA B.6 Decisão de *trade-off* de volume; Gerenciar a restrição [OA.2(B), OA.3(B)]

A Enumclaw Brick Inc. fabrica tijolos usando depósitos de barro que se encontram em propriedades da empresa. Diferentes barros crus são misturados e então colocados em moldes para formar tijolos não assados. Os tijolos não assados são, então, empilhados em plataformas de metal móveis e levados até o forno onde são assados até secarem. Os tijolos secos são, então, embalados e expedidos para estabelecimentos de varejo e empreiteiras. O gargalo da produção é o forno, que está disponível 2 mil horas por ano. A seguir, temos dados relativos aos quatro principais produtos da empresa. Os produtos são vendidos por palete.

	Tijolo tradicional	Tijolo texturizado	Tijolo de construção	Tijolo romano
Receita bruta por palete (US$)	789	1.264	569	836
Margem de contribuição por palete (US$)...	370	497	328	390
Demanda anual (paletes)	120	80	180	70
Horas necessárias no forno, por palete	5	7	4	6

Nenhum custo fixo seria evitado modificando-se a quantidade produzida de cada produto.

Requisitado:

1. Há capacidade suficiente no forno para satisfazer a demanda por todos os produtos?
2. Qual é o plano de produção para o ano que maximizaria os lucros da empresa?
3. Qual seria a margem de contribuição total do plano de produção que você propôs?
4. O forno poderia ser operado por mais de 2 mil horas por ano se ele continuasse a funcionar depois da jornada normal de trabalho. Até quanto, por hora, a empresa deveria estar disposta a pagar em salário de hora extra, custos de energia elétrica e outros custos incrementais para operar o forno por hora adicional?
5. A empresa considera introduzir um novo produto, tijolos venezianos esmaltados, que teria custos variáveis de US$ 530 por palete e exigiriam 11 horas no forno. Qual é o preço de venda mínimo aceitável para esse novo produto?
6. Os vendedores, hoje, recebem uma comissão de 5% sobre a receita bruta. Isso motivará os vendedores a fazer a escolha certa sobre qual produto vender com mais agressividade?

PROBLEMA B.7 Interpretar a prática comum [OA.1(B)]

Na prática, muitas organizações mensuram a lucratividade relativa de seus segmentos dividindo as margens por segmentos por suas receitas. A margem por segmento para essa finalidade é a receita do segmento menos seus custos alocados por completo – incluindo alocações dos custos comuns fixos. Por exemplo, um hospital pode calcular a lucratividade relativa de seus principais segmentos do modo a seguir:

Relatório de lucratividade do Hospital Memorial (em milhares de dólares)				
	Emergência	Cirurgia	Atendimento de pacientes agudos	Total
Receita	8.650	14.870	12.120	35.640
Custos, em sua totalidade, alocados....	8.360	14.490	11.760	34.610
Margem	290	380	360	1.030
Lucratividade (Margem ÷ Receita)	3,4%	2,6%	3%	2,9%

O resultado operacional do hospital nesse período foi de US$ 1,030 milhão.

Requisitado:

1. Avalie o uso da margem, definida anteriormente, no numerador da mensuração de lucratividade.
2. Avalie o uso da receita no denominador da mensuração de lucratividade.

CASO

Consulte no *site* www.grupoa.com.br os suplementos para esta seção.

CASO B.8 Redirecionar esforços [OA.2(B)]

A Prevala Corporation, há pouco tempo, sofreu seu quarto declínio consecutivo nos lucros trimestrais – apesar de modestos aumentos nas vendas. Infelizmente, a indústria da Prevala é muito competitiva, então a empresa está relutante em aumentar seus preços. Entretanto, a gerência acredita que os lucros aumentariam se os esforços de sua força de vendas fossem redirecionados para os produtos mais lucrativos dentre os oferecidos.

Há vários anos, a Prevala decidiu que suas competências essenciais eram estratégia, projeto e marketing, e que a produção deveria ser terceirizada. Em consequência, a Prevala subcontrata toda a sua produção.

Os vendedores da Prevala recebem salários e comissões. Todos os vendedores da empresa vendem a linha de produtos inteira da empresa. As comissões são de 6% da receita, gerada por um vendedor, e formam uma média de 70% da remuneração total de um vendedor. Houve discussões sobre aumentar o tamanho da força de vendas, mas a gerência prefere, por enquanto, redirecionar os esforços de vendedores a produtos mais lucrativos. Ainda que a gerência esteja relutante em interferir no esquema de remuneração por comissões, as receitas meta de vários produtos serão determinadas para os gerentes de vendas regionais com base nos produtos que a gerência quer vender de forma mais agressiva. Os gerentes de vendas regionais receberão um bônus se as metas de venda forem alcançadas.

A empresa calcula margens de produto para todos os seus produtos usando a seguinte fórmula:

> Preço de venda
> Menos: comissões de vendas
> Menos: custos das vendas
> Menos: despesas operacionais
> = Margem do produto

O custo de vendas na fórmula de margem do produto é o valor que a Prevala paga a seus subcontratantes de produção. As despesas operacionais representam custos fixos. A cada produto, cobra-se uma fração justa desses custos, calculada esse ano como 37,2% do preço de venda do produto.

A gerência está convencida de que a melhor maneira de melhorar os lucros gerais é redirecionar os esforços dos vendedores da empresa. Não há planos para adicionar nem eliminar nenhum produto.

Requisitado:

Como você mediria a lucratividade relativa dos produtos da empresa nessa situação? Suponha que não seja possível mudar o esquema de remuneração dos vendedores. Suponha, também, que os únicos dados que você possui sejam o preço de venda, as comissões de vendas, o custo de vendas, as despesas operacionais e a margem do produto de cada produto.

CRÉDITOS

Página 1 © Tom Grill/Corbis
Página 9 © Imagestate Media (John Foxx)
Página 16 © Imagem do autor/Punchstock
Página 23 © Mark Graham/
The New York Times/Redux
Página 27 © Moodboard/Corbis
Página 30 © Sandee Noreen
Página 42 © Getty Images/flickr RF
Página 83 Cortesia da University Tees Inc.
Página 85 © Sandee Noreen
Página 85 © Sandee Noreen
Página 92 © Keith Brofsky/Getty Images
Página 142 © Lester Lefkowitz/Corbis
Página 145 © AP Photo/Yves Logghe
Página 147 © Mark Ralston/AFP/
Getty Images
Página 184 © Comstock Images
Página 197 © Yellow Dog Productions/
Getty Images
Página 201 © Bloomberg via Getty Images
Página 205 © Sem royalties/Corbis
Página 231 © Tetra Images/Jupiter Images
Página 240 © Photodisc Collection/
Getty Images
Página 243 © TRBfoto/Getty Images
Página 251 © Duncan Smith/Getty Images
Página 274 © Sem *royalties*/Corbis
Página 277 © Sandee Noreen
Página 277 © Sandee Noreen
Página 278 © Sandee Noreen
Página 288 © Ryan McVay/Getty Images
Página 336 © Sandee Noreen
Página 350 © Ryan McVay/Getty Images
Página 353 © Brand X Pictures/PunchStock
Página 354 © Eric Noreen

Página 356 © AP Photo/Stew Milne
Página 383 © AFP/Getty Images
Página 391 © Getty Images
Página 394 © Janis Christie/Getty Images
Página 396 © 2005 Comstock Images,
JupiterImages Corporation
Página 418 © Bloomberg via Getty Images
Página 422 © Getty Images/Digital Vision
Página 427 © Sem *royalties*/Corbis
Página 432 © Rob Melnychuk/Getty Images
Página 470 © Getty Images
Página 475 © AP Photo/Marcio Jose Sanchez
Página 486 © TongRo Image Stock/Alamy
Página 488 © Ryan McVay/Getty Images
Página 525 © Sem *royalties*/Corbis
Página 539 © Getty Images/PictureIndia RF
Página 543 © The McGraw-Hill Companies
Inc./Andy Resek, fotógrafo
Página 575 Cortesia da Cintas Corporation
Página 589 © Ingram Publishing/SuperStock
Página 593 © The McGraw-Hill Companies
Inc./Jill Braaten, fotógrafa
Página 599 © PRNewsFoto/
Royal Caribbean International
Página 634 © Bloomberg via Getty Images
Página 636 © The McGraw-Hill Companies
Inc./Jill Braaten, fotógrafa
Página 640 © Steve Mason/Getty Images
Página 653 © Randy Allbritton/Getty Images
Página 673 © AP Photo/Mary Altaffer
Página 690 © Doug Menuez/Getty Images
Página 698 © Jack Hollingsworth/
Getty Images
Página 709 © Eric Noreen
Página 709 © Eric Noreen

ÍNDICE

Os números de páginas seguidos de letras referem-se a notas.

3M Company, 16–17, 250–251

A

Abbott Laboratories, 4, 16–17
Abordagem da engenharia, 34–35
Abordagem da margem de contribuição
  custos de produtos conjuntos e, 545–549
  para a construção de demonstrações de resultados, 42–43
  para demonstrações de resultados segmentadas, 242–251
  vantagens da, 240–243
Abordagem de custo total para o orçamento de capital, 586–587
Abordagem do custo incremental para o orçamento de capital, 586, 587–588
Accenture Ltd., 28
Adams, Russell, 536n
Adelphia Communications, 13–14
Adidas, 337
Agrupamento de custos, 276–279, 281–287
Agrupamento de custos de atividades, 276–279
  atribuir custos indiretos a, 282–287
  definição de, 277
  definir, 281–283
Airbus, 24, 200–201, 537–538, 716–717
Airco Heating and Air Conditioning (Airco), 297
Akio Toyoda, 16–17
Alavancagem financeira, 683
Alavancagem operacional, 201–202, 204–206
Alcoa, 639–640
Allstate Insurance Company, 176
Almanac of Business and Industrial Financial Ratios, 690
Alocação
  de custos conjuntos, 547
  de custos do departamento de serviços, 520–523

de custos fixos, na análise de linhas de produtos, 535–536
de custos indiretos subavaliados e superavaliados, 107–108
de recursos, orçamento e, 337
primeira etapa, 283–284
segunda etapa, 287–288
Alocações do departamento de serviços
  método de alocação sequencial para, 177–179
  método direto de, 176–178
  método recíproco de, 178–179
Al-Rifai, Mohammad Hani, 297n
Alunos de administração, contabilidade gerencial relacionada a, 5–7
Alunos de contabilidade, contabilidade gerencial e, 6–7
AMA Annual Statement Studies, 690
Amazon.com, 195–196, 576, 652–653
American Express, 485–486
Amistad Media Group, 346
Análise CVL; *ver* Análise de custo--volume-lucro (CVL)
Análise de custo-volume-lucro (CVL)
  alavancagem operacional, 204–206
  análise de lucro-alvo, 197–200
  análise do ponto de equilíbrio, 199–201
  aplicações da, 193–198
  custeio variável e, 240–242
Análise contábil, 34–35
  definição de, 185–186
  escolha da estrutura de custo e, 201–206
  estabilidade de lucros e estrutura de custos, 202–205
  estrutura de comissão de vendas, 206–207
  fundamentos da, 185–198
  margem de contribuição da, 186–189
  margem de segurança, 200–202
  mix de vendas, 206–210
  pressupostos da, 208–210
  relações na forma de equações, 188–190
  relações na forma de gráficos, 189–192

Análise de custo para decisões sobre linhas de produtos e segmentos, 533–535
Análise de custos indiretos fixos, precauções na, 456–458
Análise de demonstrações contábeis
  análise de índices; *ver* Análise de índices
  comparação ao longo do tempo, 674–677
  comparação entre diversas empresas, 674–675
  definição de, 674–675
  demonstrações *common-size*, 674–675, 675–679
  McDonald's, 675–677
  restrições da, 674–675
Análise de índices
  alavancagem financeira, 683
  capital de giro na, 684, 689
  fontes de índices financeiros, 688, 690
  giro de contas a receber, 685–686, 689
  giro de estoques, 686–687, 689
  índice de cobertura de juros, 687, 689
  índice de endividamento, 688, 689
  índice de liquidez corrente, 684–686, 689
  índice de liquidez seca (teste ácido), 685–686, 689
  índice de liquidez seca, 685
  índice preço-lucro, 680–681, 689
  lucros por ação, 679–680, 689
  pagamento de dividendos, 680–681, 689
  para acionistas ordinários, 679–684
  para credores de curto prazo, 684–687
  para credores de longo prazo, 687–688
  prazo médio de recebimento, 685–686, 689
  prazo médio de venda, 686, 689
  rendimento dos dividendos, 680–682, 689
  resumo dos índices, 688–689
  retorno sobre ações de acionistas ordinários, 681–683, 689

738 CONTABILIDADE GERENCIAL

retorno sobre o total de ativos, 681–682, 689

uso da, 674–675

valor contábil por ação, 683–684, 689

Análise de linhas de produtos, 533–536

Análise de lucratividade

absoluta, 723–724

decisões de *trade-off* de volume, 726–727

definição de, 723–724

implicações gerenciais da, 729–730

relativa, 724–726

Análise de lucro-alvo, 197–200

Análise de opções reais, 590–591

Análise de tendências, 674–677

Análise de variação

gerenciamento por exceção e, 436–438

modelo de, 424–425

Ver também Análise de variação de custos-padrão

Análise de variação de custos-padrão

custos indiretos variáveis de produção, 432–435

isolamento de variações, 429

mão de obra direta, 430–431–

materiais diretos, 425–431, 435–437

modelo de, 424–425

preço de materiais, 427, 429–431, 435–437

quantidade de materiais, 425, 426–428, 435–437

responsabilidade pela variação, 429–431

Análise diferencial

abordagem total reconciliada com, 530–531

definição de, 526

papel da, na tomada de decisões, 526

Ver também Tomada de decisões

Análise do ponto de equilíbrio, 199–201

mix de vendas e, 207–210

Análise horizontal, 674–677

Análise incremental, 194–195

Análise vertical, 674–675, 675–679

Anderson, Steven R., 284–285n

Andreas STIHL, 237–238

Anthony, Robert N., 712–713n

Anuidade, 620–621

Aplicação de custos indiretos

de produção, 97–99

definição de, 89–90

no sistema de custeio-padrão, 454–455

resumo de conceitos, 106–107

subavaliados e superavaliados, 104–108, 457–458

Apple Inc., 4, 8–9, 636

Arndt, Michael, 727n

Arnold, Eric, 93–94n

Artisan Shutter Company, 639–640

Assan Aluminum, 275

Astley, Mary F., 358–360n

Astore, Giuliano, 85, 85n

Atividades

de sustentação da organização, 278–279

definição de, 277

definir, 281–283

do denominador, 453–454

no nível da unidade, 277

no nível do cliente, 278–279

no nível do lote, 277–279

no nível do produto, 278–279

Atividades de financiamento

definição de, 636, 637

fluxos de caixa brutos, 639–643

na demonstração de fluxos de caixa, 643–644, 647–649

Atividades de investimento

definição de, 636, 637

fluxos de caixa brutos, 639–643

na demonstração de fluxos de caixa, 643–644, 646–648

Atividades de sustentação de uma organização, 278–279

Atividades no nível da unidade, 277

Atividades no nível do cliente, 278–279

Atividades no nível do lote, 277–279

Atividades no nível do produto, 278–279

Atividades operacionais

caixa líquido fornecido pelas, 637

definição de, 636–637

método de cálculo direto *vs.* indireto, 637–638, 669–671

método de cálculo direto, 643–644, 669–671

método de cálculo indireto, 638–640, 643–644, 644–647

na demonstração de fluxos de caixa

Ativos operacionais, 473–474

Auditoria 5S, 481–482

Avery Dennison, 545–546

B

Bain & Company, 485–486

Balanced scorecard

características do, 482–486

definição de, 482–483

estratégia e, 484, 485–488

feedback em, 488–489

governança corporativa e, 488–489

medidas de desempenho do, 485–486

remuneração atrelada ao, 488–489

sustentabilidade e, 488–489

Balanced scorecard colaborativo, 484

Balanced scorecard de bem-estar, 488

Balanço patrimonial

comparativo, 675–676

equações usadas para, 635n

fluxos de custo no, 93–95

orçado, 342, 357–360

Balanço patrimonial orçado, 342, 357–360

Bank of Tokyo-Mitsubishi UFJ, 488

Banta Foods, 275

Barr, Paul, 395–396n

Barrows, John, 206–207

Base de alocação

custeio baseado em atividades e, 276–279

custos indiretos e, 91–93

definição de, 89–90

relatórios segmentados e, 8–24924

variável, 520–523–177

Base de atividades, 28

Bausch & Lomb, 477

Baxter International, 16–17, 427

Bays, Brad, 142n

BearingPoint, 485–486

Beatty, Sally, 27n

Bechtel International, 84

Bed Bath & Beyond, 471–472

Benchmarking, 298

Benefício depois dos impostos, 626

Benefícios adicionais, 138–139

Benefícios adicionais da mão de obra, 138–139

Benefícios relevantes

definição de, 526

identificar, 527–530

para a tomada de decisões, 526–527

benefícios totais *vs.*, 530–531

Berner, Robert, 207n

Best Buy, 477, 488, 578–579

Bethlehem Steel, 545–546

Bible, Lynn, 651–652

Bidwell, Chuck, 688

Binney & Smith, 545–546

Bloomberg, Michael, 338

BMW, 8–9, 485–486

Body Shop (The), 484

Boeing, 5, 84, 200–201, 242–243, 321n, 537–538, 543–544, 545–546, 716–717

Böer, Germain, 532n
Boise Cascade, 477
Bombardier Learjet, 24, 577
Boorstin, Julia, 475
Boyle, Matthew, 578–579n, 583n
BP, 4
Brewer, Peter C., 488n
Brigham & Women's Hospital, 488
Britvic, 10–11
Brodsky, Norm, 245–246n
Brosnahan, Jan, 481–482n
Buck Knives, 581–582
Bulkeley, William M., 681–682n
Burger King, 678–679
Burgstahler, David, 715–716n
Burrows, Peter, 478n, 636n
Byrnes, Nanette, 471–472n

C

Cadeia de suprimentos enxuta, 10–11
Cadeia de valor
    definição de, 10–11
    funções que formam a, 10–11
    integração vertical da, 537
Caixa líquido gerado por atividades
    operacionais, 637
Calabro, Lori, 488–489n
Campbell Soup, 44
Cannella, Cara, 206–207n
Canon Inc., 353, 537
Capacidade, taxa predeterminada de
    custos indiretos e, 131–134
Capacidade ociosa, preços de
    transferência com, 506–509
Capital de giro, 578–579, 684, 689
Carmichael, Paul, 575n
Caterpillar, 16–17, 650–651
Cemex SA, 149–150
Centro de investimento, 473
Centro de lucros, 471–472
Centro de responsabilidade, 471–473
Centros de custo
    definição de, 471–472
    relatórios de desempenho nos,
    394–395
Certificação profissional, 7–8
Cessna Aircraft Company, 390–391,
    537–538
Champion International, 545–546
Charles Schwab, 275
Chatzky, Jean, 593–594n
Cheney, Glenn, 690n
Chi-Chu Tschang, 356–357n
Chilectra, 488
China Resources Microelectronics, 488

Chrysler, 576, 715–716
Chung, Juliet, 714–715n
Cianbro, 92–93
Ciclo da análise de variação, 419–420
Cidade de Nova York, 338
Cintas Corporation, 5, 575
Círculos de qualidade, 72–73, 77
Cisco Systems, 8–9
CIT Group, 673
Citigroup, 275, 673
Citizen Schools, 27
Civil War Preservation Trust, 336
Classificação de custos, 24–25
    de produto *vs.* de período, 26–27
    para a tomada de decisões, 44–46
    para atribuir custos a objetos
    de custo, 42–44
    para prever o comportamento
    dos custos, 28–34
    resumo, 27, 46
Clement, Ronald W., 16–17n
Cliff, Patrick, 346n
Clinton, B. Douglas, 133–134n
Clopay Plastic Products Company,
    133–134
Club Med, 277
Coca-Cola, 275, 477, 684, 723–724
Código de conduta dos contadores
    gerenciais, 15–16
Código de facilidade de ajuste, 321
Codificação dos Padrões Contábeis
    da FASB (Codificação da FASB),
    249–250n
Columbia Pictures, 109–110109–110
Colvin, Geoffrey, 730n
Comando de Transportes da Marinha
    dos Estados Unidos, 545–546
Comando Logístico da Força Aérea
    dos Estados Unidos, 545–546
Comissão de Padrões de Contabilidade
    Financeira (FASB ou *Financial
    Accounting Standards Board*),
    normas contábeis da, 249–250n
Comissão de Valores Mobiliários
    (*Securities and Exchange
    Commission*), 529, 650–651, 690
Comissões de venda, estruturar,
    206–207
Comitê orçamentário, 341
Compaq, 715–716
Conceito de acréscimo, 26
Conco Food Service, 275
Condé Nast Publications, 536
Conformidade, qualidade de, 70–71,
    73–74
Conmed, 240–241

Conselho de Supervisão da
    Contabilidade de Companhias
    Abertas (Public Company
    Accounting Oversight Board), 19–20
Conta de compensação, 97–99
Contabilidade de Consumo de
    Recursos (Resource Consumption
    Accounting, RCA), 133–134
Contabilidade enxuta, 481–482
Contabilidade financeira *vs.*
    contabilidade gerencial, 2–3
Contabilidade gerencial
    alunos de administração
    relacionados à, 5–7
    contabilidade financeira *vs.*, 2–3
    definição de, 2
    importância da, para carreiras, 5–8
    panorama, 1
Contabilidade por responsabilidade
    centros de custo, lucro e
    investimento, 471–473
    definição de, 338
    perspectiva chinesa, 473
Contador gerencial certificado (CMA),
    7–8
Contador público certificado (CPA),
    7–8
Contadores gerenciais
    código de conduta dos, 15–16
    salários dos, 8
Contas contra-ativos, equação de, 635
Contas de passivos, equação de, 635
Contas de patrimônio do acionista,
    equação de, 635
Contas dos ativos, equação de, 635
Controlar, 3–4
Controle
    definição de, 337
    detectivo, 21–22
    interno, 20–22
    preventivo, 21–22
Comportamento de custos
    classificação de custos para
    prever o, 28–34
    definição de, 28
Comportamento de custos linear, 35–36
Conformidade de qualidade, 70–72, 74
Controle estatístico de processos, 72–73
Controle interno, 20–22
Controle preventivo, 21–22
Cooper, Robin, 277n
Coppertone, 143
Corkery, Michael, 687n
Covel, Simona, 639–640n
Cox, Jeff, 430–431
Craft, Matthew, 184n

Credit Suisse First Boston, 478
Crown Castle International, 488
Culp, 715–716
Cummins Engine, 715–716
Curtin, Margaret, 532n
Curves, 23
Custeio baseado em atividades (ABC)
agrupamento de custo e, 276–279, 281–287
bases de alocação e, 276–279
cálculo do índice de atividade, 285–288
custos de produção e, 276
custos indiretos atribuídos a agrupamento de custos de atividades, 283–287
custos indiretos atribuídos a objetos de custo, 287–290
custos não relacionados à produção e, 275
custos relevantes e, 549
definição de, 275
definir atividades, agrupamento de custos de atividades e medidas de atividades, 281–283
estatísticas de uso, 292
mecanismos do, 283–293
modelo do, 281–282
na Airco, 297
na Kemps LLC, 284–285
na Marconi, 300
na Xu Ji Electric Company, 279
panorama do, 92–93, 274–279
para melhorias nos processos, 298
para relatórios externos, 298–299, 329–332
passos de implementação do, 281–282
preparação do relatório gerencial, 290–293
projeto de um sistema de, 279–283
relatório de análise de ações, 297, 318–324
restrições do, 299–300
sistema de custeio tradicional vs., 275, 293–297
Custeio direto, 232
Custeio marginal, 232
Custeio operacional, 152–154
Custeio por absorção
custeio variável vs., 233
definição de, 84, 232
exemplo de, 236–238
na precificação cost-plus, 712–716
resultados pelo método de custeio variável reconciliado com resultados pelo método de, 237–241

Custeio por ordem de produção
custos de mão de obra direta, 87–88
custos de materiais diretos, 86
custos de produtos manufaturados, 99–100
custos de produtos vendidos, 99–102
definição de, 84
exemplo de, 85–94
fluxo de custos, 93–102
gastos indiretos de produção, 96–99
mão de obra, 95–97
materiais, 94–96
não relacionados à produção, 98–100
relatório de custo por ordem de produção, 86–87, 90–91
Custeio por processo
calcular e aplicar custos no, 150–153
custeio por ordem de produção comparado ao, 143–144
definição de, 143
fluxos de custo no, 144–147
método da média ponderada de, 148–153
método PEPS de, 167–173
na Procter & Gamble (P&G), 142
unidades equivalentes de produção no, 147–151
Custeio variável
custeio por absorção reconciliado com, 237–241
custeio por absorção vs., 233
definição de, 232
exemplo de, 233–236
resultado operacional, cálculo da, 235–236
vantagens do, 240–243
Custo; ver categorias individuais de custo
Custo conjunto
alocação de, 547
definição de, 546–547
Custo de capital
como ferramenta de triagem, 584–585
definição de, 583
Custo de materiais diretos, 24, 27, 86, 418
Custo de oportunidade, 45–46, 538–540
Custo de transformação, 26–27, 148–150
Custo diferencial, 44–45
Custo direto, 44
Custo incremental, 44
Custo indireto, 44, 88
Custo marginal, 44
Custo-meta, 715–718
Custo-padrão por unidade, 423–424

Custo primário, 26, 27
Custos administrativos
definição de, 25, 27
fluxo dos, 94–95
Custos ambientais, 532
Custos após os impostos, 626–627
Custos comuns
atribuir, a segmentos arbitrariamente, 248–250
custos rastreáveis e, 244–245
definição de, 44
Custos curvilíneos, 30–32
Custos da qualidade, 70–75
definição de, 71–72
distribuição dos, 73–75
efeitos sobre a conformidade de qualidade, 73–74
relatórios, 75–77
Custos de avaliação, 71–73
Custos de cumprimento de pedidos, 25
Custos de falhas externas, 71–74
Custos de falhas internas, 71, 73
Custos de inspeção, 72–73
Custos de mão de obra, 95–97
classificação dos, 137–139
gerenciar os, em uma economia difícil, 350
no custeio por processo, 145–147
remuneração da mão de obra vs., 147
transferência de empregos para o exterior (offshoring) e, 25
Custos de mão de obra direta, 24–25, 27, 28n, 87–88, 94–95, 418
Custos de período
custos de produtos vs., 26–27
definição de, 26, 27
despesas de venda e administrativas e, 42–43
fluxo de, 94–95
Custos de prevenção, 71–73
Custos de produção
classificação de, 24–25, 27
custeio baseado em atividades e, 276
indiretos, 25
Custos de produtos
conjuntos, e a abordagem da margem de contribuição, 545–549
custo de produtos vendidos e, 42–43
custos de período vs., 26–27
definição de, 26, 27
fluxos de, 93–95, 108–109
no custeio baseado em atividades para relatórios externos, 328–332
no custeio baseado em atividades vs. custeio tradicional, 293–297

Índice **741**

Custos de produto conjunto e a abordagem da margem de contribuição, 545–549

Custos de produtos manufaturados
definição de, 93–94
no método de custeio por ordem de produção, 99–100
tabela de, 103–104

Custos de produtos vendidos
custos de produtos e, 42–43
liquidar despesas gerais de, 106–108
no método de custeio por ordem de produção, 93, 94–95, 99–102, 108–109
tabela de, 103–104

Custos de recebimento de pedidos, 25

Custos de sustentação de uma organização, 276

Custos de venda e administrativos, 25, 27, 94–95

Custos de venda, 25, 27

Custos de venda, gerais e administrativos (VG&A), 25

Custos decrementais, 44

Custos evitáveis, 526–527

Custos fixos
comportamento dos, 29–31
comuns, 242–244
definição de, 29–30
em encargos do departamento de serviços cobrados dos departamentos operacionais, 518–523
intervalo relevante e, 31–33
na análise da linha de produtos, 535–536
rastreáveis, 242–245
variações nos, 193–197

Custos fixos comprometidos, 30–31

Custos fixos comuns, 242–244

Custos fixos discricionários, 30–31

Custos fixos gerenciados, 30–31

Custos fixos rastreáveis
custos comuns e, 244–245
definição de, 242–243
erros ao atribuir, a segmentos, 248–249
identificar, 243–245

Custos indiretos
agrupamento de custos de atividades e, 282–287
base de alocação de, 91–93
base de alocação dos, 91–93
custeio por processo comparado ao, 143–144
custos unitários, 92–94
de produção, 25, 96–99

de produção, 89–91
em empresas de prestação de serviços, 109–110
em relatórios de análise de ações, 319–324
não relacionados à produção, 25, 98–100
no custeio por processo, 145–147
predeterminadas, 88–92, 131–134
subavaliados e superavaliados, 104–109
tabelas de custos de produtos manufaturados e de custos de produtos vendidos, 103–104

Custos indiretos da fábrica, 25

Custos indiretos de produção, 25
aplicar, 89–91
definição de, 25, 27
fluxo de custo dos, 94–95, 96–98, 108–109
variáveis, 422–424, 432–435

Custos indiretos subavaliados, 104–108, 457–458

Custos indiretos superavaliados, 104–107, 457–458

Custos inventariáveis, 26

Custos irrecuperáveis, 46, 526

Custos mistos
análise de, 34–43
comportamento dos, 33–35
definição de, 33–34
método de regressão dos mínimos quadrados, 40–43
método do gráfico de dispersão, 34–38
método dos pontos extremos, 38–40, 41

Custos não relacionados à produção
custeio baseado em atividades e, 275
custeio por ordem de produção e, 98–100
definição de, 25, 27

Custos-padrão
definição de, 419
determinar
ideais *vs.* práticos, 420–422
orçamentos flexíveis e, 423–425
para a mão de obra direta 422–424
para custos indiretos de produção, 422–424
para materiais diretos, 421–423
possíveis problemas com, 439–440
quem usa os, 420
uso internacional dos, 438–439
vantagens dos, 438–439

Custos relevantes
custeio baseado em atividades e, 549
custos totais *vs.*, 530–531
de privilégios dos executivos, 527
definição de, 526
identificar, 527–530
isolar, 532
para a tomada de decisões, 526–527

Custos semivariáveis; *ver* Custos mistos

Custos unitários, calcular, 92–94

Custos variáveis
comportamento dos, 28–30, 32–33
definição de, 28
em encargos do departamento de serviços cobrados dos departamentos operacionais, 518–519
fazer *markup* de, 710–711
variações nos, 194–196, 196–197

Custos variáveis em degraus, 32–33

D

d'Arcier, Constance Faivre, 88n

Dadas, Nick, 83

Daihatsu Motors, 715–716

Daisuke Wakabayashi, 536n, 723–724n

Darley, Adrian, 673

Decisão de produzir ou comprar
aspectos estratégicos da, 537–539
definição de, 537
exemplo de, 537–539

Decisões de custo mínimo em orçamento de capital, 588–589
análise de regressão pelo método dos mínimos quadrados, 34–35, 38, 40–43, 65–68

Decisões de preferência, 576, 590–594

Decisões de *trade-off* de volume, 726–727

Decisões de triagem, 576, 584–585

Declaração da Prática Profissional Ética, 15–16

Departamento operacional, 517–518

Depreciação
na demonstração dos fluxos de caixa, 638–639, 644–645
no orçamento de capital, 627–628
real ou econômica, 529

Dell, 419, 530

Deloitte, 16–17

Delta Airlines, 635

Delta Dental of Kansas, 488

Delta Petroleum Corporation, 642–643

Demanda elástica, 709–710

Demanda inelástica, 709–710

DeMartini, Robert, 337

CONTABILIDADE GERENCIAL

Deming, W. Edwards, 77

Demonstração de resultados no formato tradicional, 42–43

Demonstração de resultados orçados, 342, 356–357

Demonstração de resultados pelo método de custeio por absorção, 232, 236–238

Demonstrações contábeis
common-size, 674–675, 675–679
definição de, 674–675
forma comparativa, 674–677
para relatórios externos, 635

Demonstrações contábeis comparativas, 674–677

Demonstrações de fluxos de caixa
atividades de financiamento, 636–637, 639–644, 647–649
atividades de investimento, 636–637, 639–644, 646–648
atividades operacionais
conceitos-chave, 636–644
construir, 644–647
contas não relacionadas ao caixa no balanço patrimonial e, 648–651
definição de, 635
definição de, 636–637
efeitos de mudanças nas contas não relacionadas ao caixa no balanço patrimonial
equações para calcular os fluxos de caixa, 635, 635n
fluxos de caixa brutos nas, 639–643
interpretar as, 650–653
lucros retidos, 641–643
método direto vs. indireto, 637–638, 669–671
método direto, 643–644, 669–671
método indireto, 638–640, 643–644, 644–647
na Caterpillar, 650–651
organizar, 636–637
propriedade, instalações e equipamentos, 640–642
resumo de, 642–644
sobre o lucro líquido, 639, 644–647
sobre seções de investimento e financiamento, 639–640

Demonstrações de resultado com margem de contribuição, 42–43
na análise de linhas de produtos, 535–536
por custeio variável, 232, 233–236

Demonstrações de resultado com margem de contribuição por custeio variável, 232, 233–236

Demonstrações de resultados comparativas, 675–676
custeio variável, 232, 233–236
equações usadas nas, 635n
formato com margem de contribuição, 42–43
método de custeio por absorção, 232, 236–238
na análise de linhas de produtos, 535–536
no custeio por ordem de produção, 93–95, 103–104
no formato tradicional, 42–43
orçadas, 342, 356–357
perspectiva dos relatórios externos nas, 249–251
que cobrem toda a empresa, 249–251
segmentadas, 242–251

Demonstrações de resultados segmentadas
abordagem da margem de contribuição para as, 242–251
erros comuns nas, 246–250
exemplo de, 244–248
níveis das, 245–248
tomada de decisões e, 246–248

Denominador de atividade, 453–454

Departamentos de processamento, 144–145

Departamento de serviços, 517–518

Depreciação econômica, 529

Depreciação real, 529

Deromedi, Roger K., 727

Descentralização
na Bed Bath & Beyond, 471–472
na Nestlé, 471–472
vantagens e desvantagens da, 471–472

Desconto, 576, 619–620

Despesas de caixa dedutíveis dos impostos, 628

Despesas de venda e administrativas
como custos de período, 26, 42–43
fluxos de custo das, 94–95, 98–100
sob o método de custeio por absorção, 233
sob o método de custeio variável, 233

Despesas pagas do próprio bolso, 581–582

Desroches, Denis, 292n

Dessault Aviation, 390–391

Deutsche Telekom, 673

Direcionadores de custo
definição de, 28, 91–93
na indústria de produtos eletrônicos, 28

no Club Med, 277

no custeio baseado em atividades, 277

orçamento flexível com múltiplos, 394–396

Direcionadores de duração, 277

Direcionadores de transações, 277

Discriminação de preços, 708–709n

Disney Corporation, 242–243

Disney World, 242–243

Dividendos
em retrações econômicas, 673
na IBM, 681–682

Dogfish Head Craft Brewery, 201–202

Dun and Bradstreet, 477

Duncan, David, 336n

DuPont, 24, 476

E

eBay, 593–594, 680

EDGAR, 694, 690

Edmondson, Gail, 88n

Edwards, Andrew, 680n

Eficiência do ciclo de produção (MCE), 481–483

Egger, Stefan, 30–31n

Einhorn, Bruce, 205–206n

Elasticidade da demanda, 709–711

Elasticidade-preço da demanda, 710–711

Elgin, Ben, 249–250n, 593–594n

Eli Lilly and Company, 4, 16–17, 477

Emirates, 543–544

Empresas de merchandising, demonstrações de resultados das, 42–43

Empresas de prestação de serviços, custeio por ordem de produção nas, 109–110

Encargos do departamento de serviços cobrados dos departamentos operacionais, 517–518
alocar custos fixos, 520–523
custos fixos, 518–520
custos reais vs. orçados, 519–520
diretrizes para, 519–520
exemplo de, 519–521
motivos para, 518–519
por comportamento, 518–521

Engardo, Pete, 240–241n

Enron, 13–14, 19, 488–489

Equivalentes de caixa, 636

Ernst & Young, 17–18

Erros de regressão, 40

Estabilidade de lucros, estrutura de custo e, 201–203

Índice   **743**

Estee Lauder, 583

Esterl, Mike, 599n

Estratégia

   balanced scorecard e, 484, 485–488

   definição de, 8, 482–483

   medidas de desempenho que sustentam a, 484

   orçamentos e, 337

Estrutura de custo

   definição de, 28

   escolha da, 201–206

   estabilidade de lucros e, 201–203

Ethan Allen, 24

Ética

   código de conduta dos contadores gerenciais, 15–16

   importância da, nos negócios, 13–18

Ética nos negócios, 13–17

Excelência operacional, 8–9

   na Southwest Airlines, 482–483

Exército dos Estados Unidos, 346

Extensible Business Reporting Language (XBRL), 690

Extensible Markup Language (XML), 690

Exxon, 143

F

Facilities & Operations (F&O) Business Office of the Battelle, 358–360

Fairchild Semiconductor, 275

Fairclough, Gordon, 427n

Faixa de preços de transferência aceitáveis, 505–506

Federação Nacional dos Produtores de Café da Colômbia, 488

Federated Mogul, 477

FedEx, 4, 5, 419, 593–594

Fei Pan, 279–280n

Fidelidade do cliente, mensurar a, 485–486

Firestone, 420

First Commonwealth Financial Corporation, 488–489

Fisher Scientific International, 275

Fletcher, June, 589n

Fluxo de caixa livre, 651–653

Fluxos de caixa

   brutos, 639–644

   descontados, 576

   desiguais, 596–597

   incertos, 590–591

   livres, 651–653

   na Herald Metal and Plastic Works, 356–357

não correspondentes, 354

no orçamento de capital, 578–580

tributáveis, 627

valor presente de uma série de, 620–622

Ver também Demonstração de fluxos de caixa

Fluxos de caixa descontados

   método da taxa interna de retorno, 577, 583–586

   método do valor presente líquido, 577–583

Fluxos de caixa brutos, 639–644

Fluxos de custo

   custo de produtos manufaturados, 99–100

   custo de produtos vendidos, 99–102

   custos indiretos de produção, 96–99

   de empresas manufatureiras, 94–95

   de mão de obra, 95–97

   de materiais, 94–96

   modelo de, 108–109

   não relacionados à produção, 98–100

   no custeio por ordem de produção, 93–102

   no custeio por processo, 144–147

   no sistema de custeio-padrão, 465–466

Folga orçamentária, 340

Ford Motor Company, 24, 545–546, 715–716

Forecaster, programa de criação de orçamento, 358–360

Forelle, Charles, 109–110

Formulário de requisição de materiais, 86

France Telecom, 673

Franklin, Geralyn McClure, 545–546n

FreeEdgar, 690

Função de *log* natural, calcular a, 709–710n

Fujio Mitarai, 353

G

GAAP; *ver* Princípios Contábeis Geralmente Aceitos (GAAP)

Gallo, Angela, 488n

Gap, 432

Gargalos de produção

   definição de, 12, 541–542

   na Boeing, 543–544

   Ver também Restrições Genentech, 16–17

General Electric, 485–486

General Mills, 143, 274

General Motors (GM), 5, 242–243, 383, 473, 545–546

Georgia-Pacific, 477

Gerdau Acominas, 488

Gerenciamento baseado em atividades, 298

Gerenciamento por exceção

   análise de variação e, 436–438

   definição de, 419

Gestão de processos, 10–12

Gestão de recursos humanos, contabilidade gerencial relacionada à, 6–7

Gestão de riscos

   compras de materiais diretos, 427

   de vendas, 346

   empresariais, 8–10

   falta de energia elétrica, 9–10

Gestão do risco de vendas, 346

Gestão enxuta de cadeia de suprimentos, 10– 11

Gestão operacional, contabilidade gerencial relacionada à, 6–7

Gestão operacional, contabilidade gerencial relacionada à, 6–7

Giannukos, Vickie, 244–245

Giro

   no ROI, 474–476

   Ver também Análise de índices

Giro de contas a receber, 685–686, 689

Global Crossing, 13–14

Goff, John, 358–360n

Gold, Harry, 708–709, 708–709n

Gold, Russell, 642–643n

Goldratt, Eliyahu M., 430–431n

Goodrich, 5

Google, 8–9, 249–250

Goranson, Craig A., 358–360n

Gore, W. L., 8–9

Governança corporativa

   balanced scorecard e, 488–489

   controle interno, 20–22

   definição de, 19

Govindarajan, V., 712–713n

Gráfico de controle estatístico, 437– 438

Gráfico do custo-volume-lucro (CVL), 189–192

Gráfico do ponto de equilíbrio, 189–190

Graham, Jefferson, 42–43n

Grau de alavancagem operacional, 204–206

Great Embroidery LLC, 9–10

Greenleaf Book Group, 197–198

Guarino, Jennifer, 688

Guidant Corporation, 477
Gulfstream Aerospace, 390–391
Gunther, Marc, 470n

H

Habilidades de gerenciamento
de processos, 10–12
de riscos empresariais, 8–10
estratégico, 8–9
liderança, 13–14
mensuração, 13
Habilidades de gerenciamento
estratégico, 8–9
Habilidades de gestão de riscos
empresariais, 8–10
Habilidades de liderança, 13–14
Habilidades de mensuração, 13
Habilidades, voluntarismo baseado em,
17–18
Haddad, Joe, 83
Hallmark, 84
Han Dan Iron and Steel Company, 473
Hannon, Neal, 690n
Harlem Children's Zone, 27
Harvard Medical School Hospital,
34–35
Hasbro Inc., 356–357
Hatch, Toby, 292n
HealthSouth, 13–14
Heavin, Gary, 23
Hendrick Motorsports, 358–360
Herald Metal and Plastic Works,
356–357
Hershey Foods, 477
Hewlett-Packard, 5, 24, 176–177, 537
Hilton Hotels, 488
Hiroko Tashiro, 353n
Holmes, Stanley, 716–717
Home Depot, 471–472
Honda, 485–486
Hoover's Online, 690
Hopper, Trevor, 300n
Horas de mão de obra direta, 89–90
Horas-máquina, 89–90
Horas-padrão permitidas, 425,
454–455
Horas-padrão por unidade, 422–423
Hoyt, Louis, 532n
Huang, Patricia, 201–202n
Hubbard, Graham, 488–489,
488–489n
Husky Injection Molding, 477
Hyatt Hotel, 471
Hypertherm Inc., 350

I

American Institute of Certified Public
Accountants), 19n, 78, 638n
IBM, 109–110, 231, 353, 681–682
IFRS; *ver* Padrões internacionais de
relatórios financeiros (IFRS)
Ignis Asset Management, 673
Imposto de renda, orçamento de capital
e, 626–630
Impostos, orçamento de capital e,
626–630
Índice de cobertura de juros, 687, 689
Índice de despesas variáveis, 193–194
Índice de endividamento, 688, 689
Índice de giro de estoque, 686–687, 689
Índice de liquidez corrente,
684–686, 689
Índice de liquidez seca (teste ácido),
685, 689
Índice de liquidez seca, 685–686
Índice de lucratividade
de projetos, 591–592
definição de, 724–725
em decisões de *trade-off* de volume,
726–727
na análise de lucratividade relativa,
724–726
Índice de lucratividade de projetos,
591–592
Índice de pagamento de dividendos,
680–681, 689
Índice preço-lucro, 680–681, 689
Índice de rendimento dos dividendos,
680–682, 689
Índices de atividade, calcular, 285–288
Índices de margem de contribuição
(índices MC), 191–194
Índices financeiros; *ver* Análise
de índices
Industry Norms & Key Business
Ratios, 690
Informações financeiras segmentadas
em relatórios externos, 250–251
Ingersoll Rand, 488
Inovação de produtos, 249–250
Instituto Americano de Contadores
Públicos Certificados (AICPA –
Instituto dos Contadores Gerenciais
(IMA ou Institute of Management
Accountants), 1n, 7–8, 7–8n, 8
código ético do, 15–16
Intercontinental Hotels Group,
392–394
Internal Revenue Service, 527
Internet, catálogos e a, 243–244

Intervalo relevante, 30–33
definição de, 31–32
mais de um, 38
Intimidade com o cliente, 8–9
Intuit, 485–486
Isuzu Motors, 715–716
ITT Automotive, 715–716
ITT, 545–546

J

J&B Wholesale, 275
J. C. Penney, 477
J. Crew, 475
J. W. Hulme Company, 688
Jaguar, 485–486
Jargon, Julie, 688n
Johnson & Johnson, 16–17
JPMorgan Chase, 673
Juros compostos, 618–619
Juros, matemática dos, 618–619

K

Kang, Stephanie, 337n
Kansas City Power & Light, 477
Kaplan, Robert S., 284–285n, 488,
488–489n
Karafil, Brad, 37, 540, 540n, 577n
Karafil, Carole, 37, 540, 540n, 577n
KB Home, 24
Kellogg's, 143
Kelly Blue Book, 529
Kemps LLC, 284–285
Kennedy, Frances, 481–482n
KeyCorp, 488
KFC, 583
Kimes, Mina, 274n
King, Alfred, 321n
Kirkpatrick, David, 530n
Klammer, Thomas, 131–132n
Kohl's, 207
Komatsu, 715–716
Korea East-West Power, 488
KPMG, 16–17
Kraft Foods Inc., 727
Kroger, 4, 242–243, 634, 635

L

L. L. Bean, 576
Lampe, Scott, 358–360
Lana Y. J. Liu, 279–280n
Lauricella, Tom, 673n
Lawson, Raef, 292n
Lawton, Christopher, 28n
Leap, Terry, 16–17n

Lee, Louise, 243–244n, 353n
Lei Sarbanes-Oxley de 2002, 19–20
Lei Sarbanes-Oxley de 2002, 19–20
Levi Strauss, 84
Liderança de produto, 8–9
Lighthizer, James, 336n
Limited Brands, 432
Lin, Z. Jun, 473n
Linha de regressão, 40
Lippie, Jim, 206–207
Lista de materiais, 86
Liu, Lana Y. J., 279–280n
Lobb, Annelena, 673n
Los Angeles Angels, 184
Loughry, Misty L., 16–17n
Lowe's, 275
Lowry, Tom, 338n
LSG SkyChefs, 84
Lucratividade absoluta, 723–724
Lucratividade relativa, 724–726
Lucratividade segmentada na 3M, 250–251
Lucro residual
    comparação divisional e, 479–480
    definição de, 477
Lucros antes dos juros e dos impostos (EBIT), 473
Lucros por ação, 679–680, 689
Lucros retidos, análise de fluxos de caixa dos, 641–643
Lunney, Elizabeth, 354n
Lunsford, J. Lynn, 537–538n, 543–544n
Luxfer Gas Cylinders, 488
Lydgate, Chris, 581–582n
Lyons, John, 149–150n

M

Macy's Department Stores, 639–640
Majestic Ocean Kayaking, 32–33
Major, Maria, 300n
Mangalindan, Mylene, 680n
Mão de obra de toque (*touch labor*), 24
Mão de obra direta, 24
Mão de obra indireta, 24, 87
Marconi, 300
Maremont, Mark, 527n
Margem
    bruta, 42–43
    de contribuição, 42–43, 186–189, 191–194, 541–544
    de produtos, 290, 293–294
    no ROI, 474–476
    percentual de, bruta, 675–677, 689
    segmentos, 243–244, 244–245

Margem bruta, 42–43, 689
Margem de contribuição
    definição de, 42–43
    na análise de custo-volume-lucro, 186–189
    por unidade de recurso restrito, 541–544
Margem de produto, 290, 293–294
Margem de segurança, 200–202
Margem por segmentos, 243–244, 244
Mariko Sanchanta, 16–17n
Marketing, contabilidade gerencial relacionada ao, 5–6
Markup, 708–709, 713–715
Marriott International, 392–394
Marriott Vacation Club International, 488
Marston, Gregg, 85n
Maskell, Brian, 481–482n
Mason, Richard, 651–652n
Materiais
    compra e remessa de, 94–96
    diretos e indiretos, 94–96
    matérias-primas, definição de, 24, 93–94
    no custeio por ordem de produção, 94–96, 108–109
    no custeio por processo, 145–147
Materiais diretos
    compra de, e risco, 427
    definição de, 24
    remessa de, 94–96
Materiais indiretos
    definição de, 24
    remessa de, 94–96
Matérias-primas, 24, 94; *Ver também* Materiais
Matlack, Carol, 390–391, 471–472n
Matsushita Electric, 715–716
Mattel, 4
Matthews, Robert Guy, 422–423n
Mayer, Marissa, 249–250
McCartney, Scott, 289n
McDonald's Corporation, 420, 439–440, 675–679
McGregor, Jena, 485–486n, 538–539n
McNair, C. J., 131–132nMedida do dia de hora em hora, 481–482
Medidas de atividades
    definição de, 277
    definir, 281–283
Medidas de desempenho operacional, 480–483
    eficiência do ciclo de produção (ECP), 481–483
    enxuto, 481–482

tempo de ciclo do pedido, 480, 481
tempo de transformação, 480–481
tempo do ciclo de produção, 480–481
Medidas enxutas de desempenho operacional, 481–482
Meijer, 432
Melhoria de processos
    custeio baseado em atividades para a, 298
    padrões e a, 421–422n
Mensuração do desempenho
    balanced scorecard, 482–489
    descentralização e, 471–472
    do centro de custos, 471–472
    fidelidade do cliente, 485–486
    tempo de ciclo do pedido, 480
Mensuração do desempenho do centro de investimento
    lucro residual, 477–480
    retorno sobre investimento, 473–477
Merck & Co., 576
Meredith, Robyn, 430–431n
Mergent Industrial Manual and Mergent Bank and Finance Manual, 690
Método da taxa de retorno simples do orçamento de capital, 597–598
Método da taxa interna de retorno do orçamento de capital
    custo de capital como ferramenta de triagem, 584–585
    decisões de preferência, 590–591
    definição de, 577, 583
    fluxos de caixa, 584
    ilustração do, 583–584
    método do valor presente líquido comparado ao, 584–586
    usar o, 584–585
    valor recuperado, 584
Método de alocação sequencial para alocações ao departamento de serviços, 177–179
Método direto de alocações do departamento de serviços, 176–178
Método direto de cálculo de fluxos de caixa
    definição de, 637
    método indireto *vs.*, 637–638, 669–671
    modelo do, 669–671
    resumo de conceitos, 643–644
Método do custo total, 233
Método do gráfico de dispersão da análise de custos, 34–38
Método do *payback* do orçamento de capital

CONTABILIDADE GERENCIAL

avaliação do, 593–594
definição do, 593–594
exemplo do, 595–596
fluxos de caixa desiguais, 596–597
Método do valor presente líquido para o orçamento de capital
abordagem do custo incremental, 586, 587–588, 589
abordagem do custo total, 586–587, 589
decisões de custo mínimo, 588–589
decisões de preferência, 591–592
definição de, 577
exemplo de, 582–583
fluxos de caixa, 578–580
ilustração de, 577
método da taxa interna de retorno comparado ao, 584–586
recuperação do investimento original, 580–582
simplificar pressupostos, 581–582
taxa de desconto, escolher a, 581–582
Método dos pontos extremos de análise de custos, 38–40, 41
Método indireto de calcular fluxos de caixa
definição de, 637
método direto *vs.*, 637–638
processo do, 638–640, 644–647
resumo de conceitos, 643–644
Método ponderado do custeio por processo, 148–152
aplicar custos no, 151–153
custo por unidade equivalente no, 150–152
definição de, 148–149
PEPS comparado ao, 167–173
Método recíproco de alocações ao departamento de serviços, 178–179
Métodos de custeio
comparação entre os, 172–173
operacional, 152–154
tipos de, em uso, 292
Ver também Método de custeio por ordem de produção; Método de custeio por processo
Metrô de Madri, 488
Michaels, Daniel, 200–201n, 543–544n
Michelin, 176–177
Microsoft, 16–17, 476, 684
Miller, John W., 145n
Mills, John, 651–652n
Mitsubishi, 176–177
Mitsubishi Kasei, 715–716

Mix de vendas, 206–210
análise do ponto de equilíbrio e, 207–210
definição de, 207
Mobistar, 488
Moersch, Brian J., 545–546n
Monster Cable, 545–546
Montantes totais predeterminados, custos fixos cobrados como, custos fixos cobrados como, 518–520
Morben-Eeftink, Tracy, 33–34n
Moreno, Arturo, 184
Mt. Sinai Hospital, 176–177
Múltiplas taxas predeterminadas de custos indiretos, 108–108
Murphy, Victoria, 525n

N

Nabisco, 727
Nachtmann, Heather, 297n
Nagel, Michael, 488–489n
Nalley's, 144
Nassauer, Sarah, 392–394n
National City Bank, 16–17
National Health Service (NHS), 12
National Semiconductor, 545–546
Nature Way Cosmetics Inc., 44–45
NEC, 438–439, 715–716
Needleman, Sarah E., 9–10n, 17–18n
Neiman Marcus, 45
Nestlé, 471–472
New Balance, 337
Nike, 337, 432
Nippodenso, 715–716
Nippon Electronics Company (NEC), 438–439, 715–716
Nissan, 715–716
Nordstrom, 8–9
Noreen, Eric, 715–716n
Norihiko Shirouzu, 16–17n
Norton, David, 488
Novamex, 346
Nucor Corporation, 384, 384n
Número de acidentes e ferimentos, medida, 481–482

O

Objetos de custo
atribuir custos a, 42–44
atribuir custos indiretos a, 287–290
definição de, 42
O'Connell, Vanessa, 432n
O'Hanlon, John, 477n
Odessa Texas Police Department, 545–546

Office Depot, 432
Offshoring, custos de mão de obra e, 25
Olin, 477
Olympus, 715–716
OMG Center for Collaborative Learning, 397–398
Ônus da fábrica, 25
Orçamento
autoimposto, 339–340
compras de mercadorias, 347
contínuo, 338–339
da Cidade de Nova York, 338
da Civil War Preservation Trust, 336
de caixa, 342, 353–357
de capital; *ver* Orçamento de capital
de custos de mão de obra direta, 342, 349–350
de custos de materiais diretos, 342, 347–359
de custos indiretos de produção, 342, 350–351
de despesas de venda e administrativas, 342, 352
de estoques finais de produtos concluídos, 351–352
de estoques finais, 342
de produção, 342
de vendas, 342
definição de, 3, 337
estratégia e, 337
fatores humanos na criação de um, 340–341
flexível; *ver* Orçamento flexível
mestre; *ver* Orçamento-mestre
na New Balance, 337
participativo, 339–340
perpétuo, 338–339
planejar, 384
previsões enviesadas do, 341
vantagens de um, 337
via internet, 358–360
Ver também Orçamento-mestre
Orçamento contínuo, 338–339
Orçamento de capital
condições econômicas e, 583
decisões de preferências no, 590–594
decisões típicas no, 576
definição de, 576
fluxos de caixa incertos, 590–591
imposto de renda e, 626–630
método da taxa de retorno simples, 597–598
método da taxa interna de retorno, 577, 583–586

método do *payback*, 593–597

método do valor presente líquido, 577–583, 586–589

na Cintas, 575

pós-auditoria de projetos de investimento, 598–599

valor do dinheiro no tempo no, 576

Orçamento de compras de *merchandising*, 347

Orçamento de despesas de venda e administrativas, 342, 352

Orçamento de estoques finais de produtos concluídos, 342, 351–352

Orçamento de mão de obra direta, 342, 349–350

Orçamento de materiais diretos, 342, 347–359

Orçamento de produção, 342, 345–347

Orçamento de vendas, 342, 344–345

Orçamento dos custos indiretos de produção, 342, 350–351

Orçamento flexível
características do, 384
com múltiplos direcionadores de custo, 394–396
definição de, 384
em hospitais, 395–396
erros comuns no, 396–398
necessidade de um, 384
padrões no, 423–425
planejamento orçamentário *vs.*, 385–387
relatórios de desempenho, 391–395
uso do, 387–388
variações das despesas, 389–394
variações das receitas, 389–394
variações de atividades, 388–394
variações no, 388–395

Orçamento-mestre
balanço patrimonial, 342, 357–360
definição de, 337, 342
demonstração de resultados, 342, 356–357
gerenciamento de riscos de vendas, 346
orçamento de caixa, 342, 353–357
orçamento de compras de *merchandising*, 347
orçamento de custos indiretos de produção, 342, 350–351
orçamento de despesas de venda e administrativas, 342, 352
orçamento de estoques finais de produtos concluídos, 342, 351–352
orçamento de mão de obra direta, 342, 349–350

orçamento de materiais diretos, 342, 347–359

orçamento de produção, 342, 345–347

orçamento de vendas, 342, 344–345

preparar o, 343–360

Orçamento participativo, 339–340

Orçamento perpétuo, 338–339

Ordem de produção, 86

Organização descentralizada, 471

Organização Internacional de Padronização (ISO), 77–78

Organização para a Cooperação e Desenvolvimento Econômico, 19n

Organizações de caridade, gerenciar, 27

Organizações sem fins lucrativos, relatório de desempenhos em, 394–395

Otimização operacional da força de trabalho, 432

Outras decisões - vender ou processar, 547–549

P

Pacific Northwest National Laboratory, 358–360

Padrões
práticos, 421422

Padrões de custos indiretos variáveis de produção, determinar, 422–424

Padrões de mão de obra direta, estabelecer, 422–423

Padrões de materiais diretos, estabelecer, 421–423

Padrões de preço, 419

Padrões de quantidade, 419

Padrões ideais, 420–422

Padrões internacionais de relatórios financeiros (IFRS), 3, 238–239n, 249–250, 250–251, 636, 637, 639–640, 670–671

Padrões ISO 9000, 77–78

Padrões práticos, 421–422

Paladino, Robert, 484, 484n

Panasonic, 24, 723–724

Pauli, George, 9–10

Peasnell, Ken, 477n3

Pedidos especiais, 540–541

Peers, Martin, 652–653n

Pensamento enxuto, 10–11

PEPS (primeiro a entrar, primeiro a sair), pressuposto do fluxo de estoques, 238–239n
aplicação de custos no, 170–172
custo por unidade equivalente calculado com o, 169–171

definição de, 148–149

método da média ponderada comparado ao, 167–168, 168–170, 170–171, 172–173

método PEPS de custeio por processo, 167–173

relatório de conciliação de custo no, 171–173

unidades equivalentes calculadas com o, 167–169

PepsiCo, 242–243

Percentual de margem bruta, 675–677

Percentual *first time through*, 481–482

Peregrine Outfitters, 275

Período de *payback*, 593–594

Período médio de recebimento, 685–686, 689

Período médio de venda, 686, 689

Período orçamentário, escolher um, 338–339

Perrin, Towers, 488n

Pesquisa e desenvolvimento, na Canon Inc., 353

PetroHawk Energy, 583

Pfizer, 4, 538–539

Phase 2 Consulting, 395–396

Pioneer Corporation, 536, 723–724

Pizza Hut, 583

Planejamento, 3, 337

Planejamento de investimentos; *ver* Orçamento de capital

Planejamento de lucros, 337; *Ver também* Orçamento; Orçamento-mestre

Planejamento orçamentário
deficiências do, estático, 385–387
definição de, 384

Ponto de equilíbrio
definição de, 187–188
sobrecustos aumentam o, 200–201

Ponto de separação, 546–547

Porcentagem de entregas no prazo, 481–482

Porcentagens de tendências, 675–676

Pós-auditoria de projetos de investimento, 598–599

Pós-auditoria, 598

Pratt and Whitney Canada, 545–546

Pratt, Jonathan, 593–594

Precificação *cost-plus*
abordagem da, pelo método de custeio por absorção, 712–716
definição de, 708–709
restrições da, 714–715

Precificar produtos e serviços
abordagem do método de custeio por absorção para a, 712–716

748 CONTABILIDADE GERENCIAL

abordagem dos economistas, 709–713

custo-meta e, 715–718

definição de, 708–709

elasticidade-preço da demanda, 709–711

precificação *cost-plus*

preço maximizador dos lucros, 710–713

restrições de, 714–715

Preço de mercado, 510–511, 708–709

Preço de venda, variação no, 197–198

custos variáveis, 58–519

Preço por unidade, padrão, 421–422

Preço maximizador dos lucros, 710–713

Preço-padrão por unidade, 421–422

Preços de transferência, 504–512

a preço de mercado, 510–511

ao custo, 510–511

aspectos internacionais dos, 511–512

autonomia divisional e, 511–512

capacidade ociosa e, 506–509

definição de, 504–505

faixa de, aceitáveis, 505–506

negociados, 505–509

que departamentos de serviços cobram de departamentos operacionais, 517–523

subotimização e, 511–512

Preços de transferência negociados, 505–509

Preços de venda, variações nos, 195–197

Preços predatórios, 708–709n

Prêmio de horas-extras, 138–139

Press, Jim, 16–17

Pressuposto da linearidade, 30–33

Pretoria Academic Hospital, 545–546

Previsão de erros, 383

Princípio da competência, 26

Princípios Contábeis Geralmente Aceitos (GAAP), 3, 238–239n, 249–250, 249–250n, 250–251, 299, 636, 637, 639–640, 670–671

Processos de negócios, 10–11

Procter & Gamble (P&G), 3, 4, 16–17, 142, 545–546

Produção em andamento (*work in process* ou WIP)

definição de, 93–94

fluxos de custo através da, 94–95, 108–109

Produção enxuta, 10–11, 240–241, 481–482

Produção *just-in-time* (JIT), 10–11, 73–74, 77

Produto conjunto, 546–547

Produto intermediário, 546–547

Produtos finais

definição de, 93–94

fluxos de custo através de, 94–95, 108–109

orçamento de estoques finais, 351–352

Programação linear, 545–546

Projeto de produtos, gerir custos durante o, 716–717

Proposições de valor ao cliente, 898–99

Propriedade, instalações e equipamentos, análise de fluxos de caixa de, 640–642

Proteção fiscal da depreciação, 627–628

Providence Portland Medical Center (PPMC), 298

Purdy, 93–94

Q

Quaker Oats, 477

Qualidade dos lucros, 652–653

Qualidade, aspectos internacionais da, 77–78

Quantidade por unidade, padrão, 421–422

Quantidade-padrão permitida para a produção efetiva, 425, 426

Quantidade-padrão permitida, 425

Quantidade-padrão por unidade, 421–422

Qwest, 28

R

R^2, 65–66

Receita

diferencial, 44–45

marginal, 44

no planejamento orçamentário, 385

Resultado operacional, 42–43

custeio variável reconciliado com o método de custeio por absorção, 237–241

definição de, 473

explicando variações na, 241–242

por custeio variável, cálculo da, 235–236

Recurso restrito

margem de contribuição por unidade de, 541–544

utilização de, 540–546

Reebok, 44

Reichheld, Fred, 485–486

Relatório de análise de ações, 297, 318–324

Relatório de controle interno, 20

Relatório de custo-padrão, 420

Relatório de custo por ordem de produção, 86–87, 91–92

Relatório de desempenho

das variações de atividades, receitas e despesas combinadas, 391–394

definição de, 4

em centros de custos, 394–395

em organizações sem fins lucrativos, 394–395

erros comuns no, 396–398

Relatório de horas, 87–88

Relatório de reconciliação de custos, 152–153

método PEPS, 171–173

Relatórios de custos da qualidade, 75–77

definição de, 75

forma gráfica dos, 76–77

usos dos, 77

Relatórios externos

custeio baseado em atividades e, 298–299, 328–332

demonstrações de resultados e, 249–251

informações financeiras segmentadas em, 250–251

Relatórios financeiros

controles internos de, 21–22

XBRL em, 690

Relatórios gerenciais no custeio baseado em atividades, 290–293

Relaxar (ou elevar) a restrição, 543–544

Remuneração atrelada ao *balanced scorecard*, 488–489

Renault, 88

Rendimentos de caixa tributáveis, 627, 628

Responsabilidade Social Corporativa (RSC), 16–18

Restrições

definição de, 12, 541–542

elevar as, 543–544, 545–546

gerenciar as, 543–546

lucratividade relativa e, 724–725

múltiplas, 545–546

relaxar as, 543–544

Retorno sobre as ações de acionistas ordinários, 681–683, 689

Retorno sobre investimento (ROI)

compreender o, 474–476

críticas ao, 477

definição de, 473

elementos do, 476

Índice 749

fórmula do, 473
na J. Crew, 475
na Microsoft, 476
Retorno sobre o total de ativos, 681–682, 689
Reynolds Aluminum, 143
Ricoh Corporation, 488
Rite Aid, 13–14, 583
Ritter, Ronald, 25n
Ritz-Carlton, 8–9, 392–394
Rogers, Bill, 708–709
ROI; *ver* Retorno sobre investimento (ROI)
Rolls-Royce, 5
Rowley, Ian, 353n
Royal Canadian Mounted Police, 488
Royal Caribbean Cruises, 599
Ryan, Jodi, 7–8n

S

Saab, 5
Safeway, 242–243
Salários e remunerações a pagar no modelo do fluxo de custos, 108–109
Sammons, Mary, 583
Saudit, Ephraim F., 712–713n
Schiffel, Lee, 8n
Schneider Electric, 418
Schroeder, David L., 8n
Scott Paper, 143Serviços interdepartamentais, 176–177
Seagate Technologies, 28, 274
Sears, 5, 420, 639–640
Segmentos
decisão de adicionar ou eliminar, 533–536, 723–727
definição de, 3, 232
Serviços recíprocos, 176–177
Selden, Larry, 730n
Sell GmbH, 543–544
Serono, 488
Serviço Postal dos Estados Unidos, 478, 488
Serviços
interdepartamentais, 176–177
recíprocos, 176–177
Sharp, 715–716
Shell, 504–505
Shenyang Aircraft Corporation, 537–538
Shenzhen Hepalink, 427
Shidoni Foundry, 716–117
Shim, Eunsup, 712–713n
Shin'ichi Inoue, 438–439n
Silicon Valley Bank, 478

Silverman, Rachel Emma, 27n
Sistema de controle do custo da responsabilidade na Han Dan Iron and Steel Company, 473
Sistema de custeio-padrão
aplicação de custos indiretos, 454–455
fluxos de custo no, 465–466
sistema de custo normal vs., 454–455
taxas predeterminadas de custos indiretos, 452–455
variação de orçamento, 454–456
variação de volume, 455–457
Sistema de custo normal
definição de, 90–91
sistema de custeio-padrão *vs.*, 454–455
Sistema de custo tradicional, custeio baseado em atividades *vs.*, 293–297
Six Flags, 471–472
Smith & Hawken, 243–244
Smith, Carl S., 237–238
Smith, Kenneth A., 8n
Smith, Melanie R., 488n
Smith, Peter T., 358–360n
Smoke Jazz and Supper Club, 10–11
Sony, 24, 470
Southwest Airlines, 4–5, 8–9, 16–17, 34–35, 419, 482–483
Specpan, 589
Spector, Mike, 595
Spors, Kelly K., 639–640n
Sporthotel Theresa, 30–31
Sports4Kids, 27
Sprint Nextel, 488
Sprint, 478
Standard & Poor's Industry Survey, 690
Standard Pacific, 687
Starbucks, 16–17
Stern, Stewart & Co., 477n2
Sternfels, Robert, 25n
STIHL Inc., 237–238
Steiner, Christopher, 8–9n, 197–198n
Stratton, William O., 292n
Subotimização
autonomia divisional e, 511–512
definição de, 505–506
Sun Microsystems, 537
Surowiecki, James, 13–14
Susan G. Komen Breast Cancer Foundation, 17–18
Sustainable Investment Research Analyst Network (SIRAN), 488–489
Sysco Foods, 275

T

Tabela de custos de produtos manufaturados, 103–104
Tabela de custos de produtos vendidos, 103–104
Tabelas de valor presente, 624–625
Taco Bell, 583
Target, 207
Tata Motors, 430–431
Taxa de desconto, 578, 581–582, 584–585, 619–620
Taxa de retorno mínima, 584–585
Taxas de custos indiretos
capacidade e, 131–134
de produção, 89–91, 94–95
múltiplas, 108–109
no sistema de custeio-padrão, 452–455
predeterminadas, 88–92
que envolvem toda a fábrica, 108–109
Taxas predeterminadas de custos indiretos
cálculo de, 88–90
capacidade e, 131–134
definição de, 89–90
em sistemas de custo-padrão, 452–455
múltiplas, 108–109
necessidade de, 90–92
Taylor, Alex, III, 147n, 383n
Taylor, Doug, 418n
Taylor, Lloyd J., III, 545–546n
Tempo de transformação, 480–481
Tempo de ciclo do pedido, 480, 481
Tempo de fila, 481
Tempo de inspeção, 481
Tempo de movimentação, 481
Tempo de transformação, 481
Tempo do ciclo de produção, 480–481
Tempo ocioso, 137–139
Tenneco, 147
Tennessee Valley Authority, 488
Teoria das restrições (TOC), 10–11, 545–546
custeio variável e, 242–243
definição da, 12
Tesco, 10–11
Terceirização, 25, 537–538, 538–539
Texas Instruments, 24, 545–546, 715–716
Thrive Networks, 206–207
Thomson, Jeff, 1n

750 CONTABILIDADE GERENCIAL

Tomada de decisões, 4–5
    análise diferencial e, 526
    benefícios relevantes para a, 526–531
    classificação de custos para a, 44–46
    conceitos de custo na, 526–532
    custeio variável e, 241–242
    custo de oportunidade e, 538–540
    custos ambientais e, 532
    custos de produto conjuntos e, 545–549
    custos relevantes para a, 526–532
    de preferências, 576, 590–594
    de produzir ou comprar, 537–539
    definição de, 3
    demonstrações de resultados segmentadas e, 246–248
    descentralizada, 471–472
    e triagem, 576, 584–585
    linhas de produtos, adicionar e eliminar, 533–536
    pedidos especiais, 540–541
    segmentos, adicionar e eliminar, 533–536, 723–727
    trade-off do volume, 726–727
    utilização de recursos restritos, 540–546
Tousa, 687
Towers Watson, 488
Toyoda, Akio, 16–17
Toyota Motor Corporation, 16–17, 24, 84, 419, 504–505, 715–716
Toys "R" Us, 432, 478
Tracinda Corporation, 642–643
Transações de câmbio direto, 636n
Treacy, Michael, 8–9n
Tredano, Dominique, 277n
Tri-Con Global Restaurants Inc., 576
Trippetti, Debora, 85
Tryphonides, Andrea, 673n
Tuna, Cari, 350
Tupperware, 478
Tyco International, 13–14, 488–489

U

UEPS (último a entrar, primeiro a sair), pressuposto do fluxo de estoques, 238–239n
Ümani Cafés, 593–594
Unidades equivalentes, 148–149
Unidades equivalentes de produção, 147–151
    definição de, 148–149
    média ponderada e PEPS, comparação entre os métodos, 168–170, 172–173

    método de cálculo PEPS, 167–171
    método de cálculo por média ponderada, 148–152
United Airlines, 12, 244–245, 545–546
United Electrical Controls, 545–546
United Food and Commercial Workers Union, 432
University of Washington, 176–177
University Tees, 83
UPS, 17–18

V

VBT Bicycling Vacations, 85
Vail Resorts, 12
Valor contábil líquido, 474
Valor contábil por ação, 683–684, 689
Valor descontado, 618–619
Valor do dinheiro no tempo, 576; *Ver também* Valor presente
Valor econômico agregado (EVA®), 477–478
    balanced scorecard de bem-estar, 488
    contabilidade por responsabilidade, 471–473
    do centro de investimentos, 471–473
    do centro de lucros, 471–473
    eficiência do ciclo de produção, 481–483
    encargos do departamento de serviços, 517–35
    feedback no, 488–489
    lucro residual, 477–480
    motivação e, 478–479
    operacional enxuto, 481–482
    operacional, 480–483
    preço de transferência, 504–512, 517–523
    retorno sobre investimento, 473–477
    tempo de transformação, 480–481
    tempo do ciclo de produção, 480–481
    Ver também Análise de variação de custos-padrão; Custos-padrão
Valor presente
    cálculo do, 618–621
    conceito de, 617–622
    de séries de fluxos de caixa, 620–622
    definição de, 618–619
    e valor do dinheiro no tempo, 576
    valor futuro e, 618, 620
Valor-padrão por hora, 422–423
Vanilla Bicycles, 8–9

Variação da eficiência da mão de obra, 430–432
Variação da eficiência dos custos indiretos variáveis, 432–434
Variação da quantidade, 424–425
Variação da taxa salarial da mão de obra, 424–425, 432
Variação de preço, 424–425
Variação de preço dos materiais, 424–425, 427, 429–431, 435–437
Variação de quantidade dos materiais, 425, 426–428, 435–437
Variação de volume, no sistema de custo-padrão, 455–457
Variações
    da mão de obra direta, 431–432, 465–466
    das despesas, 389–394
    das receitas, 389–394
    de atividades, 388–394
    de eficiência da mão de obra, 430–431–432
    de eficiência dos custos indiretos variáveis, 432–433
    de orçamento, 454–456
    de preço dos custos indiretos variáveis, 424–425, 433–434
    de preço dos materiais, 424–425, 435–437
    de preço, 424–425
    de quantidade dos materiais, 435–437
    de quantidade, 424–425
    de taxa salarial da mão de obra, 424–425, 432
    de volume, 455–457
    definição de, 420
    do orçamento flexível, 388–395
    dos custos indiretos fixos, 456–458
    dos custos indiretos variáveis de produção, 432–435
    dos materiais diretos, 425–431, 435–437, 465–466
    isolamento de, 429
    lançamentos contábeis de, 465–466
    responsabilidade pela, 429–431
Variações da receita, 389–394
Variação da taxa de custos indiretos variáveis, 424–425, 433–434
Variações das atividades, 388–394
Variações de custo da mão de obra direta, 430–432
lançamentos contábeis das, 465–466
Variações de despesas, 389–394
Variações de materiais diretos, 425–431, 435–437

lançamentos contábeis das, 465–466

Variações de orçamento, 454–456

Variações dos custos indiretos, 457–458

Variações dos custos indiretos fixos, análise gráfica das, 456–458

Variações dos custos indiretos variáveis de produção, 432–435

Variável dependente, 34–36

Variável independente, 35–36

Veículos híbridos, período de *payback* de, 595

Verticalmente integrado, 537

Victoria Pappas Collection, 244–245

Virtuoso, 8–9

Vivendi, 673

Vizio Inc., 28

Volume de vendas, variação no, 193–197

Voluntarismo baseado em habilidades, 17–18

Volvo, 485–486

W

W. L. Gore, 8–9

Walker, Rob, 195–196n

Walmart, 8–9, 42–43, 207

Walt Disney Company, 635

Washington Trails Association, 354

Watlow Electric Manufacturing Company, 481–482

WCI Communities, Inc., 687

Webber, Sally A., 133–134n

Wellner, Alison Stein, 23n

Western River Expeditions, 278–279

White Grizzly Adventures, 37, 540, 577

White, Sacha, 8–9

Wiersema, Fred, 8–9n

Wilkes, Mary, 395–396

Wing, Kennard T., 397–398, 397–398n

Wm. Wrigley Jr. Co., 727

Wolfson, Nate, 206–207

Women's World of Fitness, 23

WorldCom, 13–14, 488–489

Wyndham Hotels and Resorts, 392–394

X

XBRL (Extensible Business Reporting Language), 690

XML (Extensible Markup Language), 690

Xu Ji Electric Company, 279–280

Y

Yoshio Takahashi, 16–17n

YUM Brands, 583

Z

Z. Jun Lin, 473n

Zengbiao Yu, 473n

Zipcar, 42–43